U0886145

权威性·科学性·准确性·实用性

河北经济年鉴
HEBEI ECONOMIC YEARBOOK

2017

(总第33卷)

河北省人民政府　主办

中国统计出版社
China Statistics Press

©中国统计出版社 2017
版权所有。未经许可，本书的任何部分不得以任何方式在世界任何地区以任何文字翻印、拷贝、仿制或转载。

©2017 China Statistics Press
All rights reserved. No part of the publication may be reproduced or transmitted in any form or by any means, electronic or mechanical, including photocopying, recording, or any information storage and retrieval system, without written permission from the publisher.

图书在版编目（C I P）数据

河北经济年鉴. 2017：汉英对照 / 河北省人民政府编. -- 北京 : 中国统计出版社, 2017.11
ISBN 978-7-5037-8259-6

Ⅰ. ①河… Ⅱ. ①河… Ⅲ. ①地方经济－河北－2017－年鉴－汉、英 Ⅳ. ①F127.22-54

中国版本图书馆 CIP 数据核字(2017)第 189704 号

河北经济年鉴-2017

作　　者/ 河北省人民政府
责任编辑/ 佘竞雄　潘保海　谢英欣
封面设计/ 郝　巍
出版发行/ 中国统计出版社
地　　址/ 北京市丰台区西三环南路甲 6 号　邮政编码/100073
电　　话/ 邮购（010）63376909　书店（010）68783171
网　　址/ http://www.zgtjcbs.com
印　　刷/ 河北鑫兆源印刷有限公司
经　　销/ 新华书店
开　　本/ 890mm×1240mm　1/16
字　　数/ 1050 千字
印　　张/ 46
版　　别/ 2017 年 11 月第 1 版
版　　次/ 2017 年 11 月第 1 次印刷
定　　价/ 380.00 元

本书附同版本 CD-ROM 一张，光盘内容以书面文字为准。
如有印装差错，由本社发行部调换。

ISBN 978-7-5037-8259-6

编 辑 说 明

《河北经济年鉴—2017》是本书出版以来的第33卷，主要记载了2016年河北省经济社会发展的业绩与历程。

2016年，河北省面对经济下行的较大压力，面对去产能治污染调结构的艰巨任务，面对7.19特大暴雨洪灾，全省人民在省委、省政府正确领导下，各级各部门认真贯彻落实习近平总书记系列重要讲话精神，牢固树立和贯彻新发展理念，以供给侧结构性改革为主线，坚持稳中求进工作总基调，统筹抓好稳增长、调结构、治污染、抓改革、惠民生各项工作，国民经济运行总体平稳、稳中向好、动力增强，经济总量迈上新台阶，转型升级取得新进展，人民生活得到新改善，社会事业有了新发展，实现了“十三五”良好开局。但发展中还存在不少困难和问题，主要是结构性和体制性矛盾交织，产能过剩和需求结构升级矛盾突出，新旧动能转换不快，发展环境亟待改善，生态环境问题突出，城乡居民收入和公共服务水平不高，与人民群众期盼还有一定差距。本卷对此都尽量予以全面、系统、忠实地记载。

本《年鉴》作为中国统计出版社出版的省级年鉴系列丛书之一，在总体结构和指标体系上，继续与国家和各省市保持规范、统一。统计资料篇的数字大部分来自年度统计报表，部分来自抽样调查。由于多种原因，其他篇的个别数字，可能与统计资料篇不相吻合，使用时应以后者为依据。读者在使用本《年鉴》统计资料时，如有不明之处，请参阅统计资料篇的使用说明和“主要统计指标解释”。

此外，2016年，河北省积极主动对接京津，区域协同发展实现新突破。为便于各界人士进一步了解、研究京津冀发展状况，本卷在2015、2016卷基础上，继续推出了“京津冀主要指标”，以飨读者。

如有错误与不当之处，恳请读者批评指正。

《河北经济年鉴》编辑部

2017年11月

《河北经济年鉴—2017》编委会、编辑人员名　单

主　任	袁桐利	河北省人民政府常务副省长
副主任	吴晓华	河北省人民政府常务副秘书长
	杨景祥	河北省统计局局长
	康振海	河北省社会科学院院长
委　员	张茂叶	河北省人民政府办公厅副巡视员
	王素君	河北省统计局副局长
	彭建强	河北省社会科学院副院长
	范仲实	国家统计局河北调查总队副总队长
	陈永久	河北省发展和改革委员会主任
	郭玉明	河北省科学技术厅副厅长
	李杰刚	河北省财政厅副厅长
	赵志栋	河北省人力资源和社会保障厅副厅长
	曹汝涛	河北省住房和城乡建设厅厅长
	龚晓峰	河北省工业和信息化厅厅长
	高一雷	河北省农业厅（省农工办）副主任
	李　石	河北省商务厅厅长
	王　昌	河北省人民政府国有资产监督管理委员会主任
	卢自强	河北省国家税务局局长
	贾红星	河北省地方税务局局长
	高建民	河北省环境保护厅厅长
	杨志芳	河北省工商行政管理局副局长
	陈建华	中国人民银行石家庄中心支行行长
	李明肖	中国银行业监督管理委员会河北监管局局长
	常思勇	国家开发银行河北省分行行长
	李　钧	中国农业发展银行河北省分行行长
	史立军	中国工商银行河北省分行行长
	杨　光	中国农业银行河北省分行行长
	李建刚	中国银行股份有限公司河北省分行行长
	李　民	中国建设银行股份有限公司河北省分行行长
	郑家渡	交通银行股份有限公司河北省分行行长
	王文进	河北省农村信用社联合社理事长
	魏丙申	中国人民财产保险股份有限公司河北省分公司总经理
	王吉山	中国人寿保险股份有限公司河北省分公司总经理
	闫继红	河北广电网络集团股份有限公司董事长
	徐拥政	石家庄市人民政府常务副秘书长

遇建军　承德市人民政府副秘书长
方继斌　张家口市人民政府常务副秘书长
孙志川　秦皇岛市人民政府常务副秘书长
任艾泉　唐山市人民政府副秘书长
李清涛　廊坊市人民政府副秘书长
丰世敬　保定市人民政府副秘书长
宋吉利　沧州市人民政府副秘书长
袁向前　衡水市人民政府副秘书长
邢文全　邢台市人民政府常务副秘书长
魏彦君　邯郸市人民政府副秘书长

主　编　吴晓华　王素君　彭建强

副主编　潘保海　谢英欣　李　军　贾书民

编辑部主　任　潘保海　贾书民

编辑部副主任　苑守满　杜荣水

编　辑　杜荣水　任玉凤　王建新　宋杏婵　张胜利　邹玲芳　王传林

装帧设计　郝　巍

特约编委　张吉良　田　艳　周运凯　和大水　史造月　殷志林

特约编辑(以姓氏笔划为序)

于学芝　马学林　王同军　王志军　王忠东　王爱民　王锦慧
田芙菁　任树怀　刘　鹏　刘新彦　刘新霞　孙建立　李永宽
李志平　李　杰　李　卓　李柏霖　李振华　杨　志　杨　旸
杨朝霞　宋建华　张丹雨　张忠义　张金花　张宝立　张春丽
张　蕾　张　巍　陈志杰　赵亚旗　赵建明　赵紫鹏　柳建勋
徐庆书　高立成　郭云泽　郭晓丽　姬廷祥　黄少华　梁立志
梁爱红　彭德斌　程　伟　曾玉玲　霍河生　戴占阳

目　　录

特　　载

综　合　篇

产　业　篇

区域经济篇

改革开放篇

统计资料篇

人民生活

农村经济

工　业

建筑业

房地产业

运输和邮电

CONTENTS

Featured Articles

General Survey

Industries

Regional Economy

特载

FEATURED ARTICLES

政府工作报告

——在河北省第十二届人民代表大会第五次会议上

河北省人民政府省长 张庆伟

（2017 年 1 月 8 日）

各位代表：

现在，我代表省人民政府，向大会报告政府工作，请予审议，并请省政协委员和列席会议的同志提出意见。

一、2016 年工作回顾

刚刚过去的一年，面对经济下行的较大压力，面对去产能治污染调结构的艰巨任务，面对“7·19”特大暴雨洪灾，全省人民紧密团结在以习近平同志为核心的党中央周围，在中共河北省委坚强领导下，全面贯彻落实党的十八大和十八届三中、四中、五中、六中全会精神，深入贯彻落实习近平总书记系列重要讲话精神和视察唐山时的重要指示，坚持新发展理念，坚持稳中求进工作总基调，着力推进供给侧结构性改革，经济发展呈现稳中向好、动力增强的新态势，干部队伍呈现凝心聚力、干事创业的新气象，全省上下呈现勠力同心、奋发进取的新风貌，较好完成了省十二届人大四次会议确定的目标任务，实现了“十三五”良好开局。

经济总量跨上新台阶，全省生产总值突破 3 万亿元、增长 6.8%左右，地方一般公共预算收入 2850.8 亿元、增长 7.6%，固定资产投资增长 9%，社会消费品零售总额增长 10%以上，规模以上工业增加值增长 5%。结构调整步伐加快，装备制造业增加值超过钢铁工业成为第一大支柱产业，战略性新兴产业增速超过传统产业，服务业对经济增长的贡献率超过第二产业。人民生活持续改善，城镇、农村居民人均可支配收入均增长 8%，城镇新增就业 76 万人，登记失业率控制在 4.5%以内，居民消费价格上涨 1.5%左右。全省发展稳的态势在持续、进的力度在加大、新的动能在成长、向好因素在累积。

（一）坚定不移提质增效，产业转型升级取得新进展。牢牢牵住化解过剩产能“牛鼻子”，全面落实“三去一降一补”重点任务。深入实施“6643”工程，重点行业去产能成效显著，全年共压减炼钢产能 1624 万吨、炼铁 1761 万吨、水泥 286 万吨、平板玻璃 2189 万重量箱，退出煤矿 54 处、压减煤炭产能 1400 万吨，均超额完成国家下达任务，企业职工得到妥善安置。去库存、去杠杆、降成本、补短板扎实推进。加大传统产业技术改造力度，技改投资增长 5%左右。发展壮大“大智移云”等战略性新兴产业和现代服务业，推进军民融合产业发展，高新技术产业增加值增长 15%左右，服务业增加值增长 9.5%以上，规模以上工业企业利润预计增长 15%。成功举办首届旅游产业发展大会，京西百渡等一批精品景区成为河北旅游新名片，全省旅游业总收入增长 34%。农业生产稳中调优，粮食总产 692 亿斤，乳制品产量连续两年居全国第一，农业产业化经营率达到 66.6%，农业现代化建设加快推进。

（二）积极主动对接京津，区域协同发展实现新突破。认真落实京津冀协同发展规划纲要，出台实施我省总体规划、功能定位规划和 27 个专项规划，年度 103 项重点任务全部完成。积极承接非首都功能疏解，打造北京新机场临空经济区、曹妃甸协同发展示范区、芦台·汉沽津冀协同发展示范区等重点承接平台。交通、生态环保、产业三个领域率先突破成效明显，京津冀地区城际铁路网规划获国家批复，首都地区环线高速河北段全线贯通，全省港口吞吐量达到 9.5 亿吨。京津冀大气污染防治、水资源保护等实现联防联治和信息共享，北京现代汽车沧州工厂等一批产业项目建成投产，全年引进京津资金 3825 亿元。协同创新共同体建设取得重大进展，石保廊全面创新改革试验区、京南科技成果转移转化示范区、京津冀大数据综合试验区纳入国家总体布局。冬奥会筹办扎实推进，高质量编制赛区规划，完成赛事核心区征地搬迁，基础设施加快建设。京津对口帮扶工作全面启动。协同发展的巨大红利加速释放。

（三）矢志不渝改革创新，新旧动能转换迈出新步伐。着力抓改革、破难题、增活力，水资源费改税在全国率先启动，顺利完成供销社综合改革和自然资源资产审计等国家试点任务。“放管服”改革纵深推进，取消下放省级行政审批事项 122 项，行政审批局试点扩大到 33 个县。省级机关内设机构改革取得阶段性重要成果。全面推行“多证合一、一照一码”，新增市场主体 102.4 万户、增长 38.6%，民营经济增加值增长 7%以上。国企改革制度体系初步建立，“三供一业”改革启动实施。积极财政政策有效落实，省以下财政管理体制不断完善，“营改增”全面推开。金融支撑作用增强，中国进出口银行河北分行正式运营，政策性银行实现全覆盖。新增各类挂牌上市企业260家。土地征收制度改革试点有序开展，全省土地承包经营权确权登记顺利实施。科研经费使用管理、成果转化激励等科技体制改革不断深化，新增科技型中小企业1.1万家、高新技术企业400家，“双创”氛围日渐浓厚。加快构建开放型经济新体制，全省实际利用外资增长10%，对外直接投资增长40%。推动优势产能“走出去”，习近平总书记亲自视察河钢塞尔维亚钢厂。成功举办唐山世界园艺博览会、中国—中东欧地方领导人会议、中国—拉美企业家高峰会、中国奶业D20峰会和全国知名民营企业助推河北协同发展大会。开发区改革发展全面提速，成为拉动经济增长的重要引擎。

（四）坚持不懈治理污染，生态环境质量得到新改善。持续加力防治大气污染，坚决落实中央环保督察反馈意见，集中开展散煤、焦化、露天矿山、道路车辆污染整治专项行动，推进重点区域无煤化和燃煤清洁利用，大力整治成品油市场，强化重污染天气应急响应，淘汰改造燃煤锅炉1.3万台，削减煤炭消费量500万吨，压减焦炭产能1279万吨，取缔关闭非煤矿山161个，淘汰老旧车14.2万辆，全省PM2.5平均浓度下降9.1%，达标天数增加16天，廊坊市全年空气质量综合指数退出全国74个重点城市“倒数前十”。开展水污染防治百日会战，完成13条城市黑臭水体整治，潘家口、大黑汀水库网箱养鱼清理工作成效明显。山水林田湖生态修复国家试点获批，启动太行山绿化和“矿山披绿”攻坚战，全省完成造林523万亩。地下水超采综合治理新增农业压采能力7.1亿立方米，建成111座南水北调配套工程水厂，引黄入冀补淀工程全线开工。在全国率先实行省级环保督察，改革省以下环保机构监测监察执法垂直管理体制，开展“利剑斩污”专项执法行动，查处环境违法企业3300多家，有力打击和震慑了环境违法行为。

（五）协调推进城乡一体，新型城镇化建设开创新局面。坚持完善城镇功能与建设美丽乡村双轮驱动，促进人口、产业聚集，常住人口城镇化率达到53%。全省空间布局规划基本完成，新一轮城市总体规划修编启动实施，张家口、衡水、邯郸行政区划调整到位，新型城镇化综合试点稳步推进。投资2860亿元完善市政基础设施，城市承载能力进一步增强。启动县城建设三年攻坚行动，加快实现集中供水、供热和垃圾达标处理，县城品质不断提升。以环境美、产业美、精神美、生态美为标准，在4260个重点村全力推进美丽乡村建设，农村面貌发生积极变化。

（六）倾心尽力改善民生，人民群众获得感得到新提升。优先增加民生投入，全年财政用于民生支出4843.8亿元、占一般公共预算支出的80.2%。全面打响脱贫攻坚战，实施“五个一批”工程，启动15.2万人易地扶贫搬迁，推进产业、教育、医疗、金融扶贫，实行低保线和扶贫线“两线合一”，预计100万农村贫困人口稳定脱贫。多渠道拓宽就业岗位，做好重点群体就业安置，高校毕业生就业率95.3%，新增农村劳动力转移就业56.2万人，零就业家庭保持动态为零。企业和机关事业单位退休人员养老金待遇进一步提高，城乡居民年低保标准分别增长11.6%和25.8%，城乡居民基本医疗保险制度整合基本完成。全省棚户区改造开工建设18.3万套，改造农村危房12.5万户。完成学前教育三年行动计划二期目标，改造中小学校舍288.3万平方米，高校“双一流”建设稳步推进。健康河北建设强力启动，“全面两孩”政策落地实施。文化事业和文化产业快速发展。全民健身运动广泛开展。食品药品安全监管力度加大，安全生产形势总体稳定。深入实施“护城河”工程，平安河北建设扎实推进。国防动员、双拥共建和优抚安置工作进一步加强。民族宗教、新闻出版广电、外事侨务、人民防空、史志档案、气象地震、地理信息、援藏援疆、妇女儿童、老龄、残疾人等事业都有了新的发展和进步。

各位代表！去年我省发生了历史罕见的特大暴雨洪灾，全省上下认真贯彻习近平总书记关于防汛抗洪抢险救灾的重要指示，紧急动员、迅速行动，果断决策、周密部署，第一时间全力开展抗洪抢险救灾，紧急转移安置群众41.8万人，有力有序推进水毁设施灾后重建，最大限度保护了人民群众生命财产安全，最快速度恢复了受灾群众基本生产生活。在这场特大暴雨洪灾的考验中，燕赵儿女万众一心、众志成城，彰显了攻坚克难、勇往直前的宝贵精神！

各位代表！一年来，我们坚决维护以习近平同志为核心的党中央权威，切实增强政治意识、大局意识、核心意识、看齐意识，有力推动了党中央、国务院和省委决策部署的落实；坚决贯彻党对经济工作的领导，紧紧扭住发展第一要务，以新发展理念引领发展，唱响协同发展、转型升级、又好又快工作主基调，更大力度抓改革、促创新，有力激发了经济发展的内生动力；坚决践行以人民为中心的发展思想，真心诚意保障改善民生，让人民群众享受更多发展成果，有力维护了社会大局和谐稳定；坚决推进政府自我革命，严格落实中央“八项规定”精神，深入开展“两学一做”学习教育，大力推进省级机关作风整顿，自觉接受人大法律监督、政协民主监督和社会监督，加强党风廉政建设，加快政府职能转变，有力营造了树正气、讲团结、聚合力、促转型的浓厚氛围。在国内外环境严峻复杂、多重困难挑战并存的形势下，我们顶住了压力，战胜了挑战，经受了考验，取得这些成绩实属不易。这是党中央、国务院坚强领导的结果，是全省上下团结奋斗的结果。在此，我代表省人民政府，向全省人民，向人大代表、政协委员，向各民主党派、工商联、无党派人士和人民团体，向驻冀人民解放军、武警官兵和政法干警，向中直驻冀各单位，向所有关心支持河北建设的港澳台同胞、海外侨胞和国际友人，致以崇高的敬意和衷心的感谢！

各位代表！在肯定成绩的同时，我们也清醒地看到我省发展中还存在不少困难和问题：结构性和体制性矛盾交织，产能过剩和需求结构升级矛盾突出，城市经济、县域经济、沿海经济实力不强，发展的质量效益不高；经济下行压力依然较大，实体经济困难较多，财政收支矛盾加剧，去产能任务繁重，新旧动能转换不快；环境污染问题突出，秋冬季重污染天气时有发生；城乡居民收入不高，公共服务水平较低，与人民群众期盼还有一定差距；个别地方和企业落实新发展理念不够自觉，仍存在惯性思维和路径依赖，“放管服”改革还不到位，营商环境亟待改善；一些政府部门和工作人员担当意识、服务意识不强，消极腐败现象还不同程度存在。对此，我们一定坚持问题导向，强化责任意识，以担当进取的作风、革故鼎新的勇气，奋力开创政府工作新局面！

二、2017 年目标任务和重点工作

今年是实施“十三五”规划的重要一年，是供给侧结构性改革的深化之年，也是全面落实省第九次党代会精神的开局之年，我们将迎来中国共产党第十九次全国代表大会的胜利召开。当前，我省正处于历史上重大机遇最为集中、各种优势最能有效释放、跨越提升最为有利的时期。党中央、国务院对河北发展极为关心、寄予厚望，习近平总书记提出的“四个加快”“六个扎实”总体要求，为我们指明了前进方向、提供了根本遵循。省第九次党代会紧跟时代步伐，描绘了河北未来五年发展的宏伟蓝图，激发了全省人民干事创业的昂扬斗志。我们一定倍加珍惜重大历史机遇，凝聚力量、乘势而上，谱写建设经济强省、美丽河北的新篇章！

今年政府工作的指导思想是：**全面贯彻党的十八大和十八届三中、四中、五中、六中全会精神，深入贯彻习近平总书记系列重要讲话精神，统筹推进“五位一体”总体布局，协调推进“四个全面”战略布局，积极践行“四个加快”“六个扎实”总体要求，认真落实中央经济工作会议和省第九次党代会提出的目标任务，坚持稳中求进工作总基调，牢固树立和贯彻落实新发展理念，适应把握引领经济发展新常态，继续解放思想、奋发进取，坚持以提高发展质量和效益为中心，坚持以推进供给侧结构性改革为主线，坚定走加快转型、绿色发展、跨越提升新路，加强预期引导，深化创新驱动，全面做好稳增长、促改革、调结构、惠民生、防风险各项工作，促进经济又好又快发展和社会和谐稳定，以优异成绩迎接党的十九大胜利召开。**

经济社会发展的主要目标是：生产总值增长 7%左右，地方一般公共预算收入增长 7%，固定资产投资增长 9%左右，社会消费品零售总额增长 10%左右，外贸出口回稳向好。PM2.5 平均浓度下降 6%以上。单位生产总值能耗下降 4%左右，化学需氧量、二氧化硫、氨氮和氮氧化物减排完成国家下达的任务。全省居民人均可支配收入增长 8%左右。居民消费价格指数涨幅 3%左右，城镇登记失业率 4.5%以内。上述目标，体现了供给侧结构性改革的内在要求，与全面建成小康社会目标、“十三五”规划相衔接，能够满足就业需要，有利于引导各方面更加注重提高发展质量和效益，推动结构优化升级。

做好今年经济社会发展工作，最根本的是坚定不移以习近平总书记系列重要讲话精神和对河北的指示要求引领航向，切实把贯彻稳中求进工作总基调与落实“四个加快”“六个扎实”总体要求统一起来，在稳的前提下推动各项事业更好更快发展；最紧要的是坚定不移用新发展理念指导实践、推动工作，切实把供给侧结构性改革这条主线贯穿到经济发展各个领域，以改革统揽全局，以创新增强动力；最关键的是坚定不移贯彻省第九次党代会精神，切实把“两大奋斗目标、四大发展功能、五个明显提升”落实到年度工作任务中，走好“加快转型、绿色发展、跨越提升”新路的坚实一步。

实现今年目标任务，必须把思想、行动、工作重点统一到中央和省委的部署要求上来，走新路、补短板、守底线，奋发有为做好各项工作。

（一）深化供给侧结构性改革。这是调整经济结构、转变经济发展方式的治本良方。要以满足需求为最终目的，以提高供给质量为主攻方向，以深化改革为根本途径，坚决去，主动调，加快转，在改革创新、开放合作中加快新旧动能转换。

深入推进“三去一降一补”。去产能方面，今年是最为较劲的一年，无论难度有多大，都要确保打赢“6643”收官战。坚持“去”字为先、钢铁为重，按照市场化、法治化方式，严格执行环保、能耗、质量、安全等法律法规和标准，强化政策引导，严格排查核验，决不违规新增一吨钢铁，年内压减炼钢产能 1562 万吨、炼铁 1624 万吨，完成 4 家“僵尸企业”出清。加快廊坊、保定、张家口钢铁产能全部退出和承德、秦皇岛钢铁产能部分退出，支持武安、丰南、迁安等地企业整合重组，推进首钢京唐二期和石钢搬迁等重大项目，加快构建“2310”钢铁产业格局。同时，做好其他行业去产能工作，年内压减煤炭产能 742 万吨、水泥 110 万吨、平板玻璃 500 万重量箱。制定我省电力去产能实施方案，淘汰落后、优化布局、置换替代、改造提升。加快外受电通道建设和电网改造，保障电力平衡和供应安全。去库存方面，坚持“房子是用来住的、不是用来炒的”定位，拓需求与控供给两手发力，分类调控、因城因地施策。把去库存与促进人口城镇化、棚户区改造和保障性住房建设结合起来，支持城镇居民改善性住房需求，把控好新增房地产土地供应，规范发展住房租赁市场，促进房地产市场平稳健康发展。去杠杆方面，规范政府举债行为，加快处置“僵尸企业”，推进企业资产证券化，加大股权融资力度，降低企业特别是国有企业杠杆率。降成本方面，加大减税降费力度，降低各类交易成本特别是制度性交易成本，引导企业降本增效。补短板方面，从严重制约经济社会发展的重要领域和关键环节着手，从人民群众普遍关心的突出问题着手，既补硬短板、也补软短板，既补发展短板、也补制度短板，推动公共服务、科技创新、生态环保、城乡发展建设等领域实现新提升。

加快改造提升传统动能。以制造业为重点，深入实施“中国制造 2025”战略，开展增强制造业核心竞争力三年

行动计划，促进研发、生产、管理、服务等模式变革。以智能制造为主攻方向，推动两化深度融合，启动工业云与大数据试点示范、“互联网＋协同制造”等重点工程，推进智能工厂、数字化车间建设。实施工业技改提升专项行动，加快新一轮技术改造和千项技改项目工程，技改投资增长7%左右。推进工业强基、“双千工程”，开展绿色制造专项行动，提升传统产业质量效益。

着力发展壮大新动能。将战略性新兴产业加快培育成河北发展的大梁，重点发展先进装备制造、“大智移云”新一代信息产业、生命健康、新能源和清洁能源、新材料、节能环保、特种机器人等7大新兴产业集群，建设光电子、卫星导航等14个示范基地，抓好人工智能、生物医药等一批重点项目，高新技术产业增加值增长13%左右。促进军民深度融合发展，壮大电子信息、航空航天等优势产业。深入推进服务业重点行业三年行动计划，积极培育信息服务、现代物流、工业设计等新业态新模式，实施物联网应用示范工程，抓好北京新机场航空物流区等重大物流项目建设。大力实施旅游产业化战略，推动全域旅游和产业融合发展，抓好重大旅游项目和基础设施建设，叫响“京畿福地·乐享河北”旅游品牌。办好秦皇岛第二届全省旅游发展大会，支持各市举办旅游发展大会。年内游客接待量突破5.2亿人次、旅游业总收入达到5800亿元以上。

推进农业供给侧结构性改革。农业是“基本盘”，重农强农的调子不能变。要以增加农民收入、保障有效供给为核心目标，以提高农业供给质量为主攻方向，以体制改革和机制创新为根本途径，稳粮、优经、扩饲，加快构建粮经饲协调发展的三元结构，提高农业农村综合效益和竞争力。坚持质量兴农，狠抓农产品标准化生产、品牌创建和质量安全监管。落实藏粮于地、藏粮于技战略，划定和建设粮食生产功能区和重要农产品保护区，确保粮食产能稳定在670亿斤以上。做强做优畜牧、蔬菜、果品产业，实施奶业振兴行动，发展高端设施蔬菜，抓好7大优势果品生产基地建设，打造一批中药材、食用菌等特色农业生产基地。创新农业技术体系和技术路线，推进高标准农田和农田水利基础设施建设，发展节水农业，加强现代农业产业园、科技园、创新园建设。发展食品工业，实施农产品加工业倍增计划，打造粮油、乳品、肉类等12大产业链，培育100个年产值超过10亿元的产业化联合体，农业产业化经营率达到67.5%。完善农民“双创”扶持政策，支持农民工返乡创业，壮大农村电商、休闲农业、乡村旅游等新业态，促进农村一二三产业融合发展，培育农业农村发展新动能。

（二）深入推进京津冀协同发展。坚持服从服务大局、主动融入大局，全力唱好协同发展“重头戏”，确保实现协同发展近期目标，在对接京津、服务京津中加快发展自己。

抓好重大历史性工程建设。做好集中承载地建设前期工作，高质量打造落实新发展理念的创新发展示范区。借力北京城市副中心建设，推动廊坊北三县与北京深度对接，探索跨区域融合发展模式。推进北京新机场临空经济区规划建设，组建筹委会和投融资平台，启动起步区基础设施建设。加快曹妃甸区、渤海新区、正定新区、冀南新区、张家口可再生能源示范区、北戴河生命健康产业创新示范区、邢东新区等重大承接平台建设，确保接得住、接得好。

推进三个重点领域率先突破。加快交通互联互通，抓好京衡客专、京唐城际、石津高速等重大项目建设，打通国省干线瓶颈路，新开工建设高速公路300公里、新增铁路运营里程426公里。以实施京津冀地区城际铁路网规划为契机，沿交通干线打造一批特色小镇。促进生态共建共享，推动京津冀生态保护补偿和大气污染联防联控，抓好国家生态文明示范区和京津风沙源治理、京津保平原生态过渡带建设。加强产业转移对接，创新产业合作模式，开展京津冀产业精准对接合作行动，推进签约项目尽快开工建设、投产达效，形成新的增长动力。

着力打造协同创新共同体。重点抓好石保廊全面创新改革试验区等重大创新平台建设，推动共建科技园区、创新基地、技术市场、转化基金和创新联盟。加强与京津在机器人、生物医药等领域关键技术的联合攻关和集成应用，强化与京津高校院所的科技合作，加快形成京津研发、河北转化的创新协作模式。拓展深化与京津在金融、教育、医疗、养老等领域的对接合作。

全力做好冬奥会筹办工作。以习近平总书记“绿色办奥、共享办奥、开放办奥、廉洁办奥”的要求为指针，加快竞赛场馆和奥运村规划设计，推进京张高铁、延崇高速、宁远机场等基础设施建设，继续抓好张家口绿化工程，确保5个竞赛场馆和47个配套项目如期开工。推广冰雪运动，发展冰雪产业，培养冰雪人才，开展国际交流合作，创建冰雪运动品牌。

（三）力促经济发展稳中有进。推动供给结构与需求结构有效匹配、消费升级和有效投资良性互动，持续释放内需潜力。

精准有效扩大投资。这是当前增加需求、长远改善供给的重要举措，关键是选准投资方向。要把更多资金投向战略性新兴产业、现代服务业、创新创业、生态环保等领域，加大城乡供水供热、污水垃圾处理等民生工程投入力度。开展“重点项目建设转型升级年”活动，实施“337”工程，抓好省级300个、市级3000个重点项目，全年完成投资7000亿元以上。加快列入“十三五”规划的重大产业项目建设，确保石济客专、承德机场等投入运营，推进通用机场建设。发挥好财政建设资金的撬动作用，大力推广政府和社会资本合作（PPP）模式，打好“两降两扩”组合拳，支持民营资本进入电力、机场、电信、市政等领域，激发民间资本投资活力。保障重点项目土地和资金需求，加速形成有效投资。

推动消费加快升级。顺应消费需求变化新趋势，促进多元化供给与多样化需求有效对接。扩大新兴服务消费，开拓医养结合、健康管理、康复护理等新服务，发展全域旅游、体育健身等新兴消费。拓展中高端产品消费，实施增品种、提品质、创品牌专项行动，增加高质量工业消费品和食品有效供给，做强做优君乐宝等知名品牌，加快新能源汽车推广应用。推动服务业模式创新、跨业融合、多维拓展，实施“互联网+流通”行动计划，支持零售企业实体店数字化改造，开展电子商务进农村进社区工程，扩大网上消费，满足个性化消费需求。着力解决停车难、充电桩少、冷链物流能力不足等问题，严厉打击电信网络诈骗、市场价格欺诈等不法行为，营造良好的市场秩序和消费环境。

促进外贸回稳向好。落实和完善鼓励出口政策，提高大型成套设备、机电产品、高新技术产品出口比重。发展服务贸易和服务外包，加快跨境电商、外贸综合服务企业和市场采购贸易发展，鼓励企业加强海外仓建设。推进石家庄、曹妃甸综合保税区和武安保税物流园区等海关特殊监管区建设，争取国家批准设立黄骅港综合保税区，建设国际贸易“单一窗口”，提高贸易便利化水平。

大力振兴实体经济。实体经济是国民经济的根基，是建设经济强省的重中之重，任何时候都不能把实体经济搞虚了、搞少了。要通过政策引导、要素配置、环境保障促进各类资源向实体经济聚集，扩规模、提质量、上水平，努力把河北打造成制造业大省、强省。牢固树立质量第一的强烈意识，逐行业开展质量提升行动，提高质量标准，加强质量管理，用质量优势对冲成本上升。发扬“工匠精神”，加强品牌建设，培育更多“百年老店”，提高企业核心竞争力。深入开展帮扶企业活动。扶优做强骨干企业，实施“百千万亿”助力工程，促进技术、品牌、市场等各种资源向有竞争力、创新力的企业集中，提高大企业素质。加大市场准入、要素配置等政策支持力度，加快发展各类中小微企业，推动“个转企、小升规、规改股、股上市”，年内新增规模以上工业企业不少于1000家。进一步疏通金融服务实体经济的“管道”，引导商业银行、保险公司、产业投资基金等把资金更多投向实体经济，用好各级投融资平台，增加企业信用类债券品种和规模，着力解决资金“脱实向虚”问题，保障项目和企业资金需求。

(四)加快实施创新驱动发展战略。创新驱动是破解结构性矛盾、应对经济下行压力的“金钥匙”。要加快推进以科技创新为核心的全面创新，以创新促发展求突破，为跨越提升夯基垒台。

发挥企业创新主体作用。加强政策引导支持，增多做强创新主体，培育“铺天盖地”的科技型中小企业，打造“顶天立地”的高新技术企业。实施新一轮科技型中小企业成长计划，抓好苗圃、雏鹰、小巨人和上市四大工程，年内新增科技型中小企业1万家、科技小巨人企业500家。实施高新技术企业后备培育工程，定向帮扶进入后备培育库的企业，全年新增高新技术企业400家。加强知识产权保护，深入推进专利战略，支持企业参与标准制定和发明创造，年内万人发明专利拥有量达到2.3件。

全面提高创新供给能力。以科技创新引领产业选择，聚焦产业转型、环境治理、原始创新、服务民生四大主攻方向，聚集整合创新资源，重点实施十大技术创新专项和四大科技示范工程，突破一批精品钢、高效农业、污染源解析等共性关键技术，打通从基础研究、应用研究到孵化中试和产业化的创新链条，建设一批百亿元级创新型产业集群。

加快培育壮大创新载体。实施科技创新平台提升工程，建立健全科技研发服务链。依托优势产业、骨干企业、高校院所深化产学研合作，在新兴学科和重要领域新建4家省级重点实验室、40家以上省级工程技术研究中心，推动20%的规模以上工业企业建立研发机构，力争更多的国家级研发机构落户河北。支持有条件的地区争创国家2030年可持续发展议程创新示范区，支持发展较好的高新区创建国家级高新区。

充分激发创新创业活力。坚持创新创业结合、线上线下结合、孵化转化结合，推广众创、众包、众扶、众筹商业模式，发展创业投资和天使投资，重点建设国家级众创空间80个、省级众创空间100个。提升人力资源水平，实施“人才兴冀”工程，实行更具灵活性和吸引力的人才政策，积极引进海内外科技领军人才、创新团队、管理人才和高技能人才。只要我们厚植“双创”良好生态，打造优质平台、营造浓厚氛围，就一定能够让创新的源泉充分涌流、创业的活力竞相迸发。

(五)拓展改革开放深度广度。坚持上下联动、协同发力，投入更大精力抓好改革落实，更好发挥改革牵引作用，释放改革开放红利。

推动重要领域关键环节改革实现突破。高质量抓好国家赋予的水资源费改税、土地制度改革等试点任务。深化国企国资改革，推进国有企业10项改革试点，积极发展混合所有制经济，切实做好“三供一业”分离移交工作，推进经营性国有资产集中统一监管。加强国有企业党的建设。深化财税体制改革，完善省以下财政事权与支出责任划分改革，理顺财政直管县体制，做好“营改增”后续工作和开征环境保护税前期工作，实行综合与分类相结合的个人所得税改革。深化金融改革，实施“引金入冀”工程，吸引更多域外金融机构入驻我省。加快农村信用社改革发展。引导社会资本设立民营银行、保险公司。规范发展互联网金融。扩大直接融资，新增挂牌上市企业100家以上。深化商事制度改革，实行多证合一、证照联办，推进企业登记注册、注销便利化，规范中介服务和收费。深化科技体制改革，健全科技成果市场定价、收益分配、转移转化评价机制。实行以增加知识价值为导向的分配政策，赋予科研院所和高校更大的科研自主权。提高财政科技投入占财政支出比重。深化农业农村改革，完善农村土地“三权分置”办法，发展多种形式农业适度规模经营，推进农村集体产权制度改革，赋予农民更多的财产权，培育新型农业经营主体和服务主体，发展农村股份合作制经济组织。完成126个国有林场林权主体改革。深化要素资源交易制度改革，建立完善用能权、用水权、排污权、碳排放交易权等约束性资源交易机制，深入推进公共资源交易市场化改革。深化生态文明体制改革，推进自然资源资产审计试点，完成省以下环保机构执法垂直管理改革试点任务。深化价格机制改革，继续推进水、电、气等资源性产品价格改革。深化养老保险制度改革，厘清政府、企业、个人责任，建立省市县分级管理、分级负责机制，完善个人账户制度，划转部分国有资本充实社保基金，积极发展企业年金、职业年金、商业养老医疗保险。加快事业单位分类改革和公车制度改革。统筹推进教育、文化、卫生、体育等社会领域改革。

推动更深层次双向开放实现突破。深度融入“一带一路”战略，充分利用国际国内两个市场、两种资源，加强与世界500强和行业领军企业战略合作，办好“5·18”国际经贸洽谈会，年内实际利用外资增长5%。支持港澳台在冀企业发展。稳步推进“走出去”，支持企业在境外建立资源、产业、研发基地和营销网络，加快国际产能和装备制造合作项目建设，把河钢塞尔维亚钢厂打造成“一带一路”建设的标志性工程。加快开发区改革创新，积极引入市场机制，深化机构编制、人事薪酬、行政审批、投融资等改革，切实把开发区打造成转型升级示范区、对外开放主战场。

推动民营经济转型发展实现突破。毫不动摇鼓励支持民营经济发展，认真落实促进民营经济又好又快发展的意见，进一步拓宽市场准入，消除隐性壁垒，强化公共服务，抓好民企入冀签约项目落地建设。引导民营企业调整资金投向、发展新兴产业、加快转型升级。关心爱护企业家，保护企业家精神，搞好企业家培训，支持企业家专心创新创业。

营商环境是生产力，更是竞争力。更大力度简政放权，推进审批流程再造，着重解决程序繁、盖章多、部门不衔接等问题，切实提高服务实效。加强政务诚信建设，严格履行各项约定义务。坚持权利平等、机会平等、规则平等，坚决维护各种所有制法人和自然人合法权益。严肃查处干扰、阻挠、破坏发展环境和市场经济秩序的违纪违法行为，倾力打造法治、透明、公平的体制政策环境和社会舆论环境，真正使河北成为投资置业的热土。

（六）统筹城乡区域协调发展。以建设京津冀世界级城市群为引领，着力打造新型城镇化与城乡统筹示范区，精准发挥各地比较优势，拓展新的发展空间。

加快城乡一体化进程。扎实推进以人为核心的新型城镇化，发展中小城市和重点小城镇，以行政区划调整为抓手，积极开展县改区、乡改镇、村改居和户籍制度改革，促进农民工市民化，全省常住人口城镇化率达到55%左右。强化规划引领作用，完成省域城镇体系规划，基本完成国务院审批的6个设区市总体规划修编，推动市县“多规合一”。加大绿色城市、智慧城市、人文城市建设力度，完善城市交通、地下综合管廊、污水处理等基础设施和公共服务设施，确保石家庄地铁1号、3号线按期投运，结束河北没有地铁的历史。抓好海绵城市试点，开展园林城市、文明城市、卫生城市等“多城同创”，办好衡水第二届省园艺博览会。推进城市管理体制改革，实现城管数字化平台全覆盖，提升城市精细化管理水平。加大县城建设力度，开展城乡规划提升、基础设施建设、环境容貌整治等八大专项行动，促进县城扩容升级提质。依托历史文化、产业基础、资源禀赋，培育发展100个特色小城镇。扎实有序建设美丽乡村，着力打造100个片区、4000个重点村，建设宜居宜业、文明和谐的美丽家园。

优化区域经济发展布局。认真落实省第九次党代会确定的城市功能定位，加快补齐城市经济、县域经济、沿海经济发展短板，支持石家庄增强辐射带动功能，加快建设现代化省会城市；支持唐山围绕“三个努力建成”的目标，加快建设国际化沿海城市。支持廊坊、保定、沧州发挥毗邻京津的优势，加快建设创新驱动经济强市；支持邯郸建设区域性中心城市。支持张家口建设国际奥运名城。支持承德、秦皇岛、衡水、邢台等节点城市尽快做大做强。支持定州、辛集扩容提质。通过支持各地突出特色、错位发展，努力形成优势互补、协调并进的区域发展新格局。

（七）努力建设天蓝地绿水秀的美丽河北。生态环境事关人民群众身心健康。必须坚持“绿水青山就是金山银山”，坚持生态优先、绿色发展，标本兼治、主攻治本，建立生态文明制度“四梁八柱”，在治理污染、修复生态中加快营造良好人居环境。

深入开展“蓝天行动”。突出科学治污、精准治霾，完善大气污染防治顶层设计，持续开展动态污染源解析，工程减排结构减排并举，城镇农村齐抓，白天黑夜严管，坚决控制污染物排放。继续深化散煤、焦化、露天矿山、道路车辆污染四个专项整治。按照企业为主、政府推动、居民可承受的方针，宜气则气、宜电则电，大力实施“电代煤”“气代煤”等清洁能源替代工程，城市主城区基本淘汰35蒸吨及以下燃煤锅炉。抓好农村散煤替代和清洁高效集中利用，鼓励各地积极探索并及时推广散煤治理的好经验、好做法，确保廊坊、保定禁煤区18个县（市、区）散煤归零。城市集中供热普及率达到80%以上，全年削减煤炭消费600万吨以上，压减焦炭产能720万吨。加快主城区污染企业搬迁，建立“高架源”排放清单和违法排污企业“黑名单”制度，严控挥发性有机物污染。严格执行施工工地和道路扬尘控制措施，全面禁止露天焚烧，持续推进露天矿山深度整治。强化机动车尾气治理和燃油品质管理。把石家庄大气污染防治提升到全省重要位置，推动省会大气质量加快改善。各地特别是污染严重的市县，都要制定大气环境质量限期达标、城区工业企业调整退出、工业园区调整、散煤治理、矿山关闭复绿等规划，明确年度目标，定期公开结果，严格考核奖惩。完善重污染天气应急预案，及时预报预警，科学精准应对。治理大气污染任务艰巨，我们一定以壮士断腕的决心，出重拳治理污染，用重典严格执法，努力让人民群众享有更多的蓝天白云。

大力实施“碧水行动”。深入贯彻国家“水10条”和省“水50条”，加强重污染河流、白洋淀和衡水湖环境综合整治，推进集中式饮用水水源地安全防护。开展十大重点行业清洁化改造、城市黑臭水体治理、入河排污口污染综合整治三大专项行动。加快南水北调中线河北段环境治理。继续清理网箱养鱼。抓好北戴河地区近岸海域环境综合整治及功能提升。全面推行“河长制”，全覆盖落实各级责任，大力度推进水资源保护、水污染防治、水环境治理、水生态修复，维护河湖健康生命。

有序推进“净土行动”。开展土壤污染调查、风险评估、治理修复，抓好畜禽养殖废弃物处理和资源化利用、危险废物治理、涉重金属企业清理整顿、关停搬迁企业污染场地治理修复等专项整治，加强农业面源污染防治，实施化肥、农药零增长行动，建立分类投放、分类收集、分类运输、分类处理的垃圾处理系统。推进山水林田湖海综合治理，实施燕山太行山绿化攻坚、“再造三个塞罕坝”等工程，保护和恢复湿地、草原功能，治理水土流失面积2000平方公里以上，完成造林绿化420万亩，全省森林覆盖率达到33%。深化地下水超采综合治理，加快南水北调配套工程建设和水源切换，大幅提高引江水使用比例和效益。做好第二次全省污染源普查准备工作，划定全省生态红线。

（八）集中力量打好脱贫攻坚战。坚持精准扶贫精准脱贫基本方略，着力推进脱贫攻坚供给侧结构性改革，推动扶贫脱贫政策落地生根，在脱贫攻坚、推进共享中努力提高人民生活水平。

强化减贫目标导向。认真贯彻落实党中央、国务院关于打赢脱贫攻坚战的决定，按照“六个精准”要求，着力解决突出问题，完善建档立卡动态管理机制，提高扶贫资金管理使用效率，因地制宜发展特色扶贫产业，严格落实脱贫攻坚责任制，坚决完成年度目标任务，确保年内70万贫困人口稳定脱贫，力争15个贫困县摘帽出列。

聚焦脱贫攻坚重点。突出抓好张家口、承德坝上地区和保定深山区等重点区域脱贫攻坚，实施贫困村提升工程，培育壮大集体经济，加强水电路讯房等基础设施建设，对5000个贫困村每村支持50万元。推动1000个贫困村建设美丽乡村。突出抓好低保对象、长期患病者、孤寡老人、残疾人等重点群体的帮扶，建立低保线动态调整机制，推进低保制度与扶贫政策有效衔接，该保的保好、该兜的兜住。加大教育、健康扶贫力度，落实“三免一助”和农村义务教育学生营养改善计划，做好贫困人口医疗保障救助工作，防止因病因学致贫返贫。

狠抓精准扶贫落地。打好易地扶贫搬迁硬仗，完成12.6万人搬迁、启动26.8万人搬迁。坚持产业园区和移民社区“两区共建”，探索养老式搬迁模式。打好产业就业精准扶贫硬仗，实施特色农业、光伏、旅游、家庭手工业、电商、就业六大扶贫工程，年内建设4000个村级光伏扶贫电站、550个旅游扶贫重点村，实现户户有增收项目，人人有脱贫门路。推动外部帮扶与激发内生动力更好结合，坚定贫困地区干部群众脱贫信念，加强职业技能培训，强化造血功能，提高自我发展能力。

创新脱贫攻坚机制。完善财政扶贫资金增长机制，加大涉农资金整合力度。推广“政银企户保”金融扶贫模式。用好土地扶贫政策，积极探索资产收益扶贫、生态补偿脱贫等途径。健全对口帮扶机制，做好中直单位、部队、京津和省内对口帮扶对接服务工作，深化工作队驻村帮扶，扎实推进社会帮扶。强化脱贫考核机制，从严考核监督。严格贫困退出机制，提高脱贫质量，坚决防止数字脱贫、虚假脱贫。

（九）深谋共享增进民生福祉。人民群众对美好生活的向往，就是我们的奋斗目标。我们一定始终把群众冷暖放在心头，时刻把改善民生责任扛在肩上，切实把惠民利民实事落到实处，让人民群众有更多获得感、幸福感。

百年大计，教育为本。认真落实习近平总书记在全国高校思想政治工作会议上重要讲话精神，把立德树人作为中心环节，把思想政治工作贯穿教育教学全过程，努力实现全程育人、全方位育人。实施教育强省战略，推进新一期学前教育三年行动计划，加强义务教育标准化学校建设，推动普通高中课程改革，抓好中等职业教育质量提升工程，开展高等职业教育创新发展三年行动计划。加快高校“双一流”建设，调整优化专业设置，培养适应我省发展需要的高素质人才；加强大学城、职教城建设，推进河北工程大学迁建等重点工程，补齐高校图书馆、体育馆等基础设施短板，落实高校办学自主权，努力提高高等教育发展水平。

健康是群众的基本需求。坚持把人民健康放在优先发展的战略地位，推进健康河北建设。强化医疗、医保、医药“三医联动”，全面推开城市公立医院综合改革，深入开展县级公立医院综合改革示范县创建活动，推行分级诊疗制度，力争县域内就诊率达到90%左右。实施家庭医生签约服务，推行“互联网+健康医疗”，打造“智慧医药”。加快中医药强省建设。加强重大疾病防控等公共卫生工作，开展爱国卫生运动。深入实施全面两孩政策，改革完善计划生育服务管理。发展竞技体育和体育产业，开展全民健身运动，增强人民体质。

燕赵大地历史悠久、文化灿烂。要认真践行社会主义核心价值观，开展文明家庭创建活动，形成良好道德风尚。坚持以人民为中心的创作导向，把创作生产优秀作品作为中心环节，推出一批反映时代呼声、展现人民奋斗的精品力作。推进现代公共文化服务体系建设，加快文化、新闻出版广电改革，做强做优文化产业和骨干企业，深入开展全民阅读，办好第27届全国书博会。加强文物、文化遗产和非物质文化遗产保护，加大长城、正定古城等名胜古迹和历史文化名城名镇名村保护力度，把老祖宗留给我们的宝贵遗产传承下去、发扬光大。

生命高于一切，安全重于泰山。要严格落实安全生产责任制，完善“打非治违”长效机制，重点抓好煤矿及非煤矿山、油气管网、建筑施工、尾矿库、危险化学品等高危行业和领域专项整治，加强道路交通安全和消防安全管理，提升安全监管科学化规范化水平，坚决遏制重特大事故发生。深入实施食品药品安全放心工程，继续开展对重点地区、重点领域、重点环节的集中整治，坚持最严谨的标准、最严格的监管、最严厉的处罚、最严肃的问责，确保人民群众“舌尖上的安全”。

坚决贯彻落实习近平总书记关于防灾减灾救灾的重要

指示，今年要按照时间节点做好“7·19”特大暴雨洪灾灾后重建工作，确保灾区群众生产生活条件达到或超过灾前水平。加强各部门应急联动、信息共享、资源统筹，完善军地协调联动、救援力量调配、物资储备调配等应急机制，加快灾害预测预报预警和信息发布能力建设。制定综合防灾减灾救灾规划，抓好重大水利设施、河道及河堤修复整治、山洪地质灾害防治、蓄滞洪区、应急避难场所等工程建设，切实增强抵御自然灾害综合防范能力。

积极化解各类风险，事关社会和谐稳定大局。按照守住底线、突出重点、完善制度、引导舆论的思路，未雨绸缪做好各类风险的防范化解工作。加强金融和地方债务风险防控，建立健全社会信用体系，构建统一归口管理的地方金融监管体系，严厉打击非法集资活动，确保不发生系统性区域性金融风险。抓好社会领域风险防控，加强和创新社会治理，做好信访维稳工作，用心用情用力解决群众利益诉求。完善社会矛盾预防和排查化解综合机制，妥善处理各类突发事件。强化网络安全，净化网络生态。推进立体化、信息化社会治安防控体系建设，做好重大活动安保工作，严厉打击各类违法犯罪行为，着力营造安定和谐的社会环境。

弘扬拥军优属、拥政爱民的优良传统，加强国防教育和国防后备力量建设，积极支持国防现代化建设和军队深化改革，着力解决随军家属就业和子女入学问题，巩固军政军民团结的好局面。充分发挥工会、共青团、妇联等人民团体桥梁纽带作用。继续做好民族宗教、新闻出版广电、外事侨务、人民防空、史志档案、气象地震、地理信息、援藏援疆、妇女儿童、老龄、残疾人等工作。

各位代表！为政之道，民生为本。我们要铭之肺腑、认真践行，继续优先保障民生投入，重点办好10件民生实事。一是扩大就业创业规模，积极做好去产能职工安置工作，实施援企稳岗政策，开展就业援助专项行动。统筹抓好高校毕业生、退役军人、农村转移劳动力就业，对职工安置困难较大、财政收支压力较大的地区加大资金支持力度，搞好“4050”人群社会保障托底，确保零就业家庭动态清零，全年城镇新增就业76.5万人。二是着力增加居民收入，加强农民财产性权益保护，严厉打击拖欠农民工工资行为。稳定增加企业职工收入，深化绩效工资改革，提高机关事业单位工资收入水平。三是推进社保扩面提标，实施全民参保计划，扩大灵活就业人员、农民工等重点群体的覆盖范围，新增企业职工养老保险参保人数40万人；提高城乡居民基础养老金标准，确保按时足额发放。四是建设保障性安居工程，提高棚改货币化安置比例，开工建设棚户区改造20万套，做好公租房分配工作。五是抓好城乡社会救助，城乡居民年低保标准分别提高到6000元、3300元，将贫困残疾人、重度残疾人纳入城乡医疗救助范围。六是大力发展养老事业，继续提高养老机构建设和运营补贴标准，加快推进全省医养结合型养老示范基地建设，提高养老院服务质量，积极帮助空巢老人解决实际困难。七是实施教育文体惠民工程，在37个贫困山区县建设义务教育阶段寄宿制学校163所，新改建中小学校舍110万平方米，支持新风系统等空气净化设备进校园，推进河北奥林匹克体育中心等文体设施建设，新改建公共图书馆、文化馆、博物馆55个，新增城乡社区体育健身设施100处，新增城乡公共体育健身设施200处。八是开展关爱妇女儿童行动，建立健全省市县三级妇幼保健体系，实行新生儿产前免费唐氏筛查，省支持建设示范型儿童之家500所，特别关爱和帮助孤儿、病残、农村留守等困难儿童。九是加强信息网络设施建设，推动全光网城市建设和4G网络深度覆盖，实现县级主城区公共区域WiFi全覆盖。十是改善农村生产生活条件，投资78亿元实施新一轮农村电网改造，新改建农村公路4500公里。巩固提升农村饮水安全，确保200万人稳定受益。民生无小事，枝叶总关情。我们一定以民为先、实干为重，多谋民生之利、多解民生之忧，坚决兑现向全省人民作出的承诺！

三、以改革创新精神加强政府自身建设

面对决胜全面小康的艰巨任务，各级政府必须进一步增强落实新发展理念的行动自觉，进一步提升新常态下推动发展的能力水平，进一步坚定走好新路的信心决心，恪尽职守、永不懈怠，加快建设服务政府、法治政府、廉洁政府。

坚持从严治政，落实全面从严治党要求。认真贯彻党的十八届六中全会精神，严守政治纪律和政治规矩，牢固树立“四个意识”，自觉向以习近平同志为核心的党中央看齐，向党的理论和路线方针政策看齐，向党中央决策部署看齐，做到思想上认同核心、政治上维护核心、行动上紧跟核心。严格执行《准则》和《条例》，加强和规范党内政治生活，落实党内监督责任。深入推进政府系统党风廉洁建设和反腐败工作，落实“两个责任”和“一岗双责”，在依法用权、正确用权、干净用权中保持廉洁，在守纪律、讲规矩、重名节中做到自律。加大行政监察和审计监督力度，严肃查处各种不正之风和腐败问题，以反腐倡廉的实效取信于民。

坚持为民施政，加快推进政府职能转变。继续解放思想，推进“八破八立”，着力落实崇尚创新、注重协调、追求绿色、厚植开放、深谋共享。始终怀着强烈的忧民、爱民、为民、惠民之心，强化服务意识，创新管理模式，不断提升公共服务质量和效率。深化“放管服”改革，以清单管理推动减权放权，扩大行政审批局改革试点，推动行政审批标准化，加快59个县扩权强县改革；加强事中事后监管，实现“双随机一公开”监管方式全覆盖，做到该放的放开、该管的管好，使市场和社会活而有序。实施“互联网＋政务服务”，打通信息孤岛，实行“一号申请、一窗受理、一网通办”，让信息多跑路、群众少跑腿。开展减证便民专项行动，全面清理各种证明和手续，该取消的取消、该合并的合并，最大程度方便群众和企业。

坚持依法行政，确保权力规范阳光运行。各级政府必须忠实履行宪法和法律赋予的职责，真正做到尊法学法守法用法。健全依法科学民主决策机制，无论作什么决定、

办什么事情都要于法有据、符合公众意愿。加强政府行政立法，提高立法质量。严格公正文明执法，推进市县综合执法改革，规范行政执法人员行为，坚决纠正执法不公不严现象。加强行政复议和行政应诉工作，尊重并执行审判机关作出的生效裁判。坚持政府及工作人员学法制度，推动法律顾问制度全覆盖。自觉接受人大法律监督、工作监督和政协民主监督，认真办理人大代表建议和政协提案，主动接受人大执法检查和专题质询，落实重大事项向政协通报制度，高度重视社会监督和舆论监督。抓好政务公开和政府信息公开，让人民群众更好地监督政府。

坚持实干实政，驰而不息改进工作作风。严格落实中央“八项规定”精神，坚决防止“四风”反弹回潮。深化省级机关作风整顿，各项工作都要高标准、严要求，大兴马上就办、办就办好的作风，夙兴夜寐、激情工作，敢于担当、勇争一流。深入一线加强调查研究，察民情、接地气、出实招。建立健全正向激励机制和容错纠错机制，严格落实“三个区分开来”，调动政府工作人员想干事敢干事的积极性、主动性。完善责任机制和督查机制，坚决克服“门好进、脸好看、话好听、事不办”的现象，对为官不为、工作不力的严肃问责，对懒政怠政、失职渎职的严厉惩处。以钉钉子精神狠抓落实，抓铁有痕、踏石留印，撸起袖子加油干，确保圆满完成各项目标任务。

各位代表！机遇前所未有，责任无比重大，人民充满期待。让我们更加紧密地团结在以习近平同志为核心的党中央周围，在中共河北省委的领导下，同心同德，砥砺奋进，加快建设经济强省、美丽河北，以更加优异的成绩迎接党的十九大胜利召开！

关于河北省2016年预算执行情况和2017年预算草案的报告

——2017年1月8日在河北省第十二届人民代表大会第五次会议上

河北省财政厅厅长　高志立

各位代表：

受省人民政府委托，我向大会报告2016年预算执行情况和2017年预算草案，请予审议，并请省政协委员和列席会议的同志提出意见。

一、2016年预算执行情况

2016年，面对严峻复杂的经济形势、异常尖锐的收支矛盾、艰巨繁重的改革任务以及特大暴雨洪灾的重大考验，在省委的坚强领导和省人大常委会的监督支持下，全省各级各部门深入贯彻习近平总书记系列重要讲话精神和对河北的重要指示，牢固树立新发展理念，全面落实中央和省委决策部署，认真执行省人大常委会各项决议，积极拓展财政职能，破解资金瓶颈，深化财税改革，完善财政政策，优化资金配置，加强执行管理，主动加压、负重奋进，顽强拼搏、奋力攻坚，圆满完成省十二届人大四次会议确定的目标任务，有力推动了全省经济社会持续健康发展。

——一般公共预算完成情况。全省收入2850.8亿元，占预算的100.6%，比上年增长（以下简称增长）7.6%。其中：税收收入1996.1亿元，占预算的94.6%，增长3.2%；非税收入854.7亿元，占预算的117.9%，增长19.6%（剔除政府性基金转列一般公共预算及一次性收入等不可比因素，可比增长9.8%）。全省支出6038亿元，占调整预算的96.3%，增长7.2%（剔除上年收回沉淀资金安排的支出等不可比因素，可比增长15.9%）。

省级收入完成533.3亿元，占预算的107.7%，增长9.9%。其中，税收收入完成417.4亿元，占预算的110.1%，增长18.3%；非税收入完成115.9亿元，占预算的99.9%，下降12.4%。支出完成826.7亿元，为调整预算的95.2%（由于上年结转列入、中央下达专项补助和省对下专项补助等原因，报省十二届人大常委会二十五次会议备案调整，下同），增长9.5%。

省本级一般公共预算收入，加上地方政府债券收入、中央税收返还和转移支付补助、市县上解收入、调入资金等2943.4亿元，收入总计3476.7亿元。省本级一般公共预算支出，加上地方政府债券对下转贷支出、上解中央支出、对下税收返还和转移支付、债券还本支出等2608.3亿元，支出总计3435亿元。收支相抵，省本级结转41.7亿元。

——政府性基金预算完成情况。全省收入1580亿元，占预算的116.2%，增长15.4%；支出完成1730.8亿元，占调整预算的84.2%，增长24.7%。

省级收入完成194.9亿元，占预算的104.4%，增长6%；支出完成150.5亿元，占调整预算的93%，增长4.7%。

——国有资本经营预算完成情况。全省收入10亿元，占预算的145.6%，下降43.5%（主要是2015年一次性收入较多）；支出47.7亿元，占调整预算的92.1%，增长277.4%（主要是执行中中央下达转移支付36.3亿元，剔除这一因素，可比下降40.5%）。

省级收入6.5亿元，占预算的142.2%，增长61.3%；支出完成41.6亿元，占调整预算的99.9%，增长959%（剔除中央转移支付，可比增长39.6%）。

——社会保险基金预算完成情况。全省收入1718.3亿元（含基本养老保险、失业保险、基本医疗保险、工伤保险、生育保险、城乡居民基本医疗、城乡居民基本养老保险，下同），为预算的100.5%；支出完成1772亿元，为调整预算的99.1%。根据相关法规，社保基金相互独立，不能调剂使用，按照收支平衡原则，基本养老保险基金等动用历年结余168亿元，其他社保基金年末新增结余114亿元。

省级收入419.9亿元，占预算的102.5%，增长11.5%；支出474.6亿元，占调整预算的90.6%，增长32.7%。基本养老保险基金等动用历年结余63.4亿元，其他社保基金年末新增结余8.7亿元。

一年来，我们按照省十二届人大四次会议有关决议，以及省人大财政经济委员会的预算审查意见，围绕供给侧结构性改革要求，认真落实相关财政政策措施，发挥财政支持和引导作用，着力破解经济社会发展难题，不断增强预算的科学性与规范性，有效防范财政风险，确保财政平稳运行。主要做了以下工作：

（一）*拓展筹资渠道，用活政策资金，全力以赴促发展。*坚持财政越困难越要促发展，千方百计筹措资金，通过争取支持、发行债券、税式支出、协调帮扶、利用国外贷款、引导社会资本、撬动金融资本、激励资本市场融资等渠道，各级财政和有关部门筹措资金8000多亿元，相当于全省一般公共预算收入的近3倍，为稳增长调结构提供了有力支撑。一是着力用好预算资金。优化支出结构，强化统筹整合，集中财力办大事，突出支持协同发展、转型升级、生态治理、脱贫攻坚等重点领域。认真落实科技创新大会部署，强化财政供给，全省财政科技支出增长58.1%，财政支持"双创"政策新增5项，科研经费使用管理"放管服"改革迈出重大步伐，科技创新动力活力有效激发。进一步盘活存量，锁定目标，夯实责任，反复督导，强化考核，大规模减少沉淀资金，从上年底的186.1亿元减少到8.1亿元，并全部按规定收回使用，在财政部历次通报中始终名列第一。二是全力筹集发展资金。积极争取外部支持，筹集资金4000多亿元。加大争取中央支持力度，制定考核办法，建立报告制度，精心谋划试点，反复汇报沟通，全年争取中央转移支付2448.5亿元，比上年增加188.1亿元；组织发行政府债券2320.8亿元，增长63.4%，投入2000多个公益性项目建设，其中新增限额538亿元，增长129%，置换债券节省利息负担70亿元。引进国际金融组织贷款实现新突破，全国首家获得世行结果导向贷款5亿美元。积极协调京津两市在生态治理、扶贫开发等方面对口帮扶我省19亿元。三是大力引导社会资本。发挥财政政策资金引导作用，吸引社会资本投入1671亿元。下大力推广PPP模式，在北京成功举办PPP项目推介会，省市县三级累计储备项目529个，投资额1万多亿元；46个项目入选全国示范项目，投资额2675亿元，排名全国第一；42个项目签约落地，投资额1636亿元，其中社会资本投资1465亿元，全国最大、投资额898亿元的太行山等高速公路项目包落地实施。加快股权基金运作，全省各级财政累计出资77亿元，设立政府股权基金59支；引导基金出资59亿元，设立子基金79支，引导社会资本投入206亿元，着力支持国家重大决策部署落实和我省重点领域发展。四是积极撬动金融资本。发挥财政金融叠加放大效应，撬动金融机构、资本市场资金近2000亿元。各级财政支持设立市场化投融资平台263个，撬动国开行、农发行等政策性贷款550多亿元，投向脱贫攻坚、美丽乡村等重点领域。制定财政助推金融创新支持经济发展系列政策措施，出台15项具体办法，破解企业筹融资难题；积极推广"政银保"，为上千家企业和农户撬动信贷投放300多亿元；对新挂牌上市企业实施奖补，支持165家企业直接融资1000多亿元；激励企业资产证券化融资，9家企业实现融资48.36亿元；通过购买金融服务，帮助小微企业融资44.8亿元。同时，鼓励普惠金融发展，支持金融机构新设县乡网点，对县乡金融机构、扶贫和科技小贷公司发放涉农贷款实施奖补，引导其加大投放力度。五是全面落实减税降费政策。"营改增"试点全面推开，试点行业纳税人税负普遍降低，同时严格落实增值税、营业税和所得税减免政策，全年合计为企业减税360多亿元，累计带动新增就业岗位40多万个。认真落实收费减免政策，将18项国家行政事业性收费免征范围扩大到所有企业，停征、合并了一批政府性基金，减免12项收费，停征3项省立收费项目，为企业减负近10亿元。制定阶段性降低社会保险费率政策，每年可为企业减负20余亿元。

（二）*强化兜底提标，突出保障重点，精准发力惠民生。*坚持让人民共享发展成果，着力保基本、兜底线、补短板、提水平，全面提升人民群众获得感、幸福感。全省民生支出4843.8亿元，占全部支出的比重为80.2%。一是强力打好脱贫攻坚战。将脱贫攻坚作为重中之重，全省财政扶贫专项投入达57.7亿元，其中省级21.6亿元，较上年翻了一番。推进贫困县财政涉农资金统筹整合，下放40项资金审批权限，实际统筹资金77.67亿元。省级易地扶贫搬迁平台撬动政策性贷款34.55亿元，启动15.2万人搬迁，已安置3万人；各级财政支持建立扶贫开发市场化主体73个，注入资本金82亿元，撬动社会资金200多亿元。推广"政银企户保"，累计到户扶贫小额贷款近300亿元，惠及82.5万户贫困群众。发挥政策兜底作用，低保线与扶贫线"两线合一"，实施大病保险、医疗救助，免除普通高中建档立卡等家庭困难学生学杂费。同时，积极协调京津对口帮扶张承保21个贫困县，五年预计帮扶资金近50亿元。二是全面提高基本保障水平。城乡居民低保平均标准分别达到5858元、3258元，增长10.6%、22%（第三季度数）；城乡居民基本养老保险基础养老金最低标准由人均每月75元提高到80元，城乡居民基本医疗保险财政补助标准由人均380元提高到420元，基本公共卫生补助标准由人均40元提高到45元，对全省村支部书记、村主任按每月1000元的标准给予托底保障。同时，进一步完善社会保障政策体系，实施城乡居民基本医疗保险制度整合，推进社会救助资金整合，建立健全特困人员救助供养制度。三是精准增强县级"三保"能力。为确保各级保工资、保运转、保民生落实到位，年初对全省144个县（市、区）"三保"支出预算进行集中汇审，逐县（市、区）测算"三保"支出安排情况，督促各地优化支出结构，从预算源头强化"三保"；针对个别地区运转困难问题，改革省对下财力性转移支付，完善县级基本财力保障机制，以"三保"支出缺口为依据，对27个困难县（市）进行补助（救助），并进一步明确省市县三级责任，保障各级特别是基层财政平稳运行。四是扎实推进基本公共服务均等化。加快推进美丽乡村建设，各级成立市场化融资平台189个，撬动金融资本312.4亿元（信贷投放已到位60.1亿元），推进4260个重点村建设。统一城乡义务教育经费保障机制，实现教育经费随学生流动可携带，分类实施中职教育免学费政策，支持一流大学一流学科建设；完善公共文化服务体系，保障"六馆一站"免费开放；认真筹办冬奥会，省级筹集10亿元，推动场馆建设、赛区绿化等重点项目加速实施。五是全力做好“7·19”救灾和重建相关工作。面对突如其来的特大暴雨洪灾，坚决贯彻习近平总书记重要指示和省委部署，多渠道筹措资金55亿元，及时下达今年重建资金26.12亿元，有力地保障了抢险救灾及灾后重建工作开展。同时，全面强化政策性农业保险保障，全省保障规模达到650亿元，农户获得保险赔款13.3亿元，防范和化解自然灾害风险作用有效发挥。

（三）创新治理模式，打造试点示范，主动作为优环境。坚持“绿水青山就是金山银山”，着眼解决生态突出问题，主动而为、精心谋划，积极对接、反复沟通，着力在试点示范、用足政策等方面创新突破。一是努力用足用好国家政策。深入研究中央政策，积极争取我省效益最大化。中央大气污染防治资金下达我省40.1亿元，占全国总量的35.9%，京津两市对口帮扶9.02亿元；争取中央节能减排、化解过剩产能资金向我省倾斜，并将我省民营钢铁、煤炭企业纳入奖补范围；争取财政部将井陉等11个县纳入重点生态功能区转移支付范围，总数达到50个县（区），中央支持资金28.4亿元；向财政部反复汇报争取，我省被列入资源能源型省份补助范围，获得补助资金11亿元。与天津建立横向生态补偿机制，争取补偿资金3亿元，实施重点流域水污染防治和修复、饮用水水源地保护等工程。同时改进大气污染资金分配方式，建立与重点治理任务、支出进度、减排任务量相挂钩的考核奖补机制，提升资金使用绩效。二是大力开展地下水超采治理。各级投入87.1亿元，试点范围从63个县（市、区）扩大到115个，按照“节、引、蓄、调、管”的治理思路，推进用水管水机制改革，完善地下水管控体系，加快重点工程项目实施，形成“确权定价、控管结合、内节外引、综合施策”的治理模式，全年新增农业种植结构调整96.6万亩，退耕还林还湿28万亩，推广节水小麦700万亩，实施水肥一体化技术32.6万亩，实施高效节水工程139.3万亩、地表水节水工程41.5万亩、外调水节水工程123.3万亩，预计新增农业压采能力7.08亿立方米。经中国水利水电科学院第三方评估，2014—2015年试点区60%面积的深层地下水埋深呈现回升态势。三是主动谋划山水林田湖修复试点。聚焦“山水林田湖是一个生命共同体”的治理理念，突出生态环境特点和问题，坚持修山、治污、增绿、固沙、扩湿、整地并重，超前谋划，反复修改试点方案，积极向相关部委汇报，与北京开展多轮协商，经过10个多月艰苦努力，在财政部、国土资源部、环境保护部组织的试点评审中，我省夺得全国第一名，三年将获中央补助资金80多亿元，2016年先期拨付启动资金20亿元。试点范围为环首都29个县区，总体布局为“一线”“一弧”“两水系”和“拓展治理区域”，共安排7大类、18小类、287个项目，总投资280.58亿元。目前，有147个项目纳入项目库，已经开工和具备开工条件的85个，总投资78.5亿元。

（四）聚焦激发活力，深化财税改革，破解难题释红利。坚持以改革破难题，向改革要红利，紧紧围绕中央财税改革三方面部署，积极创新、扎实推进，绩效预算、国库支付电子化、水资源税改革、预算公开、财政体制、省财政直管、基层财政建设等多项改革走在全国前列，全国人大预算法实施情况座谈会上我省做典型发言。一是预算管理制度改革取得决定性进展。出台《关于改革财政资金使用管理的若干意见》，进一步优化资金配置，放大资金效应，提高使用绩效，省级专项资金由207项整合为137项，项目个数减少35%。系统梳理各级预算管理改革推进情况，完善管理制度，升级信息平台，加强部门和市县培训，提升各级预算管理水平。优化绩效预算顶层设计，健全制度体系，完善省市县三级模板，规范绩效目标指标，打造改革示范县，扎实推进改革在基层落地。深化国库集中支付电子化管理改革，覆盖范围达166个县（市、区）、1177个乡镇，在全国继续保持领先。积极推进市县政府采购“管采分离”，所有市县全部完成分离任务。完善预算公开制度，加大公开力度，多轮筛查、反复督导，各级政府和部门预算全部按要求公开，连续两年在全国检查中排名领先。二是税制改革稳步推进。扎实推进“营改增”，在时间紧、任务重的情况下，提前完成28.77万户纳税人信息移交等相关工作，确保了5月1日顺利实施，全年政策执行平稳，结构性减税效果显著。积极争取成为全国水资源费改税唯一试点省份，盯死7月1日时间节点，提前行动、精心准备，倒排工期、挂图作战，高效率、快节奏完成政策制定、信息交接、试点推进等各项工作，开创了河北模式、打造了河北经验，全省水资源税入库7亿元，比上年同期水资源费收入增长101.3%，引导企业节约用水的作用也逐步显现。同时，认真落实矿产资源税从价计征改革，确保改革效应充分发挥。三是财政体制改革不断深化。及时做好省以下增值税收入体制调整工作，研究出台“营改增”后省以下收入划分过渡方案，确保了改革平稳推进。改革省对下财力性转移支付管理，变普惠性补助为普惠性补助与分类激励约束相结合，推进基本公共服务均等化，激励各地加快发展。深化省财政直管县改革，将24个县纳入直管范围，基本实现了全覆盖，进一步规范了财政管理体制。出台《关于深化县乡财政改革加强基层财政建设的指导意见》，在全国率先制定标准统一、口径一致的《县级财政预算管理业务规程》和《乡镇财政业务工作规程》，提升县乡财政管理水平，打通服务群众“最后一公里”。此外，积极推进司法体制改革，研究确定财物省级统管改革思路，形成了“一方案、六专件”制度框架；深入推进省级经营性国有资产集中统一监管改革，争取中央“三供一业”国企改革资金36亿元，加快剥离国有企业办社会职能，着力解决历史遗留问题。

（五）推进依法理财，加强全程管控，持续加力稳运行。坚持依法行政、依法理财，不断完善管理机制，强化日常监管，全省财政保持平稳健康运行，各级政府治理能力和水平进一步提升。一是狠抓预算执行。努力克服“营改增”减收等多重困难，科学预测，积极应对，依法加强税费征管，优化纳税服务，强化综合治税，按季组织实地督导，开展政策落实专项检查，顺利实现全年收入目标，税收环境进一步优化。全面加强支出管理，严格按预算法批复预算，优化资金拨付流程，落实限时办结制度，加强项目管理，强化督导调度，月度、季度支出均衡性、稳定性显著提升，全省一般公共预算支出进度达到96.3%，可比增长达到15.9%，财政支出对稳增长的促进作用有效发挥。二是加强风险防控。严格落实政府债务限额管理政策，进一步完善政府性债务预算管理，在全国率先实施政府债务绩效考核；研发河北省债券管理系统，完成全国地债系统试点升级，优化政府债务项目库管理系统，全面提升管理科学化水平；指导高风险地区制定《风险防范化解规划》和《风险应急处置预案》，开展债券资金使用情况专项核查，确保各级债务风险可控。优化财政运行监控体系，对全部市县实施全程监控，有效防范财政运行风险。三是强化监督检查。加强项目投资评审，强化财政绩效监督，对32个省直部门的54个评价对象开展绩效评价，评价资金总量达372亿元，并将评价结果与下年度预算安排挂钩。深入开展“一问责八清理”专项行动，清理财政专项资金6782亿元，及时发现滞留截留套取挪用问题，强化问责，全面整改，各级建章立制3306项，进一步促进了财政资金的规范使用；认真清查乱收费、乱摊派问题，加大查处整改力度，涉及资金30多亿元，有效降低企业制度性成本。

各位代表，一年来，我们围绕中心、奋发作为，坚持以习近平总书记系列重要讲话精神和对河北的指示要求引领航向，坚决贯彻落实中央和省委决策部署，咬定发展这一第一要务不放松，财政“国家治理基础和重要支柱”的职能作用有效发挥；为民务实、强化担当，牢固树立以人民为中心的发展思想，全面及时落实各项惠民政策，不断完善社会保障制度，着力加强民生兜底提标，扎实推进基本公共服务均等化，让人民群众实实在在共享发展成果；直面挑战、勇于创新，不畏难、不避险，解放思想，改革创新，敢打攻坚战、敢啃硬骨头，着力打破困境、破解难题，推动全省财政改革发展阔步向前；优化机制、焕发激情，深入开展“两学一做”，大力推进作风整顿，建立健全财政标准化绩效管理机制，一级带着一级干、一级做给一级看，夙兴夜寐、激情工作，凝聚起全系统干事创业的强大合力；夯实基础、强化支撑，坚持功成不必在我，打牢制度、环境、能力等各方面基础，强化机制、技术、文化等各项支撑，推进财政事业发展不疾而速、行稳致远。过去的一年，我们战胜了前所未有的困难和挑战，顶住了前所未有的压力和考验，成绩来之不易，是省委坚强领导和科学决策的结果，是省人大及代表们监督指导的结果，是全省上下共同奋斗的结果。

在总结成绩的同时，我们也清醒地看到，当前面临的困难和挑战依然较多。主要表现在：经济下行压力依然较大，税收收入低位运行，财政支出刚性增长，各级收支矛盾日趋尖锐；社会保障、公共服务水平相对不够高，与人民群众期盼还有一定差距；基层改革落地不均衡，改革红利尚未充分释放；个别地方财政运转困难，风险隐患增多；违犯财经纪律的现象仍时有发生，有的地方依法理财意识还需增强。对这些问题，我们一定高度重视，进一步解放思想、改革创新，努力把各项工作做得更好。

二、2017年预算安排情况

今年是迎接党的十九大胜利召开的重要一年，是实施“十三五”规划、落实省第九次党代会精神的关键一年，是推进供给侧结构性改革、化解过剩产能最为较劲的一年。做好全年财政经济工作，既面临严峻挑战，又面临重大机遇。世界经济复杂性、不确定性将进一步凸显，国内经济下行压力依然较大，我省动能转换阵痛明显，化解产能等重点任务集中交账，财政、金融、就业等领域风险隐患增多，经济发展仍面临不少制约。从收入看，受经济下行压力和减税降费政策影响，各级增收难度很大，仅“营改增”一项预计全省就将减收150多亿元。从支出看，推进协同发展、加大脱贫攻坚力度、实施大气污染防治、落实“三去一降一补”、民生政策提标扩面等财政必保事项明显增多，支出需求大幅增长，仅省级刚性支出需求就增加了200多亿元，比往年翻了几番，收支矛盾十分尖锐。

但更要看到的是，我省协同发展等重大机遇叠加共振，宏观调控政策效应持续显现，经济运行的积极因素不断累积，转型升级步伐明显加快，产业结构调整出现积极性变化，新的发展动力正在增强，特别是中央强调继续实施京津冀协同发展战略，重大战略承接平台建设、筹办冬奥会、新机场临空经济区建设等进一步推进，必将为全省经济发展注入新的动力活力，为财政增收奠定一定基础。只要坚定信心、积极作为，就一定能够化挑战为机遇、变压力为动力，在发展竞争中抢得先机，在破解难题中缓解财政收支矛盾。

（一）2017年预算安排指导思想和基本原则

近几年，中央全面深化财税体制改革，对预算管理工作提出了一系列新要求；去年12月召开的中央经济工作会议，对今年财经工作进行了具体部署；去年11月，国务院印发编制2017年预算的通知（国发〔2016〕66号），明确了2017年预算编制的总体要求、收支政策和财政改革重点。主要内容包括：①有效实施积极的财政政策，保证财政合理支出；②进一步落实减税降费政策，减轻企业负担，鼓励创新发展；③调整优化支出结构，体现“雪中送炭”、量力而行；④推进财政资金统筹使用，提高支出精准度和资金使用效益；⑤清理一般公共预算中以收定支事项，加大政府性基金预算转列一般公共预算力度；⑥建立更加公平可持续的社会保障制度，在保工资、保运转、保民生的基础上，适度调整地方自行出台的承诺过高、不可持续的支出标准或支出幅度；⑦加大扶贫资金投入力度，统筹使用各类资金，支持易地扶贫搬迁、产业扶贫等扶贫开发重点工作；⑧清理整合专项转移支付，取消政策到期、预定目标实现、绩效低下等已无必要继续实施以及市场竞争机制能够有效调节的专项；⑨树立过紧日子意识，除特殊情况外，一般性支出按不低于5%的幅度压减，“三公”经费只减不增；⑩推进中期财政规划管理，拟出台的增支事项要做好与中期财政规划的衔接，制定延续性政策要统筹考虑以后若干年度的预算安排；? 创新财政资金使用方式，鼓励通过引导基金、担保基金等市场化模式，发挥对社会资本的引导带动作用；? 创新投融资体制，在公共服务领域推广政府和社会资本合作（PPP）模式；? 进一步盘活财政存量资金，加大预算编制与结转资金的统筹力度；? 强化地方政府债务限额管理和预算管理，健全地方政府规范的举债融资渠道；? 进一步推进预算公开，强化社会监督，促进依法理财等。

省第九次党代会准确把脉我省所处历史方位，确定了坚定走加快转型、绿色发展、跨越提升新路，并要求推进金融、财税、投融资体制改革，支持转型升级和实体经济发展。全省经济工作会议要求，以提高发展质量和效益为中心，以推进供给侧结构性改革为主线，全面做好稳增长、促改革、调结构、惠民生、防风险各项工作；按照中央改革部署，推进省以下财政事权和支出责任划分改革；深化绩效预算管理改革，进一步提升各级预算管理水平；在争取中央转移支付资金和试点示范上，继续深入做好工作，努力取得更大成效；发挥财政资金的撬动作用，着力优化信贷投放；建立健全全省政府性债务风险应急处置机制，切实防范政府债务风险。

根据党中央国务院、省委省政府要求和财经运行形势，今年预算编制的指导思想是：全面贯彻党的十八大和十八届三中、四中、五中、六中全会以及省第九次党代会、全省经济工作会议精神，深入落实习近平总书记系列重要讲话和对河北重要指示精神，坚持稳中求进工作总基调，牢固树立和贯彻落实创新、协调、绿色、开放、共享的发展理念，坚持以提高发展质量和效益为中心，坚持以推进供给侧结构性改革为主线，坚定走加快转型、绿色发展、跨越提升新路，紧紧围绕党中央国务院和省委省政府各项决策部署，继续实施积极的财政政策，进一步深化财税体制改革，优化财政资源配置，创新财政支持政策，发挥引导放大作用，着力促进经济增长，支持转型升级，保障和改善民生，防范运行风险，为全面建成小康社会，加快建设经济强省、美丽河北提供坚实的财力支撑。

围绕上述指导思想，预算编制坚持以下原则：一是深化改革。全面贯彻中央和省委省政府改革要求，进一步厘清政府和市场边界，能通过市场手段解决的，尽量通过市场解决，财政政策资金逐步退出；进一步推进投入方式创新，积极通过PPP模式、股权投资、融资租赁等方式，放大财政资金效果。二是突出重点。紧紧围绕省委省政府决策部署，调整支出结构，加强整合统筹，突出支持协同发展、脱贫攻坚、民生保障、结构调整、化解产能、科技创新、生态治理等重点领域，更好发挥财政调控保障作用。三是积极稳妥。千方百计筹措资金，充分利用政府债务空间，提高财政支出能力，加大财政支出力度，全力促进经济稳定增长。量力而行、尽力而为，综合考虑财政政策、事业发展的延续性，合理确定政策范围和政策力度，确保财政可持续。四是统筹兼顾。立足全省，着眼大局，统筹考虑省市县各级财力与支出需求，强化对困难地区的补助救助，保障各级财政平稳运行；立足当前，着眼长远，盘活存量，用好增量，兼顾年度间预算均衡，增加资金有效供给，缓解增支压力。五是绩效导向。强化绩效理念，部门事业发展所需支出，根据项目绩效，区分轻重缓急，合理确定安排顺序；将绩效评价结果与预算安排挂钩，提高资金使用效益。六是厉行节约。坚持勤俭办事，项目支出从紧安排，行政经费等一般性支出严格控制。

（二）2017年全省预算草案

1. 一般公共预算。收入安排3050.4亿元，增长7%。这一目标是在经济发展预期7%左右的基础上，综合分析我省财经形势和税收贡献率、以及政策调整因素后提出的，既充分考虑我省协同发展等重大机遇叠加共振、经济企稳向好的经济形势，又考虑了国务院要求进一步减税降费、营改增体制调整及政策性减收影响等因素，也考虑到保障省委省政府重大部署落实，满足各项民生刚性支出需要，是积极稳妥的。

全省当年一般公共预算收入，加上中央税收返还、中央提前下达转移支付、调入资金等2428.7亿元，收入总计5479.1亿元。

全省一般公共预算支出安排5420.4亿元，比上年年初预算增长11.4%。当年一般公共预算支出，加上解中央支出、债务还本支出等58.7亿元，支出总计5479.1亿元，收支安排是平衡的。

2. 政府性基金预算。收入预算安排1564亿元，可比增长0.2%（剔除按规定转列一般公共预算的新增建设用地土地有偿使用费，下同）；加上中央提前下达补助收入10.7亿元，收入总计1574.7亿元。支出预算安排1496.2亿元，比上年年初预算增长12.9%；加上调入一般公共预算78.5亿元，支出总计1574.7亿元。

3. 国有资本经营预算。收入安排6.3亿元，下降37.7%（主要是上年有一次性增收因素）。支出安排5.1亿元，比上年年初预算下降30.7%，加上调入一般公共预算1.2亿元，支出总计6.3亿元。

4. 社会保险基金预算。收入安排2981.7亿元，增长73.5%（主要是机关事业单位基本养老保险基金列入预算，新增收入1130.2亿元），主要包括：参保人员缴纳的保险费收入2015.9亿元、中央和省级财政养老保险补贴收入915.3亿元、保险金存款利息等其他收入50.4亿元；加上动用上年结余221.6亿元，收入总计3203.2亿元。支出安排3009.9亿元，比上年年初预算增长71.2%（主要是机关事业单位基本养老保险列入预算，支出安排1062.8亿元）；加上年终新增结余193.4亿元，支出总计3203.2亿元。

以上收支计划安排是省级代编的，待各级预算经同级人大批准后，我们将及时汇总，报省人大常委会备案。

（三）2017年省级预算草案

1. 一般公共预算。省级收入预算安排670亿元，增长25.6%。其中：税收收入441.3亿元，增长5.7%；非税收入228.7亿元，增长97.3%（主要是新增建设用地土地有偿使用费按规定转列一般公共预算，以及政府还贷公路收费权转让一次性收入)。按照现行财政体制，省本级预算收入加上：①中央税收返还收入382.9亿元(比上年预算增长42%，主要是营改增体制调整中央返还增加)，②中央转移支付收入1815.9亿元(比上年预算增长7%，其中：一般性转移支付1401.8亿元，专项转移支付414.1亿元)，③市县上解收入45.5亿元(比上年预算增长25%，主要是24个县纳入省财政直管，相关设区市原补助资金上解省级)，④调入资金50.76亿元(其中调入预算稳定调节基金50亿元、调入国有资本经营预算收入0.76亿元)，省级一般公共预算收入总计2965.1亿元。

支出预算安排998.7亿元，增长16.5%。加上：①上解中央支出51.4亿元(与上年预算基本持平)，②对市县税收返还支出347.6亿元(比上年预算增长103.8%，主要是营改增体制调整省级对市县返还增加)，③对市县转移支付支出1567.4亿元(比上年预算增长7%，其中：一般性转移支付1209.1亿元，专项转移支付358.3亿元)，省级一般公共预算总支出为2965.1亿元。

需要说明的是，2017年省级财政专户收入预计51.8亿元，主要是省属高中以上学校收费收入；部门其他来源收入251.2亿元，主要是省属医院医疗收入、省属院校事业收入等，已按综合预算原则，全部编入相关部门收支预算。此外，拟使用地方政府债券安排支出124亿元，用于落实中央和省委重点工作部署，为加快实施，省级已提前做好项目准备，待国务院下达我省具体债券额度，按规定向省人大常委会报送预算调整方案。

2. 政府性基金预算。收入预算安排162.9亿元，可比下降1.7%(主要是车辆通行费收入减少)，主要包括：车辆通行费收入138.3亿元、彩票公益金收入12.5亿元、国有土地使用权出让收入4亿元、农业土地开发资金收入1.5亿元、小型水库移民扶助基金收入0.94亿元等。省本级预算收入加上中央补助收入10.7亿元，省级政府性基金收入总计173.6亿元。

根据收支平衡原则，支出预算安排163.9亿元，加上补助市县支出9.7亿元，省级政府性基金支出总计173.6亿元。

3. 国有资本经营预算。按照有关规定，2017年省国资委监管企业按税后利润的17%上缴收益，其他企业按税后利润的13%上缴收益，国有资本经营预算调入一般公共预算比例达到19%。除调入一般公共预算外，国有资本经营预算支出范围限定用于解决国有企业历史遗留问题及相关改革成本支出、对国有企业的资本金注入等方面。

收入预算安排4亿元，下降38.5%(主要是上年有一次性增收因素)，全部是国有企业上缴利润收入。与此对应，支出预算安排4亿元。其中："三供一业"移交补助支出3亿元，对国有企业注入资本金0.21亿元，其他支持企业发展资金0.03亿元，调入一般公共预算0.76亿元。

4. 社会保险基金预算。收入预算安排575.8亿元，增长41.6%(主要是机关事业单位基本养老保险基金列入预算)。主要包括：参保人员缴纳的保险费收入278.4亿元、中央和省级财政养老保险补贴收入272.1亿元、保险金存款利息等其他收入25.3亿元。

按照相关支出标准测算，支出预算安排748.4亿元，主要包括：企业职工基本养老保险基金支出579.5亿元，失业保险基金支出1.5亿元，城镇职工基本医疗保险基金支出12.6亿元，工伤保险基金支出5.8亿元，生育保险基金支出0.9亿元，机关事业单位基本养老保险基金支出127.5亿元。按照收支平衡原则，需动用企业职工养老保险、工伤保险基金、生育保险基金历年结余172.6亿元，其他基金预计年末新增结余20.6亿元。

(四) 省级重点支出和重大投资项目预算安排情况

整体来看，今年预算平衡压力和困难远超往年。为更好地保障中央和省委决策部署的落实，我们认真研究改革要求、支出政策，逐项梳理存量项目，深入分析增支需求，预算安排中采取了调整结构、强化统筹、整合资金、跨年度安排、争取中央支持、引导撬动等多项措施，重点把握了十个方面：一是人员支出足额安排，并预留资金用于落实警衔提标、法官检察官工资制度改革及提高干部职工收入水平。二是民生支出全力保障，国家明确要求的提标扩面资金、我省确定的民生政策支出全部安排。三是中央和省委重大决策部署全面落实，突出保障协同发展、脱贫攻坚、结构调整、生态治理、化解产能、科技创新、救灾防灾减灾等重点事项、重点领域。四是国家配套逐项配齐，并预留资金以备执行中新增配套，为争取中央支持创造条件。五是改革性经费全部保障，中央和省委改革部署有资金需求的，均根据改革部署和工作进展相应安排。六是部门事业支出合理安排，事业发展延续性的必需支出继续安排，同时调减或者取消不太紧迫的、绩效偏低的项目，腾出资金用于重点项目支出。七是特殊项目分年度安排，基建、信息化等跨年度项目，根据工程和支付进度，分年度确定预算资金，纳入中期财政规划。八是整合统筹资金，消化部分缺口，除必保的人员经费、政策支出、重点事项外，一般性支出压减5%。九是积极争取中央支持，解决部分增支需求。十是发挥市场机制作用，放大财政投入效果。比如，产业发展资金原则上60%注入股权投资引导基金，撬动社会资本投入。通过上述措施，中央和省委决策部署、人员支出、民生政策以及部门事业发展的必需支出等得到较好保障。重点支出和重大投资项目预算安排如下：

1. 转型升级：安排68.1亿元，增长73.1%。包括：京津冀协同发展16.4亿元，推进集中承载地规划建设，打造落实新发展理念的创新发展示范区；开发区发展10亿元，加快开发区改革创新步伐，建设对外开放主战场和转型升级示范区；重点产业发展24.35亿元，大力发展战略性新兴产业，培育壮大优势产业；国有企业"三供一业"改革5.94亿元，落实中央改革政策，加快剥离国有企业办社会职能和解决历史遗留问题；沿海地区发展8亿元，推进沿海发展战略实施；对外开放3.4亿元，组织经贸洽谈，开展招商引资，大力发展对外服务贸易。

2. 化解产能：安排12.5亿元，增长525%。包括化解钢铁产能11.8亿元、化解煤炭产能0.7亿元，实施企业去产能奖补，落实援企稳岗政策措施，妥善处置僵尸企业，保障化解产能各项任务顺利完成。

3. 脱贫攻坚：安排省级扶贫专项资金37.9亿元，增长75.5%。推进易地扶贫搬迁，实施产业精准扶贫，开展贫困村基础设施改造提升。同时，落实好教育扶贫、医疗扶贫等政策措施（扶贫专项资金加上京津对口帮扶扶持资金、新增建档立卡贫困生及贫困地区教师补助、贫困人口医疗救助，脱贫攻坚方面安排达到44.45亿元）。

4. 科技创新：安排34.1亿元，增长32.1%。推进大众创业、万众创新，实施科技创新平台提升工程，支持发展创业投资和天使投资，促进科技成果转化与推广，推动一流大学和一流学科建设，加强人才资源开发，加快人才队伍建设。

5. 生态治理：安排55.2亿元，增长35.6%。包括：大气污染防治21.5亿元，支持开展“蓝天行动”，加快推进电代煤、气代煤工程；水污染防治5亿元，支持开展“碧水行动”，推进水污染治理三大工程，加强饮用水源地保护；土地综合治理18.8亿元，支持开展“净土行动”，实施土地综合整治；环境保护及综合治理9.9亿元，推进农业生态环境治理、矿产环境治理、海洋保护、地质勘查等。同时，积极争取中央山水林田湖修复试点更大支持，统筹用于环首都区域生态修复。

6. 社保就业：安排124.3亿元，增长12.5%。实施“两线合一”、基础养老金、医疗保险提标扩面，推进机关事业单位养老保险制度改革，落实优抚安置及残疾人补助等民生政策，支持养老服务体系建设，促进就业再就业，推动少数民族地区发展。

7. 公共卫生：安排21.3亿元，增长7.4%。推进健康河北建设，落实公共卫生服务补助提标，促进卫生服务体系建设，加快公立医院综合改革，提升重大疾病防控和公共卫生服务能力。

8. 教育事业：安排107.8亿元，增长15.3%。大力实施教育强省战略，支持学前教育、义务教育、高中教育以及民族教育发展，促进职业教育发展，提高高等教育发展水平，加强教师队伍建设，加快推进教育事业发展。

9. 文体事业：安排15.5亿元，增长44.8%。支持文化产业发展，推进文化宣传，加强文物和非物质文化遗产保护，健全文化设施，完善公共文化服务体系。

10. 冬奥会筹办：安排10亿元，与上年持平。推进场馆规划、市政设施建设、环境治理，加快建设核心赛区竞赛场馆、综合训练基地，推进高铁、高速、机场等重大基础设施建设。

11. 公共安全：安排71.1亿元，增长2.8%。包括：公检法司37.4亿元，推动司法体制改革，推进社会治安防控体系建设，实施“护城河”工程，做好重大活动安保，加强安全生产；市场监管33.7亿元，强化食品药品监管，实施食品药品安全放心工程，加强产品质量检测，进一步完善工商、质监管理体制。

12. 农业农村：安排60.1亿元，增长13%。包括：现代农业及特色农业发展22.1亿元，推进农业供给侧结构性改革，做强做大农业优势产业，实施农产品加工业倍增计划，培育产业化联合体；美丽乡村建设17亿元（不含对贫困地区支出），支持100个重点片区、4000个重点村建设；农村改革13.5亿元，推进农村综改，深化农村产权制度改革；农业综合开发7.5亿元，打造特色农业产业基地，建设现代农业示范区。

13. 造林绿化：安排6.6亿元，增长112.7%。加强京津风沙源治理和水源涵养区建设，加快“再造三个塞罕坝”，支持太行山、燕山绿化攻坚，推动冬奥赛区绿化。

14. 水利建设：安排20.8亿元，增长10.4%。深入开展地下水超采治理，推动水源、水井、输水管线等饮水设施建设，加快重大水利设施等工程建设。

15. 金融创新：安排6.6亿元，增长19.4%。落实财政金融合力支持发展相关政策，实施“政银保”财政贴息、保费补贴及风险补偿，支持金融创新和普惠金融发展，开展地震巨灾保险试点，激励企业上市和股权投资基金发展；进一步加大PPP模式推广应用力度，支持示范项目建设，加快PPP京津冀协同发展基金运作。

16. 基础设施：安排217.1亿元，增长94.6%。其中：预内基建20亿元，推动实施预算内基本建设项目；保障性安居工程21.2亿元，支持改造棚户区20万套，推进农村危房改造；衡水园博会1亿元。其他为交通建设及还贷支出，支持公路、铁路、轨道交通等重点项目建设。

需要说明的是，预算安排中认真落实“三公”经费只减不增政策，切实加强资金审核管理，2017年省级财政性资金安排“三公”经费3.94亿元，下降1%。其中：一般公共预算安排2.74亿元，下降1.1%；政府性基金预算安排5369万元，下降0.5%；财政专户收入安排0.66亿元，下降1.2%。

三、2017年预算执行重点工作

2017年，我们将认真落实中央和省委、省人大各项决策部署及工作要求，围绕上述预算安排，进一步突出问题导向，坚持依法理财，深化财税改革，优化管理机制，细化工作举措，强化保障措施，扎实推进各项政策措施落地，确保完成全年预算任务。

（一）进一步推进依法理财。出台《河北省预算管理规定》《河北省专项资金管理办法》等地方财政规章，健全配套制度办法，逐步建立较为完善的现代地方财政制度体系。严格执行预算法、河北省预算审查监督条例等各项规定，进一步强化预算约束，严格按法定时限下达资金，按规定用途拨付和使用财政资金，加强预算执行管理，加快财政支出进度，最大限度发挥财政支出对经济社会发展的拉动作用；认真做好收入形势分析研判，依法加强税费征管，推进国地税联合办税，创新税源管控模式，提升纳税服务水平，开展重点领域专项治理，严厉打击各种偷逃骗税行为，创造公平公正的税收环境，推动全省收入合理增长。

（二）加大积极的财政政策实施力度。以供给侧结构性改革为主线，认真落实国家减税降费政策，进一步减轻企业负担，支持实体经济加快发展。紧紧围绕协同发展承载区建设、生态治理、脱贫攻坚等中央和省委重点部署，积极对接中央政策，紧密结合我省实际，精准谋划平台和抓手，争取中央在转移支付、债券额度、改革试点等方面，加大对我省的支持力度。进一步优化财政支出结构，强化整合统筹，突出支持重点，提高资金配置效率，集中保障中央和省委重点决策部署落实。积极创新财政投入方式，通过PPP模式、股权投资、融资租赁、财政金融政策等多种方式，发挥财政资金“四两拨千斤”作用，撬动金融资本、社会资本投入，激发社会投资活力。

（三）着力保障和改善基本民生。进一步创新财政扶贫资金投入方式，强化贫困县涉农资金统筹使用，提高资金使用精准度和效益；积极拓展财政金融扶贫模式，全面推广“政银企户保”，撬动更多资金投入扶贫开发。进一步完善城乡低保、养老保险、医疗保险等基本民生政策，合理提高财政补助标准，强化基本民生保障，增强民生政策可持续性；扎实做好基本民生兜底相关工作，抓好民生政策落实“最后一公里”，让人民群众有更多获得感。进一步优化省对下转移支付结构，加强对困难地区的补助救助，增强县级基本保障能力，在保工资、保运转、保民生的基础上，提高基本公共服务均等化水平。

（四）继续深化财税体制改革。优化全过程绩效预算管理机制，抓好改革示范县建设，扎实推进改革落地，全面提高改革成效，促进地方政府治理能力提升。深化地方财政体制改革，根据中央改革部署，逐步理顺省以下政府间事权和支出责任划分，力争在一些领域取得突破性进展；进一步完善省以下收入划分体制，激发各级发展活力。密切关注中央税制改革动向，全面落实各项改革部署，着力完善地方财政收入体系；深入推进水资源税改革试点，为全国推广提供可复制经验；扎实做好营改增后续工作，进一步落实矿产品从价计征改革；积极做好环境保护税相关准备工作，为明年改革顺利落地夯实基础。积极推动社会保障、医药卫生、科技教育、环境保护等相关改革，发挥好基础和先导作用。

（五）突出抓好政策措施落地。紧盯各项改革试点、财税政策在基层落地情况，着力完善工作机制，强化保障措施，提升落实效果。特别是紧紧围绕大气污染防治、地下水超采治理、山水林田湖生态修复试点等生态治理重点事项，以及各项民生政策落实，建立健全评估反馈、督导调度、考核评价、结果运用等机制，突出重点地区、重点领域、重点环节，畅通反馈渠道，定期开展实地调研督导，加强过程监控和追踪问效，强化试点、政策效果评估和考核评价，并将评价结果与政绩考评、预算安排、转移支付等挂钩，推动各项重大决策部署真正落在实处、取得实效。

（六）有效防控财政运行风险。加强政府性债务管控，严格政府债务限额管理，强化市县债务管理绩效评价，有针对性地开展政府债务专项核查，完善政府性债务风险应急处置机制，督促高风险地区做好债务风险化解相关工作，分类推进融资平台公司市场化转型，确保不出现系统性区域性债务风险。同时，积极优化政府性债务结构，用好政府新增债券和置换债券政策，更好发挥稳增长作用。密切关注基层财经运行，加强收入、支出、库款状况监控分析，及时识别、预警、处置风险，保障各级财政平稳健康运行。加强维稳经费保障，全力支持做好重大活动安保，确保我省“护城河”作用更好发挥。

（七）切实维护财经纪律。加强对重大政策落实及重点资金使用情况的绩效监督，强化财政监督检查和专项整治，定期检查财经纪律执行情况，及时发现处理违规违纪问题。对巡视、审计和监督发现的问题，认真整改落实，完善内控制度，健全长效机制，规范理财行为；强化责任追究，对各种违规违纪行为，依照相关法律法规严肃处理。进一步加强预算公开，严格落实公开要求，主动接受人大和社会监督，提高财政政策资金使用管理透明度。

各位代表，做好今年的财政工作，使命光荣、责任重大。我们将在省委的坚强领导下，严格落实省十二届人大五次会议的决议和要求，继续解放思想、开拓进取，努力完成各项目标任务，加快推进经济强省、美丽河北建设，以优异成绩迎接党的十九大胜利召开！

中共河北省委　河北省人民政府关于加快推进美丽乡村建设的意见

为深入贯彻落实党的十八届五中全会、第二次全国改善农村人居环境工作会议精神和省委八届十二次全会安排部署，到2020年实现全面建成小康社会的奋斗目标，省委、省政府决定，加快美丽乡村建设步伐，用5年时间，基本实现美丽乡村建设全覆盖。为此，提出如下意见。

一、明确总体要求，基本实现美丽乡村建设全覆盖

（一）指导思想。全面贯彻党的十八大和十八届三中、四中、五中全会精神，以邓小平理论、“三个代表”重要思想、科学发展观为指导，深入贯彻习近平总书记系列重要讲话精神，按照全面建成小康社会要求，以创新、协调、绿色、开放、共享的发展理念为引领，以实施“四美五改·美丽乡村”行动为载体，坚持示范引领、提高标准，因地制宜、分类指导，市场运作、多方参与，把改善农村人居环境与发展现代农业、推进扶贫攻坚、搞好乡村旅游、山区综合开发结合起来，五位一体、统筹推进，突出地域特色，尊重农民意愿，建立长效机制，基本实现美丽乡村建设全覆盖，为建设经济强省、美丽河北奠定坚实基础。

（二）总体目标。到2020年，基本实现美丽乡村建设全覆盖，具备条件的农村全部建成“环境美、产业美、精神美、生态美”的美丽乡村。

——村容村貌干净整洁。村庄规划科学合理，民居建筑富有特色，大街小巷硬化通畅，村内村外、房前屋后、庭院内外清洁干净。

——生态环境清新优美。田园、水源、家园清洁，生产方式和生活方式绿色低碳，生态支撑能力显著增强，天蓝、地绿、水清的宜居乡村基本展现。

——农民收入明显提高。农业产业结构趋于合理，一二三产业深度融合，产业特色鲜明，农民增收渠道不断拓宽，农民收入明显高于全国平均水平。

——公共服务完善配套。基础设施不断完善，社会保障体系更加完备，公共服务水平稳步提高，常态化管理机制基本形成。

——农村社会和谐文明。物质文明、精神文明协调共建，社会主义核心价值观在广大农村落地生根，农村社会治理不断创新，村庄平安和谐，村风健康向上，农民安居乐业。

（三）基本原则。

——坚持规划引领，突出特色。强化规划的引领和指导作用，科学规划、分步实施。充分考虑农村与城镇的功能性差异，突出乡村特色，保持田园风貌，注重农村文化传承，防止千篇一律。

——坚持因地制宜，分类推进。从各地区位优势、发展基础、资源禀赋等实际出发，强化分类指导，先从城市郊区、旅游景区、交通便捷的村庄抓起，有序推进，逐步形成以点带面、全域推开的格局。

——坚持创新驱动，市场运作。坚持解放思想，推进体制机制创新，培育新型市场主体，充分运用市场手段推进美丽乡村建设。

——坚持生态优先，绿色发展。按照建设资源节约型、环境友好型新农村的要求，注重采用节能、环保、低碳新材料、新技术、新装备，实现乡村绿色发展。

——坚持从实际出发，农民自愿。充分尊重农民的意愿，不急于求成，不强迫命令，把群众认同、群众参与、群众满意作为基本要求，切实调动农民的积极性、主动性和创造性。

二、突出重点任务，实施十二个专项行动

大力推进“四美五改”（改房、改水、改路、改厕、改厨，做到环境美、产业美、精神美、生态美），实施12个专项行动，不断提高美丽乡村建设水平。

（一）实施民居改造专项行动。按照县域、片区和村庄规划，结合实际编制由村到户的民居改造设计方案和施工图。按照《河北省美丽乡村民居设计方案》要求，针对山区、坝上、平原、沿海等不同地域村庄特色，对已有民居院落、厨房、厕所以及屋顶、檐口、立面、门窗、房角线、院墙、门楼等实施改造。坚持改造为主，建新为辅，积极引导新建或翻建民居的农户按照推荐的新样式，使用新技术、新材料进行建设。农民自主选择建设样式和造价标准。每年建设10万个民居改造示范户。严格管理控制村庄风貌，引导农村住宅向布局合理、功能完善、特色鲜明、节能环保方向发展。支持符合条件的困难家庭对危房

进行改造，严格补助对象认定，健全质量保障体系，切实解决困难农户的住房安全问题，到2020年，完成35.65万户现有农村危房改造任务。

（二）实施安全饮水专项行动。开展农村饮水安全巩固提升工程建设，逐步建立“从源头到龙头”的农村饮水工程建设和运行管护体系。在条件具备的平原地区，选择部分市县作为试点，规划建设一批较大规模的集中供水工程，实现城乡一体化供水。在采取分散式供水的村庄，通过增压设施建设，保证供水水质、水量、用水方便程度、水源供水保证率、水压等符合国家相关标准。实施饮用水有偿使用，培养村民节水意识。通过南水北调和引黄工程置换地下水源，解决东部平原区饮用高氟水问题。及时解决村庄供水管网老化、水源变化等问题，不断提升已建工程的建设标准，为农民群众提供更为方便足量的饮用水。到2020年，全省所有村庄实现安全达标饮水。

（三）实施污水治理专项行动。根据村庄条件，采用适宜模式收集和处理农村生活污水。人口密集、污水排放量大的村庄，采用集中处理方式；城市、县城和乡镇近郊的村庄，生活污水就近纳入城市、县城和乡镇污水收集管网统一处理；居住分散、人口规模较小、地形条件复杂、污水不易集中收集的村庄，采用庭院式小型湿地、污水净化池、太阳能微动力和小型净化槽等分散式污水处理技术。污水治理项目，鼓励应用新技术、新材料、新工艺、新设备，不得使用国家明令淘汰的材料、设备和技术。到2020年，有条件农村的生活污水基本得到有效治理。

（四）实施街道硬化专项行动。加快推进农村公路、连村道路、村内街道硬化。主街道以建设水泥混凝土路面、沥青路面为主，根据具体情况设置垫层或基层，铺设排水管道和设施，预留供水与电缆网管的铺设管道，做好道路两侧的路肩铺装。辅道、巷道和街景花园硬化坚持就地取材、体现乡村特色，采用红砖路、石板路、石子路等形式，面层要防滑，造型要多样，和周围环境浑然一体。线杆、路灯等亮化设施要安装到位，村内主街道夜晚有照明，方便群众出行。对农村通信设施和电网进行改造升级，保障农村用电和通信需求。到2020年，所有行政村完成街道硬化、亮化和电力通信设施建设任务。

（五）实施无害化卫生厕所改造专项行动。因地制宜推广使用三格化粪池式厕所和双瓮式厕所，具有完整上下水道系统和污水处理设施的地方可以修建水冲式厕所，引导农户修建户内卫生间。在山区、坝上等缺水地区，建造粪尿分集式厕所和双坑交替式厕所。按规范程序改造厕所，严把产品质量关和施工关，有效解决厕所防冻、防臭、节水等技术问题。动员社会力量组建服务队，每300户配备1台渣液清理车，逐步建立农户缴费、专业人员清掏的市场机制。厕具生产经营企业要全程服务，建立完善的售后网络，确保维护服务和零部件供应到位。到2020年，全省无害化卫生厕所普及率由现在的45%提高到80%。

（六）实施清洁能源利用专项行动。通过治理农村燃煤污染、面源污染、秸秆焚烧，改善空气质量。加快改善农村能源结构和使用方式，引导农户使用电能、太阳能、天然气、液化气、大型沼气等清洁能源进行炊事和取暖。加强秸秆收、贮、运和加工体系建设，创建一批小型设备压块、成型机械托管、秸秆打捆直燃、秸秆沼气、秸秆气化项目，推广秸秆等废弃物能源化利用。大力推广秸秆压块、洁净型煤、优质低硫散煤通用炉具，鼓励有条件的农村、乡镇机关企事业单位改造传统燃煤锅炉和使用碳晶电采暖、电蓄热锅炉等新型锅炉进行集中供暖，不断提高农村高效清洁燃烧炉具使用比例。到2020年，累计推广高效清洁燃烧炉具250万台、太阳能热水器50万台、集中供暖新型锅炉和改造传统燃煤锅炉5000处、秸秆能源化利用250万吨，其他替代模式5万户以上。

（七）实施“三清一拆”和垃圾治理专项行动。广泛开展清杂物、清残垣断壁和路障、清庭院、拆除违章建筑活动，以县为主组织集中清理整治。积极开展农村生活垃圾减量和资源化利用，做好农村生活垃圾源头分类收集工作。采用城乡一体化垃圾处理模式的地方，要合理布置垃圾处理场、垃圾转运设施、村庄垃圾收集设施，实现共建共享；采用就地分散处理模式的边远地区，建设的垃圾填埋场应具有防渗、压实、覆盖等措施，符合环保要求。全面推广水泥窑焚烧垃圾的处理方式，有效利用垃圾热能和灰渣，降低污染物排放。每100户配备1名保洁员，推广使用垃圾清扫车，定时清扫保洁和清运。到2016年，70%以上村庄垃圾得到有效治理，2017年，90%以上村庄垃圾得到有效治理，2020年，全省村庄垃圾全面得到有效治理。

（八）实施村庄绿化专项行动。充分利用村边荒地、荒滩和环村路，大力营造生态防护林型、经济林型、用材林型、花卉苗木型、公园绿地型等不同模式村庄林。根据街道宽度、周边环境，合理选择乔木＋绿篱型、乔木＋花灌木型、花灌木＋攀援植物型等不同模式，提高街道绿化美化水平。利用攀爬类植物，对建筑物外立面、围墙等进行立体、多层次、多功能的绿化美化。种植花果蔬菜，打造家庭园艺景观，推进庭院绿化。充分利用村内和周围的“四清”场地，建设供村民休闲、游憩的游园绿地，搞好空心村绿化和路渠堤塘绿化。到2020年，全省新增村庄绿化面积140万亩，村庄绿化覆盖率由现在的30%提高到35%，实现村庄绿化达标全覆盖。

（九）实施特色富民产业专项行动。大力调整农业结构，加快培育新型农业生产经营主体，积极推进现代农业园区、特色产业链条、特色产业乡镇建设，打造一批旅游、特色种养、特色工贸和家庭手工业专业村，加快转变农业发展方式，提升农业竞争力，提高农民致富能力。到2020年，打造100个省级现代农业园区、100个绿色优质“菜篮子”产品供应基地、100个农产品加工物流生产链条、100个“一乡一业”特色产业乡镇、500个乡村旅游示范村、100个农产品出口质量安全示范基地、100个智慧农业示范园、100个规模化农业社会化服务组织、100个农产品知名品牌，培养100万新型职业农民。设施蔬菜、优质林果、食用菌、中药材、畜牧业、水产业、休闲农业等特色富民产业得到全面发展，农产品市场体系进一步完善，农业产业化经营水平明显提升，农民收入明显提高。

（十）实施农村电子商务网点建设专项行动。构建农村电商公共服务体系，拓宽美丽乡村农产品、民俗休闲娱乐产品、乡村旅游商品市场和流通渠道，健全线上线下相统一的购销网络，提高流通现代化水平。加强与阿里巴巴等电子商务企业合作，共同完善、拓展、创新农村电商发展模式。整合供销社流通网络及金融、物流资源，建设美丽乡村云，打造集网上交易、仓储物流、品牌运营、金融运作、产品展示于一体的涉农电子商务交易综合服务平台。依托村民中心、超市等营业场所建设电商服务站点，委托大学生村官、村干部或供销社网店营业员进行管理，收集、开发本地特色农产品，引导农民在网上买卖商品。不断完善美丽乡村云功能，开发休闲农业、乡村旅游、便民服务、电子政务等模块，提高美丽乡村建设的信息化水平。到2016年，实现全省农村电子商务全覆盖；到2020年，建立起完善的涉农电商服务体系。

（十一）实施乡村文化建设专项行动。对村“两委”办公室、村民活动室、医务室、警务室等进行整合，集中建设集办公议事、村务公开、事务代办、信访代理、医疗卫生、邮政服务、购物超市、文化娱乐、信息技术服务等于一体的村民中心。加强农村中小学、职业教育学校和幼儿园建设，健全完善农村义务教育经费保障机制，实现教育资源优化配置。结合本地历史文化和农村精神文明建设推进环境美化，对村内主要街道两侧墙面进行全面整饰，绘制文化墙，清除内容低俗、破损严重的标语广告，建设专门广告栏。结合村庄建设和文化特色，在村庄入口处设立村庄标识。大力推进村综合文化服务中心、村史馆（室）和农村互助幸福院建设，有条件的村要建设文化广场、体育健身设施、农村骨灰堂和公益性公墓。举办村民讲习所，进行专题讲座和技能培训，建好用好农村书屋，广泛开展“十星级文明农户”“五好文明家庭”“美丽庭院”“最美家庭”创建活动，引导广大农民形成文明乡风民风。到2020年，实现全省农村村民中心、村综合文化服务中心、村史馆（室）、农村互助幸福院建设全覆盖。

（十二）实施基层组织建设专项行动。创新农村基层党组织设置，加强发展型服务型基层党组织建设，完善村级为民服务全程代办制，加快建立村民“办事不出村”网络服务平台。持续整顿软弱涣散基层党组织。改革选拔、培养、激励机制，统筹抓好乡镇党委书记、村党组织书记和农村致富带头人“三支队伍”建设。建立健全村党组织、村民代表会议、村民委员会、村级经济合作组织“四位一体”治理架构，落实“四议两公开”工作法。加大村级组织运转工作经费投入，发展壮大农村集体经济，增强村级组织保障能力。加强党员队伍教育管理。打造一批硬件完善、制度规范、特色鲜明、成片连线的党建示范区、示范村。加快平安乡村建设，构建和谐稳定的社会环境。经过5年努力，使全省农村基层党组织的领导核心地位更加巩固，党员干部队伍结构更加优化，村级治理机制更加健全，基本实现农村基层组织建设全面进步、全面过硬。

三、加强分类指导，统筹协调推进

（一）按照县域镇村体系规划，加快建设三类村。目前全省共有4.7万个村庄，根据保留村、中心村、撤并村的情况，因村施策，分类推进。

1. 对保留村，一村一策、就地改造。有9200多个保留村已经进行美丽乡村建设。下一步，按照“修旧为主、建新为辅，保留乡村风情、改造提升品位”的要求，每年就地改造4000个左右村庄，保留现有的道路、村庄肌理，延续现有文脉，不搞大拆大建。加大基础设施建设力度，完善公共服务，突出民居特色，塑造“一县一特”“一乡一品”的民居建筑风格。

2. 对中心村，增减挂钩、联村并建。每年启动建设200个左右中心村，平均一个中心村撤并整合3－6个行政村，力争5年吸纳带动5000个左右的村庄。抓好土地复垦，落实土地增减挂钩政策，经批准将节约的指标少量调剂给城镇使用的，其土地增值收益全部返还农村，保障农民的合法收益。坚持农村社区、现代农业园区、乡村工业园区同步建设发展，通过“三区”联动实现农民生产方式和生活方式的根本转变。

3. 对撤并村，整合资源、有序整治。对不具备生产生活条件、影响自然生态保护和生态功能增强的村，实行生态移民。对空心率超过50%、剩余户少于100户的空心村，实施搬迁整治。开发有市场价值的空心村，组建农宅合作社，建设乡村酒店，用于养老或休闲度假。对纳入城市规划的村，要结合新型城镇化进行改造建设，一部分改成城市社区，按照城市社区的标准来建设和管理；一部分建成城中的美丽乡村，为城市居民提供就近休闲度假之所。对即将自然消亡的村，原则上不再新建设项目、批宅基地。

（二）明确建设标准，加快建设进度。要根据各村的基础条件，合理安排资金和力量，因地制宜推进精品村、达标村建设。

1. 高标准建设精品村。在基础条件好、班子战斗力强、群众积极性高的村庄，高标准规划，高水平建设，高质量完成12个专项行动目标任务。民居住房达到结构安全、基本功能齐全的要求，主要街道100%、村庄整体50%以上的民居按要求完成节能改造；农户改厕实现全覆盖；生活污水处理设施覆盖率不低于80%；80%以上农户使用清洁能源；村庄规划布局合理，基础设施齐全配套，公共服务体系完善健全，特色富民产业快速发展，文化旅游功能凸显，基层组织坚强有力，农民生活品质显著提高。到2020年，全省15%的村庄建成精品村。

2. 全面实现达标村。在基础条件一般的村庄，要从实际出发，主要抓好改水、改路、改厕、垃圾处理、村庄绿化、“一村一品”、基层组织建设等工作，农民生活水平普遍提高。到2020年，全省85%的村庄建成达标村。

（三）“五位一体”统筹推进，实现“四个结合”。要把美丽乡村建设与现代农业、扶贫攻坚、乡村旅游、山区综合开发有机结合起来，统筹推进，形成合力。

1. 与现代农业相结合。在各重点片区建设一批高水平农业园区、农业科技园区。按照经济开发区建设思路和模式谋划发展，由管委会统一进行规划，统一建设基础设施，统一流转土地，统一招商和管理。引进一批现代农业技术，转化一批高技术农业科技成果。鼓励多种模式建设现代农业园区。引进一批龙头企业，涵盖一二三产和种植、养殖、加工、物流、旅游等多种类型，促进产业融合发展。依托优势产业，挖掘生态资源、优美景观、民俗文化等，把休闲农业、乡村旅游作为重点，发展一批乡村旅游项目，推进传统农产品向休闲商品转变、农业园区向休闲景区转变。实施农产品品牌培育工程，支持农业市场主体创建和申报驰名商标、著名商标，加快培养一批本土品牌，扩大河北农产品品牌效应，提升品牌和商业价值，提高经济效益。

2. 与扶贫攻坚相结合。按照“六个精准、五个一批”的要求，整村推进，做到村有脱贫致富产业，贫困户有脱贫致富项目，实现稳定脱贫。建成的美丽乡村必须实现贫困户全部脱贫，建档立卡的贫困村也要改善生产生活条件，努力建设美丽乡村。

3. 与乡村旅游相结合。在建设好村庄道路、饮水、用电等基础设施的基础上，充分利用农村自然生态、历史文化元素、田园景观、农林牧渔特色资源优势，以农家特色餐饮美食、乡村游览观光、农耕文化体验、乡村休闲娱乐、农业科普教育等为主要内容，全省每年打造200个旅游专业村。以农民家庭为主体开发经营旅游服务项目，对民居及厨房、餐厅、客房、厕所等进行改造，达到省定乡村旅游标准，满足游客的消费需求。

4. 与山区综合开发相结合。在大力发展山区经济，改善山区交通条件的基础上，充分利用“燕山——太行山”地区历史文化名镇名村、少数民族特色村和民俗村资源优势和山清水秀的资源禀赋，坚持开发与保护、培育与传承相结合，把山区村庄建成特色鲜明的美丽乡村。

（四）坚持建管并重，确保长久美丽。美丽乡村建设是一项长期、艰巨的系统工程，不会一蹴而就。要先建设美丽，进而经营美丽，并长久保持美丽。

1. 建立长效管护机制。不断巩固和维护好美丽乡村的建设成果，坚持建管并重，落实相应人员、制度、职责、经费，切实建立农村公共设施的长效管护机制，确保供水、垃圾、污水、厕所、照明等设施正常运行，逐步实现村庄的自我管理。大力推广PPP运作模式，鼓励社会化资金参与农村卫生保洁、垃圾治理、污水治理、厕所清掏等项目，扩大农村基础设施和公用事业建设、维护的投融资渠道，提高农村公共管理的质量和效率。

2. 持续推进晋档升级。已建成的达标村要对照12个专项行动要求查漏补缺，积极筹措资金，升级已建项目，高质量建设污水处理设施，实现厕所改造、主街道民居改造的全覆盖，并努力经营美丽、发展经济。对于经过后续建设，达到精品村标准的村庄，省将予以奖补。

3. 大力经营美丽。已建成的美丽乡村，要通过大力发展电商、农宅合作社、现代农业、家庭手工业等项目，利用多种业态，发展农村经济，增加农民收入，实现从建设美丽到经营美丽、从输血式扶持向造血式发展的跨越，把美丽乡村建设成果转化为新的生产力。

四、落实保障措施，确保目标任务如期完成

（一）加强组织领导。各级党委、政府和有关部门要统一思想，提高认识，把美丽乡村建设摆上重要议事日程。县级是组织实施的责任主体，要作为一把手工程强力推进，形成齐抓共管的工作格局。市县乡三级都要成立美丽乡村建设领导小组，一把手任组长，抽调精干力量，组建强有力的办公室。各级领导干部要带头示范，省市县四大班子成员每人每年都要分包一个重点村，其中省市四大班子成员和县级党委、政府主要负责同志分包的重点村要建成精品村。

（二）科学编制规划。规划编制要实施分类指导，体现大中城市郊区、县城周边地区、平原地区、山区等不同地域特色。各地要聘请有资质、水平高的规划单位和设计人员，制定全县域规划，与城镇建设规划、土地利用规划、生态环保规划相衔接，科学布局村庄，明确村庄分类，统筹安排基础设施建设。每个村都要有修建性村庄规划，包括民居、道路、绿化、环境整治、供水供电、污水和垃圾治理等专项规划内容，到户民居改造设计方案及其他建设项目的设计方案，并通过村民代表大会等形式征求村民意见。乡镇要成立规划委员会，组织群众参与规划的编制和审定，并监督执行规划。

（三）拓宽筹资渠道。政府加大支持力度，每年财政支持资金要逐步增长。要以县为平台，按照“统筹安排、集中投入、专款专用、形成合力”的原则，整合农业、扶贫、交通、水利、电力、教育、医疗卫生等各类涉农项目资金向美丽乡村建设倾斜。加快省市县三级美丽乡村投融资平台建设，按年度目标要求落实融资任务。以市县为主导，金融部门积极配合，推进“信用工程”建设，对农户进行评级授信，被评为信用户的农户可得到免抵押、免担保的信用贷款。各级财政部门可统筹安排财政涉农资金，对符合条件的贷款户给予适当贴息支持。鼓励有条件的地方设立政府性担保基金，对银行业金融机构担保贷款发生的风险给予合理补偿。利用多种途径，撬动金融资本、社会和城市工商资本投入美丽乡村建设，引进产业实力雄厚的战略投资者和经营者参与美丽乡村建设。加强资金监管，提高使用效率，确保资金安全。

（四）用好民居改造政策。要充分利用民居改造的相关政策，不断拓展民居改造资金来源。用好保障房政策，移民搬迁村、中心村的村民向县城、城镇周边集中，变成城市居民，享受城镇保障房政策。用好移民搬迁政策，为移民户提供适当补贴和免息贷款。用好危房改造政策，对符合条件的农户进行补助。用好节能建筑改造政策，改善民居门窗、墙体的节能保温效果。充分保障农村宅基地的用益物权，在不改变农村集体土地所有权和农民宅基地使用权的前提下，允许农民将依法取得的房屋通过租赁合作

等方式与城市居民共同经营。全面推广农宅合作社，鼓励多种形式的村企共建，实现收益共享。用好城乡建设用地增减挂钩政策，增减挂钩中要统筹做好农村居民的拆迁补偿安置和美丽乡村建设工作，增减挂钩土地节余指标交易流转收入要按照土地出让收支管理规定，优先支持腾出建设用地指标的村庄建设，市县从土地出让金收益中拿出不低于20%专项资金用于美丽乡村建设。

（五）健全完善股份合作制。重点推行政府＋龙头企业＋金融机构＋合作社＋农户“五位一体”股份合作模式，组建法人合作社和股份合作体，通过创新产业组织模式，整合优质资源要素，解决土地节约、工商资本进入、承贷主体、农民权益保护等问题，让资源变股权、资金变股金、农民变股民、自然人变法人，强力推进美丽乡村产业发展。

（六）加大“四新”推广力度。制定新材料、新技术、新装备、新样式“四新”推广方案，出台奖励政策，明确年度目标任务，督促指导各地建设示范户和示范村。要推动大宗新型材料生产的本地化，通过扶持本地企业和引进外地企业，开发生产更多适应当地需求、物美价廉的新产品。各地农村新建学校、村委会办公室、村民中心等公共设施，都要使用钢结构、尾矿砂等新型建材。采取奖补办法，鼓励支持新民居建设采用钢结构等。充分发挥政府、驻村工作队、乡村干部群众等多方面的作用，通过示范村和示范户带动、对农民教育培训等形式，形成推广应用“四新”的浓厚氛围。

（七）广泛发动群众。通过示范引导、讲习所培训、组织外出参观、党员干部带头、政策引导等多种形式，引导农民投资、投工、投劳，出主意、想办法。对于改厕等农民投资投劳较多的项目，要积极探索项目资金拨付由报账制改为补贴制的办法。切实调动农民的积极性、主动性和创造性，依靠群众的力量和智慧建设美丽家园。

（八）强化驻村帮扶。结合机关干部下基层锻炼和扶贫开发工作，每年从省市县选派机关干部组成工作指导组和工作组，进村入户开展工作，实行“一年帮扶、两年联系”。选派县以上机关优秀年轻干部、后备干部到美丽乡村建设的重点村驻村帮扶，党员驻村工作组组长兼任村第一书记，帮助争取政策、项目、资金和破解难题。驻村干部要恪尽职守、勇挑重担，会同村“两委”编制规划，制定年度任务目标和具体工作方案，监督资金使用情况，协调推动任务落实，实绩突出的要优先提拔重用。

（九）严格专项考核。对美丽乡村建设工作实行增比进位管理考核，坚持一季一调度、半年一观摩、一年一考核。把美丽乡村建设工作考核单列出来，制定考核办法、明确考核标准，抽调专业人员进行考核，考核结果与干部使用直接挂钩。对年终考核排名靠前的县（市、区），给予通报嘉奖，对排名靠后的县（市、区），全省通报并对主要领导进行约谈，连续两年排名靠后的，按照有关程序，对主要领导进行调整。

（十）实施激励政策。从2017年开始，省级重点片区的确定，采用竞争申报制，重点支持规划好、积极性高、能出精品的片区。加大“以奖代补”力度，每年认定一批河北“美丽乡村”，数量上不设名额限制，凡是达到省定标准的村均予以奖补，并对村“两委”班子给予适当奖励。对实绩突出的乡镇党委书记、乡镇长要分别给予专项工作奖。

（十一）营造良好舆论氛围。各级宣传部门和新闻媒体要通过多种有效形式大力宣传美丽乡村建设的重要意义、总体要求和主要任务，统一干部群众思想认识，引导工作深入广泛开展。要充分发挥电视、广播、报刊、网络等主流媒体的作用，通过开辟专栏、组织专访等形式推出一批典型，推广成功经验，努力打响美丽乡村建设这一品牌，形成全社会关心、支持美丽乡村建设的良好氛围。

（转自《河北日报》2016年1月13日）

河北省旅游业“十三五”发展规划

为加快把旅游业培育成为全省国民经济战略性支柱产业，推动旅游改革创新、产品供给优化、产业协调发展、区域协同集聚，实现由旅游大省向旅游强省的跨越，推动建设京津冀世界级旅游目的地，制定本规划。

一、总体要求

（一）指导思想

以习近平总书记系列重要讲话精神为统领，全面贯彻党的十八大和十八届三中、四中、五中、六中全会精神，坚持统筹推进“五位一体”总体布局，协调推进“四个全面”战略布局，全面落实创新、协调、绿色、开放、共享的新发展理念；深入学习贯彻省第九次党代会精神，坚定走加快转型、绿色发展、跨越提升的新路；充分挖掘历史文化、红色文化、绿色生态、多彩民俗、特色产业旅游资源优势，充分发挥旅游业在脱贫致富，助推实现全面小康发展中的综合带动作用，以供给侧结构性改革为主线，以发展全域旅游为方向，以融合发展为手段，以重大重点项目建设为突破口，拓展新领域，打造新业态，完善公共服务，深化改革开放，大力推进旅游产业化，在构建京津冀旅游大格局中，全面叫响“京畿福地·乐享河北”旅游品牌。将旅游业培育成国民经济的战略性重要支柱产业，实现由旅游大省向旅游强省的新跨越，为建设经济强省、美丽河北作出重要贡献。

（二）基本原则

1. 坚持创新驱动。进一步解放思想、转变观念，从资源依托、要素依托的粗放式发展转向资本依托、创意依托的集约式发展。探索建立多部门协调推进的综合管理新模式，发挥市场在资源配置中的决定性作用。

2. 坚持协同发展。牢固树立京津冀协同发展大局观念，主动融入京津、服务京津、借力京津。同时，统筹区域发展、城乡发展，推动生产要素平等交换和旅游公共服务均等化，促进城市乡村共同繁荣。

3. 坚持绿色发展。加强生态建设和环境保护，强化科技支撑，大力推进节能环保，倡导生态旅游、低碳旅游、文明旅游，促进科学发展与永续利用，实现绿色崛起。

4. 坚持转型升级。围绕满足国民旅游休闲需求，加快调整优化产业结构，强化公共服务体系建设，推进集约化、智慧化发展，实现速度、结构、质量、效益相统一。

5. 坚持普惠共享。把增进人民福祉、促进全面发展作为出发点和落脚点，着力消除贫困、造福群众，通过各种保障和奖励，降低旅游成本，共享发展成果。

（三）发展目标

到 2020 年，全省接待国内外游客达到 8 亿人次，旅游总收入突破 1 万亿元，年均分别增长 15％和 25％以上，旅游业增加值占全省 GDP 的比重达到 10％。

旅游投资和消费规模进一步扩大，全省旅游项目投资累计完成 5000 亿元，城乡居民年人均出游 5 次左右。旅游从业人数实现倍增，带动 30 万贫困人口脱贫，成为消除贫困、扩大开放的重要途径，我省新的经济增长点和战略性重要支柱产业。

国家 5A 级旅游景区达到 10 家，国家 4A 级旅游景区达到 150 家，创建国家级旅游度假区 5 家，全域旅游示范区 22 个，中国国际特色旅游目的地 2—3 个，建成京津冀的休闲度假区、养生养老区、生态体验区和城市居民的“山水家园”。

实现京津游客数量快速增长的同时，努力使中远程市场份额达到 30％，万人客源国数量达到 30 个，构建完善的京津冀大旅游格局，共同建成以旅游为主导的“一周美丽生活圈”和世界级旅游目的地。

（四）发展战略

1. 全域旅游战略。全面推广、牢固树立“全域旅游”发展新理念，在旅游资源富集、发展基础较好的区域，以旅游业为优势产业，对区域内旅游资源、相关产业、生态环境、公共服务、体制机制、政策法规等进行整体规划布局、系统优化提升，从而实现旅游业全区域、全要素、全产业链发展，让旅游业在区域经济社会协调发展中更好地发挥带动和促进作用。

2. “旅游＋”战略。充分发挥旅游业的拉动力、融合力及催化、集成作用，加快“旅游＋”农业、工业、文化、体育、商贸等相关产业及“旅游＋”美丽乡村建设、新型城镇化、互联网、双创等热点领域的融合发展，为相关产业和领域发展提供旅游平台，提升附加值，实现产业之间的联动与共兴。

3. 京津冀协同战略。主动融入京津，推进京津冀基础设施和公共服务对接；主动服务京津，以满足京津休闲度假需求为主导，构建完整的旅游产业链条和产业分工体系；主动借力京津，引进京津高端优势企业、人才、技术、品牌等，实现规划布局、协调机制、品牌形象、产品开发、市场营销、旅游交通、公共服务和旅游监管八个“一体化”，共同构建世界级旅游目的地。

4. 优化供给战略。加强供给侧结构性改革，大力发展休闲度假新业态、新产品，提升服务品质。针对京津等大城市居民旅游休闲需求，推动2.5天“微度假”产品建设。利用乡村闲置房屋，发展精品民宿和乡村度假酒店，建设城市居民的“旅居家园”，打造全国美丽乡村建设的样板，实现旅游扶贫富民。

5. 品牌引领战略。实施河北旅游品牌塑造计划，集中打造一批在全国乃至世界有影响的区域性大景区，形成旅游新地标；大力发展新业态，深入推进20个具有较强市场吸引力、品牌影响力和产业拉动力的引擎项目；培育品牌产品与线路，在“京畿福地·乐享河北”品牌形象的引领下，全力打造避暑、冰雪、休闲、红色、乡村、长城、历史7个品牌产品和锦绣长城、壮美太行、草原风光、浪漫海滨等精品线路；推动旅游企业兼并重组、资源整合，引入战略投资者，集中力量打造龙头企业，提高旅游核心竞争力。

6. “一二十百千”工程。加快建设环首都休闲度假旅游圈、燕山—太行山休闲旅游带和滨海旅游带、十个全域旅游重点市县、百个精品景区、千个旅游重点项目，推进河北旅游跨越式发展。

二、优化空间布局，构建全域旅游大格局

以满足休闲度假需求为主导，构建“一圈两带两区多点”的旅游空间布局，形成“山海相连、城乡交融、全域覆盖、区域协同”的旅游发展大格局。

（一）做优环首都休闲度假旅游圈。紧抓京津冀协同发展重大战略机遇，以满足京津居民旅游休闲需求为主导，以张家口和承德坝下地区、保定北部以及廊坊为主体，大力发展山水休闲避暑、乡村居住度假、体育运动健身、养生养老置业、商务会议会展等产品。借助冬奥会契机打造集滑雪、休闲、观光、温泉等旅游为一体的京张体育文化旅游产业带，大力推进京西百渡休闲度假、京承皇家御道、京东商务会展、京南旅游新业态发展，构建环首都优质生活圈、京津居民的“第二家园”，成为京津冀协同发展的先导区、示范区与引领区。

（二）做强燕山—太行山山地休闲度假旅游带。将旅游业作为燕山—太行山地区（涉及秦皇岛、唐山、承德、张家口、保定、石家庄、邢台、邯郸市）的主导性产业，紧密结合扶贫攻坚和美丽乡村建设，着力解决交通瓶颈，加速推进观光旅游升级、休闲度假产品开发，实现大山区与大都市的对接。重点推动红色旅游、长城旅游、中华三祖文化、古北岳历史文化、太行世界地质奇观和太行长寿养生旅游发展，打造国际知名山地公园、国家山地度假示范区、国家旅游精准扶贫示范区和京津冀生态旅游试验区。

（三）做美沿渤海滨海休闲度假旅游带。充分发挥秦皇岛、唐山、沧州滨海地区山海相依、文化深厚的资源优势，积极培育邮轮游艇、滨海温泉、康体疗养、葡萄酒庄等高端休闲度假项目，引导京津地区国际论坛、会议展览、竞赛演艺、婚庆保健等四季皆宜的新型旅游业态落地。推动山海关旅游改造提升、北戴河休疗度假、黄金海岸四季旅游、唐山湾国际旅游岛、渤海湿地休闲发展，全力打造国家海洋/海岛旅游示范区、国际滨海休闲度假旅游带。

（四）做大坝上森林草原休闲旅游片区。突出张家口、承德坝上地区独具竞争优势的生态环境和优美的森林草原景观，按照全域旅游理念，整体打造、统筹推进、全景设计，实施张承坝上旅游一体化发展。以国家1号风景道建设为突破点，串联沿途旅游资源，打造千里草原风景长廊；建设通用机场、国家牧场、国际狩猎场，发展低空旅游、狩猎旅游、冰雪运动等新业态产品；培育草原音乐节、草原运动会、低空旅游节、国际风筝节等节庆活动，开展骑射、摔跤、婚俗、祭祀、篝火晚会等风情体验项目和徒步、露营、狩猎、自行车越野等野外拓展活动，建成国家生态文明试验区、国家旅游度假区、世界知名的草原旅游目的地。

（五）做好现代乡村休闲旅游片区。保定、石家庄、沧州、衡水、邢台、邯郸市的平原地区要利用平原湿地、历史文化、民俗文化、特色产业等资源，大力发展乡村旅游与休闲农业，注重产业融合，培育采摘基地、休闲农庄、国家农业公园、湿地公园、特色小镇、民俗乡村等，推动白洋淀湿地温泉、运河生态文化、衡水湖湿地民俗、邢台平原花海、广府古城历史文化等旅游产品发展，促进平原旅游崛起。

（六）打造现代旅游城市和一批精品旅游地

1. 构建现代旅游城市体系

（1）打造一个旅游中心城市——石家庄。适应京津冀协同发展战略新要求，以主城区为依托，以正定、滹沱河、鹿泉西部山区等为重点，通过旅游吸引物的打造、服务体系的构建与集散中心的完善，推动省会向“国际化、休闲化、多功能”转变，将石家庄打造成为京津冀旅游第三极。

构建旅游中心城市。以全域休闲、全域服务为理念，深入挖掘城市文化内涵与历史遗存，融合现代新型资源业态，打造“正定古城、滹沱印象、百年石门、鹿泉慢城、通航基地、都市桃源、淘乐国际”七大城市旅游品牌，形成城市旅游核心吸引力。

构建服务中心城市。对城市公共服务设施进行全面完善提升，提高住宿接待能力、培育地方特色餐饮、丰富休闲娱乐活动、提升旅游购物品质，满足游客旅游、度假、休疗、商务、考察、会议等需求。

构建集散中心城市。打造石家庄正定国际机场为区域航空枢纽机场，依托高速铁路网络，打造区域高铁旅游集

散中心，使石家庄成为京津冀和中原经济区北部旅游线路的首选落脚点，京津冀世界旅游目的地与中原经济圈的新门户、新口岸。

(2) 建设三个国际旅游城市

张家口—冰雪奥运城市。以打造国际奥运城市为指导，建设一批冰雪运动基地与温泉度假小镇，积极发展滑雪、温泉、自驾车、低空飞行等运动休闲项目，打造世界冰雪运动休闲中心。同时，依托“长城、泥河湾、三祖文化”等资源，打造“长城绝美军事古堡”“东方人类从这里走来”“中华文明起源地”等独有的文化品牌，吸引国际客源市场。

承德—皇家文化休闲城市。完善城市旅游服务设施，开发文化博览、商业购物、体验娱乐等文化休闲旅游产品，创建人文旅游示范基地，形成以皇家园林艺术展示、旅游演艺、御膳、主题休闲为主的皇家文化休闲区。

秦皇岛—国际滨海度假康养旅游城市。抓好秦皇岛国家现代服务业综合改革试点和国家旅游综合改革试验区建设，将山、海、长城、历史文化与城市融合为一体，积极发展滨海度假、健康养老、文化创意、邮轮游艇、海洋运动、葡萄酒庄、创意农业等新业态，打造国际滨海度假旅游名城。

(3) 培育7个特色旅游名城

保定—京畿文化名城。深挖京畿文化内涵，促进文化产品的联动开发。提升城市建设、旅游休闲与接待集散水平，以承接首都休闲度假、商贸会议、养生养老功能为重点，以白洋淀科技新城为重要承接地，发展度假地产、养老养生、文化体验、商贸购物、工业旅游等，打造成为京津冀旅游协同发展典范城市。

廊坊—商务休闲名城。依托廊坊优越的区位条件，以商务客源、家庭客源为主体，在商务会展的基础上做足休闲娱乐文章，学习借鉴迪斯尼乐园、环球影城、宋城的发展模式，通过资本运作、文化创意和引入科技手段，谋划国际性休闲娱乐项目，建成与京津同城效应突出的复合型商务休闲城市。

唐山—工业旅游名城。唐山是近代工业文明的摇篮，利用工业遗产，注入旅游、休闲、商贸、艺术、会展等新概念，开发工业博物馆、工业遗产创意园、主题酒店等旅游产品，建成集工业遗产观光、城市生态休闲、工艺品博览、工业文化体验为一体的工业文化旅游名城。

沧州—运河武术名城。推进沧州武术城、大运河旅游观光带等重点项目建设，开发武术文化演艺、武术竞赛、学术交流、武术博览等产品，复原运河风情街区、水系码头等景观，打造中国运河武术文化名城。

衡水—生态休闲名城。推进衡水湖生态保护和修复，深度开发观鸟摄影、湿地科普、体育赛事、滨湖度假等特色旅游产品，加快创建国家5A级旅游景区和国家旅游度假区。统筹湖城一体化发展，加快城市景观、休闲娱乐设施、旅游服务设施和配套要素建设，树立“北方湖城”主题形象。

邢台—文化休闲名城。以开元寺－清风楼文化旅游区、皇寺古镇、郭守敬纪念馆、顺德府衙、邢东新区中央生态公园、七里河生态休闲旅游带和春田公社生态园为主要节点，开发城市休闲、文化创意、民俗体验旅游产品，建设文化休闲城。

邯郸—历史文化名城。挖掘邯郸作为战国赵都、魏晋文化、成语典故之都、太极之乡的深厚历史文化，建设中华成语典故游乐园、文化创意综合体、广府古城旅游区，打造独具特色的历史文化旅游品牌和系列产品，提升现代城市旅游要素，加强城市文化风貌和生态环境建设。强化旅游集散功能，整合周边晋冀鲁豫资源，建设文化体验、商务休闲于一体的区域热点旅游城市。

2. 创建全域旅游示范区。选择一批旅游资源好、发展基础强、旅游综合贡献大的市、县发展全域旅游，力争到2020年建成22个国家全域旅游示范区，实现区域资源有机整合、产业深度融合发展和全社会共同参与，通过旅游业带动区域经济社会发展。

3. 打造一批精品旅游特色小镇。深入挖掘全省乡村旅游特色资源，按照产业定位特而强、功能集成聚而合、发展形态小而美、运作机制活而新的要求，创新创意一批特色旅游小镇，促进产业、文化、旅游、社区等多功能融合。力争到2020年，建成30个左右精品旅游特色小镇。

三、推动片区化发展，打造标杆性大景区

培育百家质量过硬、市场竞争力强的精品景区；突出打造12家影响力大、带动效应好、综合性强的标杆性大景区。

（一）西柏坡红色旅游教育体验区。充分发挥西柏坡的龙头带动作用，通过拓展新产品、丰富新业态、提升大环境、构建大线路，打造以红色教育、红色研学为主要功能的中国“红色圣地”。以西柏坡纪念馆和中共中央旧址为核心，按照“景村一体”的发展理念，整合东柏坡、西柏坡等周边村落，加强建筑风貌控制和红色氛围营造，再现“最后一个农村指挥所”风采；加强北庄、南庄、李家庄等中直机关旧址开发，打造一批中直机关教育旅游基地、红色旅游小镇，大力弘扬西柏坡精神，打造中国红色教育新样板。整合周边天桂山、沕沕水、温塘温泉、驼梁、五岳寨、中山国都城遗址、传统村落和散落的红色遗址，推动“红绿古温特”融合发展，加强红色主题营地、小镇、民宿、演艺、线路等产品开发，打造全国红色旅游融合发展示范区。着力完善区域交通网络，加强风景道、绿道建设，通过高等级旅游公路，将区域内精品景区景点串联成线，形成贯穿西柏坡红色旅游目的地风景画廊。

（二）正定文化旅游休闲区。以全域旅游为理念，以古城风貌恢复为重点，融合旅游新业态，打造中国古城文化旅游新样板。实施古城整体保护与修复，加强“九楼四塔八大寺”周围环境整治，恢复“千年古郡，北方雄镇”历史风貌，发展禅宗文化旅游、专题博物馆、艺术聚落、文创街区等业态，策划筹办禅宗文化论坛、世界古建筑大会，打响古城文化旅游品牌。以荣国府、宁荣街为载体，加强红楼文化主题项目建设，打造红楼文化创意基地。结

合正定新区建设，引导吃住行游购娱等旅游产业要素向新区聚集，大力发展文化体验、购物旅游、商务会展等城市旅游休闲产品，打造省会休闲新城。推动旅游与体育深度融合，开发中国乒乓球运动博物馆、奥运体验馆等项目，设置“冠军开放日”等互动体验活动，打造特色体育旅游示范基地。加强滨河绿道、自驾车房车营地、“滹沱古渡”历史风情小镇等滹沱河沿岸旅游项目建设，打造正定旅游新名片。

（三）保定京西百渡休闲度假区。把涞水、涞源、易县作为整体谋划开发，突出野三坡、白石山、清西陵、狼牙山、易水湖等龙头景区的带动作用，整合周边资源，培育5A级景区集群，完善风景道路网与服务设施，打造河北旅游新地标、全国知名旅游目的地、国际级山地旅游度假区。以拒马河为主轴，以核心景区为支撑，紧扣休闲度假主题，实施景村镇一体开发，推动民俗村落、旅游小镇、滨水休闲带、汽车营地、养生山庄、实景演出、国家农业公园等新业态项目建设，打造京西百渡百里画廊、全域旅游示范区。

（四）秦唐滨海旅游度假区。以北戴河区为核心，整合山海关区、北戴河新区、唐山湾国际旅游岛等滨海区域，积极引进国际知名酒店、高端医疗、康体保健、葡萄酒庄、旅游小镇等休闲度假业态，培育发展邮轮游艇、会议会展、养生养老、海洋旅游、婚庆产业等新型业态，全面完善休闲产品和四季产品，全力提升休闲度假品质，积极争取免税商店、离境退税政策，推动打造国际滨海度假中心、国际康体休疗中心、国际会议会展中心、国际旅游岛，创建国家级旅游度假区，推动滨海旅游业从数量增长向品质提升转型。

（五）燕山长城沿线旅游度假区。整合燕山地区长城沿线山水、村落、田园资源，以长城观光为载体，以文化体验为重点，以休闲度假产业和文化艺术交流为支撑，加快长城艺术、文化休闲和美丽乡村项目建设，大力发展避暑度假、山地运动、商务休闲、艺术创意、精品酒店等旅游产品。加快推进金山岭长城创建国家5A级景区，推进金山岭滑雪旅游度假区、雾灵山森林氧吧、滦平长城河谷、遵化清史文化演艺中心、大青山关长城旅游带、长城国际步道等项目，推动旅游轴向发展。打造一批长城艺术孵化聚落、田园养老社区、创意文化民宿、山地休闲度假产品，提升“河北长城”旅游品牌。

（六）张承坝上草原国家旅游度假区。充分利用坝上地区独特的自然、地理、文化资源和紧靠京津特大城市的区位优势，以“国家1号风景道”建设为突破口，实施草原天路东延西扩工程，完善廊道休闲游憩和公共服务设施，张承联手打造由尚义到围场全长约700公里的大型旅游经济带。按照“全域景区”的理念，推进草原驿站、观景平台、汽车营地、野营野餐区、专属牧场等旅游项目建设；推动围场、丰宁、张北、崇礼、怀来5座通用机场建设，吸引高端游客；充分利用现有村落，改建或新建一批体现不同地域风情的度假小镇、主题客栈、休闲农庄等特色景观型接待设施，成为集世界各地文化特色于一体的“万国风情度假带”。提升管理服务水平，加强原生态保护，实现观光与休闲度假双轮驱动，打造风光优美、设施完善、服务一流、全国知名的草原休闲度假区、自驾游胜地。

（七）张家口国际冰雪旅游休闲区。以崇礼为核心，以京张携手筹办2022年冬奥会为契机，瞄准高端市场，打造国际品质的冰雪旅游休闲区。围绕崇礼奥运场地，按照国际化、专业化、标准化要求，将冰雪运动与自行车越野、滑板、马拉松、登山、极限运动等世界流行的户外健身运动结合，形成世界冰雪运动、体育健身旅游基地，创建中国国际滑雪旅游目的地。注重将体育运动与周边特色民俗、温泉疗养等优势资源充分融合，打造“崇礼滑雪、赤城温泉、蔚县民俗、怀来葡萄酒”等品牌，建设冰雪小镇、温泉小镇、特色民俗小镇，打造一批具有民族特色、国际品质的旅游休闲产品。助力传统制造业转型升级，大力发展冰雪运动装备制造、冰雪运动技能培训等产业。

（八）白洋淀湿地温泉旅游度假区。以白洋淀为核心，大力发展生态旅游，加大淀内景区景点的资源整合与改造提升，丰富湿地休闲、观鸟采风、科普科考、红色教育等产品开发，建成国家5A级精品景区、国家生态旅游示范区。依托白洋淀、雄县温泉地热资源，通过引入新型温泉度假、休疗、养生方式，加快温泉酒店群、温泉疗养院、温泉游乐园、温泉公寓等项目开发，创建国家级旅游度假区。整合白沟箱包、容城服装、高碑店新发地农副产品交易市场等商贸购物资源，结合毗邻北京新机场的优势，加快“旅游＋商贸”融合发展，打造旅游特色购物区。利用白洋淀科技新城打造承接首都功能疏解重要平台的机遇，规划建设一批旅游电子商务小镇、旅游科技小镇和文化创意产业园区，努力打造京津冀旅游协同发展的典范和亮点。

（九）邢台天河奇峡休闲旅游区。整合邢台大峡谷、天河山、紫金山、云梦山以及前南峪、崆山白云洞等旅游景区，塑造大区域旅游品牌。以大峡谷地质文化、天河山爱情文化、紫金山元初五杰文化、前南峪红色文化为支撑，分主题、特色化建设区内主要沟谷，做足文化创意，打造体验产品，举办节庆活动，形成“一沟一品”精品峡谷群。推动景区建设品质上水平，以路罗镇为枢纽，建设游客集散中心，完善各项旅游接待服务功能，重点发展休闲农庄、渔家庄园、山乡小院、房车营地、养老基地等项目，打造太行山里的休闲度假带。着力完善游览体系和服务体系，增加观光电梯、玻璃栈道、文化步道、观光火车等多种类型观景设施，打造精品观光体系，提升游览品质。

（十）邯郸太行养生度假旅游区。整合邯郸西部朝阳沟、长寿村、七步沟、京娘湖、娲皇宫、八路军129师司令部旧址等景区，打造全国知名的长寿养生度假区。依托良好生态环境，大力发展山地、森林、湖滨、传统康养等不同类型的养生养老产品，形成长寿养生旅游集群。通过景观绿化、休闲氛围营造、休憩节点打造、风景道建设等，形成健身绿道网。积极引进长寿养生科学研究中心、文化交流中心、养老康体保健中心，举办国际养生论坛、长寿密码国际研讨会、国际中华医药论坛活动，全力打造“世界长寿之乡”。

（十一）沧州运河风情文化旅游区。以运河流经的主要城镇为重要节点，对古城、古镇、渡口、船坞、码头等重要文物进行修复，恢复大运河往昔风貌，建设博物馆、雕塑、主题公园及休闲街区，部分河段实现通航，建成高品质的滨河休闲带和运河风情走廊。同时，将沧州武术文化、吴桥杂技文化、泊头清真文化、东光宗教文化等与运河文化融合，在运河沿岸打造文化演艺、杂技研修、民俗体验、特色小镇、主题节庆等多业态复合型的旅游产品，使之成为具有区域竞争力的国家级旅游目的地。

（十二）衡水湖湿地民俗休闲区。以衡水湖为核心，整合滨湖新区、冀州区、武强县等周边民俗文化、休闲农业等旅游资源，以创建衡水湖国家5A级旅游景区、国家级旅游度假区为目标，推进湿地博物馆、观鸟栈道等深度体验型湿地旅游产品开发，推动衡水湖湿地公园、环球嘉年华文化旅游综合体、冀州古城等项目建设，积极发展研学旅游、康养旅游、文创旅游等新业态，打响环湖马拉松、中国麦田音乐节等品牌活动，加快闾里汉魏小镇、侯店毛笔小镇、五彩绳头祈福小镇、周窝音乐小镇、大营裘皮小镇、武强年画小镇等系列小镇建设，强化线路串联，打造平原旅游发展引擎。

四、推进产业融合发展，培育旅游新业态

（一）优先发展度假旅游。以休闲度假为发展方向，突出我省山地、森林、草原、滨海、冰雪、温泉等特色优势资源，发挥现有精品景区、度假村、休闲农庄、旅游小镇、运动基地等项目的带动作用，大力推动山地型、冰雪型、草原型、滨海型、温泉型、乡村型等旅游度假区开发。力争创建崇礼—赤城滑雪温泉旅游度假区、木兰围场皇家猎苑旅游度假区、北戴河国际旅游度假区、京西百渡休闲度假区、白洋淀湿地温泉旅游度假区五个国家级旅游度假区。将唐山湾国际旅游岛、平山温塘镇、驼梁－五岳寨、京北第一草原等建成省级旅游度假区。围绕“避暑、养生、养老”，推进一批高标准的旅游度假项目，加强森林氧吧、精品度假酒店、养老社区、“第二家园”、乡村民宿等度假产品开发，打造多元化的度假旅游产品体系。

（二）突出发展乡村旅游。坚持以农为本、以乡为魂，围绕“两山两环两区”等重点区域，推进乡村旅游发展。燕山、太行山地区要依托山区乡村特有风情，开发山村避暑、休闲度假等产品，推动乡村旅游与山区综合开发融合发展；环重点景区要加强景村共建，形成“游在景区、住在乡村”互动发展的新格局；环大中城市要以城市客源需求为导向，开发农业公园、市民农园、乡村旅游综合体等项目；特色产业区要积极开发观光娱乐、自由采摘、摄影写生、科普教育等互动体验产品，深化农副产品加工、旅游商品开发等；传统村落区要在保护民居建筑、民间艺术和民俗风情的前提下，开发特色民宿、专题博物馆、传统技艺体验等产品。

依托乡村闲置农宅、山场、农田等资源，开发一批乡村度假和居住产品。重点培育太行山水人家、湖泊湿地船家、长城文化老家、华北田园农家、海滨海岛渔家、坝上草原牧家等六大“回家”品牌，打造城市居民休闲度假的“第二家园”。

（三）创新发展红色旅游。以培育和践行社会主义核心价值观为根本，挖掘红色精神内涵、发扬红色传统、传承红色基因，推动红色旅游精品发展、创新发展、繁荣发展，进一步发挥红色旅游在爱国主义教育、革命传统教育和国情教育上的特殊作用。以西柏坡、八路军129师司令部旧址、白洋淀、李大钊纪念馆等红色经典景区为核心，保持红色旅游底色，通过表现形式动起来、红色氛围浓起来、融合发展活起来，全面提升景区品位和档次，打造西柏坡红色圣地旅游区、八路军129师太行堡垒旅游区、冀东大钊故里旅游区、保定抗战英雄旅游区、张家口国防文化旅游区、太行新愚公红色生态旅游区六大红色旅游目的地。鼓励红色旅游景区创建全国研学旅游示范基地等各类融合创新型基地，促进红色旅游与研学旅游、乡村旅游、生态旅游等融合发展。继续推动红色旅游与革命老区美丽乡村建设和扶贫攻坚紧密结合，进一步发挥好红色旅游的综合带动功能。

（四）借势发展体育旅游。抢抓京张携手筹办2022年冬奥会的机遇，培育壮大冰雪运动旅游，重点打造以崇礼为核心、以张家口和承德为支撑的中国冰雪旅游大区，推动建设一批冰雪运动基地、冰雪娱乐基地、滑雪教学训练基地，积极承办一批国际性冰雪体育赛事，将崇礼打造成国际冰雪旅游胜地。加快推进京张文化体育旅游产业带的规划建设，大力发展以马拉松、骑行、马术等为代表的群众体育活动，积极引进体育运动装备制造、体育运动技能培训等产业，集中打造一批具有国际标准的体育、文化、旅游类项目。依托我省山地、水体和文化资源，大力发展登山、游泳、徒步、漂流、垂钓、露营等群众喜闻乐见的运动项目，积极培育滑翔、赛车、极限运动等具有消费引领特征的时尚运动项目，扶持推广武术、太极拳、民俗舞蹈等民间传统运动项目，促进体育旅游全面发展。

（五）重点发展康养旅游。重点围绕京津居民养生养老需求，依托草原冰雪、温泉地热、海滨海岛、避暑气候和自然山水等资源，谋划、建设和提升一批运动康体旅游区、温泉养生旅游区、避暑疗养旅游区、森林养生旅游区，打造京津居民康养休闲首选地。将中医药产业、中医文化、养生保健与旅游业深度融合，重点推动安国中医药养生园、以岭健康城、内丘扁鹊中医养生基地、滦平中药材种植基地等示范园区建设。依托石家庄等医疗产业发展，开发健康体检、医学美容、养生护理、医疗保健等健康旅游项目。以秦皇岛海滨康养、邯郸武安西部山地养生等为重点，深入挖掘长寿养生文化，积极开发长寿养生、康体保健、健康农园等康养产品，打造一批“候鸟式”养老旅游基地。

（六）探索发展低空旅游。以国家开放低空飞行和河北建设全国通用机场大省为契机，大力开发以通用航空、

低空飞行为主的航空旅游产品。加快石家庄区域枢纽机场和承德、邢台、衡水等支线机场以及平泉、张北、围场、丰宁、三河、栾城、中捷、任丘等一批通用机场建设，开通通勤客运、旅游专线、商务包机，到2020年，力争建成30个以上通用机场。积极开发航空工业旅游、航空文化展示、低空飞行体验、飞行俱乐部等休闲产品和观光体验、运动休闲、赛事活动等低空旅游体验产品，策划举办空中婚礼、空中摄影、空中跳伞等定制空中游览项目，配套发展航空小镇、航空展馆、航空驾校、航空俱乐部等业态，培育航空旅游综合体。

（七）提升发展自驾旅游。抓住自驾游蓬勃发展趋势，重点在环京津、沿海、燕山—太行山，规划建设一批不同类型、特色突出的自驾车房车营地，开发满足自驾游、背包客等需求的露营产品，并配套住宿、餐饮、休闲、娱乐、健身、汽车保养与维护等综合服务功能。加快把营地标识纳入公共交通标识体系，强化营地安全服务和应急服务，加快建设河北省自驾游呼叫中心和紧急救援基地。大力发展自驾车房车租赁产业，促进落地自驾游发展，开展异地还车业务。

（八）加快发展工业旅游。充分利用开滦煤矿、唐山南湖、京张铁路等工业遗址遗迹，深挖工业文化内涵，建设工业遗产主题公园、工业文化博物馆等，注入旅游、商贸、艺术、会展等理念，改造成为主题酒店、文化创意街区和休憩商业空间等。加快推进我省机械、化工、酿造、食品、医药、轻工业等领域的优质特色企业与旅游融合，继续支持中国长城葡萄酒、以岭健康城、君乐宝、食草堂、衡水老白干、华北石油、邯郸钢铁等企业率先开发多种形式的工业旅游，塑造一批全国知名的工业旅游品牌。鼓励旅游房车、邮轮游艇、景区索道、游乐设施等旅游装备制造业发展，积极发展具有自主知识产权的休闲、登山、滑雪、露营、探险等各类户外活动用品及饭店游船专用产品。

（九）引导发展研学旅游。依托我省丰富的自然和文化遗产资源、旅游景区景点、大型公共设施、知名院校、科研机构、工矿企业、大型农场等，开发一批生态、历史、红色、科考、传统文化研修等主题研学旅游产品，重点支持唐山、秦皇岛、邯郸等市和雾灵山、清西陵、嶂石岩、广府古城、开滦国家矿山公园、柳江盆地地质遗址等景区申报国家研学旅游目的地和研学旅游示范基地。推进公共博物馆、科技馆、纪念馆等资源免费开放。针对海内外中文学习人群，推出“承德普通话之旅”“邯郸成语之旅”等产品。将研学旅行纳入中小学生课程改革，鼓励学校每年举行春、秋两次研学旅行。探索研学旅游的专项经费保障机制，建立以政府为主体、多样化的社会性融资模式，奖励与推动旅游企业对研学旅行市场进行开发。

（十）培育发展邮轮游艇。依托我省海滨、海岛、港口等资源优势，大力发展邮轮游艇旅游，打造国际邮轮游艇旅游目的地。加快秦皇岛西港搬迁改造，规划建设秦皇岛国际邮轮母港，积极引进国内外知名邮轮企业，支持开辟至国内沿海城市、日韩及俄罗斯的海上航线，开发具有地域文化特色的国际邮轮访问港岸上游旅游产品，鼓励和吸引邮轮研发制造及其他配套企业落户。全力打造唐山湾国际游艇基地，以菩提岛、月岛、祥云岛为核心，加快多功能游艇码头、游艇俱乐部建设，扩大游艇泊位面积，完善游艇设计研发、休闲娱乐、会议会展等多种功能，形成游艇产业集群。

（十一）大力发展文创旅游。促进文化创意与旅游业的融合，推动文创产业园、文艺创作基地、“三旧”（旧城镇、旧厂房、旧村庄）改造示范园区、怀旧主题场景再造、工业科技展示基地或专业街区等文化创意旅游产品开发，以实景演艺、情境体验、活态呈现、虚拟再现、新旧合一的展示方式实现文化产品的体验化、故事化、主题化与时尚化。引导和推动文化企业深入挖掘蔚县打树花、冀南梨花大鼓、井陉拉花、唐山皮影戏、吴桥杂技等各地特色非物质文化遗产，打造天下第一堡·树花情、承德康熙大典、吴桥国际杂技艺术节等一批经典的旅游演艺产品。注重城市文化项目引进，借鉴迪斯尼、欢乐谷、环球影城模式，加快石家庄香港环球嘉年华、廊坊科技梦幻之城等大型文化主题公园建设，促进创新升级。

（十二）积极培育会展旅游。以生态、智能、商务、休闲为发展重点，建设一批商务休闲园区、会议会展园区、创新研发园区、商贸购物基地、物流集散中心、教育培训基地，借助举办各种类型的展览会、博览会、交易会、招商会、文化体育、科技交流等活动，吸引游客前来洽谈贸易、观光旅游，进行技术合作、信息沟通和文化交流，并带动交通、旅游、商贸等多项相关产业发展。

五、加强创意创新，建设旅游新项目

（一）深入推进20个引擎项目。围绕全省旅游产业发展布局与重点区域，依托核心资源，按照优化供给、聚集带动、打造精品、培育品牌的要求，深入推进20个具有全国竞争力的核心引擎项目。

（二）加快建设百个支撑项目。以充分利用资源、发挥带动作用、完善产品体系、丰富产业业态、实现产业聚集、构建精品线路为目标，从全省筛选111个具备较好开发条件、特色鲜明、具有较大影响的支撑项目。

（三）扎实开发一千个重点项目。各市和旅游重点县要谋划开发建设一批旅游新业态项目，推动旅游业转型升级；建设一批休闲度假旅游项目，建设成为京津游客休闲度假的“第二家园”；升级改造一批现有景区项目，打造精品景区；开发一批资源禀赋好的新景区项目，形成河北旅游新地标；开发一批工农业旅游项目，促进旅游扶贫和转型升级；建设一批旅游道路、游客集散中心、智慧旅游等公共服务项目，形成由千个落地性强的重点项目组成的项目库，与全省引擎项目和支撑项目相配套，有效推进地方经济社会发展。

六、加快转型升级，构建产业新体系

（一）做优要素产业

1. 打造多样化旅游住宿体系。围绕我省特色文化，重点打造一批冰雪文化、温泉文化、红色文化、杂技文化等特色文化主题酒店，将文化主题酒店建设作为提升全省旅游吸引力的新亮点。优化全省旅游住宿体系，推动高端酒店品牌化、度假酒店主题化、经济酒店连锁化、乡村酒店标准化、主题酒店服务个性化。引进国内外知名酒店管理品牌，提升高档酒店服务管理水平。多元化发展精品民宿、产权酒店、分时度假酒店、公寓式酒店、乡村客栈、青年旅馆等住宿接待设施。结合自助游，大力推动自驾车、房车、帐篷营地等建设。到2020年，培育100家精品文化主题酒店，打造100个精品民宿示范区，培育50家智慧旅游酒店。

2. 提高旅游餐饮服务水平。加强文化包装，打造塞外宫廷宴、直隶官府宴、红楼佳节宴等一批特色文化餐饮品牌。在坝上草原、燕山、太行山、滨海，以休闲街区、民俗村为载体，打造一批以地方特色小吃、品牌餐饮为核心吸引物的新型旅游区。加强传统餐饮文化的保护和开发，打造品牌冀菜餐饮体系。大力发展美食街、文化主题饭店、演艺型饭店等餐饮项目，形成一批餐饮服务集中区。到2020年，打造100条特色美食街区，扶持50家冀菜特色餐饮企业，培育100家知名冀菜品牌店。

3. 大力促进旅游购物发展。提升现有国家A级旅游购物景区，大力发展旅游休闲购物街区。制定支持旅游商品研发销售的优惠政策，重点扶持大型旅游商品生产企业、旅游商品交易中心、旅游纪念品孵化基地和旅游商品创意园区建设。加快“河北游礼”旅游商品设计、研发、生产和销售体系建设，积极开展特色旅游商品、诚信旅游购物街、购物企业的评选创建活动。加强对旅游商品设计、研发的支持保护力度，建立旅游商品创新与保护名录。争取国家关于旅游购物的扶持政策，设立免税店。引进阿里巴巴、京东等知名电商，建立旅游购物网络平台，促进旅游购物消费升级。到2020年，4A级以上景区、旅游集散中心的旅游商品购物店达到全覆盖，旅游商品销售额占旅游总收入的30%以上，培育50家智慧旅游购物中心试点。

4. 不断丰富旅游娱乐活动。加强与文化产业的融合，鼓励有条件的景区策划推出承德康熙大典、蔚县打树花、野三坡火秀等旅游文娱演出，丰富主题演艺产品，培育知名旅游节庆品牌。依托蔚县打树花、冀南梨花大鼓、井陉拉花、唐山皮影戏等非物质文化遗产，开发一批具有浓郁地域特色的旅游娱乐项目。在大中城市建设一批大型主题游乐园，满足旅游者多样化休闲娱乐需求。利用历史文化、工业遗址和现代企业，打造富有现代艺术气息和娱乐体验功能的旅游园区。加强重点旅游城镇特色旅游街区、小型剧场、主题游乐园等项目建设，加强旅游城市茶室、酒吧、咖啡厅、文化广场、特色商圈、滨水空间等休闲空间建设，提升休闲旅游魅力。

5. 培育专业化旅游代理企业。着力培育本省旅行社，引进国内外著名旅行社，提高旅行社的信息化、专业化水平。大力推行旅行社、导游人员服务质量管理制度，提高旅游组织和导游服务水平。规范、支持各类涉旅俱乐部、旅游中介、旅游服务公司旅游代理业务发展。加强导游员培养力度，新培养一批持证导游和专业外语导游。到2020年，省内全国百强旅行社达到3家以上，培育一批提供自驾游、山地运动游、美丽乡村游、文化休闲游、红色旅游、商务会议等专业服务的旅行社。

6. 构建便捷的旅游客运体系。完善各种交通方式便捷转换体系，构建航空－高铁－公路“零换乘”综合交通体系。增开石家庄至主要客源地的空中航线和省内支线航线，在中心旅游城市增开旅游专列。完善交通枢纽旅游服务功能，建设旅游咨询服务中心。延伸城市公交服务网络，大力推动旅游公交系统建设。推动开通城市旅游观光巴士，对现有旅游公交车进行升级，整合旅游产业要素，打造一批旅游示范线路。培育大型旅游客运企业，允许符合条件的企业跨区域发展旅游包车服务。

（二）做大辅助产业

1. 金融服务业。鼓励互联网金融、社区金融、小微金融更多服务于中小旅游企业发展。鼓励旅游龙头企业尤其是在线旅游龙头企业，在旅游支付、跨境旅游支付、旅游消费信贷、旅游行业信用体系建设等方面创新产品和服务。鼓励网上支付、手机支付等支付方式发展。推动旅游支付、信贷、保险等服务覆盖更多的区域和人群，逐步提高旅游金融服务的覆盖面。

2. 建筑地产业。加强文化旅游业与建筑地产业的融合，支持旅游主题社区、旅游小镇、旅游度假村、分时度假酒店、产权酒店等旅游地产项目开发，建设京津居民的“第二居所”。

3. 会议会展业。利用燕山、太行山、坝上、滨海等良好的自然环境，集合环首都城市群区位和设施，促进旅游业与会议会展业互动发展，通过完善基础设施建设、强化配套服务、培养专业人才、加大政策扶持，培育做大会议会展企业。

4. 邮电通信业。发行代表河北特色的邮资主图和专用邮资图，研发河北特色邮资明信片、邮票、旅游纪念封、纪念邮戳、景区日戳等邮政旅游文化产品。鼓励旅游景区使用集邮寄、宣传、珍藏等功能为一体的邮资明信片作为景区门票，支持旅游景区建设以邮资明信片门票为载体的邮政智能化门禁管理信息系统。进一步加强邮电通信服务设施建设，积极推动旅游景区建设主题邮局，在旅游景点、星级饭店设立旅游邮政报刊亭和旅游邮政综合便民服务站。完善电信基础设施建设，推动覆盖偏远景区的移动通信基站建设；不断提高重点旅游区无线WiFi覆盖率。

5. 物流快递业。与快递公司合作，在景区、旅游购物场所、酒店附近设置快递公司网点，为游客提供旅游商品打包快递业务，让游客实现“空手轻松游”。创新打造“互联网＋快递＋旅游”融合发展模式，整合河北特色旅游商品，建设“河北特产”线上交易平台，做好线下展示、线上销售。构建与培育河北旅游物流配送体系，对景区、饭店、旅行社、交通等相关旅游行业物资进行统一管理，集中实行“仓储－转运－配送－回收”一体化运作，保证旅游服务质量。

6. 医疗保健业。推动京津冀医疗信息互联互通，争取实现异地就医，为异地康养提供便利。在卫生机构指导下，加强景区医疗救护站和医疗救护中心建设。推进健康体检与疗养康复、温泉水疗康复、森林氧吧康复、中医药保健康复等医疗康复旅游产品的开发和推介。

七、创新营销方式，拓展市场新空间

（一）深耕京津冀市场

1. 做大京津市场。针对京津自驾游、周末游的巨大市场，在燕山—太行山、沿渤海、坝上森林草原地区打造一批风景道，规划建设一批汽车营地、房车营地、风情驿站等产品；针对京津亚健康人群健康养生需求，建设一批中医药、森林氧吧、温泉度假养生区；针对京津巨大的养老需求，优先在环首都地区发展一批养老机构、养老社区、健康产业园和旅游养老基地。通过发行京津冀自驾车旅游护照、旅游年票以及开通景区直通车等方式，为京津居民畅游河北提供优惠和便利。

2. 巩固本地市场。优化本省居民旅游环境，落实带薪休假制度，实行周末“2.5天小长假”模式，为居民出游创造条件。实施旅游惠民便民，整合省内旅行社、景区、酒店等资源，不断推出系列优惠价格活动，并进行广泛宣传和多渠道发送。倡导本地的奖励旅游、福利旅游、修学旅游等，采取各种便民措施降低本地居民的出行成本。降低旅游市场经营主体成本，通过旅游线路优惠、免票游览、门票折扣等惠民措施及对相关经营者进行补贴或优惠，提高旅游市场主体的积极性。

（二）全面优化国内市场

1. 晋鲁豫等周边省份市场。针对山东、内蒙古、辽宁等客源市场，着重宣传温泉度假、商贸购物等产品；针对山西、河南等客源市场，重点营销滨海休闲、草原观光等产品。积极与周边省（区、市）建立联合营销机制，促进区域间互推产品、互送客源、联合营销，建立连锁营销系统和旅游营销联盟，在各地设立旅游营销代理及网络，不断增加河北省在跨省际旅游市场的份额。

2. 长三角、珠三角等中远程市场。通过差异性产品的培育和高铁、航空枢纽建设，不断扩大对长三角、珠三角及东北、西部等地区客源市场的吸引力。针对京沪、京广高铁沿线客源城市，策划高铁旅游线路；针对长三角、珠三角等市场，开发冰雪运动游、民俗文化游、历史文化游等产品；针对西北、西南等市场，开发海滨海岛游、城市购物游、湿地温泉游等产品。同时，加强高铁、航空、公交、出租车等旅游交通网络无缝衔接，促进自助游市场发展。

（三）大力突破入境市场

1. 港澳台市场。依托同根同源的基础，利用东方人类发源地“泥河湾遗址”、华夏第一座都城“黄帝城”、抟土造人“娲皇宫”、正定古城、柏林禅寺等旅游资源，打造历史文化、寻根祭祖、宗教文化等旅游产品。差异化开发森林、草原、山地、丘陵、高原、海洋等自然景观资源，用历史文化和自然资源增强对港澳台同胞的吸引力。

2. 韩国市场。借助韩国“中韩旅游年”，加大河北旅游宣传力度，针对韩国游客的兴趣点，开发高铁旅游系列产品，重点包装和宣传燕山—太行山山地运动旅游产品，策划文化、美食、购物等休闲体验旅游线路和产品。发挥韩国国内的搜索引擎和网络名人作用，持续传播和推介，并辅以互动、互助式的自由行落地服务。

3. 日本市场。巩固日本传统客源市场，以旅行社为抓手开展针对性的宣传促销活动，推进观光游览向休闲度假升级换代，大力发展山地休闲度假、宗教朝拜、文化体验等旅游产品，吸引日本游客；鼓励并支持企业积极开发银发游、修学游、文化交流游等深度游产品。

4. 俄罗斯市场。利用北戴河海滨度假已形成的品牌效应，联合推出唐山湾国际旅游岛等新兴滨海度假产品。利用京张携手筹办2022年冬奥会的影响力，加大滑雪旅游产品的宣传力度，与滨海度假配合打出“组合拳”，促进俄罗斯市场取得突破性发展。

5. 东南亚市场。在东南亚地区开展旅游宣传推广及项目招商活动，充分利用河北旅游东南亚市场营销联盟开展宣传营销，着重宣传山地度假、健康养生、宗教朝拜等旅游产品，强化传统节日的市场影响力和吸引力。加大影视、纪录片、旅游节的宣传力度。

6. 中东欧市场。利用中国—中东欧国家旅游合作机制和平台，加强双方旅游政府机构合作；探索完善旅游投融资、宣传推广、中介服务、安全保障等合作机制；建立民间业界交流合作机制，加强青少年旅游交往；针对中东欧旅游市场特点，重点开发商务旅游和购物旅游产品。

7. 欧美市场。以差异化的文化旅游产品吸引欧美游客，重点推出民俗风情、历史文化、传统节庆、古村名镇、山地观光等旅游产品。以美国、英国等为重点，加大旅游宣传和营销力度，积极争取过境免签、落地签、延长多次往返签证等便利性政策，恢复欧美市场份额。

（四）实施5大市场推广工程

1. 会展推广工程。积极参与2020年北京世界休闲大会等世界级旅游盛会，以及中美旅游年、中印旅游年、中韩旅游年等活动，吸引国际旅游媒体、参展商关注河北旅游。

2. 公众推广工程。结合“走出去”，强化“面对面”，举办“河北旅游海外推广周”，发挥境外机构前沿优势，面向社区、社团、学校等广泛开展特色鲜明、参与度高的公众推广活动。

3. 业内推广工程。做好大型活动内部营销、境外旅行商媒体邀请、从业人员专题培训、创新内部旅游推广宣传品等工作，将旅游行业内部交流、旅游服务过程及游客旅游体验等作为营销环节，提高供需双方满意度。

4. 反季推广工程。通过开展时令反季推广与营销、淡季节庆推广与营销、非假日旅游优惠活动、淡季高端旅游市场推广与营销等鼓励反季旅游，拓展市场增长空间，达成全域旅游、全季旅游的目标。

5. 互动推广工程。以互联网技术为支撑，深入做好新媒体营销，进一步强化旅游推广网站功能，做好“互联网+”背景下的互动推广。

（五）创新5种市场营销手段

1. 环境营销。对各大旅游地主要环境指标进行科学测定，尤其是特定区域的气候舒适度（包括温度、湿度、日照、风力），森林负氧离子含量、空气质量，温泉成分和疗效，海水温度，山地海拔、坡度，城市幸福指数等生态环境指标，通过专业机构与组织公证后，借助于“图象+图表”等营销手段，不断营造视觉亮点。

2. 事件营销。紧紧抓住我省经济、社会、对外交流重大活动，依托各类特色节日节庆、展会论坛、推介会及热门体育赛事、影视节目等进行旅游宣传。创造更新、更多的“正定模式”“野三坡模式”和草原天路、白石山等营销热点。

3. 时尚营销。争取与名人、知名媒体栏目合作，主动参与国内热门旅游节目、烹饪节目、亲子节目等，争取成为热门综艺节目外景拍摄地。寻求影视作品与旅游目的地营销的结合点，争取使其成为重要电影、电视剧的拍摄基地。利用涿州、正定、香河、鸡鸣驿影视城等地拍摄的影视剧热播时机，进行旅游地宣传营销。

4. 联合营销。在京港澳高铁旅游联盟、中国长城旅游联盟的基础上，以省际间合作为重点，深化环渤海、太行山、京杭大运河等地区的旅游合作，共同打造区域旅游品牌。在中俄、中韩旅游年合作的基础上，引导省内旅游企业结成联盟，主动与港澳台、韩日俄等主要客源地大旅行商合作对接，建立引进客源的长效机制。

5. 智慧营销。整合线上线下营销资源，创建“河北旅游目的地智慧营销网”、“智游河北”APP手机客户端，丰富产品功能；应用Facebook、QQ、微信等社交媒体，开设河北旅游官方账号，培育“河北旅游粉丝”。大力推广O2O（线上线下）立体组合营销模式，通过OTA（在线旅游代理）、MTA（移动旅游代理）及B2B（同业合作互补）、B2C（电子商务网站）等方式，与各大旅游网站进行对接，提升企业、景区、产品的知名度与品牌效应。

八、大力推动三网建设，完善旅游公共服务

（一）打造“快旅慢游”交通网

1. “快旅”交通网。围绕构建京津冀一体化内部交通网络，加快形成“空铁陆水”无缝对接的“快旅”交通网。公路方面，加快推进首都环线、太行山、石津等高速公路建设，打通断头路、瓶颈路；加强干线公路至景区旅游公路交通建设，开拓旅游专线与旅游公交；到2020年，实现4A级以上景区二级以上普通干线公路全覆盖。铁路方面，加快环北京、京石、京霸、津承等城际铁路建设；推动北京城市轨道交通向廊坊等市延伸。航空方面，发展重点城市支线航空运输，形成覆盖京津冀的民航支线运输网络；推进栾城、张北、三河、任丘、中捷等通用机场建设。水运方面，发展秦皇岛、唐山和黄骅港海上客运；建立与天津港的联运机制，谋划渤海湾海上旅游线路；推动京津冀运河联合开发，分段开通游船航线。

从建设京津冀世界级旅游目的地的高度，共同谋划构建大区域对外交通快旅体系。在航空方面，将石家庄正定国际机场打造成京津冀世界旅游目的地的新门户、新口岸；构建以首都机场、北京新机场、天津滨海机场、石家庄正定国际机场为核心的世界级航空机场群。在铁路方面，以北京、石家庄两大高铁枢纽为核心，打造全国高铁旅游集散中心；培育京广、京沪、京沈、津秦、石太、石津等高铁旅游线路；利用京原、京张、邯长等普通铁路，开通观光专列、山地小火车。在公路方面，以首都放射高速公路网、青银、青兰、邢临－邢汾等国家高速为主轴，打造区域高速公路主通道；加快建设张家口、承德、石家庄、邯郸、衡水、沧州6个边际集散城市。在海港方面，加快秦皇岛国际邮轮码头建设，与天津共同打造京津冀世界旅游目的地的黄金码头。

2. “慢游”交通网。与快旅交通形成有机衔接，以生态、文化、景观、服务、畅通为原则，以河北坝上国家1号风景道、千里太行、锦绣长城、浪漫渤海、京西百渡、运河雄风等六条品牌风景道建设为重点，全面提升路况、路标等次，构建绿化、美化、亮化的立体景观体系；在沿途配置观景台、特色驿站、生态厕所、汽车营地等服务设施。

以风景道为依托，延伸建设以野炊露营、寻秘探险、极限运动、生态采摘、娱乐演艺为主题的野趣休闲绿道；以旅游城市为依托，建设以滨河休闲、城市商业、文化体验、康体健身、社区服务等为主题的城市休闲绿道。

（二）构建“便捷乐享”服务网

1. 旅游集散体系。围绕板块中心城市、重点旅游县，建设多层级游客集散中心体系。石家庄市建设3处（京港澳高速公路进站口、高铁站、机场）服务全省及周边省（区、市）的大型区际旅游集散服务中心；张家口、承德、秦皇岛市分别建设国际游客集散服务中心；其他市至少建设1处以上集散分中心，重点旅游县和旅游区建设1处以上旅游集散点，提供换乘、咨询展示、旅游接待、餐饮、购物等服务。

2. 游客服务体系。在机场、高铁站、公交枢纽、商业集中区及高速公路服务区等新建、改建一批游客综合服务中心，在旅游村镇、景区、度假区、风景道、绿道等建设一批游客服务中心，为游客提供景区、文化、餐饮、住宿、购物、交通等综合咨询服务。

3. 自驾车服务体系。完善全省高速公路、国省干线沿途旅游交通标识牌。依托风景道建设以汽车营地和房车小镇为主要载体的自驾车营地体系。依托高速公路服务区、旅游公路沿途特色村镇、加油站等建设自驾车旅游服务区。发展旅游汽车租赁产业，提供电子预约租车、送车上门、异地还车、汽车救援等服务。

4. 旅游厕所革命。加强旅游厕所的精品化设计、标准化施工，全省旅游景区、旅游通道沿线、乡村旅游点、交通集散点、休闲步行街区等场所的旅游厕所全部实现“数量充足、干净无味、实用免费、管理有效”的目标。到2020年，4A级以上景区、旅游度假区、全域旅游示范区内60%以上的旅游厕所达到AAA标准。

（三）创建“互联互通”智慧旅游网

1. 建设“云上河北”旅游大数据中心。依托承德国家旅游大数据基地，加快推进我省智慧旅游建设。建设河北旅游大数据中心，为全省旅游应用建设及资源整合提供数据支撑；制定旅游数据采集、交换标准，实现旅游数据分类归档、集中存储、授权应用和互联互通；省旅游云数据中心面向各级旅游主管部门、旅游企业和公众，开放数据共享访问权限，并提供数据交换的技术规范和标准。

2. 建设三大智慧旅游平台。智慧旅游产业管理平台，以旅游业务应用为单元，以旅游运行数据为基础支撑，积极构建省级引领、部门支持、基层跟进，省、市、县及旅游企业纵向一体、横向协作的旅游管理平台。智慧旅游公共服务平台，按照国家智慧旅游公共服务平台建设标准，依托互联网和移动互联网，借助移动终端和新媒体，满足游客行前、行中、行后各类合理需求，为游客提供全程个性化、便利化的智慧旅游服务。智慧旅游营销互动平台，综合考虑用户消费习惯、互联网传播特征等因素，创新旅游推广营销模式，做到传统媒体与新媒体相结合，事件策划与网络传播相结合，实现境内境外、线上线下互动传播。

3. 推进智慧旅游示范工程。建设三大智慧片区，重点推进“一环两带”（环首都旅游环线和沿燕山—太行山旅游带、沿渤海旅游带）智慧旅游产业带建设。全面启动“智慧旅游城市”建设，到2020年建成石家庄、秦皇岛、张家口、保定、承德、邯郸等6大“智慧旅游城市”。培育百家智慧景区，鼓励4A级以上景区创建智慧景区，制定资金扶持政策和智慧景区建设规范，重点引导景区在无线WiFi覆盖、游客流量监测系统、OA办公系统、电子票务和门禁系统、虚拟旅游体验、电子导游系统、停车信息化管理系统等方面不断完善。到2020年，完成100家智慧景区试点建设。

九、深化机制体制改革，打造发展平台

（一）做大做强省旅游产业发展基金。采用母子基金架构研究设立旅游产业创新发展基金，将各级旅游专项资金纳入旅游基金融资体系，推动金融机构及社会资本注入。力争到2020年总规模达到1000亿元，引导撬动更多社会优势资源和要素投入河北旅游开发建设。

（二）培强河北旅游担保保险平台。按照“政府引导，市场运作”原则，使用旅游大额专项资金建立河北旅游融资担保体系，撬动金融资本投向河北旅游业，重点满足小微企业和旅游村（户）融资需求。鼓励、支持保险公司针对乡村游、生态游、自驾游、康养游、购物游等新兴旅游业态，开发创新保险产品，降低旅游投资、运营风险。

（三）构筑河北旅游人才支撑平台。完善全省旅游专家咨询委员会，建立由河北旅游核心智囊、高等学校和职业院校、专家学者、省内外一线行家构成的河北旅游智库，对河北旅游全局性、战略性及重点、热点、难点问题进行研究。强化“招才引智”措施，成立河北省旅游人才猎头公司，为全省旅游企业提供人才评价、调查、协助沟通等顾问咨询服务，引进一批国内外旅游高级人才。依托行业组织和职业院校，加强行业培训，构建省、市、县及企业四级培训体系，开展专题培训。加强人才教育培养，依托京津冀著名高校、高等学校和职业院校加强旅游相关专业建设，培养规模适度、结构合理、层次多样的旅游人才。

（四）做好河北省旅游产业发展大会。创新旅游产业发展大会申办机制，以电视竞演比赛的方式，展示各申办城市特色旅游项目、经典旅游线路及市场环境、政策扶持等。引入一批战略投资者，聘请一批国内外顶级专家，建设一批新业态项目，促进承办地旅游体制机制创新。完善激励机制，从资金、政策等方面形成全力支持大会承办地的激励机制，完善目标责任考核、监督检查、投入保障等机制，提升旅游产业整体水平、促进经济社会全面发展、打造一批河北旅游发展新地标。

十、强化品牌意识，构建旅游品牌体系

（一）塑造河北旅游品牌。在“京畿福地·乐享河北”品牌形象的引领下，突出优势和特色，全力打造避暑、冰雪、休闲、红色、乡村、长城、历史7个分品牌。

避暑品牌—清凉河北中国夏都：依托北戴河、避暑山庄、坝上草原、唐山湾国际旅游岛、雾灵山、驼梁—五岳寨等避暑旅游资源，大力推动避暑度假、养生养老、山地运动、邮轮游艇、草原生态游、草原自驾游、滨海娱乐等产品开发，创建一批避暑度假区。

冰雪品牌—欢乐冰雪奥运品质：依托张家口、承德冰雪旅游资源，以崇礼冰雪运动为核心，积极开发冰雪运动、度假、游乐、休闲、文化创意等旅游产品，借势冬奥会，加大品牌宣传力度，打造一批高品质冰雪旅游基地。

休闲品牌—自游自在逍遥河北：针对京津市场，以家庭为主要客源群体，开发生态观光、山地休闲、温泉度假、中医养生、民俗旅游、休闲购物等多元化旅游产品体系。依托省内各大城市，建设环城游憩带，完善休闲旅游产品配套设施。

红色品牌—革命圣地英雄故里：全面推进西柏坡、八路军129师司令部旧址、乐亭李大钊纪念馆与故居、狼牙山、晋察冀边区革命纪念馆等重要景区完善提升，积极推广以红色文化为主题的演艺、影视、动漫等文化创意产品，加强与周边资源整合，打造复合型红色旅游目的地。

乡村品牌—美丽河北梦幻乡居：结合美丽乡村和农业现代化建设，打造一批休闲农业与乡村旅游示范县、示范区、示范村和示范点（户），推出一批具有特色的农家小院、乡村酒店、休闲农庄、采摘农园、特色产业聚集地、民俗体验基地、乡村休闲度假基地、乡村创客基地等，开展各具特色的乡村体验性休闲活动。

长城品牌—万里长城最美河北：以燕山、太行山长城旅游资源为主线，以金山岭、喜峰口、老龙头、插箭岭长城等为核心，挖掘其军事、考古、建筑、爱国主义教育价值，将长城历史文化遗产与沿线自然山水、民俗风情、特色物产等相结合，大力发展文化旅游、野长城探秘、户外

运动、山地度假等旅游产品。

历史品牌—燕赵传奇“冀”在心中：依托三大历史文化名片、四项世界文化遗产（清东陵、清西陵、大运河、长城、避暑山庄）、正定古城、张库大道等历史文化资源，开发文化寻踪、文化体验、特色餐饮、主题度假、节庆演艺等特色旅游产品。联合区域精品旅游资源，与北京故宫、颐和园等联合开发中国皇家旅游精品线路，与北京、天津、山东等联合开发中国大运河旅游精品线路，打造世界级精品旅游线路。

（二）开发品牌主题线路

锦绣长城。以“望长城内外，游大好河山”为主题，开发“张家口－北京－承德－天津－唐山－秦皇岛”旅游线路，主要串联张家口大境门、滦平金山岭长城、迁西喜峰口长城、迁安白羊峪长城、秦皇岛山海关等景区。

壮美太行。以“巍巍太行山，绝胜在河北”为主题，开发“北京－张家口－保定－石家庄－邢台－邯郸”旅游线路，主要串联蔚县小五台－金河口、野三坡、白石山、驼梁－五岳寨、赞皇嶂石岩、邢台天河奇峡、涉县娲皇宫等景区。

浪漫海滨。以“与城市相守，与天海相伴”为主题，开发“秦皇岛－唐山－天津－沧州”旅游线路，主要串联山海关、新澳海底世界、乐岛海洋公园、南戴河国际娱乐中心、唐山国际旅游岛、南大港湿地等景区。

冬奥冰雪。以“踏雪寻美，放飞白色激情”主题，开发“北京－崇礼－赤城－张北－北京”旅游线路，主要串联万龙滑雪场、密苑云顶乐园、长城岭滑雪场、多乐美地、赤城温泉等景区。

草原风光。以“策马草原，风吹草低见牛羊”为主题，开发“北京－张家口－承德－北京”线路，主要串联国家 1 号风景道、中都草原度假村、丰宁京北第一草原、御道口草原森林、承德避暑山庄等。

燕赵古迹。以“临古城访圣地，穿越千年故事”为主题，开发“北京－张家口－保定－石家庄－邢台－邯郸”旅游线路，主要串联张家口大境门、易县清西陵、保定直隶总督署、正定古城、顺德府衙、广府古城等景区。

红色记忆。以“革命烽火地，英雄大本营”为主题，开发“北京－白洋淀－唐县－平山县－邢台县－涉县”旅游线路，主要串联安新白洋淀、易县狼牙山、平山西柏坡纪念馆、邢台县前南峪、涉县八路军 129 师司令部旧址等景区。

京西百渡。以“沿拒马河岸，走进山水画卷”为主题，开发“北京－涞水－易县－涞源”旅游线路，主要串联野三坡、白石山、狼牙山、易水湖、拒马河、恋乡·太行水镇、百里峡艺术小镇等景区。

古韵运河。以“燕赵故地，运河雄风”为主题，开发“北京－廊坊－天津－沧州－衡水－邢台－邯郸”旅游线路，主要串联香河第一城、霸州胜芳古镇、吴桥杂技大世界、衡水湖等景区。

多彩京畿。以“踏京畿善道，游京畿福地”为主题，以“西柏坡号”（邯郸－承德）和“正定号”（石家庄－张家口）环京津旅游专列为主线，串联起正定古城、衡水湖、吴桥杂技大世界、承德避暑山庄、张家口大境门以及天津杨柳青、北京故宫等省内外主要旅游城市的景区景点。

（三）打造品牌旅游节庆和赛事。通过区域联合举办大型活动、引入国内外知名节庆活动和策划打造本地特色节庆活动等方式，培育一批知名度高、影响力大的旅游节庆和赛事品牌。利用首都节庆会展优势，着力推进京津冀节庆会展协同发展，争取成为重要节庆会展的分会场。

十一、保障措施

（一）创新旅游管理体制。着力强化综合产业综合抓的体制机制，探索建立放权于县（市、区）、放责于协会、放事于市场的行政管理体制机制。在重点旅游市、县加快组建旅游发展委员会；在重点旅游目的地，加快成立专门的旅游管理机构，建立旅游特区，实施旅游引领。在全省 4A 级以上景区加快推动“管委会＋村镇＋公司”管理运营模式，促进景村一体化发展。

（二）加大财税政策支持。强化各级财政对旅游业的支持，逐年加大对旅游发展的投入力度。加大对重点旅游景区、重点旅游线路、重点乡村旅游区旅游基础设施和公共服务设施的支持力度。优化旅游财税政策，在符合条件的地区实施境外旅客购物离境退税政策。

（三）拓宽旅游融资渠道。加快建立以政府投入为引导、社会资金为主体，依靠市场机制筹措资金的多元化旅游投融资体系。建立省、市、县三级投融资平台。大力推行 PPP 和股权投资模式，做大省旅游产业引导基金，不断完善旅游投融资平台，大力引进战略投资者和大型企业集团。支持旅游企业采取项目特许权、运营权、景区门票质押担保等方式扩大融资规模。

（四）推进市场主体改革。扶持特色旅游企业，鼓励发展专业旅游经营机构。推动旅游企业实施跨地区、跨行业、跨所有制兼并重组，打造跨界融合的产业集团和产业联盟。开展旅游资产清查清理行动，对未合理开发利用资源由所在地政府进行资产清算和整合回购，通过重新规划包装、引进战略投资者。支持重点旅游企业挂牌上市。鼓励各地对重点旅游景区、大型旅游综合体、度假酒店等旅游项目投资主体给予扶持。

（五）搞好旅游试点试验。加强保定国家级旅游业改革创新先行区、阜平国家旅游扶贫试验区建设。开展旅游景区管理体制改革试点、智慧景区试点等工作。在秦皇岛、廊坊、保定、石家庄等城市，试点打造旅游免税购物区。加强生态环境质量监测，增加环保产品应用，建立生态环境质量监测及环境质量信息发布系统。研究探索支持旅游发展的政策措施。争创国家级旅游立省综合改革试验区。

（六）优化土地利用政策。积极落实《关于支持旅游业发展用地政策的意见》，保障旅游业发展用地供应。支持使用荒山、荒坡、荒滩、荒岛、垃圾场、废弃矿山等未利用地、废弃地建设旅游项目。支持通过承包经营流转的方式依法农民集体所有用地、未利用地发展乡村旅游。加强旅游业用地服务监管，协同国土资源、住房城乡建设等部门做好确权登记服务，严格利用监管。结合阜平国家旅游扶贫试验区建设，探索旅游业用地供给保障机制。

（七）强化旅游扶贫措施。通过政策倾斜、资金投入、规划指导、宣传推广等方式，支持重点乡村旅游扶贫试点建设。通过民宿餐饮、就地打工、产品加工、资产入股、租金收益、公司带户、专业合作等旅游扶贫途径，带动适宜发展旅游的贫困村全部实现脱贫。启动旅游扶贫电商工程，利用网络广泛宣传与销售乡村景区、农家乐、土特产等。鼓励采取 BOT、PPP 等模式投资建设和运营乡村旅游项目，吸引社会资本参与乡村旅游扶贫开发项目。引导信用担保机构和金融机构加大对乡村旅游项目的信贷支持。

（八）依法整治旅游市场。各级政府要建立健全旅游综合协调、旅游案件联合查办、旅游投诉统一受理等综合监管机制，制定旅游市场综合监管责任清单，明确相关部门监管责任。鼓励地方探索建立旅游综合管理机构和旅游警察、旅游工商分局、旅游巡回法庭等“1+3”模式。对A级旅游景区、星级旅游饭店、A级旅行社等实行动态管理，建立健全退出机制。推进旅游服务标准化工程，建立“黑名单”制度。加强与京津合作，着力推动旅游市场联合执法。

（九）加强规划组织落实。将旅游业发展规划纳入全省国民经济和社会发展规划，将符合条件的旅游项目纳入省重点建设项目，予以重点支持。认真排查重点旅游项目建设中的各种制约因素，逐一制定专案，着力破解，不断优化项目建设环境。

中共河北省委　河北省人民政府关于贯彻《“健康中国2030”规划纲要》的实施意见

为贯彻《“健康中国2030”规划纲要》，推动健康河北建设，全面提高全省人民健康水平，推进健康事业与经济社会协调发展，根据全国卫生与健康大会精神，按照健康优先发展的战略思想，结合我省实际，现提出如下实施意见。

一、总体要求

（一）指导思想

全面贯彻党的十八大和十八届三中、四中、五中、六中全会精神，以邓小平理论、“三个代表”思想、科学发展观为指导，深入学习贯彻习近平总书记系列重要讲话精神，紧紧围绕统筹推进“五位一体”总体布局和协调推进“四个全面”战略布局，认真落实党中央、国务院决策部署，坚持以人民为中心的发展思想，牢固树立和贯彻落实新发展理念，坚持“以基层为重点，以改革创新为动力，预防为主，中西医并重，把健康融入所有政策，人民共建共享”的卫生与健康工作方针，坚持健康优先、改革创新、科学发展、公平公正的原则，加快转变健康领域发展方式，从广泛的健康影响因素入手，以普及健康生活、优化健康服务、完善健康保障、建设健康环境、发展健康产业为重点，将健康服务贯穿全程、健康福祉惠及全民，全方位、全周期维护和保障人民健康，大幅提高健康水平，显著改善健康公平，为建设经济强省、美丽河北，实现“两个一百年”奋斗目标提供坚实健康基础。

（二）总体目标

1. 健康水平大幅提升。人民健康素质明显增强，人均健康预期寿命显著提高，到2030年，年人均预期寿命达到79.0岁。

2. 健康责任明显增强。党委领导、政府主导、社会协同、人人参与的健康共同责任体基本建立，健康成为社会发展的价值取向。

3. 健康危害有效控制。健康生活方式全面普及，健康生产生活环境初步形成，食品药品安全保障有力，严重威胁健康的重大疾病得到有效控制。

4. 健康服务优化便捷。优质高效的整合型医疗卫生体系和完善的全民健身服务体系全面建立，健康事业与健康产业有效融合，健康服务供给更加丰富与快捷。

5. 健康产业显著壮大。形成一批具有竞争力的产业集群，健康产业体系更加健全，成为国民经济的重要支柱。

6. 健康制度更加完善。健康融入所有政策，有利于健康的政策法规体系进一步健全，健康领域治理体系更加完善，治理能力明显增强。

主要健康指标

领域	指　　标	2015年	2020年	2025年	2030年
健康水平	人均预期寿命（岁）	76.0	77.0	78.0	79.0
	婴儿死亡率（‰）	7.6	6.0	5.5	5.0
	5岁以下儿童死亡率（‰）	9.5	7.0	6.5	6.0
	孕产妇死亡率（1/10万）	17.4	15.0	13.0	12.0
	城乡居民达到《国民体质测定标准》合格以上的人数比例（%）	—	90.6	—	92.2
健康生活	居民健康素养水平	8.5	20	25	30
	经常参加体育锻炼人数（万人）	—	2400	2600	2900
健康服务与保障	重大慢性病过早死亡率	20%	比2015年降低10%	比2015年降低20%	比2015年降低30%
	每千常住人口执业（助理）医师数（人）	2.25	2.5	2.8	3.0
	个人卫生支出占总费用的比重（%）	36.0	30左右	28左右	25左右
健康环境	地级及以上城市空气质量优良天数比率（%）	52	71	80	持续改善
	地表水质量达到或好于Ⅲ类水体比例（%）	—	>70	—	持续改善
健康产业	健康服务业总规模（万亿元）	—	0.4	0.6	0.8

（三）基本战略

1. 改革创新发展战略。以改革创新为动力，站位大健康，坚持政府主导，发挥市场机制作用，着力破解制约发展的体制机制瓶颈，加快关键环节改革步伐，最大限度地激发内生发展动力，发挥科技创新和信息化的引领和支撑作用，实现健康与经济社会良性协调发展。

2. 政策融合发展战略。按照全方位、全生命周期维护和保障人民健康的理念，将健康融入各行各业，促进跨部门跨领域政策的有机融合，形成推动健康河北建设政策合力。

3. 区域协同发展战略。立足我省“三区一基地”功能定位，积极推进京津冀、环渤海、中原协作区协同发展，全面推进京津冀健康领域错位发展和融合发展，打造大健康新医疗融合发展和战略性新兴产业新高地。

4. 产业带动发展战略。以“大健康、新医疗”为主要抓手，树立大健康理念，创新大健康思维，加快推进健康产业发展，支持发展多元化健康服务新业态，重点打造健康与养老、旅游、互联网、体育、食品等产业跨界发展，培育壮大健康产业集群，打造更多的增长点，满足人民群众多元化、多层次健康需求。

（四）实施步骤

1. 全面推进阶段（2016—2020年）。人人参与、共建共享的健康格局初步形成，完善的全民健康制度基本建立，健康体制机制成熟定型。

2. 深化加速阶段（2021—2025年）。全民健康制度体系更加完善，全民健康建设进程快速推进，健康事业与健康产业加速发展，主要任务基本完成。

3. 重点攻坚阶段（2026—2030年）。健康领域治理体系和治理能力基本实现现代化，重点难点健康问题得到全面解决，发展目标全面实现。

二、主要任务

（一）强化健康教育与健康促进

1. 拓展全民健康教育。建立健康促进与健康教育体系，健全覆盖全省的健康素养和生活方式监测体系。建立健康知识和技能核心信息发布制度。提高全民健康素养，推进全民健康生活方式行动，强化家庭和高危个体健康生活方式的指导和干预，开展健康体重、健康口腔、健康骨骼等专项行动。开发推广健康生活适宜技术和用品。鼓励引导省内广播电视、报刊开设健康频道或健康类节目及专栏，拓展新媒体宣传平台，全面普及健康知识，引导群众的健康行为和价值取向。到2030年，全民健康生活方式行动覆盖所有县（市、区）。

2. 强化学校健康教育。将健康教育纳入国民教育体系，作为学校素质教育的重要内容。建立学校健康教育推进机制，构建学科教育与专题教育相结合、课堂教育与课外实践相结合、经常性宣传教育与集中式宣传教育相结合的健康教育模式。将健康教育纳入教师职前培养和职后培训内容。

3. 积极引导合理膳食。积极推进实施《国民营养计划》，倡导健康饮食文化，全面普及膳食营养知识，发布适合不同人群特点的膳食指南，引导居民形成科学的膳食习惯。探索建立居民营养监测制度，对重点区域、重点人群实施营养干预，重点解决微量营养素缺乏、部分人群油脂摄入过多等问题，逐步解决居民营养不足和营养过剩并存问题。建立临床营养工作体系，实施临床营养干预。到2030年，居民营养知识素养明显提高，营养缺乏疾病发生率显著下降，全国人均每日食盐摄入量降低20%，居民超重、肥胖的增长速度明显放缓。

4. 大力开展控烟限酒。深入开展控烟宣传教育，强化公共场所控烟监督执法，全面推进公共场所禁烟工作，争取到2030年实现公共场所全面禁烟。全面推进控烟履约，强化戒烟服务，运用价格、税收、法律等手段提高控烟成效。到2030年，15岁以上人群吸烟率降低到20%以下。加强限酒健康教育，控制酒精过度使用，减少酗酒。开展有害使用酒精监测，对酒精使用造成相关疾病的个人及其家庭提供预防和治疗干预措施。

5. 切实促进心理健康。加强心理健康服务体系建设，强化心理辅导咨询治疗医生队伍建设，规范心理健康服务管理。加大全民心理健康科普宣传力度，加强对抑郁症、焦虑症等常见精神障碍和心理行为问题的干预。加强严重精神障碍患者报告登记和救治管理。鼓励和引导社会力量提供心理健康服务和精神障碍社区康复服务，全面推进精神障碍康复服务。到2030年，逐步建立和完善精神障碍患者社区康复服务体系，重点人群心理健康问题得到关注和及时疏导，常见精神障碍防治和心理行为问题干预水平显著提高；登记在册的严重精神障碍患者管理率达到80%以上，抑郁症治疗率显著提高。

6. 严控影响健康行为。以青少年、育龄妇女、流动人群及性传播高危行为人群为重点，开展性健康、性道德和性安全宣传教育和干预，减少意外妊娠和性病、艾滋病等疾病的传播。加强有关毒品滥用危害、应对措施和治疗途径等相关知识的传播和普及。强化戒毒医疗服务体系建设，对成瘾者做到早发现、早处理，缩短滥用时间，防止复吸。加强戒毒药物维持治疗与强制隔离戒毒、社区戒毒、社会康复的衔接，进一步扩大维持治疗工作覆盖面，建立集生理脱毒、心理康复、就业扶持、回归社会于一体的戒毒康复模式，最大限度减少毒品社会危害。

（二）提高全民身体素质

1. 完善全民健身公共服务体系。促进体育与健康保健、疾病防治融合发展。充分发挥体育在强身健体、慢性病防治、病后康复等方面的重要作用。统筹全民健身公共设施建设，加强健身步道、骑行道、全民健身中心、体育公园、社区多功能运动场等场地设施建设。到2030年，基本建成市、县、乡、村四级公共体育设施网络，人均体育场地面积不低于2.3平方米，在城镇社区实现15分钟健身圈全覆盖。推行公共体育设施免费或低收费开放，确保公共体育场地设施和符合开放条件的企事业单位、学校体育场地设施全部向社会开放。加强全民健身组织网络建设，扶持和引导基层体育社会组织发展。

2. 广泛开展全民健身运动。贯彻落实《全民健身计划》，普及科学健身知识和健身方法，组织社会体育指导员广泛开展全民健身指导服务，推动全民健身生活化。实施《国家体育锻炼标准》，丰富群众健身休闲娱乐活动，发展群众喜闻乐见的运动项目，鼓励开发适合不同人群、不同地域特点的特色运动项目，扶持推广太极拳、健身气功等民族民俗民间传统运动项目。到2030年，经常参加体育锻炼人数达到2900万人，实现每千人拥有社会体育指导员2.3名。

3. 推动体育健身与医疗融合发展。按照国家体育健身活动指南，建立完善针对不同人群、不同环境、不同身体状况的运动处方库，创新疾病管理与健康服务模式，加强体医融合和非医疗健康干预，发挥全民科学健身在健康促进和慢性病防治等方面的积极作用。完善体质健康监测体系，开展民众体质测试及运动风险评估。加快全民健身科技创新平台和科学健身指导服务站点建设，加强对群众运动健身的科学指导，鼓励更多人群参与科学健身。

（三）营造绿色安全健康环境

1. 广泛开展爱国卫生运动。全面开展城乡环境卫生综合整治，持续推进城乡环境卫生整洁行动，加强环境卫生基础设施建设，做好城乡生产、生活、生态空间规划控制。加大农村人居环境治理力度，全面加强农村垃圾治理，实施农村生活污水治理工程，大力推广清洁能源。到2030年，把我省农村建成人居环境干净整洁、适合居民生活养老的美丽家园，实现人与自然和谐发展。实施农村饮水安全巩固提升工程，进一步提高农村集中供水率、自来水普及率、水质达标率和供水保证率，全面建立“从源头到龙头”的农村饮水安全保障体系。加快无害化卫生厕所建设，力争到2030年，全省基本完成农村户厕无害化建设改造。实施以环境治理为主的病媒生物综合预防控制策略。推进国家卫生城镇创建，到2030年，全省创建国家卫生城市数量力争达到50%以上。

2. 建设健康城市和健康村镇。把健康城市和健康村镇建设作为推进健康河北建设的重要抓手，将健康政策融入城市规划、建设、治理的全过程，促进城市与人民健康协调发展。广泛开展健康社区、健康村镇、健康单位、健康家庭建设，提高社会参与度。重点加强健康学校建设，加强学生健康危害因素监测与评价，完善学校食品安全管理、传染病防控等相关政策。到2030年，建成一批健康城市、健康村镇建设示范市和示范村镇，形成健康社区、健康单位、健康家庭协同共建的良好局面。

3. 深入开展大气、水、土壤污染防治。以提高环境质量为核心，推进联防联控和流域共治，实行环境治理目标考核，实施最严格的环境保护制度，切实解决影响广大人民群众身体健康的突出环境问题。深入推进产业园区、新城、新区等开发建设规划环评，严格建设项目环评审批，强化源头预防。深化区域大气污染联防联控，建立常态化区域协作机制。完善重度及以上污染天气的区域联合预警机制。全面实施城市空气质量达标管理，促进全省城市环境空气质量明显改善。推进饮用水水源地规范化建设，持续提升饮用水安全保障水平。强化地下水管理和保护，推进地下水超采区治理与污染综合防治。开展土壤环境治理监测网络建设，建立建设用地土壤环境质量调查评估制度，开展土壤污染治理与修复。实施农用地土壤环境分类管理，全面加强农业面源污染防控，有效保护生态系统和遗传多样性。加强噪声污染防治。

4. 实施工业污染源全面达标排放计划。全面实施工业污染源排污许可管理，推动企业开展自行监测和信息公开，建立排污台账，实现持证按证排污。加快淘汰高污染、高环境风险的工艺、设备与产品。以钢铁、水泥、石化等行业为重点，开展工业集聚区污染专项治理，推进行业达标排放改造。

5. 建立健全环境与健康监测评估制度。开展重点区域、流域、行业环境与健康调查，建立覆盖污染源监测、环境质量监测、人群暴露监测和健康效应监测的环境与健康综合监测网络及风险评估体系，开展环境污染对人群健康影响的评价，探索建立高风险区域重点项目健康风险评估制度。建立统一的环境信息公开平台，全面推进环境信息公开。建立县级以上城市空气质量监测和信息发布机制。

6. 深化药品与耗材流通体制改革。建设和完善供应链集成系统，推进药品、耗材流通企业向供应链上下游延伸开展服务，形成现代流通新体系。发展医药电子商务。支持药品、耗材零售企业开展多元化、差异化经营。推广应用现代物流管理与技术，健全中药材现代流通网络与追溯体系。落实医疗机构药品、耗材采购主体地位，鼓励联合采购，建立药品实际交易价格以市场竞争为主的机制。建立完善药品出厂价格信息可追溯机制和药品价格谈判机制。强化短缺药品供应保障和预警，建立常态短缺药品储备制度和应急供应机制。建设遍及城乡的现代医药流通网络，提高基层和边远地区药品供应保障能力。

7. 严格落实国家药物政策。健全老年人群和重度残疾人等特殊人群基本用药、儿童用药保障机制，研究建立针对特殊贫困群体等的基本药物免费供给制度。完善现有免费治疗药品政策，增加艾滋病防治等特殊药物免费供给。完善罕见病用药保障政策，健全药品储备制度。建立以基本药物为重点的临床综合评价体系。完善药品价格形成机制，强化价格、医保、采购等政策的衔接，加强对市场竞争不充分药品和高值医用耗材的价格监管。制定完善医保药品支付标准政策，建立药品价格信息监测和信息公开制度。

8. 加强食品药品安全监管。健全从源头到食品消费全过程的监管，确保人民群众吃得安全和放心。加强食品安全风险监测评估，完善食品安全风险监测工作网络，到2030年，食源性疾病报告网络实现乡（镇）全覆盖。全面推行标准化、清洁化农业生产，深入开展农兽药残留、重金属污染综合治理，实施兽药抗菌药治理行动。建立食用农产品全程追溯协作机制，完善食品安全监管体系，强化日常监督检查力度。加强互联网食品经营治理。加强进口食品准入管理，加大对境外源头食品安全体系检查力度。推动市、县（市、区）政府建设出口农产品质量安全示范区。推进食品安全信用体系建设，完善食品安全信息公开制度。严格依据国家药品标准，推进医疗器材、中药研发和生产升级，全面加强药品监管，推进药品追溯体系建设，形成全品种、全过程完整追溯与监管链条。加强医疗器械和化妆品监管。

9. 完善公共安全防控体系。强化安全生产和职业健康，促进道路交通安全，预防和减少伤害。加快构建安全风险等级管控和隐患排查治理防线，强化重点行业领域安全生产监管，切实降低重特大事故发生频次和危害后果。推进职业病危害源头治理，完善职业安全卫生标准体系，建立分级分类监管机制，强化职业病报告制度，加强放射诊疗辐射防护。加强道路交通安全设施设计、规划和建设，严格道路运输安全管理，提高机动车驾驶人和交通参与者综合素质。到2030年，力争实现道路交通事故万车死亡率下降30%。建立伤害综合监测体系，加强儿童和老年人伤害预防和干预，预防和减少自杀、意外中毒。建立消费品质量安全事故强制报告制度，减少消费品安全伤害。健全口岸公共安全体系，建立基于源头防控、境内外联防联控的口岸突发公共卫生事件应对机制，健全口岸病媒生物及各类重大传染病监测控制机制，主动预防、控制和应对境外突发公共卫生事件。提高动植物疫情疫病防控能力，加强进境动植物检疫风险评估准入管理，强化外来动植物疫情疫病和有害生物查验截获、检测鉴定、除害处理、监测防控规范化建设，健全购买和携带人员、单位的问责追究体系，防控国际动植物疫情疫病及有害生物跨境传播。

10. 提高突发事件应急能力。加强全民安全意识教育，提高广大群众防灾减灾、自救互救和突发事件卫生应急能力。建立立体化的紧急医学救援体系。到2030年，城乡公共消防设施基本实现全覆盖，突发事件卫生应急处置能力和紧急医学救援能力明显提高，道路交通事故死伤比显著降低。

（四）加强重大疾病防控

1. 促进基本公共卫生服务均等化。组织实施国家基本公共卫生服务项目，提高人均经费标准，稳步扩展服务内容，增强居民基本公共卫生服务的公平性。加强项目管理，规范绩效评价，改革经费支付方式，提高项目实施效果。

2. 加强重点传染病和地方病防治。加强传染病监测预警，到2030年法定传染病报告率达到95%以上，艾滋病诊断发现并接受规范随访服务的感染者和病人比例达到75%以上，为所有符合条件且愿意接受治疗的感染者和病人提供抗病毒治疗。降低全人群乙肝病毒感染率。加大一般就诊者肺结核发现力度，强化重点人群主动筛查，推进患者全程随诊管理，实施“推进耐多药结核病防治行动”。有效应对霍乱、流感、手足口病、麻疹、疟疾、流行性出血热等重点传染病疫情。实施以传染源控制为主的狂犬病、布病、禽流感等人畜共患病综合治理策略。加强对碘缺乏病、氟中毒、大骨节病、克山病等地方病的防治，基本消除重点地方病危害。

3. 开展慢性病综合防控。完善县（市、区）政府主导的慢性病综合防控协调机制，加强慢性病综合防控示范区建设，覆盖所有县（市、区）。推广慢性病防治适宜技术，规范慢性病人群的诊治和康复，提高慢性病诊疗效果。加强慢性病筛查和早期发现，健全死因监测、肿瘤登记报告和慢性病监测制度。到2030年，实现全人群、全生命周期的慢性病健康管理，总体癌症5年生存率提高15%。全面实施35周岁以上人群首诊测血压，稳步开展血压血糖血脂异常、超重肥胖等慢性病高危人群的患病风险评估和干预指导。加强口腔卫生，到2030年，12岁儿童患龋齿率控制在25%以内。

4. 落实国家扩大免疫规划。加强常规免疫，提高预防接种及时性，做好补充免疫和查漏补种。强化接种门诊规范化建设，提高预防接种管理质量。完善脊髓灰质炎疫苗免疫策略，继续维持无脊髓灰质炎状态。强化疫苗可预防传染病监测。推动建立预防接种异常反应补偿保险机制。加强疫苗冷链管理，推进疫苗全程追溯体系建设，严格禁止非法疫苗销售行为。

5. 优化计划生育服务管理。落实人口均衡发展政策，改革完善计划生育服务管理。鼓励按政策生育，引导群众负责任、有计划地生育。全面推行知情选择，普及避孕节育、优生优育和生殖健康知识。推动人口和计划生育工作由控制人口数量为主向调控总量、提升素质、优化结构和合理分布并举转变，由管理为主向更加注重服务家庭转变，由主要依靠政府力量向政府、社会和公民多元共治转变。坚持和完善计划生育目标管理责任制，落实国家计划生育技术服务政策，加强再生育计划生育技术服务保障力度，开展出生人口性别比治理，到2030年，人口性别比实现自然平衡。

（五）提高重点人群健康水平

1. 推进重点人群体育活动。制定实施老年人、青少年、职业群体及残疾人等特殊群体的体质健康干预计划。基本实现青少年熟练掌握1项以上体育运动技能，确保学生校内每天体育活动时间不少于1小时。到2030年，学校体育场地设施与器材配置达标率达到100%，青少年学生每周参与体育活动达到中等强度3次以上，国家学生体质健康标准达标优秀率25%以上。加强科学指导，促进妇女、老年人和职业群体积极参与全民健身。实行工间健身制度。推动残疾人康复体育和健身体育广泛开展。增加社会矫正人员等特殊人群的全民健身服务供给。

2. 加强妇幼健康服务。实施母婴安全计划、健康儿童计划、妇幼健康服务保障工程。建立覆盖城乡居民，涵盖孕前、孕期、新生儿各段的出生缺陷防治免费服务制度，落实出生缺陷三级预防措施，推进产前筛查、产前诊断和新生儿疾病筛查网络建设，推进优生优育全程服务。提高妇女常见病筛查率和早诊早治率。加大儿童重点疾病防治力度，扩大新生儿疾病筛查，继续开展重点地区儿童营养改善等项目。提高孕产妇和新生儿危急重症救治能力。

3. 强化老年医养服务。推进老年医疗卫生服务体系建设，推动医疗卫生服务延伸至社区、家庭。健全医疗卫生机构与养老机构合作机制，推动医养结合，推进中医药与养老融合发展，为老年人提供治疗期住院、康复期护理、稳定期生活照料、安宁疗护一体化的健康和养老服务。加强老年常见病、慢性病的健康指导和综合干预，开展老年心理健康与关怀服务。推动居家老人长期照护服务的发展，全面建立经济困难、高龄、失能老人补贴制度，建立长期护理保险和商业保险等多层次长期护理保障制度。完善医保政策，使老年人在基层能够获得可负担的基本药物。

4. 增强残疾人口社会关怀。提高全社会的残疾预防意识，开展全人群、全生命周期的残疾预防，针对主要导致残疾的因素实施预防工程。继续开展防盲治盲和防聋治聋工作。加强残疾人健康服务，进一步完善康复服务体系，实施重点人群康复工程，实现残疾人“人人享有康复服务”。加大符合条件的低收入残疾人医疗救助力度，将符合条件的残疾人医疗康复项目按规定纳入基本医疗保险支付范围。

5. 促进贫困人口医疗服务。保障贫困人口享有基本医疗卫生服务。建立贫困人口健康卡。提高贫困人口的医疗保障救助水平，贫困人口个人缴费部分由财政给予补贴，门诊统筹率先覆盖所有贫困地区。将贫困人口全部纳入重特大疾病救助范围，保障贫困人口大病医治。建立和完善三级医院与贫困地区、少数民族地区和革命老区县级医院一对一帮扶机制，推进二级以上医疗机构对口帮扶贫困县乡镇卫生院，提高县、乡两级医疗卫生服务能力。积极促进远程医疗服务向贫困地区延伸。

（六）补齐基层健康服务短板

1. 建立基层卫生保障机制。调整优化健康服务体系，坚持保基本、强基层、建机制，推动重心下移、资源下沉，构建基层卫生资金投入、人才培养和制度建设保障机制。

2. 提升基层医疗服务水平。加强基层医疗卫生机构服务能力建设，提高常见病、多发病和慢性病诊治能力。到2030年，全面提升县级公立医院综合能力，将县域内就诊率提高到90%左右，基本实现大病不出县。进一步拓展中心乡镇卫生院功能，提升急诊抢救、二级以下常规手术、正常分娩、高危孕产妇筛查、儿科等医疗服务能力，强化国医堂建设，充分发挥中医药的优势和作用。

3. 加强基层健康人才培养。建立完善适应行业特点的薪酬制度，收入分配向基层人员倾斜。调整财政支出结构，重点向基层人才培养倾斜，加大边远地区扶持力度。健全以全科医师队伍建设和应用为重点、符合全科医生岗位特点的人才培养制度。在高等医学院校设置全科医师专业，加强中医、全科、儿科、产科、精神科、病理、护理、康复、心理健康及健康人才等急需紧缺专业人才培养培训。鼓励执业医师多点执业，提高基层卫生人员综合服务能力和水平。创新基层人才职称评审制度，建立以能力、水平、质量和业绩为导向，以社会和业内认可为核心的人才评价体系。

（七）推进中医药强省建设

1. 提高中医医疗服务水平。积极培育和充分发挥中医临床优势，加快省中医医疗中心和区域中医医疗中心建设。加强省级中西医结合医疗能力建设。全面实施中医医院信息化提升工程，推进以中医电子病历为基础的中医医院信息系统建设。开展重大疑难疾病中西医联合攻关。放宽中医药服务准入，鼓励社会资本举办中医医疗机构。

2. 发展中医养生保健服务。深入推进中医治未病健康工程，加强省、市、县三级中医医院治未病能力建设。支持社会力量举办中医养生保健机构，实现集团化发展或连锁化经营。鼓励养老机构设置中医诊室或与中医医疗机构合作建立快速就诊绿色通道，鼓励中医医疗机构自建、托管养老机构或与护理院、康复疗养机构开展技术协作，鼓励中医医师在养老机构提供保健咨询和调理服务。发展中医药健康旅游，打造一批中医药健康旅游示范基地。

3. 推进中医药传承创新。强化中医药教育，培养中医人才。推进适应行业特点的院校教育、毕业后教育、继续教育。加强高等中医药院校内涵建设，提高办学规模和综合实力。全面实施中医住院医师规范化培训。完善中医师承教育。注重中医临床技术骨干、基层中医药人才培养和中医药学术经验继承。做好河北省名中医评选和国医大师、全国名中医推荐工作。提升省中医药科学院和省、市级中医医院科研能力，开展中医药防治重大疑难疾病研究，促进中医药科技成果转化。建立大宗、道地和濒危药材种苗繁育基地，提供中药材市场动态监测信息，促进中药材种植业绿色发展。

4. 弘扬中医药特色文化。将中医药优势与健康管理结合，探索融健康文化、健康管理、健康保险为一体的健康保障模式。推进中医药文化建设，做大“扁鹊”等名中医文化品牌，倡导“大医精诚”核心价值理念。开展健康大讲堂活动，推进中医药进乡村、进社区、进家庭，提升城乡居民中医药健康文化素养。将中医药基础知识纳入中小学传统文化课程。支持省内中医药机构在海外设立中医医疗机构及中医药文化传播机构等，积极开展国际交流合作。

（八）深化医药卫生体制改革

1. 完善医疗卫生服务体系。全面建成体系完整、分工明确、功能互补、密切协作、运行高效的整合型医疗卫生服务体系。县和市域内基本医疗卫生资源按常住人口和服务半径合理布局，实现人人享有均等化的基本医疗卫生服务；分区域统筹资源配置，整合推进区域医疗资源共享，基本实现优质医疗卫生资源配置均衡化，省域内人人享有均质化的危急重症、疑难病症诊疗和专科医疗服务；依托现有机构，建设一批区域医疗中心和国家临床重点专科群，推进京津冀医疗卫生协同发展，带动医疗服务整体水平提升。发展康复、老年病、护理、安宁疗护等医疗机构，推进护理服务专业化、规范化。到2030年，15分钟基本医疗卫生服务圈基本形成，每千常住人口执业（助理）医师数达到3.0人、注册护士数达到4.7人。

2. 创新医疗卫生服务供给模式。建立专业公共卫生机构、综合医院和专科医院、基层医疗卫生机构“三位一体”的重大疾病防控机制，建立信息共享、互联互通机制，推进慢性病防、治、管整体融合发展，实现医防结合。建立不同层级、不同类别医疗机构间目标明确、权责清晰的分工协作机制，不断完善服务网络、运行机制和激励机制。探索完善家庭医生签约服务，逐步完善分级诊疗制度，形成基层首诊、双向转诊、上下联动、急慢分治的合理就医格局，健全治疗——康复——长期护理服务链。

通过政策扶持等多种措施，加强乡村诊所、社区和乡镇卫生院服务能力建设，引导群众常见病、多发病复诊和诊断明确、病情稳定的慢性病等更多地在基层就诊。完善医疗联合体、医院集团等多种分工协作模式，提高服务体系整体绩效。

3. 完善全民医保体系。健全以基本医疗保障为主体、其他多种形式补充保险和商业健康保险为补充的多层次医疗保障体系。探索省级统筹、健全统一的城乡居民基本医保制度。逐步建立个人缴费与城乡居民可支配收入挂钩机制，研究探索以家庭为单位参保和职工医保退休人员缴费参保政策，完善职工医保个人账户，开展门诊统筹。进一步健全重特大疾病医疗保障机制，加强基本医保与医疗救助等的有效衔接。到2030年，全民医保体系成熟定型，基本医保实际报销比例达到70%。

逐步引入社会力量参与医保经办，建立完善的购买服务和监管机制，探索建立高效、竞争的管理服务体系。建立基本医保制度间转移接续制度，实现省内异地就医直接结算。建立并严格落实医疗保险基金预算管理。全面推进医保支付方式改革，建立健全医保经办机构与医疗卫生机构的协商谈判机制，建立多种形式的预付费制度，形成医疗保险基金总额预算管理下的复合式付费方式。到2030年，全民医保管理服务体系完善高效，住院全面实现按疾病诊断相关分组（DRGs）付费、门诊医疗服务实现按人头付费，引入按服务绩效付费，引导医疗机构主动保证质量，控制成本，节约费用，提高效率。建立药品、医疗器材、诊疗项目的基本医保准入和退出第三方评估机制。

落实税收等优惠政策，鼓励企业、个人参加商业健康保险及多种形式的补充保险。丰富健康保险产品，鼓励开发与健康管理服务相关的健康保险产品。促进商业保险公司与医疗、体检、护理等机构的合作，发展健康管理组织等新型组织形式。到2030年，建立现代商业健康保险服务体系，商业健康保险赔付支出占卫生总费用比重显著提高。

（九）加快健康产业发展

1. 完善“大健康、新医疗”产业体系。构建“一圈、一都、三园、三区、一基地”的“大健康、新医疗”产业发展格局。打造环京津健康养老产业圈，建设安国中药都，发展渤海新区医药工业园、扁鹊中医药文化产业园和衡水滨湖健康休闲养生产业园，构建张承健康休闲旅游区、太行山—燕山山地康体健身休闲区和沿海度假休闲旅游区，大力推进石家庄国家生物产业基地建设。

2. 发展“大健康、新医疗”服务业。鼓励、支持社会办医院，到2020年，按照每千常住人口不低于1.5张床位为社会办医院预留规划空间，同步预留诊疗科目设置和大型医用设备配置空间。大力发展专业医学检验中心、卫生检测中心、影像中心和病理中心、制剂中心、消毒供应中心等第三方服务机构，推进医疗设备、医疗信息、健康服务云平台等第三方服务外包。发展健康文化，促进健康咨询、健康干预等服务。支持信息技术在智慧医疗、精准医疗、便携就医和健康惠民等方面探索创新。借助张北云计算数据集成中心推动健康管理、医疗卫生服务网上运行。建立养老服务机构与医疗护理等机构信息互联共享机制，推广远程健康监测等。

3. 推进健康服务业与健康产业融合发展。编制实施河北省“大健康、新医疗”产业发展五年规划，推动医疗服务、健康服务与健康产业融合发展。突出政府主体责任，健全医疗卫生服务体系，提高社会保障能力，兜住底线、促进公平，维护居民基本健康权益。发挥市场资源配置决定作用，引导生物制药、医疗器械、保健用品等健康产业集群化发展、链条式拓展、结构性升级，丰富健康产品种类、提升健康产品档次。加大政府购买服务力度，优化健康产品供给渠道，积极引导公众转变健康消费理念，使传统事后医疗投入转变为事前健身投入与事后医疗投入相结合，推动体育健身、休闲旅游、康复养老等与医疗卫生服务相结合，将医疗愈后恢复与康复训练、体能训练引入定点健身俱乐部。建设综合性体育服务互动平台，促进体育生活化、体育消费便利化。鼓励体育场馆、健身会所、体育组织等面向社会提供便民服务。鼓励体育赛事、体育用品、体育中介等行业联动。推动体育旅游、体育传媒、体育会展等相关业态融合发展，更好地满足人民群众多样化健康需求。

4. 打造突出河北特色的体育运动品牌。探索竞技赛事与群众性赛事同时举办、紧密结合的赛事模式。加快京津冀体育产业协同发展，共同打造一批体育服务业重点项目，联合申报国家级区域体育产业重点示范项目，联合申办和承办高水平体育赛事和活动。开发拓展精品体育赛事，大力培育张家口和承德冰雪运动、沧州武术、邯郸太极拳等特色项目，形成“一地一品牌”“一地多品牌”发展格局。对已形成规模和品牌的崇礼国际滑雪节、保定国际空竹艺术节、衡水湖国际马拉松赛、北戴河“五一”轮滑节和铁人三项赛、廊坊国际信鸽展等大型赛事和活动提档升级，提高影响力。抓好体育产业基地和秦皇岛、承德市国家体育产业联系点建设。到2030年，全省体育产业总规模超过3000亿元，从业人员超过50万人。实现减少疾病发生与体育健身产业同步发展。

（十）完善健康保障机制

1. 深化体制机制改革。加强各部门、各领域在健康领域的沟通协作。制定健康影响评估指南，建立健康影响评估制度，系统评估重大工程项目以及公共政策实施对健康的影响，实行健康影响评价“一票否决”，健全监督和问责机制。全面深化医药卫生体制改革，加快建立更加成熟定型的基本医疗卫生制度，维护公共医疗卫生的公益性，建立协调统一的医药卫生管理体制，实施属地化和全行业管理，健全卫生计生全行业综合监管体系。鼓励并充分发挥社会力量在监管中的作用，促进公平竞争。

2. 加强健康人力资源建设。完善健康人才培养机制。建立高层次、复合型人才培养制度。加强医教协同，建立完善医学人才培养供需平衡机制。改革医学教育制度，加快建成适应行业特点的院校教育、毕业后教育、继续教育三阶段有机衔接的医学人才培养培训体系。完善医学教育质量保障机制。加强儿科、产科、精神科、病理、护理、助产、康复、心理健康等急需紧缺专业人才培养培训。加强药师和中医药健康服务、卫生应急、卫生信息化复合人才队伍建设。加强高层次人才队伍建设。推进卫生管理人员专业化、职业化。调整优化适应健康服务产业发展的医学教育专业结构，加大养老护理员、康复治疗师、心理咨询师等健康人才培养培训力度。创新人才使用评价激励机制，落实用人自主权，全面推行聘用制。创新健康人才使用、流动与服务提供模式，建立符合医疗卫生行业特点的人事薪酬制度。积极探索医师自由执业、医师个体与医疗机构签约服务或组建医生集团。进一步优化和完善护理、助产、医疗辅助服务、医疗卫生技术等方面人员评价标准。

3. 推动健康科技创新。建立“科技创新、医研互促、成果转化、强医惠民”四位一体的科技发展新体系。以精准医疗、环境医学、新药研发等为重点，鼓励支持建设国家级综合性和专科性区域医疗中心，联合京津探索建立跨区域医疗中心，建设好省级综合性和专科性区域医疗中心。支持创建国家健康医疗旅游示范基地、生命健康产业创新示范区和国家干细胞治疗、肿瘤免疫治疗、基因治疗等精准医疗先行区。加快中医药临床研究基地和科研机构建设。加快“医研企”科技协同创新平台、适宜技术推广示范基地、医药成果转化推广平台和示范基地等建设。

推进北戴河国家生命健康产业创新示范区建设。发展高端康养产业，构建“药、医、养、健、游”健康产业链，提供新型医疗卫生服务，打造中国北方生态宜养地、健康医疗旅游示范基地。加快健康科技成果转化，推动生物工程研发创新。优化健康产业发展环境，开展康复研究，建设全国秦皇岛康复辅具创新基地和健康养老示范基地，完善生命健康产业发展基础设施建设。

推进医学科技进步，将与居民健康紧密相关、对公共卫生安全影响重大的卫生科研项目，确定为卫生科技创新优先领域，启动“健康河北”重大卫生科技工程。力争到2030年，科技论文影响力和三方专利总量进入国内前列，科技创新对医药工业增长贡献率达到50%以上，成果转化率达到30%以上。

4. 建设健康信息化服务体系。建立基本完备的人口健康信息化机制。到2030年，实现省、市、县三级人口健康信息平台互通共享，人人拥有社会保障和居民健康的集成卡，远程医疗覆盖省、市、县、乡四级医疗卫生机构，全面实现人口健康信息的规范管理和使用，满足个性化服务和精准化医疗的需求。加强医疗健康大数据应用体系建设，强化公共卫生、计划生育、医疗服务、医疗保障、药品供应、综合管理等应用信息系统数据采集、集成共享和业务协同。发展智慧健康医疗便民惠民服务，全面建立远程医疗应用体系，推动健康医疗教育培训应用。加强健康医疗数据安全保障和患者隐私保护。

5. 加强健康法治建设。根据国家有关法律法规，制定完善有关法规规章制度，强化政府在医疗卫生、食品、药品、环境、体育、教育等健康领域的监管职责，建立政府监管、行业自律和社会监督相结合的监督管理体制。加强卫生计生监督执法体系和能力建设。

6. 完善健康筹资机制。充分调动政府、社会团体、企业等的积极性，形成多元筹资格局。健全政府健康投入机制，调整优化财政支出结构，加大健康投入力度，科学合理界定各级政府投入职责，履行政府保障基本健康服务需求的责任。加大省级财政对经济欠发达地区的转移支付力度，提高资金使用效益。建立结果导向的健康投入机制，开展健康投入绩效监测和评价。鼓励金融机构创新产品和服务，完善财税扶持措施。大力发展慈善事业，鼓励社会和个人捐赠与互助。

三、组织实施

（一）加强组织领导。各级各部门要将健康河北建设纳入重要议事日程，列入当地经济社会发展规划，将主要健康指标纳入各级党委和政府考核指标，完善考核机制和问责制度。成立健康河北建设领导小组，明确办事机构，统筹协调推进健康河北建设工作，指导各地各部门开展工作。各有关部门要认真落实把健康融入所有政策的要求，积极承担健康河北建设中的职责。健全相应的领导体制和工作机制，确保工作落实。注重发挥工会、共青团、妇联等群团组织及其他社会组织的作用，凝聚全社会共识和力量。

（二）转变政府职能。进一步推进健康相关领域简政放权、放管结合、优化服务。继续深化药品、医疗机构等审批改革，规范医疗机构设置审批行为。推进健康相关部门依法行政，推进政务公开和信息公开。加强卫生计生、体育、食品药品、环保等健康领域监管创新，加快构建事中和事后监管体系，全面推进“双随机、一公开”机制建设。推进综合监管，加强行业自律和诚信建设，鼓励行业协会商会发展，充分发挥社会力量在监管中的作用，促进公平竞争，推动健康相关行业科学发展。简化健康领域公共服务流程，优化政府服务，提高服务效率。

（三）搞好规划衔接。准确把握发展形势，建立和完善规划衔接协调机制，对接“健康中国2030”规划纲要、卫生与健康规划、国民经济和社会发展规划纲要等，做好健康河北建设年度计划的编制实施，确保各项政策措施有序推进、落到实处。

（四）实施追踪监测。各级各部门要根据本实施意见制定具体的实施方案，完善各项政策措施，明确各阶段实施的重大项目、重要任务及其进度要求。建立健全监测评价机制，对落实情况进行实时监测，对落实效果进行年度评估，并根据监测评估情况及时调度督导，适时对目标任务、工作措施进行调整和优化。尊重人民群众的首创精神，注意发现各地工作中的好经验、好做法，及时总结和推广。

（五）强化宣传引导。采取多种形式大力宣传推进健康中国建设的战略规划和重大意义，宣传健康河北建设的决策部署和具体安排。加强典型宣传，增强全社会对健康中国、健康河北建设的普遍认知，营造人人关心、人人支持，积极投身健康中国、健康河北建设的良好社会氛围。

（转自《河北日报》2017年1月7日）

综合篇

GENERAL SURVEY

综　　述

2016年，面对严峻复杂的形势和艰巨繁重的任务，在省委、省政府的正确领导下，全省各级各部门深入贯彻落实习近平总书记系列重要讲话精神和对河北的重要指示批示，认真落实省第九次党代会精神，牢固树立和贯彻新发展理念，全面落实“四个加快”“六个扎实”总体要求，坚持稳中求进工作总基调，以推进供给侧结构性改革为主线，扎实推动京津冀协同发展，全力化解过剩产能，加快转型升级，下大力治理大气污染，着力保障改善民生，全省国民经济运行呈现总体平稳、稳中向好、动力增强的良好态势，实现了“十三五”良好开局。2016年，全省完成生产总值32070.5亿元，按可比价格计算，比上年增长6.8%。其中，第一产业增加值3492.8亿元，增长3.5%；第二产业增加值15256.9亿元，增长4.9%；第三产业增加值13320.7亿元，增长9.9%。

一、农业生产稳定发展，粮食生产喜获丰收

全年粮食总产量3460.2万吨，比上年增加96.4万吨，增长2.9%。其中，夏粮产量1448.7万吨，下降0.1%；秋粮产量2011.5万吨，增长5.1%。棉花产量30.0万吨，比上年下降19.8%。油料产量156.5万吨，比上年增长3.3%。蔬菜产量8193.4万吨，比上年下降0.6%。肉类总产量457.7万吨，比上年下降1.0%。其中，猪牛羊肉产量352.0万吨，下降2.2%。禽蛋产量388.5万吨，比上年增长4.0%；牛奶产量440.5万吨，比上年下降6.9%。全年完成造林绿化面积518万亩。水产品产量136.9万吨，比上年增长5.6%。畜牧、蔬菜、果品三大优势产业产值占农林牧渔业总产值的71.0%。

二、工业生产总体平稳，企业效益明显提高

全年规模以上工业增加值完成11663.8亿元，比上年增长4.8%。从经济类型观察，国有及国有控股企业增加值下降0.6%，集体企业下降15.8%，股份制企业增长5.7%。从企业规模观察，大型企业增加值增长3.1%，中型企业增长3.3%，小型企业增长10.3%。从七大主要行业观察，钢铁工业增加值下降0.2%，装备制造业增长10.2%，石化工业增长4.9%，食品工业增长3.2%，纺织服装业增长6.3%，建材工业增长3.2%，医药工业增长5.4%。规模以上工业企业产销率为97.6%；实现出口交货值1567.4亿元，比上年下降4.8%；实现利润总额2815.1亿元，比上年增长19.2%；企业主营业务利润率和总资产贡献率分别为5.95%和11.06%，比上年分别提高0.78和0.67个百分点。

三、服务业较快增长，新兴行业加快发展

全年服务业增加值增长速度快于全省生产总值3.1个百分点。其中，金融业增加值1731.2亿元，比上年增长15.4%；批发和零售业增加值2536.9亿元，增长5.7%；住宿和餐饮业增加值440.4亿元，增长9.5%。新兴服务业快速发展。在规模以上服务业单位中，14个新兴服务业行业营业收入比上年增长12.5%。其中，软件开发营业收入增长63.4%，集成电路设计增长40.0%，互联网信息服务增长30.0%，卫星传输服务增长28.9%，数据处理和存储服务增长23.8%，咨询与调查增长20.4%，信息技术咨询服务增长13.7%，法律服务增长45.8%，清洁服务增长52.3%，家庭服务增长25.0%，人力资源服务增长11.2%，安全保护服务增长11.0%。

四、固定资产投资平稳增长，商品房待售面积减少

全年固定资产投资（不含农户）31340.1亿元，比上年增长8.4%。其中，国有控股投资6791.7亿元，增长16.2%；民间投资24034.7亿元，增长5.6%，占全部投资的比重为76.7%。分产业观察，第一产业投资1539.8亿元，增长9.3%；第二产业投资15758.8亿元，增长7.6%；第三产业投资14041.5亿元，增长9.3%。全年固定资产投资到位资金30528.9亿元，比上年增长6.9%。大项目增加较多。亿元以上施工项目6867个，比上年增加963个；完成投资19450.3亿元，增长15.6%。

全省房地产开发投资4695.6亿元，比上年增长9.6%，其中住宅投资增长9.9%。房屋新开工面积8161.3万平方米，增长13.0%，其中住宅新开工面积增长11.7%。商品房销售面积6682.3万平方米，增长14.1%，其中住宅销售面积增长14.3%。商品房销售额4301.8亿元，增长27.6%，其中住宅销售额增长30.0%。12月末，商品房待售面积1582.4万平方米，比上年末下降27.4%。全年房地产开发企业到位资金5102.4亿元，比上年增长9.3%。

五、消费品市场稳中有升，消费升级类商品增长较快

全年社会消费品零售总额14364.7亿元，比上年增长10.6%，增速比前三季度加快0.5个百分点。其中限额以上企业（单位）消费品零售额3723.0亿元，增长7.5%。按经营单位所在地分，城镇消费品零售额11195.7亿元，增长10.3%；乡村消费品零售额3169.0亿元，增长11.4%。居民生活类商品平稳增长，在限额以上批发和零售业商品零售额中，粮油食品类增长6.8%，服装鞋帽针纺织品类增长4.3%，日用品类增长5.5%，饮料类增长10.5%。消费升级类、居住类和健康类商品较快增长。汽车类零售额增长10.9%，比上年回升7.0个百分点，建筑及装潢材料类增长12.3%，家具类零售额增长20.8%，中西药品类零售额增长15.3%。

六、进出口降幅收窄，利用外资较快增长

全年进出口总值3074.7亿元，比上年下降3.7%，降幅同比收窄9.7个百分点，比前三季度收窄3.4个百分点。其中，出口总值2014.5亿元，下降1.3%，分别收窄5.7和1.8个百分点；进口总值1060.2亿元，下降8.0%，分别收窄14.8和6.3个百分点。部分主要出口商品保持增长。服装及衣着附件出口增长2.3%，纺织纱线、织物及制品出口增长9.4%，医药品出口增长7.0%。

全年实际利用外资81.5亿美元，比上年增长

10.6%。其中，外商直接投资73.5亿美元，增长19.0%；对外借款3.8亿美元，增长4.1倍。

七、居民消费价格温和上涨，工业生产者价格月度同比由降转升

全年居民消费价格比上年上涨1.5%，涨幅比前三季度回升0.1个百分点。其中城市上涨1.5%，农村上涨1.5%。分类别看，八大类商品及服务价格“七升一降”。食品烟酒价格上涨2.6%，衣着上涨1.8%，居住上涨0.7%，生活用品及服务上涨0.5%，教育文化和娱乐上涨1.3%，医疗保健上涨4.4%，其他用品和服务上涨3.3%，交通和通信下降1.7%。在食品烟酒价格中，粮食价格下降1.0%，猪肉价格上涨19.2%，鲜菜价格上涨10.4%。全年工业生产者出厂价格比上年下降0.1%，自8月份起结束连续55个月同比下降后，同比涨幅不断扩大，12月份同比上涨16.3%。全年工业生产者购进价格比上年下降1.7%。

八、居民收入稳定增长，消费进一步改善

全省居民家庭人均可支配收入19725元，比上年增长8.9%。居民家庭人均消费支出14247元，比上年增长9.3%。分城乡地域看，城镇居民人均可支配收入为28249元，比上年增加2097元，增长8.0%。其中，工资性收入增长7.9%，经营净收入增长8.3%，财产净收入增长8.3%，转移净收入增长8.0%。农村居民人均可支配收入为11919元，比上年增加869元，增长7.9%。其中，工资性收入增长7.8%，经营净收入增长7.7%，财产净收入增长10.1%，转移净收入增长8.2%。城镇居民人均消费支出19106元，比上年增长8.6%，农村居民人均消费支出9798元，比上年增长8.6%。

九、供给侧结构性改革取得积极进展，转型升级实现新突破

“三去一降一补”成效明显。钢铁、煤炭等行业去产能任务超额完成。全年原煤产量比上年下降12.8%，焦炭产量下降3.0%，平板玻璃产量下降6.5%。商品房库存水平持续下降。12月末，商品房待售面积比上年末减少597.6万平方米。工业企业资产负债率及成本均有所下降。规模以上工业企业资产负债率为54.87%，同比降低1.29个百分点；规模以上工业企业每百元主营业务收入中的成本为87.58元，比上年减少0.40元。短板领域投资较快增长。基础设施投资比上年增长15.7%，高于全部投资增速7.3个百分点。生态保护和环境治理业、农林牧渔业投资比上年分别增长36.7%和45.6%，分别快于全部投资28.3和37.2个百分点。

产业结构继续优化。全年服务业增加值占全省生产总值的比重达到41.5%，比上年提高1.3个百分点；对经济增长的贡献率为58.9%，超过第二产业23.7个百分点。需求结构进一步改善。全年最终消费支出对全省生产总值增长的贡献率为60.1%，比上年提高11.3个百分点。创新驱动发展战略深入实施，动能转换实现新突破。装备制造业增加值超过钢铁工业，成为第一支柱产业，全年占规模以上工业增加值的比重达到26.0%，超过钢铁工业0.5个百分点。高新技术产业增加值增长13.0%，高于规模以上工业增加值增速8.2个百分点，占规模以上工业的比重为18.4%，比上年提高2.4个百分点；高新技术产业投资增长10.7%，高于全省固定资产投资2.3个百分点。节能降耗取得新成效。工业能耗低位运行，全年规模以上工业能耗2.1亿吨标准煤，比上年增长0.4%；单位工业增加值能耗比上年下降4.25%。

十、人口平稳增长，城镇化率继续提高

年末常住总人口7470.05万人，比上年末增加45.13万人。全年出生人口92.50万人，人口出生率为12.42‰，比上年提高1.07个千分点；死亡人口47.37万人，死亡率为6.36‰，比上年提高0.57个千分点；人口自然增长率为6.06‰，比上年提高0.50个千分点。常住人口城镇化率为53.32%，比上年提高1.99个百分点。

总的看，2016年全省国民经济运行态势良好，经济总量跨上新台阶，产业结构出现新变化，动能转换实现新突破，人民生活得到新改善。这是省委、省政府正确领导的结果，是全省上下奋力拼搏、共同努力的结果。2017年，全省要认真贯彻落实省第九次党代会和经济工作会议精神，按照省委、省政府决策部署，坚持稳中求进工作总基调，牢固树立和落实新发展理念，以提高发展质量和效益为中心，以供给侧结构性改革为主线，坚定走加快转型、绿色发展、跨越提升新路，全力做好各项工作，促进经济又好又快发展和社会和谐稳定，以优异成绩迎接党的十九大胜利召开。

（河北省统计局　李　浩）

全省生产总值的生产与使用

2016年，国内外环境复杂严峻，各种矛盾问题不断显现，经济下行压力加大。面对困难和挑战，全省各地各部门认真贯彻落实国家宏观调控政策和省委、省政府决策部署，坚持创新、协调、绿色、开放、共享发展理念，大力推进供给侧结构性改革，统筹抓好稳增长、调结构、治污染、抓改革、惠民生各项工作，经济运行总体平稳，结构调整取得新进展。

一、全省生产总值的生产

（一）经济运行总体平稳。2016年，全省经济发展平稳，实现地区生产总值32070.51亿元，比上年增长6.8%，同比持平。

1. 第一产业发展稳中向好，产业化水平持续提高。2016年，全省各地主动适应经济发展新常态，不断加大强农、惠农、富农力度，着力推进农业供给侧结构性改革，调整优化农业生产结构，农林牧渔业生产总体呈现稳中向好的态势，农业产业化经营水平进一步提高。全年第一产业实现增加值3492.8亿元，增长3.5%，增速同比提高0.9个百分点，占GDP比重为10.9%，对经济增长的贡献率为5.9%。其中，农业实现增加值2359.79亿元，增长3.6%，增速同比提高0.7个百分点，占第一产业的比重为67.6%，同比回落0.4个百分点；林业实现增加值93.1亿元，增长5.6%，占第一产业的比重为2.7%，同比提高0.2个百分点；畜牧业实现增加值915.2亿元，增长3.0%，占第一产业的比重为26.2%，同比提高0.1个百分点；渔业实现增加值124.7亿元，增长3.7%，占第一产业的比重为3.6%，同比提高0.2个百分点。农林牧渔业生产结构进一步调整和优化，畜牧、蔬菜、果品三大优势产业稳定发展壮大。三大产业产值占全部农林牧渔业总产值比重达到71.0%，与上年持平。产业化水平稳步提高，全省农业产业化经营率66.7%，比上年提高1.1个百分点。

2. 第二产业平稳增长，在三次产业中占比最高。2016年，第二产业实现增加值15256.9亿元，增长4.9%，对经济增长的贡献率为35.2%，拉动经济增长2.4个百分点，占全省生产总值比重为47.6%，比上年回落0.9个百分点，比第三产业占比高6.1个百分点。工业实现增加值13387.5亿元，比上年增长4.6%，占全省生产总值的比重达41.7%，对经济增长的贡献率为29.3%，国民经济增长的6.8个百分点中，工业拉动增长2.0个百分点。

2016年，全省建筑业实现增加值1885.3亿元，增长6.5%，占GDP比重为5.9%，与上年持平。对经济增长的贡献率为5.7%，拉动经济增长0.4个百分点。

3. 第三产业较快发展，结构调整不断优化。2016年，第三产业发展加快，结构持续优化，第三产业占GDP比重不断提高，对全省经济的发展日趋重要。其中，交通和批零业占第三产业比重较高，新兴服务行业快速发展，活力逐步提升。2016年，全省第三产业呈加快发展态势，实现增加值13320.7亿元，增长9.9%，占GDP比重为41.5%，同比提高1.5个百分点，对经济增长贡献率为58.9%，同比提高0.2个百分点，拉动全省生产总值增长4.0个百分点。

传统服务行业占比较高，营利性服务业加快发展。交通运输、批发零售等传统服务业仍占第三产业比重最大，两行业增加值为4906.1亿元，分别增长3.0%和5.7%，占服务业比重为36.8%，对第三产业发展的贡献程度为17.2%。信息传输软件和信息技术服务业、租赁和商务服务业、居民服务修理和其他服务业、文化体育和娱乐业等营利性服务业共实现增加值1922.6亿元，增长32.8%，同比提高14.2个百分点，占第三产业比重为14.4%，同比提高2.6个百分点，对第三产业发展的贡献程度为38.9%，同比提高20.3个百分点。科学研究和技术服务业、水利环境和公共设施管理业、教育、卫生和社会工作、公共管理社会保障和社会组织等非营利性服务行业共实现增加值2664.2亿元，增长5.8%，占第三产业增加值比重为20.0%，对第三产业发展的贡献程度为12.1%。

金融、房地产、信息传输计算机服务和软件业等现代新兴服务行业实现较快发展。信息传输计算机服务和软件业快速发展，实现增加值580.8亿元，比上年同期增长30.2%，同比提高10.2个百分点，比GDP增速高23.4个百分点，比第三产业增加值增速高20.3个百分点。金融业实现增加值1731.2亿元，增长15.4%，比第三产业增加值增速高5.5个百分点，占第三产业增加值比重为13.0%，比上年同期提高0.7个百分点。房地产业实现增加值1488.4亿元，增长8.1%，高于GDP增速1.3个百分点，占第三产业增加值比重为11.2%，同比提高0.3个百分点。

（二）收入分配结构变化明显。从收入分配角度看，固定资产折旧和营业盈余占比提高。在全省生产总值中，劳动者报酬占一半以上，比重最大，全年总量为16293.3亿元，占50.8%，同比回落0.5个百分点；生产税净额3834.6亿元，占12.0%，比上年同期回落0.8个百分点；固定资产折旧4634.4亿元，占14.5%，同比提高0.1个百分点；营业盈余7308.1亿元，占22.8%，同比提高1.2个百分点。

（三）经济与社会发展更趋协调

1. 经济发展质量持续提高。财政收入占地区生产总值比重是衡量经济发展质量指标之一，发展趋势逐年提高。2016年全部财政收入完成4390.7亿元，比上年增长8.0%，占地区生产总值比重达到13.7%，比上年提高0.1个百分点。经济平稳发展为财政收入的增长奠定了基础，整体财政实力的增强又为全省经济社会的发展提供保障。

2. 全省人均生产总值持续超4万元。2016年全省人均生产总值为43062元，比上年增加2511元，按可比价格计算，比上年增长6.1%，按人民币对美元年平均汇价折算，约合6483美元。

3. 全社会劳动生产率稳步提高。2016年全社会劳动生产率达到75992元/人，比上年增加4632元/人，比上年增长6.5%。其中，第一、二、三产业劳动生产率分别为25727元/人、106219元/人和94683元/人，分别比上年增加1043元/人、4892元/人和7377元/人，分别比上年增长4.2%、4.8%、8.4%。

（四）民营经济支撑作用较强。民营经济总量扩大，比重提高。2016年，全省民营经济实现增加值21583.1亿元，比上年同期增长7.2%，比同期全省生产总值增速快0.4个百分点；占全省生产总值的比重为67.8%，同比提高0.1个百分点。

三次产业协同发展，部分行业增长较快。分产业看，第一产业民营经济增加值352.4亿元，增长3.0%；第二产业民营经济增加值12465.4亿元，增长5.7%，其中建筑业增长较快，实现民营经济增加值1489.8亿元，增长6.9%；第三产业民营经济增加值8765.3亿元，增长9.4%，同比加快0.1个百分点。其中住宿餐饮业和金融业增长较快，住宿餐饮业实现民营经济增加值420.2亿元，增长9.7%；金融业实现民营经济增加值824.3亿元，增长16.7%。

二、全省生产总值的使用

2016年，省委省政府调结构、转方式，扩大内需，着力增加消费需求，不断加大挖掘、培育消费需求新的经济增长点的力度，保持投资合理规模，呈现内需不断扩大、居民消费水平持续提高的良好局面。

（一）内需对经济贡献率逐步提升

1. 消费需求贡献凸显，居民消费发展较快。2016 年，全省最终消费支出为 14536.1 亿元，增长 9.2%，对经济增长贡献率为 60.1%，比上年提高 11.3 个百分点，拉动经济增长 4.1 个百分点。其中，居民消费支出增长较快，为 10670.8 亿元，增长 11.3%，同比提高 0.9 个百分点，比 GDP 增速高 4.5 个百分点，占全省生产总值的 33.3%，同比提高 1.7 个百分点。农村居民消费 3158.8 亿元，增长 10.5%，比 GDP 增速高 3.7 个百分点；城镇居民消费 7512.0 亿元，增长 11.7%，同比提高 1.6 个百分点，占全省生产总值比重比上年同期提高 1.2 个百分点。政府消费支出为 3865.4 亿元，增长 3.9%，增速同比提高 2.5 个百分点。

2. 投资需求平稳增长。2016 年，全省资本形成总额（投资需求）为 18636.5 亿元，增长 5.8%，占全省生产总值的比重为 58.1%，同比回落 0.5 个百分点，对经济增长贡献率为 49.8%。其中，全省固定资本形成总额为 18595.7 亿元，增长 5.7%，占全省生产总值的比重为 58.0%，同比持平，对经济增长贡献率为 48.8%。

（二）居民消费水平持续提高。2016 年，居民消费水平平稳较快发展。全省居民消费水平为 14328 元/人，比上年同期增加 1499 元/人，比上年增长 10.7%。其中，城镇居民消费水平为 19276 元/人，增长 6.8%，同比提高 0.9 个百分点；农村居民消费水平为 8897 元/人，增长 14.5%，同比提高 0.5 个百分点，增速比全省居民消费水平高 3.8 个百分点。

（河北省统计局　张永立　刘　博）

资金流量

2015 年，全省国民初次分配总收入为 29003.81 亿元，比上年增加 339.91 亿元，增长 1.2%；可支配收入为 31582.06 亿元，增加 645.83 亿元，增长 2.1%；总储蓄为 18384.28 亿元，总储蓄率为 58.2%。

一、资金流量运行基本情况

（一）非金融企业部门是初始流量贡献最大的部门。各机构部门创造的增加值作为资金的初始流量，是整个社会资金流动的起点和源泉。2015 年，全省生产总值为 29806.11 亿元，比上年增长 6.8%。从各机构部门增加值构成情况看，非金融企业部门为 17967.56 亿元，占初始流量总额的 60.3%；金融机构部门为 1480.92 亿元，占 5.0%；政府部门为 2086.89 亿元，占 7.0%；住户部门为 8270.74 亿元，占 27.7%。显然，在收入分配的初始流量当中，非金融企业部门比重最大，占据了约三分之二的份额，非金融企业部门成为初始流量中贡献最大的部门。

（二）初次分配总收入住户部门占据主导。在初始流量的基础上，通过劳动者报酬对劳动因素、财产收入对资本因素的分配，以及生产者因生产活动与政府发生的生产税和补贴的转移，形成了各机构部门的初次分配总收入。

2015 年，全省国民初次分配总收入为 29003.81 亿元，比上年增加 339.91 亿元，增长 1.2%。其中，非金融企业部门的初次分配总收入为 7335.23 亿元，占国民初次分配总收入的 25.3%；金融机构部门的初次分配总收入为 1331.58 亿元，比重为 4.6%；政府部门的初次分配总收入为 3578.94 亿元，比重为 12.3%；住户部门的初次分配总收入为 16758.06 亿元，比重为 57.8%。可以看出，在初次收入分配环节，住户部门通过获得其他部门分配支付的劳动者报酬、财产收入等净额共 8487.32 亿元，其比重也由初始流量的 27.7%上升至初次分配总收入的 57.8%，占国民初次分配总收入二分之一强的份额，占据了主导地位。

（三）可支配总收入向政府部门倾斜。可支配收入分配环节是在初次分配的基础上，通过经常转移的支付和获得，而形成新的收入分配格局的过程，也称作国民收入再分配过程。这一过程的主要项目是经常转移，含收入税、社会保险缴款、社会保险福利、社会补助、其它经常转移等指标。

2015 年，全省可支配收入为 31582.06 亿元，增加 645.83 亿元，增长 2.1%。其中，非金融企业部门的可支配总收入为 6886.50 亿元，占全省可支配总收入的 21.8%；金融机构部门的可支配总收入为 795.50 亿元，比重为 2.5%；政府部门的可支配总收入为 6247.68 亿元，比重为 19.8%；住户部门的可支配总收入为 17652.39 亿元，比重为 55.9%。在收入再分配环节，政府部门获得其它机构部门和省外部门（中央补助收入）分配支付来的经常转移净额共 2668.74 亿元，其比重由初次分配总收入的 12.3%上升至可支配总收入的 19.8%，上升了 7.5 个百分点，是收入再分配环节比重上升幅度最大的一个部门。

（四）最终消费保持稳定增长。在可支配收入形成后，就进入了最终使用环节。最终消费包括居民消费和政府消费，政府消费主要是政府部门为全社会提供公共服务的消费支出；居民消费主要指居民个人消费支出。

2015 年，全省最终消费 13197.78 亿元，比上年增加 658.81 亿元，增长 5.3%，最终消费率 44.3%。其中，居民消费 9499.11 亿元，占最终消费的比重为 72.0%；政府消费 3698.67 亿元，比重为 28.0%。

（五）总储蓄增速回落。在可支配总收入中扣除消费后剩余部分为总储蓄，储蓄主要用于投资，以增加社会财富和生产能力，构成建设资金的供给。2015 年，全省总储蓄为 18384.28 亿元，增速比上年同期回落 2.4 个百分点，总储蓄率为 58.2%。

二、各机构部门资金流量特点

（一）非金融企业部门资金净融入量有所回落。2015

年，全省非金融企业部门初次分配总收入7335.23亿元，比上年减少86.27亿元，增长－1.2%；可支配总收入6886.50亿元，减少179.27亿元，增长－2.5%；资金净融入量为5438.24亿元，比上年减少476.09亿元，非金融企业部门所需资金的净融入量有所回落。

（二）住户部门是资金盈余最多的部门。2015年，全省住户部门初次分配总收入达到16758.06亿元，比上年增加753.58亿元，增长4.7%；可支配总收入达到17652.39亿元，增加994.46亿元，增长6.0%；居民消费9499.11亿元，增加543.25亿元，增长6.1%；扣除居民消费后总储蓄为8153.28亿元，增加451.21亿元，增长5.9%；在总储蓄中扣除资本形成总额后的净金融投资为4868.58亿元，成为资金盈余最多的部门。

（河北省统计局　于　洁）

农村经济

2016年，在省委、省政府正确领导下，面对经济下行压力加大、"7.19"特大洪涝灾害和进口农产品冲击等严峻形势，全省各地主动适应经济发展新常态，不断加大强农、惠农、富农力度，着力推进农业供给侧结构性改革，调整优化农业生产结构，农林牧渔业生产总体呈现稳中向好的态势，结构调整成效逐步显现。

一、农林牧渔业生产稳中向好

2016年，农林牧渔业生产保持稳中向好，共计完成农林牧渔业产值6083.9亿元，比上年增长3.5%，提高0.8个百分点。实现农林牧渔业增加值3644.8亿元，比上年增长3.7%，提高1.0个百分点。

农林牧渔业产值结构呈现"一降一平三升"的特点。农业产值比重为56.9%，同比下降0.7个百分点；畜牧业产值比重为31.9%，与上年持平；林业产值比重为2.2%、渔业产值比重为3.5%、服务业产值比重为5.6%，同比分别上升0.1、0.2和0.4个百分点。畜牧、蔬菜、果品三大优势产业稳定发展状大，三大优势产业共实现产值4316.8亿元，占全部农林牧渔业总产值比重达到71.0%，与上年持平。

二、农作物生产结构调整成效逐步显现

（一）粮食作物播种面积减，单产和总产增。2016年，全省继续深化以小麦节水限采和秋季粮改饲为重点的粮食供给侧结构性改革，粮食生产呈现"面积减、单产增、总产增"良好局面。全年粮食作物播种面积6327.4千公顷，比上年减少1.0%。其中，小麦播种面积减少0.2%，玉米播种面积减少1.8%。粮食单产5469公斤/公顷，比上年增加207公斤/公顷，增长3.9%。粮食总产3460.2万吨，比上年增加96.4万吨，增长2.9%，创历史最好水平。

（二）经济作物种植面积逐年增加。以市场需求为导向，大力发展优质高效经济作物。2016年，全省油料播种面积468.3千公顷，比上年增长1.5%；甜菜播种面积19.3千公顷，增长12.3%；花卉种植面积18.0千公顷，增长5.6%；其他农作物面积191.5千公顷，增长119.3%。其中，青饲料种植面积117.4千公顷，增长110.4%。

中草药生产继续保持较快发展。2016，在中草药种植收益较好的带动下，播种面积68952公顷，总产量425991吨，比上年分别增长11.0%和9.9%。从播种面积看，全省中草药材种植主要集中在5个县。其中，涉县播种面积11333公顷，安国市播种面积9190公顷，巨鹿县播种面积8825公顷，隆化县播种面积4988公顷，内丘县播种面积4311公顷，分别占到全省中草药材总播种面积的16.4%、13.3%、12.8%、7.2%和6.3%，从产量看，主要集中在5个县。其中，青龙县80800吨，安国市49626吨，隆化县47464吨，定州市44782吨，巨鹿县29592吨，分别占全省中草药材总产量的19.0%、11.6%、11.1%、10.5%和6.9%。

（三）蔬菜瓜果面积略有下降，设施比重稳步提高。2016年，全省蔬菜播种面积和总产量均呈现缩减趋势。蔬菜播种面积1236.2千公顷，总产量8193.4万吨，分别比上年下降0.5%和0.6%。瓜果类生产播种面积减、产量增。2016年，全省瓜果类播种面积113.6千公顷，比上年下降0.9%，总产量613.9万吨，比上年增长0.9%。

设施蔬菜瓜果种植比重逐年提高，设施蔬菜面积占蔬菜播种面积的比重为32.8%，比上年提高0.3个百分点；设施瓜果类面积占瓜果类播面比重为47.8%，比上年提高0.3个百分点。

（四）食用菌生产保持快速发展。2016年，全省食用菌总产量达到178.2万吨，同比增长10.7%。其中蘑菇鲜品168.2万吨，同比增长11.0%。从生产区域看，目前全省食用菌生产主要集中在4个县。其中，承德市平泉县36.9万吨，承德县22.0万吨，遵化市20.6万吨，灵寿县12.6万吨，分别占总产量的20.7%、12.3%、11.6%和7.1%，四县产量合计占到全省总产量的51.7%。

三、造林面积创近年新高

2016年，全省加快推进太行山绿化、京津保生态过渡带、冬奥会赛区等重大工程，植树造林规模不断扩大，共完成造林绿化面积523万亩，创近年来新高。全省造林绿化进入规模推进、速度和质量明显提升新阶段，生态环境质量持续改善，京津冀生态环境支撑区作用进一步增强。

四、畜牧业生产总体平稳

（一）生猪供应依旧偏紧。生猪养殖持续享受去产能红利，饲料保持在较低价位，养殖效益处于较高盈利区间，养殖户积极性提高。但由于禁养限养政策等因素，目前生猪市场依旧处于供应偏紧局面，存栏呈减少趋势。截至2016年底，全省生猪存栏1819万头，比上年下降2.5%；出栏生猪3433.9万头，比上年下降3.3%；猪肉产量265.4万吨，下降3.5%。

（二）牛羊生产稳定发展。2016年，全省肉牛生产平稳增长，出栏肉牛331.9万头，比上年增长2.0%。牛肉产量54.3万吨，比上年增长2.0%。肉羊出栏持续增长，出栏肉羊2303.8万只，比上年增长2.2%。羊肉产量32.4万吨，增长2.2%。

（三）家禽生产形势向好。2016年，全省出栏家禽6.1亿只，比上年增长4.0%。禽肉产量90.5万吨，比上年增长4.0%。禽蛋总产量达388.5万吨，增长4.0%。

（四）牛奶产量持续下降。受养殖效益等因素影响，2016年全省奶牛补栏持续减少，存栏和牛奶产量均呈下降趋势。奶牛存栏180.6万只，比上年下降8.0%。牛奶产量440.5万吨，比上年下降6.9%。

五、渔业生产平稳略增

2016，全省渔业生产平稳略增，水产品产量达到132.2万吨，比上年增长1.9%。从生产方式看，呈现捕捞减、养殖增的特点。其中，海洋捕捞产量24.8万吨，比上年减少1.0%。淡水捕捞产量10.3万吨，减少0.1%；海水养殖产量51.1万吨，增长1.0%。淡水养殖产量46.0万吨，增长6.1%。从生产品种看，海水产品和淡水产品产量均实现增长。其中，海水产品产量达到75.9万吨，增长0.3%；淡水产品产量达到56.2万吨，增长4.9%。

海洋捕捞减少主要由于渤海、黄海资源及产情不好，部分捕捞经济品种产量下滑所致，加之减船转产和渔船更新改造工作开展，近海捕捞得到有效控制。淡水养殖产量增长主要原因：一是唐山市对陡河水库周边水产养殖进行了清理专项行动，取缔了陡河水库库区一级保护区内的各类养殖经营活动，养殖户集中出池，池塘养殖产量明显增加；宽城、兴隆、迁西对潘大水库进行网箱清理，水产品出池，产量明显增加。二是淡水养殖生产相对稳定，其中内陆泥鳅特色养殖异军突起。

六、农业产业化经营总量稳步增长

2016年，全省各地认真贯彻落实省委、省政府统一部署，立足资源优势，以市场需求为导向，以农业供给侧结构性改革为主线，抓项目、育龙头、扩基地、促联结，大力培育农业农村新动能，农业产业化经营稳步增长。全省农业产业化经营总量达到7479.2亿元，比上年增加544.4亿元，增长7.9%。全省农业产业化经营率稳步提高，达到66.7%，比上年提高1.1个百分点。

2016年，全省龙头经营组织总数达到2529个，比上年增加348个，增长16.0%。其中，龙头企业（集团）2212个，增加313个，增长16.5%；专业市场113个，与上年持平；中介服务组织204个，增加35个，增长20.7%。

七、化肥农药使用量实现零增长

2016年，河北强力推进农业供给侧结构性改革，大力发展绿色农业，全省农药、化肥使用量实现零增长。农药使用量8.2万吨，比上年减少0.2万吨，减少2.0%。农用化肥施用量（折纯）331.8万吨，比上年减少3.7万吨，减少1.1%。氮、磷、钾肥使用量分别为145.0万吨、45.2万吨和27.7万吨，比上年分别减少2.0%、2.6%和1.1%，复合肥施用量113.9万吨，比上年增长0.7%。

（河北省统计局　孙玉梅）

民营经济

2016年，河北省深入贯彻党中央、国务院关于扶持民营经济发展的政策措施，大力推进供给侧结构性改革，全力推动大众创业、万众创新，民营经济活力持续增强，呈现总体平稳、稳中向好的发展态势，为稳增长、调结构、扩大就业发挥了主要支撑作用。

一、发展概况

1. 单位个数、从业人员实现双增长。2016年，省委、省政府出台了《关于促进民营经济又好又快发展的意见》，明确了全省民营经济发展的总体要求和主要目标，改善发展环境，鼓励支持大众创业万众创新。民营经济实现单位个数、从业人员双增长。到2016年末，全省民营经济单位个数达到352.1万个，比上年同期增长2.2%。其中民营企业法人单位29.5万个，增长3.0%；个体经济322.6万个，增长2.1%。民营经济吸纳从业人员2177.0万人，增长1.2%。其中，民营企业从业人员968.7万人，增长0.5%；个体经济1208.3万人，增长1.7%。

2. 民营经济增长快于全省经济，贡献突出。2016年，全省民营经济实现增加值21583.1亿元，比上年同期增长7.2%，比同期全省地区生产总值增速快0.4个百分点；占全省地区生产总值的比重为67.8%，同比提高0.1个百分点；民营经济对全省经济增长贡献率达71.7%。在经济下行压力持续加大的严峻形势下，民营经济对全省经济的平稳增长发挥了重要支撑作用。

3. 产业结构继续改善，第三产业领跑全省民营经济。2016年以来，各地综合的运用市场、经济、法律、行政手段，严格环保、能耗、水耗、质量、技术、安全等标准，引导民营企业大力发展战略性新兴产业、现代服务业和现代农业，民营经济产业结构继续调整改善。其中，第一产业民营经济增加值占全省民营经济增加值的比重为1.6%，同比回落0.1个百分点；第二产业为57.8%，同比回落0.8个百分点；第三产业为40.6%，同比提高0.9个百分点。

第一产业民营经济增加值352.4亿元，增长3.0%；第二产业民营经济增加值12465.4亿元，增长5.7%；第三产业民营经济增加值8765.3亿元，增长9.4%，比第一产业、第二产业分别快6.4、3.7个百分点，领跑全省民营经济。

4. 民营经济效益提高，营业收入、利润增长平稳。2016年，省委、省政府出台《关于大力改善营商环境的若干意见》，聚焦问题，精准发力，减税清费，切实解决在政策落实、项目落地和企业经营环境中的突出问题，民营经济呈现盈利水平逐步提升的良好局面。

营业收入平稳增长。2016年，全省民营经济实现营业收入105050.3亿元，增长6.4%。其中，工业企业实现营业收入48604.5亿元，增长6.4%；建筑业企业4172.3亿元，增长4.2%；服务业企业19471.2亿元，增长6.9%。

利润增长平稳。2016年，全省民营经济实现利润总额7653.0亿元，增长7.3%。其中，工业企业利润增长最快，实现利润总额3448.5亿元，增长11.4%，建筑业企业194.6亿元，增长4.6%；服务业企业966.4亿元，增长2.3%。

5. 民营经济税收贡献增强。2016年，全省民营经济实缴税金2666.2亿元，增长10.7%。分经济类型看，私营个体经济、混合所有制企业增长加快，三资企业与集体企业延续下降趋势。其中，私营个体经济实缴税金817.3亿元，同比增长17.4%；股份有限公司、联营等混合所有制企业实缴税金1569.3亿元，同比增长11.9%；三资企业实缴税金231.8亿元，同比下降6.5%；集体企业实缴税金47.8亿元，同比下降24.0%。

6. 民营经济出口占比提高。2016年，全省民营经济出口总额261.9亿美元，占全省全部出口总额的比重为85.7%，比上年提高1.1个百分点。分经济类型看，私营企业和三资企业下降速度减缓，集体企业继续保持增长态势。私营企业出口总额192.6亿美元，下降0.4%；三资企业出口总额60.4亿美元，下降21.4%；集体企业出口总额6.9亿美元，增长25.3%。

（河北省统计局　崔伟谦）

二、全力推动大众创业、万众创新

1. 推荐评审中小企业名牌产品。为贯彻落实省委、省政府《关于大力推进民营经济加快发展的若干意见》（冀发〔2014〕8号）要求，不断提升河北省工业企业品牌价值和河北制造整体形象，引导企业增强以质量和信誉为核心的品牌意识，提高市场竞争力，根据《河北省中小企业名牌产品管理办法》有关规定，在企业自愿申报的基础上，经各设区市工业和信息化局推荐，并由第三方专业机构初审，省中小企业名牌审定委员会审定和公示后，石家庄沈兴线缆集团有限公司生产的“煤矿用电缆”等226项产品获得2016年度“河北省中小企业名牌产品”称号。

2. 加大平台网络建设和服务力度。已完成省平台和市级11个综合窗口、县级28个产业窗口平台建设，实现互联互通，并顺利通过国家验收。2016年，平台网络聚集带动服务机构3200多个，服务小微企业3.4万家。

3. 新增创业辅导基地31个。目前全省拥有各类创业辅导基地399个，入驻小微企业8000余家，吸纳20余万人就业。组织2期创业辅导师培训班，提升创业辅导师能力和水平。组织推荐第二批国家小微企业创业创新示范基地，其中清河县羊绒产业中小企业创业辅导基地、保定高新技术创业服务中心、河北方大科技股份有限公司等3家基地被评为第二批国家小微企业创业创新示范基地。

4. 组织推荐国家级小微企业创业创新城市示范。经过竞争性答辩，唐山市成功入选第二批国家小微企业“双创”示范城市，未来3年将获得中央财政扶持资金6亿元。确定石家庄、秦皇岛、保定为省级小微企业创业创新基地示范城市。组织指导国家和省级示范城市开展小微企业创业创新示范工作。

5. 智慧产业集群试点。为贯彻落实国务院《关于积极推进“互联网+”行动的指导意见》、工业和信息化部《关于进一步促进产业集群发展的指导意见》和省政府办公厅《关于印发河北省工业领域推进创新驱动发展实施方案（2015—2017年）的通知》精神，加快互联网技术与产业集群融合发展，推动产业集群转型升级，经自愿申报、各市推荐、专家集中评审、现场考察，确定安国中药等4个产业集群为2016年度河北省智慧集群建设试点。

6. 做强中小企业示范产业集群。为贯彻落实省委、省政府《关于做强产业集群促进县域工业发展的实施意见》（冀发〔2013〕16号）、《工业和信息化部关于进一步促进产业集群发展的指导意见》（工信部企业〔2015〕236号）精神，促进河北省产业集群又好又快发展，依据《河北省中小企业示范产业集群管理办法》，经各市工信局组织推荐，专家评审和公示后，认定石家庄经济技术开发区生物医药产业集群等9个产业集群为“河北省中小企业示范产业集群”。

7. 创建特色产业名县名镇。为贯彻落实省委、省政府《做强产业集群促进县域工业发展的意见》（冀发〔2013〕16号）精神，做强产业集群区域品牌，提升产业集群和县域经济竞争力，省工业和信息化厅、省品牌战略促进会在全省范围内组织开展了创建河北省特色产业名县名镇活动，经专家评审，确定孟村回族自治县等9个县（市、区）为“河北省特色产业名县（市、区）”、安新县三台镇等7个镇为“河北省特色产业名镇”。

8. 认定“专精特新”中小企业。根据《工业和信息化部关于促进中小企业“专精特新”发展的指导意见》（工信部企业〔2013〕264号）和《河北省“专精特新”中小企业认定管理办法》（冀工信企业〔2015〕425号）等文件要求，经企业申报、市县推荐、专家评审和现场考察，确定河北四通新型金属材料股份有限公司等105家企业为河北省首批“专精特新”中小企业（有效期三年），每家企业财政奖补20万元。印发《河北省“专精特新”中小企业提升实施方案》，组织召开“专精特新”企业对接活动，推动企业创新发展。

三、管理与服务

1. 优化发展环境。制定民营经济发展政策。为深入贯彻习近平总书记2016年3月4日在全国政协民建、工商联界委员联组会上的重要讲话精神，毫不动摇地鼓励、支持、引导民营经济发展，省委、省政府出台了《关于促进民营经济又好又快发展的意见》（冀发〔2016〕19号），着力解决好政策不完善、落实不到位问题，促进民营经济又好又快发展。出台“十三五”发展规划。为促进河北省民营经济又好又快发展，按照省政府有关要求，省民营办组织编制了《河北省民营经济“十三五”发展规划》，为河北省民营经济发展描绘了宏伟蓝图。开展民营经济考核和“三个一百”评选。按照省委省政府《关于大力推进民营经济加快发展的若干意见》要求，省民营经济领导小组办公室组织了2015年度民营经济发展设区市、县（市）的考核综合排队，评选出百强民营企业、百名优秀民营企业家和百名创业功臣并印发了通报。召开全省民营经济发展大会。2016年5月6日，省委、省政府召开全省民营经济发展大会，省长张庆伟主持会议，赵克志书记出席并讲话。会议交流民营经济工作经验，指明民营经济发展方向，部署民营经济下阶段工作，全面激发民营经济发展活力，开创全省民营经济发展的新局面。会上，对2015年度民营经济发展先进市县和“三个一百”典型进行奖励。加强民营经济宣传。省民营办通过开辟专栏、微信H5页面等形式，全方位、多角度开展民营经济宣传，全年在河北日报、河北经济日报、河北电台、河北新闻网等刊发、播发和发布报道达500多篇，同时编制了《河北省民营经济政策指南》，首期印发1万多册。大力减轻企业负担。认真执行“营改增”政策，积极落实企业税收减免政策，据测算全年为民营企业减税101.1亿元。全面清理6项、停征2项涉企行政事业性收费项目，停征、合并一批政府性基金，据测算为企业减轻缴费负担近10亿元。

2. 破解融资难题。健全融资担保体系。加强融资担保机构监管，规范融资担保机构经营，以良好的金融服务促进产业长期健康发展。着力做大省级、做强市级、做实县级担保机构，全省融资性担保机构355家，资本金总额达581亿元。大力开展融资担保机构风险补偿，全年共给予符合条件的融资担保机构和银行金融机构风险补偿2305万元。省再担保公司注册资本增加至10亿元，进一步增强再担保服务能力。开展政银企保对接合作。年初，省工业和信息化厅联合省金融办、省工商联、人行石家庄中心支行、河北银监局等单位与18家银行和人保河北分公司、平安保险河北分公司2家保险机构签署政银保合作协议，支持中小微企业发展融资8901.77亿元，比去年增加1288.97亿元。经各方积极推动，全年完成9708.98亿元。全省针对小微企业开展银企保对接活动592次，推荐项目9876个，落实贷款1284亿元。拓宽企业融资渠道。全省24家小额票据贴现分中心，累计办理300万元以下小额票据贴现业务贴现金融217.77亿元，受益企业1.2万家。支持民营企业赴境内外多层次资本市场挂牌上市，全省新增境内外多层次资本市场挂牌上市企业260家，新增直接融资2000.5亿元。引导和鼓励银行业金融机构创新产品，加大对小微企业融资支持力度。截至年底，全省小微企业贷款余额达8626.80亿元，占全部企业贷款余额的40.14%，比年初增加1592.76亿元。

3. 搭建服务平台。抓好全省中小企业公共服务平台和平台网络建设。复核第二批国家中小企业公共服务示范平台3家，目前，河北省国家级示范平台达17家。省中小企业公共服务平台网络建设已全部完成，并顺利通过国家验收。组织开展各种展洽活动。举办经洽会新兴产业展、京津冀通航产业成果展等经贸展洽活动，组织河北省企业参加西博会、工博会、信博会、软博会、新博会、中博会等国内大型经贸展洽活动，共达成各类贸易成交协议和意向金额达70.47亿元。举办民企入冀投资活动。在深圳、上海、河南、山东等地组织多场民企入冀投资说明活动，共引进合作项目36个，总投资160多亿元；达成合作意向97项，金额830多亿元。

4. 开展企业服务。举办“订单式”服务活动。突出企业精准需求，组织服务资源开展“订单式”服务活动36场次，服务企业4200多家，成功为企业解决经营管理难题426个。开展“金色阳光法律服务”活动。组织省级中小企业法律服务基地专家深入7个县（市），为企业开展法律知识讲座和面对面法律咨询服务，共培训企业1000余家，现场接受110余家中小企业法律咨询服务，解决涉法涉诉问题75个，有效提高了企业在生产经营中存在的法律风险防范意识。组织“专家学者企业行”活动。聘请有关行业协会、高等院校专家，赴河间、冀州等13个县（市、区）开展“专家学者企业行”活动，搭建企业与专家技术交流、咨询服务合作平台，提出了一批技术解决方案。

5. 加强人才培育。实施“重点人才培养工程”。依托清华大学、上海交通大学等知名高校优势资源，组织650名中小企业经营管理领军人才、高层管理者和民营企业家后备人才等参加长期和短期培训。以提升中小微企业经营管理人员的整体素质为重点，在全省以大讲堂的形式举办12场名家讲坛活动，培训5000多人。分行业、分专题举办各类业务培训和巡讲60期，累计培训业务管理人员6100人次。实施实用人才聚集工程。组织开展民营企业招聘周、中小企业网上百日招聘高校毕业生活动、中小企业高校毕业生人才招聘会等活动，引进2.8万多人到中小微企业就业。发挥以职业院校为主的百家省级民营经济人才培训基地作用，为民营企业输送各类人才近万人。实施全员素质提升工程。依托省民营经济人才培训基地，开展“四个一”帮扶活动，强化民营经济人才培训。大力开展职业技能培训，全省技能培训达23.66万人。加大“河北中小企业远程学堂”建设力度，依托时代光华在线学习平台等优质教学资源，扶助中小微企业开展自主培训，全省完成各级各类培训200万人次（含企业自主培训）。

6. 推动双创发展。强化资金支持。启动实施“创业就业三年行动计划”，全年向民营个体创业者发放创业担保贷款14.77亿元。安排1亿元以上省级创业专项扶持资金，设立8000万元省级高校毕业生创业就业引导基金，对创业项目进行支持。安排3000万元资金以奖补形式支持16家省级创业就业众创空间，指导各县建立农民工等人员返乡创业园，对62个贫困县分别给予40万元的资金支持。加强载体建设。提升创业辅导基地实力，开展国家小微企业创业创新示范基地培育和国家小微企业创业创新示范城市申报工作，选定石家庄、保定、秦皇岛市为省级小微企业创业创新示范城市。全省省级以上科技企业孵化器达89家，其中国家级22家。建立省级产业技术研究院22家，省级工程技术研究中心174家。加大科技型中小企业和高新技术企业培育力度。实施科技型中小企业成长计划，全省科技小巨人企业达到2162家，已认定科技型中小企业4.2万家，占全省中小企业比重达到11%。支持高新技术企业发展，全省有效期内高新技术企业超过2000家，其中民营高新技术企业达到70%以上，涌现出一批行业龙头企业。推动企业“专精特新”发展。首批培育“专精特新”中小企业105家，每家企业奖补20万元。印发《河北省“专精特新”中小企业提升实施方案》，组织召开“专精特新”企业对接活动，推动企业创新发展。组织参加“创客中国”大赛。组织河北省137个小微企业和创客参加2016年“创客中国”创业创新大赛，清新张家口能源科技有限公司研发的框架圆风力发电机组型风光互补路灯项目荣获“创客中国”小微企业组三等奖。

7. 促进企业转型。实施万企转型升级行动。印发《河北省万家中小工业企业转型升级行动实施方案(2016—2020年)》，利用5年时间，实现1万家以上中小工业企业转型升级，提升企业创新能力，增强核心竞争力，提高企业发展质量效益。加强产业集群规划建设。印发《关于加快推进“互联网+”产业集群建设的实施意见》，推进互联网技术与产业集群融合发展。选择安国中药等4个产业集群作为试点，开展智慧集群建设工作。加强创新型产业集群建设，目前省级14家，国家级3家。大力培育产业集群区域品牌，定兴食品、宁晋电缆、隆尧食品、辛集皮革等4个产业集群列入工信部产业集群区域品牌建设试点，每个试点给予100万元奖励资金。组织开展特色产业名县名镇、特色产业园区创建和示范集群评定工作，新增特色名县名镇12个、复核20个。开展民营经济综合改革试点。选择廊坊市大厂县作为全省民营经济综合改革试点，印发《河北省民营经济综合改革发展（大厂县）试点工作方案》，督促指导大厂县开展试点工作，为民营经济创新转型探索可复制可推广的成功经验。

四、经济效益

2016年，全省各级民营经济主管部门在省委、省政府正确领导下，认真贯彻落实党的十八大和十八届三中、四中、五中、六中全会精神，坚持稳中求进工作总基调，以提高经济发展质量和效益为中心，抢抓京津冀协同发展重大机遇，紧紧围绕提质增效、创新驱动、绿色崛起，大力推进“大众创业万众创新”，加快产业调整步伐，不断完善服务体系，着力优化发展环境，全省民营经济总体实现了稳中有进、稳中向好的发展态势。

1. 民营经济投资结构逐步优化。2016年，全省民营经济共完成固定资产投资1.88万亿元，占全社会固定资产投资总额的近六成，保持了持续增长，逐步有效地推动了民营经济产业布局优化和结构调整转变。战略新兴产业、科技新能源、现代服务业等投资呈现较快增长，传统优势产业科技创新、转型升级投资逐步增大，逐步向高精尖和中高端迈进。全省高新技术产业投资同比增长10.7%，高出全社会固定资产投资2.3个百分点；其中，生物技术投资增长21.2%，新能源投资增长33.5%，环保产业投资增长28.8%，均高出全省民营经济固定资产投资增速14个百分点以上。2016年民营企业投资亿元（含）以上施工项目3600多个，完成投资占全部民营企业投资的38.6%，当年投产项目近1700个，对推进民营经济产业结构持续优化发挥了重要作用。截至2016年底，全省民营经济第二产业占比62.85%，比2010年下降9.02个百分点。

2. 规模以上企业支撑作用强劲。2016年，全省规模以上民营工业企业1.37万个，完成增加值8727.7亿元，营业收入3.69万亿元，上交税金878.3亿元，分别占全部民营工业企业的87.5%，72%和76.7%，占全部民营经济的40.4%，34.5%和32.9%。

重点行业规模企业发展加快。规模以上工业41个行业中的26个行业增加值实现同比增长，其中，食品制造、文教体育用品制造、医药制造、化学纤维制造、仪器仪表制造、电气机械等传统产业及汽车制造、计算机、通信和其他电子设备制造等新兴产业营业收入和利税增幅均达到10%以上。

龙头企业行业优势逐步显现。年营业收入10亿元以上民营大企业（集团）214个，资产总额达1.44万亿元，营业收入1.40万亿元，实现利税535.6亿元，分别占全省民营企业总量的35.3%、19.2%和26%。新奥集团股份有限公司营业收入突破千亿元，成为河北省首个千亿收入民营企业，保定长城汽车利税达到100亿元，成为全省盈利规模最大的民营企业；214个大型民营企业平均收入达65.1亿元，利税2.49亿元，质量效益突出；行业分布上电子信息、食品制造、精细化工、生物医药和新能源等优势工业企业63个，现代服务业企业15个，装备制造业企业29个，占比达到50%。

3. 县域产业稳步发展壮大。2016年，各级部门在政策落实上大力支持重点产业集群集聚发展、提升发展、智慧发展，强力推动了县域经济稳定较快增长。全省县域287个重点产业集群（年营业收入5亿元以上）直接带动企业17.1万家，吸纳从业人员385万人，完成增加值5304.7亿元，占县域GDP和民营经济比重分别为27.2%和36.5%；上交税金393亿元，占县域财政收入和民营经济比重分别为22.4%和31.8%。121个县（市）中，84个民营经济增加值占本地GDP比重超过70%；其中，辛集市、正定县、清河县和迁安市等20个县（市）占比超过80%。121个县（市）中，71个民营经济上缴税金占本地全部财政收入比重超过70%；其中，滦平县、阜城县、隆尧县和大厂县等30个县（市）占比超过80%。

4. 全民创业效应更加突出。2016年，全省小微企业经营个数大幅增长，总数达34.4万个，比上年增加2.8万个，同比增长8.9%；小微企业占全省民营企业个数比重达到90%。小微企业从业人员777.8万人，同比增长6.1%，占全省民营企业从业人员比重69.9%，同比提高1.5个百分点。实现营业收入3659.2亿元，同比增长10.5%，比民营企业增速高4.1个百分点；完成固定资产投资7497亿元，同比增长14.1%，比民营企业增速高6.7个百分点。

（河北省工信厅　马金雷）

固定资产投资

2016年，全省上下狠抓项目建设，坚持优化投资结构、提高投资效益，固定资产投资继续保持平稳增长。2016年全省全社会固定资产投资完成31750亿元，同比增长7.8%。其中固定资产投资完成31340.1亿元，比上年增长8.4%。但也存在民间投资和投资资金紧张等问题，应予以关注。

一、主要特点

（一）投资结构继续优化。一是现代服务业投资加快。全省服务业完成投资14041.5亿元，比上年增长9.3%，高于全省投资平均水平0.9个百分点，同比提高2.8个百分点；占全部投资比重为44.8%，拉动固定资产投资增长4.1个百分点。在服务业中，现代服务业投资增长步伐加快。其中，信息传输、软件和信息技术服务业投资同比增长62.5%，金融业投资增长94.4%，租赁和商务服务业投资增长20.2%，科学研究和技术服务业增长89.5%，教育投资增长25.0%，卫生和社会工作投资增长21.0%。上述现代服务业六个行业投资同比增长38.4%，增速高于全省服务业投资29.1个百分点；占服务业比重为13.0%，比上年提高2.7个百分点。服务业投资增长动力正在由传统服务业向现代服务业转换。

二是高新技术产业投资保持良好发展。全省高新技术产业完成投资4136.8亿元，比上年增长10.7%，高于全省固定资产投资2.3个百分点，拉动投资增长1.4个百分点；占投资比重为13.2%，同比提高0.2个百分点。其中，生物技术、新能源和环保产业增长迅猛，分别比上年增长21.2%、33.5%和28.8%，分别拉动高新技术产业投资3.6、5.5和1.3个百分点。作为经济增长的重要产业，高新技术产业投资的快速增长对优化经济结构，推动全省转型升级发挥了关键作用。

三是工业技改投资结构继续优化。全省工业技改完成投资9375.9亿元，比上年增长4.4%，比三季度加快1.6个百分点；占工业投资比重为59.4%，拉动工业投资增长2.7个百分点。装备制造业技改投资同比增长5.1%，占工业技改投资34.7%，成为工业技改投资的主要支撑力量，工业技改投资结构继续优化。

（二）大项目投资增长势头强劲。全省亿元以上施工项目6867个，比上年增加963个，增长16.3%，这是自2016年5月份亿元项目个数由负转正以来连续8个月增长；完成投资19450.3亿元，比上年增长15.6%，高于全省投资平均水平7.2个百分点；占全部投资比重62.1%，比上年和1—11月分别提高3.9和0.9个百分点，拉动全省投资增长9.1个百分点。其中，农业、纺织业、金属制品业、非金属制品业、电力热力的生产及供应业、道路运输业、科技交流及推广服务业和公共设施管理业亿元项目增加较多，合计同比增加588个，占全部亿元施工项目增加个数的61.1%。大项目的不断增长将对经济增长起到积极的带动作用。

（三）基础设施投资补短板支撑作用强。全省基础设施投资完成7143.1亿元，比上年增长15.7%，高于全省投资7.3个百分点；拉动投资增长3.4个百分点，为投资保持平稳增长发挥了重要支撑作用。其中，城市基础设施投资增长较快，完成投资6768.9亿元，同比增长17.3%；生态保护和环境治理业完成投资104.8亿元，增长36.7%。受益于各项稳增长政策措施不断落实，基础设施投资较快增长，有力支持了“补短板”，增强了发展后劲，这些项目的建成将对提高基础设施服务水平、改善民生发挥巨大作用。

（四）去库存效果明显。全省房地产开发完成投资4695.6亿元，比上年增长9.6%。商品房待售面积继续减少，12月底，全省商品房待售面积1582.4万平方米，比上年减少597.6万平方米，减少近三成。

二、存在问题

（一）民间投资增速持续低位运行。全省民间投资完成24034.7亿元，比上年增长5.6%，比全省投资平均水平低2.8个百分点。民间投资对全省投资的贡献率逐年下滑，由2013年的77.0%下滑到2015年的65.0%，2016年为52.0%。民间投资的支撑作用减弱，直接影响全省固定资产投资的增长。分析主要原因，一是民间投资领域过窄，主要集中在制造业，垄断行业民间投资比重较低，服务业民间投资增速较低，缺乏竞争活力。全部民间投资中有52.5%集中在制造业，而电力、燃气及水的生产和供应业民间投资仅占3.9%，交通运输、仓储和邮政业民间投资仅占3.6%；占民间投资3.8%的水利、环境和公共设施管理业增速比同行业投资低9.5个百分点。二是民营企业资金筹措能力弱化。民间投资到位资金中自筹资金仅增长2.7%。民间投资融资渠道还不顺畅，融资难、融资贵的问题一直没有得到很好解决，其投入依然主要依赖自身积累。

（二）固定资产投资资金持续紧张。受国内贷款和利用外资减少、自筹资金增速放缓的影响，投资资金供应持续紧张。2016年，全省固定资产投资到位资金30528.9亿元，比上年增长6.9%，增速低于同期固定资产投资1.5个百分点，资金到位率仅为97.4%。其中，国内贷款下降5.6%，利用外资下降25.9%。从2016年4月份开始，自筹资金的增速始终低于到位资金的增长，同比仅增长5.5%，增速低于到位资金1.4个百分点，表明外商和社会投资意愿不强，企业投资意愿下降。从行业大类看，畜牧业、农副食品加工业、非金属矿物制品业、通用设备制造业、零售业、住宿业和娱乐业等7个行业影响较大，这7个行业到位资金4084.2亿元，同比下降7.0%，下拉全省到位资金增长1.1个百分点。投资资金供应持续紧张，企业投资意愿显著下降，影响投资增长后劲。

三、对策建议

一是加强重大项目建设。抢抓京津冀协同发展、冬奥会筹办和新型城镇化加快推进等重大历史机遇，继续深化投资融资体制机制改革，着力推动制造业扩大有效投资，加大基础设施和公共服务投资力度，进一步促进民间投资实施意见的贯彻落实，加快推出一批稳增长、调结构、惠民生的重大项目，以重大项目带动稳投资、促转型、上水平，发挥好投资在发展中的关键引领作用。

二是加强民间投资。扩大民间投资领域，以适度投资规模为基础，科技创新为动力，在强化投资薄弱环节上下功夫，努力促进三次产业、支柱产业及区域之间民间投资的协调发展。完善政企沟通机制，增加政策透明度，畅通为民营企业提供信息服务的有效渠道，降低企业投资决策风险，为民间投资营造良好环境。进一步提升民间投资活力，吸引民间资本投资建设。

三是加强融资。进一步加强政策支持和引导，争取国家预算内和中央建设资金支持，加快财政资金拨付进度。加强政府、银行和企业的沟通协调，争取金融机构信贷支持，引导各金融机构保障重点在建项目后续融资，形成多渠道市场融资格局。拓宽融资渠道，加大市场融资力度，扩大社会融资规模。

四是加强项目分类管理。在治理雾霾过程中，应依据扬尘程度，对建设项目分类管理，区别对待。对扬尘较大的项目，施行停工停建。对扬尘较少的项目，在天气条件许可的情况下，应允许其施工建设。

（河北省统计局　周　云）

国有资产监管

2016年，面对经济下行压力加大的严峻形势，面对去产能、治污染、调结构的艰巨任务，河北省国资系统在省委、省政府的坚强领导下，认真贯彻落实习近平总书记系列重要讲话精神，牢固树立五大发展理念，主动适应经济发展新常态，抢抓京津冀协同发展战略机遇，扎实推进供给侧结构性改革，实施改革攻坚、转型升级、动能转换、提质增效、风险防控、党建保障等“六大工程”，较好地完成了各项年度目标任务，实现了“十三五”良好开局。

截至2016年12月底，河北省国有企业资产总额达到2.27万亿元、净资产5762.15亿元、实现营业收入9474.82亿元、利润总额124.79亿元，同比分别增长13.8%、10.6%、－2.6%、49.8%。其中，河北省国资委监管企业资产总额达到1.00万亿元、净资产2920.18亿元、实现营业收入8094.61亿元、利润总额88.74亿元，同比分别增长5.3%、6.3%、－3.5%、25%。

一、实施改革攻坚工程，企业活力得到新释放

强化制度设计，启动改革试点，优化资源配置，解决历史遗留问题，依靠改革破解发展难题。制度框架基本搭建完成。认真落实中央各项改革政策，出台了一系列制度性文件，形成了“1＋18”改革文件体系；各市结合自身实际，研究出台国资国企改革文件90余件。十项改革试点全面启动。开展了唐山三友落实董事会职权试点，在河北建投、河北国控进行国有资本投资、运营公司试点，省属企业负责人薪酬制度改革、混合所有制企业员工持股、市场化选聘经营者、总会计师委派、省属企业信息公开等一系列试点工作扎实展开；沧州、衡水和张家口等市相继开展改革试点20余项。整合重组取得积极进展。理顺历史形成的体制问题，省政府明确将省国富、信产投两家企业的管理权限移交省国资委；制发《省国资委监管企业深化改革“瘦身健体”工作意见》，对产业相近、主业相同的监管企业，实施整合重组。解决历史遗留问题实现突破。争取“三供一业”分离移交改革财政补助资金39.86亿元，厂办大集体改革争取财政补助资金1.7亿元；承德、邯郸市积极接收国企剥离办社会职能，唐山市通过组建人力资源服务公司，为破产企业职工社会化安置提供服务。重点改革举措加快落地。分类改革扎实推进，完成220户省属国有企业功能界定分类；外派董事会制度进一步完善，为河钢集团等9家企业遴选了外部董事；积极推进企业上市，河北旭辉电气、河北工大科雅和冀雅电子在新三板挂牌。

二、实施转型升级工程，企业发展迈上新台阶

制发了《省国资委监管企业“十三五”发展规划纲要（指引）》《省国资委“十三五”物流业发展规划》《省国资委监管企业京津冀协同发展规划》，以规划为引领，加快推进国有企业产业结构调整。传统产业改造升级步伐加快。河钢集团品种钢比例提高到54%，同比提高13个百分点；河北港口集团黄骅港散货港区矿石码头一期、唐山港曹妃甸港区煤码头二期工程建成投产。新兴产业和现代服务业不断壮大。河北建投乐亭菩提岛海上风电场等项目开工建设；开滦集团己二酸进入国际市场；河北科投、河北信投、省国富投等设立产业基金。国际产能合作成效明显。积极抢抓国家“一带一路”战略机遇，河钢集团2016年6月完成对塞尔维亚斯梅代雷沃钢厂的收购；河北建投与国开行、中非发展基金等共同发起设立我国首个海外基础设施开发平台。

三、实施动能转换工程，供给侧结构性改革取得新成效

认真执行国家政策，积极化解过剩产能，加速科技创新，推动商业模式创新，新旧动能转换明显加快。超额完成去产能年度任务。2016年，河钢集团压减炼铁产能156万吨、炼钢产能166万吨，开滦集团、冀中能源退出煤矿27处、压减煤炭产能930万吨，均超额完成全年目标任务。科技创新取得新成果。河钢集团与东北大学组建“河钢东大产业技术研究院”，并荣获世界钢铁工业可持续发展卓越奖；开滦集团被评为国家级信息化和工业化深度融合示范企业；河北建投传统水务运营管理模式被列入国家21项“互联网＋”重大工程储备项目；河北建工承建的河北奥体中心项目被评为中国钢结构金奖项目。商业模式创新成效显著。打破传统营销模式，围绕客户需求量身定制，提供整体解决方案，由坐商向行商转变。

四、实施提质增效工程，经济效益实现新提升

制发了《河北省国有企业2016年提质增效工作方案》，在市场开拓、挖潜增效、管理创新等方面采取了19项具体措施。大力开拓市场，狠抓降本增效。唐山三友大力做精高端产品，新产品销售收入占总销售收入的30%以上，加大国际市场开拓，粘胶短纤维出口总量稳居国内第一。推动产融结合，多方筹措资金。指导企业发行各类债券，有效缓解资金压力。深入基层帮扶，解决发展难题。协调解决开滦集团、冀中能源、河北国控等实际困难；帮助省国资委所属五所学校争取各类经费支持1000万元。

五、实施风险防控工程，国资监管开创新局面

高度重视风险化解，强化出资人监督，进一步完善监管体系和监管方式，监管效能不断提升。企业风险防范工作有序推进。制定《省国资委监管企业全面风险管理工作实施办法》等，指导企业编制上报《企业全面风险管理年度报告》，初步形成了较为完善的国有资产监督风险管理体系。出资人监督不断加强。优化内部机构设置，制定出资人监管权责清单；有效发挥监事会监督作用，实行“一事一报告”制度；积极构建外部监督协调机制，初步形成监事会、纪委、审计、巡察监督大格局；加强审计监督，开展了对企业的任中审计、离任审计和物流业务专项审计；强化考核约束，修订《监管企业经营业绩考核暂行办法》，保定、承德等市制定了分类考核标准。安全生产和信访稳定工作较为平稳。监管企业安全生产保持了稳定态势，安全生产事故同比下降60%，未发生较大以上安全生产责任事故。坚持领导干部接访、包案督访制度，依法依规开展信访工作，较好完成了信访受理、转办、交办、反馈等工作。

六、实施党建保障工程，支撑作用得到新加强

全面贯彻全国国有企业党的建设工作会议精神，扎实推进“两学一做”学习教育和基层党建重点任务落实，切实加强党风廉政建设和反腐败工作，做好巡视整改，为改革发展提供了坚强保障。此外，省国资委监管企业积极履行社会责任，省国资委系统对口帮扶86个贫困村，全年共完成帮扶项目526个。组织企业参加“7.19”特大洪灾抢险和灾后重建，树立了国有企业的良好形象。工会、共青团、老干部等工作都取得了扎实成效。

（河北省国资委　胡岳鹏　任锦松）

重点项目建设

2016年，河北省把项目建设作为稳增长、扩投资、调结构、促转型的重要抓手，开展了以“326”工程为主要内容的“重大项目提升年”活动，着力优环境、增力度、提速度，为全省经济社会发展提供了有力支撑。

一、计划安排

在2015年开展“重点项目攻坚年”活动的基础上，2016年研究制定了《河北省重大项目提升年活动实施方案》（冀政办字〔2016〕39号），加快推进协同发展、沿海规划实施、转型升级、环境综合治理、基础设施建设、县域经济等“六个一批”重点项目，着力实施重点项目“326工程”，即340项省重点项目、2542项市级重点项目，确保全年省、市重点项目完成投资6000亿元以上。通过逐级申报、集中遴选、实地调研、专家评审、征求意见、阳光公示等环节，经省政府批准，下达了《河北省2016年省重点项目计划》（冀重办〔2016〕1号），其中战略新兴产业、现代服务业项目146个，占比50.7%；协同发展项目137项，占比62.3%；央企、外资、名企投资合作项目109项，其中世界500强企业投资24项，中国500强企业投资30项，重点项目向新兴产业、协同发展、央企名企“三大板块”集中趋势明显。

二、完成情况

2016年全省重点项目完成投资超8000亿元，圆满完成年度计划目标任务，对全省扩大有效投资形成有力支撑。长城100万辆整车和研发中心、北京现代第四工厂两大龙头项目建成投产，带动了现代摩比斯、韩国世原、星宇等国内外一批高端汽车配件及实验基地加快在河北省布局，邦迪、博世等知名企业项目加快落地，为打造超千亿产值的两大汽车产业集群奠定基础。石药新药制剂、宇惠制药、正定一然生物活菌、神威医药等一批项目顺利推进，促进了石家庄千亿级生物医药产业基地加快形成。省重点前期项目中，黄骅港综合保税区、中航彩虹无人机飞行基地等65个项目取得实质性进展，中关村集成电路封测产业基地、广通纯电动汽车及配套等42个项目提前启动。

三、要素保障

一是着力缓解土地瓶颈制约。省级统筹集中10%的年度建设用地指标，用于保障省重点项目建设；各市政府将年度新增土地指标的60%用于支持省市重点建设项目。省发展改革委联合省国土资源厅下达省重点项目用地指标2.5万亩、重大项目孵化器用地指标2600亩。二是谋划推动省政府与国家开发银行签订开发性金融合作备忘录，国开行“十三五”期间计划对河北省京津冀协同发展、新型城镇化、交通基础设施等领域提供8000亿元融资。三是搭建企业多渠道融资平台。建设重大项目产学研暨银企对接线上对接平台，方便银企双方全天候沟通交流。配合省金融办组织支持供给侧结构性改革融资对接活动，协调省内外145家金融机构与500多家企业现场对接，达成合作意向和综合授信404个，涉及金额485亿元。

四、协调服务

一是力促重点项目一季度“开门红”，按照省委、省政府工作部署，2016年2月29日组织召开全省重点项目集中开工现场会，1182个项目实现集中开工，总投资8294.8亿元，推动全省一季度新开工项目数量同比增长104.7%。二是分别于9月和11月筹备组织了全省投资和项目工作推进会，集中观摩中电科产业园、长城汽车等重大产业支撑项目，袁桐利常务副省长参加会议并讲话，对全省狠抓投资和项目建设进行了动员部署，营造出抓项目促投资的浓厚氛围。三是发挥龙头项目示范作用。推广沧州“现代汽车”和廊坊“OLED模式”，以快审批促早开工，项目前期工作进展加快。

五、前期跑办

充分利用国家、部委会议期间的有利时机，围绕奥运场馆建设、水毁工程修复、禁煤区“电代煤”和“气代煤”工程实施以及集中承载地、廊坊北三县发展、北京新机场临空经济区建设等重大事项和项目，提请省主要领导亲自带队专题汇报、跑办，与国家发改委、财政部等部门及中核、中信等央企举行19场高层对接活动，与中信集团、国网公司等签署一系列战略合作协议，与阿里巴巴、神州数码、京东等行业龙头企业进行了深入对接洽谈，海兴核电、可再生能源送出通道、抽水蓄能电站等项目前期工作取得各方共同支持。

六、完善机制

一是优化遴选公示机制。继续健全遴选指标体系，细化实化专家评审、阳光操作制度，探索实施后评价考核激励机制，对项目建设进展快、贡献大的市试行下年度指标倾斜。二是建立项目动态调整机制。对6月底前未达到计划进度的项目逐一核查，对年底前无法完成既定目标任务的项目取消省重点项目资格，用地指标也进行相应动态调整，从而提高土地等稀缺要素资源利用效率。三是细化孵化催生机制。深入落实“双创”战略部署，加快创新创业平台建设，重点开展重大项目孵化器试点工作，对一批基础条件较好、公共服务功能较完善的孵化器，于年初下达2600亩土地指标给予支持，提升其聚合高端要素资源、孵化催生重大项目的功能和作用。四是完善督导考核机制。按照省委统一要求，重点项目建设纳入贯彻落实“五大发展理念”的工作成效考核体系。结合考核每年要组织两次省领导带队的项目观摩。实施市县两级领导分包责任制，明确目标，定期督导，切实加快项目进度。实施精细化管理，建立省级重点项目和重大产业项目月报体系，利用信息系统逐项建立项目台账，及时发现和解决项目建设中的问题。五是探索完善服务机制。推行全程代办，设立重点项目全程代办机构，支持政府购买社会化服务，为项目业主提供行政审批全程代办服务。开辟“绿色通道”，发放“重点项目绿色通道通行记录卡”，对重点项目行政审批、公共服务、收费检查等进行全过程登记，进一步规范审批服务流程，提高审批效率。

（河北省发改委重点办　李志宏）

对外经济贸易

2016年，全省各级各部门认真贯彻落实省委、省政府关于对外开放的各项决策部署，克服不利因素的影响，对外贸易稳步发展，进口结构不断优化；实际利用外资较快增长，合同外资降幅收窄。

一、外贸政策效应显现，进出口降幅减缓

（一）进出口降幅减缓，第四季度回稳向好。全省进出口3074.7亿元，比上年下降3.7%，降幅比上年收窄9.7个百分点，占全国进出口总值的1.3%。其中，出口2014.5亿元，下降1.3%，比上年收窄5.7个百分点，低于全国降幅0.6个百分点，占全国出口总值的1.5%；进口1060.2亿元，下降8%，比上年收窄14.8个百分点，占全国进口总值的1%。自下半年开始河北省出台了刺激外贸发展的一系列政策，推出了加快“单一窗口”建设、加大出口退税力度、用好信用保险政策、严格兑现奖惩措施等重磅措施，全省进出口降幅收窄，月度规模趋向于稳定的同时，第四季度呈现增长。第四季度进出口总额838.5亿元，增长7.0%。其中，出口520.4亿元，增长4.3%；进口318.1亿元，增长11.9%。

（二）传统出口商品呈现较快增长，进口商品结构优化明显。从出口商品看，高附加值和传统出口商品继续保持增长。其中，机电产品出口545.3亿元，微增0.02%；汽车零配件出口84.8亿元，增长10.1%；医药品出口58.2亿元，增长7.0%；家具及其零件出口51.6亿元，增长12.4%；陶瓷产品出口43.2亿元，增长3.4%；服装及衣着附件出口242.8亿元，增长2.3%，纺织纱线、织物及其制品出口110.4亿元，增长9.4%。从进口商品看，机电产品进口196.2亿元，增长14.6%，占全省进口的18.5%，同比提高3.6个百分点，其中机械设备进口89.4亿元，增长27.2%，占全省进口的8.4%，同比提高2.3个百分点；高新技术产品进口71.2亿元，增长24.0%，占全省进口的6.7%，同比提高1.7个百分点，其中计算机集成制造技术进口37亿元，增长51.3%，占全省进口的3.5%，同比提高1.4个百分点；汽车零配件进口29亿元，增长24.7%，占全省进口的2.7%，同比提高0.7个百分点；农产品进口162.6亿元，增长1.7%，占全省进口的15.3%，同比提高1.4个百分点。

（三）民营企业进出口规模继续保持领先地位。民营企业（包括私营企业、集体企业和个体工商户）作为最活跃的进出口主体，促进了全省对外贸易的发展。从出口看，民营企业出口1326.9亿元，增长6.0%，占全省出口的65.9%，同比提高4.6个百分点。而国有企业和外商投资企业出口分别为288.8亿元和298.9亿元，分别下降8.0%和16.2%，分别占全省出口的14.3%和19.8%。从进口看，民营企业进口466.3亿元，下降10.3%，占全省进口的44.0%。而国有企业进口255.4亿元，增长5.9%；外商投资企业进口338.5亿元，下降13.3%，分别占全省进口的24.1%和31.9%。

（四）主要贸易伙伴进口、出口分化明显。澳大利亚、美国、韩国、俄罗斯联邦和巴西排在全省进出口的前五位。其中，出口以美国、韩国和俄罗斯为代表，排在全省出口的前三位，出口额分别为263.0亿元、190.4亿元、158.1亿元，增速分别为－2.0%、1.5%和9.0%，合计占全省出口的30.3%。进口市场主要是澳大利亚和巴西，为全省的第一大和第二大进口来源地，进口额分别为368.7和140.4亿元，分别下降17.3%和14.4%，合计占全省进口的48.0%。

二、实际利用外资较快增长，合同外资降幅收窄

（一）实际利用外资较快增长。全省实际利用外资81.5亿美元，完成年计划的105.3%，超额完成全年任务，比上年增长10.6%，增速同比加快5.5个百分点。其中，外商直接投资73.5亿美元，占全省实际利用外资的90.3%，比上年增长19.0%；对外借款3.8亿美元，增长4.1倍；外商其他投资4.2亿美元，下降62.6%。在外商直接投资中，外方留存收益51.8亿美元，占外商直接投资的比重超七成，达70.5%，拉动外商直接投资增长83.9个百分点。从各市看，除辛集外，其他市实际利用外资均超额完成全年目标任务。

（二）合同外资降幅收窄，第一产业合同外资快速增长。全省新批合同外资33.5亿美元，比上年下降41.1%，降幅比前一季度、上半年和前三季度分别收窄40.6、28.3和18.1个百分点。主要受第一产业和工业新批合同加快的带动，其中第一产业新批外商投资项目8个，比上年增加2个；合同外资额3.8亿美元，比上年增长2.8倍，占全省合同外资的11.4%，比重同比提高9.6个百分点，为历史最好水平。全年新批工业项目74个，合同外资额20.3亿美元，同比下降42.4%，降幅比前三季度减缓32.5个百分点，呈明显的收窄趋势，缓解了2016以来合同外资下降的不利局面。

三、主要问题及原因

（一）高附加出口商品国际竞争力较弱。全省对外贸易低位运行，进口、出口自2015年出现下降以来，仍处下降通道。主要是机电产品、高新技术产品的国际竞争优势不明显。依据衡量国际贸易竞争力的净出口比率指数测算，2016年河北省机电产品、高新技术产品的净出口比率为0.5和0.3，机电产品处于出口国际竞争优势一般区间，而高新技术产品处于出口竞争优势较弱区间。

（二）项目到位外资不足。全省外商直接投资占实际利用外资的90.3%，扣除外方留存收益后，按可比口径计算，外商直接投资下降64.9%，下降的主要原因：一是合同外资项目储备不足。全省新批外资项目162个，比上年减少46个；合同外资额33.5亿美元，下降41.1%。表现为第二、三产业下降较多，大项目下降较多。其中，第二、三产业合同外资分别为20.3亿美元和9.3亿美元，分别下降42.6%和54.3%，合计占全省合同外资的88.6%，比重比上年下降9.6个百分点。新批1000万美元以上大项目37个，比上年减少43个，合同外资31.5亿美元，下降41.7%。二是当年外资项目资金到位率明显放慢。自2014年6月份开始，外商投资企业的注册制度由实缴制改为认缴制，取消了外商投资公司首次出资比例、货币出资比例和出资期限的限制或规定。也就是说原来实缴制时外方出资期限是两年内到位，改为认缴制后，外方出资期限放宽，外资到位时间变得不确定。受此次政策调整的影响，近两年新批项目当年外方资金到位率明显降低，2013年、2014年分别为44.4%和46.6%，2015年为20.9%，2016年继续降低为6.4%，外方资金到位率持续下降。

（河北省统计局　杨喜进）

财　　政

2016年，面对经济下行的严峻形势、河北省去产能调结构治污染的巨大压力和深化财税改革的繁重任务，全省各级财政部门认真贯彻落实中央和省委省政府决策部署，解放思想、砥砺奋进，迎难而上、改革创新，圆满完成全年各项工作目标，不少方面实现重大突破。全年先后在省政府廉政工作会议、省级机关作风整顿座谈会、全省“两学一做”推进会等重要会议上作典型发言10多次，31项工作和21人次获得省部级以上表彰，特别是省领导给予肯定性批示28次，其中克志书记给予“很好”“非常好”等肯定性批示19次。

一、全年预算任务圆满完成

各级财政部门坚决贯彻落实“以旬保月、以月保季、以季保年”要求，加强分析研判和协调调度，深入开展纳税评估，创新“互联网＋非税收入”征缴模式，有效应对经济低位运行、“营改增”减收、特大暴雨洪灾等多重困难，取得了比预期要好的结果。全省一般公共预算收入完成2850.8亿元，增长7.6%，超过年初计划0.6个百分点。一般公共预算支出完成6038亿元，占调整预算的96.3%，可比增长15.9%。同时，预算执行的均衡性、稳定性显著提升，财政支出对稳增长的促进作用有效发挥。

二、争取支持收获丰硕成果

坚持主动点菜，精准发力，各级各部门密切配合、协调联动，全年争取中央下达河北省转移支付2448.5亿元，比上年增加188.1亿元，增长8.3%，高于全国平均增幅2.6个百分点。新增试点15项、扩围1项，获中央补助119亿元；争取地方政府新增债券538亿元，增长129%；主动谋划提出山水林田湖保护修复试点，夺得全国竞争性评审第一名，三年将获补助80多亿元；争取“三供一业”国企改革资金36亿元；被财政部纳入资源能源型省份补助范围，井陉等11个县纳入重点生态功能区转移支付范围；困难群众基本生活救助、公共卫生服务补助等资金较快增长；石家庄、唐山、秦皇岛分别成为地下综合管廊、双创示范城市和蓝色海湾治理试点。此外，积极协调与天津建立横向生态补偿机制、与京津建立对口帮扶机制，并争取世行、亚行新型贷款38.45亿元。

三、促进发展交出亮丽答卷

积极拓展筹资渠道，用活用好政策资金，全力支持经济平稳较快增长。加大减税降费力度。严格执行减免政策，全年为企业减负370亿元；制定阶段性降低社会保险费率政策，每年可为企业减负20多亿元。着力用活政策资金。组织发行政府债券2320.8亿元，投入2000多个公益性项目建设，置换债券节约利息负担70亿元；认真落实科技创新大会部署，全省财政科技支出增长58.1%，科研经费使用管理“放管服”改革迈出重要步伐；盘活沉淀资金成效显著，在财政部历次通报中始终名列第一；积极争取成为国库现金运作试点，全年运作资金880亿元。大力引导社会资本。积极推广PPP模式，省市县三级累计储备项目529个，投资额1万多亿元；31个项目入选全国第三批PPP示范项目，投资额1704亿元，排名全国第一；42个项目签约落地，投资额1636亿元。加快股权基金运作，各级财政累计出资77亿元，设立政府股权基金59支、子基金79支，引导社会资本投入206亿元。积极撬动金融资本。各级财政支持设立市场化投融资平台263个，撬动国开行、农发行等政策性贷款550多亿元，投向脱贫攻坚、美丽乡村等重点领域。制定财政助推金融创新支持经济发展系列政策措施，出台15项具体办法，撬动金融机构、资本市场资金投入，破解企业筹融资难题。

四、保障民生取得新的成效

坚持让人民共享发展成果，全年全省民生支出4843.8亿元，占到全部支出的80.2%。支持打好脱贫攻坚战。全省财政扶贫专项投入达57.7亿元，其中省级21.6亿元，较上年翻了一番；在62个贫困县推进财政涉农资金统筹整合，共整合资金90.3亿元；推进“两线合一”，提高贫困人口医疗保障救助水平，较好发挥了政策兜底作用。稳步提高社会保障水平。城乡居民年低保标准分别增长13.5%、25.8%，基础养老金最低标准由人均每月75元提高到80元，基本医疗保险财政补助标准由人均380元提高到420元，基本公共卫生补助标准由人均40元提高到45元，对全省村支部书记、村主任按每月1000元的标准给予托底保障。同时，加快工资制度改革，推进社会救助资金整合，并全力做好“7·19”救灾和重建等相关工作。加快推进社会事业发展。统一城乡义务教育经费保障机制，实现教育经费随学生流动可携带；改革省属高校预算拨款制度，制定高等教育资金和双一流大学建设资金管理办法；建立省级宣传文化体育口财政协调机制，保障“六馆一站”免费开放，大力支持冬奥会场馆、赛区绿化等重点项目建设。积极推动生态环境治理。改进大气污染资金分配方式，提升资金使用绩效。持续推进地下水超采综合治理，试点范围扩大到9市115个县（市、区），新增农业压采能力7.1亿立方米，初步形成“确权定价、控管结合、内节外引、综合施策”的治理模式。

五、财税改革迈出坚实步伐

全年以省委省政府文件印发改革专件13个，省财政出台配套文件47项，绩效预算、国库支付电子化、水资源费改税、预算公开、省财政直管等多项改革走在全国前列。预算管理制度改革取得决定性进展。大力推进财政资金使用管理改革，形成1+16制度体系；省级专项资金由207项整合为137项，个数减少35%。深化绩效预算管理改革，打造24个改革示范县，在全国考核中获得一等奖。出台预决算公开实施意见，在财政部检查中保持全国领先。税制改革稳步推进。积极争取成为全国水资源费改税唯一试点省份，组织制定1+15配套专件，水资源税入库7亿元，比上年同期水资源费收入增长101.3%。扎实组织全面推开营改增试点，确保了5月1日顺利实施，全省98%以上的纳税人税负降低。财政体制改革不断深化。及时做好省以下增值税收入体制调整工作，改革省对下财力性转移支付管理，变普惠性补助为普惠性补助与分类激励约束相结合；深化省财政直管县改革，数量达到115个，基本实现全覆盖；积极推进政府采购“管采分离”，全省203个县级以上财政部门全部实现与集中采购机构脱钩。此外，司法体制省级财物统管、省级经营性国有资产集中统一监管等改革进展顺利。

六、事业发展基础进一步夯实

继续打基础利长远，推动各级管理水平不断提升。在全国率先制定县乡财政（预算）业务管理“两个规程”，着力提升基层管理水平。进一步完善内控制度体系，健全监督检查制度，统筹推进市县内控机制建设，全面建立内控基本制度及专项控制办法。认真贯彻落实会计法规制度，积极推进会计人才战略实施，高端会计人才培养实现突破。加强项目投资评审，组织开展重点项目评价，涉及资金600多亿元。深入开展“一问责八清理”专项行动，清理财政专项资金6782亿元；认真清查乱收费、乱摊派问题，涉及资金30多亿元，有效降低企业制度性成本。完善政府性债务预算管理，组织开展债券资金使用情况专项核查，在全国创新实施政府债务绩效考核。集中汇审县级“三保”支出预算，对困难县（市）进行补助（救助），保障基层财政平稳运行。升级改造财政一体化核心业务系统，开发完成一套独立的、可定制的、具有推广价值的标准化绩效管理系统，构建“两地三中心”财政云基础架构，新建直管县直联省线路，全省财政信息化水平进一步提升。

（河北省财政厅　李志平）

金　融

2016年，面对错综复杂的国内外经济金融形势和艰巨的改革发展稳定任务，河北省金融系统立足省情，开拓创新，圆满完成各项工作任务，有力支持了河北省经济升级发展和提质增效。

一、金融运行

金融运行总体平稳。截至2016年末，河北省金融机构本外币各项贷款余额3.77万亿元，增长15.8%。信贷投放均衡适度。上半年新增贷款占比48.9%，下半年占比51.1%。信贷投放重点突出。信贷结构不断改善。第一、二、三产业贷款增量占比分别为2.3%、25.9%和71.9%。贷款期限结构向中长期倾斜。中长期贷款增长24.1%，同比加快5.7个百分点，高于全部贷款增速8.3个百分点。小微企业贷款增量占比上升。小微企业新增贷款1592.8亿元，同比多增272.3亿元，增量占同期企业贷款增量的78%，同比提高26.7个百分点。金融扶贫力度加大。河北省62个贫困县各项贷款余额3832.6亿元，增长19.2%，高于全部贷款增速3.4个百分点，增量为618.2亿元，同比多增124.5亿元。截至2016年末，河北省金融机构本外币各项存款余额5.59万亿元，增长14.3%，同比提高2.9个百分点。其中，活期存款新增3118.3亿元，同比多增1461亿元；定期存款新增2683.9亿元，同比少增498.5亿元。银行盈利下降，部分金融机构抗风险能力减弱。2016年河北省银行业金融机构累计实现净利润568.2亿元，同比下降15.8%。河北省银行业金融机构不良贷款率为2.2%，比上年提高0.12个百分点。各类民间融资机构经营规模萎缩、盈利水平有所下降，民间融资活跃度持续走低。2016年河北省有小额贷款公司620家，累计发放贷款232.7亿元，同比下降27.8%，实现净利润5.0亿元，同比下降48.8%；融资性担保机构350家，较上年减少135家，融资性担保责任余额796.2亿元，同比下降3.4%，净利润2.5亿元，同比下降73.7%；典当机构350家，年内发放当金224.4亿元，同比下降25.3%。

二、金融改革与创新

金融改革稳步推进，政策效应持续释放。利率市场化改革不断深化。河北省组织开展合格审慎评估、定价行为评估，促进全国自律机制基础成员数量升至15家、观察成员44家，较上年分别增加5家和34家。河北省人民银行系统结合实际创造性地开展工作，打造了一批特色、亮点项目，取得了显著成效。承德市中心支行大力推行“扶贫再贷款+政府担保基金+贫困户信用评级”创新项目，金融扶贫取得良好成效；张家口市中心支行持续推动绿色金融支持可再生能源示范区建设，得到地方党委政府肯定；秦皇岛市中心支行深入开展标准化管理，实现工作要求制度化、工作流程标准化和工作管理标准化；唐山市中心支行积极引导金融资源服务供给侧结构性改革，差别化信贷政策较好落实；廊坊市中心支行开发建设“中小企业贷款网上对接平台”，优化中小企业融资环境；建立履职责任清单制度，推动全行各项工作上档升级；保定市中心支行制定《白沟箱包市场采购贸易外汇管理试行办法》，促进试点顺利落地实施；沧州市中心支行协助石家庄中心支行开发“河北省农户信用信息管理系统”，进一步完善农户信用信息采集机制和农户信用评价机制，农村信用体系建设向纵深开展；衡水市中心支行建立金融消费者投诉咨询动态监测系统，金融消费权益保护工作水平有效提升；邢台市中心支行积极构建完善金融风险监测预警机制，风险预警能力进一步提高；邯郸市中心支行开发“金融机构洗钱风险评估与考核系统”，有效克服了基层行监管人员少、手段落后、信息交流不畅等履职困难。

三、金融服务

人民银行多措并举加大金融服务力度。截至2016年末，河北省银行卡、ATM和POS机具存量分别为2.77亿张、4.09万台和74.62万台，同比分别增长12.86%、9.06%和-4.71%，河北省人均持卡量3.73张，同比增长0.42张。助农取款试点范围不断扩大，农村支付环境进一步改善。截至2016年末，河北省设立银行卡助农取款服务点9.07万个，已覆盖4.35万个行政村，占河北省行政村总数的95.84%；农民工银行卡特色服务持续开展。2016年全年共办理农民工银行卡特色服务业务68万笔、金额14.9亿元，河北省农村地区发卡量1.53亿张、同比增长21.33%。农村地区银行卡受理终端实现快速增长，截至2016年末，ATM机2.08万台，POS机81.28万台，其中转账电话32.29万台，同比分别增长12.43%和13.12%。加快金融IC卡非接受理环境建设，河北省POS终端非接改造比率37.3%，较上年末增长19倍。经理国库水平有效提升。河北省国库资金运行安全，业务系统运行平稳。2016年，河北省国库收入（不含转移性收入）8486.05亿元，同比增长15.1%，提高2.8个百分点。其中公共预算收入4595.72亿元，同比增长8.4%，提高5.6个百分点；基金预算收入1622.68亿元，同比增长6.2%，提高14个百分点；债务收入（含一般债务和专项债务）1583.49亿元，同比增长68.6%。国库支出（不含转移性支出）1.02万亿元，同比增长9.9%，回落16.7个百分点。其中公共预算支出7166.92亿元，同比下降1.6%，回落28.3个百分点；基金预算支出1647.59亿元，同比增长32.3%，提高24.7个百分点；债务支出（含一般债务和专项债务）788.18亿元，同比增长2.9倍。征信管理和服务持续加强。联合推动信息共享平台建设和失信惩戒工作，6市平台与省平台成功对接，对78家企业实施了联合惩戒。稳步开展信息采集与更新，积极推进“三信”工程建设。2016年，河北省继续将小微企业和农户信用信息征集与更新工作作为基础与抓手，稳步开展。采集更新小微企业信用信息5.76万户，1.06万户企业获得贷款。农联社下辖150个县（市、区）3874个机构网点为1226万户农户建立了信用档案，占全辖农户总数的89.7%。河北省共评定信用村7852个，信用乡镇566个，信用户469万户，为260万户农户累计发放贷款1845亿元。

银行业金融机构紧贴实体经济需求，持续提高金融资源配置效率，推动经济转型升级，服务实体经济发展质效明显提升。首先，积极做好“加法”，助力重大战略实施。主动对接京津冀协同发展、“一带一路”、冬奥会、环渤海经济区建设等重大发展战略和重大决策，加大项目储备力度，加快贷款审批投放。截至2016年末，河北省支持京津冀协同发展项目表内外授信余额1.07万亿元，较年初增加1575.5亿元，增长17.32%。支持冀企“走出去”取得多项突破，河北省“走出去”贷款已达720.2亿元，工商银行提供并购贷款2760万欧元支持河钢并购塞尔维亚斯梅代雷沃钢厂。稳步提升冬奥金融服务水平，支持冬奥会相关项目贷款余额82.49亿元，较年初增长64.37亿元。23家银行与沿海地区43家企业签订总额512亿元授信协议，全力支持河北省重大项目提升年，对国家级、省级、地市及以下重大工程项目表内外授信余额1953.29亿元，较年初增加455.19亿元。其次，稳妥做好“减法”，助力去产能去杠杆。稳妥开展并购贷款业务，支持过剩产能行业并购重组。工商银行提供融资30亿元支持北京金隅并购冀东集团，并积极推进债务优化及债转股事项；信达公司通过附重组条件收购业务为峰峰集团提供18.4亿元资金支持，推动煤炭去产能。截至2016年末，河北省并购贷款表内外信贷余额174.25亿元，较年初增长113.19亿元。严控“两高一剩”行业信贷。截至2016年末，河北省“两高一剩”行业贷款余额3614.38亿元，低于各项贷款增速12.29个百分点，其中钢铁行业贷款余额2720.19亿元，低于各项贷款增速14.17个百分点。加大入企帮扶力度，协助企业优化融资结构，降低杠杆水平。2016年通过提供财务顾问服务、承销企业债券、理财资金投资、减费让利等措施帮扶企业423户，并发放贷款142.8亿元。成立205家债权人委员会，按照“一企一策、信息共享、集体决策、风险自担”的原则确定增贷、稳贷、减贷、重组等措施，覆盖贷款2780.2亿元。同时，银行业金融机构依托四大平台提升小微企业金融服务水平。建立“银政平台”，通过与政府职能部门签订协议等方式，积极与各项经济、产业政策对接，建立常态化合作模式，有效解决制约小微企业发展的信息不对称、风险收益不对称等问题。如邮储银行以政府采购平台为基础，河北省10家分行与当地采购部门签署合作协议，7家分行已实现落地放款。积极搭建“银税平台”，借助税务部门资源向银行业机构提供优质纳税企业信息，降低授信风险。如建设银行在河北省范围内搭建280个银税合作平台，以“税易贷”产品批量化拓展目标客户，成功为922户纳税客户发放贷款。借助“银科平台”，促进银行业金融机构与河北省科技厅合作，支持创新能力强、技术含量高、具有自主知识产权的科技类小微企业。如工商银行与科技厅签订战略合作协议，由省科技厅设立科技企业风险贷款补偿基金，对该行办理的科技型企业贷款的风险损失给予一定风险补偿，提高科技型企业贷款便捷度。目前科技厅已向该行提供科技中小企业名单1.96万户，支持科技企业523户、贷款余额212.4亿元。利用“园区平台”，银行业金融机构与园区管委会、行业协会、商会等积极沟通，了解商圈内客户资金结算特点和融资特征，通过配置、优化和创新差异化产品，批量挖掘市场潜力。如河北省银行已为石家庄正定家具市场、保定白沟箱包市场、廊坊家具产业集群、唐山曹妃甸水产养殖商圈等多个京津冀转移产业和县域特色产业集群开发商圈贷产品，截至2016年末，该行商圈贷款余额26.7亿元。截至2016年末，河北省小微企业贷款余额1.12万亿元，较年初增加736.2亿元。

金融支持京津冀协同发展进程加快。京津冀三地银行在银团贷款、账户互认、融资担保等领域深化合作，京唐钢铁项目、北汽集团黄骅汽车生产基地建设等协同发展重点项目得到有力支持，环京津的廊坊、张家口、保定信贷增速位列河北省前三。多元化融资渠道进一步畅通。全国首单非银行金融机构绿色金融债券落地河北省。与八市政府签署《金融支持地方经济社会发展备忘录》，联合编制《曹妃甸举债方案》，支持债务融资工具发行，河北省非金融机构通过银行间债券市场募集资金867亿元，同比增长17.1%。2016年河钢集团、开滦集团、冀中能源分别发行债务融资工具310亿元、69亿元、152亿元。河北省金融租赁公司获准在全国银行间债券市场发行总规模不超过20亿元人民币、期限不超过5年的绿色金融债券，成为国内首家获准发行绿色金融债券的金融租赁公司。同时，银行业金融机构积极发展绿色金融，助力环京津地区防霾治霾。严格执行“环保一票否决”要求，对存在污染风险的项目进行重点监控并采取限制或退出措施，对符合循环、绿色经济要求的客户和项目给予重点支持。如建行廊坊分行建立绿色信贷考核评价体系和奖惩体制，将信贷资源向绿色经济倾斜。促进清洁能源应用推广。重点加大对低碳经济类项目、循环经济类项目、生态经济类等项目的支持，开发专项用于支持绿色经济发展的金融产品和服务。建行保定分行为涞源、曲阳等3个光伏发电项目授信9.09亿元，仅曲阳三峡光伏发电站项目就可每年减少二氧化碳排放23.9万吨、二氧化硫0.72万吨和碳粉尘排放6.5万吨。支持供热企业改造升级。对有改造升级意向的供热企业加大授信力度，压缩审批环节，在保证供暖的同时，降低污染排放。沧州银行保定分行为县域集中供热改造工程授信5.55亿元；中行保定分行向大唐清苑热电有限公司和河北涿州京源热电有限责任公司授信6.59亿元，用于热电联产项目，改造后热效率可提高至85%。

多措并举大力发展普惠金融，成果显著。如建设银行深入推动与供销社的全面合作，大力推进助农服务点与供销金融超市建设。推动自助银亭建设，加大产品创新，推出“燕赵乡情卡”、供销一卡通”、“京津冀公交一卡通”，优化升级电话POS功能，提供完整结算链条。充分运用电话POS、存取款一体机等设备，用好荣获国家实用新型和外观设计两项专利的行银行这一工具，实现在网点以外区域流动办理非现金业务以外的约定转存、特色储蓄、ETC卡签约、基金、保险、理财、转账等几乎全部个人业务，打造农村金融生态圈。邢台市村镇银行积极开发普惠金融产品。创新定期存款产品，沙河襄通村镇银行研发“襄通宝”，其最大特点是利息支取方式灵活多变，有开户付息、按月付息、到期付息三种付息模式，满足各类储户的不同需求。创新贷款产品，清河金农村镇银行开办装修贷、随心贷和速贷通，与TATA木门、我乐橱柜等知名家装实体店进行合作，做足普惠金融工作。

（人行石家庄中心支行　曾玉玲）

劳动工资

2016年，在省委、省政府正确领导下，认真贯彻落实习近平总书记系列重要讲话精神，牢固树立和贯彻新发展理念，以供给侧结构性改革为主线，坚持稳中求进工作总基调，统筹抓好稳增长、调结构、治污染、抓改革、惠民生各项工作，国民经济运行总体平稳、稳中向好，为促进就业和工资增长奠定了坚实的基础。全省就业形势保持基本稳定，就业人员工资水平继续增长，社会保障水平进一步提高。

一、就业形势基本稳定，产业结构继续优化

（一）就业总量继续增长。2016年底，全省就业人员4223.95万人，比上年增加11.45万人，增长0.27%，增速提高0.07个百分点。其中，全省城镇就业人员为1309.22万人，同比增加1.93万人，增长0.15%；乡村就业人员为2914.73万人，同比增加9.52万人，增长0.33%。

（二）就业再就业工作目标任务超额完成。2016年，全省城镇新增就业76万人，城镇失业人员实现再就业26.70万人，就业困难人员实现就业9.80万人，分别完成全年目标任务的101.3%、121.4%、122.5%，均超额完成全年目标任务。城镇登记失业人数为39.73万人，城镇登记失业率为3.68%，比上年增加0.08个百分点，低于4.5%的调控目标。年内全省有423户零就业家庭实现每户至少1人就业，零就业家庭数保持动态为零。

（三）就业人员产业结构继续优化。全省加大化解过剩产能和结构调整力度，积极推进经济结构转型升级，大力发展战略性新兴产业和现代服务业。三次产业结构由2012年的12.0∶52.7∶35.3调整优化为11.0∶47.3∶41.7，服务业对经济增长的贡献率为59.1%，超过第二产业24.2个百分点。产业结构调整取得重大进展，带动了就业结构的不断优化，第一、二产业就业人员所占比重继续下降，第三产业比重上升。2016年底，全省第一产业就业人员1380.33万人，比上年减少7.5万人，占全部就业人员的比重为32.68%，同比下降0.27个百分点；第二产业就业人员1439.74万人，比上年增加2.31万人，所占比重为34.08%，同比下降0.04个百分点；第三产业就业人员1403.88万人，比上年增加16.64万人，所占比重为33.24%，同比上升0.31个百分点。

二、城镇非私营单位就业人员工资水平不断提高

2016年，省委和政府高度关注民生，通过积极落实国家统一的调整机关事业单位工作人员基本工资标准政策，采取提高河北最低工资标准、调整省直机关事业单位津贴补贴标准、新增绩效考核奖等多项措施，全省城镇非私营单位就业人员年平均工资继续提高，为55334元，与2015年的50921元相比，增加了4413元，增长8.7%。其中，在岗职工（含劳务派遣人员）平均工资56987元，比上年增加4578元，增长8.7%。扣除物价因素，全省城镇非私营单位就业人员年平均工资实际增长7.1%。

（一）分企事业机关看，事业、机关单位就业人员年平均工资增长快于企业单位。全省城镇非私营企业单位就业人员年平均工资为53107元，比上年提高2997元，增长6.0%；事业单位为60071元，同比提高6531元，增长12.2%；机关单位为56915元，同比提高7263元，增长14.6%。事业、机关单位就业人员年平均工资增速分别比企业单位快6.2个和8.6个百分点。

（二）分设区市看，廊坊市城镇非私营单位就业人员年平均工资首次突破7万元大关，达到71129元，其余10个设区市中，有4个设区市就业人员年平均工资超过全省平均水平，秦皇岛59905元、石家庄（含辛集）59337元、唐山58230元、沧州55759元。就业人员年平均工资排在第6位到第11位的分别是保定（含定州）52189元、承德51407元、张家口50311元、衡水49520元、邯郸49292元、邢台48794元。

2016年，定州市和辛集市城镇非私营单位就业人员年平均工资分别为49450元和46082元。

（三）分国民经济行业门类看，19个行业中高于全省就业人员年平均工资的行业有8个。就业人员年平均工资最高的三个行业中，信息传输、软件和信息技术服务业109196元，是全省平均水平的1.97倍；电力、热力、燃气及水的生产和供应业77162元，是全省平均水平的1.39倍；金融业75708元，是全省平均水平的1.37倍。就业人员年平均工资最低的三个行业中，农、林、牧、渔业21876元，是全省平均水平的39.5%；住宿和餐饮业34357元，是全省平均水平的62.1%；居民服务、修理和其他服务业35634元，是全省平均水平的64.4%。最高与最低行业平均工资之比是4.99∶1，比2015年的4.77∶1差距有所扩大。

（四）分登记注册类型看，国有单位就业人员年平均工资最高，为58761元，比上年提高6075元，增长11.5%；其次是其他所有制单位，为52925元，同比提高3040元，增长6.1%；第三位是集体单位，为43767元，同比提高3130元，增长7.7%。

（五）从全国分地区看，在全国31个省（区、市）中，河北城镇非私营单位就业人员年平均工资居全国第28位，比上年所居位次前移1位，与全国平均水平相比低12235元，差距比上年扩大1127元。

三、城镇私营单位就业人员平均工资继续增长

2016年，全省城镇私营单位就业人员年平均工资为36507元，与2015年的34084元相比，增加了2423元，增长7.1%。扣除物价因素，实际增长5.5%。

分设区市看，各设区市及省直管县（市）城镇私营单位就业人员年平均工资均达到3万元以上。高于全省平均水平的有3个市，分别是廊坊44244元、唐山40034元、石家庄（不含辛集）37659元，低于全省平均水平的8个市分别是保定（不含定州）35762元、沧州35214元、秦皇岛35169元、衡水34455元、承德34302元、邢台33640元、邯郸33414元和张家口30477元。

2016年，定州市和辛集市城镇私营单位就业人员年平均工资分别为31528元和35531元。

在全国31个省（区、市）中，河北城镇私营单位就业人员年平均工资居第18位，位次与上年相同，与全国平均水平相比低6326元，差距比上年扩大821元。

四、社会保障水平进一步提高

（一）养老保险参保人数较快增长。2016年底，全省

参加企业基本养老保险社会统筹的人数为1175.50万人，比上年增加46.05万人，增长4.1%。参加城乡居民社会养老保险的人数为3446.11万人，比上年增加5.79万人，增长0.2%，其中符合领取养老金条件60周岁以上居民为997.88万人。

（二）医疗保险参保人数继续增加。全省参加城镇职工基本医疗保险人数为973.70万人，比上年增加16.66万人，增长1.7%。全省参加城乡居民基本医疗保险人数为5698.43万人。

（三）失业保险参保人数有所增长，失业保险金领取人数同比减少。年末全省参加失业保险人数为515.88万人，比上年增加4.9万人。全年全省共为15.10万名失业人员提供了不同时限的失业保险待遇。年末领取失业保险金人数为7.90万人，比上年末减少0.12万人。

（四）工伤保险参保人数稳步增长。年末全省参加工伤保险人数为840.04万人，比上年增加30.32万人，增长3.7%。其中高风险企业职工120.03万人，农民工220.59万人。全年享受工伤保险待遇人数为9.83万人，比上年增加0.19万人。

（五）生育保险参保人数略有下降。全省参加生育保险人数为710.34万人，比上年减少2.62万人，下降0.4%。全年有33.79万人次享受了生育保险待遇。

（河北省统计局　戴利伟）

安全生产

一、综述

2016年，全省共发生农林牧渔业、采矿业、商贸制造业、建筑业、交通运输和仓储业等行业生产安全事故1628起、死亡1220人，按可比口径（下同），同比分别减少37起、5人，下降2.2%、0.4%。发生较大事故23起，同比持平；死亡94人，同比增加4人、上升4.4%。未发生特别重大生产安全事故。

（一）农林牧渔业。发生事故15起、死亡6人，同比分别减少15起、7人，下降50.0%、53.8%。其中，农业机械事故14起、死亡4人，同比分别减少16起、9人，下降53.3%、69.2%；畜牧业事故1起，死亡2人。

（二）采矿业。发生事故15起，死亡16人，同比分别减少14起、14人，下降48.3%、46.7%。其中，煤矿事故6起，死亡6人，同比分别减少4起、5人，下降40.0%、45.5%；金属非金属矿山事故9起，死亡10人，同比分别减少10起、9人，下降52.6%、47.4%。

（三）商贸制造业。发生事故62起，同比增加3起、上升5.1%；死亡98人，同比减少5人、下降4.9%。其中，化工（含危险化学品）事故9起、死亡26人，同比分别增加3起、17人，上升50.0%、188.9%；烟花爆竹事故4起、同比增加3起、上升300.0%，死亡13人、同比减少9人、下降40.9%；冶金机械八行业事故42起、死亡51人，同比分别下降10起、21人，下降19.2%、29.2%；其他商贸制造业事故7起、死亡8人。

（四）建筑业。发生事故29起、死亡47人，同比分别增加5起、14人，上升20.8%、42.4%。其中，房屋建筑及市政工程事故12起，死亡19人；其他建筑业事故17起，死亡28人。

（五）交通运输和仓储业。发生事故1496起，同比减少12起、下降0.8%；死亡1042人，同比增加13人，上升1.3%。其中，铁路运输业事故83起、死亡61人，同比分别增加5起、2人，上升6.4%、3.4%；道路交通运输业事故1407起、同比减少22起、下降1.5%，死亡969人、同比持平；航空运输业事故1起、死亡4人，去年同期未发生事故；其他交通运输和仓储业事故5起，死亡8人。

（六）其他行业。发生事故11起、死亡11人，同比分别减少4起、6人，下降26.7%、35.3%。

从各市情况看，廊坊、保定、张家口、邢台、承德、衡水、唐山和定州各类事故起数和死亡人数“双下降”；煤矿、金属非金属矿山、冶金等重点高危行业事故大幅下降。但从工矿商贸领域来看，全省安全生产形势依然严峻。一是部分地区事故“双上升”。工矿商贸事故起数、死亡人数与去年同比，邯郸分别上升125.0%、170.0%，廊坊分别上升133.3%、133.3%，石家庄分别上升20.0%、90.0%，沧州分别上升22.2%、88.9%，秦皇岛分别上升50.0%、83.3%，衡水分别上升80.0%、76.9%。二是部分行业事故高发。发生化工（含危险化学品）事故9起、死亡26人，同比分别上升50.0%、188.9%；发生建筑事故29起、死亡47人，同比分别上升20.8%、42.4%。发生烟花爆竹事故4起，上升300%。三是较大事故大幅上升。全省共发生工矿商贸较大事故16起、死亡65人（还有2人失踪、1人失联），同比分别上升60.0%、75.7%。从行业看，化工（含危险化学品）较大事故5起、死亡21人，同比分别上升400.0%、600.0%；建筑较大事故6起、死亡22人，同比分别上升200.0%、175.0%；烟花爆竹较大事故2起、10人，去年同期未发生较大事故。从区域看，邯郸、唐山、邯郸各发生3起较大事故，承德、沧州、衡水各发生2起较大事故，邢台发生1起较大事故。四是非法生产事故突出。全年共发生非法生产事故10起，死亡31人；其中较大事故5起、死亡23人，分别占较大事故总量的31.3%、35.4%。

二、2016年重点工作完成情况

（一）安全生产责任体系建设持续深化。一是通过深入学习贯彻习近平总书记关于安全生产工作的系列重要论述、省领导关于安全生产的重要指示批示，定期召开安全生产形势分析会和事故防范会等措施，帮助各级各部门和企业充分认识安全生产工作的极端重要性，清醒看待安全生产工作面临的严峻形势，树牢安全发展理念，强化“红线”意识和底线思维。二是依据《安全生产法》和《河北省安全生产“党政同责、一岗双责”暂行规定》，按照“横向到边、纵向到底”的要求，细化安全生产责任，出台了《河北省安全生产工作职责分工规定》，以安全监管规范化建设为抓手，推进安全监管责任省、市、县、乡、村“五级五覆盖”，企业安生生产责任“五落实五到位”。三是围绕充分发挥考核指挥棒作用，省委办公厅、省政府办公厅印发了《河北省安全生产考核方案》，省安委办制定了《党委层面安全生产工作考核评价实施细则》和《政府层面安全生产目标管理考核实施细则》，把各级各部门和各单位履行安全生产领导责任、监管责任及安全生产目标任务完成情况作为重点，加大了对较大及以上事故和重大安全隐患整改情况的考核权重，完成了对各设区市、省直有关部门的2015年度安全生产年度考核工作，在全省进行了通报并将考核结果报组织部门。

（二）重点行业、重点时期事故防范措施有效落实。一是针对河北省建筑施工、化工、电力、通信、装备制造、水利、公路和铁路等行业新项目、大项目、大单位多的特点，各级负有安全监管职责的部门认真落实“三个必须”的要求，深入细致查找本部门本单位工作中存在的问题和漏洞，研究制定针对性措施。与此同时，持续抓好了煤矿、危险化学品、冶金、烟花爆竹、金属与非金属矿、道路运输、建筑施工、民爆器材和人员密集场所等传统行业专项治理，加强了对涉爆粉尘、涉氯涉氨、油气管道等单位以及外协单位、检维修、有限空间等作业环节的安全监管，严格落实防爆、防火、防泄漏、防坍塌、防中毒等安全措施，有效防范了群死群伤事故。二是认真落实省委办公厅、省政府办公厅《关于确保实现首季“开门红”的紧急通知》和《关于扎实做好当前各项重点工作的通知》要求，省安委办印发了《关于开展节后复工复产和全国“两会”期间安全生产督导执法活动的通知》，突出抓好元旦春节、全国“两会”、暑期汛期、国庆、十八届六中全会等关键环节，各级各部门累计派出2839个执法检查组，分三个阶段，深入各级各部门和企事业单位开展督导和执法检查。各地大力强化安全防范措施，认真组织开展督导执法检查，都成立了复工复产验收领导小组，认真落实领导责任，建立了严格的复工复产安全检查责任制，督促企业制订详细的复工复产计划，对各环节进行全面、严格检查，共检查企业32万余家次，发现问题和隐患近200万条（项），非法行为6.24万起，停产整顿企业1752家，确保了复工复产和全国“两会”期间全省安全生产形势的稳定。三是立足于早入手、细准备、强措施、防大患，在主汛期到来之前，全省开展了汛期安全生产隐患专项排查治理活动，对尾矿库采取了领导包库等措施，对水文地质资料不清、防排水系统不完善以及存在老空区积水等重大水灾隐患盲目生产的煤矿一律停产整顿，对受地表河流、湖泊、水库、尾矿库等威胁地下矿井加强监控，对全省烟花爆竹生产企业7月1日到8月31日实施停产措施。冶金企业严格雷雨天气抽堵盲板、管道清扫置换等高危作业管理。省安委办对加强建筑施工、道路交通、水利、旅游等行业汛期安全监管也提出了具体要求。

（三）重点行业领域安全专项整治扎实推进。煤矿：按照国家和省化解过剩产能工作部署，积极参与制定河北省工作方案，确定了河北省关停目标，对生产矿井实施减量化生产措施，全省关闭煤矿54处，化解煤炭过剩产能1400万吨。开展了重大灾害治理行动，狠抓瓦斯水害防治，不断强化煤矿“双基”工作，全省煤矿实现连续43个月无较大以上生产安全事故，31处矿井达到和保持了国家一级安全质量标准化标准。非煤矿山：扎实推进风险辨识分级管控和隐患排查治理双重预防机制建设，持续开展隐患排查整治“专家会诊”和标准化提质提级等活动，先后召开非煤矿山隐患排查体系建设现场会和推进会，全省共组织23家中介服务机构，排查非煤矿山2622座（含选矿厂、尾矿库、石油天然气采场），排查出各类隐患1.94万条，整改完成1.74万条，提出整改意见1.81万条，责令停产企业17家，暂扣安全生产许可证6个，进一步提升了全省非煤矿山安全基础条件。尾矿库：进一步加大尾矿库关闭力度，关闭尾矿库145座，复垦绿化211座。印发了《河北省尾矿库风险防控标准》，认真开展专家会诊，制定了汛期“十个不准”，严格落实汛期“四个一律、五个到位”要求，采取电话抽查、专家排查、各市交叉互查的方式，组织开展了汛期专项督查，有效消除了汛期隐患，确保了尾矿库汛期安全。危险化学品和烟花爆竹：认真开展危险化学品领域安全专项整治，省安委办组成6个督查组、先后3次对专项整治开展情况进行了联合督查。坚持对化工企业外部安全防护距离进行实地核查，对重大危险源、重点部位及易燃易爆物品进行重点监测监控和检查，认真落实人防、物防、技防等各项安全防范措施。积极引导烟花爆竹生产企业有序退出，加强春节期间烟花爆竹企业停产复产的安全监管工作。扎实开展化工园区（化工集中区）专项整治，全省78个园区中的66个园区已经完成了区域安全评价工作。油气管网：在去年河北省油气输送管道2240项隐患已整改销号的基础上，督促各地开展油气输送管道隐患整治工作回头看，以全面彻底整改消除隐患，坚决杜绝“前清后占”现象。督促管道企业认真开展现状安全评价，及时整改安全隐患与问题，制定预防措施，确保管道安全运行。冶金建材：认真做好钢铁行业化解过剩产能安全标准的制定工作，严格化解过剩产能期间的安全监管，深入开展冶金行业检修作业及外委施工管理专项整治，全省累计检查企业320余家次，完善相关制度及审批作业票证750余项，排查出各类安全隐患2653条，整改完成2327条；排查外委施工单位600余家次，查出各类隐患1309条，已全部整改到位。职业卫生：开展了陶瓷、耐火材料专项治理、危害告知和警示标识治理两个专项治理；建立了职业卫生季度问效工作机制和职业病防治联席会议制度；对1.29万家用人单位进行了职业病危害项目申报复核，110家用人单位进行了职业病危害防治评估检查，2515家用人单位完成了“两个档案”标准化工作；扎实开展职业危害专项执法检查，共检查用人单位4129家，发现问题隐患1.08万条，责令停产整顿企业17家，提请关闭18家。交通运输、建筑施工、特种设备、农业机械、民爆器材、铁路道口、有限空间、涉爆粉尘、涉氨涉氯、人员密集场所以及消防、水利、旅游等行业领域也都采取有力措施，加强了安全监管。

（四）风险辨识和隐患排查治理工作有序开展。一是省安委会印发了《关于推进安全预防控制体系建设的意见》，省安委办制定了《河北省标本兼治防范遏制重特大事故工作方案》。2016年以来，组织在煤矿、非煤矿山和尾矿库、危险化学品、烟花爆竹、冶金等行业领域及场所开展了安全风险辨识管控企业试点，组织有关部门制定了风险辨识及分级标准，规范和明确了管控措施和办法，并陆续召开现场会在全行业进行推广。二是省安委办升级了隐患排查治理信息系统，在2015年全省29个县（市、区）试点的基础上全面推开，目前系统注册企业1.35万家，利用信息系统开展自查自报企业5341家，配备自查自报手机终端6013个；上报一般隐患13.18万个，已整改12.99万个，整改率98%，上报重点隐患266个，已整改260个，整改率97%。三是持续加大隐患排查治理力度，严防把风险变为隐患、隐患酿成事故。采取政府购买服务等方式，聘请专家对存在的不安全因素进行全面辨识，对可能造成的伤害进行全面评估，通过风险辨识和评估，分析制定风险分级标准，确定风险管理等级，按照不同等级实施分级管控，并针对风险辨识和评估结果提出风险预控措施，最大限度的避免生产安全事故发生。

（五）安全生产领域各项改革措施取得积极进展。一是持续深化安全监管规范化建设。省安委办先后对沧州、保定、承德、张家口、邯郸、邢台等市进行了县域安全监管规范化建设工作督导，对正定县域规范化现场会一年来的建设情况进行了"回头看"和总结，全省所有乡镇（街道办）、村（居）、企业已经基本完成县域安全管理规范化建设并初步实现了规范化运行，县域安全监管规范化工作作为省安监局突破性工作报送至省级机关作风整顿领导小组。二是进一步加快安全生产诚信体系建设。制定印发了《关于加强和改进企业安全生产诚信管理工作的意见》，进一步扩大企业诚信管理覆盖面，基本完成煤矿、非煤矿山、危险化学品、烟花爆竹、冶金、建材、机械、纺织、烟草、轻工、商贸等行业标准化达标企业的诚信等级评定、公示和分级管理工作。建立多部门协调联动机制，对16家企业实施了"黑名单"管理。进一步修改完善诚信信息系统，通过系统注册企业9484家，发布诚信等级企业7022家。三是引入第三方力量参与安全生产工作。经省政府批准印发了《安全生产责任保险工作方案》《安全生产风险抵押金与安全生产责任保险转换暂行规定》，召开了安全生产责任险推进会，对相关工作进行了调度。全省已有参保企业558家，累计参保人数6093人，累计缴纳保费524.52万元，保险额16.62亿元，释放风险抵押金1180万元。四是全面做好"放、管、服"各项工作。取消了职业卫生技术服务机构甲级资质初审等4项行政审批事项，下放调整了建设项目职业健康"三同时"等5个许可事项；将第一类非药品类易制毒化学品生产、经营许可证委托给市级安监部门核发。全面实行了"四零"承诺服务和满意度即时评价，不断提高服务质量。

（六）安全生产攻坚行动和"打非治违"专项行动取得明显成效。5至10月，全省统一部署开展了安全生产攻坚行动和打击非法违法专项行动，期间，省安委办先后三次组织督查组，对各地各行业领域进行了综合督导和执法检查，9月份组织召开工作调度会议，对工作开展情况进行了总结，查找了薄弱环节，指出了存在的问题，明确了下阶段工作目标任务。一是强力开展安全生产攻坚行动。按照赵克志书记、张庆伟省长讲话精神和张杰辉副省长的具体要求，以遏制重特大事故和减少事故总量为目标，以建立安全风险管控和隐患排查治理双重性预防控制机制为重点内容和工作主线，研究制定了安全生产攻坚行动方案，实施了安全风险辨识管控、安全隐患排查治理、安全生产执法检查、严厉打击各类非法违法行为、深化重点行业安全专项治理等有力举措，建立了督导检查、定期通报、定期调度、警示约谈、倒查问责、举报奖励等六项制度。攻坚行动以来，省安委办先后于6月、9月组织了两次全省性督导检查，共检查96个县（市、区）、600余个县直部门、80余个乡镇，抽查企业110余家，发现重大问题隐患500余条。二是始终保持严打重罚高压态势。针对非法违法生产事故多发的情况，在全省范围开展了安全生产领域打击非法违法专项行动，张杰辉副省长亲自研究部署此项工作，并提出了具体要求。各级各有关部门按照全省统一部署，坚持全覆盖、零容忍、严执法、重实效，迅速行动，较真碰硬，采取暗查暗访、随机抽查、专项执法、联合执法等方式，对非法违法活动可能藏匿的区域、场所和部位进行拉网式排查，重点排查高危行业、非法违法活动频繁区域和近期发生事故的领域，对发现的问题、苗头和可疑迹象，深挖细查、紧追不放，确保不留死角、不留盲区。充分发挥县、乡直接监管优势，认真落实领导分包责任制，切实做到县不漏乡、乡不漏村、村不漏户、户不漏人，精准打击。对查出的各类非法违法行为，不管涉及哪个企业、哪个人，该停的停、该关的关，该追究什么责任追究什么责任，决不讲情面，决不搞下不为例，并坚决按照"四个一律"要求严肃查处。全省检查企业2.57万家，发现问题3.07万项，停产整顿企业785家，关闭取缔企业572家，打掉非法窝点444个，追究刑事责任27人。三是实行安全生产"整改令"制度。为指导督促各地各部门做好安全生产工作，省政府决定实行安全生产"整改令"制度，省安委办根据隐患排查、事故状况、非法违法生产经营建设情况，以及督导检查中发现的突出问题，及时向有关市、县政府和部门下达"整改令"，提出隐患整改要求，明确安全监管措施。四是高度重视有奖举报工作。充分发挥舆论监督和群众监督的作用，进一步畅通举报渠道，公开举报电话和邮箱；进一步提高奖励标准，2016年以来仅省级就兑现举报奖金20多万元。按照张杰辉副省长指示，河北省举报奖励标准将大幅提高，相关文件已经制定，正在报批当中。

（七）安全生产执法监察工作力度不断加大。2016年以来，全省各级各部门高度重视安全生产执法工作，进一步强化措施、狠抓落实，不断加大执法检查力度。一是完善制度规范。省政府印发了《关于进一步加强和改进安全生产执法工作的意见》和《安全生产执法监察工作考核办法》，进一步明确省、市、县属地监管、分级执法责任范围，落实监管执法"一岗双责"责任体系，对市、县执法工作实行季度考核制度，促进了安全生产执法工作的法制化、科学化和规范化。研究制定了《冶金行业安全生产行政处罚自由裁量实施细则》，分行业建立健全行政处罚自由裁量标准，逐步解决各级执法检查处罚标准不一致的问题。二是突出执法重点。坚持把春节、全国"两会""安全生产月"、暑期汛期、国庆等重要时期作为执法重点时段，将煤矿、非煤矿山、冶金建材、涉爆粉尘、危险化学品及烟花爆竹等行业企业作为执法重点领域，将73个安全生产重点县、事故多发地区、环首都地区、省会作为执法重点地区，将打非治违、隐患排查治理、事故调查、专项整治、中介机构服务、重大危险源管理、企业标准化建设、承诺制建设、诚信体系建设和企业主要负责人履职尽责等作为执法重点内容，将定期执法检查、专项执法检查、综合执法检查、重点时期执法检查制度化，将"四不两直"、突击暗访、观摩式执法、"双随机"抽查执法、安全生产和职业卫生"一体化"执法以及省、市、县协同执法常态化，安全生产执法力度进一步加大。三是坚持执法检查经常化。2016年，全省安监系统共执法检查生产经营单位9.31万家，共13.48万次，查处隐患和问题25.88万项，立案7535起，实施经济处罚1.12亿元，约谈企业和部门负责人761人次，处罚企业负责人100人，责令停产、停业、停工、停建488家，依法关闭取缔368家。

（八）安全生产能力建设进一步强化。一是完成了《河北省安全生产"十三五"规划》的编制工作，广泛征求了13个市和省安委会26个成员单位的意见，进行了集体研究修改，待国家安全生产"十三五"规划发布后即可发布。二是省人大开展了《河北省安全生产条例》的修订工作，研究制定了《关于进一步加强和改进安全生产执法工作的意见》和《关于建立安全生产打非治违长效机制的意见》。4月中旬至7月底，省人大常委会对全省贯彻实施《安全生产法》情况开展了执法检查，6月份省人大常委会领导亲自带队进行了检查，省安委办对省人大执法检查中发现的问题进行分解，要求各市和省安委会有关成员单位抓好整改落实。三是企业安全生产标准化工作不断扩面提质，全省共有3家企业通过了国家安监总局一级标准化评审，745家企业完成二级标准化评审，2027家企业完成三级标准化评审，并进行了公告。四是加大安全培训力度，前三季度全省各级安监部门累计培训各类人员85万人，企业对从业人员自主培训74.2万人，大力推进特种作业实操考试点建设，深入开展安全培训执法检查，组织了全省省级以上开发区领导干部安全生产专题培训班。五是加强应急救援工作，组织了全省危险化学品事故情景构建及桌面推演应急演练活动，对安全生产事故2个专项应急预案和6个部门应急预案进行了修订，组织开展各类应急演练1.2万余场，参演人数达55万余人次，演练投入约3256.2余万元。建立了京津冀应急联动机制，组织编写了《河北省危险化学品重特大事故应急响应指导书》，在危化等13个行业、233家企业开展了应急管理建设活动。组织参加了全国应急比武竞赛，取得了团体总成绩第6名的好成绩。六是"互联网＋安全生产"综合监管信息平台建设已经立项，落实2016年建设资金3052.42万元，编制了4大类15项标准规范。七是强化事故调查处理工作，对66起一般事故进行跟踪督办，目前已结案57起，结案率86.36%；对13起较大事故进行挂牌督办，目前已结案10起，结案率76.92%；加大事故举报奖励力度，2016年共受理有效举报210件，查实53件，兑现奖励20.7万元。八是加强安全生产宣传教育工作，进一步扩大安全生产警示教育涵盖面，组织开展了青年安全生产示范岗创建、安全文化建设示范企业创建、安全生产志愿者、"安康杯"知识竞赛、安全知识竞赛全民答题等多种活动，营造了浓厚的安全生产氛围。

（河北省安全监管局　强少辉）

物　　价

2016年，在省委、省政府的领导和国家发改委的指导下，省物价局围绕"稳增长、促改革、调结构、惠民生"的中心任务，认真履行职责，充分发挥价格监管、价格调控和价格服务的职能作用，圆满完成了各项物价工作任务。

一、积极推进价格改革

2016年是近十年来价格改革力度最大的一年，也是出台改革文件最多的一年。国家发改委和省委改革办督办的9项改革任务全部按时完成。一是积极推进价格机制改革。在全国率先以省委、省政府名义出台了推进价格机制改革实施意见，结合河北省实际，提出了"建立完善促进转型升级、节能环保六个价格政策体系"的改革思路，得到国家发改委肯定。全省11个设区市和2个直管县有11个以市委市政府名义出台了具体实施方案。二是深化电价改革。经积极向国家争取，河北省南部电网、河北省北部电网同时被列为第二批改革试点。经省政府同意、国家发改委审批，输配电价标准于2017年1月1日起执行，独立的输配电价机制初步建立。同时，简化销售电价分类，实现了工商用电并类和农业生产到户用电同网同价。三是深化水价改革。在全国率先出台了农业水价综合改革意见。结合水资源费改税，研究制定了进一步完善水价调整机制的意见。四是深化医疗服务价格改革。经省政府同意，研究出台了推进医疗服务价格改革实施意见。分两批放开了公立医疗机构72项个性化医疗服务项目价格。公立医院试点范围扩大到6个设区市71所。五是深化教育收费改革。在3所高校开展了学分制收费改革试点。六是深化机动车停放收费改革。研究出台了进一步完善机动车停车收费意见，放开了社会资本投资新建和PPP建设的收费标准。

二、主动服务供给侧改革

一是降成本。用电方面，分两次降低工商业用电价格，减轻用电负担近32亿元；降低农业生产到户电价，减少电费支出3亿多元；通过推动电力用户与发电企业直接交易、实施输配电价改革、放宽两部制电价用户限制条件等价格政策，减轻企业电费负担22.7亿元。用气方面，通过加强地方天然气配气价格监管等措施，年降低用气成本近4亿元。清费方面，动态调整了省政府部门行政许可中介服务收费、涉企经营服务性收费、涉企行政事业性收费3个目录清单，停收、免征和减免行政事业性收费33项，取消行政许可中介服务收费6项，年可减轻企业负担近23亿元。二是调结构。将差别化价格实施范围扩大到所有行业的淘汰类和限制类生产设备。分三步制定了挥发性有机物排污费征收标准，出台了污染物排放权交易基准价格。三是补短板。出台了电动汽车充电服务分类价格标准。出台了城市地下综合管廊、养老机构服务价格管理政策。

三、加大价格监管力度

一是建立了公平竞争审查制度。在全国率先以省政府名义出台了建立公平竞争审查制度实施意见，建立了联席会制度。二是积极开展反价格垄断执法。对石家庄、保定等地药品招标、防雷检测、教育培训、出租车运营、医保系统进行了反垄断调查。建立了案件线索搜集制度和市场价格监管与反垄断执法人才库。三是加强市场价格动态监管。认真做好重要节假日、突发事件等敏感时期价格监管，坚决打击价格欺诈、牟取暴利等不正当价格行为。组织开展了旅游门票、药品价格、涉企收费、房地产明码标价等民生热点领域专项检查。出台了汽车维修行业价格行为规则。四是积极推进12358举报平台建设。建成了集价格举报、咨询、监测、争议调解等多功能为一体的12358价格监管平台。全年共查处各类价格违法案件3728件，实施经济制裁3523万元。

四、实现价格调控目标

2016年全省居民消费价格总水平上涨1.5%，实现了省委省政府确定的价格调控目标。一是健全监测预警系统。认真执行价格监测报告制度，增加公路运输、电煤、煤碳、劳动力市场、食盐等价格监测，开通了为省政府领导直接提供信息的直通车。二是加强价格形势分析研判。坚持做好月度、季度价格形势分析，建立了由省直有关部门和行业协会参加的价格形势会议制度，及时开展专题分析，准确判断价格走势。河北省三季度价格形势分析得到国家发改委价格司表扬。三是健全应对价格异常波动的处理机制。7.19特大洪水期间及时启动了全省应急价格监测。根据价格形势变化，进一步完善了社会救助和保障标准与物价上涨挂钩联动机制，完善了生猪价格调控预案。

五、提升公共价格服务

开展了价格认定工作法制建设年活动。坚持高标准、严要求，认真开展涉案、涉纪检监察、涉税财物价格认定工作。全年共办理价格认定3.25万件，认定金额104.9亿元。特别是在协助中纪委、省纪委办理多项重大专案中发挥了重要作用，扩大了价格部门影响。高质量地完成了农产品成本调查任务。认真开展成本监审，先后开展了输配电、高速公路、高等教育、水利工程、旅游景点门票等行业的成本监审，全年共完成了监审项目247个，核减定价不合理成本费用105亿元。

六、落实全面从严治党

各级价格部门认真履行全面从严治党的主体责任，通过深入开展机关作风整顿、“两学一做”学习教育、解放思想大讨论，进一步增强了党员干部的“四个意识”，特别是核心意识、看齐意识，自觉在思想上政治上行动上同以习近平同志为核心的党中央保持高度一致。坚持把纪律挺在前面，从严抓思想、抓管理、抓作风，强化党风廉政建设和反腐败工作，认真整改工作中存在的思想作风问题，努力营造良好的政治生态。努力践行社会主义核心价值观，积极开展爱国主义、集体主义和社会主义教育，增强了干部职工知荣辱、讲正气、做奉献、促和谐的文明意识。

（河北省物价局协调处　李伟刚）

消费品市场

2016年，全省各级各部门认真贯彻省委、省政府决策部署，着力扩大消费需求，企业积极采取多种应对措施，稳增长促消费政策落实见效，消费品市场运行平稳，城乡市场同步发展，消费结构升级步伐加快，网络零售等新兴业态快速发展，消费品市场总体呈现平稳运行、稳中向好的良好态势，实现了“十三五”良好开局。

一、消费品市场平稳增长，增速逐季加快

从全年消费品市场运行情况看，呈现逐季加快态势。一季度社会消费品零售总额同比增长9.5%，上半年增长9.8%，前三季度增速上升至两位数，增长10.1%，四季度继续保持了加快的势头，全年全省社会消费品零售总额完成14364.7亿元，比上年增长10.6%，增速比一季度、上半年和前三季度分别加快1.1、0.8和0.5个百分点，同比加快0.7个百分点，达到近两年来的最好水平。

二、城乡市场同步发展，城镇市场支撑作用明显

2016年，城镇市场实现零售额11195.7亿元，同比增长10.3%，比一季度、上半年和前三季度分别加快1.0、0.9和0.4个百分点；占全省社会消费品零售总额的比重为77.9%，对全省消费品市场平稳回升起到了重要的支撑作用。乡村市场实现零售额3169.0亿元，同比增长11.4%，比一季度加快1.2个百分点，比上半年及前三季度均加快0.5个百分点；乡村市场增速快于城镇市场1.1个百分点。

三、限上企业（单位）增速持续回升，拉动作用不断增强

2016年，限额以上企业（单位）消费品零售额3723.0亿元，同比增长7.5%，增速分别比上半年、前三季度加快1.5和1.0个百分点，同比加快1.9个百分点，拉动全省社会消费品零售总额增长2.4个百分点。自下半年以后，限额以上企业（单位）消费品零售额增速逐月提升，达到了近两年来的新高，对全省社会消费品零售总额回升起到了重要支撑。

四、多数商品销售回升，消费结构优化升级

全省限额以上27个大类商品中，有18类商品零售额实现增长，居民消费逐步由基本生活消费向提高生活质量、精神消费、高品质商品消费转变。一是居民生活类商品平稳增长。粮油食品类、服装鞋帽针纺织品类、日用品类、饮料类分别增长6.8%、4.3%、5.5%和10.5%。二是居住商品持续旺销。受房地产去库存特别是商品房销售持续火爆的影响，建筑及装潢饰材料、家具等关联产品销售较快增长。批零业建筑及装潢材料类和家具类分别增长12.3%和20.8%。三是消费升级类增长较快。受汽车优惠政策年底到期及国内油价上调等因素影响，四季度汽车类零售额较快增长。全年全省汽车类实现零售额1295.4亿元，增长10.9%，比2015年和前三季度分别回升7.0和1.6个百分点。汽车类零售额占全省限上批零业零售额的比重为35.7%，拉动全省限上批零业零售额增长3.4个百分点。四是健康类消费快速增长。随着城乡医疗水平及居民保健意识的提高，健康消费快速增长。中西药品类实现零售额254.4亿元，同比增长15.3%。

2016年消费品市场繁荣发展，但依然存在以下几方面问题：

一、限额以上批发零售业销售增长乏力

从批发业看，限额以上批发业商品销售额全年增长0.9%，增速虽有所回升，但仍低速增长。主要是受市场需求不足影响，钢材、煤炭等主要大宗商品销售不景气，导致批发业销售下降。从零售业看，限额以上零售业商品销售额全年增长5.9%，呈现低位运行态势。主要是由于商业企业竞争加剧，企业营销、管理费用居高不下，职工薪酬、租金等负担逐步加重，企业利润空间逐步压缩，效益难以提高。

二、消费热点缺失削弱消费增长动力

近年来，随着居民消费转型升级步伐加快，消费热点已呈现向服务消费领域倾斜，而新的实物性消费热点尚需一定的培育周期，以往销售较热的部分商品，目前处于阶段性需求饱和状态。如，全省限上金银珠宝类下降5.2%，通信器材类仅增长4.5%，同比回落8.5个百分点；汽车类虽然在政策刺激下实现较快增长，但随着优惠政策2016年年底到期将逐渐转入常规性消费。

三、住房价格上涨过快抑制居民消费预期

房地产价格上扬，住房消费支出预期上升，对消费产生“挤出效应”，导致日常消费萎缩。并且由于住房消费支出金额大，贷款年限长，使得居民增加预防性储蓄，不敢贸然扩大即期消费。

（河北省统计局　李庆贺）

居民消费价格

2016年，在严峻复杂的经济形势、艰巨繁重的挑战增多的背景下，河北省委、省政府认真贯彻中央关于经济工作的决策部署，在经济结构不断优化，民生得到持续改善的同时，确保了全省价格总水平的稳步回升，实现了“十三五”良好开局。全年居民消费价格总水平（CPI）上涨1.5%，涨幅比上年扩大0.6个百分点。分类别看，食品上涨3.0%，非食品上涨1.1%；消费品上涨1.5%，服务项目上涨1.6%。

一、涨幅回升，运行平稳

2016年，河北居民消费价格总水平（CPI）同比上涨1.5%，涨幅比上年升高0.6个百分点，价格水平重新回到“1时代”，成为2010年以来7年间的次低值。

从年内月度环比指数看，呈现两头高、中间低的特点。涨幅高点分布在春节前后（1—2月份）、寒冬（12月）两个时间段，恰是鲜菜的供应淡季，而低点则在夏季。各月环比波幅维持在−0.8%—1.2%之间，呈小幅震荡态势，走势比较平稳。

从月度同比指数看，大体也呈现两头高、中间低的特点，月份扩张或收窄的程度都相对平稳，全年CPI总体水平低位运行，涨势比较温和。1—4月份各月同比涨幅均保持在1.8%—1.5%之间；5—8月，涨幅逐月回落，由1.3%最低降0.7%；9—12月份同比涨幅再次回升到1.7%—2.1%之间。全年12个月份中，全部为正增长，其中10月份涨幅最高，为2.1%，是唯一一个涨幅突破“2”的月份。

二、八大类价格“7涨1降”，结构特征变化明显

2016年构成CPI的八大类商品和服务价格“7涨1降”，其中，医疗保健、其他用品和服务、食品烟酒、衣着、教育文化和娱乐、居住、生活用品和服务同比分别上涨4.4%、3.3%、2.6%、1.8%、1.3%、0.7%、0.5%；交通和通信同比下降1.7%。

从内部结构看，结构特征变化明显：一是食品烟酒价格涨幅显著回升，对CPI影响作用明显加大。2016年河北食品烟酒价格同比上涨2.6%，较2015年涨幅扩大1.7个百分点，拉动CPI上升0.77个百分点，对CPI的贡献率为50.7%，高于上年同期的35.5%；二是医疗保健价格涨势明显。2016年是我国医疗改革风起云涌的一年，国务院、国家卫计委等部门相继颁布多条政策法规，推动医疗改革。2016年河北医疗保健价格同比上涨4.4%，涨幅是2004年以来的最高点，对CPI的贡献率为26.1%，影响度仅次于食品烟酒；三是居住价格涨幅由负转正。随着房租价格、自有住房价格及住房保养维修与管理价格的上涨，2016年居住价格由上年的负增长转为正增长，同比涨幅为0.7%，对CPI的贡献度为10.0%。

三、涨幅低于全国平均水平，排位较靠后

2016年河北CPI上涨1.5%，比全国平均水平低0.5个百分点。在31个省、市、区由高到低的排序中，位于第21位。同周边地区相比，低于山东（2.1%）、天津（2.1%）、河南（1.9%）、辽宁（1.6%），高于北京（1.4%）、内蒙古（1.2%）、山西（1.1%）。

分类别看：医疗保健、其他用品和服务、衣着分别比全国平均水平高0.6、0.5、0.4个百分点；生活用品及服务与全国水平持平；其他4大类商品（服务）均低于全国，其中食品烟酒与全国差距最大，比全国低1.2个百分点。

研究居民消费价格的运行规律不难发现，CPI走势呈现明显的年度波动轨迹，促使全省CPI总水平重回"1时代"的因素主要有以下三点：

一、经济大势促使CPI价格回升

2016年我国经济取得稳步发展，缓中趋稳、稳中向好，经济运行保持在合理区间，质量和效益提高。从经济形势的把控、改革开放的深化、人民生活的提升、生态环境的改善四个方面均取得了不俗的成绩，经济大势好转是促使CPI价格回升的基础。

二、食品烟酒涨幅扩大是物价总水平稳步回升的主力

从影响CPI走势的商品分类看，2016年全省食品烟酒类同比上涨2.6%，拉动CPI上升0.77个百分点，对CPI的贡献率由上年的35.5%提升到了50.7%。食品烟酒价格涨幅显著回升，无疑是推动CPI回升的最主要因素。其中，猪肉、鲜菜价格又领涨食品烟酒类价格。

2016年猪肉、鲜菜两个重要基本分类同比双双走高，对食品烟酒乃至CPI涨幅回升影响巨大。猪肉价格上涨迅猛，1—6月，全省猪肉价格同比上涨幅度均维持在23%—41%的高位，7—12月份受供应增加、夏季需求减弱以及基期价格偏高等多因素影响，猪肉价格有所回落，同比涨幅回落到7%—14%之间，全年平均全省猪肉价格累计上涨19.2%，拉动CPI总水平上涨0.38个百分点，对CPI的影响度高达25.0%；鲜菜价格同比涨幅较高，全年平均上涨10.4%，拉动CPI上涨0.24个百分点，对CPI的影响程度达15.7%。

三、政策因素助推CPI涨幅回升

2016年因政策调整，对CPI起到推升作用的因素主要有：一是药品价格。自2015年6月国家取消绝大部分药品政府定价以来，全省药品价格同比持续上涨。2016年中药价格累计上涨3.6%，西药价格累计上涨9.5%。两者合计拉动CPI上升0.22个百分点；二是医疗服务价格。随着《河北省医疗服务价格改革实施方案》的逐步落实，2016年又有部分市县陆续试点医改。受其影响，全省医疗服务价格同比上涨2.7%，拉动CPI上升0.15个百分点；三是最低工资。2016年7月河北再次调整最低工资标准，其中月标准4档全部上调170元，小时最低工资标准4档均上调2元。人工成本刚性上涨助推服务项目价格不断攀升，直接推动CPI上涨。

（国家统计局河北调查总队　许文丽）

工业生产者价格

2016年，供给侧结构性改革继续深入推进，经济增长缓中趋稳，企业效益改善。同时，人民币汇率持续走低，对大宗原料价格形成较为明显的成本支撑。环保因素在2016年也发挥着重要作用，钢铁、铁矿、煤炭等行业在去产能与停产降霾等强硬措施作用下，下半年价格快速上涨。据国家统计局河北调查总队对近3000家工业企业的调查显示：2016年，全省工业生产者出厂价格（简称PPI）同比下降0.1%，其中，月度同比指数在连续55个月下降后，8月份转为上涨，到11月份上涨幅度达到两位数，同比上涨10.3%，到12月份上涨幅度高达16.3%；工业生产者购进价格（IPI）同比下降1.7%。

一、全省工业生产者价格运行情况

（一）出厂价格（PPI）年内各月大幅震荡

1. 同比指数实现由低点到高点的逆转。从2016年各月同比看，1月份PPI同比指数为近6年最低位，同比下降10.3%。1—7月份总体呈现逐渐回升态势，其中，4—6月份有所波动，但不改逐渐回升走势。8月份同比指数打破连续55个月的下行格局，首次实现由负转正。经9月和10月两个月的连续回升，11月份涨幅达到两位数，为10.3%，12月份涨幅最高，为16.3%。

从2016年各月环比看，PPI波动上涨：1、2月弱稳运行，环比分别下降0.5%和0.1%；3、4、5月环比转正，涨幅分别为2.3%、4.0%和0.6%，其中3月份为2013年10月以来环比首次转正；6月指数由正转负，环比下降2.0%；7—12月环比恢复涨势，涨幅分别为0.6%、1.2%、1.3%、0.7%、3.1%和4.1%。

2. 价格回暖行业面逐步扩大。从2016年各月同比看，河北省所调查的39个行业大类价格上涨面呈逐步扩大态势。随着去产能进度的推进，工业品价格得到支撑，部分工业品出厂价格回暖，39个行业大类中1月份为4涨，到12月份为23涨，行业上涨面快速扩大。从年度数据看：2016年，河北省产品价格大幅回升的行业集中在煤炭开采和洗选业、石油加工和炼焦业、黑色金属冶炼和压延加工业，黑色金属矿采选业等行业。其中，黑色金属冶炼和压延加工业上涨幅度最大，2016年同比上涨6.9%。

3. 超八成行业产品价格仍呈低迷态势。2016年，全省所调查的39个工业行业大类中，34个行业大类出厂价格同比下降，占行业总数的87.2%。其中，电力、热力生产和供应业是拉降河北省出厂价格总水平的主要行业，2016年，该行业大类产品价格同比下降6.4%，影响总指数下降0.5个百分点。

（二）购进价格（IPI）逐月回升。从2016年各月环比看，1、2月份IPI小幅下降，降幅分别为1.6%和0.6%。3月份起打破下行格局，开始逐月上涨，其中，11月份为2016年最高涨幅，环比上涨3.9%。

从2016年各月同比看，1月份IPI低位开局，同比下降9.8%，1—8月降幅呈逐月收窄态势，9月份同比转正，上涨0.7%，10—12月继续大幅上涨，12月同比涨幅高达13.9%。

2016年，全省九大类原材料购进价格同比四升五降，其中：黑色金属材料类产品价格同比下降5.6%，影响购进价格总指数下降1.67个百分点；农副食品类产品价格同比上涨4.5%，影响购进价格总指数上涨0.29个百分点。

二、全省主要工业行业产品出厂价格运行特点

（一）钢铁、铁矿价格由大跌到大涨。2016年，河北省深陷寒冬三年之久的钢铁行业逐步回暖，钢材价格大幅上涨，整体呈现过山车行情。全省钢铁业2016年全年同比上涨6.9%。从环比看，钢铁市场结束了连续两年的月月跌走势，在波动中逐步反弹，全省钢铁行业价格呈现1—4月"低位反弹"、5、6月"高位回落"、7—10月"弱稳运行"、11、12月"再度反弹"的波动走势。其中，4月及12月分别为年内涨幅最高点及次高点，环比分别上涨14.5%和10.7%。

供给侧改革与环保限产导致的社会库存低位，产业链上游焦炭、铁矿石、钢坯价格高位拉涨，是钢材价格上涨的主要影响因素。

2016年，受下游钢铁业供需关系和外矿价格变动影响，全省铁矿采选业波动运行。铁矿业价格同比下降5.5%。从各月同比看，1—6月铁矿价格持续低迷，7、8月降幅逐月收窄，9月同比由负转正，10—12月同比大幅上涨。从各月环比看，受制于下游钢价的涨跌影响，矿价波动趋势与钢铁业一致，但波动幅度相对较小。

（二）煤、焦价格大幅反弹。2016年，受煤炭行业供给侧结构改革的影响，煤炭产量下降明显，煤炭市场产能过剩的格局进一步改善。全省煤炭开采和洗选业全年同比下降0.3%。从各月环比看，2016年上半年，煤炭价格相对平稳，7月起，煤炭价格基本保持月月涨的态势。从各月同比看，9月起，煤炭价格月同比由负转正，结束了自2012年6月以来连续51个月的下降态势。

2016年，在下游钢厂开工回升、煤矿整合限产的共同作用下，焦炭价格大幅反弹。炼焦业全年同比上涨11.7%。从各月环比看，1—3月价格维持相对平稳态势，4—12月价格开始大幅波动上涨，其中，11月焦炭价格涨势凶猛，环比上涨18.6%。

（三）化工产品价格稳中向好。2016年上半年，河北省化工行业延续了长期以来的低迷态势，需求不足导致价格持续疲软。下半年，原油价格持续反弹，对化工市场形成了一定支撑，加之环保限产的影响，全省化工产品价格呈现稳中向好的态势。2016年，全省化学原料和化学制品制造业出厂价格同比下降4.0%。占全省比重较大的三个行业中类：基础化学原料制造业、专用化学产品制造业和肥料制造业同比分别下降：3.3%、6.9%和5.7%。

三、全省同比指数排位回升

2016年，全省工业生产者出厂价格（PPI）同比下降0.1%，高于全国平均水平1.3个百分点，在全国31个省市自治区指数由高到低排名中位于第2位，较2015年排名回升25个位次。同周边地区相比，高于北京（1.8）、天津（2.0）、辽宁（1.1）、河南（0.9）、山东（1.4）、内蒙古（1.0）、山西（3.1）。

（国家统计局河北调查总队　刘康燕）

农产品生产价格

2016年河北农产品生产者价格指数为96.35，价格水平比上年同期下降3.65%。

一、农产品生产价格"低位徘徊"

2016年农产品生产者价格走势与上年"低开高走回落"的走势明显不同，在经过一、二、三季度的持续下行走势之后，虽然四季度出现了一定幅度的回升，但河北全年主要农产品生产者价格水平同比指数仍处于下行轨道之中。

进入下半年以后，以市场需求为导向，积极调整种植结构，但是受宏观经济增长动力不足影响，河北农产品生产者价格指数继续呈现走低的态势，全年主要农产品生产者价格指数连续两年呈现负增长。

二、农、林、牧、渔业生产价格"一升三降"

分行业来看农业、林业、畜牧业和渔业产品价格呈现"一升三降"态势，其中种植业、林业和渔业产品生产者价格分别比上年同期下降了6.76%、4.06%和0.03%，而畜牧业产品生产者价格则上涨了1.5%。

（一）种植业产品生产者价格同比下降了6.76%。2016年，河北种植业产品生产者累计价格指数为93.24，同比下降了6.76%。调查的8个小类中呈现"五升三降"态势，其中谷物、棉花、水果呈现下降态势，而薯类、油料、豆类、蔬菜和香料则呈现上涨态势。

从8小类品种看：上涨的主要类别是蔬菜、薯类、香料、豆类和油料，价格指数分别为105.78、105.41、104.95、103.45、101.74，比上年分别上涨了5.78%、5.41%、4.95%、3.45%、1.74%。同时，棉花、谷物、水果价格指数分别为92.89、88.36、82.23，比上年分别下降了7.11%、11.64%、17.77%。

自2000年开展农产品生产者价格调查以来至2013年，种植业产品生产者价格全年累计价格均呈同比上涨态势，2014首次表现出下降，全年种植业产品生产者价格同比下降2.77%，2015年延续了上年的下降走势，全年种植业产品价格同比下降了2.74%，2016年同比降幅达到了6.76%，同比降幅进一步扩大。种植业产品价格连续三年下跌反映出种植业产品生产已经进入盘整转型期。

（二）林业产品生产者价格同比下降了4.06%。2016年，河北林业产品生产者价格指数为95.94，与上年同期相比，下降了4.06%，所调查的林业产品出售类别只有苗木类，具体品种为松树苗和杨树苗，分别比上年同期价格下跌了4.62%和0.57%。

从近年林业产品生产者价格变化呈现的趋势来看，河北林业产品生产经营品种较为单一，随城市建设步法的加快，城市景观树木、环保绿色植被需求量逐年加大，对树种和树苗的市场需求种类已经悄然改变，种植品种变动频繁、由此导致价格波动较为明显。

（三）畜牧业产品生产者价格同比上涨了1.5%。2016年，河北畜牧业产品生产者累计价格指数为101.5，同比上涨了1.5%，全年走势呈现“高开低走”态势。分品种看，除活猪同比呈现大幅度增长、活鸡与上年持平之外，牛、羊、奶、蛋等其它畜产品均比上年有所下降。由于活猪价格比上年增长了20.93%，带动活牲畜类同比上涨了11.25%，进而拉动整个畜牧业呈现小幅上涨态势。

近年来，畜牧业产品生产者价格愈发呈现出波动周期短、幅度大、受居民消费结构影响明显的特点，尤其猪、羊、禽、蛋生产者价格，近年来不断刷新峰值和谷值，反映了市场导向对价格的影响越发显著。

（四）渔业产品生产者价格同比微降0.03%。2016年，河北渔业产品生产者价格累计指数为99.97，与上年同期相比，微降0.03%，所调查渔业产品出售类别只有淡水养殖产品，具体品种包括草鱼和鲤鱼。其中草鱼生产者价格比上年涨了4.74%，虽然草鱼生产者价格波动不大，全年总体呈现稳中有升态势，而鲤鱼生产者价格同比则降了1.61%。受草鱼价格上涨的带动，整个渔业产品指数基本与上年持平，降幅很小。鲤鱼生产者价格同比下降，主要是由于养殖户喂养规模增加，市场供给规模加大所致。

三、主要品种生产者价格变动分析

（一）小麦运行平稳，玉米价格下降。小麦、玉米是河北的两个主要粮食品种，从价格走势上看，两个品种均是从2015年四季度开始，价格持续下跌，不同的是小麦价格自2016年三季度开始回升，四季度同比由负转正，但全年仍呈现下跌趋势，而玉米价格持续低位运行，全年呈现大幅下跌。

小麦四季度出售价格平均每公斤为2.47元，同比上涨了2.92%。全年平均价格为每公斤2.32元，价格指数为98.2，同比下降了1.8%；玉米四季度出售价格平均每公斤为1.46元，同比下跌了15.61%。全年平均价格为每公斤1.60元，价格指数为81.24，同比下跌了18.76%。

（二）马铃薯价格明显回升。全年马铃薯价格指数为105.41，出售价格平均达到每公斤1.56元，同比增长5.41%。自2016年初价格开始走高，虽然三季度因马铃薯集中上市出售价格出现了短期的小幅下跌，但进入四季度价格再次出现回升。

（三）花生价格小幅上涨。全年花生价格指数为101.74，出售价格平均达到每公斤6.14元，同比增长1.74%。花生价格自2014年二季度达到近年来的最低点之后开始回升，2016年基本延续了回升走势，除一季度小幅下跌之后，全年花生价格基本呈现上涨态势，四季度每公斤花生价格已上升到6.35元，同比上涨7.63%。

（四）棉花价格由降转升。全年棉花（籽棉）价格指数为92.89，出售价格平均达到每公斤5.88元，同比下降了7.11%。2016年四季度开始河北棉花价格改变了以往的持续走低态势，出现大幅反弹迹象，四季度出售价格达到每公斤7.36元，同比上涨19.09%。

（五）蔬菜价格总体上涨。2016年蔬菜价格呈现同比上涨态势，调查的9个蔬菜小类中，仅有豆类蔬菜价格呈现下降态势，其余品种均呈现上涨态势。全年蔬菜价格指数为105.78，生产价格水平同比上涨5.78%。按上涨幅度从高到低排序依次为葱蒜类、甘蓝类、白菜类、叶菜类、根茎类、瓜菜类和茄果类，同比涨幅分别为32.09%、10.49%、5.59%、4.37%、3.88%、3.3%和0.11%。

（六）水果价格同比降幅较大。全年水果价格指数为83.03，价格水平同比下降了16.97%。2016年水果类生产者价格保持持续下降态势，全年水果类价格比上年下降了17.77%。其中下降幅度最大的是红枣，同比下降了27.27%；其次是苹果，同比下降了13.16%；第三是梨，价格比上年下降了12.26%。从年内价格走势看，2016年水果价格全面下跌态势。

（七）活猪价格继续保持上涨态势。全年活猪价格指数为120.93，出售价格平均达到每公斤18.19元，同比增长20.93%。河北活猪价格自2011年四季度达到每公斤19.22元之后，开始逐季回落，到2015年一季度跌落至每公斤12.15元，自2015年二季度开始逐步回升，历时一年半时间，2016年四季度，河北活猪平均生产者价格已回升到每公斤16.78元。

（八）活牛价格波动运行。全年活牛价格指数为95.49，出售价格平均达到每公斤22.49元，同比下降了4.51%。从年内价格走势看，一、二、三、四季度活牛价格平均为20.9元、23.12元、23.46元和22.49元，价格在波动中稳定回升。

河北活牛生产者价格自2010年开始长达四年多的持续上涨之后，到2014年四季度达到历史最高点，每公斤价格为27.16元，牛肉价格持续走高，养殖效益逐年提升，养殖规模逐年扩大，直接导致市场供应充足，价格自2014年四季度开始逐季走低。到2016年一季度，河北活牛生产者价格已下降至每公斤20.9元，比最高点的27.16元每公斤下降6.26元。二、三、四季度价格虽然有所回升，但与最高点的价格仍然相差很多。

（九）活羊价格在低位中稳定运行。全年活羊价格指数为90.95，出售价格平均达到每公斤16.17元，同比下降9.05%。活羊生产价格自2014年开始，连续9个季度持续走低，2016年四季度虽然出现回升迹象，活羊生产者价格平均每公斤回升到16.3元，但仍然改变不了全年呈现下降的态势。

（十）禽、蛋价格同比一平一降。全年活鸡、鸡蛋价格指数分别为100、86.9，出售价格平均分别达到每公斤9.27元和7.93元，活鸡价格与上年持平，鸡蛋价格同比下降13.1%。从四季度来看，活鸡生产者价格为9.08元，同比下跌0.77%，全年价格则与上年持平；四季度鸡蛋价格为7.54元，比上年同期降了9.48%。

（十一）牛奶价格跌幅趋弱。全年牛奶价格指数为95.99，出售价格平均达到每公斤3.11元，同比下降了4.01%。2016年牛奶生产价格仍呈低位运行态势，四季度平均出售价格为3.12元，同比下跌1.89%，但跌幅比前三季度减少2.81个百分点。

（国家统计局河北调查总队　刘　珺）

全省居民生活

2016年，河北经济运行出现积极变化，呈现总体平稳、稳中有进，稳中提质，回升向好的良好态势，居民可支配收入实现同步稳定增长，助力“十三五”规划“开门红”。住户一体化抽样调查资料显示：2016年全省居民人均可支配收入为19725元，同比名义增长8.9%。全省居民人均生活消费支出为14247元，同比增长9.3%。居民收入增速高于全国，高于周边地区，高于GDP增长速度，居民生活持续改善。

一、居民收入特征

（一）居民收入稳步增长，实际增长速度快于GDP。2016年全省居民人均可支配收入为19725元，同比名义增长8.9%，扣除价格因素实际增长7.3%，快于GDP增速0.5个百分点。按常住地分，城镇居民人均可支配收入28249元，名义增长8.0%；农村居民人均可支配收入11919元，名义增长7.9%。

（二）各项收入全面增长，工资性收入对居民增收贡献最大。2016年全省居民各项收入呈全面增长态势。其中，居民人均工资性收入为11889元，同比增长9.0%；经营净收入人均3020元，同比增长7.2%；财产净收入人均1335元，同比增长10.4%；转移净收入人均3481元，同比增长9.4%。

工资性收入和转移净收入依然是支撑居民收入的主体。2016年河北省各地陆续出台多项增资政策，居民工资性收入明显增长，对全省居民收入增长的贡献率达到60.9%，拉动可支配收入增长5.4个百分点。同时，从2016年1月1日河北省上调企业和机关事业单位退休人员养老金待遇，居民养老金和退休金收入同比增长11.2%，对全省居民收入增长的贡献率达到22.2%，拉动可支配收入增长2.0个百分点。仅工资性收入、养老金和退休金对全省居民收入增长的贡献率达83.1%，拉动全省居民收入增长7.4个百分点。

（三）经济结构转型升级成果显现，第三产业增收明显。2016年，随着省委、省政府稳增长、促改革、调结构、惠民生，以及大众创业、万众创新等一系列措施的实施，结构调整、转型升级取得积极进展。河北省居民第三产业人均经营净收入1599元，同比增长14.8%，拉动可支配收入增长1.1个百分点。其中，城镇居民第三产业经营净收入增长10.5%，农村居民第三产业经营净收入增长19.0%。

（四）财产净收入增速最快，农村快于城镇。2016年全省居民人均财产净收入1335元，同比增长10.4%，是收入构成四大项中增长最快的组成部分。财产净收入占居民可支配收入的6.8%，对全省居民收入增长贡献率为7.8%，拉动全省居民收入增长0.7个百分点。其中，城镇居民人均财产净收入为2513元，增长8.3%；农村居民人均财产净收入为257元，增长10.1%。

（五）河北居民可支配收入增速超全国，与周边地区相比增速最快。2016年全省居民人均可支配收入增长8.9%，快于全国0.5个百分点，扣除价格因素实际增长7.3%，比全国高1个百分点。按常住地分，城镇居民人均可支配收入增长8.0%，比全国高0.2个百分点。农村居民人均可支配收入增长7.9%，比全国低0.3个百分点，但相比前三季度与全国增速差距收窄0.1个百分点。

2016年河北居民人均可支配收入增速与天津持平，快于周边其他省份，分别快于北京、辽宁、山东、内蒙、山西和河南0.5、2.9、0.2、0.8、2.2和1.2个百分点。

（六）京津冀居民收入水平差距明显，倍差逐年缩小。2016年北京市居民人均可支配收入为52530元，比河北高32805元。其中，城镇居民人均可支配收入57275元，比河北高29026元；农村居民人均可支配收入22310元，比河北高10390元。2016年天津市居民可支配收入为34074元、比河北高14349元。其中，城镇居民人均可支配收入37110元，比河北高8860元；农村居民人均可支配收入20076元，比河北高8156元。

自2010年以来，京冀收入倍差（河北居民人均可支配收入为1）分别为2.80、2.75、2.70、2.69、2.67、2.67和2.66，津冀收入倍差（河北居民人均可支配收入为1）分别为1.85、1.80、1.76、1.74、1.73、1.73和1.76，与京津倍差呈逐年缩小趋势。

二、居民生活消费特征

（一）居民生活消费水平稳步提高，其增速快于收入。2016年全省居民人均生活消费支出为14247元，同比增长9.3%，比收入增速快0.4百分点。按常住地分，城镇居民人均生活消费支出为19106元，增长8.6%，比城镇居民可支配收入增速快0.6百分点；农村居民人均生活消费支出为9798元，增长8.6%，比农村居民可支配收入增速快0.7百分点。

（二）各类生活消费支出全面增长，生活用品消费增长最快。从全年各项支出的增速看，生活用品及服务消费支出增长最快，人均958元，增长15.1%。其他各项依次为：交通通信消费支出2062元，增长14.1%；其他用品和服务消费支出328元，增长11.7%；居住消费支出3295元，增长10.0%；食品烟酒消费支出3819元，增长8.6%；教育文化娱乐消费支出1449元，增长8.3%；衣着消费支出1111元，增长5.3%；医疗保健消费支出1225元，增长2.8%。

（三）食品烟酒支出比重最大，交通通信支出比重上升。从各项支出占生活消费支出的比重看，食品烟酒支出占比最高为26.8%，比上年同期下降0.2个百分点；居住和交通通信支出的占比分别为23.1%和14.5%，比同期略涨0.1和0.6个百分点。交通通信支出大幅上涨的主要原因是汽车购买量的大幅增加，年初购置税减免政策催火了车市，另外年底全省多地的机动车限行政策，也促使很多家庭购买第二量机动车，这使得交通消费支出成为当前居民消费的热点。

（四）发展和享受型消费支出增长较快，生存型消费比重下降。2016年居民生活消费支出中发展和享受性消费即生活用品服务、交通通信、教育文化娱乐和医疗保健消费共计6022元，增长10.2%，比生存型消费支出增速快1.5个百分点；生存型消费比重从上年的58.1%下降到57.7%，下降0.4个百分点。发展和享受型消费支出比重的上升标志着城乡居民对更好生活品质的追求上升。

（五）河北居民人均消费支出低于全国，增速快于全国。2016年全省居民人均生活消费支出14247元，比全国平均水平低2863元。其中，城镇居民人均生活消费支出19106元，比全国低3973元；农村居民人均生活消费支出9798元，比全国低331元。2016年全省居民人均生活消费支出同比增长9.3%，比全国高0.4个百分点。按常住地分，城镇居民人均生活消费支出增长8.6%，比全国高0.7个百分点；农村居民人均生活消费支出增长8.6%，比全国低1.2个百分点。

（国家统计局河北调查总队　李　澍）

城镇居民生活

2016年，河北省经济坚持稳中求进的工作总基调，着力保障改善民生，城镇居民可支配收入完成8%的增长任务，助力“十三五”规划“开门红”。城乡住户一体化抽样调查资料显示：2016年河北城镇居民人均可支配收入28249元，比上年增长8.0%；人均消费性支出19106元，增长8.6%。城镇居民收入实现“三个高于、一个同步、一个完成”，即城镇居民可支配收入增速高于农村，高于全国，高于周边地区；收支同步增长；可支配收入完成年初制定的增长目标任务。

一、居民收入特征

（一）城镇居民可支配收入全面增长。2016年，河北城镇居民人均可支配收入28249元，比上年增加2097元，增长8.0%，呈平稳增长态势。

1. 工资性收入稳步增长。2016年城镇居民人均工资性收入为18032元，同比增长7.9%，占可支配收入的比重为63.8%，这一比重和上年基本持平；对城镇居民可支配收入增长的贡献率达63.3%，拉动可支配收入增长5.1个百分点。

2. 转移净收入平稳增长。2016年城镇居民人均转移净收入为5722元，同比增长8.0%，占可支配收入的比重为20.3%，对城镇居民可支配收入增长的贡献率达20.3%，拉动可支配收入增长1.6个百分点。其中，离退休金收入增长8.7%。

3. 经营净收入增速回升。2016年城镇居民人均经营净收入为1983元，同比增长8.3%。经营净收入增速有较大幅度回升，比上年同期回升6.9个百分点，对于可支配收入增长的贡献率为7.2%，拉动可支配收入增长0.6个百分点。第二、三产业净收入呈增长态势，其中第二产业经营净收入同比上涨8.3%，第三产业经营净收入同比上涨10.5%，第三产业净收入增速继续领跑经营净收入，第三产业经营净收入的快速增长，体现了河北省经济结构转型的成果。

4. 财产净收入增速加快。2016年城镇居民人均财产净收入为2513元，同比增长8.3%，与上年4.4%的增速相比，快了3.9个百分点。其中，红利收入增长15.2%。

（二）城镇居民可支配收入增速放缓。2016年，河北城镇居民人均可支配收入同比增长8.0%，增速较上年同期下降0.3个百分点，增速为近10年来最低水平，近4年增速继续下滑，但下滑趋势逐渐放缓，2016年增速下滑趋势进一步减缓。

2016年从各季度增速看，季度间变化幅度不大。2016年1季度和上半年增速维持在8.1%，前三季度增速较上半年回落0.1个百分点，全年增速与前三季度保持一致。虽然2016年城镇居民可支配收入增速有所回落，但随着河北省经济转型成绩初显，城镇居民收入增速下滑势头趋于平稳，全年城镇居民可支配收入增长保持在一个稳定的区间。

（三）居民可支配收入增速高于全国及周边地区。2016年全国城镇居民人均可支配收入为33616元，同比增长7.8%，河北省城镇居民人均可支配收入为28249元，增长8.0%，增速比全国快0.2个百分点。收入比由上年的1∶1.193缩小到1∶1.90（河北为1）。

与周边地区比，增速低于京津两个直辖市，高于其他周边省份。2016年山东省、内蒙古自治区、山西省、河南省和辽宁省城镇居民可支配收入增速分别为7.8%、7.8%、5.9%、6.5%和5.6%，河北城镇居民可支配收入分别高于以上5省0.2、0.2、2.1、1.5和2.4个百分点。

（四）城镇居民收入增速快于农村。2016年，河北城镇居民人均可支配收入为28249元，同比增长8.0%，河北农村居民人均可支配收入为11919元，同比增长7.9%。城镇居民人均可支配收入增速快于农村0.1个百分点，这是自2009年以来城镇居民可支配收入增速首次超过农村。

（五）政策性收入比例较高。河北省城镇居民收入构成中，工资性收入和转移净收入是城镇居民收入的主要来源。2016年工资性收入、转移净收入分别占可支配收入的比重高达63.8%和20.3%，工资性收入与转移净收入合计占可支配收入的比重为84.1%，河北省城镇居民收入的增长具有明显的政策性特征。

（六）区域间城镇居民收入差距呈缩小之势。2016年地区间收入差距缩小，河北省11个设区市城镇居民可支配收入由高到低排列为廊坊、唐山、石家庄、秦皇岛、沧州、邯郸、张家口、保定、承德、邢台、衡水，收入分别为34633元、33725元、30459元、30348元、28605元、26603元、26069元、25680元、24856元、23913元和23787元。其中收入最高的廊坊市和收入最低的衡水市城镇居民可支配收入比由上年的1∶1.477降至今年的1∶1.456（衡水为1）。

二、居民消费支出特征

2016年，城镇居民人均消费性支出19106元，比上年增加1519元，增长8.6%，呈现较快增长态势，增速快于可支配收入0.6个百分点。

（一）八大类消费支出呈现全面增长态势。2016年，八大类消费支出呈现全面增长态势。其中生活用品和服务支出为1351元，增长14.6%，增长最快；交通通信消费支出为2664元，增长11.6%；其他用品和服务支出为460元，增长11.4%；居住支出为4483元，增长9.0%；食品烟酒消费支出为4992元，增长9.0%；教育文化娱乐消费支出为1991元，增长6.4%；衣着消费支出为1614元，增长4.5%；医疗保健消费支出为1550元，增长3.3%。

（二）消费增速快于收入。2016年河北省城镇居民可支配收入增速为8.0%，消费支出增速为8.6%，消费增速快于收入0.6个百分点，这是连续两年消费支出增速快于收入。消费支出的增速快于收入表明，一是长期以来城镇居民收入增长所带来的购买力开始释放；二是在河北省经济转型时期，消费支出快速增长使得居民消费倾向逐渐增强；三是城镇居民消费意识的转变，以及人民生活水平的大幅改善。

（三）居民消费倾向增强。2016年城镇居民消费支出为19106元，比上年增加1519元，边际消费倾向为72.4（消费增加额与收入增加额之比），比上年提高3.6个百分点，也就是说河北省城镇居民收入增加的一半以上用于消费。近年来，河北省城镇居民边际消费倾向均逐年上升，2016年全国的消费倾向为69.6，河北省边际消费倾向高于全国平均水平2.8个百分点。消费倾向的加强，表明河北省城镇居民消费意识的进步，这对于扩大国内需求，调整经济结构，转变经济发展方式均具有积极意义。

（四）网上购物渐成消费时尚。2016年河北省城镇居民消费中通过互联网购买的商品和服务增长迅速，网购消费额同比上涨41.9%，网购笔数同比上涨80.1%。在所有网购行为中，衣着类消费量占到了总网购数的35.5%，消费额占网购总额的39.3%；生活用品和服务消费量占到总网购数的25.1%，消费额占网购总额中的25.3%。伴随网购的迅速增长，也催生了新的消费热点，如网购生活用品和服务的快速增长促使其成为2016年消费构成中增速最快的一类。

（五）服务性消费比重上涨。2016年随着河北省经济结构的转型，产业结构的不断优化，居民消费意识正逐渐发生改变，这使得服务类消费增长迅速。全年城镇居民服务性消费在消费支出中的比重从12.6%上升到22.9%。服务性消费中增速最快的是包含美容美发和中介费在内的其他类服务，同比增长30.4%，排在第二位的是家庭服务消费同比增长18.8%。此外值得一提的是在外饮食消费人均增长50元，同比增长7.4%。从以上数据可看出，服务性消费在城镇居民消费中有很大的发展潜力。

（六）消费热点发生变化。2016年城镇居民生活用品及服务是增速最快的消费大类，而居住类消费也有近10%的增幅。这与2016年河北省房地产市场的火爆是分不开的。此外2016年交通通信消费同比上涨11.6%，扭转了上年交通通信消费下降的趋势，主要原因是汽车购买量的大幅增加。年初“购置税减免”政策催火了车市，另外年底全省多地的机动车限行政策，也促使很多家庭购买第二辆机动车。据住户收支一体化调查资料显示，全年城镇居民购车数量上涨22.8%，购车金额上涨40.9%。伴随生活用品和交通通信消费支出上涨，两个消费大类在消费支出中的比例分别从6.7%和13.6%上升到7.1%和13.9%。

（国家统计局河北调查总队　李　澍）

农村居民生活

2016年是“十三五”开局之年，在经济发展新常态背景下，河北农村经济发展环境发生较大变化，面临诸多压力和困难，如何进一步助推供给侧结构性改革，抓住京津冀协同发展重要战略机遇，促进农村经济健康稳定发展，提高农村居民收入，值得关注。城乡住户一体化抽样调查资料显示，2016年河北农村居民人均可支配收入11919元，比上年增长7.9%，人均消费支出9798元，增长8.6%，实现收支同步稳定增长。

一、农村居民收入

2016年，河北农村居民人均可支配收入继续保持增长态势，总体呈现“两个增长”、“两个连续”的特征。

（一）农村居民收入稳步增长。2016年，农村居民人均可支配收入11919元，比上年增加869元，同比上年增长7.9%，增速同比回落0.6个百分点。

（二）四项收入全面增长。从收入四大项来看，农村居民工资性收入、家庭经营净收入、财产净收入和转移净收入分别为6263元、3970元、257元和1429元，分别比上年同期增长7.8%、7.7%、10.1%和8.2%。

1. 工资性收入增长依然是主导。2016年人均工资性收入增加451元，对收入增加额的贡献率为52.0%，拉动收入增长3.5个百分点，仍然占居农民增收的主导地位。

2. 经营净收入增长是有力支撑。经营净收入增加285元，居第二位，对收入增加额的贡献率为32.8%，较上年提升3.9个百分点，拉动收入增长2.6个百分点，是农民增收的重要支撑。

3. 各项保障制度做后盾。2016年农村居民转移净收入增加109元，对收入增加额的贡献率为12.5%，比上年提升0.9个百分点，拉动收入增长1.0个百分点。

（三）收入增速"连续2年"低于2位数。2010—2013年，农民收入分别增长15.7%、19.5%、13.5%和12.6%，2014—2016年农村居民人均可支配收入分别增长10.9%和8.5%和7.9%，连续5年增速减缓，连续2年低于2位数增长。

（四）收入增速"连续5年"下降趋势，降幅收窄。2016年农村居民人均可支配收入增速为7.9%，是2011年以来的最低增速，同比增速已连续5年下降，呈逐年递减态势，降幅收窄。2012—2015年，农民收入增速分别比上年下降6.0、0.9、1.7和2.4个百分点，2016年降为0.6个百分点。

二、农村居民消费特征

农村居民人均消费支出9798元，增长8.6%，农村居民消费支出实现稳步增长。

（一）各项消费支出全面增长，交通通信支出增长最快。农村居民八类消费支出呈全面增长态势。其中交通通信支出1511元，增长16.4%，位居第1位；生活用品及服务支出597元，增长13.2%；居住支出2207元，增长9.6%；其他用品和服务支出206元，增长9.6%；教育文化娱乐支出953元，增长9.5%；食品烟酒支出2745元，增长6.5%；衣着支出650元，增长4.0%；医疗保健支出928元，增长0.8%。

（二）消费水平稳步提高，增速快于收入。2016年农村居民人均消费支出增长8.6%，比农村居民人均可支配收入增速快0.7百分点。自2011年起，连续6年消费增速高于收入增速，分别高出3.0、0.4、1.7、0.9、0.9和0.7个百分点。

（三）吃住行支出增加，是拉动消费增长的主力因素。农村居民食品烟酒、居住与交通通信支出6463元，占农村居民消费支出的65.3%。其中，交通通信支出对消费支出增长的贡献率为27.4%，拉动消费支出增长2.4个百分点；居住支出对消费支出增长的贡献率为24.9%，拉动消费支出增长2.1个百分点；食品烟酒支出对消费支出增长的贡献率为21.6%，拉动消费支出增长1.9个百分点；这三项支出成为拉动农村居民消费支出增长的三大动力，拉动消费支出6.4个百分点。

（四）发展享受型消费较快增长，生活质量提高。2016年农村居民消费支出中发展和享受性消费即生活用品服务、交通通信、教育文化娱乐和医疗保健消费共计3989元，增长10.3%，比生存型消费支出增速快了2.9个百分点。2016年农村居民饮食服务消费增长22.0%，家庭服务消费增长16.7%，教育支出增长13.2%。服务类消费增速迅猛，中高品质饭店、美容院、健身房逐渐有了农民的身影，学习教育投入更多，生活质量提高。

（五）城乡居民消费支出增速持平，绝对差距拉大。2016年城乡居民消费支出均增长8.6%，增速持平。从各项消费支出看，农村居民居住、交通通信、教育文化娱乐支出增速高于城镇，分别高0.6、4.7和3.0个百分点；食品烟酒、衣着、生活用品及服务、医疗保健和其他用品和服务支出增速慢于城镇，分别低2.5、0.5、1.4、2.4和1.9个百分点。2016年城乡居民消费绝对差距为9308元，较上年同期增加744元，城乡消费绝对差距拉大。

（六）人均消费支出低于全国，位于全国中上游水平。农村居民人均消费支出9798元，比全国低331元，居第15位，较上年下降3位。与周边省份相比，低于北京、天津、内蒙和辽宁，分别低6788元、5717元、1615元和155元；高于山东、河南和山西，分别高279元、1212元和1770元。

三、面临增收压力

（一）受国内外复杂经济形势和动力转换的影响。2016年，受全球经济环境和经济下行风险的影响，国内汇率与金融市场震荡，国内经济L型探底牵制影响，加之国内基建项目包括房地产市场与产业链条逐步探底，除部分基建项目与汽车产业链、部分大宗商品等行业增长较快外，多行业受影响较大，引起成本上升，利润减低，多行业收入受到不同程度制约或延迟发放。

（二）政策性减收与雾霾治理升级双重压力。2016年，河北省GDP同比增长6.8%，基本保持稳定增长态势，部分重要指标企稳回升，但经济发展速度仍在较低水平运行。同时，按照中央与地方调结构、减产能政策要求，全省"三去一降一补"继续深入推进，落后产能逐步淘汰，有关企业整合重组，涉及建筑、煤炭、钢铁和采矿等行业成本增加，利润有所下滑，部分行业结构性和摩擦性失业并存，对现有岗位造成冲击，政策性减收较为明显，加之下半年全省雾霾治理力度升级，对相关行业收入影响较大。

（三）工资性收入增速继续回落。受宏观经济下行、经济结构调整等因素影响，劳务经济发展受到一定影响，增速较上年有所放缓。据居民收支抽样调查资料显示，河北农村居民工资性收入增速略有回落，2016年增长7.8%，比上年同期下降1.3个百分点，比人均可支配收入增速7.9%低了0.1个百分点。据农民工监测调查数据显示，2016年底河北外出农民月收入同比增长5.3%，比2015年下降了0.8个百分点。

（四）玉米等农产品价格下跌。据对42个国家调查县（市、区）农产品生产者价格抽样调查结果显示，玉米四季度出售价格平均每公斤为1.46元，同比下跌了15.61%，全年平均价格为每公斤1.60元，价格指数为81.24，同比下跌了18.76%。据居民收支抽样调查资料显示，2016年，农村居民部分鲜活农产品出售价格呈下跌态势，如小麦下跌5.1%、玉米下跌22.7%、梨下跌18.7%，三价格项下跌直接拉低可支配收入增长3.3个百分点。

（国家统计局河北调查总队 焦 凯）

人 口

2016年是“十三五”开局之年，全省认真贯彻落实中央十八届五中、六中全会精神，紧紧围绕省委省政府中心工作，坚持新发展理念，完善人口政策、优化人口结构，坚持完善城镇功能与建设美丽乡村双轮驱动，促进人口、产业聚集，统筹推进城乡一体和新型城镇化建设，努力实现人口与经济、社会、资源、环境协调可持续发展。

一、“全面二孩”效应初步显现，常住人口稳定增长

2016年末，全省人口自然增长率为6.06‰，比上年提高0.50个千分点。全省常住人口总量达7470.05万人，较上年同期增加45.13万人，增速为0.61%，继续保持稳定低速增长。

2016年全省人口出生率为12.42‰，比上年提高1.07个千分点，出生人口92.50万人，比上年增加8.46万人，“全面二孩”政策效果初步显现；全省人口死亡率6.36‰，比上年提高0.57个千分点，死亡人口47.37万人，死亡水平保持平稳。据预测，“十三五”时期，河北育龄妇女总量尤其是生育旺盛期妇女将持续减少，出生人口规模总体上应呈下降趋势。河北实施全面两孩政策后，短期内全省人口出生总量会有所上升，从长期来看将对“十三五”期间出生人口持续减少起到削峰填谷的效果，对调整人口年龄结构、性别结构、促进经济社会持续稳定发展等具有重要意义。

二、总人口性别比在合理区间，人口区域分布不均衡

2016年末，分性别结构看，全省男性人口3795.17万人，女性人口3674.88万人，男性略多于女性，总人口性别比为103.27（以女性为100）。历史数据显示，河北总人口性别比一直处于国际公认的95—105合理区间，略低于全国（104.98）平均水平。

从人口总量分布看，人口最多的设区市为保定市（含定州市）常住人口1163.45万人，其中定州市常住人口120.92万人；人口最少的设区市为秦皇岛市，常住人口309.46万人。其余各市依次为石家庄市（含辛集市）1078.46万人，其中辛集市63.34万人，邯郸市949.28万人，唐山市784.36万人，沧州市750.55万人，邢台市731.99万人，廊坊市461.50万人，衡水市445.31万人，张家口市442.51万人，承德市353.18万人。

从人口密度看，全省为398人/平方公里。各设区市中，人口密度最高的为邯郸市，达到787人/平方公里；人口密度最低的为承德市，仅为89人/平方公里，相差悬殊。

三、劳动年龄人口减少，人口抚养比上升

2016年末，从三个主要年龄段看，全省少年儿童比重、老年人口比重提高，劳动年龄人口比重继续下降。0—14岁少年儿童人口为1398.39万人，占常住人口比重的18.72%，同比上升1.09个百分点；15—64岁劳动年龄人口为5273.11万人，占常住人口比重的70.59%，同比下降1.59个百分点；65岁及以上老年人口为798.55万人，占常住人口比重的10.69%，同比上升0.50个百分点。

人口抚养比又称负担比，指未参加劳动人口与实际劳动人口之比，是用来衡量人口年龄结构对社会经济发展影响的指标之一，由少儿抚养比和老年抚养比之和组成。2016年末全省人口总抚养比为41.66，同比上升3.12个百分点；其中少年儿童抚养比为26.52，同比上升2.09个百分点；老年人口抚养比为15.14，同比上升1.02个百分点。2010年以来，随着生育高峰引起的出生人口有所增加，老龄人口比重不断上升，劳动年龄人口比重下降，全省人口抚养比呈逐渐上升的趋势，但仍低于50%，处于人口红利期。

四、家庭户小型化简单化，婚姻状况比较稳定

家庭是社会最基本的细胞，家庭的健康可持续发展是国家稳定发展的基石，家庭发展的每一个阶段，总是与社会变化和家庭本身功能的变化发展密切相关。

根据调查数据测算，2016年全省家庭户数量达2293.59万户，平均户规模为3.22人/户，同比减少0.03人/户。从家庭成员数量上看，一人户占10.43%，二人户占26.68%，三人户占24.35%，四人户占19.69%，五人及以上户占18.85%，二人户和三人户占据主流。从家庭代际关系上看，一代户占33.64%，二代户占45.26%，三代户占20.14%，四代及以上户仅占0.97%，代际关系呈简单化。由一对父母和未成年子女组成的家庭的核心家庭和由一对父母和一对已婚子女组成的主干家庭广泛存在，中国传统社会的大家庭已经非常少见。值得关注的是，随着全省老龄化程度继续加深，空巢老人家庭比重提高。据测算，有65岁及以上老人家庭已经占全部家庭户的26.54%，同比提高1.64个百分点，其中单身老人和只有一对老年夫妇的空巢家庭户占42.85%，同比提高3.30个百分点。

在人口调查中，一般统计15岁及以上人口的婚姻状况，包括未婚、有配偶、离婚和丧偶等四种类型。影响人们婚姻的因素是多方面的，如社会经济条件、风俗习惯、宗教信仰、职业、文化程度等等都对婚姻有直接影响。统计资料显示，2016年全省15岁及以上人口中，未婚人口占13.48%，有配偶人口占79.37%，离婚人口占1.43%，丧偶人口5.72%。与2015年相比，未婚人口比例下降

2.42个百分点，有配偶人口比例上升1.86个百分点，离婚人口比例上升0.15个百分点，丧偶人口比例上升0.41个百分点，全省婚姻状况比较稳定。

五、受教育状况改善，平均受教育年限提高

近年来，河北准确把握面临的新形势新要求，结合河北教育的实际，加快推进教育改革发展，以提高人才培养质量为核心，优化教育结构，促进教育公平，全省人口受教育状况逐渐改善。

全省6岁及以上人口中，未上学人口占3.91%；小学文化程度人口占24.17%，初中文化程度人口占45.76%，高中文化程度人口占16.15%，大专及以上文化程度占10.01%。根据调查数据测算，6岁及以上人口平均受教育年限为9.11年，较上年提高0.07年，其中15岁及以上人口平均受教育年限为9.91年，较上年提高0.05年。与2010年第六次全国人口普查时相比，6岁及以上人口平均受教育年限提高0.24年，15岁及以上人口平均受教育年限提高0.43年。

六、新型城镇化建设扎实推进，城镇化水平不断提高

2016年，全省以建设京津冀世界级城市群为引领，着力打造新型城镇化与城乡统筹示范区，精准发挥各地比较优势，拓展新的发展空间，扎实推进以人为核心的新型城镇化，大力发展中小城市和重点小城镇。截至2016年底，全省设区市11个，市辖区47个，县级市19个，建制镇1107个（占全省乡级单位49.07%），全省常住人口城镇化率为53.32%，同比提高1.99个百分点，户籍人口城镇化率为38.72%，比上年提高2.38个百分点。

“十二五”期间，全省城镇化率提高6.83个百分点，年均提高1.37个百分点，增速高于同期全国平均水平0.08个百分点。2016年末，全省常住人口城镇化率比全国平均水平低4.03个百分点，差距较上年缩小0.74个百分点，在全国31个省（直辖市、自治区）中居第19位。近3年全省常住人口城镇化率提高较快，与全国平均水平的差距呈现逐步缩小的趋势。

（河北省统计局　康　辉）

能源与节能降耗

2016年是全面推进“十三五”节能减排规划的开局之年，也是防治大气污染、促进转型升级、加快生态文明建设的关键一年。全省不断加大节能削煤工作力度，实施能耗总量与强度双重控制，扎实开展大气污染防治，扩大结构优化、技术进步、管理提升节能减排效果，发挥重点区域、重点行业、重点企业、重点项目支撑作用，节能降耗成效明显。

一、能源生产低位平稳运行

2016年，全省一次能源生产总量为6752.9万吨标准煤，比上年下降4.8%。从结构看，原煤生产比重为72.71%，比上年降低4.7个百分点；原油、天然气生产所占比重分别为11.55%和1.53%，比上年分别下降0.1和0.4个百分点；一次电力及其他能源的生产比重为14.21%，比上年上升5.2个百分点。

从实物量看，煤品类生产持续低迷，其中原煤产量下降12.5%、洗煤产量下降3.7%、焦炭下降3.0%。油品类保持平稳增长，原油加工量增长5.8%，汽油、柴油分别增长10.0%和0.8%。水力、风力和太阳能发电均保持较快增长。全省发电量为2616.8亿千瓦时，增长4.8%。其中火力发电量2371.3亿千瓦时，增长3.3%。风力发电量为208.8亿千瓦时，增长11.9%。太阳能发电和水力发电量分别增长86.9%和278.3%。

二、能源消费品种结构不断优化

2016年，全省全社会能源消费总量2.98亿吨标准煤（等价值），比上年增长1.4%。煤炭、石油、天然气、一次电力及其他所占比重分别为85.01%、8.63%、3.14%和3.22%。能源消费品种结构逐步改善，与上年相比，煤炭所占比重降低1.5个百分点；石油、一次电力分别提高0.6和1.1个百分点。

三、节能降耗完成较好

2016年，全省单位GDP能耗0.936吨标准煤/万元（2015年不变价），同比下降5.05%，降幅超过年度目标（下降3.5%）1.55个百分点。

各市（含定州、辛集市）均超额完成了年度目标任务。从完成情况看，石家庄、邯郸、廊坊、衡水和辛集降幅超过全省平均水平，分别下降6.48%、5.10%、5.52%、6.02%和6.82%。

四、工业节能成效明显

（一）能耗低位运行。2016年以来，全省密集出台了一系列淘汰落后产能、控制燃煤污染等政策措施，在节能降耗方面持续发力，工业能耗小幅增长。2016年，全省规模以上工业企业能耗2.05亿吨标准煤，比上年增长0.35%。工业能耗全年呈现低位运行特点，一季度能耗下降1.11%，上半年和前三季度分别增长0.10%和0.69%。

（二）单位工业增加值能耗保持下降。2016年以来，单位工业增加值能耗同比一直保持下降。一季度、上半年、前三季度和全年同比分别下降5.73%、4.76%和、4.65%和4.25%，均超额完成工业节能目标（下降4.2%）。分行业看，全省六大高耗能行业单位工业增加值能耗下降0.75%。其中，石油加工炼焦和核燃料加工业、化学原料和化学制品制造业、非金属矿物制品业与电力、热力生产和供应业单位工业增加值能耗分别下降1.14%、15.19%、6.02%和7.23%。

（三）六大高耗能行业能耗“三升三降”。2016年，在统计的39个行业中，25个行业能耗同比下降，下降面达到64%。全省六大高耗能行业能耗1.87亿吨标准煤，同比增长0.68%。分行业看，六大高耗能行业“三升三降”，其中石油加工炼焦和核燃料加工业、化学原料和化学制品制造业、非金属矿物制品业分别下降4.70%、

5.40%和1.77%，拉动能耗下降0.17、0.32和0.09个百分点。

（四）多数单位产品能耗指标下降。全省重点用能工业企业深入推进各项节能降耗措施，不断加强科技进步与技术改造，能源利用效率不断提高。2016年，全省重点耗能工业企业统计的57个单位产品能耗指标，有35个指标同比下降。其中，单位产品综合能耗指标主要为：铁矿选矿工序单位能耗同比下降8.9%，吨原煤生产综合能耗下降4.3%，每重量箱平板玻璃综合能耗下降1.0%，吨水泥综合能耗下降13.1%，天然碱法单位纯碱生产综合能耗下降1.9%。

（五）加工转换效率稳步提高。2016年，全省规模以上工业能源加工转换总投入2.56亿吨标准煤，总产出1.97亿吨标准煤，加工转换效率为77.1%。其中：火力发电效率为39.4%、供热效率为77.7%、原煤入洗效率为92.4%、炼焦效率为93.8%、炼油效率为97.5%。与2015年相比，火力发电效率提高0.2个百分点，供热效率提高0.9个百分点，炼油效率提高0.1个百分点。

（六）8个市工业能耗同比下降。全省13个市（包括定州、辛集）中，有8个市能耗下降，分别是石家庄下降3.6%；张家口下降4.15%；廊坊下降2.86%；衡水下降10.0%；邢台下降1.4%；邯郸下降0.1%；定州和辛集分别下降0.5%和7.1%。

节能降耗取得的成绩，主要得益于两方面因素：一是大气污染治理行动持续推进。全省各地深入贯彻落实《河北省大气污染防治行动计划实施方案》，继续加强钢铁、水泥、电力、玻璃、石化等重点行业大气污染治理。为进一步落实大气污染防治管理职责，河北先后对各地下达大气污染防治1号和2号"调度令"，切实强化污染减排和重污染天气应急响应，以有效降低区域性大气污染传输的影响。同时，随着京津冀协同发展的推进，京津冀大气污染防治联防联控不断加强，区域环境监测预警和信息共享机制会得到逐步完善。二是工业生产保持低位平稳运行。2016年，工业生产实现稳中有进，但仍在低位运行。钢铁、水泥、焦化、煤炭、化工等高耗能行业产能整体过剩，市场饱和、需求不旺，供需矛盾突出，多数高耗能产品产量大幅下降，能源消费和煤炭消费同比下降。

（河北省统计局　左　熠）

扶贫开发

2016年，河北省认真贯彻落实习近平总书记扶贫开发战略思想和中央脱贫攻坚决策部署，坚持精准扶贫、精准脱贫基本方略，以燕山—太行山集中连片特困地区、黑龙港流域集中连片特困地区、环首都扶贫攻坚示范区为主战场，以增加贫困群众收入为核心，以培育发展富民产业为主攻方向，以改革开放为动力，不断完善创新体制机制，贫困地区脱贫产业布局进一步优化，基础设施和公共服务水平进一步提升，贫困群众脱贫致富奔小康的内生动力进一步增强，为打赢"十三五"脱贫攻坚战奠定了坚实基础。全省共投入扶贫资金58.8亿元，较上年翻了一番；全省减贫104.2万人，超出年初计划4.2万人；完成劳动力转移培训2.37万人次，市县转移就业1.96万人，启动15.2万人的易地扶贫搬迁工作；62个贫困县农民人均可支配收入8805元，同比增长10.5%，增幅高于全省农村平均水平2.6个百分点。

一、扶贫资金投入与管理

2016年，全省共投入财政扶贫资金58.8亿元（中央财政专项资金23亿元，省本级专项资金21.7亿元）；9个设区市和62个贫困县共安排资金14.1亿元。各级财政专项扶贫资金投入贫困村达54.3亿元，其中，直接扶持建档立卡贫困户资金43.4亿元，扶持贫困户58万户。加强扶贫资金整合，印发了《关于支持贫困县开展统筹整合使用财政涉农资金试点的实施意见》，一次性将全省62个贫困县全部纳入统筹整合使用财政涉农资金试点范围，实际整合90.3亿元。强化扶贫资金监管，印发了《河北省财政扶贫资金绩效评价办法》，进一步规范和加强财政扶贫资金监督管理，提高资金使用效益。2016年河北省财政专项扶贫资金绩效评价等次为A等。

二、易地扶贫搬迁

坚持将易地扶贫搬迁作为打赢脱贫攻坚战的"当头炮"，印发了《河北省"十三五"易地扶贫搬迁规划》和《河北省"十三五"易地扶贫搬迁实施方案》，计划2016年至2017年完成易地扶贫搬迁12.6万人，2018年至2020年，积极争取国家支持，对其他符合条件、有搬迁意愿的29.4万农村人口实现应搬尽搬。省级建立了易地扶贫搬迁开发投资有限公司，有搬迁任务的38个县全部组建县级投融资平台，有关县通过省级平台和财政共承接资金54.77亿元。启动31个县、15.2万人（贫困人口9万、同步搬迁人口6.2万人）的搬迁工作，188个集中安置项目全部开工。探索养老式搬迁新路子，在集中安置区配套建设养老院58个，实行产权归政府、群众免费住、集中供养服务，让贫困老人老有所养、病有所医、安享晚年。印发了《关于切实做好易地扶贫搬迁贫困人口后续扶持工作的意见》，实施搬迁小区和产业园区"两区同建"，强化产业、就业、社保等扶持，确保贫困群众搬得出、稳得住、能脱贫。

三、产业扶贫

将产业扶贫作为脱贫攻坚的主攻方向，大力发展富民产业，带动贫困群众增收致富。一是实施特色农业扶贫。印发了《关于贫困地区发展特色产业促进精准脱贫的实施意见》，大力发展设施蔬菜、食用菌、优质林果、中药材和畜牧养殖等产业。全省贫困县新增设施蔬菜40万亩、食用菌3万亩、林果80万亩、中药材10万亩，通过发展特色产业带动60万人实现脱贫。二是实施旅游扶贫。印发了《关于推动旅游扶贫工作的实施意见》，在野三坡、白石山等20个景区实施“景区带村、能人带户”旅游扶贫，带动贫困群众增收脱贫，截至2016年底建设旅游扶贫专业村440个，分类带动贫困家庭13万户。三是实施光伏扶贫。2016年，国家将河北45个国定贫困县全部纳入光伏扶贫试点，共安排55万千瓦集中式光伏扶贫电站和30万千瓦村级光伏扶贫电站，规模位于全国第二位，项目建成后可精准帮扶7.8万户群众。印发了《关于积极推进村级光伏扶贫电站（含户用）建设的指导意见》，下达村级光伏扶贫电站并网计划项目1017个，总规模29.47万千瓦。四是实施家庭手工业扶贫。大力推广“企业+合作社+基地+农户”的龙头引领发展模式，引导家庭手工业由自发生产转向组织化、产业化、规模化发展，发展家庭手工业专业村160个，从业人口2万人，带动5万贫困群众脱贫。五是实施电商扶贫。印发了《关于加快推进“互联网+扶贫”行动的通知》，62个贫困县全部建设了农村电商公共服务中心，6846个贫困村建设了电商服务站，网购网销额突破55.3亿元。涞水县“双带四起来”旅游扶贫、威县资产收益等模式，被收入中央政治局第三十九次集体学习《典型案例》。隆化县“政银企户保”金融扶贫模式在全国推广。

四、社保兜底扶贫

2016年，河北省全力织牢社保兜底扶贫保障网。一是提高农村低保标准，印发了《关于做好农村最低生活保障制度与扶贫开发政策有效衔接的实施方案》《关于推进低保线与扶贫线“两线合一”的实施方案》，实现农村低保线与扶贫线“两线合一”、动态管理，全省低保标准达到2900元/年以上，最低补差标准提高到150元/月。二是提升医疗保障救助水平，印发了《关于提高贫困人口医疗保障救助水平解决因病致贫返贫问题的实施方案（试行）》，实现了基本医保待遇水平、大病保险报销水平、医疗救助水平“三个显著提高”，可减轻贫困患者医疗负担50%左右。三是扎实推进教育扶贫，印发了《关于推进教育脱贫行动的实施方案》，“三免一助”（免学费、免住宿费、免费提供教科书、享受国家助学金）资助范围扩大到省内公办普通高中、中职学校、普通高校建档立卡贫困家庭学生，惠及贫困学生4.46万人，生均获得资助4217元。

五、金融扶贫

建立金融扶贫机制，探索出一条“政府搭台增信、银行降槛降息、企业农户承贷、保险保证兜底”的金融扶贫新路子，受到国务院扶贫办肯定，印发了《河北省“政银企户保”金融扶贫实施意见》，在全省推广“政银企户保”金融扶贫模式。2016年底，扶贫小额信贷已覆盖全省62个贫困县和“十二五”期间3个后续扶持县，65个县全部建立了风险补偿机制，风险补偿金总规模达13.22亿元，扶贫小额信贷2016年累计完成放贷166.4亿元，惠及贫困户46.26万户。保定市被列为全国政策性金融扶贫实验示范区。

六、社会扶贫

全力抓好社会扶贫，广泛动员社会力量共同参与扶贫开发。一是做好中直单位定点扶贫工作。积极协助中央定点扶贫单位做好帮扶工作，32个中央、国家机关和有关单位共向40个国定贫困县派出挂职干部79人，共投入帮扶资金1.2亿元，其中直接投入资金1.05亿元，物资折款1630万元，引进资金6.03亿元，引进项目129个，举办培训班97期，培训各类人员4097人次，资助贫困生9104人，劳务输出1323人。二是深入推进驻村帮扶。出台了《关于选派优秀干部到贫困村任第一书记的实施意见》，省市县三级精准选派驻村干部2.22万人，担任第一书记的厅级后备干部占省派干部的68.1%，实现了贫困村第一书记和驻村工作队全覆盖。各工作队投入引进帮扶资金28.61亿元，实施帮扶项目6439个，让38.51万贫困户受益，预计带动53.97万人实现脱贫，帮助成立各类合作社3814个，举办培训班21765期，共培训69.86人次，帮助贫困户实现劳务就业7.74万人。三是推动京津对口帮扶。主动与北京市支援合作办、天津市合作交流办联系对接，北京、天津两市17个区对口帮扶张家口、承德、保定20个贫困县，开展“携手奔小康”行动。四是组织省内对口帮扶。推动廊坊、唐山市经济实力较强的县（市、区）帮扶张家口、承德两市贫困县，其他7个市开展市内对口帮扶。五是扎实开展“千企帮千村”行动。制定了《河北省“千企帮千村”精准扶贫行动方案》，1000家民营企业与1020个贫困村结成帮扶对子，开展村企共建，投入资金1.1亿元，吸纳贫困人口就业5532人，带动1.5万户贫困群众发展增收项目。六是开展扶贫日活动。发布河北省2016年扶贫日活动倡议书，召开全省脱贫攻坚奖表彰大会，组织了多种形式的募捐活动。2016年，河北省扶贫基金会共收到捐赠资金1742万元，捐赠物品累计折款约2500万元，拨付贫困地区捐赠资金共计972万元，帮扶建档立卡贫困村104个，受益贫困人口达5.5万余人。

七、雨露计划

2016年，河北继续实施“雨露计划”，共投入扶贫专项资金7828万元。对符合条件的贫困家庭子女参加中、高等职业教育的，给予贫困家庭助学补助，全省贫困家庭职业教育补助1.86万人；鼓励和引导贫困农村劳动力转移就业和创业，开展贫困劳动力转移就业培训325期，培训贫困青年劳动力2.37万人次；加强致富带头人培训，完成创业致富带头人培训245期，培训1.59万人次；围绕富民增收产业，开展实用技术培训954期，培训11.22万人次。

八、彩票公益金试点

扎实开展彩票公益金试点，2016年国务院扶贫办安排中央专项彩票公益金支持贫困革命老区小型公益设施建设项目资金1.4亿元，通过组织召开竞争答辩会，确定了赞皇、魏县、平乡、怀安、饶阳、滦平、涞源等7个县为2016年中央专项彩票公益金支持贫困革命老区实施扶贫项目县。

九、以工代赈

2016年，国家安排中央以工代赈资金2.44亿元，实施项目148个，覆盖46个燕山—太行山集中连片特困地区片区县和国家扶贫开发工作重点县（区），完成基本农田建设6.3万亩，小型农田水利工程新增灌溉面积10.6万亩、修建乡村道路530公里、独立桥涵590延米，小流域治理3.7平方公里、片区综合开发4780亩等，为改善贫困地区农村基础设施发挥了重要作用。

（河北省扶贫办　郭立朴）

产业篇

INDUSTRIES

农　业

【概况】　2016年，河北省各级农业农村工作部门面对严峻复杂的形势和多重矛盾叠加的挑战，认真贯彻新发展理念和省委省政府决策部署，围绕调结构、建园区、抓改革、强主体、促融合、美乡村，以农业结构调整为主线，以发展高端设施农业为重点，大力推进农业供给侧结构性改革，实现了“十三五”的良好开局。农业农村经济稳步发展，农民收入稳步增长。粮食产量达到692亿斤，比上年增长2.9%，菜篮子”产品有效供给丰裕，农村居民人均可支配收入1.19万元，增长7.9%。农业结构调整步伐加快，农业现代化进程加快，农业产业化经营率达到66.7%，农产品加工业与农牧渔业总产值比达到1.65∶1，农产品加工业产值在全国的位次由第10位上升到第8位。美丽乡村建设快速推进，产业扶贫扎实推进，农村改革稳步推进。全面开展“两改一清一拆”行动，重点打造了12个省级美丽乡村精品片区，12个专项行动在4260个重点村落地生根，京石高铁沿线村庄民居改造率达到90%以上。开展集体产权制度改革试点，农村股份合作制经济组织发展到1.3万个。农村土地确权登记完成93.2%，土地流转率达到31%，规模经营率达到25%。全省农业农村经济呈现稳中有进、稳中向好的发展态势，为稳增长、调结构、惠民生、防风险提供了强有力支撑。

【粮食生产】　全省农业系统围绕粮食生产和种植业结构调整，加强科技指导服务，深入推进高产创建，继续开展增产模式攻关，大力推广优良品种和集成配套技术，科学开展防灾减灾，克服“7.19特大暴雨灾害”、粮价下跌等不利因素的影响，粮食生产再获丰收。据国家统计局发布，2016年全省粮食播种面积9491.1万亩，比上年减少97.6万亩；亩产364.6公斤，比上年增加13.8公斤；总产692亿斤，比上年增加19.3亿斤。其中：夏粮播种面积3518.7万亩，亩产411.7公斤，比上年增加0.4公斤；总产289.7亿斤，比上年减少0.3亿斤。小麦收获面积3456.73万亩，平均亩产413.25公斤，同比增加0.29公斤，继续保持在400公斤以上高产水平，总产量为285.7亿斤。秋粮播种面积5972.4万亩，比上年减少90.2万亩；亩产336.8公斤，比上年增加21.2公斤；总产402.3亿斤，比上年增加19.6亿斤。粮食生产丰收，为确保口粮安全，深化农业供给侧结构性改革和经济转型升级打下了坚实基础。一是落实惠农政策。国家全面实施“三补合一”政策，将80%的农资综合补贴，加上种粮直补和良种补贴，合并用于耕地地力保护；将20%的农资综合补贴，加上种粮大户补贴和农业“三项补贴”增量资金打捆，重点用于建立完善农业信贷担保体系，支持发展粮食适度规模经营。以4000万亩粮食生产核心区为重点，加强农业基础设施建设，提高抗灾防灾能力，深入推进种植业结构调整和绿色高产高效创建，促进粮食向优势产区集中。省级财政安排资金5.95亿元，新增推广种植小麦节水品种700万亩，累计达到1000万亩。安排3亿元专项资金，推广农机深松面积1400万亩，大大提高了耕地蓄水保墒和抗旱防涝能力。启动小麦最低收购价预案，收购托市小麦63.5亿斤，占收购总量的41.5%，有效稳定了小麦价格，保护了农民利益。二是加大扶持力度。省委省政府高度重视粮食生产，5月份省政府印发了《关于落实粮食安全省长责任制的实施意见》，明确了各级政府和有关部门的粮食安全责任，赵克志、张庆伟、赵勇、沈小平等省领导亲自深入农业第一线调研指导粮食生产。省政府先后于4月和6月分别召开《全省春季农业生产暨地下水超采综合治理试点工作电视电话会议》和《全省防汛抗旱暨“三夏”生产工作电视电话会议》，省农业厅、农工办于9月份召开《全省秋冬种暨地下水超采治理农业项目推进工作视频会议》，对粮食生产工作适时进行安排部署，狠抓各项政策措施落实。三是加强绿色生产技术推广。组织专家和技术人员分区域、分作物制定技术方案，因时因地落实好关键技术。发布主要作物绿色增产技术模式，大力推广农机深松深耕、精量半精量播种、测土配方施肥、水肥一体化等适用技术，将优良品种和高产栽培技术进行组装配套、集中推广。健全“一网两站”配肥服务网络，集成推广机械化施肥等高效施肥技术模式和缓控释肥、生物肥等新型肥料；发挥植保统防统治组织作用，统一组织开展小麦“一喷三防”，玉米“一喷多效”，加快粮食绿色增产增效技术推广应用。组织专家巡回技术指导，手把手面对面指导农民科学种粮。利用广播电视、手机短信、农村大喇叭广播等多种方式向农民普及先进实用技术，确保技术落实到位，充分挖掘科技增产潜力。四是搞好生产服务。在播种、病虫防治、施肥、浇水等田管等关键时期，省市县派出工作组，深入各地督促惠农政策、田间管理、技术服务等措施落实。在主要农时加强农情调度，调动各地抓好田间管理的积极性。指导农资企业搞好化肥、农药等农资生产、调运和供应工作，确保农民用上放心农资。开展农资打假专项行动，加强市场价格监控，维护农民合法权益。加强与气象等部门协调配合，加强灾害性天气预报预警，抓好防灾减灾措施落实。广泛宣传中央和省出台的惠农政策措施，在全省营造全社会关心支持粮食生产的舆论氛围。

【种植业结构调整】　认真落实《全国种植业结构调整规划（2016—2020年）》和《河北省现代农业“十三五”发展规划》，立足农业资源禀赋，分类指导，种植业结构调整成为农业供给侧结构性改革的重要引领，得到农业部的充分肯定，中央电视台、中国农业信息网、河北日报等媒体多次予以报道。一是调减籽粒玉米取得新突破。在国家没有分配调减任务的情况下，主动作为，调减非优势产区籽粒玉米种植面积322.1万亩，占全省玉米面积7%左右，为玉米降库存、缓解资源环境压力发挥了积极作用。二是特色种植取得新发展。因地制宜发展抗旱高效杂粮杂豆、马铃薯、甘薯、中药材等优势作物171.7万亩，进一步适应生态资源，满足市场需求。三是粮饲协调发展取得积极进展。以13个部级“粮改饲”试点县为重点，以种植饲用玉米为主要形式，建成粮改饲万亩示范区29个、千亩示范片361个，种植青贮玉米150.4万亩，为现代饲草料产业和养殖业发展开辟了新的途径。四是季节性休耕试点扎实开展。在地下水漏斗区改革种植模式，压减冬小麦面积、实行季节性休耕，新增面积96万亩，累计达到200万亩，有效缓解了水资源压力。7月，全国耕地轮作休耕制度试点推进落实会在河北省召开，农业部领导对河北省季节性休耕试点工作给予高度评价。

【农业节水】 2016年试点范围扩大到石家庄、张家口、唐山、廊坊、保定、衡水、沧州、邢台、邯郸9个设区市的92个县（市、区）（含辛集市），总投资20.5亿，总实施面积987万亩，预期形成压采能力7.66亿立方米。为强力推进河北省地下水压采工作，成立由省长张庆伟任组长，常务副省长杨崇勇、副省长沈小平为副组长，省政府办公厅、财政厅、水利厅、农业厅、林业厅等11个部门的主要负责同志为成员的河北省地下水超采综合治理工作领导小组，统一组织指挥协调全省地下水压采工作。省农业厅成立了地下水超采综合治理工作领导小组。市、县政府和农业部门也成立了相应领导机构，统一组织领导协调地下水压采农业节水工作，确保农业项目按时按质完成；各级农业部门，分别制定了项目实施方案和项目管理办法等规范性文件，进一步明确了项目的实施范围、工作程序、完成时限、补助标准和压采量等，对项目的组织实施作出了明确规定。将任务具体分解到了乡（镇）、村、农户和地块，层层签订了目标责任状。省农业厅实行了处级单位联系市、处级干部联系县。市、县实行了包县、包乡(镇)、包村工作责任制，确保农业项目顺利推进和有效落实。

【特色产业】 紧抓京津冀协同发展和扶贫攻坚战略机遇，加大特色产业结构调整力度，坚持市场化导向，积极推进产销对接，依靠市场化手段倒逼标准化、规模化和品牌化，蔬菜、棉花、水果、中药材、食用菌、甜菜和花卉等特色产业得到稳步发展。蔬菜播种面积1854.3万亩，比上年下降0.5%；总产8193.4万吨，比上年下降0.6%；瓜果类播种面积170.4万亩，比上年下降0.9%，总产613.9万吨，比上年增加0.9%；棉花播种面积462.4万亩，棉花总产量30.0万吨；中药材播种面积103.5万亩，比上年增长11.0%；水果产量1524.6万吨，比上年增加1.1%；甜菜播种面积28.95万亩，比上年增长12.3%；花卉种植面积27万亩，比上年增长5.6%。一是特色基地建设稳步推进。支持环首都环省会地区建设供京津蔬菜基地，全省建成100个供京津蔬菜示范园。安排省级产业发展资金，支持中药材生产大市建设15个5000亩以上的中药材现代园区，全力打造燕山、太行山、坝上高原和冀中南平原道地中药材基地。开展部级标准化创建，推进由园到区的扩展，建设1个可种植面积2500亩冬季应急设施食用菌开发试点（阜平），1个3000亩的水果标准化示范区（内丘），3个1000亩的蔬菜标准化示范区（饶阳、平泉、昌黎），40个园艺作物标准园。邱县承担农业部棉花轻简化栽培技术试点项目，邱县和威县承担农业部棉花绿色高产高效创建项目。二是蔬菜产业向高端转型。印制下发《高端设施蔬菜导则》和《大力发展高端设施蔬菜推进方案》；编印《高端蔬菜生产设施推荐图集》，介绍了18种不同设施结构的建造参数、适用范围和茬口安排；印发《河北蔬菜高端设施园区画册》，推荐103个高端设施蔬菜园区。6月和11月分别在廊坊和石家庄组织召开高端设施蔬菜现场观摩交流会，全年建成高端设施蔬菜302万亩。三是产销对接不断深入。分别在滦平县和高碑店市举办河北省首届中药材产业发展大会和京津冀首届蔬菜产销对接大会。中药材大会参会人数600余人，签约9.5万吨，订单额达18.8亿；蔬菜大会参会人数1100余人，签约68万吨，签约金额16.3亿元。人民日报、河北日报、北京日报、天津日报、新华网、新浪网、搜狐网等新闻媒体对大会进行了报道宣传，百度搜索词条达235万条，在社会上引起强烈反响。11月，配合中国乡镇企业协会食用菌产业分会在廊坊市举办了全国第十二届菌需物资博览会暨食用菌工厂化发展论坛。四是科技水平有效提升。蔬菜集约化育苗以及防虫网、诱杀虫板、杀虫灯、丽蚜小蜂等病虫害生态防控技术得到推广。印发《河北省食用菌产业发展指导意见》，开展工厂化菌种扩繁技术模式和工厂化栽培技术试验。实施老果园改造和“三品”提升行动，更新建设25万亩优质苹果园。召开棉花机械化暨棉花新品种新技术培训会，棉农科技水平得到提高。

【农产品质量安全监管】 全省蔬菜、畜产品、水产品产地检测合格率均在99%以上，其中省级蔬菜合格率96.85%，畜产品检测合格率99.81%，水产品合格率为98.9%；全省未发生重大农产品质量安全事件。一是完善考核机制。强化基层监管、检测、执法体系建设指标，进一步夯实农产品质量安全监管基础。将农产品质量安全检测机构“双认证”工作纳入市县考核内容，并列入省级行政许可范围。二是积极推动农产品安全县创建。严格按照《国家农产品质量安全县考核办法》，对曹妃甸区、玉田县、围场县、滦平县等4个县区进行了实地核查并被农业部命名为“国家农产品质量安全县”；遴选12个县申报农业部第二批试点；组织对第一批30个省级示范县进行中期评估，并优选30个县参加第二批省农产品质量安全示范县创建活动。以农产品质量安全示范县创建为抓手，不断健全监管、检测、执法、标准化生产等工作规范，着力构建从田间到餐桌的全程监管机制，初步形成了一套有效管用、可复制、可推广的模式。围场县将全县312个村级动物防疫协管员列入村级农产品质量协管员范围，先后为54个企业、合作社和生产基地建立了农产品质量检测室或检测点，在11个区域综合站设立了农产品快速检测室，实现了网格化监管。滦平县按照“清洁畜牧业＋微生物转化业＋有机蔬菜种植业”的循环模式上规模、上水平，使全县的种植业、养殖业基本实现标准化、现代化、清洁化和园区化。曹妃甸区在区内选择5家农业生产企业和5家农业投入品经营单位建设电子监管平台，实现生产过程“双可查”；同时系统自主生成二维码，实现质量可追溯。

三是合格证试点工作促进了准出准入衔接机制的完善。河北省作为农业部主要食用农产品合格证管理试点省，认真谋划，积极推进。与省食药监局联合下发《关于推行食用农产品合格证管理进一步加强食用农产品产地准出与市场准入衔接工作的通知》、《全省食用农产品合格证试点实施方案》，召开由设区市和试点县参加的食用农产品合格证试点启动会议，全省统一印制了食用农产品合格证和使用台帐。四是实施重点项目。积极争取省级专项资金6000万元，用于支持国家、省农产品质量安全县和唐山开展农产品质量安全市创建。与省人社厅和省总工会联合举办全省第三届农产品质量安全检测技能大赛，并参加了农业部、全国总工会、人社部联合举办的第三届全国农产品质量安全检测技能竞赛总决赛，获得团体三等奖、三名参赛选手分获个人二等三等及优秀奖；建设农产品质量安全监管信息平台，在石家庄市、唐山市、承德市的7个县进行试运行。为规范资金的使用，与省财政厅联合印发《农产品质量安全补助专项资金管理办法》，提高农产品安全监管资金的使用效率。五是推动农产品专项整治。印发《河北省2016年农产品质量安全专项整治方案》，联合省直有关部门印发《河北省畜禽水产品抗生素、禁用化合物及兽药残留超标专项整治行动方案》，组织开展了禁限用农药、兽用抗菌药、“三鱼两药”、畜禽屠宰、“瘦肉精”、生鲜乳、农资打假等7项专项整治行动。强化“三安”联动，联合省公安厅、省食药监局等印制《关于严厉打击非法添加使用“瘦肉精”等违禁添加物质行为的通告》15万份，张贴到所有养殖场、屠宰场及行政村，对添加“瘦肉精”违法行为起到强有力的震慑作用，开通“瘦肉精”检测绿色通道，形成监管合力。六是加强京津冀交流与合作推进区域质量安全协同发展。与北京、天津农产品质量安全监管部门签署《京津冀农产品质量安全框架协议》，就协同推进三地投入品监管、质量标准、检验检测、行政执法、信息共享、产地准出等工作达成共识。召开北方七省区区域农产品质量安全监管工作座谈会议，对建立区域农产品质量安全联防联控机制进行全面探讨。七是推进“三品一标”认证工作实施农产品品牌战略。全省新认证“三品一标”产品693个（无公害411个，绿色170个、有机112个），全省有效期内“三品一标”产品达到2022个无公害1116个，绿色794个、有机112个）。在全省开展无公害农产品标志使用专项检查活动，共出动检查人员1.76万人次，检查超市164个，检查取得无公害认证企业279家，发放宣传材料1.17万份，有效维护了无公害产品的社会公信力。

【种业发展】 一是种子企业发展成效明显。全省持证种子经营企业241家，注册资本总额达到35.24亿元，销售额38.01亿元。中国种子协会认定的“中国种业信用骨干企业”（含中国种业信用明星企业）中，河北省4家种子企业入围，占全国数量7%，进入50强数量位居全国第三。全省新增4家A级以上种子信用企业，全省A级以上企业达到20家，占全国364家的5.5%，AAA级信用企业8家，占全国124家的6.5%。河北沃土、河北双星等2家种子企业成功在“新三板”市场挂牌交易；同时，马铃薯、杂交谷子等特色种子企业受到国家现代种业发展基金等投资机构的高度关注，并开始进行注资合作。二是品种创新能力提速增效。省级品种试验渠道迅速拓宽，在原有省级品种试验的基础上，新开辟品种联合体和绿色通道等试验渠道。其中，省级设置品种试验区组达到33个，参试品种704个、试验点次达到276个，新增品种联合体试验12个、参试品种217个，新增企业绿色通道1家、参试品种7个，试验容量扩充近50%，优势作物试验容量不足问题得到有效缓解。新品种审定数量稳步增长，2016年审定通过农作物品种108个，河北省14家南繁单位的1019.65亩南繁用地已列入南繁基地核心区范围，可享受国家南繁基地的有关优惠政策。三是节水品种推广力度不断加大。河北省在前两年基础上，又推广节水小麦700万亩，冬小麦节水稳产配套项目的节水小麦推广总面积达到1700万亩，供种1.05亿公斤，每年可再压采地下水3.5亿立方米。四是种子生产调度能力显著提升。种子市场供应充足、价格平稳，在关键时期，调查主要农作物种子产供需数据，开展种子价格和生产基地信息监测和农作物品种推广面积统计，为做好种子生产调度提供了重要依据。特别是，河北省“7.19”特大洪水灾害发生后，迅速完成了受灾面积统计、应急种源联系、供种专家论证、救灾种子调拨等应急程序，分2批完成36.297万公斤救灾种子的供应，种子总价值2088万元，可改种面积41.5万亩。同时，组织做好质量跟踪和技术指导，确保救灾种子“供得上、用的好”，为支援农业生产恢复与重建工作提供了重要保障。五是种业区域协作走向深入。种业信息交流共享机制日益丰富，与北京、天津、上海、重庆等五省（市）种子管理单位共同编制了“2015年度京津冀沪渝农作物种业发展报告”，系统总结了五省市以“亲诚惠容”四项共识为指引，在种业发展工作中取得的主要成效，河北省选送20篇优秀论文参加“京津冀沪渝五省市种业优秀论文”评选活动，进一步推动了种业的交流与合作。品种联试联展机制日趋完善，与京津联合开展的品种试验，2016年增设鲜食玉米、水稻两类作物，试验作物种类达到3类、参试品种总数达51个，5个玉米品种已完成试验程序；与京津联合开展的夏玉米机收抗旱新品种示范项目，安排玉米品种高产攻关方800亩、高产展示区4000亩、高产示范片3万亩，联合开展了小麦品种示范，示范面积4000亩。联合执法长效机制发挥积极作用，与北京、天津、河南等多个相邻省（市），定期召开种子执法联席会议，定期开展联合种子专项检查行动，打击区域性制假售假违法行为的效率进一步提升、手段进一步增强。六是种子市场秩序和种子质量水平良好。全省各级种子执法部门共开展整治行动2373次，检查企业1260家，检查门店2.94万个次，出动执法人员3.80万人次，查处案件178起，受理投诉117起，调解纠纷86起，未发生大案。开展种子质量监督抽查3次，抽检样品1471个，代表数量844.6万公斤；对节水小麦种子质量监管“全覆盖”，检测5100批次，代表数量1.2亿公斤。

【农业信息化】 农业信息化试点取得新突破。已争取到农业部全国信息进村入户试点省，全国农业电子商务试点省和全国农业大数据试点省等项目；按照农业部《信息进村入户工作指南》和《河北省信息进村入户试点工作方案》，围场县与淘实惠、丰南区与好乡村365、玉田县与河北百姓梦公司合作，共建设益农信息社1506个，三个试点县积极通过益农信息社开展公益服务、便民服务、电子商务、培训体验等服务，为全省推进信息进村入户工作积累了经验。目前，围场县政府、廊坊市农业局、丰南区农业局、河北华裕有限公司等四个单位被农业部确定为全国农业农村信息化示范基地。农业部组织开展的“互联网+”现代农业百佳实践案例及新农民创业创新百佳成果征集活动，河北百姓梦信息技术有限公司、秦皇岛满药本草药业股份有限公司、裕丰京安养殖有限公司的3个案例入选“互联网+”现代农业百佳实践案例；廊坊市民乐源电子商务有限公司、承德北纬四十二度电子商务有限公司、平泉县瀑河源食品有限公司、河北青县司马庄绿豪农业专业合作社4项“双创”成果成功入选新农民创业创新百佳成果。按照“全省统一平台、统一号码接入、省市县分层受理”的原则，升级了省级12316三农热线综合服务平台，拓展了12316网站、微信公众号、手机APP等互动功能，在受理农产品质量安全、农资打假举报投诉，农业信息咨询和短信服务三大功能基础上，为公众开展及时、便捷、有效的信息服务。品牌农产品营销推介取得新成效。组织了“河北省现代农业招商洽谈会”，副省长沈小平出席并为“首届河北省十大农产品企业品牌”授牌。完成第二十届中国（廊坊）国际农产品交易会特装展，农业部常务副部长余欣荣、省长张庆伟、副省长沈小平等领导出席开幕式并参观了河北省现代农业发展成果展。完成第十四届中国国际农交会各项参展参会任务，荣获最佳组织奖。河北省美客多甘栗仁、秦皇岛海参、黑猫王和才果汁、广府酱菜、富龙马铃薯全粉、雪川马铃薯、甲壳素红枣等7个产品荣获第十四届中国国际农交会金奖；宽城苹果、赵县雪花梨、乐亭大桃、双滦葡萄、满城草莓、乐亭甜瓜等6种果品被评为“全国有较强影响力的果品区域公用品牌”；禾下土白莲藕、鑫耕田甜椒、三道湾葡萄、双伟叶用莴苣等4个品牌入选“百家合作社百个农产品品牌”。组织开展河北省品牌农产品企业（基地）遴选及特产之乡调查工作。据不完全统计，河北省有意向供2022年冬奥会的农产品企业（基地）212家，河北省“特产之乡”暨“特色农产品”共计87家，获得中国特产之乡称号的51家，获得河北特产之乡称号的30家，获得地方特产称号的5家。

【现代农业园区】 省市县三级共评审认定1251家现代农业园区，其中省级120家，市级356家、同比增加193家，县级775家、同比增加471家，园区规划面积达763万亩，目前已建成近530万亩，占比达69.5%，带动周边农民487万人。在全省上下营造了谋园区、抓园区的浓厚氛围，形成了省市县三级联建、梯次跟进的工作态势，搭建起了县域全域规划、园区重点突破的现代农业发展格局。120个省级现代农业园区，规划核心区面积355万亩，平均每个园区2.96万亩，目前已建成面积268万亩，占比达75.5%。一是基础建设加快推进。120个园区规划投资总规模达3277亿元，已累计完成投资1263亿元，年内新增建设投资达377.7亿元。园区标准化道路达2522.5公里，年内新增1513.3公里；标准化农田、标准化林果基地达216.8万亩，年内新增130.1万亩；节水灌溉面积达184.5万亩，年内新增110.7万亩；设施种植面积9.58万亩，年内新增5.75万亩；畜禽设施养殖7.4万亩，年内新增4.4万亩；水产设施养殖1.6万亩，年内新增1.1万亩，核心区基本实现了“九通一平”。二是特色优势产业加速形成。充分利用调结构有利时机，以园区为平台加快培育特色产业，拉长产业链条，打造竞争优势。太行山、燕山地区，加速培育发展林果、蔬菜、花卉、蘑菇、中药材、小杂粮、光伏农业等特色产业；沿海地区，加速发展规模化、设施化、特色化水产养殖；城市毗邻地区，加速发展现代都市农业、休闲观光农业；平原蔬菜优势产区，着力推动高端温室大棚建设，加速推进蔬菜产业档升级；农产品加工大县，以加工企业为龙头，加快基地建设，推进产加销、贸工农一体化，加快一二三产融合发展。三是民间资本强势介入。各地认真贯彻省委省政府“调结构、转动能”宏观调控政策，积极引导和支持矿产行业、房地产行业、农产品加工企业等，转型投资园区建设。2016年新增建设投资378亿元中，工商资本、龙头企业、合作社等投资达274亿元，占72.5%；财政资金50.8亿元，占13.4%；信贷资金投入32.3亿元，占8.5%；农民和其他资金投入20.5亿元，占5.4%。民间资本已成为目前园区发展的重要力量。四是新型经营主体稳步壮大。120个园区共聚集企业2910个，合作社4908个，家庭农场1174个，新型经营主体规模经营土地达150万亩。在新型经营主体的带动下，采取“公司+合作社+农户”、“股份合作制”、“大园区+小业主”等经营方式与农户联结，既有效推动了“三权分离”，又探索形成了“三权分离、家庭承包、多元经营”的新型农村土地制度框架，有效推动了小农户与大市场的对接。五是示范带动效应日益显现。一是带动农户增收致富。120个园区内农民人均纯收入，普遍高出周边地区20%—50%左右。二是带动科技推广应用。120个园区共承担省级以上科研项目150项，引进培育新品种1506个，引进推广先进适用技术828项，申请获得专利210项。三是带动农产品绿色发展。120个园区共认证“三品一标”产品1135个，其中，无公害农产品477个，绿色食品400个，有机食品认证184个，获得国家地理标志保护、农产品地理标识产品74个，省级以上名牌产品达339个。

【农业科技推广】 2016年以来，结合全省科技创新大会精神，紧紧围绕调结构转方式，积极探索农业科技创新体制、机制和模式，加强科技资源要素整合，充分发挥示范引领作用，着力增强科技创新推广能力，各项工作进展顺利，为完成全年任务目标，实现科教工作增比进位夯实了基础。一是现代农业产业技术体系创新团队建设。制定

11个产业技术体系创新团队2016年工作目标任务书，充分发挥首席专家带团队、拓业务的能力，增加其管理权限，为产业部门当好参谋助手。围绕服务产业发展，组织小麦产业技术体系创新团队开展了2016年小麦品种及重大技术考察观摩活动，组织团队撰写了优质强筋小麦发展专题报告，为领导决策提供了依据。蛋鸡产业技术体系创新团队到藁城等地开展了畜禽养殖粪污处理专题调研，提出了解决畜禽粪污处理问题的意见和建议，为产业的健康快速发展提供了有力技术支撑。组织蔬菜创新团队专家撰写了《河北省蔬菜产业转型升级报告》，为今后开展关键技术研发、重大技术推广提供了方向性意见，为产业经济发展与各项强农惠农政策落实提出了有针对性的对策措施建议。二是新型职业农民培育。中央财政继续安排河北省农民培训补助资金6961万元，比上年度增长13.7%，支持开展新型职业农民培育工程。省农业厅（省农工办）、省财政厅联合下发了《2016年河北省新型职业农民培育工程项目实施方案》，出台《河北省新型职业农民认定管理指导意见》、《新型职业农民培育主题示范行动方案》等系列文件，全面启动了项目实施工作。确定了含58个贫困县和17个受灾县在内的110个新型职业农民培育工程项目县，遴选了113个教学实训基地、231个培训基地，全省共培育专业大户、家庭农场、农民合作社、农业企业、返乡涉农创业者等新型农业经营主体带头人2.65万人。组建了河北省新型职业农民培育讲师团。依托河北省产业技术体系创新团队，经申报遴选，确定了11个产业、231名专家为全省型职业农民培育讲师团成员，为新型职业农民持续提供创业指导和技术支持。三是基层农业技术推广体系改革建设补助项目。制定下发了《基层农业技术推广体系改革建设补助项目实施方案》，在全省120个项目县重点建立完善以“专家定点联系到县、农技人员包村联户”为主要形式的科技服务长效机制和“专家＋农技人员＋科技示范户＋辐射带动户”的技术服务示范带动模式，遴选建设补助项目试验示范基地357个，引进示范新品种867个次，新技术785项次，培育科技示范户13.2万户，辐射带动农户264万多户，有效提高了项目县农业科技服务能力。组织开展了基层农技人员知识更新培训需求调研，按产业、分类别、分层次明确了培训重点，依托12个部省现代农业培训基地按照农时季节开展培训。强化农业科技服务手段创新，在全省120个项目县组织开展了河北省农技推广云平台试运行工作，组织开展了“创新服务、科技圆梦”的农技推广云平台和农业科技网络书屋竞赛活动，实现了农业科技网络书屋和农技推广云平台全覆盖，注册用户分别达4.53万人和3.42万人，使用量903万人次。四是重大农业技术示范推广。制发了《2016年全省农业科教工作实施意见》，印发了《农业十大关键技术手册》和实施方案，开展了小麦节水节肥标准化关键技术、玉米多元化高效生产关键技术等十大关键技术的推广应用，建立了产业主管部门和各市县以及各技术团队的目标任务管理考核机制。五是农业科技创新联盟。充分发挥农业科技创新联盟作用，为区域农业持续发展提供技术服务。围绕北部生态农业区、山前平原粮食主产区、黑龙港流域节水农业区、冀东特色高效农业区、太行山山地经济区五大农业科技创新联盟，组建了包括中国农大、中国农科院、河北农大、河北省农科院、君乐宝乳业集团等在内的专家团队150人，制定健全了联盟管理和绩效考核机制，实行区域模块化综合技术资源覆盖，组织各区域联盟专家团队深入项目区开展工作。六是农业科技计划和成果管理。完成猪低蛋白环保型饲料应用与推广等5项科技计划项目的项目验收（鉴定）工作。将河北省高档肉牛生态循环养殖技术示范与推广、张杂谷在畜禽养殖领域中的创新利用及配套技术研究等34个项目作为2016年农业科技计划立项。在国家科技成果系统在线登记了关于三种饲料添加剂联合应用对雏禽和仔猪免疫调节的示范与推广、猪低蛋白环保型饲料应用与推广、病死猪肉快速检测技术与便携式检测仪研究与应用、母猪围产期饲养关键技术的研究及技术集成、高效、低碳、环保、智能化养猪技术集成及示范推广等5项科技成果。二是完成河北省农业技术推广奖的发布工作。评审结果按规定报省政府，省政府已发布奖励决定，评选出项目奖一等奖6个、二等奖12个、三等奖22个，100名同志获得农业技术推广贡献奖，10个团队获得农业技术推广合作奖，现授奖工作已全部完成。农业部丰收奖的推荐工作。按照农业部下达的指标，初评并推荐45个奖项请奖，其中：成果奖17项、贡献奖27人、合作奖1项。协助农业部科教司完成拟获奖奖项的两次信息复核工作。向省科技厅推荐省山区创业奖2项，向中国农学会推荐中华农业科技奖5项。

【农业产业化】 实施农产品加工业产值倍增计划，出台了加快农产品加工业发展的意见，省级农业产业化龙头企业发展到720家，打造102个销售额10亿元以上的省级示范农业产业化联合体和12大精深加工产业链，农产品加工业产值首次突破1万亿元，农业产业化经营总量达到7500亿元，产业化经营率达到66.7%。加快发展休闲农业与乡村旅游，出台京津冀休闲农业发展规划，评定十佳省级休闲农业园，新认定省级最美休闲乡村、美丽田园35个。全省开展休闲农业和乡村旅游的村庄1800多个，年接待游客4000万人次，旅游收入超过65亿元。河北省入选农业部休闲农业精品线路达52条，是北方最多的省份。

【农业对外开放】 围绕转方式、调结构和促增收，积极做好农业对外开放和国际标准农产品生产示范基地建设以及贸易促进工作，建立“走出去”长效机制，搭建了非洲、美洲、欧洲和亚洲产学研推平台（基地），加强人员、技术国际交流与合作。并将基地建设和“走出去”作为长期抓手，制定规划、争取项目和资金，在工作机制上取得了质的转变。以省政府名义出台了《河北省人民政府办公厅关于加强农业对外开放工作的意见》，提出了今后五年全省农业对外开放的总体思路和目标任务，争取省财政每年6000万元资金支持（2017—2021，连续5年），对出口基地建设、产品国际认证、企业参展、农业走出去等6个方面给予专项支持，为未来5年农业对外开放工作奠定基础。是河北省近三十年以来，省政府层面在农业对外开放方面出台的一个纲领性的文件。二是以国际标准为抓手，提升农产品品质，强化出口能力建设。着眼于发挥河北蔬菜、果品、水产等劳动密集型产品比较优势，组织专家深入研究进口国农产品标准，制定了《国际标准农产品出口示范基地操作规范》，联合省商务厅、河北出入境检验检疫局对有出口意向企业的1500名经理人开展了生产规范、质量安全培训，邀请获得美国农业部NOP、欧盟EU、日本JAS等10项国际认证的河北企美公司现身说法，强化示范带动作用。全省已建成国家级出口食品农产品质量安全示范区10个，省级示范区11个，出口额超过1万美元的企业604个。

【美丽乡村建设】 在加快建设美丽乡村方面。一是全面开展“两改一清一拆”行动（改造城中村和永久保留村，改造危旧住宅和旧厂房，清垃圾杂物和残垣断壁，拆违章建筑），垃圾围村现象基本得到解决，农村面貌焕然一新。二是强化项目实施，在4260个重点村深入实施村内道路硬化、厕所改造、垃圾治理、民居改造、安全饮水、污水治理、村庄绿化等12个专项行动，共硬化道路4600万平方米，推广无害化卫生厕所67万座，农村饮水安全基本解决，116个县启动实施PPP垃圾处理模式，35个县全域推进，农民群众的生活品质得到较大提升。三是坚持连片打造，突出沿高铁、沿高速、沿景区和城市周边，集中力量打造12个省级精品片区，保定涞易涞等片区成为引领全省美丽乡村建设的“新标杆”。四是大力推进“三区”同建，全年省市县共启动中心村建设示范点200个，涌现出了一大批产村融合、社区和园区协同发展的典型。五是创新投融资机制，省市县搭建融资平台189个，完成立项、调查、审批贷款400亿元，有力保证了美丽乡村建设顺利推进。

【农业资源环境】 在秸秆禁烧方和综合利用方面。与省环保厅联合召开了全省夏收、秋收期间秸秆禁烧和综合利用工作视频会议，印发《秸秆禁烧工作实施方案》《关于加强国庆期间秸秆禁烧工作的紧急通知》《加快推进秸秆综合利用和禁烧工作的通知》等系列文件，对全省秸秆禁烧和综合利用工作提出具体要求。中央电视台《聚焦三农》、《农民日报》、河北日报及各地市报纸，香港凤凰新闻网等媒体对河北省秸秆综合利用扶持政策及取得的成效报道10多次。组织编写《秸秆禁烧简报》20期，通报火点44起，宣传典型经验29个，通报处理责任人36人，取得较好警示效果。以省大气办的名义印发6期《秸秆禁烧简报》。与省环保厅联合组成督导组，对各地秸秆禁烧和综合利用工作进行督导检查。2016年，争取农业部秸秆全量化综合利用试点项目1.6亿元，全国第一，安排项目县11个，开展秸秆全量化综合利用试点工作。成立了河北省秸秆综合利用领导小组，加强组织管理和统筹协调。承办农业部玉米秸秆全量综合利用现场培训班，河北省赵县秸秆机械化还田，三河市秸秆厌氧发酵生产生物天然气及秸秆综合利用长效机制建立等经验做法，得到农业部及兄弟省份的充分肯定。与省财政厅联合召开“全省农作物秸秆全量化综合利用试点项目调度会”，总结交流经验，研究项目推进中存在的问题。2016年，河北省主要农作物秸秆可收集量为6163万吨，综合利用量5934万吨，利用率达到96%以上，利用率名列全国第二（仅次于上海）。在农业面源污染治理方面。牵头组织制定《省农业厅、省农工办面源污染防治工作实施方案》，配合有关单位制定了《河北省人民政府办公厅关于健全生态保护补偿机制的实施意见》《河北省土壤污染防治工作方案》《河北省生态环境保护“十三五”规划》《河北省资源环境承载能力监测预警评价工作方案》《河北省生态循环农业发展“十三五”规划》等15个系列文件，对加强农业面源污染防治，推进农业绿色发展。

【农村新能源利用】 突出抓好农村清洁能源开发利用工程、秸秆能源化利用、农村沼气工程建设等工作。一是农村清洁能源开发利用工程超额完成任务。认真贯彻落实省委省政府关于大气污染防治专项行动安排部署，将农村清洁能源开发利用工程列入重点支持。全年完成高效清洁燃烧炉具推广77.13万台，超额15.12%；散煤压减替代总计1171.34万吨，超额4.4%；设施农业采暖清洁化比例进一步提高。中国环境报、中国炉具网、河北日报、河北经济日报等媒体，集中报道了河北省农村清洁能源开发利用工程和高效清洁燃烧炉具推广情况。二是农村沼气工程转型升级取得初步成效。随着农业生产方式、农村居住方式、农民用能方式的加速转变，河北省农村沼气工作适时启动了转型升级，实现了由发展户用沼气为主向规模化沼气工程的转变。争取国家规模化大型沼气工程8处，中央预算内投资1.365亿元，同比增加7.1%，位居全国第四名。破解利用外资难题，全国率先唯一利用世行贷款7150万美元，折合人民币4.8亿元，建设6个特大型沼气工程，已进入实施阶段。实现开工规模化大型沼气工程建设池容24万立方米，较2015年增加16万立方米，提高200%，建成后年可产沼气6000万立方米以上，年可替代9万多吨标准煤，减少二氧化碳排放23万多吨，创历史新高。争取国家农作物秸秆全量化利用试点项目专项资金1.6亿元，占总资金量的16%，居全国试点省首位。在鹿泉、赤城、三河、围场、定州5个县开展秸秆全量化利用示范，累计建设收储运站点10个，收集储存秸秆燃料3.5万吨，收储运体系明显加强；成型燃料已加工生产5000吨，基本满足现阶段项目区需求。在10个试点县推进“沼气循环”为纽带的“1233”模式建设，建成后可新增沼肥生产能力25万吨以上，形成沼友、养农、果实乐、益泉兴农等一批沼肥品牌，促进深州蜜桃、安国药材、饶阳蔬菜、沧州冬枣、昌黎葡萄、满城草莓等一批高端农产品生产。建成农村新能源多模式替代示范村两个，实现了新能源、新技术、新产品的集中全方位展示，服务现代农业和美丽乡村建设。成立了省农村新能源发展专家咨询委员会，建立了省沼气循环生态农业工程技术中心，成立了农村新能源第一个院士指导站，为河北省新能源发展厚植优势，提供强力科技支撑。

（河北省农业厅办公室　张宝立）

农 机 化

【概况】 2016年，河北省落实农机购置补贴资金14.09亿元，创历史新高，比2015年增长11%，累计补贴各类农机具11.3万台（套），农机总动力稳中有升，预计达到1.12亿千瓦，增长1.5个百分点，全省耕种机综合机械化作业水平预计达到76%，提高1.3个百分点，玉米机收率达到了80.11%，提高了5.11个百分点，完成深松面积947万亩，完成率100.74%。

【创建农机合作社示范社】 2016年开展了省级农机合作社示范社达标创建活动，提升农机合作社发展质量，打造升级版。有50家农机合作社达到“五有”型省级示范社（有完善的装备设施、有良好的运行机制、有健全的管理制度、有较大的服务规模、有显著的综合效益）条件，被评为2016年省级农机合作社示范社，从中优选了7家合作社参加全国评选，他们获得了全国农机合作社示范社荣誉称号。在开展全程机械化示范县创建上，采取部省联动的工作机制，将农业部和省级全程机械化示范项目同部署同落实，用好农业部50万元导向资金，用足省财政1200万元专项资金，在赵县以及栾城区和涞水县开展全程机械化创建取得成效。一年来，机具选型、对比试验全面完成，技术路线和作业模式基本形成。河北省全程机械化主要作业环节现场演示会，9月13日在全国全程机械化示范县赵县成功召开，标志着这项工作取得了阶段性成果，走在了全国前列，受到农机化司好评。12月9日完成了工作验收，形成了以信息化、智慧农机引领全程机械化，以规模经营的农机合作社为创建主体的河北特色的创建模式，能够可复制可推广。

【农机化与信息化深度融合】 农业机械是现代农业发展的物质基础和科技载体，农机兴则农业强。近年来随着农机购置补贴政策的持续实施，河北省农机化整体水平不断提升，但仍存在科技含量偏低、管理方式粗放、作业成本偏高等问题，不能完全满足现代农业转型升级的需要。加快推进农机化与信息化的深度融合、促进农机农业大数据的共建共享，恰逢其时。为此，河北省认真贯彻落实农业部部署，加快推进“互联网＋”农机，一是按照农机化司的统一部署，省局启动“农机直通车·全国农机化生产信息服务平台”推广应用年活动，开展专项培训，在县级农机主管部门、农机合作社以及种植户、作业经纪人、合作社、农机手三个层面，大力推广使用“农机直通车”手机App系统。在农业部农业机械试验鉴定总站的大力支持下，“农机直通车”互联互通“精准作业系统”在农业部全程机械化示范县赵县试验成功，实现了互联网＋农机装备系统对精准作业机群进行精准控制，提升了农机部门和合作社管理手段。二是决定利用三年时间，投入1000万元实施智慧农机项目，加快推动农机大省向农机强省的转变。2016年，利用省财政专项资金300万元，谋划建设了集信息化、智能化、可视化于一体、综合性的“智慧农机决策管理信息平台”，开启了“互联网＋”农机先河；建成全省农机作业智能管理服务子平台，初步实现了农机作业时的定位导航、远程监管、优化调配、数据采集、高效保障等功能，有效提升管理服务水平，减少机车空耗和人力浪费，增加机手收入；建成全省农机深松作业智能监管子平台，有效解决深松作业面积统计难、质量监管难等问题，实现科学管控，省去人工测量成本，2016年河北省共安装深松检测设备5453台，实施智能监测作业500多万亩，占比53%以上，是深松智能监测覆盖率最高的省份之一；建成简捷实用的农机安全监管业务网络系统，从单机版升级为网络版，大大提升了服务水平和效率。

【农机购置补贴政策阳光运行】 2016年河北省把信息公开工作作为农机购置补贴政策实施重点工作来抓，求突破。一是积极提升各级农机购置补贴信息公开专栏设置率。省农机局统一设置了省、市、县三级农机购置补贴信息公开专栏，并于9月中旬上线运行，省、市、县三级农机购置补贴信息公开专栏设置率达到了100%，实现了部、省、市、县互联互通和补贴信息全省实时公开。从强化信息制度建设入手，出台了《河北省〈农机购置补贴信息公开专栏〉维护管理制度（试行）》，加强了专栏建设维护监管工作。二是开展督导检查，加强监督检查力度。2016年以专栏信息和热线服务电话为重点共开展3次专项抽查，并结合部级专项抽查情况予以通报。三是开展信息公开，接受群众和社会监督。严格落实县级农机管理部门在全县范围内公示不得少于7天的规定，在补贴软件操作系统中做出设置，公示期达不到7天，不能办理补贴后续手续，促进了农机购置补贴政策公开、公平、公正实施。

【农机深松作业高效推进】 在《河北省2015—2017年农机深松作业补贴实施指导意见》基础之上，以农、财两厅名义下发了《关于下达2016年农机深松作业任务的通知》，出台了“三允许”深松新政策：即各地可结合实际，允许适当调整省级制定的农机深松项目操作程序、允许适当调整深松作业周期、允许开展深松作业机具融资租赁试点。“三允许”新政策的出台，受到各地欢迎，极大地促进了全省深松作业积极高效开展。2016年，全省作业进度明显加快，提前半月超额完成农业部下达任务，全省共投入深松作业机具1.35万台，完成作业面积947万亩，完成率100.74%。在自5月份开始的全国深松作业进度每月通报中，按完成面积排名河北省始终位居全国前列，是全国提前超额完成全年深松任务的主要省份之一。农业部10月27～28日，全国农机深松工作第四督导组来河北省督导检查时，对河北省深松工作给予了充分肯定和高度评价，督导组认为：“河北省农机深松工作在全国带了个好头，做的非常好，提供了可借鉴可复制的学习经验。”

【推行农机政策性保险】 河北省采取多种形式组织调研座谈，全面了解全国农机保险开展情况，并走出去实地学习考察。2016年8月份向省政府报送了关于对农机保险实施政策性补贴的请示，省财政已在2017年预算中协调安排1600万元专项资金。省农业、财政、保监三部门制定了契合河北实际的农机政策性保险实施方案，明确对拖拉机交强险及拖拉机、联合收割机综合险进行补贴，省级财政补贴比例为40—50%，省市县三级财政累计补贴比例不超过80%，农户承担比例不低于20%，有序推进了农机政策性保险补贴工作。

【落实免征收费政策】 面对免征农机安全监理行政事业性收费，全省还有46个县农机监理部门属差额或自收自支单位的严峻局面，对上请教寻良策、对下调研摸情况。经过协调，省财政厅下发通知，要求各市县财政部门将包括"农机牌证照制作及管理工本费"在内的32项重点专项工作经费列入预算，为各项重点政策顺利实施提供必要的财力支撑。11月底省财政、农业两家就做好农机安全监理机构经费保障工作联合发文，明确自2016年5月1日起全省农机牌证照制作工本费，由省级财政按照实际需求全额保障，省级农机监管工作经费足额保障。同时要求各级财政合理测算农机监理相关业务经费需求，列入本级政府预算予以保障。两厅文件的出台，为各地全面落实免征政策及保持全省农机安全生产形势持续稳定奠定了坚实的基础。

【解决农机员的遗留问题】 省农机局牵头解决河北省原乡镇（公社）农机员、农技员、基层兽医历史遗留问题，按照省领导的批示精神，积极与省财政厅、人社厅等有关部门沟通协商，在认真调研的基础上提出了《关于为原乡镇（公社）农机员、农技员、基层兽医发放生活补贴的实施方案》，作为市县解决三员问题的全省统一要求。并于11月28日，以省农业厅、省财政厅、省人社厅名义向省政府呈报《关于尽快研究部署为原乡镇（公社）农机员农技员基层兽医发放生活补贴工作的报告》，建议由省政府办公厅牵头组织尽快召开专题会议，统一安排部署这项工作，尽快推进原乡镇（公社）农机员农技员基层兽医发放生活补贴工作的落实。目前，省政府办公厅已通知省农业厅草拟会议方案和相关讲话，以办公厅名义向各市（含定州、辛集）专题布置此项工作。

（河北省农机局　郭　恒）

农垦经济

【概况】 河北省农垦系统的农（牧）场大部分是在五十年代国家为了巩固新生的人民政权，尽快恢复和发展经济，由转业官兵、知青以及地方抽调的干部群众，在人烟稀少的沿海滩涂、坝上高原、内陆洼淀开垦而逐步建立起来的，经过半个世纪几代人艰苦不懈的努力，河北垦区成为全国各垦区中较大的一个垦区。2016年全系统共有32个国营农（牧）场（23个农场，9个牧场）和1个省级农垦科学研究所，其中市属场14个，县属场18个。农（牧）场分布在全省除邯郸、衡水和秦皇岛外的8个市，最北部的沽源牧场与内蒙古自治区接壤，南至隆尧县境内，西临太行山脚下，东至渤海之滨，大部分处在环渤海、环京津经济圈内。全系统土地总面积393.15千公顷，其中耕地96.73千公顷，草场93.09千公顷，林地76.16千公顷，水面26.46千公顷，居民工矿企业占地44.83千公顷，其他面积55.88千公顷。2016年实现农垦生产总值达到486.82亿元，比上年增长6.84%。其中，第一产业增加值52.17亿元，增长9.10%；第二产业增加值248.56亿元，增长5.73%；第三产业增加值186.10亿元，增长7.73%。2016年人均GDP净增加5523元，达到10.53万元，比上年增长5.57%。人均纯收入1.45万元，比上年增长7.55%。2016年各农场发挥自身优势，积极调整产业结构，特色主导产业对经济发展起到了龙头拉动作用。一、二、三产业增加值在农垦生产总值中的比重分别为12.70%、56.25%、31.05%，第一产业比重比上年上升了2.21个百分点，第二产业比重比上年上升4.66个百分点，第三产业比重比上年下降了0.86个百分点。

全垦区33个农牧场中，生产总值超过1亿元的有11个。这11个农牧场共有职工6.44万人，耕地83.49千公顷。2016年实现生产总值482.87亿元，占垦区生产总值的99.19%。其中农业增加值50.83亿元，工业增加值216.14亿元，利润总额29.40亿元，销售税金33.90亿元。生产总值列前三位的是柏各庄农场、南大港农场、中捷农场，生产总值分别为110亿元、93亿元、60亿元。

2016年末全垦区拥有大中型工业企业、龙头企业26家，全年完成总产值541.39亿元，销售产值462.34亿元。完成增加值72.51亿元。年末资产总额383.74亿元，固定资产原值164.46亿元，从业人员8575人，实现利税总额27.41亿元。截至2016年底，全垦区共有"三资"企业25家。企业投资总额约3.78亿元人民币，其中外方投资总额3.39亿元，我方投资总额0.39亿元。

【第一产业】 2016年，垦区切实贯彻落实惠农强农政策，加快农业科技推广，加强现代农业建设，农业综合生产能力平稳增强。全年实现农林牧渔业总产值95.40亿元，比上年上升7.20%。其中：农业产值27.38亿元，下降8.30%；林业产值0.81亿元，下降8.69%；牧业产值37.98亿元，增长15.68%；渔业产值29.23亿元，增长15.60%；服务业产值9.07亿元，增长1.50%。

全年农作物总播种面积为97.27千公顷，比上年减少3.48千公顷，下降3.45%。其中：粮食作物播种面积76.44千公顷，比上年减少1.20千公顷，减少2.30%，占农作物总播种面积的78.59%；棉花面积5.39千公顷，减少2.57千公顷，下降33.59%；油料面积1.47千公顷，增加0.21千公顷，增加16.24%；蔬菜、瓜类面积6.58千公顷，增加0.67千公顷，增加11.41%。其他作物7.02千公顷，减少0.36千公顷，下降4.83%。

垦区全年农作物总用种量1.67万吨，其中，杂交水稻5224吨，杂交玉米2203吨，棉花531吨。种子基地种子播种面积7759公顷，生产量合计1.64万吨；加工厂7个，加工生产能力1.54万吨；种子公司8个；年末从业人员355人，其中技术人员62人；种子质量检验室7个，种子检验人员20人。

2016年粮食总产量62.25万吨，比上年增加9.02万吨，增长16.94%。为国家提供商品粮44.88万吨，比上年增加2.67万吨，增长6.32%，商品率为72.09%，比上年降低7.2%。

畜牧业保持健康发展。2016年末大牲畜存栏18.98万头。奶牛数量达到17.19万头，减少1.28万头，比上年减少6.93%；牛奶总产量55.92万吨，增长2.05万吨，比上年增长3.80%。察北、沽源、大曹庄三个农场牛奶产量分别达到24.51万吨、14.99万吨和9.20万吨，占全垦区牛奶总产量的87.08%。

水产养殖业保持平稳发展。2016年末水产品养殖面积1.99万公顷，比上年增加14.07%。养殖面积中淡水9961公顷，海水9967公顷。全年水产品总产量15.03万吨，比上年增加1.34万吨，增长9.81%。其中：淡水产品产量11.41万吨，增长10.7%；海水产品产量3.62万吨，增长7.10%。对虾产量2.71万吨，比上年增加28.33%。

全年植树造林面积6.23千公顷，其中用材林1.51千公顷，经济林0.39千公顷，防护林4.14千公顷。年末林地面积79.53千公顷。

农业基础设施建设得到加强，农业生产机械化水平进一步提高。年末农业机械总动力116.27万千瓦，比上年减少3.16%。农用排灌动力机械1.34万台，14.89万千瓦，大中型农用拖拉机5953台，小型拖拉机1.79万台，播种机3582台，联合收获机952台，机动割晒机1217台，机动脱粒机6055台，农用运输车辆9452辆。水稻工厂化育秧设备79套，温室899万平方米，大棚599万平方米。实际机耕面积90.63千公顷，占年末耕地面积的比重达93.70%，当年机播面积93.27千公顷，占农作物总播种面积的比重达98.97%，机械收获面积75.52千公顷，占农作物总播种面积的77.64%。

【第二产业】 2016年第二产业实现增加值248.56亿元，比上年增长13.47%，增加值占农垦生产总值的51.06%，其中工业增加值218.34亿元，比上年增长4.83%；建筑业增加值30.22亿元，比上年增长14.17%。

工业保持平稳发展。2016年工业企业总数为1141个，其中国有工业企业及规模以上的非国有工业企业233个，销售产值776.97亿元，增长6.13%。乳制品产量69.35万吨，比上年增长10.27%，液体乳产量62.09万吨，比上年增长14.80%。

2016年实现工业总产值839.66亿元，比上年增长5.40%。国有工业总产值163.39亿元，下降23.86%；轻工业总产值496.20亿元，下降27.93%；规模以上工业企业总产值789.16亿元，增长5.77%。主要工业产品总产值为：农副食品加工业45.75亿元，增长39.23%；食品制造业77.63亿元（主要为乳制品制造业），下降6.97%；纺织业4.21亿元，下降0.47%；纺织服装、服饰业3.69亿元，增长20.98%；家俱制造业28.56亿元，增长26.82%；化学原料及化学制品制造业23.52亿元，增长17.6%；造纸及纸制品业8.89亿元，增长7.50%；黑色金属冶炼及压延加工业87.02元，增长54.32%；金属制品业20.99亿元，增长13.03%；交通运输设备制造业82.83亿元，增长4.28%；石油加工及炼焦业343.23亿元，下降3.67%。

建筑业稳步发展。建筑企业107个，年末从业人员7306人。全年实现增加值30.22亿元，比上年增长14.17%。年末固定资产原值2.90亿元，全年施工房屋建筑面积210.59万平方米，房屋竣工面积93.57万平方米。

【第三产业】 交通运输业全年完成货运量6.16亿吨，客运994万人次；年末单位个数5988个，从业人员1.78万人，运输工具1.05万台；营业总收入22.17亿元，比上年下降1.34%。

批发零售业、餐饮业、服务业年末单位个数13380个，固定资产原值30.50亿元，比上年增长1.23%，营业用房面积53.27万平方米，增长3.86%；营业总收入279.92亿元，比上年增长0.26%，其中批发零售业205.27亿元，比上年下降0.36%；餐饮业21.07亿元，比上年增长2.33%；服务业53.58亿元，比上年增长1.88%；批发零售业、餐饮业、服务业营业网点数8285个，年末从业人员2.09万人。

全年出口商品总金额17.01亿元，比上年增长3.40%。其中：农产品49万元，下降78.60%；水产品7420万元，下降20.00%；工业品16.19亿元，增长4.47%。

【固定资产投资】 固定资产投资增速较快。固定资产投资对垦区经济持续增长起着较强推动作用。2016年全垦区完成固定资产投资总额536.57亿元，比上年增加55.90亿元，增长11.63%。国有固定资产投资48.64亿元，比上年下降25.17%；非国有固定资产投资487.93亿元，比上年增长17.38%。

二、三产业投资额增加显著。第一产业投资37.60亿元，比上年下降41.86%；第二产业投资351.24亿元，比上年增长29.55%；第三产业投资147.74亿元，比上年增长1.96%。一、二、三产业在固定资产投资中比重为7：65：28。

固定资产投资中，国家预算内资金9.51亿元，国内贷款13.48亿元，自筹资金505.43亿元，其他资金8.20亿元。当年新增固定资产320.05亿元。

当年新增生产能力主要有：喷灌面积177公顷，造林1713公顷，大中型拖拉机87台，联合收割机2台，输电线路21公里，变电设备7台，住房3.8万平方米；公路6公里，机制纸及纸板600吨/年。

【科研、教育、卫生】 2016年末全垦区拥有科研单位5个，其中省、地属科研单位1个，场属3个；从业人员

98人，其中科技人员64人。科研经费2549万元，其中国家拨款2433万元，省地局自筹63万元，企业自筹53万元。

教育事业健康发展。2016年末全垦区拥有学校97所，教职工4428人，其中教师4051人；在校学生48602人，当年毕业生12934人。其中：普通中等专业学校2所，成人中等专业学校1所，普通中学18所，职业中学2所，小学73所。

卫生服务体系建设得到加强。2016年末全垦区共有分场以上医疗单位92个，病床1760张，其中医院39个；从业人员1872人，其中医生760人。

【垦区人口、职工、收入与社会保障】 2016年末垦区总人口46.26万人，全年出生人口5378人，出生率为11.62‰；死亡人口2931人，死亡率为6.34‰；自然增长率为5.28‰。

年末全垦区从业人员28.70万人。其中第一产业11.20万人，比上年增长1.91%；第二产业9.25万人，增长0.65%；第三产业8.24万人，增长4.04%。

职工生活水平稳步提高。2016年全垦区实现人均纯收入14514元，比上年增长7.55%。垦区危房改造工作自2011年开展以来，职工居住条件得到改善，年末职工实有住房面积1581万平方米，比上年增长2.80%，人均住房面积34.17平方米。

【农垦绿色、有机食品、无公害农产品】 截至2016年末，河北省垦区认证了26个绿色、有机食品、无公害农产品，带动2.60万农户。其中：种植业8个，含水稻5个、蔬菜3个；已认证的绿色食品A级面积1818公顷，产量1.78万吨；已认证的有机食品面积279公顷，产量2553吨；已认证的无公害农产品面积6279公顷，产量7.26万吨。渔业3个，含淡水鱼1个、海水鱼1个、蟹1个；已认证的绿色食品A级面积2500公顷，产量2625吨；已认证的无公害农产品面积1775公顷，产量1366吨。畜牧业14个，其中生猪5个、奶牛养殖7个、蛋鸡1个、肉鸡1个；已认证有机食品数量70万头，产量15.08万吨；已认证的加工品类1个，为酒类。

【垦区非国有经济】 非国有经济在河北农垦经济总量中起着决定性的作用。2016年，非国有经济全年实现农垦生产总值338.30亿元，比上年下降6.66%，占全社会经济总量的82.33%。其中第一产业增加值20.43亿元，下降0.68%；第二产业增加值203.94亿元，增长15.96%；第三产业增加值113.94亿元，下降31.36%。各产业在非国有经济农垦生产总值中所占比重分别为：6.04%、60.28%、33.68%。第三产业增长显著。

年末非国有经营单位22387个。其中集体经济104个，个体企业19509个，私营企业2638个，港澳台及外商企业23个。从业人员17.55万人，其中第一产业4.22万人，第二产业6.65万人，第三产业6.68万人。从业人员报酬总额49.98亿元，人均收入2.85万元，增长24.03%；全年共实现利税62.86亿元，减少28.36%。

（河北省农垦局　张轶红）

林　　业

【造林绿化攻坚】 依托京津风沙源治理、三北防护林、沿海防护林、太行山绿化等国家重点工程，突出抓好“一山一带一区”绿化重点。2016年全省完成造林绿化34.56万公顷，是近年造林进展最快、效果最好的一年。一是太行山绿化攻坚战全面打响。根据省委、省政府《太行山绿化规划（2016—2018年）》和《太行山绿化三年攻坚战实施方案》，省林业厅下发了《太行山绿化专项推进方案》，将任务逐一分解落实到石家庄、邯郸、邢台、保定、张家口5市，完成造林21.13万公顷。二是京津保生态过渡带建设扎实推进。6月23日，京津冀协同发展生态率先突破推进会在河北省召开，国家林业局与京津冀3省市政府签署了《共同推进京津冀协同发展林业生态率先突破框架协议》。争取北京市新增投资1亿元，在保定、廊坊、沧州3市47个县营造京津保生态过渡带连片森林、城郊绿地6.67万公顷，与北京市合作完成环首都国家公园选址工作。三是着力抓好冬奥会赛事核心区绿化。深入贯彻“绿色办奥”理念，高标准实施奥运核心区、迎宾廊道、京张赛场连接线等3项工程建设，完成造林2.45万公顷。全面完成张家口坝上地区退化林分更新改造任务。积极动员社会力量植树造林，完成村庄绿化2万公顷、廊道绿化3400千米，全省3100万人次义务植树1亿株。

【林果产业】 2016年全省林业产业总产值1523.5亿元，与2015年同期相比增长3.3%。一是培育壮大果品产业。认真落实省政府《关于加快建设果品产业强省的意见》，苹果、梨等七大优势果品基地建设快速发展。全省新增高标准果品生产基地14万公顷，果树结构调整13.47万公顷，全省果品产量1583万吨，与2015年同期相比增长1%。完成果品例行监测2176个批次，是目标任务的108.8%，抽检合格率99.6%。二是加快发展林下经济。充分利用林地资源和森林环境，科学选择林药、林菌、林禽等发展模式，着力培育林下种养基地，总规模达到30万公顷，实现产值120亿元。三是积极发展种苗花卉等林业新兴产业。加强重点林木良种基地管理，全省种苗面积达到8万公顷，新增邱县等2个花卉重点产区，新增面积2400公顷。森林旅游等产业快速发展，成为农民增收致富新支点。同时，协助唐山市政府成功举办2016唐山世界园艺博览会，积极组织参加中国香港亚洲果蔬展、中国森林旅游节等展会，扩大了河北林业产业的知名度和影响力。

【林业改革】 坚持以改革促发展，创新体制机制，调动全社会支持和参与林业建设的积极性。一是全面启动国有林场改革。省政府召开会议专门对国有林场改革进行动员部署，省财政落实资金7645万元，将改革补助标准由人均3000元提高到5000元，有改革任务的10个设区市和4

个厅直属单位全部完成方案编制工作。二是扎实推进集体林权制度配套改革。全省建立农村产权流转交易平台96个，866.67公顷林地在平台完成交易。全省森林保险参保面积238.4万公顷，承保面积增长16%。三是深化行政审批制度改革。积极推进简政放权，行政许可事项取消4项、委托下放3项，全面落实“四零”服务承诺和“两岗终审、三岗终结”等制度，全年受理行政许可申请539项，在省直部门落实全省重点工作情况营商环境排名中位居前列。四是积极推进体制机制创新。研究制定了《关于加大改革创新力度鼓励社会力量参与林业建设的意见》并以省政府办公厅名义印发全省，出台了22条支持措施。省政府批准成立林业生态建设投资公司，省财政注资6亿资本金，撬动政策性贷款20亿元。

【森林资源管理】 坚持保护优先，推动资源培育、保护和开发利用的良性循环。一是天保工程全面启动。完成天然林保护落界87.8万公顷，实现了全省天然商品林停伐和保护全覆盖。二是重点生态公益林建设实现突破。新增省级重点公益林17.8万公顷，全省重点公益林面积达193.47万公顷，落实生态效益补偿资金3.88亿元。三是湿地保护修复得到加强。扎实推进北戴河等重要湿地保护修复工作，卢龙“一渠百库”等3处国家湿地公园试点得到国家批复。四是毫不松懈抓好森林防火。科学处置“4·12”昌黎县等森林火灾，全年共发生森林火灾42起，同比减少43.2%，没有发生“进京火”和重大人员伤亡。五是科学防治林业有害生物。对美国白蛾等主要危险性病虫害开展了大规模飞机防治和地面防治，成灾率控制在0.19‰，远低于4‰的国家控制标准。六是严厉打击涉林违法犯罪。认真执行征占用林地定额管理和森林采伐限额管理制度，组织开展了“金剑”“金盾”“清网行动”和打击非法占用林地等专项行动，全省共查处涉林案件5021起，侦破重特大案件50多起。积极推进古树名木挂牌保护，河北省列入全国古树名木资源普查试点省。圆满完成国家“十二五”防沙治沙目标责任考核。

【林业生态扶贫】 认真贯彻落实省委、省政府关于脱贫攻坚的重大决策部署，林业在精准脱贫和灾后重建中的基础性作用有效发挥。9月22日，在邢台市召开了全省林业生态扶贫现场会，明确了林业脱贫攻坚目标任务。向国家争取建档立卡贫困人口林业管护费1.3亿元（占全国6.5%），解决1.3万贫困人口脱贫问题。2016年下达林业资金中安排贫困地区25.1亿元，占总量的63%。在“7·19”特大洪水灾后重建工作中，确定18项林业恢复重建工程，总投资2.78亿元。重点扶持11个重灾县扶贫解困资金720万元。厅领导带队组成3个林果专家技术服务工作队赴石家庄、邢台、邯郸开展救灾帮扶。

【印发“十三五”规划】 2016年7月，经省政府同意《河北省林业发展“十三五”规划》印发实施。规划提出，到2020年，有林地面积达到656.67万公顷，森林覆盖率达到35%，森林蓄积量达到1.71亿立方米。森林质量显著提高，森林生态功能大幅提升；湿地功能得到有效保护与恢复，生物多样性保护持续增强；林业产业结构日趋合理，产业化程度明显提高；生态文化体系初步构成，生态文明观念广泛传播。生态状况整体步入良性循环，基本形成布局合理、结构稳定、功能完备的京津冀生态环境支撑区基础框架。完成造林绿化140万公顷，其中人工造林93.33万公顷，飞播造林和封山育林46.67万公顷。完成森林抚育100万公顷，低质低效林改造16.67万公顷，稀疏林补植补造6.67万公顷。林业产业总产值达到2000亿元。果品产量达到2200万吨，人造板产量稳定在1800万立方米，速生丰产林总规模达到80万公顷。重点生态公益林和天然商品林保护面积不低于266.67万公顷，自然保护区总数达到37处，总面积达到64.7万公顷，占国土面积的3.4%。湿地保有量94.2万公顷，湿地率5.02%，湿地公园总数达到62处，湿地自然保护区和湿地公园面积达到28.27万公顷，湿地保护率达到42%。森林公园总数达到115处，经营面积达到52万公顷。年森林火灾受害率控制在0.9‰以内，林业有害生物成灾率控制在4‰以下。

按照京津冀协同发展战略部署，根据区域生态功能定位、主导需求和产业优势，综合自然条件、社会经济发展水平和林业建设实际等因素，将全省林业建设划分为五大生态功能区，即京津保城市生态空间核心保障功能区、坝上高原防风固沙生态修复功能区、燕山—太行山水源涵养与综合治理功能区、冀东沿海生态防护功能区、冀中南平原生态修复与高效林业功能区，构建“一带四区”布局合理、结构稳定、功能完备、产业优化的京津冀生态环境支撑安全格局。

【印发“国有林场改革实施方案”】 2016年5月11日，省人民政府印发了《河北省国有林场改革实施方案》。提出2017年底前，完成全省国有林场主体改革任务；到2020年，全面完成各项改革任务，全省国有林场森林面积由60.2万公顷增加到66.67万公顷以上，森林蓄积由3200万立方米增长到3800万立方米以上，森林质量明显改观，生态功能显著提升。营林区实现“五通”（通水、通电、通路、通网络、通电视），国有林场危旧房改造工程全面完成；林场职工工资及时足额发放、各项保险应保尽保。基本形成功能定位明确、人员精简高效、森林管护购买服务、资源监管分级实施的林场管理新体制，确保政府投入可持续、资源监管高效率、林场发展有后劲。《方案》要求，省国有林场主要承担保护培育森林资源、维护生态安全的公益性职能，按照公益服务事业单位分类管理，合理界定国有林场性质和经费形式。要创新管理体制，健全保障机制，完善运行机制，加强财政支持，落实扶持政策，确保林场改革顺利开展。《方案》明确，省政府成立分管副省长任组长的国有林场改革工作领导小组，负责全省国有林场改革的组织领导、工作协调、督导考核等工作。各市、相关县（市、区）都要成立相关组织，国有林场数量较多的市、县，要实行一把手工程，加大对国有林场编制、经费、管理层级设置等重要事项的组织协调，确保按时完成改革目标任务。要加强国有林场管理机构建设，充实机构人员，推进国有林场改革，加强森林资源监管和行业服务。

（河北省林业厅　袁　媛）

畜　牧　业

【概况】　2016年，全省各级畜牧兽医部门认真贯彻落实新发展理念和农业部安排部署，在省委、省政府和厅党组的坚强领导下，紧紧围绕促进畜牧业健康发展和增加农民收入两大目标，以促进畜牧业转型升级为主线，大力推进畜牧业结构性改革，突出产业发展、疫病防控、保障体系等各项重点，完善运行机制，改进工作方法，突出关键环节，强化各项措施，圆满完成各项任务目标，实现“十三五”起步平稳，开局良好。全省畜牧兽医工作呈现出畜禽生产稳定增长、重大动物疫病稳定控制、畜产品质量稳定提高、草原防火稳定向好的良好态势。全省肉、蛋、奶产量456万吨、388万吨和448万吨，同比分别下降1.2%、增长4%和降低6.8%。全省畜牧业实现产值1940.76亿元，占全省农林牧渔总产值的31.9%。

【畜禽生产】　各地主动适应经济发展新常态，不断加大强农、惠农、富农力度，全省畜牧业生产总体保持平稳。生猪生产依旧偏紧。生猪养殖持续享受去产能红利，饲料保持在较低价位，养殖效益处于较高盈利区间，养殖户积极性提高。但受各地出于环保因素禁养限养政策影响，生猪市场依旧处于供应偏紧局面，存栏呈现减少趋势。截至2016年底，全省生猪存栏1819万头，同比下降2.5%；出栏生猪3433.9万头，同比下降3.3%；猪肉产量265.4万吨，下降3.5%。牛羊生产稳定发展。2016年，全省肉牛生产平稳增长，出栏肉牛331.9万头，同比增长2%。牛肉产量54.3万吨，同比增长2%。肉羊出栏持续增长，出栏肉羊2303.8万只，同比增长2.2%。羊肉产量32.4万吨，同比增长2.2%。家禽生产形势向好。全省出栏家禽6.1亿只，同比增长4%，禽肉产量90.5万吨，同比增长4%。禽蛋总产量388.5万吨，增长4%。牛奶产量持续下降。受养殖效益等因素影响，2016年全省奶牛补栏持续减少，存栏和牛奶产量均呈下降趋势。奶牛存栏180.6万头，同比下降8%，牛奶产量440.8万吨，同比下降6.9%。

【畜禽标准化规模养殖】　各地扎实推进畜禽标准化规模养殖场（区）规范化管理，养殖场户的硬件设施达标、养殖规程管理、标准化示范、管理制度等方面进一步健全和完善，全省蛋鸡、生猪、肉鸡、肉牛、肉羊规模养殖比例分别达到67%、63%、71%、35%、68.5%，奶牛规模养殖连续6年保持100%。省级验收拟创建部级示范场52个，创建部级示范场43个，复检挂牌到期的部级示范场134个，复检合格112个，全省部、省级示范场达到1050个，部省级示范场在畜牧业产值、标准化养殖、动物疫病防控及畜产品质量安全等方面的示范带动作用进一步增强。按照农业部统一安排部署，积极推进畜牧业绿色发展示范县创建活动，制定印发《2016年河北省畜牧业绿色发展示范县创建活动方案》，积极组织各市申报，通过各地竞争性答辩，筛选确定13个县为2016年部、省级拟创建畜牧业绿色发展示范县，结合2016年畜禽标准化养殖项目，安排中央资金2350万元支持8个县开展创建活动，对符合申报条件的前2名项目县作为部级畜牧业绿色发展拟创建示范县上报农业部。制定畜禽标准化养殖项目实施指导意见及资金分配计划，有力促进各县畜禽标准化规模养殖工作开展。

【奶业管理与发展】　各地认真贯彻落实《河北省人民政府关于加快全省乳粉业发展的意见》，保障奶业健康平稳发展。加强与财政部门沟通协调，调整2016年乳粉业发展部分项目资金使用方式，调整股权基金预算，分三批下达乳粉业发展专项资金1.15亿元，建设生产乳粉用奶牛场44家，移植高产奶牛雌性胚胎近7000枚。协调省发改委、省工信厅落实君乐宝公司君源奶粉厂和太行奶粉厂二期工程项目补贴资金1.5亿元，唐山三元食品股份有限公司乳粉厂建设补贴5000万元。全省婴幼儿配方乳粉产能达到15.5万吨，提前一年超额完成省政府确定的任务目标。组织实施国家畜牧良种补贴项目、国家奶牛标准化规模养殖场（小区）建设及种养结合整县推进项目。争取国家奶牛标准化规模养殖场（小区）建设资金1.21亿元，用于123个奶牛养殖场（小区）标准化改造。争取国家奶牛养殖大县种养结合整县推进试点项目资金1000万元，在定州市开展试点工作，积极推广种养结合循环模式。修订完善《奶业利益联结长效机制建设工作推进方案》，组织召开全省粮改饲暨奶业利益联结长效机制建设推进工作会议，解读2016年推进方案，安排部署相关工作。省生鲜乳价格协调委员会每季度发布全省生鲜乳收购参考价格，稳定生鲜乳收购。积极推进全省生鲜乳交易第三方监测试点工作开展，6月底省畜产品质量检验监测中心、唐山市畜牧水产品质量监测中心启动第三方检测，维护乳品企业和奶牛养殖户双方利益，奶业利益联结长效机制进一步推进。起草《振兴河北奶业工作方案》报送省政府。

【畜禽良繁工作】　加强种畜禽核心育种场建设，组织申报并配合农业部专家组完成涿州连生农业现场验收，申报的国家肉羊核心育种场已通过验收。完成河北大午农牧集团种禽有限公司、曲周县北农大禽业有限公司的现场验收，申报的国家蛋鸡良种扩繁推广基地已通过验收，并确定为国家基地。扎实开展性能测定工作，奶牛DHI测定13万头、测定种猪700头。成功举办第11、12届种猪拍卖会。依法加强种畜禽监管，印发《关于做好种畜禽生产经营许可证核发事项下放衔接工作的通知》，按照省政府进一步取消下放行政权力事项有关要求，将种畜禽生产经营许可证核发事项下放到各地。组织召开了全省种畜禽场鉴定验收标准修订研讨会，对9项省级种畜禽场鉴定验收标准进行了进一步修订，并印发各市。全年依法办理许可事项22项，均按时办结，未出现超期现象。组织召开了中国蛋鸡品种创新与种源保障论坛暨大午金凤新品种发布会，进一步加强河北省畜禽地方遗传资源保护力度。

【畜禽养殖粪污防治】 印发《加强畜禽粪污防治及种养结合生态循环绿色农牧业示范基地建设推进方案》等文件，明确目标任务和工作举措，重点推广种养结合生态循环养殖模式，加快推进规模养殖场粪污治理，完成了851家规模养殖场粪污处理利用设施建设。实施畜禽粪污综合利用试点项目，制定实施方案，明确具体要求，采用竞争性遴选方式，组织开展试点项目评审，确定安平、永清2县为2016年试点项目县。协调省水污染防治工作领导小组办公室转发《河北省畜禽养殖禁养区专项整治实施方案》（冀水领办〔2016〕8号），为推动禁养区整治提供有力支撑。以省农业厅、省环境保护厅名义联合印发《关于加快推进畜禽养殖禁养区专项整治工作的函》、《关于加快推进禁养区内规模养殖场（小区）养殖专业户关停或搬迁工作的函》等一系列文件，明确各项任务时间节点，加大工作力度，加快推进禁养区整治。开展畜禽养殖禁养区整治督导检查，加大对工作相对滞后市县的督查力度。全省共有190个县（市、区）公布了以县政府办公室或区管委会批准实施“三区”划定方案；禁养区内涉及规模养殖场户2237个，畜禽存栏1003.97万头（只）。按照《畜禽规模养殖污染防治条例》第43条规定，起草了《河北省畜禽养殖污染防治畜禽养殖场养殖小区规模标准》，与省环保厅联合上报省政府同意后印发，为禁养区整治工作提供了依据。召开全省畜禽养殖污染防治现场观摩暨培训会，解读《畜禽养殖禁养区专项整治实施方案》、《畜禽养殖污染防治畜禽养殖场养殖小区规模标准》，学习《畜禽规模养殖污染防治条例》，提升基层工作人员业务能力。对“三区”划定工作进展较慢的6市进行了约谈，有力促进了工作开展。

【统计监测及信息服务】 河北省获农业部畜牧业统计综合绩效考评总分第一名，受到通报表彰。认真做好农业部确定的生猪等6个主要畜禽品种66个县的生产和效益月度监测、6个规模商品猪场月度监测、30个县的价格和13个县的交易量周监测、45个县主要畜禽品种（奶牛除外）782个规模场月度监测、1313个生鲜乳收购站月度监测工作，全年完成统计报表2.8万张，采集数据300多万个。9月份抽调部分市统计员组成三个核查组，对承德、廊坊、石家庄等7市的14个监测县数据质量进行了实地核查，对各地加强统计监测工作及提高数据质量起到了推动作用。每季度末与国家统计局河北调查队就生产情况进行沟通，结合定点监测数据，撰写畜牧业生产形势分析报告，及时发布预警信息，服务行业生产，提供和测算各类数据250余万条，为评价畜牧业生产情况和实施各项政策提供了数据支持。利用“河北省畜牧统计监测系统”、“河北畜牧网”“河北牧业微信”平台等发布信息近280条。利用短信平台，每周向省、市、县畜牧主管领导发布京津冀畜产品及饲料价格，起到了服务市场、服务行业的作用。在唐山市举办全省统计员业务培训班，工培训统计员约230名，进一步提高了基层统计人员的业务素质。

【畜产品质量安全监管】 全省11个设区市和146个农业县全部建立了畜产品（农产品）监管机构，145个县级质检站中有79个开展了检测工作，493个乡镇成立了独立的畜产品监管机构。全省共完成畜产品检测60.43万批次，不合格51批次，合格率99.99%。饲料完成检测6079批次不合格17批次合格率99.72%。兽药完成检测1563批次不合格96批次，合格率93.86%。组织开展了禁限用农药、兽用抗菌药、畜禽屠宰、“瘦肉精”、生鲜乳、农资打假等7项专项整治行动，有力打击了不法行为，推动了全省畜产品质量安全监管工作开展。切实加强“瘦肉精”等违禁物质监管，联合省公安厅、省食药监局等五厅局印制了《关于严厉打击非法添加使用“瘦肉精”等违禁添加物质行为的通告》15万份，张贴到所有养殖场、屠宰场及行政村，对添加“瘦肉精”违法行为起到强有力的震慑作用，开通了“瘦肉精”检测绿色通道，形成了监管合力。出动检测车两辆，组织3次针对“瘦肉精”的督导检查及飞行检测，不打招呼、不定时间、不听汇报，直接到乡镇动物卫生监督分站，在电子出证系统上随机调取抽检单位，对廊坊市、衡水市、邢台市、石家庄市、保定市、秦皇岛市。现场抽样、现场检测，确保了抽真样、真检测、出真结果，对“瘦肉精”监管工作起到了很好促进作用。

【重大动物疫病防控】 把重大动物疫病防控作为全年工作重点，突出关键时期、关键环节、关键任务，采取有效措施，狠抓落实。3月和9月均召开全省重大动物疫病防控动员会，制定下发《河北省2016年重大动物疫病防控实施方案》、《河北省2016年主要动物疫病免疫工作方案》、《河北省2016年动物疫病监测与流行病学调查计划》等，继续对高致病性禽流感、口蹄疫、猪瘟、猪蓝耳病、小反刍兽疫实施强制免疫和定期监测。全省共调拨禽流感疫苗4.19亿毫升、口蹄疫疫苗1.60亿毫升，高致病猪蓝耳病疫苗2387万毫升、猪瘟疫苗4509万头份，小反刍兽疫疫苗3000万头份。完成禽流感免疫鸡5.64亿只、鸭2332.65万只、鹅489.34万只；新城疫免疫鸡5.18亿只；口蹄疫免疫猪3694.6万头、牛756.77万头、羊3507.91万只；高致病性猪蓝耳病3111.4万头、猪瘟3521.64万头，小反刍兽疫免疫羊3003.71万只。组织开展重大动物疫病防控督导检查，有力促进了工作开展。全省应免畜禽免疫密度、免疫建档率、免疫持证率、牲畜耳标佩戴率都达到国家规定标准，强制免疫各病种免疫抗体合格率都达到了80%以上。健全制度，做好应急物资储备。省农业厅、财政厅、发改委联合出台《河北省重大动物疫情应急物资储备指导意见》，省应急物资储备库建立了完备的管理制度，出入库记录完整，省财政每年安排预算100万元用于防疫物资更新，全年共采购消毒药110吨。制定了《重大动物疫情举报核查管理办法》，实行了24小时在岗值班制度。总体看，全省动物疫情形势平稳，除在个别地方和环节发现家禽H7N9和猪瘟、口蹄疫病原学阳性外，全省未发现重大动物疫情报告，保障了畜牧业健康发展。

【人畜共患病防控】 重点做好奶牛场布病、结核病（简称“两病”）防控工作，印制《河北省奶牛场布病、结核病检测结果通知书》5000本，由各市组织分发到各县及乡镇站。积极落实乳品企业、生鲜乳收购站凭“两病”检测证明收购生鲜乳制度。组织对全省奶牛进行布病、结核病检测，全省完成两病检测牛场839个，检测奶牛408367头，对检测出的阳性奶牛全部按规定进行扑杀和无害化处理。积极应对2016年1月29日廊坊市开发区华日家具公司养猪场职工感染猪链球菌病疫情，省畜牧兽医局及时召开办公会研究应对。迅速派人赶赴廊坊市与廊坊市有关人员组成联合调查组，对猪链球菌病感染者所在养殖场点、周边3公里内的所有养猪户及开发区全部养猪场进行了现场调查，并进行了采样监测，未发现猪只情况异常。及时应对5月和6月的衡水市、廊坊市人感染H7N9病毒，迅速选派专家现场进行指导，开展流行病学调查、排查与疫情监测工作，对有关市场和鸡舍及周边环境进行了全面消毒，有效防范了风险。

【基层动物防疫体系建设】 制定下发《河北省基层动物防疫体系建设提升年活动实施方案》，在全省开展基层动物防疫体系建设提升年活动，将基层动物防疫体系建设纳入对各市政府的动物防疫工作考核内容，各地积极启动政府，争取财政、编制、人事等部门支持，狠抓基层机构建设、队伍建设、基础设施建设，健全财政保障机制。10月份，结合秋防督导，对23个基层动物防疫体系建设重点县逐县进行了检查验收，有7个县取得突破，机构和人员纳入全额保障。省畜牧兽医局筹措资金130多万元，先后举办四期培训班，对全省1100多个基层防疫分站负责人进行执法程序与规范、执法办案技巧及文书制作、违法违规案例警示教育与责任追究、畜禽常见多发病的防治及强制免疫关键技术和疫苗应用、阳光心理办公及危机事件应对等系统培训。联合省人力资源和社会保障厅、省总工会于2016年10月26—27日在保定涿州举行2016年全省动物屠宰检疫技能竞赛活动。全省11个设区市和定州、辛集市农牧（农业、畜牧水产）局共计13支代表队参加此次技能竞赛。魏百刚厅长、张强副厅长出席并讲话。农业部兽医局副局长向朝阳同志，中国动物疫病预防控制中心主任陈伟生同志莅临指导。7月26日，举办全省兽医系统实验室综合技能大比武，经过笔试和现场抽题解答，承德市动物疫病预防控制中心获团体一等奖，衡水市、保定市动物疫病预防控制中心获得二等奖，石家庄市、秦皇岛市、唐山市动物疫病预防控制中心获得三等奖。个人一等奖5名、二等奖10名、三等奖15名。6月份印发《河北省畜牧兽医局关于开展2016年全省病原微生物实验室生物安全专项检查工作的通知》，对各市兽医实验室生物安全专项检查自查情况进行汇总，并组织开展重点核查，有关情况报农业部兽医局。

【病死畜禽无害化处理】 先后印发《河北省病死畜禽无害化处理体系建设推进方案》、《河北省病死畜禽无害化处理监督管理办法》、《河北省病死畜禽无害化处理体系建设工作任务分解方案》等一系列文件，加快推进病死畜禽无害化处理工作。积极推行病死猪无害化处理与保险联动，召开“建立病死畜禽无害化处理与保险联动机制协商会议”，与中国人寿财产保险股份有限公司河北省分公司、中华联合财产保险股份有限公司河北省分公司、太平洋保险股份有限公司河北省分公司签署框架协议。联合印发《河北省病死猪无害化处理与保险联动机制建设试点工作实施方案》，确定51个试点县重点推进保险新条款的实施。组织召开全省病死畜禽无害化处理工作调度暨现场观摩会议，参观石家庄市病死畜禽无害化处理体系建设情况，调度推进全省病死畜禽无害化处理体系建设工作。4月20日，与省公安厅就开展联席会商、信息共享、行刑衔接、联合执法、检验鉴定、互培互训、联合宣传等工作进行深入研讨，达成了多项共识，联合下发《关于严厉打击非法处置病死畜禽和私屠滥宰违法犯罪的通告》并印发全省。集中无害化处理场建设成效显著，全省规划建设病死畜禽集中无害化处理场50个，建成规范化集中无害化处理场25个，开工建设6个，总投资3.8亿元，建成收集点108个，配套各类运输车辆69台。

【医政管理】 制定具体工作方案，明确相关实施细则，全力做好执业兽医资格考试，全省共报名考生2058名，实际缴费1762名，参加考试1445人参加，缺考317人，参考率82%；发现并处理违纪行为1例。6月份开始，以城市动物诊疗机构为重点，强化动物诊疗活动管理，在全省组织开展为期5个月的动物诊疗机构专项整治，严厉打击非法动物诊疗机构、兽药经营机构、执业兽医和乡村兽医无证经营、违规售药、非法行医、执业行为失范等违法行为，诊疗机构经营活动得到有效规范。安排预算15万元，积极开展政府购买农业公益性服务项目，有力促进了工作开展。认真做好基层兽医人员信访接待工作，共接待老兽医上访、信访以及电话反映等40多次，耐心做好解释疏导工作，没有发生群体性事件。

【兽药行业管理】 全省共出动执法人员9317人次，认真开展兽用疫苗专项整治行动，对全省兽用疫苗生产企业、经营企业、强免苗供应单位及养殖场、动物诊疗机构等环节展开拉网式检查，共检查兽用疫苗生产企业2家、经营（供应）企业350家、使用单位9403家，查处存在违规行为的养殖场（户）67家，查处无证经营单位5家，销毁假劣及失效过期疫苗3.1万毫升，有力地遏制了违法违规行为的发生。扎实开展兽药产品及残留抽样监测，共检测兽药及兽药残留4095批次，合格样品4014批，合格率98.02%。其中兽药3774批次，合格3695批，合格率97.91%；兽药残留321批，合格319批，合格率99.38%。对石家庄久合商贸有限公司、河北金凯牧业有限公司鸡蛋产品等4起药物残留超标案件进行追根溯源、实施行政处罚。对农业部下发的《兽药质量监督抽检通报》中涉及的兽药生产企业进行突击检查，对涉嫌产品进行现场核实，对涉案企业依法进行了查处，共立案79件，已全部结案，查处违法企业63个，罚没款23.5万元。规范兽药生产管理，制定《兽药生产许可证》行政审批指南和审批流程，建立了省级兽药GMP专家库，将《兽药生产许可证》审批事项正式纳入省农业厅行政审批大厅网上审批。全年共验收兽药生产企业62家，其中推迟验收1家，终止验收2家，对完成整改的企业及时核发《兽药GMP证书》和《兽药生产许可证》证书。加强兽药追溯系统建设，全省兽药生产企业申请了二维码秘钥达到146家，全部配备二维码采集设备。对尚未申请二维码秘钥的6家生产企业，予以责令停产整改、注销生产许可证等处罚。落实兽药安全监管责任，将兽药生产安全检查作为实施兽药GMP检查验收重要内容并单独提交检查报告，共检查兽药生产企业49家，达到了加强宣传、清除隐患，确保安全生产的目的。

【屠宰监管】 全省屠宰监管体制基本理顺，工作机制更加健全，各项工作有序开展。开展屠宰监管攻坚克难“扫雷行动”，各地在“扫雷行动”中媒体宣传101次、发放宣传材料1.89万份、举办各类培训89次、培训1922人次。全省开展执法1234次、出动执法3216人次、开展联合执法132次。清理小型屠宰场点3个、处理病害猪3256头，捣毁私屠滥宰窝点6个。9月10日至10月10日组织开展了为期一个月的“全省畜禽屠宰质量安全宣传月活动”有效保证了中秋、国庆双节畜禽屠宰质量安全。9月26日至30日省畜禽定点屠宰管理办公室办组织开展了畜禽屠宰监管大检查，各市畜禽屠宰管理机构、执法机构组成6个检查组，对各市畜禽屠宰监管“扫雷行动”开展情况、畜禽屠宰监管“担当年”开展情况、生猪定点屠宰企业标准化建设情况、牛羊鸡定点屠宰推进情况、私屠滥宰、注水或注入其他物质的情况等内容进行交叉互查。

【草原保护与饲草料开发】 按照集中资金办大事的原则，统筹使用2016年禁牧补助和绩效评价奖励资金，一揽子用于“草原生态保护示范区”建设，全省落实禁牧草原1747.3万亩，草原综合植被盖度达到70.5%。会同省发改委及时下达2016年京津风沙源治理二期工程任务计划，张承地区草原生态环境建设共完成围栏封育19.5万亩、累计改良退化草原达到101.6万亩、人工种草9.5万亩、“粮改饲”种植全株青贮玉米55万亩，建设棚圈36.6万平方米，建设种养结合、草畜配套，示范带动能力强的草食畜养殖企业20个，培育草牧业专业合作组织（企业）5个。落实国家《农业环境突出问题治理总体规划（2014—2018年）》，启动农牧交错带草原治理和草牧业发展，按照“选好种、种好草、养好牛、产好奶”和“以养带种，为养而种，以养定种”原则，根据农业部、财政部印发的《关于做好2016年部分财政支农项目实施工作的通知》（财农办〔2016〕22号）有关精神，制定2016年高产优质苜蓿示范建设项目申报指南及申报补充通知，将单元片区补助面积降低为500亩，申报单位扩大为所有草食畜养殖场（合作社），全年完成高产优质苜蓿示范建设种植5.25万亩。

【秸秆利用】 编制《实施“粮改饲”种植发展草食畜牧业推进方案》，成立“粮改饲”工作领导小组，大力推动“粮改饲”工作，促进种植结构调整，全年全省共落实“粮改饲”面积200.5万亩，万亩示范区23个，千亩示范片276个。积极争取国家“粮改饲”试点项目，新增资金9287万元，新增灵寿、滦县等10个试点县。围场、滦县等13个“粮改饲”试点县发展青贮玉米、苜蓿、燕麦等优质饲草料面积105万亩。规模养殖场均建成了自有加合同青贮饲草料种植基地，试点县泌乳牛全株青贮饲喂率达到100%。牛羊养殖从玉米籽粒饲喂向全株青贮饲喂适度转变，促进草食畜牧业节本增效，牛羊养殖饲料成本降低5%以上。通过种植全株青贮玉米、燕麦，种植户亩增收200—240元，奶牛泌乳量增加10%—14%，乳脂率提高10%—15%。全省“粮改饲”面积突破200万亩，直接为种植户节本增收4.8个亿，为养殖企业（场）增收6亿多元。“粮改饲”工作实施，促进了奶业转型升级，全省奶牛场牧场化比例达到80%以上，顺利实现了由小区向牧场转型升级，畜牧业标准化养殖水平明显提升，综合生产能力显著增强。全株青贮玉米推广示范工作有序推进，选定唐山中奥奶牛养殖有限公司和承德隆化益佳养殖有限公司承担农业部2016年全株青贮玉米推广示范工作，两个示范点共种植青贮玉米3604亩，平均亩产3.35吨，共完成全株青贮1.18万吨，其中使用菌剂青贮2130吨。落实青贮种子补贴，加快饲草基地建设，分三批下达各市乳粉用奶牛场青贮玉米种植饲料补贴资金1054.3万元，扶持建设乳粉用奶牛场饲草基地21万亩，改善了奶牛日粮结构，促进了乳品质量提升，降低了饲养成本。

【饲料生产经营管理】 制定具体方案，加强人员培训，认真督导检查，大力推进《饲料质量安全管理规范》实施，5家企业申报国家级《饲料质量安全管理规范》示范企业，全部通过农业部专家组验收。对唐山、邢台、承德、辛集等市进行《饲料质量安全管理规范》培训，有力地提升了全省饲料监管队伍及企业人员执行能力。加大安全生产监管力度，出动4个检查组，对沧州、邢台、保定、廊坊等9家饲料生产企业进行了检查，对发现问题进行了整改。举办2016年饲料生产企业安全生产应急演练暨安全风险管控现场培训会议。配合中国农业科学院饲料研究所进行了风险预警监测抽样。完成了宠物饲料风险预警监测。加大饲料执法监督力度，受理群众举报案件9起，及时通知相关市依法查处，有效打击违法违规行为。对农业部通报的不合格产品进行了彻查，并将结果及时上报。修订印发《河北省饲料和饲料添加剂生产许可工作程序》，对饲料和饲料添加剂生产许可的申报、受理、审核审批、送达等各环节进行了明确规定，全省共核发许可证94个，产品批准文号1210个，未出现违规审批、逾期办理等现象。

（河北省畜牧兽医局　赵学风）

渔　业

【概况】 2016年，河北省渔业工作按照中央一号和省委一号文件精神，围绕渔业供给侧结构性改革，多措并举补齐短板，深入推进渔业转型升级，以《农业部关于加快推进渔业转方式调结构的指导意见》为指导，按照年初制定实施的《河北省渔业转型升级推进方案》中提出的“一调两减三发展四支撑”总体思路，狠抓落实，一二三产融合发展势态良好，全省渔业保持了平稳、健康、快速发展的良好局面，“优质、高效、平安、生态”的特色渔业发展日趋鲜明。全年水产品总产量达到132万吨、同比增长2.2%，渔业总产值达260.4亿元、同比增长6%，渔民人均纯收入13520元、同比增长8%。渔业出口规模不断扩大，水产品出口额达到21.4亿元，占全省农产品出口总额的21.4%。

【产业结构调整】 海洋捕捞业，积极落实渔民减船转产计划，报废、拆解海洋捕捞渔船93艘、总功率减少6173千瓦。推进渔船标准化更新改造，更新改造渔船75艘；远海生产渔船数量达600艘以上，新建成投产2艘远洋鱿鱼钓渔船，远洋生产作业渔船总数达18艘，远洋渔业产量达4.76万吨，同比增长10倍以上。水产养殖业，大力倡导生态、健康养殖，积极组织水产健康养殖示范创建活动，创建部级示范场13家、全省示范场总数达144家，黄骅市水产健康养殖示范县顺利通过农业部专家组验收，全省示范县增加至2个，新评审通过标准化示范区11家，总数增加至71家。水产名品养殖不断壮大。加大主导特色品种的培育力度，通过验收并投入运营的水产原良种场2家，“黄海”系列中国对虾养殖、浅海扇贝藻类套养兼作、南美白对虾以及舌鳎工厂化养殖、泥鳅养殖等一批新技术新模式新品种推广步伐明显加快。休闲渔业，出台了《河北省关于促进休闲渔业持续健康发展的实施意见》，制定了《河北省休闲渔业示范基地创建标准（试行）》、《河北省美丽渔村创建标准（试行）》和《河北省2016年休闲渔业示范基地扶持项目实施方案》，编制完成了《内陆垂钓型休闲渔庄建设规范》，指导各地深入开展休闲渔业示范基地和美丽渔村创建活动。与北京、天津市合作出版了《京津冀休闲垂钓游》以加大对休闲渔业的宣传推广力度。组织全省渔业系统及休闲渔业企业负责人共计70余人参加了第九届中国（厦门）休闲渔业博览会，组织秦皇岛市海洋牧场增养殖有限公司参加了全国休闲渔业示范基地精品展。组织人员赴北京市对大兴区花港观鱼、川崎联盟雅仕锦鲤销售中心等休闲渔业企业进行实地调研，学习借鉴休闲渔业发展先进省市经验做法。以此推动休闲渔业向特色化、产业化发展，沿海以秦皇岛海上人家、渔岛、圣蓝国际海洋公园、唐山多玛乐园为代表的海上观光型休闲渔业产业带初具规模，城市周边以廊坊三河璞然生态园、石家庄市鹿泉区天语休闲渔业园区等为代表的休闲度假型休闲渔业产业区发展强劲，“一带三区”建设取得突破性进展，带动相关产业增加70%以上的产值。

【政策引领】 落实渔业油价补贴调整政策，为渔业转型发展提供有力支撑，及时制定并印发了《河北省渔业油价补贴政策调整实施方案（2015—2019年度）（试行）》和《河北省渔业油价补贴政策调整实施方案（2015年度）（试行）》，做到“总量不减、存量调整、保障重点、统筹兼顾”，既保障渔民基本利益，及时完成了2015年度燃油补贴资金发放的审核工作，又优化了支出结构，拿出较大比例资金扶持产业转型发展。其中安排扶持产业发展的一般转移支付资金达4.66亿元，争取中央专项转移支付资金2.6亿元，对海洋捕捞渔民减船转产、渔船更新改造、人工鱼礁建设、深海网箱养殖、休闲渔业示范基地、水产电商、水产良种繁育、渔港及港行设施配备、渔港维护、渔船通导设备配备、相关系统维护等现代渔业发展领域给予重点扶持，推动了渔业转型升级和可持续发展。编制完成了《渔业发展“十三五”规划》的编制工作，确定了完善五大产业体系、提升七大能力、实施九大工程的“十三五”总体目标。为十三五渔业发展提供了规划保障。经多次沟通协商，12月6日至8日，省农业厅与北京市农业局、天津市农委水产办共同筹备的首届“京津冀渔业协同联席会议”在北京成功召开，农业部及三地渔业主管部门领导及负责人参加会议，三方共同签署了《京津冀渔业协同发展合作框架协议》，发布了渔政执法、技术推广、科研院所联合协作信息，河北省各级渔业行政主管部门负责人、参展企业等共计46人参加会议。三地企业发布宣传信息和展板，河北电视台对本次活动进行跟踪报道。

【渔业资源养护】 渔业资源增殖扎实开展，2016年全省累计投入资金2600多万元，在河北省水域增殖放流各类海淡水苗种24.5亿尾（只）。7月5日，农业部和河北省政府在白洋淀联合举办了水生生物增殖放流活动，于康震副部长和沈小平副省长亲自参加放流活动；4月份在官厅水库与北京市联合举办了“京冀渔业资源增殖放流暨官厅水库联合禁渔启动活动”；已建设国家级水产种质资源保护区18个，并新申报国家级水产种质资源保护区（海洋类）1家；已建设海洋牧场示范区13处、8026公顷、投放人工鱼礁461.5万空方，其中已获批国家级海洋牧场示范区3家，2016年新申报4家。河北电视台、电台及各大媒体进行了相关报道。渔业资源调查评估取得进展，为科学评估河北省沿海渔业资源现状，开展限量捕捞、渔业资源养护提供基础数据。统筹使用海洋资源调查、涉海工程渔业资源跟踪调查以及海洋牧场本底调查等项目资金，报厅领导审批同意后落实工作方案。海上渔业资源及潮间带底栖生物调查相关样品分析工作正在进行中，2016年度海洋渔业资源调查评估报告将于12月底按时完成。海湾扇贝养殖区环境质量预报与灾害预警预报工作完成环境监测报告18份，对提高我国海湾扇贝产量（秦皇岛为我国海湾扇贝主产区）发挥重要指导作用。

【渔业执法】 渔业执法力度进一步强化，省渔政处新建成中国渔政13009号执法船1艘，全省内陆渔政机构配备执法艇16艘，有效提升了执法能力。全省渔政机构建立健全内部多级联动机制的基础上，增强了海（海上多部门）陆（陆地多部门）军（与海警边防）的密切配合，着力开展违规网具专项整治行动，组织开展全省联合执法行动2次，日常执法行动231次，出动渔政执法船艇279艘次，检查车489辆次，执法人员4273人次，共计没收、清理各类违规渔具2100余条（副）。全面落实海洋伏季休渔制度，全省共出动检查人员14675人次，检查车1698辆次，出动渔政检查船舶1058艘次，共查处违规渔船207艘，清理、没收各种违规渔具800余条（片、领），全省休渔秩序良好，有效维护海上生产作业秩序。大力开展水生生物保护，近海及内陆重点水域水生生物多样性逐步恢复，渔业生态环境不断改善，渔业资源得到有效养护和修复。。进一步加强渔业执法体系建设，督促各市县加快落实渔业执法人员参公管理工作进程，严格推进执法行为规范化、执法文书制作标准化，水产苗种专项整治、水产养殖执法力度进一步加大。

【加工出口及电子商务】 围绕河北省水产养殖主导品种，注重发展水产品精深加工，促进加工保鲜和副产物综合利用。不断加强水产品牌建设，水产品获评河北名牌产品10家，优质产品1家，注册水产品商标30余个，其中著名商标2个。推进水产品加工业聚集发展，构建水产品全冷链物流体系。重点开辟国外市场，提高水产品附加值。积极推动渔业电子商务试点建设，补助100万元资金支持黄骅市渔业电商创业园建设，已建成了400余平方米的电商园区，配备了办公电脑、无线网络、特色海产品展示台等设备，吸引互联网企业8家，传统渔业企业30余家入驻，开设大型渔业电商免费培训班3期，培训渔民300多名，带动100余家渔业企业触网，个体新开手机微小店和淘宝小店150余家，并于2016年6月28日举办了首届黄骅“渤海刺参”品鉴推介会，邀请黄骅刺参养殖户、加工商、经销商、新闻媒体、各大酒店厨师长及相关单位160余嘉宾共同参会。通过公共宣传活动树立黄骅电商品牌，扩大其知名度和影响力，进一步促进了渔业借助“互联网＋”转型升级。

【渔业安全生产】 严格落实监管责任，坚持群防群控、管防结合，成功化解3起海上渔事纠纷。强化宣传教育，发放安全生产等宣传资料1万多份，提升船员守法意识，举办职务船员及涉外渔业培训班21期、培训船员4900多人，有效防范渔船进入敏感水域从事非法捕捞活动。不断提升渔业安全保障能力，全省共承保渔民3万多人，渔船近3000艘，提供风险保障近84亿元，沿海渔民人均保障额度24.5万元。

【水产品质量安全】 利用国家金融保险创新实验资金500万元，开展15万亩水产养殖业保险服务，保险覆盖面积逐步扩大。做好水生动物疫病防控，完成了560个水生动物疫病样品的专项监测任务，全省未发生重大疫情。突出源头监管和综合治理，加大抽检力度，实现水产品生产过程抽检全覆盖。国家组织的市场例行检测200个样品合格率86.5％，同比有所降低；水产苗种、渔用投入品抽检合格率100％；产地水产品质量安全监督抽查150个，抽检合格率100％，对违法养殖和阳性样品查处率达到100％，未发生水产品质量安全事件。

【存在问题】 一是粗放的发展方式已无法继续维持。渔业生产作业方式粗放、养殖密度太高、品种结构不合理，捕捞强度过大、渔业资源过度利用，导致渔业资源衰退，渔业水域呈现生态荒漠化趋势。二是产业结构布局必须及时作出调整。渔业发展空间不断被挤压，渔民“失海”、“失水”问题比较突出。水产养殖在内陆水源地保护、海洋环境污染综合治理中频繁遭遇“红灯”，水产养殖业发展遭遇前所未有的困境。三是渔业发展组织化程度低、支撑弱的不利局面亟待扭转。渔业一产组织化程度低，缺乏工业化发展思维，产业集聚优势也没有发挥出来，产业链和价值链仍需有效延伸。渔业科技支撑较弱，先进的养殖技术、管理模式不能及时转化并得到有效的应用。四是渔业基础设施建设滞后。港口毁损严重，环境较差，与美丽渔港印象落差较大，不仅安全隐患较大，而且限制了依托渔港进行综合开发利用，渔船抵御自然灾害能力脆弱。五是养殖企业防灾抗灾能力有待提升。2016年7.19特大暴雨给全省渔业造成了重大损失。灾后各级各部门积极组织生产自救，开展灾情调研、技术救灾，捐款捐物，对帮助渔民恢复生产，促进渔区和谐稳定发挥了重要作用。但养殖企业防灾抗灾能力还不高，急须提升。

（河北省农业厅　周栓林）

饲料生产

【概况】 饲料产量稳定增长。2016年河北省饲料总产量1340万吨，比上年增长0.2％。其中，配合饲料、浓缩饲料和添加剂预混合饲料产量分别为1137吨、189万吨和14万吨，与上年同比，配合饲料略有下降，浓缩饲料、添加剂预混合饲料分别增长2.2％和28％。生产企业数量有所增长。由于北京企业外迁及部分未获证企业升级改造，生产企业数量有所增长。截至2016年12月底，河北省饲料和饲料添加剂生产企业1168家，比上年同期增加了93家。其中浓缩饲料、配合饲料、精料补充料企业549家，较上年同期增加33家，单一饲料企业190家，较上年同期增加4家，饲料添加剂企业171家，添加剂预混合饲料生产企业254家，分别比上年同期增加35家、21家。产业集中度明显提高。饲料行业联合、重组、兼并步伐加快，生产经营方式转变呈现新格局。河北省549家浓缩饲料、配合饲料、精料补充料企业中，2016年产量10万吨以上的企业数量达到了28家，年产万吨以上企业比例达到90％以上。河北兴达饲料集团有限公司评定为全国饲料生产三十强企业。饲料行业“两个安全”得到有效保障。2016年，省级以上饲料监督抽检合格率98％以上，全年未发生安全生产事故，实现了饲料质量、饲料生产“两个安全”。宠物饲料和氯化胆碱两大特色产业健康发展。2016年河北省宠物饲料总产量预计达到22万吨，较上年增长22.2％，占全国总产量的50％以上，宠物饲料由单纯的宠物干粮不断向干、湿粮为主，宠物零食、奶糕等多品种发展。南和县已成为全国最大的宠物饲料生产基地。河北省荣喜、华兴两家宠物饲料企业评选为全国十强宠物饲料生产企业。氯化胆碱产业通过采取有力措施，淘汰落后产能，培育大型企业。狠抓安全环保管理等措施，年产量20万吨，出口8万吨左右，呈现出企业数量减少，产量增长的良好发展势头。“粮改饲”工作取得新突破。“粮改饲”工作在原有3个试点县的基础上新增了10个试点县，新增资金9287万元，编制了《河北省推进2016年“粮改饲”试点工作实施方案》，拟定了《河北省推进“粮改饲”试点项目工作绩效考核实施方案》，13个试点县“粮改饲”面积达到了105万亩，全省突破了200万亩。通过种植全株青贮玉米、燕麦等，种植户每亩增收200—240元，奶牛泌乳量增加10—14%，乳脂率提高10—15%，直接为种植户节本增收4.8个亿，为养殖企业（场）增收6个亿。

【主要工作】 （一）加大饲料法规培训力度。3月份，河北省畜牧兽医局在石家庄市举办饲料工业发展峰会暨饲料法规培训班。各级饲料管理人员、生产企业、行业组织、科研院所、新闻媒体等方面代表1200余人参加了会议和培训，收到了良好的培训效果。同时，各市举办各类培训班129期，累计培训4587人次，有效提升了行业知法守法水平。

（二）推进了《饲料质量安全管理规范》的实施。印发了《河北省畜牧兽医局全面实施饲料质量安全管理规范的指导意见》，并对石家庄、沧州、邢台、邯郸、保定、唐山六个市《规范》开展情况进行了督导检查。对申报农业部《规范》示范企业的五家企业进行了指导，通过努力，五家企业全部一次性通过农业部专家组验收。指导各市有序开展《规范》培训、市级示范企业创建活动，对保定、唐山、邢台、承德、辛集等市（直管县）进行了《规范》培训，有力地提升了全省饲料监管队伍及企业人员对《规范》的认知及执行能力。是开展了《规范》联合检查，10月份，由各市（直管县）饲料办主任组成6个检查组，对全省《规范》推进情况进行了检查。

（三）加大安全生产监管力度。印发2016年度《饲料行业安全生产工作指南》，对2016年饲料安全生产工作进行了安排部署。对节后复工复产和全国两会期间安全生产工作进行督导检查。共出动4个检查组，对沧州、邢台、保定、廊坊等市9家饲料生产企业进行了检查，对发现问题进行了整改。印发2016年河北省饲料行业安全生产月活动实施方案，组织开展河北饲料行业安全生产月活动。举办了2016年饲料生产企业安全生产应急演练暨安全风险管控现场培训会议。开展岁末年初安全生产大检查活动，通过自查、拉网式检查、抽查等方式对全省所有饲料和饲料添加剂生产企业进行检查，从源头上消除安全生产隐患。

（四）开展了饲料监督监测抽检活动。制定了2016年饲料产品监测计划，并根据《2016年全国饲料产品质量安全监测计划》及中国农业科学院饲料研究所《关于2016年饲料检测计划补充文件的函》的要求，商请省饲料监察所对河北省饲料和饲料添加剂抽样重点、检测项目进行了细化完善。配合中国农业科学院饲料研究所进行了风险预警监测抽样。完成了宠物饲料风险预警监测。四是配合D20峰会召开，对河北省所有奶牛精料补充料生产企业进行了抽样，并将检测情况及时向君乐宝乳业进行了通报。

（五）加强饲料执法及案件查处工作。督促各市加大饲料执法监督力度，对日常监管中发现的违法、违规行为及时进行查处。对各市上报的饲料查办案件及时分析汇总，并上报农业部。受理群众举报案件9起，全部依法及时查处，有效打击违法违规行为。对农业部通报的不合格产品进行了彻查，并将结果及时上报。参加了省农业厅召开的《全省农业法制工作暨综合执法现场观摩会议》，并在会上做了典型发言。

（六）进一步规范行政许可工作。修订印发了《河北省饲料和饲料添加剂生产许可工作程序》，对饲料和饲料添加剂生产许可的申报、受理、审核审批、送达等各环节进行了明确规定，全省共核发许可证96个，产品批准文号1210个，未出现违规审批、逾期办理等现象。组织了饲料和饲料添加剂行政许可技术评审专家的推荐、考试工作，为组建新一届专家库奠定了基础。

（七）召开了全省饲料行业形势分析会暨统计培训班。为深入了解河北省饲料行业整体形势，进一步提升饲料统计质量，11月底召开了饲料行业形势分析会暨统计培训班。各市（含定州、辛集市）饲料办主任及统计员、省局草原与饲料处、饲料监察所、饲料工业协会相关人员共45人参加了会议（培训）。会议（培训）听取各市汇报了本辖区2016年前10个月饲料工业生产形势，对饲料统计报表制度进行了解读，安排部署了下一步饲料统计工作。通过会议，全面了解了河北省饲料行业整体形势，为科学决策和管理奠定了基础。

（八）大力推动粮改饲工作，促进种植结构调整。积极争取国家“粮改饲”试点项目，新增资金9287万元，新增10个试点县。年初编制了《实施“粮改饲”种植发展草食畜牧业推进方案》，明确了任务目标、重点工作和保障措施。为确保国家政策落到实处，制定了《河北省推进2016年“粮改饲”试点工作实施方案》，提前拟定了《河北省推进“粮改饲”试点项目工作绩效考核实施方案》。2016年试点工作进展顺利，13个“粮改饲”试点县发展青贮玉米、苜蓿、燕麦等优质饲草料面积105万亩。试点县泌乳牛全株青贮饲喂率达到100%。牛羊养殖从玉米籽粒饲喂向全株青贮饲喂适度转变，促进草食畜牧业节本增效，牛羊养殖饲料成本降低5%以上。通过种植全株青贮玉米、燕麦，种植户亩增收200—240元，奶牛泌乳量增加10—14%，乳脂率提高10—15%。全省共落实“粮改饲”面积200.5万亩，直接为种植户节本增收4.8个亿，为养殖企业（场）增收6亿多元。

（九）全株青贮玉米推广示范工作。2016年河北省承担农业部全株青贮玉米推广示范应用项目，争取资金150万元。选定唐山中奥奶牛养殖有限公司和承德隆化益佳养殖有限公司承担示范工作。2016年两个示范点种植青贮玉米3604亩，完成全株青贮1.18万吨，其中使用菌剂青贮2130吨。奶牛、肉牛青贮饲喂试验于2016年12月正式开始，预计2017年5月完成试验。

（十）落实青贮种子补贴，加快饲草基地建设。2016年乳粉业发展专项资金中乳粉用奶牛场青贮玉米种植饲料补贴资金1054.3万元已经分三批全部下达各市。第一批分配下达280万元，第二批下达420万元，第三批分配下达354.3万元。共扶持21万余亩乳粉用奶牛场饲草基地建设，改善了奶牛日粮结构，促进了乳品质量提升，降低了饲养成本。

【存在问题】 通过各级饲料管理部门共同努力，2016年河北省饲料产业保持了平稳发展的态势，但仍然存在一些问题。一是无证生产饲料和饲料添加剂行为仍然没有彻底根除。通过摸底调查，换证工作结束后仍有近200家未获证企业没有彻底转产或关停，这些企业部分转为合作社生产自配料，还有一部分存在无证生产的隐患。二是《饲料质量安全管理规范》推行力度有待进一步加强。部分企业对《规范》还没有充分认识和理解，没有按照《规范》建章立制、组织生产。部分企业虽然按照《规范》要求建立了相应的管理制度、操作规程以及记录表单，但存在着照抄照搬、制定制度不符合企业实际情况、不按《规范》要求实施等问题。三是监管能力有待进一步提高。部分市、县监管队伍不稳定，不能够对企业进行有效监管。

（河北省农业厅草原与饲料处　郭文娟）

盐　业

【概况】 2016年，河北盐业以全面深化盐业体制改革、保障食盐安全有效供应为主线，推进依法治盐、推动管理创新、维护市场秩序、释放经营活力，促进全省盐业经济形势缓中趋稳、稳中向好，实现"十三五"良好开局。全年生产原盐351.62万吨，同比增加1.99%；销售原盐335.53万吨，同比增加29.69%；库存172.43万吨，同比下降15.04%，原盐产销及库存消化情况良好。受改革过渡期企业观望等待等因素制约，全年销售食盐18.23万吨，同比减少6.81万吨，完成年度计划的56.08%。其中省内销售11.6万吨，同比减少7.4万吨，完成年度计划的46.43%；省外销售6.63万吨，同比增加0.59万吨，完成年度计划的87.23%。全年省内盐产区查处各类盐业违法案件8起，没收盐斤18吨，罚款2.5万元，保持了盐政管理的高压态势。

【推动原盐质量进步】 省、市盐务局加强生产调度，在盐区召开春晒生产调度会，实地查看制盐企业生产情况，引导企业认真执行国家工业盐新标准《GB/T5462—2015》，做好生产基础设施维护，推广管道收盐，提高机械化作业水平，全流程把控原盐质量。各制盐企业在深化塑苫管理、提高纳潮浓度、科学安排制卤等方面聚焦发力、组合施策，促进原盐质量稳中有升。加强安全生产管理。召开河北省盐行业安全生产标准化基本规范审定会议，拟定上报行业安全生产标准，加强重点企业安全生产监控，定期发布安全生产信息。全面部署防汛工作。印发《关于做好2016年防汛工作的通知》，健全责任体系，组建抢险队伍，增强抗灾能力，实现安全度汛。

【保障食盐稳定供应】 做好食盐销售安排的编制和落实。依据中盐协会《关于印发2016年全国食盐产销衔接结果的通知》精神，编制下发全省年度食盐销售安排。加强对食盐销售计划执行情况的分析，突出问题导向、需求方向，掌握企业产销存情况，合理安排食盐销售额和流向。加强与省盐业专营集团公司等销区用户对接协调力度，指导企业提前做好节假日等特殊时段市场供应准备，促进食盐销售稳步开展。加强食盐产品质量管理。将河北中盐龙祥盐化有限公司纳入食盐定点生产企业管理范围，组织企业参加食盐新标准宣贯培训和盐业质检人员换证培训，督促企业严格落实《食品安全国家标准食用盐》（GB2721—2015），从源头上把好质量关。委托国家盐产品质量监督检验中心对12家食盐定点生产企业产品质量进行检测抽检，2014、2015年度企业产品质量抽检全部合格，2016年产品质量抽检合格率为92.3%。

【促进食盐质量结构升级】 针对省外市场品种调整快、包装形式多样及供应厂家多的特点，强化生产企业创新主体地位，引导企业加速设备升级改造和新产品开发，掌握市场主动权。开展省外市场调研。组织企业到广东、广西、浙江等传统销区和山东食盐生产企业考察调研，摸清市场需求，找准产品定位，学习行业领先企业的管理方法、营销策略、文化建设等先进经验。优化供应结构。支持大型生产企业发挥示范带头作用，增强辐射带动能力，打造低、中、高端多元化系列产品和健康、绿色、天然的海盐品牌。河北永大食盐有限公司在研发立式袋包装盐、罐装包装盐、澳洲颗粒盐、蒜香调味盐等新品食盐的基础上，打破惯性思维和传统发展路径，谋划转型大型食品企业，建成包装膜等非盐产品项目，为企业开辟广阔的发展空间。沧盐集团瞄准市场前沿需求，开发适应高端消费人群的味精盐、速溶海盐、日晒泡菜盐等"拳头"品种，投入3000多万元扩建小包装生产车间2700平方米，新增4套8万吨全自动智能化小包装生产线，配套标准仓库4处，仓储能力达1.5万吨，产品竞争力大幅提升。黄骅绿海康信多品种食盐有限公司注册"芦盐"商标，日晒腌制盐和海晶盐获得国家绿色食品证书，产品质量和供应能力显著改善。海兴县健畜盐制品公司与内蒙古农业大学开展技术合作和项目攻关，成功研发出矿物质型、营养型和育肥型"欢畜"牌系列舔砖，产品远销内蒙、甘肃、新疆、云南、贵州等省区，还借助进出口公司的渠道打入国际市场，取得良好的经济效益。

【优化盐业发展环境】 强化市场监管。贯彻落实《河北省治理制贩假盐专项行动方案》，在盐产区开展治理假冒伪劣食盐专项行动，整顿、规范食盐生产和批发企业经营秩序，加强对加工盐企业、工业盐经销企业和食盐销售市场的监管力度，防止假冒伪劣食盐流入食盐市场。对食盐定点生产企业和批发企业进行普查，维护全省食盐专营体系和专营管理机制，确保改革平稳过渡。

推进依法行政。做好国务院取消中央指定地方实施行政审批事项的衔接清理，全面梳理、公示权力清单和责任清单，推行“并联式”、“一站式”、“窗口式”行政许可审批模式。对罚没清单进行再梳理，对应法律法规逐条进行对照检查，整理罚没依据法规5部，处罚条款45项。推进盐业信用体系建设。建立全省盐行业食盐生产、批发企业及其负责人和高管人员的信用记录，采集录入12家食盐生产企业、11家食盐批发企业、27家制盐企业和12家盐加工企业的信用信息资料，加大对守信典型的宣传和对失信典型的曝光力度，引导企业依法诚信经营。营造良好政务环境。建立健全行政审批案卷，做好制盐企业换证、食盐批发企业许可证延期、食盐定点生产企业信息备案和批发许可证核发等工作，全年办结行政许可申请410项。

加强执法队伍建设。规范执法行为。出台《盐政执法程序规定》，编制行政执法操作流程图，明确执法环节和步骤，完善盐政执法程序。制定双随机抽查机制实施细则，建立省内盐产区63家市场主体和省局盐政执法人员信息资料库，将盐政执法随机抽查向纵深推进。提高执法水平。围绕严格、规范、公正、文明执法目标，继续抓好行政执法评议考核，开展行政执法监督检查和案卷评查活动，强化行政执法内部监督。加强学习培训。组织业务培训274人次，促使执法人员熟练运用相关法律法规和专业知识，掌握立案标准、办案流程，建设高素质执法队伍。

开展普法知识宣传。以盐业法规政策为主题开展法制宣传教育活动，组织干部职工学习《中华人民共和国侵权责任法》、《盐业体制改革方案》等法规文件，集中开展2次法律知识答题活动。会同省卫计委、省疾控中心等部门开展主题为“坚持科学补碘，建设健康中国”的“防治碘缺乏病日”宣传活动，通过悬挂横幅标语、现场咨询讲座等形式宣传碘缺乏危害和科学补碘的重要性，共发放宣传品1000余份，现场解答群众咨询400余人次，进一步提高群众科学食用合格碘盐的健康意识。

【服务制盐企业】 加强宏观指导。根据省内化工企业报送的工业盐需求计划和省内外制盐企业提报的工业盐供需合同备案情况，编制动态的年度工业盐计划表，宏观调控省内工业盐供求关系，保障全省工业盐需求总体平衡。落实国务院《盐业体制改革方案》要求，主动取消工业盐合同备案制。同时，加强产品标识管理，做好出厂检验、产销记录，要求在河北省内运输的工业盐必须随车持有“产品合格证和供需合同”，明确工业盐流向和用途，防止流入食盐市场。

开展盐业学术交流。召开河北省盐业协会2016年度学术论文评审会，来自省内盐业系统的10多位专家，对全省盐业系统初选论文进行了认真评审，评选出一等奖论文12篇、二等奖论文9篇。获奖论文在调整经济结构、转变增长方式、压缩过剩产能、发展混合经济等方面，提出了许多新思路、新措施，对全省盐行业加强企业管理和推进技术进步等工作具有较高的参考价值。

（河北省盐务局　李　杨）

工　业

【综述】 2016年，在省委、省政府坚强领导下，全省各级各部门认真贯彻落实国家宏观调控政策和省委、省政府决策部署，按照“以旬保月、以月保季、以季保年”的工作要求，积极推进供给侧结构性改革，围绕“三去一降一补”五大任务，加强运行调节，做好企业帮扶，全省工业经济运行稳中向好，结构调整进程加快、转型升级成效显著，企业效益明显提升。但化解过剩产能、大气污染治理对工业生产的影响仍将持续，改造提升传统产业、加快新旧动能转换，是当前和今后一段时期工业领域的重要任务。

2016年，全省规模以上工业完成增加值11663.8亿元，同比增长4.8%，比上年回升0.4个百分点，保持了稳中向好的增长态势。纵观全年运行轨迹，以增长4.2%的低位开局；一季度增长4.9%，实现首季开门红；上半年增速达到5.1%，实现“时间过半，任务过半”；随着全省工业结构调整、转型升级不断推进，工业生产企稳向好，稳中有进，前三季度增长5.6%，达到全年最高增速；四季度，全省各级各部门认真贯彻落实省委、省政府决策部署，努力降低化解过剩产能、大气污染治理对工业生产的影响，总体上保持了稳中向好的态势。

（一）大中型企业生产回暖。2016年，全省大中型工业企业充分利用市场环境逐步向好、供给侧结构性改革稳步推进的良好机遇，积极扩大生产，工业生产呈现稳步增长态势，增加值增长3.2%，2015年为下降0.2%，为工业平稳增长发挥了重要作用。

（二）股份制企业生产加快。2016年，股份制企业完成增加值9802.3亿元，同比增长5.7%，比上年加快0.8个百分点；国有及国有控股企业生产降幅收窄，完成增加值2305.9亿元，同比下降0.6%，降幅比上年收窄0.9个百分点；外商及港澳台商投资企业完成增加值1096.0亿元，同比持平。

（三）多数行业保持增长。2016年，在统计的40个工业行业大类中，28个行业比上年增长，增长面达到70%。其中，七个主要行业增速“四升一平二落”。装备制造业增长10.2%，增速比2015年回升3.0个百分点；纺织服装业增长6.3%，回升3.0个百分点；建材工业增长3.2%，回升2.1个百分点；医药工业增长5.4%，回升0.6个百分点。食品工业增长3.2%，与2015年持平。钢铁工业下降0.2%，2015年为增长5.0%；石化工业增长4.9%，回落1.2个百分点。

（四）企业利润较快增长。2016年，全省规模以上工业企业实现利润总额2815.11亿元，同比增长19.2%。在效益统计的39个工业行业大类中，38个行业整体盈利。其中，24个行业利润总额同比增长，13个行业同比下降，2个行业由亏转盈。对全省利润总额增长拉动作用最大的5个行业是：黑色金属冶炼和压延加工业，实现利润总额320.0亿元，同比增长2.1倍；石油加工、炼焦和核燃料加工业，由上年同期净亏损11.6亿元转为盈利54.6亿元；汽车制造业实现利润总额244.9亿元，同比增长31.8%；电气机械和器材制造业实现利润总额165.3亿元，同比增长48.3%；煤炭开采和洗选业，由上年同期净亏损33.7亿元转为盈利17.2亿元。以上4个行业对全省利润总额增长的贡献率达到18.9%。

【转型升级取得新突破】 （一）“三去一降一补”持续推进。2016年以来，全省工业加快推进供给侧结构性改革，“三去一降一补”取得阶段性成果。从去产能看，煤炭、钢铁行业化解过剩产能任务超额完成。从去杠杆看，2016年，全省规模以上工业企业资产负债率为54.9%，比2015年降低1.3个百分点。从去库存看，2016年，全省规模以上工业企业产成品库存周转天数为12.7天，比2015年减少0.2天。从降成本看，2016年，全省规模以上工业企业每百元主营业务收入中成本为86.74元，比2015年降低0.05元。

（二）装备制造业优势扩大。2016年，装备制造业完成增加值3029.3亿元，同比增长10.2%，快于规模以上工业增速5.4个百分点，占规模以上工业的比重为26%，同比提高1.4个百分点，超过钢铁工业0.5个百分点，创历史新高。对规模以上工业增长的贡献率为52.2%，拉动规模以上工业增长2.5个百分点，贡献率、拉动作用均居七大主要行业之首。在装备制造业8个行业大类中，金属制品业、汽车制造业、电气机械和器材制造业等行业增速均在10%以上。通用设备制造业、金属制品业、汽车制造业、电气机械和器材制造业等4个行业增速比2015年加快3个百分点以上。

（三）高耗能行业增速下降。2016年，六大高耗能行业完成增加值4422.2亿元，比上年同期增长1.4%，比2015年回落1.8个百分点。占规模以上工业增加值的比重为37.9%，与2015年持平，比1—11月份回落0.1个百分点。与2015年相比，煤炭开采和洗选业增加值增速降幅扩大3.6个百分点；石油加工炼焦和核燃料加工业、黑色金属冶炼和压延加工业由升转降，分别由2015年增长9.1%和4.8%，转为下降3.6%和2.5%。

（四）消费品工业较快增长。2016年，消费品工业生产增长快于规模以上工业。其中，食品制造业同比增长10.6%，酒、饮料和精制茶制造业增长5.5%，纺织业增长5.5%，纺织服装、服饰业增长14.0%，皮革、毛皮、羽毛及其制品和制鞋业增长6.1%，印刷和记录媒介复制业增长5.2%，文教、工美、体育和娱乐用品制造业增长7.1%。

（五）工业新动能加快集聚。高新技术产业增加值同比增长13.0%，高于规模以上工业8.2个百分点；装备制造业增长10.2%，高于规模以上工业5.4个百分点。战略性新兴产业增速快于传统产业。其中，医药制造业增长5.4%，医疗仪器设备及器械制造增长4.9%，城市轨道交通设备制造同比增长12.7倍，航空、航天器及设备制造增长61.7%，卫生材料及医药用品制造增长32.7%，风力发电增长19.4%，太阳能发电增长97.6%，其他电力生产增长26.8%。新产品产量保持较快增长。碳纤维增强复合材料增长8.4%，工业机器人增长7倍，多晶硅增长48.2%，光电子器件增长25.3%。。

【需关注的问题】 2016年，全省工业仍处于新旧动能转换时期，旧动能增长不断回落，新动能体量尚不能支撑全省工业快速增长，加之化解过剩产能和大气污染治理任务繁重，多种因素叠加，全省工业增速下行压力不断加大。11、12月份，除张家口、承德、秦皇岛外，全省各市均启动了大气污染治理Ⅰ级或Ⅱ级应急响应，对部分行业企业采取停限产措施。受此影响，全省工业增速在年底出现较大回落。11月份，工业生产仅增长0.2%，比10月份回落3.9个百分点，12月份，影响进一步加大，工业生产下降6.2%。

【对策建议】 （一）做强钢铁工业，保持工业稳增长。处理好化解过剩产能、大气污染治理与钢铁工业稳增长的关系。加快钢铁工业转型升级步伐，提高钢铁工业产能利用率，鼓励企业创新，在高端产品研发和生产上下功夫。逐步淘汰中低端产品，增加高附加值产品，提高产品市场竞争力和占有率。对符合产业政策的高速铁路用钢、高强度机械用钢等重要钢材品种及关键技术给予重点支持。

（二）调优装备制造业，推动工业较快增长。装备制造业要做大体量，更要调优结构。提高传统装备制造业产品质量和经济效益，加快发展高端装备制造业。重点引进数字化、智能化设计制造，绿色制造技术和重点行业关键共性技术与制造项目，引进对技术进步、产业升级有重大影响和带动作用的装备及关键零部件项目，建设先进制造业研发和生产基地。鼓励汽车制造业、铁路船舶航空航天和其他运输设备制造业、计算机通信和其他电子设备制造业等行业技术创新，提升产品竞争力。

（三）发展战略性新兴产业，集聚增长新动能。加强京津冀企业间的合作，积极承接电子信息、高端装备制造等战略性新兴产转移，加大政策扶持力度，加快建设一批功能完善、支撑有力的创新平台、公共服务平台和融资平台，设立完善战略性新兴产业创投基金，鼓励各种风险投资基金和社会资金进入战略性新兴产业领域。

（四）加大企业帮扶力度，继续降低企业经营成本。降低融资成本。组织具有一定能力的企业加入“银企帮扶基金”，组织一批有资金需求的企业成立规模组织，以组织的形式加入“基金”，帮助企业抱团借贷取暖；搭建银企对接平台，通过政府帮助企业筹措倒贷资金，拓展企业信贷空间。继续深化审批制度改革。减少审批环节，使企业在办理各项事项时更加方便、快捷；优化经营环境，营造公平有序的市场秩序。加大扶持力度。在环保、用工、新技术启动等政策方面，各级政府应给予企业更多关注和适当的补贴。

（河北省统计局　王　光）

电子信息产业

【概况】 2016年河北省电子信息产业总体保持平稳增长，以大数据、智能化、移动互联网、云计算（以下简称“大智移云”）为核心的网络信息技术产业呈现快速发展态势，成为产业发展新动力。统计显示，全行业入统企业576家，从业人员约18.3万人，累计完成主营业务收入1304亿元，同比增长5.1%；实现利税157.9亿元，同比增长26.8%；完成出口创汇27.4亿美元，同比增长0.6%；完成固定资产投资30.1亿元，同比下降15.2%。全省共有61家软件企业通过CMMI（软件能力成熟度模型）认证，晶龙集团、东旭集团、风帆股份3家企业入围第30届中国电子信息百强。

【产业运行】 2016年，电子信息制造业完成主营业务收入1044亿元，同比增长5.5%，趋势稳中向好；累计实现利税108.7亿元，同比增长30.4%；太阳能光伏产业实现主营业务收入231.2亿元，同比增长3.4%；新型显示产业持续快速增长，实现收入136.7亿元，同比增长20.5%；半导体照明产业保持较高增速，主营业务收入32.6亿元，同比增长24.2%；行业电子小幅增长，主营业务收入327.2亿元，同比增长2.9%；通信导航产业扭转前期下降局面，主营业务收入155亿元，同比增长5.2%。

软件和信息技术服务业完成主营业务收入260亿元，同比增长3.5%；实现利税49.3亿元，同比增长19.7%；其中软件产品收入25.8亿元，同比增长-9.1%；信息技术服务收入167.2亿元，同比增长16.3%，增速较快。

【加快发展“大智移云”】 省委、省政府出台《关于加快发展“大智移云”的指导意见》，推动以大数据、智能化、移动互联网、云计算为核心的网络信息技术产业快速发展，实施大数据示范、云上河北建设、电子政务整合、信息资源共享、数据开放五大工程，增强信息基础设施服务、网络信息技术产业创新发展、经济社会智能化、政府大数据治理和信息惠民五种能力，建立完善体制机制、技术创新、发展政策、制度标准、人才队伍、信息安全保障六大支撑体系，做大做强数字经济，全面提高河北省信息化水平。

【大数据综合试验区建设】 2016年4月，京津冀三地政府签署了《京津冀信息化协同发展合作协议》，在工业云共建、政务信息资源共享和利用、电子认证结果共享和互认、北斗导航应用服务等四方面开展深入合作。7月，京津冀大数据综合试验区获国家批准，发布了《京津冀大数据综合试验区建设方案》，发起成立了京津冀大数据协同发展投资基金、大数据协同处理中心和京津冀大数据综合试验区应用感知体验中心。重点建设张家口新能源大数据、廊坊物流金融遥感大数据、承德旅游大数据、秦皇岛健康大数据、石家庄大数据应用等五个试验区，并在环保、交通、教育、健康医疗、旅游等民生重点领域组织开展试点示范，打造以北京为创新核心、天津为综合支撑、河北做承接转化的大数据产业一体化格局。

【推进物联网示范应用】 围绕产业特色，着力打造石家庄、承德、秦皇岛、唐山、廊坊、保定等六大物联网产业基地，培育发展康泰医学、河北汉佳、河北广联、先河科技等一批优势企业。在工业、农业、环保、医疗、安防、电力等领域开展了一系列应用示范，河北汉佳等19家企业承担国家物联网专项工程，并获得专项资金支持，其中康泰医学“远程医疗系统”等三个项目入选国家物联网示范应用案例。安排500万元专项资金，实施9项工业物联网应用示范工程，取得较好效果。签署《京津冀北斗导航位置服务合作协议》三地北斗卫星导航运营服务平台企业重点围绕智慧养老、物流配送、冬奥会安全保障等方面展开合作。落实工信部、北京市政府、河北省政府《基于宽带移动互联网的智能汽车与智慧交通应用示范合作框架协议》，推动智能汽车、智慧交通和宽带移动互联网应用。与中国电子技术标准化研究院合作开展二维码标准研制，建立全国首家二维码院士工作站和二维码技术与应用工程实验室。

【无线局域网（WiFi）建设】 出台了国内首个以省委、省政府两办名义专门印发的《加快推进无线局域网（WiFi）建设和免费开放的指导意见》起草了《无线局域（WiFi）建设和免费开放工作评价办法》《i-hebei无线局域网建设与服务规范》。2016年底，11个设区市和辛集、定州两个省直管县（市）主城区公共区域实现无线WiFi免费全覆盖，完成覆盖热点地区2272个，累计布放无线局域网AP设备32717台。另鹿泉、正定、香河、黄骅、武邑等22个县、市（区）率先开始无线WiFi建设和免费开放工作，完成覆盖741个热点地区，累计布放5169台无线AP设备，无线局域网（WiFi）建设和免费开放工作在全国名列前茅。

【科技研发、品牌建设】 行业新增省级以上研发机构9家，总数达到137家；新增省名牌产品29种，总数达到83个，产业创新水平不断提高。乐凯集团“一种光学扩散膜及使用该光学扩散膜的液晶显示背光源”专利技术在美国、日本、韩国及国内均获授权，达到国际先进水平。东旭集团组织申报的平板显示基板玻璃行业5个行业国家标正式公布，很大程度改变了我国平板显示基板玻璃行业长期以来标准、规范缺乏，规格不统一的局面。河北先河环保科技自主研发的空气、水质、污水COD、烟气、酸雨五大在线连续自动监测系统和环境应急监测车等共计六大产品系列，是国内唯一一家完全拥有自主知识产权的环境监测仪器全系列产品生产企业，其中“城市空气质量连续自动监测系统”是国内第一套拥有自主知识产权的空气质量监测系统。

【项目建设】 2016年，河北省共有78个电子信息项目列入省千项技改项目目录，总投资额241亿元。长城汽车“智能网络汽车操作系统及软件开发项目”等3个项目获得工业强基资金5424万元支持。同光晶体投资10亿元的碳化硅单晶等5个项目获得国家开发银行8.07亿元专项建设基金支持。总投资128亿元的中国电科集团涞水电子科技城项目已经开工建设，投资28亿元的中科微机电技术（北京）有限公司年产40万片8吋iMEMS集成研发制造项目落户石家庄正定（中关村）集成电路产业园，投资20.6亿元的京东方TLCM显示模组项目年底投产。云谷（固安）科技第6代AMOLED、保定华盈电子器件OLED显示模组（涞水）等项目完成前期工作。阿里张北云联数据中心和数据港张北数据中心项目一期已经完成，首批8000台服务器投入运营，另有10余个项目洽谈、签约，初步形成聚集效应。承德加快建设国家绿色数据中心，大数据科创中心暨姚建铨院士工作站、大数据研发展示中心、大数据应用创新中心揭牌成立，德鸣大数据产业园开始联机调试，首批720个机柜将投入运营。廊坊基地依托润泽科技、中国联通、华为技术、光环新网等大数据企业，服务器规模已达19.2万台。

（河北省工业和信息化厅　梁立志）

电力生产与供应

【概况】 2016年，全省电力安全稳定运行，保证了经济社会发展电力需求。整体电力需求增速持稳，全年发电量较快增长，用电小幅增长，电力供需总体保持平衡。

（一）发购电量。全省累计发电量2475.9亿千瓦时，同比增长7.51%，较上年同期增速提高10.48个百分点。其中，南网1463.5亿千瓦时，同比增长7.94%，较上年同期增速提高9.22个百分点；北网1012.5亿千瓦时，同比增长6.88%，较上年同期增速提高12.17个百分点。

全省累计输入电量788.6亿千瓦时，同比减少9.63%，其中南网累计输入电量364.8亿千瓦时，同比减少7.59%；北网累计输入电量423.8亿千瓦时，同比减少11.32%。

（二）用电量。全社会用电量累计3264.5亿千瓦时，同比增长2.8%，较上年增速提高6.98个百分点。其中南网1828.3亿千瓦时，同比增长4.44%，较上年增速提高4.73个百分点，北网1436.3亿千瓦时，同比增长0.78%，较上年增速提高9.34个百分点。全行业用电2869.5亿千瓦时，同比增长2.34%。其中，第一、二、三产业用电量分别为97.4、2355、417.2亿千瓦时，同比分别增长－1.15%、0.96%、11.86%，增速分别比上年提高－3.91、8.57、3.02个百分点；城乡居民生活用电395.1亿千瓦时，同比增长6.28%，较上年增速提高0.41个百分点。

工业用电量累计2321.1亿千瓦时，同比增长0.91%，较上年增速提高8.3个百分点；制造业1699.9亿千瓦时，同比增长0.05，较上年增速提高6.83个百分点。其中，钢铁行业758.7亿千瓦时，同比增长－7.78%，较上年增速提高5.96个百分点；装备制造业310.1亿千瓦时，同比增长9.26%，较上年增速提高13.6个百分点；石化行业293.6亿千瓦时，同比增长1.57%，较上年增速提高0.62个百分点；建材行业184.7亿千瓦时，同比增长7.29%，较上年增速提高21.51个百分点。

设区市用电量增长不均衡。南网六市累计用电量同比小幅增长，北网五市用电量小幅增长。保定、邢台市、沧州市累计用电量增长较快，辛集、唐山市同比有所下降。

2016年12月份，南网最大负荷达到2626.1万千瓦，同比增长1%，北网最大负荷2046万千瓦，同比增长7%。全省电力供需基本平衡。

【电力运行主要特点】 （一）发电量较快增长，用电小幅增长。全省发电量较快增长，用电小幅增长，增长因素主要为三产用电、居民用电、二产用电需求增加，主要是因受产业结构政策影响，产业转型升级步伐加快，第三产业发展保持较快增长；居民生活水平提高带动了居民用电增长。截至年末，二产用电量小幅增长，一是受化解产能过剩、推进供给侧结果性改革等之策影响，过剩产能行业用电需求较快，但受政策刺激影响下半年供需形势有所好转，部分行业止跌企稳，用电需求保持稳定。例如：钢铁行业上半年用电减少13.71%，与上年全年水平相当，2016年全年累计减少7.78%，出现了较为明显的止跌趋势；装备制造受上年大环境影响下累计减少4.34%，2016年受市场需求影响出现较快反弹，并在全年稳定增长，同比增长9.26%。二是发电企业厂用电增长较快，主要原因是上年燃煤机组进行环保升级改造任务，大量发电企业停机致使发电企业厂用电基数较低，电力、燃气及水的生产和供应业用电增长对整个二产用电增长占比较大。

（二）电力供需总体平衡。电力受农灌、空调等季节性负荷影响，用电高峰期电力符合创新高，其中南网最大符合达到3360万千瓦时，北网达到2159万千瓦时，均比上年同期有所增长。

（三）积极应对重污染天气。在各级政府启动重污染天气应急措施时，按照制定的《河北省重污染天气电力应急预案》，一方面我们及时协调电网公司对高耗能、高污染工业企业实施限停电措施；对煤耗高效率低的小型火电机组实施限发电负荷措施。同时，全力支持石家庄市政府展开的“利剑斩污”专项活动对石家庄市减煤严格控制，保证石家庄2016年压减电煤任务的完成，另一方面在本区域内减少发电供给的情况下积极协调省外网间临时外购电力，最大增购临时外购电力180万千瓦，确保全省电力安全可靠运行。

【全面推进电力市场建设】 2016年是河北省深化电力体制改革的第一年，从年初开始，河北省开始研究制定全省电力市场建设意见，经省政府研究、省委全面深化改革领导小组审议，通过了《河北省深化电力体制改革实施方案》；省发改委制定并报省政府同意后印发了《河北省电力直接交易实施方案》。9月份，南网已顺利完成2016年电力直接交易，交易电量82.5亿千瓦时，对应发电量91.86亿千瓦时，共计降低用户购电成本3.22亿元；北网已公布了市场交易规模，并完成了市场主体的注册，完共有88家电力用户达成直接交易，成交电量22亿千瓦时（其中区内电厂交易17亿千瓦时，区外电厂交易5亿千瓦时）共计降低用户购电成本2.12亿元。

（河北省发改委电力办　赵　宁）

城乡建设与建筑业

【概况】　2016年，河北省城镇化率达到53.3%、较上年提高2个百分点。县城建设攻坚行动全面启动，容貌环境和承载能力大幅提升。《河北省空间布局规划（2016—2030）》印发，国家战略框架下河北空间发展战略更加明晰。民生工程加快实施，全省保障性安居工程开工18.3万套、基本建成17.4万套，农村危房改造完成12.5万户，超额完成国家下达任务目标。全年完成市政基础设施投资2850亿元、同比增长20%。新增省级园林城11个，新增绿地3000公顷、绿廊绿道300公里，城镇新增节能建筑5620.02万平方米，完成被动式低能耗建筑6项、建筑面积5.3万平方米，新型建材在新建建筑中的应用率达到65%，环境更加宜居宜业。全省建筑业总产值达到5517.7亿元，比上年增长5%。质量安全监管扎实有效，安全生产形势稳定向好。

【城乡规划】　（一）规划体系。编制并印发《河北省空间布局规划（2016—2030年）》，完成《河北省城镇体系规划（2016—2030年）》成果编制。国务院审批6个设区市中，张家口市完成规划纲要正在编制总体规划，其他市正在作修编前期准备。截至2016年底，河北省设区市、县（市）控制性详细规划编制覆盖率均达到100%。推动北京新机场建设，截至2016年底，核发北京新机场（河北境内）及其配套工程建设项目选址意见书，确定地铁平谷线路选线。

（二）规划管理。《河北省住房城乡建设事业“十三五”规划纲要》印发。《中共河北省委河北省人民政府关于进一步加强城市规划将设管理工作的实施意见》（冀发〔2016〕21号）印发。河北省住房和城乡建设厅与河北省国土资源厅联合印发《关于加强城市规划和用地管理改革的意见》（冀建规〔2016〕22号），就创新城市规划实施机制、转变用地管理方式提出意见。河北省住房和城乡建设厅印发《关于加强设区城市中央商务区建设的指导意见》（冀建规〔2016〕24号），加强河北省设区城市中央商务区规划和建设，提升城市综合实力，培育新的经济增长点。

开展市县建成区违法建设专项治理工作五年行动。制定印发《河北省市县建成区违法建设专项治理工作五年行动方案》（冀建法〔2016〕13号），范围为各设区市、县（市）城市（含县城）建成区内违法建设；目标为全面清查并处理建成区现有违法建设，坚决遏制城市（含县城）建成区内新增违法建设产生，形成长效管控机制，改善城市人居环境，营造良好的生态、生活、生产空间。设区市违法建设专项治理行动为期5年，2016年，全面摸清违法建设底数，查处违法建设比例不低于10%；2017年至2019年，每年查处违法建设比例分别不低于50%、70%和90%；到2020年末，全面完成城市建成区违法建设治理任务。县（市）违法建设专项治理行动为期3年，2016年，全面摸清违法建设底数，查处违法建设比例不低于30%；2017年，查处违法建设比例分别不低于70%；2018年末，全面完成城市建成区违法建设治理任务。

改进规划管理技术手段。搭建纵向贯穿省、市、县三级，横向覆盖城乡规划、建设、管理等城镇空间信息平台，完成《河北省城镇空间信息平台总体设计方案》，制定河北省城乡总体规划编制成果数据报备等技术标准。利用遥感技术对城市总体规划实施情况进行动态监测，2016年底实现设市城市遥感动态监测全覆盖；按照京津冀协同发展要求，环首都的5个县纳入动态监测范围。河北省住房和城乡建设厅印发《关于进一步加强城乡规划信息化建设工作的通知》（冀建规〔2016〕21号），共确定系统提升工程、城镇空间信息平台建设工程、“多规合一”信息联动工程、规划实施动态监测工程、省市数据共享交换工程、政府数据应用工程、空间信息移动服务工程等七项重点任务，加强城乡规划信息化建设工作，全面提升规划管理信息化应用水平。

（三）“多规合一”。开展“多规合一”试点工作，印发《河北省市县“多规合一”试点工作方案》，建立推进市县“多规合一”试点工作联席会议制度，编制发布《河北省市县“多规合一”技术导引》《河北省市县“多规合一”成果数据标准》。

（四）历史文化名城。河北省住房和城乡建设厅印发《关于开展历史文化街区划定和历史建筑确定工作的通知》（冀建规〔2016〕16号），工作内容和目标为：核查所有设区市市区和公布为国家、省历史文化名城的县（市）中符合条件的历史文化街区和历史建筑基本情况和保护情况，公布历史文化街区和历史建筑名单。划定、确定工作为期5年，2016年8月底前，完成历史文化街区和历史建筑现状统计；2018年底前，基本完成历史文化街区划定和历史建筑确定工作；2019年至2020年，对划定的历史文化街区和确定的历史建筑保护情况进行检查，补充发现符合条件但未公布的历史文化街区和历史建筑，到2020年末，全面完成历史文化街区划定和历史建筑确定工作。截至到2016年底，河北省有历史文化名城12个，其中国家级历史文化名城5个，已公布历史文化街区17

个，已公布历史建筑373处。

【新型城镇化】 2016年，全省常住人口城镇化率达到53.32%，比上年提高1.99个百分点；户籍人口城镇化率为38.72%，比上年提高2.38个百分点。

（一）试点建设。2016年12月，国家发改委公布第三批国家新型城镇化综合试点地区名单，河北省唐山市迁安市、秦皇岛市卢龙县、邯郸市涉县、邢台市南和县入选，河北省国家新型城镇化综合试点达到9个，省级新型城镇化试点达到13个。印发《河北省新型城镇化综合试点地区工作方案要点》。张家口市、定州市、正定县入选《国家新型城镇化发展报告》典型案例。

（二）政策制定。2016年6月8日，河北省人民政府印发《关于深入推进新型城镇化建设的实施意见》（冀政发〔2016〕27号），从积极推进农业转移人口市民化、全面提升城市功能、加快培育中小城市和特色小城镇、辐射带动新农村建设、完善土地利用机制、创新投融资机制、完善城镇住房制度、加快推进新型城镇化综合试点、健全新型城镇化工作推进机制等九方面36项具体举措提出具体实施意见。《2015年河北省城镇化发展报告》由河北省城镇化工作领导小组编写完成，并由河北出版传媒集团、河北人民出版社正式出版。

【城市建设】 2016年，全省城市市政基础设施投资完成2850亿元，同比增长20%。

（一）海绵城市建设。5月，迁安市海绵城市建设完成2015年工作绩效自评，6月通过住房和城乡建设部绩效评价。1月26日，河北省住房和城乡建设厅、国家开发银行河北省分行联合转发住房城乡建设部、国家开发银行关于推进开发性金融支持海绵城市建设的通知（冀建城〔2016〕4号），并提出贯彻落实省政府实施意见、建立健全项目储备制度、加大开发性金融信贷支持的要求。1月26日，河北省住房和城乡建设厅、中国农业发展银行河北省分行联合转发住房城乡建设部、中国农业发展银行关于推进政策性金融支持海绵城市建设的通知（冀建城〔2016〕9号），加大政策性金融机构对海绵城市建设的支持力度。

4月7日，河北省住房和城乡建设厅转发《住房城乡建设部关于印发海绵城市专项规划编制暂行规定的通知》，要求各市城乡规划主管部门会同建设、市政、园林、水务等部门，抓紧编制海绵城市专项规划并做好对所辖县级市规划编制指导工作。《海绵城市建设工程技术规程》DB13(J)/T210—2016、《海绵城市建设设施构造》DBJT02—111—2016、《海绵城市设施施工及工程质量验收规范》DB13(J)/T211—2016编制完成，被批准为河北省工程建设标准，均自2016年8月1日起实施，指导各地推进海绵城市建设。

（二）地下综合管廊建设。石家庄市被列为2016年全国地下综合管廊试点城市。

4月20日，河北省住房和城乡建设厅印发《关于加强城市地下综合管廊规划建设管理工作的通知》（冀建城〔2016〕26号），要求各地抓紧编制专项规划、抓好项目开工建设、确保建设质量安全、加强管廊运营管理、加强建设信息报送。2016年，有任务的8个市共开工建设20个管廊项目，合计78.07公里，超额完成住房城乡建设部下达的开工71.36公里的任务。

4月22日、7月13日、12月12日，河北省住房和城乡建设厅三次召开全省地下综合管廊建设调度会，调度部署相关工作。河北省物价局、河北省住房和城乡建设联合印发《关于城市地下综合管廊实行有偿使用制度的实施意见》（冀价经费〔2016〕93号），要求各地按照既有利于吸引社会资本参与管廊建设和运营管理，又有利于调动管线单位入廊积极性的要求，建立健全城市地下综合管廊有偿使用制度。意见自2016年6月1日起实施，有效期5年。

（三）水污染防治。4月13日，河北省住房和城乡建设厅印发《河北省住房城乡建设领域水污染防治工作实施方案》（冀建城〔2016〕23号），加强河北省住房城乡建设领域水污染防治工作，明确了具体工作目标：到2016年底，完成南水北调受水区地表水厂和配套管网建设，全面启动整治城市黑臭水体工作，全省城镇污水处理设施全部达到一级A排放标准。到2017年底，全省公共供水管网漏损率控制在12%以内；现有污水处理厂的污泥处理处置设施基本完成达标改造，实现稳定化、无害化和资源化，全省污泥无害化处置率达到40%；40%的重点镇具备污水处理能力；石家庄市建成区实现污水管网全覆盖、污水全收集和全处理，黑臭水体基本消除，其他设区市和省直管县建成区黑臭水体控制在30%以内。到2019年底，设区市全部达到国家节水型城市标准要求，所有重点镇具备污水处理能力，设市城市污水处理率达到95%，县城污水处理率达到90%。到2020年底，全省公共供水管网漏损率控制在10%以内，城镇集中供水普及率达到100%；所有设区市建成区基本实现污水管网全覆盖、污水全收集和全处理；设区市（不含石家庄市）和省直管县建成区黑臭水体控制在10%以内，污泥无害化处理处置率达到90%以上；缺水城市再生水利用率达到30%以上。到2030年底，全面完成《国务院关于印发水污染防治行动计划的通知》（国发〔2013〕17号）和《河北省水污染防治工作方案》（冀发〔2015〕28号）文件规定的各项目标要求，所有设区市和省直管县建成区黑臭水体得到消除，住房城乡建设领域水环境质量大幅提升。

开展2016年城市（县城）水质督察工作，完成202个供水厂出厂水质抽样检测。7月20日，河北省住房和城乡建设厅召开全省海绵城市建设及黑臭水体整治现场会，部署黑臭水体整治工作，9月完成11个设区市的黑臭水体现场督察，截至2016年底，石家庄黑臭水体消除比例达到40%，其他设区市达到30%。

（四）污水垃圾处理设施改造。推进污水处理设施改造加速推进，重点推进28座污水处理厂升级改造项目，截至2016年底，除申请延期的7座污水处理厂（唐山市6个项目申请缓建已经河北省人民政府同意，石家庄市1个项目正在申请缓建）外，其他21座均建成。垃圾处理设施基本完成升级改造，全省未达标的3座处理场中，永清县已正式运营，馆陶县设备已入场调试，崇礼县已完成新场选址。

（五）供水。最后2个没有实现集中供水的曲阳县、博野县均建成集中供水设施，全省所有市县全部实现集中供水。

（六）供热保障。推进县城集中供热。河北省住房和城乡建设厅印发《关于进一步加强县城供热设施建设和供热保障工作的通知》（冀建城〔2016〕24号），要求各地加强专项规划编制、加快供热设施建设、多方筹措建设资金、重视信息报送工作，进一步加强全省县城供热设施建设和供热保障工作。

推进供热计量改革。河北省住房和城乡建设厅印发《关于进一步推进供热计量改革工作的通知》（冀建城〔2016〕63号），要求各地完善供热规划，明确推进供热计量改革思路，科学选定供热计量技术路径，引导供热计量改革向智慧供热发展。

推进清洁能源供热。石家庄市、保定市被确定为河北省城镇供热“煤改电”试点地区。在全省范围征集城市清洁能源供热典型案例并汇编成册，开展宣传展示活动。举办县城供热培训班，就县城供热投融资、热源方式选择等内容进行专题培训。

（七）县城建设。河北省委办公厅、省政府办公厅联合印发《河北省县城建设三年攻坚行动实施方案》，谋划实施城乡规划提升、产城教融合、基础设施建设、园林城市创建、公共服务设施配套、环境容貌治理、“三改一拆”、建筑能效升级八个方面为重点的三年攻坚行动。组织召开全省县城建设工作（霸州）调度会，部署县城建设三年攻坚行动重点工作。年底，对各地县城建设年度目标完成情况进行评估考核。

（八）风景园林。推进植树增绿。开展园林绿化“五进四创”活动，全年完成城市植树1000万株，增绿3000公顷，新增绿道绿廊300公里，新建公园、游园107个，改造提升公园、游园数量139个。

筹备河北省园林博览会。河北省人民政府确定衡水市、秦皇岛市分别承办河北省2017（第二届）、2018年（第三届）省园林博览会。制定省园博会申办办法，成立省园博会专家委员会，对各设区市参展工作进行部署，完成第二届省园博会总体规划设计方案及参展城市设计方案审定工作，并开工建设。

加强风景名胜区管理。出台印发《河北省风景名胜区内重大建设项目选址方案核准办法》，提请河北省人民政府审批了白云山—小西天、云梦山和九龙峡风景名胜区总体规划，提请住房城乡建设部审批了野三坡风景名胜区金三角地块详细规划。组织开展风景名胜区执法检查工作，配合住房城乡建设部完成2016年国家级风景名胜区执法检查抽查工作。

（九）园林城创建。开展园林城市创建专项行动，3月组织专家对各地园林城市创建工作进行指导，4月召开全省园林城创建（枣强）现场会，部署2016年全省园林城创建工作，5月对2012年省政府命名的14个园林城进行复查（复核），6月完成国家园林城创建初评工作。全年新增省级园林县城11个，推荐上报国家园林城市（县城）12个。

（十）城市管理。深化城市管理体制改革。河北省委、河北省人民政府联合印发《关于深入推进城市执法体制改革改进城市管理工作的实施意见》（冀发〔2016〕23号），明确河北省城市管理体制改革目标、任务和保障措施。建立河北省城市管理工作联席会议制度，加强全省城市管理工作组织领导和各部门间的协作配合。确定秦皇岛、衡水、邢台、迁安市为全省城市管理体制改革试点城市，4市完成改革试点方案，并经河北省人民政府批复，各项改革任务有序开展。印发《河北省城市管理执法队伍“强基础、转作风、树形象”专项行动实施方案的通知》（冀建法〔2016〕24号），启动专项行动，部署工作任务。

修订并印发《河北省人居环境奖评选办法》《河北省人居环境奖（进步奖）指标体系与评价标准》。开展“洁净城市”创建活动，完成2015年度“洁净城市”试点城市评估，安排部署2016年“洁净城市”创建工作。结合全省文明城市创建工作，实施城市广告整治、环境卫生管理、城市园林绿化三大战役。组织开展全省建筑施工扬尘治理大检查，制定印发《河北省县城区扬尘治理专项行动实施方案》《河北省建筑施工扬尘防治强化措施18条》。及时启动住房城乡建设系统重污染天气应急响应，落实施工现场扬尘治理措施。

（十一）城市安全运行。河北省人民政府办公厅印发《关于加强城市运行管理提高应对突发事件能力的意见》（冀政办字〔2016〕194号），制定了5方面15项具体举措，加强城市供水、综合交通、电力通信、燃气供热、防洪排涝、防灾减灾等城市重要基础设施运行管理，提高应对突发事件的能力，保障人民生命财产安全。“五一”和汛前、汛期分别对市政行业安全生产进行部署，开展汛期排水防涝设施检查。两次组织开展城市供水、燃气、供热、桥梁和污水处理等市政行业安全运行专项检查；各地加强公用行业安全管理，减少和遏制安全事故发生，保障重大节假日期间市政公用设施安全运行。

【村镇规划建设】　（一）村镇规划。根据美丽乡村建设安排，完成12个省级重点片区总体规划设计，和京石高铁沿线景观风貌规划，完成4000个重点村规划编制任务。组织专家抽查了458个规划设计成果，并印发通报。按照住房城乡建设部工作安排，组织开展县域乡村建设规划和村庄规划试点，共确定全省县域乡村建设规划6个，村庄规划试点20个。完善技术标准，修改完善美丽乡村建设规划设计导则。举办全省美丽乡村建设规划设计培训班，全省各级规划管理部门负责人、承担美丽乡村规划设计任务的规划单位技术骨干参加培训。

（二）农村危房改造。河北省住房和城乡建设厅印发《关于做好2016年全省农村危房改造和灾后农房恢复重建工作的通知》（冀建村〔2016〕31号），综合“7·19”特大洪水灾害灾后农房恢复重建、扶贫攻坚、各地任务安排需要，以及国家下达全省省农村危房改造任务等因素，确定2016年全省农村危房改造任务12.5万户。在下达各市2016年农村危房改造预安排的基础上，根据“7·19”特大洪水灾后农房恢复重建需要以及有关市任务安排意见，正式下达各市农村危房改造任务，同时，根据各市任务分解，明确各县（市、区）农村危房改造任务。

开展农村民居改造，会同河北省美丽乡村办等部门下发《2016年河北省美丽乡村建设民居改造实施方案》，并对开展情况进行督导，全年完成10万户民居改造任务。为指导全省农村民居建设，传承优秀传统建筑文化，改善农民群众生产生活条件，发展乡村旅游，河北省住房和城乡建设厅组织规划设计单位、高校，在进村入户深入调研的基础上，分区域设计了不同类型、不同使用功能、特色比较鲜明的民居方案，编印了《河北省美丽乡村民居设计方案》，并在全省推广应用。

（三）“7.19”灾后农房恢复重建。“7.19”灾情发生后，河北省住房和城乡建设厅派出厅领导、工作人员，组织省市县技术人员及镇、村委会、村民代表等共一千余人，组成298个工作小组，进村入户完成农房受损调查鉴定工作，共调查因灾倒损农房鉴定114111户，并确定了危房等级，掌握了第一手资料，为恢复重建奠定基础。

根据各地受灾情况，研究起草《河北省“7.19”特大洪灾后农村住房恢复重建实施方案》，提出具体的支持政策，明确各项工作任务，作为《河北省人民政府关于印发“7·19”特大洪水灾害灾后重建总体实施方案的通知》中的附件印发。截至2016年底，D级农房原址重建9277户全部开工，竣工6467户；异地重建715户开工679户，全面完成年度目标任务。

加强规划编制和重建指导，编印《“7·19”特大洪水灾害灾后重建村庄规划编制导则》和20多套不同户型、不同功能设计方案图册，为农房恢复重建提供技术指导。河北省住房和城乡建设厅印发《河北省“7·19”特大洪水灾后农村住房恢复重建方案指导图册》《河北省“7·19”特大洪水灾后农村住房重建施工技术与验收规程》（冀建村〔2016〕27号），指导受灾较重的县（市、区）完成灾后恢复重建规划编制。公布适用建材推荐目录，组织建材下乡活动，加大推广应用装配式、钢结构等新型结构体系工作力度，方便群众选用。举办全省农村危房改造和“7.19”特大洪水灾后农房重建工作培训班，落实国家和省农村危房改造要求，满足“7.19”特大洪水灾后农房重建工作需要。

（四）农村生活垃圾治理。截至2016年底，全省共约4万个村庄开展了生活垃圾治理，占全省村庄总数的84%。开展农村“两改一清一拆”工作，会同省美丽乡村办制定了实施方案，全年共清理垃圾杂物8143万立方米、拆除违章建筑和危陋农房183114处。根据住房城乡建设部、环保部安排部署，全面启动非正规垃圾堆放点排查整治工作。

（五）特色小城镇。河北省住房城乡建设厅、发展改革委员会等8部门联合印发《关于公布全省重点培育的100个特色小城镇名单的通知》（冀建村〔2016〕18号），确石家庄市井陉县天长镇、元氏县殷村镇等100个镇为全省重点培育的特色小城镇，各级各部门对特色小城镇在政策、土地、及项目安排上予以支持，促进其提高建设发展的水平，到2020年，建设成为经济发达、环境优美、功能完善、特色鲜明的小城镇。河北省住房城乡建设厅、发展改革委员会等8部门印发《关于开展特色小城镇培育工作的通知》，明确重点工作、支持政策和保障措施等。组织完成全省重点培育的100个特色小城镇总体规划实施评估工作，各地认真落实乡村建设规划许可证制度，强化规划实施管理。

推进镇污水处理设施建设，河北省住房和城乡建设厅印发《关于加快重点镇污水处理设施建设及有关工作的通知》（冀建村〔2016〕11号），明确各阶段目标任务，2016年所有重点镇谋划生活污水处理设施建设项目，并力争加快建设进度；2017年，各地40%的重点镇应具备生活污水处理能力；2019年，全省所有重点镇均应具备污水处理能力。进一步推进小城镇生活污水处理设施建设，特殊区域的小城镇，按照相关安排，完成相应的污水处理设施建设任务；具备建设污水处理设施条件的其他小城镇，加快建设污水处理设施，提高污水处理能力。

（六）历史文化保护工作。指导各地历史文化名镇名村及传统村落实施保护工程项目174个，一批历史文化名镇名村及传统村落的传统风貌得到恢复和提升。完成第四批中国传统村落资料核查和补充上报工作，全省88个村庄列入第四批中国传统名录。启动了第四批省级历史文化名镇名村申报工作，明确了申报要求及评价指标体系，并组织专家进行评审，提出初步名单。

【建筑业】 2016年全省建筑业总产值5517.7亿元，比上年增长5%。其中，建筑工程产值4585.7亿元，增长5.1%；安装工程产值587.5亿元，增长10.6%；其他产值344.5亿元，减少3.8%。建筑工程产值占全省建筑业总产值的比重为83.1%，安装工程产值的比重为10.7%，其他产值的比重为6.2%。2016年建筑业增加值为1885.3亿元，增长5.9%，占全省GDP总量的5.92%。2016年全省入统建筑业企业2606家，较上年增长4.87%。其中，有工作量的企业2467家，增长3.87%。

（一）建筑市场监管。强化建筑市场“打非治违”常态化监督检查机制，开展建筑市场检查，实施违法行为检查和查处月报制度，严厉打击企业转包、挂靠、违法分包等行为，全省各地共检查2031个项目，梳理排查建筑业企业1685家，查处违法违规行为21起，对建设单位和施工单位、个人给予相应罚款。继续开展建筑业企业信用综合评价，启用河北省住房城乡建设行业信用信息系统。

（二）工程建设标准。组织编制并完成涉及海绵城市、混凝土装配式住宅、绿色建筑运行维护、建筑工程安全文明工地、建筑工程施工现场扬尘防止标准等7大类31本标准编制工作。

河北省住房和城乡建设厅印发《河北省“十三五”时期工程建设标准化工作规划》（冀建质〔2016〕50号），

明确全省工程建设标准化工作“十三五”期间的指导思想、基本原则和目标任务及保障措施，明确到2020年，建立科学合理、适用高效、能满足河北省新型城镇化发展需要的工程建设标准，形成技术先进、配套齐全的标准体系。修编了《河北省工程建设标准体系（2014年版）》，确定近三年的编制计划、内容、实施方案，在今后三年时间内，全省将遵循问题导向、高频优先、分步编制的原则，逐步推进标准化体系建设。完成《河北省工程建设标准化管理办法（征求意见稿）》草拟工作，进一步明确工程建设地方标准的定位、制定程序、实施及评价等要求，营造推动地方标准化工作发展的良好法治环境，为加强地方标准管理提供有力支撑。

积极探索标准实施监管的方式方法，整合行业资源，充分调动设计单位、施工图审查机构的积极性，采取多手段、多方式、多途径开展全方位的标准实施过程的跟踪检查。积极做好标准的动态维护工作，及时开展标准复审，标准实施效果和力度全方位提升，推动标准由编制到实施再到编制的全过程闭合管理。

（三）工程质量监督。深入推进工程质量治理两年行动，全面落实工程质量终身责任制度，建立并完善工程质量保障和追溯体系，形成质量监管长效机制。全省建设工程终身责任承诺书和法人代表授权书签订率、竣工验收单位工程永久性标牌设立率均达到100%。承德市代表河北省接受住房城乡建设部2016年工程质量治理两年行动执法监督检查，共抽查质量指标342项，符合项310项，符合率90.6%，安全指标549项，符合项467项，符合率85.1%，顺利通过检查。开展全省质量巡查，推行随机抽取检查对象、随机选派执法检查人员、随机采样抽检的“三随机”执法检查方式，减少人为因素干扰，共检查在建工程108项，下发整改通知书75份，行政处罚建议书16份。编制《河北省工程实体质量常见问题防治措施指南》（2016版），将常见问题治理与结构优质工程创建相结合，引导建筑企业开展工程结构创优活动。全年创建省结构优质工程239项。加强省管项目监管，全年组织2次质量巡查，日常现场监督检查150余次，省管项目质量处于受控状态。

（四）质量检测管理。组织全省检测机构监督检查，对近三年受到行政处罚的检测机构进行抽查，共抽查23个检测机构，下发整改通知书20份，行政处罚建议书2份。重点对钢筋检测、混凝土检测中不按国家标准进行试验的典型问题进行重点整治。组织开展2批次检测人员考核，参加考核检测人员14820人次，合格14176人次，合格率95.65%。

（五）工程安全监督。出台《河北省房屋建筑和市政基础设施工程施工安全监督实施办法》《河北省房屋建筑和市政基础设施工程施工安全监督文书示范文本》，明确加强机构建设、落实监督流程、统一监督文书等要求，促进全省建筑施工安全监督水平提高。开展安全生产大检查和专项治理，印发《全省建筑施工安全生产专项整治实施方案》和安全生产攻坚行动、安全生产大排查大整治行动专项行动实施方案；组织2次全省和省管项目工程建筑施工安全生产大检查，开展以深基坑、高支模、起重机械设备、安全防护用品及施工防火等内容的专项整治，共抽查施工现场155个，发现安全隐患490余处，下发隐患整改通知书51份、停工整改通知书20份。全省累计开展专项检查1056次，出动检查人数8000余人次。对节假日、节后开复工、重要会议、暑期汛期和冬季施工等事故易发时期进行重点部署和督导。组织开展全省住房城乡建设系统安全生产月活动。按计划对省管项目工程进行安全生产监督。

（六）绿色施工。分3批公布全省安全文明工地、绿色施工示范工程名单和创建计划，其中绿色施工示范工程46项，省级安全文明工地118项。成立河北省住房城乡建设厅绿色施工示范工程指导委员会。发布《建筑工程绿色施工示范工程技术标准》，组织编写《建筑工程绿色施工指导手册》，修订完善《建设工程安全文明规定标准》。组织召开全省建筑工程安全生产、文明施工、绿色施工及扬尘治理经验交流现场观摩会。

（七）农民工工资支付。召开全省建筑领域清理拖欠农民工工资工作调度会，对全年工作进行部署和安排。梳理2015年3月以来拖欠农民工工资情节严重的企业情况，并印发通报，对39家省外施工企业清出河北省建筑市场；对12家省内施工企业停止投标资格；对9家建设单位在工程款全部清偿前，不予办理新项目的施工许可手续。河北省住房和城乡建设厅、人力资源和社会保障厅、财政厅联合印发《关于全面落实房屋建筑和市政基础设施工程领域农民工工资预储金制度的通知》（冀建市〔2016〕4号），明确2016年以后新开工房屋建筑和市政基础设施工程项目都要不折不扣的落实预储金制度，特别是使用财政性资金的项目要起示范作用，率先落实。全省各市、县均出台了具体政策文件落实农民工工资预储金制度。截至年底，实行建筑劳务实名制和预储金的项目，均未发生拖欠农民工工资案件。

（八）清理规范工程建设领域保证金。河北省成立以时任副省长姜德果为组长，住房和城乡建设厅、财政厅、发展改革委、人力资源社会保障厅、水利厅、交通运输厅和通信管理局为成员的清理规范工程建设领域保证金领导小组，办公室设在住房和城乡建设厅。河北省人民政府办公厅关于印发河北省清理规范工程建设领域保证金工作方案的通知》（冀政办字〔2016〕137号）。11月15日—11月18日，住房和城乡建设厅抽调相关人员组成5个检查组，对全省各市（含定州、辛集市）工程建设领域保证金清理规范工作进行专项检查，并印发通报。

（九）招投标方式改革。出台《关于进一步改进国有资金投资房屋建筑和市政基础设施工程项目招标投标工作的若干意见》，简化招投标程序，取消投标报名环节，实行网上公开下载招标文件，扩大竞争范围，《意见》自2016年3月1日起执行，有效期5年。修订《河北省房屋建筑和市政基础设施工程招标投标投诉处理办法》。

（十）工程计价。印发《建筑业营改增河北省建筑工程计价依据调整办法》（冀建市〔2016〕10号）。完善计价依据，编制发布《河北省装配式混凝土结构工程定额（试行）》《河北省装配式混凝土结构工程工程量清单（试行）》。加强造价信息管理，印发《河北省工程建设造价信息员管理规定》，强化造价信息员队伍建设，提升工程建设造价信息采集、发布质量。组织召开全省造价信息管理工作会，对现行《河北工程建设造价信息》进行全面改版。严格监督管理，规范计价行为，印发《关于2015年全省工程造价咨询企业监督检查情况的通报》（冀建市〔2016〕3号），规范工程造价咨询企业计价和市场行为。

【建筑节能与科技】 2016年全省城镇新增节能建筑5620.02万平方米，城镇节能建筑累计达5.069亿平方米，占全省城镇民用建筑总面积的43.3%。各市（含定州、辛集市）均开展了75%节能居住建筑试点，承德、廊坊、石家庄、邯郸、沧州、邢台、定州等7市在全市范围全面执行此项标准，在建项目676个，建筑面积2349.92万平方米。全年完成被动式低能耗建筑6项、建筑面积52982.03平方米，累计完成被动式低能耗建筑15项、建筑面积13.83万平方米；3项工程被住建部验收为“中德被动式低能耗建筑示范工程”。

（一）绿色建筑。秦皇岛、邯郸、承德、廊坊、张家口、定州、辛集等7市全面执行绿色建筑标准。2016年，全省执行绿色建筑标准项目986个、建筑面积3039.17万平方米。其中，政府投资公益性建筑195个、面积150.92万平方米；大型公共建筑68个、面积325.89万平方米；保障性住房36个、面积110.14万平方米；其他建筑项目687个、面积2452.22万平方米。2016年，全省新增可再生能源建筑应用面积2549.07万平方米，占新增建筑面积45.36%。

（二）装配式建筑。河北省人民政府于2016年6月8日印发《河北省人民政府关于钢铁行业化解过剩产能实现脱困发展的实施意见》，《加快推进钢结构建筑发展方案》是16个一揽子文件之一。《方案》明确，到“十三五”末，建立起比较完善的钢结构建筑技术和标准规范体系，在全省培育3—5个推进钢结构建筑发展重点市县、10家以上钢结构建筑龙头企业，10—20家钢结构建筑配套部品生产骨干企业。除特殊功能需要外，大跨度工业厂房、仓储设施原则上全面采用钢结构；市政桥梁、轨道交通、公交站台等适宜的新建市政基础设施项目，就用钢结构的比重达到75%以上；政府投资的办公楼、医院、学校、场馆等单体建筑面积超过2万平方米的新建公共建筑率先采用钢结构，社会投资的新建公共建筑应用钢结构比重达到15%以上；启动一批钢结构住宅规模化示范项目。

积极培育市场主体，培育了河北安能绿色建筑科技有限公司、河北榆构建材有限公司、承德绿建建筑节能科技有限公司和唐山冀东发展集成房屋有限公司4个省装配式建筑生产基地，全省已有5个国家级基地和16个省级基地。平山、丰润、涉县等8个县（区）开展农村装配式低层住宅试点。5月在沧州召开全省钢结构建筑现场观摩暨建筑产业现代化工作现场会。

（河北省住建厅　郭晓丽）

商贸流通

【概况】 2016年，在省委、省政府的正确领导下，河北省商务系统坚持以改革创新为动力，迎难而上，积极作为，推动全省内贸流通和对外开放工作取得积极成效，较好完成全年目标任务，实现了“十三五”良好开局。全省消费市场呈现总体运行平稳、增速趋升的态势。全省社会消费品零售总额实现14364.7亿元，比上年同期增长10.6%，增幅同比上升1.2个百分点，高于全国增幅0.2个百分点。

【深化商贸流通改革】 一是制定出台了《河北省人民政府办公厅关于创新流通促进消费的意见》（冀政办字〔2016〕158号）、《河北省人民政府办公厅关于推动实体零售创新转型的实施意见》（冀政办发〔2016〕32号）。二是召开了河北省加快内贸流通创新推动供给侧结构性改革电视电话会议，提出了“1358”行动计划。

【构建现代商贸物流体系】 一是配合省发改委、国家商务部等部门编制了《河北省建设全国现代商贸物流重要基地规划（2016—2020）》（冀政发〔2016〕9号）、《京津冀商贸物流协同发展规划》。二是推进物流标准化试点。邯郸、承德被列为国家物流标准化试点城市，获得中央财政支持资金1.6亿元，累计河北省试点城市数量及获得中央财政资金支持规模居全国前茅。三是搭建商贸物流信息服务平台。“物流河北”和唐山、保定、承德、秦皇岛区域物流信息平台已建成运行。四是建立区域物流标准化联盟。指导河北省现代物流协会发起成立了河北省物流标准化联盟，会同京津两市联合成立了京津冀物流标准化联盟。

推进小微企业创业创新基地城市示范。唐山市被列为国家第二批小微企业创业创新基地城市示范，制定了实施意见和若干政策措施，谋划内贸流通重点项目70多个，三年示范期内可获得中央财政支持资金6亿元。

【促进绿色流通发展】 一是组织动员流通企业申报绿色商场示范创建，石家庄勒泰中心和唐山百货大楼集团有限公司通过现场评审、进入整改阶段，全省有5人获得绿色商场评审员资质。二是会同发改委制定了《关于促进废塑料回收加工行业健康发展的若干意见》。

【规范特殊行业监管】 一是拍卖业：制定并印发了《关于规范拍卖企业许可事项及办理程序的通知》（冀商流通字〔2016〕1号）、《河北省商务厅关于委托下放拍卖企业变更审核许可事项的通知》（冀商流通字〔2016〕28号），将法人、地址、注册资本的变更审核许可下放至各市商务局。全省共有拍卖企业326家，拍卖场次2730场，同比增长21.9%；拍卖成交额418.65亿元，同比增长74%。二是典当业：2016年河北省新增典当行36家、分支机构10家。截至年底，河北省共有典当行350家，分支机构

126家；实收资本77.7亿元，同比增长11.5%；动产放款比例占47.1%。受市场下行压力影响，除典当余额外，其它经营指标均有不同程度下降。三是融资租赁业：2016年前三季度，全省内资融资租赁企业资产总额92.61亿元，同比增长19.9%；租赁资产总额54.79亿元，同比增长15.7%；业务收入1.25亿元，同比下降35.2%。融资总额28.38亿元，同比增长149.74%。

【妥善安排节日市场】 "春节"、"十一"两个黄金周期间，指导流通企业加强货源组织，保证粮、油、肉、蛋、禽、菜、奶等主要生活必需品供应，积极谋划形式多样的惠民促消费活动，有效发挥节假日对消费的拉动作用，全省消费品市场价格平稳，购销两旺。

【肉菜补贴惠民】 2016年春节前和"十一"黄金周，在全省范围开展了肉菜补贴销售活动。省级财政安排资金2000万元，各市选择了75家大型流通企业，在11个设区市主城区，定州、辛集和部分重点县设立肉菜补贴销售专区专柜近800个，以低于市场20%以上的价格补贴销售蔬菜，以低于市场1元和4元的价格补贴销售鲜猪肉和鲜牛羊肉。全省共补贴销售猪肉501.7万公斤，牛羊肉50.5万公斤，蔬菜847.3万公斤。承办企业主动让利近千万元。

【优化消费环境】 为深入贯彻落实商务部关于加快内贸流通创新推动供给侧结构性改革电视电话会议精神，积极推进消费扩大和升级，制定出台了《河北省人民政府办公厅关于创新流通促进消费的意见》(冀政办字〔2016〕158号)，进一步深化供给侧结构性改革，加快流通模式创新，积极引领扩大消费，培育经济发展新动能。

【组织消费促进活动】 2015年12月23日至2016年2月15日，组织开展第七届"幸福河北欢乐购"消费促进活动，时间上横跨元旦和春节，空间上覆盖城市和农村，以"促消保供、惠民兴商、旅游拉动"为主题，以购物、肉菜直补、旅游、网购、餐饮等活动为重点，依托"圣诞"、"元旦"、"春节"等节假日，组织开展"惠购、惠民、惠玩、惠吃"四大板块活动，充分激发居民消费热情，深入挖掘消费市场潜力，努力扩大消费规模。2016年9月28日至2016年10月27日，与省旅发委联合组织开展第八届"幸福河北欢乐购"—金秋季消费促进活动。依托"十一"黄金周节假日和河北省首届旅游发展大会，组织开展四大板块消费促进活动，深入挖掘市场潜力，充分激发民众消费热情，努力提升消费档次和规模。

（河北省商务厅　张丹雨）

农村供销

【创新组织体系】 2016年，省供销合作总社依托供销社，以基层社合作制改造为重点，健全基层组织，夯实供销社基础，自下而上构建农民合作社联合社体系，加快推进供销社合作经济组织属性改造，搭建农村合作经济组织发展平台。以合作制改造基层社。依托基层社，在村级大力发展农民合作社基础上，以农民合作社重组改造基层社，推动供销社和农民合作社在组织、经营、服务上的相互融合、协同发展。全省供销社领办农民合作社2.4万家，覆盖全省近一半行政村。组建新型基层社1957家，实现涉农乡镇全覆盖，农民社员占比达到70%左右。遵化市引入大学生村官、村"两委"和涉农龙头企业负责人等入社，创办新型基层社25个。开展"新农协"试点。与中国社科院合作，在内丘、涉县开展"新农协"试点，通过组织发动农民参与，以实实在在的服务赢得农民信赖。构建农民合作社联合社体系。率先创办农民合作社联合社，在乡镇以基层社领办农民合作社为主体，吸纳社会农民合作社及部分新型农业经营主体，组建产业型或区域型农民合作社联合社。以基层为成员，自下而上层层组建县市省农民合作社联合社，推动供销社与农民合作社联合社融合发展。2016年底，组建乡镇合作社联合社1716家、县级合作社联合社147家、市级合作社联合社11家。市以下合作社联合社体系基本形成，2017年开始组建省级合作社联合社。供销社指导引领农民合作社联合社、联合社带动发展合作社、合作社吸纳带动农民致富的新格局日渐清晰。供销社正在成为农村合作经济发展的重要平台。

【创新服务方式和手段】 2016年，省供销社系统适应现代农业规模化经营要求，围绕耕种管收加工农业生产全过程，开展专业化、标准化、系列化和规模化服务，着力构建现代农业生产服务新体系。从各地实际出发，探索了多种服务模式，示范引领现代农业发展。浅山区农业综合开发的"葫芦峪模式"。把太行山、燕山山区作为服务现代农业的实验区和扶贫的主阵地。省社依托基层社，与社会企业合作，在平山县葫芦峪开发荒山5万多亩，建设现代农业园区，以"大园区、小业主"方式，引导农民生产经营向多样化、生态化、品牌化转变，助农人均增收2000多元，昔日的贫困带变成了绿色屏障和现代农业产业带，被评为国家有机农产品生产基地和省农业综合开发示范区、农业产业扶贫龙头企业。通过复制"葫芦峪模式"，打造了平山县泓润、行唐县神树湾、青龙县五指山等一批较大规模的农业园区，经营土地面积29.4万亩。一二三产业融合发展的"蓝猫模式"。省社控股的蓝猫集团公司是专业从事野生酸枣汁饮品研发、生产、销售的国家级农业产业化龙头企业，以"龙头企业+合作社+农户"的方式，利用荒山荒地培育野生酸枣基地10万亩，促进了当地种植业结构调整，拉动旅游餐饮物流等相关产业，辐射带动农户4.5万户，实现社会效益近8亿元。通过复制"蓝猫模式"，打造了衡水欣苑、唐山天成等一批农业产业化龙头企业。农业生产全程化托管的"玉田模式"。整合涉农企业组建服务公司，联合农技、农机、水利等涉农部门在乡镇设立现代农业服务站，围绕耕种管收加工农业生产全过程，提供托管半托管服务，实现粮食增产、农民增收、企业发展。通过复制"玉田模式"，全省供销系统共托管半托管土地面积250多万亩。土地入股经营的"饶阳模式"。饶阳县供销社领办合作社，农民以土地参股入社。一亩地每年可以领取800元保底金，享受合作社盈余15%分红，到合作社打工挣工资，社员年均收益2.4万元，比不入社农民高出35%，创造了"地权变股权、农户变股东、农民变农工、保底加分红"的合作经营新模式。在实践中探索的各种服务模式很好地发挥了供销社组织、网络等服务优势，以布局区域化、服务规模化、经营产业化和一二三产高度融合有力地推动了农业生产经营规模化。供销社在现代农业发展中的重要作用日益彰现。

【推进农产品市场建设】 着眼京津冀协同发展，依托系统农产品市场网络资源，把建设现代农产品市场体系作为重要切入点，统筹谋划推进。加快构建农产品市场集群。省社筹资60多亿元，环绕北京、天津和石家庄，重点布局建设了8家大型农产品市场。以互联网和现代物流技术为支撑，联结带动全系统104家农产品批发市场，构建以京津冀为核心，北连东北、西通晋蒙、南接中原、东联胶东半岛的农产品市场集群。位于京西的张家口农产品物流园被确定为北京冬奥会重点果蔬供应基地、河北唯一的全国公益性农产品市场示范单位。加快推进现代物流项目建设。与北京新发地集团以相互持股方式共同建设京津冀农产品流通网络体系。加快推进直采直销体系建设。积极推动城市社区鲜活农产品直采直销体系建设，已在承德、邯郸等8市全面铺开。与北京金泰集团合作，实施"冀菜净菜进京入津工程"，推动河北省100多个名优农产品打入北京200多家社区超市。该项目已列入北京市"菜篮子"工程和"十三五"规划。现代农产品市场体系的日益完善，打通了农产品销售的快速通道，带动了农业结构的调整优化和品牌化经营。供销社正在成为推动农业供给侧改革的重要力量。

【搭建农村社区综合服务新平台】 结合新型城镇化和新农村建设，采取"政府支持、供销社主办、多方共建"的方式，建设实体性农村社区综合服务中心（社），承载系统服务终端、政府职能部门的便民服务和本地特色化服务，为农民提供系列化、一站式服务。整合各种资源，多渠道投资建设。通过筹资自建、与乡镇政府联建、联合村两委共建、引进开发商合建等形式，高起点规划、高标准建设，逐步形成以供销社为主体、覆盖重点乡村的综合服务体系。习近平总书记到正定县供销社塔元庄社区综合服务中心视察时，高兴地说"把超市开到农村，把社区服务送到千家万户，你们的工作做好了，我就放心了"。健全完善功能，全方位拓展服务。与职能部门和系统企业、社会力量合作，提供日用消费品销售和农资供应销售等经营性服务和农业科技、教育培训、医疗卫生、养老幼教、文化娱乐、代理代办、金融保险、农村产权交易等公共服务，打造服务农民生产生活的综合平台。隆尧县魏家庄供销社社区综合服务中心开办的幼儿园、寄宿制小学、养老院，解决了外出务工人员子女上学和父母养老问题，深受农民欢迎。创新运行机制，市场化经营管理。坚持运行机制市场化兼顾社会服务公益化，合理安排经营性和公益性项目，实行统一管理、统一平台、统一服务标准、统一品牌形象，提升服务水平，实现"社农共赢"。张家口位于草原天路、五花草甸、暖泉等旅游区附近的供销社，打造了一批集餐住购等服务为一体的综合服务中心，极大方便当地群众和外来游客，实现了盈利，增强了实力。2016年底，全省已建立乡镇社区综合服务中心1790家，村级社区综合服务社18339家。农村社区综合服务中心成为新农村建设的一道靓丽风景，成为农村社区事务中心、商业中心和文体娱乐中心，方便了农民群众生活，加快了城乡一体化进程。

【创建农村电商新平台】 主动顺应商业模式和消费方式深刻变革的新趋势，以"互联网＋流通"为抓手，依托供销社组织网络，推动电商进农村。自主开发建设了三家各具特色的省级电商平台。"农交汇"以大宗农产品交易为特色，主要提供信息发布、现货即期交易、农产品展示、网上批发等服务，在全国各地设立客户服务中心4500多家，上网展示、交易的农产品涉及10大类1000多种。"八方联采"以综合性服务为特色，主要开展日用品、农资联采联销、农产品上行等服务，与省中医院、省妇联、团省委合作，开办网上中医院、妇女手工艺品销售平台"巧手坊"、农村青年创业平台等。已建立市级运营中心13家，县级运营中心140多家，县域特色馆110多家，村级服务站4600多家，成为省内乡村服务站覆盖面最广、增值服务功能最完善的综合电商平台。"农交汇"和"八方联采"入选中央网信办"网络扶贫双百项目"。"云供销"以改造传统网络为特色，为省盐业公司、沧州盐百集团等30多家系统企业提供了信息化改造方案，在石家庄、承德、衡水等地建设开通市县运营中心33个，改造传统网点上万个。打造适应地方"三农"发展要求的电商企业。各市县乡供销社发挥网络资源优势，对接省社"八方联采""农交汇""云供销"等平台，按照"实体店＋电子商务＋物流配送"的思路，在市县建设运营配送中心，在乡镇村建设综合服务站，打造线上线下相融合、集商品销售与配送功能于一体的销售网络，把农民网购商品从市县运营中心送到乡村服务站，把当地特色农产品放在网上商城推销，实现"网货下乡进村"和"农货上网进城"双向流通功能。全系统成立电商企业95家，综合配套、安全便捷的农村电商服务网络初步形成，打通了农村消费的最后一公里，实现了服务零距离，改善了农民的消费环境。供销社正在成为电商进农村的重要平台。

【搭建农村产权交易新平台】 着眼于激活农村资产，使资产资源化，资源资本化，搞活农村资本市场，成立全国供销系统第一家省级农村产权交易中心，积极推进农村产权交易体系建设，优化农村资源要素配置。着力构建覆盖全省、交易联动的农村产权交易服务体系。按照"一个平台、四级架构、一体化经营"的思路，省级交易中心负责全省平台的运营管护、数据存储，制定交易规则和制度，开展业务指导监督，组织大宗、跨区域交易；县级建交易平台，负责为本区域涉农产权交易提供信息发布、撮合交易、交易鉴证、产权质（抵）押和融资服务；乡村建服务站，负责发展农村经纪人、上传各类产权交易信息、协调交易双方洽谈等。2016 年底，全省供销社系统共建有农村产权交易中心 108 家。着力打造开放规范、资源共享的跨区域跨领域产权合作平台。与京津两地产权交易机构联合成立产权交易合作联盟，实行信息共享、业务合作、项目对接。与人保公司合作探索“土地流转履约责任险”“农产品成本价格损失险”保险产品，便于化解产权交易风险。农村产权交易体系规范了农村产权交易活动，保障了交易双方的合法权益，为搞活农村资本市场、助推现代农业发展奠定了重要基础。

【创新农村合作金融体系】 坚持普惠金融理念，着眼于破解农民和新型农业经营主体面临的融资难瓶颈，强力推进农村合作金融体系创新。构建新型服务体系。省社投资 12 亿元，创建了涵盖 11 种业态的 8 家金融企业入驻合作金融大厦，市、县建立分支机构，乡镇建设供销金融超市，村级建设助农服务站，构建上下联结的农村合作金融体系，为农民提供全链条、一站式金融服务。建行、人保等与省社金融企业对接，把终端设备置入供销金融超市，开展小额取款、转账汇款等基本结算服务。合作金融大厦已经成为展示河北省改革成效的标志性建筑，供销金融超市正在成为开展农村金融服务重要依托。打造省级投融资平台。发行企业债、短期和超短期融资券、设立私募股权基金等，实现融资近 60 亿元。作为合伙发起人参与创立了国内最大的商业化募集母基金——前海母基金，基金发行规模达 265 亿元。与河北银行联合组建金融租赁公司，2016 年实现融资 70 亿元。探索“政银社户保”金融支农新模式。通过政府出资建立风险补偿基金，供销社持有管护，供销社担保公司提供担保，保险公司提供履约责任保险，银行提供信贷资金的方式，为涉农小微企业、经营大户及贫困户及提供小额贷款，有效破解了金融机构不敢贷、政府支农资金不够用、农民融资难等问题。强化风险防控。坚持体系创建与制度创新同步推进，以先进技术和规范制度为支撑的风险防控机制基本形成。作为省新型农村合作金融试点和化解非法集资风险两个领导小组成员，省社组建农村合作金融处，负责系统的业务指导、运营监测、风险提示等，指导省社金融企业制定配套规范制度 150 多项。市县社负责监督管理、调剂余缺、风险处置。基层社组织资格审查、信用评定、资金管理。供销社创办的合作金融服务体系，增强了农村金融“输血”和“造血”功能，从根本上破解农业发展的资金瓶颈，为促进现代农业发展注入了强劲动力。供销社在发展农村合作金融中发挥了独特作用。

【推进管理体制机制创新】 以打造实体性合作经济组织为方向，着力构建与市场配置资源相适应的管理体制，完善与管人、管事、管资产相协调的出资人监督机制。加快新型体制机制创新。立足河北实际，搭建了“一主两翼”新型供销社组织架构。“一主”即供销社机关为主体承担行业指导职责；“两翼”即以农民合作社联合社与企业集团为两翼承担经营服务职责。探索构建了“顶层一体、社企分开，功能兼容、两线协同，开放合作、上下贯通”的运行机制。“顶层一体、社企分开”即以供销社理事会领导成员为主体组成农民合作社联合社理事会和企业集团董事会，实现“三会”决策层主要成员的“一体化”，在按照各自职责相对独立运行基础上，确保党的路线方针和坚持为农服务宗旨贯彻落实。“功能兼容、两线协同”即供销社机关处室履行农民合作社联合社、企业集团相关部室的职能，整合管理资源，提高运行效率，实现行业指导体系和经营服务体系相互支撑、协调运转。“开放合作、上下贯通”即积极推进供销社系统内外合作，加强层级社以及与各类市场主体之间的产权、资本和业务联结，集聚优质生产要素，培育为农服务体系化优势。以村级合作社为基础、乡镇“三位一体”（供销社＋农民合作社联合社＋综合服务中心）新型基层社为纽带，县及县以上“一主两翼”为平台的新型供销社组织架构基本形成。构建信息化决策平台。在全国供销系统率先建成农产品市场价格数据中心、NC 企业财务数据中心、AC 系统财务数据中心，实现对所属企业财务与运营情况的管控。创新激励机制，倡导“四要四不要”工作新风尚，实施领导干部品牌化，把干部推向改革一线，使有作为的干部成为“品牌”，有“品牌”的干部得到重用，使得到重用的干部有获得感，激发改革发展正能量。机关处室实行竞争上岗、处长“组阁”，70 多名机关干部主动到企业工作，机关新进年轻干部全部到企业锻炼。省社新创企业全部由机关干部领办。新型治理结构的创新，初步形成了相互支撑、协调运转，多方合作、服务“三农”的良好工作格局，激发了供销社体制活力和内生动力。

【做大做强社有企业】 社有企业是供销社为农服务的市场主体。按照社企分开的改革方向，以集团化发展为重点，整合系统资源，凝聚企业合力，加大开放合作，不断推动社有企业做大做强。加快集团化发展步伐。省社新合作集团形成了流通、农业、金融、地产、电商等多元支撑、多板块并存的发展新格局，综合实力显著增强。以项目带动企业发展，在全省范围内谋划运作农产品市场、农资网络、农村消费品终端等项目 35 个，投资总额 363 亿元。省社本级净资产比改革前增长了 3.2 倍，营业收入增长 1.4 倍，资产总额增长 2.2 倍，利润总额增长 2.8 倍。省、市社和 67 个试点县全部组建企业集团或资产管理中心。重点做强农业板块。省社新合作农业投资公司，吸纳涉农经营主体组团发展，资产规模在不到两年的时间迅速扩大到 35 亿元，撬动社会资本 100 多亿元，成为拥有 1 个国家级和 5 个省级农业产业化龙头企业、6 个省级著名商标的农业领军企业。加大对外开放合作力度。省社新合作集团与 40 多家金融机构建立战略合作关系，累计获得授信额度 1000 多亿元。社有企业集团化发展，打造了供销社市场竞争的新优势，为从根本上做强社有企业支撑的经营服务体系奠定了良好基础。

【实施“旗帜供销”工程】 从“巩固党在农村执政基础”的战略高度出发，与省委组织部联合实施“旗帜供销”工程，让党的旗帜高高飘扬在为农服务的第一线。强化“三块阵地”。采取单独组建、行业统建、村社联建与区域合建方式，建立健全农民合作经济组织、农村现代流通网络终端和农村社会化服务组织中党的基层组织。新建基层党组织 477 个，党建活动场所 337 个。30 个试点县实现党组织建设全覆盖。健全“三项制度”。开展“五好党组织”“五个带头”和群众评议一系列活动，建立健全党组织承诺、党员承诺和群众监督制度，推动党组织和党员干部在服务“三农”中展现新作为，展示新形象。建立承诺制度 1148 项，监督制度 422 项，参加承诺活动党员 2 万多名，公开接受监督事项 960 多项。做到“三个统一”。注重决策环节引领、执行环节示范、考核环节激励，推进改革工作与党的建设统一部署、党员领导干部与普通党员统一要求、经济效益与党的建设统一考核。省及 132 个县的组织部门与供销社联合推进实施。省深化供销社综合改革领导小组列入考核内容。省社实施领导干部品牌化率先垂范。旗帜供销工程收到显著成效，涌现出邢台浆水、承德围场等一批先进典型，引起社会多方面的关注和重视。国务院研究室、中央党校的专家学者给予高度评价，指出“旗帜供销”工程是河北加强农村基层党组织建设的重要探索。新华社《动态清样》刊发了河北经验。“旗帜供销”工程的实施，把基层党组织建在了生产经营链条上，使基层党组织战斗堡垒和党员先锋模范作用得到了充分发挥，实现了党组织政治优势与合作经济组织服务优势的有机融合，进一步夯实了党在农村的执政基础。

（河北省供销合作总社　夏铭玉）

粮食流通

【概况】　河北省是全国 13 个粮食主产省之一。2016 年，全年粮食播种面积 632.7 万公顷，比上年下降 1%；粮食总产量 3460.2 万吨，增长 2.9%。其中，夏粮产量 1448.7 万吨，下降 0.1%；秋粮产量 2011.5 万吨，增长 5.1%。主要生产小麦、玉米。正常年景粮食产需总量平衡有余，油脂油料缺口较大，主要靠省外购入和进口弥补。各类粮食企业累计收购粮食 2614.5 万吨，与上年基本持平。其中收购小麦（含托市收购 317.5 万吨）1474 万吨，比上年同期增加 175 万吨；收购玉米 1048 万吨，受玉米价格下行压力加大的影响，比上年同期减少 200.5 万吨。

【粮食安全责任制】　2016 年，河北省粮食局指导、督促各设区市政府出台了粮食安全责任制实施意见，11 个设区市政府均出台了对县级政府的考核办法。组织召开了省粮食安全责任制考核工作组第一次联席会议，沈小平副省长到会讲话。12 月份，对市级自评作出了具体安排，组织了模拟对标自评，加强培训和督导，确保粮食安全责任制层层落实。

【粮食收储】　（一）托市收购及时启动，收储政策执行有力。2016 年，面对复杂多变的市场形势和局部洪涝灾害，省粮食局会同中储粮和省有关部门积极研究对策，及时启动小麦托市收购。针对“7.19”洪涝灾害和邯郸阴雨天气出现的小麦不完善粒严重超标给夏粮收购带来的困难，在财政资金十分紧张的情况下，省政府拿出 7200 万元专项资金用于处置这一问题，有效减轻了农民受灾损失，保证了收购工作有序进行。

（二）粮食应急保障作用充分发挥。2016 年 7 月，河北南部地区遭受特大洪涝灾害。面对灾情，全省粮食系统以强烈的责任心、使命感，迅速投入抗洪救灾工作中，紧急启动应急预案，充分利用军民融合保障平台，协调联动提高应急效率。期间，共为受灾群众投放成品粮油 3175 吨（其中省级储备 2100 吨。包括大米 1408 吨、小麦粉 1598 吨、食用油 169 吨）以及方便面、火腿肠、饮用水等应急食品，同时为救灾部队提供主副食品 45 吨。粮食系统参与救灾人员达 1350 余人次，动用车辆 136 台次，投放地点达 176 个，圆满完成了任务，受到灾区群众好评。

（三）地方储备粮管理进档升级。圆满完成了 2016 年度储备粮轮换计划，共轮换粮油 60 万吨，确保了常储常新；开展了省、市、县三级储备粮承储企业基本情况核查，截至 2016 年 11 月底，全省地方储备粮实际落实到位总量 54.23 亿斤，其中省级 27.2 亿斤，市级 13.09 亿斤，县级 13.94 亿斤，保持了国家确定全省的 54 亿斤地方储备粮规模数量；通过连续两年的省储粮承储企业管理水平提升活动，30 家企业全部达标，库容库貌和制度建设有了质的飞跃。

【“粮安工程”建设】　（一）“危仓老库”维修改造基本结束。全省粮食部门克服种种困难，积极落实主体责任，截至 2016 年 12 月底，已竣工库点 272 个。修建仓房容量累计完成 602 万吨，完成了国家核定河北省 557 万吨的维修仓容任务。这项工作的完成对缓解 2016 年夏粮收购中仓容方面的压力起到了关键作用。

（二）粮食现代物流项目建设进展有序。国家下达河北省 18 亿斤建仓规模，共安排建设企业 32 家，使用中央预算内补助资金 1.62 亿元，其中 20 家已完工。2016 年争取国家中央预算内投资专项补助资金 2850 万元，支持全省 4 个粮食现代物流项目，均已开工建设。

（三）危仓老库维修改造军粮专项全面展开。争取到的 1.2 亿元危仓老库维修改造军粮专项省以上配套资金全部拨付到位，其中，中央补助资金 4500 万元，省级配套资金 7500 万元。全省 57 个项目中，42 个项目已经完工或主体完工，10 个项目正在抓紧施工，其他 5 个项目因地方城乡区域规划调整，项目调整到 2017 年施工建设。

（四）粮食质量安全监测监管得到加强。在收获粮食质量监测方面，省、市两级共完成监测样品 591 个（小麦 254 个，玉米 331 个，稻谷 6 个），其中省级监测样品 315 个，市级监测样品 276 个，结果显示，2016 年河北省收获粮食质量安全状况较好；在库存粮食质量监测方面，共抽检样品 455 个，样品质量指标合格率 97.4%，储存品质宜存率95.6%，食品安全指标合格率99.2%；在省级储备粮轮换出库方面，从有轮换任务的42家企业，采样176个，样品质量储存品质和安全指标合格率均达100%。同时，不断提升市级粮食检验机构的检测技术和服务能力，积极争取中央财政资金460万元，支持唐山、承德2家质检机构配备检化验仪器设备60余台套，市级质检机构达到9家。组织开展了河北省粮食质量安全事故（事件）应急处置预案演练，进一步提高了质量安全事故的应对处置保障能力。

【粮食信息化建设】 （一）粮库智能化升级改造获国家支持。为充分利用现代信息技术提升全省粮食仓储设施功能及管理水平，从顶层设计入手，注重企业需求，加强与省财政厅协调沟通，科学制定符合实际、行之有效的实施方案。经过积极准备和认真答辩，顺利通过国家组织的专家评审，成为粮库智能化升级改造重点支持省份，争取中央财政补助资金7000余万元。

（二）省级储备粮信息化管理系统建设继续推进。2016年省财政安排省级储备粮监控体系建设资金2880万元，二期建设项目已进入具体实施阶段。

（三）粮食信息化管理平台正式启用。将省粮食信息化管理平台作为推进全省粮食信息化建设的重点工作来抓，不断完善系统功能，加强业务培训，平台已于2016年11月1日开始试运行，全省粮食系统业务协同水平将得到显著提升。

（四）粮食市场监测预警能力不断提高。年内组织研发了新的"河北省粮油市场监测预警系统"并上线运行。新体系以省级监测点为骨干、市级监测点为主体、县级监测点为基础，监测点由原来的283个增加到442个，做到了全省市场价格监测布局县域全覆盖，实现了原粮购销、成品粮批发零售、粮食加工转化、物流节点的粮食流通全产业链监测。

【省际间产销合作】 （一）京津冀协同发展迈出新步伐。2016年以来，河北省粮食局不断加强与京津粮食部门的合作，4月29日、10月21日分别在北京市和天津市召开了京津冀粮食行业协同发展局长联席会议，签署了《京津冀粮食行业协同发展联席会议制度》和《北京市粮食局天津市粮食局河北省粮食局粮食应急协同联动合作协议》等文件，京津冀粮食协同发展取得实质性进展。承接了部分北京市市级储备，并于9月底完成代收任务；推进了冀津粮食企业合作，天津利达粮油有限公司河北分公司成立；与京津相关机构对接，加深了粮油质量监管的合作。

（二）省际间粮食合作不断深化。积极推动与贵州、黑龙江、山西等省的实质性合作。与贵州省粮食局签订了《全面战略合作框架协议》，贵州省粮食局在河北省举办了粮食仓储培训班，省粮食局组团参加了贵州省第三届粮油精品展示交易会，双方合作向纵深发展。分别组团参加了黑龙江第13届金秋粮食交易合作洽谈会和山西粮食（小杂粮玉米）产销衔接会，签订了长期稳定粮食购销合作协议。

（河北省粮食局办公室　潘少阳）

烟草专卖

【概况】 2016年，河北省烟草专卖系统认真学习贯彻落实习近平总书记系列重要讲话精神，以"两学一做"学习教育为动力，以融入地方经济发展、贡献地方经济发展为己任，坚决执行省委省政府和国家烟草局战略部署，积极应对错综复杂的外部形势，适应经济发展新常态，坚持稳中求进总基调，更加注重增强信心责任，更加注重创新驱动引领，更加注重降本提质增效，全力打造全员优质服务型现代卷烟流通企业，努力为建设经济强省、美丽河北贡献力量。全年累计销售卷烟235.46万箱，排全国第8位；实现销售额502.48亿元，排全国第12位；实现税利120.13亿元，位列全国商业系统第13位。

【全力保障财政增收】 依托国家烟草专卖管理体制，认真遵守烟草专卖法赋予的"维护消费者利益，保证国家财政收入"的立法宗旨，聚焦"经济发展质量和效益上水平"目标任务，持续提升行业税利贡献度，尽职尽责为地方经济社会发展服务。全年上缴中央和地方财政各项税费93.13亿元，其中上缴中央财政74.12亿元，上缴地方财政19.01亿元。始终把销售省产烟作为助力地方财政增收的重要途径，坚决落实省领导重要批示和全省烟草行业发展工作会议精神，坚持"精心谋划、真心培育、诚心销售、热心服务"的工作原则，不断强化责任担当，在政策允许的框架下，千方百计给予支持和帮助，努力促进省产卷烟品牌知名度、美誉度和认可度提升。从河北中烟调入卷烟总计86.17万箱，占河北中烟自销量的90.57%，同比提高4.95个百分点；其中调入1—3类烟39.88万箱，占河北中烟1—3类烟自销量的86.68%。调入钻石69.22万箱，占河北中烟钻石自销量的80.19%；其中调入1—3类钻石36.37万箱，占河北中烟1—3类钻石自销量的80.97%。全年销售钻石67.65万箱，占全省商业总销量的28.73%，钻石销量在全省所有在销品牌中排名第1位；其中，销售钻石荷花系列卷烟7355箱，同比增长17.03%。

【专卖管理成果突出】 在省委省政府的大力支持帮助下，依托主管省长任组长，公安、检察院、法院等14个部门为成员的联合打击制售假烟违法犯罪活动领导小组，不断深化"政府领导、部门联合、多方参与、密切协作"的打假打私体系，继续巩固联合打假良好格局和专卖管理协作机制。积极应对网络涉烟违法犯罪新态势，各地相继破获多起新型互联网涉烟案件，有的案件被列入全国"5·12"集群战役，取得重大战果，受到公安部通令嘉奖。以基础工作巩固年活动为抓手，积极推行零售许可审批改革，创新性编制《行政处罚案件审理业务指南》，规范行政执法行为，持续提升管理水平。全年共查处各类涉烟案件1.98万起，同比提高44.97%，查处案值5万元以上假烟案件102起，同比提高264.3%，破获国标网络案件68起，其中6起被列为部督案件；查获假烟、走私烟4256.4万支，同比提高69.2%，查获烟丝烟叶406.1吨，同比提高141.4%；共刑拘351人，批捕255人，判刑132人，其中判实刑72人。“金叶使命—2016”市场整治专项行动受到国家局通报表彰，查获案件、查扣非法卷烟和破获国标网络案件数量均处于全国行业前列。

【精益管理持续深化】 坚持以管理的精益化深挖内部潜力，千方百计提高卷烟营销投入产出比，推动企业发展更多地建立在科技进步、管理创新、素质提升、效率提高基础之上。全年实现降本增效1595.93万元，提前超额完成国家局下达的目标。建立全省系统科技创新和QC小组活动两个专家库，10个QC课题组获河北省优秀质量管理小组称号，2人荣获全国烟草行业“精益十佳”个人，1人荣获全国质量管理小组活动优秀推进者称号，35人取得河北省质量管理小组中级诊断师资格。积极开展物流小技改、小创新等活动，全年完成精益降本增效课题54项，降低物流成本（或节约投资）550万元，10个物流科技创新项目被授予国家实用新型专利，4个QC项目被省质量协会评为省级优秀课题。通过推行物流备品备件自主研发定制和自主采购管理模式，全年节省费用100余万元。特别是自主研发并实施了半自动化异型烟分拣线，投资不到60万元，约为市场同类产品投资额的1/3。加强全面预算管理，三项费用率为5.38%，比全国平均水平低1.05个百分点。积极化解17项难度较大的历史遗留问题，深入推进“应招尽招、真招实招、办事公开民主管理同业务工作深度融合保障机制”建设，持续深化安全文化建设，营造了和谐稳定的发展环境。

【扶贫增收】 把落实省委省政府扶贫政策作为一项政治职责，结合行业实际，努力促进与相关联群体的脱贫致富，以共生、共赢、共发展促进社会和谐稳定。加大对烟叶种植的扶持力度，全年烟农总收入8320万元，实现税金3910万元，烟农户均收入12.47万元，高于全国平均水平7.55万元。全省建立卷烟直营终端68个，现代终端3.2万个，指导客户建立消费者档案12.75万份，终端建设投入1787.81万元，其中农网终端建设投入672.13万元。积极开展“阳光·善行”贫困零售户帮扶和“消费者在哪里我们就到哪里”活动，着力提升党员零售户红色形象，共向社会捐赠1175.8万元，其中职工个人捐赠123.91万元；加强为客户办理贷记卡，以消费者为核心的卷烟营销方式进一步确立，共为12.37万零售户办理了贷记卡，占零售户总数的52.72%，授信额度共计32.46亿元，每户年均节约利息支出1141元。积极开展“职工互助一日捐”“博爱一日捐”等活动，省局出资70万元、职工个人捐赠4.61万元帮助洪涝受灾零售户重建家园、恢复经营。按照省委精准脱贫工作要求，选派87名优秀干部到贫困乡镇、村挂职任第一书记，成立93个工作组进行结对帮扶，投入资金442.68万元。精准脱贫工作受到地方党委、政府表彰，一些同志还被评为优秀驻村干部。

（河北省烟草专卖局　周　斌）

交通运输业

【投资建设】 面对资金紧缺压力，健全和完善交通投融资机制，全方位争取国家债券、政策性贷款，加强与央企、国企、民企合作，吸引社会资本参与交通建设，全面推进PPP模式，探索实施PPP模式的方法途径。2016年，全年累计完成交通固定资产投资915亿元，完成年初计划的104%。

公路重点区域建设成果显著。一是全面打响交通脱贫攻坚战。加快建设太行山高速公路及国省干线公路，推动一定人口规模的自然村通公路，加快贫困地区形成“外通内联、通村畅乡、安全便捷”的公路交通网络。二是打通扩容一批“断头路”、“瓶颈路”，重点实施省道松兰公路、京蒋线等项目。三是推进北京新机场集疏运通道建设，开展北京新机场北线高速公路前期工作。四是推进冬奥会区域京北公路、延崇公路前期工作，加快京北公路一期33公里和赛区之间隧道开工建设。五是加快高速公路建设。六是全面启动国省干线公路升级改造、农村公路路网改造、普通公路安保工程“三个建设”。

2016年，全省公路建设完成固定资产投资673.1亿元，公路通车总里程达18.8万公里，比2015年增长2.1%，公路密度达100.4公里/百平方公里，比2015年提高2.1个百分点。其中，高速公路完成投资340.4亿元，通车总里程达6502公里，比2015年增长2.7%，高速公路通车总里程居全国第三位，高速公路京沪沧州段、荣乌坡仓互通至狼牙山互通段、密涿北三县段、邢衡衡水段等4条段、169公里建成通车；普通干线公路完成投资126.2亿元，公路里程达1.9万公里，比2015年增加826公里；农村公路完成投资122.5亿元，增长14.5%，农村公路里程达16.3万公里，比2015年增加2883公里，完成新改建农村公路7787公里，超出交通运输部下达河北年度目标任务4000公里的近一倍。

港航建设有序推进。全省加快完善港口功能，启动秦皇岛港20万吨级深水航道工程，建设曹妃甸港区华电煤三期工程、黄骅港综合港区冀海散杂货码头；完善港口集疏运体系，加快建设曹妃甸港区铁路扩能主线工程，推进唐曹铁路建设，全面开工水曹铁路。

2016年，全省完成沿海港口固定资产投资104.1亿元，全省码头长度达5.5万米，比2015年增长4.4%；泊位246个，增加8个，新增通过能力3367万吨。其中，万吨级泊位176个，增加8个；设计吞吐能力10.5亿吨，提高3.3%，居全国第二位，港口集装箱设计通过能力达350万标箱。分港口看，黄骅港完成固定资产投资22.4亿元，码头长度9566米，泊位48个；唐山港完成固定资产投资66.3亿元，码头长度2.8万米，增长7.6%，泊位106个，增加7个，其中，曹妃甸港区码头长度为1.8万米，增长7.6%，泊位64个，增加5个；秦皇岛港完成固定资产投资15.4亿元，增长8.3%，码头长度1.7万米，泊位92个。

民航运营能力大幅提高。"十三五"期间全省将大力发展通用航空，以环首都、冬奥会区域、主要旅游景区为重点，加快通用机场建设，2016年，全省启动12个通用机场前期工作，推动北戴河机场通航运营，加快承德机场建设，开展衡水机场前期工作。贯彻落实国家京津冀协同发展战略要求，北京新机场河北境内征拆工作全面完成，周边综合交通运输体系建设加快推进。

2016年，全省民航机场完成固定资产投资52.6亿元。河北机场集团与首都机场集团合资组建河北机场商业发展有限公司。民航北戴河机场正式通航，承德机场基本完工。机场年旅客吞吐能力达2200万人次、货邮吞吐能力达26万吨。全省建成民用机场5个，定期航班航线90条，比2015年增加16条，其中，石家庄定期航班航线71条，比2015年增加14条，民航运营能力大幅提高。

城乡公交客运一体化呈现新局面。深入推进城市公交优先发展，加快石家庄、保定国家"公交都市"创建工作，继续推动城乡客运一体化，积极推进出租车行业改革，协调传统出租车与新兴业态的关系，促进出租车行业健康稳定发展。

2016年，全省开通城市公交线路2516条，比2015年增加156条；运营线路总长度4.7万公里，增长15.9%；公交专用车道长度达26.9公里，增长19.6%；公共汽车运营车数达3.0万辆，增长17.5%，公交客运总量达21.0亿人次；出租汽车运营车辆为7.3万辆，增长1.6%，出租车客运总量达13.9亿人次。县城20公里范围内公交化运行率达到43%以上，比2015年提高11个百分点；全省38%的乡镇完成农村客运班线公交化改造，比2015年提高7个百分点。截至2016年底，全省拥有农村客运站36483个、其中四级站126个、五级站250个、简易站1059个、候车亭13559个、招呼站牌21489个。

智慧交通建设较快发展。2016年，全省全面提升交通现代化智能化水平，实施"互联网+交通网"网网工程，推动移动互联网、大数据等技术与交通运输深度融合，实施交通物联网应用示范工程，建设交通运输物流公共信息平台，建设政企合作的京津冀综合交通出行服务系统。实现ETC车道全覆盖，ETC与全国联网。提前三个月完成公交"一卡通"任务，省内643条公交线路、1.2万部公交车与京津实现一卡通行。信息化电子不停车收费系统（ETC）用户连续两年新增均在150万户以上，总量累计达到352万户，居全国第三位。省域道路客运联网售票系统建成，124个二级以上客运站完成省内联网并接入部联网平台。"两客一危"重点营运车辆公共服务平台接入社会化运营平台。

全面推动绿色交通、法治交通建设。大力推进节能减排，推广使用新能源汽车，不断更新新能源公交车，推广应用新能源出租车，加快服务区充电站建设，推进LNG等清洁能源应用；加强法治交通建设，加快推进《河北省道路运输条例》立法调研项目进程，建立与京津两市的沟通机制，修订违法超限案件移送办法，统一超限车辆认定标准和处罚裁量标准，实现京津冀道路运输和港航审批统一。

【运力情况】 从道路运力看，2016年，全省民用车辆拥有量为1668.2万辆，比2015年增长1.6%。从主要类型看，汽车1291.7万辆，比2015年增长13.6%；摩托车169.9万辆，下降43.3%；拖拉机161.7万辆，下降1.2%；挂车44.8万辆，增长8.6%。道路运力变动特点：

一是载客、载货汽车均较快增长。载客汽车1077.1万辆，增长16.6%。其中，大型载客汽车6.2万辆，增长19.1%，小型载客汽车1029.8万辆，增长17.8%，轿车758.4万辆，增长16.8%；载货汽车163.3万辆，增长11.4%，其中，重型载货汽车57.2万辆，增长13.4%，轻型100.7万辆，增长10.7%。二是私人轿车较快增长。私人轿车达731.4万辆，增长17.7%，私人轿车占全部轿车比重达96.4%。三是其他汽车大幅下降。其他汽车51.3万辆，比2015年下降23.6%。其中，三轮汽车32.3万辆，下降27.9%，低速货车13.5万辆，下降21.9%。四是营运性货车较快增长。全省营运性车辆为207.1万辆，增长2.1%，其中，营运性汽车155.2万辆，增长1.3%，营运性载客汽车15.9万辆，增长3.7%，营运性载货汽车114.1万辆，增长12.1%。五是进口车较快增长。进口车拥有量为26.1万辆，增长15.6%，其中，进口汽车26.0万辆，增长15.6%，占全部汽车比重为2.0%，进口轿车占全部轿车比重为1.2%。

从水上运力看，营业性民用运输机动船1594艘，减少0.1%；驳船1艘，与2015年持平。其中，机动客船1444艘，与2015年持平；机动货船144艘，减少1.4%。

从输油(气)管道运力看，输原油管道有3条，输油里程417.0公里，输油能力480万吨/年；输天然气管道有1条，输气里程67.7公里，输气能力14.6千万立方米/年。

【运输生产】 2016年，全省交通运输业总体呈现平稳较快运行态势。公路、铁路、水路、民航和管道五大运输方式共完成货运量21.1亿吨，同比增长6.3%，货物周转量12339.2亿吨公里，增长2.7%；客运量5.1亿人，下降4.6%，旅客周转量1238.1亿人公里，增长2.1%。

公路货运较快增长。全省部分国道、省道收费年限逐步到期，相继停止收费，公路运输成本下降，运价的市场灵活性以及公路点到点、门到门的运输方式，使公路运输竞争力大大增强。随着高新技术产业、电商网购的快速发展，附加值和技术含量较高、体积小重量轻等日常生活用品"白货"运输需求不断增长，适合此类货物运输的公路运输增速稳步上升。2016年，全省公路货运量为19.0亿吨，同比增长8.1%；货物周转量7294.6亿吨公里，增长6.9%。

铁路货运触底反弹。2016年，全省铁路货物发送量为1.6亿吨，下降8.6%；货物周转量3704.5亿吨公里，增长2.0%。从运行态势看，货物周转量增速于2015年触底，2016年一季度降幅大幅收窄，11月实现由降转增，全年增速是2015年以来的最高，同比提高15.2个百分点；铁路货物发送量于2016年一季度触底，之后降幅呈波动缩小态势，全年降幅同比缩小4.9个百分点。

铁路货运有所好转的主要原因：一是铁路部门运价调整自主权逐步扩大，对焦炭、钢铁等品类由货车标记载重计费改为按实重计费，统一合资铁路与国家铁路货运价格水平等改革措施初步生效。二是货物运输需求有所增加。河北铁路以煤炭、钢铁、金属矿石等大宗原材料“黑货”运输为主。上半年，工业、建筑业形势出现好转，带动煤炭、钢铁等原材料运输需求增加，增速逐年下降势头有所遏制。三季度，受益于补库存、公路治超和冬季用煤增多等因素影响，铁路货物周转量逐步增多，增速回升。

水路货运低位平稳运行。从运行态势看，水路货运前三季度呈低位平稳运行态势，四季度有所放缓。2016年，全省水路完成货运量4457.8万吨，由前三季度低位增长转为下降1.9%；货物周转量1335.5亿吨公里，由低位增长转为下降13.9%。

民航货运形势低迷。全省民航机场货物发运量为2.3万吨，下降10.4%，增速比2015年下降13.6个百分点。从运行态势看，全年呈持续下降之势，货物发运量由一季度增长17.1%的增幅缩小到上半年的增长3.1%，三季度转为下降9.0%，年底下降10.4%。

管道运输增速放缓。全年管道输送原油总量为398.6万吨，比2015年增长0.9%，输送原油总周转量为4.6亿吨公里，下降2.9%。从运行态势看，输送原油总量增速呈逐步放缓态势，从一季度增长20.0%逐季回落至全年的0.9%。

客运方式持续升级。快捷舒适的铁路、民航客运较快增长，公路客运下降。京津冀协同发展助推铁路客运向好，2015年底，天津至保定铁路的正式开通运营，石家庄到天津、唐山、秦皇岛首次开通高铁，2016年北京铁路局开行了围绕北京、天津、石家庄，贯通邯郸、保定、唐山、承德等设区市的环线快速列车4对，大大增加了客流量。2016年，全省铁路旅客发运量1.1亿人，同比增长11.0%，增速同比提高9.6个百分点；旅客周转量993.6亿人公里，由上年同期下降转为增长5.2%。

省委、省政府高度重视民航事业的发展，借助协同发展东风，河北机场集团2015年纳入首都机场集团管理实现京津冀三地主要机场统一管理、一体化运营后，民航运输突破瓶颈，较快发展。2016年，全省民航机场旅客发运量474.8万人，同比增长32.6%，增速同比提高26.7个百分点。机场旅客吞吐量850.1万人，增长24.1%，同比提高17.5个百分点。

公路客运量和旅客周转量分别完成4.0亿人和244.2亿人公里，同比分别下降8.4%和9.0%。

全省铁路客运量占全省客运量总计21.0%，比2015年提高2.9个百分点；民航占0.9%，提高0.3个百分点。公路占78.0%，下降3.2个百分点。全省铁路旅客周转量占全省旅客周转量总计的80.2%，提高2.4个百分点；公路占19.7%，下降2.4个百分点。

港口形势明显好转。2016年，全省沿海港口货物吞吐量为9.5亿吨，同比增长4.3%，从运行态势看，2016年各月累计增速均为正增长，扭转了2015年负增长状态，全年增速同比提高8.3个百分点。

港口形势好转得益于工业、建筑业形势有所好转，煤炭、建材市场活跃，需求转旺。2016年，全省煤炭及制品吞吐量完成5.0亿吨，下降0.8%，降幅同比缩小9.4个百分点；金属矿石增长11.8%，增速同比提高6.9个百分点；矿建材料由同期下降转为增长76.5%；水泥由同期下降转为增长7.6%。

（河北省统计局　李　岩）

【民航运输（河北机场集团）】 河北机场管理集团有限公司（简称“河北机场集团”）是由河北省人民政府批准成立、河北省国资委履行出资人职责、委托首都机场集团管理的国有独资公司，是行业性投资机构和大型航空运输服务保障企业。河北机场集团注册资本10亿元，资产总额51.52亿元。公司以服务国家战略、服务地方发展、服务社会大众地方社会经济发展为己任，依托机场主业，大力引进航空公司运力，完善河北机场航线航班网络，提升航空运输综合服务保障能力，全面发展物流、商贸、旅游、酒店、餐饮、广告等非航产业，努力实现公司品质化发展，取得了良好的社会和经济效益。

河北机场管理集团有限公司下辖石家庄正定国际机场，托管秦皇岛北戴河机场、张家口宁远机场、承德普宁机场。石家庄国际机场是首都机场的主要分流、备降机场，是河北航空公司、中联航河北分公司、春秋航空公司和中国邮政航空公司运营基地，是中国北方重要的国际航空货运中转基地，是河北省重要的空中交通门户和对外开放窗口。石家庄机场跑道全长3400米，飞行区等级4E级，可保障世界各类大型飞机起降，世界最大货运飞机安225、最大客机A380曾多次飞抵石家庄机场。石家庄机场候机楼总面积20.4万平方米，货运站总面积3.6万平方米，停机位69个，可满足年旅客吞吐量2000万人次，货邮吞吐量25万吨需要。

（一）协同发展深入推进。河北机场集团积极参加调研协调工作。参加民航华北局组织的进一步推进京津冀地区空域航路航线优化工作调研和区域机场综合交通枢纽规划协调工作，承办首次京津冀机场群协同发展领导小组第一次会议，为三地机场地面综合交通建设、首都机场航班优化调整出谋献策。河北机场集团成功承办京津冀民航协同发展石家庄机场推进会，与航空公司、支线机场、旅行社签订了一揽子战略合作协议。紧抓京津冀协同发展重大历史机遇，立足于京津冀民航协同发展大局，始终坚持加快发展第一要务，围绕培育石家庄机场为枢纽机场、积极发展航空快件集散及低成本航空的功能定位，构筑河北干支结合、优势互补、共同发展的机场体系。

（二）安全服务水平持续提升。2016年，河北机场集团共保障飞机起降7.6万架次、同比增长22.3%，其中石家庄机场6.87万架次、同比增长21.1%，秦皇岛机场3511架次、同比增长28.3%，张家口机场3822架次，同比增长42.7%。河北机场集团保障了飞行安全、空防安全和航空地面安全，实现了第13个安全年，石家庄机场实现了第22个安全年。认真贯彻落实党的十八届六中全会精神和省委、省政府、民航安全工作部署，组织召开了机场集团航空安全委员会会议，全面构建安全责任体系，修订完善安全奖惩考核机制。深入推进“平安民航”建设，完善反恐防暴机制，确保机场空防安全。组织开展机坪运行、危爆物品清理整顿等专项行动和专项检查。成功组织2016年反恐暨应急救援综合演练。圆满完成全国两会、G20峰会、世界互联网大会等重大活动安保任务。河北机场集团连续7年被评为全国“安康杯”优胜企业。

（三）航线航班网络逐渐优化。2016年，石家庄机场运营航空公司29家，全年执行航线104条、同比增加12条，通航城市71个，周航班最高达到1460多架次，航空通达能力持续增强。深化与基地航空公司合作，驻场运力达到26架，新增西部航空、多彩贵州等6家国内航空公司，新开34条航线，新增7个国内航点。加密了哈尔滨、大连、杭州、南京、重庆、昆明、海口、三亚等13条国内干线航点，新增了南通、扬州、汕头、连云港等6条国内支线航点，新增韩国清州、泰国普吉岛、柬埔寨西哈努克航线，恢复美国塞班航线，恢复石家庄—首尔货运正班航线。低成本航空稳步增长。积极协助春秋航空成立河北分公司，低成本航空全年执飞航线34条，国内通航点32个，国际和地区通航点8个，完成旅客吞吐量273.83万人次，占比38%，远高于我国低成本航空市场占比10.3%的水平。全年低成本航空航班平均客座率超90%。

（四）服务区域经济社会发展能力持续提升。2016年，河北机场集团完成旅客吞吐量779.78万人次，同比增长22.8%，其中石家庄机场、秦皇岛机场、张家口机场分别完成721.46万人次、23.12万人次、35.2万人次，分别同比增长20.54%、48.6%、69.3%。完成货邮吞吐量4.43万吨、同比减少1.8%，其中石家庄机场完成4.38万吨、同比减少2.1%；秦皇岛机场完成426.1吨、同比增长29%；张家口机场完成496.5吨，同比增长51%。快件产品通关提货效率提高，河北邮政国际快件监管中心、汇特国际快件监管中心正式启用。构建综合立体交通体系，不断增加经停石家庄机场高铁频次，逐渐完善空铁联运产品，继续推进北京西站城市候机楼建设，与携程网合作的空铁联运产品正式上线。石家庄机场空铁联运全年运送旅客41.21万人次，同比增长61.8%，北京客流占比三分之一。旅客直通车线路达到15条，运送旅客23.8万人次，同比增长28.2%。成立河北航空旅游联盟，开通正定旅游直通车。

（五）企业管理不断优化。2016年，河北机场集团加强与首都机场集团公司深入融合对接，全面提升河北机场安全、运行、服务和管理水平，与首都机场商贸公司、餐饮公司合资成立河北机场商业发展有限公司。严格落实《中共民航局党组关于印发贯彻落实中央八项规定精神实施办法的通知》要求，精简会议和简报，形成周例会、月度讲评会、半年工作会、年度工作会完整的会议体系。推进全省机场一体化运营管理进程。秦皇岛山海关机场顺利转场，北戴河机场成功通航，承德机场纳入河北机场集团委托管理，2016年底完成校飞。完善张家口机场托管模式，推进张家口机场冬奥会改扩建工程。全面完善河北机场集团管理体系建设，重构绩效考核指标体系和评价体系，有力促进了河北机场集团各项工作目标的完成。创新节能减排指标考核，构建节能减排考核体系，推进国际石家庄机场能源管理体系建设，对石家庄机场T2空调系统进行了节能变频改造，开展石家庄机场飞行区充电站、空调管网和蓄能空调节能技术改造、暖通空调系统上下游联调联动等项目，依靠节能技改降低能耗。

（六）党建工作成效显著。全面推进从严治党。规范党委中心组学习，完善干部管理制度，推进两级党组织“四好”领导班子创建。积极落实“两个责任”，建立党建工作月会制度和党风廉洁建设定期分析机制。开展班子成员深入基层讲党课和专题调研活动，举办基层党组织书记专题培训班。组织纪念建党95周年系列活动。推进标准化党员活动室建设，及时完成党费专项核查补缴清算工作。完成基层党支部到期换届选举工作。成立石家庄机场新闻宣传协调委员会，正式上线河北机场微信公众号，形成传统媒体和新媒体共融共合新格局。做好不正常天气航班信息发布，加强舆情监控及管理。圆满完成“大美国门”走基层、集团公司新闻宣传工作经验交流会、协同发展石家庄机场推进会及座谈会等重要活动的宣传、服务保障工作。全面开展“四型”班组创建工作，地面服务部空铁班组获得集团公司“四型标杆班组”荣誉称号。以争创“青春榜样”为契机，开展“青年文明号”、“青年志愿者”、“青年安全示范岗”创建活动。航空护卫部彩虹班、现场指挥中心指挥室被授予全国民航青年文明号称号。彩虹班组获得河北省“工人先锋号”称号，地面服务部空铁班组荣获“全国工人先锋号”荣誉称号。

（河北机场集团规划发展部　张　瑾）

邮　政　业

【创新发展邮政业务】　2016年，中国邮政集团公司河北省邮政分公司努力转变发展方式，积极推进代理金融业务转型，逐步建立良性发展机制，加大了包裹快递经营组织和网络建设力度，业务增速明显。农村电商平台初具规模，与各级政府合作，全省建成邮乐购店2.4万处，建成县级电商运营中心116处。依托线下实体网点和“邮掌柜”、邮乐网等线上平台，探索线上线下融合发展模式。电子商务依托渠道创新业务发展模式，代理车险、便民服务等业务实现较快增长。函件、报刊、集邮专业通过融合新媒体、运用新技术，创新产品和服务，发挥了各自在文化创意服务领域的资源和优势。中邮保险河北分公司获保监会批准成立并开业。

【提升社会服务水平】 2016年，河北省邮政分公司通过科学谋划、加大投入，基础能力明显增强，服务功能持续改善。一是基础设施不断完善。优化改造金融网点，加大投递及配送车辆、信息化设备、投递场所等能力建设投入，新增金融终端设备，更新揽投、运钞车辆，提升企业整体形象。二是省内网络全面提速。全省各级邮区中心局流水化改造工作基本完成，邮件处理效率明显提高。设立廊坊邮件集散中心，加快了省内以及河北、天津互寄快递包裹邮件的传递速度。调整多条二级干线邮路，增开快包专线，对区内和市趟邮路进行优化，实现了与内部处理频次的有效衔接。启动县域“三合一”工作。加快代投自提网络布局，建立代投自提点3.1万处。全省进出口快包处理效率大幅提升。全省出口邮件平均时长、省内互寄邮件平均时长较上年同期大幅缩短，次日递率明显提高。三是信息化支撑能力得到加强。建成全省视频监控管理平台，完成了国税发票代投、包裹微营销等15项系统研发和8项重点流程优化。四是服务质量持续改善。机要通信连续19年质量全红。

【提升企业内部管控能力】 河北省邮政分公司加快推进管理创新，以管理促发展、向管理要效益，为改革发展创造了良好的内部环境。一是强化人力资源管理，启动了青年员工创新实践等重点人才建设项目，以“全口径+业务外包”核定用人总量，同时，加大对重点环节和岗位的支撑，明确劳务承揽实施范围，加强总量管控。二是持续细化财务管理，建立了以资金为主线的经济运行质量分析体系，突出问题导向，创新集中核算管理手段，初步实现了“核算人员项目化”和“流程标准化”。三是加强审计监督管理，完成经济责任、财务收支等审计项目765项，工程审减率达到15.85%。四是抓好安全生产管理，加大了业务库建设和金融安防设施达标工作力度，积极整改各类安全隐患，有力保障了企业安全稳定运行。

【打造企业和谐发展环境】 河北省邮政分公司坚持以人为本，推进精神文明建设，努力构建和谐企业。一是广泛开展文明单位、文明示范窗口、青年文明号等群众性创建活动。全省邮政有1个单位荣获“全国工人先锋号”，5个单位荣获“河北省五一劳动奖状”，6个单位荣获“河北省工人先锋号”，4个单位被评为“省级青年文明号”。秦皇岛市分公司赵红劳模志愿服务队被省总工会授予“年度最美劳模志愿服务团队”称号。泊头市分公司投递员杨中波当选“全国交通运输行业文明职工标兵”。二是加大“职工小家”升级版建设力度。共建成“农村支局职工小家”586个、“城市投递员之家”31个，各级邮区中心局均建成了“网运职工之家”，受益员工总数达到7891人。践行社会责任，开展精准扶贫，向张北县两面井乡苏计梁村、刘家卜村累计投入帮扶资金110万元，实施帮扶项目5个，赢得了农村基层群众的广泛赞誉。

（河北省邮政分公司　程　钰）

通　信　业

【概况】 2016年河北省信息通信行业在工业和信息化部和省委省政府的正确领导下，认真贯彻落实党的十八大、十八届三中、四中、五中、六中全会精神和习近平总书记系列重要讲话精神，攻坚克难，奋发作为，完成了全年主要发展目标和重点工作任务，取得了发展改革的新成绩，实现了“十三五”的良好开局。

2016年河北省业务总量完成1348.4亿元，居全国第8位，同比增长56.2%；主营业务收入完成478.9亿元，居全国第9位，同比增长5.9%；电话用户达到7971.6万户，居全国第7位；其中，移动电话用户7121万户，居全国第7位；3G移动电话用户775.4万户，居全国第7位；4G移动电话用户4034.7万户，居全国第7位；（固定）互联网宽带接入用户1612万户，居全国第7位。全行业累计完成固定资产投资218.7亿元，同比增长3.9%。全省光缆线路长度达到118万公里。移动电话基站总数25.6万个。互联网宽带接入端口达到3873.8万个。互联网省际出口带宽达到10058.6G。

【惠及民生成效显著】 加快推进网络提速降费，全省11个市基本实现光纤网络全覆盖，宽带接入能力大幅提升到100Mbps，全省20M以上宽带用户和4G电话用户数占比大幅提升，固定宽带和手机流量资费价格明显下降。大幅提升农村地区通信能力，推进宽带、光纤、4G向贫困地区延伸。认真落实“管行业必须管行风”的总要求，强化服务质量监督检查，妥善处理用户申诉，消费者合法权益得到保护。

【“放管服”改革】 推动监管下沉，组建完成各市通信发展管理办公室全部挂牌成立。市级通信发展管理办公室在河北省7.19抢险救灾和灾后重建、光纤到户、普遍服务、市级通信基础设施规划编制、旅发大会、重大活动通信保障等方面开展了积极有效的工作，受到地方党委政府充分肯定。扎实推进“双随机、一公开”工作，初步建立了“随机抽取检查对象、随机选派检查人员”的“双随机”抽查机制，并及时公布查处结果。推进行政机关工作重心从事前审批向事中事后监管转变。进一步规范权责，对局机关58项行政权力和10项职责编制了行政权力清单和责任清单。

【供给侧结构性改革】 积极鼓励、引导民间资本进入电信行业，增值电信企业、移动转售企业、宽带接入试点企业在河北省有序发展，供给侧主体趋向多元。统筹省内电信企业共享发展，充分挖掘行业存量资源和增量资源的最大价值，加强电信管道、杆路、铁塔、基站、机房、光缆等设施的共建共享和集约利用，提升供给侧质量，降低供给侧成本。2016年全省铁塔新建站址的共享率达到81.4%，每站址平均租户数由2105年底的1.25提高到

2016年底的1.47，供给侧成本有效降低。

【融合发展】 积极推动“互联网+”发展，促进互联网创新成果与经济社会各领域深度融合，为推动行业转型升级和融合创新、加快河北信息化建设、服务经济社会发展、惠及百姓民生、促进“大众创业、万众创新”提供了有力保障。在促进三网融合方面持续发力，稳步推进广电、电信业务融合发展。2016年，在全省范围内启动了广电、电信业务双向进入，全省IPTV用户数总数达到651万。开展军地联合应急演练，组织参加“军事日”活动和军民融合展洽会，积极促进军民融合。促进京津冀协同发展，推动京津冀三地网络架构的协调与对接，开通了阿里张北云基地张北—北京互联网网络直联电路，开展北京—崇礼冬奥会通信基础设施建设规划，着重推动崇礼与北京的网络对接。

【行业管理】 加强电信市场管理工作，促进各企业合法经营，有序竞争。加强对招投标监管，项目全部通过工信部招投管理平台招标。完成评标专家的申请、考核，全省评标专家数量达1621名，在全国位列第2位。加强行业安全生产管理，开展隐患大排查行动，加强对安管人员的考核，防范和遏制通信建设安全生产事故的发生。加强网络信息安全管理，强化网络信息安全责任考核，狠抓电话实名率目标任务的落实。完成工信部年网站备案率99.99%和主体信息准确率90%的工作任务，积极开展防范打击通讯信息诈骗工作，推动防范打击通讯信息诈骗工作深入开展。

【圆满完成重点工作】 有效推进灾后重建工作，全省全行业努力克服灾后重建工作责任大、任务重、时间紧等不利因素，按照省委省政府的统一部署，举全行业之力加快推进灾后重建工作，截至目前，灾后重建项目和投资完成率分别达到85.9%和81.3%。

大力支持旅发大会。全省信息通信行业主动承接任务，创新管理，扎实推进，全力做好旅发大会通信保障和网络建设，共计投入资金1.48亿元，圆满完成旅发大会4G信号覆盖、光纤到村、铁塔美化、通信线路入地等工作要求。

（河北省通信管理局　修　非）

【河北移动公司】 2016年，中国移动通信集团河北有限公司（以下简称“河北移动公司”）在河北省委、省政府和集团公司的正确领导下，围绕年初确定的总体工作思路，解放思想，凝心聚力，攻坚克难，狠抓落实，全面完成了全年各项工作任务。基础网络能力全面增强，关键业务指标大幅提升，经营业绩平稳增长，实现了“十三五”的良好开局。

（一）持续加强思想建设和政治引领。以贯彻落实党的十八大和十八大历次全会精神为统领，以深入开展“两学一做”学习教育主线，全面加强公司党建工作、思想政治工作和反腐倡廉建设，牢牢把握“攻坚克难、真抓实干”的总基调，奋发进取、顺势而为，各项工作取得了显著成效。按照省委和集团公司的统一部署，全面开展“两学一做”学习教育。充分利用《党群加油站》平台、展板、海报等宣传渠道积极营造“两学一做”学习教育浓厚氛围。开展“两学一做”专题党课，由各级党组织书记带头讲党课、带头学习，发挥引领示范作用。深化落实全面从严治党主体责任，深入开展督导检查，层层传到责任。在全省组织开展党组织书记主体责任约谈工作，深入宣贯管党治党主业意识，积极树立正确的业绩导向，为公司发展奠定了坚实的思想基础和政治基础。

（二）落实“互联网+”战略，信息化服务能力显著提升。河北移动大力促进4G发展。明确发展目标，加大资源投入，狠抓4G终端销售、4G换卡、2/3G客户迁移等工作，快速扩大4G客户规模，全年净增4G客户1300万，增幅排名集团第一位。深入推进流量业务普及。手机上网普及率达到73%，深入落实提速降费要求，流量平均资费降幅达到37%，切实让利于客户。加快家庭宽带发展。深入落实宽带提速要求，城市50M起步、农村20M起步，为符合条件的宽带用户免费提速。目前20M及以上光纤宽带用户占比接近90%。提升信息化服务能力。按照省委、省政府关于加快实施“大智移云”引领计划的工作要求，充分发挥自身网络、数据、技术和业务优势，深入推进行业创新应用开发和推广工作，推进“大智移云”在各领域广泛深入应用。河北移动服务全省8万余家政企客户。建立了9大类，51项标准化产品体系，信息化产品达120余种。为全省政府、教育、医疗、交通物流、金融等68个行业提供信息化服务。在2016年度“河北省‘互联网+’创新成果评选”活动中，河北移动有10项成果获奖。其中“河北移动教育云平台”获“互联网+”创新成果金奖。

（三）全面落实宽带中国战略，基础网络能力显著增强。全面加快4G网络建设。河北移动克服重重困难，加大4G网络的建设力度，全年新建成4G基站3.5万个，实现4G网络行政村全覆盖，市、县、乡镇、高铁、高速连续覆盖，3A以上景区全覆盖，弱覆盖区域和数据热点区域覆盖水平显著提升。大力提升光纤接入能力。加大城区和乡镇农村的光纤宽带建设，自建宽带覆盖达到1300万户。加大政企客户与覆盖建设，实现对绝大多数政企客户点的预覆盖，能够实现政企客户业务的快速接入。加快省级数据中心建设。河北移动根据“京津冀”协同发展对信息化的需求，大力加快省级数据中心建设。河北移动（保定）数据中心主体工程已完工，2017年可投产使用；河北移动（廊坊）数据中心已开工建设，河北移动（石家庄）数据中心已完成征地。三大数据中心建成后，河北移动的IDC、大数据、云计算等服务能力将显著增强。切实做好冬奥会通信网络覆盖工作。按照河北省第24届冬奥会工作领导小组总体要求，立足张家口市和崇礼县业务和网络现状，提前谋划制定网络规划方案，实现崇礼县城、4个雪场及奥运村、31个酒店、2条现有高速、1条待建高铁、所有3A及以上旅游景点4G覆盖。共计规划537个基站，6个综合业务接入区，将与奥运项目同步建设。高效完成灾后重建工作。2016年7月份，全省多地发生持续强降雨，各地市均不同程度受灾，河北移动通信设施也遭受到了较严重的破坏。在省委省政府的指导下，河北移动快速响应，迅速明确灾后重建方案，划拨专项资金开展了灾后重建工作，相关工作任务均已按期完成。河北移动被评为河北省“7·19”抗洪抢险救灾工作先进集体。

（四）夯实基础，提升客户服务水平。完善营业厅的服务管理规范和标准，建立质量达标体系。通过第三方暗访+自有人员明查的方式按照季度评估全省营业厅服务达标情况。定期开展互联网渠道服务能力测试工作，对互联网渠道的各个环节的系统支撑能力、界面友好性、服务情况进行检测，切实提高线上的服务能力。加强投诉处理支撑，投诉处理流程由省市县三级更改为省县两级，提高投诉处理效率。大力推动手机上网日志查询和流量提醒及时性两项能力建设，为客户流量使用提供及时有效的提醒，促进放心消费。

（五）回应社会关切，提升服务质量，落实企业社会责任。深入开展行业纠风行动。坚持客户为根、服务为本，坚决维护客户利益，百万用户申诉率、百万用户不明扣费申诉率两项指标均达到标准。全面保障网络信息安全。深入落实两部委网络与信息安全考核要求，各项工作任务均得到有效落实。深入开展防范和打击通讯信息诈骗专项行动，强化通讯信息诈骗源头治理，全面达成用户入网实名率100%的要求。10086累计发送防诈骗提醒短信1亿多条。切实履行企业社会责任。开展中国移动爱“心”行动，已为100余名贫困先心病儿童安排了免费手术及康复治疗。2016—2017年将累计投入资金930万元，救治患病儿童400名左右。深入落实扶贫政策，在全省69个县的97个村开展了精准扶贫工作。积极配合公益宣传，累计向社会发送公益短信近10亿条。企业行为得到社会各界广泛赞誉。

（六）以制度流程梳理为主线，提升企业科学管理水平。河北移动开展制度流程全量梳理优化暨嵌入式廉洁风险防控机制建设。省、市公司协同，按照“职责—领域—制度—流程—嵌入式廉洁风险点—评审发布—系统固化”七个环节，深入开展制度流程梳理优化工作。全面梳理廉洁风险点219个，初步完成公司所有领域的嵌入式廉洁风险防控机制建设。梳理出623项制度优化清单，优先对反响强烈、问题突出和严重影响生产经营的制度进行优化。切实加强基础管理工作。加强税务管理，做好资金、存货和债权债务清理，提高竞争性采购力度，促进企业降本增效。严格开展经济责任审计和专项审计，推进依法治企，加强安全管理和安全检查，保障企业安全规范运营。关心关爱员工，进行劳模选树表彰，实施职工小家“暖心工程”，开展困难员工帮扶活动，营造了健康和谐的企业氛围。

（河北移动公司　刘　江）

【河北联通】 2016年河北联通下辖11个市分公司，149个县（市）分公司。

（一）经营指标企稳向好。2016年，河北联通上下聚焦发展，积极应对行业增速回落、京津冀一体化、流量不清零等下行因素影响，全年主营收入及利润持续保持正增长，实现企业运营平稳转型。

（二）实现核心业务新发展。2016年，移动业务聚焦4G，4G占比提升，移动业务保持较快增长，收入增幅居北十第5；宽带业务打造视频光宽带品牌，业务发展实现扭负为正，联通电视客户规模居集团第2；创新业务以云计算为抓手加速突破，规模居集团第1；深化实施“慧动河北”专项活动，增幅及完成率均排名北十第3。

（三）服务质量稳步提升。以客户感知引领服务质量的改善，聚集4G、宽带的客户感知以及触点体验和投诉解决，建立客户感知主动评测、窗口触点对标体验和大服务投诉解决机制。通过传统服务向互联网化、智能化服务升级和集中化、一体化的运营支撑体系创新，打造“互联网+”客户服务体系，实现客服中心传统人工话务和成本结构性调整。

（四）网络能力进一步增强。加快匠心网络建设。加快宏站、市分基站建设，移动网人口覆盖率达到98%，面积覆盖率达到92%，行政村覆盖率达到100%。提前完成光改二期任务，覆盖全省城乡95%以上家庭客户。改善网络运行质量。实施“为客户提质计划”，完成移动网分场景优化。加快城域网扁平化改造，整合汇聚机房，腾退接入网点，实现提质降本。

（五）管理效益继续提升。制定和落实利润保障计划，深化资产运营，实现房产盘活。首批通过集团2017—2019年投资规划评审。认真开展“两金”清理，严格落实实名制及黑卡管理，审计、法律与风险管理等工作取得新的进展，为企业发展提供了可靠保障。

（六）体制创新向纵深推进。继续深化机制变革，规范经营性业务外包，基本取消非合同制用工，建立一般员工、管理人员和战略人才的多路径晋升体系，人工成本配置注重增量激励与存量保有并重，在强化收入、利润与人工成本挂钩基础上，将存量收入纳入工效挂钩。建立“人工成本—业务外包费用—市场佣金”三位一体费用制约体系。优化生产运营架构，建立大市场统筹下的分客户群、分场景销售管理体系，实现前台、中台和后台一体化管控。积极推进集约化运维改革。实现以省为单位的网络维护“三集中”，夯实移动网维护优化生产体系，深化光缆线路专业化维护，开展固网维护体系优化与营维协同，完善IPTV端到端质量保障运营体系。线路维护中心创新运营模式，自我加压，创收节支成效显著。激发基层单元活力，启动农村区域综合单元经营承包。

（七）构建幸福河北联通不断深化。2016年圆满完成“两会”、省委视频会议、G20峰会、7.19抗洪救灾等保障任务。全省出动上百次移动方舱车的维护保养和科学调度，完成了大型聚集性活动时移动网疏忙任务以及移动网补空任务。对全省职工家属区“三供一业”进行了摸底，拟在2017年全面推进分离移交工作。为全员购买大病医疗及意外伤害保险。推动员工经济技术创新，形成国家、集团和省公司三级职工创新工作格局。实施基层环境提升计划，为基层购置完善生活设施，县城以上全部建成“三室一厅”。实施企业年金制度，全省员工参加企业年金计划。实行员工常态晋级机制，拓展晋升途径。提升服务水平，扎实做好离退休人员工作。

（八）加强企业党建和党风廉洁建设。按照中央统一部署，认真组织开展“两学一做”学习教育，推动党的教育从“关键少数”向广大党员拓展。认真落实全面从严治党，建立基层党组织党建检查考核机制，组织基层党组织负责人述职评议。严肃执纪问责，开展“四风”问题整治情况“回头看”，坚决查处违反中央八项规定等违纪违法问题，落实领导人员个人事项报告制度，坚持信访举报案件一查到底。坚持查处与保护并重原则，警示教育与家风建设相结合，巡察监督与全面约谈相结合，构建党风廉洁建设长效机制。坚持挺纪在前、抓早抓小，落实管理人员“十八条禁令”和专业线人员“九条禁令”。全面推进纪委体制改革，充实纪委人员力量，提高办案效率，保持反腐高压态势。

（河北联通公司　贯若思）

【河北电信】　中国电信河北分公司（以下简称“河北电信”）是中国电信集团公司在河北省行政区域范围内设立的省级分公司，于2002年12月24日正式揭牌成立。公司下设11个市级分公司，147个县级分公司，34个区营销中心；现有合同制员工3921人，其中本科及以上学历员工占76%，员工平均年龄34岁。

2016年，中国电信河北公司全面加强党的建设，弘扬创业文化，转变工作作风，以服务河北社会经济发展为己任，以改革促发展，以创新促转型，完善企业管理，快速提升城市信息化水平，全面提升服务地方经济能力，各项工作取得一定成效：

（一）收入、利税持续增长，全面拉动居民信息消费。在提速降费、京津冀一体化、销售成本压降等众多因素的背景下，2016年，河北公司坚决执行集团公司转型升级3.0战略，聚焦智能连接、智慧家庭、互联网金融、新兴ICT、物联网五大生态圈建设，凝神聚力，真抓实干，砥砺前行，公司全业务在全行业保持良好发展势头。全业务收入规模突破83亿元，同比增长13.5%，利润完成比集团预算改善3.29亿元。为当地政府贡献利税超过2亿元，并以每年约10%的速度增长，有效拉动了全省用户的信息消费，并为服务和拉动地方经济做出了应有贡献。

（二）业务规模持续扩大，行业市场份额持续提升。移动用户规模持续扩大。移动用户规模突破1150万户，4G用户规模达600万户。宽带用户规模持续扩大。宽带用户净增116万户，规模达534万户，基本实现全光覆盖，是河北最大的光纤宽带运营商。

为进一步丰富全省广大用户的家庭信息消费生活，河北电信竭力打造以天翼高清为平台的“智慧家庭”业务，该业务拥有4K高清、直播、点播、回放等行业领先的优势，搭建了集影视娱乐、基础教育、互联网传播等内容为一体的智慧家庭平台，当前用户规模已经突破274万户，深受广大用户的青睐。

（三）4G、光纤覆盖齐发力，打造精品网络。截至2016年底，河北电信加快骨干网和城域网的扩容升级，2016年省网出口新增890G，至3610G，市网出口新增1280G，至5800G。随着数据网络出口带宽进一步提高，基本满足50M、100M宽带用户带宽及视频业务需求，有效提升了河北宽带用户高品质带宽体验感知，有效满足客户日益增长的带宽需求。

全省新增4G基站近2万个，累计达到4.2万个，实现了4G网络的深度覆盖，覆盖水平达到全国领先行列，为4G业务快速规模发展打下坚实基础。同时，3G通信基站基本实现了城市、农村3G网络100%覆盖。

全省新增宽带覆盖300万户，覆盖规模达2100万户，基本实现了河北平原地区的全覆盖。

（四）打造差异化竞争力，客户服务能力进一步提高。2016年，公司以多渠道服务引流，加强互联网客服渠道宣传推广，微信客服好友近200万，互联网渠道用户自助服务量约3亿次，实现互联网“双80”服务转型的工作目标（81%服务项目可线上办理，82%服务量牵引到线上渠道）。互联网客服工具的快速渗透，进一步加快了服务向互联网转型的步伐。此外，完善营销服务网络，履行“当日装、当日修、慢必赔”服务承诺。实体渠道、手机上网、装维服务等关键触点感知稳步提升。2016年，宽带客户满意度连续六年保持同城第一，手机上网业务客户满意度连续四年保持同城第一。同时，明确了省市两级工单集约解决工作目标，省公司工单集约解决率达到66%，市公司达到99%，实现了全省划小单元零派单。

（五）创新机制管理，向管理要效益。深入贯彻党的十八届三中、四中、五中、六中全会精神，2016年，河北电信以党建为统领，以改革促发展，全面推动依法治企，进一步推动企业内部市场化改造，加快经营末端机制创新，深化改革各项工作走向深入。全面推进划小承包，横向划小进一步细分，促进了目标客户群的覆盖与深挖，纵向划小聚焦重点，实现了支撑、服务的有效延伸；通过优化省市两级组织架构，提升业务支撑能力，摸索建立倒三角服务与支撑体系。此外，农村支局2.0版本顺利推广，企业深化改革进一步激发了一线员工的积极性和创造性，促进了企业规模和效益的快速提升，全体干部员工实现了与企业共成长。

（六）树立乙方合作意识，推进外部市场化。市场化就是要充分发挥市场在资源配置中的主导作用。河北电信积极发挥主观能动性，探索更加开放、更加市场化的业务合作模式，坚持终端“三化”，实行“三个支撑”、“三个转变”，以乙方思维，大力整合社会资源，调动社会渠道参与业务合作的积极性，通过“业务合作、严格考核、动态管控”，取得双赢的结果。目前，全省共发展各类社会代理商1.32万家，社会渠道创收占比超过60%。

（七）社会认知度、品牌影响力显著提升。公司成立14年来，随着公司业务规模的不断扩大，公司的产品和服务能力得到了社会各界及广大用户的广泛认可，取得了令人瞩目的成绩，先后荣获“最具影响力和最具成长性企业”、“全球通信行业用户满意企业”和“河北省服务质量优秀单位”、“最佳消费维权工作单位”、河北省服务品牌奖等荣誉20余项，并多次荣获“先进集体”、“先进党组织”等荣誉称号。

（八）践行企业社会责任。在追求企业价值增长的同时，河北公司认真履行企业社会责任。

(1) 公司通过社会化运营，全省7600个专营店面、4300个开放店面参与了电信产品的销售，直接带动移动终端产业链资金超过10亿元。同时，通过业务外包向社会提供了近8000个直接就业岗位，通过各类合作企业间接创造了5万多个就业岗位。

(2) 积极开展扶贫攻坚任务。省、市公司共计驻村扶贫工作组8个，累计投入扶贫资金85万元。“输血”的同时，还要“造血”，各扶贫工作组根据各地实际情况，充分发挥当地产业优势，带头为贫困地区发展产业项目，力争尽早完成脱贫攻坚任务。

(3) 完善管理实施细则，加大网络信息安全管理力度，积极推动防范打击通讯信息诈骗专项行动，全面完善信息安全考核细则、落实方案和工作机制。聚焦六方面23项重点任务，细化责任，狠抓落实，确保各项工作按要求完成。全年承接工信部、管局涉案关停、拓展查询26批次，137个号码；工信部日常及通报号码溯源22批次，359个号码；网间受理投诉828件，10至11月受理内部举报投诉621件。

(4) 圆满完成抗击“7.19”特大洪涝灾害。全省参战人员1.67万人次，车辆1.03万台次、油机2898台次，灾后重建累计投资4100万元。为保障通信畅通、精致的基础网络第一时间恢复，提供坚强的保障，受到了各级政府的肯定了表彰。

（八）全面加强企业党建及文化建设。2016年，河北公司全面从严治党，推动党建工作和党风廉政建设深入开展。一是抓党建，组织建设和党内生活进一步规范；二是党员党性修养和“四个意识”切实提升；三是党组织的战斗堡垒作用和党员的先锋模范作用有效发挥；四是党风廉政建设深入推进，企业和谐氛围持续增强，为转型发展提供了坚强的思想组织保障；五是着力推进企业文化与精神文明建设，河北电信的创业精神得到传承和弘扬，员工的精神面貌得到提升。

（河北电信　蒋连罡）

旅　游　业

【综述】　2016年，河北省旅游工作坚持以五大发展理念为引领，认真贯彻落实省第九次党代会精神，结合供给侧结构性改革，以建设旅游强省为目标，大力推进旅游产业化发展，突出深化体制机制改革、健全政策支撑体系、搭建旅发大会平台、完善公共服务设施、塑造鲜明品牌形象、创新旅游扶贫机制、规范旅游市场秩序，全省旅游业改革发展驶入快车道，旅游产业发展呈现全面跃升的良好态势。全年共接待海内外游客4.67亿人次，旅游总收入4654.53亿元，同比分别增长25.49%和35.56%。为全省的经济增长和经济结构调整作出了巨大贡献。

【旅游行业规模】　截至2016年底，河北省共有星级饭店455家，其中五星级23家，四星级140家，三星级216家，二星级74家，一星级2家。旅行社1373家，其中出境游组团社121家。A级景区376处，其中5A级景区8处，4A级景区112处，3A级景区115处，2A级景区140处，1A级景区1处。全省拥有世界文化遗产4项6处、国家级历史文化名城5座、国家级文物保护单位278处、国家级森林公园和自然保护区60处、世界地质公园2处，旅游直接和间接就业人数约400万人。

【国际旅游】　2016年河北省共接待国际游客147.59万人次，创汇6.69亿美元，同比分别增长6.81%和7.59%。其中，承德市，接待国际游客42.46万人次、创汇1.74亿美元，分别比上年增长4.1%和39.83%；秦皇岛市，接待国际游客29.12万人次、创汇2.11亿美元，分别比上年增长2.52%和16.35%；石家庄市，接待国际游客19.26万人次、创汇6778.21万美元，分别比上年增长3.6%和下降27.61%；保定市，接待国际游客16.05万人次、创汇5143.14万美元，分别比上年增长7.1%和下降2.97%；廊坊市，接待国际游客15.52万人次、创汇4882.89万美元，分别比上年增长13.38%和下降10.77%。河北省的万人客源国和地区达到25个。其中接待韩国13.84万人次；接待日本13.04万人次；接待香港地区游客11.85万人次；接待台湾地区游客11.55万人次；接待俄罗斯游客9.21万人次；接待美国游客4.56万人次。

【国内旅游】　2016年，河北省共接待国内游客4.65亿人次，创收4610.13亿元，分别比2015年增长25.56%和35.77%。其中，保定市，接待国内游客8097.20万人次，创收764.9亿元，分别比上年增长19.48%和22.59%；石家庄市，接待国内游客7628.44万人次，创收745.82亿元，分别比上年增长12.79%和27.55%；张家口市，接待国内游客5182.57万人次，创收517.3亿元，分别比上年增长35.04%和45.83%；邯郸市，接待国内游客4734.16万人次，创收488.21亿元，分别比上年增长30.32%和44.98%；承德市，接待国内游客4604.12万人次，创收495.03亿元，分别比上年增长38.74%和49.77%；唐山市，接待国内游客4469.05万人次，创收435.05亿元，分别比上年增长31.48%和41.47%；秦皇岛市，接待国内游客4188.93万人次，创收481.51亿元，分别比上年增长25.26%和37.12%。

【假日旅游】　假日经济对社会消费的拉动作用愈发明显，2016年假日期间全省共接待海内外游客6710.8万人次，占全年总接待量的15%，实现旅游收入445.3亿元，实现了“安全、质量、秩序、效益”四统一的假日旅游工作目标，为有效扩大内需、满足人民群众多样化的旅游消费需求发挥了重要作用。

【旅游政策创新】 （一）编制完成旅游"十三五"规划。把全省旅游业"十三五"规划作为推进旅游产业化和建设旅游强省的总纲进行科学编制，并纳入省"十三五"重点专项规划，以省政府办公厅名义下发实施，标志着旅游业正式纳入全省经济社会发展全局，实现了旅游业战略地位的新突破。同时，指导完成各市和旅游重点县旅游业"十三五"发展规划编制工作。

（二）构建形成"1+2+8"政策文件体系。立足实施《河北省旅游业"十三五"发展规划》，制定出台了省委省政府《关于全省旅游业发展体制机制改革的若干意见》和《关于实施旅游产业化战略、建设旅游强省的意见》，配套实施旅游新业态新产品建设、乡村旅游提升与旅游精准扶贫、旅游基础设施全面提升、旅游品牌建设、旅游云数据平台建设、全域旅游示范区创建、旅游服务质量全面提升、旅游人才队伍建设等八个专项行动计划，构建形成推进旅游强省建设的"1+2+8"政策支撑体系。

（三）修订完成《河北省旅游条例》。3月29日，省十二届人大常委会第二十次会议审议通过了《河北省旅游条例》，并于2016年5月1日起施行。修订后的旅游条例，共分8章56条，主要针对河北旅游业发展实际，着眼近年来出现的新现象、新问题，提出了新规定。旅游条例的修订施行，标志着河北省进入了全面依法兴旅、依法治旅的新阶段。

（四）编制多项省重点旅游专项规划。启动编制《河北坝上草原国家生态旅游度假区规划》、《正定县全域旅游发展规划》、《秦皇岛山海花田全域旅游规划》，牵头编制燕山—太行山区等多项旅游专项规划及行业标准。指导涞水、易县、涞源开展京西百渡休闲度假区系列规划编制与项目建设。

【旅游市场营销】 （一）品牌活动营销。通过面向全球重奖征集，策划推出"京畿福地·乐享河北"旅游形象品牌。围绕河北特色旅游资源，推出锦绣长城、壮美太行、历史文化、浪漫海滨、京西百渡、坝上草原、冬奥冰雪、红色经典、美丽乡村、户外运动等10大品牌旅游线路。通过开展系列品牌营销活动，河北旅游资源和形象得以广泛宣传，有效提升了河北旅游的知名度和美誉度。

（二）主流媒体营销。加大在央视等核心媒体宣传推广力度，央视《朝闻天下》栏目的河北旅游形象广告宣传由45秒增加到60秒，实现了全省11个设区市全参与、全覆盖。在中国旅游报、河北日报、河北广播电视台、长城网、河北新闻网等主流媒体上，密集开展首届省旅发大会、京津冀旅游协同发展、旅游扶贫、旅游厕所革命、旅游体制机制改革创新等全省旅游产业发展重点领域的深度报道。

（三）新媒体营销。建立了涵盖11个设区市、30个旅游重点县和70家旅游景区的立体旅游微博宣传阵群，在首届省旅发大会筹备和召开期间，推出"聚焦京西百渡休闲度假区"、"聚焦旅发大会"等专题专栏，利用H5微动漫、VR全景等新形式，全方位宣传报道京西百渡休闲度假区资源、产品和首届省旅发大会盛况。

（四）户外媒体营销。在京津两地公交、地铁、社区、机场、高速服务区继续投放旅游户外广告3300余块，为京津游客了解河北旅游提供了更大的便利。在京广、京沪等高铁线路开展"乘高铁、游河北"旅游宣传推广活动，依托高铁服务指南设计制作6万本宣传册。

（五）大型活动营销。先后举办了中美旅游年"千名美国游客游长城"活动、6·18旅游推介与产业对接会、首届中国（河北）国际康养旅游大会、第21届中国北方旅游交易会、2016中国"互联网+旅游"目的地营销大会、河北航空旅游融合发展暨河北航旅联盟成立大会等系列宣传推介活动。组织开展了"金秋河北·乐游燕赵"、冬季旅游惠民等活动。

【旅游项目】 （一）全域旅游。大力创建全域旅游示范区，承德、秦皇岛、张家口三市以及14个列入创建国家全域旅游示范区的县（市、区），绝大部分已完成《创建工作方案》。12月9日在石家庄组织召开了"全省全域旅游、乡村旅游及旅游扶贫推进会"，对全省全域旅游示范区创建、乡村旅游发展和旅游扶贫开发进行部署。

（二）红色旅游。全面实施红色旅游"11211"行动计划，即：完成一部规划纲要、做实一个红色联盟、举办两个大赛（红色旅游口号暨标识征集、红色旅游知识大赛和红色故事大赛）、组织一次红色旅游主题联展、落实红色旅游"月季"宣传计划。以迎接建党95周年为契机，成功举办第二届河北省红色旅游故事会大赛。与京津两地旅游部门共同举办"携手京津冀、红色旅游行"大型房车巡游活动。

（三）"旅游+"战略。发挥"旅游+"功能，旅游与农业、工业、文化、体育、航空、养生养老、研学、购物等融合发展进一步提速。唐山开滦国家矿山公园被列为国家工业旅游创新单位，唐山国际湾旅游岛被列为国家通用航空旅游试点。崇礼县成功创建中国国际滑雪旅游目的地、西柏坡纪念馆成功创建全国研学旅游示范基地、以岭健康城成功创建国家康养旅游示范基地，并推荐4家单位创建中医药康养旅游示范区、15家企业创建中医药康养旅游示范基地。

（四）旅游重点项目建设。全年共争取国家旅游发展基金和旅游基础设施专项补助资金近9亿元。全年全省实际完成旅游项目投资588.3亿元，比2015年增长44.3%。目前全省旅游在建或拟建重点项目1300余个，总投资规模超万亿元。组织举办了河北国际经济贸易洽谈会旅游产品推介及产业对接会，签约11个项目，总投资55亿元。首届省旅发大会向境内外嘉宾推介了100个旅游投资重点项目，其中35个项目签约，项目总投资1156亿元。

（五）旅游公共服务体系建设。会同省交通运输厅加快推进旅游重点道路和高速及国省干道旅游交通标识牌建设，年内新建旅游交通标识牌112块。大力开展"旅游厕所革命"，确定新建、改扩建的981座旅游厕所任务全部完成。编制完成《河北旅游云建设总体方案》，加快建设省级旅游云大数据平台，分别与阿里旅行和同程网签约，确定在旅游大数据精准营销、产品在线销售、精品线路推广等领域开展深度合作，阿里旅行河北旅游旗舰馆、同程河北旅游旗舰馆正式上线运营。

【旅游市场监管与行业培训】 （一）旅游综合监管。河北省政府办公厅印发了《关于加强旅游市场综合监管的实施意见》，建立了省旅游市场综合监管联席会议制度，制定了旅游市场综合监管清单。全年共开展旅游市场明查暗访121次（其中与公安、工商、交通、质检等相关部门联合检查42次），出动检查人员1000余人次，检查涉旅企业800多家、导游人员1221人，查处违法违规旅游企业8家，受理旅游投诉405件，为规范河北省旅游市场秩序起到了良好的促进作用。

（二）“4A”级以上景区专项整治。为促进景区建设精致化、经营规范化、服务标准化、管理人性化，在全省范围内开展了旅游景区专项整治行动，突出整治旅游景区安全管理、服务质量、市场秩序、厕所革命、公共基础设施、讲解服务、景区价格等重点问题。通过6月、8月两次复核暗访检查，确定21家未达标景区并依据《旅游景区质量等级管理办法》给予处理，其中4家景区取消资质、3家景区降级、5家景区严重警告、9家景区警告。通过有效整治，4A级以上旅游景区管理水平和服务质量得到显著提升。

（三）不合理低价专项整治。在全省范围内集中力量开展治理“不合理低价”专项行动。从严查处旅行社以“不合理低价”组接团的违法、违规行为，通过标本兼治、点面结合的方式，坚决铲除“不合理低价”的生存基础，建立起健康规范的经营秩序和长效的监管机制。与北京、山东、山西、吉林建立五省（市）旅游质监执法区域互动制度，为跨区域旅游投诉案件的取证和处理，特别是打击“不合理低价游”提供有力保障。

（四）旅游安全监管。在重点领域、关键环节、重要时段多次开展旅游安全专项及综合督导检查，督促指导旅游企业做好隐患排查和整改。先后举办了三期安全生产培训班，培训人数近500人次。在河北省南部发生的“7·19”特大洪水灾害中，省旅游发展委7月18日严令有关各市坚决关闭景区并疏散游客，安全疏散游客近万人，景区游客无一人伤亡。

（五）旅游教育培训。制定实施河北省旅游系统《全员学习培训计划》，坚持请进来与走出去相结合，开设“旅游大讲堂”请专家授课，赴省内外学习交流旅游业发展经验做法，切实加大干部队伍培训工作力度。完成选送2016年度“万名旅游英才计划”，重点举办了全省旅游监管工作培训班、旅游景区导游人员培训班、农家乐从业人员集中培训班，在石家庄和保定设立了2家全省旅游人才实训基地，完成近千名“农家乐”从业人员实训任务。

【乡村旅游及旅游扶贫】 （一）乡村旅游富民工程。年内共获评全国“景区带村”示范项目3个、全国“能人带户”示范项目3个、全国“企业＋农户”示范项目3个、全国“合作社＋农户”示范项目4个、中国乡村旅游创客示范基地2个，全国旅游扶贫示范成果2个，数量位居全国前列。8月18日，第二届全国乡村旅游与旅游扶贫推进大会在河北省张家口市张北县召开，给河北省乡村旅游和旅游扶贫工作深入开展注入新的活力和动力。

（二）乡村旅游示范创建。落实国家旅游局《实施乡村旅游扶贫工程工作方案》，结合扶贫攻坚和美丽乡村建设，与省扶贫办联合制定实施《关于推动旅游扶贫工作开展的意见》，将旅游扶贫纳入全省扶贫攻坚工作大局。编制出台了《美丽乡村旅游示范区建设标准》，协调各市组织编制108个省级乡村旅游示范村规划，并组织专家进行评议。开展旅游扶贫公益规划编制，30余家旅游规划单位为河北省45个建档立卡贫困村编制了旅游规划。

（三）旅游扶贫资金。整合发改、扶贫、美丽乡村、住建、旅游、林业、水利等各面资金，列支2000万省旅游专项资金，与省发展改革委联合争取8800万中央预算资金，集中用于乡村旅游扶贫开发，加强乡村旅游交通基础设施建设。与有关部门联合开展了旅游扶贫培训、称号认定、技术与智力帮扶等工作。

（四）旅游精准扶贫机制。积极推动旅游与其他产业深度融合，拓展旅游发展空间，创新旅游业态，培育建设了一大批支撑贫困群众脱贫致富的产业项目，探索出景区带动、项目带动、乡村旅游带动、资产收益带动等旅游扶贫新模式，形成了民宿餐饮、就地打工、旅游产品加工、资产入股等多种旅游富民新途径。目前，全省有630多个乡镇、1650多个村开展乡村旅游，乡村旅游经营户突破4.5万个，年内促进8万多贫困人口实现稳定脱贫。

【旅游节庆活动】 （一）首届河北旅游发展大会。河北省首届旅发大会，于9月23—25日在京西百渡休闲度假区举行。赵克志书记、张庆伟省长出席会议并作了重要讲话，邀请了30多个国家和地区，以及国家有关部委和全国31个省（区、市）及港澳台旅游部门负责人等，参会嘉宾和客商总人数达到2100人规模。通过大会观摩、旅游展览展示，凝聚形成了旅游产业应该摆在河北经济社会发展战略地位，旅游产业应该打造成为新兴战略性产业，旅游产业发展应该作为建设经济强省、美丽河北战略抓手的一致共识。通过筹办首届旅发大会，在不到一年的时间里，用少量财政资金撬动社会资本投入近300亿元，建设新业态旅游项目87个，成功打造了拥有206公里风景大道、总面积6600多平方公里的京西百渡休闲度假区，成为了河北省全域旅游发展的新标杆、新样板。“十一”假期，京西百渡休闲度假区成为河北省旅游最大的亮点和引爆点。10月1日至7日，京西百渡休闲度假区接待游客134.37万人次、实现旅游收入12.72亿元，同比分别增长111%和113%。

（二）中美旅游年“千名美国游客游长城”活动。3月25日，由国家旅游局、河北省人民政府主办，河北省旅游局、承德市人民政府承办的“千名美国游客游长城活动”启动仪式在河北省金山岭长城举办。中美旅游业界、美国游客、媒体代表等1300余人参加了启动仪式。

（三）河北航空旅游融合发展暨河北航旅联盟成立大会。3月16日，河北航空旅游合作发展暨河北航空旅游联盟成立大会在廊坊市举行。河北航空旅游联盟由省旅游局和河北机场管理集团共同发起，成员单位包括省内各设区市旅游局、省内各机场、航空公司、旅行社、景区、旅游酒店、地面交通运输公司等。会上，联盟成员代表一致通过了联盟《章程》并签名加入联盟，民航华北地区管理局党委书记王瑞萍、廊坊市人民政府市长冯韶慧、河北省旅游局副局长张胜利、河北省交通运输厅副巡视员王志强、廊坊市人民政府党组成员张春生、首都机场集团公司副总经理韩志亮、河北机场管理集团有限公司总经理张彦杰、河北机场管理集团有限公司副总经理李宁出席会议。

（四）首届中国（河北）国际康养旅游大会。6月10日至12日，首届中国（河北）康养旅游大会在石家庄以岭健康城举办，大会主题为"旅游促进健康"，旨在以旅游和健康的融合发展为核心，以打造河北省康养旅游品牌为目标，深入推进旅游和健康服务业融合发展，促进旅游业转型升级。全国人大常委会委员、九三学社中央副主席、中国工程院院士丛斌出席，国家旅游局副局长李世宏、河北省副省长王晓东出席并致辞。

（五）6·18旅游推介与产业对接会。6月18日，在唐山举行的河北省国际经济贸易洽谈会上，河北省旅游推介暨产业对接会举行，河北省委副书记赵勇出席并致辞。来自匈牙利、爱沙尼亚、捷克、韩国等国嘉宾，国家旅游局、京津地区旅游主管部门负责同志和国内外旅游、金融、航空企业代表参加洽谈会。会上11个旅游合作项目成功签约，总投资55亿元人民币。

（六）第21届中国北方旅游交易会。6月30日，第21届北方旅游交易会隆重开幕。国家旅游局副局长杜江和河北省委常委、唐山市委书记焦彦龙共同为北交会启幕。杜江副局长、丁绣峰市长致辞，河北省旅游发展委员会主任那书晨主持。来自北京、山西、内蒙古、辽宁、吉林、黑龙江、山东、河南、海南、青海等16个省（区、市）旅游部门的领导，境外旅游机构、各参展团、重点旅游企业及参加中国"互联网+"旅游目的地营销大会的各位嘉宾参加开幕式。

（七）2016中国"互联网+旅游"目的地营销大会。2016年7月1日，由中国"互联网+旅游目的地"联盟、河北省旅游发展委员会、唐山市人民政府主办，唐山市旅游局、酷旅数据营销承办的2016中国互联网+旅游目的地营销大会在河北唐山开幕。国家旅游局、河北省、唐山市的主要领导共同见证了阿里旅行河北旅游旗舰馆上线暨特卖汇启动仪式。大会开幕仪式上，河北省副省长王晓东和中国互联网+旅游目的地联盟副主席李小平做了重要讲话。

【旅游机制体制改革】 （一）旅游管理体制。建立健全适应旅游综合性产业特征的管理体制，在组建省旅游发展委员会的基础上，推动石家庄、承德、张家口、秦皇岛、廊坊、保定、沧州、衡水、邢台、邯郸、定州等11个市组建成立旅游发展委员会，重点强化旅游发展委员会对旅游业改革发展的统筹促进、资源整合、发展协调和服务监管等职能，实现省市旅发委机构全覆盖。

（二）景区管理机制。推动在全省4A级以上景区建立"管委会+村镇+公司"管理运营模式，形成景村共建、与脱贫攻坚相结合的管理体制，野三坡、清西陵、广府古城等一批景区改革已见成效。组织开展对20家旅游重点景区的体制改革专题调研，编制完成《旅游景区体制机制改革》调研报告。启动全省旅游资产清查清理工作，制定下发了《全省旅游资产清查清理实施方案》。

（三）"1+X"市场综合监管机制。指导推动各市、县建立包括旅游警察、工商旅游分局、旅游巡回法庭等在内的"1+X"市场综合监管机制。秦皇岛、保定两市设立旅游警察支队，承德市设立旅游公交治安分局，保定市涞水县，秦皇岛市山海关区、海港区设立旅游警察大队，秦皇岛市北戴河新区设立公安分局旅游执法办公室。秦皇岛市北戴河区、山海关区、北戴河新区和保定市涞水县分别设立旅游巡回法庭。秦皇岛市山海关区、保定市涞水县分别设立工商旅游分局。

（四）投融资体制改革。加强与金融机构合作，与中国进出口银行、北京银行、中信银行、兴业银行等金融机构签署战略合作协议。积极推进旅游产业基金工作，成立省旅游投融资专家咨询组，研究提出了做大做强河北省旅游产业基金的基本思路和实施方案，正在抓紧推动设立河北旅游产业母基金和河北省旅游产业基础设施投资基金、河北省旅游产业投资基金、河北旅游文化产业基金、河北省全域旅游产业PPP投资基金等子基金。组织举办了受灾景区灾后恢复重建银企对接会，邀请13家金融机构对受灾景区提供融资对接。

【旅游廉政建设】 （一）"两学一做"学习教育活动。省旅游发展委员会积极落实领导机关党员干部学习教育、委党组理论中心组学习、"三会一课"学习机制，创办《机关党建》简报，编印《"两学一做"学习资料汇编》，持续把"两学一做"学习教育活动推向深入。先后召开了以"学习李保国崇高精神，开创旅游发展新业绩"为主题的中心组学习报告会、"不忘初心，继续前进"红色旅游故事巡讲主题党建活动、学习总书记"七一"重要讲话精神和视察唐山重要讲话精神中心组学习报告会等主题党建活动。开发手机版"两学一做"学习微平台，学习教育实现委机关干部全覆盖。

（二）作风整顿。研究制定了省旅游发展委《机关作风整顿推进方案》、《作风整顿问题清单》和《"一问责八清理"专项行动实施方案》并深入实施，从制度和目标上明确了作风整顿工作依据和抓手，确保作风整顿工作抓实、落地。委领导班子成员带队参加多期"阳光热线"、"阳光论坛"和"阳光理政"等节目，宣传旅游，受理投诉，现场解答群众问题，社会反响良好。扎实开展驻村帮扶工作，在人、财、物、政策等方面给予大力支持，圆满完成对口帮扶的承德市滦平县大石门村、叶营村精准脱贫和美丽乡村建设任务。

（三）"一问责八清理"专项行动。制定了《"一问责八清理"专项行动执行方案》，对干部选拔任用、超职数配备干部、违规进人问题，违规公费出国公款旅游问题，乱收费乱摊派问题，领导干部经商办企业及其亲属利用职务影响谋取不正当利益问题，招标投标不规范问题以及懒政怠政、不作为、不在状态等问题深入开展自查自纠，认真清查问题。同时，结合机构改革和机关建设绩效考核，巩固清理成果，建立完善制度，全面进行流程再造，提高工作效率和效能。

（四）党风廉政建设。深入学习和贯彻落实党的十八届六中全会精神，把党风廉政建设和反腐倡廉工作渗透到旅游业发展全过程，制定《2016年党风廉政建设责任分工》，签署领导干部《2016年党风廉政建设责任状》，进一步明确主体责任、监督责任和领导责任。严格执行民主集中制、党内组织生活、请示报告等党的组织制度，坚持和完善"三重一大"集体议事决策规则，建立完善了机关单位绩效考核制度。组织召开全委党风廉政建设暨党员警示教育大会，委主要负责同志作主题报告，观看《梦断敛财路》等系列警示教育片，通过真实案例以反面教材给予党员干部以警醒，使党员干部时刻绷紧党风廉政建设和防腐拒变这根弦。

（河北省旅游发展委员会　孙　丽）

金　融　业

【中国人民银行石家庄中心支行】　2016年，面对错综复杂的国内外经济环境和艰巨繁重的改革发展任务，中国人民银行石家庄中心支行立足省情，开拓创新、锐意进取、扎实工作，圆满完成全年各项工作任务，为河北经济社会发展营造了良好的金融环境，得到上级行和省委省政府的充分肯定。

（一）金融调控。稳健的货币政策有效执行，重点领域和薄弱环节金融支持不断加强。总量调控积极有为。加强货币政策传导和市场预期引导，开展宏观审慎评估，做好存款准备金平均法考核，监测评估抵押补充贷款工具使用，调研督导货币政策工具执行，信贷投放保持均衡合理适度。截至2016年末，河北省金融机构本外币各项贷款余额3.77万亿元，同比增长15.75%，促进了河北省经济平稳运行。重点领域支持深入有效。积极服务供给侧结构性改革，特别是聚焦去产能，出台实施意见、搭建对接平台、发展绿色信贷、支持债务融资工具发行，重点企业转型发展得到精准支持。持续推进金融支持京津冀协同发展，三地银行在银团贷款、账户互认、融资担保等领域深化合作，协同发展重点项目得到有力支持，环京津的廊坊、张家口、保定信贷增速位列河北省前三。薄弱环节支持力度持续加强。全面做好金融扶贫工作，62个贫困县各项贷款增速高于河北省贷款增速3.48个百分点。制定再贷款、再贴现管理实施细则和操作规程，充分发挥政策工具引导作用，小微企业贷款增量占企业贷款增量的78%，同比提高26.7个百分点。继续推进小额票据贴现分中心建设，全年办理贴现217.77亿元，1.2万家企业受益。多元化融资渠道进一步畅通。与八市政府签署《金融支持地方经济社会发展备忘录》，联合省发改委等部门编制《曹妃甸举债方案》，积极向交易商协会推介骨干企业，河北省非金融企业通过银行间债券市场募集资金867亿元，同比增长17.1%。全国首单非银行金融机构绿色金融债券落地河北，省长张庆伟批示肯定。

（二）金融改革。金融改革稳步推进，政策效应持续释放。利率市场化改革不断深化。创新自律机制建设，建立地方法人金融机构联席会议制度，制定《存款利率市场自律规则》《市场利率定价自律管理工作指南》，自律机制工作效能提升，河北省利率定价秩序保持平稳，相关工作得到总行领导表扬。认真落实利率调控政策，2016年12月，河北省人民币贷款加权平均利率6.22%，比年初下降0.58个百分点，企业融资成本进一步下降。存款保险制度平稳运行。认真监测法人银行业金融机构运行情况，按时完成保费测算、收缴工作。省级、市级相应组建投保机构风险评级审核工作小组，实现了按照统一标准评定经营风险级别。开发"中国人民银行存款保险统计系统"，总行推广至全国使用。农村承包土地的经营权抵押贷款试点工作扎实推进。督促地方政府发挥主体作用，加快确权颁证进度，推进农村产权交易平台和风险补偿机制建设；完善多部门联合推进机制，引导金融机构加大产品创新和资金投入，河北省6个试点县累计发放贷款1.25亿元。外汇管理改革深入推进。深入推进跨国公司外汇资金集中运营管理，共归集外债资金1.87亿美元、对外放款资金7.86亿美元，企业集团资金使用效率有效提高。认真落实全口径跨境融资宏观审慎管理政策，累计支持境外融资4.04亿美元，中资企业融资渠道进一步拓宽。指导外汇指定银行建立自律机制，督促银行落实展业自律要求。白沟箱包市场"市场采购贸易"方式试点快速推进，得到省领导批示肯定。继续推动银行机构优化跨境贸易人民币结算流程，加大对外贸企业融资支持力度，支持外贸稳增长。截至2016年末，河北省跨境人民币收付734.84亿元，同比下降28.73%，占同期本外币跨境收支的18%。银企参与范围继续扩大。23家银行542家分支机构办理业务，占辖内全部银行的70%，较2015年新增1家银行50家分支机构；累计办理结算企业达到4601家，占同期涉外企业总数的4成，较2015年增加638家。继续加强跨境人民币业务推广和政策宣传，重点做好100家境外投资重点企业跟踪服务工作，河北省人民币境外直接投资91亿元，同比增长73%。建立跨境人民币业务自律机制和非现场监测预警工作机制，风险防范工作扎实有效。

（三）金融稳定和金融管理。金融稳定和金融管理工作不断加强，金融市场秩序保持稳定。金融风险监测、预警和处置水平进一步提升。加强社会融资体系整体运行情况监测分析，开展银行业金融机构同业业务督查和不良资产真实性现场评估，工作方法和成果得到总行肯定。"两综合、两管理"工作体系更加科学。对河北省1124家银行业金融机构按照省、市、县三级权重综合评分，评价结果更加科学，多家银行将评价结果作为年度考核依据。以交叉检查方式开展综合执法检查，对处罚定性工作进行专题研讨，统一处罚标准，提高了违规处罚的严谨性。外汇管理防风险工作持续加强。围绕“控流出、扩流入、防风险”要求，深入开展大额和异地购付汇监测与约谈，强化非现场监测、现场核查和分类管理，加强预期引导和负面舆情应对，有效缓解资金流出压力，河北省涉外收支顺差在全国排名从上年第10名上升至第7名。保持高压态势，严厉打击外汇违法违规行为，全年共组织专项检查、专项行动12次，查处违规案件58起，涉案金额1.7亿美元，收缴罚款965.8万元人民币。反洗钱监管有效性不断提高。贯彻落实“风险为本”和“法人监管”工作理念，组织对156家单位的230个分支机构进行现场检查，对问题严重的机构处以行政罚款393.3万元；制定银行业金融机构客户身份识别工作指引，采取差别化监管措施，开展洗钱风险评估，促进了义务机构勤勉尽职。加强洗钱线索分析和研判，深入开展反洗钱调查、协查工作。对35份可疑交易线索进行反洗钱调查，报案20起，涉及金额194.1亿元；协助查询涉嫌腐败案件26批次，得到省纪委肯定。各专项行动深入开展。认真开展互联网金融风险专项整治和非法买卖银行卡信息专项行动，建立涉案账户紧急止付和快速冻结机制，推动交易风险事件管理平台顺利上线，协助严厉打击电信网络新型违法犯罪取得明显成效。继续开展打击利用离岸公司和地下钱庄转移赃款专项行动，协助侦破涉案400亿元地下钱庄，其经验获总行推广。积极参与“打击虚开盗开增值税发票和骗取出口退税”专项行动，协助破获涉案3000余万元的特大骗取出口退税案，受到公安部表彰。

（四）金融服务。金融统计和研究工作取得新的成果。全面落实金融统计工作制度，金融数据质量和信息披露水平不断提高。落实互联网金融、“两权”抵押贷款、金融精准扶贫贷款统计制度，加强钢铁重点行业、曹妃甸重点区域、环京房地产金融统计监测，统计工作维度不断拓宽。深入开展热点问题研究，《河北钢铁重生之路》获省社科联立项，《京津冀金融协同发展研究》获省社科发展研究课题优秀成果奖。完成周小川行长到石家庄中心支行调研时布置的调研课题，得到总行领导批示。支付结算管理不断加强。ACS档案管理子系统、综合前置子系统成功上线并完成升级。河北省非现金支付业务发展迅速。2016年，河北省办理非现金支付业务49.81亿笔，金额92.71万亿元，同比分别增长41.32%和41.24%，实现了交易笔数和金额双高速增长。电子商业汇票业务快速增长。2016年河北省共办理电子商业汇票承兑业务8.69万笔，金额3337.06亿元，同比分别增长85.93%和100.13%。科技服务能力不断提升。开展数据中心基础环境云化工程建设，应用系统和数据的安全性不断增强。建设河北省金融交互系统，信息交互效率大幅提高。加快金融IC卡非接受理环境建设，河北省POS终端非接改造比率37.3%，较上年末增长19倍。经理国库水平有效提升，河北省国库资金运行安全，业务系统运行平稳。2016年，河北省国库收入（不含转移性收入）8486.05亿元，同比增长15.1%，提高2.8个百分点。国库支出（不含转移性支出）1.02万亿元，同比增长9.9%，回落16.7个百分点。河北省国库库存1103.43亿元，同比增加94.37亿元，增长9.4%。地方国库现金管理试点工作顺利起步。集中支付系统在省、市、县三级成功上线，在全国保持领先；石家庄财关库银横向联网系统成功上线，河北省电子退更免工作稳步推进。营改增和水资源税改革试点的国库领域工作圆满完成。征信管理和服务持续加强。推广上线河北省农户信用信息管理系统，搭建数据库＋网络体系，组织研发“河北省农户信用信息管理系统”，该农户系统布设在互联网，具备信息维护、查询、统计、报告等8大功能，通过采集24项农户信息，利用评价指标体系提供农户评分和信用报告，供县域金融机构及政府部门使用。

（五）内部管理。内部管理全面加强，履职规范化水平不断提高。风控体系不断完善。全面推开主审人报告制度，得到总行领导高度评价。探索开展维修改造项目全过程跟踪审计，相关做法走在全国前列。研发“内审依据查询系统”，总行在全国推广。全年开展审计项目35个，对发现的370多个问题及时进行整改。构建事前、事中、事后连为一体的事后监督体系，会计核算业务风险防范效果有效提升。财经纪律严格执行。在河北省范围开展会计财务工作培训和“整顿提高年”活动，为全面做好会计财务工作打下坚实基础。科学配置财务资源，在预算编制和执行中充分发挥业务部门作用，继续向基层行倾斜预算资源，财务支出的科学化水平不断提高，保障履职和业务发展需要。安全管理进一步加强。持续推进安全保卫“一把手”工程，构建网格化工作机制，加强技防建设，发行库、发行基金押运、枪支弹药安全无事故。对重要业务系统、网络、机房开展IT应急能力评估，技术保障和运维能力进一步提高。严格保密责任落实，突出要害部门、关键岗位、重要载体保密管理，全辖无失泄密事件。

（六）党风廉政建设和队伍建设。党建、党风廉政建设和队伍建设深入推进，履职基础进一步夯实。全面从严治党要求深入落实。扎实开展“两学一做”学习教育，组织开展“两学一做金融先行”书法展活动，切实加强意识形态管理，为高效履职提供了有力支撑。成立党建工作领导小组，进一步完善党建工作机制，工作合力有效凝聚。狠抓基层党建，完成对县（市）支行的巡视，基层战斗堡垒作用更加突出。开展8年跨度党费倒查补缴工作，制定《党费使用管理审批制度》，党费使用管理得到全面规范。举办学党章和相关法规竞赛，总行派驻纪检组领导给予充分肯定。党风廉政建设工作深入推进。加强廉政教育，邀请总行派驻纪检组开展廉政教育讲座。对总行岗位（廉政）风险防控管理执法检查工作中发现的问题认真进行整改。进一步完善监督实施体系，以《石家庄中心支行纪律检查委员会工作会议制度》为抓手，促进纪委委员充分发挥作用，得到总行肯定。“八小时以外”行为监督进一步加强。改进县支行（部门）主要负责人向纪委书记述廉工作机制，促进了基层党组织落实主体责任。干部管理持续加强。配齐配强领导班子，做好干部选拔任用，推进干部交流轮岗，强化干部管理考核，抓好重点培训项目，干部素质有效提升，工作积极性进一步高涨。做好领导干部个人事项报告工作，从严从实开展干部人事档案专项审核，做好出国境管理工作，严肃机关劳动纪律，从严监督管理干部要求得到有力落实。圆满完成人民银行分支行行长座谈会服务保障任务，得到总行领导和参会代表高度评价，锻炼了队伍、凝聚了士气、激发了干劲，为做好今后工作提供了强大动力。文化建设不断结出硕果。进一步发挥文化讲堂"以文化人"作用，干部职工凝聚力、向心力、归属感、荣誉感有效增强，"文化讲堂"被河北省总工会授予"河北省职工文化精品"荣誉称号。以精神文明创建为抓手，将创建工作融入党建工作全过程，为中心支行高效履职提供了强有力的支撑。

（中国人民银行石家庄中心支行　曾玉玲）

【河北银监局】 2016年，河北银监局在银监会、省委省政府的正确领导下，认真贯彻党的十八大和十八届三中、四中、五中、六中全会精神，坚持稳中求进的工作主基调，扎实开展"两学一做"学习教育，全面落实从严治党责任，依法履行监管职责，引导全省银行业大力支持供给侧结构性改革，切实提升服务实体经济质效，持续推进深化改革，有效防范和化解各类风险，促进了辖内银行业稳定健康发展。

（一）深入贯彻新发展理念，全面提升服务实体经济质效。以"盘点十二五、展望十三五"系列活动开局，引导辖内银行业贯彻创新、协调、绿色、开放、共享的理念，提升服务效能。将金融服务有效供给与实体经济有效需求主动对接，努力提升金融服务实体经济的效率，实现了银行业与实体经济共生共荣、协同发展。

一是加强监管引领，提升服务实体经济效率。制定《河北省银行业进一步提升服务实体经济发展质效的指导意见》，提出"十项措施"，确立"十个促进"工作目标，助推河北实现加快转型、绿色发展、跨越提升。抓住京津冀协同发展这一国家战略，引导辖内银行业机构主动对接承接产业转移、交通体系建设、生态环境治理等重点项目。2016年末，全省银行业机构支持京津冀协同发展项目表内外授信余额10674.37亿元，较年初增加1575.5亿元，增长17.32%。全力支持2022年冬奥会建设，有效对接相关项目，提升金融服务"软实力"，截至三季度末，支持冬奥会相关项目贷款余额82.49亿元，较年初增加64.37亿元。

二是落实"三去一降一补"，服务供给侧结构性改革。与省金融办等部门联合制定《关于金融支持供给侧结构性改革去杠杆工作指导意见》。全面落实国务院关于做好钢铁煤炭行业化解过剩产能实现脱困发展的决策部署，组织银行业开展钢铁煤炭行业信贷检查，支持钢铁煤炭行业去产能、去杠杆、降成本、补短板。支持河北省钢铁等富余优势产能走出去，深化国际产能合作。完善"两高一剩"行业风险的非现场监测系统，督促银行业金融机构严控"两高一剩"行业的信贷投放，腾挪信贷资源支持节能减排重大项目，大力发展"绿色信贷"。2016年，全省银行业累计发放节能减排重点工程贷款163.85亿元、技术创新贷款10.92亿元、技改升级贷款147.07亿元，累计拒绝不符合绿色信贷、节能减排政策的贷款申请86.89亿元，退出不符合绿色信贷政策贷款2.76亿元。

三是积极推进普惠金融，补足金融服务短板。印发《关于做好农村金融服务工作的通知》，制定《河北银监局2016年推进普惠金融发展工作方案》，采取差异化考核措施，持续提升小微企业和"三农"金融服务水平。2016年末，全省银行业机构涉农贷款余额1.31万亿元，比年初增加1470.82亿元，增长12.69%；全省小微企业贷款余额1.12万亿元，较年初增加736.22亿元，比上年同期增长7.02%。深入推进银税互动工作，全省主要银行业机构与省级税务部门均已开展合作并向基层延伸。开展民营企业贷款融资难融资贵专项检查，督促银行业机构切实改进金融服务，降低融资成本，促进民间投资健康发展。组织开展全省银行业违规收费行为自查，规范银行业服务收费行为，各行共计退还违规收费1799.38万元，通报处理14家机构，问责人员48人。

四是实施政策倾斜，打好金融扶贫攻坚战。局主要负责人带队深入阜平、隆化国家级贫困县开展调研，加大对扶贫工作的督导力度。建立扶贫"分片包干责任制"，实现责任银行对62个贫困县乡镇全覆盖。落实"六个精准"和"四单原则"，积极引导银行业信贷资源向贫困地区倾斜，有效对接贫困地区发展生产、贫困人口脱贫致富资金需求。截至2016末，全省银行业金融机构向建档立卡贫困户发放小额信用贷款余额21.53亿元，惠及贫困户65242户。全省62个贫困县共设立银行业机构固定网点2942个，比年初增加107个。引导银行业履行社会责任，积极支持灾区灾后重建，全省银行业金融机构共发放抗洪救灾、灾后重建贷款94.2亿元，向灾区捐款、输送物资1895.83万元。

（二）坚守风险底线，维护银行业安全稳健运行

一是积极化解各类信用风险。聚焦过剩产能化解，强化政策指导，对"两高一剩"行业授信风险全口径监测。印发指导意见，充分发挥指导、协调、监督作用，积极推进债权人委员会组建工作。截至2016年末，全省银行业金融机构共成立205家债委会，涉及用信余额4179.66亿元。其中，帮扶企业户数73家，弱化风险金额651.90亿元，续贷金额972.57亿元，有效发挥了稳定企业预期、促进区域经济稳定、维护银行合法权益的作用。持续监测、妥善化解平台贷款风险，积极支持地方政府存量贷款置换，全省银行业机构已承销、购买置换债券737.14亿元。加强对房地产贷款风险的提示预警，督促银行业优化信贷结构，在积极支持去库存的同时，严防集中度风险。2016年末，全省银行业不良贷款831.78亿元，比年初增加153.95亿元，不良贷款率2.20%，比年初增加0.12个百分点，整体风险可控。

二是强化流动性互助机制建设。督促银行业加强同业、理财和投资等业务管理，合理匹配资产负债期限。开展压力测试，做好应急预案。积极发挥流动性互助平台作用，推动探索设立城商行流动性互助基金。印发《关于建立村镇银行流动性互助机制的通知》，指导辖内村镇银行完成流动性互助机制建设，切实提高流动性风险抵补能力。

三是主动防范外部风险传染。配合地方有关部门开展“防范和打击非法集资集中宣传月活动”，通过网点宣传、户外宣传、微信网络平台宣传等形式，提高社会公众对于非法集资的风险识别和规避能力。会同省金融办发挥“双牵头”协调作用，扎实做好辖内P2P网贷风险专项整治工作，摸清辖内165家机构平台基本情况，按照区别对待、分类施策的原则，稳步推进差别化处置工作。联合省公安厅开展打击治理电信网络新型违法犯罪专项行动，全年全省银行业金融机构成功阻截电信诈骗案件3578起，拦截被骗资金7074.53万元，阻截、清理非实名银行账户4349个，封停银行账户4007个，有力维护了人民群众财产安全。

四是妥善处置案件风险和突发事件。开展以“教育入脑、内控优先、问责从严”为主题的案防合规文化建设活动，在全省银行业树立“合规人人有责”的理念，从源头防范和控制案件风险。制定《河北银监局关于加强银行业金融机构案件防控工作的指导意见》《河北银监局重大案件（风险）约谈告诫制度》。全省银行业确认案件6起，保持了较低的发案水平。妥善应对舆情和突发事件，面对邯郸馆陶农信社集中取款事件、藁城假代办站负面舆情风波，迅速启动应急预案，维护社会金融秩序的稳定。

（三）强化监管引领，推动河北银行业改革发展

一是银行业组织体系日益健全。中国进出口银行河北省分行开业——全国3家政策性银行全部进入河北省。天津银行石家庄分行开业，省内已有8家城商行跨区发展。支持省内外优质发起行在河北发起设立村镇银行，已开业村镇银行70家。支持张家口银行发起设立消费金融公司、东旭集团筹建财务公司，支持辖内金融租赁公司加快发展，持续优化非银机构布局。在全国率先完成邮储银行“名行实所”机构改革，全省267家邮储银行“名行实所”机构全部完成改革行政审批。稳步推进民营银行组建，加强与地方金融监管部门沟通协作，到浙江考察民营银行组建工作，对有发起意愿的企业进行前期辅导，并完成主发起人遴选工作。

二是促进地方法人机构转型升级。支持法人机构多渠道补充资本，优化股权结构，不断壮大河北省法人机构资本实力。衡水银行案件处置有序进行。认真落实《河北省推进农村信用社改革实施方案》确定的三年完成全部改制的目标，提前完成11家市级行业管理机构改制组建区域审计中心工作；农商行组建工作明显加速，已改制开业农商行33家，筹建中8家，启动组建28家；机构风险处置工作稳步推进，19家问题农信社风险化解成果显著。

三是加强金融消费者权益保护。制定《关于加强河北省银行业金融机构理财产品专区建设的指导意见》，通过专区建设，规范银行业机构理财产品、保险产品销售行为，切实保护消费者合法权益。全辖列入“一区双录”建设计划的6327个机构网点全部完成建设任务。组织开展“送金融知识下乡”“金融知识进万家”、河北省金融消费教育“进校园”等活动，进一步增强金融消费者对于银行产品和服务的了解，提升其金融安全意识。

（四）加强监管能力建设，促进银行业依法合规经营

一是开展“两加强两遏制”回头看专项检查，发挥监管利剑作用。严查银行业十大违规行为，切实增强内部管控和外部监管的有效性。持续推行自查承诺、整改认可和问责报送“三项机制”，以查促改，做实整改问责。把现场检查质效与人才库评价挂钩、与主查人资格挂钩、与各分局和各监管部门主要负责人考核评价挂钩、与各单位评先评优挂钩，促监管亮剑，提监管质效。2016年度，河北银监局共实施行政处罚73项，被处罚机构49家，罚款金额1313.5万元，没收违法所得21.5万元。

二是加强监管规制建设，提升科学监管效能。制定《河北银监局行政许可事项操作规程》《河北银监局现场检查操作规程》《河北银监局非现场监管实施细则》三项制度，完善了行政许可、现场检查、非现场监管三位一体有机联系、互为补充、权责统一的监管制度体系。开发建立县域基础经济金融情况分析平台，完善省市县“三位一体”监管架构，提高全辖风险预警能力，实现了区域风险防控“精准化”。将综合监管信息系统推广到各分局，提升了各分局信息管理水平，加强了省分局之间的信息联动。将EAST系统标准化数据采集范围扩大到全国性银行省内分支机构和村镇银行，精确制导作用得到进一步发挥。开发村镇银行流程监管系统，实现了村镇银行监管工作流程化、规范化、信息化，监管资源得以充分共享、高效利用。

三是积极开展法律法规教育，推进依法合规监管。组织开展以“尊法、学法、守法、用法”为主题的金融法律法规知识竞赛活动，深化法律法规宣传教育，强化全省银行业机构从业人员及监管队伍法治意识，提升依法经营和依法行政的能力。制定《河北银监局关于深入推进依法监管工作的实施意见》，提出了推进依法监管工作的23项任务并逐项分解落实。稳妥处理各类行政复议及行政诉讼，努力降低法律风险，全年共办理行政复议案件33件，行政诉讼案件13件。

（河北省银监局　李　卓）

【国家开发银行河北省分行】　2016年，国家开发银行河北省分行认真贯彻省委、省政府要求，以支持脱贫攻坚、棚户区改造、京津冀协同发展等国家战略为重点，不断加大对重点领域和薄弱环节的支持力度。截至年末，分行管理资产余额3415.21亿元，人民币非个人中长期贷款、外汇贷款余额等多项指标居省内同业首位；当年实现融资总量902亿元，有力支持了“经济强省、美丽河北”建设。

（一）精准发力，助力打赢脱贫攻坚战。2016年，国

家开发银行河北省分行将支持脱贫攻坚作为全行工作的重中之重，当年投放扶贫资金142.7亿元，业务覆盖全省54个扶贫开发重点县，覆盖率达到87.1%，惠及全省120余万建档立卡贫困人口。一是在易地扶贫搬迁领域，按照省级“统贷、统采、统还”的融资模式，协助省政府成功搭建省级投融资主体，全额授信196.7亿元，发放长期、低息贷款18.36亿元，确保年内12.6万人搬迁工作圆满启动。二是在基础设施建设领域，以“美丽乡村”为重点，发放农村基础设施扶贫贷款51.39亿元，协助贫困县政府统筹使用涉农财政资金；以太行山高速、水利、风电等为重点，发放跨区域重大基础设施扶贫贷款57.06亿元，集中破解贫困地区瓶颈制约；第一时间向石家庄赞皇县等投放应急贷款18亿元，助力抵抗7·19特大暴雨洪涝灾害。三是在产业发展领域，向邢台威县、张家口崇礼等国家级贫困县发放产业扶贫贷款13.45亿元，重点支持现代农业、光伏、旅游等特色产业发展。四是在教育扶贫领域，在张家口阳原、怀来两县成功试点生源地信用助学贷款业务，向1404名贫困学子发放生源地信用助学贷款逾1000万元，坚决斩断贫困代际传递。五是在干部帮扶领域，向有扶贫任务的9个地市全部派驻了金融扶贫专员，向54个扶贫开发重点县派出23个专项工作组深入基层一线，以实现行动彰显了开行干部的大局意识和奉献精神。

（二）创新模式，继续发挥棚改融资骨干作用。继续发挥融资主力银行作用，以棚户区改造为重要发力点推进新型城镇化建设。截至年末，分行棚改贷款余额915.49亿元，全省占比保持在90%以上。一是在“三统一”基础上，积极探索通过政府购买服务和国企棚改等新模式推进棚户区改造，当年新增授信472亿元。二是全年向张家口、秦皇岛等11个地市发放棚改贷款367.44亿元，惠及棚户区居民36.75万户。三是持续加大货币化安置力度，近三年累计消化存量商品房超过4.5万套、37.8万平方米，成为政府“去库存”和房市调控的有力工具。

（三）抢抓机遇，全力支持京津冀协同发展。围绕非首都功能疏解和承接，当年累计投放京津冀协同发展资金逾900亿元，着力支持交通、产业、生态环保“三大领域”率先突破。一是围绕交通一体化投放资金139.94亿元，支持太行山高速、京石高速改扩建、密涿高速北三县段等重点高速公路项目和京张城际、张呼、崇礼等重点铁路项目建设。二是围绕产业转移升级投放资金103.1亿元，支持河北钢铁“走出去”、新材料制造、农副产品深加工等重点项目建设；向廊坊燕达健康养护中心、崇礼翠云山养老公寓等投放资金4.89亿元，有力支持环京津健康养老产业发展。三是围绕生态环保投放资金145.05亿元，支持南水北调配套工程、引黄入冀补淀、重点河流综合整治等重点项目建设。

（四）创新进取，充分发挥综合金融业务优势。围绕“投贷债租证”等综合服务手段，引领社会资金支持河北省经济建设。一是作为主承销商参与了河北省总额350.13亿元定向发行政府债券的承销工作，承销份额74.48亿元，有效缓解了地方政府偿债压力。二是先后为河钢、开滦、交投、建投新能源等重点企业客户承销债券180亿元，着力拓宽资金来源。三是牵头筹组石家庄轨道交通2号线、承德双峰寺水库等重大银团贷款项目，不断扩大同业合作范围，积极引领同业资金。四是切实发挥“投贷联动”优势，推动国开证券设立河北分公司，投放协同资金26.8亿元，为省重点项目建设提供了强有力的资金保障。

（五）聚集战略，以融智服务助推银政合作。一是充分发挥省级“智库”作用。围绕热、难点问题向省委、省政府积极献言献策，报送“关于发挥开发性金融优势，助力河北省易地扶贫搬迁”等5篇融智报告，为省领导决策当好参谋助手；编制完成“河北省‘十三五’发展系统性融资规划”等6项规划课题，做好重点领域资金平衡方案和融资模式设计。二是通过高层对接推动全面合作。积极促成开总行胡怀邦董事长来冀调研并与省政府主要领导座谈，签署“建设经济强省、美丽河北“十三五”开发性金融合作备忘录”、“开发性金融支持河北省脱贫攻坚战略合作协议”等多项协议。

（六）加强党建，扎实开展“两学一做”学习教育。2016年，分行扎实开展“两学一做”学习教育，将学习教育的成果体现到全面从严治党的成效中，体现到服务战略的业绩中。一是践行“两学一做”，对标“六讲六有”。制定学习教育方案，开展党委中心组学习、党委成员讲党课、专题研讨及特色活动，特别是邀请与习近平总书记共同工作过的老同志赴分行座谈等，树立“六讲六有”党员标杆。二是加强党建引领，落实“一岗双责”。坚决贯彻民主集中制，不断强化基层党建，制定分行党建工作要点，单独开展支部书记党建述职，对支部专题组织生活会和民主评议提出模板式要求。三是增强“四个意识”，严格党内生活。组织全员学习贯彻十八届六中全会精神，引导全员增强政治敏感性，坚决维护中央权威。严格执行《准则》和《条例》，维护政治纪律和政治规矩。四是实战锤炼作风，文化凝聚力量。在扶贫开发集中攻坚行动中，向9个地市派驻金融扶贫专员，向48个贫困县派出23个工作组，以实战锤炼员工大局意识和奉献精神；弘扬开行文化，以党建带工建、团建，做实“垄上行”实践、“我与开行共发展”青年论坛等，增强员工自豪感、凝聚力。

（国家开发银行河北省分行　黄少华）

【农发行河北省分行】　2016年，中国农业发展银行河北省分行在总行党委和省委省政府的正确领导下，在人民银行、银监局、财政专员办、新闻媒体等有关部门的大力支持下，面对经济下行压力较大、业务有效发展不足等复杂环境和多重挑战，深入贯彻习近平总书记系列重要讲话精神，认真落实总行新一届党委“一二三四五六”总体发展战略，咬定发展不放松，加大支农力度，强力防控风险，狠抓经营管理，坚持两个“从严”，各项工作取得明显成效，多项经营指标实现历史性突破。

贷款投放创历史新高。全年累计审批贷款886亿元，累放贷款588亿元，同比多放213.4亿元，增幅达

56.9%。在政府定向债券置换138亿元的情况下，贷款比年初增加156.1亿元，年末贷款余额首次突破千亿大关，达到1023.6亿元。贷款审批额、投放额、余额和增加额均创历史新高。

存款大幅增长。各项存款余额突破500亿，达到552.4亿元，比年初增加236.9亿元，增幅75.1%。各项存款日均余额476.9亿元，比上年增加220.8亿元，增幅86%。存款余额、增加额、日均余额均为历年最高。

经营绩效逆势攀升。在经济下行压力较大，利差持续收窄的情况下，实现账面盈利5.27亿元，完成总行下达利润计划的107.68%。剔除计提贷款减值损失7.75亿元因素，按可比口径计算，较上年增盈5.19亿元，拨备前利润为历年最高。

不良贷款清收进展较大。全年清收处置不良贷款5.72亿元，为历年最多。

（一）着力加快发展。不断强化发展意识，深入分析业务发展现状、面临形势，反复强调全行上下要进一步唱响发展的主旋律，明晰发展思路和目标，紧紧抓住业务发展的窗口期和黄金期，着力加快业务有效发展。一是全力支持脱贫攻坚。坚持以脱贫攻坚统揽全局，研究下发全力支持脱贫攻坚的指导意见，着力构建全行扶贫工作格局，统筹运用粮棉油收购、基础设施建设等各类金融产品支持贫困地区发展，将营销重点、信贷政策向贫困地区倾斜。年末精准扶贫贷款余额284.7亿元，占全部贷款的27.8%。大力支持易地扶贫搬迁，审批贷款100亿元，用于全省易地扶贫搬迁工程，易地扶贫搬迁建档立卡贫困人口占比55.1%。目前，已向涞源、阜平、隆化、平泉等7个县发放易地扶贫搬迁贷款17.5亿元。积极推进保定金融扶贫示范区建设，探索旅游扶贫、产业扶贫新模式，力求重点突破、以点带面，打好精准扶贫“组合拳”。上年保定金融扶贫示范区发放精准扶贫贷款7亿元，精准扶贫贷款余额8亿元。二是积极支持粮棉油收储。坚持政策性收购为主、市场性收购为辅的工作思路，全力做好粮棉油收购信贷资金供应与管理工作。加强与中储粮北京分公司、省粮食部门沟通，积极推动小麦最低收购价预案启动。全年累放粮棉油收储贷款138.1亿元，支持了粮棉油收储平稳有序开展。在夏粮、秋粮、棉花收购开始前分别召开媒体记者见面会，新华网、人民网等40多家媒体刊登或转载了我行夏粮、秋粮、棉花收购政策宣传文章，营造良好的舆论环境。三是大力支持农村基础设施建设。加大对水利、棚户区改造、农村路网、美丽乡村等领域项目支持力度，累放农村基础设施类中长期贷款412.8亿元，比中长期贷款业务开办10年来的净投放还多42亿元。上移平台层级，突破了发展瓶颈。累计审批省级和市级公司统贷统还、下贷上还模式贷款179亿元，占全年审批贷款的20%。同时，积极支持国家重点建设基金项目，全年审批投放项目104个、金额68.5亿元。四是创新支持农业现代化。全年累放林业、流通体系建设、农业科技等贷款44.6亿元，培育了新的业务增长点。

（二）努力防控风险。坚持全面风险管理理念，强化底线思维，树立红线意识，努力实现稳健经营。一是倾力处置风险。4月中旬，保定分行暴露出志信等4户贷款企业风险贷款20.64亿元后，我行高度重视，多次赴保定与市委市政府领导沟通风险化解处置，督促指导清收。省分行成立了“重大信贷风险处置工作组”，集中人员全力清收化解。召开粮棉油信贷风险防控视频会议，要求各行深刻汲取教训，举一反三，严格落实收购贷款封闭运行管理各项规定，切实加强资金监管，坚决防止挤占挪用等问题再次发生。在总行领导的帮扶支持下，目前，已累计收回10.4亿元，其他风险资产也正在按计划有序清收处置。在全力清收化解风险贷款的同时，不断加强声誉风险监测，妥善处置出现的舆情风险，有效防止了事件的持续发酵。二是调整贷款和客户结构。为从根本上防控风险，在稳固传统粮棉油业务的基础上，大力发展中长期信贷业务，逐步优化贷款结构。年末中长期贷款占全部贷款56%，同比提升了13.2个百分点。三是做实贷款担保。对抵押物坚持“实、优、余、规”四字原则，确保第二还款来源真实、合规、有效，能够覆盖风险。“实”，抵押物实实在在，真正有；“优”，优质资产，容易变现；“余”，抵押物处置后归还贷款本息绰绰有余，能够覆盖风险；“规”，合规合法。担保贷款占全部贷款的比重提高了11.45个百分点。四是开展贷款讲评。要求县级支行每月由行长主持召开最少一次贷款讲评会，对全部贷款客户分析评述；市级分行每月由行长主持召开最少一次贷款讲评会，每年对全部贷款客户进行一次分析评述。通过开展讲评活动，一方面督促信贷人员对企业经营管理情况进行全面了解分析，不断提高业务技能，提升办贷管贷水平；另一方面也能对企业进行集中“会诊”，及时发现问题，防控风险。

（三）狠抓经营管理。增强核算意识，强化基础管理，努力提升全行可持续发展水平。一是加大存款组织力度。认真组织开展存款“百日竞赛”活动，抓住中长期项目贷款投放较多的有利时机，大力营销财政性存款。进一步强化存贷“一体化营销”，抓住贷款发放、使用和收回三个关键环节，协调上下游关联企业在我行开户，拓展存款客户。全年由于组织存款降低资金成本15.1亿元。二是提升经营效益。针对上年末全省36个县支行亏损，亏损面达24%的问题，制定亏损行扭亏考核办法，加大工作力度，力争通过2—3年的不懈努力，全面消除亏损行。年末有20个行扭亏、7个行减亏，占年初亏损行的75%。针对有效发展不足，行际发展不平衡问题，制定二级分行绩效考评实施细则，建立健全绩效考评体系，进一步调动了分支行经营管理积极性。积极争取省政府和省财政等部门的支持，推动了全省粮食风险基金的统筹，有效破解了部分市县包干基数不平衡，导致政策性挂账贷款长期欠息这一困扰我行多年的难题。仅此每年可增加利息收入4000多万元。积极拓展国际业务和中间业务，完成国际结算4亿美元，实现中间业务收入3606万元。三是全面夯实基础。扎实开展“贷后管理年”活动，摸清风险底数，狠抓问题整改，堵塞了管理漏洞。加强财会基础管理，组织突击对接综合检查，开展“靶向行动”，进一步提高了制度执行力。组织“两个加强、两个遏制”回头看，全面开展内控评价，合规管理水平不断提高。做好各类信息系统、网络和电子设备运维管理，为全行工作提供了强有力的科技支撑。加大新闻宣传力度，加强声誉风险监测，妥善处置舆情风险，营造了良好的舆论环境。加强办文办会办事、后勤服务、安全保卫和安全生产，保障了各项工作顺利开展。

（四）深化党的建设和班子队伍建设。深入学习贯彻习近平总书记系列重要讲话精神，坚持把抓党建作为首要政治责任，与中心工作同部署、同落实、同检查、同奖惩。扎实开展“两学一做”学习教育，基层党组织的战斗堡垒作用和党员的先锋模范作用进一步彰显。举办党建工作培训班，对全辖190多名党支部书记进行轮训，提高了支部书记抓党建的能力。加强领导班子建设，制定二级分行领导班子和班子成员综合考核办法、分支行领导班子成员履职档案管理办法，进一步激发了干事创业激情。深入推进党风廉政建设，制定纪委对领导干部谈话实施办法，推进监督抓早抓小，关口前移。坚持“严”字当头，强化监督，严格问责。全年对97人次违规积分、35人进行经济处罚、27人处以党政纪处分。推进企业文化建设，组织丰富多彩的文体活动，进一步增强了员工队伍的凝聚力和向心力。

（农发行河北省分行　彭德斌）

【工行河北省分行】 2016年，中国工商银行河北省分行（简称“工行河北省分行”）认真贯彻落实省委省政府、工总行各项决策部署和金融监管要求，紧紧围绕建设“经济强省、美丽河北”中心任务，突出加大信贷投放，持续改善金融服务，严守风险质量底线，认真履行社会责任，竭尽全力支持河北经济社会发展。截至年末，人民币全部存款余额6042.69亿元，较年初增加661.62亿元；人民币各项贷款余额4832.21亿元，较年初增加552.6亿元；全年累计新发放贷款2150亿元，融资总量创近年来新高，较好地发挥了国有大型银行支持经济建设主力军和排头兵的作用。

（一）坚持对接两大机遇助力强省建设。主动对接河北省面临的京津冀协同发展、冬奥会两大机遇，为省市重点项目提供一揽子综合金融服务。一是加强银政企对接合作。认真落实中国工商银行总行与河北省政府签订的京津冀协同发展全面战略合作协议，加强与工总行沟通汇报，争取信贷政策和资金规模倾斜，信贷规模较年初核定值多增187亿元。一年来分别与沧州市政府、河北交投、河北旅投签订战略合作协议，对重点区域和项目加大支持力度。二是加大三个率先突破领域支持力度。把握“三区一基地”功能定位，围绕石家庄、廊坊、保定、唐山、沧州、张家口等重点区域，积极支持交通一体化、承接平台、冬奥会及PPP、政府购买服务类重点项目，为69个京津冀协同发展项目投放贷款286.48亿元。交通方面，重点支持太行山高速、沿海高速、国省干线公路及京张等京津冀城际铁路等项目；产业承接平台方面，重点支持了石家庄正定新区、张家口洋河新区、沧州渤海新区等基础设施建设；冬奥会方面，重点支持了运动员训练基地、万龙滑雪场等项目建设。三是注重商投互动和创新应用。综合运用信贷、资管、投行等产品，满足重点项目多元融资需求，投行融资额99亿元，办理理财投资100亿元。

（二）坚持以新理念服务支持实体经济。深入贯彻新发展理念，紧紧围绕供给侧结构性改革，服务河北省实体经济转型升级。一是服务产业结构迈向中高端。结合“十三五”规划，跟踪对接“重大项目提升年”和重点项目“326”工程，积极支持战略性新兴、现代服务、科教文卫等行业融资需求，投放贷款403亿元。积极倡导绿色金融，坚决落实环保一票否决制，大力支持节能减排、清洁能源重点项目，投放贷款55亿元。二是服务过剩产能有序化解。坚持对过剩产能行业“区别对待、有扶有控”政策，优先支持生产技术先进、产品竞争力较强的大型企业，创新融资渠道和方式，降低企业融资成本。对资金暂时紧张、但市场前景较好的困难企业，适当采取调整贷款期限等措施，支持其渡过难关。三是服务河北省企业“走出去”。跟进“一带一路”战略，落实专项规模，强化本外币一体化服务，支持河北省钢铁等富余优势产能走出去和优势企业跨境并购项目，涉及3个项目2.33亿美元；办理资本项下国际结算7.29亿美元，增幅超过90%。发挥工商银行境外机构优势，以内保外贷形式，为河钢塞尔维亚钢厂办理“并购贷款＋流动资金”7760万欧元，成为支持优势富余产能走出去的首单业务。

（三）坚持倾斜普惠金融倾力民生消费。落实省委省政府和监管部门对发展普惠金融、支持扩大内需、服务民生领域的工作部署，满足各领域金融需求。一是优化小微金融服务。落实银监会“六项机制”和专营机构建设要求，突出“做专”“做小”“做稳”，在保定、廊坊、石家庄等7个地市设立小微金融中心，与科技、财政、税务等部门对接开展“银政通”“银税互动”业务，服务大众创业、万众创新。小微企业贷款增加81.38亿元，完成监管目标要求。二是加强三农领域服务。把支持三农与金融扶贫相结合，精准对接特色产业、扶贫搬迁等融资需求，涉农贷款余额826.43亿元。启动保定市阜平县营业机构恢复工作，发挥全省现有县域支行、助农支付服务点和互联网金融三大平台，满足县域基础金融服务需求。三是全力支持消费金融。以个人贷款、信用卡等产品切入，积极支持居民住房、耐用消费品、教育、文化、旅游消费需求。个人贷款较年初增加564.5亿元，为历年最高；实现分期付款交易额167.9亿元，同比增加19.7亿元。四是持续拓展民生服务。积极为财政、社保、公积金、驻冀部队做好资金增值、资金清算等综合金融服务，投产新财政集中支付、代理国库支库、公积金清算、省交管局规费代收等项目，进一步拓展了民生服务的领域。

（四）坚持创新赢在服务打造满意银行。把提升服务品质、优化服务供给作为工行河北分行推进供给侧结构性改革的重要一环，加快打造客户满意银行。以服务提升六大工程为统领，开展服务面貌专项整治季、“新服务、心满意”、机关本部服务能力提升等活动，组织全行网点员工签订服务承诺书，加强网点服务设施和关键服务岗位标准化管理，持续提升客户服务体验。石家庄胜利支行等6家支行跻身“中国银行业文明规范服务千佳示范单位”。按照“轻型化、小型化、智能化、一体化”方向，积极推进网点转型和业态创新，大力推行“人智＋机智”相结合的智能服务模式，智能服务模式网点达到395家，石家庄、唐山、廊坊、保定等环首都重点区域覆盖率达到100%。积极推动互联网金融三大平台在河北省落地，加快互联网金融生态圈建设，手机银行业务量占全部业务量近20%，融e购电商平台上线商户达到370家，实现交易额530亿元。探索推进O2O网点建设，试点在石家庄、唐山6家网点属地商圈建立O2O合作模式，形成线上线下一体化服务新格局。

（五）坚持筑牢两个底线维护安全稳定。针对严峻复杂经营环境，把信贷资产质量管控和内控案防管理作为重中之重，认真落实河北银监局大型银行年度监管工作要求和监管座谈意见，实现了安全稳健运营。针对不良贷款双升严峻形势，从建好班子、落实责任、完善机制、提升能力等多方面入手，出台一系列管控机制，成立不良资产处置中心，成功化解了一批风险大户，对保持资产质量稳定、提升信贷经营能力起到了重要作用。系统做好“两个加强、两个遏制”回头看检查工作，认真开展案件风险隐患和“十大重点领域和关键环节”专项治理，始终保持对案件防范的高压态势。开展内控合规“基础强化年”活动，组织专题授课、案例巡展等活动，促进了员工合规习惯养成。落实反洗钱工作要求，强化客户身份识别等工作，全年向省内人行各级机构提交重点可疑报告23份。完成省市行两级报警联网综合管理平台建设，成功防范外部欺诈风险事件3171起，避免经济损失5583万元，实现了连续18年无安全责任事故。

（六）坚持党建引领发展增强大行担当。始终“围绕中心抓党建，抓好党建促发展”，扎实开展“两学一做”学习教育，建立党建和党风廉政建设联系点制度，推动全面从严治党向基层延伸。落实省级机关作风整顿动员大会精神，开展贯穿全年的作风整顿活动，梳理18项问题，一季一专题，整顿不断档，干部队伍作风进一步转变。落实省委精准脱贫驻村工作要求，选派6名干部到张家口市宣化区崞村镇里口泉村、外口泉村开展精准帮扶，捐资为两村修缮村委会，帮助两村开展硬化路面、太阳能路灯安装、村民文化广场修建、饮水入户工程等工作。积极支持“7·19”特大暴雨洪灾抢险救灾和灾后重建，向石家庄、邢台等地区的基础设施恢复、水利工程建设等投放贷款58亿元，并发动全行员工向灾区捐款、奉献爱心。启动面向贫困大学毕业生的定向招聘，接收河北大学、河北经贸大学、河北金融学院2755名在校大学生寒暑假期间到辖内网点机构实习，配合河北省高校搭建产学研合作平台。加强金融消费者权益保护，组织各级机构开展消费者权益保护日、防范和打击非法集资、电信诈骗、普及金融知识万里行等活动，开展“爱心日”“三下乡”“学雷锋、公益行”等活动，履行国有大行社会责任。

（工商银行河北省分行　刘　鹏）

【农行河北省分行】　2016年，农行河北省分行紧紧围绕供给侧结构性改革要求，聚焦省委省政府去产能、调结构、转型升级等重点工作安排，发挥自身优势，致力服务实体经济发展，积极支持全省经济走加快转型、绿色发展、跨越提升新路。2016年累计投放贷款1940.4亿元，年末各项贷款达到3355.8亿元，比年初增加371亿元。

（一）支持重点项目，助力重大战略实施。一是全力服务协同发展。全年投放京津冀协同发展项目贷款271.8亿元。在交通基础设施方面，重点支持了太行山高速、唐山港、石家庄轨道交通建设、棚户区改造等项目；成为全省干线公路政府购买服务业务首批合作银行，已审批固定资产贷款10亿元。在产业转移方面，重点支持白沟承接北京大红门市场转移项目建设、河北新发地高碑店农副产品物流园区项目建设、涿州301质子肿瘤治疗中心等项目，审批贷款32.05亿元、投放22.44亿元。在园区建设方面，对接石家庄正定新区和廊坊固安工业区建设，提供全方位服务；与北京亦庄·永清高新技术产业开发区签订战略合作协议，提供60亿元信贷支持。二是全力支持奥运经济建设。重点支持了蓝张铁路、张承高速、奥运光伏廊道和云顶滑雪场等项目，成功发放全国首笔冬奥会建设项目贷款8.7亿元。与三道沟（张家口）旅游胜地有限公司签署60亿元战略合作协议，成为奥运主要场馆提供方——云顶集团独家合作银行。独家中标张家口市PPP项目“财政引导基金”，金额39.5亿元。三是全方位提供资金支持。对国家级、省级重点项目，单独匹配信贷规模，优化信贷流程，提高贷款投放效率，截至2016年末，实体贷款比年初增加436亿元，同比多增91亿元。全年通过产业基金、债券承销、理财融资等投行产品，为客户融资407亿元。其中，承德市农业产业发展引导基金50亿元、迁安市海绵城市产业基金15亿元，均为全国农行首笔。

（二）深化“三农”服务，助力县域经济发展。连续两年以“一号文件”形式推动“三农”工作，持续深化事业部制管理，助力县域经济发展。截至2016年末，县域各项贷款比年初增加224.2亿元，增速15.9%，高于全行3.5个百分点。一是全力支持新型城镇化建设。积极对接22个国家级和省级城镇化综合试点建设及首批特色小城镇，重点支持了石家庄市藁城区环城路道路工程、沧州任丘市二十万亩绿化等项目。与隆基泰和实业有限公司签署战略合作协议，提供60亿元意向性信用额度。截至2016年末，城镇化贷款比年初增加52.5亿元，增速18.6%，高于全行6.2个百分点。二是大力支持现代农业发展。全年累计向122个龙头企业发放贷款40亿元，国家级、省级农业产业化龙头企业服务覆盖率达到92.5%、76.3%；农民专业合作社及社员贷款比年初增加71.9%，高于全行59.5个百分点；支持家庭农场（专业大户）

6345户，贷款余额7.3亿元，增速97.7%。三是大力支持重点水利工程建设。积极对接国家重大水利工程，重点支持了承德双峰寺水库项目建设、南水北调配套工程。截至2016年末，水利项目贷款余额达到19.14亿元，比年初3.07亿元，同比多增2.25亿元。四是全力支持美丽乡村建设。高度重视，成立省、市、县三级行专项工作领导小组，创新出台美丽乡村贷款专项产品，给予政策倾斜，提高项目运作效率。与省农业厅签订《美丽乡村建设战略合作备忘录》，未来5年每年提供200亿元意向性信用额度。截至2016年末，介入美丽乡村建设贷款项目36个、金额89.44亿元。五是做实农村基础金融服务。深化"金穗惠农通"助农服务，实现乡镇服务全覆盖。与河北省供销合作总社战略合作，推进农村现代金融服务体系和流通服务网络体系建设。积极与淘宝、京东等电商合作，开办"农银e管家"缴费商城，打造农村金融综合服务平台。截至2016年末，累计发放惠农卡1294.4万张，农户覆盖率41.75%；农户贷款余额40.16亿元；设立"惠农通"服务点3.7万个，布放电子机具11万台，行政村覆盖率达到73%。

（三）加快结构调整，助力产业转型升级。围绕"三去一降一补"要求，聚焦省委省政府去产能、调结构、转型升级等重点工作安排，加快信用结构调整，助力全省培育新经济增长点。一是大力支持"去产能"和产业升级。根据省政府《关于推进全省供给侧结构性改革的意见》，专门制定《信用结构调整意见》，按照"控总量、锁额度、调结构"原则，有保有压，助力全省打好化解过剩产能歼灭战。支持优质企业并购重组，累计为开滦集团等客户办理并购贷款6.1亿元。积极支持企业"走出去"，通过内保外贷、内保外债等产品，累计为河北钢铁、开滦集团等开立涉外融资性保函44.15亿元。积极支持企业技术改造和产品升级项目，累计向邯钢精品板材建设项目投放贷款60亿元。策略退出淘汰落后产能客户，全年压降产能过剩行业客户信用31.1亿元。二是积极支持新兴产业发展。重点支持了北汽集团黄骅汽车产业基础项目、河北万通金牛药业有限公司保定定州中医药产业基地项目、河北旭晨晟世数码科技有限公司3万吨相纸及灯片等项目。高度关注大数据、云计算项目落地信息，重点支持了承德县德鸣大数据产业园项目一期工程，拟投放贷款2亿元。全年累计投放新兴产业贷款13.55亿元。三是支持旅游产业提速发展。积极支持龙头企业带动，与河北旅游投资集团签订《战略合作协议》，提供150亿元意向性信用额度。持续加大对4A级及以上县域旅游景区开发和升级改造，以及配套休闲观光农业、"农家乐"等项目的支持，重点支持了张家口三道沟、石家庄白鹿温泉、保定白石山等景区发展。截至2016年末，旅游贷款余额16.8亿元，比年初增加8.5亿元，增幅103.28%。四是全力支持小微企业发展。先后与省工信厅、工商联签订战略合作协议，其中为中小微企业、县域经济和特色产业累计投放贷款不低于800亿元。试点探索批量营销、工厂运作模式，引入政府增信机制。创新服务和产品，先后推出"银税贷""政银通""保证保险"等多项产品，在承德试点"政银保"产品，丰富小微企业融资担保方式。

（四）助力精准脱贫攻坚。坚持用心、上量、扩面、做点、协力，助推扶贫工作。截至2016年末，贫困县贷款比年初增加80.01亿元，增速高于全行12.8个百分点，多次得到省委省政府领导的肯定和批示。一是加强项目带动。与省扶贫办签订《扶贫战略合作协议》，提供300亿元意向性信用额度。开展精准扶贫，全年直接支持建档立卡贫困人口7000余人，个人精准扶贫贷款余额超5亿元；单位精准扶贫贷款余额超45亿元，服务带动近80万贫困人口。贫困县金穗"惠农通"工程服务点乡镇覆盖率100%，电子机具行政村覆盖率近80%。二是创新产品带动突破。在已形成"金益农"三农专属产品品牌基础上，创新10多款专项扶贫产品。推出金穗"脱贫贷""小康贷""合作扶贫贷"等产品，解决贫困户担保难问题。推出"棚权贷""奶源贷""光伏贷"等产品，丰富工具和手段。创新推出金穗"快农贷"产品，依托互联网和大数据，实现贷款线上集中申请和系统自动审批。三是创新模式带动服务。围绕龙头企业带动、重点项目带动、特色产业带动等，形成一系列可复制的"金融＋"扶贫模式。如，在武强县创新推出"政府扶贫资金＋财政贴息＋农行＋企业＋农户"扶贫模式，带动4000户贫困户增收。四是强化示范带动作用。省分行对饶阳、武强和阜平县直接开展金融扶贫。截至2016年末，三行贷款增幅分别达338.5%、115.9%、109.6%，贷款增量均位居当地四大行首位。

（五）助力民生事业发展。一是改进窗口金融服务。深入推进网点转型，实施网点优化工程，全年客户服务评价满意率高达98%；在银行业协会文明规范服务千佳网点评选中，6个网点入围，居同业首位。加快电子渠道建设，截至2016年末，电子渠道分流率达到95.35%，比年初提升2.72个百分点。上线应用超级柜台2416台，分流率达到88.64%。二是满足消费金融需求。全力满足社会公众购房资金需求，个人住房贷款比年初增加432.19亿元。积极推广"随薪贷""薪保贷""房抵贷—消费"等个人消费类贷款业务，以及投资理财、基金、贵金属、个人外汇等新型业务，全方位满足社会消费金融需求。创新推出国内首个针对农民群体的农民住房安家贷，贷款余额170.43亿元。独家代理发行石家庄市旅游惠民卡，发卡1.5万张。三是积极参与公益事业。在7.19特大洪水灾害的防汛救灾工作中，加强与政府沟通，为地方恢复生产和灾后重建提供优质金融服务，开设"绿色通道"，优先安排信贷规模，累计向灾区投放贷款3.53亿元，并捐款204万元、减免手续费16.34万元。充分运用金融资源和渠道，积极组织各类献爱心捐助、扶贫救助活动，被省委宣传部评为"全省文化科技卫生三下乡活动先进集体"。

（农行河北省分行　刘新彦）

【中国银行河北省分行】　2016年末，中国银行河北省分行本外币资产、负债总额分别达到4947亿元和4879亿元，五年来年均增幅在8%左右。2016年实现净收入143亿元，其中，净利息收入117亿元，非利息收入27亿元；实现拨备前利润95亿元、净利润52亿元，利润连续四年突破50亿元。本外币各项存款余额4758亿元，各项贷款余额3615亿元，五年来年均增幅保持在10%左右。个人存款新增额连续三年排名系统前三，外币存款四大行市场份额59.37%，五年提升10个百分点。单位银行结算账户总量达19万户，与90%以上的省管重点项目建立银企合作关系。个人有效客户总量达xxx万户，其中，中高端客户达xxx万户；代发薪客户xxx万户，代发资金量645亿元。借记卡有效卡存量2628万张。国际结算、跨境人民币和个人外汇市场份额分别达到39.4%、46.7%和70%，排名同业第一。

（一）业务发展。一是围绕京津冀协同发展抢抓机遇。推动总行与河北省政府签署《全面战略合作协议》和《冬奥会全面金融服务协议》，将河北发展纳入了集团战略。制定《支持京津冀协同发展的指导意见》，围绕立体交通率先突破，先后抓住23条高速、7条铁路以及港口、机场项目，交通行业贷款余额超过800亿元。扎实推进“三个一百工程”，全力承接产业转移和京津疏解项目，先后储备项目300个，为179个项目核定信用总量873亿元，向147个项目提供融资377亿元。二是围绕“一带一路”推动国际产能合作。发挥国际化优势，加强海内外联动，帮助河钢集团收购世界上最大的钢铁销售商德高公司，促成中信戴卡、新奥集团海外并购，助力冀东水泥南非建厂，“走出去”项目基本都抓在手上。创新跨境撮合服务模式，先后承办和参与“廊坊5.18”“唐山6.17”等17场跨境撮合活动，促成中外企业签订合作协议185项，提供授信支持近30亿元，带动存款100亿元，并培养锻炼了近200人的员工翻译队伍，得到了省委、省政府主要领导的多次表扬，提升了中国银行的社会地位和品牌形象。三是围绕服务“三农”开拓市场。开创“银行卡助农服务”新模式，建成助农点2301家，沉淀存款164亿元，累计发卡173万张，服务农村居民近700万人。将“特色行业、龙头企业、支柱产业”作为主攻方向，抓住中粮集团、旗帜乳业等重点企业，探索创新授信产品、融资模式和担保方式，涉农贷款余额超过700亿元。此外，国标小微企业贷款余额556亿元，小微贷款增速超过10%，“三个不低于”全面达标。

（二）风险管控。一是资产质量保持稳定。2016年末，全行不良余额40.71亿元，不良率1.13%，仅次于上海，低于集团平均不良率0.3个百分点，在同业中是最好的。拨备余额68.81亿元，拨备覆盖率169.85%，贷款收息率97.76%，信贷成本0.56%，保持了较好水平。落实总行类信贷管理规定，一年内化解类信贷业务205亿元；先后化解中太建设、南北家园等不良项目；合理利用公安、司法、外包等多种途径，全额收回保定天威2.87亿元本息，累计清收现金47亿元。二是内控体系不断完善。持续推进合规文化建设，充分运用G－MAP科技手段，创新“速查令”，构建严密案防体系。梳理三道防线职能定位，强化运营扎口管理，加强安保体系建设，发挥稽核作用，形成内控合力。全面开展巡视，及时查处违规、违纪案件，充分发挥利剑震慑作用。全行没有发生案件和事故，没有发生重大舆情等负面影响，没有出现群体上访事件和失泄密事件。

（三）网点建设。一是渠道布局更趋合理。结合政府区域规划和市场特点，先后完成曹妃甸、定州、辛集和燕郊等四家分行升格开业，二级分行总数达15家；立足县域经济优势，先后通过新建、迁址新增县支行33家，全省县域覆盖率达76%，在秦皇岛、唐山、沧州、廊坊、承德、衡水等6个地市实现了县域机构全覆盖。2016年末，全辖营业网点总量519家，5年来新增58家。二是网点效能大幅提升。顺应电子化、智能化趋势，在保定建成全国首家未来银行旗舰店，并率先在全省试点推广。2016年末，共建成智能化网点402家，占全部网点的78%，实现柜台减员707人，全部充实到营销岗位或大堂经理，电子渠道金融交易迁移率达79.58%，系统内排名前列。2016年全渠道业务量同比提升1.26%，客户数同比增长1.44%，系统排名第一，客户体验也得到了明显改善。

（四）内生动力。坚持以人为本，开展“双基建设”，始终把实现好、维护好、发展好最广大员工的根本利益，作为一切工作的出发点和落脚点。丰富管理人员的任职经历，拓宽员工职业发展规划，落实派遣用工身份转换，提升员工薪酬福利，员工人均收入增长8%，其中基层员工人均收入增幅达15%。加强党的建设，扎实开展“三严三实”“两学一做”等学习教育，积极解决员工实际困难，进一步密切党群干群关系，有效激发职工群众的工作热情和内生动力。

（五）合规工作。一是明确内控案防管控责任。按照“发展是第一要务，内控防案是第一责任”的管理理念，持续督导各级机构自觉将内控防案摆到突出位置，下大力气夯实三个基础。强调各级机构“一把手”是第一责任人，亲自抓，负总责，层层签订责任状；强调不出案件是最终底线，出现大要案，一票否决；强调各级机构“一把手”要始终坚持“内控是基础，案防是关键”，把内控案防作为核心职责，坚持逢会必讲，亲自部署，有效传导合规文化。强化督导，努力做实第一道防线，做强做专第二道防线，充分发挥各自的主体作用，形成坚强屏障。在基层网点配齐运营内控副行长或再增派驻业务经理，增强了在第一时间、第一现场的风险管控能力。二是强化体系建设。建立自上而下、分级负责的管控机制。省行层面，突出风险内控委员会的决策作用，坚持季度例会，重点研究高风险问题，制定解决策略，会后督导落实。二级分行层面，强化管理职能，明确六项规定动作，加强高风险领域的日常监督检查。支行层面，突出抓好“一把手”主体责任和内控副行长关键责任的履职，确保管控要求落实到底。充分发挥绩效考核指挥棒作用，建立三个维度的考核体系：对机构和机构“一把手”，拿出一定分值对内控合规工作进行考核挂钩，结果影响机构排名与费用分配；对机构分管副行长，进行条线考核，定期进行通报点评；对省行各业务部门，加入内控评价指标体系，根据部门内控任务完成情况进行正负双向评分，加大引导和激励约束力度。不断优化员工合规行为评价体系，在员工合规档案基础上，根据员工违规违纪行为和合规优秀表现进行定期评价，运用正负激励，有效引导员工远离违规行为。坚持“零容忍”，严厉惩处各类违规违纪的典型人和事，特别是对违反“双十严禁”等严重违规行为，严肃问责。2016年，全辖给予警告以上处分的员工共56人，其中辞退、解除劳动合同8人、撤职2人、免职3人、记大过7人、记过7人、警告处分29人。同时，对查处问题不遮掩、不隐瞒，公开对近年来查处的典型案例进行了通报，使员工真正受警醒、明底线、知敬畏。三是实施风险排查。将风险管控重点聚焦在员工组织参与民间集资借贷，以及民间集资借贷向银行转嫁风险，坚决防范案件隐患。强化基层负责人内控履职与监督，制定基层机构负责人内控履职操作要点，确定负责人的履职重点内容、规定动作及频率，加强高风险领域的日常监督检查，提高基层机构风险把控能力。加强员工管理、异常行为排查和举报监督，建立“重点关注人员”清单，集中力量逐一跟踪排查；制定重点岗位红线手册，明确基层主要岗位不能触碰的高压线和红线；建立重点岗位内控合规资质管理，严把进人、用人及考核评价关。

（中国银行河北省分行　李非非）

【建行河北省分行】　2016年，中国建设银行股份有限公司河北省分行（简称“建行河北省分行”）认真贯彻落实中央、省委省政府和建总行各项工作部署，坚持党建引领，加快推进综合投融资，扎实做好脱贫攻坚，有效防范各类风险，在支持实体经济和供给侧结构性改革中保持了良好发展态势。至年末，全口径存款（人行口径）时点新增778.57亿元，系统第五、同业第一，其中一般性存款日均新增351.19亿元。本外币各项贷款时点新增602.79亿元，系统第五、同业第一。实现中间业务净收入46.3亿元，系统第十、同业第二；拨备前利润133.5亿元，同业第一，同比增长8.1%；账面利润112.5亿元，系统第七。资产质量优于系统和同业平均水平。全年未发生案件和严重违规违纪事件。先后获全国金融系统“职代会制度建设示范单位”、“全国金融系统劳动竞赛示范单位”、“互联网+时代”管理文化建设标杆企业（全国三十佳）、“河北网民最信赖的银行品牌”、河北省消费者“最满意银行”等称号。

（一）服务实体经济，提升发展能力。一是保持批发业务优势。一方面，把握京津冀协同发展、京张冬奥、PPP、政府购买服务等机遇，发挥基建领域优势，加强银政企联动，大力拓展“三大一高”客户，积极为铁路、港口、新能源、高端装备制造等领域以及电力、水利等龙头企业提供综合金融服务，服务烟草等大系统客户取得突破。截至年末，京津冀协同发展项目库贷款余额231.84亿元。全力支持“一带一路”建设和企业“走出去”，推动国际产能合作，累计投放国际业务信贷448亿元。顺利完成“三个不低于”监管要求，为2449户优质纳税客户、706户科技型小微企业提供了融资支持。加大精准扶贫工作力度，坚持“产业扶贫，农业先行”，创新推出“两权”抵押贷款产品，涉农贷款余额比年初增加19.84亿元。另一方面，抓大额资金和重点领域资金，抓好财政社保、省市县机关事业单位养老保险账户以及公检法司专案资金账户，加大农民工工资业务等营销力度，抢抓出口收汇资金沉淀，着力打造资金承接闭环。至年末，对公存款时点余额和日均余额居同业第一。二是零售业务发展提速。充分发挥零售业务在经济下行期的“稳定器”“压舱石”作用。抓全量资金吸纳，推广“增存八法”。以轻银行建设为抓手打造社区根据地，加强基金、保险和贵金属等重点产品销售，将“金管家”与跨行资金归集、聚财存款等联动营销。年末本外币个人存款时点余额居同业第二。抓全量客户经营，重点发展潜力大、具有关键推动作用的代工、个体工商户、社区等八类客群，年末个人有效客户达635.8万户，系统第三；AUM1000万元以上私人银行客户新增736户，系统第一。抓全场景应用，着力打造线上线下协同、多元场景覆盖、客户体验优化的金融生态圈，累计实施金融生态圈项目135个。大力推广移动支付，拓展龙支付客户42.3万户，交易笔数系统第一；线上线下商户龙支付改造4.87万户，系统第一；OBU累计绑定量和当年净增量均居同业第一。抓县域市场拓展，在资源丰富的乡镇、行政村加快建设助农服务点，累计拓展助农点11274个。积极支持房地产“去库存”，依托“投贷按”融资支持，抓住廊、石、保、沧、张重点区域加快个人住房贷款投放，个贷新增608.27亿元，同业第一。实行“快贷”名单制精准营销，年末“快贷”累计客户数及新增、授信余额三项指标均居系统第一。以专项分期为突破，不断做大分期业务规模，实现分期交易额133亿元，同比增长55.5%。

（二）加快推动转型，迸发新的活力。一是强化转型组织推进。搭建“3+1”转型发展框架，持续加大转型推进力度。组织开展“支行转型发展精准帮扶行动”，选取转型指标相对落后且具有发展空间的150家支行作为重点帮扶对象，由省市分行联合开展精准帮扶，进一步提高了基层机构对转型发展的认识和工作能力。二是提升资管投行能力。健全大资产管理机制，加大标准资产投资和资本市场业务创新力度，举办“FITS签约仪式暨投资银行业务推介会”，为重点企业量身定制《全面金融解决方案》。至年末，投行融资总量689.8亿元，是上年同期的1.7倍；其中，债券承销545亿元，为企业节约利息支出超过40亿元；地方债承销367亿元，同业第一；首创中票发行应收账款质押引入政府信用，开市场先河。三是交易业务亮点纷呈。加速资金结算业务转型，推进现金管理场景化应用，单位人民币结算账户总量、增量均排名同业第一，新型结算产品收入同比增长74%。开展“金汇共赢”活动，金融市场业务共实现收入2.94亿元，同比增长55%，四行占比43.36%。持续扩大同业业务规模，年末同业资产业务规模484.6亿元，实现收入5.13亿元。四是两翼齐飞助推转型。一方面，发挥电子渠道在拓展客户、吸纳资金等方面的作用，推行移动优先策略，构建与全渠道产品和服务高度融合的互联网金融体系。年末移动金融柜面替代率70.9%，系统第五。另一方面，进一步强化部门、条线、层级、境内外、本外币以及母子公司之间的协同联动。与建信租赁合作投放融资租赁55.8亿元，系统第二。与建信信托、石家庄轨道公司合作设立200亿元产业基金；建信基金存量规模居系统第三。

（三）强化精细管理，提供转型保障。一是深化渠道转型创新。加大强县富镇、空白县域网点建设力度，加快离行式自助银行建设，加强智慧柜员机布放及推广应用。累计布放离行式自助银行数量566个，投放智慧柜员机2456台。推动网点建设向“三个平台”转型，加快推进网点劳动组合优化，强化综合营销支持。进一步拓展前后台分离业务产品范围和远程集中授权推广上线范围，集中业务专业化处理效率逐步提高。二是加快产品自主创新，做好创新产品推广和移植引进工作，荣获2016年度全行系统最具创新力奖，“行银行”获建总行产品创新奖第一名。强化柜面服务与规范管理，加强金融消费者风险意识教育，切实做好消费者权益保护工作。强化大数据推广应用，为转型发展提供有力支撑。

（四）加强风险防控，合规氛围浓厚。一是信贷风险总体可控。落实党委信贷经营主体责任，省分行党委成员牵头督导二级行强化资产质量管控。优选客户和项目，强化对问题客户潜在风险化解、处置的督导，强化风险监测排查和到逾期贷款管理，对问题客户实施差别化处置，增强信贷管理韧性。明确5000万元以上大额不良项目由省分行资产保全业务部牵头处置，积极推进资产保全工作“四个转变”（在思维方式上由被动应付向主动作为转变，在处置理念上由处置资产向经营资产转变，在处置方式上由过度依赖呆账核销、批量转让向多措并举转变），综合运用企业重组、分类上迁、现金回收、以物抵债、打包核销等手段，强化不良处置量、质、效。全年累计处置不良资产32.98亿元，现金回收5.4亿元。二是合规理念深入人心。组织开展“合规文化教育年”活动，推进制度手册化建设，营造了良好的合规文化氛围。强化操作风险关键风险指标的监测、分析和处置。持续完善内控评价机制，做好审计发现问题整改，多措并举提高审计成果的转化利用率。三是安全运营基础夯实。持续推进“平安建行”创建，稳步推进“五统一”项目试点建设，全面落实安全管理责任制，实现了安全与案防责任全覆盖。扎实开展安全隐患治理，安全运营保障能力持续提升，在省公安厅安全评估中获同业第一。完成信息安全管理体系ISO27001审核认证，加强敏感数据保护。及时妥善做好负面舆情处置。保密管理防线进一步筑牢。主动做好信访维稳，未发生群体性上访事件。营造了安全稳定运营局面。

（五）坚持党建引领，凝聚整体合力。树牢大局意识，坚定不移推进全面从严治党、从严治行。深入开展“两学一做”，围绕中心任务、坚守责任担当，把纪律挺在前面，严格落实中央八项规定精神，扎实开展巡视工作，推动了党风廉政建设和反腐败工作纵深开展。进一步夯实基层党建基础。做好干部调整充实交流。实现员工职务晋升常态化，规范省分行本部内设科室设置，建立核心人才库、择优选派优秀年轻干部挂职锻炼，进一步调动了员工积极性。加强民主管理，深入落实关爱员工各项措施，广泛开展优抚慰问活动，凝聚起了推动转型发展的强大合力。

（建行河北省分行　赵亚旗）

【交通银行河北省分行】　2016年，面对国内经济形势新常态、河北产业结构深度调整、环境治理要求愈加严格、各种风险问题集中暴露的严峻形势，交通银行河北省分行认真贯彻落实中央和总行的各项决策部署，全力促进各项业务稳健发展。截至2016年末，资产总额1303.63亿元。人民币各项存款余额1170.56亿元，人民币各项贷款余额787.92亿元。实现非利息收入6.79亿元，经营利润17.72亿元。截至2016年末，全省对公客户23667户，连续三年增幅10%以上。对公有效户净增289户，总行计划完成率达140%。全省对公存款日均余额772.23亿元。同业活期存款平均余额增量达到9.01亿元。实现直投业务收入2485.59万元，发行债券15.5支。

（一）零售业务亮点较多。2016年年末，交通银行河北省分行广义储蓄日均存款达到410.21亿元，狭义储蓄日均存款达367.08亿元，总行计划完成率达到146%，系统内完成率排名第5位。2016年零售板块非利息收入达到3.71亿元，总行任务完成率121.5%，系统内完成率排名第8名。全年私人银行、达标沃德、中端客户、贷记卡、手机银行动户净增数的总行年度计划完成率分别达到121%、130%、89%、117%和106%。

（二）资产结构逐步调整。道路、铁路运输两个发展类行业全融资业务余额较年初增加28.65亿元；钢铁、煤炭两个管控类行业较年初减少4.21亿元；“亲周期低迷”行业贷款较年初减少10.23亿元，行业发展度在系统中排名15位。积极落实“盘活存量、减退加固”工作，公司、零贷累计减退加固28亿元，抵质押占比分别提升3.77和9.3个百分点，存量资产的质量与效益进一步提升。

（三）风险防控顽强坚守。上年共清收处置存量不良贷款1.06亿元，收回存量欠息1687万元；完成风险客户重组72户，重组人民币贷款金额21.38亿元、美元3675万元。个贷管理和质量系统内分别排名第五、六位。共完成对集团客户、类金融企业存量客户等7次专项风险排查，发布5份风险提示，对10家担保机构进行实地查访，完成系统月报审批39份，授信管理获总行2016年专项融资授权工作推进奖，法律合规部获总行重大诉讼成果竞赛一等奖。

（四）消保服务有力推进。在2016年中银协启动的“千佳”评选、“百佳”和“星级网点”复查评选、“千佳”复查工作检查中，交通银行河北省分行三类综合成绩在河北省当地位列第一。特别是“千佳”创建取得佳绩，4家候选网点全部获评中银协“千佳网点”。同时，一线员工标准化、规范化基础服务水平表现突出，三大岗位员工录像检查成绩总行系统内排名第一。全年共开展“春夏秋冬客户关怀”活动1500余次，达标覆盖率达97%，特色化服务初见成效。

（五）渠道布局有所提升。2016年累计新开业综合性支行6个，普惠型支行10个。压降基层网点面积7328平方米、营运人员116人，进度完成率分别达176%、165%，基层营业机构转型工程成效显著。全省柜面业务替代率79.98%；电子银行分流率87.61%；自助设备正常服务率98.49%。

（六）党建工作进一步规范。扎实开展“两学一做”学习教育活动，各级党组织负责人带头为党员上党课，全行各级党组织书记共讲党课571次；修订完善《河北省分行领导干部密切联系群众改进工作作风实施意见》；党风廉政建设责任制进一步强化，派驻纪检组改革尝试初见成效，配合总行巡视组顺利完成巡视工作；基层党建工作不断规范和加强，严格按照程序要求对22个任期过期和期满党支部进行换届选举，严格按照发展党员标准和程序，发展党员16名。

（七）队伍建设和幸福交行建设持续推进。2016年共提任干部14人，晋升员工143人。经过公开竞争选拔，新增个金客户经理后备15人，对公客户经理后备21人、营运主管后备8人、副主管后备28人。上年共投入资金175万余元用于员工关爱，利用员工互助会平台，为95名员工解决大病医疗费102万元；添置“职工之家”设施，为员工配发“防雾霾”口罩，建设员工休息室、丰富食堂饭菜种类等，积极为广大员工解决关切问题。

（交通银行河北省分行　李　杰）

【华夏银行石家庄分行】　（一）结构调整步伐加快，部分指标呈现企稳态势。2016年，在总行下达的指标中，华夏银行石家庄分行完成了7项。但客观来看，随着分行各项措施的推动实施，存款、收入结构调整步伐加快，部分指标呈现企稳态势。

（1）对公存款结构得到改善。2016年末，对公无贷户存款日均80.1亿元，较年初增加7.9亿元；授信客户结算存款日均24.1亿元，较年初增加4.8亿元；活期存款日均124亿元，占对公存款的37%，较年初提高2个百分点。

（2）个人存款规模在大力压缩质押存款的情况下，恢复到年初水平。存款余额较年初增长16.1亿元。

（3）新的业务亮点开始显现。国际业务累计实现中收9649万元，同比增长11.5%，荣获“华夏银行2016年度国际业务贡献奖”。信用卡业务全年新增发卡22.64万张，实现中收1.13亿元，获得“信用卡业务先进分行”称号。同业业务实现收入4852.2万元，贡献度逐步提高，获得“同业理财客户拓展一等奖”。金融市场业务通过重点产品运用，实现中收2500万元，拉动日均存款13.5亿元。

（二）转型发展的思路进一步明晰，思想进一步统一，取得了实质性进展

（1）转型发展的思路进一步明晰。明确了大公司业务发展方向，营销职责重点转向分行，坚持“两手抓”，实施“三个转向”；“以扩大客户群体为基础，以存款为考量”做大做强个人业务；小微企业业务下沉，以做“微”为主，做实厅堂营销等。通过多层次的研讨和政策引导，统一了全行上下对转型发展的思想认识。

（2）对营销机制进行调整，业务发展框架基本完善。一是分行按照不同的功能定位，设立了多个专门营销部，明确其营销区域和工作方向；明确支行重点做个人业务、中小客户和周边对公客户。二是将同城支行划分为综合性支行和转型支行两类，确定6家支行为转型支行。三是做实厅堂营销，深挖厅堂客户资源。四是修订完善经营机构和客户经理考核办法，实行增量绝对值考核，调动经营机构和客户经理积极性。五是采取公开竞聘的方式，对公司、个人营销团队负责人进行选拔，为营销机制优化注入新鲜血液。

（3）各条线以转型发展为引领，积极推动各项措施政策落地。公司条线定期召开存款调度会，开展对公存款营销竞赛活动，组织实施“非税收入收缴营销攻关工作”，推动重点业务产品运用，促进全行稳存增存。小企业条线大力推广年审制贷款，有效解决转贷难问题，坚持平台批量开发，以租金贷产品作为切入点，扩大对保定白沟箱包市场等重点市场的业务合作。个人条线强化渠道、产品、网点提升、销售资金留存和客户增长，开展营销竞赛活动，实现低成本、稳定储蓄和基础型存款增长。国际业务条线强化新产品运用，在二级市场福费廷、出口再议付和京津冀交单通三项新产品上实现突破。

（三）不良资产处置专业化程度进一步提高，信用风险管控得到加强

（1）调整了全行问题贷款的管理架构，资产质量管控的思路、措施和方法进一步清晰。分行成立不良资产清收控制办公室，统筹不良资产的清收化解工作，相关二级分行也成立了专职清收团队，全行不良资产处置的专业化程度进一步提高。

（2）强化问题贷款的分类处置，降旧控新。集中开展信用风险排查，对移交的问题资产进行摸底，逐户完善清收方案，分类化解。全面加强集团及关联客户管理，增强了对同一债务人授信额度控制，新增授信集中度进一步降低。

（3）加大问责力度，整肃信贷纪律。加强授信过程管理，对贷前调查、授信审查审批和贷后检查严明了制度和纪律要求，风险控制进一步落实。

（四）加强全面风险管理，扎实开展合规、案防工作，基础管理工作进一步提高。

（1）全面风险管理水平得到提升。一是成立风险管理部，实施全面风险统筹管理，建立了全面风险管理、单一风险管理、业务条线风险管理的多维度全覆盖风险管理体系。二是授信审批、运行方面开展“回头看”检查，排查出需重点关注的客户37户，金额23.6亿元。三是会计方面持续加强“六重”检查力度，实施各类检查或排查等45次；开发蓝光系统，实现对辖属机构会计凭证影像的

集中备份，把控事后重点监督风险。

（2）合规、案防工作扎实开展。一是组织开展“学法律法规、学规章制度、做合格员工”专题培训，员工的法律意识、合规意识得到提高；参加河北银监局组织的案防合规文化建设活动，获得微视频类、警示漫画类和合规锦言类作品奖项18件，分行获得优秀组织单位奖。二是组织开展“两个加强，两个遏制”回头看检查，按季开展各环节案件风险排查，对全部同城支行和二级分行进行案防突击检查，实现了全年零案件的工作目标。三是对2013年至2015年期间发生的案件、风险事件、损失事件、内外部检查及信访举报等问题进行责任追究，全年处分严重违规操作责任人8名。

（五）“华夏服务”品牌建设深入推进，综合服务能力不断提升。一是积极推进机构建设，年内共9家机构顺利开业，机构网点数量达到49家，张家口分行获批筹建，服务范围进一步延伸。二是大力推进电子银行建设，移动银行、对公网银客户数超额完成总行挑战计划。三是深化“大服务”管理理念，推进“华夏服务”品牌建设，分行综合服务竞争力进一步提升。2016年，保定分行营业部顺利通过中国银行业协会组织的“千佳”网点创建，沧州千童支行高分通过星级网点复查。

（六）落实主体责任，党建工作得到加强

（1）贯彻全面从严治党要求，主体责任有效落实。思想建设方面，强化理想信念教育，严守政治纪律、政治规矩，党员队伍的政治意识、大局意识、核心意识和看齐意识得到增强。党委班子建设方面，强化党委议大事、谋全局、把方向的能力，坚持民主集中制，规范党委议事决策程序，落实联系行工作制度，增强调研针对性和解决问题的实效，核心引领作用有效发挥。党风廉政建设方面，落实党委主体责任，逐级签订《党风廉政建设责任书》，推动责任落实；开展“严明纪律、从严治党”主题教育月活动，加强对党员的党性党风党纪教育，强化规矩意识和纪律观念；设立举报箱、公开栏，畅通民主监督渠道；支持纪委开展监督，加强了纪委工作力量。

（2）扎实开展“两学一做”学习教育，基层组织建设得到加强。分行制定方案，为全体党员配置了学习书目和材料；开展了讲党课、辅导报告会、“两学一做”学习教育知识竞赛、“书两学经典，做合格党员”比赛；基层支部组织开展了集体学习、研讨交流、主题演讲比赛和红色革命教育等特色活动，深化了学习教育成果。在全行开展“三型”党组织建设、“三亮三比三评”的等活动，集中开展了党务工作培训，基层组织工作能力进一步提升。

（3）加强队伍建设，团队战斗能力得到提高。一是组织开展以“治庸治懒、树正树先，从严治行、提质提效”为主题的深化作风建设活动，通过查摆问题、整改提高，全行作风得到扭转，执行力进一步加强。二是改革人才培养和选拔机制，以“想干事、会干事、干成事、不惹事”为选人用人标准，积极推进基层干部公开竞聘，注重内部人才的挖掘和培养，提升了人才队伍的活力。三是工会和共青团组织作用得到发挥，成功举办职工运动会，开展先进模范事迹巡讲活动，营造员工“比、学、赶、超”的工作氛围。

（华夏银行石家庄分行　梁　红）

【光大银行石家庄分行】　2016年，中国光大银行股份有限公司石家庄分行紧紧围绕总行决策部署，牢固树立“稳中求进、以人为本、创新驱动、持续发展”的发展理念，坚持以提高经营效益为中心，以防范风险为重点，以体制机制改革为牵引，以创新发展为驱动，公司、零售、金融市场三大板块均衡发展，经营效益稳步提高、风险防范扎实推进、市场地位和企业形象不断提升，监管评级连续三年2A级，继续位居当地可比同业第一。

（一）资产总额、存款余额、贷款余额同时达到历史新高，实现了业务规模、盈利能力、营业收入的跨越性发展

（1）存款增量增幅均位居河北6＋1同业第1名。截至2016年末，该行一般性存款日均余额686亿元，较年初增长177亿元。系统内排名第10位，较年初提升4位。总量继2015年赶超华夏后，2016年先后超过兴业、中信，位居河北6＋1同业第2，增幅高于当地“6＋1”同业平均水平33.97个百分点，存款增量增幅均位居河北6＋1同业第1名。

（2）贷款规模呈现稳定增长态势。截至2016年末，该行各项贷款余额达569.1亿元，是2014年末的1.63倍，较年初增长107.7亿元，增幅23.4%，系统内排名第8位，较年初提升3位。增量、增幅均位居河北6＋1同业第2。其中大资产业务总额达到1150亿元，比年初增长227亿元；个贷业务增势良好，余额首次突破200亿元。与此同时，该行资产总额达到752.16亿元，是2014年末的1.15倍。

（3）营业收入稳步提高。截至2016年底，石家庄分行实现营业收入25.78亿元，较上年末增长2.85亿元，增幅12.43%。其中：公司业务实现营业收入12.88亿元，较年初增长0.84亿元；金融市场实现营业收入4.50亿元，较上年末增加441万元；零售业务实现营业收入8.4亿元，较年初增加1.45亿元。

（二）牢牢把握京津冀协同发展和京张冬奥会筹备的历史机遇，推动公司、零售、金融市场板块协调发展

（1）公司板块积极服务京津冀协同发展、京张冬奥会等历史机遇，带头组织重点项目营销，有效推动基础设施建设和政府平台等业务发展。在河北省“6＋1”同业对比中，该行余额、增长额、市场占比均保持领先。

（2）零售板块着力拓展市场，持续夯实基础，实现了稳健较好发展。截至12月末，该行零售客户AUM财富总量375.1亿元，较年初增加67.7亿元，增量位居系统内第4；零售贷款较年初增长74亿元，增幅49.7%；新增信用卡客户15.6万户，增幅28%。2016年该行在总行零售条线“三位一体”综合考评中获得第一名。

（3）金融市场板块紧盯市场、抢抓机遇，加强与各级政府合作，通过设立产业基金、发行债券、并购贷款、引

导基金等多种方式拓展业务，成功投放河北省第一笔产业基金：正定兴鸿建设发展基金57亿元；第一笔奥运支持项目基金：张家口通泰建设发展基金50亿元等，迅速在行业内发展成为标杆，有效实现了金融企业履行社会责任和获得安全收益的双赢局面。

（三）不断完善内部控制管理，全面提高操作风险控制能力。进一步加强员工职业道德教育，强化员工行为风险排查，严密监控可疑交易，加大对违规行为问责力度，全年共计完成问责事项21笔，包括不良贷款问责14笔、员工违规操作和内外部监管机构检查发现问题问责7笔，涉及被问责责任人员42人，扣减绩效30.22万元。该行把总行下发的内控三十六条作为重要抓手，深入落实总行过好“三道关”的部署，进一步加大了对关注类逾期贷款的清收化解，以及对存量不良贷款的处置工作，积极采取现金清收、重组、呆账核销等清收处置手段，重点对存在逾期欠息类贷款17家经营单位进行了督导和帮扶，确保了资产质量总体稳定。截至2016年末，共完成现金清收1.93亿元，重组984万元、打包转让12.54亿、核销0.23亿元，提前介入关注类贷款1.9亿元。信贷业务结构得到明显改善：产能过剩行业授信占比由最高时的52%下降到35%；保证金存款占比由最高时的78%下降到52%；票贷比由最高的107%下降到76.27%。

（四）进一步加强机构建设。2016年，石家庄分行加快物理渠道建设，全面完成了年度机构建设计划，年内新开业二级分行1家，新开业支行4家，新开业社区支行3家。截至2016年末，该行共设有营业网点39家，其中石家庄19家、唐山6家、邯郸6家、廊坊6家、沧州1家，保定1家，设有社区支行14家，网点布局更趋合理，网点服务设置更加完善，整体服务形象得到有效提升。

（五）深入开展“三严三实”专题教育活动。按集团统一部署和总行安排，该行坚持从严从实，精心组织，推动“三严三实”专题教育活动的有效开展，制订下发“三严三实”教育活动方案、召开“三严三实”专题教育启动会、认真开展“三严三实”专题学习研讨。坚持从严治行，着力把中央“八项规定”精神落到实处。该行把作风建设作为党风建设的头等大事来抓，加强分支行两级领导干部民主集中制作风建设，厉行勤俭节约、发扬艰苦奋斗，认真贯彻落实中央、集团和总行关于改进工作作风、密切联系群众的各项政策、规定和措施。认真落实党风廉政建设责任制。该行在全行范围内分层次、逐级签订了“党风廉政建设责任书”、“廉洁从业责任书”，明确各级领导干部肩负着“一岗双责”职能，既要对所在岗位应当承担的具体业务负责，又要对所在岗位应当承担的党风廉政建设责任制负责。积极组织开展特色党员活动。在全行党支部、全体党员中开展了“新光大·党员在行动——我是党员我带头”主题活动，充分发挥了广大党员的示范引领作用，激励了全体党员的高度责任心和良好精神风貌；邀请中央党校权威专家对各基层支部书记进行了为期3天的集中培训；组织全体党员观看“作风建设永远在路上教育片”；在全行范围内组织开展纪念抗战胜利70周年知识答题活动。对各支部组织发展工作进行指导，坚持总量控制、慎重发展、严格标准的原则，有计划地、有步骤的做好党员发展工作。

（六）始终坚持“以人为本”，持续加强队伍建设

（1）在干部选拔方面，该行秉承“德才兼备、以德为先、群众公认、业绩突出、放开眼界、着眼未来”的要求，通过行内选拔和行外引进相结合方式对干部队伍进行补充，支持分行业务发展的同时，为优秀干部提供良好的发展空间。2016年该行管理范围内共提拔、引进、晋升干部52名，其中行内提拔使用13人，行外引进干部5人；按期限及业绩晋升34人。建立了不同层级的干部人才梯队，组织支行零售部经理、柜台经理和公司部经理公开竞聘，选拔表现优异的员工充实到基层管理岗位。

（2）在干部日常管理考核上，树立严是爱的观念，干部任前廉政谈话教育中突出问题及建议，做到早提醒，先预防；加强中层干部培训，从“两学一做”、经济形势分析到领导力、音乐素养等多个发面，拓宽思路，提升综合素养；强化考核约束约束机制，绩效考核进一步加大区分度，做到了收入能高能低，年终考核加大奖惩，干部能上能下。

（3）在员工队伍建设方面，坚持严把选人关，加大校园招聘力度，精选优质人才。加强干部员工队伍专业能力培养，2016年各条线组织各级各类培训149场，全面提升业务素质。加强专业序列人才队伍建设，建立专职审批人队伍。结合个人需求和工作需要，加大行内人员的跨行、跨条线调整交流和岗位轮换。在部分优秀员工竞聘选拔进入管理序列的同时，畅通员工业务序列发展通道，激发队伍活力，强化管理，实现员工能进能出。制定了《员工绩效考核实施方案》，将进一步加大考核管理和运用，体现多劳多得、少劳少得，不劳不得，促进优秀人才脱颖而出，不能胜任的及时调整。

（4）在履行社会责任方面，该行积极履行社会职责做好扶贫工作，对保定易县高村镇、神石庄村展开了为期五年的精准扶贫，筹资20余万为该村修通主干道。

（光大银行石家庄分行　贾　晶）

【河北省农村信用社联合社】　2016年，在省委、省政府的正确领导和有关部门的大力支持下，全省农信社、农商银行、农合银行（以下统称农信社）保持定力、对冲压力、积极作为，业务经营开创历史最好时期，改革发展取得显著成效，实现了“十三五”良好开局。

（一）坚持稳中求进，业务经营开创历史最好时期。一是全面完成业务经营目标。截至2016年末（下同），全省农信社资产总额1.32万亿元，各项存款余额1.10万亿元，各项贷款余额6985.64亿元；金融业增加值281.56亿元，纳税总额55.47亿元，税前利润152.39亿元创历史新高，全辖法人机构保持全部赢余实现“六连赢”。二是大力发展电子银行业务。全省信通卡存量5438.47万张，金融IC卡替代率46.6%。发展特约商户5.76万户，自助设备布放存量达7837台。建设金融便民店9900个，

"农信村村通"提升率23.9%。全省开通网银228.40万户，手机银行145.12万户，第三方支付客户470.08万户。电子银行交易占比68.9%，金融电子化水平和业务贡献率显著提升。三是持续改善风险监管指标。全省农信社股本金493.17亿元，股权结构更趋稳定。资本充足率11.2%，流动性比例72.6%，整体流动性较为充裕。实现拨备前利润193.74亿元，贷款损失准备缺口比年初减少33.85亿元，风险抵补和管控能力进一步增强。全面加强信贷风险管控，有效推动不良贷款余额和不良贷款占比大幅下降。全省5000多个营业网点安全稳健运行，守住了不发生系统性区域性金融风险的底线。

（二）贯彻省政府部署，深化体制改革迈出新步伐。一是全力推进县级联社股份制改革。制定了三年达标提升目标和分年度任务，积极贯彻省政府召开省、市、县三级政府推进农信社改革会议精神。指导改制机构积极吸引社会优质资本和鼓励辖内员工入股，运用并购重组、资金救助等市场化方式对辖内困难联社提供帮扶资金。协调地方政府化解信托产品风险，全面解决多年来信托产品影响改制工作的难题。二是全面推进市级机构改制工作。提前4个月全面完成改制组建审计中心工作，制定实施审计中心行业审计工作考评办法，推进审计中心规范履职。三是加快转变省联社职能。增强战略引领，研究制订全省农信社2016年—2020年发展规划，加快推进"小银行+大平台"发展战略实施。持续推进简政放权，制定省联社权力和责任清单目录及流程，修订信贷业务咨询办法和省联社系列财务管理制度，全力激发县级行社自我发展能力。

（三）不忘支农初心，普惠金融建设取得新突破。一是推动实施"双基"共建农村信用工程。与地方政府开展战略合作，制定实施意见、考评办法、信用等级评定等办法，在灵寿联社试点开发"双基"共建移动"掌上通"项目，总结推广隆化联社"政银企户保"合作贷款模式。推动县级行社开办"金融夜校"。二是全力支持扶贫攻坚。单列扶贫贷款和美丽乡村建设贷款，并在"7.19"特大洪灾后申请新增专项贷款规模支持灾后重建。加强与省扶贫办对接，开发"创业宝""致富宝"等专属信贷扶贫产品，精准扶贫到户到人。持续推进"公益助农"活动和扶贫帮困"春雨行动"，2016年累计发放扶贫贷款231.78亿元。三是全力支农支小。确定年度新增支农贷款目标，加大对三农和现代农业的信贷支持；新增小微企业贷款目标，全力支持县域中小微企业发展。2016年涉农贷款和小微企业贷款投放均完成监管目标。

（四）强化新发展理念，推动转型创新实现新发展。一是坚持走质效一体化之路。坚持信贷资产存量、增量"两手抓、两手硬"，积极开展提质增效活动。优化绩效管理系统，督导检查县级行社规范薪酬制度。加强企业文化建设，多形式组织开展工会活动，深入推进"新五小建设"，丰富星级网点考核评定内容；积极开展各类主题宣传活动，宣传改革发展成果，深度挖掘和报道河北农信抗洪救灾事迹。二是坚持走经营创新之路。开发小贷管理系统，研发智能存款、大额存单系统，着力推进客服中心建设，获批开办信用卡业务，创新和拓展中间业务，全面恢复省联社资金业务，成功举办两届"冀赢"合作论坛。三是坚持走科技引领之路。不断优化IT治理结构，稳步实施第二代核心业务系统项目群建设，开发完成自助设备统一平台、互联网支付平台一期、信用卡一期等重点项目。开通微信银行，积极推广互联网支付工具，开展线上收单业务，大力发展互联网金融。"随e汇"手机银行产品荣获第七届中国金融业信息化发展趋势论坛"金融行业产品创新突出贡献奖"。

（五）严守合规底线，风险管控水平再获新提升。一是稳步推进流程银行建设。统筹推进全面风险管理体系建设，设立流程银行试点，建立完善了流程银行建设及评价标准。二是强力清收不良贷款。持续组织开展"贷款五项新规"等活动，通过现金清收、并购重组等方式处置盘活不良贷款，通过股东购买、拍卖转让、风险代理清收等方式清收压降表外不良贷款，通过集中开展对各层级机构前5户新增大额不良贷款的责任认定和追责等形式合力清收大额不良贷款。严把新增贷款出口关，约谈新增不良贷款率超过3%的市县农信机构，将清收处置任务与工资总额挂钩。加强风险预警和提示，全力解决贷款集中度超标问题。全力推动征信系统建设，清理、规范和整治顶冒名贷款。三是进一步加强内控管理。持续开展会计基础达标升级工作，县级行社综合业务审计，统计报表系统业务源数据治理等专项活动。制定突发性支付风险应急处置预案，开展科技风险大检查。完成第二轮安保达标升级验收评定工作，启动建设防电信诈骗平台，成功堵截多起抢劫网点、客户案和电信诈骗事件，为客户挽回损失。

（六）开展"两学一做"学习教育，党风行风转变凝聚新动能。一是从严治党狠抓作风建设。在全系统扎实开展"两学一做"学习教育等，把党建工作责任制纳入综合考评体系，完成市县机构党组织换届。二是加强监督执纪问责严惩违规违纪行为。深入开展"一问责八清理"专项行动，开展大额不良贷款专项问责。三是认真整改省委巡视发现的问题。建立健全整改台账，实行"销号制管理"和"挂图作战"，得到省委巡视办和省委第十二巡视组的充分肯定。不断改进和规范省联社党委巡察工作，督促整改问题。四是打造廉洁高效队伍。多形式开展廉政文化教育和法制教育，扎实推进干部人事档案专项审核。积极推进"银团合作"，组织选派优秀青年干部到当地县团委挂职，省联社党委组织部受到团中央金融工委通报表彰。组织开发在线培训系统平台，举办全系统业务技能比赛。省联社代表队荣获2016年全省银行业系统金融法律法规知识竞赛第三名。

（河北省农村信用社联合社　高玉成）

【河北银行】　2016年，在省委、省政府的正确领导下，河北银行紧紧围绕全省战略部署和中心工作，积极适应经济金融新常态，牢牢把握业务发展机遇，努力防范和化解经营风险，不断提高创新、风险管理和精细化管理能力，实现了自身经营质效提高与地方经济发展的良性互动。

（一）总体经营情况。截至2016年末，河北银行资产总额3025.61亿元，较年初增加806.88亿元，增长36.37%。存款余额1948.28亿元，较年初增加318.51亿元，增长19.54%。贷款余额1224.65亿元，较年初增加226.16亿元，增长22.65%。全年机构缴纳各类税费15.13亿元，较上年增加1.96亿元，增长14.88%。按一级资本排名，位居全球1000家大银行第371位，较上年提升85位。在中国科学院《互联网周刊》发布的2016年度全国城商行综合竞争力排名中，位居第18位。截至2016年末，分支机构达到237家，实现了全省11个设区市、2个省直管县和环首都县域机构全覆盖，其中包括27家小微业务特色支行和6家科技支行。全行正式在岗员工4483人，其中博士、硕士研究生651人，队伍的年龄结构、知识结构和专业结构进一步优化。

（二）全力服务实体经济发展。2016年，河北银行聚焦“创新、协调、绿色、开放、共享”发展理念，大力支持配合供给侧结构性改革，积极落实省委、省政府和监管部门各项要求，不断优化金融资源配置，持续提升服务实体经济能力。全年投放资金359亿元，其中新增贷款227亿元，存贷比达到63.29%，较年初提高1.6个百分点。一是积极支持全省产业转型升级。持续加大对战略性新兴产业、现代服务业、绿色产业等重点行业的资金支持，到年末战略性新兴产业贷款余额46.66亿元，绿色信贷余额37.35亿元，较年初增长31.05%。继续发挥6家科技支行专营示范作用，全行科技型中小企业贷款余额58.93亿元、450户，分别较年初增长17.80%和11.82%。二是积极服务京津冀协同发展。到2016年末，产业转移、交通一体化、生态环境治理等重点领域贷款余额达到80.04亿元。同时不断拓宽融资方式，通过结构化融资、理财融资工具、债券承销、产业基金等投行业务，积极支持产业承接平台和园区项目建设等。三是大力发展普惠金融。继续做专小微金融服务，全年新设12家小微业务特色支行。到2016年末，全行小微企业贷款余额达到520亿元，较年初增长22.79%，圆满完成了“三个不低于”监管指标。积极支持“三农”发展，全行涉农贷款余额390.95亿元，较年初增长25.54%。同时，在石家庄、保定等区域设立259家助农取款服务点，进一步扩大了城镇乡村金融服务覆盖面。

（三）加快业务创新转型发展。一是公司业务投行化步伐加快。产业基金、企业资产证券化、债权融资计划、选择权贷款、PPP项目融资等投行业务实现突破，发行了全国首单一级公路资产证券化产品和全省首单债权融资计划。全年实现投行融资额131.95亿元，非金融企业债券承销额达到202.1亿元。二是零售业务战略板块地位更加凸显。到上年末，个人消费贷款余额达到316.15亿元，增长72.91%。基础客户达到121.06万户，较年初增加11.66万户，管理个人客户总资产达到1097.86亿元。移动金融和互联网金融布局加快，个人网上银行、手机银行和直销银行新增客户数分别达到12.3万户、27.6万户和13.9万户。三是金融市场业务进一步做专做强。金融市场投研能力、创新能力和专业风险管理不断提升，短期资产运作日均规模达到799.05亿元，增长28.49%。理财业务规模达到659亿元，增长25.5%。“冀银合作平台”合作范围和模式继续扩展，成员行增至28家，累计投资达61.38亿元。

（四）进一步提升风控和管理能力。2016年，河北银行继续坚守“稳健、审慎”的风险偏好，努力向风控要质量、向管理要效益。在风险管控上，紧跟产业结构调整等政策方向，动态调整授信政策，持续加大贷前调查、贷后管理和不良清收处置力度，确保信用风险总体可控。高度重视流动性风险，实现风险预警管理能力、资产负债期限匹配运筹能力和流动性危机处理能力不断提升，牵头设立冀银流动性互助基金，进一步增强了抗风险能力和市场影响力。深入开展“操作风险管理提升年”活动，通过制度和流程梳理、培训学习、检查督导、整改验收等一系列措施，进一步提高了全行操作风险识别能力和制度执行力，有效弥补了操作漏洞。对柜面业务、授信业务等风险易发环节和员工异常行为进行深入排查，并利用非现场审计管理系统及时监测，进一步增强了案件监督管理能力。在内部管理上，加快后台集约建设，集中作业中心、财务报账中心建设取得阶段性成果，对公授信业务实现集中审批。积极推动精细化管理和“一次审批”等工作，提升了内部管理水平和经营效率。同时，进一步健全消费者权益保护工作制度机制，完成“一区双录”建设工作，切实维护消费者合法权益。

（五）持续推进党的建设、队伍建设和企业文化建设。一是党建工作扎实推进。坚持把思想建党放在首位，切实加强宣传思想和意识形态工作，深入学习贯彻习近平总书记系列重要讲话精神和省委全会精神，广大党员的政治意识、大局意识、核心意识、看齐意识不断增强。修订完善《总行会议制度》和《“三重一大”决策制度实施办法》，使党委发挥领导核心作用更加组织化、制度化和具体化。强化基层党组织建设，完善各党支部、支部委员会设置，加强党员日常管理，充分发挥基层党组织战斗堡垒作用。持续加强党风廉政建设，深入推进“两个责任”落实，为全行持续稳健发展提供了坚强的纪律保障。二是加强人才队伍建设。制定《人才引进管理办法》，进一步明确全行人才引进重点，提升了人才引进效果。持续优化综合考评管理体系，实行分行分类管理，推动全行组织架构改革，人力资源管理机制更加完善。三是深入开展员工关怀与企业文化建设。河北银行在加快推动转型发展的同时，始终致力于开展员工关怀和加强企业文化建设。通过建立补充医疗保险、完善薪酬管理制度，实现员工福利待遇逐年提升；充分发挥工团职能，扎实开展职工之家创建，认真组织“职工互助一日捐”、困难员工慰问等关爱员工活动和形式多样、富有成效的业余文化活动，进一步增强了员工归属感和凝聚力。同时大力倡导“责任心、团队、高效率”的核心价值观，积极营造“简单、真诚、和谐”的人际关系，为全行发展创造了良好的内生环境。

（河北银行　姜鸿博）

保 险 业

【概况】 2016年，在省委、省政府和中国保监会的正确领导下，河北保监局继续全面贯彻落实《京津冀协同发展规划纲要》、《国务院关于加快发展现代保险服务业的若干意见》，坚持“抓服务、严监管、防风险、促发展”，河北保险业保持持续快速健康发展，为全省经济社会发展做出积极贡献。

（一）保险市场快速增长，服务全省经济社会发展成效显著。2016年，河北保险业保费收入1495.3亿元，居全国第9位，同比增长28.6%。提供各类风险保障42.3万亿元，较上年增加9.7万亿元，同比增长29.5%。赔款和给付支出548.2亿元，同比增长18.7%。2016年，保险业为全省1627余万辆机动车提供风险保障，支付赔款184亿元。农业保险稳步发展，保费收入22.9亿元，居全国第7位。工程保险、责任保险实现较快增长，分别增长115.7%和26.4%。大病保险已实现全省全覆盖。缴纳及代收代缴税费78.8亿元，比2015年增加3.8亿元，占全省地方一般公共财政预算收入的2.8%。为全省提供就业岗位46.5万个，较年初增加10.5万个。截至12月底，保险资金通过协议存款、债券、股票、债权计划、信托计划等形式投入河北省，余额超过1000亿元。

（二）积极推动重点业务发展，服务全省社会治理

（1）积极推动农业保险和涉农保险发展。一是优化政策环境。与财政厅联合印发《关于开展特色农业保险保费财政奖补试点实施办法》。对特色农业产业和产品给予一定奖补，将设施农业省级保险保费补贴范围扩大到全省。与省财政厅等8部门联合印发《关于加强政策性农业保险工作费用管理等有关问题的通知》。与省金融办、农业厅、财政厅联合印发《关于增加政策性育肥猪养殖保险B条款的通知》，探索推动河北省保险与病死生猪无害化处理联动机制。与河北省农业厅、河北省财政厅联合印发《河北省政策性农机保险实施方案（试行）》，加快推进河北省政策性农机保险工作。二是规范农业保险发展。制定方案，组织农险业务自查，并对农险经办公司自查工作进行督导。分别召开农险经办公司一把手座谈会和农业保险专项治理整顿工作再部署会，对经办农险的4家公司开展检查。2016年，全省农业保险参保农户1226.2万户（次），承保玉米、小麦、蔬菜、林果等种植业13720.3万亩、养殖业1299.9万头(只)，为全省农户提供风险保障金额708.7亿元，支付赔款12.4亿元，受益农户178万户(次)。

（2）推进大病保险发展。将大病保险规范运营作为工作重点。指导唐山、石家庄成功进行第二轮大病保险招投标。对各大病保险承办公司进行督导。针对国家推进的“二保合一”政策实施，开展深入调研。赴涞水县贫困村调研，研究如何发挥大病保险在扶贫攻坚中发挥作用，向省委省政府提出政策建议。积极推动大病保险服务精准扶贫战略，对建档立卡贫困人口，免除大病保险起付线，提高赔付比例，最高赔付金额提高至50万元。2016年，承办保险机构支付大病保险赔款8.1亿元，受益人次25万人（次）。

（3）推动责任保险发展。与环保厅等部门联合推动环境污染责任保险发展，在涉重金属企业、重污染高风险企业和排污或污水处理相关企业启动环责险试点。与省综治办等部门联合印发《关于实施严重精神障碍患者监护人以奖代补和监护人责任险的暂行办法》。推动省政府办公厅转发《关于进一步推进全省高危行业企业投保安全生产责任保险的意见》。要求各市确定不少于200家企业进行安责险试点工作。2016年，责任保险为各类责任事故提供风险保障金额2.46万亿元，支付赔款4.9亿元。

（4）推动保险扶贫工作。一是配合中保投资公司、人保财险公司与保定阜平县商谈保险扶贫项目，取得突破性成效。中保投资公司与阜平县签署5000万元支农融资协议；人保集团公司与阜平县政府签约“政融保”项目，安排1亿元专项扶贫贷款额度。二是与人行石家庄中心支行、财政厅等有关部门共同印发《关于金融助推脱贫攻坚的实施意见》、《贫困地区发展特色产业促进精准脱贫的实施意见》、《河北省金融精准扶贫信息对接共享工作实施方案》，与省扶贫办联合印发《河北省保险业助推脱贫攻坚工作实施意见》等文件。三是与省金融办共同研究起草《关于建立“政银保”合作机制促进小微企业融资发展的实施意见》。

（三）加强和改进保险监管，守住了不发生系统性风险底线

（1）加强保险市场监管，守住不发生区域性系统性风险底线

第一，平稳完成全省商业车险条款费率改革。根据保监会改革指导意见和试点工作方案，制定方案，认真组织验收工作。就商业车险条款费率改革工作情况向省政府作专题报告。加强宣传引导，营造有利于改革的良好环境，于6月17日实现商业车险系统平稳切换。商业车险改革有序释放政策利好，实现了经济效益和社会效益的同步提升。

第二，严防满期给付和退保风险。一是全面监测风险。严格执行满期给付与退保风险月报制度，对超过警戒线的公司进行风险提示。二是开展风险排查。对县级银保机构摸底排查，督导基层机构提升风险防范能力。三是跟踪保监会《关于规范中短存续期人身保险产品有关事项的通知》落实情况，密切关注中短存续期产品占比较高的公司现金流风险，引导优化业务结构。

第三，加强互联网保险风险排查与风险治理。一是开展互联网保险风险和反欺诈专项整治行动。开展反欺诈专项自评工作和“安宁2016”反欺诈区域专项整治行动。二是开展保险专业中介领域互联网保险风险排查、与其他金融业态交叉传递风险重点抽查工作。排查范围全面覆盖河北辖内1278家专业中介机构。

第四，加大现场检查力度。一是认真开展各项专项检

查。以保护保险消费者利益为出发点，以抓理赔服务为重点，严格市场监管。开展财产保险、人身保险市场专项检查、农业保险检查、保险机构“两个加强、两个遏制”回头看督导检查、组织开展打击损害保险消费者合法权益的“亮剑行动”。将专项检查与“两摘一停”相结合，提高对违规行为的震慑力。二是加大投诉处理现场检查力度。对保险消费者投诉中发现的损害保险消费者合法权益的个案，发现一起，查处一起。三是加强案件管理工作。督促指导保险机构严格开展案件问责工作。

(2) 加强保险服务监管，保护保险消费者合法权益

第一，认真做好消费者投诉工作。一是加强接访力量配备，实行“双人接访”、“轮动接访”制度，妥善处理矛盾纠纷。二是拓宽投诉渠道，2016 年，共处理群众来信、来电、来访和网络留言 39118 件次，同比上升 54.52%。全年共办结保险消费投诉事项 5664 件，维护消费者经济利益 1721.49 万元。

第二，推进建立京津冀道路交通事故快处快赔机制。按照保监会保险业京津冀一体化工作部署，与河北省交管局、高速交警总队加强协调，共同推动“交警在线—河北事故 e 处理”、“河北省高速公路事故云处理平台”相继上线运行，建立京津冀道路交通事故快速处理一体化工作机制，为广大消费者交通事故处理和理赔提供了便利，缓解了交通拥堵。

第三，启动河北人身保险产品投保服务平台。搭建河北人身保险服务平台，运用“互联网＋”提供人身保险产品投保服务，于 7 月 8 日“全国保险公众宣传日”正式上线。

（河北保监局　吕恒杰）

【人保财险河北省分公司】 2016 年，中国人民财产保险股份有限公司河北省分公司（以下简称：人保财险河北省分公司），紧紧围绕河北省委提出的建设经济强省、美丽河北宏伟目标，恪守“人民保险，服务人民”的神圣使命，以改革创新为动力，创新公共服务方式，积极参与河北地方经济建设，主动承担社会责任，努力为构建和谐河北提供优质的保险保障服务。2016 年，人保财险河北省分公司业务规模位居全国系统第 3 位，同比增长 4.39%；为社会提供 17.79 万亿元风险保障；支付赔款 132 万多笔，赔款金额 104 亿元；累计缴纳和代缴税款 20.91 亿元，荣获“石家庄市纳税百强企业”称号，有效发挥了“经济助推器”和“社会稳定器”的职能，充分彰显了社会责任，有效发挥行业主渠道作用，为全省经济社会持续健康发展做出了积极贡献。

（一）全面保障省内经济发展，有力支持和谐河北建设。人保财险河北省分公司充分发挥人才、机构、网络和技术优势，对关系国计民生的钢铁、电力、石油化工、制药等行业和交通建设、港口建设、临港工业区建设、工程建设等重点项目，为其提供了全方位的保险保障服务，先后承保了一系列国家和省市重点建设项目，对关系国计民生的钢铁、电力、石油化工、制药等行业和交通建设、港口建设、临港工业区建设等重点项目提供了充足的保险保障。

（二）创新保险服务，全力支持社会管理。人保财险河北省分公司深入推进政府高度关注的责任保险，深入推进各级政府高度关注的重要领域、重点行业责任保险业务的发展，积极发展“一元民生保险”，加快推进信用保证保险，有效分担政府财政和事务负担。按照“新国十条”确定的发展重点，大力发展与百姓生活息息相关的车辆保险、财产保险、意外险和医疗保险，积极推动实施环境污染、食品安全、医疗责任、医疗意外、实习安全、校园安全等责任保险试点，持续探索涉及人民生命安全的产品责任保险、产品质量保证保险等业务。

（三）充分发挥保险的社会管理功能，引入治安保险机制为“平安河北”建设添砖加瓦。围绕“改善社会治安管理”这一中心目标，人保财险河北省分公司牢固树立政治意识、大局意识和责任意识，充分发挥保险社会管理功能，积极探索推广治安保险。2016 年，人保财险河北省分公司持续推进保险业参与平安建设，大力推广治安保险，当年承保 655.73 万户居民，提供风险保障 1007 亿多元，处理赔案 14 万多笔，支付赔付金额 4000 万多元。通过开展治安保险，一是有力提升农村公共安全保障能力。发生治安案件、火灾等事故后，治安保险的保障机制和经济补偿功能，使农民迅速恢复正常的生产生活，有效防止了“因灾致贫”，增强了农民抵御社会治安、自然灾害等方面风险的能力，提升了农村公共安全保障能力。农民“买一张保单、获全家保障”，得到了最大实惠，尝到了治安保险实实在在的甜头。二是丰富完善了综合治安防控体系。通过优化整合社会资源，协助地方政府建立起了一套事前预防与事后补偿一体化、经费保障与机构运作市场化的农村社会治安防范体系，有效破解“缺钱少人”的农村治安管理难题，最大限度地为政府分忧、为群众解难，为创建河北和谐社会、维护社会安全稳定起到积极的作用。人保财险河北省分公司被省综治办评为 2015 年度全省综合治安先进单位。

（四）积极参与社会改革创新，参加城乡居民大病保险服务工作。人保财险河北省分公司勇于承担社会责任，不断增强承办大病保险工作的使命感和责任感，积极参与大病保险业务的承办服务，全面推进大病保险各项工作，通过市、县、乡、村网点，多维度、立体式的优质服务，使新农合大病保险惠民政策迅速落地，深入民心，让人民群众深切感受到党和政府的关怀。积极参与构建多层次社会保障体系建设，充分发挥人才、技术、资金和管理方面的优势，健全管理制度，优化服务流程，强化风险管控，严守合规底线，提高参合人医疗保障水平和基本医保服务运作效率，实现了快捷、高效、优质的大病服务。2013 年开办大病保险以来，河北分公司为全省 3500 多万人口提供了大病保险保障服务，覆盖了全省 9 个地市，119 个县区。累计处理赔款 44 万多笔，支付补偿金额 17 亿多元，受益人数 27 万多人，有效发挥了基本医保、大病补充的协同互补作用，切实缓解了人民群众“因病致贫、因

病返贫”的问题。

（五）积极承保意外伤害和健康保险，完善社会保障体系。2016年，人保财险河北省分公司积极承保部分地区残疾人、老年人、计划生育家庭、失独家庭等弱势群体和特殊人员意外险，为这部分人群提供了意外伤害和健康保障；开展了部分地区农村居民统保项目，为农村居民提供了基本意外伤害保障；承保了部分地区工会会员意外险，为广大工会会员提供了工伤保险、社会医疗保险之外的意外伤害保障；为部分地区公职人员、执法人员、教职人员、志愿者等提供了意外伤害保障。这些项目为国家完善社会保障体系，构建基本保障制度，防止人民群众因病致贫、因病返贫，为各类人员提供不同层次保险保障提供服务，有力支持和谐社会的构建。

（六）围绕金融扶贫创新工作机制，开展阜平金融保险扶贫试点项目。2014年以来，人保财险河北省分公司全面落实习近平总书记“阜平讲话”，与阜平县政府合作，以政府为主导，以保险机制运用为核心，探索建立政府、保险公司和种养业经营户共担风险的保险保障机制，在阜平县实现了政策性和商业性农业保险全覆盖，有效防止农民和养殖户因灾返贫问题。该项目通过“四个创新”，即政策支持创新、产品设计创新、保险服务创新、保险模式创新，做到了百姓放心、政府认可。项目实质就是以政府为主导，以保险机制运用为核心，以“三农”保险基层服务体系为支撑，开发农业保险特色产品，创新保险服务方式，探索建立政府、保险公司和种养业经营户共担风险的保险保障机制，防止农民和农户因自然灾害、市场变化、意外伤害等返贫，走出一条保险助推金融扶贫的新路子，阜平保险创新项目也得到了社会各界的广泛关注和赞誉，2015年11月，阜平系列农险产品在“第十届中国保险创新大奖”评选中，荣获“最佳农村保险产品”

（七）积极推广农房保险。2016年，积极开展政策性农村住房保险试点工作，为700多万农户提供风险保障794亿元，当年累计处理赔案5669件，支付赔付5000多万元。其中，“7.19”持续强降雨灾害中，我公司支付赔款超过4600万元。通过“以点带面推广、循序渐进推进”的推广方式，不断扩大政策性农村住房保险的覆盖范围，承保、理赔各项服务得到了各级政府的充分认可和农民群众的高度赞誉，在全省范围逐步建立了“政府主导、市场运作，政企共赢、农民受益”的新型农村自然灾害救助体系，大大提高当地农村居民住房灾后重建保障能力，有力保障了农村生产稳定和农村社会和谐。

（八）积极推动“政银保”项目。为解决中小微企业、个人融资难的问题，人保财险河北省分公司人保财险推出“政银保小额贷款

保证保险”，支持小微企业和创业者获得发展资金、助力当地经济发展，有力地支持了地方经济特别是中小微企业的发展和转型升级。2016年，河北省分公司帮助中小微企业融资2亿多元。为小微企业提供了极大的支持，被小微企业赞为“雪中送炭”，也获得了各级政府的一致好评。

（九）积极发展短期出口贸易信用险。人保财险河北省分公司积极开展短期出口贸易信用险，帮助出口企业提高应收账款安全保障、增加企业出口方式的选择面、提高出口企业的竞争力、为当地经济及出口企业发展提供极大支持。短期出口贸易信用险涉及钢铁、陶瓷、医药、食品、皮革等多个行业。

（十）大力发展农村保险，全力支持和保障农业农村经济建设。人保财险河北省分公司深入贯彻中央一号文件和国家“强农惠农”政策，主动承担社会责任，把大力发展农业保险，作为关注民生、服务“三农”的重大战略举措，通过提供综合性保险产品和多元化的农村保险服务，不断完善河北省农村保险服务保障机制，扩农业保险保障覆盖面，提升河北省对农业重大自然灾害的补偿能力和灾后恢复能力，为河北省农村经济发展提供了有力的保险保障。目前，人保财险河北省分公司开办的政策性农业保险产品涉及政策性种植业保险、养殖业保险、森林保险以及商业性险种植业保险、养殖业保险等。2016年，人保财险河北省分公司深入贯彻中央惠农政策，积极履行社会责任，为全省三农提供了400多亿元的风险保障。与此同时，加快产品创新，覆盖种、养、林等农险产品，积极探索价格、气象指数类创新保险产品，满足广大农民更多的保险需求。

（十一）大力加强三农保险基层服务体系建设。为更好地将农业保险服务深入到全省每一个乡、村，实现“落实惠农政策面对面，保险服务面对面”，人保财险河北省分公司着力提升三农保险服务水平，形成了县、乡（镇）、村全覆盖的三级农村保险服务网络，为广大农户就近咨询、参保和索赔提供极大方便，实现农村保险就地零距离服务。

（十二）积极抗灾救灾，积极为政府分忧、为群众解难。2016年，人保财险河北分公司凭借完善的灾害防范和救助体系，在自然灾害和安全事故面前，全力保障人民生命和财产安全，有效发挥了保险的防灾减灾、灾害救助、经济补偿和社会稳定职能，有力支持了灾后重建和生产恢复，最大限度地为政府分忧、为群众解难。2016年7月19日—20日，河北省部分地区发生暴雨、洪水灾害，灾情发生后，人保财险河北分公司紧急启动应急预案，成立各级领导小组，开通绿色通道，优化理赔工作流程，减免理赔手续，保证理赔时效，确保第一时间将赔款送到保户手中，“7.19”暴雨大灾理赔赔付5亿多元，充分彰显了社会责任。2016年11月24日，江西省宜春丰城电厂三期在建工程发生冷却塔平桥吊倒塌事故，造成73人死亡，2人受伤。被保险人河北亿能烟塔工程有限公司投保建筑施工企业雇主责任险、魏县奉信建筑施工劳务有限公司投保建筑施工人员团体意外伤害保险。事故发生后，人保财险公司立即启动公司突发事件应急预案，现场处理工作组相关人员，第一时间赶赴事故现场，开展事故应急处理和理赔服务，积极配合当地政府做好相关工作。为配合政府妥善解决事故赔偿，我公司本着“特事特办、快速赔付”的原则，快速高效地完成江西丰城电厂“11.24”重

大事故理赔服务工作，150个小时内支付全部保险赔款6570万元，得到了各级政府和社会各界的高度评价。

（十三）立足社会大局提升服务品质。在提升服务方面，人保财险河北分公司始终秉承“人民保险，服务人民”的宗旨，以做人民满意的保险公司为愿景，勇担社会责任，更好地服务社会经济发展、服务广大消费者，为全省城乡百姓提供更加优质便利的保险保障服务。一是加强服务标准化建设。狠抓服务窗口服务质量，颁布服务标准化操作手册统一柜面服务标准，在营业厅设立大堂经理，实现服务现场的细节化、常态化、系统化管理。在电话服务方面，着力建设行业领先的电话服务中心，创新内部管理模式，提升服务能力；在服务速度上，实现了VIP客户优先接入优先服务制度，并逐步推行新车牌照批改、便民挪车、天气提醒等服务。在网络服务方面，在公司官网开办开设专区，推出客户保单信息自主查询服务，方便客户通过95518客户服务电话、e—picc电子商务网站和营业网点柜台查询自己的保险信息，为客户提供人性化快捷服务。二是加强增值服务。致力于打造行业领先、品质一流的“人保之友”客户俱乐部服务品牌，积极开展增值服务主题活动，不断完善增值服务项目。通过整合外部服务商家，针对客户推出了车主秘书、协办检车、酒后代驾、预约挂号、故障救援等特色回馈服务项目。三是全面升级理赔服务。在保证理赔效率的基础上注重品质提升，对万元以下车险小额案件和5000元以下非车险小额案件实行快速理赔；细化“多、快、好、省”服务宗旨，向社会推出“损失金额万元以下1小时通知赔付”、“全国联网免费故障救援服务”、“VIP客户手机自主理赔服务”、电子理赔、极速理赔、简便理赔、速递理赔等理赔服务新举措。开通绿色服务通道，落实专门团队，进一步提升服务理念和服务技能，给予客户“暖心”、“舒心”、“放心”、“热心”和“真心”的优质服务体验，为优质客户和重要客户提供特色化、贴心式的理赔服务。

（十四）优质的服务，良好的信誉，使人保财险河北省分公司得到了社会各界的认可。2016年，人保财险河北省分公司获评“河北网民最信赖金融品牌”、“全省平安建设先进单位”、“全省安全生产先进单位”等荣誉称号。

（中国人保财险河北省分公司　张忠义）

【中国人寿河北省分公司】 2016年，中国人寿河北省分公司紧紧围绕省委、省政府的决策部署，严格执行省金融办、保监局的各项要求和规定，认真贯彻落实上级公司的既定方针，以“富员强司”为发展目标，加强队伍基础、基层基础和制度基础建设，切实加强各类风险防范，圆满完成了总公司下达的预算目标和工作任务，各项工作都取得了新的成绩和进步。

（一）在超额完成预算的基础上，实现了业务结构的有效调整，为推进河北省保险业健康稳定发展作出了应有贡献

（1）预算指标超额完成。全年实现总保费收入268.42亿元（未经审计，下同），同比增长17%。实现首年标保25.4亿元，预算达成率126.3%。新单保费（含短险、含大病保险）124.85亿元，预算达成率107.6%。首年期交55.75亿元，预算达成率115.0%。10年期及以上期交35.46亿元，预算达成率123.3%。短期险（不含大病保险）13.78亿元，预算达成率101.7%。

（2）业务结构持续优化。首年期交同比增长48.7%，10年期及以上期交同比增长57.9，短期险同比增长19.5%，续期保费同比增长16.8%。首年期交占长险首年保费的比重提高10.6个百分点，达到52.1%；10年期及以上占首年期交的比重提高3.8个百分点，达到64.1%；续期保费占总保费的比重达到52.0%。

（3）继续保持了全国系统先进地位和区域寿险市场的主导地位。主要业务指标保持了全国系统的先进位次，总保费位居全国第4位。截至2016年底，总体市场份额26.15%，高于第二名18.28个百分点。

（4）发挥河北省保险学会会长单位带头作用。与会员单位一同紧密结合行业改革发展实际，认真履行理论研究、学术交流、行业宣传等职能，不断强化队伍建设和内部管理，努力传播行业正能量。

（二）积极融入服务经济强省、美丽河北建设，探索在社会保障体系建设等方面发挥更大作用

（1）积极发挥保险保障功能。2016年赔付给付支出总额为150.91亿元，较上年同比增长40.9%。其中赔付16.77亿元，同比增长13.2%。

（2）认真履行企业社会责任。一是积极吸纳社会人员就业。截至2016年底，我公司总从业人员（含员工）超过14万人，排省内同业第一位。二是积极纳税。公司2016年缴纳税款共计3.53亿元。其中，企业所得税2.61亿元，营业税金及附加3160万元，增值税金及附加3595万元，其他税费2375万元。代扣代缴各项税费共计3.12亿元，其中，代扣代缴营销员营业税金及附加2112万元，代扣代缴营销员增值税金及附加721万元，代扣代缴营销员个人所得税2.43亿元，代扣代缴公司员工个人所得税4128万元。三是对外捐赠176万元，其中抗洪救灾100万元，积极履行了社会责任。四是成功举办“中国人寿爱心夏令营”，我公司为近300名来自汶川、玉树、舟曲灾区的学生代表精心安排准备了具有浓郁河北特色、秦皇岛风情的夏令营活动，姚明陪孩子们一起参加了开营仪式。

（3）积极推进年金类业务发展、完善养老保障体系。充分发挥公司机构网络、人才队伍、专业技术等方面的优势，大力提供企业年金基金管理和养老保障资金管理服务。截至2016年底，我公司累计管理受托资金规模24.06亿元，累计管理投资资产规模23.09亿元，累计管理年金账户2.81万户，累计养老保障业务规模16.71亿元，服务企业147家，为近30万企业职工和个人提供企业年金和养老保障管理服务。

（4）积极参与全省脱贫攻坚战。一是大力发展“三农”扶贫保险。在全省62个贫困县积极推广扶贫小额人身保险，提供意外伤害、疾病、医疗保障，覆盖人群178.7万人，总保障额度近1302亿元，仅2016年就支付

赔款3647万元，有效避免贫困家庭致贫返贫现象的发生。二是精准对接全省310万建档立卡贫困户保险。与省扶贫办签署了《保险扶贫合作协议》，通过完善机制，扩大宣传，力争实现建档立卡贫困户保险全覆盖。目前正积极推广“沧州海兴”使用政府专项扶贫资金，为全县建档立卡贫困户投保意外伤害、疾病住院和日额补助的做法。截至2016年12月，沧州海兴和献县已为3.48万建档立卡贫困户人员提供了16.06亿元的保障，已赔付案件345件，支付赔款122.45万元。

(5) 加大服务“三农”力度。2016年，我公司通过业务拓展、服务延伸，不断提高农民保险保障水平，让保险服务千家万户，帮助各级政府分忧解难，为促进社会稳定、建设新农村、构建和谐社会作出了积极贡献。

一是农村小额保险稳健推进，实现广覆盖多保障。2016年是河北开展农村小额保险试点工作的第八个年度。我公司在以往试点基础上，进一步细化工作、优化服务、加快发展，有效扩大覆盖，向“让每一个农民都拥有保险保障”的目标积极迈进。该险种保费低廉、保障适度，且主要保障意外风险，与新型农村合作医疗互为补充，受到了广大农民的充分肯定和热烈欢迎。截至2016年底，承保农村小额保险客户575.73万人，共向参保客户提供6040.85亿元保障，共向出险客户提供保险保障1.32亿元，有效缓解了农民群众因意外返贫的风险。

二是积极参与新农合大病保险服务项目，提高农民的保险保障水平。2016年，我公司累计承办石家庄、辛集、承德、衡水、张家口等地新农合大病保险项目。从业务规模来看，覆盖参合农民1170.66万人，涉及资金4.68亿元，提供风险保障35120.06亿元。全年累计支付报销35230.45万元，补偿人次12.07万人次，为承保农民提供了优质快捷服务。

三是农村营销网点实现大发展，为农民提供全面保险服务。农村营销服务部是我公司植根在“两乡”的最基层机构，是公司品牌的宣传阵地，是公司优质服务的承载平台。2016年，我公司致力加强农村网点建设，夯实农村业务发展基础，进一步强化农村网点星级建设，提高网点辐射周边、带动业务发展的能力。截至12月底，我公司共有农村营销服务部1122个，均在保险监管部门备案，乡镇覆盖率达60%，基本能够实现对市场的全覆盖。全省共有3.57万名农村营销员服务、工作在农村一线市场，为广大农民客户提供着完备的保险服务。全省星级网点总体达566个，其中五星级25个、四星级48个、三星级141个、二星级124个、一星级228个。

四是积极开展“三下乡”工作。派驻“三下乡”工作组到张家口市康保县芦家营乡吴家地村，改造村民活动中心院落，并给予2万元帮扶支持。到磁县开展“三下乡”集中现场服务活动，并给予3万元专项费用支持。通过驻点支持和集中活动，服务美丽乡村建设。

(6) 积极参与社会管理。2016年，我公司继续大力发展与国家基本医疗保险服务相衔接的补充医疗类保险业务。2016年，我公司承办邢台、张家口、衡水城镇居民大病和衡水职工大额保险，覆盖人群116.86万人，业务规模4945.51万元，赔付金额2747.73万元。全年职工居民补充医疗类业务规模2.58亿元，提供风险保障7020亿元，共计给付2.37亿元。其中，承保石家庄、唐山、邯郸、邢台、保定、沧州13个市本级、48个县（区）的城镇职工补充医疗业务，承保人数达323.03万人；全年承保参合农民意外险业务规模5.9亿元，提供风险保障36601亿元，共计给付4.35亿元。承保全省11个地市108个县（区）的参合农民意外险业务，年度承保人数达2933.47万人。

(7) 积极提升服务质量。一是提升保单服务质量。2016年，我公司办理保单借款34万件，借款金额63.2亿元，以解客户燃眉之急；处理理赔案件34.84万件，平均结案时效1.48天，5日内结案率达到98.98%；推出了全国通赔通付服务，全年共受理外省保单索赔案件6921件，处理异地受理保单索赔案件1914件，涉及34个省市，服务客户7436人次。2016年，我公司全面启动微信理赔及智能理赔系统。截至年底，11家市分公司通过微信理赔进行索赔申请10.19万件，通过智能理赔系统处理案件19.65万件，智能理赔使用率达90.51%。微信理赔及智能理赔系统的推广、应用，提升了理赔服务感知及理赔作业品质，进一步提高了理赔理算的自动化、正确性，推进了河北省理赔电子化服务进程。二是提升客户服务能力。以精细化管理推动工作提质提效，以方便快捷、周到细致的服务优化客户感知，有效提高客户满意度。2016年，我公司95519电话中心客户满意度自助测评好评率达到99.932%，比2015年提升0.002个百分点。全年发送客户服务短信2149.4万余条，电子邮件521.1万封，使广大客户更加便捷地获得公司通知和电话服务。三是提升客户服务体验。2016年，全省共举办各类活动2221场，参与客户近60万人。其中，客户节期间服务客户约2.3万人次。VIP服务方面，河北省通过国际SOS为全省2.48万客户提供了全球紧急救援服务。

(8) 积极推动我集团公司与省政府签署的《全面战略合作协议》落地。按照2015年5月26日我集团公司与省政府在石家庄签署的全面战略合作协议，以及国寿投资控股有限公司与石家庄市政府配套签署的合作备忘录，我公司积极推动双方战略合作落地。截至2016年底，我上级公司在河北保险资金运用余额共计196.31亿元，涉及金融产品和债权投资，其中定期存款165.8亿元、债权投资等直接投资业务30.51亿元。

（中国人寿河北省分公司　郭云泽）

【平安人寿河北分公司】　2016年，中国平安人寿河北分公司深入贯彻落实保险新国十条精神，在全面落实监管各项工作要求下，注重业务品质管理，保持价值经营，扎实基础建设管理，并充分借助行业和总公司发展大势，创新销售模式，不断推动业务增长。公司高度重视合规工作，通过全面检查、稽核，认真查处业务发展过程中的违规、违纪行为，并采取了积极有效的整改措施，有效提高了公司合法经营程度，有效防范了风险事件的发生。2016年平安人寿石家庄辖区各项保费收入显著提升，其中长险新单累计保费收入7.19亿元，同比增长86.9%；长险续期完成累计保费收入9.94亿元，同比增长21.9%，成为拉动保费增长的主要力量。市区银邮代理业务开展良好，保费同比增长53.8%；意外险、健康险保费收入增幅明显，分别为96.3%和56.4%。至2016年底，公司在石家庄地辖区完成全年总保费收入17.94亿元，同比增长44.5%；累计赔款支出672万元，同比增长21.3%；给付合计2.57亿元，同比增长27.1%。

（一）经营情况。2016年全年，公司在石家庄地辖区业务累计实现保费收入17.94亿元，较2015年同期增加5.53亿元，同比增长44.5%。

按险种分类，传统寿险保费累计收入3.22亿元，较2015年同期增加1.80亿元，同比增长126.8%；意外伤害险累计保费收入6282万元，较2015年增加3082万元，同比增长96.3%；健康险累计总保费收入4.22亿元，较2015年增加1.52亿元，同比增长56.4%。

按渠道分类，个人代理业务保费累计收入16.57亿元，较2015年增加5.05亿元，同比增长43.8%，占总保费收入92.3%。银邮渠道业务保费累计收入1.38亿元，同比增长53.8%，占总保费收入的7.7%。

按保费期限分类，长险累计总保费收入17.13亿元，较2015年增加5.13亿元，同比增长42.7%。其中，长险新单累计保费收入7.19亿元，同比增长86.9%；长险续期累计保费收入9.94亿元，同比增长21.9%。短险完成保费收入8146万元，同比增长97.1%。

2016年，公司全年累计赔款支出672万元，较2015年同比增长21.3%；累计给付合计2.57亿元，同比增长27.1%。其中，满期给付1.21亿元，同比增长36%。年金给付4562万元，同比下降3.9%。死伤医疗给付9053万元，同比增长37.5%。

（二）经营发展。2016年，平安人寿河北分公司勇于担当企业的社会责任，相继开展了精准扶贫驻村帮扶、希望小学爱心支教、援建希望小学、公益低碳、幕天公益捐赠、爱心衣物捐赠等公益活动，持续提升公司品牌美誉度。2016年初，公司积极落实河北省委省政府工作部署，选拔三位骨干员工进驻承德市兴隆县雾灵山乡陶家台村开展精准脱贫驻村帮扶工作，扎实开展了田间作业路建设工程、村庄垃圾清理工程、村庄绿化美化等工程。为解决当地山楂滞销问题，公司号召爱心人士向陶家台村采购了山楂30万斤，解决了农民的增收问题。10月份，平安人寿河北分公司平安希望小学支教行动在邯郸涉县井店镇三街村平安希望小学顺利举行。截至2016年，平安人寿河北分公司已连续10年开展平安希望小学支教行动。

2016年，平安人寿河北分公司持续开展“新生活运动”主题活动，活动基于平安金管家APP，进一步挖掘趣味性，用游戏化、趣味化的方式增强用户参与感，同时，线上线下通过推动“平安RUN”、“平安有约健康行”旗舰活动，号召员工、客户以及社会大众养成健康的生活习惯。分公司组织跑团参与了“衡水湖国际马拉松”“承德国际马拉松”、等多个具有国际影响力的体育赛事，除参加专业赛事外，公司还举办了“棋盘山10公里健步跑”、“滹沱河15公里健步跑”内勤健康行活动，在营造健康生活氛围的同时增加了公司的品牌曝光率。

2016年全年，平安人寿河北分公司强化外勤队伍的晋升体系，全年共举办三期“巅峰系列”特训营，多维度、全方面的推进准经理、课长及新经理、课长健康、稳固、快速的晋升。通过培训中的分班操作、专题培训、交流学习、深入研讨及外请分享，不断提升外勤管理层级自身的综合素质及经营管理能力；通过培训后对营业部、课周期性的指标追踪，进一步推动其健康成长及优化经营，促进队伍的稳定发展。

（平安人寿河北分公司　杜成高）

【太平洋产险河北分公司】 2016年，中国太平洋财产保险股份有限公司河北分公司（以下简称“太平洋产险河北分公司”）认真贯彻落实全省金融工作有关会议和文件精神，积极服务河北经济社会发展，努力推进转型创新，各项工作取得良好进展。截至2016年末，该单位实现保费收入28.61亿元，同比增6.0%；为全省提供保险保障额度1.53万亿元，同比减少8.9%，累计赔款金额14.21亿元，同比减少2.1%；上缴和代扣代缴税款3.39亿元。

（一）持续提升服务水平，发挥社会稳定器作用。2016年，太平洋产险河北分公司围绕理赔管理水平和服务能力提升，不断强化理赔提质增效，有效地保障了客户的正常生活和企业的生产经营，较好的发挥了经济助推器和社会稳定器的功能作用。截至2016年12月，该公司已决理赔案件件数20.5万件，已决赔款金额14.21亿元，结案率为90.8%。尤其是在面对7·1津蓟高速交通事故和7·19洪涝灾害，该公司及时启动应急响应机制，统筹调配理赔资源，指导协助被保险人开展对财产的快速施救与保全，快速有序开展查勘、定损工作，主动简化理赔手续，方便客户快速理赔，在重大事故和大灾面前，以用实际行动践行“用心承诺，用爱负责”的服务理念，努力彰显勇于承担社会责任的保险人形象。

（二）不断扩大风险保障范围，服务地方经济社会发展。2016年，太平洋产险河北分公司紧密围绕经济社会发展特点，积极服务京津冀协同发展，持续推进公司改革创新，提升服务经济社会发展水平，服务范围和服务领域不断扩大，有效增强了服务河北经济社会发展的作用。

一是参与社会保障体系建设取得新成效。截至2016年12月底，该公司承保的邢台、沧州、邯郸、石家庄部分县区的新农合团体意外住院医疗补充保险项目，已支付赔款3319万元，赔付6883人次；承保的邢台、衡水、唐山部分县区的城镇职工团体高额补充医疗保险项目，已支付赔款629万元，赔付186人次；承保的唐山滦南团体女性生育医疗险，已支付赔款142万元，赔付2841人次。

二是服务“三农”发展取得新进展。2016年，该公司持续加强农险队伍建设，强化组织推动，完善基础管理，业务实现迅速发展。截至2016年12月，该公司农险业务保费收入1.95亿，保障金额65.67亿元，保障农户103.8万户；作为承德隆化"政银企户保"扶贫模式的保险主体参与方，建立了可复制、推广的扶贫模式，为3000余户贫困户提供贷款保障4亿多元，成为服务三农发展的创新突破。

三是助力实体经济发展作用稳定发挥。2016年，该公司涉及公共安全的责任险保费收入9658万元，同比增长12.8%，提供风险保障209亿元；企财险保费收入7470万元，同比增长－21.5%，为全省企业单位提供1657亿元风险保障；家财险保费收入502万元，同比9.1%，为广大城乡家庭提供了288亿元的风险保障；保证保险保费收入551万元，同比456.4%，保额4亿元。

（三）积极开展业务创新，满足客户新的保险需求。2016年，太平洋产险河北分公司围绕新的经济发展领域和新的社会治理任务，持续加大产品创新、服务创新力度，加强新技术运用。

一是积极推广新保险产品。该公司在2015年推出诉讼财产保全责任保险后，2016年截至12月末，实现保费收入1522万元，同比增2506%；在汽车消费领域责任险创新业务，推广的汽车延保责任险，截至2016年12月末实现保费收入348万元，同比增78.8%；首台套保费收入达148万元。

二是加强新技术运用。针对理赔、承保、续保、客户管理和数据分析等需求，2016年，该公司开发推广了CRM、车E保、码上保、太好赔、移动pos等一系列管理系统和移动应用，在提升公司运营效率的同时，为客户带来快捷便利、交互友好的全新投保、理赔等服务体验。

（四）持续创新服务，打造核心竞争优势。2016年，太平洋产险河北分公司强化传统保险业务与移动互联技术的融合，推出了"e农险"、"太好赔"、"优享汇"等服务创新。

"e农险"是以"互联网＋"为核心的集农险承保、理赔、业务运营、防灾防损、客户管理为一体的新型农险经营管理体系，利用"e农险"移动终端、无人机、互联网实现承保、理赔数据现场与后台实时连接、传送，节约人力物力成本，高质高效完成农险承保、理赔服务任务，极大便利农险承保、理赔查勘工作。

"太好赔"是该公司全力打造的车险理赔服务品牌，其以"极速、极易、极暖"的客户体验为目标，通过"移动、自动、互动"的技术平台支持，运用小额案件自动化流程、智能调度、微信和APP自助理赔等工具，为客户提供当场赔、上门赔等服务举措，真正实现"人伤无忧、车损无虑"。

"优享汇"即客户俱乐部，其旨在面向客户提供多层次多样化的增值服务组合，同时借助网站不断完善的互动交流平台，不断提升客户服务水平和满意度，使广大客户在这一俱乐部平台上，享受参与客户服务提升的快乐与价值。

（五）积极开展保险扶贫，助力脱贫攻坚战略。2016年，承德隆化县推行"政银企户保"五位一体金融扶贫模式以来，作为该模式中唯一一家合作保险公司，太平洋产险河北分公司在该模式的落实推广中，通过积极提供支持农业企业、贫困户信贷服务的保险产品，为缓解农业企业、贫困户融资难提供保险保障，发挥了保险机制在保障金融扶贫、促进现代农业发展的积极作用。

2016年，该公司在隆化试点地区实现保证保险保费收入488.64万元，共为3144个涉农企业及农户提供保障贷款保障达4亿多元。在试点成功的基础上，该公司在全辖及时总结推广了隆化"政银企户保"项目。通过借鉴承德隆化的推广模式和经验，目前该公司已在石家庄平山县，邯郸大名县、广平县，衡水枣强县，邢台威县、宁晋县、清河县、隆尧县陆续和当地政府签订了"政银企户保协议"，随着相关工作的推进，该公司通过持续扩大风险保障范围和撬动扶贫贷款规模，在保险扶贫工作中发挥更大的作用。

（太平洋产险河北分公司　张景府）

房地产业

【概况】 根据河北省统计局数据，2016年，全省房地产开发完成投资4695.6亿元，同比增长9.6%，其中商品住房完成投资3475.5亿元，同比增长9.9%；房地产新开工面积8161.3万平方米，同比增长13.0%，其中，商品住宅新开工面积6190.3万平方米，同比增长11.7%；房地产施工面积3.05亿平方米，同比增长0.1%，其中，商品住宅施工面积2.34亿平方米，同比下降1.1%；房地产竣工面积4287.8万平方米，同比增长6.2%，其中，商品住宅竣工面积3352.6万平方米，同比增长3.9%；商品房销售面积6682.3万平方米，同比增长14.1%，其中，商品住宅销售面积5899.7万平方米，同比增长14.3%；商品房平均销售价格6438元/平方米，同比增长11.8%，其中，商品住宅平均销售价格6290元/平方米，同比增长13.7%；商品房待售面积1582.4万平方米，同比下降27.4%，其中，商品住宅待售面积1133.1万平方米，同比下降32.6%。

【房地产市场调控】 2016年2月26日，河北省人民政府印发《关于化解房地产库存促进房地产市场健康发展的若干措施》（冀政发〔2016〕6号），制定了支持农民进城购房、实行棚户区改造货币化安置、优化房地产供应、推动房地产业转型升级、加大金融信贷支持力度、落实税收优惠政策、培育发展住房租赁市场、加强北京周边房地产管控、落实地方政府主体责任和优化房地产市场发展环境等10项举措。

【房地产市场监测】 搭建全省房地产统计监测平台，印发《河北省房地产统计监测平台建设工作方案》《河北省房地产统计监测平台省市数据交换接口规范》。在唐山市召开推进全省房地产统计监测平台建设工作现场会，启动全省联网工作，年底全省各设区市（含定州、辛集）全部与省住房和城乡建设厅实现联网并传送数据。

开展行业数据采集和统计分析。按规定做好住建部房地产交易日报系统河北模块数据维护管理、全国房地产行业统计年报等工作，确保数据质量。建立全省分县区房地产市场交易日报系统数据备案制度，把数据采集对象由设区市为单位，细化为设区市主城区和所辖县（区）。按月编制全省房地产业统计监测报告。自7月份开始，每周统计分析全省房价变化情况。制定了《河北省房地产市场情况预警办法》，设定预警指标和标准，对各设区市及环首都重点区域房地产市场情况每日进行监测分析，对超过预警线的市，及时发布预警提示，强化市场管控，防范市场风险。

开展商品房供应情况统计调查，3月，河北省住房和城乡建设厅、省统计局联合制定并印发《河北省商品房供应情况统计调查方案》，每季度统计汇总全省房地产库存情况，每季度定期对上季度全省商品房供应情况调查数据进行会审。

【房地产市场秩序监管】 按照住房和城乡建设部统一部署，6—10月开展了房地产中介专项整治，曝光典型违法违规案例31起。转发了住房城乡建设部等部门印发的《关于加强房地产中介管理促进行业健康发展的意见》。按照住房和城乡建设部进一步规范房地产开发企业经营行为、维护房地产市场秩序电视电话会议精神，四季度开展了规范房地产开发企业经营行为专项行动，严厉打击房地产开发企业违法违规行为。省住房和城乡建设厅、省物价局联合开展商品房销售明码标价专项检查，维护消费者合法权益。建成全省房地产开发项目信息发布平台、全省房地产企业信用信息平台。

【物业管理】 省住房和城乡建设厅与省法制办积极配合，对《河北省物业管理办法（送审稿）》进行研修改。河北省住房和城乡建设厅印发《关于命名2016年度全省物业服务优秀住宅小区（大厦）的通报》（冀建房〔2016〕28号），全省共有48个住宅小区（大厦）被命名为2016年度全省物业服务优秀住宅小区（大厦）。

【住房保障】 2016年，河北省棚户区改造计划开工17万套，基本建成10万套。截至年底，棚户区改造共开工18.3万套，完成率107.6%；基本建成棚户区和公租房17.4万套，完成率174%；棚改货币化安置9.4万套（户），货币化安置比例51.5%。国家下达的年度目标任务均超额完成。

8月13日，印发《河北省住房和城乡建设厅河北省财政厅河北省国土资源厅转发住房城乡建设部、财政部、国土资源部关于进一步做好棚户区改造工作有关问题的通知》（冀建保〔2016〕7号），要求各地加速推进棚改、依法依规控制棚改成本、科学规划棚改腾空的土地、注重配套和环境建设、优先出让安排棚改腾空的土地、同步推进产业的发展。9月18日，河北省住房和城乡建设厅印发《关于公布保障性安居工程施工承包预选名录入选企业名单的通知》（冀建保〔2016〕8号），公布入选全省保障性安居工程施工承包企业预选名录的7家企业名单。12月15日，印发《河北省住房和城乡建设厅省财政厅转发住房城乡建设部财政部关于明确棚改货币化安置统计口径及有关事项的通知》（冀建保〔2016〕9号），要求各地明确棚改货币化安置方式和统计口径、进一步加大对棚改货币化安置的支持力度、强化棚改货币化安置资金使用管理、加强协调配合和宣传引导。

编印《棚户区改造政策问答》小册子，针对棚改工作任务重、政策多、难度大等特点，在棚改货币化安置、政府购买棚改服务等主要政策点和工作难点，归纳整理7个方面共76个问题，辑印成册，指导各地准确掌握和利用棚改及贷款融资政策。开通“河北住房保障”微信公众号，宣传发布河北省住房保障房工作动态。围绕棚户区改造和保障房分配管理工作，收集整理省内外先进工作经验，编印8期《工作调研与指导》，供各地学习借鉴。分别于3月、5月、9月组织召开全省棚改工作推进暨政策培训会议，对棚户区改造政策进行详细解读，现场答疑，市、县棚改主管部门相关工作人员已全部进行了轮训。

【住房公积金】 缴存额稳步上升，截至2016年12月底，全省累计缴存3308.14亿元，缴存余额1544.21亿元；2016年，全省缴存住房公积金493.28亿元，同比增长10.93%。提取额略有下降，截至2016年12月底，累计提取1763.93亿元，提取率53.32%；2016年，全省提取302.53亿元，同比减少27.22%。个贷额显著上升，截至2016年12月底，全省累计发放贷款1842.99亿元，贷款余额1246.83亿元；2016年，全省发放个人住房贷款368.99亿元，同比增长21.27%；截至2016年12月底，全省住房公积金个贷率为80.74%，同比增长6.71个百分点。结余资金明显下降，截至12月底，全省结余资金290.04亿元，较上年末下降47.84亿元。

（河北省住房和城乡建设厅　郭晓丽）

税　务

【国税概况】 2016年，河北国税系统围绕聚财力克难奋进，收入规模首次突破两千亿元，为经济社会发展提供有力财力保障。围绕推改革担当尽责，打赢全面推开营改增试点、征管体制改革、放管服改革攻坚战，在减税负、提效率、强治理等方面彰显改革成效。围绕促合作广泛探索，加强国地税合作，加强多部门协作，加强京津冀协同，深化拓展税收共治格局。围绕严管理联动施策，以“两学一做”学习教育为主线，以“两个责任”为带动，以“两权监督”为推动，以组织与个人“两个绩效”为驱动，正风肃纪强化队伍建设。围绕树形象提档升级，在内部努力争先进位，在外部努力获取荣誉，以优质工作打造国税品牌、树立良好形象。全省国税系统完成税务总局口径税收2122.9亿元，同比增长17.8%；完成省政府口径税收1969.7亿元，同比增长19.6%。其中，中央级收入完成1389.8亿元，同比增长4.6%；一般公共预算收入完成753.3亿元，同比增长59.0%，占全省一般公共预算收入的比重为26.6%，同比提升8.7个百分点。办理减免退抵税673.8亿元。

【国税收入特点】 一是税收规模创历史新高，首次突破两千亿元，增速高于全国6.1个百分点。二是地方级收入增速加快占比提升，地方级收入完成753.3亿元，同比增长59%，占一般公共预算收入的26.6%，同比提升8.7个百分点。三是产业结构继续优化，第三产业税收增速29.0%，超过第二产业税收增速18.3个百分点，税收占比达42.2%，比上年提升3.7个百分点。四是增值税增速大幅提升，消费税、企业所得税和车辆购置税增速回落。五是京津冀协同效应显现，环京津区域税收增速加快。

【营业税改征增值税】 将全面推开"营改增"作为政治任务、核心工作和一把手工程，与财政、地税等部门紧密配合，倒排工期、有力有序推进，先后打赢5月份"开好票"、6月份"报好税"、全过程"分析好"三大战役，运用二维码技术推出"码上学""码上答"服务在全国推广，涉及四大行业28.77万户纳税人，全省纳税人减税超120亿元，总体运行平稳，产业升级、就业创业等"外溢效应"明显。

【国税、地税征管体制改革】 牵头制定《河北省深化国税、地税征管体制改革实施方案》，积极推动6大主要任务、29项具体事项落实，建立国地税联席会议、序时推进、督察督办等5项配套制度，制发实施意见等通知公告41个，出台联合办税、便民办税、全省通办等具体方案10个，选取13个县区作为国地税合作县级示范区，其中石家庄裕华区、沧州东光县、唐山遵化市、廊坊大厂县被税务总局评为"全国百佳示范区"。

【税收法治】 坚持公职律师梯次建设，法律顾问全面覆盖，执法行为全程记录，执法信息全线公示，法治基地示范引领，推进工作全面落实，开创依法治税工作新局面，在全国税收政策法规工作会议、河北省依法行政会议上介绍经验。

【纳税服务】 以开展便民办税春风行动为主线，以落实服务规范为保障，不断提高纳税服务水平，获得全国纳税人满意度调查第三名。在咨询辅导上，省局成立12366纳税服务中心，开通知识库查询系统，与大企业开展高层对话、走访座谈，对"走出去"企业实施高端培训、定制辅导，开发网上纳税人学堂课件442个。在便利办税上，试点推行办税服务厅分类管理，简并申报次数，推进无纸化办税，扩大同城通办范围，138万户小规模纳税人按季申报，24种表证单书免填单，46个涉税事项全市通办，11个涉税事项全省通办。在权益保护上，用信息手段评价纳税信用等级，提供网上便捷查询服务，完善纳税服务投诉管理办法。

【税收征管】 完善专业化管理模式，健全省局税收风险管理机构、优化风险管理流程，强化对全省风险管理的统筹指挥；推行实名认证，从源头防范风险；开发新办纳税人监控模块，升级进销数据分析监控系统，运行所得税汇缴预缴审核软件，利用信息手段更好分析风险；开展餐饮、商贸、出口退税、成品油消费税、非居民跨境交易等风险核查，组织资产损失、高新技术企业专项评估；应对风险任务9.6万户，入库税款64.5亿元。

【税务稽查】 坚持全省"一盘棋"，落实"双随机"抽查机制，推广稽查综合软件，对地方炼化企业、营改增高风险企业开展专项检查，对重点区域行业企业开展专项整治，对省、市级重点税源企业开展深入核查，查补入库税款39.7亿元，同比增长9.3%。

【电子税务管理】 在抓好资源整合、网络提速、安全管理、运维保障的基础上，深入开展"互联网+税务"行动计划。在全国率先开发运行"云办税厅"，集合发票发售、申报征收等7大类98项功能，使涉税业务的网络办结量达到64%，实体办税厅领票量减少八成以上。开发网上预约办税系统，实现纳税人在线排队、远程预约。研发"互联网+便捷退税"平台，实现政策在线查询、事项智能提醒、申报网络预审，推进出口退税无纸化管理。鼓励基层积极探索，形成"网络爬虫"等8项可复制可推广的互联网创新成果。

【干部队伍建设】 推进全面从严治党，扎实开展"两学一做"学习教育，成立党建工作领导小组，制发"构建全面从严治党新格局实施意见"，严肃党内生活，各级党组书记以普通党员身份参加组织生活1285次，清缴党费900万元，基层党组织实现全覆盖。严格干部管理，严密组织干部选拔、调整、交流，认真开展任职回避、个人事项报告、干部人事档案、超职数超规格配备干部检查，做好规范津补贴和养老金相关工作，积极推进职务与职级并行，444人享受副科级以上职级待遇。加强教育培训，积极培养省局高端人才，5人成功入选总局领军人才，大力开展"岗位大练兵、业务大比武"活动，298人被评为岗位能手，63人被评为业务骨干，5人代表省局参加全国大比武获得较好成绩，省局获得团体优秀奖。开展精神文明创建，组织提炼"河北国税精神"、创建"基层建设品牌"、参加社会志愿服务等活动，省局被评为"河北省文明单位"，全系统76个单位获得河北省"三八"红旗集体、全国先进基层党组织等称号，15名个人获得"河北省五一劳动奖章"等荣誉。

【党风廉政建设】 认真落实党风廉政建设主体责任和监督责任，研发运行"两个责任"系统，促进各级党组切实履职履责、促使纪检部门聚焦主责主业。紧盯税收执法权加强监督，认真落实税收执法责任制，将重点区域和出口退税、税收个案批复等作为执法督察重点，通过执法管理信息系统核查疑点，发现违规税款3747.2万元；紧盯行政管理权加强监督，对领导干部开展经济责任审计，对出国经费、金税运行费等开展专项审计，对"三重一大"、婚丧喜庆事项报告等进行重点监督，发现问题金额是上年的2.99倍；紧盯重要时间节点加强监督，围绕落实中央八项规定精神，在重要年节假期发送廉政提醒短信，开展办公用房专项整治“回头看”，组织明察暗访、交叉互查，防止“四风”问题反弹。紧盯问题线索执纪问责，积极实践监督执纪“四种形态”，对44名干部约谈函询、对24名干部批评教育、对19名干部诫勉谈话，给予党政纪处分115人次，移送纪委或司法机关5人，公开曝光典型案件23起。

（河北省国家税务局　戴占阳）

【地税收入】　2016年，河北省地税局累计完成各项收入2331.77亿元，可比增长9.74%（剔除营业税，下同），其中，税收收入完成1546.73亿元，可比增长13.08%，社保费收入673.58亿元，同比增长5.08%。2016年，省地税局主动应对经济低位运行和各种减税政策带来的不利影响，积极采取组织收入的有效措施。一是加强收入分析调度。认真落实省委省政府“以旬保月、以月保季、以季保年”要求，坚持组织收入原则，合理调整收入目标，实地开展调研督导，多次召开全省税收形势分析会议，研究落实抓收入的具体举措，牢牢把握组织收入主动权。二是严格管理、挖潜增收。加强各税种管理，强化土地增值税清算，创新车船税征管方式，狠抓企业所得税汇算清缴，严格个人所得税申报，12个税种实现了增长。做好大企业电子财务数据采集工作，强化大企业税收风险管理，入库税款3.6亿元。三是加强规费管理。针对费源紧张的不利形势，突出抓好重点费源管理，实地开展专项调研，协调解决基层困难，积极推广网上和手机缴费模式，保证社保费及各项规费任务圆满完成。

【落实税收政策】　各级地税部门全面落实税收政策措施，充分发挥税收职能作用，服务全省经济社会发展。一是落实好各项减税政策。加大对化解过剩产能、改造传统产业、培育新型产业、发展现代服务业等税收政策支持力度，全面落实研发费用加计扣除、技术转让所得、固定资产加速折旧等税收优惠政策，认真落实扶持小微企业、促进就业创业、企业重组与股权投资等方面税收优惠。二是推进重大战略部署落地。细化落实科研人员创新创业税收政策措施，认真研究“三去一降一补”重点任务，推进供给侧结构性改革。针对北京新机场建设等重大项目，研究管理服务举措，完善税收协作机制，制定《京津冀一体化集贸市场税收管理办法》，助推区域协同发展。三是加强政策落实管理。下放税收优惠政策审批权限，简化政策办理手续，及时修改软件系统，方便纳税人享受税收优惠。同时，开发税收优惠管理系统，组织开展自查自纠，加强对政策落实情况的督导检查，确保政策落实到位。

【重点税收改革】　认真落实省委省政府关于《深化国税地税征管体制改革实施方案》，科学谋划改革路线图，制定实施推进措施，狠抓改革试点，开展全面实地督导，各项改革任务落实落地，多次得到省委省政府和国家税务总局领导的批示肯定。

一是营改增改革圆满完成。全系统地税干部坚决落实国家税务总局部署，科学制定方案，周密安排部署，加大督导协调力度。在关键阶段，省局领导班子成员分别带领督导组深入基层一线，现场解决改革中遇到的各种困难。经过全系统共同努力，高质量完成了摸底调查、数据汇总、软件修改、规范代征等各阶段工作，向国税部门移交纳税人28.77万户，累计代征二手房交易增值税16.53亿元，打赢了这场税制改革的攻坚战。

二是水资源税改革成效初显。省局党组高度重视水资源税改革工作，多次向省委省政府和国家税务总局领导专题汇报水资源税改革进展情况，取得理解支持。主动加强与水利厅、财政厅等部门协作配合，多次召开协调会、调度会，研究制定《河北省水资源税征收管理办法》等一系列制度办法，建立了水资源税工作的长效机制。深入基层开展调研，研究解决改革中的各种问题和困难，认真做好摸底调查、信息移交、宣传培训和效应分析等基础性工作，实现了水资源税顺利开征，累计入库税款7.15亿元，较上年同期水资源费增长101.3%，引导节约用水作用逐步显现。

三是国地税合作不断深化。认真落实《国地合作规范2.0版》，积极与省国税局加强沟通协作，建立联系会议机制，召开推进会议，联合印发《国地税合作县级示范区建设方案》《联合办税合作试点工作方案》等文件，合作机制进一步完善。积极引导各市、县（市、区）局以联合创建办税服务厅为载体，不断探索国地税合作新路。一年来，落实合作事项51个，打造7个国家级、13个省级合作示范区，4个单位入选“全国百佳县级示范区”，161个单位实现联合办税。另外，加强与国税、工商、质检等部门合作配合，扎实推进商事制度改革，全面推广“多证合一、一照一码”，积极推进个体工商户“两证整合”，实现工商与税务登记信息的实时共享。

四是“互联网＋税务”行动计划深入实施。认真落实“互联网＋税务”行动计划，科学制定方案，周密组织实施，依托金税三期系统和大数据、互联网等新技术，加快税收信息化建设步伐。以省会石家庄市局为试点，组织、引导各市局在税收征管、纳税服务等方面开展“互联网＋税务”建设，多个项目应用开发顺利上线。

【依法治税】　全省地税牢固树立法治理念，坚决做到尊法学法守法用法，坚持在法治轨道上开展税收工作、推进税收现代化建设。

一是学法用法水平明显提升。高度重视学好、用好法律法规，制定了《省局机关领导干部学法制度》，对省局领导班子学法作出安排，全年共组织学法4次，组织了全员法治培训，系统学习宪法等中国特色社会主义法治理论，深入学习各项税收法律法规，增强了运用法治思维和法治方式解决实际问题、推进地税发展的能力。省局党组加强对依法行政工作的组织领导，制定《省局依法行政工作领导小组会议议事规则》，落实例会制度，全年共召开4次专门会议，对依法行政各项工作作出具体部署。结合地税实际，积极开展普法宣传，在“六五”普法工作验收中，得到省政府验收组的充分肯定。

二是税收法治基础更加夯实。在全系统深入推进“法治税务示范基地”创建活动，20个县级地税局被评为省级“法治税务示范基地”，邯郸涉县地税局获评“全国法治税务示范基地”。加强税收规范性文件合法性审查、合规性评估，全面开展税收规范性文件清理，执法基础进一步夯实。严格按照规定程序开展责任追究，全年发现税收执法过错行为2176件次，责任追究1680人次。

三是税收法治环境得到优化。加强税收执法监督检查，积极探索“两上两下”督察新模式，借助大数据分析提升督察工作质效，全年共下发疑点数据10万余条，补征税款、滞纳金并处罚款7.63亿元，针对问题提出规范执法建议70余条。整合全系统稽查力量，加大省、市局直查力度，对重点税源企业随机抽查，开展税收专项检查和专项整治，打击税收违法和发票违法犯罪活动，共检查纳税人2269户，查补入库50亿元，规范了税收秩序，优化了税收环境。

【税收征管和纳税服务】 一是着力构建以风险管理为导向的税收征管新模式。制定出台试点工作意见和7个配套制度，明确1个市局和46个县（市、区）局积极开展征管模式改革试点。完善税收风险管理机制，出台税收风险识别与应对制度，编写操作指引，举办专题培训，上线运行税收风险管理系统。

二是纳税服务全面优化。围绕纳税人需求，整合服务资源，改进服务方式，努力提供更加优质便捷的服务举措，得到纳税人的广泛好评。在纳税人满意度测评中，获得全国省级地税系统第四名的好成绩。深入开展“便民办税春风行动”，大力推进实体办税厅、网上服务平台、12366热线和手机APP建设，顺利实现办税事项同城通办、省内通办，方便了纳税人。对大企业实施常态走访、团队会诊等个性化服务，企业税收遵从度明显提升。先后制定《标杆示范及星级办税服务厅评定管理办法》《办税服务厅智能化建设实施办法》等8个制度文件，纳税服务工作得到进一步规范。认真开展纳税信用等级评定，为7087户纳税信用B级以上企业提供贷款32.2亿元，对“黑名单”纳税人进行了联合惩戒。

三是税收共治格局得到加强。认真落实《河北省税收征管保障办法》，出台细化指导意见，加强部门沟通协作，开展落实情况督查，累计获取第三方涉税信息282万条，增加税收44.5亿元。组织各市、县（市、区）局深入开展“涉地税收一体化管理”，加强风险识别和应对，增加应税土地1.5亿平方米，入库税款3亿元。

【党风廉政建设】 2016年，省地税局深入落实全面从严治党要求，严格落实“两个责任”，持续将党风廉政建设推向深入。

一是认真落实党风廉政建设主体责任。年初，召开全系统党风廉政建设工作会议，贯彻落实中纪委、省纪委全会精神，明确工作任务，强化责任分解，层层签字背书。严格落实定期报告制度，先后两次听取省局各部门和各市局主要负责人履行主体责任情况的汇报，17次专题研究党风廉政建设工作。由班子成员带队，对责任落实情况组织开展监督考核，对照责任清单内容，细化考核指标，对考核结果进行通报，实现了压力层层传导。认真履行党风廉政建设第一责任人职责，坚持做到重要工作亲自安排、重大问题亲自过问、重点环节亲自协调、重要案件亲自督办。支持驻省局纪检组转职能、转方式、转作风，深入开展执纪监督。

二是严明党的纪律。严守政治纪律、政治规矩，坚定政治立场和政治方向，做到令行禁止、政令畅通。积极推进执纪监督“四种形态”具体化、常态化，出台《全面运用监督执纪问责“四种形态”的指导意见》，约谈11个市局和2个省直管县局一把手。严格执行党内法规，建立了定期谈话、节点谈话、重大事项事前谈话、问题谈话四项工作机制。

三是加大案件查处，严格纪律审查。加强案件线索管理，依托信访举报和问题线索管理系统，集中时间、集中人员力量对问题线索进行了及时处理。出台《信访举报和线索管理办法》《政纪案件调查处理和管理办法》等一系列制度规定，对全系统处分执行情况开展检查。实施交叉办案制度，各设区市局问题线索由驻省局纪检组统一调度进行初核。上年，省局共处理问题线索152件，立案61件，党政纪处分52人，组织处理9人。

四是严格落实中央八项规定精神，坚决查处“四风”。按照省委部署，认真开展作风整顿，结合“一问责八清理”专项行动，印发推进方案，召开动员会，广泛征求意见，深入查摆问题，针对梳理出的9类18项问题，制定26项整改措施，逐项抓好落实，干部作风实现新的转变。抓住超标准占用办公用房、超标准公务接待、违规配备使用公务用车、违规参与涉税中介机构、公务员经商办企业、吃空饷等问题，集中力量开展专项治理工作，坚决将中央“八项规定”精神落到实处。采取聘请第三方等形式，开展明察暗访，制作警示教育片，对违反纪律的15名干部给予党政纪处分。

五是加强对党内监督的领导。以学习贯彻《中国共产党党内监督条例》为重点，严格执行党内监督各项制度。认真做好巡视整改工作，针对省委巡视组反馈的意见，省局党组多次召开会议，研究制定整改落实措施，明确主管领导、责任处室和时限要求，逐项抓好整改，并支持纪检组对41件问题线索全部进行了初核，对9名干部给予党政纪处分。同时，以巡视整改为契机，建立完善长效机制，规范全系统津补贴、差旅费发放政策，制定完善财务、基建和政府采购管理办法，得到省委巡视组的充分肯定。

（河北省地税局　刘新霞）

科学技术

【概况】 2016年，省科技厅党组团结带领全厅干部职工围绕“协同发展、转型升级、又好又快”工作主基调，坚持在大局下定位、全局下行动，真抓实干，大胆创新，科技改革发展取得了一系列新进展新成绩，实现了“十三五”良好开局。

2016年，河北省共有10个项目获得国家科学技术奖。其中省三院张英泽教授团队主持完成的“骨折微创复位固定核心技术体系的创建与临床应用”项目荣获国家技术发明二等奖，是近年来全省争取国家技术发明奖的又一次突破。全年共评出省科学技术奖获奖项目280项。其中科学技术突出贡献奖2项，科技进步奖获奖231项，技术发明奖17项，自然科学奖25项，国际科学技术合作奖5项。

【全省科技创新大会】 全国科技创新大会召开后，河北省召开了规格空前、规模空前、影响空前的全省科技创新大会，做出建设创新型河北的重大战略抉择，提出“三个提升、两个突破、一个确保”奋斗目标，确立了以科技创新引领产业选择等六个主攻方向，出台《关于加快科技创新建设创新型河北的决定》等“3＋N”政策措施。会后，各级各部门加紧部署、梯次推进，研究贯彻落实意见，制定相关政策规划，推动重大改革事项，保定、承德、衡水、廊坊、秦皇岛等市相继召开了层次高、规模大的全市科技创新大会，“举省抓创新，突出抓协同，重点抓改革，优先抓人才，关键抓落实”的强大势能加速形成。

【京津冀协同创新】 一是完善了京津冀协同创新重点领域及主要路径的顶层设计。落实科技部、国家发展改革委《京津冀协同发展科技创新专项规划》。研究出台了《河北省关于落实〈京津冀协同发展科技创新专项规划〉的实施意见》，提出了强化协同创新支撑、完善区域创新体系、整合区域创新资源、协同推进创新创业等5个方面16项具体任务，形成了脉络清晰、操作有序的“路线图”和“施工图”。二是瞄准定位，打造战略性标志性平台。按照《京津冀协同发展规划纲要》的总体定位和创新布局，谋划“一南一北一环”创新驱动发展新格局。河北·京南国家科技成果转移转化示范区被科技部批准为全国首批国家科技成果转移转化示范区，纳入国家“促进科技成果转移转化行动”总体布局，上升为国家战略。修订完善了科技部《科技冬奥（2022）行动计划》，打造科技冬奥绿色廊道。环首都现代农业科技示范带获批国家级现代农业科技示范区，发布实施《环首都现代农业科技示范带总体规划》，成立了京津冀现代农业协同创新研究院，着力打造“中国农业硅谷”。三是加强引导，组织实施了五个共建。积极推进与中关村、清华大学、中国技术交易所等单位合作，实施了科技园区、创新基地、技术市场、转化基金、创新联盟“五个共建”。与京津合作共建中关村海淀园秦皇岛分园、石家庄（正定）中关村集成电路产业基地、清华大学重大科技项目中试孵化基地等各类园区39个、创新基地27个。培植和催生了一批协同创新模式和合作新样板，先后与京津签署合作协议539个，引进和转化科技项目500项，吸引1300家京津高科技企业落户河北。四是协同突破重点领域关键技术取得一定进展。深化京津冀区域大气污染防治科技合作工作机制，坚持定期会商，统筹创新资源，共同推进国家科技支撑计划“京津冀区域大气污染联防联控技术集成与示范”项目的实施。推动京津冀中医药产业创新战略联盟建设，积极支持北京同仁堂集团安国分公司联合北京中医药大学、天士力集团、石药集团和安国金木药业等一流中药企业、高校、科研院所共同组建产业创新战略联盟。五是完善科技成果转移转化服务体系。联合中国技术交易所、北京国际技术转移中心、北大创业训练营等，建立了技术交易、技术转移、创业培训“三中心”和科技金融、科技资源“两平台”，建设省级以上技术转移机构30家，中国创新驿站区域、基层站点9家，连通京津、贯通各市、覆盖全省的“五位一体”科技服务体系日臻完善。积极推进中国知识产权执法华北调度中心筹建工作，建立了京津冀知识产权诚信管理系统，上线试运行。六是科技开放合作进一步深化。廊坊固安高新区被科技部认定为国际创新园，新认定省级国合基地21家。截至2016年底，共有国家国际科技合作基地23家，省级国合基地78家。燕山大学“智能康复机器人联合实验室”等项目被列入2016中外政府间科技合作项目。省政府与东南大学正式签署合作协议，促进东南大学科技成果在河北省转移转化。

【培育企业创新主体】 一是加大高新技术企业培育力度。实施高新技术企业后备培育工程，在质量做强、数量做大上做文章，加大对高新技术企业提供政策和金融支持，进一步提升企业实力，定期组织召开高新技术企业认定培训会、辅导会，帮助企业准确把握高新技术企业认定的新要求，挖掘培育高新技术后备企业。二是推动科技型中小企业裂变式增长。出台了《河北省科技型中小企业成长计划（2016—2020年）》。综合运用财政补贴、风险补偿、创业投资等政策性工具和引导性措施，对不同成长阶段的企业梯度培育、差异扶持。全省科技型中小企业呈现蓬勃发展的新局面，科技型中小企业新增1.34万家，总数达到4.20万家，科技小巨人新增749家，总数达到2162家。三是以企业为主体组织实施重大专项。2016年实施重大专项项目50项，研发新产品50余个，促进重大科技成果转化和产业化120余项，攻克了一批核心共性关键技术。高速动车牵引系统、弓网受流、网络控制取得技术突破，新一代高速动车组投入运营。4英寸碳化硅国内领先，实现量产。风光储联合发电标准体系初步建立，风光储输示范工程在国家工业大奖评审中名列前茅。百吨级石墨烯生产线正式投产。四是加强企业创新服务。建设科技型中小企业服务网，为科技型中小企业在技术开发、科技政策、投资融资、市场开拓、企业诊断等方面提供“一站式”服务。成功举办河北省第四届创新创业大赛暨第五届中国创新创业大赛（河北赛区）。

【供给侧结构性改革】 一是推动实施倍增计划，高新技术产业增长点加速形成。全省规模以上高新技术产业共完成增加值1932.6亿元，同比增长14.5%，高于规上工业9.3个百分点；高新技术产业增加值占规模以上工业增加值的比重首次突破18%，达到18.2%。围绕“高端装备制造、新材料、新能源、电子信息”等比较优势战略型新兴产业，推进产学研合作和京津冀协同攻关，突破产业关键技术，打造新兴产业竞争优势，使战略性新兴产业尽快挑起河北发展的大梁。二是科技支撑传统产业转型升级步伐加快。围绕钢铁、石化、建材、纺织等主导产业转型发展的重大需求，对接“中国制造2025”和“互联网＋”行动计划，以高端化、智能化、服务化、绿色化为主攻方向，组织实施重大关键技术攻关，开发高技术含量、高附加值新产品，加快传统产业转型升级步伐。三是科技创新支撑农业现代化发展。围绕粮食、畜牧、果品、蔬菜四大农业主导产业发展，在种质资源创新、粮食丰产增效、农产品加工增值、农业信息化机械化等关键技术取得新突破。开发示范农业新产品、新工艺101项，建立试验示范区超过100个，申请专利75项、授权38项，制定标准68项。在渤海粮仓示范区内，共建立110个千亩示范方、95个万亩辐射区，示范辐射面积1041万亩，增粮9.95亿公斤、节水4.6亿方。四是社会事业保障领域组织实施科技专项见成效。重点围绕资源环境、生物医药、医疗卫生技术、海洋科技、公共安全、食品安全等领域，安排资金4000万元，组织实施一批科技专项，“重组人源抗VEGF单抗药物的开发”等项目进展顺利，节能环保产业和大健康产业科技支撑能力大幅提升。五是科技扶贫取得新成效。会同省委组织部，开展了“科技青春·创业富民”科技特派员农村科技创业主题行动，支持大学生村官科技特派员带成果、带项目创新创业。针对燕山—太行山扶贫片区、黑龙港流域片区、环首都扶贫攻坚示范区农业技术需求，选派692名科技人员、培养62名本地科技人员，到贫困县开展科技服务和创新创业，实现贫困县选育全覆盖。

【平台载体建设】 一是打造基础创新平台，提高服务水平。依托优势产业、骨干企业、高校、科研院所推进产学研合作，积极推动重点实验室、工程技术研究中心、产业技术研究院三类创新平台建设。2016年，完成新建省级重点实验室6家、省级工程技术研究中心31家、省级产业技术研究院11家，共48家。完善了科技创新平台年报统计制度和绩效评估指标体系，组织开展2016年度重点实验室、工程技术研究中心、产业技术研究院的绩效评估工作，强化了建设发展引导。二是加快高新区管理体制改革，提高发展水平。积极推动开发区优化整合，衡水、衡水桃城区、冀州、安平、邢台滏阳、平乡、威县、辛集8个经济开发区变为高新区，16家经开区并入高新区，高新区数量增加到30家，石家庄高新区综合实力跻身全国15强，石家庄高新区、保定高新区成为国家首批科技服务业区域试点。开展创新型产业集群建设工作，在部分国家级和省级高新区，建设石家庄药用辅料、保定新能源与智能电网等2个国家级创新型产业集群和石家庄卫星导航、唐山机器人、承德仪器仪表等8个省级创新型产业集群。三是实施农业科技园区提档升级工程。推动邢台威县、保定涿州等省级园区升级为国家农业科技园区，全省国家农业科技园区达到14家，居全国第二位。建立园区考核评估体系，引导园区发展方向，全省省级以上农业科技园区达到106家，园区核心区建成102万亩，实现总产值256亿元。

【“双创”工作】 一是众创空间实力不断增强。深入开展“双创促转型河北在行动”系列主题活动，创业培训、项目路演、融资对接、创客峰会等已呈常态化、品牌化。加强与京津合作，北大科技园、黑马会、飞马旅、大唐、腾讯等国内知名品牌在河北省设立分支机构，引领全省众创空间创新发展。发布全省“双创”地图，搭建众创空间、创投机构、培训机构等深度交流和资源共享的平台。截至2016年底，全省共建设各类众创空间超过300家，其中省级众创空间80家，国家级众创空间72家，入驻创新团队和小微企业5000多个，近2万名创客享受到“保姆式”的创业服务。二是孵化器建设迈上新台阶。围绕打造孵化器升级版、提升综合服务能力，着力提升全省孵化器发展水平。邯郸市科苑企业孵化器等4家省级科技企业孵化器晋升为国家级孵化器。截至目前，全省共有省级以上孵化器61家，其中国家级22家，省级39家。孵化场地超过300万平方米，在孵企业3500家，从业人员6万多人。三是科技金融结合更加紧密。发挥财政科技投入的拉动效应和放大作用，推动科技与金融深度融合，建立政府引导、企业主体、金融支撑的多元化科技投入机制。规模10亿元的河北招商万凯股权投资基金和国投京津冀科技成果转化创业投资基金已完成募资和注册。科技贷款风险补偿资金池规模达到6700万，为1898家科技型中小企业和高新技术企业发放贷款327.94亿元。设立首期5000万的省级天使投资引导基金，并与石家庄、保定、张家口、秦皇岛等地合作设立天使投资子基金，共8000万元规模基金已进入注册程序。全年专利权质押贷款实现18.14亿元，位居全国前十，河北省知识产权金融进入全国先进行列。加强与银行合作，省市两级成立了10多家科技支行、科技担保、科技创业投资、科技保险等科技投融资机构。四是加强农业众创空间—星创天地创建。建设省级以上星创天地157个，其中国家级40个，居全国第四位。选派自然人科技特派员1.8万人，法人科技特派员500多个，建立国家级科技特派员创业基地4个，国家级科技特派员创业培训基地2个。

【创新环境建设】 一是建立健全科技成果转移转化制度体系。围绕促进科技成果转化，相继出台了《河北省促进科技成果转化条例》、《河北省促进科技成果转移转化行动计划》，从法治保障和工作路径两个方面，明确了加快科技成果转化的重大举措，对建立符合科技创新规律和市场经济规律的科技成果转移转化体系，促进科技成果资本化、产业化，推动河北省到2020年迈入创新型省份行列具有重大现实意义和深远影响。二是推进落实企业研发费用税前加计扣除政策。与省国税局、省地税局共同修订《河北省企业研究开发费用税前加计扣除项目鉴定办法》，组织完成2015年度企业申报税前加计扣除项目鉴定工作。全省共625家企业进行研发费用税前加计扣除鉴定，申报加计扣除额48亿元，免税约12亿元。三是强化人才引进，科技创新人才队伍持续壮大。配合省委组织部研究制定《关于深化人才发展体制机制改革的实施意见》，推进实施科技英才“双百双千”工程，以企业为主体引进人才为特色，以支撑产业创新发展为主线，加快科技人才队伍建设。75个产业创新企业团队和300名科技型中小型企业创新英才脱颖而出，有效壮大了全省“人才雁阵”。四是进一步加强知识产权保护，为创新激励机制提供保障。积极推进知识产权相关立法工作，起草制定“河北省第24届冬季奥林匹克运动会知识产权保护规定”立法工作实施方案，《河北省专利保护条例》列入《河北省人民政府2016年立法工作计划》。深入开展知识产权执法维权专项行动，全省共调处专利纠纷案件465件，共查处假冒专利案件26件。

【科技部领导来河北调研】 2016年7月13日至15日，科技部副部长徐南平率科技部社会发展科技司、农村科技司、中国21世纪议程管理中心相关负责人一行，就环保科技、农业科技、可持续发展等相关工作到河北省调研。省政府副省长许宁、副秘书长李靖，省科技厅厅长王志欣及有关市领导陪同调研。

7月14日下午，河北省委书记、省人大常委会主任赵克志在石家庄会见了徐南平副部长一行，赵克志对徐南平一行到河北调研指导工作表示欢迎，对科技部长期以来给予河北的大力支持表示感谢，赵克志表示，河北面对京津冀协同发展等一系列重大机遇，面对化解过剩产能、加快转型升级的艰巨任务，我们必须牢固树立和贯彻新发展理念。日前，省委、省政府围绕贯彻落实全国科技创新大会精神，召开全省科技创新大会，切实把发展的战略基点放在科技创新上。真诚希望科技部一如既往关心支持河北创新发展。徐南平指出，河北省抓创新的基础好、决心大，创新发展的目标明确、路径清晰。要增强发展信心，抢抓发展机遇，服从并紧跟国家发展大局，大力实施创新驱动发展战略，充分用好京津科技人才资源优势，加快建设创新型河北。

【科技创新券启动宣讲会】 2016年11月23日，河北省科技创新券启动动员会暨政策宣讲会在石家庄召开。省科技厅党组副书记、副厅长郭玉明出席会议并讲话。

本次宣讲会旨在进一步解读河北省科技创新券有关政策，详细介绍创新券的申领、发放、使用与兑付等工作流程，帮助科技型中小企业、创新创业团队更好的使用创新券。会上，省科技厅有关处室负责同志对创新券相关问题作了详细解答。

【河北京南科技成果转移转化示范区建设】 河北·京南国家科技成果转移转化示范区，在10月14日召开的国家科技成果转移转化示范区新闻发布会上宣布将启动建设，是全国首批国家科技成果转移转化示范区，是与中关村自创区、天津自创区、自贸区相呼应的国家级战略性标志性创新平台。“示范区”主要包括石家庄国家高新区、保定国家高新区、固安高新区、白洋淀科技城、亦庄永清高新区、霸州开发区、长城汽车科技园、高碑店国际创新园、涿州国家农业科技园和任丘开发区等10个园区，形成“一区十园”模式，面积约为500平方公里。

河北省科技厅党组副书记、副厅长郭玉明介绍，河北省将与京津密切合作，用足用好各项政策措施，着力推进管理模式创新、体制机制创新、转化路径创新“三个创新”，加快搭建技术交易平台、孵化转化平台、公共服务平台、众创空间平台“四大平台”，全力建设打造人才高地、构建制度高地、创建资本高地、构筑智慧高地、再造服务高地“五个高地”。

【京津冀青年科学家论坛】 8月16日，由省科技厅主办、燕山大学承办的第三届京津冀青年科学家论坛暨河北省杰出青年科学基金成就展在秦皇岛市举办。省科技厅副厅长郭玉明出席开幕仪式并致辞。

此次论坛主题为“青年——科学的未来”，来自京津冀三地的300多名优秀青年学者围绕化学、生命科学、信息科学、工程科学四大领域前沿科技创新展开对话交流。河北省自然科学基金委员会自2009年开始实施河北省杰出青年科学基金资助计划，目前已经资助105名青年科技工作者，其中有5人获得国家杰出青年科学基金项目资助，3人获得国家优秀青年科学基金资助，90%以上得到了国家自然科学基金和国家部委的重点项目资助。这些青年科学家已经成为河北省学科发展、创新团队培养的带头人。

（河北省科技厅　于学芝　刘蕊）

气　象

【概况】 2016年全省气象部门紧紧围绕“四个全面”的战略布局和建设经济强省、美丽河北的目标任务，不断强化气象防灾减灾和公共服务，切实履行行政管理职能，大力推进基础业务现代化，努力构建新型气象事业结构，气象防灾减灾、促进经济转型发展、生态环境服务保障成效显著。率先印发“十三五”气象事业发展专项规划，“机关标准化＋目标绩效管理”被评为全国气象部门创新工作，基础业务工作业绩突出，在全国气象行业综合业务技能竞赛中取得团体第一和个人第一、第二的优异成绩，各项工作稳步推进，实现了“十三五”气象事业发展良好开局。

河北省气象局设有9个内设机构和党组纪检组，13个直属事业单位，2个直属企业；设有11个设区市气象局和135个县（市、区）气象局，其中定州、辛集市气象局为省气象局直管县气象局，曹妃甸区、曹妃甸工业区、渤海新区3个气象局为副处级气象局。全省气象部门在编职工2241人。

【气候基本概况】 2016年（2016年1月～12月），河北省气温偏高，降水偏多，日照偏少，气象灾害种类多，损失程度高于20世纪90年代以来的平均水平，属于“偏重”年份。

气温。2016年，全省年平均气温12.6℃，较常年偏高0.8℃，与2015年相当，属偏高年份。全省年平均气温在2.5～15.3℃之间，局地气温异常偏高。冬季，全省平均气温—2.2℃，较常年偏高0.5℃，为2009年以来第三高值年。春季，全省平均气温14.5℃，较常年偏高1.5℃，属显著偏高年份，为建站以来第二高值年（仅低于2014年）。夏季，全省平均气温25.4℃，较常年偏高0.5℃，比2015年偏高0.3℃，属偏高年份。秋季，全省平均气温12.6℃，较常年和2015年均偏高0.5℃，属偏高年份。

降水。2016年，全省年平均降水量608.9毫米，较常年偏多20.9%，属偏多年份，为近四年最多。各地年降水量在377.9～1104.3毫米之间，多雨中心主要位于冀西南和冀东地区，秦皇岛、邢台、邯郸局部地区超过800毫米，武安达1104.3毫米。与常年相比，全省大部分地区降水偏多或接近常年，邢台西南部、邯郸西北部、张家口、石家庄局部偏多超过60%。南和、永年、怀来、涿鹿4个县（市）年降水量突破历史极大值。冬季，全省平均降水量14.5毫米，较常年偏多36.8%，属于偏多年份。春季，全省平均降水量45.5毫米，较常年偏少37.3%，属偏少年份。夏季，全省平均降水量449.7毫米，较常年偏多34.6%，属偏多年份，为1997年以来最多的年份。秋季，全省平均降水量94.2毫米，较常年偏多9.4%，属正常年份。10月降水异常偏多，中南部占全省72%的地区出现持续连阴雨天气。

日照。2016年，全省年平均日照2358.8小时，较常年偏少131.2小时，属偏少年份，为近四年最多。各地年日照在1603.2～3083.2小时之间。受雾和霾天气影响，10月和11月中上旬日照显著偏少，对设施农业产生了不利影响。

【年景评述与气象灾害】 2016年遭受的主要气象灾害有暴雨、强对流性天气、雾、霾、高温、寒潮和干旱等。主要表现为：年初、年末持续性雾和霾天气多，对空气质量、交通运输和设施农业等影响大；春季降水偏少，出现阶段性干旱；夏季出现“63·8”以来范围最广、强度最大的暴雨天气，造成损失大；强对流性天气频繁，造成局地灾情严重。因气象灾害造成1440.8万人次受灾，倒塌房屋10.4万间，农作物受灾面积1258.0千公顷，绝收面积141.3千公顷，直接经济损失约609.6亿元。其中暴雨灾害损失最为严重，占气象灾害直接经济损失的95.2%。与近10年相比，2016年全省因气象灾害造成的经济损失属重灾年份，气象灾害造成的经济损失约占全省GDP的1.9%。

暴雨。2016年河北省出现暴雨282站日，较常年偏多40.6%，为1997年以来最多年份。年内，49个县（市）出现极端强降水事件，8个县（市）日最大降水量突破历史极值。暴雨主要出现在7月18～21日、7月24～25日、8月12～15日、8月18～19日和25日。其中“7·19”特大暴雨过程来势猛，呈现量大、雨强、面广、致灾重的特征，是“96.8”以来影响最大的一次暴雨洪涝过程。本次过程中，全省平均最大小时雨强24.2毫米，37个县（市）超过30毫米，武安达66.6毫米，武安、成安、内丘突破近10年极大值。涿州、容城、安新等7个县（市）日最大降水量突破历史极值。46个县（市）出现极端日降水事件，39个县（市）出现极端3日降水事件，涿州、献县、容城3日最大降水量突破历史极值。此次灾害共造成全省152个县1043.56万人受灾，因灾倒塌房屋10.05万间，直接经济损失574亿元，为“96·8”以来损失最为严重的自然灾害。

大风冰雹。2016年，全省共出现大风746站日，为近六年最多。大风天气主要出现在4～7月，占全年的70.9%。全年出现冰雹61站日，比常年偏少56.3%。冰雹天气主要出现在6月和9月，占全年的84%，6月最多，出现39站日，为2006年以来同期最多。冰雹灾害较重的时段有：6月10日、27日和9月4日。全年风雹灾害较轻，因风雹造成经济损失27.93亿元，占全年各类自然灾害经济损失的4.6%。

雾霾。2016年全省有141个县（市）出现雾4911站日，139个县（市）出现霾7725站日，雾和霾出现日数比常年偏多71.5%。雾和霾主要出现在1～3月和10～12月，其中1～3月以霾为主，10～12月以雾为主。雾和霾主要出现在中南部地区，有27个县（市）雾出现日数超过50天，其中，邢台沙河出现雾日数最多，为92天。有80个县（市）霾出现日数超过50天，其中，石家庄灵寿县出现霾日数最多，为133天。全年共出现12次持续性雾和霾，其中，12月18～22日全省连续5天有100多个县（市）出现雾和霾，过程强度历史罕见。雾和霾给全省空气质量、交通运输、工业生产、设施农业等造成较大影响。

寒潮冻害。2016年河北省有112个县（市）出现寒潮，有35个县（市）出现强寒潮，20个县（市）出现特强寒潮。其中，张北县和沽源县出现寒潮日数最多，为31天。全年共出现7次范围较广的寒潮天气。其中，影响较大的过程为1月22～24日和5月12～13日。1月23日，全省日平均气温－14.7℃，为1960年以来最低值。受此次强降温影响，渤海海冰迅速增长，沧州神华港封港2～3天，经济损失近千万元。2016年低温冻害主要出现在张家口、承德，共造成10.0万人受灾，农作物受灾面积15.4千公顷，绝收面积1.2千公顷，直接经济损失0.75亿元。

高温。2016年，全省平均高温日数8.5天，比常年偏少16.7%，比2015年偏多0.7天。全省日最高气温39.8℃，6月22日出现在石家庄市藁城区，低于其极端高温43.2℃（1961年6月12日）。6月16～22日，连续7天出现高温天气，是全年影响范围最广、持续时间较长的高温过程，涉及107个县（市），16日和22日单日影响范围较广。

干旱。2016年河北省气象干旱以阶段性为主，主要发生在春、夏季，春旱影响较大。全年因旱受灾人口38.3万人次；农作物累计受灾面积27.05千公顷，绝收1.04千公顷；直接经济损失8635.31万元。

连阴雨。2016年，全省共出现连阴雨537站次，比常年偏多9.9%，明显少于2015年。主要出现在6～8月和10月。6月出现连阴雨68站次，比常年偏多18.3%；7月出现183站次，偏多58.6%；8月出现109站次，偏多10.7%；10月出现109站次，偏多1.7倍。7月12～23日连阴雨天气，影响范围达134个县（市），为历史同期最大。

沙尘。2016年，全省出现沙尘164站日，比常年偏少83.9%，与2015年接近，为1971年以来第三少年。全年出现扬沙148站日，比常年偏少80.0%，与2015年接近，比2014年偏多85.0%；浮尘22站日，比常年偏少93.1%，比2015年偏少35.3%；全年未出现沙尘暴天气。

干热风。2016年，全省共出现干热风258站日，比常年偏少313站日，为1971年以来第六少年。长城以南大部分地区干热风日数在2天以上，5个县（市）超过4天，柏乡6天为全省最多。6月17日，72个县（市）出现干热风，重度干热风达57个县（市），为近两年影响范围最广。

【气候对有关行业的影响】 农业。2016年气象条件对农作物生产影响较大。年内主要农业气象灾害有干旱、洪涝、风雹、雾和霾、低温冻害等，均给农业生产带来不同程度的损失。全省农作物累计受灾面积1257.959千公顷，绝收141.3千公顷。因灾损失粮食347.8万吨，油料16.7万吨，棉花8.7万吨，蔬菜349.5万吨，农业（种植业）经济损失约72.6亿元，其中，洪涝灾害损失最重。

林业。2016年，全省共发生森林火灾42起，一般火灾30起，较大火灾12起，过火面积572.2公顷，受害森林面积133.6公顷。与上年相比，森林火灾次数减少32起，下降了43.2%，但因灾损失上升，较大火灾次数、过火面积和受害森林面积分别上升50%、21.7%和56%。没有发生重大及以上森林火灾。

畜牧业。2016年气候条件对全省草原生长总体有利，坝上地区牧草长势良好，平均鲜草产量达到3130公斤/公顷，比2015年提高约3%，且打草区域面积比2015年增加约4%。受“7·19”特大暴雨洪涝灾害影响，全省578座青贮池损毁；青贮饲料损失25万吨；田间青贮玉米受损面积4802.4公顷；饲料生产受损企业57家，造成经济损失6302万元。受干旱影响，2016年全省玉米亩产普遍下降，由原3.5吨/亩降到3吨/亩，黑龙港区域由原3.5吨/亩降低到2.4吨/亩。

地质灾害。2016年全省共发生各类小型地质灾害30起，其中，滑坡13起，泥石流4起，造成直接经济损失193.6万元，未造成人员伤亡。与2015年同期相比，地质灾害发生数增加200.0%，直接经济损失增加89.4%。受强降水影响，全年因降雨诱发地质灾害28起，占总数的93.3%。

盐业。2016年，全省年平均气温较常年偏高、降水偏多，对盐业原盐生产非常不利。盐区年平均蒸发量1797.2毫米，比2015年少84.4毫米，比常年少116.3毫米；盐区年平均降水量610.9毫米，与2015年基本持平，比常年多57.8毫米。盐业因遭遇大风、降雪致2.58公顷塑苫报废，13.27公顷塑苫损坏；融化原盐860吨。盐区的大雾天气严重影响了结晶区和制卤区的中高级卤水形成。

交通。2016年暴雨、大雾、暴雪等灾害性天气对交通运输行业造成了诸多不利影响。“7·19”特大暴雨灾害造成全省公路大面积水毁，共计7343公里，损毁桥梁940座、涵洞2761道，冲毁路基3900万立方米，损毁路面2930万平方米，防护工程420万立方米，坍塌400万立方米；5条段高速公路、39条段省道以及多个村庄、多条农村公路路线断交，直接经济损失约55亿元。

空气质量。2016年河北省气候环境总容量（表征一定区域大气自我净化的能力）1321.0万吨/年，较近5年同期偏大0.8%，65%台站偏大，乐亭和饶阳为显著偏大，蔚县、保定和南宫站为显著偏小。各季节与近5年同期相比，冬、夏季偏大，分别偏大2.0%和9.2%；春、秋季偏小，分别为1.5%和5.2%。2016年全省空气质量平均达标天数增加，为207天，比2015年增加17天。

【气象防灾减灾】 成功应对“7·19”特大暴雨灾害。7月18—21日，河北省出现自“63·8”以来最强暴雨天气过程，来势猛、强度大、损失重。各级气象部门严密监测、准确预报、及时预警，从灾前预防到灾后重建开展常态化2—3小时、特殊情况逐小时“点对点”滚动跟踪服务，多手段发布预警信息292万条。各级气象灾害防御指挥部科学研判、超前部署、高效联动，召开会议294次，发文180件，组织各市县启动应急响应，对重点市县逐一“叫应”、督导，最大程度减轻了气象灾害损失。气象部门“消息树”“发令枪”“参谋部”作用得到党政领导高度肯定，5集体12个人受到省委省政府嘉奖。

【公众气象服务】 发展针对不同受众的APP和电视气象服务，增加精细化格点实况、有效应对措施等服务产品。打造《全民气象》栏目，与中国气象频道联合面向社会举办首届气象主播大赛。推出网络气象品牌节目《天气和尚》。制作播出十集科普专题片《突破十面霾伏》，出版气象灾害防御领导读本，《农村气象灾害防御漫画》获年度省优秀科普作品。96121拨打量较上年增长108%，电台节目拓展到3省9市42档，日直播70分钟。

【决策气象服务和重大活动保障】 健全“小实体运行、大网络支撑”和“直通决策人、应用反馈”决策服务运行机制。完善微信等移动决策气象服务平台，在现场指挥调度中发挥了重要支撑作用。编制18个重灾县暴雨洪涝风险区划，科学指导恢复重建。扎实推进冬奥会气象保障筹备工作，圆满完成世园会、省旅发大会、北戴河暑期办公、爱飞客飞行大会、国际马拉松、国际公路自行车赛等重大活动服务保障。省领导对决策气象服务做出19次重要书面批示。

【气象保障经济发展】 开发农业气象服务APP“好天气”，为全省新型农业经营主体提供更具针对性的服务；与农业、保险等部门联合开展板栗干旱、水产养殖气象保险指数试点。推进京津冀交通气象中心建设，为三省市提供空间3公里、时间3小时的交通服务产品。为电网调度和输电安全开展照明采光指数、导线覆冰、导线舞动风险预报业务，为全国68家风电场、100余家光伏电站提供风能、太阳能数值预报服务。与海事部门合作加强海上应急救援气象服务保障，3个海洋预警中心实现业务化运行。以白沟新城为试点，探索发展商贸物流气象服务。

【生态环境气象保障】 制定环境气象评估业务规范，深化扩散能力、减排效果和环境承载力评估服务，空气质量预报分辨率达3公里、时效96小时。建立环境气象指数，24小时AQI预报准确率达90%。初步构建空地一体化人工增雨业务体系，全年飞机作业110架次，地面作业1187点次，估算增水28.2亿立方米，减少雹灾损失1.5亿元。开展典型生态系统评估和降水资源丰枯等级、供暖期气候影响以及空气污染气候影响定量评估，年内发布生态气象监测评估材料148期。建立京津冀百年气候变化数据集，开展华北平原气候变化对典型作物种植模式和水资源利用影响研究。

【气象基础业务】 新增各类观测设备440套，提升了垂直观测、专业观测能力。与水利、环保等部门共享6868个站点数据并开展数据质量控制，实现交通、铁路等多部门气象数据汇交。制作格点化气温、降水、风向风速、能见度等观测产品，强化观测和数据产品供给。在全国率先实现市级自动气象站标准化、规范化现场校准。气象信息化取得重要进展，数据资源池建设、设备资源池建设拓展，数据产品达3类190种；构建扁平化、互联网化信息通道，实现数据、计算、存储和保障资源纵向集约，津冀20M横向互联；建设了对内集约共享的信息共享平台和对外统一发布的公众服务云平台。现代气象预报业务体系初步建立。开展强降水、强降温、高温和雾霾天气过程分县预测。24小时晴雨预报准确率达90%以上，强对流预警提前量达到30分钟，一般性天气预报质量全国第七，气候预测质量全国第八，暴雨预报质量全国第二。

【气候与气候变化】 积极开展气候灾害监测评估，完成气候灾害监测公报16期、极端气候事件监测公报1期、气候影响评价公报27期、重要天气信息14期。开展了湿地、区域大气环境、生态旅游景区以及贫困县、太行山区的气候资源或承载力评估，探索推进城市通风廊道影响、低温核供热堆选址、渤海海冰预测以及城市内涝、大气环境承载力评估等服务。初步开展了河北省生态旅游景区气候资源评估和旅游气候舒适度评价研究，对河北4A级以上生态旅游景区进行了分区，建立了生态景区各月气候舒适度指数和等级。新建了2003年以来中国陆地水储量变化数据集、河北中部平原地区地下水位变化数据集、河北省142个站点2010—2050年预估数据集和预估数据等图集。

【科技创新与人才建设】 建立订单式科研立项和以应用为导向的成果评价机制，稳步推进气象与生态环境重点实验室、国家级飞机增雨石家庄试验基地和博士后创新实践基地建设。新建科技创新团队6个，设立订单式项目11项、实验室开放基金项目11项。购置机载云物理观测系统和高光谱成像仪等大型科学仪器，与北师大、气科院合作开展空地联合外场科学试验（973项目）。2项成果分获省科学技术进步二、三等奖，58篇论文入选核心及以上期刊。分类实施“五类人才”建设工程，22人入选省“三三三人才工程”。

【气象法治建设】 颁布实施《河北省气候资源保护和开发利用条例》，修订《河北省重大气象灾害应急预案》，发布实施行标1项、地标2项，形成3条例5规章1预案12地标的法规标准体系。省市县公布权力清单及责任清单7类72项，促进气象部门依法全面正确履职。

（河北省气象局　毛翠辉）

防震减灾

【地震活动】 （一）2016年河北省及京津地区地震活动概况。据河北省地震台网测定，2016年河北省及京津地区共发生地震4209次，ML1.0级以下地震3013次，ML1.0—1.9级地震1014次，ML2.0—2.9级地震158次，ML3.0—3.9级地震22次，ML4.0—4.9级地震2次，没有5.0级以上地震。最大地震为2016年6月23日08点37分河北尚义ML4.5级地震。相较于往年，2016年河北省及京津地区地震活动强度明显提高，尤其是唐山地区，地震频度明显高于往年。

（二）2016年河北省及京津地区地震活动特征。第一，2016年共发生地震4209次，与往年相比，小震频度明显呈上升趋势。第二，本年度河北省及京津地区ML≥3.0地震活动频次是24次，其中ML4.0级以上地震2次，分别为6月23日08点37分河北尚义ML4.5级和9月10日18点09分河北唐山ML4.3级地震。第三，2016年河北省共发生3次震群活动。2016年6月23日08点37分张家口尚义县发生ML4.5级地震，其后仅有7次余震，最大为当日上午08点39分ML1.5级地震。2016年1月9日张家口怀来县地区发生了小震群活动，持续了将近一个月的时间，自1月9日至1月31日该地区共发生可定位小震259次，其中ML1.0级以下地震222次，ML1.0—1.9级地震33次，ML2.0—2.9级地震3次，ML3.0—3.9级地震1次，为1月10日02点25分ML3.4级地震。8月21日唐山市开平区发生了较大的震群活动，持续时间很长，截至2016年12月31日，该地区共发生可定位小震819次，其中ML1.0级以下地震452次，ML1.0—1.9级地震292次，ML2.0—2.9级地震63次，ML3.0—3.9级地震11次，ML4.0—4.9级地震1次。第四，河北省小震活动仍主要集中在唐山、邢台、张家口三个地震活跃部位。第四，与往年相比，京津唐张地区地震频度增加，尤其是唐山老震区，地震频度增加明显，但强度与上年基本持平。

（河北省地震局　王莉婵）

【重点项目】 《河北省防震减灾“十三五”规划》正式

印发并组织实施，张家口、廊坊、衡水、保定、唐山、沧州、邯郸等市也印发了当地的《防震减灾“十三五”规划》。国家地震烈度速报与预警工程项目稳步推进，完成10个基准站、78个基本站的勘选和基准站的土地租用工作；河北省区域烈度速报台网系统建设项目，已完成70个基本站的场址勘选与土地租用、仪器设备的招标及测试工作。张家口市简易烈度计地震预警示范项目100个台站的设备已全部安装完毕，进入试运行。省地震局分别与省气象局、省教育厅联合印发文件，共同在气象台站和中小学校推动国家地震烈度速报与预警工程在河北省的试点建设。进一步推进了京津冀协同发展专项规划任务的落实，顺利完成京津冀地震监测台网更新改造项目相关工作。《京津冀协同发展防震减灾专项规划》初稿已经过三地地震部门多次联合修改，取得阶段性成果。

【监测预报与台站建设】 一是地震观测质量稳中求进。根据2016年度公布的结果，河北省地震局在中国地震局上年度参评项目174项，优秀率100%，获得学科综合评比和单项评比前三名共43项，台网整体运行率98%以上，观测资料质量继续在全国名列前茅。二是台站建设项目顺利完成。完成张家口崇礼新建山洞的主洞和耳洞建设，完成承德宽城新建山洞的粗勘和详勘工作，新建了红山基准台地磁绝对观测室，修缮了后土桥地震台、涉县地震台屋顶，整修了陡河地震台院落等，台站的观测环境进一步改善。三是扎实开展震情跟踪。组织制定了《2016年度河北省震情跟踪工作方案》，严格落实震情跟踪责任制，密切监视河北省及周边地区的震情变化，对重点地区加密流动观测，完成了各项异常的核实工作。会同山西省地震局、内蒙古自治区地震局，地球物理研究所、北京大学等单位加强重点地区强震短临跟踪研究合作。四是积极推进会商机制改革。本着“小心论证，大胆推断”原则，积极推进会商机制改革，综合运用多学科、多方法，密切监视重点地区的震情发展和前兆变化。加强震情会商和台网监控等工作，针对唐山市开平区地震群组织了专门加密会商，做出了较为准确的会商判定意见。

【震害防御】 一是不断提升抗震设防要求管理。把好规划关，将抗震设防要求落实到河北省各地规划建设中。规范建设工程抗震设防要求行政许可的工作内容、流程和相关要件格式，组织完成了《建设工程抗震设防要求行政许可服务指南》和《新〈中国地震动参数区划图〉使用读本》，开展了针对市县一线人员培训班，加强了《中国地震动参数区划图》的宣贯工作。

二是大力推进减隔震技术应用。组织召开了全省地震减隔震技术推广和农村抗震砖等新型材料推介会，组织编写了《农村民居建筑工程抗震施工专项辅导手册》和挂图，率先在河北省地震高风险和高烈度地区农居工程建设中推广应用。

三是全面开展防震减灾示范创建。承办了全国防震减灾示范城市创建观摩会，向全国展示了河北省防震减灾工作的成果和经验。组织开展了防震减灾示范县（廊坊三河市）建设。

【防震减灾法制环境】 一是推动立法。会同省法制办加快推进《河北省地震预警管理办法》立法工作，被列入省政府2016年度立法计划。《河北省防震减灾条例》修订调研工作顺利启动，配合省人大城建环资工委赴甘肃、宁夏等地开展了立法调研和地震预警立法调研。

二是强化普法。河北省各级政府高度重视防震减灾普法宣传，始终坚持日常宣传和重点时段相结合，尤其注重利用5.12防灾减灾日、7.28河北省防震减灾知识宣传周、12.4宪法日等特殊时段开展普法宣传，全省防震减灾普法宣传受众每年均在500万人次左右。

三是推进地方地震标准建设。会同省标准委、唐山市地震局出台了《防震减灾示范城市建设规范》（DB13/T2374—2016）地方标准，将河北省防震减灾示范建设成果固化下来并向全省推广。启动了河北省地震标准委员会换届的各项工作。

【应急准备】 一是妥善处置年度地震事件。省地震局和张家口市、唐山市地震局妥善处置了张家口崇礼区3.1级、尚义县4.0级地震和唐山市开平区4.0级地震群，维护了社会稳定。二是完善应急准备方案。年初印发了《2016年度地震应急准备工作方案》，编制了针对重点地区和华北地区的应急专项预案，张家口、石家庄、廊坊、邢台、保定、邯郸等市也相应修订完善了地震应急预案，制定了抗震救灾专项行动方案。三是开展地震应急准备工作检查。2016年3月7—10日，会同省政府应急办等部门组成地震应急工作检查组，对张家口市和省国土厅等6个省直部门进行了实地检查。四是加强地震应急队伍建设。组织省抗震救灾指挥部各成员单位40名联络员及市级地震应急管理人员，在北京国家地震紧急救援训练基地进行了专业培训。

【科技创新】 省地震局推动晋冀蒙交界强震背景跟踪、地下结构探测等重点科研项目的研究，共发表科技论文119篇。组织申报中国地震局科技星火计划项目4项全部获批，在全国地震系统名列第二。在省级层面，获批省科技厅项目1项，省科协项目1项。组织申报2017年度国家自然科学基金1项、省科技支撑计划项目1项、省自然科学基金项目1项、省科技厅科普专项4项、省科技厅自筹项目2项。2016年省地震局继续支持《晋冀蒙交界强震背景跟踪》项目，资金累计90万元。支持2016年立项的《河北省数字化地震观测数据应用研究》等重点项目124万元，支持2017年立项的重点项目共109万元。继续与防灾科技学院开展项目合作工作，支持项目资金19万元。通过重点科研项目开展学术攻关，不断加强科研团队和青年科技骨干培养。

【宣传教育】 2016年处置有感地震10次，向省委、省政府、中国地震局上报简报13期，专报6篇，获中央领导批示2次，省委省政府领导批示23次。2016年，河北省组织举行了纪念唐山抗震40周年大会和邢台抗震50周年纪念大会，特别是习近平总书记亲临唐山参加抗震纪念活动，在全省上下引起强烈反响，有力增强了全省防震减灾意识。7月29日，省委省政府隆重举行纪念唐山抗震

40周年大会，省委书记赵克志、省长张庆伟等领导出席大会并就落实习近平总书记视察唐山市的重要讲话进行部署；3月8日，邢台市举行邢台抗震50周年纪念大会，副省长许宁出席并讲话。"5·12"防灾减灾日期间，制作了防灾减灾公益广告在各大媒体播放，并在崇礼区组织开展大型防震减灾科普宣传、科普知识专题讲座。省地震局官方微博、微信公众号访问量超过100万人次。2015—2016年度，省地震局在全国地震系统防震减灾宣传和新闻宣传工作考核中分别荣获优秀，2014—2016年省地震局连续三年荣获河北省党委系统信息工作优胜单位。

（河北省地震局　苏新忠）

社会科学

【省社科院工作】　河北省社会科学院（河北省邓小平理论、"三个代表"重要思想和科学发展观研究中心，中共河北省委讲师团，河北省社会科学界联合会）是省委省政府直属事业单位，是省级社会科学综合研究机构、理论宣讲机构和社团机构。其前身是始建于1963年的河北省哲学社会科学研究所，1981年改建为河北省社会科学院，2009年2月省委省政府决定将省委讲师团、省社会科学界联合会并入省社会科学院。2016年，省社科院认真学习贯彻习近平总书记系列重要讲话精神，特别是习总书记在哲学社会科学工作座谈会上的重要讲话精神，认真落实中央和省委关于加强新型智库建设的意见要求，以打造河北中心智库为重点，推进哲学社会科学创新，为加快建设经济强省、美丽河北提供了有力的精神动力和智力支持。

一是坚持思想引领，发挥宣讲优势，开拓理论武装新路径，推动了全省学习贯彻习近平总书记系列重要讲话精神的新热潮。一年来，河北社科院以学习宣传研究习近平总书记系列重要讲话精神为主线，聚焦建设"经济强省美丽河北"主题，不断创新理论宣讲、研究和服务的工作方式，积极开展了主题鲜明、形式多样的理论武装工作。(1)开展系列重大主题和专题宣讲。组织召开全省党委讲师团系统工作会议，组织宣讲骨干围绕学习贯彻习近平总书记"七一"重要讲话精神、省第九次党代会、省"两会"、"十三五"规划纲要等编写了宣讲提纲，以省委讲师团文件或与省委宣传部联合发文的形式印发全省，为全省各地开展宣讲工作提供重要遵循。(2)理论研究再上新台阶。河北省中国特色社会主义理论体系研究中心影响力进一步扩大，以"中特中心"名义在《人民日报》《光明日报》《经济日报》发表理论文章6篇。(3)做好理论宣传阐释工作。发挥理论优势，助力全省解放思想大讨论持续深化，在《河北日报》和《共产党员》杂志发表50多篇理论文章。(4)做好党委中心组理论学习服务。协助省委宣传部举办"省委暨省直中心组学习大讲堂"6期，编发《党委中心组理论学习通讯》《理论信息》各24期，为各级中心组和干部理论学习提供有效服务。(5)加强宣讲阵地和宣讲队伍建设。持续推进五级宣讲网络体系建设，新建理论宣讲工作站和联系点6个。

二是以建设"省内外有影响力的河北中心智库"为目标，智库建设先行先试实现突破，为全省智库体系提供了经验和借鉴。(1)机制优化。成功主办了"河北省国际智库论坛·2016"学术研讨会，院社会治理与党风廉政建设研究中心举办了基层党风建设论坛，在科研力量整合、科研组织创新、成果推介转化等方面作出了积极探索。智库平台建设取得积极进展，智库舆情监测分析实验室初步建成，数据信息网络平台正式上线，成果转化平台基础进一步夯实。(2)制度创新。修订出台了《河北省社会科学院省级财政科研（项目）经费使用和管理办法（试行）》《横向课题经费管理办法（试行）》《河北省社会科学院科研人员业绩计分办法（试行）》《河北省社会科学院哲学社会科学创新工程实施意见》等制度。(3)成果丰硕。一年来，五个智库研究中心共承办40余项省领导交办的重大研究任务，推动了一批高质量的研究成果。全年通过《智库成果专报》《决策参考》累计编辑上报48期（组），计54篇研究报告，得到省领导肯定批示43期（组），计49篇研究报告，批示率达90%以上。

三是不断加强应用对策和基础理论研究，进一步创新科研管理和推进开放办院，社科研究实现了新突破。一年来，紧贴省委省政府中心工作抓好重大理论和现实问题的研究，积极深化学科建设，不断加强科研管理，全年完成各类科研成果635项。(1)应用对策研究成果显著，服务决策能力明显提升。2016年，中央有关部门和省领导为省社科院圈定或交办了41项重大课题和调研任务，为历年之最。省社科院以省领导圈定的重大课题和交办的重大任务为重点，组织开展深化研究，完成调研报告210项。(2)加强基础理论研究，学术影响力不断扩大。2016年，全院共发表学术论文326篇，其中在核心期刊发表《马克思主义哲学中国化的开拓与创新》《由西方"独立"与"委托"之争谈中国人大代表的逻辑》《探寻中共根据地农民如何走向战场的多维面相》等100多篇。出版《法治建设进程中法律进社区的理论与实践》《我国低碳城市建设模式研究》《把权利关进制度的笼子里》《菱权法故事汇》《仪式符号——农村婚礼》等专著、编著39部。(3)组织开展第三期学科建设考核评估和第四期学科申报评审工作，学科建设不断优化。(4)规范科研管理，打造科研品牌，创新开展学术活动。积极组织申报各级各类课题，进一步规范课题管理工作。(5)广泛开展国际学术交流与合作，不断提高河北社科院在国内外的影响力。

（河北省社会科学院　汪　洋）

【省社科联工作】　2016年，河北省社科联积极发挥职能作用，组织引导全省社科界全面贯彻落实党的十八大、十八届三中、四中、五中、六中全会精神和省第九次党代会精神，深入贯彻落实习近平总书记系列重要讲话精神，特别是在哲学社会科学工作座谈会上的重要讲话精神，全面落实省委省政府决策部署，努力建强新智库、聚力谋发展，在理论研究、学术交流、社科普及、决策咨询、资源整合等方面做了大量卓有成效的工作，取得了新业绩，为建设经济强省、美丽河北提供了有力的理论支撑和智力支持，为繁荣发展河北哲学社会科学事业作出新贡献。

（一）着力强化和引领全省社科界始终坚持正确的政治方向

（1）先后印发了《学习宣传贯彻习近平总书记在哲学社会科学工作座谈会重要讲话的通知》《关于认真学习宣传贯彻党的十八届六中全会精神和河北省第九次党代会精神的通知》等文件，举办社科界深入学习贯彻习近平总书记哲学社会科学工作座谈会重要讲话精神座谈会辅导讲座等多场，确保全省社科理论工作者坚定正确的政治方向，把握正确的政治方位。

（2）召开年度学会秘书长工作会，举办学术骨干、基层社科骨干培训班等。围绕党的十八届四中、五中、六全会精神，习近平总书记系列重要讲话精神，对河北的重要批示指示精神和省第九次党代会精神进行学习；围绕加强“四个意识”，提能力强素质，进行专题培训。增强全省社科界对党的十八届六中全会和省第九次党代会的学习宣传阐释，强化党的意识形态、理论研究和舆论宣传的主阵地作用。

（二）着力增强全省社科界服务党委政府科学决策的智囊合力

（1）开展了“2016 年集中调研和献策”活动。活动围绕破解贯彻落实五大发展理念和经济强省、美丽河北建设中热点、难点问题，以三个专业委员会委员为主全省社科界专家学者共同参与，活动共收到调研报告或对策建议近百篇。从中精选 14 篇优秀成果摘编成的《优秀成果专报》受到省领导田向利、范照兵、许宁、刘永瑞肯定性批示，并转省九次党代会报告起草组和有关部门参阅。成果文集《智库的建言 2016》由河北人民出版社公开出版发行。

（2）设区市社科联新型智库建设工程继续向纵深推进。印发《关于在设区市社科联继续开展新型智库建设工程的通知》，在秦皇岛市召开了新型智库建设工程研讨会。全年有 160 余篇智库成果得到省市领导批示，30 余篇成果被市直以上有关部门采用，70 篇成果被市级以上媒体刊发。

（3）社会科学发展研究课题，评审立项 594 项，5 项成果被省级领导批示，2 项成果被市级领导批示，90 余项成果被相关部门或企业采用，出版专著 28 部，核心期刊（CSSCI 和北大中文核心）发表论文 102 篇，在具有学术价值的省级刊物发表论文近 800 篇。特别是在马克思主义研究领域，涌现出了一些有分量、有价值的研究成果。“大型民生调研”课题，立项课题 357 项，有 6 项成果获得省领导张庆伟、秦博勇、田向利、范照兵、王雪峰、刘永瑞批示。

（4）全年新建哲学社会科学研究基地 4 个，目前已达 25 个。首次与实际工作部门共建哲学社会科学研究基地，2016 年 12 月与省委政法委、省人大法制工作委员会、省政协社会和法制委员会、省高院、省检察院、省公安厅、省司法厅共建的法治建设研究基地成立，省政协党组副书记、副主席、省社科联主席刘永瑞，省检察院党组书记、检察长童建明出席成立仪式。

（5）哲学社会科学研究基地成果丰硕。各研究基地按照“11245”工作目标，充分发挥学科特色和人才优势，整合优质资源，突出重点、打造亮点，全年出版著作 150 余部，获批省级以上课题 600 余项，开展公益性服务活动 90 余次，获得市级以上领导批示 80 余项。

（三）着力巩固全省社会科学普及工作基础

（1）全面贯彻《河北省社会科学普及规定》，经省政府同意印发了《2016 年河北省社会科学普及工作方案》。2016 年 6 月在沧州举行河北省第十一届社会科学普及周启动仪式，省政协党组副书记、副主席，省科联主席刘永瑞出席启动仪式发表讲话并宣布本届社会科学普及周开幕。科普周以“贯彻五大发展理念，实现百年奋斗目标”为主题，省、市、县社科联三级联动在各地开展。本届科普周首次由设区市人民政府与省社科联共同举办，体现了社会科学普及政府主导、公众参与、服务社会的特色。

（2）社会科学普及基地建设步伐加快。印发《关于申报“河北省社会科学普及基地”的通知》，全年确定 12 个单位为第二批省社会科学普及基地。社会科学普及读物出版资助力度进一步加大，印发《关于申报 2016 年河北省社会科学普及读物出版资助的通知》全年共资助 12 部社会科学普及读物。各设区市社科普及立法工作全面推进，印发《关于各市推进社会科学普及立法情况的通报》，截至 2016 年底，沧州、廊坊、保定、承德已出台社科普及规定“地方版”，其他设区市社科普及立法工作正在加速推进。

（3）社会科学普及活动形式更加多样，内容更加丰富。“网上科普”“基地科普”“媒体科普”“科普五进”“科普讲堂”等社科普及面对面活动先后在各学会、各设区市展开，活动主题突出、特色明显、扎实深入、紧贴实际，深受群众欢迎和好评。

（四）着力加强全省社科人才队伍和组织队伍建设

（1）按照河北省人民政府令〔2005〕第 8 号文件要求，第十五届河北省社会科学优秀成果奖共评出奖励成果 276 项（荣誉奖 1 项，一等奖 20 项、二等奖 85 项、三等奖 170 项）。社科人才队伍进一步加强，获奖成果中，45 岁以下的青年学者占到了 50.4%，比上届提高了 5 个百分点。新增设社科普及类成果奖励。

（2）县（市、区）基层社科联组织建设快速推进。抓住中央和省委高度重视群团工作的机遇，大力推进社科联组织队伍建设，印发《河北省社会科学界联合会关于加强县级社会科学界联合会工作的指导意见》，召开全省设区市社科联加强县级社科联工作推进会，截至 2016 年底，全省已有 60 个县（区、市）建立了社科联。首家高校社科联——河北医科大学社会科学界联合会于 2016 年 12 月挂牌成立，省政协党组副书记、副主席、省社科联主席刘永瑞出席成立仪式。

（3）社科类社会组织建设得到加强。印发《河北省社会科学界联合会关于学习贯彻中央和省委精神进一步加强社会组织党建工作的通知》，安排部署所属社团党的建设工作。以提升学会服务能力为工作重心，制定了《河北省社会科学界联合会提升所属学会服务能力计划》，出台了《中华优秀传统文化传播教育基地管理办法（试行）》，进一步发挥学会在社科研究和文化传播功能上的协同优势。

（五）着力扩大学术交流、学术活动影响力

（1）围绕“供给侧结构性改革与河北经济社会发展转型升级”为主题，举办第九届河北省社会科学博士论坛，征文近百篇，出版《博士论坛论文集》，遴选部分成果，以《成果专报》形式送省有关领导和部门参考，《河北日报》等省内主流媒体刊发了观点综述，新华网、人民网、中国新闻网等国内媒体予以报道。

（2）围绕“京津冀协同发展：突破与提升”为主题，举办第三届京津冀协同发展研讨会，京津冀社科界知名专家学者和实际部门研究人员70余人参加研讨，河北省有12位专家学者参会交流，3位专家做了主题发言。

（3）成功举办主题为：“加快构建中国特色哲学社会科学与河北发展”的河北省第十一届社会科学学术年会，征集论文100多篇，收录优秀论文60篇，河北日报理论版发表了专家观点摘编，新华网、中新网、人民网、河北新闻网等媒体对年会进行了报道。

（4）所属学会积极开展各种学术调研活动。分别举办了“京津冀现代农业协同发展论坛”“2016年年会暨‘京津冀＋’绿色流通学术研讨会”“2016河北·中国酒道大会”“溯源实事求是主题调研活动”等21次学术交流活动。

（六）着力提升理论阵地建设水平

（1）《社会科学论坛》全年刊登文章300余篇，被《新华文摘》《光明日报》《人大复印报刊资料》等近20种报刊转载文章多篇。

（2）《河北社会科学发展报告2016》，通过河北社会科学年度发展概述、科研解析、活动评述、走势前瞻四个部分反映河北社会科学年度发展全貌，提出了一些新的观点和具有针对性的建议。

（3）《河北社会科学年鉴（2016卷）》，以河北社会科学研究的最新学术观点、成果、动态等全面客观地记录河北社会科学发展进程，为社会发展和科学决策提供参考，为社科研究和学术交流提供了资料和渠道。

（4）《河北社会科学网》，全年上传原创稿件230余篇，其中超百篇被中国社会科学网、凤凰网、人民网和外省社会科学网等大型主流网站转载。

（七）着力深化对外交流与合作。出席全国社科联联席会议、华北地区社科联协作会、全国第十八次社科普及工作经验交流会；组织有关专家参加生态文明贵阳国际论坛2016年年会和生态文明贵阳国际论坛2016年年会“智库建设与绿色发展”主题论坛，“第四届环东海与边疆论坛”“供给侧改革与环渤海区域产能合作发展研讨会”“京津冀金融协同发展论坛2016”等省内外重要学术会议和学术交流活动。与贵州、福建、广西、广东、内蒙古等省市社科联开展工作交流与对接，与河北大学、河北师范大学、燕山大学等省内高校进行多层次多场次学术交流活动。通过不同形式的学习交流，扩大了河北省社科联的影响力，也有针对性的查找不足，补齐短板，通过对标先进，吸纳先进理念，增强了自觉学习、主动学习意识，提高了河北省社科联工作的整体水平。

（河北省社科联　杨自新）

水利管理

【概况】 2016年，河北省认真贯彻落实习近平总书记系列重要讲话精神和对河北省重要指示，积极践行新时期治水方针，各项工作取得显著成效：编制完成《河北省实行河长制工作方案》；及时有效应对“7·19”特大暴雨洪水，制定印发了《“7·19”特大洪水灾害农村饮水及水利工程重点实施方案》，全力做好灾后重建各项工作；南水北调配套工程水厂以上输水工程基本建成，新（改）建水厂111座；引黄入冀补淀工程全线开工；完成33座小型病险水库除险加固和23条（段）中小河流治理；抗旱浇地12244万亩次，解决临时因旱饮水困难人口11.5万；在115个县开展地下水超采综合治理试点；出台了《河北省农业水权交易办法》，在条件成熟地区积极开展农业水权交易试点；印发了《河北省取水井安全管理及报废处置办法》。

【水政】 （一）立法和规范性文件审查制定了16个规范性文件，修订了《河北省水利工程供水价格管理办法》《河北省实施〈中华人民共和国水法〉办法》《河北省实施〈中华人民共和国防洪法〉办法》《河北省水文管理条例》等法规规章；制定出台了《河北省农村供水用水管理办法》；清理现行有效规章、规范性文件28件；审查了《河北省工业水权交易办法》等4个规范性文件和《河北省湿地保护条例》等22件规章条例。

（二）执法与宣传开展了“河道砂坑回填平整专项行动”、“打击河道非法采砂专项整治行动”，全省共取缔非法采砂场点226处，恢复平整河道156千米，回填土方1252.8万立方米，出动执法人员3.06万人次；印发了《河北省水利系统法治宣传教育第七个五年规划（2016—2020年）》；“世界水日”“中国水周”期间，组织石家庄市水务局、河北省水文局等单位举办了纪念“世界水日”“中国水周”广场宣传活动。

（三）审批制度改革将6项行政许可审批事项整合为2项；编制了《河北省水利厅行政许可事项目录》《河北省水利厅行政审批工作制度汇编》，完善了《河北省水利厅行政许可事项办理手册》。

【水资源管理】　（一）水资源总量。2016年，河北省降水量593毫米，较常年偏多12%，属正常偏多年份；年末全省大、中型水库共蓄水44.10亿立方米，比常年同期多16.90亿立方米，是河北省历史同期（1956年以来）蓄水量最多的一年；年末全省平均地下水位埋深17.09米，与2015年同期相比平均上升0.32米；全省用水总量182.04亿立方米，万元国内生产总值用水量与2015年相比下降8.9%，万元工业增加值用水量与2015年相比下降5.9%，农田灌溉水有效利用系数达到0.6711。

（二）水资源管理。全省审查水资源论证报告书339个，办理取水许可4339套；会同地税部门开展了打击非法取水专项行动；出台了《河北省节约用水规划（2016—2020）》《河北省用水定额》；完成了第三次水资源评价中期成果验收；在全国率先试行水资源承载能力监测预警机制；督导邯郸、邢台、承德市开展水生态文明城市建设试点工作。

（三）水资源保护。列入国家考核的重要水功能区水质达标率提高到60%；国家考核的122个水功能区实现监测全覆盖；完成全省505个入河排污口台帐建设；22个全国重要饮用水水源地保护区划定工作全部完成；组织实施了河北省县城及以上集中式饮用水水源地安全保障专项行动；公布了全省第二批重要饮用水水源地名录；河北省国家水资源监控能力建设一期项目（2013—2015年）建设任务通过水利部评估；关停城市自备井1196眼；全面启动潘大水库网箱养鱼清理工作，年末实际清理网箱5.81万个，占网箱普查数量的74.2%。

（四）水资源税改革确定了“五高五低”（地下水高、地表水低，超采区高、非超采区低，计划外用水高、计划内用水低，特种行业高、一般行业低，工商企业高、农业生活低）税额标准，形成了“水利核准、纳税申报、地税征收、联合监管、信息共享”的水资源税征管机制；完成了1.2万户纳税人信息移交和备案工作；全省补发取水许可证3900余套；下半年累计征收水资源税8.83亿元，用水量减少1.8亿立方米，企业节水意识普遍增强。

【地下水超采综合治理试点】　（一）试点工作开展。省政府办公厅印发了《河北省地下水超采综合治理试点方案（2016年度）》；试点区扩大到115个县（市、区），实现了全省7个漏斗区全覆盖；年度总投资87.12亿元，工程全部完工后可形成农业压采能力22.3亿立方米；通过了国家有关部委对2015年度地下水超采综合治理试点工作和地下水压采工作考核。

（二）水利项目建设。试点区共实施水利工程项目118个，累计完成投资43.95亿元，治理灌溉面积267.2万亩，实施河渠整治1803千米，渠道防渗607千米，清淤整治坑塘135座，新建扬水站1844处，安装计量设施8948套。完成了全省1971眼地下水位自动监测井技术评定，将合格的1744眼监测井由各市移交省水文水资源勘测局统一负责运行维护管理。

（三）体制机制创新。各试点县确定了农业用水户水权，新发放农业水权证558万份；省政府办公厅出台了《河北省农业水权交易办法》，在条件成熟地区开展了农业水权交易试点；制定了《河北省工业水权交易办法（试行）》《河北省农田水利设施“先建后补”项目实施指导意见》；全面建立了工程管护保障机制和监督考核机制，33.9万处小型水利工程全部发放了“两证一书”。

（四）农业水价综合改革。省政府办公厅制定了《关于推进农业水价综合改革的实施意见》；修订了《农业水价综合改革及奖补办法》；115个试点县全部完成农业水价综合改革方案审批备案等工作；2014、2015年度63个试点县农业水价综合改革政策全部落地，改革实施面积851万亩。

【水利规划】　（一）水利规划。印发了《河北省水利发展“十三五”规划》；编制了《滹沱河干流综合治理总体方案》《河北省重点区域防洪规划》，配合国家编制了《京津冀“六河五湖”综合治理与生态修复总体方案》等文件。

（二）项目审批。张家口市乌拉哈达水利枢纽工程可研报告通过行业审查；354座小型病险水库除险加固项目和13个大型泵站更新改造项目前期工作全部完成；列入国家172项重大水利工程的8个蓄滞洪区工程与安全建设项目，1个前期工作已完成并开工建设，3个通过水利部审查，其余4个可研报告已经水利部水规总院或省水利厅审查；完成了马颊河大名县段治理、大清河新盖房分洪道治理、大清河千里堤治理等6个工程项目可研和初设批复工作。

（三）投资计划。实际完成全社会水利投资304.4亿元，重大水利工程配套资金全部落实；列入国家水利抵押补充贷款项目库项目达到20个，项目总投资205.61亿元，申请贷款额度73.73亿元，已发放贷款19.93亿元。

【工程建设管理】　（一）重点工程建设。2016年引黄入冀补淀工程完成投资21.06亿元，累计完成投资29.29亿元，实现了全线开工目标；双峰寺水库工程完成投资9.22亿元，累计完成投资36.63亿元，水库基本具备挡水条件；永定河泛区完成投资0.8亿元；完成33座小型病险水库除险加固和23条（段）中小河流治理。

（二）小型水利工程管理体制改革。剩余74个县全部印发了改革实施方案，制定了配套政策，核发了“两证一书”；各地因地制宜建立了专业化管理及社会化管理等管护方式，全省深化小型水利工程管理体制改革工作基本完成。

（三）水利建设管理。组织开展水利工程招标投标不规范问题专项清理工作；稽察和清理各类保证金项目53个；修订制定了《河北省水利工程建设项目施工招标投标实施细则》等3个规范性文件。

（四）水利工程运行管理。针对全省大型水库大坝安全责任人变动情况，及时调整政府、水行政主管部门和管理单位责任人；新增国家级水利风景区2处，全省累计达到20处；新增省级水利风景区5处，全省累计达到11处；配合水利部对1座大型、2座中型、1座小型水库运行管理情况进行了督查。

（五）涉河事务管理。完成了24个河道管理范围内建设项目防洪评价报告审批；制定了《河北省河道管理范围内建设项目防洪评价技术审查规定（试行）》。

（六）全面推行河长制。先后赴江西、浙江、天津等省、市实地调研河长制工作；结合实际，编制完成《河北省实行河长制工作方案》。

【防汛抗旱】（一）防汛。及时调整各级防汛抗旱指挥机构，全面落实了各项防汛责任制，新增省、市、县三级南水北调中线工程防汛行政责任人；组织开展了防汛大检查，消除各类安全隐患1389处。完成136项应急度汛项目、5条山洪沟防洪治理、66个县（市、区）山洪灾害防治非工程措施项目建设任务；2013—2015年度山洪灾害调查评价数据审核汇集工作通过国家验收；新增防汛物资2100万元，全省防汛物资储备总量达3.1亿元；组织开展了形式多样的抗洪抢险救灾及应急通信培训演练；修订完善了《河北省防汛抗旱应急预案》、大中型水库汛期调度运用计划、主要行洪河道洪水调度运用方案，编制了《河北省水利厅抗震救灾应急预案》；绘制了全省6大河系、11个设区市及13处蓄滞洪区防洪工程位置图；建成了大型水库洪水预报调度系统，研发了防汛抗旱综合服务等一系列专业系统；组织编制了河北省水利信息化“十三五”规划。

（二）抗旱。2016年河北省旱情偏轻，全年作物受旱面积2074万亩，受灾面积661万亩，粮食因旱减产49万吨，11.5万人、3.34万头大牲畜因旱发生临时性饮水困难。各级各部门早安排，快行动，积极采取各种有效措施，广泛动员组织群众开展大规模抗旱活动。抗旱高潮时，开动机电井75万眼，泵站1255处，机动抗旱设备26万台套，累计抗旱浇地1.22亿亩次，最大程度减轻了旱情影响；科学调度水源，利用潘庄、位山、渠村三线共引黄河水3.83亿立方米；利用省长预备费1375万元支持衡水应急抗旱，向衡水引调长江水4700多万立方米；争取中央特大抗旱费5000万元，用于抗旱应急工程建设。

【“7·19”特大暴雨洪水】（一）雨水情。2016年7月19日至21日，河北省自西南向东北先后出现强降雨过程，56小时全省平均降雨量达134毫米，降雨总量达252亿立方米。强降雨时空高度集中，30小时降雨量超过总量的85%，最大点降雨量783毫米，最大小时降雨量177毫米，短历时暴雨强度超历史极值。先后有75条河流涨水过洪，多条河流洪水达到五十年甚至百年一遇。

（二）灾情。2016年河北省洪涝灾害损失严重，全省共152个县（市、区）受灾，受灾人口1043.6万，倒塌房屋10.6万间；农作物受灾面积1335.5万亩，成灾面积561.9万亩，绝收面积173.5万亩；损坏小型水库40座、支流堤防1600多千米、护岸4071处、水闸511座。因洪涝灾害造成直接经济损失574.6亿元，其中水利工程直接经济损失107.2亿元。

（三）应对过程。河北省委、省政府领导迅速做出安排部署，多次到省防指和抢险救灾一线现场指挥调度，各地党政领导赶赴汛情最重的地方现场指挥；联合运用库、河、区，对洪水实施精准调度，20座大中型水库相继拦洪削峰，宁晋泊等3个滞洪区相继启用，全省大中型水库共拦蓄洪水15.7亿立方米。省防指及时启动防汛Ⅲ级应急响应，气象、水利、国土等部门及时发布预报预警信息，成功转移受洪水威胁群众53万多人。各级各部门密切合作，协调联动，迅速开展灾后恢复生产；驻冀部队、武警官兵和民兵预备役先后出动6.3万多人次、车辆2.4万多台次、舟艇256艘次、工程机械1110台次、直升机29架次，疏散转移群众16.4万人，解救被困群众7000多人，抢通道路233千米，疏通河道16千米，封堵决口、管涌47处。特别是武警水电和武警交通部队官兵，连续10昼夜奋战在邢台七里河抢险一线，填筑倒运土石方30多万立方米，封堵决口200多米，修复堤防1190米。

【农田水利】（一）农田水利基本建设。全年投入农田水利基本建设资金112.38亿元，新修防渗渠道1994千米，新修加固堤防897千米，疏浚河道1014千米，清淤沟渠3002千米，除险加固小型水库151座，更新灌溉机井7113眼，维修机井16129眼，新建维修塘坝、堰闸、水池、水窖等小型水源工程6315处，新增节水灌溉面积435万亩，恢复改善除涝面积54万亩，新增旱涝保收面积23万亩，改造中低产田面积19万亩。

（二）农业节水灌溉。全省发展高效节水灌溉面积425万亩；大型灌区续建配套与节水改造项目完成投资4.80亿元，中型灌区节水配套改造项目完成投资5800万元，项目全部完成后可新增恢复改善灌溉面积117万亩。

（三）农田水利设施产权制度改革和创新运行管护机制试点。6个试点县初步形成了一批示范工程，建立了多元化农田水利设施产权制度和有利于农田水利发展的建设、管理机制，完成了阶段评估工作。

（四）地下取水井排查整治。开展了废弃及存在安全隐患农业灌溉取水井排查摸底工作，并采取了填埋、封存或防护等安全措施。省政府办公厅印发了《河北省取水井安全管理及报废处置办法》。

【饮水安全】农村饮水安全巩固提升项目总投资1.33亿元，计划受益人口23.59万，其中建档立卡贫困人口13万，年内完成投资1.21亿元；农村饮水工程灾后重建项目总投资8.64亿元，计划受益人口160.83万，年内完成投资3.11亿元；在9个县开展了农村生活用水水源置换工程，工程全部完成后可解决104万农村群众饮用高氟水问题。

【水土保持】（一）水土保持工程。编制了《河北省水土保持规划（2016—2030年）》；对2016年度12条生态清洁小流域实施方案进行了技术审查，下达北京市密云水库上游生态清洁小流域建设资金1.15亿元；与北京市水务局联合印发了《关于加强密云水库上游河北省承德、张家口两市五县生态清洁小流域建设管理工作的通知》；全年共治理水土流失面积2100平方千米。

（二）水土保持监督管理。编制了《河北省水利厅强化依法行政进一步规范生产建设项目水土保持监督管理工作实施方案》；与省交通运输厅联合召开了山区公路水土流失防治工作集中办公会。

（三）水土流失监测。举办了多期水土保持监测和水土保持方案编制技术培训班；开展了“7·19”暴雨洪水灾后水土流失调查，并首次使用了无人机航拍调查手段。

【水利扶贫】 制定了《河北省水利扶贫工作制度》，形成了权责明确、工作聚焦、协调联动的工作机制。选派综合素质好、工作能力强的46名干部（其中处级干部19名）组成15个驻村工作组，进驻15个贫困村开展帮扶工作，全年共争取各类资金4173万元，实施各类项目116个。全年共向62个贫困县安排中央和省级水利投资34亿元，其中安排45个国家级贫困县投资29.56亿元。

【水库移民】 （一）移民后扶项目。2016年，中央下达后期扶持直补资金4.34亿元，切块下达结余资金2.65亿元，后期扶持工作专项经费1001万元，避险解困资金5804万元；省级下达移民后扶资金1.12亿元。安排30个贫困县移民后期扶持项目资金2.44亿元，25个革命老区县后期扶持项目资金2.28亿元。全年共实施项目1327个。对全省8个市稽察整改年活动开展情况和近年后扶结余资金滞留情况进行督导检查。

（二）水库移民信访稳定。贯彻落实《河北省信访条例》，推进省、市、县完善“权责清晰、上下联动、属地管理、分级负责”的水库移民信访稳定工作长效机制，督导信访矛盾突出的市、县梳理上访人员、信访案件、遗留问题线索，建立工作台账，着力化解信访问题，促进移民稳定。

【农村水电】 2016年全省共新增农村水电站2处，装机容量485千瓦；减少水电站装机容量330千瓦。截至2016年底，全省水电站拥有量250处，装机容量39.57万千瓦，全年发电量4.8亿千瓦时，发售电收入2亿元，上缴税金951万元，年度完成投资9833万元。对桃林口水电厂等7座电站进行增效扩容改造，改造完成后可新增装机3390千瓦，年新增发电量3114千瓦时。下达2016年省级小水电补助资金1000万元，用于5个市10座水电站更新改造。

【科技与教育】 全省共下达科研计划133项；组织完成了2016年度水利科技进步奖评审工作，评出一等奖10项，二等奖6项，三等奖4项；水利科研成果荣获2016年度省科技进步二等奖3项、三等奖2项，山区创业奖二等奖1项。派代表团赴荷兰、法国、捷克就地下水超采治理和海绵城市建设等方面开展技术交流与合作，就扩大“石家庄滹沱河改造工程”地下水水位监测范围和大田土壤水分测定仪器购置事宜进行商谈。派代表团出访荷兰、德国和波兰，考察德国在易北河流域内防洪工程建设、水质监测系统、流域生态保持等方面的先进经验，并与德方达成了“建立地表水监测系统项目实施工作计划”。

【南水北调工程】 印发了《关于建立健全水价调整补偿机制的意见》；水厂以上输水工程基本建成，全长2056公里的输水明渠和管道已建成2050公里，4条大型输水干渠全部具备通水条件；从中线总干渠和4条大型输水干渠向各供水目标引水的133条（段）管线中，129条（段）已具备通水条件；需新（改）建的112座水厂中，111座已具备接水条件。

（河北省水利厅　胡景波）

环境保护

【概况】 2016年，全省环保系统认真贯彻落实中央和省委、省政府决策部署，紧紧围绕“服务好经济社会科学发展，保护好大气水土环境质量”目标，扎实推进大气、水、土壤污染防治和生态建设，着力深化环保体制改革，各项工作取得积极成效，环境质量持续改善，实现“十三五”良好开局。空气质量方面，2016年，全省11个设区城市空气质量达标天数平均为207天，较2015年增加17天；重度污染以上天数平均为33天，较2015年减少3天；全省PM2.5平均浓度为70微克/立方米，较2015年下降9.1%，较2013年下降35.2%。张家口、秦皇岛和承德3个设区市的优良天数在270天以上，其余各设区市全年优良天数在130至208天之间。11个设区市空气质量由好到差依次为：张家口、承德、秦皇岛、廊坊、沧州、唐山、邯郸、邢台、保定、石家庄和衡水。水环境质量方面，2016年，环保部对全国地表水国省控监测点位进行了调整。全省可比的179个地表水监测点位中，Ⅰ—Ⅲ类水质断面占58.66%，Ⅳ类水质断面占10.05%，Ⅴ类水质断面占8.38%，劣Ⅴ类水质断面占22.91%，与2015年相比，达到或好于三类的水质断面比例提高2.79个百分点，劣五类水质断面比例降低1.67个百分点。主要污染指标为化学需氧量、高锰酸盐指数、总磷。八大水系水质总体为中度污染，Ⅰ—Ⅲ类水质比例为50.95%，Ⅳ类水质比例为8.18%，Ⅴ类水质比例为8.80%，劣Ⅴ类水质比例为32.07%，氨氮浓度均值较2015年下降32.3%。其中，永定河水系水质为优，辽河水系、滦河水系水质良好，大清河水系和漳卫南运河水系为中度污染，子牙河水系、北三河水系和黑龙港运东水系为重度污染。声环境质量方面，全省区域环境噪声昼间平均值较2015年有所升高，其中承德市、保定市和秦皇岛市为一般，沧州市为好，其它7个设区市区域声环境均为较好。影响面广的噪声源是生活噪声和交通噪声，两者之和占了87.60%。辐射环境方面，大气、水体、土壤等介质中的放射性核素浓度处于正常水平，环境天然放射性水平与往年相比无明显变化，电磁辐射水平保持稳定。生态系统状况方面，全省生态环境状况总体为一般，其中承德、秦皇岛市的生态环境状况为良，其余9个设区市的生态环境状况为一般。

【全省环境保护大会】 5月6日上午，省委、省政府召开全省环境保护大会，深入学习贯彻习近平总书记系列重要讲话精神和对河北的重要指示，对中央环境保护督察试点反馈意见整改和河北省大气污染防治条例实施工作作出安排，对环境保护和生态建设进行部署。会议要求，进一步统一思想、提高认识，坚决打好环境治理攻坚战、持久战，努力走出一条生态优先绿色发展之路，为建设经济强省、美丽河北奠定坚实基础。省委书记、省人大常委会主任赵克志作重要讲话。环境保护部部长陈吉宁莅临会议指导并作重要讲话。省委副书记、省长张庆伟主持会议。会上，省政府与各设区市、省直管县签订大气污染防治责任书、水污染防治责任书。

【大气污染防治】 坚持科学治污、精准治霾，狠抓压能、减煤、治企、降尘、控车、增绿等重点工作，持续深化大气污染防治。一是加快优化能源结构。紧紧围绕“减煤”主攻方向，严格煤炭消费管控，大力实施电代煤、气代煤工程，积极推进煤炭清洁利用，2016年全省共削减煤炭消费500万吨，淘汰燃煤锅炉12919台、21863蒸吨，完成燃煤工业锅炉改造7281台、21463蒸吨，全省4000万千瓦发电机组全部实现超低排放。二是大力化解过剩产能。严格落实钢铁、水泥、平板玻璃产业结构调整方案，实施严于国家的环保、能耗、水耗、质量、技术、安全等6个方面地方标准，组织开展化解过剩产能集中行动，全省共压减炼钢产能1624万吨、炼铁1761万吨、水泥286万吨、平板玻璃2189万重量箱、煤炭1400万吨。三是突出重点行业领域污染治理。启动实施散煤、焦化行业、露天矿山、道路车辆四项污染整治专项行动，完成农村地区散煤压减替代1126万吨，推广使用配套炉具72.6万台，取缔劣质煤销售网点5152个，压减焦炭产能1279万吨，关闭露天矿山330个、停产整治1720个、修复绿化197个，全面供应国五标准汽柴油，淘汰老旧车辆17.26万辆，新投入使用新能源车辆5.6万辆。四是着力强化工业污染防控。狠抓污染传输通道城市特别是“2+4”、“1+2”核心区城市工业污染治理，对重点工业企业特别是火电、钢铁、焦化、水泥、玻璃等563家“高架源”建立排放清单，对1058个监控点位全面实行在线监控，不达标排放企业“一企一策”制定方案，限期整改。对全省钢铁水泥电力玻璃行业29家企业开展IC卡总量监控试点，建成刷卡排污总量监控系统。发布《关于河北省钢铁行业执行大气污染物特别排放限值的公告》《河北省工业企业挥发性有机物排放控制标准》，钢铁、水泥、化工、石化等重点行业全部完成清洁生产审核。开展小散乱污企业、小锅炉及特色产业聚集区排查清理，关闭取缔各类土小企业2214家。五是切实深化面源污染治理。加强建筑施工和道路扬尘治理，狠抓秸秆禁烧和综合利用，全面禁止建成区露天烧烤，严格烟花爆竹销售和燃放监管。六是有效应对重污染天气。修订《河北省重污染天气应急预案》，重点从组织机构设立、预警分级标准、预警发布时间、区域内城市预警级别调整、提示性和强制性响应措施及责任落实等方面进行修改完善。建成空气质量多模式集合预报预警平台，实现全省6项主要污染物未来72小时空气质量预报和未来7天空气质量趋势预测。实施大气污染防治调度令制度，2016年11月9日和17日分别下达1号、2号大气污染防治调度令，对应急响应措施效果不明显、环境污染问题突出的相关地方政府和责任部门进行调度督促，切实强化污染减排和重污染天气应急响应。10月24日至11月19日，省环保厅连续组织4次重污染天气应急响应督导检查专项行动，检查企业工地293家，发现各类环境问题131个。11月21日至12月31日，省环保厅派出8个专项执法检查组对各市大气污染防治措施落实情况进行全程驻市执法检查，现场检查企业工地921家，发现各类环境问题438个，对20起涉气典型环境违法案件公开曝光。主动加强舆论引导，通过各类媒体主动发声、回应关切，争取群众理解和支持，营造良好社会氛围。2016年，全省共发布重污染天气区域预警7次，其中发布区域红色预警3次、橙色预警4次。11个设区市和定州、辛集市共发布各级别重污染天气预警144次，其中，发布重污染天气红色（Ⅰ级）预警25次，橙色（Ⅱ级）预警31次，黄色（Ⅲ级）预警72次，蓝色（Ⅳ级）预警16次。七是切实加强协同防控。按照京津冀协同治污要求，制定出台大气污染防治强化措施，突出“1+2”、“2+4”和污染传输通道城市污染治理，启动保定、廊坊18个县（市、区）“禁煤区”建设，完成“气代煤”和“电代煤”改造31.8万户。与北京市、天津市联合开展两次京津冀环境执法联动行动，有力促进了各地重污染天气应急减排措施的落实。

【水污染防治】 认真落实国家“水十条”，按照省委、省政府《河北省水污染防治工作方案》，细化工业污染源、城镇生产生活源、农村污染源、交通源“四源同治”的系统治水体系，谋划推进“抓节水、控污水、洁河水、净湖水、治海水、保供水、调客水、压采水”八大“治水工程”。一是加强组织推动。成立由省长任组长，主管环保、住建、水利、农业、国土的三位副省长任副组长，各市政府和省有关部门主要负责同志任成员的河北省水污染防治工作领导小组。制定《河北省水污染防治工作方案重点任务部门分解落实方案》，将国家《水十条》中涉及的各项任务措施进一步分解细化为350多项具体措施，并逐项分解到各有关部门和单位。在国家与河北省签订的目标责任书基础上，提前考核断面达标年限、收严水质标准，并增加44个省内考核断面。省政府与各市签订“十三五”水污染防治目标责任书，将国家和省下达的重点任务和主要指标分解落实到各市，层层传导压力。二是深入开展集中整治。启动实施重污染河流环境治理攻坚、白洋淀和衡水湖综合整治、县城及以上集中式饮用水源地安全防护三个专项行动，组织开展水污染防治百日会战，对12条重污染河流谋划实施了总投资33.7亿元的65个重点治污工程，白洋淀清理网箱网栏266万平方米，衡水湖完成富营养化与沼泽化控制工程和入湖前置库工程，岗南水库、黄壁庄水库、王快水库、大浪淀水库启动饮用水水源一级保护区隔离防护试点建设，潘大水库网箱养鱼取得历史性突破，拆除网箱5.57万个，清理库鱼10781万斤。三是持续深化水污染源治理。全面取缔污染水环境“十小”企业并向社会公布，150家省级以上工业园区完成废水集中处理设施建设，21座城镇污水处理厂完成提标改造任务，开展畜禽养殖禁养区划定，规模畜禽养殖场（小区）配套建设废弃物处理设施比例达到75.41%，组织编制船舶污染事故应急预案和港口、船舶污染物接收、转运及处置能力评估方案。四是健全水环境管理机制。进一步完善河流跨界断面水质生态补偿机制，增加考核因子，提高扣缴标准，建立年终考核奖惩机制。借鉴江苏省和江西省经验，在秦皇岛、承德、唐山、沧州等市探索实行“河长制”管理体制。

【土壤污染防治】 组织编制《河北省土壤污染防治工作方案》，先后30次易稿、2次书面征求省直各相关部门和各市政府意见，3次召开省直有关部门沟通座谈会，并多次赴京征询环保部和清华大学、中科院等专家意见。谋划实施一批土壤污染治理与修复试点项目，将2016年中央财政支持河北的1.85亿元土壤污染防治专项资金，下达石家庄市栾城区、赵县，保定市清苑区，衡水市冀州区和邢台市新河县（共4个市5个县、区的5个试点项目），各地均按要求完成土壤污染地块初步勘查和项目建议书编制。组织开展全省关停搬迁工业企业场地排查，摸清工业企业潜在污染场地底数，初步掌握工业企业场地土壤和地下水污染状况，建立工业企业污染场地档案。积极探索推进工业企业场地环境风险评估和治理修复，组织开展污染场地土壤调查评估、治理修复方案及验收评估报告专家审查70余件，有效防范工业企业场地开发利用过程中的土壤污染环境风险。组织开展全省土壤环境质量监测风险点位布设及监测工作，进一步优化全省土壤监测环境点位，构建全省土壤环境监测网络。

【农村环境整治】 省环保厅印发《2016年河北省美丽乡村建设“生活污水治理”工作实施方案》，要求根据村庄实际条件，采用适宜模式收集和处理农村生活污水，鼓励实施村庄“连片（线）”集中治污，扩大和提升规模治污成效。同时，要求省定重点片区、重点村庄的生活污水治理达到“精品村”比例不低于15%，“精品村”应全部建设生活污水治理设施，达标村建立生活污水治理示范体系。省环保厅、省财政厅联合印发《河北省农村环境整治工作方案（2016—2020年）》，提出以南水北调工程输水沿线、重点饮用水水源地、国家扶贫开发重点县以及全省美丽乡村建设重点区域为重点，以整县推进为主要方式，集中解决农村生活垃圾、生活污水、饮用水、畜禽养殖污染等农村环境突出问题。《方案》提出“十三五”期间，全省新增完成1.2万个建制村的环境整治任务，新增受益农村人口1000万人左右。8月下旬，省环保厅组织对2015、2016年度南水北调沿线重点区域农村环境整治项目实施情况进行督导核查，主要检查各地项目任务完成情况和中央支持资金使用情况。2016年，全省共有3500多个村庄完成环境综合整治工作，超额完成年度任务。

【自然生态保护】 全面启动生态保护红线划定工作，11个省直部门组成生态红线划定与管理工作协调组，在科学评估、反复论证的基础上，基本确定了全省生态保护红线控制区域。组织开展自然保护区专项检查，就国家级自然保护区人类活动遥感监测情况进行逐个核查。举办全省自然保护区建设与管理培训班，对全省各级自然保护区管理人员和保护区所在地环保部门相关工作负责人进行了系统专业培训。加强自然保护区项目建设管理，对涉及自然保护区建设项目进行生态影响评价工作，完善建设施工及日常运行期间的保护措施，最大程度减少对自然保护区生态环境的损害影响。

【中央环境保护督察整改落实】 1月4日至2月4日，中央环境保护督察组对河北省开展试点督察。现场督察期间，河北省坚持立行立改、边查边改，中央环境保护督察组交办的31批2856件群众举报问题全部按时办结，共关停取缔企业200家，立案处罚125起，拘留123人，行政约谈65人，通报批评60人，责任追究366人。现场督察结束后，坚持执法力度不减，措施手段更硬，继续组织各地按照“件件责任清，反弹必追责”的原则，逐人逐件落实责任，明确具体责任部门和责任人员，确保查处整改到位，防止死灰复燃，坚决杜绝反弹。坚持问题导向和目标导向，根据中央环境保护督察组《河北省环境保护督察反馈意见》归纳整理出的47个问题，研究确定了283项整改措施。在坚决完成问题整改的同时，举一反三，加快完善长效机制，确定了8大类31个方面强化措施，制定了《河北省贯彻落实中央环境保护督察组督察反馈意见整改方案》，按要求上报国务院，抄送国家环境保护督察办公室，并在中央和省级主要新闻媒体进行了公开。对研究确定的整改措施实行清单制，拉条挂账、督办落实、办结销号，要求于2016年完成整改的41个问题全部整改到位。

【环境影响评价】 严格执行环境影响评价制度，优化审批流程，提高审批效率，提升服务质量，严把建设项目环评审批关。同时，针对重点建设项目开通绿色通道，采取提前介入、专人负责、跟踪服务等方式，全力支持和服务重点项目建设。2016年，全省共审批建设项目环评1.10万个，涉及投资1.25万亿元。其中，省本级审批项目环评55个，涉及投资628.9亿元；全省共验收项目3562个，涉及投资2936.6亿元，其中，省级验收项目29个，涉及投资687.79亿元。按照“完善备案一批、整顿规范一批、淘汰关闭一批”要求，全面完成环保违规建设项目清理整顿任务。大力推进规划环评，把规划环评作为环境保护参与发展综合决策的有力手段，对项目开发、生产力布局、环境资源配置提出更为合理的战略安排。2016年，共审查规划环评31个，曹妃甸新型工业化基地、河北廊坊经济技术开发区、河北新河经济开发区、承德双滦经济开发区列为全国产业园区规划环评清单式管理试点。深化环评审批改革，在石家庄市鹿泉区、邢台市威县开展环评审批制改备案制试点，鹿泉区配套制定出台《环评机构不良记录和“黑名单”管理制度》《建设项目环境保护事中监督管理制度》。按照法律法规要求，重新调整环评专家咨询和公众参与责任主体，明确由企业或其委托环评机构开展环评公众参与和专家咨询论证工作。修订《建设项目环境影响评价文件审批程序规定》，取消由审批部门委托评估中心进行技术评估的硬性要求，改为由建设单位自行组织专家咨询和论证。

【环境执法监管】 一是严厉打击环境违法行为。省环保厅、省公安厅、省法院、省检察院联合组织开展“利剑斩污”专项行动，查处环境违法企业3333家，关停取缔1545家，行政处罚918家，立案侦办环境污染刑事案件518起，抓获犯罪嫌疑人1184人，查处治安案件2236起、治安拘留2335人，有效震慑了环境违法犯罪行为。不定期组织开展25次远程执法抽查“零点行动”，严厉打击涉水涉气重点污染源超标排放、偷排偷放和利用自动监控数据弄虚作假等违法行为，破解环境执法进门难、取证难、抓现行难的“三难”问题，共抽查企业841家次。组织开展钢铁、煤炭行业环境执法“雷霆行动”，重点检查违规新建项目、列入关停企业擅自恢复生产、污染防治设施不齐全、偷排偷放、超标排放以及无证排污等情况，以环保执法手段促进钢铁、煤炭行业化解过剩产能。组织开展“土小”企业群专项执法检查行动，全面排查不符合国家产业政策的“土小”企业非法生产污染环境问题，全省共取缔关闭“土小”企业2221家。二是严格危险废物监管。出台《河北省"十三五"利用处置危险废物污染防治规划（2016—2020年）》，修订《河北省危险废物跨省转移审批工作程序》，制定强化危险废物监管若干措施，组织开展化学品生产使用情况调查。省环保厅、省公安厅、省交通运输厅联合组织开展三次打击涉危险废物环境违法犯罪行为专项行动，严厉查处危险废物产生、运输、处置各环节违法犯罪活动，全省立案侦办非法处置危废犯罪刑事案件125起，破获128起，抓获308人，办理涉危环境违法治安案件291起，行政拘留357人，打掉了38个涉危险废物环境违法犯罪团伙，破获了11起涉注册企业的涉危废犯罪案件，捣毁了4个跨省向河北省非法倾倒、处置危险废物犯罪网络。三是强化辐射环境安全监管。针对不同放射源的风险等级，建立健全辐射安全执法检查，高风险放射源监督管理落实辐射安全执法责任制，关、停、间歇性生产单位放射源安全监管和辐射安全管理检查月报等制度。突出加强高风险辐射单位检查，修订完善《河北省环境保护厅辐射事故应急预案》，组织开展辐射事故模拟实地演练，圆满完成全省辐射环境质量国控点监测工作。2016年，共收贮闲置废旧放射源300余枚，审批50个辐射类环境影响报告书（表），完成28个辐射类项目竣工环境保护验收，办理发放、变更、增项和延续辐射工作单位《辐射安全许可证》86件，放射源、放射性同位素转让审批210件，放射性同位素跨省异地使用备案62件。四是提升环境监管能力。9月至11月，集中利用3个月时间，组织开展环境执法大练兵，进一步规范了排污单位现场监督检查、环境违法案件处理处罚、案件移交移送和环境监察稽查等各项执法工作。在污染源日常监管领域推广“双随机”抽查制度，建立“双随机”抽查数据库，市、县环保部门共抽查污染源4.89万家。

【环境保护体制改革】 作为全国首个试点省份，率先启动开展省以下环保机构监测监察执法垂直管理制度改革，省委印发《河北省环保机构监测监察执法垂直管理制度改革实施方案》，积极探索环境管理新模式，为国家构建权威高效的环境保护管理新体制趟路子摸经验。按照试点方案，各市环保局实行以省环保厅为主的双重管理，县（市、区）级环保局调整为市级环保局的派出分局，在干部任免、财政供养关系上进行相应调整，从管理体制上避免地方干预。同时，由省环保厅统一行使环境监察职能，跨区域设立环境监察专员办公室，驻市开展环境监察和环保督察工作，督促环境保护“党政同责”“一岗双责”落实到位。将市级环境监测机构调整为省驻市环境监测机构，实行生态环境质量省级监测、省级考核，确保监测数据的真实性、可靠性。学习借鉴中央环保督察经验做法，省委、省政府制定出台《河北省环境保护督察实施方案（试行）》，在全国率先开展省内环境保护督察，主要督察地方党委和政府及其有关部门落实环境保护“党政同责”“一岗双责”等情况，截至2016年底，已完成对衡水、廊坊、沧州、秦皇岛市和定州市督察任务。严格落实环境保护“党政同责、一岗双责、失职追责”要求，省委、省政府制定出台《河北省生态环境保护责任追究暂行办法》，明确界定了各级党委、政府和职能部门的生态环境保护职责，以及国有企事业单位的生态环境保护责任，明确了“五级”问责和77种追责情形，建立起了对党政干部损害生态环境问责的长效工作机制。积极推进环境污染强制责任保险试点，2016年度企业投保数量达到1059家。深入推进环境污染第三方治理，省政府出台《河北省环境污染第三方治理管理办法》，在张家口市崇礼区和邢台市隆尧东方食品城工业园区开展省级环境污染第三方治理试点，承德市政府与河北航天环境工程有限公司签署战略合作协议。衡水工业新区、邯郸市新型化工园区分别与凯天环保科技、上海巴安水务签署合作协议，由第三方企业对园区污染进行治理和运营，探索建立排污企业、第三方公司、园区管理部门共同参与的环境污染第三方治理机制。辛集皮革城制革工业园区启动污水处理工程特许经营招标，探索建立污水处理分类收费等制度。

【环境科技标准及产业】 发布实施《工业企业挥发性有机物排放控制标准》（DB13/2322—2016）、《在用汽车排气污染物限值及检测方法（遥测法）》（DB13/2323—2016）、《固定污染源废气低浓度颗粒物的测定重量法》（DB13/T2375—2016）、《固定污染源废气颗粒物的测定β射线法》（DB13/T2376—2016）和《煤场、料渣场扬尘污染控制技术规范》（DB13/T2352—2016）等5项地方环保标准，北运河香河段生态综合整治PPP试点项目、河北中煤旭阳焦化有限公司污水处理设施第三方运营试点项目列为环保部第五批环境服务业试点，在第三次中国—中东欧地方领导人会议暨中国·河北国际经济贸易洽谈会期间成功举办“环境保护与清洁能源”论坛和环保产业展，在生态文明贵阳国际论坛2016年年会期间成功举办“河北省生态文明成果展”。

【环境保护宣传教育】 加强新闻舆论引导，大力宣传环境保护工作的新举措、新进展、新成效，坚决曝光环境违法行为和突出环境问题。2016年，新华社、人民日报等中央主要新闻媒体共刊发反映河北省环境保护工作新闻稿件 100 多篇（条），省内主要新闻媒体刊发 200 余篇（条），省环保厅政务微博发布信息 500 余条。充分利用“六·五”世界环境日等重大环保节日，组织举办网友代表见面会、公众开放日、法治联合宣传、阳光热线特别节目等一系列内容丰富、形式多样的环境宣传教育活动，激励和感染广大公众关注、支持、参与环境保护工作。省环保厅、省教育厅联合开展第九批河北省绿色学校申报工作，对前五批省级绿色学校进行复查，组织参加“2016 年第十届全国中学生科技发明比赛暨斯德哥尔摩青少年水奖中国地区选拔比赛”、“国际环境小记者项目 2016 新闻作品大赛国内选拔赛”和“同绘蓝天——第三届全国中小学生环保绘画大赛”等活动。组建河北省环境保护公众参与网，组织开展绿色生活微信环保知识问答、“环保我先行”、环保进社区“废兑绿”等活动，普及环保常识，倡导绿色生活，引导公众有序参与环境保护。

（河北省环境保护厅　王锦慧　赵康）

国土资源监管

【概况】　截至 2016 年 12 月 31 日，河北省土地调查总面积 28288.4 万亩，与上年度保持一致。

农用地由 19626.4 万亩减至 19603.8 万亩，净减少 22.6 万亩；建设用地由 3281.1 万亩增至 3328.3 万亩，净增加 47.2 万亩；未利用地由 5380.9 万亩减至 5356.3 万亩，净减少 24.6 万亩。以上地类分别占河北省土地总面积的 69.3%、11.8%、18.9%。

按土地利用现状分类一级地类统计，耕地由 9788.2 万亩减至 9780.7 万亩，净减 7.5 万亩；园地由 1255.8 万亩减至 1251.6 万亩，净减少 4.2 万亩；林地由 6903.2 万亩减至 6898.5 万亩，净减少 4.8 万亩；草地由 4152.5 万亩减至 4138.9 万亩，净减少 13.6 万亩；城镇村及工矿用地由 2837.2 万亩增至 2877.0 万亩，净增加 39.8 万亩；交通运输用地由 641.4 万亩增至 646.7 万亩，净增加 5.3 万亩；水域及水利设施用地由 1278.3 万亩减至 1273.9 万亩，净减少 4.3 万亩；其他土地由 1431.8 万亩减至 1421.3 万亩，净减少 10.6 万亩。

河北省矿产资源丰富，截至 2016 年底，河北省已发现矿产 129 种，按亚矿种计算为 156 种；具有查明资源储量的矿产 103 种，按亚矿种计算为 131 种；列入《河北省矿产资源储量表》的矿产 71 种，按亚矿种计算为 90 种。上表矿产地 1483 处。煤、铁、金、钼、水泥用灰岩等河北省优势（竞争力较强的）矿产保有资源储量情况如下：煤炭 227.57 亿吨，居全国第 12 位；铁矿 93.28 亿吨，居全国第 3 位；金矿（金属量）244.08 吨，居全国第 17 位；钼矿（金属量）82.31 万吨，居全国第 10 位；水泥用灰岩 58.99 亿吨，居全国第 9 位。2016 年河北省生产铁矿石 1.185 亿吨，原煤产量完成 6910.66 万吨，金年产矿石量 345.45 万吨。全省已开发利用矿产地 819 处，现有非油气矿山企业 3205 家，从业人数 20.95 万人，年开采矿石总量 3.059 亿吨，工业总产值达 417.69 亿元，形成了以冶金、煤炭、建材为主的矿业经济体系。地质灾害主要有崩塌、滑坡、泥石流、地面塌陷、地裂缝、海水入侵等。

河北省海岸线长 487 公里，管辖海域面积 7000 多平方公里。有海岛 13 个，海岛面积 36.30 平方公里。河北省沿海地区处于环渤海经济圈的中心地带，海洋生物、港口、原盐、石油、旅游等海洋资源丰富，气候环境适宜，海洋灾害少，是发展海水养殖、盐和盐化工、港口运输、滨海旅游等产业的优良地带，适合进行各种形式的综合开发，具有发展海洋经济的巨大潜力。目前主要海洋产业有滨海旅游业、海洋交通运输业、海洋渔业、海洋化工业以及海洋盐业等。

【服务京津冀协同发展】　实施京津冀协同发展战略、申奥成功等为全省发展带来了重大机遇，同时对国土资源工作也提出了新要求。面对新形势新要求，积极适应全省发展大局，结合保障发展、生态建设、环境治理等多方面需要，主动做好资源保障工作，拓展空间，强化支撑。

争取支持，拓展发展空间。着眼于保障支撑京津冀协同发展，开展土地利用总体规划调整完善，划定城市开发边界、基本农田红线、生态保护红线，优化基本农田布局和建设用地布局。积极争取国家支持，核减耕地保有量目标和基本农田保护目标，增加建设用地规模 214 万亩，基本满足全省今后五年用地空间需求。经国家同意，对纳入京津冀协同发展规划的重点项目，确实不能在省内实现占补平衡的，争取优惠政策，在很大程度上缓解了全省耕地占补平衡压力。积极争取国家资金支持，与省有关部门一起争取山水林田湖综合整治试点奖补资金，争取地质环境、海洋经济创新发展示范等项目资金，其中地质调查资金、海洋资金、高标准基本农田建设资金在全国分列第一名、第二名、第五名。

多措并举，服务稳增长。全省全年共获得国家用地计划指标 27.79 万亩，为历年最多，围填海计划指标 0.75 万亩。提高审批效率，督促各地加快组卷报批，共批准建设用地 27.08 万亩，其中新增建设用地 23.31 万亩，全年供应建设用地 31.82 万亩，其中出让土地 18.24 万亩，出让金总额 1282.76 亿元。批准建设用海 1.3 万亩。为促进项目尽快落地，在土地规划中期调整完善之前，适度放开了土地规划的年度调整，共批准调整市县规划 140 个。全力保障旅发大会项目用地，增加保定用地规模 4400 亩、用地指标 3302 亩，并于大会召开之前完成用地审批，为旅发大会成功召开、项目推进奠定了坚实基础。河北省国土资源厅被评为首届旅发大会先进集体，厅机关 2 名同志分别被评为突出贡献个人、先进个人。

完善制度，促使矿业绿色发展。实施矿业权减量化管理，开展矿山环境恢复治理。年内全省依法新立采矿权 137 个，同比减少 39.64%；注销采矿权 502 个，有效采矿权数量由上年的 4183 个减少至 3818 个，减少 8.73%。

主动适应经济发展和产业结构调整形势需要，修订印发了《河北省找矿突破战略行动实施方案（2016－2020年）》，着力推进洁净能源矿产和新材料矿产的勘查评价。加强基础地质工作，认真落实《支撑服务京津冀协同发展地质调查实施方案（2016－2020年）》，按照“以解决重大地质问题为导向”要求，着力提高地质工作服务京津冀协同发展的能力。

【耕地保护】 永久基本农田划定工作。认真贯彻有关政策要求和技术标准，明责任、建组织、定方案、排工期，结合土地利用总体规划调整完善，按照保护任务不低于上级规划下达指标、总体质量等别高于前一轮规划的平均质量等别等要求，落实全省基本农田保护任务。开展城市（镇）周边永久基本农田划定，6月30日前，完成了城市（镇）周边永久基本农田划定核实举证及论证审核工作。全力推进全域永久基本农田划定工作，截至11月，全域基本农田划定方案经省级审核通过的有152个县（市、区），永久基本农田划定取得了积极进展。

高标准基本农田建设。加快全省高标准基本农田建设，保证建设质量，将高标准基本农田建设列入专项行动，先后实施了6次集中督导，对工作进展缓慢的地区开展警示约谈。每半月向各地通报进展情况、对各地工作进度进行排序，有效地推动了全省高标准基本农田建设开展。截至11月，当年新完成立项730万亩，累计完成立项2400万亩；当年新完成验收718万亩，累计完成验收918万亩。

耕地占补平衡。采取积极措施落实占补平衡、占优补优。年初，省政府将土地整治列为五个专项行动之一，要求把耕地占补平衡摆在国土资源管理的首位，通过改革创新，在破解占补平衡难题上实现重大突破，使补充耕地数量略高于占用耕地计划，实现了先补后占、占补平衡。截至11月，全省共立项689宗，预计可用于占补平衡的耕地为23.86万亩，与2015年同期相比增加12万亩，增长了120％；核实验收项目312个、9.93万亩，与2015年同期相比增加3.84万亩，增长了63％。

耕地保护责任目标考核。按照省政府制定的《设区市政府耕地保护责任目标考核办法》，全面落实耕地保护责任目标行政首长负责制，省政府主要负责同志与设区市市长签订了《耕地保护目标责任书》。省国土资源厅、农业厅、统计局组成检查组对设区市政府耕地保护责任目标履行情况进行检查。严格执行土地违法责任追究制度，将耕地和基本农田保护情况作为政府领导干部离任审计的主要内容，将耕地占补平衡任务完成情况列入耕地保护责任考核。

耕地质量等别年度更新与监测评价。根据年度耕地质量等别年度更新与监测评价工作特点，建立了省、市、县三级协调联动工作机制，成立工作小组，制定工作方案，落实工作经费，开展技术培训，监督全省耕地质量等别年度更新与监测评价工作，对工作承担单位进行检查、指导，研究解决工作中遇到的重大问题。以最新耕地质量等级成果为基础，完成了新增耕地信息标注，全面开展耕地质量年度更新评价工作。完成耕地质量等别年度监测评价试点工作，探索监测评价的指标、方法、程序，完成耕地质量等别年度监测评价试点研究报告，提交更新评价数据库、图件等相关资料。

土地复垦监督管理。为进一步强化土地复垦工作，督促生产（建设）单位积极履行土地复垦义务，加强国土资源管理部门对土地复垦义务人复垦工作的监督管理，对2010—2016年生产建设项目土地复垦方案执行情况进行了督导检查，制定印发了《河北省土地复垦管理办法》（冀国土资发〔2016〕11号），对全省土地复垦方案的编报、审查、土地复垦实施、验收、监管等作了明确规定。年内省级共完成88个土地复垦方案的审查。

【矿政管理】 矿业权减量化管理。严格矿业权审批，在全省范围内取消申请在先方式出让探矿权和暂停新设露天采矿权，对全省露天矿审批进行了检查。配合露天矿山污染深度整治专项行动，做好露天矿山退出工作，暂停新设露天矿业权审批。停止地热补办，要求各地摸清情况，明确专人督办，采取切实有力的措施，于6月30日前完成补办任务，之后将不再受理补办地热、矿泉水历史遗留问题的勘查开采登记工作。截至2016年底，完成地热、矿泉水补办331宗。

改革和完善矿产资源管理制度。起草《关于改革和完善矿产资源管理制度促进生态文明建设的意见》，突出绿色勘查开发、矿业权减量化管理、倒逼矿山企业转型升级、矿山环境恢复治理等内容，反复讨论、认真修改，历经20余稿。3月30日下发《关于征求〈关于改革和完善矿产资源开发利用管理促进生态文明建设的意见（征求意见稿）〉意见的通知》，向各市国土资源局征求意见，修改后又于5月4日下发了《关于征求〈关于改革和完善矿产资源管理制度促进生态文明建设的意见（征求意见稿）〉意见的函》，征求了各市政府和省直有关部门的意见。根据征求意见情况，对《意见》进行了修改。

加强地热资源勘查开发管理。一是开展地热水资源开发利用情况摸底调查。省国土厅、水利厅联合下发了《关于对我省地热水资源开发利用情况进行摸底调查的通知》（冀国土资函〔2016〕569号），对全省地热井进行摸底调查，全面摸清河北省地热水资源开发利用管理现状，掌握地热水开采情况底数，深入分析地热水资源在矿业权审批、取水许可审批、执法监管、尾水处理利用和回灌等方面存在的问题，探讨进一步规范和加强地热水资源开发利用管理的对策措施。经统计，全省地热井共1522个；组织编制《地热水资源保护与开发利用规划》。结合全省地热水资源赋存特点以及开发利用现状，由河北省地矿局第三水文地质大队编制《地热水资源保护与开发利用规划》，优化全省地热资源勘查开采布局。

【海域管理】 集约节约用海。严把项目准入关。加强用海生态审查，除国防、重大建设项目外不得占用自然岸线，禁止在重点海湾、海洋自然保护区的核心区及缓冲区、重点河口区域、重要滨海湿地等区域开展围填海建设。严格落实全省主要项目用海控制指标，在海域使用论证、用海预审、招拍挂方案审查、用海审批等环节中，严格执行填海造地建设项目投资强度、容积率等控制标准，限制盲目圈占海域行为；强化集约节约用海。积极引导用海项目向园区聚集，坚持区域用海规划和围填海计划相衔接，通过差别化海域供给管理，引导、调控项目向曹妃甸、渤海新区等区域用海规划范围内已填成陆区聚集。对采用可竞争方式取得的工业、商业、商品住宅、旅游娱乐、养殖和其他经营性项目用海以及同一宗海有两个以上用海意向人的，全部实行招拍挂出让；切实推进海域定级和基准价格评估工作。组织技术单位完成了海域定级和基准价格评估工作，征求了当地政府、渔业代表、用海企业等单位和个人的意见，形成基准价格发布意见；保障重大项目用海。围绕京津冀协同发展，积极协调各有关部门、单位和当地政府，为首钢二期、渤西油气田、华电海上风电、曹妃甸千万吨炼油、海兴核电、沧州液化天然气等重大建设项目做好用海服务。

依法科学管海治海。认真抓好省海洋功能区划、海岸线保护与利用规划、海域海岛海岸带整治修复保护规划、海岛保护规划的实施。全面完成海域监视监测业务，对全省4个区域用海规划及重点围填海项目，每季度开展一次实地监测，对海洋空间资源开展年度监测，结合遥感影像，及时发现上报用海疑点疑区，充分利用海域动态监视监测系统开展技术审核、围填海指标管理等工作，形成了一大批有参考价值的成果报告。组织沿海14个市县区海域动态监控指挥车、核心系统设备完成招投标，扎实推进县级海域动态监管能力建设。经省政府同意，将省级负责的海上风电、海底电缆管道、海上透水构筑物审批权下放设区市。

海域海岸带整治修复保护。围绕建设“美丽海洋”总目标，突出海域海岸带整治修复项目管理，通过强化日常督导检查，推动海域海岸带整治修复项目加快实施，不断推进海洋生态文明建设。成功申报秦皇岛市成为全国首批蓝色海湾整治行动重点城市，项目实施方案经专家审查修改后上报国家海洋局、财政部批准实施；北戴河及相邻地区近岸海域环境综合整治项目中，6个子项目已完成。滦南县嘴东双龙河河口海域及海岸带综合整治修复工程、北戴河老虎石浴场及周边岬湾海岸修复工程、北戴河新区洋河至葡萄岛岸线整治与修复共3个海域海岸带整治修复项目全部完工。

【节约集约利用】 节约集约用地。开展土地节约集约利用考核。省土地节约利用考核领导小组办公室组织相关单位组成五个考核组对各市（含定州市、辛集市）2015年度土地节约利用情况进行了考核，土地节约考核全部合格。考核综合成绩前五名的市依次为：邯郸市、沧州市、廊坊市、邢台市、衡水市。省管县为辛集市。加强开发区用地管理。组织开展开发区土地节约集约利用评价成果更新，参加此轮评价的共137个开发区，其中国家级12个，省级125个。研究制定了《河北省开发区土地储备供应管理办法》（冀国土资发〔2016〕25号），印发各市、县（区）人民政府贯彻执行。对石家庄综合保税区预验收范围内的土地利用手续和用地情况进行审核，确保了综合保税区通过验收。组织开展城市建设用地节约集约利用评价。确定33个城市（11个设区市、22个县级市）参与本次评价，因藁城、鹿泉2市改区，此次上报了31个城市建设用地评价成果，按时完成任务。积极处置批而未用土地。批而未供方面，制定下发了《河北省闲置土地处置专项行动方案》，将2011－2015年批而未供土地80万亩纳入处置范围，纳入全省国土资源管理五个专项行动，实行周报告、半月通报、季约谈、全年问责机制，全年共盘活利用18.45万亩。供而未用方面，根据专项行动工作方案，整合开发区闲置土地、监测与监管系统闲置土地、节约集约用地专项督察闲置土地共3.89万亩，全年闲置土地处置完成率为73.32%。截至2016年底，各市未按期开工超过1年、涉嫌闲置土地面积2.97万亩。推广先进节地技术、节地模式。在全省范围内开展典型土地节地模式调查与评价研究，选取6大类31个典型案例，编印《河北省典型土地节地模式调查与评价图册》下发，供各地学习借鉴。继续开展节约集约模范县（市）创建活动。下发《关于开展第三届第二批次国土资源节约集约模范县（市）创建活动的通知》（冀国土资函〔2016〕123号），部署开展国土资源节约集约模范县（市）创建活动。本次创建活动全省共有7个县（市）被国土资源部授予国土资源节约集约模范县（市），分别是：邢台市沙河市、保定市望都县、秦皇岛市抚宁区、沧州市肃宁县、邢台市临西县、邯郸市馆陶县、保定市高碑店市。

房地产用地调控。加强土地市场及地价监测分析，按季度组织指导编写2016年河北省土地市场动态监测分析报告和河北省城市地价动态监测报告。年内全省共供应国有建设用地31.82万亩，与2015年同期土地供应量相比，增加了10%。指导各地合理编制国有建设用地供应计划，并在门户网站向社会公示。年内全省供应住宅用地6.19万亩，占住房用地供应计划的88.05%，落实棚户区改造用地1.1万亩。

土地储备监测监管。联合省财政厅制定下发了《关于报送规范土地储备和资金管理工作进展情况的通知》，跟踪各市落实进展情况。及时下发了《河北省国土资源厅办公室关于组织开展土地储备机构名录2016年度更新工作的通知》，完成2016年土地储备机构更新工作，共153家土地储备机构纳入部名录。

【专项行动】 对土地整治、露天矿山深度整治、打击违法用地、闲置土地处置、整治违规出让等关系全局、影响重大的工作，省政府组织开展专项行动。通过实行周报告、月通报、季约谈，不间断地督导巡查，有力推动了重点工作的开展，在各地形成了齐抓共管、上下联动的新局面，各项重点工作得以扎实推进。

土地整治专项行动。为进一步提高效率，将占补平衡目标任务落实到具体项目、具体位置，明确项目负责人和具体承办人。年内全省完成补充耕地18.12万亩。高标准基本农田建设，国土资源系统累计完成验收1584万亩，全省累计完成2524万亩，实现了资金到位下一年度完成

"十二五"2420万亩的建设任务。

露天矿山深度整治专项行动。按照省《露天矿山污染深度整治专项行动方案》要求，一方面强化政策调控，严格控制露天矿权设置，加大执法监管力度；另一方面加强指导和技术服务，积极开展白茬山治理技术攻关，大力推进示范基地建设，强力推进露天矿山污染深度整治。全年取缔关闭330个矿山，停产整治1720个矿山，修复绿化197个矿山，超额完成了2016年度露天矿山污染深度整治任务。

打击违法用地专项行动。按照"以土地变更调查数据为基础，以补办和拆除为手段，逐图斑建档，逐图斑整改，逐图斑核查，彻底消除违法状态"的工作思路，开展卫片执法检查工作。通过不间断大力度督导，选取12起典型案件挂牌督办，省政府约谈整改落后市县主要负责人等措施，强力推进查处整改，2015年土地卫片检查发现的违法占用耕地比例由39%降至2%，3个市107个县（市、区）实现违法占用耕地"清零"。河北省"不遮不掩，全面直查，严肃整改"的经验做法，得到国土资源部充分肯定和推广。

闲置土地处置专项行动。专项行动中，对近五年平均供地率排在后三位的，扣减新增建设用地指标；对闲置土地面积大、处置进展缓慢的，相应扣减新增建设用地指标。通过采取供地率、闲置土地与新增建设用地分配挂钩办法，迫使各地加大清理处置"批而未征、征而未供、供而未用"土地力度，切实解决供地率偏低和闲置土地突出问题。全年共盘活2011－2015年批而未供土地18.45万亩，全省2011－2015年平均供地率由年初的56.95%升至年底的64%；共处置供而未用土地2.82万亩，此项工作保持在全国前列。

违规出让土地整治专项行动。坚决贯彻落实"一问责八清理"工作部署，采取周报告、半月通报、季约谈、全程问责机制，严密细致、积极稳妥开展违规出让土地问题清理，并于8月底完成了全部工作任务。此次专项行动共发现问题4702个、已整改4633个、整改率99%，追缴出让金、违约金、利息共18.94亿元，签订补充协议376个，问责457人，共清理现有制度637件。

不动产统一登记专项行动。为加快推进全省不动产统一登记工作进度，在违规出让土地整治专项行动完成后，将不动产统一登记工作纳入五个专项行动。省政府办公厅印发《关于进一步加快不动产统一登记工作的通知》，明确了市县政府主体责任，要求组织有关部门共同做好人员划转、登记档案资料移交等工作，不动产统一登记工作明显提速。截至11月底，全省所有市县实现不动产权登记证书"发新停旧"，完成率达100%。在此基础上，依托"河北国土云"，加快推进信息平台建设，全省99%以上的县（市、区）已接入国家级信息平台。

【脱贫攻坚和灾后重建】 全力打赢脱贫攻坚战。立足全省46个国定贫困县（含涿鹿县赵家蓬区）实际情况，围绕大力推进耕地占补平衡项目和城乡增减挂钩项目，在占补平衡上提出了国定贫困县补充耕地指标优先在全省范围内有偿转让等五条措施，在增减挂钩上提出了有易地搬迁任务的县增减挂钩指标全面保障等十条措施。省委省政府专门在保定阜平县组织召开了利用土地政策助推脱贫攻坚工作现场会，省厅组织举办了贫困县土地助力脱贫培训班，确保这些政策措施尽早发挥作用。省扶贫办以专报形式印发《省国土厅放活土地政策助力脱贫攻坚》，多位省领导作出批示。在乌蒙山片区区域发展与脱贫攻坚部际联席会议上，阜平县介绍了运用国土资源政策推动扶贫工作经验。整合涉农资金，支持扶贫攻坚、民族市县发展13.37亿元。安排9名同志到行唐县3个村进行驻村帮扶，根据驻村实际情况，研究确定了壮大集体、精准分类、充分就业、政策兜底、不落一人的脱贫基本思路，谋划实施了1万亩土地整治脱贫示范工程、每个村建设存栏量800头驴养殖小区和20个蔬菜大棚等一批接地气、管长远项目，力争带动贫困户早日脱贫。河北省国土资源厅被评为省扶贫工作先进单位，2名同志被省委组织部评为优秀省直驻村干部。

全力支持灾后重建。面对"7·19"特大洪灾，省厅积极采取措施应对，加强应急值守，防范地质灾害。洪灾中，抽调人员组成12个应急专家组第一时间奔赴受灾地市，先后派出11架无人机，参与抢险救灾，开展应急调查、应急处置等工作。洪灾后，专题研究重建工作，摸底灾后重建用地需求，制定灾后重建用地政策，印发工作方案，支持灾区灾后重建，年内灾后重建用地1.34万亩，占水毁建设用地的60%；摸清水毁耕地情况（灾毁62.1万亩，其中需复垦53.48万亩），制定水毁耕地复垦计划，推进水毁耕地复垦工作，截至年底共复垦45.35万亩，73%的水毁耕地当年得到复垦；摸清地质灾害发生情况，安排好地质灾害防治工作，使灾后重建尽量避开地质灾害点。厅地质环境处被评为抗洪抢险救灾工作先进集体，厅机关2名同志被评为先进个人。

【国土资源领域改革】 定州土地制度改革稳步推进。指导定州开展土地制度改革试点工作，制定并不断更新《定州市土地征收暂行办法》、《定州市关于规范土地征收程序的实施意见》等配套文件，批准了定州18个批次2511亩土地征收，完成了对定州土地征收制度改革试点中期评估，定州征地制度改革试点取得了阶段性成果。按照国家要求，同时在定州开展农村集体经营性建设用地入市试点。指导定州修改完善了《定州市农村土地制度改革试点实施方案》，积极推进试点工作。

内设机构改革圆满完成。认真贯彻落实省委、省政府关于改革内设机构和精简人员编制的有关要求，厅机关裁撤了调控处、海洋综合处、海洋预报减灾处、科技处、信访处、离退休干部处6个处，新设不动产登记局、督查处，由原22个处室压减到18个、压减18.2%，厅机关人员编制由117人减至105人、精简10.2%。

行政审批制度改革不断深化。全面推进依法行政，深化行政审批制度改革，取消了地质资料保护登记行政许可事项，将省级负责的海上风电、海底电缆管道、海上透水构筑物用海审批下放到沿海三市，衔接国务院第二批清理规范国务院部门行政审批中介服务事项，取消涉矿事项1项、保留涉海事项2项、纳入审批程序的技术性服务涉海事项1项。开展了审批流程再造，对59个行政审批流程进行全面梳理，压环节、减资料、缩时限，不断提升审批效率和审批质量，其中土地转用征收审批减少了5个协办处室、12项报批材料，审批时限由原来14个工作日压缩到9个工作日。省厅依法行政工作被省政府评定为优秀等次。

【党风廉政建设】 坚持问题导向，将“两学一做”学习教育、机关作风整顿与落实全面从严治党紧密结合，着力解决思想、工作、作风等方面的问题。

强化思想建设。深入开展“两学一做”学习教育，认真学习习近平总书记系列重要讲话，深刻领会党中央治国理政新理念新思想新战略，用理论上的清醒保证政治上的坚定，更加坚决的维护以习近平同志为核心的党中央的权威，更加自觉的在政治上、思想上、行动上与党中央保持高度一致。

全面从严管理。在落实全面从严治党、加强党风廉政建设上，厅党组认真履行主体责任，驻厅纪检组认真履行监督责任，始终把纪律挺在前面，严格管理，强化监督，严肃问责，坚决反贪腐、反渎职、反懒政。加强制度建设，制发了《关于加强对厅党组、党组成员和其他厅级干部监督的规定》《廉政谈话、约谈、函询和诫勉谈话的实施办法》《规范党员干部操办婚丧喜庆事宜的暂行规定》等文件；对全系统处级干部违规经商办企业情况进行了清查，对存在违规经商办企业情况的54人进行了组织处理；加大对专项资金项目、行政审批事项、事业单位的巡查力度，认真督促整改发现问题；加大违纪问题查处力度，认真调查核实投诉举报、土地出让等方面问题，严肃追究相关人员责任。

切实转变作风。深入扎实开展作风整顿，按照“四大四急”的总体思路和“四个体现”的具体要求，坚持以上率下，层层传导压力，激发内生动力，将作风整顿延伸到市县局，扩大到全系统，共查摆梳理21个问题清单，研究制定了41条措施清单，细化建立了32项重点工作落实责任清单。通过认真对照整改，不断总结完善，以制度规定形式固化作风整顿成果和经验，推进作风建设常态化、长效化。厅机关作风整顿得到省第12督导组的较高评价，在省级机关作风公开评议中获得优秀等次。

（河北省国土资源厅　杨淑梅）

地理信息工作

【概况】 2016年，河北省测绘地理信息行业单位完成测绘服务总值34.14亿元。河北省地理信息局在2016年度全国省级测绘地理信息主管部门测绘地理信息工作绩效考核中名列全国第三。

《河北省地理信息事业发展“十三五”规划》《河北省基础测绘“十三五”规划》《河北省地理信息科技发展“十三五”规划》《河北省地理信息人才发展“十三五”规划》印发实施，明确了未来五年河北省测绘地理信息事业发展的目标和主要任务。贯彻落实《全国基础测绘中长期规划纲要（2015—2030年）》，秦皇岛、保定、唐山等市基础测绘规划印发实施，其他各市均启动规划编制工作。

第一次全国地理国情普查工作全面完成，并通过专家验收。地理国情监测规划纳入《河北省基础测绘“十三五”规划》。设区市级数字城市地理空间框架建设全部完成并通过竣工验收，所有县（市、区）均完成数字城市地理空间框架建设项目立项工作，其中20个县（市）完成建设任务并通过竣工验收；推进“天地图·河北”建设，全省11个设区市全部接入国家主节点。

河北省财政列支省级基础测绘经费3440万元，省、市、县基础测绘年度计划全面完成。省级成果全部完成2000国家大地坐标系转换并通过国家测绘地理信息局的质量检验，完成全省约8100幅1：1万数字线划图专题要素更新和1：1万数字正射影像图更新制作。利用2015—2016年获取的市县级大比例尺数字线划图成果联动更新1：1万数字线划图。完成4023个美丽乡村建设测图任务，完成夏秋季秸秆焚烧、禁种铲毒应急监测工作；开展“7.19”应急防汛救灾，受到省长张庆伟、副省长张杰辉肯定。

全年共办理涉密测绘成果提供使用审批374项，开具证明函101项，提供基础测绘成果2.15万幅、航摄数据成果8146片（景）。陆续引进贝尔206L4型直升机、无人直升飞机、无人机、快速成图系统等设备，逐步完善现代化应急装备体系建设。积极推动国家应急测绘保障能力建设项目落地及河北省政府应急平台对接工作。

全省各级地理信息机构建设进一步得到加强，逐步形成覆盖省、市、县、乡四级的地理信息行政管理系统，领导职数、人员编制、工作经费和具体职责得到落实。依托局属事业单位在11个设区市成立测绘分院，为新型基础测绘建设、数字城市、不动产登记等工作提供可靠技术支撑。

河北省地理信息局共有享受国务院特殊津贴专家2人、国家测绘地理信息局青年学术和技术带头人3人、省有突出贡献中青年专家2人。全年全省12项成果获得国家测绘地理信息科技奖励。

【法制建设与市场监管】 河北省地理信息局制修订《河北省地理信息局法律顾问工作制度》《河北省地理信息局行政执法公开制度》《河北省地理信息局行政执法与刑事司法衔接工作制度规定》等依法行政工作制度，健全行政执法工作机制。协助国家测绘地理信息局做好《中华人民共和国测绘法》修订工作。起草完成《河北省地图管理办法》（征求意见稿），列入2017年河北省政府立法工作计划。配合全国人大常委会法制工作委员会调研组到河北开展《中华人民共和国测绘法》修订草案调研工作。8月29日，部署开展以“贯彻地图管理条例，更好服务国计民生”为主题的测绘法系列宣传活动。河北省地理信息局和邯郸市政府、国土资源局相关负责人参加邯郸市主会场活动，现场发放宣传材料、宣传地图1万多张、宣传画册1000多册，纪念品400份，解答群众咨询100多人次。悬挂横幅30多幅，布置展板70多块，解答群众咨询100多人次，发送普及测绘法公益短信20多万条。在河北省广播电台连续6天播放测绘地理信息相关知识。活动期间，全省各地共设立宣传站点300多个，悬挂横幅标语1100多条，制作宣传展板900多块，印制宣传品10多万张。

河北省地理信息局印发《河北省地理信息法治宣传教育第七个五年规划（2016—2020年）》《关于进一步加强地理信息依法行政推进法治政府建设的实施意见》，出台《关于完善国家工作人员学法用法制度的实施方案》。推进网上审批，所有审批均通过网上办理。完成测绘地理信息行政权力清单、罚没事项清单的修订、清理工作，共取消行政许可1项，其他行政权力1项，合并取消行政处罚2项。清理后确立了5类共计61项行政权力事项，并形成目录上报河北省机构编制委员会办公室。对照测绘地理信息法律、法规和规章中的涉企收费、行政处罚条款，逐条检查、梳理出3项涉企收费事项和33项罚没事项，厘清涉企收费和罚没的法定依据、种类和幅度；落实“公开承诺”“首问首办”“限时办结”等工作制度。将涉及相对人、符合“双随机”抽查的14项检查事项全部纳入随机抽查事项清单，11项执法检查事项纳入“五位一体”综合执法检查，3项执法事项列为专项检查。

【基础测绘】 经河北省政府审定批准，《河北省基础测绘“十三五”规划》印发实施。河北省地理信息局建成河北省北斗导航定位网，实现京津冀地区卫星导航定位基准站数据资源共享和定位导航服务系统的协同服务，形成区域协同服务机制。印发《关于贯彻落实省政府启用和推广2000国家大地坐标系文件精神的通知》，省级测绘地理信息成果全部完成2000国家大地坐标系转换并通过国家测绘地理信息局的质量检验。完成全省8100多幅1∶1万数字线划图专题要素、全省1∶1万数字正射影像图更新制作；完成近10万平方千米全省高精度数字地面模型测制工作；更新省级基础地理信息数据库；启动多尺度基础地理信息数据联动更新试验。推进智慧城市、数字城市建设，11个设区市和141个县（市、区）全部立项启动数字城市建设，各设区市和20个县（市）完成建设任务并通过竣工验收，成果在政府决策、应急救援、防灾减灾、部门管理、百姓生活等多个领域得到应用。河北省地理信息局印发《关于推进数字城市向智慧城市转型升级的通知》，石家庄市获国家测绘地理信息局批准成为全国智慧城市时空信息云平台建设试点城市，落实建设经费5958万元。

【地理国情普查】 河北省地理信息局按时完成省级地理国情普查数据库及信息系统建设，普查统计分析及报告、成果编制工作，完成省级普查系列图件、部分县（市）普查系列图件及部分监测专题图件的制作，河北省第一次全国地理国情普查项目通过专家验收。开展河北省养老资源分布综合统计分析、地理国情普查数据与土地调查数据综合对比分析、重点大气颗粒物污染源空间分布统计与分析、张家口地区农村居民地土地占用情况与道路通达性分析、唐山市地理国情普查数据与其它专题数据对比分析等综合分析项目。将地理国情监测纳入经济、社会发展规划、纳入政府财政预算、纳入部门职责范围。完成京津冀协调发展重要地理国情监测、海岸带开发利用变化监测、全省11个设区市城市空间格局变化监测。利用2015年地理国情普查成果对全省境内的耕地、园地、林地、草地、道路、水域进行分类统计并汇总等。

【地图管理与地图服务】 河北省地理信息局全年共检查市县地图市场77次，实现全省各设区市地图市场检查全覆盖，发现并处理无资质单位出版的违规地图出版物、“问题地图”制品等4000多份；发现两家出版社的教育辅导用书未经审核，通过约谈教育，两家单位对问题图书全部进行下架处理和召回。持续开展互联网地图和地理信息服务违法违规行为治理，共检定静态地图图片18277张，发现问题地图图片676张；共鉴定地图服务网站43个，发现存在问题的地图服务网站5个；共检定POI信息390条，发现存在问题的POI信息147条，均按规定进行了处理。全年共制作领导工作用图50多次，与河北经贸大学签署战略合作协议，建立河北省经济社会发展地理信息大数据平台，为河北省领导持续提供和更新省产业分布相关的电子版领导用图；按时完成第三次国家、省级间共享工作，共享京津冀一体化等领导用图6000多张；编制生产全省28个精准扶贫村县域地图等5类共计300多幅。联合省委宣传部、省教育厅、团省委开展“美丽中国”第三届国家版图知识竞赛和少儿手绘地图大赛活动。

【测绘地理信息成果管理与应用】 河北省地理信息局与河北省公安厅、省水利厅、省机关事务管理局、省移动总公司、河北经贸大学、中图社等单位开展基于“天地图”应用的交流互访，与河北省机关事务管理局、省移动公司、省水利厅、中图社签署战略共建协议。邢台、衡水、承德、保定先后接入天地图国家主节点，实现河北省11个设区市全部接入国家主节点的目标。

河北省地理信息局陆续引进贝尔206L4型直升机、无人直升飞机、无人机、快速成图系统等设备，逐步完善现代化应急装备体系建设。河北省地理信息局应急测绘保障体系纳入全省地震、水利应急预案。推动国家航空应急测绘基地落地及河北省政府应急平台对接相关工作，国家航空应急测绘基地落地河北石家庄项目得到河北省政府和国家测绘地理信息局的支持。加载机载激光扫描仪系统的贝尔206L4型直升机成功试飞，设计存储量为8PB的承德地理信息异地备份基地建成投入使用。

开展禁种铲毒监测，监测区域1.78万平方公里，提取疑似点1392个。完成夏秋季秸秆禁烧监测。开展“7.19”应急防汛救灾，紧急调集人员和设备，第一时间赶到救灾现场，共出动人员261人次、车辆52台次、Z5直升机1架、各型号无人机16架、三角翼4架，航拍面积2400平方公里，制作提供300多幅受灾区域地图，完成361个受灾村测图任务，为全省防汛救灾及时、精准提供地理信息保障服务，张庆伟省长专门作出批示予以肯定。

【地理信息产业】 河北省地理信息产业发展重点领域在北斗导航芯片与其他器件集成、遥感影像数据应用、地理信息资源开发应用，2016年总体产值约300亿元。保定金迪地下管线探测工程有限公司、河北恒华信息技术有限公司入围2016年中国地理信息产业百强企业，石家庄博宇科技股份有限公司在新三板挂牌上市。围绕河北省政府《关于促进地理信息产业发展的实施意见》确定的目标任务，完成《河北省测绘资质建设规划》修订，鼓励测绘单位通过采取合并、重组等方式实现测绘资质升级，逐步实现由测绘地理信息大省向强省转变。完成测绘地理信息产业单位名录库建设，产业单位1814家，其中测绘资质单位813家，非测绘资质单位1001家，地理信息产业年增速超过25%。

【科技创新与国际合作】 《河北省地理信息事业发展"十三五"规划》发布实施，明确"十三五"时期河北省地理信息事业发展七大主要任务。加强国土环境与灾害监测国家测绘地理信息局重点实验室建设，与河北经贸大学联合建立河北省经济社会发展地理信息大数据平台，积极筹备河北省空间地理数据工程技术研究中心建设，取得阶段性成果。发挥国家、省、局青年科技带头人作用，开展《利用卫星定位技术监测高层建筑物方法研究》《疑似罂粟种植区域判断实验技术研究》等多项科研项目的立项研究工作。建立河北省地理信息行业专家库，评选确定专家库成员170人。

河北省地理信息局向省外国专家局申请"2016年省级引进国外智力项目"，组织12名测绘地理信息技术专家出访法国空中客车空间与防务公司图卢兹总部和空客索菲亚数据处理研究院培训学习。

（河北省地理信息局　王军国）

工商行政管理

【概况】 2016年，河北省工商局紧紧围绕国家工商总局和省委、省政府的部署要求，以商事制度改革为主线，以"四个专项行动"为抓手，不断解放思想，锐意改革创新，狠抓工作落实，各项工作取得新成绩。被省委省政府领导批示肯定和大会表扬30余次，省级以上媒体正面宣传报道500余篇次。

商事制度改革扎实推进。"多证合一、一照一码"登记制度改革深入推进，在全面实施"三证合一"的基础上，积极推进"多证合一，一照一码"登记制度改革，9月27日，颁发了全省首张载有营业执照、组织机构代码证、税务登记证、统计登记证、公章刻制备案、社会保险登记证信息的"六证合一、一照一码"营业执照。扎实推进个体工商户营业执照与税务登记证的"两证整合"工作，与税务部门积极协作，开展联合调试，11月20日正式运行。企业登记审批环节由三级简化为两级或一级；企业登记申请材料由30项减少到了10项，减少三分之一；审批时限由20多天缩短到了3个工作日以内，85%以上的当天即可办结。同时大力扶持小微企业发展，积极消减行政审批事项，持续推行工商注册便利化，不断加强服务窗口建设，有效地推动了大众创业、万众创新，改革红利持续释放。

"双随机、一公开"抽查工作成效明显。积极推进"一单两库一细则"建设，探索"双随机"在企业经营行为监管中的运用。"双随机"抽查已成为工商和市场监管部门日常监管的主要形式。在石家庄、承德、秦皇岛、衡水、邯郸五市，开展了多部门联合"双随机"抽查试点工作，取得了初步成效。国务院推进职能转变协调小组办公室《简报》刊登了河北省的做法。在全国加强事中事后监管座谈会上，省长助理江波代表河北省政府介绍了经验。

"四个专项行动"持续开展。自2015年以来，在全省工商系统开展了市场主体帮扶、市场秩序优化、企业信用监管和12315护民生"四个专项行动"，这"四个专项行动"涵盖了所有工商职能和业务工作。2016年，河北省工商局发扬"钉钉子"精神持续抓好"四个专项行动"，并根据形势发展和任务要求，及时将总局和省政府安排部署纳入到"四个专项行动"中来。各级不断提高认识、落实责任、细化措施、加强督导、严格考核，以抓铁有痕、踏石留印的作风推进"四个专项行动"开展。经过两年的探索实践，取得了市场准入更加便利、服务发展更加有效、监管执法更加有力、消费维权更加高效、制度机制更加完善的显著成效，"四个专项行动"已成为推进各项工作的有力举措、重要载体和具体抓手，也为新时期加强队伍建设积累了可贵经验，品牌效应日益显现。

服务京津冀协同发展抢抓机遇。切实发挥职能作用，奋发作为，抢抓机遇，积极推动三地工商和市场监管部门在对接产业政策、承接非首都功能疏解、监管执法、信息化平台建设等方面协作。起草了《关于发挥工商职能作用支持京津冀协同发展的意见（征求意见稿）》，已征求京津意见并上报总局。联合出台了《关于加强京津冀三地工商和市场监管部门市场准入工作联动服务京津冀协同发展的意见》、签订了《京津冀广告产业发展战略合作协议》和《备忘录》，连续举办了两届京津冀国际广告节。三地消协联合，推动取消了京津冀地区长途及漫游通讯资费；环京津跨区域消费维权联盟体系逐步建立。

【法制建设】 共举办领导干部、业务骨干、公务员任职、基层分局长、"四个专项行动"以及网络监管等各类培训班100多期，举办"河北工商讲堂"13期，培训人员1.2万余人次。严格执行领导干部任职前依法行政情况考察和法律知识考试制度，考试考察结果作为任职的重要依据。代起草了《河北省消费者权益保护条例》（代拟修订稿）报省法制办列入了2017年立法计划。河北省局执法机构和法制机构均配置相应设备，注册大厅安装了监控设备。根据省政府办公厅《关于梳理规范省级罚没事项的通知》要求，梳理出省级工商机关所依据法律“罚没事项”共145条；所依据行政法规“罚没事项”共140条；依据地方性法规“罚没事项”共16条；部委及省政府规章共51条，并向社会公开。加强行政复议工作，妥善处理行政诉讼，积极化解行政争议。2016年共办理行政复议案件50件，审结47件，比2015年增长一倍。

【不正当竞争案件查处】 积极开展整治公用企业限制竞争和垄断行为专项执法行动，先后5次召开会议进行部署和调度，行动中，共立案128件，结案41件，涉及供水、供电、供气、公共交通等多个行业和领域。工商总局对全国整治情况进行了通报，河北省位列全国第三。

重点对公共服务、医药、教育、建筑装饰装修、空气和饮用水净化类生活用品等行业和领域的不正当竞争行为加大了查处力度。全年共查处不正当竞争案件1901件，罚没金额4224万元。

【打击传销】 2016年8月份，召开了全省打击传销工作会议，部署2016年“促发展惠民生”打击传销专项行动。行动中，共捣毁传销窝点723个，教育遣返传销人员5516人。创建“无传销城市”。2015年全省县级以上“无传销城市”创建比例达到80%以上，提前一年完成了国家工商总局等部门要求的创建目标。

【规范直销】 一是完成了工商总局对31家拟批准直销企业的协查工作。二是对直销企业进行了“双随机”抽查。三是加强行政指导，印发了《关于对直销企业加强经营管理的通知》，督促企业规范经营。四是召开了河北省直销行业监管工作座谈会，通报了全省直销行业有关情况。

【12315护民生专项行动】 开通了“河北12315”微信公众号，建立消费维权信息发布制度。12315系统共受理消费者诉求19.58万件，为消费者挽回经济损失4370万元。

【红盾治污专项行动】 全省共抽检煤炭8899个批次，煤炭经营网点覆盖率达到76%以上，部分市达到100%，已出结果批次合格率平均达到76%以上，立案873起，结案667起，取缔无照经营网点985户，罚没款389.6万元，罚没产品9755吨；全省共抽检成品油1.16万批次，成品油经营主体覆盖率达到50%以上，合格率81%，立案1677件，结案1392起，罚没款1464万元，罚没产品67吨。

【红盾护农】 下达了2016年全省农资抽检计划，认真开展“红盾护农”专项行动。截至11月底，全省共抽检农资商品5500批次，其中化肥4950批次，农药180批次，农膜220批次，农机具及其他150批次，查处农资各类违法案件1050件，罚没款405万元，为农民挽回经济损失802万元。

【“守合同重信用”企业申报】 在企业自愿申请的基础上，严格按照国家工商总局“守合同重信用”企业信用标准体系软件，采取标准公开、程序公开、结果公开的原则，规范申报、审核、公示工作程序，认真筛选考察，共申报给总局公示2014—2015年度“守合同重信用”企业160家。增强对市场主体合同信用行为的正向激励，提升企业合同信用建设水平，努力营造鼓励诚信、惩戒失信的市场氛围。

【市场主体数量明显增长】 2016年新增市场主体102.4万户，同比增长38.64%，平均每天新设2806户。2016年底，全省市场主体总量达到405.8万户，跃居全国第7位，增速位居全国第一，其中企业达到102.3万户，万人拥有市场主体数量达到547户，比2015年底增加104户。新登记市场主体中民营经济占98.72%、第三产业占83%，据测算，2016年通过发展市场主体，新创造就业岗位157万个。《河北省市场主体增速位列全国前茅》的报道被评为“河北十大经济新闻”。

【“全国一张网”建设】 建立了政府主导、59个部门参加的联席会议制度，以省政府名义印发了《河北省政府部门涉企信息统一归集公示管理暂行办法》，对涉企信息的归集内容、办法、路径及互联共享等提出了明确要求。目前，31个省直部门实现了互联互通、信息共享，共归集涉企信用信息1761.5万条，向社会公示市场主体登记备案信息3000多万条、行政处罚信息6.8万件。公示系统累计访问量达20亿人次，查询量达6.6亿次，日均访问量达200万人次。12月7日，顺利通过国家工商总局验收。

【联合惩戒机制建设】 在认真落实国家38个部委失信联合惩戒备忘录的基础上，与省人社厅、省国税局、省地税局签署了《失信市场主体联合惩戒备忘录》，与省发改委等30个部门建立了信息共享和数据交换制度，初步建立了跨部门联动响应机制和失信惩戒机制。11.29万户企业被列入经营异常名录并依法向社会公示，对法院认定的“老赖”实行任职方面限制5600人次，“一处违法、处处受限”的格局正在形成。

【整治虚假违法广告】 全省共监测到严重违法广告1449条次，比2015年下降95%；综合违法情况在全国列第15位，比2015年下降12个位次；条数违法率0.45%，条次违法率0.06%，均远远超出年初定下的绩效目标，大幅度实现增比进位。全省共办理广告违法案件990件，罚没款2428万元，是2015年的3倍。

【培育高知名度商标】 （1）全省2016年新增驰名商标13件，总数达284件。（2）对高科技、现代服务业、现代农业申报著名商标给予政策扶持。全年新认定河北省著名商标402件，全省有效著名商标达3799件。（3）选择30件地理标志商标、30件驰名商标、300件著名商标培育对象，建立了重点商标培育库，实行重点帮扶。（4）地理标志培育取得新突破。全年新增6件地理标志商标，全省地理标志商标达到46件。

【组织开展“双打”工作】 深入开展打击侵犯知识产权和制售假冒伪劣商品工作，严厉打击“傍名牌”等违法行为，组织开展了2016年红盾网剑专项行动、中国制造海外形象维护“清风”行动、夏秋季集中执法集中处置行动等。全省共查处侵权假冒案件立案2066件，结案1870件，罚没金额1791.62万元，移送司法机关案件4件，捣毁窝点 8 个。

【网络监管平台上线】 3 月，“河北省网络交易监管平台”已上线试运行，主体功能已经发挥作用。已经完成全省网络经营主体 9.32 万户数据录入工作，为全省网络市场监管实现“以网管网”提供了技术和数据支撑。到 2016 年底，网络经营主体入库数 7.88 万个、辖内第三方交易平台数 191 个，网上检查网站、网店 12.02 万个，实地检查网站、网店经营者 3.31 万个、删除违法商品信息 2.90 万条，责令整改网站 3048 个，电子链接标识核发 6593 个，网络交易平台行政指导数 1200 次，查处违法案件 1033 件，罚没款 747.27 万元。

（河北省工商局　赵紫鹏）

质量技术监督

【质量管理】 河北省政府出台《河北省关于实施质量强省战略的意见》，召开全省质量强省战略工作会议，营造了浓厚的质量工作氛围。制定《河北省质量品牌提升行动工作方案（2016）》《河北省质量技术监督局关于提高河北省产品品质的意见》《河北省消费品标准和质量提升规划（2016—2020 年）》，引领了质量提升行动的开展。《河北省名优产品和服务品牌培育“十三五”规划（2016—2020）》作为省级专项规划印发实施，明确了名优品牌培育的目标、重点方向、主要措施，提出到 2020 年，省名牌、优质产品数量分别达到 1500 项和 1200 项以上。

推动有条件的经济开发区、工业园区、产业聚集区开展“全国知名品牌创建示范区”建设，目前累计获批筹建“全国知名品牌创建示范区”园区 15 个，数量列全国第 7 位。召开第 37 次质量管理小组代表会议，发表成果 288 项，新命名表彰河北省优秀质量管理小组 660 个。

修订了《河北省政府质量奖管理办法》，设置“省政府质量奖提名奖（含组织和个人）”，修改评审细则和评价标准，充分体现“第三方评价”，使程序更加公正，标准更加科学，更好地激励企业加强质量创新、提升管理水平。加强对评审工作的监督管理，制定了《河北省质量奖评审员管理规定》，组织 25 名评审员（其中京津 5 名）完成了资料评审。大力推动各级政府落实质量奖励制度，目前 11 个设区市和定州市设立市政府质量奖。

【标准化工作】 助力化解钢铁过剩产能，制订发布《钢铁企业通用质量要求》《钢铁企业通用技术要求》两项省地方标准，得到省委、省政府和质检总局领导充分肯定，被质检总局评为“质量之光”年度质检创新项目。

为满足河北省经济社会发展需要，共审批发布了《煤场、料场、渣场扬尘污染控制技术规范》等 120 项省地方标准。其中工业类 28 项，农业类 67 项，服务业类 25 项。完善京津冀标准化合作“3＋X”模式，立项京津冀协同地方标准项目 16 项。

围绕农业集约化规模化种植绿色、无公害农产品，制修订《无公害金针菇生产技术规程》等农业地方标准 20 项；围绕农业新技术应用制定《二季作物马铃薯地膜覆盖栽培技术规程》等地方标准 25 项；农产品质量安全方面制定《农产品质量安全追溯操作规程》地方标准 3 项。经国标委批准，立项了建设了 4 个国家美丽乡村标准化建设项目。2016 年，12 个第八批国家级农业综合标准化示范区通过验收，示范区规模达到 25 余万亩，18 万余名农民直接参与示范区建设，示范前后农民年收入平均提高了 1200 元左右。

围绕公共服务、交通、物流、商贸服务、科技服务、旅游、社区服务、养老服务等领域，制定服务业省地方标准 18 项。以公共服务、生产生活服务行业为重点，立项建设了 44 个第八批省级服务业标准化试点项目。石家庄卫生监督局、唐山自来水公司等 10 个国家级试点和省级试点取得了阶段性成果。

围绕生态文明建设，加强节能环保和资源综合利用标准化工作，制定和实施了《民用建筑太阳能供热采暖工程技术规程》等 10 项节能地方标准。加强水、土地节约与利用及海洋、矿产资源开发利用等领域的标准化工作，制定《用水定额第 1—3 部分》系列标准 5 项。结合河北省大气、水、土壤污染治理行动要求，制修订《民用清洁燃烧炉具废气排放监测方法》等重点行业、区域相关污染物排放标准 5 项。

【计量工作】 各级计量技术机构依法检定计量器具 333.46 万台（件），比上年同期增长了 14.06%。其中：重点统计计量器具的一次检定合格率为 95.07%。对不合格计量器具，及时通知使用单位进行维修、更换或报废处理，有效发挥了计量应有的基础支撑和技术保障作用。

改革 C 标志监管模式，河北省已有 62 家企业通过网上公示自我承诺声明的方式，取得了计量保证能力合格标志“C”的使用资格。在总局召开的试点座谈会上，获得了充分肯定，为在全国范围内推广提供了有益借鉴。积极开展定量包装商品净含量“双随机”监督抽查试点，制定了河北省试点工作实施方案，建立了“双名录”库，组织开发了随机抽查系统软件，完成了 42 家企业的 72 个批次的抽查任务，在总局召开的试点省份座谈会上做了发言。目前，该项目已明确列入总局《质量监督检验检疫随机抽查事项清单》。

新批准发布河北省地方计量技术规范 4 项，组织了对历年来发布实施的地方计量技术规范的清理，宣布废止的 47 项，现行有效的地方计量技术规范共有 56 项，为确保相应器具的量值准确提供了技术依据。

融入京津冀协同发展，三地联合拟定了《超声波燃气表检定规程》，在统一京津冀区域的计量检定依据上进行了有益尝试；加强计量标准建设，新建了《空气质量自动监测系统校准装置》等计量标准 120 项，全省社会公用计量标准总量达到 3668 个。

狠抓能源在线采集工作，探索开展能源计量数据分析，指导国家城市能源计量中心（河北）开展了钢铁企业万元产值综合能耗分析、玻璃和水泥企业单位产品能耗对标分析，积极推进数据应用，从企业端接入数据的企业已达215家。

【认证认可工作】 强制性认证监管方面，重点对玩具、机动车辆、消防产品、电线电缆、低压电器等企业进行了监督检查，全年共检查3C企业865家，对10家涉及违法、违规企业进行了行政处罚；承担了国家认监委委托的强制性认证产品的监督抽查，从流通领域抽取获证手机产品25个批次，2批次不合格，合格率92%。

自愿性认证监管方面，检查管理体系获证组织97家，针对发现的问题，对1家认证机构进行了约谈；对7个能源管理体系认证结果涉及的9家获证组织进行了检查核实；检查食品农产品获证企业80家，对存在问题的22家企业交由当地市局责令整改；抽查有机产品61批次，重点对农残、霉菌和重金属项目进行了检验，所检项目合格率为100%。

以服务精准扶贫为切入点，深入开展有机产品认证示范区创建活动，重点对承德隆化和张家口万全、崇礼、赤城等县有机产品认证和示范区创建情况进行了实地考察指导，并将具备创建条件的隆化县向国家认监委做出了推荐。承德丰宁、围场等县政府把发展有机产业作为精准扶贫、精准脱贫的主要路径，通过整合项目资金，着力打造有机产业扶贫片区，优先支持贫困乡镇大力发展有机农业，持续加速农民脱贫致富奔小康进程。

【检验检测工作】 组织开展了获证检验检测机构的监督检查工作，采用双随机形式重点对99家涉及食品、建设工程、环境保护、公共卫生、职业卫生领域的检验检测机构进行了监督检查，其中食品10家、建工37家、环境40家、职业卫生3家、公共卫生5家、质监系统内2家、其他领域2家。

针对京津冀三地的食品、煤炭检验检测机构开展了能力验证，89家食品检验检测机构、102家煤炭检验检测机构参加了这次能力验证。初测后，68家煤炭检验检测机构的能力验证结果满意，满意率66.7%；81家食品检验检测机构的能力验证结果满意，满意率91.0%。

组织召开了“全省百家检验检测机构做大做强经验交流会”，国家认监委实验部、省质监局、省质检院、省药品检验院等河北知名检验检测机构的135人参加了交流会，围绕检验检测机构做大做强、做专做精、服务“京津冀一体化”和建设美丽河北等进行了深入研讨。经过积极争取和地方政府的积极努力，承德市双滦区申请创建“国家检验检测认证公共服务平台示范区”项目，获得国家认监委批复同意创建。

【监督抽查工作】 国家监督抽查合格率92.6%，比全国平均水平高1个百分点；省级监督抽查合格率94.9%，同比提高2.1%；制造业竞争力指数81.79，同比提高0.66。

结合全国重点工业产品质量监督目录（2016版）和河北省经济发展的形势，印发了《2016年河北省工业产品质量省级监督抽查重点产品目录》和《2016年河北省工业产品质量省级监督抽查计划》。2016年，完成44种工业产品省级监督抽查任务，共涉及1677家企业生产的1832批次产品。经检验，1570家企业生产的1723批次产品合格，监督抽查合格率为94.1%；检出109批次产品不合格，不合格产品检出率为5.9%。

组织对涂料、机动车零配件及内饰产品、拼装地板、给水用塑料管材、蒸压加气混凝土砌块等五类产品开展了产品质量安全风险监测，针对区域产品质量状况，先后对石家庄市电热毯、保定市毛巾类产品、沧州市建筑用脚手架扣件、秦皇岛市低压成套开关设备等产品质量问题提出了风险警示。食品相关产品组织对复合膜袋、油墨等8种产品开展了风险监测，检验样品438批次，问题检出率16.4%，针对发现的问题通报相关市局加强管控。

加强机动车安检机构监管，全省共受理安检机构申请179家，审批158家，不予许可21家，依法注销违法违规检测的安检机构4家。组织全省346家机动车安检机构公开向社会做出依法检测承诺，对《机动车安检机构分类监管实施细则》进行了修订，制作了《安检机构规范化检测视频光盘》和《安检机构规范化检测口袋书》，组织审查中心和部分专家到部分市局开展了帮扶活动，对安检机构进行了交换互查。

【特种设备安全工作】 截至2016年10月31日，全省特种设备在册总数529703台，其中锅炉29402台，压力容器171005台，电梯204490台，起重机械106635台，厂车17129台，大型游乐设施960台，客运索道82条。按照“安全第一、预防为主、综合治理”的工作要求，持续开展电梯安全攻坚战、燃煤锅炉节能减排攻坚战及油气输送管道整治攻坚战三大战役，圆满地完成了各项工作任务，全省未发生特种设备安全事故。

扎实推进电梯安全网格化监管，责任更加清晰，初步形成多元共治格局；应急处置平台建设步伐加快，96365全省统一应急呼叫号码已开通运行；电梯维保整治取得积极成效，先后组织了对电梯维保工作质量暗查暗访及电梯维保单位专项监督检查等活动，处理了一批工作质量不到位的电梯维保单位；老旧电梯专项整治成效明显，全省累计整治“三无”小区26个，涉及电梯248部，完成问题整改电梯1569部、提请政府督办305部，完成15年以上电梯安全评估鉴定632部。

狠抓燃煤锅炉治理，开展锅炉设计文件鉴定和节能审查工作，共审查设计文件256套、鉴定合格233套；严格使用环节监管，开展锅炉能效测试，全省完成锅炉能效测试94台，其中锅炉定型产品能效测试29台、在用锅炉能效测试65台；推行锅炉系统安全节能标准化管理，25个锅炉系统通过了能效测试和验收。

进一步摸清了全省油气输送管道的底数，对5家油气输送管道使用单位进行了约谈，全省共完成油气输送管道定期检验1217.47公里，检验覆盖率达到了80.19%，完成了国家质检总局和省政府下达的在役管道覆盖率80%的要求；加强现场监督和行政执法力度，全年累计发放安全监察指令书42份，全省长输管道定期检验工作实现了突破性进展。

【执法打假工作】 “质检利剑”专项行动取得良好成果，以消费品、农资、建材、汽车及其产品和民生计量为重点组织开展，按照时节特点抓好各个专项行动落实。2016年，全省系统共出动执法和技术人员5万余人次，检查企业1.4万余家，查处违法案件2300余起，涉案货值3700余万元。其中，查办大案要案122起，移送公安机关案件3起。

全面启动了全省缺陷产品召回工作，对26家市场购样检测不合格童车生产企业开展了缺陷调查，共对平乡等地的21家企业21批次654件存在缺陷的童车实施了召回。分别在唐山和石家庄举办了两期全省汽车三包和召回业务培训班，对全省汽车生产、经销企业和4S店700余人进行培训。

【科技工作】 组织完成了2016年度和2017年度科研计划立项工作，2016年共确定省局重点项目43个，自筹项目45个；2017年确定省局重点项目47个，自筹项目48个。积极与总局科技司联系沟通，完成了对国家工程橡胶产品质检中心、国家塔桅产品质量监督检验中心（河北）的验收工作，批准了国家燃香产品质检中心的筹建申请。

（河北省质量技术监督局　邢志菲）

食品药品监督

【概况】 2016年，河北省食品药品监督管理局紧紧围绕省委、省政府和国家食品药品监管总局的决策部署，严格落实“四个最严”“四有两责”，坚持问题导向，积极主动作为，以坚决的态度、有力的举措、过硬的作风，扎实推动各项工作有力、有序、高效开展，较好地完成了全年各项目标任务，保障了全省食品药品安全形势总体稳定。

2016年，河北省食品药品监管系统共有行政编制2.02万人，事业编制2571人。其中，省级行政编制121人、市级行政编制（设区市）1176人、县级行政编制1.89万人、县级事业编制2571人；全省系统“四品一械”（即：食品、药品、保健食品、化妆品和医疗器械）行政编制8488人，实有监管人数9234人。河北省食品药品监督管理局有领导班子成员10名，有内设处室16个、直属事业单位8个。

2016年，全省共有“四品一械”获证生产经营企业（单位）44.96万家。其中，食品生产企业5604家，食品流通企业24.2万余家，餐饮单位8.1万余家；药品生产企业346家，药品流通企业1.8万余家，医疗机构（含村卫生室）8.4万家；保健食品、化妆品生产经营企业1.3万家；医疗器械生产经营企业5700余家。另有未获证的食品小作坊、小餐饮、小摊贩等22.3万余家。

【法制建设】 2016年，河北省食品药品监督管理局为配合国家新颁布的《食品安全法》实施，积极推进食品药品监管法制建设。一是推进食品安全地方立法。在河北省食品药品监督管理局的推动下，2016年3月29日，河北省第十二届人民代表大会常务委员会第二十次会议通过《河北省食品小作坊小餐饮小摊点管理条例》（以下简称《条例》），并于2016年7月1日起正式实施。同时，在广泛调研和征求意见的基础上，制定出台了《河北省小作坊登记管理办法（试行）》《河北省食品小摊点备案管理办法（试行）》《河北省小餐饮登记管理办法（试行）》等7项配套管理办法与《条例》一并实施。二是推进行刑衔接工作。2016年5月，河北省食品药品监督管理局联合省公安厅、省高检、省高法成立起草小组，并召集相关市县食品药品监管部门、公安、检察院、法院负责人召开座谈会，对《河北省食品药品行政执法与刑事司法衔接工作办法实施细则》的框架和原则性问题进行研究讨论。经过近半年时间的起草和反复会商及征求意见，2016年11月30日，河北省食品药品监督管理局局联合省公安厅、省高检、省高法联合印发了《河北省食品药品行政执法与刑事司法衔接工作办法实施细则》《细则》以增强操作性、便于工作衔接，特别是便于案件交接为目的，对衔接难点问题尽量细化。三是深化行政审批制度改革。为了创优服务举措，提升服务质量，在原有行政审批制度的基础上，进一步编制完善《政务服务中心管理制度汇编》《食品药品“四零”服务监督员名册》等多项规范性文件，并聘请50名社会监督员利用意见箱、监督电话、官方微信、网报系统等多种载体，向各级行政监管部门提出改进作风的意见建议。同时，进一步优化审批流程，推行“绿色通道”受理审批，积极探索全程无纸化审批新模式，在全省实施药品销售证明书网上办结电子系统，促使行政审批再提速，即办件中一半以上可当日办结，实现了社会服务“零推诿”“零距离”“零差错”“零投诉”。

【食品药品安全监管】 2016年，河北省食品药品监督管理局协调各有关部门全面加强食品药品安全监管，有力保障了广大人民群众饮食用药安全。一是强化专项整治。按照省委、省政府和国家食品药品监管总局的统一部署，相继组织开展了“清死角、打窝点”食品安全专项整治、食品安全“扫雷”、食用农产品集中交易市场食品安全“双提升”、药品流通领域违法经营行为集中整治、食品药品安全隐患大排查大整治等十余项专项整治行动，高标准完成了北戴河暑期、中国—中东欧国家地方领导人会议暨河北省国际经济贸易洽谈会、唐山园艺博览会、中国奶业D20峰会、首届河北省旅游产业发展大会、拉美国家领导人峰会等一系列重大活动的食品安全保障任务。2016年，全省共立案查处各类食品药品违法违规案件1.87万件，是2015年的111%，办结各类案件1.76万件；行政处罚金额1.24亿元，是2015年的249%；捣毁制假售假窝点39个，查处了保定市保北医药药材有限责任公司非法渠道销售疫苗、华北制药秦皇岛有限公司超范围使用食品添加剂等一批大案要案。二是强化重点区域安全治理。食品方面，完成了14个食品生产集聚区的治理提升任务，14个食品生产集中区域全部通过验收，质量安全保障能力和水平有了进一步提高。对群众和媒体反映的“三无扎啤”“工业卤水点豆腐”“辣椒变身记”等12起食品安全问题组织集中查处，立案查办违法食品生产者2家，取缔非法食品生产者29家，移送公安机关5起，公安机关查办或介入查办5起，有效震慑了食品安全违法犯罪者。药品方面，按照“两统一、双随机”的检查原则，全省各级监管部门对药品经营企业进行了清理和整顿，共立案调查企业1190家，罚没款454.5万元，注销《药品经营许可证》88个，吊销《药品经营许可证》2个，查处了一批违法经营企业，提升规范了药品流通市场秩序。三是强化风险防控。突出问题导向，通过定期召开省政府食安委成员单位食品安全风险防控会商会和药品安全风险防控厅际联席会，对风险监测、监督抽检、舆情监测、日常监管等数据信息的收集整理和分析研判，确定食品药品潜在风险点，及时部署安排风险隐患排查，第一时间消除潜在风险隐患，防范重特大安全事件的发生。四是强化规范实施。扎实推进食品企业实施危害分析和关键控制点管理体系(HACCP)，在婴幼儿配方乳粉企业、保健食品企业等实施GMP规范，在药品生产经营企业实施药品再注册和新版GMP、GSP认证，促进企业集约化、规模化、标准化生产经营，提升企业管理水平和质量保证能力，控制区域和行业性风险发生。截至2016年底，全省共核发《药品生产许可证》347张，核发317家企业的473张《药品GMP证书》；核发药品批发企业GSP认证588家，注销245家，16000多家药品零售企业已全部完成GSP认证，全省平均连锁率达85%。五是深入推进示范创建。制定国家食品安全示范城市标准和评价与管理办法两个实施细则，全力做好石家庄、唐山、张家口三市迎接国家评价验收工作。积极推进食品药品安全县创建工作，截至2016年底，全省共有171个县完成了创建任务，夯实了县域食品药品安全工作基础，提升了全省整体保障能力和工作水平。六是深入推进食品安全责任险试点工作。将试点工作扩展到全省11个设区市和2个省直管县（市），截至2016年底，全省投保单位已有1464家，比上年末增加49.5%；保障金额26.59亿元，比上年末增加57.5%。七是深入推进餐饮服务单位“明厨亮灶”工作。通过“透明厨房、视频厨房、隔断厨房、网络厨房”四种模式，截至2016年底，全省已有7万余家持证餐饮服务单位实现了“明厨亮灶”，实施率达90%以上，方便了群众监督和部门监管。

【监管能力建设】 2016年，河北省食品药品监督管理局紧紧围绕食品药品检验检测体系建设、食品安全电子追溯平台建设、食品药品“网格化”监管等重要事项，着力强化食品药品监管能力建设。一是加强食品药品检验检测能力建设。开工建设河北省省食品药品检验检测中心，项目总投资4.7亿元，建筑面积6.7万平方米，截至2016年底，主体工程大半完成。向市、县、乡投入检验检测能力建设资金达1.44亿元，其中，5500万元用于建设7个县级试点食品检验室，8000万元用于基层能力提升，配备了必要的硬件设施和仪器设备。各设区市实验室建设改造、县级检验检测资源整合项目取得积极进展，市级检验检测资质认证项目增长约23%，最高的增长161%，一定程度上弥补了基层检验检测能力薄弱这一短板。二是推进食品药品安全“网格化”监管。各县（市、区）均已搭建起县、乡、村三级监管网格，明确了各级网格的“六员”(包村干部、食品药品监管人员、公安干警、食品药品安全协管员、人大代表或政协委员、食品药品安全社会监管员）名单，健全了组织协调、督导考核、信息互通、宣教培训等制度，全省共建立县级网格201个，乡（镇）级网格2523个，村级网格5.26万个，进入三级网格的基层协管员达5.82万人。三是强化“三小”食品业态登记备案工作。扎实开展“三小”食品业态登记备案工作，坚持每月对食品小摊点备案情况进行通报。截至2016年底，全省食品小摊点备案已达13.4万户，约占全省“三小”摸底总数的61.8%。四是提升监管队伍能力素质水平。全省食品药品监督管理系统围绕监管执法、风险监测、专项整治等中心工作，重点加强了对监管人员执法实践能力培训。2016年，河北省食品药品监督管理局通过网络教育、举办培训班等形式，共培训各类人员2.58万人次。其中，举办能力素质培训班32期，培训4400余人次。同时，先后选派128人参加了河北省委组织部、省委党校、省行政学院、国家食品药品监管总局等52个班次的培训。另外，全省食品药品监管系统深入贯彻落实“谁执法谁普法”责任制，基本实现了企业普法全覆盖。

【食品药品安全宣传】 2016年，河北省食品药品监督管理局统筹推进食品药品安全科普宣传、典型宣传、社会宣传，着力营造有利于食品药品安全工作开展的良好舆论氛围。一是深化全媒体宣传。及时全面反映全省食品药品监管工作的特色和亮点，跟踪报道重大典型案件，褒扬先进企业典型，形成监管执法与舆论监督的良性互动，引导群众主动参与监督、理性看待风险。据不完全统计，2016年在省内主流媒体制作各类节目132期，刊播新闻稿700余篇（条）；全省食品药品监管系统累计发放各类食品药品安全科普宣传资料近300余万份（册），通过手机发送食品药品安全知识信息近1500万人次，食品药品安全主题宣传活动覆盖全省近四分之一的人群。二是加强新闻发布工作。召开新闻发布会6次，定期发布食品药品抽检监测信息、投诉举报情况，通报食品药品典型案件。发布的信息被多家全国知名媒体转载、转发。三是大力推动政府信息公开工作。2016年，河北省食品药品监督管理局政务网站累计主动发布各类信息近3000条次，网站总点击量达221万余次；办理依申请信息公开148件，均在规定时限内及时答复了申请人；在局机关电子屏发布局领导政务活动、局工作动态照片、视频、文稿等200余次，累计编辑发布的各类照片近1600余张。四是组织大型系列宣传活动。成功举办食品安全宣传周、安全用药月、12331主题宣传日、食品安全校园行等活动10余次。全年科普宣传实现新突破，建立20多个“食品安全宣教基地”，实现科普宣传线上线下良性互动，2016年河北食药科普网站点击量达到100多万次。

【社会共治】 2016年，河北省食品药品监督管理局积极搭建平台，广泛动员社会各界和公众参与食品药品安全监督治理。充分发挥12331投诉举报平台作用。通过不断完善投诉举报管理办法和奖励机制，专人受理投诉举报电话，并对投诉举报案件转办、跟踪、督办、调查以及最终的反馈等，做到投诉举报“查处及时、反馈及时、督办及时、问责及时”，事事有回复，件件有落实。2016年，全省共接收投诉举报信息4.54万件，较2015年增长26%；100%按时完成了国家食品药品监管总局投诉举报中心交办的75件案件核查。加快推进“智慧食药监”信息化系统建设。已完成基础数据库搭建工作，采集商品码信息6.10万条，曝光台数据3.11万条，全国食品药品监督抽验信息55.57万条。实施“四品一械”企业数据初始化工作，全面公开全省食品药品行政许可基础信息，公布基础数据160万多条。全力推广“药安食美”社会共治平台应用，截至2016年底，安装用户已达27万，访问量近450万人次。

【党风廉政建设】 2016年，全省各级食品药品监管部门党组、派驻纪检组以开展“两学一做”教育实践活动为契机，把党风廉政建设和反腐败工作与监管工作同部署、同安排、同检查、同考核，为全省系统食品药品安全监管提供了强有力的组织保障。

严格落实党风廉政建设主体责任。中共河北省食品药品监督管理局党组认真执行《关于落实党风廉政建设党组主体责任和纪检组监督责任的实施意见》，层层签订党风廉政建设责任书。2016年，在“一把手”主抓，班子成员各负其责的基础上，创新性地构建了由办公室、人事培训处、规划财务处、机关党委、驻局纪检组共同参与、协调联动、注重实效的党风廉政建设“五位一体”工作格局，全面推动党风廉政建设主体责任落实。

严格落实驻局纪检组的监督责任。中共河北省纪律检查委员会驻河北省食品药品监督管理局纪检组坚持把党风廉政建设和反腐败工作纳入全局年度目标任务。2016年，严格按照《局党组2016年党风廉政建设班子成员责任分工》，通过年中、年末听取专题汇报，分析研究部署党风廉政建设工作，并组织力量定期、不定期开展督查，发现问题及时纠正，将党风廉政建设责任制落实到局班子成员、机关各处室及直属各单位。同时，不断加强执纪、问责、监督，严肃查处各类违纪违规案件，共接到反映党员干部违规操作、贪污受贿、以权谋私、公款吃喝等问题线索33件，均按要求进行了检查。

【食品医药产业发展】 2016年，全省各级食品药品监管部门着力在提高行政服务效能、搭建公共服务平台、推进产业调整、提升便民服务效率、优化外部发展环境等方面出实招、下功夫，为食品医药产业持续健康发展注入了新活力。全省规模以上食品工业实现总产值4192.59亿元，同比增长5.35%，占全部工业总产值的8.66%；主营业务收入3995.38亿元，同比增长4.3%，占全省工业主营业务收入的8.55%；实现利润总额240.29亿元，同比增长1.1%，占全省工业利润总额的9.21%。全省规模以上医药工业企业完成主营业务收入973.98亿元，同比增长4.3%；完成利润总额87.45亿元，同比增长13.9%。

（河北省食品药品监督管理局　王清法）

统　计

【统计重点领域改革】 一是扎实推动“三新”专项统计。制定“三新”专项统计工作方案，建立“三新”统计报表制度和考评办法，推进“三新”统计工作向设区市延伸。加强对战略性新兴产业等联网直报数据的审核评估，加强对科技企业孵化器等源自部门数据的沟通协调，建立健全新服务、“四众”等新建报表制度方法，努力做到统全统准。

二是精心组织编制自然资源资产负债表试点。作为全国唯一的省级试点省份，加强组织推动，提请省政府成立由统计、发改、财政、国土、农业、林业、环保等部门参加的试点领导机构，研究制定试点工作方案，加强业务培训和督导调度，圆满完成报表编制、工作报告、补充调查等任务，得到国家统计局、相关部委和省政府领导的肯定。

三是高效推进现代服务业、装备制造业统计改革。按照赵克志书记指示，把建立现代服务业统计和装备制造业精准统计作为改革创新的重要抓手，加强工作研究和行政推动，创建了现代服务业统计行业分类标准、调查制度和核算制度，完善了规模以上装备制造业统计制度。各市按照省政府办公厅《关于转发省统计局建立现代服务业统计和完善规模以上装备制造业统计意见的通知》精神，深入调研督导，加强沟通协调，精心组织实施，确保了现代服务业、装备制造业统计改革的顺利开展。

四是强力推进资产负债核算试点。制定试点工作方案，广泛深入调研督导，组织试点市县和相关部门搜集资料，做好报表编制与核算工作，圆满完成国家统计局试点任务。

五是探索研究绿色发展指标体系。作为国家绿色发展指标体系试点省份，与国家统计局同步开展绿色发展指标体系研究，提出河北省合理化建议，编辑出版了《绿色发展指标体系背景资料摘编》，初步建立起河北绿色发展指标体系框架。

【统计数据质量管理】 一是深入开展“数据造假、以数谋私”专项治理。按照国家统计局部署要求，召开全省视频会议进行动员部署，在组织省局各专业严肃查摆问题、全面深入整改的同时，加强对各市的督导检查，扎实做好文件清理、问题整改等工作，确保了专项治理的效果。

二是严格数据质量管理。认真执行《河北省统计质量管理工作规程》《河北省统计局主要指标数据质量审议办法》，加大源头数据审核查询和实地核查力度，开展数据管理之星、分析之星、信息之星“三星”评选活动，确保了主要指标数据的准确性、真实性和完整性。

三是组织开展“1+7”专项行动。以提升数据质量为目标，以重点指标为载体，以专业为主体，以系统为依托，组织开展提升统计数据质量“1+7”专项行动，坚持进度数据天天抓、年度数据月月抓、重点指标系统抓，统计数据比较客观地反映了经济社会发展实际。

四是有序推进名录库建设改革。全力推进“五证合一”统计登记制度改革，与省工商局联合下发《关于将统计登记纳入“多证合一、一照一码”登记制度的通知》。积极推进名录库管理节点向乡级延伸，全省1941个乡镇实现了名录库管理维护。

【统计服务】 一是加强经济运行监测预判。密切关注宏观调控政策，及时跟踪反映推进情况和取得成效，增加对新动能培育、供给侧结构性改革、化解过剩产能等情况的分析研究和预测预判。建立“百家企业联系制度”，及时了解微观经济运行和企业生产经营情况。强化经济形势分析报告，每月第一时间向省领导报告经济形势，每次在省政府常务会议上的汇报都得到省领导肯定，提出的重大判断和政策建议被吸收采纳。

二是深化重点课题研究。形成了一批观点鲜明、分析深刻、参考价值高的重点课题和专题研究报告，《新常态经济发展平稳向好新动能加快凝聚助力转型》得到赵克志书记批示“这篇分析有深度，有水平，很好！”并成为省第九次党代会起草重要参考资料。全年上报统计报告99期、统计专报92期，同比分别增长15%和18%，省领导批示统计专报52篇次，批示率达53%，其中赵克志书记批示10篇。

三是及时提供统计数据和咨询服务。强化优质服务意识，圆满完成省领导交办的各项重大任务，全年提供咨询服务320余次、数据20万多笔，得到赵克志书记、张庆伟省长等省领导高度评价。

四是丰富统计资料产品体系。围绕打造拳头产品，坚持资料编辑精品化，已开发出20多种统计产品，各类统计产品内容丰富、格调统一、内外协调、精致美观。为省领导提供个性化统计服务，每月编辑《全国及各省（区、市）主要经济指标》直报赵克志书记。首次创立《河北统计快报》，第一时间向省领导上报每月经济运行简要情况。与北京、天津统计局共同编辑出版的《京津冀主要指标数据》，已成为统计服务京津冀协同发展的“拳头产品”。

五是加强统计信息报送。积极了解领导决策需求，抓住重要时间节点，上报了一大批“短、平、快”的统计信息，及时反映经济社会发展情况，全年撰写统计信息543篇，其中上报中办、国办28篇，信息报送工作位列省直部门前列。

六是科学组织县域经济发展增比进位测评工作。编印各市县经济社会发展综合排位情况，在县以上党政主要领导干部专题研讨班上通报，引起强烈反响。每半年开展一次县域经济发展增比进位测评，得到省领导肯定。

七是加强全面建成小康社会统计监测分析研究。修订小康监测报表制度，规范数据报送流程，组织开展全面小康进程、短板指标差距及影响因素、贫困地区小康建成情况等专题研究，及时向省领导报送小康监测结果，编辑出版2015年度河北省全面建成小康社会统计监测报告，为党委政府精准施策、补齐短板提供了优质服务。

八是进一步加强统计新闻宣传。加强与新闻媒体合作，加大统计新闻发布力度，向新闻媒体提供稿件134篇，较好发挥了统计舆论引导作用。充分发挥自有宣传平台作用，省局内网发布信息4340条、门户网站发布信息350条。着力打造统计宣传新阵地，开通省局官方微信公众号，发布“河北统计微讯”68期、190条信息，统计影响力进一步扩大。

【统计法治建设】 一是加强统计法治机制建设。启动地方统计立法修订程序，起草《河北省统计条例（修订稿）》，正式提交省法制办。印发《河北省统计局关于加强统计法治工作的通知》《河北省统计执法全过程记录实施办法》《河北省统计执法检查“双随机”抽查实施方案》，从统计立法、普法、执法等环节对统计法治建设提出更高要求。

二是建立统计法律顾问制度。制定《河北省统计局法律顾问工作管理办法》，按照公开、公正、择优的原则，聘任法律顾问，对修订《河北省统计条例》和40多份合同协议文本提出修改意见和建议。

三是加强统计法治宣传教育。落实省局领导干部2016年学法计划，组织举办市县统计局局长、执法骨干法治培训班和“12.4”系列普法活动，研究制定统计法治宣传教育“七五”规划，有效提高了统计法治宣传效果。

四是加强统计执法检查。建立实施统计执法检查季度通报制度，促进了各地统计执法检查，全年共检查单位20384个，立案358起，结案357起，警告192起，通报批评142起。认真做好国家统计局转办案件线索核实和处理工作。

【农业普查和常规统计调查】 一是扎实开展农业普查。遵循“全国统一领导、部门分工协作、地方分级负责、各方共同参与”的原则，精心组织，强化管理，按时组建普查机构，扎实做好经费落实、方案制定、综合试点、“两员”选聘与培训、宣传动员、普查小区划分、普查地图绘制、普查小区编码、清查摸底、物资准备与发放等准备工作。沈小平副省长深入一线检查指导入户登记工作，30万名普查人员走村入户，逐户、逐单位、逐指标进行普查登记。

二是精心组织常规统计调查。完成农业、工业、能源、投资、建筑业、贸易、外经、人口就业、社会科技、服务业等各项常规统计调查，获取了大量真实准确的统计数据。

三是高质量完成社情民意调查。组织开展了设区市领导班子和县（市、区）主要领导干部综合考核、省级机关作风评议、检察公信力测评、消费者信心等19项民意调查，较好发挥了党委政府和社会公众沟通的桥梁作用，为党委领导科学决策提供了民意依据。

【部门统计管理】 各部门认真贯彻省政府办公厅《关于加强和完善部门统计工作的实施意见》精神，加强组织领导，密切协作配合，依法申报统计调查项目，依法组织统计调查，部门统计工作质量和数据质量进一步提高，较好完成了承担的统计工作。省编委办、民政厅、工商局、国税局、地税局、质监局等部门积极推进名录库信息共享，大力支持将统计登记纳入“一照一码”登记制度改革。省财政厅、工信厅、交通厅、工商局、国税局、地税局、邮政管理局、省人行等部门及时提供GDP核算所需基础数据和部门资料，并加强数据质量审核评估。省人行、保监局、证监局、银监局、金融办等积极配合，全力支持了“三新”专项统计工作。省工信厅、民政厅主动承担，组织开展了部门服务业统计联网直报改革试点。省住建厅、体育局、质监局、通信管理局等27个部门实现全行业统计。省通信管理局为开展第三次农业普查和社情民意调查提供了大力支持。

【统计队伍建设】 一是加强统计人才培养。组织举办两期市厅级主管统计工作领导干部国民经济核算与统计研修班，提高了领导干部运用统计分析和解决问题的能力。认真开展统计人员岗位知识培训，鼓励干部职工通过“在线学习中心”改善知识结构，在第五届全国统计建模大赛中荣获二等奖。

二是坚持正确选人用人导向。认真贯彻“五个重用、五个不用、五个调整”要求，坚持把政治强、懂专业、敢担当、作风正的干部选出来、用起来。加大干部基层锻炼培养力度，选派9名干部驻村扶贫、8名干部到县统计局、1名干部到渤海新区挂职锻炼。加强干部日常管理，充分发挥绩效管理考核导向作用，1名干部被评为河北省第七届“人民满意的公务员”，3名干部被评为省直机关实干实政先进典型。

三是扎实推动内设机构改革。认真贯彻落实《关于省级机关内设机构改革和精简人员编制的意见》精神，科学调整内设机构职责，精心优化人员配置，着力再造工作流程，在精简3个处室、减少12个行政编制的情况下，确保了人员不乱、工作不断。

（河北省统计局　李爱民）

审　计

【概况】 2016年，在省委、省政府和审计署的正确领导下，全省审计机关紧紧围绕中心、服务大局，依法履行审计监督职责，切实加强审计机关自身建设，各方面工作取得明显成效。全省各级审计机关共完成审计项目2750个，已上交财政、减少财政拨款或补贴40多亿元，已归还原渠道资金80多亿元；向司法、纪检监察以及其他部门移送处理事项410多件，提出并被采纳的建议3280条，充分发挥了审计在推动完善国家治理体系、保障经济社会健康运行等方面的重要作用，得到省委、省政府的高度评价。省委、省政府主要领导及其他领导在省审计厅上报的审计综合报告和专报上批示高达80多次。在这些批示中，既有对审计结果的高度重视，又有督促相关部门单位加强审计问题整改的具体要求，充分表明省委、省政府对审计工作的大力支持。

【重大政策落实跟踪审计】 围绕中央和省重大政策部署，加强对重大项目推进、财政资金统筹整合使用、深化“放管服”改革等情况进行监督检查，全年共抽查4770多个单位及部门、3670多个项目，促进了政令畅通、落地生效。

【财政审计】 全省审计机关共审计预算执行单位1130多个，省审计厅搭建数据分析平台，首次将116家一级预算单位业务、财务等相关数据采集入库，加大了对重点、行业问题数据分析核查力度。全省还审计了财政决算项目330多个，并开展了存量资金审计调查，省审计厅分别对四个市本级和部分县区进行了审计调查，审计结果上报省委、省政府后，省委书记赵克志和时任省长张庆伟分别作出重要批示。

【经济责任审计】 全省审计机关共对699名党政领导干部及国有企业领导人员进行了经济责任审计，其中任期审计276人，离任审计423人。建立了审计成果分析制度、审计结果落实整改报告制度和警示预防制度，审计结果运用明显，促进了领导干部依法行政、守规尽责。

【金融审计】 开展了地方城市商业银行风险状况专项审计调查，移送有关部门涉嫌违纪违规问题线索8起，及时反映地方金融行业存在的风险隐患。审计专报上报省委、省政府后，省委书记赵克志和时任省长张庆伟等省主要领导要求整改落实，促进了金融、税务主管部门深化改革，地方银行稳健发展。

【企业审计】 全省对45家企业进行了审计，从源头上防止国有资产流失，推动国有资产管理改革。

【外资审计】 对9个利用外资项目进行了审计，涉及城镇基础建设、林业、水利、能源、环境治理等行业，对外出具了无保留意见的中英文审计报告。

【民生审计】 对全省各级政府2015年度保障性安居工程进行了跟踪审计，对省本级和部分设区市、县区的医疗保险基金使用管理情况进行了审计，审计资金总量达216多亿元，向纪检监察、公安等移送案件线索8件。时任省长张庆伟等省领导对审计综合报告做出重要批示，要求相关部门认真整改。各单位积极整改，规范完善内部管理，维护了人民群众的根本利益。

【资源环境审计】 按照中央和审计署要求，开展自然资源资产审计试点工作。省审计厅在秦皇岛市开展领导干部自然资源资产审计试点，并组织邯郸、石家庄市审计局开展县级试点工作，探索自然资源资产审计的新路子，积累了经验。开展了对全省“十二五”期间水污染防治资金审计，共审计工程项目390多个，涉及财政资金70多亿元，移送案件线索3起，揭示了专项资金管理使用、项目建设进展、水环境安全等方面问题和风险隐患，提出有针对性的建议，督促相关部门整改落实。

【投资审计】 全省共审计和审计调查固定资产投资项目单位306个，延伸审计580多个单位，审计核减投资额（工程款）38亿元。及时跟进冬奥会资金使用管理情况审计，提出了加强跟踪审计力度、建立奥运项目黑名单制度等建议，张家口市政府针对问题建议，研究改进意见并迅速落实到位。

【灾后重建跟踪审计】 2016年“7.19”特大洪水灾害后，制定了跟踪审计问效办法，搭建灾后重建跟踪审计平台，建立灾后重建资金跟踪审计台账和报告制度。相关市审计局加大督导灾后重建跟踪审计工作力度，促进了当地政府完善工作机制和社会稳定。

【机关自身建设】 扎实开展“两学一做”学习教育，强化了党员的宗旨意识、党性意识；开展建设学习型机关、争做学习型干部和读书抄书活动，利用审计厅官方网站“学习园地”栏目和审计专网深化学习；深入开展机关作风整顿和“一问责八清理”，完善“两个清单”，规范权力运行；严格审计现场管理制度，省审计厅先后完善相关廉政制度30多个，设立廉政监督员，构建了环环相扣的审计权力监督制约机制。

【法制化建设】 大胆探索，创新完善，调整完善网上审理的流程设计、运行规范等内容，初步建立了符合省审计厅工作实际的网上审理制度。制定了审计执法过错责任追究、审计业务文书质量考核、审计现场管理等办法，规范完善审计业务管理制度。各级审计机关不断健全完善审计制度，审计法制化建设成效明显。

【信息化建设】 积极构建大数据审计工作模式，初步建立起“一个系统、三个平台”为依托的审计信息化运行管理机制，即改造一个移动办公系统，建立大数据分析平台、审计项目管理平台、审计指挥平台，走在了全国前列。审计署、《中国审计》杂志先后介绍推广河北省审计厅信息化建设的经验做法，多家省直单位以及蒙、湘、津、黔等省级审计机关到省审计厅对标学习。由省审计厅编写的《审计数据技巧》一书，被审计署作为教材在全国审计机关推广。

（河北省审计厅　刘　颖）

教　育

【概述】 2016年，在省委、省政府和教育部的正确领导下，省委教育工委、省教育厅全面贯彻党的十八大和十八届三中、四中、五中、六中全会精神，以开展“两学一做”学习教育为载体，全省教育系统主动适应经济社会发展新常态，紧密结合河北实际，全面落实教育规划纲要，深化教育领域综合改革，认真回应群众期待，推进重点、攻克难点、化解热点，着力在促改革上求突破，各项工作稳中有进、稳中提质、稳中增效，工作力度、成果的显现度、群众的满意度进一步提升，教育改革发展取得新成就，实现了“十三五”的良好开局。2016年，全省教育经费预计达到1420.55亿元，省本级教育专项经费比上年增加8.85亿元。争取国家教育专项资金150.3亿，比上年增加6.82亿元。

【义务教育经费保障机制】 按照统筹城乡发展部署，2016年实现了城乡义务教育经费保障政策统一。统一城乡免除学杂费、免费提供教科书政策，对家庭经济困难寄宿生补助生活费；统一城乡义务教育生均公用经费标准；明确省以下各级分担比例，统一县级分担比例；巩固完善了农村地区校舍安全长效机制。在落实生均公用经费（小学685元、初中885元，含取暖费85元）的基础上，对寄宿制学校（含民办学校）按照寄宿生年生均200元标准增加公用经费补助；优先落实好农村地区不足100人的规模较小学校按100人核定公用经费，特殊教育学校按照生均6000元落实公用经费等政策。新制度实施后，农村学校和城市学校学生、公办学校和民办学校学生、本地学生和随迁子女都享受同样的政策，“两免一补”和生均公用经费基准定额资金可随学生流动携带。

【建立中职生均公用经费标准】 会同省财政厅、省人社厅印发《关于建立完善河北省中等职业学校生均拨款制度的通知》（冀财教〔2016〕1号）。在落实中职免学费的基础上，全省公办中职学校年生均公用经费基准定额为1000元，本年省级财政共安排补助资金1.22亿元，中等职业学校办学经费有了稳定来源。

【提高高职院校生均拨款标准】 按照《关于建立公办高等职业院校生均拨款制度的通知》要求，积极协调省财政厅，在省级财力十分紧张的情况下，2016年年初预算安排生均拨款6亿元，同时，争取中央奖补资金5亿元，省属高职高专院校生均拨款水平达到8000元。

【稳定本科高校生均拨款水平】 河北省公办本科高校生均拨款水平自2012年达到了1.2万元。为保持生均水平不降低，积极统筹生均经费、高水平大学和重点学科建设经费、重点大学建设经费等资金，使本科高校生均拨款水平保持在稳定的水平，并逐步缩小和京津两地高校的差距。2016年共落实本科高校生均经费38.55亿元，其中省本级年初预算安排21.09亿元，争取中央奖补资金17.46亿元，为河北省高等教育持续健康发展提供经费保障。

【深入推进教育扶贫】 为提升贫困地区教育质量，结合河北省实际，2016年1月13日出台《关于推进教育脱贫行动的实施方案》。3月4日，成立教育脱贫攻坚行动领导小组，印发《关于推进教育脱贫行动实施方案处室责任分工表》，明确厅内各相关处室在扶贫工作中的职责任务。6月12日在灵寿县召开全省教育扶贫工作现场会，许宁副省长出席并作重要讲话。会议总结交流了石家庄等5市县教育扶贫工作先进经验，对当前和今后一个时期的全省教育扶贫工作进行了再动员再部署。

【大力推进“全面改薄”】 通过建立双月通报制度、开展定期专项督导检查、建立奖惩机制、出台专项督导实施办法、出台专项资金管理办法加强资金管理等措施，大力推进各市县“全面改薄”工作开展。2016年全省校舍建设开工项目学校2290所，开工面积301.7万平方米；竣工项目学校1967所，竣工校舍建筑面积275万平方米，超额完成省政府确定的完成建设面积100万平方米的目标任务；设备设施购置项目学校1373所，购置生活设施、课桌凳、教学仪器设备等757.3万台（件、套），采购图书1784万册，数字教育资源6.8万GB，采购价值15.8亿元，累计完成采购价值39.5亿元。截至10月底，土建竣工率为52.4%，采购完成率为72.9%，校舍建设竣工率和设备采购完成率均提前完成国家要求“双过半”的目标任务。

【扎实推进“两集中”】 为推进新型城镇化和脱贫攻坚，省委省政府要求，优化教育资源布局，推动小学高年级和初中向乡镇集中，高中和职业教育向县城和园区集中，促进产城教融合发展。2016年，全省在县城新建高中10所、初中19所，在乡镇新建初中6所；在县城改扩建高中6所、初中7所，在乡镇改扩建初中33所；新建校舍面积120万平方米、运动场地面积22万平方米，购置教学仪器设备3881万元。

【推动高校“双一流”建设】 在河北大学召开河北省一流大学和一流学科建设工作推进会，副省长许宁出席会议。许宁副省长指出，有“双一流”建设任务的高校认真落实省委、省政府部署，统一认识，扎实工作，开局良好，初见成效。他强调省有关部门要深入研究高校的意见建议，提出解决办法，为“双一流”建设保驾护航。各高校要梳理“双一流”建设做法，总结借鉴经验。

【做好各类学生资助】 学前教育。减免公办幼儿园和普惠性民办幼儿园在园孤儿、残疾儿童、农村和城市低保家庭儿童以及经济困难儿童的保教费和部分餐费，2016年全省共安排资助资金1.08亿元，资助15.5万人，资助比例为在园幼儿的10%，平均资助标准为每人500—1000元。义务教育。继续实行城乡义务教育学生免学费政策、免费向农村义务教育阶段学生和城市家庭经济困难学生提供教科书，继续补助农村贫困寄宿学生活费。2016年安排资金6.9亿元，为769万农村义务教育学生和城市区家庭经济困难学生免费提供教科书；安排资金4.96亿元，补助农村义务教育阶段贫困寄宿生生活费，资助学生40万人。普通高中教育。继续对普通高中家庭经济困难学生发放助学金，2016年全省共安排高中国家助学金4.6亿元，资助学生23万人。资助比例为全部高中在校学生人数的20%，补助标准每生每年2000元。中等职业教育。筹措资金2.1亿元，为10.5万名中职学生发放国家助学金，助学金每生每年2000元，补助范围是涉农专业学生、家庭经济困难学生和22个连片困难县全部学生，资助比例约占在校人数的15%；筹措资金9.68亿元，用于中职免学费工作，惠及48.4万名中职学生。免学费范围是：中等职业学校就读的所有农村学生和城市区家庭经济困难学生，全省仅约5%的学生不在免学费范围。高等教育。积极落实高校本专科学生国家奖学金、励志奖学金和助学金资助政策，2016年安排普通高校国家奖助学金12.2亿元，资助学生32万人，其中，普通本专科学生国家奖学金1116万元，获奖学生1395人；国家励志奖学金1.7亿元，获奖学生3.4万人；国家助学金7.5亿元，资助学生24万人，资助比例为21.87%。完善研究生资助政策体系，建立起研究生国家奖学金、学业奖学金和助学金资助政策，安排研究生国家奖学金1877万元，获奖学生896人；安排学业奖学金3181万元；安排研究生助学金2.4亿元，资助研究生3.9万人。此外，加大生源地学生助学贷款和校园地助学贷款力度，共发放贷款3.3亿元，资助家庭经济困难学生5万人，确保不让一名学生因家庭经济困难而失学。

【重视美丽乡村建设】 2016年，在总结以前经验的基础上，依托国家和省实施的农村中小学薄弱学校改造计划、幼儿园新改扩建工程和师资培训项目等工程，在项目规划中对帮扶村项目学校予以优先安排，资金上优先解决。截至2016年11月底，教育系统美丽乡村建设行动重点村学校建设共投入资金5亿元，改造校舍48万平方米，投入资金4亿元，购置教学仪器设备19.2万台（件）、课桌凳2.2万套、图书47.9万册，改善了重点村学校的办学条件。

【推进阜平县学校建设】 2016年1月1日赵克志书记在阜平县主持召开了扶贫开发工作调研专题会，确定事项中涉及教育部门2项：13所农村寄宿制学校建设和阜平县职教中心新校区建设。教育厅按照省领导指示精神，特事特办，对阜平学校建设予以特别支持。本着补足建设资金缺口的原则，省级一次性安排3201.6万元（冀财教〔2016〕10号）。同时，建立了阜平县13所学校建设工作台账，及时了解工作进展，并作为重要事项每月末上报省委督查室。13所寄宿制农村学校中11所学校已投入使用，2所学校主体完工。职教中心新校区完成建筑面积17.14万平方米，预计2017年8月底完成建设任务。

【培养培训教师】 深入开展省内师范生免费教育试点工作，2016年为23个计划申报县（区）招收语文、数学、外语、物理等11个专业共计200人。按照“面向农村、按岗培养、专项招聘、定向就业、限期服务”的原则为27个计划申报县（区）培养小学教育专业300人。通过多种渠道，采用多种方式，做好省、市、县三级中小学教师培训。全年投入经费2109万元开展中小学骨干教师、名师等11个项目培训，培训7625名教师。实施“国培计划”。中央支持中小学和幼儿园教师培训经费1.53亿元，开展农村骨干教师培训和幼儿园教师培训18个项目，培训中小学、幼儿园教师11.38万人次。组织优秀中小学教师赴北京跟岗培训，上半年和下半年各组织一期，每期50人，培训时间21天。

【教师教育资源均衡发展】 实施“特岗计划”：开展2016年特岗教师招聘工作，涉及52个县。通过资格审查、笔试、面试，最终录用5200人。在保证2016年服务期满特岗教师入编工作的同时，解决了广宗县、巨鹿县、新河县、盐山县、承德县等5个县500余名往届服务期满特岗教师的入编问题。实施农村学校教育硕士师资培养计划：在河北师范大学即将毕业学生中，通过双向选择，招收100名硕师计划学生。同时，继续在河北大学、河北师范大学实施特岗教师在职攻读教育硕士计划。实施边远乡村教师生活补助政策：为鼓励和吸引优秀人才到边远困难地区长期从教，推动义务教育均衡发展，为在22个集中连片特殊困难县农村义务教育阶段（含特殊教育）边远公办学校在编在岗（含特岗教师）乡、村和教学点教师发放生活补助。省对各县的平均补助标准为每人每年3000元，省定补助标准由省级财政全部负担。各县按照艰苦程度进行合理分档，重点向条件艰苦的村小学和教学点倾斜。下达资金1.32亿元，受益教师4.4万人。

【资助、培养外国留学生】 2016年将省教育厅直属本科高校外国留学生奖学金额度提高至510万元，比上年增加210万元，资助来河北省高校学习的优秀外国留学生683名，比上年增加219人。进一步增加了优秀外国留学生来河北省学习的吸引力。鼓励各高校积极举办面向外国留学生的文化和体育活动，外国留学生文体生活日益丰富。积极组织学校做好留学生管理干部培训工作。依托河北外宣国际传播合作平台，创建《最河北 Amazing Hebei》公众号，向外国留学生积极宣传介绍河北省历史文化教育等信息资源，增加其对河北省经济社会发展情况的了解。

【引进、交流、推荐高层次人才】 全省高校引进“千人计划”人选3人；兼职引进“长江学者”特聘教授1人；引进海外高层次专家6人；引进其他高层次人才24人；厅直属高校全职引进博士351人、硕士559人，新增“三三三人才工程”一层次人选7人、二层次人选24人、三层次人选149人；新增河北省“青年拔尖人才”约40人；新增河北省“杰出专业技术人才”12人、河北省“优秀留学回国人员”7人、河北省“科技创新团队”3个。从全省高校选拔推荐2名处级干部和4名省属院校专业技术人才到北京挂职，同时接收北京挂职干部教师5名。选派38名河北省高校中青年骨干教师到京津和全国重点高校作访问学者。2016年新推荐“国务院特贴专家”人选29人，推荐“百人计划”人选24人，推荐“千人计划”人选13人，推荐省“科技创新团队”人选14人、“优秀留学回国人员”人选11人、“杰出专业技术人才”人选24人，推荐“长江学者”人选33人，推荐“青年拔尖人才”人选9人。

【对口援藏援疆】 选派20名教职工赴拉萨阿里高级中学工作。3名管理干部和17专任教师已先后顺利赴藏并开展教育教学工作。12月14日印发《河北省教育厅关于做好第八批援疆干部人才选派工作的通知》（冀教人函〔2016〕41号），并将赴新疆巴州进行教育教学援助工作的20名正式人选和20名后备人选名单上报省委组织部。

（河北省教育厅 许九奎）

卫生和计划生育

【“健康河北”建设】 2016年，省委、省政府出台《河北省贯彻“健康中国2030”规划纲要实施意见》。在全国率先召开卫生与健康大会，全面部署健康河北建设。以《实施意见》为统揽，出台“十三五”卫生与健康规划等10个专件，健康河北建设的政策框架体系基本构建，健康政策融入全局、健康服务贯穿全程、健康福祉惠及全民的卫生与健康治理新格局正在形成。省市县三级医疗卫生服务体系规划编制全部完成，典型做法在全国推广，被确定为全国唯一监测评价工作联系点。争取中央财政专项资金44.43亿元，较上年增长10.69%；全年安排卫生与健康服务机构基础设施建设项目125个，安排资金28.6亿元，服务体系建设得到加强。

【深化医改】 聚焦难点，综合施策，医改成效明显，得到国务院医改办充分肯定，并获国家医改奖励资金1000万元。预计2016年居民个人卫生支出占卫生总费用的比重从2012年的42.20%降至34.99%，群众就医负担持续减轻。省委、省政府在全国率先出台《关于进一步深化公立医院综合改革的指导意见》，明确10项重要改革举措，制定10个重点领域的配套文件，“1+10+10”改革框架逐步构建。城市公立医院改革持续扩面，新增4个市纳入国家第四批改革试点，争取中央补助资金9600万元，覆盖77家公立医院。遴选28个县启动县级公立医院综合改革示范创建活动，强化指导调度，强力组织实施，县级公立医院综合改革推向纵深。分级诊疗试点全面铺开，家庭医生签约服务有序启动，基层医疗卫生机构收治常见病、多发病患者逐步增多，省域外转诊人次有所下降。出台老年“赤脚医生”养老补助政策，乡村医生队伍得到稳定。全面实施新一轮药品集中采购，基本药物和医保用药得到保障。医疗机构自主选择、自行议价阳光采购药品普遍推行。首批实现与国家药品供应保障综合管理信息平台的功能对接。建立短缺药品监测报告制度，确定16家医疗机构为短缺药品监测报告试点。医疗服务价格改革和支付方式改革进程加快，配合物价部门出台《关于推进医疗服务价格改革的实施意见》，以成本和收入结构变化为基础的价格动态调整机制初步建立。进一步推行按人头、病种、床日、总额预付等复合型支付方式。社会办医加快发展，调整准入政策，预留规划空间，新增民营医院127家，床位3400张，民营医院占比超过50%。“河北健康云”工程取得初步成效，省级双活数据中心、云平台建成运行，300多家医院实现平台对接和数据交换，51%的县上线运行。全省累计发放居民健康卡800余万张，河北省和唐山市均被评为全国先进。

【“全面两孩”政策平稳落地】 省委、省政府出台实施全面两孩政策改革完善计划生育服务管理的意见，第一时间修订《条例》，完善配套措施。全年出生人口103万，处于政策调整合理预期。全面落实生育登记服务制度，简化办证手续；在全国首创覆盖全省的计划生育网上办事大厅和回访中心。统筹资源，试点整合乡镇卫生计生行政管理、公共卫生、监督执法职能，稳定基层队伍，典型做法全国推广。加强出生人口性别比综合治理，率先实行“两非”案件复核和人工终止妊娠手术日常监管制度。在全国率先出台推进医疗卫生与养老服务相结合的实施意见，全省与养老机构签约的医疗机构达1077家，拉动社会投资35.5亿元。大力开展亲情关爱，全国首创计生特殊家庭三级联系人帮扶制度。推出“流动人口健康促进中心”新模式。

【京津冀医疗卫生协同发展】 着眼京津冀协同发展，优化资源配置，进一步细化和界定全省区域医疗功能，确定合作共建区、优势互补区、重点支撑区、能力提升区。成功签定《京津冀卫生计生事业发展行动计划（2016—2020）》和京冀张、京冀唐、京冀承医疗卫生合作框架协议。开展京津冀三地临床检验结果互认、医学影像检查资料共享、医师区域注册和跨区域执业注册政策试点。签订京津冀药品医用耗材集中采购协议，正式启动京津冀联合采购工作。实行挂网药品资质和药品中标价格互认，可比较品种药价较上年度平均下降15%左右。省级跨域异地结算平台与国家平台对接，京津冀异地住院费用结算有序推进。推动国家卫生计生委委属委管医院与河北省医院对接，合作范围由北京市属逐步向全部驻京医疗单位拓展。全省与京津合作的二级以上医疗机构达260多家，合作项目400余个。启动“健康京畿—中医药先行8.10工程”，成功举办京津冀重大自然灾害卫生应急、饮用水污染事件卫生监督综合演练。

【医院管理和服务能力】 出台《河北省加强儿童医疗卫生服务改革与发展的实施意见》《河北省医院评审管理办法》。改善医疗服务行动计划深入实施，重点专科建设得到加强，三级医院平均预约诊疗率达35%，85家医疗机构开展分时段预约诊疗，所有三级医院和356家二级医院开展优质护理服务，58家医疗机构开展日间手术，549家医疗机构开展远程医疗，方便群众就医明显改观。谋划遏制细菌耐药行动计划，住院患者抗菌药物使用率降至41.40%。组建3个专业省级质控中心，在4家医院试点开展肿瘤多学科会诊。深入开展“建设群众满意乡镇卫生院”活动，开展岗位练兵和技能竞赛，基层服务能力得到提升。石家庄桃园社区卫生服务中心入选全国百强。组织城乡医院对口支援和服务百姓健康行动大型义诊周活动，服务群众25万余人次。组织无偿献血73.35万人次，全血采血量254吨，有效保障临床用血需求。“平安医院”创建深入开展，全省二级以上医院共建警务室470个，安全防范系统建设达标率达到97.2%。坚决打击涉医违法犯罪。11个设区市和86个县（市）成立医疗纠纷人民调解委员会，调解成功率89.3%。全省二级以上医疗机构医疗责任险参保率达到69%。

【公共卫生和疾病防控】 基本公共卫生服务项目增至12类46项，补助资金达到人均45元，所有基层医疗卫生机构全部提供基本公共卫生服务。疾病防控策略不断完善，重大疾病防控纳入省政府考核，疾病防控网络得到完善，重大传染病疫情总体稳定。配合做好“山东济南非法经营疫苗案件”应对处置工作。出台《关于进一步加强疫苗流通和预防接种管理工作的实施意见》。开展结核病防治专项督查，国家免疫规划疫苗接种率达90%以上。开展预防接种异常反应保险补偿。创建国家和省慢性病综合防控示范区22个。全死因监测覆盖到所有县（市、区）。实施严重精神障碍患者监护人以奖代补和监护人责任险，全省严重精神障碍患者在册管理28.72万人，平均检出率为3.89‰。职业病网络直报系统覆盖到所有县（市、区）的职业健康检查机构和职业病诊断机构。加强空气污染（雾霾）对人群健康影响监测，生活饮用水卫生监测覆盖88%的乡镇。全民健康生活方式行动覆盖99%的县，创建国家级健康促进县4个。完成农村改厕55.48万座，全省无害化卫生厕所普及率达到52%。卫生应急能力稳步提升，果断处置衡水、廊坊两市6例人感染H7N9病毒病例，严防疫情蔓延，得到省政府肯定。建立突发事件医疗卫生应急空中救援体系，国家卫生应急移动医疗救治中心项目和突发急性传染病防控队伍项目落户河北，争取国家资金支持3925万元。食品安全工作持续强化，发布4项食品安全地方标准，备案企业标准1531个，实现全程网上办理；食品安全风险监测实现县域和二级以上综合医院全覆盖，全年检测样品8836份；争取国家项目资金6349万元；省、市疾控机构食品安全风险检测设备配置率由2015年的81.8%、76.8%分别提升到97%和90.7%。圆满完成唐山世界园艺博览会、第三次中国—中东欧国家地方领导人会议等重大会议活动医疗卫生保障任务。

【妇幼保障】 建立三级危重孕产妇及新生儿救治中心，畅通孕产妇绿色通道，产前筛查、产前诊断网络覆盖全省，产前筛查率达到73.65%；新生儿“两病”（苯丙酮尿症、甲状腺功能低下）筛查率达到98%以上，位居全国前列。全面启动出生缺陷筛查救助项目。增补叶酸、预防艾滋病、梅毒、乙肝母婴传播项目和免费孕前优生项目实现全省覆盖，农村妇女“两癌”检查项目覆盖面扩展至66个县。创建国家和省级妇幼健康优质服务示范县22个，荣获国务院妇儿工委“落实两纲先进集体”。

【科技创新和人才教育】 支持医学科研课题910项，评选出医学科技奖675项，获得省级科学技术进步奖27项，居全省各行业之首。健全住院医师规范化培训制度，招收3448人，培训师资1168人次；启动“3+2”助理全科医生培训工作，认定培训基地23个，招收150名助理全科医生；确定省级继续医学教育项目1543项；培训全省二级以上公立医院院长和医务管理者1300余人次。

【中医药强省建设】 在全国率先出台《贯彻中医药发展战略规划纲要（2016—2030年）实施方案》，建立省中医药厅际联席会议制度，发展合力切实增强。同步推进公立中医医院综合改革，不断深化石家庄市国家中医药综合改革试验区建设。新增2所三级中医医院，启动11个县级中医医院建设项目，新建国医堂436个，中医药特色示范社区卫生服务站、村卫生室2215个，中医药服务能力显著提升。全面放开传统中医门诊部和诊所审批。会同有关部门举办中国康养旅游大会、全省首届中药材产业发展大会，开展中医医养结合工作试点。评选第二届河北省名中医50名，新建全国中医药文化宣传教育基地1个，建成中医药文化建设示范医院21所。推动安国中药都建设，安国数字中药都中心交易大厅完成主体工程，公共服务平台正式上线运营。争取国家中药标准化项目5项、中医药国际合作专项1项。

【“健康扶贫”工程】 联合省扶贫办、省发改委等14部门制发《关于推进健康扶贫工程的实施意见》。面向农村贫困人口的大病保险起付线降低50%，补偿比提高10个百分点；特困供养人员救助不设起付线，合规医疗费用在年度限额内100%救助；新农合门诊统筹实现贫困地区全覆盖。完成138万农村贫困人口因病致贫返贫建档立卡调查，获得国家卫生计生委突出贡献奖，并受到通报表扬。37所三级医院对口扶贫62个贫困县的县级医院。在农村订单定向免费培养医学大学生项目中，优先满足贫困县需求，为有意向的贫困县分配招生计划占全省计划的46%。对口支持滦平、隆化两县项目24个、资金2.09亿元。

【抗洪救灾医疗卫生保障】 “7.19”特大洪涝灾害发生后，全力以赴打赢卫生防疫攻坚战。第一时间编制4个工作指南，集中精干力量，有力有序有效组织开展专家巡诊、医疗救治、心理干预、疫情监测、防疫知识宣传等灾区医疗服务、卫生防疫工作，为受灾群众提供诊疗服务、心理援助19万人次，为687个村清理淤泥垃圾和污物，实施消杀1.492亿平方米，未发生传染病疫情和突发公共卫生事件，受到国家卫生计生委和省委省政府充分肯定和高度评价。第一时间制发灾后医疗卫生计生机构重建工作方案，并制定重建所需建设及装备标准、技术规范和参考图集。多方协调筹措重建资金，共筹集中央及省级资金6745.79万元用于817个项目灾后重建。

【卫生计生法治政府建设】 深入推进“放管服”改革，全面清理委机关152项服务事权，保留36项，再委托66项，下放7项，转移5项，取消2项；同时减少了31项服务事权的办事环节。全面规范中介服务，编制公布6项涉企行政许可中介服务事项清单。全面推行行政审批一个窗口办理、并联办理、限时办理、网上办理，实现“四零”服务，行政许可回访率和满意率均为100%。健全重大决策事项征求意见机制，完善重大行政决策程序，把公众参与、专家论证、风险评估、合法性审查和集体讨论决定作为必备条件和必经程序。建立重大行政决策评估制度，严格落实重大决策终身责任追究制度及责任倒查机制。完善法律顾问工作机制，全面参与政府采购合同签订、医疗纠纷、行政复议诉讼案件办理等。举办法律知识专题讲座3期，处理行政复议、行政应诉案件21次。“双随机”抽查覆盖全部监管事项，部分公共卫生许可实现网上办理，监管信息公示有序推进，监管重心转向事中事后。逐一审核修订卫生计生行政处罚裁量基准，编制19项行政许可事项“双随机”抽查实施方案，对外公示检查结果268家。加强各类专项监督检查和专项整治，组织开展二类疫苗预防接种集中监督检查，检查疾控机构205家、接种单位4356家。圆满完成《职业病防治法》《人口与计划生育法》落实情况、医疗机构依法执业监督检查，严厉打击“号贩子”和“网络医托”专项行动成效明显。

（河北省卫生和计划生育委员会　尹文晶　蔡　涛　李　玲）

文化产业

【完善政策，优化发展环境】 2016年，一是组织制定了《河北省文化产业发展“十三五”规划》。经省政府研究同意，于2016年6月印发实施。规划提出到2020年全省文化产业增加值占生产总值的比重超过5%的目标，构建了以京津冀文化产业协同发展区为龙头，以冀中南文化产业转型引领区为主体，以沿海文化产业带、太行山文化产业带、长城文化产业带、大运河文化产业带为支撑的“两区四带”发展格局，规划了包括创意设计业、动漫游戏业、网络文化业、文化旅游业、演艺娱乐业、工艺美术业、出版印装业、广播影视业、节庆会展业、文化装备制造业、创意农林业等11大重点产业，成为全面指导全省“十三五”文化产业发展的唯一省级规划。二是牵头制定了《关于推动文化文物单位文化创意产品开发的实施意见》。为贯彻落实国务院办公厅转发文化部、国家发展改革委、财政部、国家文物局《关于推动文化文物单位文化创意产品开发的若干意见》，牵头制定了《关于推动文化文物单位文化创意产品开发的实施意见》，省政府办公厅于2016年10月转发实施。这一文件，为河北省文化文物单位开展文化创意产品开发提供了具体依据。三是参与了文化部牵头编制《京津冀文化产业协同发展规划》的调研、研讨活动。

【搭建服务平台】 以创新提升、细致精致的精神推进文化产业展会论坛活动，取得明显成效。一是组织参加第十二届深圳文博会，首次打破区域分割，围绕“创意燕赵美丽河北”主题，共设置综合展区、“冀文精品”、“众创福地”、“燕赵巧匠”、“大画河北”5个功能分区，荣获“最佳展示奖”和“优秀组织奖”；集中发布推介项目170个，集中签约项目54个，签约总金额1044亿元；河北展区现场交易及订单交易433.2万元。二是组织参加第十一届北京文博会，首次与京津联合办展、联合设立演出舞台，分“新兴数字”、“文物创意设计”、“特色工艺”三个板块进行展示，现场交易额超过10万元，京津冀三地签署了共同开发文创产品的协议及推动文化“走出去”协议。三是落实省政府与全国工商联的合作计划，在承德市组织举办了京津冀文化产业项目对接会暨中小微企业投融资项目路演·河北站活动，来自北京、天津、河北、深圳等地的60多家文化企业及投资机构代表共计150多人参会；圆满完成了出席全国工商联执委会的新疆自治区代表团和新疆建设兵团代表团的“一对一”全程服务工作，与各有关方面达成了一批合作意向。四是组织举办了第五届河北省特色文化产品博览交易会暨河北首届文化创意产业博览会，参展企业首次达到近600家，期间与高校、民企合作，首次举办了河北省文化创意产业发展论坛、京津冀文化产业项目推介会，同时举办了河北省文化创意设计大赛，提升了河北特博会的层次和影响力。五是组织企业参加了天津滨海文博会，支持张家口市在西部文博会举办了京张文化产业带专题展，利用中国—中东欧地方国家领导人在唐山开会的契机举办了文化贸易展，推动了河北文化产业走出去。

【专项资金申报与绩效评审】 一是按照文化部关于中央文化产业引导资金申报的要求，经省及中央两轮专家评审，河北省共有5个项目及16个优秀院团通过了文化部的评审。河北美术学院东方文化创意产业基地等重大项目获1310万元支持，16家优秀基层戏曲院团获640万元奖励支持。二是根据财政部《中央对地方专项转移支付绩效目标管理暂行办法》要求，与第三方机构合作，对河北省2015年度接受中央转移支付资金的51个单位共52个项目、1亿元资金的管理、项目产出及预期效果等情况进行了绩效考评，总评成绩为良。

【加强试点示范】 一是积极申报文化消费试点城市。根据《文化部财政部关于开展引导城乡居民扩大文化消费试点的通知》要求，组织开展评选推荐工作，石家庄已成功入选第一批国家文化消费试点城市名单（全国共26个），廊坊市将成为第二批国家文化消费试点候选城市。二是加强文化产业示范园区创建工作。根据文化部对国家级文化产业示范园区实行创建制的新要求，经评审向文化部推荐2家园区申报创建资格，同时按照创建制要求就完善河北省文化产业示范园区的管理工作进行了安排部署。三是对评选第五批河北省文化产业示范基地进行了部署。四是组织开展了全省文化产业示范基地园区的年度巡检工作。

【加强人才培训】 一是依托中央文化干部管理学院，会同厅人事处举办了有50余个县的党政领导干部参加的“河北省文化产业高级研修班”，为县域文化产业发展增强了新动力。二是利用中国—中东欧地方国家领导人在唐山开会的契机，组织省内对外文化贸易方面的40多家企业的负责人，举办了河北省对外文化贸易培训班。三是依托河北艺术职业学院，举办了河北省文化产业管理研究人才培训班，对省内高校文化产业管理师资、省内科研院所文化产业研究人员、部分文化产业管理人员、重点文化企业和产业园区管理人员进行培训。四是依托河北美术学院，召开了河北省文化产业工作会暨文化产业培训班，对全省各级文化行政管理人员、厅直与文化产业关联较密切的相关单位负责人进行了专题培训。全年共计培训全省文化产业管理与从业人员290多人次。

【坚持问题导向，创新发展举措】 针对省会文化消费供需不畅的问题，与河北精英集团合作，推动省会文化消费网络传播服务平台建设，现已完成研发制作，具备了上线运行能力。针对对外文化贸易薄弱的问题，会同河北省对外文化交流中心，推动河北省对外文化贸易服务平台建设，举办了培训班、展览、推介等活动。针对文化产业管理与研究受制于统计数据的问题，与河北省社科院合作，启动了河北省文化产业大数据平台的建设，现已基本完成软件开发，为推广应用奠定了基础。此外，进行了建立河北省文化产权交易机构的探索。

（河北省文化厅　马云飞）

新闻出版·版权

【新闻出版】 截至2016年底，全省新闻报纸机构58家，新闻期刊机构12家，出版物印刷企业282家。2016年，全省共发行报纸65种，报纸发行总印数13.32亿份、总印张16.74亿印张，定价总额12.32亿元。全省共发行期刊218种，期刊发行总印数0.46亿份、总印张2.1亿印张，定价总额3.22亿元。

（一）出版领域舆论引导力持断巩固。制定了《关于进一步加强出版质量管理的意见》，深入实施“冀版精品出版工程”，进一步强化出版物审读等管理机制，认真做好书号管理工作，有效防止了买卖书号或一号多用等违规现象，加强了从源头上监管出版物舆论导向。成功出版了图书《知之深爱之切》，在全国发行超过350万册，产生了广泛影响，成为学习总书记系列重要讲话的生动教材。

（二）主题出版工作取得新成果。精心组织制定2016年度出版选题计划，共审核确认图书选题2011种，音像电子出版物选题432种，明确重点选题60种。认真抓好主题图书出版，《大转折1935》等4种选题入选2016年度重点主题出版选题被中宣部和总局确定为百种重点主题出版物选题目录；《中国历代名人词典》等3种选题入选国家重点辞书编纂和古籍整理出版规划；《邓小平国际战略思想研究系列丛书》等39种选题入选国家“十三五”重点出版规划；2种图书入选向全国青少年推荐的百种优秀出版物目录，4种出版物入选百种中小学教材延伸阅读目录。组织出版单位出版了《大山教授》《幸福播撒太行山—李保国在太行山扶贫纪事》《太行新愚公—李保国画传》等系列图书，大力弘扬了李保国同志的先进事迹，受到了良好地社会反响。

（三）宣传推介活动有力推进。成功举办了新闻出版产业项目招商推介会，500多家在京出版印装企业和6家省内出版印装园区参加了对接会招商活动。积极推动了国家“十三五”重大文化产业项目“中国出版传媒融合发展基地”在河北省落地，着力推动了河北·廊坊国家印装产业园区建设；成功举办了石家庄第十三届印刷包装器材展览会；河北出版传媒集团第二次荣登“世界媒体500强”榜单，连续三次入选全国“文化企业30强”，“河北现象”影响力持续增强。

【版权】 （一）软件正版化工作稳步推进。组织工作组对市县政府机关软件正版化进行了督导检查，对问题单位提出了整改意见，进一步巩固了软件正版化前期取得的成果。河北省软件正版化工作得到了国家检查组的充分肯定。

（二）打击侵权盗版成效突出。持续加大“打击侵权盗版”工作力度，开展了“清源”“净网”“护苗”“秋风”等专项行动，集中整治了全省视听网站、网上书店等销售传播侵权盗版制品的行为，及时发现并处理了一批违法违规的出版物销售企业。省局打击侵权盗版工作受到了省打侵办的的充分认可。

（三）版权示范单位的创建工作取得新突破。廊坊市创建了全国版权示范城市工作取得积极进展，君乐宝等3家单位被评为“河北省版权示范单位”，乐聪科技创意产业园被评为“河北省版权示范园区”。版权产业成果丰硕，在第六届中国国际版权博览会上，河北省版权签约金额达到了10.2亿元。

【事业和产业】 （一）全民阅读活动有声有色。起草了《河北省促进全民阅读决定》，积极推动省人大全民阅读地方立法进程。开展了“书香河北”系列评选，组织举办了“书香燕赵美丽河北”主题系列读书活动、第四届惠民书市、第八届全省书博会暨第十四届北京国际书节承德分会场、首届京津冀运河书香节等一系列大型活动。创新了全民阅读活动的形式和载体，“书香保定”、“书香邯郸”、沧州“狮城读书月”、张家口“读好书筑梦想全民阅读迎冬奥”书香节等都营造了浓厚的阅读氛围。

（二）农家书屋管理使用日趋规范。以农家书屋为阵地开展了“我的书屋、我的梦”农村少年儿童暑假阅读实践活动，联合河北农民报社举办了“农家书屋科技大讲堂”活动，进一步创新了农家书屋服务“三农”的形式和内容，并及时为全省48704个农家书屋补充更新了出版物。积极推动与省新华书店系统联合在农家书屋开展代购代销业务，进一步激发书屋管理员工作积极性，提高书屋管理水平。

（三）改革发展迈出新步伐。一是北洋出版传媒股份有限公司上市申报工作进展顺利，取得重要成果；二是大力推进组建全省报刊出版集团，提出了初步组建方案和具体操作意见；三是着力压减印装产业过剩产能，印装产业“小散滥”状况进一步好转，加大印装产业基地园区建设力度，印装产业集聚化程度进一步提高；四是承德金坤文化创意印刷产业园、北戴河影视传媒数字出版印刷产业园等一批重点项目扎实推进；五是河北出版传媒集团大力实施内容产品数字化开发，融合发展的产业格局基本形成。

【管理】 新闻报刊管理方面，扎实开展新闻单位驻地方机构清理整顿和新闻记者证管理工作，按时核验报刊工作，及时纠正少数报纸、期刊存在的不规范行为。集中开展了第三批新闻采编人员申领新闻记者证工作，完成了对30家报刊新闻机构、313人的申领审核，进一步规范了报刊发行秩序。出版管理方面，组织开展了出版物“质量管理2016”专项检查，对不合格图书按照规定给予严肃处理。进一步加强出版物内容质量管理，对补报选题严格审核把关。加强书号实名申领工作，核发书号前在线审核，随机抽查申报选题书稿情况，防止“买卖书号”“一号多用”等违规现象的发生。印刷发行管理方面，开展了印刷发行企业年度核验工作，对印刷发行行业开展经营活动进行了督导检查，对检查中发现的问题进行了及时处理，达到了对违规违纪现象有效震慑的目的。“扫黄打非”管理方面，认真贯彻落实全国和全省第二十九次工作电视电话会议精神，组织开展专项行动，全年全省共查办各类“扫黄打非”案件625起，查办案件数量同比增长20%，取缔非法店档摊位点491家，关闭各类非法网站27个，删除网上有害信息4万余条，收缴各类非法出版物22万件，进一步净化了出版物及网络观看环境。全国“扫黄打非”工作小组专职副组长李长江带队到河北省督导检查工作，给予充分肯定。版权管理方面，进一步推进版权保护，制度年度工作方案，明确任务目标，推动软件正版化工作持续向纵深开展。严厉打击计算机软件侵权盗版违法行为，对重点市场、重点企业和定点网站加强监管，及时查处销售、使用盗版软件和提供非法下载活动的不法行为。行政审批方面，进一步优化行政审批服务，深入推进行政审批制度改革，进一步简政放权，取消或下放了一批行政审批事项，对现行的地方性法规和省政府规章进行了梳理和清理，认真开展普法宣传和行政执法检查，规范了行业执法行为。进一步规范行政审批流程，提高办理效率和质量，全年共受理行政审批事项316件，按时办结率达100%。

（河北省广播电影电视局　田　旭）

广播影视

【概况】 截至2016年底，全省共有广播电视台151座；中波发射台31座，发射机49部352千瓦；调频电视转播发射台410座，调频发射机291部241.601千瓦，电视发射机460部507.375千瓦。全省共有数字微波实有站32座，微波传送线路长度1612.50公里；有线广播电视传输干线网总长204286.12公里，有线电视用户857.22万户，数字电视用户755.6万户。全省广播综合覆盖率达到99.35%，电视综合覆盖率达到99.28%。

全省全年共开播广播节目134套、电视节目178套。全年共播出广播节目659307小时55分，播出电视节目810529小时22分；共制作广播节目357847小时12分，制作电视节目187711小时29分。全年制作完成电视剧

11部438集，动画电视1694小时7分，进口电视节目104小时。

截至2016年底，全省广播影视系统从业人员4.30万人，总收入达到79.36亿元，拥有固定资产96.10亿元，实现创收62.69亿元。

【新闻宣传】 新闻宣传巩固新阵地。围绕党的十八届六中全会、省第九次党代会、全国全省“两会”、庆祝建党95周年、纪念长征胜利80周年等重要会议、重大活动、重大任务和重要时间节点，开展了全方位、多层次、多角度的宣传报道，唱响了时代主旋律、传播了河北好声音。《河北新闻联播》《河北新闻》在总书记视察唐山报道中有规模有深度，受到广泛关注和好评。在7·19特大洪灾报道中，河北广播电视台组织28个小分队、100余名记者深入一线，推出新闻报道2219条，圆满完成了宣传报道任务。成功举办了全省第二届广播电视公益广告大赛，7件参赛作品在新闻出版广电总局评选中获奖，实现了新突破。全省广播电视台公益广告播出时长同比增长21%，彰显了媒体社会责任。

文艺繁荣打造新亮点。广播电视节目方面，制定了《关于进一步加强精品创作生产的实施意见》，成立了精品创作指导委员会，加大了协调、规划引导、支持保障力度。《燕赵传奇》《中华好家风》入选国家新闻出版广电总局广播电视创新创优栏目，《非常帮助》荣获中国广播影视大奖提名奖，《中华好诗词》荣获第24届“星光奖”提名奖。《小梦想大舞台》荣获全国优秀少儿广播栏目二等奖，《脑力冲击波》荣获全国优秀少儿电视栏目鼓励奖。影视作品方面，制定了《2016年重点广播影视剧精品项目责任分解推进表》，对重点项目创作生产实施月报制度和动态管理。推动影视剧创作“河北现象”影响力持续增强。作为建党95周年献礼剧目的电视剧《海棠依旧》荣获中美国际电影节优秀电视剧“金天使”奖，《桃花盛开的地方》成功入选国家新闻出版广电总局“五个100部”规划。电视剧《麻辣芳邻》《毛泽东三兄弟》《长征大会师》和电影《警魂之命悬一线》《血战湘江》分别在央视八套、一套、六套黄金时段和全国各大影院播出、公映，反响热烈，收视率屡创新高。纪录片方面，制定了《纪录片专项扶持资金管理办法》，对评选出的《传承》《冀商》等9部纪录片予以重点扶持。《1976唐山记忆》在央视播出，《平山记忆》荣获中国广播影视大奖·电视纪录片提名奖。动画片方面，推动《叶萝丽》《耿村民间故事》等重点项目顺利制作播出，抗日题材动画片《鸡毛信》荣获新闻出版广电总局国产动画片发展专项资金一等奖。《地道战之英雄出少年》荣获中国广播影视大奖·电视动画节目奖，填补了河北省该项奖项空白。网络文艺方面，组织开展了2016年“弘扬社会主义核心价值观共筑中国梦”主题原创网络视听节目创作征集评审活动，共评选音频类优秀作品5部，视频类优秀作品15部。河北师范大学新闻传播学院两部作品分别荣获国家“大学生微电影奖”和“大学生实验短片奖”。

对外宣传取得新成果。成功举办了广播影视行业项目招商推介会，发布招商项目17个，8个项目现场签约，签约投资额达到138亿元，光线传媒、华谊兄弟、博纳影视等50余家国内知名影视企业参会，有力地推动了影视产业发展。河北网络电视台“冀事儿”客户端、河北交通频率微信平台、石家庄广播电视台“全媒体运营指挥中心”平台建设取得明显成效。“中国·承德—刺玫瑰”国际微电影节、唐山第25届中国金鸡百花电影节、秦皇岛2016年中国影视基地产业峰会取得圆满成功，均起到了良好的宣传效果。河北广播电视台在中央级主要新闻媒体发稿7147篇，大力唱响了“河北声音”。

【事业和产业】 技术改造持续推进。一是制定了《关于推进广播电视媒体与新兴媒体融合发展的实施意见》，深入推进媒体融合发展，加大科技创新力度；二是河北网络电视台“冀事儿”新闻客户端、“冀事儿”直播平台运转良好；三是省级台积极搭建“融合云”平台建设；四是承德广播电视台承德手机台和“智慧承德”微信平台建设取得明显成效；五是积极开展有线电视互联互通平台建设、移动多媒体交互广播电视网建设；六是逐步推进市级广播电视台高清制播能力建设。

公共文化服务体系建设取得新成效。一是制定了《河北省农村公益电影放映标准（试行）》，通过数据回传系统加强对放映场次的监督，圆满完成了全省“一村一月一场”的放映任务；二是全省第一批125万户广播电视“户户通”工程建设任务全面铺开，安装开通情况实行周汇总、月通报制度，有效督导了各地安装进程。同时，积极推进“户户通”配套资金列入本级财政预算；三是全省114个发射台站的无线数字化覆盖工程稳步推进。

产业改革持续深化。一是按照省文化体制改革领导小组的统一部署，推动实现了省级“局台分设”、“两台合并”；二是河北影视集团进一步建立完善了法人治理结构，内部运营机制建设取得新成效；三是着力推进保定涿州影视基地等重点园区（基地）建设；四是IPTV用户已突破600万户，增长速度在全国领跑，全年业务收入超过1亿元；五是媒体融合发展步伐加快，全省各级广播电视媒体进一步加大了融媒体平台建设力度，既有效巩固了意识形态主阵地，也有力地推进了产业转型升级；六是市级台积极加入改革浪潮，石家庄、张家口先行先试，积极探索破解基层广播电视台长期存在发展难题的道路。

【管理】 宣传管理方面，进一步规范广播电视制作播出秩序，制定了《关于进一步加强广播电视宣传管理工作的办法》，定期召开宣传例会，严格执行卫视节目审批报备制定，加强对港澳台及外籍艺人、新上节目和大型活动的管理。组织开展了3次宣传纪律执行情况专项检查，对制定落实不到的单位、存在违规情况的节目进行了督查整改，确保了全省播出导向和内容的规范。行业管理方面，开展了广播电视播出环境治理行动和打击取缔非法广播电台专项行动，对医疗养生类节目、违规医疗广告、游动字幕、挂角广告等各类违规行为进行了集中整治，共停播违规医疗养生类节目71个，停播虚假违法医疗广告56个；关停违规开办的广播电视频率频道11个，捣毁“黑广播”

窝点113个，查扣“黑广播”设备120套。开展了电影市场秩序专项治理活动，有效治理了偷漏瞒报电影票房等电影市场乱象。技术管理方面，严格执行《广播电视安全播出管理规定》，全天24小时监听监看广播电视信号，保证了春节、全国“两会”、“G20”杭州峰会、汛期等重要保障期的广播电视安全播出。在全省组织开展了整顿无线调频广播发射台播出秩序活动，严肃查处了擅自变更呼号、开办频率/频道、扩大发射功率等违法违规问题；成立联合工作组对播出单位进行明察暗访，对安全播出隐患进行了督导并提出整改意见，进一步规范了全省广播电视播出秩序。

（河北省广播电影电视局　田　旭）

文物工作

【重点文物保护】　2016年，河北省全力抓好重点文物保护工程。

（一）加大正定古城保护工程推进力度。秉持正确的古城保护理念，切实推进正定古城保护各项工程。隆兴寺天王殿、毗卢殿、文庙大成殿保护维修工程已通过省级技术验收；正定城墙一南门系统修缮工程、南城墙修缮工程、西门系统南部遗址、东、西城墙南段修缮工程、隆兴寺壁画保护工程等6项工程全面开工；隆兴寺整体保护工程正在组织招投标工作，即将开工；隆兴寺文物保护规划已经国家文物局批复，正在修改完善中；临济寺澄灵塔规划正在修改中；正定城墙保护规划初稿已完成，正定县正在征求相关部门意见建议。

（二）承德避暑山庄及周围寺庙文化遗产保护工程进入收尾阶段。安远庙、普乐寺、溥仁寺、殊像寺、普佑寺、普陀宗乘之庙、须弥福寿之庙和避暑山庄大部分建筑计46项工程通过国家文物局验收；普宁寺、安远庙清代壁画保护工程等8项工程已完工；普陀宗乘之庙油饰彩画、石质文物科技保护工程、避暑山庄石质文物科技保护工程和避暑山庄部分建筑保护工程等15项工程正在实施中；文津阁书架及书函复原工程、须弥福寿之庙石质文物、殊像寺石质文物保护工程、暖溜暄波区块文物修缮和展示工程等4项工程方案已经批复和核准，正在进行前期准备工作。避暑山庄沧浪屿建筑组群保护修缮工程、普乐寺油饰彩画修缮工程、须弥福寿之庙彩画保护工程等3项工程方案正在修改中。

（三）继续推进清东陵、清西陵清代皇家陵寝建筑保护工程。加快推进清西陵文物保护工程，协调指导2016年开工项目参与单位的开工前培训工作，清西陵总体规划已呈报国家文物局审批；崇陵油饰彩画方案等8项科技保护方案和泰陵保护工程方案已核准，正在做前期准备工作；昌妃园寝保护维修工程已完工；泰东陵、清西陵行宫、昌妃园寝、泰妃园寝、慕东陵、崇陵、崇妃园寝、慕陵、昌西陵等9项保护工程正在顺利开展。

（四）继续实施国保、省保重点文物保护工程。蔚县华严寺修缮工程、深州盈亿义仓（一期）维修工程、易县双塔庵双塔已完工，直隶审批厅旧址、保定淮军公所一期、清河道署、福庆寺圆觉殿、新城开善寺院落、蔚县玉皇阁修缮工程进展顺利。武安禅房寺中殿、庆云文庙、滦平庆成寺、赵县西林寺塔、武安伯延历史建筑群一房家庄园、涿鹿鼓楼、镇江塔等省保单位保护工程顺利开展。

（五）开展传统村落和革命文物保护。加强对传统村落整体保护工作的技术指导，推动河北省传统村落保护利用工作的深入开展。鸡鸣驿村传统村落寺庙、挡水坝、地道加固、小街巷整治等工程已完工；西古堡南瓮城寺庙建筑群、腰山王氏庄园北园维修工程完成80%以上，进展顺利。2016列入中央财政支持范围的中国传统村落12个，其中冉庄村和开阳村2个村为符合文物保护单位集中成片区传统村落。2016年，按照国家文物局《关于加强革命文物工作的通知》要求，对河北省不可移动类革命文物资源进行梳理，编制了河北省革命文物实施维修保护三年行动计划，初审了中共晋冀鲁豫中央局和军区旧址保护规划，审核中央人民广播电台旧址保护与展示工程、涉县晋冀鲁豫边区政府旧址修缮工程、冉庄地道战遗址整体保护工程等革命文物保护设计方案。实施冉庄地道战遗址整体保护工程（三期）、晋察冀边区政府成立处旧址保护维修工程。

（六）做好文物保护工程资质管理工作。完成2014、2015年度河北省文物保护工程资质单位资质年检工作，完成4家文物保护工程资质单位证书法定代表人及单位地址变更，2家资质单位资质申报等初审工作，并呈报国家文物局。做好资质单位相关信息变更期间参与投标开具相关证明的服务工作。

（七）加强工程管理，进行工程检查和验收。2016年，结合往年的检查经验，继续聘请文物保护专家对正定、清西陵、承德保护工程进行重点检查指导，及时纠正工程管理过程中的不合规现象，为工程提供技术咨询、指导，解决工程中的技术难题和疑惑。结合工程实施情况，组织专家完成正定隆兴寺天王殿、毗卢殿、文庙大成殿、献县单桥本体、定州文庙西路建筑、邢台天宁寺前殿修缮工程的省级技术验收，完成省博物馆台阶、行唐封崇寺大殿、鹿泉铁行会馆、鹿泉申后高氏民宅、武安南岗塔修缮工程的技术验收。

（八）规范程序，做好文保工程立项、方案评审。共收到立项报告书76项，审核同意省级文物保护单位立项4项，上报国家文物局立项30项，收到国家文物局立项批复16项。组织文物保护工程方案评审会7次（含函审），共完成35项方案的评审工作，26项方案通过。组织3次规划评审会评审9项规划，2项规划通过核准，5项规划修改后报国家文物局。7项国保单位方案委托第三方评审，其中通过3项，未通过2项，评审中2项。

【遗址保护展示和考古发掘】　（一）大遗址保护工作进

展顺利。隆化土城遗址、隆尧唐祖陵、冀州古城遗址、雄县宋辽边关地道保护规划已立项。张柔墓、封氏墓群、下八里辽墓保护规划编制完成；推进元中都遗址保护工程，遗址内的环境整治工程全面实施，宫城西城墙南段、北城墙保护工程经国家文物局批准立项；赵邯郸故城遗址赵王城四号门阙保护工程已实施，一号夯土基址（龙台）保护方案已经评审通过，秦皇岛北戴河秦行宫遗址、内丘邢窑遗址保护设施工程全面实施；中山古城遗址王厝墓环境整治工程方案编制完成并报国家文物局评审，中山靖王墓防渗工程已经完工，并通过省级验收；赵王城遗址基本完成土地的征用和租赁工作，泥河湾遗址博物馆立项经省发改委批复同意，马圈沟遗址保护棚方案经国家文物局批复同意，泥河湾遗址群西城墙南段工程方案已经国家文物局同意并下拨保护经费；中山古城遗址国家考古遗址公园、邺城遗址国家考古遗址公园立项的各项前期工作已经完成。

（二）考古发掘工作有序开展。泥河湾遗址群实施石沟遗址、小长梁遗址、怀来南沟遗址、阳原西白马营等遗址的考古工作；满城要庄遗址继续发掘工作，对城墙西北角进行了解剖，开始对北部疑似城门的区域进行考古发掘；对大名府故城进行了考古勘探和发掘；配合正定古城保护工程，对阳和楼、开元寺等进行了勘探和解剖；开展实施沧州旧城、黄骅海丰镇遗址、肃宁武垣城址等考古勘探；对尚义县四台遗址进行了全面勘探。对行唐故郡墓地进行了全面发掘；对黄骅郛堤城瓮棺葬墓群、顺平等进行抢救性发掘。

（三）配合大型基本建设做好文物保护工作。完成了张南——昌平 III 回 500kv 输变电工程跨越长城、新建崇礼铁路穿越长城遗址、省道 241 线康保县城至邓油坊段改建工程通过金界壕遗址、中国石化鄂尔多斯——安平——沧州输气管道工程穿越卫河、中国石化鄂尔多斯——安平——沧州输气管道工程穿越南运河、锡盟——山东 1000 千伏特高压交流输变电工程线路工程跨越明长城等 14 项建设工程中的文物保护初审工作，并呈报国家文物局审批。

【全省长城保护】　（一）推动建立全省长城保护法制保障。有序推进《河北省长城保护管理办法》制定工作，广泛征求修改意见，派员赴秦皇岛、唐山等地进行现场调研，目前，该办法已修改完善并报省法制办审议。

（二）长城保护工程取得阶段性进展。按照国家文物局对长城规划要求，启动《早期长城保护规划》，已批复立项，规划正在编制中；《明长城保护规划》在征求 8 个设区市意见后，修改工作基本完成，近期征求省直相关部门意见后，年前向国家文物局呈报。邯郸、石家庄完成长城散落文物及城砖、文字砖调查工作，目前正抓紧督促其他地市加快工作进度，确保年前完成。长城保护工程顺利开展，金山岭长城、抚宁板厂峪长城（一期）、迁西青山关长城（一期 A 段）修缮工程已完工。紫荆关长城（三期）、山海关长城二期三个段落、万全右卫城南北瓮城、宽城喜峰口段长城、卢龙桃林口长城、义院口长城、板厂峪长城（二期）保护工程、花场峪长城修缮工程正在抓紧实施；遵化大石峪长城、抚宁县罗汉洞段长城、九门口长城具备开工条件，正抓紧进行前期准备工作；省局指导卢龙、迁安等 6 个县、区长城重要点、段抢救维护项目，目前涿鹿县、卢龙县基本完成，其他点段正在实施阶段；刘家口关城、界岭口已经国家文物局批复，正在修改完善中；赤城县独石口长城、岔沟梁牧场段长城保护工程，已呈报国家文物局待批。

（三）重点做好长城安全管理工作。一是转发国家文物局《长城保护员管理办法》和《长城执法巡查办法》，要求长城沿线市、县（区）文物行政主管部门落实责任，加强长城保护员队伍建设，认真开展长城执法巡查并督导违法问题的整改。二是组织开展全省长城执法专项督察，督促落实长城保护政府责任，完善长城保护基础工作，建立长城监管与执法常态化机制，切实提升长城保护工作。9 月下旬，陪同国家文物局长城执法专项督察组赴保定、张家口等市，对长城沿线市县进行实地督察。三是抓紧推进长城重点段落安防项目实施。7 月，批复同意抚宁箭杆岭长城、迁安白羊峪长城安防设计方案。督导唐山迁西县榆木岭段长城、秦皇岛海港区长城项目管理单位安防方案编制工作。四是开展长城执法巡查。先后对石家庄、抚宁、迁安长城执法巡查情况进行督查。

【文物安全和执法】　（一）始终紧抓文物安全工作。一是督导各地全面开展文物安全隐患排查整治专项行动，目前共排查出文物安全隐患 545 项，主要为田野文物防盗、防破坏和古建筑防火两大类，已落实整改 152 项，正在整改 393 项。二是启动全省文物安全防护工程。根据省政府要求，抓紧编制全省文物安全防护工程整体方案，推进重点文物单位安防工程建设，组织省直文博单位和各市急需技术支撑的申报安全防护项目，选定河北博物院展厅文物安防提升、部分田野文物安防等 18 项工程，指导项目方案编制和审批，积极推进文物单位技术防范设施提升试点建设。三是部署文物消防安全工作，加强基层文物管理人员消防安全培训。7 月 7 日在石家庄举办了全省文物消防安全培训班。全省共 163 人参加了培训。督导各级文物部门开展专项检查，省局与国家文物局组织专家对石家庄、定州、保定、唐山等地重点文物保护单位进行消防安全检查，督导文物安全隐患整改。与省直文博单位签订 2016 年度安全责任书，明确安全任务和责任。对清西陵、唐山市景忠山碧霞元君庙、张家口堡、凤山关帝庙消防工作重点督查，对存在隐患的，限期整改。四是完善约谈机制。省局 2 次配合国家文物局就清东陵文物安全问题约谈唐山市政府、遵化市政府、清东陵保护区管委会。10 月 12 日，省局就文物被盗和文物安全管理问题约谈沧州市政府。在约谈中，要求有关单位认真落实政府责任，大力加强安全防范，严厉打击文物犯罪，严格安全责任追究。五是开展依法打击文物犯罪专项行动，形成强大震慑。省局与省公安厅联合召开全省打击和防范文物犯罪工作会议。部署开展“2016 全省打击文物犯罪专项行动”。六是督导重大文物安全案件。派员现场督导清东陵昭西陵隆恩殿台基护栏柱头被盗案、省保单位沧县海码头石菩萨被盗案、衡水市大运河故城段非法挖掘案。七是为充分发挥文物鉴定评估对依法打击文物违法犯罪活动的支撑作用，根据国家文物局要求，组织河北省涉案文物鉴定机构的遴选，最终河北博物院被国家文物局批准为河北省涉案文物鉴定机构。

（二）坚持不懈开展文物行政执法。一是认真开展2016—2018文物法人违法专项整治活动，发现问题及时查处，有效遏制城镇化快速进程中文物法人违法多发势头。二是紧盯未结案的行政执法案件，督导涞源黄土岭长城遭破坏案件，多次约谈涞源县政府和文物主管部门负责人，提出案件处理指导意见。三是组织参加2016年度全国文物行政执法人员培训班（京津冀片区），签订《京津冀文物执法协作体框架协议》，开启了京津冀文物协作执法的序幕。四是积极配合省人大常委会文物保护“一法一办法”执法调研工作，对张家口、承德、秦皇岛、唐山等地进行现场检查。11月初，参加省人大常委会文物保护“一法一办法”考察组赴湖南、贵州等地进行考察。

（三）加强文物安全防护工程管理。一是部署国家文物局批复的全省2016年度国保单位三防工程项目实施计划。组织全省2017年度国保单位三防工程项目计划申报工作。做好国保单位安全防护工程设计方案网报网审工作和有关项目向国家文物局申报行政许可等事项。督促各相关部门抓紧推进项目进度，确保项目水平。二是组织文物安全防护工程方案专家评审会，对清西陵永福寺消防工程等三防方案进行核准。三是积极推进河北省国保单位安全防护工程项目；组织专家完成定州贡院、昌黎源寺塔、宣化时恩寺、满城汉墓等安防工程的技术验收工作。

【提高展示服务水平】 （一）第一次可移动文物普查基本完成。按照国家普查办和河北省普查实施方案的要求，全省2016年可移动文物普查进度管理和质量控制、数据终审、成果公布、总结表彰等有关工作进展顺利，河北省可移动文物普查工作年内将全部完成。目前，省普查办正在组织各地普查办在普查工作结束后，对普查工作的组织、前期调研、业务培训、单位排查、文物调查与认定、数据登录、成果整合等工作进行全面总结，并召开本行政区第一次全国可移动文物普查工作总结表彰大会。

（二）推进文化文物创意产品开发工作。省局积极贯彻落实《关于推动文化文物单位文化创意产品开发的若干意见》，有针对性地努力系统梳理全省不可移动文物及馆藏文物资源情况，扎实做好前期准备。河北博物院已入选国家试点范围，试点工作已经展开，相关工作实施方案并报国家文物局备案。

（三）数字化博物馆工作进展顺利。2016年3月到6月，省局就如何实施河北省博物馆数字化项目开展为期三个月的项目调研工作，调研组分赴北京、甘肃等地；6月，委托有经验的高校科研单位编制河北省数字化博物馆建设规划方案。目前正在积极申请河北文物信息数字平台建设及馆藏珍贵文物数字化项目列入2017年省级预算范围，推动该重点项目尽快进入实施阶段。同时，积极配合国家文物局做好“互联网+中华文明行动计划项目申报”，通过统一网报网审平台申报邯郸市博物馆、清西陵、泥河湾博物馆、武强年画博物馆、黄骅市博物馆共五项。

（四）做好非国有博物馆管理工作。省局不断加大对非国有博物馆各方面工作力度，积极主动加强对各地拟申报设立的非国有博物馆的调研指导工作，现已备案承德避暑山庄酒文化博物馆，石家庄市等地均有非国有博物馆正在抓紧申报材料的组织工作。

（五）做好珍贵文物修复工作。组织对全省馆藏珍贵文物保护修复方案的审核申报工作，河北省井陉窑出土瓷器保护修复方案、清东陵温僖贵妃墓出土服饰抢救性保护处置方案、滦平县石质文物保护修复方案申报国家文物局，其中滦平县石质文物保护修复方案获得国家文物局批准。唐山博物馆、邯郸市博物馆、河北博物院三家博物馆的可移动文物预防性保护方案获得国家文物局批准。

（六）灵寿幽居寺释迦牟尼佛首回归。北齐释迦牟尼造像佛首由台湾星云大师捐回大陆后，协助国家文物局和中国文物交流中心，安全将文物运送回大陆，并参与在北京机场、国家博物馆等地举行的迎接佛首回归的仪式。佛首回到河北后，及时完成对佛造像的修复，并积极筹备在河北博物院举行的回归收藏仪式，在河北博物院曲阳石雕展厅辟专门区域展示幽居寺佛教文物。

【其他重点工作】 （一）做好汛期文物安全工作。7月25日，省局召开局务会，会上传达全省安全生产和防汛抗洪工作电视电话会议精神，分析了当前汛期河北省文物安全形势，要求做好汛期文物安全工作。随后，局办公室迅速修改完善了《河北省文物局突发事件应急预案》，并下发了紧急通知，明确建立汛期周报告制度，要求各地文物部门每周向省局报告当地文物、博物馆受灾情况和抢救情况，灾害对文物的影响情况，文物受损初步原因判断情况以及采取的措施情况。局领导到灾区指导汛期文物安全工作，局办公室、规划财务处积极沟通有关部门，报送河北省文物受灾情况，争取经费支持。

（二）积极推进世界文化遗产申报工作。万里茶道申遗工作目前进入文本编制阶段。8月底，组织申遗专家对河北省万里茶道申遗点进行了实地考察、评估，确定了河北省申遗资源点，委托张家口市文物考古研究所与申遗文本编制单位签订申遗文本编制合同，确保如期完成工作计划。

（三）完成河北省第六批省级文物保护单位申报资料收集统计工作。按照省局统一要求，各设区市完成第六批省级文物保护单位申报工作，截至10月，省局共收集统计226处保护单位的申报材料，相关正按照计划有序推进。

（四）5·18国际博物馆日相关活动。组织全省各级文博单位，围绕国际博协（ICOM）确定2016年“5·18国际博物馆日”的主题“博物馆与文化景观（Museums and Cultural Landscapes）”开展宣传活动。博物馆日前夕，在石家庄市博物馆举办了“国宝调查全民分享——河北省第一次可移动文物普查阶段成果图片展”，以图片形式向省会观众呈献河北省第一次可移动文物普查阶段性成果。第十三届（2015年度）全国博物馆十大陈列展览精品推介终评在2016年的国际博物馆日主会场呼和浩特揭晓，河北博物院的《战国雄风——燕赵中山》展览获得优胜奖。

（五）文化遗产日承德主场活动。积极与国家文物局沟通，完成了行程安排、接待服务等相关工作，确保了2016年中国文化遗产日承德主场城市活动圆满完成，活动激发了社会各界对文化遗产的关注和热爱，保护文物的理念得到更广泛传播和认同。

（河北省文物局　张　丽）

档案工作

【档案基础设施建设】　省档案方志馆新馆建设项目经省政府常务会研究通过，于2016年8月正式立项，总投资3.65亿元，总面积5.73万平方米，其中，省档案馆建筑面积4.75万平方米，目前，项目资金已列入省财政预算，一期建设资金已经到位，正在紧锣密鼓推进有关工作。各市档案馆新馆建设明显提速，唐山市新馆已完成装修，正在准备搬迁；张家口市新馆也将在2016年完成装修，迁入新馆；保定市新馆1.5万平方米，已完成初步设计方案；衡水市新馆建筑面积1.1万平方米，已完成立项和环评等前期工作；石家庄市新馆投资3.2亿元，总建筑面积4万平方米，已完成立项选址工作；邢台市馆新改建馆库已投入使用；承德市新馆建设列入市“十三五”规划；沧州、廊坊市新馆建设也正在积极推进中。2016年卢龙、广平、滦平、黄骅等4个县（市）获得中央补助资金735万元，已有3个县开工建设。在未获中央补助的县（市、区）中，河北省共有14个县区自筹资金建成新馆。

【档案文化建设】　2016年，档案文化建设充分发挥档案服务中心、服务大局和资政育人作用，在纪念中国共产党成立95周年等重大纪念活动中，发出了档案部门的最强音。省档案局与省委党史研究室联合主办的“辉煌燕赵党旗飘扬—河北党史图片档案文献展”得到了省领导的高度重视，时任省委常委、省委秘书长、统战部部长范照兵同志出席开幕式并作重要讲话，新华社、中新社、河北广播电视台、《河北日报》等多家媒体予以报道；与河北广播电视台、省委党史研究室携手拍摄《档案河北党旗飘扬》7集系列专题片，实现省馆利用馆藏拍摄系列电视片零的突破，荣获中国电视艺术家协会主办的“人文中国第五季——红色记忆”全国电视纪录片、专题片评选表彰活动二等奖；在河北日报开设“燕赵红色档案”系列报道专栏，刊发系列文章9篇，河北新闻网客户端、官方微信等以文字、图片、漫画、视频、全景图等形式进行全方位同步展现，引发了社会各界的广泛热议和好评。搭建全省档案微信宣传平台，“河北档案”微信公众号于6.9国际档案日正式开通上线，先后推出《河北为什么这样红》建党95周年系列报道等多篇重点文章，得到社会广泛关注，阅读量跻身全国省级档案局馆微信公众号前列。

【档案编研工作】　省档案局全面启动档案文化支撑工程，与西柏坡纪念馆签署合作协议，编辑完成《西柏坡档案》丛书，系统地反映了西柏坡时期我党的历史；对馆藏部分民国名人墨迹进行整理，编辑完成《河北省档案馆民国名人墨迹典藏》；同时，结合举办展览，对抗战类档案进行汇编，编纂《河北抗日战争档案文献图片集》。

各市县区利用馆藏积极谋划，宏扬历史文化，推出一批档案编研精品力作。承德市编纂了《承德清代行宫》一书，保定市、昌黎县分别与重点院校合作开发馆藏编研产品，衡水、定州、辛集等市结合当地历史文化特色组织编辑了《宫廷御笔—候店毛笔》、《精彩定州》、《边章五》等书籍。

【档案信息化建设】　省档案局坚持把档案信息化建设作为提升档案现代化管理水平的重要抓手，在全国第一家实现了与全国档案业务管理系统的网络联通，“以用促建、以点带面”推动联网工作走向深入。完成了电子档案移交与接收系统、档案利用信息系统等软件的开发，运行良好。加强数字档案馆（室）试点建设，发挥示范带头作用。秦皇岛市开发区数字档案馆做为全省试点单位已经完成建设，并于2016年9月份召开了秦皇岛市数字档案馆建设现场观摩会；唐山市制定了智慧档案馆建设方案，各项工作扎实推进，计划2017年申报国家局“示范性数字档案馆”挂牌测评。档案数字化工作持续推进，省馆全年扫描档案155.8万幅，唐山市馆数字化累计完成34.1万卷，达到总馆藏的96.5%，多个县区档案局全部馆藏实现了数字化。

【档案资源建设】　全省各级档案部门进一步规范档案接收工作，抓前端、立规范，一批珍贵历史档案征集入馆，促进了馆藏提质增量和结构优化。唐山市档案局主动对接，对世界园艺博览会、中国东欧领导人会议等国际国内重大活动档案资料进行指导，做好归档工作；张家口市档案局派员入驻冬奥办，加强冬奥办档案日常管理工作，开展全市荣誉实物档案摸底调查，筹建“荣誉档案特藏室”；衡水市创建“特色产业档案”，为区域经济发展服务，建立了武强年画、安平丝网、桃城橡胶等10个当地特色产业档案。加强重大建设项目档案管理指导，组织验收唐山华润西郊热电厂“上大压小”扩建工程等11个省重大项目。

稳步推进农业农村档案工作，与省农业厅联合发文，指导农村土地承包经营权确权登记颁证档案管理工作，规范农村土地承包经营权确权档案的整理，在6个市县组织培训，为土地确权综合验收和档案移交进馆打下坚实基础。

【档案基础业务建设】　组织召开全省国家重点档案保护与开发档案工作会议，部署河北省国家重点档案的保护与开发工作，在开展精准普查基础上，完成国家重点档案保护与开发项目储备库与项目库申报工作。2016年度获得国家重点档案保护与开发项目5个，争取中央资金274万元。全省国家重点档案目录数据中心建设是国家档案局启动的重点档案基础业务工作之一，为推进河北省“三个目录中心”（明清档案目录中心、民国档案目录中心、革命历史档案目录中心）建设，省局研究制订了《河北省“十三五”国家重点档案目录基础体系建设工作计划》，精心组织，各市县积极配合，建立河北省国家重点档案保护和开发普查数据库。

【档案安全】 省档案局起草了《实施意见》、《关于切实加强全省档案安全工作的意见》印发全省，在全省开展了档案安全执法检查，进一步强化安全意识、底线意识、责任意识，做到防微杜渐、警钟长鸣。石家庄市与南昌市，唐山市与银川市完成了重要档案数据异地异质备份。

在“7.19”特大洪灾中，省档案局第一时间下发《关于加强洪灾中水毁住房建档立卡工作档案业务指导的通知》，要求各级档案部门积极主动为抗洪救灾服务。省档案局战备后库和石家庄、邯郸、邢台等地部分县区档案馆在特大洪灾遭受严重损失，省档案局和有关市局领导分赴现场指导，安排灾后重建事宜，各级档案人员顽强值守，克服多重困难，保证了档案的安全。全年全省档案工作零事故，严格履行了档案人的守土之职、守档之责。

【档案利用服务】 各级档案部门十分重视档案对外利用工作，落实四零服务承诺，以提质增效为目标，采取热线查询、网上查阅、预约查档等多项便民新举措，提供热情周到服务、微笑服务、“一站式”服务，快捷、准确为利用者提供档案资料，赢得各级档案利用者的一致好评。

各级档案部门力促档案利用方式向现代化转变，省局大力推进省直各系统档案室档案利用服务网络建设，印发《河北省档案局关于开展建立全省各系统档案利用服务网络平台工作的通知》，确定省检察院、省国土厅、省信用联社和省无线电管理局四家试点单位，以点带面，部署省直各系统省、市、县三级档案利用服务网络平台建设。

【档案法制建设】 对《河北省乡镇档案管理办法》《河北省著名人物档案收集管理办法》《河北省村级档案管理暂行办法》进行了重新修订。承德市人大常委会组成档案执法检查组对市政府贯彻实施“一法一条例”情况进行检查，并形成审议意见。

【档案科研、培训】 2016年河北省有3项科研课题在国家档案局立项，1项科研成果荣获国家档案局科技成果三等奖。省级14个档案科技项目完成了结题评审鉴定。省局首次承担了国家级档案行业标准编制工作，完成了国家级《档案密集架智能管理系统技术要求》的制定工作。“河北省科技支撑计划项目”《河北省档案云管理中心电子档案系统的研发与应用》通过了专家鉴定。

干部培训不断创新形式，开创新经验。11月份，国家档案局为河北省分管档案工作领导干部举办了一期专题培训班，国家档案局局长李明华、原局长杨冬权亲自授课，在河北省档案事业发展史上首次实现如此高标准、高规格、高水平的档案干部培训。注重档案专业人才培养，加强干部培训，全年全省举办各类档案业务专题培训班30多期，培训人数4200多人。

（河北省档案局　孙国俊）

体　育

【群众体育】 2016年，河北省群众体育系统圆满完成了年初确定的各项目标任务，在落实全民健身国家战略和健康中国战略的征程上迈出了坚实步伐。一是认真编制并以河北省政府名义印发了《河北省全民健身实施计划（2016—2020年）》，并在全国第一个完成了省市县三级研制任务。二是组织开展了京津冀国际体育舞蹈公开赛、邯郸太极拳运动大会、衡水国际马拉松、沧州武术节等大中型群体活动150余项。三是加快推进全民健身基础设施建设，省级投入6340万元，建设了300个城市社区体育示范工程、5个城市健身步道、22个社区多功能公共运动场和12个拆装式游泳池等项目；争取国家转移支付资金5728万元，用于建设城乡健身场地设施和贫困地区示范工程、体育健身设施等项目。四是加强社会体育指导员队伍建设，全年培训各级社会体育指导员5000余人，全省达到7.5万人。五是积极争取体育总局的政策、资金支持，在张家口实施“冬奥惠民”工程，着力将张家口建成环京津地区独具冰雪特色的重要休闲健身区，河北省体育局已于2017年1月10日与张家口市政府签署了合作协议。

【竞技体育】 2016年参加全国冬运会、全国射击冠军赛、亚洲室内田径锦标赛等国内外高端赛事40余项次，获12金18银19铜；特别是在里约奥运会上，河北省有14名运动员入选中国代表团，取得1银1铜和7个前八名的较好成绩，是河北省参加历届奥运会最多的一次。二是承办奥运会亚大区拳击预选赛、全国射击冠军赛（飞碟）、全国女子拳击锦标赛等高端赛事20项次，举办省级年度青少年比赛70余项次。三是围绕国际国内重大赛事，研制了《河北省体育局奥运夺金实施方案》，把天津全运会备战工作作为工作重点，通过局领导分包运动中心、盘点过堂、实地督训等举措，确保了冬训备战工作深入推进。四是研制了《河北省体育科技创新工作实施意见（试行）》，加快实施科技创新驱动体育发展战略。五是不断完善后备人才培养激励机制，出台了《河北省青少年体育后备人才培养考核办法（试行）》，推动13所体校选为国家高水平体育后备人才基地，培育和输送了更多优秀后备人才。六是大力支持职业足球发展，河北省历史上首次有石家庄永昌和河北华夏幸福两支球队征战中超，华夏幸福女足以不败战绩夺冠冲超成功，保定容大成功冲进中甲联赛。不断完善足球竞赛体系，首次组织开展了冀超、冀甲足球联赛，与乌拉圭签署了《足球发展合作框架协议书》。

【冰雪运动普及】 河北省体育局坚持从顶层设计入手，研制了《河北省冬季运动发展规划》、《2022年北京冬奥会夺金计划》等专件，河北省委赵克志书记对《夺金计划》给予了充分肯定，并提出了明确要求，为抓好落实，河北省体育局重点做了以下几项工作：一是积极推动体育总局和河北省政府签署了《合作发展冰雪运动框架协议》，在共建国家综合训练基地、共建国家冰雪专业运动队、推广普及群众冰雪运动、建设冰雪产业聚集区等8个方面开展合作，致力于把河北省打造成全国冰雪运动发展示范区。2017年2月3日，国家体育总局与河北省政府在石家庄举行《国家体育总局河北省人民政府合作发展冰雪运动框架协议》签约仪式，国家体育总局局长苟仲文、河北省省长张庆伟代表双方签约。二是与总局冬运中心签署了《共建国家自由式滑雪坡面障碍技巧队合作框架协议》，并组建了自由式滑雪、单板滑雪、高山滑雪、冰球等8支重点项目集训队伍，目前冬季项目青少年运动员全国注册272人，引进3名教练、聘用5名教练，其中1名教练员、22名运动员入选国家集训队。2016—2017雪季以来，组队参加国家体育总局列入年度正式比赛的12项次国内外冰雪赛事，共获得10金14银8铜40个前八名的较好成绩。三是组织开展了“健康河北欢乐冰雪”2016—2017河北省雪季系列活动，包括国际竞技赛事、大众冰雪活动等六大系列、150余项冰雪赛事活动，全省参与冰雪运动人数有了大幅增长，在京津冀乃至周边区域引起了强烈反响。四是大力推进冰雪基础设施建设，全省已建成34家滑雪场和29家滑冰场，并积极推广仿真生态冰场和旱雪场建设。五是强化冰雪健身指导，河北全省11个市全部成立了冰雪协会，培育发展冰雪运动健身指导员近千人，研制实行了国内首个大众滑雪等级标准——《河北省大众滑雪等级标准》。六是组织编写了中小学《冰雪运动》普及读物第一册，填补了国内同类教材出版的空白。七是下大力抓好冰雪专业人才培养，河北体育学院成立了冰雪运动系，与张家口市职教中心以“3＋4”、与崇礼职教中心以“3＋2”的模式联合培养冰雪专业人才，与哈尔滨体院、东北师范大学签订了联合培养协议，在恶补短板、加快发展中努力实现建设冰雪大省的目标。

【体育产业】 2016年，河北各级体育管理部门继续深入落实国务院关于加快发展体育产业促进体育消费的《若干意见》，明确了河北省发展体育产业促进体育消费的发展目标、主要任务和政策措施，细化了社会投资、税费价格、规划与土地、人才培养和就业、无形资产开发保护和创新驱动等政策措施，加快推进河北体育产业快速发展。

（一）认真制定、落实相关政策措施。根据国务院开展第三次大督查的总体要求和开展专项督查的整体部署，国家体育总局群体司司长刘国永带队，对河北省开展了落实46号文件实地督查，督察组在河北省人民政府、石家庄市、沧州市分别召开了1次省政府相关部门工作汇报会和2次地市级工作座谈会，听取了19个体育企业的发言，现场发放调查问卷19份。此外督察组还实地考察了6处体育产业基层单位。从督查情况看，督查清单列出的20条具体内容大多数都得到了很好落实。截至2016年底，全省11个设区市中已有廊坊、邯郸、沧州、衡水、石家庄、承德、邢台、唐山8个市出台了《实施意见》，各市均有特点，邢台市的《实施意见》里面已体现“在全市选择一批条件适合、运营情况与信用良好的游泳池（馆）、健身俱乐部、体育场馆等，尝试实行医保卡刷卡支付健身消费制度，积极推动体育健身与医疗产业相融合”，在全省率先取得突破。保定、张家口、秦皇岛3个市《实施意见》正待批。

在抓好国务院和省政府有关决策部署的同时，河北省体育局着眼于推动体育事业又好又快发展，研究制定了一系列政策措施。一是精心编制河北体育发展“十三五”规划。河北省体育发展“十三五”规划第一次既包括了体育事业，也包括体育产业，第一次被省政府正式列为省级专项规划之一。二是根据国家《体育产业发展“十三五”规划》和《河北省体育发展“十三五”规划》，我们研究编制了《河北省体育产业“十三五”发展规划（2016—2020）》，将以河北省政府办公厅名义印发。三是国务院办公厅《关于加快发展健身休闲产业的指导意见》出台后，河北省体育局与河北省发改委、河北省旅游委有关同志沟通，待充分征求各部门意见后，形成审批稿报河北省政府。

（二）谋划设立体育产业发展专项资金。设立省级产业引导股权投资基金。为发挥财政资金的杠杆作用，吸引越来越多的社会资本进入体育产业领域，按照财政部《政府投资基金暂行管理办法》和河北省政府《关于印发省级产业引导股权投资基金实施方案的通知》要求，河北省体育局和省财政厅研究制定了《河北省体育产业引导股权投资基金设立方案》和《河北省体育产业引导股权投资基金管理办法》，目前已经河北省政府批准实施，首期为4.2亿（政府出资20亿元）。

（三）积极拓宽政府和社会资本合作的新途径。一是搭建体育产业资源交易平台。2016年6月24日，河北省体育局与北京产权交易所、北京华奥星空科技发展有限公司在北京联合举行了“河北省体育产业资源推介发布会”，启动上线了“体育产业资源交易平台—河北频道”，这是全国第一个省级体育产业资源的专项推介会，也是体育产业资源交易平台全国第一个省级频道，受到国家体育总局领导的充分肯定，并引起了社会各界广泛关注。推介会上，第一批上线16个大项目、33个小项目收到良好效果，现场签约1项，目前还有一批项目正在陆续进入该交易平台。二是积极推进政府和社会资本合作。目前，秦皇岛体育产业园区项目已被河北省财政厅列为PPP重点支持项目，并被国家发改委、财政部列入第二批推介目录。衡水奥体中心建设项目、景州文体中心建设项目等已列入省级PPP示范项目，向财政部申报；江城机场对外招商项目已在体育资源交易平台挂牌，正积极与社会资本对接开展前期工作。三是多形式、多途径推动体育产业发展。石家庄市通过市场化方式，推出了“全城热练”系列全民健身活动，让更多的企业了解体育平台的作用。2016年6月26日，“全城热练”登陆北京产权交易所交易平台，11月29日在浙江省宁海县举行的“中国运动休闲大会2016年度峰会”上，石家庄市体育局“全城热练”项目以“城市因体育增添活力，体育让城市更具魅力”赢得到场嘉宾一致称赞，并获得2016中国体育产业优秀创新名城奖；唐山市政府以购买服务的方式投资277万元，委托政府集中采购机构进行招投标确定一家专业会展公司运营2016中国（唐山）国际户外体育休闲用品博览会，来自全国11个省市自治区、16个国家和地区的268家参展单位展出了2千余款商品，吸引了5.5万观众到场参观，现场销售额达9000余万元，体博会期间签订合同及意向书59份，签约金额9.76亿元。

（四）认真做好体育产业统计、标准化工作。一是河北省体育局与河北省统计局密切配合，2016年再次组织开展了更为全面的全省体育产业专项调查工作，力争摸清河北省体育产业基本现状以及2015年度体育产业年度数据核算，数据报告将于2017年4月正式公布。

二是体育标准化建设工作稳步推进。按照河北省标准委的统一部署，河北省体育局立足于完善体育标准体系，重点开展涉及高危险性体育项目、公共体育服务、体育休闲服务、场馆设施、体育器材的管理使用等相关省级标准的制修订，不断增强标准的针对性与适用性，全面提升体育标准化工作水平。目前已有PVC（聚氯乙烯）运动地胶安全规范、笼式多功能运动场安全规范等2项体育用品生产技术标准，列入河北省地方标准制修订计划。

（五）大力抓好体育产业基地建设。按照国家体育总局《关于进一步加强国家体育产业基地建设工作的通知》要求，河北省体育局认真抓好国家级体育产业基地遴选申报工作，将张家口市崇礼区申报为国家体育产业基地，廊坊夏垫佳美体育用品有限公司和秦皇岛安达旅游开发有限公司申报为示范单位，目前正在审核待批。与此同时，继续推进省级体育产业基地建设，组织开展了2016年河北省体育产业基地的评审工作，完成了6个市提交的26份申报材料的审核，经专家委员会评审，2016年新增11个省级体育产业基地，涵盖体育用品制造、体育旅游、健身俱乐部等业态。全省省级体育产业基地达到13个。

（六）大力扶持赛事活动开展。河北省体育局安排资金1800万元，通过向社会购买服务方式，调动和发挥社会力量的资源优势，扶持社会力量承办体育赛事，实现办赛主体多元化。秦皇岛市成功举办了国际马拉松、中式8球、北戴河铁人三项大赛、世界徒步大会、北戴河轮滑节等160项次赛事活动；第十三届“中国邯郸国际太极拳运动大会”，参加人员共计2000多人，涵盖全国31个省（市、自治区）、港、澳、台；保定市先后承办了世界女子乒乓球攻削大战、全国跳伞锦标赛暨航空自由飞行周、中希国际女篮对抗赛、中美女排邀请赛等高水平体育赛事；沧州市组织和承办第九届中国·沧州国际武术节；连续举办6年的衡水湖国际马拉松赛品牌逐步树立；邢台市成功举办了美丽邢台绿色太行国际公路自行车比赛，带动了相关领域产业发展。精彩纷呈的赛事活动和蓬勃开展的群众性体育活动，不仅为城市赢得了广泛赞誉，同时也给城市创造了巨大的经济效益。

（七）社会投资力度不断加大，大型体育健身休闲设施快速发展。河北保定西湖体育产业园区，总规划9万平方公里，其中建设新的体育中心占地面积约500亩，总投资拟10亿元以上。总投资1.5个亿河北容城·白洋淀射击训练基地建成，占地面积87亩，总建筑面积4.6万平方米，于2014年8月建成并投入使用。位于高碑店市的中新健康城—中国登山训练基地建设项目，总占地面积196公顷，总建筑面积约146万平方米，总投资约68亿元，项目自2015年5月开始投资建设，计划2020年年底全部建设完成。河北唐山玉田京东玉龙湾体育产业园，计划总投资15亿元，规划占地4921亩，主要建设滑雪场、体育健身休闲公园、汽车运动场、房车营地、户外登山、拓展训练基地、温泉会馆等项目。迁西县栗乡湖畔房车营地，投资额度达到3700万元。营地占地面积2000多亩，分为生态经济区、休闲文化区、房车露营区三个区域；龙井关长城漂流该项目计划投资2.5亿元，总体规划已经完成，目前，已投入资金5000万元完成河道清淤修护、度水闸和售票大厅等地基建设，日接待能力2.5万人次；龙凤溪谷体育休闲项目，规划面积840亩，规划建成期5年，预计总投资2亿元，共分三期建成。河北承德市谋划建设滦平县融和、双滦区鼎盛、承德县唐家湾、兴隆国际等体育产业园区、基地和重点项目28个，总投资500多亿元。其中，总投资10.6亿元的金山岭国际射击基地项目被列为省级重点项目，已于5月份开工；总投资2.5亿元的承德市冰上运动中心项目9月份开工建设。

（八）积极推动京津冀体育协同发展，全力培育壮大区域特色体育产业。一是联合北京市体育局、天津市体育局制定了《京津冀体育产业协同发展规划》，决定共同推进基地建设、平台开发、赛事联动、冰雪推广、业态拓展、市场培育、人才培养和产业转移等八项工程建设。二是全力培育壮大区域特色体育产业。重点发展冰雪产业。2015—2016雪季到张家口参与冰雪运动的人数近250万人，同比增长31%，张家口冰雪品牌影响力不断提升。谋划了张家口北方硅谷、洋河新区等5个冰雪产业专业园区，打造崇礼滑雪产业基地。欧洲最大的户外品牌—法国MND集团在张家口投资建设冰雪运动装备生产基地，生产世界上最先进的脱挂式索道技术产品。上海鼎尚有限公司冰雪产业园项目、德国海德集团高端雪板项目等一批项目已经签约或即将签约。

（九）积极推进大型体育场馆免费低收费对外开放。河北全省现有大型体育场馆28个，河北省体育局不断加强对大型场馆免费低收费情况的督查力度，确保开放时间，完善开放条件，提高开放水平。加强对开放补助资金的审计检查，严禁扩大开支范围、违规使用资金，提高了资金使用效益。河北省大型体育场馆全部实现全年330天以上对外开放，每周对外开放时间在56小时以上。

（十）全省体彩发行实现稳步增长。截至2016年12月4日，河北全省销量突破百亿大关，销量达100.29亿元，同比增长22.06%，销量排名连续两年位居全国第六位，市场份额继续超50%。筹集公益金25.59亿元，较2015年的23.24亿元净增2.35亿元。全国体彩销量

1737.26亿元，同比增长13.38%。

2016年，河北省三大类游戏的总体情况是乐透型游戏全面开花，即开型游戏趋于平稳，竞猜型游戏异军突起。乐透型游戏共销售57.11亿元，同比下降1.90%（全国同比平均下降（4.71%）），全国排名第6位，下降1位；即开型游戏共销售7.08亿元，同比下降14.15%（全国同比下降（—4.07%）），全国排名第6位，下降2位；竞猜型游戏共销售36.10亿元，同比增长129.96%（全国同比平均增长31.39%），全国排名第8位，上升4位。即开型游戏全省11地市除衡水（市场份额49.39%）外，其余地市均超过50%，在河北省即开市场居市场领先地位。秦皇岛市竞猜销量占全市总销量的比重达62.07%，石家庄市竞猜比重达49.41%，各市竞猜销量增幅明显。借势欧洲五大联赛及NBA等赛事，竞猜型游戏销量实现历史突破，改变了长久以来河北省三大类游戏的格局，乐透型、竞猜型、即开型三大产品的占比分别为：56.94%、36%、7.06%。

河北全省现有在售电彩终端1.15万台，比上年同期增加1695台；高频游戏终端9521台，比上年同期增加343台。

（河北省体育总会　成锁柱）

人力资源和社会保障

【就业】　2016年，河北省城镇新增就业76.0万人，完成目标任务的101.3%。高校毕业生、就业困难人员和农村转移劳动力三大重点群体就业态势良好。高校毕业生就业率达到95.3%；城镇下岗失业人员再就业26.7万人，其中就业困难对象实现再就业9.8万人，分别完成年度目标的121.4%和122.7%；农村劳动力向非农产业转移56.2万人，完成年度目标任务的112.4%。零就业家庭始终保持动态为零。城镇登记失业率保持在3.68%的较低水平。

（一）突出做好以高校毕业生为重点的青年群体就业。深入实施“高校毕业生就业促进计划”和“青年创业引领计划”，引领青年创业2.4万人，其中大学生1.1万人。组织开展“高校毕业生就业服务月”、“高校毕业生就业见习”等专项活动，全年组织各类就业服务活动1200余场，服务社会人才190余万人次。实施“三支一扶”等基层项目，引导和鼓励高校毕业生到基层就业，招募1000名大学生志愿者开展支农、支医、支教和扶贫活动，在全国率先开展“三支一扶”示范培训工作。

（二）稳妥做好去产能职工安置工作。出台《关于做好化解钢铁煤炭等行业过剩产能职工安置工作的实施意见》，明确安置渠道和具体政策。着力抓好援企稳岗政策落实，全年为5670家企业发放稳岗补贴18.4亿元，惠及职工186.8万人。阶段性降低保险费率，失业保险缴费率由2%降至1.5%，工伤保险平均费率由1.18%降至1%，有效减轻企业负担。

（三）鼓励创业带动就业。启动实施“创业就业三年行动计划”，省级安排创业扶持资金1亿元，设立大学生创业引导基金8000万元。出台支持省级示范众创空间建设实施办法，安排以奖代补资金3000万元支持16家省级示范众创空间。印发事业单位专业技术人员离岗创业意见，鼓励支持事业单位专业技术人员创新创业。

（四）推动农村劳动力转移就业。组织农村劳动力就地就近转移培训2万余人，指导各县建立农民工等人员返乡创业园100家，对62个贫困县分别给予40万元的建设资金。在全省范围内组织开展第三批示范性农民工综合服务中心创建活动，全省建成24家省级示范性农民工综合服务中心，其中贫困县有16家。开展农村劳动者转移就业“春风行动”，跨地区有组织劳务输出7.8万人，本地企业吸纳农村劳动者17.6万人。

（五）扎实推进就业创业精准扶贫。印发做好艰苦边远地区事业单位公开招聘工作意见，鼓励引导人才到基层就业。制定就业创业精准扶贫工程实施方案，落实产业就业脱贫行动，对建档立卡贫困劳动者开展一对一就业指导帮扶，全省建立就业精准扶贫台账55万人。

【社会保障】　2016年，河北省城镇职工基本养老保险、城镇职工基本医疗保险、失业保险、工伤保险、生育保险参保人数分别达到1403.1万人、973.7万人、515.9万人、840.0万人、710.3万人。城乡居民基本养老保险参保人数达到3446.1万人，比2016年初增加5.8万人；完成城乡居民医疗保险整合，整合后城乡居民基本医疗保险参保人数达到5698.4万人。

（一）社会保障制度进一步完善。机关事业单位养老保险制度改革稳步推进，印发《关于机关事业单位工作人员养老保险制度改革的实施意见》，出台政策配套文件。印发《关于改革完善企业养老保险省级统筹制度的意见》，提高基金使用效益，增强企业养老保险基金支撑能力。印发《关于灵活就业人员参加职工基本养老保险有关问题通知》《关于灵活就业人员参加企业职工养老保险缴费基数的通知》和《关于进一步做好企业职工基本养老保险扩面征缴工作的意见》，打破灵活就业人员参保户籍限制，建立起政府主导、部门协作联动机制。出台《关于整合城乡居民基本医疗保险制度的实施意见》，成立河北省医疗保险事业管理局，完成全省城乡医保经办机构整合。出台《河北省工伤认定调查费使用管理规定》、《河北省劳动能力鉴定费使用管理规定》，进一步完善了工伤保险省级统筹配套政策和制度体系。

（二）社保待遇水平稳步提高。首次同步调整提高机关事业单位和企业退休人员基本养老金待遇，总体提高水平按照6.7%增加；城乡居民养老保险基础养老金月人均增加5元，达到80元，从2017年1月起月人均再增加10元，达到90元；城镇居民医疗保险财政补助标准提高40元，达到420元，职工和居民医疗保险政策范围内住院支付比例分别达到80%和70%；工伤保险伤残津贴月人均提高到2487元；失业保险金标准由650—930元调整为940—1090元，月人均提高162元，达到1010元。

（三）经办管理服务持续优化。全面落实“四零”服务承诺，开展“四零”服务窗口建设试点，提高服务效能。河北省各级全面使用转移接续信息平台办理业务，制度衔接更加顺畅。推进异地就业直接结算改革，实现河北省内职工异地就医直接划卡结算。完善医疗保险监管体系，医疗保险医疗服务智能监控系统全面推开，医保控费作用明显；取消社会保险行政部门定点医药机构的审查事项，整合新农合与基本医疗保险药品、诊疗项目和医疗设施目录。

（四）社保基金安全进一步加强。积极开展欠缴基本养老保险费企业缴费能力专项稽核，全年清理欠费36.5亿元，同比增加11.2亿元；全年征缴企业养老保险收入639.4亿元，超预算计划29.1亿元。工伤保险、医疗保险等基金征收也总体向好，超额完成。印发《河北省社会保险基金安全监督管理约谈规定（试行）》，完善监督措施配套文件，社保基金监督制度进一步健全完善。加大监督检查力度，在全省开展企业职工退休审核审批检查、社保基金安全评估、社保机构内部控制检查等专项检查，建立社保基金监督委员会，社保基金运行安全。

【人才队伍建设】 （一）加快创新创业平台建设。印发《支持高层次人才创新创业园建设有关问题的通知》，建立高层次人才创新创业园统计报告制度。推动石家庄、张家口、承德高创园建设，三家创业园引进高层次人才165人，创新团队76个，全省高层次人才创业园达到11家。全省新增博士后创业创新实践基地32家，达到130家；印发《中国（河北）博士后成果转化基地管理办法》、《河北省人民政府办公厅关于改革完善博士后制度的实施意见》，全年组织200多名博士后开展博士后学术交流、项目引荐等活动，入驻博士后企业49家。推动河北职业技能公共实训基地建设，全年新建5个国家级、10个省级高技能人才培训基地，5个国家级、10个省级技能大师工作室，启动唐山、秦皇岛职业技能公共实训中心建设，19所技工院校入选全省中职学校质量提升工程，10所技工院校入选中职学校产教融合工程，全年共培养高技能人才10万人。

（二）加快高层次、高技能人才选拔培养。制定出台加强基层专业技术人才队伍建设实施意见，推进柔性引才、海内外高层次人才引进、支持博士后成果转化基地建设等五项改革。引进海外高层次人才“百人计划”20人，达到101人；80名专家入选享受国务院特殊津贴人员；入选“三三三人才工程”一二层次人选110人。开展省第四届优秀人才评选表彰活动，评选表彰“杰出专业技术人才”30人，“优秀留学回国人员”10人，“科技创新团队”5个。推进石家庄、承德等五市企业新型学徒制培养试点城市建设，将邢台、承德、涿州三市技师学院纳入全国职业训练院改革试点院校，提升高技能人才培养水平和能力。组织第二批“河北省突出贡献技师”健康休养和同业交流活动，搭建技术工人交流活动平台。开展竞赛选拔，全省8个项目、16名选手入围第44届世界技能大赛全国集训队。

（三）创新完善人才评价机制。下放职称评审和管理权限，确定13所省属骨干高校和5个省委管理领导人的大型企业自主开展主系列正高级及以下职称评审，6所具有硕士授予权的本科院校自助开展主系列副教授以下职称评审，3个省属科研单位自主开展主系列研究员以下职称评审，并逐级下放职称申报资格审查权限，下放职称外语、计算机能力考试成绩使用权，进一步简化了职称评审程序，扩大用人单位主体作用。印发深化中小学教师职称制度改革工作方案和职称制度改革人员过渡办法，畅通中小学教师职业发展渠道，涉及全省63万名中小学教师。

（四）重大引智引才项目稳步推进。深入实施“引智共建蓝天”“冬奥引智”等六大引智计划，举办外国专家“燕赵友谊奖”评选表彰，全年引进外国项目412个，外国专家5029人次，高端专家503人次。开展外国专家来华工作许可、外国人入境就业许可“两证整合”试点工作，优化审批程序、分类标准和系统设计等流程，为外国“高精尖缺”人才来河北开辟“绿色通道”。

（五）稳步推进人力资源服务业发展。进一步放宽市场准入条件，规范行政许可程序，取消人才集体户口管理服务费，规范流动人员档案和集体户口管理。开展清理整顿人力资源市场秩序专项行动和“招聘网站严重违规失信”专项整治活动，全省人力资源服务机构达到1100家，营业额100多亿元。

【人事制度改革】 （一）机关事业单位录聘工作更加规范。加强入口管理，确保把优秀人才选出来。落实“双80%”要求，2016年为省市县乡四级机关招录公务员中，90%以上安排到基层。指导各市和省直机关加强公开遴选制度建设。完善和落实事业单位公开集中招聘制度。全面实施“名校英才入冀”计划，面向清华、北大等985院校招聘人才。

（二）县以下机关公务员职务与职级并行制度全面建立。截至2016年12月底，全省县以下机关10万余名公务员晋升职级并兑现工资，占同口径公务员总数的40.6%。

（三）公安机关人民警察职务序列改革试点工作和开发区人事薪酬制度改革稳步推进。印发公安机关人民警察职务序列改革试点工作方案，全省公安机关执法勤务警员和警务技术两个职务序列改革试点范围的5000余人实现职务套改。印发关于开发区深化人事和薪酬制度改革的指导意见，完成50个开发区的人事和薪酬制度改革任务。

（四）圆满完成军转安置任务。出台《关于做好深化国防和军队改革期间军队转业干部安置工作的通知》，坚持“五公开、四监督、三满意、两统一、一确保”安置做法，圆满完成计划分配和自主择业军转干部安置任务。加强军转干部培训“六化”建设，就业创业“路桥工程”稳步推进，构筑起自主择业军转干部教育培训、就业推介、创业帮扶、党员管理、服务保障“五位一体”工作格局，就业创业率保持在85%以上。全面启动随军家属就业安置工作。严格落实企业军转干部解困政策，扎实做好稳控工作，企业军转干部整体稳定。

【收入分配制度】 坚持“托低、提中、稳高”的原则，统筹各群体利益关系，完善分配机制，加强指导调控，促进职工工资收入水平稳步提高。一是提高机关事业单位工资收入。完成机关事业单位工作人员调整提高基本工资标准和离休人员增加离休费工作。提高艰苦边远地区津贴标准，一类区提高到月人均170元，二类区提高到月人均290元，三类区提高到月人均480元。二是深化重点领域薪酬制度改革。全面启动法官、检察官工资制度改革。制定《关于深化薪酬分配制度改革鼓励科技创新创造实施细则（实行）》和公立医院薪酬改革、完善基层专业技术人员收入分配等政策，重点领域薪酬制度改革逐步展开。三是完善企业工资收入分配机制。深入推进国有企业负责人薪酬制度改革，制定《省属国有企业负责人基本年薪基数认定暂行办法》以及绩效年薪调节系数确定等配套措施，确定公布2015年度省属国有企业负责人基本年薪基数，并清算兑现。调整提高企业最低工资标准，积极开展企业薪酬试调查，发布《企业工资指导线》《部分工种指导价位》，指导引导企业为职工合理增加工资。

【劳动关系】 深入贯彻《关于构建和谐劳动关系的实施意见》，健全劳动关系三方协调机制，加大源头治理和检查执法力度，妥善化解劳动矛盾纠纷，维护社会和谐稳定。

（一）大力规范劳动用工行为。全面贯彻实施《劳动合同法》，推进非公、小微企业劳动合同制度实施，依法规范劳务派遣用工。开展集体合同制度攻坚计划专项行动，截至2016年12月底，全省规模以上企业劳动合同签订率达到96%，签订集体合同7.5万份，覆盖职工650万人；签订工资专项集体合同7.5万份，覆盖职工759万人。

（二）加大劳动监察执法力度。出台贯彻落实《国务院办公厅关于全面治理拖欠农民工工资问题的意见》的实施意见。狠抓治理欠薪“三金”“三机制”“一入罪”制度落实，在全省范围内组织开展重大欠薪案件及隐患线索大排查。配合河北省委、省政府督查室开展专项督查，2016年检查用人单位3.1万户，督促补签劳动合同6.6万人，为17.6万劳动者追发欠薪18.6亿元，督促用人单位为1.6万劳动者补缴社会保险费3722.5万元。

（三）依法解决各类信访问题。落实领导包案接访、带案下访、主动约访等制度，开展“清积案、消重案、化新案”集中攻坚行动，有效控制信访增量，减少信访存量，信访总量呈逐年下降趋势，全年受理信访1.9万件，涉及2.9万人次。全年受理劳动人事争议案件2.5万件，结案率达到97.8%，涉及劳动者3.1万人。

【公共服务平台和信息化建设】 （一）基层服务平台建设进一步加强。加大“以奖代补”投入力度，全年完成人力资源和社会保障基层服务平台达标项目420个。截至2016年12月底，共支持1674个乡镇（街道）开展标准化建设，“奖补资金”累计达到1.5亿元。全省认定100个省级充分就业社区，7个国家级充分就业社区。

（二）信息化支撑能力明显增强。以“一体化、省集中、一卡通”为重点，加快人社一体化云平台建设。研发实施全省统一的机关事业单位养老保险、城乡居民医疗保险，异地就医跨省结算等应用系统，实现就业失业管理、工伤保险、劳动监察等10个信息系统省集中，有力保障了重大改革措施落地和重点工作开展。加强人社大数据综合应用系统建设，开展高校毕业生、企业职工养老保险数据分析，大数据支撑业务经办、监督监管和决策分析能力得到加强。加大社保卡发行力度，全年新增发卡449万张，完成全年任务128%，持卡人数达到4855万。

【京津冀协同发展】 （一）异地医保定点合作取得突破。京津冀三地异地就医结算平台列入国家第一批试点范围，将河北燕达医院作为京津冀协同发展先行试点，纳入河北省医保定点范围，实现信息系统和划卡直接结算，并将包括河北燕达医院在内的河北省环京14县（市、区）医保定点机构，作为北京医保定点，为北京参保人员提供便利服务。印发津冀医保异地就医联网结算工作方案，实现津冀医保异地就医直接结算平台联网互通。

（二）区域人才合作和人力资源流动更加活跃。京津冀三地人力资源服务业从业资格实现互认互通和从业人员自由流动，联合制定京津冀人力资源服务业地方标准，先后共同组织中国（河北）人力资源服务博览会暨创新创业成果展、博士后成果转化基地人才项目合作交流、京津冀人才交流、京津冀残疾人就业（创业）、京津冀网络招聘和环首都绿色经济圈招才引智等大会和活动，促进了京津冀区域高层次人才合理流动。共同认定30余家家庭服务机构为北京市家政服务员定点输送基地，向京津输送合格家政服务员2万余人。开展首届京津冀家庭服务职业技能大赛，进一步促进三地服务业从业人员的交流与合作。开展津冀两地技工教育资源共享、师资共育、项目共创等5个方面合作，天津免费为河北省培训110名技工院校教师。

（三）专业技术职称资格互认取得进展。签署《京津冀专业技术人员职称资格互认协议》，京津冀三地专业技术人才取得的职称外语和计算机等考试成绩，以及取得专业技术人员职业资格和专业技术资格等证书的人员，调入另外两地时，可由用人单位直接聘任，不再更换职称证书。

【机关自身建设】 落实全面从严治党要求，扎实开展“两学一做”学习教育和作风整顿，弛而不息抓好机关思想、作风、制度和廉政建设，激发干事创业热情，推动改革发展。深入学习贯彻习近平总书记系列重要讲话精神，切实增强政治意识、大局意识、核心意识、看齐意识，在思想和行动上与以习近平同志为核心的党中央保持高度一致。加强业务培训、绩效管理和实践锻炼，健全干部考核体系，积极开展干部挂职交流。制定改进公共服务实施方案，全面履行“四零”服务承诺。扎实推进“放管服”改革，进一步加大简政放权力度，河北省人力资源和社会保障厅行政权力事项由150项精简至120项。衔接国务院取消职业资格108项，取消调整河北省内自行设置职业资格25项。始终把纪律和规矩挺在前面，强化纪律规矩意识，狠抓廉政教育，注重建章立制，严格监督检查，廉政建设取得明显成效。

（河北省人力资源和社会保障厅　程　伟）

民　政

【行政区划】　2016年，积极推进行政区划调整，为全省新型城镇化和京津冀协同发展做出了贡献。

（一）行政区划调整成效显著。先后完成了张家口市部分行政区划调整、省政府驻地迁移、衡水市部分行政区划调整和邯郸市部分行政区划调整4个县级以上行政区划调整工作；完成了43个乡撤乡设镇和12个镇撤镇设街道办事处行政区划调整工作。

（二）全省行政区划服务体系进一步完善。完成与北京、天津两市共同编制的《京津冀行政区划地图集》河北部分地图要素校对等前期各项工作。历时近5年的《中华人民共和国政区大典·河北卷》正式出版发行。及时编辑出版了《2016年河北省行政区划简册》。

（三）行政区域界线联检任务圆满完成。完成了冀蒙、冀晋两条省级界线联检和87条县级界线联检任务。

（四）全省第二次全国地名普查工作扎实推进。积极争取地名普查补助资金，争取到中央财政资金3444万元，争取到省财政资金1000万元。开展了“第二次全国地名普查新媒体宣传月”活动和“燕赵名片·河北地名印象摄影大赛”活动。组织了全省第二次全国地名普查补查暨软件应用培训和河北省标准地名词典编纂培训。制定了《河北省第二次全国地名普查质量管理和监理实施细则》。开展了全省第二次全国地名普查督查工作。

（五）地名管理进一步规范。制定下发了《关于进一步加强地名文化属性信息采集工作的通知》《关于做好全省第二次全国地名普查成果上报工作的通知》等指导性文件。大力推进地名规范化管理，严格地名命名、更名程序和调研论证工作，努力提升各类地名的标准化、规范化和文化品位，全省地名管理规范化水平不断提高。

（河北省民政厅　赵兰贵）

【农村基层民主建设】　（一）村委会改为居委会。2016年以来，为加快推进新型城镇化进程，按照省委、省政府决策部署，全省民政部门积极推进村民委员会改为居民委员会工作，并取得了阶段性成效。

一是加强制度设计。组织人员多次深入市县乡村进行专题调研，广泛收集资料，积极与有关部门进行沟通，经省政府法制办审核并报请省政府同意，印发《关于加快推进村委会改为居委会工作的指导意见（试行）》和《加快推进村委会改为居委会工作方案》。同时，积极指导各地加快出台实施意见或实施方案。截至2016年12底，全省13个市（含定州、辛集市）都出台了指导性文件。

二是加强组织领导。民政厅主要领导多次在全省民政系统的大会及厅务会上，对村改居工作进行部署，指导各地扎实推进村委会改为居委会工作。衡水市政府召开撤乡设镇、撤镇设街、村改居工作推进会，保定市委、市政府将探索推进村委会改为居委会工作列入重点事项督办内容，确保了村委会改居委会工作的科学实施。

三是加强督促指导。采取专项与集中相结合的方式对各地进行了督促指导。民政厅主要领导先后带队深入石家庄、邯郸、衡水、保定等地就村委会改为居委会进行调研指导，分管厅领导亲自打电话，督促有关市尽快启动工作。民政厅先后两次对包括村改居工作在内的2016年全省民政重点工作进行了全面督导，有效地推动了村委会改为居委会工作。

四是加快试点推进。按照工作安排，省民政厅指导各地按照《指导意见》和《工作方案》要求，在深入县、乡、村调查摸底的基础上，边摸索边改进、边推动边总结，因村制宜，分类实施。截至上年12月底，全省确定了270村为试点村，65个村完成了村改居审批程序。

（二）农村社区建设试点工作。印发《关于同意石家庄市赵县等县（市、区）为“全省农村社区建设试点县（市、区）”的批复》（冀民复〔2016〕4号），同意赵县等31个县（市、区）为“全省农村社区建设试点县（市、区）”，启动了河北省农村社区建设试点工作。与省改革办组成督察组，督导推进试点工作，全省有9个设区市以两办名义印发了开展农村社区建设试点工作文件。

印发《关于转发民政部〈关于开展全国农村社区建设示范单位创建活动的通知〉的通知》（冀民函〔2016〕219号），指导各地开展全国农村社区建设示范单位创建活动，全省有11个单位申报了创建材料。

（河北省民政厅　梁爱华）

【社会救助】　2016年，紧紧围绕打赢脱贫攻坚战，认真贯彻落实民政部和省委、省政府有关会议和文件精神，以全面落实低保线与扶贫线“两线合一”工作为重点，扎实推进社会救助兜底脱贫工作。

（一）推动社会救助兜底脱贫工作有序开展

一是全面安排部署。3月18日，省政府召开了全省社会救助工作电视电话会议，省财政厅等5部门分别对本系统落实社会救助工作发表了意见，姜德果副省长出席会议并讲话，对社会救助工作进行了全面安排部署。

二是建立沟通机制。与省扶贫、人社、卫计委、财政、统计等部门和残联组织定期会商交流情况，研究解决存在的问题，共同推进社会救助工作，形成了分工协作、齐抓共管、整体推进的良好局面。

三是落实救助资金。积极争取中央和省级财政支持，整合8类社救资金统筹使用，合理调配各地资金，提高资金使用效率。2016年度，中央财政下拨河北省困难群众基本生活救助补助资金53.64亿元，同比增加10.97亿元，增幅达25.7%；城乡医疗救助补助资金5.8亿元，同比增加1.22亿元，增幅达26.6%。省级财政安排困难群众基本生活救助资金13.2亿元，同比增加4.2亿元，增幅达46.7%。

四是加强业务培训。为提升各级政策执行能力，先后两次举办社会救助工作培训班。据统计，各级共举办培训班212期，培训县乡两级工作人员2900多人（次），为了便于各级各部门有关人员全面系统地学习和掌握社救新的政策规定，编辑印发了《河北省社会救助兜底脱贫工作文件选编》。

五是建立监督机制。4月份，会同省检察院、扶贫办印发了《全省集中整治和加强扶贫领域职务犯罪专项工作方案》，部署开展为期5年的集中整治专项工作，三部门联合召开了电视电话会议，要求各级及时发现、纠正、惩处社会救助领域各类违法违规行为。这项举措有力保障了社会救助兜底脱贫工作健康开展。

（二）强力推进“两线合一”工作

一是制定工作方案。1月10日，会同省财政厅、省扶贫办印发了《关于推行低保线与扶贫线“两线合一”的实施方案》，明确了工作目标、主要任务和保障措施。

二是提高低保标准。指导各地全面落实“两线合一”，相应提高补差标准。截至12月底，全省城乡低保平均保障标准分别达到6012元/年和3359元/年，同比增长11%和16%；全省城乡低保补差水平分别达到每人每月281元和155元，同比增长7.4%和19.7%。

三是强化动态管理。3月至8月底，在全省组织开展了以低保核查为主要任务的精准兜底脱贫活动。各地在活动中，全面核查建档立卡贫困人口家庭经济状况，将符合低保或特困人员供养条件的，全部纳入低保或特困人员救助供养范围；全面复核城乡低保对象，对家庭经济状况发生变化，不再符合低保条件的予以清退。做到了核查内容到位、核查力量到位、核查范围到位、核查责任到位。截至12月底，全省城乡低保对象共计236.6万人，其中农村低保对象189.1万人，城市低保对象47.5万人。

四是加强督导检查。9月至10月，会同省委改革办在全省组织开展了“两线合一”工作落实情况专项督查活动，并将督查结果通报全省；11月至12月中旬，在全省组织开展了农村低保政策落实及兜底脱贫情况全面排查活动，并将排查工作落实情况形成书面报告上报民政部。

五是建立长效机制。7月22日，与省财政厅、扶贫办印发了《河北省低保线与扶贫线“两线合一”动态管理实施办法》；12月19日，省政府办公厅转发了《省民政厅等6部门关于做好农村最低生活保障制度与扶贫开发政策有效衔接的实施方案》。上述两个文件，明确了“十三五”期间河北省推动“两线合一”工作的各项动态管理措施，使这项工作步入了制度化、规范化轨道。12月23日，会同省政府新闻办召开新闻发布会，通报了全省“两线合一”工作取得的成效，现场回答了记者提问。

（三）提升特困人员救助供养水平

一是完善供养政策。根据国务院有关文件精神，结合河北省实际，起草了《关于进一步健全特困人员救助供养制度的意见》，经省政府常务会研究通过，6月15日，以省政府文件印发各地。7月30日，转发了民政部《关于贯彻落实〈国务院关于进一步健全特困人员救助供养制度的意见〉的通知》，并结合河北省实际，提出了贯彻落实意见。

二是开展摸底排查。为解决城市“三无”人员享受特困人员救助供养政策问题，7月份，在全省组织开展了摸底排查活动，准确掌握了城市6293名“三无”人员的基本情况，为将这部分人统一纳入特困人员救助供养制度奠定了基础。

三是提高供养水平。指导各地加大财政投入，提高救助供养标准。截至11月底，全省农村特困人员23.43万人（集中供养对象3.8万人，分散供养对象19.6万人），集中和分散供养标准分别达到了6311元/年4399元/年，同比增长13.1%和17.5%。

四是调整供养标准。会同省财政厅提出了调整救助供养指导标准的意见：基本生活标准，原则上不低于当地低保标准的1.3倍；照料护理标准，以不低于所在市、县（市、区）年最低工资标准的10%确定。经报请省政府批准，12月22日，会同省财政厅印发了《关于调整特困人员救助供养指导标准的意见》，要求各地根据省定指导标准，确定特困人员基本生活标准和照料护理标准，新标准从2017年2月1日起执行

（四）推动医疗救助提质增效

一是制定工作方案。1月26日，会同省卫计委等部门印发了《关于提高农村贫困人口医疗保障和救助水平的实施方案》，明确了工作目标、保障对象、保障办法和落实措施。适当扩大了救助范围，提高了救助水平。

二是加强工作指导。指导各地结合本地实际，制定完善医疗救助兜底脱贫政策。截至10月底，全省13个市都制定印发了《关于进一步完善医疗救助制度全面开展重特大疾病医疗救助工作的实施意见》。派员在人社厅举办的全省医疗保障救助培训班上讲授医疗救助政策，提高各级的政策执行能力。

三是狠抓政策落地。指导各地强化制度衔接互补，全面落实医疗救助政策。2016年，各级共筹措医疗救助资金9.8亿元。截至12月底，全省直接医疗救助（门诊和住院）31万人次，支出资金6.7亿元，资助城乡困难群众参保参合204万人，支出资金3.1亿元。

（五）全面提升救急解难能力

一是健全完善制度。指导各地结合本地实际，进一步规范临时救助制度。全省各市、县（市、区）都以政府文件形式印发专门通知，进一步规范了临时救助的对象范围、标准、方式、受理和审核审批程序，强化了保障措施。

二是健全工作机制。推动各地进一步健全了“一门受理、协同办理”工作机制，乡镇（街道办事处）依托政务大厅，普遍设立了社会救助申请窗口，落实了小额救助资金由乡级直接审批制度，完善了急难求助“首问负责制”

和“转介”工作制度，明确部门职责及分办、转办流程和办理时限，保障了城乡困难群众“求助有门、受助及时”。

三是开展试点评估。根据民政部有关通知精神，组织开展了“救急难”综合试点评估工作。经对照评估指标逐项打分，河北省11个国家级试点单位，有8个初评结果为优秀档次，1个为良好档次；2个为合格档次，并将评估结果上报民政部。

四是及时总结经验。通过好中选优、深入调研、认真总结，省厅转发了邢台市桥东区、青龙县、成安县开展“救急难”综合试点经验，要求各地认真学习借鉴，全面提升“救急难”工作水平。

五是落实救助政策。截至12月底，全省临时救助58.1万人，发放救助金3.6亿元，有效避免了冲击社会道德和心理底线事件的发生。

（河北省民政厅　胡　玺）

【救灾工作】　（一）全年灾情。2016年，全省部分地区遭受了较为严重的洪涝、风雹、低温冷冻、干旱、生物灾害等自然灾害。截至目前，全省因灾造成农作物累计受灾面积1447.83千公顷，绝收面积118.4千公顷；1440.80万人次受灾，紧急转移安置47.33万人；倒塌房屋10.41万间、损坏43.42万间，部分交通、电力、通信及水利设施遭受不同程度破坏，因灾造成直接经济损失609.61亿元。综合分析，全省灾情和常年相比偏重，属于重灾年份。与近10年灾害数据的平均值比较，受灾面积、绝收面积、受灾人口分别下降30.5%、55.1%、29.6%，倒塌房屋间数、直接经济损失分别上升1364.4%、907.1%。

在各类自然灾害中，洪涝灾害损失最为严重。据统计，全年因洪涝灾害造成经济损失580.47亿元、风雹灾害造成经济损失27.93亿元、低温冷冻灾害造成经济损失0.75亿元、干旱灾害造成经济损失0.36亿元。分别占全年经济损失的95.2%、4.6%、0.1%、0.05%。受灾较重的区域主要集中在邯郸、石家庄、邢台、秦皇岛、保定、张家口、承德等7市。

（二）主要特点分析

一是全省降水量偏多，时空分布不均。2016年1—10月，河北省平均降水量为593.4毫米，较常年同期偏多20.7%，属偏多年份；区域性暴雨过程多，强对流天气时空分布不均、发生时间比较集中。从空间上看，降水量超过500毫米的地区主要集中在河北省东部和太行山中南部地区，其中邢台西部、邯郸西部部分区域雨量超过700毫米，邯郸的武安最多，为922.6毫米；而张家口西北部地区降水相对较少，不足300毫米。与历史同期相比，全省大部分地区降水较常年偏多，其中，秦皇岛、张家口东南部、沧州东部以及石家庄、邢台、邯郸三市的中西部地区降水较常年偏多50%以上，邯郸武安、石家庄井陉以及邢台沙河、邢台县、南和和邢台市区降水量是常年均值的1倍以上。从时间上看，2016年以来河北省主要降水过程主要集中在7月19日至22日、8月16至20日、8月23日至26、9月16日至19日等时间段。极端天气过程造成河北省部分地区受损严重。特别是“7.19”洪涝灾害的特大暴雨过程是“63.8”以来范围最大、持续时间最长的降水过程，总体强度与影响范围均超过了“96.8”。此次过程具有降水强度大、降水持续时间长、累计雨量多、分布范围广的特点。降水过程期间全省平均降水量156.2毫米，磁县陶泉乡最大为783.5毫米，赞皇县嶂石岩乡最大小时雨强为139.7毫米。此次灾害共造成全省152个县1043.56万人受灾，因灾倒塌房屋10.05万间，直接经济损失574亿元，为“96.8”以来损失最为严重的自然灾害。但与省内历史重大洪涝灾害数据比较，在受灾范围和部分指标出现历史极值的情况下，倒塌房屋损失大幅小于“63.8”和“96.8”灾害。

二是强对流天气次数偏少，但局地风雹强度大。2016年全年全省强对流天气整体偏少，经统计，全省共出现冰雹61次，较常年偏少；共出现6级以上大风3802站次，8级以上大风404次，与常年持平；雷暴1866次，较常年偏少。2016年以来河北省风雹灾害过程主要出现在6月10日至14日、6月27日至30日、7月23日至26日、9月4日至7日。全省279.08万人次受灾，转移安置2.66万人；农作物累计受灾面积261.6千公顷，其中绝收13.3千公顷；因灾造成直接经济损失27.93亿元。

三是降水分布不均，局部地区发生旱灾。年初，全省平均降水量为14.5mm，比常年持平，但季内降水时空分布不均，河北省南部地区降水量比常年偏少，加之气温偏高，土壤水分流失较大，致使河北省邯郸、邢台等地出现干旱灾害，到了3月以后河北省部分地区出现多次降雨过程，旱情逐渐解除。5月16日～6月12日和7月1～17日河北省中东部部分地区无降雨初现干旱，持续高温，旱情有所发展。据统计，2016年全省共发生旱灾3次，4个设区市不同程度受灾，累计受灾人口38.3433万人次；农作物累计受灾面积216.05千公顷，其中绝收0.72千公顷；因灾造成直接经济损失8635.31万元。

（三）救灾工作开展情况

一是加强防灾减灾救灾制度建设，完善政策法规体系。民政厅草拟的《关于推进防灾减灾救灾体制机制改革的指导意见》已经省委深化体制改革领导小组第24次会议审议通过。《河北省综合防灾减灾规划（2016—2020年）》经省政府审核同意后，于12月12日以省减灾委名义发布实施。《河北省自然灾害救助办法》已报省政府法制办，争取列入2017年政府立法计划。《河北省自然灾害救助应急预案》业已修订完毕，待报请省政府同意后发布实施。修订了《河北省民政厅救灾工作规程》等系列文件，督导各县（市、区）普遍制定出台了自然灾害救助办法和救助标准，对救灾工作实行科学化、规范化、精细化管理。

二是加强防灾减灾宣传教育和救灾演练活动，增强全民防灾减灾意识和自救互救技能。省减灾委充分发挥防灾减灾综合协调职能，利用全国“防灾减灾日”、“全国科普日”、“7.28”防震减灾日、“国际减灾日”等契机，组织开展了防灾减灾系列宣传教育活动。特别是在“5.12”防灾减灾宣传周期间，利用邢台地震50周年、唐山地震40周年纪念活动契机，周密部署、统筹安排，围绕“减少灾害风险、建设安全城市”主题，组织各地、各有关部门广泛开展了内容丰富、形式多样的防灾减灾科普宣传活动，扎实进行了灾害风险排查和灾害隐患集中整治，精心组织了防震、抗洪、消防等方面的救灾演练活动，社会各界对防灾减灾工作更加高度关注，社会公众的防灾减灾意识和自救互救技能进一步提高。民政厅根据有关部门对全省2016年灾害特点的预测分析，制定了全省救灾演练计划，下拨专项补助经费200万元，在全省范围内组织开展了救灾演练20场次。据初步统计，在宣传周活动期间，全省共组织宣传活动2300余场，组织救灾演练1200余场，展示图板、悬挂张贴标语20余万条，发放手册、挂图、明白纸等宣传资料280多万份，发送公益短信5200余万条，6万余人参加了基本技能公众体验活动。

三是健全救灾物资储备体系，提高物资应急保障能力。积极争取上级部门支持，全省30个救灾物资储备库纳入了“十三五”期间中央财政资金支持项目，丰宁、献县2个储备库申报项目有序推进。根据应对重大自然灾害要求，实施了2016年救灾物资政府采购计划，加强救灾物资储备，并向多灾易害地区调拨物资，实行重点防控，在应对“7.19”特大洪涝灾害中发挥了重要作用。针对省救灾物资储备库调出大批物资、库存严重不足情况，联合省财政厅上报省政府同意后，紧急招标采购2000万元物资充实库存，以备急需。

四是强化防灾减灾基础工作，提升灾害综合防范能力。制定了综合减灾示范社区创建工作计划，通过检查验收，2016年向民政部申报“全国综合减灾示范社区”56个，超额完成年度创建50个的工作目标。目前已在97个多灾易灾县开展了农房保险试点，全省政策性农房保险试点工作有序推进，农房保险的救助作用在“7.19”特大洪涝灾害中充分显现。

五是强化灾情管理，积极应对新灾。为提高灾害信息员报灾的及时性和准确性，对各市、县灾害信息员骨干200余人进行了培训，指导各市培训基层灾害信息员1000余人。面对年初的低温冷冻灾害形势和入汛后的强降雨天气过程，及时下发紧急通知，要求全省各级提前做好应急救灾准备、加强隐患排查治理工作，最大限度减轻各类灾害造成的人员伤亡和财产损失。

六是搭建协调服务平台，支持引导社会力量参与救灾。认真贯彻落实《中华人民共和国慈善法》、《民政部关于支持引导社会力量参与救灾工作的指导意见》，会同民政厅民间组织管理局摸清参与防灾减灾救灾社会力量底数，为完善有关政策法规和制定相关工作预案及操作规程奠定了基础。

七是积极对接，做好京津冀协同减灾救灾工作。2016年5月份，京津冀三地民政局（厅）签署了《京津冀救灾物资协同保障协议》，明确建立跨省市救灾物资应急援助响应机制；指导平谷、蓟县、三河3县区民政部门签署了《毗邻区县救灾互助协议》，明确建立三地灾情信息共享机制、救灾物资协同保障机制和救灾队伍互助机制。北京市和河北省分别在三地毗邻地区举办了救灾应急预案演练，提升了京津冀区域协同减灾救灾能力。

八是全力以赴，积极应对“7.19”特大洪涝灾害。针对“7.19”特大洪涝灾害形势，快速反应，第一时间发布灾害预警。灾害发生后，在民政厅救灾应急指挥部领导下迅速开展工作，第一时间启动应急响应和提升响应等级，取消节假日休假，实行领导带班和24小时值班制度，确保救灾通讯24小时畅通。及时收集上报灾情，组织省减灾委成员单位会商，核定灾情数据，为领导科学决策提供了数据支撑。先后派出5批12个工作组赶赴灾区查灾核灾，派出4个救灾工作督导组进行业务督导，促进基层依法、科学、有序、精准救灾。积极争取国家应急救灾资金2.5亿元和帐篷1万顶、棉被5万床、折叠床5千张等救灾物资支持，并紧急下拨中央及省本级应急救灾资金、物资，及时救助紧急转移安置受灾群众。及时下发系列文件，要求各地加强救灾资金物资管理和集中安置点管理，积极引导社会力量参与救灾。指导各地依法、有序开展救灾捐赠活动。积极向省重建办提供全省灾情数据和灾害救助方面的文件资料，并提出合理化建议。加强和省住建厅的密切协作，指导受灾市县民政部门积极配合当地住建部门做好倒损农房恢复重建工作。

九是统筹谋划，做好冬春救助工作。2016年，河北省整体灾情严重，特别是“7.19”特大洪涝灾害，涉及全省153个县（市）1043万人受灾，给群众生产生活造成严重影响。民政厅深入基层调研，对全省冬春期间受灾群众基本生活需求进行了摸底调查和综合评估，联合省财政厅制定了《全省今冬明春受灾困难群众生活救助工作方案》，报省政府批准执行。积极争取民政部对全省冬春救助工作支持，下拨冬春救灾补助资金2.76亿元，对“7.19”特大洪涝灾害受灾较重的县（市、区），张承坝上、西部太行山区和平原地区部分重灾县、贫困县给予重点支持，确保215万受灾群众基本生活不出问题。针对部分灾区受灾群众存在缺衣少被情况，制定了救灾物资分配方案，及时下拨棉被、棉大衣等救灾物资43000余件，帮助受灾群众解决冬春期间取暖御寒问题。

（河北省民政厅　刘子元）

【双拥优抚安置】　（一）助力强军目标，推动军民融合深度发展。

一是关爱基层官兵万里行活动效果显著。“八一”期间，在全省开展了“助力强军、服务国防”关爱基层官兵万里行活动，仅省民政厅就为14个基层站点送去了慰问金140万元，全省共为50多个基层连队送去了慰问金，并以“四个一”为载体，即：为基层官兵演一场精彩的文艺节目；组织医疗单位免费进行一次义诊；送上一本双拥优抚安置政策；组织爱国拥军模范到部队献一次爱心，推动了活动的深入开展，丰富了部队官兵的生活，反响很大。

二是双拥工作氛围进一步浓厚。中共河北省委宣传部与省双拥办、省民政厅、省军区政治部在全省组织开展了“美丽河北·最美双拥人物”推选展示活动，评选出了刘现考等10名“美丽河北·最美双拥人物”、张志国等20名“美丽河北·优秀双拥人物”具有时代特色、社会影响广泛、发挥引领作用明显的爱国拥军、拥政爱民先进典型。12月14日，在河北会堂举行的“美丽河北·最美人物”展演，“最美双拥人物”常玉珍登上舞台，述说了她的感人故事，汇聚了推动双拥工作创新发展的强大正能量，在社会上产生了良好带动示范效应。

三是国家级双拥模范城（县）命名数量再创新高。2016年7月底，全国双拥工作领导小组、民政部、中央军委政治工作部在京举行了全国双拥模范城（县）命名暨双拥模范单位和个人表彰大会。河北省国家级双拥模范城（县）命名数量达到了17个，比上届增加了1个全国双拥模范城。命名数量从上一届的第四位，进位至本届的第三位。

四是城镇社区双拥工作站建设持续推进。为打牢“双拥在基层”活动的基础，全省着力开展了城镇社区双拥工作站建设。目前，全省建成社区双拥工作站751个。2016年以来，各地社区双拥工作站就解决军人子女入托入学、小餐桌、照顾空巢老人、调解军民矛盾纠纷、提供办理各项社会服务等达1300多次。

（二）狠抓政策落实，提升优抚对象保障水平

一是优抚对象生活保障水平再次提升。2016年，河北省再次提高了优抚对象抚恤补助标准。其中，在乡老复员军人每人每年补助标准高于中央规定标准600元。中央财政拨付河北省优抚对象抚恤补助资金21.5亿元（比上年增加3.8亿元，增加幅度为21.6%）。

二是大学生义务兵家庭优待金标准大幅提高。协调省财政等部门出台政策，从2016年起，河北省大学生义务兵（包括符合条件的高校往届毕业生、应届毕业生、大学在校生和刚被录取的新生）家庭优待金，由河北省年平均最低工资标准的110%提高到150%，进藏和到新疆艰苦地区服役的大学生义务兵家庭优待金，由河北省年平均最低工资标准的165%提高到200%。

三是优抚对象就医更为便捷。在中央财政拨付河北省优抚对象医疗补助资金的基础上，积极协调省级财政配套医疗补助资金7414万元，确保了河北省优抚对象在享受新型医疗保障制度的基础上，叠加享受住院医疗“一站式”医疗补助。同时，河北省优抚医疗“一站式”结算服务站点达到964个，所有的县（市、区）都实行了优抚对象住院医疗费用报销、优惠、补助“一站式”即时结算服务，方便了优抚对象享受优惠医疗。

四是评残和辅助器械配发任务圆满完成。按照政策规定，完成315卷残疾等级评定、353卷伤残关系转移、141卷伤残证件补发工作，为残疾军人审批配发1329部辅助器械，为抗战老战士配备轮椅和助听器5000多件。

五是牺牲人员审核工作按时完成。审核4名烈士、3名机关工作人员因公牺牲评定卷宗，下拨烈士褒扬金200多万元。

六是优抚数据核查完成民政部目标要求。河北省共完成17.18万人的入户核查工作，超额完成任务。身份证认证率达到98%，达到民政部要求目标。

（三）注重能力建设，加强优抚事业单位建设。2016年，争取中央财政支持河北省优抚事业单位建设发展资金3554万元（比上年增加1774万元，增加幅度为99.7%），提高了优抚事业单位建设水平。2016年，河北省3家烈士纪念设施被命名为国家级烈士纪念设施。认真组织开展省级烈士纪念设施考评验收工作，完成了对20多处烈士纪念设施的考评验收工作。选派70余名优抚医院和光荣院的骨干参加民政部组织的优抚事业单位管理培训，提升优抚事业单位服务管理保障能力。

（四）退伍安置工作有序开展

一是下发《河北省人民政府关于2016年退役士兵接收安置工作的通知》（冀政发［2015］50号），明确退役士兵安排工作、教育培训、就业创业等方面的安置政策。

二是指导全省安置部门完成28251人的退役士兵接收安置工作任务。2016年度，全省共接收符合政府安排工作退役士官共计2879人。省安置办集中接收审核转业士官档案1834份，涉及27个军队大单位。

三是全面推行“阳光安置”，共同推进安置工作向制度化、规范化发展。

四是民政部共下达河北省1—4级残疾义务兵和5—6级患精神病、初级士官、军队院校残疾学员计划56人，已接收41人，未接收的主要原因，是伤残士兵本人与部队未能协商达成一致意见。

五是民政部下达河北省复员干部接收计划31人，经省安置办审核档案，退档3人（本人未在《军队干部复员审批报告表》中签字），接收档案28份，按时下达到安置地。

（五）扎实开展退役士兵技能培训

一是退役士兵政策知晓率达到100%，有培训意愿的1.79万人得到了免费培训，参训率100%。1.47万人取得了职业资格证书和毕业证书，“双证”获取率82%。

二是分别于5月、12月，在河北人才大厦成功举办2016年度京津冀退役士兵招聘会。京津冀三地共计170多家用人单位免费参会，提供就业岗位近4000个，吸引7000多名退役士兵求职应聘，现场达成就业意向5000多人次。

三是搭建“兵兵乐业”服务平台。该平台基于“互联网＋”模式，通过电脑或手机APP端注册，为退役士兵免费提供政策咨询、职业规划、在线培训、在线求职、战友互助等服务，为退役士兵与用人单位之间搭建沟通平台，有力促进了退役士兵充分就业。

（六）深入组织开展调研

一是按照《民政部优抚安置局中央军委后勤保障部运输投送局关于申报第二轮全国重点军用饮食供应站的通知》（优安函〔2016〕26号）要求，省民政厅联合原北京军区联勤部军事交通运输部，于7月12日至19日，对申报第二轮全国重点军供站的8个军供站（不含承德供水

站）进行检查考核，对部分军供站正规化建设情况进行检查，指导各军供站安全、高效、正点完成军供保障任务7.1万余人次。根据民政部初审意见，报送《河北省民政厅关于申报第二轮全国重点军供站的请示》（冀民请〔2016〕87号）申报沧州军供站、保定军供站、山海关军供站、隆化军供站、邯郸军供站、张家口军供站、唐山军供站为第二轮全国重点军供站。

二是积极应对“10.11”转业志愿兵（士官）群体进京集访，于10月13日，召开由各市（县）主要领导及有关部门主要负责同志参加的“全省推进落实转业志愿兵（士官）安置政策电视电话会议”。省政府成立4个督查组，从10月15日开始，在全省开展“推进转业志愿兵（士官）政策落实专项行动”。各督查组按照“建立台账不遗不漏、落实政策不折不扣、执行政策不突不破”的原则，对11个设区市及168个县（市、区）实现了督查“全覆盖”。联合省联席办、维稳办等部门制定《转业志愿兵（士官）信访应急处置机制》。处内人员24小时值班，及时、正确处置各种突发情况。累计向省委副书记等5位省领导报送日专报65期，周专报15期。建立8.63万人转业志愿兵（士官）台账，5852人进藏退役士兵台账，1025人复员干部台账。

（七）积极争取保障经费

一是8月15日，协调省财政厅下发《河北省财政厅关于下达2016年中央退役安置补助经费（第一批）的通知》（冀财社〔2016〕65号），下达退伍军人安置经费3249万元。其中，2016年国家财政预算补助河北省退役士兵职业教育和技能培训资金3212万元，转业士官待分配期间管理教育（含培训）、医疗补助资金37万元。

二是加大省内财政投入，2016年，省及省以下财政共投入退役士兵安置保障资金约8.7亿元（含省财政约3.75亿元）。其中，自主就业退役士兵一次性经济补助6.27亿元（含省财政2.61亿元）、自主就业退役士兵职业教育和技能培训补助2919万元（含省财政1800万元）、符合政府安排工作条件退役士兵待安排工作期间生活补助1373万元、退役士兵自谋职业一次性经济补助1.52亿元（含省财政9559万元）、1—4级残疾退役士兵建（购）房补助107万元（含省财政16万元）。

三是协调省财政厅下发《河北省财政厅关于下达2016年中央优抚事业单位补助经费（第三批）的通知》（冀财社〔2016〕67号），下达军供站申请维修改造资金790万元。其中，邯郸军供站270万元，沧州市军供站290万元，隆化军供站70万元，山海关军供站160万元。

四是协调省财政厅下发《河北省财政厅关于下达伤病残士兵建房中央补助经费的通知》（冀财社〔2016〕45号），共计下拨建房补助资金36万元。其中，秦皇岛市昌黎县李志越18万元，定州市陈江鹏18万元。

五是召开处务会，专题研究军休干部及无经济收入家属遗属医疗生活补贴专项经费438万元、军退职工地方性津贴补贴专项经费431万元、军队离退休干部调整护理费标准经费4150万元下拨方案。

（八）扎实做好军休干部审定工作并积极组织开展各项活动

一是按照《民政部办公厅、中央军委政治工作部兵员和文职人员局、中央军委政治工作部老干部局关于扎实做好2016年度军队离退休干部退休士官安置去向审定工作的通知》（军政老发〔2016〕1号）要求，完成了下达河北省2016年度军队离退休干部退休士官的安置去向审定工作。年底前，按计划接收军休干部和士官303人。

二是7月1日至9月2日，组织全省部分军休干部在省直军休四所和民政部黄金海岸老年康复中心开展疗养活动。全省3个省直军休所、11个设区市的1909名军休干部及家属参加了疗养。

三是9月6日，民政部主办，河北省民政厅承办的全国军休干部纪念建党95周年暨红军长征胜利80周年中部片区歌咏比赛在石家庄市河北会堂成功举办。比赛以“感悟长征魂，永远跟党走”为主题，来自北京、天津、河北、山西、河南、湖北、陕西7个省（市）的8个代表队600多名军休干部参加了比赛。河北代表队荣获一等奖，天津代表队和湖北代表队荣获二等奖。

10月30日，全国军休干部纪念建党95周年暨红军长征胜利80周年歌咏比赛汇报演出和总决赛在北京举办。河北省代表队（保定市军队离休退休干部服务管理中心代表队）获得第一名。

（河北省民政厅　赵亚锟　窦悦）

【社会福利事业】　（一）养老体系建设取得新进展。

一是进一步完善了法规政策体系。出台了《河北省居家养老服务条例》，为推动居家养老服务规范、协调和可持续发展提供了法规政策保障。协同相关部门制定了《推进医疗卫生与养老服务相结合的实施意见》、《关于加快推进医养结合的通知》、《关于做好医养结合服务机构许可工作的通知》等规范性文件，为加快推进养老机构提供医疗卫生服务奠定了基础。

二是协同展开了医养结合试点。会同省卫计委等部门认真遴选，精心组织，确定了石家庄市等4个市为国家级医养结合试点城市，确定省22个医养结合试点单位，并督导试点工作落实。

三是争取金融资金支持养老服务业发展。与国开行河北分行签署了《开发性金融支持河北省养老服务业发展合作备忘录》，争取各市、县申报养老机构建设意向贷款项目共32个，积极申请利用亚行贷款1亿美元，支持全省养老服务项目建设。

四是加强人才队伍建设。完成对253名养老护理员培训工作。满足各地老年人不断增长的养老护理需求。

五是着力推进京津冀养老事业协同发展。协调组织了5次协作会议，签署了《京津冀养老工作协同发展合作协议》、《京津冀养老服务协同发展试点方案》和《京津冀智能化居家养老合作备忘录》，推动试点项目在河北落地。

（二）残疾人“两项补贴”制度基本建立。按照国务院文件要求，研究制定了全省《关于全面建立残疾人生活补贴和重度残疾人护理补贴制度的实施意见》，健全和完善发放程序，积极协调“两项补贴”资金及时足额到位，各地精心组织发放工作，按时发放到了85万多符合条件的残疾人手中，夯实了新增工作的基础，受到广大残疾朋友好评。

（三）慈善事业健康发展。编印《慈善法》宣传手册，扎实开展慈善法培训工作，召开了“河北省暨省会首届慈善开放日——走近慈善活动”新闻发布会，高起点推进慈善法宣传和落实。积极推动全省慈善城市建设，组织填报“中国城市公益慈善指数”相关数据，张家口市被评为六星慈善城市。组织开展“中华慈善奖”评选活动，新奥慈善基金会、杨卓舒等多个组织和个人获奖。

（河北省民政厅　尹　颖）

【社会事务工作】　（一）流浪乞讨人员救助管理服务水平稳步提升。以学习宣传许帅同志先进事迹为契机，扎实开展“夏日送清凉”、“寒冬送温暖”、“流浪孩子回校园”专项救助行动，积极开展科技寻亲服务，有效提升了管理服务水平。保定市充分发挥“四级救助管理网络”作用，实现了齐抓共管的良好局面。石家庄市新增13个未成年人保护服务点，全市服务点已达33个，实现了网格化、属地化管理。承德市在火车站广场设置“临时救助点”，及时发现并实施救助。民政部社会事务司在有关会议上，对全省救助管理工作给予了充分肯定。2016年，全省共救助流浪乞讨人员7.66万人（次），全年未发生街头流浪乞讨人员意外伤亡等恶性事件。

（二）殡葬管理服务能力建设持续推进。7月25日省民政厅等九部门《关于推行节地生态安葬的实施意见》印发后，各地高度重视结合本地实际印发贯彻落实意见。大力推进殡葬管理信息化建设，组织全省殡葬管理人员近千人进行培训收到了良好的效果，使全省殡葬管理数字化推广和应用达到了全国先进省份的行列。全省惠民殡葬政策覆盖范围进一步扩大，石家庄、邯郸、廊坊、保定、邢台、衡水等地的多个县（市、区），相继免除了辖区内户籍居民的基本丧葬费用。各地积极做好清明节祭扫服务保障工作，组织开展老一辈革命家签名倡导火葬60周年纪念宣传活动，扎实推进殡葬公共服务设施建设，积极推进殡葬工作标准化建设，均取得了较好效果。

（三）儿童福利和关爱保护工作取得积极进展。在孤儿保障方面，全省机构养育孤儿生活费平均标准达到每人每月1150元，社会散居孤儿生活费平均标准达到每人每月700元。在残疾儿童救治方面，省民政厅举办了残疾儿童护理员技能培训班，各地及时受理贫困家庭残疾儿童申请，对69名残疾儿童实施了“明天计划”手术治疗。在困境儿童保障方面，各地将符合条件的困境儿童，及时纳入低保或孤儿保障范围，区别情况分别给予医疗救助或临时救助，保障了困境儿童的基本生活。在农村留守儿童关爱保护方面，各地通过摸底排查，规定时间内摸清了10万多名农村留守儿童的基本情况，建立了初步工作台账；通过开展“合力监护、相伴成长”关爱保护专项行动，针对摸排结果实施精准关爱保护，积极做好重点对象干预帮扶和救助保护工作，推动了各项关爱保护政策落实。

（四）婚姻、收养管理水平不断提升。各级认真贯彻落实《婚姻登记工作规范》，通过组织培训、健全制度、加强信息化建设，提升了婚姻登记规范化水平。一是婚姻登记历史数据补录工作取得新进展，截至目前，全省共补录历史信息近1千万条。二是积极开展国家人口基础信息库对接试点工作，为形成全国大数据作出了应用贡献。三是认真组织开展婚姻收养工作规范化督查活动，对部分婚姻登记机关和收养评估试点地区进行了督查，督查结果表明，各地对婚姻收养法律法规执行到位，国家级规范化婚姻登记机关全部符合要求。2016年，全省共办理结婚登记56.13万对，离婚登记18.19万对，收养登记403起，其中涉外收养28起。

（河北省民政厅　王瑞利）

【社会组织管理】　（一）推进社会组织登记管理制度改革。重点培育和优先发展行业协会商会类、科技类、公益慈善类、城乡社区服务类社会组织，2016年，共注册登记省属社会组织120家，其中直接登记社会组织42家；社会团体取消筹备成立登记，直接进行注册登记。把好社会组织发展“安全阀”，择优发展效能高、条件优、守法严、政社分、服务好、作用强”的社会组织。坚决撤（注）销不作为、不规范、不守法、政社不分的社会组织。控制社会组织发展数量，保证社会组织发展质量，社会组织登记注册合法率达到100%。

（二）推进社会组织法律法规建设。经省政府常务会通过，对《河北省社会团体登记管理办法》进行了修定，于6月中旬施行；依据中办、国办《关于改革社会组织管理制度促进社会组织健康发有序发展的意见》精神，代省委、省政府起草了《关于改革社会组织管理制度促进社会组织健康发有序发展的实施意见》，12月8日，省委、省政府办公厅已经下发。

（三）完成了社会组织评估工作。2016年共评估社会组织71家。逐步完善社会组织第三方评估机制，全省社会组织累计参评2627家，参评率达到15%以上。

（四）推进政府购买社会组织服务和职能转移工作。协调完善公益性捐赠税前扣除、非营利性免税资格认定等财税政策，为全省58家社会组织争取到2016年度公益性捐赠税前扣除资格；2016年为全省社会组织争取中央支持社会组织服务项目资金近300余万元，省政府购买行业协会服务项目资金750万元，为社会组织发展提供了有力支持。

（五）完成了行业协会商会与行政机关脱钩试点工作。依据省《脱钩试点方案》，先后指导32个业务主管厅（局）对所主管的37家试点单位逐一进行了脱钩并已完成，有力地推动了脱钩试点工作的开展。

（六）推进社会组织党建工作。按照中央《关于加强社会组织党的建设工作的意见（试行）》（中办发〔2015〕51号）、省委《关于加强社会组织党的建设工作的实施意见》（冀办发〔2016〕7号）精神，在省委组织部的指导下，4月下旬省民政厅成立了中共河北省社会组织委员会，负责“直登”社会组织和脱钩后行业协会商会的党建工作。2016年，全省已完成1000余家省属社会组织党建情况调查摸底，对应建未建的社会组织加大了督导力度，力争社会组织党组织覆盖率达到70%以上。

（七）完成年初确定的社会组织人才培训任务。2016年举办了三期培训班，共计600余人。

（八）加强了社会组织监管力量。在民政厅党组的领导下，积极与省编办沟通协商，将省工经联整体划归省民政厅，组建省民政综合执法监察总队。11月10日，省编办下发了《关于不再保留省工业经济联合会（省经济团体联合会）事业单位设立省民政综合执法监察总队的通知》，组建省民政综合执法监察总队（参公事业单位），内设组织执法处，进一步加强了社会组织执法工作力量。

（河北省民政厅　田　然）

【城市社区建设】　（一）开展城乡社区协商专项督察，加快推进城乡社区协商制度化、规范化、程序化。根据《关于加强城乡社区协商的意见》（中办发〔2015〕41号）和全国社区治理创新工作会议精神，2016年4月10日至4月30日，对全省城乡社区协商工作进行了专项督察，梳理推进城乡社区协商的好经验、好做法，发现城乡社区协商中存在的问题，及时推进城乡社区协商工作。

（二）组织开展城乡社区协商示范点建设，以点带面、整体推进城乡社区协商工作。2016年5月，印发《河北省民政厅关于开展城乡社区协商示范点创建活动的通知》，自2016年7月至2017年10月在全省范围内开展城乡社区协商示范区（县、市）、示范街道（乡、镇）、示范社区（村）创建活动。通过遴选，确定邯郸市邯山区61个单位为“全省城乡社区协商示范点创建单位”。

（三）以全省和谐社区建设示范单位创建活动为抓手，全面提升社区治理效能和服务质量。为积极推进社区治理精细化，发挥典型引路、辐射带动作用，2016年5月，印发《关于开展全省和谐社区建设示范单位创建活动的通知》，在全省开展和谐社区建设示范单位创建活动。各地对照示范单位指标体系，严格自查，积极寻找差距，解决问题，改进工作。根据评审验收情况，全省共确定了134个全省和谐社区建设示范单位。

（四）编制城乡社区服务体系规划，推进社区治理和服务创新步伐。为贯彻落实民政部等16个部委《关于印发〈城乡社区服务体系建设规划（2016—2020年）〉的通知》精神，统筹推进城乡社区服务体系建设，2016年开展了《河北省城乡社区服务体系建设规划（2016—2020年）》编制工作。在进行广泛调研、数次征求省直相关单位和各市民政局意见的基础上，与省委组织部等16个部门联合印发了《河北省城乡社区服务体系建设规划（2016—2020年）》。

（河北省民政厅　梁爱华）

【老龄工作】　2016年，河北省老龄系统在全国老龄办和省委、省政府的正确领导下，深入学习贯彻习近平总书记关于加强老龄工作重要指示精神，按照党中央、国务院和全国老龄办、河北省委省政府决策部署，坚持问题导向，破难题，补短板，扎实推进老龄政策法规制定和实施，努力营造全社会敬老养老助老浓厚氛围，倾力打造老龄工作品牌，狠抓基础性建设，上下联动，扎实工作，努力推动全省老龄事业发展不断取得新进步。

（一）在着力推动全省老龄事业发展上凝聚新共识。2016年，习近平总书记站在国家发展战略全局高度，先后4次就开展积极应对人口老龄化行动作出重要指示，明确了新时期老龄工作的方针、目标和任务。河北各级老龄工作部门把深入学习领会习近平总书记重要指示精神，作为头等大事抓紧抓好。省老龄办两次下发通知明确学习要求，及时召开全省老龄办主任会议、省老龄委成员单位全体会议，集中组织传达学习。举办全省老龄办主任专题学习培训班，邀请全国老龄办领导进行权威解读，编制印发《积极应对人口老龄化学习资料》，为全省老龄系统准确理解和把握习近平总书记重要指示精神打好了基础。省老龄办还分别向省委、省政府专题报告河北省老龄工作现状，就学习贯彻习总书记重要指示、加强河北省老龄工作提出意见建议，引起省委、省政府对老龄工作的高度重视。全国老龄办呈送国务院领导的简报先后2次登载河北省做法。市、县老龄工作部门不等不靠，主动作为，结合本地实际，分析老龄形势，提出意见建议，及时将学习贯彻习近平总书记重要指示精神的报告建议上报党委、政府，对各地将老龄事业发展纳入国民经济和社会发展规划、开展应对人口老龄化行动起到了积极作用。其间，各市在落实习总书记重要指示精神上均迈出了新步伐。邯郸市老龄办主动协调解决市、县、乡镇和村（居）老龄工作机构人员问题，使“城乡社区老龄工作有人抓、老年人事情有人管、老年人困难有人帮”的要求正逐步得到落实。保定市老龄办开发运用老龄事业发展数据统计系统，较好地落实了“建立老年人状况统计调查和发布制度”的要求。迁安市高标准落实老年人优待政策，多项工作走在全省前列。

（二）在加强统筹协调推动老龄政策法规制度出台上取得了新进展。一是积极编制《“十三五”河北省老龄事业发展和养老体系建设规划》。这份规划把破解当前老龄工作重点难点问题与长远应对老龄化战略相结合，坚持政府主导和社会多方参与相结合，全面规划了河北省“十三五”时期老龄事业发展的宏伟蓝图。各市、县（市、区）也正在积极同步推进规划编制工作。二是制定出台了《河北省居家养老服务条例》。按照省政府2016年立法计划要求，在省人大常委会内司委、法工委及省政府法制办指导支持下，倒排工期，反复修改，确定了条例文本，经省人大常委会表决通过，已于2016年1月1日起施行。三是全面建立了省老龄委成员单位协调机制。根据人事变动和工作需要，及时调整补充了省老龄委成员单位和组成人员，加强了老龄工作组织领导。研究制定《河北省老龄工作委员会成员单位职责》《河北省老龄工作委员会工作制度》和《河北省老龄工作委员会2016年重点工作及任务分工》，规范了老龄委成员单位联络员会议和专题会议制度、成员单位职责，为合力推进老龄事业创新发展提供了比较扎实的组织保障和制度保障。四是推动老年维权工作及优待政策的有效落实。扎实开展老年维权工作，着力培树老年法律维权先进典型，协调省法院、检察院、公安厅、司法厅等单位，通过层层遴选、审查评定，推荐的赵县民政局等11个单位被国家表彰为“全国老年法律维权工作先进集体”，命名石家庄市法律援助中心等30个单位为“河北省老年法律维权工作先进集体”。通报表彰极大地调动了各级、各有关部门开展老年法律维权服务的工作热情。扎实推进老年优待项目落地落实，成效日益显现，老年人的获得感、幸福感日益增强。

（三）在打造老龄工作品牌上迈出了新步伐。一是推动完成第二届“敬老文明号”创建工作。以推荐表彰第二届“敬老文明号”先进典型为契机，各级加大宣传动员力度，采取典型示范、经验交流等多种形式，浓厚创建氛围，激发窗口单位参与创建热情。全省37个全国“敬老文明号”单位和80名全国“敬老爱老助老模范人物”通过了在全国范围的公示，同时还选树了一批省级先进典型。二是精心组织“敬老月”系列活动。“敬老月”期间，省老龄办协调省通信管理局向用户发送了敬老公益短信，倡议“老年节”回家看看，引起社会积极反响。石家庄市老龄办突出“孝亲敬老、乐享幸福”活动主题，主办了“我们的节日·重阳助老”系列活动；承德、邢台、邯郸、张家口等市举办以“敬老爱老，传承美德”为主题的系列文化活动，丰富了老年人的精神文化生活；廊坊市开展了“有为之星”、“长寿之星”系列评选活动；沧州市组织开展了“福彩助老”活动，投入福彩公益金30万元，对特困老人和百岁老人进行了救助和慰问；唐山、保定、衡水市走访了慰问百岁老人、特困老人。据统计，“敬老月”期间，全省老龄系统开展各种形式敬老活动达1000多场次，走访慰问高龄、困难老人7千多名，发放慰问金、慰问品合计价值金额500多万元。各地通过丰富多彩、形式多样的活动向老年人送上了节日祝福，给老年人送去了党和政府的关怀。三是扎实推进“爱心护理工程”和示范性基层老年协会建设。严格按照项目规范标准，通过制定推进方案、督导项目进度、落实奖补政策，保障了建设任务落实。上年列入省级机关作风整顿重点督导项目的6个爱心护理工程建设基地、1个爱心护理工程示范基地和96个示范性基层老年协会完成建设并通过了省督导组抽查验收。四是及时启动“助老安康工程”。经过一年努力，全省老年人意外伤害保险工作取得了可喜成绩。投保人数从2015年不足100万，增长到2016年底260多万，投保额达5500万元，2.33万名老年人获得赔偿，赔付金额达4550万元，收到良好社会效果。唐山、保定、邯郸等市老年人参保人数位居全省前三名。

（四）在老龄基础工作上实现了新突破。一是构建多层次的老龄信息宣传平台。举办第三届“中老年才艺风采大赛”、“老年健康之星”评选，5000多个老年人文娱组织、近10万老年人积极参与，有力推动了全省老年文化的传承与创新。联合省广播电视台推出涉老专题栏目《老年生活享当当》，收听范围覆盖京津冀地区近2亿人口。开展敬老先进事迹有奖征文活动，辑录《燕赵敬老文集》，宣传了全省各界敬老助老的感人事迹。承德、秦皇岛、邯郸和保定等市老龄部门，积极主动开展老龄宣传，在全国和省级媒体发表多篇稿件。各地卓有成效的老龄活动和宣传工作有力助推了当地老龄事业发展。二是加强老龄重大政策法规宣传教育。利用《老年人权益保障法》颁布20周年和《河北省老年人优待办法》施行2周年等契机，集中宣传老年维权法律法规和老年优待政策，全社会敬老养老助老氛围进一步浓厚。三是发挥涉老先进典型的示范引领作用。结合“全国老龄系统先进集体和先进工作者评选表彰活动”、“全国敬老爱老助老评选表彰”和“‘老有所为’先进典型人物宣传活动”的开展，挖掘出行唐县老龄委、魏县老龄办负责人刘玉太、河北工程大学退休教授高英等先进集体和模范人物，通过各类媒体宣传典型事迹，推广先进经验，收到良好效果。四是高质量完成老龄事业发展数据统计和专题调研。在各级老龄办共同努力下，利用全省老龄数据统计系统，高质量完成了全省第一次老龄数据统计分析，为各级政府和有关涉老部门制定老龄政策法规提供了重要依据。积极开展老龄政策理论专题政策调研，共完成调研论文17篇，其中7篇调研报告在全国老龄办获优秀成果奖。

（河北省民政厅　王爱民　刘蕴华）

【革命烈士】　2016年命名的革命烈士：

1. 张铁英，男，1973年2月27日，保定市白沟新城公安分局高桥派出所民警。2015年12月19日16时40分许，接到白沟滨河公园河内有两人落水的（其中有一名儿童）报警后，张铁英迅速带领两名协警赶赴现场。看到落水人员仅依靠浮冰露出头部，随时都有生命危险，张铁英将救援绳和群众找来的绳子接在一起，一头拴在自己腰上，一头由岸上的同志拉好，沿冰面匍匐靠近落水群众。当他拉着两人距岸边还有六、七米时，冰面突然破裂，绳索也断了，张铁英三人全部落入水中。生死关头，张铁英奋力托举起落水儿童，使其头部露出水面，落水的大人和儿童被现场的群众拉上岸获救。张铁英因体力严重透支沉入水中，被救上岸后，经医院抢救无效牺牲，享年42岁。

2. 蔡晶，男，1986年5月14日，石家庄市桥西区壹加柒美发店。2013年7月30日上午，桥西区壹加柒美发店老板（李文涛）与心缘美容店老板（田旭辉）夫妇俩，组织四个店（不同营业执照）全体员工及家属和朋友共计30多人去太平河游玩。由于天气较热，有十五人左右手拉手去河里玩水，其中一人突然脚下一滑，落到深水中。蔡晶听到求救后，跑向河里救人。蔡晶先救上来一名女孩，又去救河里的其他人员。当大家把落水人员救起后，发现蔡晶和其他三个人不见了。后在当地群众的帮助下，把蔡晶和其它三个人救上来后，发现蔡晶已停止呼吸。

3. 赵勇，男，1972年7月13日，石家庄市交管局桥西大队副主任科员。2013年8月19日凌晨，桥西交警大队分控中心接到市公安局指挥中心交通事故的警情，派担负交通事故值班的赵勇同志出警。赵勇同志赶到槐安西路高架桥上友谊大街口西约300米（317527号灯杆）事故现场处，立即在事故现场来车方向采取安全防护措施，设置安全警告反光锥筒，投入现场勘查工作。2时30分左右，当赵勇和同事对事故现场进行测量时，一辆小型机动车（牌照号为冀A94976尼桑牌小客车）由东向西超速疾驶过来，直向赵勇和同事们冲去。在此危急时刻，赵勇同志奋不顾身，一把将正在协助勘察现场的清障车司机张凯推开，自己却被肇事车辆撞飞，摔在高架桥下，英勇牺牲。

4. 李海涛，男，1989年3月26日，秦皇岛市公安局辅警。2014年11月1日，李海涛同志被抽调配合开发区公安分局执行APEC峰会期间秦皇岛市安全保卫任务，负责在秦皇岛西沿海高速卡口处开展治安检查工作。11月2日中午12时50分，李海涛同志在对一辆黑色雪弗兰轿车（京N132S5）进行例行检查时，该车司机拒不配合检查，突然开动汽车将李海涛同志顶在汽车发动机盖上强行向前行驶，同时猛打方向企图将李海涛甩下后逃窜，在该车加速行驶到进京高速20米处时将李海涛甩下，并从李海涛身上碾压后向北京方向逃窜。李海涛同志因伤势过重，经抢救无效死亡。

（河北省民政厅　李新秋）

（“民政”部分总通稿　张金花）

残疾人工作

【残疾人扶贫工作】 2016年，省残联开展摸清核准建档立卡贫困户残疾人基础信息“百日会战”，将18.57万名残疾人纳入建档立卡范围。会同省委组织部印发《关于在建档立卡贫困村开展帮扶残疾人专项行动的通知》，从辅具适配、就业培训等九方面进行帮扶。全年3.07万名贫困残疾人通过扶贫开发实际脱贫，4.94万人次残疾人接受实用技术培训。康复扶贫贴息贷款扶持522名农村残疾人，残疾人扶贫基地达到273个，安置5474名残疾人就业，扶持带动1.33万名残疾人户。残联系统投入危房改造资金481.49万元，完成2341户农村贫困残疾人危房改造。

【残疾人社会保障】 2016年为41.28万名困难残疾人发放生活补贴2.7亿元，为43.99万名重度残疾人发放护理补贴2.4亿元，远远超过“十二五”时期五年的总和。全省43.6万名残疾人纳入低保范围，其中22.6万名重度残疾人享受了单独纳入最低生活保障政策。135.97万名残疾人参加了养老保险，参保率87.3%，60岁以下的参保残疾人中重度残疾人22.63万名，其中得到政府参保扶助21.12万名，代缴养老保险费比例达到93.3%。已建成残疾人托养服务机构227个，其中寄宿制托养服务机构102个，日间照料机构33个，综合性托养服务机构92个，共为1.01万名残疾人提供了托养服务。大力推进居家托养，为1.03万名残疾人提供了居家托养服务。

【残疾人康复服务】 抢救性康复工作实现突破。2017年预算安排聋儿人工耳蜗救助手术850例，资金7650万元，创历史之最。将11项残疾人康复项目纳入门诊医疗保险范围。为12.39万名残疾儿童及持证残疾人提供了基本康复服务。其中，视力残疾人1.43万名，听力残疾人9602名，肢体残疾人7.83万名，智力残疾人1.01万名，精神残疾人1.16万名，接受基本康复服务的0—6岁残疾儿童达8523名。为6.82万人次残疾人适配了盲杖、助视器、假肢、矫形器、人工耳蜗、助听器等各类辅助器具。截至2016年底，全省共有残疾人康复机构377个，在岗人员1.07万人，其中管理人员1485人，业务人员7367人，其他人员1819人。已在44个市辖区和128个县（市）开展社区康复工作，配备4.36万名社区康复协调员，提供社区康复服务6.12万人次。

【残疾人就业创业】 2016年征收残疾人就业保障金7.2亿元，比上年增加1.2亿元，增长20%。61.02万名城乡残疾人实现就业，其中按比例就业1.57万人，集中就业7725人，个体就业1.92万人，公益性岗位就业1414人，辅助性就业3509人，灵活就业13.83万人，从事农业种养42.43万人。全省已建成保健按摩机构571个，医疗按摩机构67个，培训了盲人保健按摩人员1126名，盲人医疗按摩人员780名。62人通过医疗按摩人员中级职称评审，88人通过医疗按摩人员初级职称评审。

【残疾人教育】 新安排1350名未入学适龄残疾儿童少年接受义务教育。实施残疾人事业专项彩票公益金助学项目，资助693人次家庭经济困难的残疾儿童享受普惠性学前教育。资助198名残疾人本科生和856名贫困残疾人家庭子女。与河北电大合办的特殊教育学院免费为1387名残疾人提供培训。全省共有特殊教育普通高中班（部）11个，在校生660人，其中聋生330人，盲生330人。残疾人中等职业学校（班）5个，在校生318人，毕业生279人，其中45人获得职业资格证书。2016年为85名残疾考生提供不同形式的合理便利，309名残疾人被普通高等院校录取。906名残疾青壮年文盲接受了扫盲教育。

【残疾人文化】 会同省委宣传部共同举办“美丽河北·最美残疾人”评选活动，推选出10组（11名）“最美残疾人”。2016年省级残疾人专题广播节目1个，刊播公益广告1个；市级残疾人专题广播节目7个，电视手语栏目10个，刊播公益广告33个。截至2016年底，省市县三级公共图书馆共设立盲文及盲文有声读物阅览室25个，开展残疾人文化周活动144场次。各类残疾人艺术团8个，举办残疾人文化艺术类的比赛及展览31次。组织举办河北省第二届残疾人文化节暨全国残疾人文化周、第八届残疾人艺术汇演等一系列文化活动。召开京津冀残疾人文化体育发展研讨会，签署《京津冀残疾人文化体育发展框架协议书》。培育扶持特殊艺术人才培养基地15个。

【残疾人体育】 2016年里约残奥会河北省运动员斩获13枚金牌、4枚银牌和4枚铜牌，8人次破6项世界纪录，金牌数位列全国第二。制定《河北省残疾人体育冬季项目中长期发展规划的实施意见》《2022年冬残奥会夺金计划》，全力备战2022年冬残奥会。已设立省级体育健身示范点42个，培养残疾人体育健身指导员省级100名，市级600名，推进4000户康复体育进家庭。建成省级残疾人体育训练基地10个，聘任教练员31人。举办省级残疾人体育比赛6次，428人次残疾人运动员参加比赛。组织举办河北省第三届残疾人群体运动会暨京津冀残疾人体育友谊赛。承办全国青少年校园足球特奥融合组总决赛。

【残疾人权益维护】 2016年制定或修改保障残疾人权益的规范性文件省级3件、市级4件、县级8件。县级以上人大组织《残疾人保障法》执法检查和专题调研26次，政协进行视察和专题调研25次。开展省级普法宣传教育活动1次，70人参加。举办省级法律培训班1个，70人参加。各地残联协助人大代表、政协委员提出议案、建议、提案54件，办理议案、建议、提案29件。180个市（县、区）进行无障碍建设；开展无障碍建设检查46次，无障碍培训240人次。

已成立残疾人法律救助工作协调机构152个，建立残疾人法律救助工作站151个。2016年各级残联共处理残疾人群众来信635件，接待残疾人群众来访4077人次，其中集体访26批次、245人次，来电1260通。

【残疾人组织】 市县乡共建立残联组织2473个，其中各地市11个，县（市、区）169个，乡镇（街道）2293个；已建社区（村）残协5.14万个。省市县乡残联实有残疾人工作者5628人，乡镇（街道）、村（社区）选聘残疾人专职委员总计5.37万名。地市级残联配备了残疾人领导干部11人，县级残联配备了残疾人干部168人。已建立省级及以下各类残疾人专门协会901个，其中省级专门协会5个，市级专门协会55个，县级专门协会841个。已有助残社会组织29个。

【综合服务设施建设】 截至2016年底，已竣工并投入使用的各级残疾人综合服务设施141个，总建设规模14.20万平方米，总投资2.69亿元。已竣工并投入使用的各级残疾人康复设施8个，总建设规模3.98万平方米，总投资9777万元。已竣工并投入使用的各级残疾人托养服务设施15个，总建设规模5.87万平方米，总投资1.25亿元。

（河北省残疾人联合会　曹如宣）

区域经济篇

REGIONAL EOONOMY

石家庄市

2016年，是“十三五”和全面建成小康社会决胜阶段的开局之年，是深入推进供给侧结构性改革的攻坚之年。面对严峻复杂的国内外经济形势和艰巨繁重的任务，在市委、市政府的坚强领导下，全面贯彻落实习近平总书记系列重要讲话精神，认真践行新发展理念，坚持稳中求进工作总基调，以供给侧结构性改革为主线，积极应对各种困难和挑战，统筹推进稳增长、促改革、调结构、惠民生、防风险等各项重点任务，经济社会保持平稳健康发展，实现了“十三五”良好开局。

一、综合

2016年，全市生产总值完成5927.7亿元，比上年增长6.8%。其中，第一产业增加值480.9亿元，增长0.9%，占生产总值的比重为8.1%；第二产业增加值2693.9亿元，增长4.4%，占生产总值的比重为45.4%；第三产业增加值2752.9亿元，增长10.4%，占生产总值的比重为46.5%。人均生产总值55177元，增长6.0%。

全年民营经济增加值3951.7亿元，比上年增长7.2%，占全市生产总值的比重为66.7%。民营经济实缴税金478.3亿元，增长7.7%。民营出口总值62.2亿美元，下降3.6%。

全年居民消费价格比上年上涨1.6%。其中，食品烟酒类上涨3.1%，衣着类上涨1.4%，生活用品及服务类上涨0.2%，医疗保健类上涨4.4%，交通和通信类上涨0.1%，教育文化和娱乐类下降0.3%，居住类上涨0.7%，其他用品和服务类上涨2.0%。工业生产者出厂价格下降1.6%，购进价格下降1.1%。

年末城镇登记失业率为3.43%，比上年回落0.08个百分点。

二、农业

全年粮食播种面积73.7万公顷，比上年减少1.8万公顷，下降2.4%。粮食总产量495.8万吨，下降1.8%。

蔬菜播种面积16.2万公顷，比上年下降1.2%；总产量1321.0万吨，与上年基本持平。其中，设施蔬菜播种面积7.5万公顷，产量603.0万吨。

肉类总产量77.5万吨，比上年下降1.2%；蛋类产量112.3万吨，增长2.5%；奶类产量117.2万吨，下降4.5%。

畜牧业、蔬菜、果品三大优势产业产值674.1亿元，占农林牧渔业总产值比重为76.5%，比上年回落1.7个百分点。

农业产业化经营率66.8%，比上年提高1.1个百分点。

农业机械总动力1280.8万千瓦，比上年下降37.2%。实际机耕面积50.7万公顷，机械播种面积70.6万公顷，机械收获面积66.1万公顷。农村用电量78.8亿千瓦小时，增长7.6%。

三、工业和建筑业

2016年全市规模以上工业增加值完成2190.3亿元，比上年增长4.6%。其中，国有及国有控股企业下降1.5%，集体企业下降60.2%，股份制企业增长5.7%，外商及港澳台企业增长0.7%。

分轻重工业看，全年轻工业增加值1064.1亿元，比上年增长4.8%；重工业增加值1126.1亿元，增长4.5%。

分行业看，全年七大主导产业增加值1893.6亿元，比上年增长5.0%。其中，装备制造业增长10.9%；医药工业增长3.8%；食品工业下降6.3%；纺织服装业增长7.9%；石化工业增长10.1%；钢铁工业下降2.6%；建材工业下降1.8%。六大高耗能行业增加值708.2亿元，增长3.4%，低于规模以上工业增加值增速1.2个百分点。高新技术产业增加值382.6亿元，增长12.4%，高于规模以上工业增加值增速7.8个百分点。其中，电子信息、高端装备制造和新材料三个领域增加值分别增长4.8%、21.6%和5.9%。

规模以上工业利润808.2亿元，比上年增长0.1%。

年末资质等级以上建筑企业总产值1091.0亿元，比上年增长5.7%。其中，建筑工程产值848.2亿元，增长10.0%。

四、固定资产投资

2016年，全市全社会固定资产投资完成5957.6亿元，比上年增长4.0%。其中，固定资产投资（不含农户）5916.0亿元，增长5.4%。

在固定资产投资中，第一产业投资275.6亿元，比上年增长61.6%。第二产业投资2664.5亿元，增长6.4%；其中，工业技改投资1991.3亿元，增长11.5%，占固定资产投资的比重为33.7%。第三产业投资2975.9亿元，下降1.3%。

城市基础设施投资1115.0亿元，比上年增长5.6%，占固定资产投资的比重为18.8%。民间固定资产投资3529.8亿元，比上年增长1.2%，占固定资产投资的比重为59.7%。高新技术产业投资677.3亿元，比上年增长5.3%，占固定资产投资的比重为11.4%。

建设项目投资4879.7亿元，比上年增长5.4%。房地产开发投资1036.3亿元，比上年增长5.1%。

五、国内贸易

2016年，全市社会消费品零售总额完成2975.2亿元，比上年增长10.5%。按经营地统计，城镇消费品零售额2506.2亿元，增长10.0%；乡村消费品零售额469.0亿元，增长13.0%。

在限额以上批发和零售企业（单位）商品零售额中，粮油食品类80.2亿元，增长6.5%；饮料类10.3亿元，增长12.8%；烟酒类8.3亿元，下降1.2%；服装鞋帽针纺织品类116.4亿元，下降3.3%；化妆品类17.9亿元，增长7.5%；金银珠宝类23.0亿元，下降9.9%；日用品类 27.9 亿元，增长 12.9%；家用电器及音像器材类 60.7 亿元，增长 2.0%；中西药品类 151.1 亿元，增长 11.2%；文化办公用品类 4.2 亿元，下降 10.0%；建筑及装潢材料类 1.7 亿元，增长 11.3%；石油及制品类 88.3 亿元，增长 7.8%；汽车类 241.9 亿元，增长 3.6%。

六、对外经济

2016 年，全市进出口总值 765.7 亿元，比上年增长 1.5%。其中，进口总值 302.8 亿元，增长 1.0%；出口总值 462.9 亿元，增长 1.9%。

实际利用外资 12.2 亿美元，比上年增长 7.1%。其中，外商直接投资 11.8 亿美元，增长 31.2%。

七、邮电和旅游

2016 年，全市邮政企业和快递服务企业业务收入（不含邮政储蓄银行直接营业收入）39.86 亿元，比上年增长 46.57%；业务总量 58.53 亿元，增长 61.87%。邮政函件业务 2391.54 万件；包裹业务 40.55 万件。快递服务企业业务收入 30.52 亿元，业务量 2.76 亿件。

电信业务总量 243.5 亿元，比上年增长 54.3%。电信业务收入 86.7 亿元，增长 5.1%。年末互联网宽带接入用户数 287.2 万户，增加 54.2 万户。其中，城市互联网宽带接入用户数 209.2 万户，增加 42.9 万户；农村互联网宽带接入用户数 78.0 万户，增加 11.3 万户。移动电话用户数 1170.5 万户，固定电话用户数 137.3 万户。

接待国际游客 19.3 万人次，比上年增长 3.6%；旅游创汇收入 6778.2 万美元，下降 27.6%。接待国内游客 7628.4 万人次，增长 12.8%；旅游收入 745.8 亿元，增长 27.6%。旅游总收入 750.3 亿元，增长 27.1%。

八、财政、金融、保险

2016 年，全市全部财政收入 847.4 亿元，比上年增长 9.1%。其中，一般公共预算收入 410.7 亿元，增长 9.5%。

一般公共预算支出 746.1 亿元，比上年增长 9.3%。其中，一般公共服务支出 72.0 亿元，增长 22.6%；公共安全支出 47.6 亿元，增长 24.5%；教育支出 159.2 亿元，增长 16.9%；科学技术支出 12.2 亿元，增长 35.2%；社会保障和就业支出 72.6 亿元，增长 23.5%；医疗卫生支出 72.5 亿元，增长 8.6%；环境保护支出 44.3 亿元，下降 9.8%；城乡社区事务支出 63.2 亿元，增长 13.1%；农林水事务支出 74.0 亿元，增长 9.0%。

年末全市金融机构（人民币）各项存款余额 11077.9 亿元，比年初增加 1277.8 亿元。其中，住户存款余额 5348.2 亿元，增加 479.3 亿元。金融机构（人民币）各项贷款余额 7175.9 亿元，增加 1054.8 亿元。

保险公司原保险保费收入 345.1 亿元，比上年增长 36.3%。其中，寿险业务原保险保费收入 199.8 亿元，财产险业务原保险保费收入 95.3 亿元，健康险和意外伤害险业务原保险保费收入 49.9 亿元。

九、科学技术和教育

全年获得年度国家科技奖 4 项，省级科技奖 19 项。新增专利申请 12189 件，新增专利授权 6994 件，万人发明专利拥有量 4.1 件。全市完成技术交易额 15.25 亿元。

年末普通高等学校 44 所。研究生教育招生 0.5 万人，在校生 1.4 万人，毕业生 0.4 万人。普通本专科招生 14.4 万人，在校生 44.2 万人，毕业生 11.8 万人。普通中学 410 所，招生 17.6 万人，在校生 49.4 万人，毕业生 15.9 万人。中等职业学校 141 所，招生 6.1 万人，在校生 15.9 万人，毕业生 4.3 万人。技工学校 39 所，招生 0.5 万人，在校生 1.2 万人，毕业生 0.5 万人。小学 1401 所，招生 15.2 万人，在校生 80.8 万人，毕业生 11.4 万人。特殊教育学校 24 所，招生 267 人，在校生 1962 人，毕业生 186 人。幼儿园 1453 所，在园人数 30.4 万人。九年义务教育巩固率为 98.53%，高中阶段毛入学率为 93.8%。

十、文化、卫生和体育

年末全市共有艺术表演团体 21 个，艺术表演场馆 14 个，文化馆 24 个，公共图书馆 26 个，公共图书馆图书总藏量 665.25 万册。数字电视用户 139.0 万户。广播节目综合人口覆盖率 99.40%，电视节目综合人口覆盖率 99.38%。

年末全市共有医疗卫生机构（含诊所）6892 个。其中，医院 205 个，疾病预防控制中心（防疫站）24 个，妇幼保健院（所、站）25 个，社区卫生服务中心（站）193 个，村卫生室 3973 个。卫生机构实有床位 53357 张。其中，医院拥有床位 41972 张。拥有卫生技术人员 70593 人。其中，执业医师 31781 人，注册护士 27749 人。

全年在省级以上比赛中共获金牌 256 枚，银牌 206 枚，铜牌 155 枚。

十一、交通和环境保护

全年货物运输总量为 4.1 亿吨，比上年增长 11.6%。货物运输周转量为 1945.3 亿吨公里，增长 7.8%。旅客运输总量为 0.5 亿人次，下降 15.4%。旅客运输周转量为 32.1 亿人公里，下降 22.9%。

年末市区公共汽车营运线路 225 条，比上年减少 4 条；营运线路长度 3707 公里，减少 95 公里；营运车辆 4882 辆，增加 479 辆；客运总量 54600 万人次，减少 4100 万人次。

全年市区二级以上优良天气 172 天。

全年完成造林面积 13.0 万公顷。其中，人工造林 5.0 万公顷。森林覆盖率为 38.3%。

十二、人口、人民生活和社会保障

年末常住人口 1078.46 万人，比上年增加 8.3 万人。出生人口 13.56 万人，出生率为 12.62‰；死亡人口 6.77 万人，死亡率为 6.3‰；自然增长率为 6.32‰，比上年提高 0.44 个千分点。常住人口城镇化率 59.96%，比上年提高 1.66 个百分点。

全年居民人均可支配收入 22652 元，比上年增长 9.1%。按常住地分，城镇居民人均可支配收入 30459 元，增长 8.1%；农村居民人均可支配收入 12345 元，增长 7.9%。居民人均消费支出 14317 元，增长 6.6%。按常住地分，城镇居民人均消费支出 19182 元，增长 5.6%；农村居民人均消费支出 7894 元，增长 5.6%。恩格尔系数为25.3%，回落0.2个百分点。其中，城镇为24.6%，农村为27.8%。

全年城镇职工参加养老保险人数229.4万人，比上年增加19.4万人。城乡居民参加养老保险人数为403.7万人，增加3.9万人。城镇职工参加医疗保险人数为145.7万人，增加4.1万人。城乡居民参加医疗保险人数为764.8万人，增加3万人。其中，新型农村合作医疗参合人数为609.2万人，减少4.3万人。参加失业保险人数为90.4万人，增加0.4万人；工伤保险人数为144.0万人，增加10万人；生育保险人数为140.9万人，增加4万人。

年末享受居民最低生活保障16.9万人。其中，城镇居民2.6万人，农村居民14.3万人。

（石家庄市统计局　甄月华）

承　德　市

2016年，面对严峻复杂的国内外经济形势和全市艰巨繁重的结构深度调整、经济发展任务，市委、市政府认真落实中央和省决策部署，扎实推进供给侧结构性改革，着力培育“十大绿色”产业，通过“保企业、稳增长、强投入、上项目、深改革、促创新”，全市经济实现了稳中有进、稳中向好的良好态势。主要经济指标好于同期、好于预期，大部分主要指标高于全省平均水平，实现了“十三五”良好开局。

一、综合

2016年完成生产总值1438.6亿元，比上年增长6.9%。其中，第一产业增加值237.8亿元，增长6.7%；第二产业增加值658.8亿元，增长5.1%；第三产业增加值542.0亿元，增长9.5%。三次产业增加值占全市生产总值的比重由上年的17.4∶46.8∶35.8调整为16.5∶45.8∶37.7。

全年实现全部财政收入147.0亿元，比上年下降10.1%。其中，公共财政预算收入82.1亿元，下降15.6%。公共财政预算支出303.8亿元，增长4.8%。

全年实现民营经济增加值923.5亿元，比上年增长8.1%。

据抽样调查，全年居民消费价格比上年上涨1.7%。其中，食品烟酒类上涨3.5%，衣着类上涨0.8%，居住类上涨0.4%，生活用品及服务类上涨1.9%，交通和通信类下降3.8%，教育文化和娱乐类持平，医疗保健类上涨0.9%。工业生产者出厂价格上涨0.5%。其中，轻工业生产者出厂价格上涨1.2%，重工业生产者出厂价格上涨0.4%。

二、农业

全年粮食播种面积434.7万亩，比上年下降2.6%，总产量134.0万吨，增长10.5%。其中，谷物总产量107.6万吨，增长2.2%。蔬菜播种面积117.5万亩，增长3.1%，总产量463.1万吨，增长6.8%。其中，食用菌（干鲜混合）产量达到67.7万吨，增长13.4%。中药材种植面积19.1万亩，增长3.4%，总产量10.8万吨，增长5.6%。瓜果产量3.1万吨，增长10.0%。

全年造林面积85.2万亩，比上年增长5.2%。其中，人工造林面积增长6.2%。森林覆盖率达56.7%，林木蓄积量为8000万立方米。

全年肉类总产量45.7万吨，比上年增长1.4%；禽蛋产量11.9万吨，增长2.9%；奶类总产量15.3万吨，增长3.2%。

全年水产品养殖面积8.8万亩，下降0.2%。水产品总产量4.2万吨，增长4.5%。

三、工业和建筑业

全年实现全部工业增加值558.2亿元，比上年增长4.3%。488家规模以上工业企业实现工业增加值471.7亿元，增长5.0%。从登记注册类型看，国有及国有控股企业增加值125.9亿元，增长3.2%；股份制企业增加值455.8亿元，增长5.1%。从门类看，采矿业增加值217.3亿元，增长6.3%，制造业增加值207.6亿元，增长3.1%，电力、热力、煤气及水生产和供应业增加值46.8亿元，增长7.1%。从企业规模看，84家大中型企业增加值339.9亿元，增长6.2%。从轻重工业看，轻工业增加值50.8亿元，增长4.1%，重工业增加值420.9亿元，增长5.1%。

在规模以上工业企业中，159家黑色金属矿采选业增加值203.1亿元，增长5.7%，11家黑色金属冶炼及压延业增加值94.5亿元，增长0.8%，两行业拉动规模以上工业增长2.7个百分点，对全市工业增加值的贡献率达53.6%。食品制造业增加值14.2亿元，增长7.0%；农副食品加工业增加值11.0亿元，增长0.5%；酒和饮料制造业增加值22.9亿元，增长5.6%；电力生产和供应业增加值39.9亿元，增长6.8%；装备制造业增加值23.2亿元，增长10.3%；医药工业增加值4.2亿元，增长7.0%；煤炭开采和洗选业、石油加工炼焦和核燃料加工业、化学原料和化学制品制造业、非金属矿物制品业、黑色金属冶炼和压延加工业、电力热力生产和供应业等六大高耗能行业增加值166.6亿元，增长2.4%。

全年建筑业增加值100.75亿元，比上年增长10.0%。资质等级以上总承包及专业承包建筑企业193家，有施工活动的企业179家。

四、固定资产投资

全年完成全社会固定资产投资1632.8亿元，比上年增长6.4%，其中，固定资产投资（不含农户）1615.5亿元，增长6.8%；农村个人投资17.3亿元，下降25.4%。

在固定资产投资中，城乡建设项目投资1478.9亿元，增长7.1%。第一产业投资218.2亿元，增长16.9%。第二产业投资525.2亿元，下降2.5%。其中，工业投资525.2亿元，下降2.4%；工业技术改造投资264.8亿元，下降26.6%。第三产业投资872.1亿元，增长10.9%。其中，交通运输、仓储和邮政业投资165.8亿元，下降

36.3%；水利、环境和公共设施管理业投资342.0亿元，增长69.2%。

从投资项目看，城乡建设施工项目1577个，本年新开工项目1190个，增长16.6%。亿元以上建设施工项目448个，比上年增加56个，完成投资1064.5亿元，增长13.1%，拉动投资增长8.2个百分点。

房地产开发投资136.6亿元，增长3.9%，房屋施工面积1449.4万平方米，增长5.3%；房屋竣工面积增长76.2%。商品房屋销售面积增长29.2%。

五、国内贸易

全年实现社会消费品零售总额543.3亿元，比上年增长10.7%。从经营地看，城镇实现消费品零售额407.0亿元，增长10.2%；乡村实现消费品零售额136.3亿元，增长12.1%。

223家限额以上批发零售住宿餐饮企业（单位）全年实现零售额123.2亿元，比上年增长11.0%。限额以上批发零售企业中，粮油、食品类增长5.7%；烟酒增长8.2%；服装、鞋帽、针织品类增长17.0%；日用品类增长6.4%；金银珠宝类增长20.3%；家用电器和音响器材类增长3.6%；文化办公用品类增长1.5%；石油及制品类增长9.3%；汽车类增长22.2%。

六、对外经济和旅游

据海关统计，全市进出口总值47563.2万美元，比上年增长19.1%。其中，出口43732.3万美元，增长14.2%。五矿产品出口下降30.1%；农副产品增长14.6%；机电产品出口增长199.7%。

全年实际利用外资20006万美元，增长25.4%。其中，外商直接投资11070万美元，下降4.2%。年末实有三资企业96家。

据市旅游部门提供，全年接待境内外游客4636.6万人次，增长38.4%。其中，境内游客增长38.7%。境外游客增长4.1%。实现旅游总收入506.6亿元，增长49.8%。

七、交通、邮电

2016年末，全市境内公路里程2.21万公里。其中，等级公路2.15万公里，高速公路758.5公里，干线公路3307.1公里。公路客运周转量8.88亿人公里，货运周转量109.27亿吨公里。年末实有公共汽（电）车营运车辆1292辆，客运总量14248万人次。

全年完成邮政业务总量3.5亿元，比上年增长25.0%；快递业务总量1034.0万件，增长73.0%；邮政业务总收入4.0亿元，增长21.2%；快递业务总收入1.8亿元，增长80%。电信业务总收入（移动、联通、电信公司）22.5亿元，比上年增长7.1%。移动电话年末用户数328.7万户，增长16.3%；互联网宽带接入用户57.4万户，增长40.7%。

八、金融和保险业

2016年末，全部金融机构人民币各项存款余额2210.4亿元，比年初增长14.4%。其中，住户存款1438.7亿元，增长12.9%；非金融企业存款367.6亿元，增长31.4%。年末各项贷款余额1656.8亿元，增长10.7%。住户贷款556.4亿元，增长18.6%。非金融企业及机关团体贷款1100.4亿元，增长7.2%。

全市人身险保费收入41.2亿元，比上年增长17.9%，赔款、给付金额14.5亿元，增长59.7%。财产险保费收入12.7亿元，增长10.9%，财产险保险金额6201.1亿元，增长39.7%，财产险赔付金额6.4亿元，增长0.6%。交强险保费收入3.3亿元，增长2.9%。

九、科学技术和教育

全市专利申请1178件，专利授权595件，分别比上年增加382和101件。组织申报、实施国家、省科技计划项目56项，争取资金支持3108万元，安排市级科技计划项目65项，财政投入1570万元。

全年新认定高新技术企业12家、新认定科技小巨人企业15家、科技型中小企业303家，全市科技型中小企业已达到890家、科技小巨人企业达到37家。81家高新技术产业企业增加值48.1亿元，增长14.4%。其中，新能源增加值17亿元，占35.3%。

2016年度，全市学前三年毛入园率达到76%以上，小学、初中义务教育巩固率分别达100%、97%以上。高中阶段毛入学率90.1%。省级示范性高中达14所，在省级示范性高中就读学生达到78%。

普通高等学校6所，教师2731人，学生43063人；中等职业教育学校30所，教师2051人，学生36527人；普通中学121所，专任教师12684人，学生16.6万人；小学447所，专任教师17184人，学生28.2万人。

十、文化、体育和卫生

2016年末，全市有广播电台9座，广播节目11套，中、短波发射台和转播台5座，广播覆盖率达94.2%；电视发射台和转播台15座，电视发射功率23.1千瓦，电视覆盖率96.5%；有线电视用户数达52.4万户。

全市拥有涵盖民间文学、传统手工技艺等10大类185个非物质文化遗产项目。其中，9项被列为国家级非物质文化遗产，42项被列为河北省非物质文化遗产，134项被列为承德市非物质文化遗产。

全年开展了2016承德国际马拉松比赛、“承德避暑山庄杯”第三届全国轮滑公开赛、第二届全国大众速度滑冰马拉松赛、全国雪地摩托车挑战赛、MMA终极格斗比赛、全国U13篮球男子预赛、河北省第八届青少年古典式摔跤、自由式摔跤比赛等国家级、省级赛事活动30余项。

全市拥有体育场馆118个，体校及业余体校6个，重点体校及业余体校1个，体育俱乐部31个，体育社团组织27个。全年开展群众体育活动140次，50万人积极参加。在省及以上级比赛中共获得金牌36枚、银牌47枚，铜牌56枚。

年末拥有卫生机构3679个，其中，医院47个；医生8496人，注册护士6973人；卫生机构床位19747张，人员26500人。

十一、人口、人民生活和社会保障

据公安部门统计，2016年末，全市户籍人口383.3

万人，其中男性197.6万人，女性185.7万人；城镇人口126.9万人，乡村人口256.4万人。据人口变动抽样调查，全市常住人口353.2万人，城镇化率为49%。

据抽样调查，2016年全市居民人均可支配收入16095元，比上年增长10.1%。其中，城镇居民人均可支配收入24856元，增长8.6%。农村居民人均可支配收入8736元，增长10.3%。

2016年末，全市城镇职工养老保险参保人数61.9万人，城乡居民社会养老保险参保人数171.3万人；城镇职工基本医疗保险参保人数43.6万人，城乡居民基本医疗保险参保人数297.9万人。工伤保险参保人数43.9万人；生育保险参保人数30.8万人；失业保险参保人数22.3万人。全年城镇新增就业人员56221人，年末城镇登记失业率为3.45%。

全年城市居民最低生活保障人数5.9万人，农村居民最低生活保障人数22.8万人；社会救济总人数31.4万人。

十二、环境保护

市区空气质量达标天数275天，市区PM2.5浓度年均值每立方米40微克，全市地表水国、省控监测断面达到Ⅲ类以上水质标准的比例为100%，城市集中式引用水源地水质达标率保持100%。

（承德市统计局　杨　旸）

张家口市

2016年，在市委、市政府的正确领导下，全市各级各部门认真贯彻落实习近平总书记系列重要讲话精神，牢固树立和贯彻新发展理念，坚持稳中求进工作总基调，着力推进供给侧结构性改革，解放思想，担当实干，主动作为，积极应对，全市经济运行稳中有进、稳中向好，各项社会事业取得新进步，实现了“十三五”良好开局。

一、综合

2016年全市实现生产总值1465.99亿元，比上年增长7.0%。其中第一产业实现增加值266.02亿元，增长4.8%；第二产业实现增加值547.17亿元，增长3.4%；第三产业实现增加值652.81亿元，增长11.3%。人均生产总值达33030元，比上年增长6.9%。三次产业增加值占全市地区生产总值的比重分别为18.2%、37.3%和44.5%。

二、农业

2016年全市实现农林牧渔业总产值465.05亿元，比上年增长4.2%。其中，农业产值238.46亿元，增长3.9%；林业产值18.60亿元，增长11.6%；畜牧业产值194.82亿元，增长4.2%；渔业产值1.74亿元，下降4.7%；农林牧渔服务业产值11.43亿元，增长10.4%。占农林牧渔业的比重分别为：农业51.3%，比上年提高0.78个百分点；林业4.0%，比上年提高0.6个百分点；畜牧业41.9%，比上年降低1.1个百分点；渔业0.4%，比上年下降0.1个百分点；农业服务业2.5%，比上年下降0.1个百分点。

2016年，猪出栏268.64万头，比上年下降1.5%；羊出栏377.09万只，比上年增长6.4%；牛出栏35.85万头，比上年增长6.6%。肉类总产量38.78万吨，比上年下降0.5%，牛奶总产量133.28万吨，比上年增长5.9%。禽蛋总产量25.56万吨，比上年增长7.3%。全市生猪存栏155.47万头，能繁母猪存栏16.16万头，牛存栏59.63万头，奶牛存栏42.81万头，羊存栏223.00万只，家禽存栏2323.48万只。

三、工业

2016年全市483家规模以上工业企业实现工业增加值373.90亿元，比上年增长2.4%，其中，国有控股企业增长2.0%，集体控股企业增长12.2%，私人控股企业下降0.6%，港澳台商控股企业增长9.7%；轻工业增长1.7%，重工业增长2.6%。分企业类型看，大型企业累计完成工业增加值126.93亿元，下降4.3%；中型企业累计完成工业增加值84.25亿元，增长0.5%；小型企业累计完成工业增加值150.66亿元，增长10.7%；微型企业累计完成工业增加值12.07亿元，下降8%。

全市规模以上工业累计实现主营业务收入955.20亿元，下降2.5%；累计实现利税123.35亿元，增长5.5%，其中实现利润55.37亿元，增长26.5%。

四、固定资产投资和房地产开发

2016年全市固定资产投资累计完成1647.33亿元，比上年增长5.0%。其中城乡建设项目完成投资1305.27亿元，下降2.8%；房地产投资326.0亿元，增长54.0%。分产业看，第一产业投资213.68亿元，增长16.8%；第二产业投资529.16亿元，下降15.7%；第三产业投资888.43亿元，增长19.4%。

房地产开发投资326.0亿元，比上年增长54.0%。其中，商品住宅投资248.13亿元，增长61.0%；办公楼投资4.25亿元，下降45.5%；商业营业用房投资42.55亿元，增长55.6%。商品房施工面积2010.5万平方米，比上年增长5.6%；商品房竣工面积250.3万平方米，比上年增长7.2%；商品房销售面积464.5万平方米，比上年增长3.7%；商品房销售额213.9亿元，比上年增长3.9%。

五、国内贸易

2016年实现社会消费品零售总额683.17亿元，比上年增长10.5%。其中，全市297家限额以上企业（单位）实现消费品零售额151.00亿元，比上年增长4%。分地区看，城镇零售额实现536.97亿元，增长10.8%；乡村零售额实现146.20亿元，增长9.7%。分行业看，批发业实现零售额130.67亿元，增长15.8%；零售业实现零售额452.55亿元，增长8.0%；住宿业实现零售额14.63亿元，增长20.7%；餐饮业实现零售额84.20亿元，增长15.3%。

限额以上批发和零售业商品分类零售额145.67亿元，

比上年增长4.3%。其中，粮食、食品下降5.2%，饮料类下降3.1%、烟酒类增长5.6%，服装、鞋帽、针纺织品类增长47.0%，化妆品类增长1.7%，金银珠宝类下降26.8%，书报杂志类增长9.3%，电子出版物及音像制品类增长32.1%，家用电器和音像器材类下降17.6%，中西药品类增长13.8%，煤炭及制品类下降1.0%，石油及制品类下降19.4%，汽车类增长4.8%。

六、对外经济

2016年全市实际利用外资46003万美元，比上年增长38.3%，其中外商直接投资41264万美元，增长30.4%。2016年，新批外商投资项目5个，比上年下降37.5%。合同外资额达到1574万美元，比上年下降95.8%。当年新注册外商投资企业5个，投资总额1574万美元，比上年下降95.8%。

2016年实现进出口总额37.2亿元，比上年下降10.4%。其中出口额实现26.6亿元，下降0.9%。

七、交通邮电业和旅游业

2016年全市交通运输、仓储和邮政业实现增加值105.67亿元，比上年增长7.5%。全市邮电业务总量达40.08亿元，比上年增长17.3%。其中，邮政业务总量4.42亿元，增长32.1%；电信业务总量35.66亿元，增长15.6%。

2016年全市共有53家A级景区，其中4A级景点12个。星级宾馆49家，其中四星级宾馆17家；旅行社92家。2016年，共接待国内外游客5193.77万人次，旅游收入519.24亿元，比上年分别增长35.0%和45.7%。

八、财政、金融和保险业

2016年全市完成全部财政收入239.49亿元，比上年增长3.8%。公共财政预算收入完成141.70亿元，比上年增长6.6%。公共财政预算支出415.19亿元，比上年增长5.9%，全市用于民生领域的一般公共预算支出达333.3亿元，比上年增长5.5%，占全市一般公共预算支出的80.5%。

2016年全市银行业金融机构人民币存款余额2882.84亿元，比上年增长22.9%，比年初新增536.89亿元，比上年多增304.76亿元。人民币各项贷款余额2026.43亿元，比上年增长20.64%，比年初新增346.66亿元，比上年多增160.08亿元。

2016年全市共有各类保险公司39家，比上年增加6家，其中，财险公司22家，寿险公司17家。全市保费收入达到58.52亿元，比上年增长25.9%。赔款及给付24.16亿元，比上年增长13.2%。

九、科学技术和教育

2016年全市5项科技成果获河北省科技进步奖，6项科技成果获省级山区创业奖。全市争取到了国家863计划、国家国际科技合作、省重大成果转化等国家、省科技计划31项，资金近2300万元。积极开展省市两级专利申请资助，全年发放资助金89.5万元，全市专利申请量、授权量分别达到1464件、837件，比上年增长19.08%、6.35%。

全市有各级各类学校1281所，其中幼儿园525所（公办248所）、小学532所（教学点468个，不计入学校总数）、初中132所、普通高中33所、中等职业学校42所（公办18所、民办11所、成人中专13所）、特殊教育学校13所、地方高校4所，另有省驻张高校2所。各类学校毕业生人数141572人，招生人数146548人。

十、文化、卫生和体育

2016年来全市共有6个艺术表演团体（事业）（其中有2个剧团暂停活动），文化站机构233个，165公共图书馆，总藏量约145.36万册。

全市共有医疗卫生机构5726个，其中医院81个。医疗卫生机构实有床位21613张，每千常住人口医疗卫生机构床位5.01张。

2016年全市体育社团已发展到20个，健身俱乐部7个，全年组织开展各类群众体育活动约60多项（次）。2016至2017雪季，滑冰、滑雪协会举办14项冰雪赛事活动。第二届“大好河山·激情张家口”冰雪季活动，安排各类冰雪赛事活动83项（次），比上个冰雪季增加了42项。全年组织举办各类赛事活动80项（次），累计参与人数近40万人（次）。

十一、资源和环境保护

全市土地总面积5519.48万亩（3.7万平方公里）。2016年，全市土地供应总量为332宗，面积1.22万亩，出让金总额63.67亿元；市辖区土地供应总量为40宗，面积2383.77亩，出让金总额11.11亿元。全市共预报土地整治项目78个，预计补充耕地31218亩。完成立项项目46个，新增耕地15036亩；全市已验收项目共50个，新增耕地19197.49亩。全市年平均水资源总量为17.99亿m^3，其中地表水资源量为11.62亿m^3，地下水资源量11.91亿m^3（地表、地下重复水量5.53亿m^3）。

2016年全市中心城区环境空气质量达标天数288天，达标率为78.7%，环境空气综合质量指数为4.50，在全省排名第一。全市主要流域水质监测断面功能区达标率为100%，地表水I—III类水质断面比例占100%，水质为良好。城市生活垃圾清运量49.5万吨，城市生活垃圾无害化处理率95%。

十二、城市建设和安全生产

2016年末实有铺装道路长度671.3公里，增加108.1公里；道路面积1530.5万平方米，增加132.5万平方米，人均道路面积15.41平方米，减少0.21平方米。建成区绿化覆盖面积4163公顷，减少372公顷，建成区绿化覆盖率40.95%，减少2.8个百分点；人均公园绿地面积11.39平方米。

2016年全市发生各类生产安全事故62起，死亡42人，经济损失644.9万元，同比减少1126.1万元，下降63.6%。其中工矿商贸企业发生伤亡事故10起，同比减少4起，下降26.8%；死亡10人，同比减少5人，下降33.3%。

十三、人民生活和社会保障

2016年全市居民人均可支配收入17588元，比上年增长11.5%；城镇居民人均可支配收入26069元，比上年增长9.3%；农村居民人均可支配收入9241元，比上年增长10.8%。

2016年全市企业职工养老保险、工伤保险、职工医疗保险、城乡居民医疗保险、生育保险分别达到76.84万人、54.75万人、65.53万人、320.78万人、30.51万人，城乡居民社会养老保险参保202.41万人，参保率为96.78%。全市拥有收养性社会福利单位168个，拥有床位39037张，年末在院人数11856人。年末城市居民享受最低生活保障人数为8.8万人，农村居民享受最低生活保障人数为45万人。

（张家口市统计局　席亚男）

秦皇岛市

2016年，秦皇岛市坚决落实中央、省、市重大决策部署，深入实施“生态立市、产业强市、开放兴市、文明铸市”发展战略，加快发展动能转换和质量效益提升，经济运行稳中有进，向好趋势不断巩固，人民生活持续改善，社会事业稳步发展，实现“十三五”良好开局。

一、综合

年末全市常住人口309.46万人。出生人口2.81万人，人口出生率为9.12‰；死亡人口2.06万人，人口死亡率为6.69‰；人口自然增长率为2.43‰。常住人口城镇化率为56.13%，比上年提高2.06个百分点。

全市生产总值实现1349.35亿元，比上年增长7.0%。其中，第一产业增加值195.95亿元，增长5.3%；第二产业增加值468.63亿元，增长5.4%；第三产业增加值684.78亿元，增长8.5%。

全年居民消费价格比上年上涨1.2%。其中，城市上涨1.4%，农村上涨0.8%。工业生产者出厂价格下降1.8%；固定资产投资价格下降1.0%。年末城镇新增就业岗位5.66万人，城镇登记失业率为3.02%。

全年财政收入完成203.37亿元，其中一般公共预算收入116.01亿元。财政支出305.78亿元，增长13.7%，其中一般公共预算支出245.57亿元，增长7.6%。

二、农林牧渔业

全年粮食作物播种面积13.71万公顷，比上年下降7.6%；粮食总产量81.14万吨，下降3.9%。油料总产量8.06万吨，增长34.7%。蔬菜总产量324.28万吨，下降4.8%。食用菌总产量1.91万吨，增长16.9%。园林水果总产量87.29万吨，下降1.2%。肉类总产量36.12万吨，增长2.0%；禽蛋产量11.23万吨，下降3.5%；牛奶产量9.85万吨，下降0.6%。水产品总产量36.18万吨，增长0.3%。畜牧、蔬菜、果品三大优势产业产值占农林牧渔业总产值比重的65.9%。农业产业化经营率达到69.5%。

三、工业和建筑业

全部工业增加值383.94亿元，比上年增长5.0%。规模以上工业增加值334.87亿元，增长5.2%。规模以上工业中，国有及国有控股企业增加值增长10.5%，集体企业下降15.0%，股份制企业增长6.5%，外商及港澳台投资企业增长4.6%。规模以上工业中，装备制造业增加值151.61亿元，增长9.5%；高新技术产业增加值128.35亿元，增长15.1%。规模以上工业企业实现利润34.08亿元，增长71.0%。

全社会建筑业增加值89.04亿元，比上年增长7.3%。资质等级以上建筑业企业房屋施工面积964.25万平方米，下降11.5%；房屋竣工面积422.24万平方米，下降1.9%。

四、固定资产投资

全社会固定资产投资完成892.50亿元，与上年持平。其中，固定资产投资（不含农户）874.66亿元，增长0.1%；农户投资17.84亿元，下降1.5%。在固定资产投资（不含农户）中，第一产业投资69.41亿元，第二产业投资208.13亿元，第三产业投资597.11亿元。工业投资207.92亿元，下降14.4%。民间投资567.10亿元，下降9.1%。高新技术产业投资74.74亿元，增长0.3%，其中新能源、环保产业投资均实现较大幅度增长，增速分别为47.2%和1.3倍。

城市基础设施投资253.88亿元，比上年增长2.8%。房地产开发投资251.69亿元，下降2.2%。其中，住宅投资184.33亿元，下降3.7%；办公楼投资5.32亿元，下降51.8%；商业营业用房投资37.62亿元，增长12.9倍。

五、国内贸易

社会消费品零售总额实现699.80亿元，比上年增长10.4%。其中，城镇消费品零售额完成599.63亿元，增长11.0%；乡村消费品零售额完成100.17亿元，增长6.8%。限额以上批发和零售企业（单位）商品零售额中，中西药品类、文化办公用品类和家具类分别增长20.2%、16.1%和12.5%；石油及制品类和汽车类零售出现明显回升，分别增长4.5%和4.4%；书报杂志类、电子出版物及音像制品类和烟酒类分别下降23.1%、17.3%和14.4%。

六、对外经济

全年进出口总额完成289.77亿元，比上年增长1.5%。其中，出口194.91亿元，增长5.6%；进口94.86亿元，下降6.0%。植物产品进口占进口总额的48.6%，机电产品出口占出口总额的54.5%。

实际利用外资9.04亿美元，比上年增长5.0%。其中，外商直接投资6.59亿美元，增长25.3%。全市新批准外资合同项目5个，下降54.5%；新批合同外资额0.35亿美元，下降95.0%。

七、交通、邮电和旅游

交通运输、仓储和邮政业实现增加值124.72亿元，比上年增长5.6%。公路货运量6300万吨，增长19.4%；

公路客运量1422万人，下降26.1%。水上货运量1858万吨，增长4.6%；水运客运量5.14万人，增长13.5%。港口货物吞吐量18684万吨，下降26.2%；集装箱吞吐量51.55万箱，增长2.9%。航空货运量426吨，航空客运量23.12万人，分别增长29.1%和48.6%。年末实有公共汽（电）车营运车辆1494辆，全年公共汽（电）车客运总量11595万人次。实有出租车4958辆；非营运机动车保有量54.05万辆，其中汽车保有量52.27万辆。

邮政业务收入5.80亿元，比上年增长22.3%。其中快递业务收入3.16亿元，增长58.5%。电信业务收入24.47亿元，增长2.6%。函件总数396万件，订阅报刊杂志4957万份。年末固定电话用户50.27万户，移动电话用户356.30万户。固定互联网宽带接入用户达到90.35万户。

全年接待海外游客29.12万人次，比上年增长2.5%；旅游外汇收入2.11亿美元，增长16.4%。接待国内游客4188.93万人次，增长25.3%；旅游总收入495.52亿元，增长36.7%。

八、金融和保险业

年末全部金融机构本外币各项存款余额2621.81亿元，比年初增加190.35亿元，其中住户存款余额1756.11亿元，比年初增加187.41亿元。金融机构本外币各项贷款余额1556.70亿元，比年初减少10.30亿元。年末实有保险公司41家，保险公司保费收入72.00亿元，比上年增长27.4%。支付各类赔款给付11.89亿元，下降3.1%。

九、人民生活和社会保障

全年城镇居民人均可支配收入30348元，比上年增长7.8%；农村居民人均可支配收入11621元，增长7.8%。城镇居民家庭恩格尔系数（即居民家庭食品消费支出占家庭消费支出的比重）为26.45%，农村居民家庭恩格尔系数为28.52%。

年末全市城乡居民养老保险参保人数127.19万人，其中城镇职工基本养老保险参保81.00万人。城乡居民基本医疗保险参保人数203.56万人，其中城镇职工基本医疗保险参保62.86万人。失业保险参保人数33.31万人，工伤保险参保人数46.40万人，生育保险参保人数44.03万人。

十、教育、科学技术和文化

年末共有各类幼儿园327所，在园儿童7.90万人。小学416所，招生数3.44万人，在校生20.13万人。普通中学157所，招生数4.39万人，在校生12.68万人。特殊教育学校5所，招生数52人，在校生451人。中等职业教育学校44所，招生数1.39万人，在校生3.54万人。普通高等院校13所，招生数5.23万人，在校生15.41万人。

全年组织实施科技计划项目525项；成交技术合同538项，成交额4.75亿元。全市高新技术企业101家，科技小巨人企业90家，经认定的科技型中小企业1540家。专利申请量、授权量分别为5637件和3217件。新建市级以上工程技术研究中心（重点实验室）24家，截止年末全市建有省级产业技术研究院5家，市级以上工程技术研究中心（重点实验室）109家。

年末共有艺术表演团体4个，公共图书馆7个，剧场、影剧院14个。群众艺术馆、文化馆8个，文化站106个，完善提升村、社区文化广场（文化活动场所）2546个。县级以上广播电台5座，对国内广播节目9套。县级以上电视台5座，电视转播台9座。有线电视用户112.4万户，年末广播节目综合人口覆盖率100%，电视节目综合人口覆盖率100%。

十一、卫生、体育和社会服务

年末全市共有医疗卫生机构3738个（含村卫生室），其中医院68个，社区卫生服务中心（站）103个，乡镇卫生院75个。年末卫生机构拥有床位17247张，拥有卫生技术人员19662人，其中执业（助理）医师8524人，注册护士8041人。

全年全市运动员在省级以上各类比赛中获金牌68枚，银牌57枚，铜牌54枚。

年末城市社区综合服务设施覆盖率达到88%。全市7.33万人享受城乡居民最低生活保障，其中，城镇居民2.22万人，农村居民5.10万人。

十二、资源、环境和安全生产

全年完成造林面积31430公顷，其中，人工造林面积16459公顷，新封山（沙）育林面积4832公顷。完成林业重点工程三北防护林工程5001公顷，沿海防护林工程6179公顷。全市森林覆盖率达到46.75%。

全市环境空气质量监测总天数366天，二级以上达标天数281天，比上年增加12天；达标率为76.8%。单位地区生产总值能耗0.786吨标准煤/万元，下降4.39%。全社会用电量137.94亿千瓦时，增长2.2%；单位地区生产总值电耗下降4.49%。

全年发生各类生产安全事故9起，造成11人死亡，直接经济损失88万元。发生道路交通事故214起，造成147人死亡；交通事故损失额84万元。发生火灾事故580起，造成2人死亡，火灾事故损失额1245万元。

（秦皇岛市统计局　徐庆书　肖贵奇）

唐山市

2016年，面对错综复杂的经济形势和艰巨繁重的改革发展稳定任务，全市人民在市委、市政府的坚强领导下，认真落实“四个干”工作机制，积极做好稳增长、调结构、促改革、惠民生、优环境各项工作，深入推进结构性改革，经济呈现企稳向好的态势，民生事业持续进步，经济社会发展迈入新的阶段，实现了“十三五”良好开局。

一、综合

全年地区生产总值6354.9亿元，比上年增长6.8%。其中，第一产业增加值599.0亿元，增长3.5%；第二产业增加值3499.9亿元，增长5.1%；第三产业增加值2256.0亿元，增长10.2%。按常住人口计算，全年人均地区生产总值81239元（按年平均汇率折合12231美元），增长6.2%。全员劳动生产率为14.25万元/人，比上年提高7.4%。三次产业增加值结构由上年的9.3：55.1：35.6调整为9.4：55.1：35.5。

全年城市居民消费价格比上年上涨1.4%。城市商品零售价格上涨0.9%。工业生产者出厂价格上涨4.8%，其中，生产资料价格上涨5.1%，生活资料价格下降1.3%。

全年全部财政收入607.7亿元，比上年增长5.8%。其中，一般公共预算收入355.1亿元，按可比口径计算，增长11.2%。一般公共预算支出642.5亿元，增长8.5%。

二、农业

全年粮食播种面积47.9万公顷，粮食产量305.5万吨，粮食亩产425.3公斤。棉花播种面积1.7万公顷，产量2.1万吨。油料播种面积7.9万公顷，产量32.1万吨。蔬菜播种面积19.0万公顷，产量1466.9万吨。全年干鲜果产量269.0万吨（含果用瓜），比上年下降0.4%，其中板栗产量9.2万吨，增长4.7%。森林覆盖率36.4%，比上年提高0.8个百分点。全年肉类产量75.8万吨，比上年增长2.3%。禽蛋产量38.1万吨，增长2.3%。牛奶产量170.0万吨，下降3.9%。全年水产品产量61.2万吨，比上年增长3.6%。

年末市级以上农业产业化龙头企业167家，比上年增加18家。农业产业化经营率68.4%，比上年提高0.5个百分点。新型农业经营主体单位8512户，比上年增加991户。

三、工业和建筑业

全年全部工业增加值3219.1亿元，比上年增长5.0%。其中，规模以上工业增加值2920.6亿元，增长5.0%。在规模以上工业中，国有控股企业增加值下降6.1%，股份制企业增长4.7%。钢铁行业增加值增长1.9%，装备制造业增长7.9%，化工行业增长4.3%，能源行业下降2.7%，建材行业下降1.0%。装备制造业增加值609.2亿元，占规模以上工业的比重为21.2%。高新技术产业增加值209.6亿元，比上年增长4.5%，占规模以上工业的比重为7.3%。全年规模以上工业实现利润438.1亿元，比上年增长78.5%。其中，装备制造业利润72.8亿元，下降10.7%。

全年全社会建筑业增加值281.9亿元，比上年增长7.0%。具有资质等级的总承包和专业承包建筑企业315家，实现利润14.5亿元，下降10.0%，其中私营企业下降20.4%。

四、固定资产投资

全年全社会固定资产投资5036.3亿元，比上年增长9.0%。其中，固定资产投资（不含农户）4975.1亿元，增长9.5%。在固定资产投资中，第一产业投资278.7亿元，增长13.7%；第二产业投资2585.8亿元，增长15.3%；第三产业投资2110.6亿元，增长2.6%。工业投资2606.6亿元，增长15.0%。其中，工业技术改造投资1656.8亿元，增长12.2%，占工业投资的63.6%。民间投资3691.1亿元，增长7.3%，其中私营企业投资增长17.7%。城市基础设施投资1178.5亿元，增长28.4%。

全年固定资产投资施工项目3041个，其中本年新开工项目2251个。在施工项目中，总投资亿元以上项目1135个，完成投资3714.2亿元，增长20.4%。

全年房地产开发投资458.9亿元，比上年下降19.3%。其中，商品住宅投资322.1亿元，下降21.1%；办公楼投资11.2亿元，增长9.6%。

五、国内贸易

全年社会消费品零售总额2371.1亿元，比上年增长10.4%。按经营地统计，城镇消费品零售额1945.9亿元，增长10.3%；乡村消费品零售额425.2亿元，增长10.7%。分行业统计，批发业零售额376.9亿元，增长9.7%；零售业零售额1816.5亿元，增长10.3%；住宿业零售额16.4亿元，增长11.7%；餐饮业零售额161.4亿元，增长12.5%。

年末限额以上批发和零售企业456家，比上年末减少20家。在限额以上企业商品零售额中，粮油食品类增长2.0%，家具类增长30.2%，通讯器材类增长46.7%，汽车类增长12.7%，中西药类增长21.0%。

六、对外开放

全年进出口总额705.9亿元，比上年下降18.2%。其中，出口额467.0亿元，下降11.5%；进口额238.9亿元，下降28.7%。在出口额中，钢材产品出口47.8亿美元，下降20.2%；机电产品出口7.6亿美元，下降16.9%

全年实际利用外资14.8亿美元，比上年增长19.2%。其中，外商直接投资14.4亿美元，增长16.5%。在外商直接投资中，第一产业增长17.1%，第二产业增长6.7%，第三产业增长92.4%。全年新批准外商投资合同26项，合同外资额4.8亿美元。

七、交通、邮电和旅游

年末公路通车里程1.8万公里，其中高速公路609公里。全年公路货物运输量3.9亿吨，比上年增长5.1%；货物运输周转量967.2亿吨公里，增长7.0%。公路旅客运输量2711.8万人次，增长2.1%；旅客运输周转量24.6亿人公里，增长1.9%。年末民用汽车保有量172.1万辆（包括三轮汽车和低速货车2.9万辆），比上年末增长11.8%，其中私人汽车保有量160.9万辆，增长12.5%。全年唐山港货物吞吐量5.2亿吨，比上年增长5.6%。其中，集装箱吞吐量193.6万标箱，增长27.1%。三女河机场旅客吞吐量24.1万人次，比上年下降4.0%；货（邮）吞吐量836吨，增长14.0%；已开通航线11条，通达15个城市。

全年邮电业务总收入66.7亿元，比上年增长6.5%。其中，邮政业务收入12.0亿元（含快递业务收入），电信业务收入54.7亿元。年末移动电话用户955.3万户，互联网宽带接入用户数168.3万户。年末全市许可备案的快递企业及其分支机构340家，完成快递业务量（收件量）6486.9万件，实现业务收入5.4亿元。

全年接待国内外游客4480万人次，旅游总收入438亿元。其中，接待国际游客10.7万人次，旅游外汇收入4352.4万美元；接待国内游客4469.1万人次，国内旅游收入435.1亿元。成功举办世界园艺博览会、第21届中国北方旅游交易会；迁西县、迁安市、遵化市被国家旅游局列入创建国家全域旅游示范区名单。

八、金融

年末拥有各类金融机构115家（不含小贷公司）。其中，银行业金融机构33家，证券机构17家，保险机构54家。年末拥有小额贷款公司43家。

年末金融机构人民币各项存款余额8279.9亿元，比年初增加823.1亿元，其中，住户存款余额4893.2亿元，比年初增加427.0亿元。金融机构人民币各项贷款余额4975.0亿元，比年初增加195.6亿元。

全年保险机构原保险保费收入216.5亿元，其中，财产险原保险保费收入59.8亿元，人身险原保险保费收入156.6亿元。各类保险赔款与给付支出83.8亿元，其中，财产险赔款与给付支出33.0亿元，人身险赔款与给付支出50.8亿元。

九、城市建设与管理

年末城市道路总长度1594.1公里，人均城市道路面积15.57平方米。年末市区集中供热面积8636.9万平方米，新增1994.7万平方米。年末天然气管线总里程3219.4公里，增加435公里，扩供用户5.7万户。城市日供水能力124万立方米。年末城市排水管道1981公里，城市污水日处理能力82万立方米，污水集中处理率达到98%。年末主城区公交运营车辆2015部，年末运营载客出租车7451辆。

年末城市公园绿地面积3024公顷，人均公园绿地面积15.28平方米；建成区绿化覆盖面积9457公顷，绿化覆盖率37.98%，建成区绿地率35.73%。城市建成区生活垃圾无害化处理率达到100%。

年内大剧院、图书馆、会展中心建成并投入使用，体育公园、动物园等休闲设施向市民开放，永续利用的世园会园址提升了城市品质。

十、教育、科技、文化和体育

年末拥有普通高等学校10所，在校生11.6万人，其中研究生2655人。中等职业学校在校生6.8万人，普通中学在校生33.9万人，小学在校生50.6万人，幼儿园在园幼儿22.8万人。九年义务教育巩固率97.68%，高中阶段教育毛入学率93.6%。华北理工大学新校园建设全部完工，搬迁工作基本完成。

年末拥有市级以上企业技术中心133家，市级以上工程技术研究中心162家，省级以上工程实验室11家，市级以上重点实验室42家，市级以上产业技术研究院2家，省级院士工作站22家。全年申请专利5566项，授权专利3282项。取得科学技术奖励122项，其中省级42项。

年末拥有艺术表演团体9个，影剧院26个，文化馆、群艺馆15个，博物馆、纪念馆18个，公共图书馆13个。公开出版报纸、期刊19种。拥有世界文化遗产2处，市级以上文物保护单位95处。成功举办第25届中国金鸡百花电影节和第十届中国评剧艺术节。

年末拥有体育场地10920个，体育馆21座，标准游泳池（馆）21个，公共健身器材8430套，人均体育场地面积1.92平方米。全年获得世界（亚洲）冠军6个、全国冠军2个，省年度比赛夺得金牌97枚。与乌拉圭签署唐山市与乌拉圭足球计划协议。成功举办首届中国一拉丁美洲沙滩足球锦标赛、中国（唐山）国际户外体育休闲用品博览会等一系列国际国内大型赛事活动。

十一、卫生、社会保障和公共服务

年末全市拥有各类卫生机构2248个（不含村卫生室），其中医院172个，乡镇卫生院179个，社区卫生机构150个。全市卫生机构拥有床位4.2万张，其中医院3.3万张，乡镇卫生院0.6万张，每千人口医疗卫生机构床位数5.36张。卫生技术人员4.7万人，其中执业（助理）医师2.0万人，注册护士2.0万人，每千人口执业（助理）医师2.56人。

年末全市城镇职工基本养老保险覆盖人数222.9万人，其中参保职工158.4万人，参保离退休人员64.5万人；城乡居民养老保险覆盖人数334.1万人，其中农村居民参保人数325.5万人。城乡基本医疗保险覆盖人数696.4万人，其中城镇职工参保156.0万人，居民参保540.5万人。失业保险覆盖人数82.8万人。工伤保险覆盖人数108.7万人，其中参加工伤保险的农民工31.2万人。生育保险覆盖人数111.0万人。

全年发放城乡最低生活保障金5.4亿元，保障居民162718人，其中城市居民29828人，农民132890人。城市低保标准由每人每月500元提高到550元，农村低保标准由每人每年3550元提高到3912元。

年末全市拥有敬老院76家，床位13727张。民办养老机构97家，拥有养老床位11420张。社会救助站11家。儿童福利机构集中养育孤儿和社会散居孤儿每月基本生活费分别为1150元和700元。

十二、人口和人民生活

年末全市常住人口784.4万人，比上年末增加4.2万人，其中城镇人口473.8万人，增加18.9万人。常住人口城镇化率60.41%，比上年提高2.10个百分点。

年末户籍总人口759.6万人，比上年末增加4.7万人。其中，男性384.4万人，女性375.2万人，男女性别比为102.5∶100.0。全年出生人口10.2万人，死亡人口3.6万人。全年登记结婚48025对，离婚21511对。

全年全市居民人均可支配收入25534元，比上年增长8.8%。其中，城镇居民人均可支配收入33725元，增长

7.8%；农村居民人均可支配收入15023元，增长7.8%。

十三、环境保护

全年能源消费总量8163.54万吨标准煤，比上年增长2.44%。规模以上工业煤炭消费量7568.6万吨，比上年减少226.9万吨。万元生产总值能耗1.2529吨标准煤，下降4.04%；万元工业增加值能耗下降1.77%。

全年环境空气质量二级及优于二级天数200天，重度污染以上天数37天，细颗粒物（PM2.5）浓度年均值下降12.9%，可吸入颗粒物（PM10）浓度年均值下降9.9%。化学需氧量、氨氮、二氧化硫、氮氧化物排放总量分别为13.91万吨、1.09万吨、21.45万吨和26.57万吨。

（唐山市统计局　翟淑霞）

廊　坊　市

2016年，全市坚持“协同发展、转型升级、又好又快”工作主基调，牢牢抓住京津冀协同发展新机遇，努力适应新常态，经济运行总体平稳，结构向优，质量向好，社会事业全面进步，实现了“十三五”良好开局。

一、综合

2016年全市生产总值实现2720.5亿元，比上年增长8.0%。其中，第一产业增加值198.3亿元，下降0.1%；第二产业增加值1203.8亿元，增长5.3%；第三产业增加值1318.4亿元，增长12.0%。第一产业增加值占全市生产总值的比重为7.3%，第二产业增加值比重为44.2%，第三产业增加值比重为48.5%，比上年提高1.5个百分点。

居民消费价格比上年上涨1.4%，同比提高1.2个百分点。其中，城市上涨1.6%，农村上涨1.5%。分类别看，食品烟酒上涨2.0%，衣着上涨1.6%，居住上涨1.3%，生活用品及服务上涨0.9%，交通和通信下降2.0%，教育文化和娱乐下降0.2%，医疗保健上涨5.6%，其他用品和服务上涨4.9%。商品零售价格上涨1.1%，提高1.5个百分点；农业生产资料价格下降4.1%，回落3.8个百分点；工业生产者出厂价格上涨0.9%，提高7.2个百分点。

下岗再就业人数0.83万人。年末城镇登记失业率1.8%。

二、农业

粮食播种面积450.4万亩，比上年下降2.7%；粮食总产量159.5万吨，下降0.8%。其中，夏粮产量39.1万吨，下降8.2%；秋粮产量120.3万吨，增长1.9%。

棉花播种面积20.2万亩，比上年下降31.6%；棉花总产量1.5万吨，下降29.9%。油料播种面积23.1万亩，与上年持平；总产量4.0万吨，增长2.9%。

蔬菜播种面积153.3万亩，比上年下降4.8%；蔬菜总产量638.9万吨，下降6.0%。其中，设施蔬菜播种面积61.4万亩，增长6.3%；产量244.8万吨，增长5.3%。

肉类总产量27.6万吨，比上年下降12.0%。其中，猪肉产量15.2万吨，下降9.9%；牛肉产量5.0万吨，下降18.6%；羊肉产量2.5万吨，下降17.8%；牛奶总产量17.0万吨，下降24.9%。禽蛋产量15.7万吨，增长0.7%。

水产品产量3.5万吨，与上年持平。

农用机械总动力393.0万千瓦，比上年下降43.7%。机耕面积441.1万亩，增长0.1%；机播面积472.9万亩，下降2.4%；机收面积385.1万亩，增长2.5%。农村用电量81.0亿千瓦小时，下降12.5%。

三、工业和建筑业

全部工业增加值1021.6亿元，比上年增长5.4%。其中，规模以上工业增加值776.5亿元，增长6.0%。在规模以上工业中，分经济类型看，国有企业增加值增长15.2%，集体企业增长4.9%，股份制企业增长6.9%，外商及港澳台企业增长2.2%；分轻重工看，轻工业增长5.6%，重工业增长6.1%。

规模以上工业行业中，金属制品业、食品制造业和汽车制造业三大行业支撑作用较强，拉动全市规模以上工业增长3.0个百分点；五大高耗能行业实现增加值249.6亿元，增长3.6%，占全市规上工业的比重为32.1%，下降0.4个百分点；装备制造业增加值285.5亿元，增长8.0%，占全市规上工业的比重为36.8%，提高0.6个百分点；规模以上工业高新技术产业增加值202.4亿元，增长15.1%。其中，高端技术装备制造和电子信息两个领域增加值分别增长17.6%和9.1%，两大领域占规上工业高新技术产业增加值的比重达84.9%。

规模以上工业企业实现利润总额183.0亿元，增长12.1%。分经济类型看，国有及国有控股企业实现利润−0.5BT亿元，比上年增长1.9倍；集体企业3.6亿元，下降3.2%；股份制企业126.4亿元，增长16.4%；外商及港澳台商投资企业49.6亿元，增长5.0%；其他企业3.9亿元，增长1.3%。

建筑业实现增加值182.4亿元，增长5.2%。资质等级以上建筑业企业房屋施工面积3428.1万平方米，下降5.6%；房屋竣工面积1013.6万平方米，下降3.4%。

四、固定资产投资

全社会固定资产投资完成2490.8亿元，增长15.0%。其中，固定资产投资（不含农户）2458.5亿元，增长15.2%；农户投资32.3亿元，下降2.1%。

在固定资产投资（不含农户）中，第一产业投资35.2亿元，比上年增长26.9%；第二产业投资1291.5亿元，增长21.9%；第三产业投资1131.8亿元，增长8.1%。在第二产业投资中，工业投资1291.0亿元，增长21.9%，高于固定资产投资6.7个百分点。其中，工业技改投资794.3亿元，增长16.2%，占工业投资的61.5%。

全市施工项目1611个，比上年增长34.9%，完成投资1754.9亿元，增长20.0%。其中，新开工建设项目1284个，增长49.7%，完成投资1120.9亿元，增长30.4%，拉动全市固定资产投资增长12.2个百分点。

房地产开发投资703.6亿元，比上年增长4.9%。其中，商品住宅投资562.8亿元，增长0.8%；办公楼投资29.8亿元，增长2.0倍；商业营业用房投资67.7亿元，增长54.8%。

五、国内贸易

社会消费品零售总额实现881.9亿元，增长10.7%。其中，限额以上企业（单位）消费品零售额268.5亿元，增长10.8%。按经营地统计，城镇消费品零售额完成471.1亿元，增长11.0%；乡村消费品零售额完成410.8亿元，增长10.5%。

在限额以上批发和零售企业商品零售额中，占比前十的类别有汽车类增长15.6%，石油及制品类增长10.1%，粮油、食品类增长8.7%，服装、鞋帽、针纺织品类增长6.3%，中西药品类增长23.6%，金银珠宝类增长3.3%，书报杂志类增长5.8%，通讯器材类增长9.5%。家用电器音像器材类与日用品类呈负增长，分别下降0.3%和4.0%。

六、对外经济

实际利用外资80207万美元，增长6.1%。其中，外商直接投资78291万美元，增长17.3%。在外商直接投资中，投向一、二、三产业的外资分别为226万美元、68160万美元和9905万美元。汽车制造业、食品制造业、化学原料和化学制品制造业居前，分别为16231万美元、13581万美元和10169万美元。

从批准、注册情况看，年内新批项目28个，与上年持平；总投资（含增资）124348万美元，下降15.3%。其中合同外资额（含增资）46099万美元，下降34.5%；年内新注册项目24个，注册资本30567万美元，下降30.7%。其中外方注册资本28774万美元，下降34.6%。年末实有三资企业517家。

全市进出口总值332.6亿元，增长10.4%。其中出口总值152.7亿元，增长5.0%；进口总值179.9亿，增长15.3%。

七、交通、邮电和旅游

全年公路货物运输总量10383.6万吨，增长1.0倍；货物运输周转量245.7亿吨公里，增长1.1倍。旅客运输总量3063.6万人，增长79.9%；旅客运输周转量9.2亿人公里，增长78.0%。公路通车里程10684公里。全市现有公路桥梁2050座18.03万米。干线公路大中修完成完成项目16项，完成里程259公里，投资22061万元。完成危桥改造7座，4413米，完成投资627万元。

全市邮政业务收入3.1亿元，比上年下降6.1%。邮电业务收入完成61.1亿元，增长31.9%。年末固定电话用户61.6万户，移动电话用户547.6万户，互联网宽带接入用户数108.8万户，互联网宽带接入端口260.2万个。

全年共接待游客2695.7万人次，比上年增长33.0%，实现旅游收入279.9亿元，增长38.6%。其中，接待国际游客15.5万人次，增长13.4%，创汇4882.9万美元，下降10.8%；接待国内游客2680.2万人次，增长33.2%，创收276.6亿元，增长39.3%。

八、财政和金融

全部财政收入完成595.5亿元，比上年增长23.7%。其中，一般公共预算收入完成338.7亿元，增长11.6%。一般公共预算支出508.9亿元，增长6.1%。

年末全部金融机构各项存款余额6179.9亿元，比年初增加1168.8亿元。其中住户存款余额2860.3亿元，比年初增加474.9亿元。各项贷款余额4905.2亿元，比年初增加1484.4亿元。

九、教育和科学技术

各类中等职业教育学校招生1.1万人，在校生2.9万人；普通高中招生2.4万人，在校生7.2万人；高中阶段教育毛入学率为92.5%，比上年提高0.2个百分点；初中学校招生5.2万人，在校生14.6万人；普通小学招生8.5万人，在校生43.8万人；全市各类幼儿园在园幼儿14.4万人；特教学校在校生1052人；小学附设学前班在校生4.7万人。2016年高考报名考生1.9万人，其中本一上线人数3023人、本二上线人数7283人；体育、艺术本科提前批上线2075人。

经省科技厅认定的全市高新技术企业192家。共争取省以上科技项目209项，获得扶持资金2.02亿元，其中国家级科技项目97项，资金1.61亿元。登记科技成果77项，其中国际先进2项，国内领先44项，国内先进23项，14项科技成果荣获省科学技术奖，其中技术发明奖1项，自然科学奖1项，科学技术进步奖12项。全市科学技术进步奖73项。专利申请4936项，其中发明专利1010项。专利授权3057项，其中发明专利338项。

十、文化、卫生和体育

全市共有公有制艺术表演团体9个，艺术表演场所（公有制）6个，群众艺术馆2个，文化馆10个，公共图书馆11个，博物馆4个。

年末全市共有医疗卫生机构5989个，其中医院137个，疾病预防控制中心11个，妇幼保健院（所、站）10个。年末医疗卫生机构（医院、卫生院）共有床位20456张，其中医院拥有15451张，卫生院拥有3934张。全市拥有卫生技术人员23493人，其中执业医师8079人，执业助理医师2129人。乡镇卫生院90个，乡镇卫生院卫生技术人员2532人。

农村和城市社区健身设施覆盖率分别达到75%和90%以上。截至2016年底，全市登记注册各类体育社会组织130个，街道乡镇级体育组织90个，全民健身点2000个；拥有各级社会体育指导员4800人，体育人口159万人，占总人口的35.3%。竞技体育队伍建设全面加强，面向全国引进高水平教练员35人，向省级以上专业队伍输送优秀运动员39人。

十一、人口、人民生活和社会保障

年末全市户籍人口469.9万人，比上年末增加9.8万人。出生率13.02‰，死亡率5.79‰，人口自然增长率为7.23‰。常住人口城镇化率为56.8%，比上年提高1.8个百分点。

城镇居民人均可支配收入为34633元，比上年增长8.5%；农村居民人均可支配收入为14286元，增长8.6%。城镇居民人均消费性支出22944元，增长3.6%；农村居民人均消费性支出11235元，增长5.5%。

各类企业参加养老保险人数（含省直管县数据）73.4万人，其中在岗职工64.4万人，离退休人员9.0万人。机关事业单位基本养老保险参保人数19.3万人，其中在岗职工14.3万人，离退休人员5.0万人。企业和机关事业单位养老保险金社会发放率和足额发放率均为100%。医疗保险参保人数（含新农合）396.1万人，新增1.6万人。职工失业保险参保人数29.7万人，新增1.9万人。城乡居民养老保险参保人数216.2万人，参保率达到99.2%。全市共有5.8万人享受居民最低生活保障，减少0.3万人。其中，城镇居民0.7万人，农村居民5.1万人。

十二、城市建设和环境保护

全市建成区绿化覆盖率为45.97%，绿地率42.65%，人均公共绿地面积14.0平方米。年末城市道路总长度504.0公里，道路总面积987.4万平方米。排水管道长度624.8公里。天然气管道总长度1328公里。供热管道总长度1021公里，城市集中供热面积2568.1万平方米。现有水厂5座，日产水能力16.9万立方米，管线总长度320.6公里，5座水厂全年供水量为4426.9万立方米。市区公交线路36条，运营里程830公里，运营车辆639辆。

全年市区空气质量综合指数7.11，空气质量二级以上天数208天，城市空气质量达标率为56.8%，比上年提高6.1个百分点。

（廊坊市统计局　苏文侠）

保　定　市

2016年，在市委、市政府的坚强领导下，全市上下牢牢把握京津冀协同发展机遇，深入推进协同发展、创新驱动、环境支撑三大主体战略，稳增长、调结构、治污染、促改革、惠民生，实干苦干，奋力攻坚，全市经济运行呈现稳中有进、稳中向好的良好态势，各项社会事业健康发展，“十三五”实现良好开局。

一、综合

整体经济平稳增长。全市生产总值完成3149.3亿元，比上年增长7.1%。其中，第一产业增加值367.5亿元，增长4.1%；第二产业增加值1523.3亿元，增长6.4%；第三产业增加值1258.5亿元，增长9.1%。三次产业结构为11.7∶48.4∶39.9。人均生产总值29945元，比上年增长6.4%。

民营经济较快增长。全市民营经济增加值完成2130.4亿元，比上年增长7.6%，占全市生产总值的比重为67.6%，比上年提高0.5个百分点；实缴税金288.7亿元，增长13.8%。

物价水平保持平稳。全市居民消费价格比上年上涨1.8%；工业生产者出厂价格下降1.4%。

就业形势总体稳定。全市城镇新增就业9.8万人，比上年多0.7万人。年末城镇登记失业率为4.30%。

二、农业

农业生产稳步发展。全市农林牧渔业总产值完成652.9亿元，比上年增长3.8%。其中，农业产值390.6亿元，增长4.5%；林业产值13.9亿元，下降2.0%；牧业产值219.6亿元，增长2.5%；渔业产值8.3亿元，增长4.3%；农林牧渔服务业产值20.4亿元，增长7.0%。

主要农产品稳定增长。全市粮食播种面积1215.1万亩，粮食总产量503.1万吨，比上年增长0.3%。其中，夏粮总产量221.3万吨，比上年下降1.3%；秋粮总产量281.7万吨，比上年增长1.5%。蔬菜播种面积193.0万亩，比上年增长1.5%，总产量773.1万吨，比上年增长3.0%。瓜果类播种面积33.3万亩，总产量117.0万吨，比上年增长3.0%。肉类总产量56.9万吨，比上年增长0.9%。其中，猪肉产量41.2万吨，增长0.8%；牛肉产量3.8万吨，增长4.3%；羊肉产量3.7万吨，下降1.3%。年末生猪存栏342.8万头，下降0.1%。奶产量57.6万吨，下降5.5%；禽蛋产量39.1万吨，增长3.8%。

全市农业产业化经营率达到67.8%，比上年提高1.2个百分点。

三、工业和建筑业

工业生产平稳增长。全市规模以上工业增加值完成1010.8亿元，比上年增长6.8%。

转型升级成效显著。全市装备制造业增加值完成447.1亿元，比上年增长9.0%，占规模以上工业的比重为44.2%，比上年提高1.9个百分点。高新技术产业增加值完成451.8亿元，比上年增长18.3%，占规模以上工业的比重为44.7%，比上年提高4.3个百分点。

主导产业支撑有力。汽车、新能源、纺织、食品和建材等五大主导产业增加值完成620.2亿元，比上年增长8.7%，占规模以上工业的比重为61.4%，比上年提高3.9个百分点。其中，汽车及零部件业增加值增长13.6%；建材业增长8.5%；纺织服装业增长3.9%；食品业下降1.1%；新能源及输变电业下降1.3%。

工业效益明显提高。全市规模以上工业主营业务收入完成4273.6亿元，比上年增长7.5%；利润总额完成300.2亿元，增长32.0%。

建筑业平稳发展。全市资质等级以上建筑业企业248家，建筑业总产值完成1160.8亿元，比上年增长3.4%；房屋施工面积8175.2万平方米，增长9.7%；房屋竣工面积2760.6万平方米，下降4.4%。

节能降耗成效明显。全市单位GDP能耗0.597吨标准煤/万元，比上年降低4.65%。全年单位工业增加值能耗0.509吨标准煤/万元，比上年降低3.28%。

四、固定资产投资

投资保持平稳增长。全市全社会固定资产投资完成2672.0亿元，比上年增长6.9%。固定资产投资（不含农户）2620.7亿元，增长8.1%。总投资亿元以上施工项目532个，完成投资1709.4亿元，比上年增长6.5%。第一产业投资115.0亿元，比上年增长30.3%；第二产业投资962.6亿元，下降5.6%；第三产业投资1543.1亿元，增长17.2%。

房地产开发投资快速增长。全市房地产开发企业377家，完成投资619.1亿元，比上年增长39.2%，其中，住宅投资507.1亿元，增长37.1%。

五、贸易外经

消费品市场较快发展。全市社会消费品零售总额完成1669.3亿元，比上年增长10.6%，其中，限额以上企业（单位）消费品零售额401.9亿元，增长8.2%。分地域看，城镇消费品零售总额完成1292.9亿元，比上年增长9.9%；乡村消费品零售总额376.4亿元，增长13.1%。在限额以上批发和零售企业（单位）商品零售额中，电子出版物及音像制品类增长1.7倍，中西药品类增长52.5%，汽车类增长12.0%，家具类增长10.2%，石油及制品类增长8.6%，体育、娱乐用品类增长7.0%。

对外贸易降幅收窄。全市进出口总值完成38.7亿美元，比上年下降13.0%，降幅比上年收窄3个百分点，其中，进口总值11.3亿美元，下降14.5%；出口总值27.4亿美元，下降12.4%，比上年收窄8.1个百分点。

利用外资快速增长。全市实际利用外资6.7亿美元，比上年增长62.0%，其中，外商直接投资6.3亿美元，增长56.7%。全年新批外资合同17项，合同总投资6.5亿美元，比上年增长1.6倍，其中，外资额1.9亿美元，增长90.6%。

六、交通、邮电和旅游

交通事业平稳发展。全市交通运输、仓储和邮政业增加值完成121.9亿元，比上年增长9.8%。货物运输总量0.99亿吨，比上年增长6.5%；货物运输周转量333.6亿吨公里，增长6.9%。旅客运输总量0.79亿人；旅客运输周转量34.4亿人公里。全市公路通车里程（包括农村）2.1万公里，其中，高速公路946公里；农村公路1.7万公里。全市拥有货、客车18.6万辆，其中货车18.1万辆，客车0.5万辆。

邮电业务稳步发展。全市邮电业务收入70.1亿元，比上年增长7.7%，其中，邮政业务收入7.6亿元，增长13.4%；电信业务收入62.5亿元，增长7.0%。年末拥有固定电话用户117.9万户。年末拥有移动电话用户1033.5万户，比上年增加161.6万户，其中4G移动电话用户523.0万户。互联网接入用户达225.2万户，比上年增加51.5万户。

旅游业蓬勃发展。全市A级旅游景区39个，其中，4A级以上景区14个。星级饭店50家。接待国内游客7983.4万人次，比上年增长20.3%，创收754.2亿元，增长23.5%；国际游客15.9万人次，增长6.9%，外汇收入0.5亿美元。

七、财政、金融和保险业

财政收入较快增长。全市全部财政收入409.4亿元，比上年增长15.2%。一般公共预算收入222.0亿元，增长12.8%，其中，税收收入147.5亿元，增长4.9%。一般公共预算支出557.0亿元，增长7.0%。

金融存贷款比稳步提高。年末全市金融机构本外币各项存款余额5860.0亿元，比年初增长14.6%。金融机构本外币各项贷款余额2869.3亿元，比年初增长18.0%。存贷比为49.0%，比上年提高1.4个百分点。

保险业稳健发展。年末全市保险公司53家，其中，财产险25家，人身险28家。保险业保费收入190.6亿元，其中，财产险59.1亿元，人身险131.5亿元。支付各类赔款及给付75.8亿元，其中，财产险27.4亿元，人身险48.4亿元。

八、教育、科技

教育事业稳步发展。全市中等职业教育学校72所，专任教师6426人，在校学生6.7万人。普通中学419所，专任教师3.8万人，在校学生50.5万人。小学1884所，专任教师4.3万人，在校学生87.9万人。幼儿园2428所，在园儿童36.5万人。初中毕业生升学率78.2%。

科技创新成绩斐然。全市产业创新联盟26家、院士工作站21家（其中：院士48人）、学会服务站56家。重点实验室20家，其中，国家级2家，省级18家。工程技术研究中心36家，其中，国家级1家，省级35家。众创空间58家，在孵创业团队2120个。全市取得科技成果193项。本年申请专利7266项，授权专利4582项；年末技术合同成交额9.3亿元；有34个项目获科学技术奖励，其中，国家级1项，省级33项，包括省级科技进步奖27项，省级自然科学奖6项。

九、卫生、文化和体育

卫生事业健康发展。全市卫生机构10088个，其中，医院、卫生院550个。卫生机构技术人员5.2万人，其中，执业医师和执业助理医师2.3万人，注册护士1.8万人。卫生机构床位4.6万张，其中，医院、卫生院4.3万张。农村有医疗点的村数占总村数的96.0%。社区医疗卫生覆盖率99.0%。

文化事业不断发展。全市公共图书馆22座，总藏书量199.2万册；博物馆、纪念馆21座；文化馆23座；乡镇（街道）文化站268个。全市公共文化设施5839个。电视节目综合人口覆盖率98.3%，广播节目综合人口覆盖率98.6%。

体育事业成绩突出。体育场馆44个，其中市辖区19个。全市拥有国家二级裁判1631人，国家二级运动员2281人。全年共获省级以上奖牌317枚，其中，金牌144枚，银牌102枚，铜牌71枚。

十、人口、人民生活和社会保障

城镇化率稳定提高。年末全市常住人口为1042.5万人，比上年增加7.6万人，其中，城镇人口为511.2万人，城镇化率为49.03%，比上年提高2.38个百分点。出生率为12.18‰，死亡率为5.79‰，自然增长率为6.39‰。

居民收入平稳提高。全市居民人均可支配收入17802元，比上年增长10.0%。其中，城镇居民人均可支配收入25680元，增长8.5%；农村居民人均可支配收入11612元，增长10.0%。

社会保障日益完善。全市参加城乡基本养老保险人数为622.9万人，其中，参保城镇职工（含离退休人员）为95.9万人，参保城乡居民为498.6万人。参加基本医疗保险人数为909.4万人，其中，参保城镇职工为106.3万人，参保城镇居民为83.1万人，参保新农合为720.0万人。参加失业保险的人数为49.1万人。参加工伤保险的人数为81.4万人，比上年增加2.1万人。参加生育保险的人数为68.0万人，增加1.8万人。全年享受社会救济的人员有23.8万人，其中，城乡居民享受最低生活保障的分别有3.2万人和17.7万人。农村居民得到五保救济人数2.9万人。国家抚恤、补助优抚人数8.2万人。年末全市各种社会福利收养性单位90个，床位2.1万张，收养各类人员0.8万人。城市社区综合服务设施覆盖率100%。

十一、资源和环境

矿产资源丰富多样。全市土地面积为209.0万公顷，其中，耕地71.6万公顷。全市共发现77种矿产资源，已探明储量59种，开发利用45种，主要矿种有：煤、铁、金、铜、铅、锌、花岗岩、大理石、石灰石、白云岩、辉绿岩、陶瓷原料、地热、矿泉水等金属及非金属矿产。

环境保护成绩显著。全市年末共有省级自然保护区5个，面积达13.6万公顷。市区城市建成区绿化覆盖率41.95%，比上年提高0.43个百分点。森林覆盖率28.20%，比上年提高1.45个百分点。空气质量达标天数155天。

（保定市统计局　吕晓璐）

沧　州　市

2016年，面对错综复杂的经济发展形势，在市委、市政府正确领导下，全市各级各部门深入贯彻党的十八大、十八届三中、四中、五中、六中全会和习近平总书记系列重要讲话精神，加快推进供给侧结构性改革，统筹稳增长、促改革、调结构、治污染、惠民生等各项事业发展，经济运行呈现稳中有进、进中提质的总体态势，结构调整成效明显，社会事业全面进步，人民生活得到改善，实现了“十三五”良好开局。

一、总体情况

2016年全市地区生产总值完成3544.7亿元，比上年增长7.9%。其中，第一产业增加值完成308.6亿元，增长1.1%；第二产业增加值完成1757.9亿元，增长6.6%；第三产业增加值完成1478.3亿元，增长11.0%。三次产业结构为8.7∶49.6∶41.7，第三产业增加值占地区生产总值比重比上年提高1.0个百分点，对整体经济增长的贡献率57.2%。

全部财政收入479.7亿元，同比增长7.4%。其中，公共财政预算收入220.4亿元，同比增长4.5%。公共财政预算支出504.9亿元，同比增长5.8%。国税收入283.6亿元，同比增长16.1%；地税收入134.4亿元，同比增长13.8%。

年末金融机构存款余额4298.71亿元，比年初增加474.92亿元。其中，住户存款2959.34亿元，比年初增加317.97亿元。金融机构贷款余额2474.72亿元，比年初增加342.28亿元。其中，住户贷款795.28亿元，比年初增加166.99亿元。存贷比57.57%，比上年提高1.8个百分点。

全年沧州市居民消费价格指数累计上涨1.6%。从调查的八大类商品和服务看，呈“七升一降”格局，食品烟酒、衣着、居住、生活用品及服务、教育文化和娱乐、医疗保健、其他用品和服务累计上涨3.3%、2.6%、0.6%、0.5%、1.6%、2.2%、5.9%，交通和通信下降1.8%。

二、农业

农林牧渔业总产值完成625.9亿元，比上年增长1.32%。其中农业完成产值295.2亿元，增长0.08%；林业完成产值5.4亿元，下降8.32%；牧业完成产值181.5亿元，增长1.06%；渔业完成产值36.4亿元，增长5.16%；农林牧渔服务业完成产值107.5亿元，增长4.53%。

全年粮食播种面积1339.41万亩，比上年减少0.8%，总产量455.54万吨，增长2.46%，单产340.1公斤/亩，增长3.29%；棉花播种面积66.93万亩，下降24.35%，总产量5.41万吨，下降18.68%；油料播种面积40.51万亩，下降5.58%，总产量8.67万吨，下降3.15%；蔬菜播种面积137.34万亩，下降1.3%；总产量577.5万吨，增长0.25%；肉类产量50.59万吨，增长4.61%；禽蛋产量33.25万吨，增长2.6%；水产品产量16.26万吨，增长5.25%；牛奶产量11.41万吨，增长98.3%。

三、工业和建筑业

全部工业完成增加值1580.57亿元，比上年增长6.6%。规模以上工业企业实现增加值1308.2亿元，比上年增长7.0%。

规模以上工业中，轻工业完成增加值216.25亿元，增长17.4%；重工业完成增加值1091.91亿元，增长5.3%。外商及港澳台投资企业完成增加值83.35亿元，下降2.6%；股份制企业完成增加值1143.38亿元，增长7.5%。

规模以上石油化工、管道装备及冶金、机械制造、纺织服装、食品加工等主导行业共完成工业增加值1113.6

亿元，占全市规上工业的85.1%，增长6.8%。机械制造业完成工业增加值334.6亿元，增长9.1%；石油化工业完成增加值328.1亿元，增长4.1%；管道装备制造及冶金业完成工业增加值325.7亿元，增长0.9%；纺织服装业和食品加工业分别完成工业增加值81.6亿元和43.6亿元，增长9.1%和10.3%。机械制造、石油化工、管道装备及冶金、纺织服装、食品加工在规模以上工业增加值中所占比重分别为25.6%、25.1%、24.9%、6.2%和3.3%，机械制造业增加值总量超过石油化工业。

规模以上工业企业实现主营业务收入5648.04亿元，比上年增长3.0%。主营业务收入超十亿元企业63家，超百亿元企业5家。实现利润总额310.86亿元，比上年增长1.1%。

建筑业完成增加值178.91亿元，比上年增长5.9%。资质等级以上建筑业企业完成总产值451.56亿元，同比增长4.26%，房屋建筑施工面积1814.4万平方米，下降5.9%，房屋建筑竣工面积876.2万平方米，增长6.8%。

四、固定资产投资

固定资产投资完成3481.1亿元，比上年增长12.2%。其中，建设项目投资完成3197.7亿元，增长11.6%；房地产开发投资完成283.4亿元，增长19.0%。

在固定资产投资中，第一产业投资完成74.31亿元，同比下降24.4%；第二产业投资完成2467.62亿元，同比增长12.4%；第三产业投资完成939.15亿元，同比增长15.9%。工业技改投资完成1538.35亿元，增长12.5%，占工业投资的比重为62.3%。

五、国内贸易

全市实现社会消费品零售总额1227.8亿元，比上年增长10.7%。城镇实现零售额897.6亿元，增长10.1%；乡村实现零售额330.2亿元，增长12.4%。全市限额以上批发零售企业商品零售额增长5.3%，其中，粮油食品类零售额13.6亿元，增长7.6%；服装、鞋帽、针纺织品类商品零售额35.6亿元，增长2.7%；日用品类零售额6.2亿元，增长1.8%；中草药及中成药类零售额3.6亿元，增长5.1%；书报杂志类零售额5亿元，下降7.4%；化妆品类零售额3.6亿元，增长1.4%；石油及制品类零售额35亿元，增长12.8%；建筑及装潢材料类零售额0.4亿元，增长14.7%；汽车类零售额148.5亿元，增长15.9%。

六、对外经济

实际利用外资56506万美元，同比增长19.5%。新批“三资”企业合同总金额167915万美元，同比增长128.4%，新批“三资”企业合同外资额54381万美元，同比增长149.3%。

外贸进出口总值28.64亿美元，同比增长10.56%。其中，出口总值21.17亿美元，同比增长5.02%；进口总值7.47亿美元，同比增长29.87%。

七、社会事业

全市现有小学、初中学校1587所，标准化学校1264所，中小学标准化率达到82%，九年制义务教育阶段在校生92.1万人。现有普通高中学校48所，在校生10.9万人，中等职业学校41所，在校生8.5万人。现有普通高等学校10所，在校生6.3万人。河北工程技术高等专科学校成功升本为河北水利电力学院。

全年取得科技成果150项，其中3项科研成果获省科技进步奖；90项获市科技进步奖。申报各项专利4648项，授权2690项。新增4家省级院士工作站，总数达到15家；新增省级工程技术研究中心5家，总数达到17家。

全市拥有群众艺术馆1个，群众文化馆17个，乡镇文化站192个，全年组织文化活动4737次。公共图书馆15个，总藏书量160万册，其中，市级图书馆1个，藏书量78万册。广播电视台15座，电视综合人口覆盖率100%，广播综合人口覆盖率100%。

全市拥有体育场馆27个。在省及以上级比赛中共获得金牌89枚、银牌92枚，铜牌101枚。

年末全市共有医疗卫生机构1398个（不含村卫生室），其中医院149个，妇幼保健院（所、站）20个，疾病预防控制中心20个，卫生院170个，社区卫生服务中心（站）102个。卫生技术人员39568人，医疗卫生机构床位35839张，其中医院、卫生院34257张。

全市城镇参加基本养老保险人数93.07万人，比上年末增加3.84万人，其中参保职工65.02万人，参保离退休人员28.05万人。参加城镇基本医疗保险人数651.57万人，其中参加城镇职工基本医疗保险人数67.59万人，参加城镇居民基本医疗保险人数583.98万人。参加工伤保险的人数56.44万人，增加3.29万人，其中参加工伤保险农民工17.11万人，增加0.21万人。参加生育保险的人数43.17万人，增加2.39万人。

八、人口和居民生活

全市年末户籍人口779.54万人，比上年增加5.21万人。其中，男性400.99万人，女性378.56万人。全年出生12.25万人，死亡2.42万人。出生率13.07‰，死亡率6.33‰，人口自然增长率为6.74‰，比上年提高0.29个千分点。

全体居民人均可支配收入完成19521元，同比增长9.9%。其中城镇居民人均可支配收入完成28605元，同比增长8.6%；农村居民人均可支配收入完成11340元，同比增长9.2%。

九、资源、环境和安全生产

全年完成造林面积51400公顷。林业重点工程完成造林面积8495公顷，占全部造林面积的16.5%。全民义务植树1100万株。全市森林覆盖率为29.5%。

环境空气质量二级及优于二级天数207天，比上年增加4天；重度及以上污染天数27天，比上年增加3天。全年PM2.5平均浓度69微克/立方米。

单位GDP能耗0.7807吨标准煤/万元，比上年降低4.26%，全年单位工业增加值能耗比上年降低5.46%。

全年各类生产安全事故103起，死亡78人，受伤72人，直接经济损失489.4万元。

（沧州市统计局　顾少华）

衡　水　市

2016年，在市委、市政府的正确领导下，全市上下深入学习贯彻习近平总书记系列重要讲话精神，认真落实中央和省委、省政府的决策部署，坚持稳中求进工作总基调，深入落实稳增长、促改革、调结构、惠民生、防风险的各项政策措施，全力推动各项重点工作落实，全市经济发展继续保持近年来形成的良好势头，发展质量效益进一步提升，社会事业取得全面进步，实现了“十三五”良好开局。

一、综合

2015年，全市生产总值实现1420.2亿元，比上年增长7.8%。其中，第一产业实现增加值184.3亿元，增长2.6%；第二产业实现增加值668.3亿元，增长5.2%；第三产业实现增加值566.2亿元，增长12.5%。三次产业增加值占全市生产总值的比重分别为13.0%、47.1%和39.9%。

全年城市居民消费价格比上年上涨1.6%，其中其他用品和服务及食品烟酒类价格上涨较快，分别上涨5.9%和3.3%，交通和通信类下降1.8%。工业生产者出厂价格下降1.7%，其中生产资料价格下降1.7%，生活资料价格下降1.8%。

年末全市城镇登记失业率为3.86%。

全年民营经济实现增加值995.6亿元，比上年增长7.9%；占全市生产总值的比重为71.0%。民营经济实缴税金114.4亿元，占全部财政收入的比重为66.1%。

二、农业

全年粮食播种面积877.2万亩，比上年增长1.6%；粮食总产量362.7万吨，增长3.0%。其中：夏粮169.2万吨，下降1.6%，秋粮193.6万吨，增长7.4%。

棉花播种面积98.8万亩，比上年下降33.2%；棉花总产量8.0万吨，下降33.3%。油料作物播种面积46.9万亩，比上年下降11.9%；油料总产量12.1万吨，下降10.5%。

蔬菜播种面积120.4万亩，比上年下降5.8%；蔬菜总产量403.5万吨，下降6.3%。其中设施蔬菜播种面积53.9万亩，下降3.5%，占全部蔬菜播种面积的44.8%；设施蔬菜产量168.1万吨，下降2.2%，占蔬菜总产量的41.7%。瓜果播种面积25.2万亩，下降4.8%；瓜果总产量101.1万吨，下降5.1%。园林水果总产量166.4万吨，增长4.5%。

肉类总产量37.4万吨，比上年下降2.6%；禽蛋产量30.0万吨，下降0.3%；牛奶产量13.0万吨，增长12.7%。

畜牧、蔬菜、果品三大优势产业产值占农林牧渔业总产值比重为66.7%，比上年提高1.1个百分点。农业产业化经营率达到68.8%，提高2.0个百分点。

三、工业和建筑业

全年规模以上工业实现增加值473.9亿元，比上年增长5.3%。分轻重工业看，轻工业实现增加值153.9亿元，增长5.1%；重工业实现增加值320.0亿元，增长5.4%。

在规模以上工业中，前十大行业实现增加值381.2亿元，比上年增长5.3%。

规模以上工业主营业务收入1628.6亿元，比上年增长1.6%；实现利润104.5亿元，下降0.8%。

全市具有资质等级的总承包和专业承包建筑业企业165家，实现产值148.0亿元，比上年增长7.6%。

四、固定资产投资

全年全社会固定资产投资完成1255.2亿元，比上年增长11.1%。其中固定资产投资（不含农户）1230.8亿元，增长13.4%。

在固定资产投资中，第一产业投资47.4亿元，比上年下降4.2%；第二产业投资792.3亿元，增长5.0%；第三产业投资391.1亿元，增长38.9%。工业技术改造投资506.8亿元，增长0.9%，占工业投资的64.0%。基础设施投资136.0亿元，增长60.9%。民间投资1068.3亿元，增长7.4%。

房地产开发投资190.0亿元，比上年增长19.6%。其中，商品住宅投资154.3亿元，增长20.4%；商业营业用房投资21.0亿元，增长7.3%。

全市施工项目837个，其中新开工项目536个。亿元以上项目353个，比上年增加25个。亿元项目完成投资884.7亿元，增长13.0%。

五、国内贸易

全年社会消费品零售总额675.4亿元，比上年增长10.9%。按销售单位所在地统计，城镇消费品零售额490.6亿元，增长11.1%；乡村消费品零售额184.9亿元，增长10.3%。

在限额以上批发和零售企业（单位）商品零售额中，烟酒类零售额比上年增长76.7%，中西药品类增长29.8%，日用品类增长20.1%，服装鞋帽针纺织品类增长17.9%，汽车类增长16.2%，粮油食品类增长14.6%。

六、对外经济

全年进出口总值26.6亿美元，比上年下降0.2%。其中：出口24.4亿美元，增长5.2%；进口2.2亿美元，下降36.5%。

从主导行业出口情况看：皮毛行业出口13.1亿美元，比上年增长22.9%；化工行业出口3.6亿美元，下降7.9%；丝网行业出口3.1亿美元，增长4.4%；机械制造行业出口1.8亿美元，增长0.1%；纺织品及服装行业出口1.3亿美元，下降8.2%。

全年实际利用外资23752万美元，比上年增长42.0%；其中外商直接投资21844万美元，增长32.7%。在外商直接投资中，来自亚洲11321万美元，来自欧洲4107万美元，来自北美洲4361万美元。

全年新批“三资”企业合同项目5个，新批“三资”企业合同总金额44975万美元。

七、交通和旅游

全年公路货物运输量4769.8万吨，比上年增长8.9%，货物运输周转量238.4亿吨公里，增长5.8%；公路旅客运输量1387.0万人，增长0.8%，旅客运输周转量12.2亿人公里，下降12.0%。年末载客汽车890辆，载货汽车63485辆。

全市接待国内外游客1368.61万人次，实现旅游总收入101.74亿元，分别比上年增长31.90%和45.84%。其中接待国内游客1366.98万人次，实现收入101.50亿元，分别增长31.88%和45.81%；接待入境游客16261人次，创汇359.80万美元，分别增长51.60%和44.73%。

八、财政、金融和保险业

全年全部财政收入173.2亿元，比上年增长6.1%，其中公共财政预算收入95.7亿元，增长8.1%。公共财政预算支出302.3亿元，增长11.6%。民生支出保障有力，用于城乡社区事务、科学技术、国土资源气象、社会保障和就业等支出分别增长103.2%、92.6%、84.4%、16.5%。

年末金融机构各项存款余额2566.55亿元，比年初增加130.75亿元，其中住户存款余额1924.58亿元，增加211.08亿元。各项贷款余额1458.80亿元，增加174.65亿元。金融机构人民币存量存贷比为56.84%，比上年提高4.12个百分点。

年末全市共有保险公司36家，其中财产险15家，人寿险21家。保险公司保险保费收入72.14亿元，比上年增长29.77%。其中，财产险业务原保险保费收入18.11亿元，增长12.99%；寿险业务原保险保费收入52.93亿元，增长40.08%；健康和意外伤害险业务原保险保费收入1.10亿元，下降16.67%。支付各类赔款及给付22.02亿元，增长11.44%。其中，财产险业务赔款6.86亿元，增长8.50%；寿险业务给付14.32亿元，增长13.20%；健康和意外伤害险赔款及给付0.84亿元，增长33.33%。

九、科学技术和教育

全年共批准省级科技成果17项，市级科技成果88项，其中在国家科技成果登记系统登记成果42项。获省级科技进步奖励3项。全年共认定、登记技术合同17份，技术合同成交额1500多万元。专利申请2857件，增长23.7%，专利授权1634件，增长9.1%。

全市拥有中等职业教育学校33所、普通中学174所、小学835所、幼儿园848所、特教学校9所，分别拥有专任教师2623人、20461人、18836人、5378人和185人，在校学生分别达到3.36万人、27.36万人、34.72万人、9.87万人和689人。在各类教育机构中，民办教育机构数量达到408所，拥有教职工12742人，其中专任教师10019人，在校学生19.08万名。

十、文化、体育和卫生

年末全市共有艺术表演团体5个，文化馆（群艺馆）12个，公共图书馆12个，博物馆（纪念馆、展览馆）10个。不可移动文物点1193处，世界文化遗产点1处，国家级文物保护单位10处，省级文物保护单位26处，市级文物保护单位17处。

成功举办2016衡水湖国际马拉松赛暨全国马拉松锦标赛（第4站），共有国内23个省、市、自治区和20多个国家和地区的16000余名运动员报名参赛，其中国内专业运动员报名达到160人。在2017年3月20日举行的上海中国马拉松年会上，衡水湖国际马拉松赛被评为金牌赛事。这是衡水连续举办五届马拉松赛以来，第四次蝉联金牌赛事荣誉称号。

年末全市医疗卫生机构6202个，其中医院112个，乡镇卫生院114个，社区卫生服务中心（站）37个，妇幼保健院（所、站）17个（含5个生殖保健中心），卫生监督所（中心）11个，疾病预防控制中心12个。卫生技术人员20857人，其中执业医师及执业助理医师10398人，注册护士6370人。医疗卫生机构实有床位19209张，其中医院14671张，乡镇卫生院3660张。

十一、人口、人民生活和社会保障

据公安部门人口统计数据显示，年末全市户籍人口454.9万人，比上年末增加2.6万人，其中城镇人口152.2万人，户籍人口城镇化率33.45%，比上年提高5.28个百分点。全年出生人口5.7万人，死亡人口1.4万人。

年末全市常住人口445.31万人，其中城镇人口217.71万人，常住人口城镇化率为48.89%，比上年提高2.25个百分点。

全年全市居民人均可支配收入16296元，比上年增长11.7%。其中，城镇居民人均可支配收入23787元，增长10.0%；农村居民人均可支配收入10069元，增长11.5%。

年末城镇参加基本养老保险人数为53.4万人，比上年末增加2.0万人。其中参保在职职工38.7万人，参保离退休人员14.7万人。

参加城镇基本医疗保险人数为61.2万人。其中参加城镇职工基本医疗保险35.0万人，参加城镇居民基本医疗保险26.2万人。

参加失业保险的人数为18.4万人。参加工伤保险的人数30.1万人，其中参加工伤保险农民工10.7万人。参加生育保险的人数22.6万人。

十二、节能和环境保护

全年万元生产总值能耗比上年下降6.02%，万元生产总值电耗下降8.01%，规模以上工业万元增加值能耗下降14.52%。高耗能行业综合能源消费量224.11万吨标准煤，下降11.14%。

全年城市环境空气质量二级及好于二级天数为130天，比上年增加10天，细颗粒物（PM2.5）平均浓度比上年下降12.1%，可吸入颗粒物（PM10）平均浓度下降17.8%。全市拥有污水处理厂20个，设计日污水处理能力51.3万立方米。

（衡水市统计局　赵瑞静）

邢　台　市

2016年，是"十三五"的开局之年，面对错综复杂的外部经济环境和艰巨繁重的改革发展任务，市委、市政府深入贯彻落实十八大和十八届三中、四中、五中、六中全会精神，统筹推进"五位一体"总体布局和协调推进"四个全面"战略布局，坚持稳中求进的总基调，坚持新发展理念，以推进供给侧结构性改革为主线，着力稳增长、调结构、促改革、治污染、防风险、惠民生，有效化解经济增长下行压力，全市经济运行呈现"稳中有升、稳中向好、稳中提质"的态势，实现了"十三五"良好开局。

一、经济总量稳步提升，消费价格温和上涨

全市生产总值实现1975.8亿元，比上年增长7.1%。其中，第一产业增加值269.8亿元，增长3.4%；第二产业增加值925.8亿元，增长5.7%；第三产业增加值780.2亿元，增长10.2%。全市人均生产总值26752元，比上年增长6.6%。三次产业结构比重由上年的15.6∶45.0∶39.4调整为13.7∶46.9∶39.4。三次产业对经济增长的贡献率依次为7.4%、35.9%和56.7%，分别拉动经济增长0.5、2.6和4.0个百分点。

全市居民消费价格总指数（CPI）比上年上涨1.6%。八大类商品及服务价格呈现"七涨一降"，衣着类、食品烟酒类、其他用品和服务类、居住类上涨较多，同比分别上涨3.3%、2.8%、2.5%和2.2%，交通和通信类价格下降2.0%。工业生产者出厂价格指数同比上涨1.6%。其中，轻工业价格下降4.7%，重工业价格上升4.1%。生产资料价格上升2.7%，生活资料价格下降3.3%。

年末城镇登记失业率为3.81%，比上年末上升0.17个百分点。

民营经济全年完成增加值1300.4亿元，比上年增长7.5%，总量占全市生产总值的比重为65.8%；实缴税金128.4亿元，比上年增长7.8%，占全部财政收入比重为66.0%，比上年下降1.4个百分点。

二、农业生产总体稳定，粮食产量再获丰收

农林牧渔业总产值477.6亿元，比上年增长1.0%。其中，农业产值293.5亿元，增长0.5%；林业产值7.9亿元，增长11.2%；牧业产值147.6亿元，增长0.9%；渔业产值0.9亿元，下降6.6%；农林牧渔服务业产值27.7亿元，增长6.3%。畜牧、蔬菜、果品三大支柱产业产值占农林牧渔业总产值的比重达56.9%，比上年下降0.1个百分点。农业产业化步伐加快。农业产业化经营率达到69.0%，比上年提高1.8个百分点。

粮食播种面积1111.5万亩，比上年增长1.5%；亩产411.6公斤，下降0.1%；总产量457.5万吨，增长1.4%。其中，夏粮产量224.8万吨，增长0.5%；秋粮产量232.7万吨，增长2.3%。

棉花播种面积198.1万亩，比上年下降9.9%；棉花产量15.9万吨，下降11.2%；亩产80.1公斤，下降1.5%。油料播种面积81.1万亩，增长0.7%；油料产量18.3万吨，增长1.9%；亩产225.5公斤，增长1.2%。

蔬菜播种面积107.7万亩，与上年持平；总产量399.2万吨，增长0.8%。其中，设施蔬菜播种面积22.0万亩，增长10.1%；产量95.0万吨，增长14.6%。

肉类总产量34.6万吨，比上年增长1.8%。其中，猪肉产量19.2万吨，下降3.4%；牛肉产量3.3万吨，增长1.0%；羊肉产量1.7万吨，下降2.6%；禽肉产量10.0万吨，增长21.1%。生猪年末存栏174.4万头，下降2.7%，出栏258.8万头，下降2.3%。牛奶产量29.9万吨，增长3.9%。禽蛋总产量54.4万吨，下降0.1%。

三、工业生产企稳回暖，企业效益较快增长

全部工业增加值完成839.3亿元，比上年增长5.5%。其中，规模以上工业增加值完成632.4亿元，增长5.7%。在规模以上工业中，分经济类型看，国有及国有控股企业增长3.3%；集体企业增长9.7%；股份制企业增长5.5%；外商及港澳台商投资企业增长4.2%。分轻重工业看，轻工业增长6.5%，重工业增长5.2%。钢铁深加工、煤化工、装备制造、食品医药、纺织服装、新型建材和新能源七大优势产业合计完成增加值442.7亿元，比上年增长4.5%；占全市规模以上工业增加值的比重为70.0%，比上年提高0.9个百分点。工业产品销售率为97.9%。出口交货值为107.4亿元，比上年增长0.5%。

规模以上工业企业实现利润总额144.3亿元，增长32.2%。全部规模以上工业企业中有121家企业亏损，比上年减少33家；亏损面为9.4%，比上年缩小3.4个百分点；亏损企业亏损额10.8亿元，减少36.8%。

全社会建筑业总产值完成154.6亿元，比上年增长5.0%，完成增加值86.6亿元，比上年增长7.0%。资质等级以上建筑业企业房屋建筑施工面积1464.1万平方米，比上年增长28.0%；房屋竣工面积504.2万平方米，比上年增长27.9%。

四、固定资产投资平稳增长，高新技术产业表现活跃

全社会固定资产投资完成2066.9亿元，比上年增长9.6%。其中，固定资产投资（不含农户）完成2025.9亿元，增长11.0%。

在固定资产投资中，第一产业完成投资95.8亿元，增长9.1%；第二产业完成投资1293.1亿元，增长8.6%；第三产业完成投资637.0亿元，增长16.3%。全市亿元以上施工项目584个，比上年增加54个，完成投资1111.1亿元，增长13.1%。工业技术改造项目1117个，比上年增加181个，占工业施工项目（1678个）的66.6%，完成投资768.8亿元，增长5.3%。城市基础设施投资309.8亿元，增长54.2%。

全市高新技术产业完成投资342.0亿元，比上年增长

16.0%。其中，新能源投资完成88.4亿元，同比增长66.2%；高端技术装备制造投资完成89.8亿元，同比增长35.4%；生物技术投资完成43.6亿元，同比增长30.9%。

全市房地产开发投资191.5亿元，比上年增长5.3%。商品房销售面积353.8万平方米，增长36.6%；其中，住宅销售面积334.5万平方米，增长38.2%。商品房销售额139.8亿元，增长35.0%；其中，住宅销售额131.2亿元，增长35.5%。

五、消费市场繁荣发展，对外经济形势好转

全年社会消费品零售总额实现969.9亿元，比上年增长10.8%。其中，城镇市场零售额772.7亿元，增长10.8%；乡村市场零售额197.2亿元，增长10.9%。城镇市场零售额占全市社会消费品零售总额的比重达79.7%。限额以上企业（单位）消费品零售额完成247.6亿元，增长17.3%。在限额以上企业商品零售额中，烟酒类、饮料类和化妆品类增长较快，同比分别增长49.9%、47.4%和33.2%。汽车消费市场平稳增长，同比增长16.5%。年末全市亿元商品市场14个，实现市场成交额240.7亿元，比上年增长17.1%。亿元专业市场11个，实现成交额201.8亿元，增长20.7%，成交额占全部亿元市场成交额的83.8%。

全年进出口总值17.96亿美元，比上年增长1.2%。其中，进口总值4.46亿美元，下降0.5%；出口总值13.50亿美元，增长1.8%。贸易顺差9.04亿美元，比上年扩大0.26亿美元。全年实际利用外资54422万美元，比上年增长147.7%。其中，外商直接投资50586万美元，增长248.0%。新批三资企业合同项目数11个，比上年减少6个；合同利用外资额7762万美元，比上年减少93.6%。

六、交通事业稳定发展，邮电、旅游较快增长

全年公路货物周转量797.24亿吨公里，比上年增长6.6%；营业性旅客周转量24.96亿人公里，比上年下降4.3%。全市公路通车里程19343公里，增长6.3%，其中，高速公路567公里。

年末民用汽车保有量93.17万辆（包括三轮汽车和低速货车），比上年末增长16.1%。其中，私人汽车保有量85.25万辆，增长17.0%。民用轿车保有量73.25万辆，比上年增长18.8%。其中，私人轿车70.44万辆，增长20.1%；私人轿车保有量占民用轿车保有量的96.2%。

全年完成邮电业务总量（2010年不变价）109.6亿元，比上年增长54.4%。其中，邮政业务量14.8亿元，增长52.9%；电信业务量94.8亿元，增长54.6%。年末局用电话交换机总容量达到765.9万门，比上年末增加10.0万门；全市固定及移动电话用户总数达700.6万户，比上年末增加98.7万户，增长5.3%。固定电话用户达到64.1万户，减少11.2万户。其中，城市电话用户15.4万户，减少11.1万户；乡村电话用户48.7万户，减少0.04万户。移动电话用户总数达636.5万户，比上年末增加109.9万户，增长20.9%，其中，3G移动电话用户84.9万户，4G移动电话用户337.3万户。

全年国内旅游接待人数2109.2万人次，比上年增长22.9%；创收金额181.6亿元，增长29.5%；人均花费860元/人次，比上年增加43元/人次；国际旅游接待人数26823人次，增长12.8%；创汇金额718.7万美元，增长6.6%。

七、财政收支平稳增长、金融、保险增长较快

全年全部财政收入完成194.4亿元，比上年增长10.1%。其中，公共财政预算收入完成111.5亿元，增长8.6%。重点民生支出得到有效保障。全市公共财政预算支出为409.4亿元，增长9.8%。其中，一般公共服务支出38.8亿元，增长21.2%；教育支出81.0亿元，增长5.9%；医疗卫生支出46.8亿元，增长5.0%；农林水事务支出65.2亿元，增长8.8%；社会保障和就业支出46.3亿元，增长22.0%。

年末全市金融机构人民币各项存款余额3335.3亿元，比年初增加398.3亿元，增长13.6%。其中，住户存款余额2402.4亿元，比年初增加292.3亿元，增长13.9%。金融机构人民币各项贷款余额1995.9亿元，比年初增加236.7亿元，增长13.5%。全市金融机构存贷比为59.8%，比上年下降0.1个百分点。

全年保费收入完成87.2亿元，比上年增长21.0%。其中，财产险保费收入36.2亿元，增长19.3%；寿险保费收入51.0亿元（其中健康意外伤害险保费收入5.8亿元），增长22.7%。各项赔款和给付支出34.2亿元，增长25.0%，其中，财产险赔付16.8亿元，增长21.0%；寿险赔付17.4亿元（其中死伤医疗赔付1.1亿元），增长29.0%。

八、科教事业稳步推进，文体卫事业全面发展

普通高等学校4所，招生人数1.67万人，在校学生数4.89万人；普通中学277所，在校生数36.63万人；小学1202所，在校生数65.00万人。学龄儿童入学率达99.9%，九年义务教育完成率达99.3%。幼儿园在园幼儿数26.02万人。

全年共取得科技成果199项，比上年减少25项。专利申请受理量4481项，专利申请授权量2630项。发明申请896项，比上年增加416项，授权141项，比上年增加15项。

年末全市共有艺术表演团体11个，文化馆20个，公共图书馆20个，广播电视台18座。有线电视118.97万户，比上年增加17.5万户。广播、电视节目综合人口覆盖率分别达到99.41%和99.39%。

邢台市运动员尹军花在第31届里约奥运会上勇夺银牌，创本届奥运会中国拳击队和河北省参赛运动员最好成绩。在河北省第八届青少年运动会比赛中邢台市获得33金28银53铜的优异成绩。成功举办了“2016美丽邢台绿色太行”国际公路自行车赛。这是全市近年来举办的规模最大、级别最高、影响力最大的国际赛事，吸引了来自15个国家和地区的28支洲际车队200余名世界顶尖选手和3000余名自行车爱好者共同参与。

年末全市共有卫生机构8406个，其中，医院、卫生院330个；卫生技术人员33192人，其中，医生16024人，护师、护士10744人；床位32792张，其中，医院、卫生院31465张。拥有卫生防疫、防治机构20个，卫生技术人员388人，乡镇卫生院173个，床位6243张，卫生技术人员4672人，乡村医生和卫生员8538人。社区卫生服务中心（站）151个，床位504张，卫生技术人员1129人。

九、居民收入较快增长，社会保障更趋完善

年末全市户籍总人口788.40万人，比上年末增加8.01万人。常住人口731.99万人，增加2.55万人；常住人口出生率为13.86‰，比上年提高0.80个千分点；常住人口死亡率为6.59‰，比上年提高0.63个千分点；常住人口自然增长率为7.27‰，提高0.17个千分点。常住人口城镇化率为49.83%，比上年提高2.1个百分点。

城乡居民人均可支配收入达到16320元，同比增长10.4%。其中，城镇居民人均可支配收入和农村居民人均可支配收入分别达到23913元和10006元，同比分别增长9.2%和9.3%。农村居民收入增速快于城镇居民0.1个百分点。

年末参加基本医疗保险人数691.88万人。参加失业保险的人数为35.03万人，比上年增加0.19万人。参加城镇基本养老保险人数为73.03万人，比上年增加2.43万人。其中，在职职工参保达51.92万人；离退休人员参保达21.11万人。企业养老金社会化发放率达到100%。

全市享受居民最低生活保障24.41万人。其中，城市居民5.83万人；农村居民18.58万人。

年末全市各类收养性社会福利单位床位达9183张，比上年增加683张；收养各类人员4716人。全市社区服务机构4128个，增加202个。其中城镇建立社区服务设施311个，增加44个。农村社区服务机构3817个，增加158个。全年筹集社会福利资金19亿元，增加4.5亿元；直接接收社会捐赠款8344.2万元。

十、环境质量持续改善，节能降耗成效突出

全年完成造林面积56496公顷，比上年增加10907公顷，增加23.9%。其中，人工造林面积25695公顷，增加84.3%。零星四旁植树1218.9万株，降低3.2%；育苗面积4988公顷，增长10.5%；苗木产量11027.8万株，增长8.8%。全市森林覆盖率为29.4%，比上年提高2.7个百分点。

城市集中饮用水源地水质达标率为100%。朱庄水库水质达到《地表水环境质量标准》（GB3838—2002）中的Ⅱ类标准。劣五类水体比例比上年下降12.5%。主要河流断面水质出市口好于入市口。

全市单位GDP能耗比上年下降4.36%。规模以上工业企业综合能源消费量1156.69万吨标准煤（当量值），比上年下降1.43%；单位工业增加值能耗1.429吨标准煤/万元，下降6.75%；单位GDP电耗为1220.65千瓦时/万元，上升0.64%。

（邢台市统计局　侯子明）

邯郸市

2016年，邯郸市上下深入贯彻落实习近平总书记系列重要讲话精神，牢固树立和贯彻新发展理念，坚持稳中快进工作总基调，统筹稳增长、调结构、促改革、治污染、惠民生各项工作，经济运行呈现“稳中向好、稳中有进、稳中提质、稳中有新”，社会事业有了新发展，实现了“十三五”良好开局。

一、综合

2016年，全市生产总值3361.1亿元，比上年增长6.8%。其中：第一产业增加值417.2亿元，增长1.9%；第二产业增加值1600.2亿元，增长5.1%；第三产业增加值1343.7亿元，增长10.5%。人均生产总值35519元，比上年增长6.2%。三次产业结构由上年的12.8∶47.2∶40.0变化为12.4∶47.6∶40.0。

财政收支平稳增长。全市全部财政收入325.9亿元，比上年增长5.9%。其中：一般公共预算收入204.5亿元，增长7.3%。一般公共预算支出531.6亿元，增长3.1%。

全市居民消费价格总指数（CPI）运行平稳，2016年比上年上涨1.4%。其中：城市上涨1.2%，农村上涨1.5%。分类别看，食品烟酒类价格上涨1.8%，衣着类上涨1.7%，居住类上涨0.4%，生活用品及服务类上涨1.6%，教育文化和娱乐类上涨2.2%，医疗保健类上涨5.4%，其他用品和服务类上涨2.7%，交通和通迅类下降1.7%。

民营经济发展势头良好。全市民营经济完成增加值2178.6亿元，比上年增长8.2%，占全市生产总值比重65.3%，比上年提高0.1个百分点；实缴税金191.9亿元，增长13.7%，占全部财政收入比重58.9%，提高4.1个百分点；民营经济从业人员284.2万人，增长1.7%。

二、农业

全年粮食播种面积1172.3万亩，比上年增加12.2万亩，增长1.1%；粮食总产量546.6万吨，增长0.8%。其中：夏粮产量262.5万吨，增长0.7%；秋粮产量264.0万吨，增长0.8%。棉花播种面积93万亩，比上年下降24.6%；总产量7.9万吨，下降24.7%。油料播种面积62.8万亩，增长0.9%；总产量15.3万吨，增长0.4%。蔬菜播种面积217万亩，比上年增长3.1%；总产量828.3万吨，下降3.4%。其中：设施蔬菜播种面积74.2万亩，下降10.2%；产量265.6万吨，下降26.4%。肉类总产量70.3万吨，比上年下降0.3%；奶类总产量24.1万吨，增长3.4%；干果产量4.0万吨，下降3.8%；水果产量91.8万吨，增长3.7%；水产品产量3.6万吨，比上年增长3.9%。

三、工业

全部工业增加值1411.3亿元，比上年增长4.8%。规模以上工业增加值1182.5亿元，增长5.0%。在规模以上工业中，分经济类型看，国有企业增加值增长9.3%，集体企业增长13.4%，股份制企业增长6.4%，外商及港澳台投资企业下降8.1%。

其中，装备制造业增加值196.4亿元，增长29.4%，占规模以上工业的比重为16.6%，比上年提高2.8个百分点；钢铁工业增加值下降4.4%，占规模以上工业的比重为39.8%，比上年降低3.1个百分点；建材工业增长20.6%；食品工业增长7.7%；纺织服装业增长21.6%。六大高耗能行业增加值735.9亿元，占规模以上工业的比重62.2%，降低3.2个百分点；增长0.4%，比上年回落2个百分点。其中：煤炭开采和洗选业下降4.8%，石油加工、炼焦及核燃料加工业下降8.7%，黑色金属冶炼及压延加工业下降4.4%，化学原料及化学制品制造业增长19.9%，非金属矿物制品业增长20.4%，电力、热力的生产和供应业增长9.9%。高新技术产业增加值171.7亿元，增长37.8%，占规模以上工业的比重为14.5%，提高3.7个百分点。其中：新能源、高端技术装备制造、新材料领域增加值分别增长146.7%、42.5%和41.3%。

全市规模以上工业实现利润196.8亿元，比上年增长34.6%。其中：国有企业9.2亿元，增长13.7%；集体企业0.9亿元，增长84.2%；股份制企业159.0亿元，增长35.8%；外商及港澳台商投资企业25.5亿元，增长37.1%；私营企业163.6亿元，增长36.5%。

四、建筑业和房地产

全市建筑业实现总产值473.5亿元，比上年增长0.4%；实现增加值190.2亿元，增长6.1%。资质等级以上建筑业企业房屋施工面积535.5万平方米，增长0.8%；房屋竣工面积89万平方米，下降14.9%。

全市房地产开发投资381.7亿元，比上年增长11.9%。房屋施工面积2756.1万平方米，增长1.4%。其中：本年新开工面积569.8万平方米，下降18.2%；房屋竣工面积228万平方米，增长58.5%；商品房销售面积428.4万平方米，增长18.5%。

五、固定资产投资

全社会固定资产投资完成3818.4亿元，比上年增长8.3%。其中：固定资产投资（不含农户）3765.2亿元，增长9.3%。固定资产投资中（不含农户)，第一产业投资139.1亿元，比上年下降34.9%；第二产业投资2121.7亿元，增长6.9%；第三产业投资1504.4亿元，增长20.9%。工业技改投资1045.7亿元，占工业投资的比重为49.2%。民间投资2634.9亿元，增长3.6%。高新技术产业投资461.3亿元，增长12.2%，占固定资产投资的比重为12.3%。其中：新能源投资79.2亿元，增长92.2%。城市基础设施投资783.8亿元，增长39.4%。

六、国内贸易

全市实现社会消费品零售总额1508.9亿元，比上年增长10.6%。其中：城镇消费品零售额1154.3亿元，增长10.3%；乡村消费品零售额354.6亿元，增长11.6%。在限额以上批发和零售企业（单位）商品零售额中，粮油食品类增长15.2%，服装、鞋帽、针纺织品类增长10.0%，化妆品类增长4.8%，金银珠宝类增长0.6%，日用品类增长10.2%，家用电器和音像器材类增长5.1%，中西药品类增长20.1%，文化办公用品类增长4.6%，家具类增长10.0%，通讯器材类下降4.3%，石油及制品类增长13.5%，汽车类增长9.7%，建筑及装潢材料类增长8.4%。

七、对外经济

全市进出口总值166.1亿元，比上年下降9.5%。其中：出口103.4亿元，下降4.3%。全市实际利用外资10.2亿美元，比上年增长24.5%。签订外商合资项目7个，占全市合同项目的比重为70%；合同金额4.4亿美元，占全市合同外资的比重为98.7%；实际到位外资5.6亿美元，占全市外商直接投资的58.1%。

八、交通、邮电和旅游

全年公路货物运输总量18744.3万吨，比上年增长10.5%；旅客运输总量5345.7万人，增长6.5%；铁路货物运输总量1691.8万吨，下降7.1%；旅客运输总量625.7万人，下降4.6%。民航货物运输总量515.7吨，增长30%；旅客运输总量46.3万人，增长86.1%。

主城区共有公共汽车运营车辆1979辆，客运出租车运营车辆4261辆。全年公共交通共运送乘客1.61亿人次，出租汽车客运总量3499万人次。

年末全市民用汽车保有量达到120.6万辆，比上年末增长16.5%。其中：轿车66.4万辆，增长17.8%。在全市汽车总量中，私人汽车108.6万辆，增长13.7%。

全年邮政业务收入8.62亿元，比上年增长27.7%；完成业务总量8.86亿元，增长33.8%。其中：快递业务收入3.58亿元，增长70.6%；业务总量2891万件，增长88.9%。邮政函件185.8万件，下降42.7%；报纸8340.6万份，下降13.40%；杂志375.3万份，下降17.8%。

全年电信业务收入45.49亿元，比上年增长5.3%；完成业务总量132.3亿元，增长57.6%。固定电话用户年末为59.59万户，比上年减少8.86万户；移动电话用户年末804.88万户，增加93.65万户；互联网用户148.20万户，增加35.08万户。

全年接待海外游客5.8万人次，比上年增长13.7%；旅游收入2117万美元，增长16.8%。全年接待国内旅游者4734.2万人次，增长30.3%；旅游收入488.2亿元，增长45.0%。全市共有星级饭店26家，旅行社82家。

九、金融和保险业

年末全市金融机构各项存款余额4621.1亿元，比年初增加481.6亿元。金融机构各项贷款余额3129.2亿元，比年初增加325.5亿元。

全年保费收入133亿元，比上年增长25.5%。其中：财产险保费收入43.6亿元，增长30.6%；寿险保费收入89.5亿元，增长22.0%。全年各类保险理赔给付支出

27.9亿元，增长19.1%。其中：寿险7.8亿元；财产保险20亿元。

十、教育和科学技术

（一）教育：全市小学招生18.12万人，初中招生19.62万人，高中招生5.35万人。现有幼儿园2294所，在园幼儿37.32万人，专任教师18810人；小学1719所，在校学生100.55万人，专任教师48290人；普通中学386所，在校学生54.41万人，专任教师40365人；中等职业学校63所，在校学生7.67万人，专任教师5318人。九年义务教育巩固率98.06%，高中阶段毛入学率93.02%。

（二）科学技术：全市共取得各类科技成果146项，其中：达到国际领先水平以上成果16项，国内先进水平以上130项。获得2016年度省科学技术奖17项，其中：省科学技术突出贡献奖1项；科学技术进步奖一等奖1项、二等奖3项、三等奖10项；技术发明三等奖2项。市科技进步奖80项，其中：一等奖16项，二等奖24项，三等奖40项。新通过国家认定高新技术企业51家。全市专利申请量4084项，专利申请授权量2107项，发明授权量271项。

十一、文化、卫生和体育

（一）文化：年末全市共有公共图书馆19个，总藏书183万册。有线电视用户71.14万户，有线电视入户率为26.52%。广播、电视综合覆盖率分别达到99.99%和98.90%。

（二）卫生：年末全市共有卫生机构8755个，其中：医院197个，乡镇卫生院214个。医疗卫生机构共有床位47752张，其中：医院32667张，卫生院11865张。全市卫生技术人员达到43737人，其中：执业（助理）医师19824人，注册护士15979人。

（三）体育：全年先后组织1300名运动员参加了省级以上比赛，获得省级以上金牌57枚。全市拥有体育场5个，室内游泳池12个，运动场30个。

十二、人口、人民生活和社会保障

（一）人口与就业：据公安部门统计年报显示：全市年末总人口达到1054.7万人，比上年末增加5万人，增长0.4%。全市人口出生率为16.03‰，降低5.94个千分点；死亡率4.01‰，降低0.21个千分点；人口自然增长率为12.02‰，降低5.73个千分点。

（二）人民生活：城乡居民收入稳定增加，生活质量进一步提高。城镇居民人均可支配收入26603元，比上年增长8.0%；农村居民人均可支配收入12153元，增长8.0%。

（三）社会保障：全市城镇新增就业15.79万人，下岗失业人员再就业3.98万人。其中：就业困难对象再就业1.37万人，均超额完成年底任务。城镇登记失业率3.54%，在省控指标4.0%之内；农村劳动力转移就业总规模达251.71万人，比上年新增7.05万人，完成年度任务的176.3%。

年末全市参加基本养老、工伤保险的人数分别为128.30万人和86.71万人，分别比上年末增加4.03万人和2.92万人。参加失业保险的人数68.25万人，比上年末减少0.24万人。城乡居民基本养老保险、大病保险实现全覆盖，城镇企业退休人员基本养老金连续12年上调。

十三、资源、环境与节能降耗

（一）资源：全市继续严格土地管理，加大闲置土地的收回力度，土地供应在得到控制的前提下，满足了经济社会发展的需要。全年土地供应总量2204.6公顷，其中：公共管理与公共设施用地493.1公顷，占全年供地总量的22.4%；普通商品房用地317.3公顷，占全年供地总量的14.4%。

（二）气象：全市年平均气温为14.6℃，比常年值13.5℃偏高1.1℃。市区年平均气温为15.3℃，比常年值的14.3℃偏高1.0℃。极端最高气温为38.4℃，极端最低气温为−17.6℃。

全市平均降水量为683.7毫米，与多年平均值510.5毫米相比偏多33.9%。全市各地年降水量在466～1104毫米之间，其中：市区降水量为786.4毫米，比常年501.9mm偏多284.5毫米。

（三）节能降耗：全市规模以上工业能耗3396.9万吨标准煤，比上年下降0.1%；单位工业增加值能耗3.053吨标准煤/万元，下降4.86%。全市单位生产总值能耗下降5.1%。

（邯郸市统计局　王剑飞）

定　州　市

2016年，定州全市上下在市委、市政府的正确领导下，深入贯彻落实国家宏观调控政策，适应新常态，全市经济保持平稳较快发展，社会事业取得全面进步。

一、综合

2016年，全市完成生产总值327.81亿元，比上年增长7.8%。其中，第一产业完成增加值85.17元，比上年增长3.0%；第二产业完成增加值158.59亿元，比上年增长7.7%；第三产业完成增加值84.04亿元，比上年增长12.9%。第一产业增加值占全市生产总值的比重为26.0%，第二产业增加值比重为48.4%，第三产业增加值比重为25.6%。按常住人口计算，全市人均地区生产总值26934元。

全市年末总户数36.2万户，户籍总人口124.9万人，比上年增加0.5万人。其中男性人口63.0万人，女性61.8万人。全年出生人口14794人，出生率为12.07‰；死亡7660人，死亡率为6.5‰。全市常住人口为120.92万人，其中城镇人口60.27万人，常住人口城镇化率达到49.84%。

全年城镇新增就业人员6480人，下岗失业人员实现再就业2830人，城镇登记失业人数6963人，城镇登记失业率4.01%。

全年居民消费价格比上年上涨1.1%，分类别看，食品烟酒价格上涨3.0%，衣着价格上涨2.8%，居住价格上涨0.2%，生活用品及服务价格下降1.0%，教育文化和娱乐价格下降0.1%，医疗保健价格上涨2.6%，其他用品和服务价格上涨2.3%，交通和通信价格下降2.5%。工业品价格上涨0.2%，农业生产资料价格下降0.1%。

全市民营经济完成增加值207.3亿元，比上年增长8.1%；占全市生产总值的比重为63.24%，比上年提高1.16个百分点。民营经济实缴税金18.5亿元，比上年增长35.81%；占全部财政收入的比重为55.06%，比上年提高11.26个百分点。民营经济从业人员35.3万人，比上年增长5.4%；占全社会二、三产业从业人员的比重为60%，比上年提高3.62个百分点。

二、农业

全年农林牧渔业实现总产值144.40亿元，比上年增长3.0%。其中农业实现产值88.42亿元，比上年增长2.7%；林业实现产值6.39亿元，比上年增长4.0%；畜牧业实现产值47.49亿元，比上年增长3.6%；渔业实现产值0.01亿元，比上年下降7.0%；农林牧渔服务业实现产值2.08亿元，比上年增长1.8%。

粮食播种面积142.49万亩，比上年下降2.4%；油料播种面积21.35万亩，比上年下降0.6%；蔬菜播种面积55.21万亩，比上年增长0.1%。

粮食总产量67.61万吨，比上年下降0.9%。其中：夏粮总产量36.23万吨，比上年增长0.06%；秋粮总产量31.38万吨，比上年下降2.0%。粮食单产474.5公斤/亩，比上年增长1.5%。

肉类总产量达到11.64万吨，比上年增长2.74%；其中猪肉产量8.50万吨，比上年增长3%；牛肉产量1.10万吨，比上年增长1.55%；羊肉产量0.44万吨，比上年增长3.01%；禽肉产量1.55万吨，比上年增长3%。奶类产量23.13万吨，比上年增长3%；禽蛋产量8.81万吨，比上年增长3%。

年末猪存栏57.57万头，比上年下降2.52%；牛存栏6.84万头，比上年下降14.82%；羊存栏20.40万只，比上年下降5.29%。生猪出栏114.33万头，比上年增长3%；牛出栏7.20万头，比上年增长3.15%；羊出栏32.66万只，比上年增长3.03%。

全年造林面积7900公顷，森林抚育面积6500公顷，全年四旁植树128万株，育苗面积1.2万公顷，比上年增长6.98%，苗木产量7.37亿株，比上年下降10.67%。

三、工业和建筑业

全市规模以上工业企业245家，规模以上工业增加值82.9亿元，比上年增长6.2%。

分行业看，电力、热力生产和供应业实现产值39.03亿元，完成增加值20.07亿元，比上年增长4.34%；汽车制造业实现产值92.52亿元，完成增加值17.36亿元，比上年增长6.68%；石油加工、炼焦和核燃料加工业实现产值90.36亿元，完成增加值11.62亿元，比上年增长4.96%；食品制造业实现产值22.36亿元，完成增加值5.04亿元，比上年下降8.00%；金属制品业实现产值39.91亿元，完成增加值7.27亿元，比上年增长3.51%。

全年高新技术产业增加值20.2亿元，比上年增长10.8%。

全年建筑业增加值完成46.84亿元，比上年增长12.2%。全市具有资质的建筑业法人企业26个，完成建筑业总产值256.8亿元，比上年增长10.6%。资质内建筑业企业房屋施工面积968.4万平方米，比上年下降18.8%；竣工产值102.5亿元，比上年增长17.3%。

四、固定资产投资

全年全社会固定资产投资完成292.96亿元，比上年增长15%，其中，固定资产投资（不含农户）288.80亿元，比上年增长16.0%。

在固定资产投资（不含农户）中，第一产业投资6.7亿元；第二产业投资51.4亿元，比上年增长14.8%，其中，工业技改投资10.1亿元，比上年增长20%；第三产业投资230.7亿元，比上年增长13.2%。房地产开发投资116.6亿元，比上年增长23.8%。

五、国内贸易和对外经济

全年社会消费品零售总额完成158.9亿元，比上年增长10.8%，其中，限上单位消费品零售额32.5亿元，比上年增长18.3%。按销售单位所在地分，城镇社会消费品零售总额完成120.9亿元，比上年增长11.5%；乡村社会消费品零售总额完成38.0亿元，比上年增长8.7%。分消费形态看，餐饮收入零售额完成183077万元，比上年增长8.9%；商品零售零售额完成140.5亿元，比上年增长11%。

全年实现进出口总值20735万美元，比上年下降30.85%。

实际利用外资完成2970万美元，比上年下降1%。

六、交通、邮电业和旅游

全年交通运输、仓储和邮政业实现增加值14.2亿元，比上年增长12.2%。

邮电通信业平稳增长，固定电话年末用户19.9万户；移动电话94.4万户，互联网接入17.2万户。

全市共有名胜风景和文物保护区190个，星级饭店5个，星级饭店客房总数421间。有国内旅行社6家，旅行社分社7家。年接待游客252.25万人次，旅游总收入13.9亿元。

七、财政、金融

全部财政收入完成33.6亿元，比上年增长11.5%，其中，国税局完成16.3亿元，比上年增长15.2%；地税局完成10.3亿元，比上年下降11.9%；财政局完成6.9亿元，比上年增长33.9%。一般公共预算收入完成18.1亿元，比上年增长13.2%。一般公共预算支出55.1亿元，比上年增长17.9%。

年末全市金融机构人民币各项存款余额469.1亿元，比上年增长16.7%，其中住户存款余额370.4亿元，比上年增长13.5%。金融机构各项贷款余额219.5亿元，比上年增长31.8%。

八、教育、科学、文化和卫生

全市普通中学40所，在校学生7.1万人，专任教师4437人；小学260所，在校生9.6万人，专任教师4441人；中等职业教育学校5所，在校学生1.0万人，专任教师467人。

2016年，全市拥有众创空间1家，高新技术企业47家，省级科技型中小企业96家，科技小型巨人企业7家。全年申请专利552项，授权专利201项，其中发明专利授权数11项，促进专利转化项目200项。

全市共有体育场馆1个，剧场、影剧院4个，公共图书馆图书总藏量130千册。图书馆1座，博物馆1座，文化馆（文化站）30座。

年末拥有医疗机构808个，其中医院33个，卫生院22个，村卫生所252个。医疗卫生机构床位数达到4887张，医疗卫生机构技术人员4922人，其中执业（助理）医师2506人。新生儿死亡率0.81‰。参加新型农村合作医疗的人数达到95.9万人。

九、人民生活和社会保障

全市居民人均可支配收入18781元，比上年增长11.3%；城镇居民人均可支配收入25391元，比上年增长9.5%；农村居民人均可支配收入完成13298元，比上年增长11.2%。

年末全市城镇基本养老保险参保人数9.3万人，城镇基本医疗保险参保人数12.7万人，其中：城镇居民基本医疗保险参保人数6.5万人，城镇职工基本医疗保险参保人数6.2万人。参加失业保险人数3.2万人，参加新型农村社会养老保险人数54.2万人。

十、能源、环保

2016年单位GDP能耗降低率为3.5%，规上工业企业单位工业增加值能耗降低率为6.28%。全年全社会用电量37.4亿千瓦时，比上年增长4.11%。其中，工业用电量26.0亿千瓦时，比上年增长2.58%。

年末全市污水处理厂2座，污水处理厂集中处理率87.01%，生活垃圾无害化处理率100%，工业废水排放达标率100%，工业烟尘排放量达标率100%。全年四种主要污染物排放量：化学需氧量22886吨、氨氮排放量1614吨、二氧化硫7148.56吨、氮氧化物15452.7吨。人均公园绿地面积9.08平方米，全年空气质量优良以上天数163天。

（定州市统计局　郑丛立）

辛　集　市

辛集市位于华北平原中部，总面积951平方公里，辖7乡8镇1个开发区344个行政村，人口63.6万人。交通顺畅，石德铁路、沧石公路、石黄高速公路、317国道、安新省道、正在建设中的石济高速铁路纵贯东西南北；全市境内公路里程945.487（不含市区）公里，形成了四通八达的交通网络。

辛集市工业生产历史悠久，皮草、钢铁机械、化工、农副产品加工四大支柱产业，东明有限公司、澳森钢铁公司、梅花皮业、名花皮业等20多家名星企业，制衣区、制革区、清洁园区、开发区等产业聚集区，科技专利拥有量642个，名牌主品31项，中国驰名商标9个，著名商标49个，产品远销欧亚非美州120多个国家和地区。

纵观2016年国际、国内经济形势，我国经济长期向好、整体向好的趋势、基本面没有变，特别是供给侧结构性改革的深入推进，将进一步激发经济发展的新动力；新一轮科技革命和产业变革的蓬勃兴起，将进一步催生经济发展的新活力；京津冀协同发展的实质推动，将进一步增强经济发展的新助力；中央“一带一路”以及简政放权和出台的一系列激活市场主体的意见，将创造新的更大发展空间。

整体经济运行平稳，综合实力跨上新台阶。2016年，全市生产总值完成425.58亿元，同比增长7.0%；全部财政收入21.11亿元，其中公共财政预算收入12.26亿元，同比分别增长1.41%、0.57%；固定资产投资238.53亿元，同比增长12.06%；社会消费品零售总额282，25亿元，同比增长10.4%；全面小康社会实现系数达到88.26%。被评为中国中小城市最具区域带动力百强市、最具投资潜力百强市、创新创业百强市。

结构调整步伐加快，转型升级取得新进展。围绕加快新旧动能转换，谋划实施市级重点项目229个，一批新产品、新技术成为全国第一或唯一。新增规模以上工业企业59家，培育国家高新技术企业18家、科技型中小企业277家，新增中国驰名商标10件、省级名牌和著名商标89项，位居全省县市前列。第三产业日益繁荣，服务业增加值达到120亿元，同比增长12.9%，被确定为全国外贸转型升级示范基地。

农业经济稳步壮大，新农村建设呈现新局面。通过实施美丽乡村建设12个专项行动，建立健全卫生长效保洁考评奖补制度，乡村环境持续改善。农业农村改革步伐加快，土地确权顺利推进，农民专业合作社蓬勃发展，农业基础条件进一步改善，节水小麦、梨果、蔬菜、畜牧、食用菌等特色产业不断壮大。被评为国家级出口鲜梨质量安全标准示范区、全国粮食生产先进市、全国生猪调出大县、全国农村集体“三资”管理示范市。

承载能力显著增强，城市面貌发生新变化。编制实施了《城乡总体规划（2013—2030）》，城市建设更加有章可循。完成教育路北延、润泽湖公园等206个重点城建项目，城市综合承载功能不断增强，城区常住人口达到23.5万人，全市城镇化率达到49.12%。以争创国家级园林城市为契机，实施了城区环卫一体化改革、城市容貌综合整治、违法占地集中拆除、城区废品收购站清理整顿等行动，城市绿亮美水平显著提升。被评为全国文明城提名城市、中国新型城镇化质量百强市。

节能减排扎实推进，生态环境得到新提升。实施重点节能减排项目51个，总投资8.8亿元。淘汰燃煤锅炉357台，淘汰黄标车9205辆，推广使用新能源公交车56辆；全部取缔黏土砖瓦窑，压减煤炭使用量27.7万吨。2016年PM2.5年均浓度比2013年下降31.5%。新建佳洁污水处理厂、新城开发区污水处理厂。启动了相关土壤污染修复和治理工作。森林覆盖率达到33.3%。

人民生活持续改善，社会事业取得新进步。坚持以人为本的执政理念，市财政民生预算支出占到一般预算支出的58%。谋划实施市级利民实事85件，发展成果惠及千家万户。"全面两孩"政策稳步实施。文化事业和文化产业快速发展。被评为全国义务教育发展基本均衡市、全国卫生应急综合示范市、全国妇幼健康优质服务示范市。城乡居民人均可支配收入分别达到29139元、14500元，同比分别增长8.3%、8.5%。社会治理能力不断提升，平安辛集、信访稳定、安全生产、食品药品安全等工作进一步加强。办理人大代表建议405件、政协提案396件，按时办复率100%。审计、统计工作规范化、制度化水平显著提升。扶贫工作扎实推进。反腐倡廉力度不断加大。金融保险、粮食物价、邮政通信、文体旅游、支油援铁、国防动员、民族宗教、外事侨务、气象地震、史志档案、妇女儿童、老龄、残疾人等各项事业都取得了新成就。

（辛集市统计局　王小平）

县（市、区）域经济专辑

承　德　县

承德县地处河北省东北部。是河北首批扩权县，燕山—太行山集中连片特殊困难地区扶持县，全县辖23个乡镇（11个乡、12个镇）和1个街道办，378个行政村，总面积3648平方公里，人口42.8万，其中乡村人口33.5万；耕地总面积49.9万亩，人均1亩以上。县城规划区面积24.63平方公里，建成区面积9.5平方公里，县城人口7.97万。先后荣获国家绿色能源示范县、全国科技进步县、中国国光苹果之乡、省金融生态县等殊荣。

2016年，全县地区生产总值完成120.44元，增长6.9%，其中，第一产业实现增加值28.25亿元，增长7%；第二产业实现增加值52.8亿元，增长6.2%；第三产业实现增加值39.39亿元，增长8.1%。三次产业增加值占全县生产总值的比重由上年的22.2∶46.9∶30.9调整为23.5∶43.8∶32.7，人均生产总值3.07万元，同比增长6.8%。粮食总产量20万吨，增长4.5%。全部财政收入完成10.42亿元，其中，公共财政预算收入5.53亿元，公共财政预算支出23亿元，增长6.2%。社会消费品零售总额48.9亿元，增长6%。城镇居民人均可支配收入2.32万元，增长8.9%；农村居民人均可支配收入8999元，增长10.4%。金融机构各项存款余额156.2亿元，比年初增长18.5%，各项贷款余额100.6亿元，比年初增长27.5%。

一、产业结构调整步伐加快。产业发展趋向协调，大数据、服务外包、新能源新材料、高端装备制造、绿色食品加工、文化旅游康养"六业兴起"的现代产业体系初步建立。农业产业化水平不断提高，果品、蔬菜、食用菌产业规模分别达到85.7万亩、17.8万亩、2.7亿棒，肉鸡饲养能力稳定在7000万只左右，省、市级农业龙头企业分别达到7家和30家，产业化经营率达到72.1%。工业发展水平明显提升，可得电子等3家公司顺利通过"高新技术企业"认定，实现了承德县高新技术企业零的突破。全县规模以上工业企业达64家。服务业实现快速发展，乡村旅游年接待能力超过100万人次，新杖子镇被评为国家级全域旅游重点乡镇。

二、项目开放取得丰硕成果。实施"三定四包"和"六个一"项目机制，全年实施县级领导包保项目77个，开工48个，完成投资185.2亿元，列入省重点项目3个、市重点项目22个，当年开工17个，完成投资78.5亿元。国务院批复承德县新纳入国家级重点生态功能区。总投资200亿元的"德云大数据特色小镇"列入全省首批特色小镇。与天津市中小企业发展促进局就"津承六沟产业示范园区"开发建设达成协议。京津冀协同发展屡创佳绩，确定京津合作重大项目49个，总投资1380亿元。；其中，德鸣大数据、华唐服务外包、国家文献战略储备库等重大项目成功签约落地，并顺利推进。全县13家科技型中小企业与中科院、中国农大等科研院校达成长期合作意向。

三、脱贫攻坚取得明显成效。大力实施"1175"脱贫攻坚行动，制定出台《坚决打赢脱贫攻坚战的决定》等"1+13"扶贫政策，为全面开展精准扶贫、精准脱贫提供了有力保障。扶贫产业不断壮大。整合各类涉农资金3.3亿元，撬动社会投资10亿元集中用于发展扶贫产业和基础设施建设，全县农民专业合作组织达到772家，带动2.2万贫困户发展农业主导产业。积极鼓励支持发展光伏、电商、旅游等新型扶贫业态。投资7800万元在全市率先启动实施"万户阳光工程"，全年共安装屋顶光伏2348户，受益贫困户年均收益8000余元。农村电商实现129个贫困村全覆盖，新发展乡村旅游示范农家院100个。大力发展金融扶贫，组建"政银企户保"金融扶贫平台，全年共为1.27万建档立卡贫困户担保发放扶贫专项贷款5.4亿元。建立完善了"5431"社会帮扶机制，组建23个乡镇精准扶贫工作站，派驻扶贫工作队到129个贫困村进行精准扶贫，全县8000余名干部职工与3.2万贫困人口开展结对帮扶，实现社会帮扶资源对接精准脱贫。通过一年来的集中攻坚，40个贫困村、17129贫困人口如期脱贫出列。

四、园区承载能力不断增强。县经济开发区和县六沟高新技术产业开发区整合为县高新技术产业开发区，采用"一区两园"管理模式，加快园区改革发展步伐。六沟园区规划面积14.29平方公里，目前，已收储土地4850亩，

“三纵三横”道路建设全面启动，110千伏变电站建成投运，起步区“七通一平”等基础设施加快建设，全市最大的16万平方米企业孵化器建成投用。下板城园区辖区总面积37.56平方公里。目前，建成区面积10.4平方公里，入驻企业208家，在建亿元以上项目达68个，河西区域列入市“一带三区”战略盘子，基础设施建设全面启动。甲山建材物流园完成土地收储718亩，总规、详规编制工作有序推进。

五、各项改革持续纵深推进。“放管服”改革，建立完善行政许可清单、行政权力清单、责任清单、负面清单、监管清单“五项清单”制度，完成“多证合一、一照一码”登记制度改革，全面实现“五证合一”。事后监管“双随机”抽查改革工作先行先试，成为全市典范。投融资体制改革，组建国控公司、畅美生态家园等8家政府融资平台，融资17.5亿元，保障了园区、交通基础设施、美丽乡村等重大工程建设。财税金融改革，“营改增”改革全面推开。成功引进中国银行、河北银行在县设立分支机构。双承公司成为全省首家在“新三板”挂牌的食用菌生产企业，金融服务保障能力显著提升。农村综合改革，组建农村产权交易中心，农村土地承包经营权流转面积达到11万亩。

六、生态环境得到有效改善。深入开展大气污染防治行动，持续实施京津风沙源治理、退耕还林、经济林建设等重大生态工程，扎实推进减煤、治企、抑尘、控车、禁烧五项综合整治工程，空气质量得到有效改善，二级以上天数达到249天，较上年增加27天，PM2.5平均浓度为52微克/立方米。大力推进水环境治理，“两河”综合整治成效明显。以武烈河、老牛河流域为重点，大力实施净水治污、面源整治等专项工程，重点流域水环境质量总体稳定，断面水质全部达标。加强生态修复和保护，深入开展创建国家绿色矿业发展示范区“双百”行动。以承秦高速公路沿线、武烈河上游和承德民用机场区域为重点，完成尾矿库治理、绿化、山体破损面修复9400余亩，生态修复治理模式得到省市肯定和推广。以“两线、三山、四高”为重点，全年完成生态造林5.2万亩，治理水土流失面积8平方公里。

七、城乡整体面貌明显改观。县城建成区面积拓展到9.5平方公里，“两环三横五纵”的城市路网格局基本形成。县城集中供热建筑面积达到260万平方米，污水集中处理率和生活垃圾无害化处理率均达到90%以上。县城区域汇水面积达到150万平方米，绿地面积329公顷，绿道绿廊18公里。“五城同创”工作扎实推进，成功创建省级园林县城，通过国家级园林县城初验和省级卫生县城复检。鞍匠、三家、上谷、磴上顺利完成撤乡建镇工作。不断创新融资模式，重点实施了苇子峪村等45个美丽乡村建设，打造新杖子京郊花果小镇等精品片区，城乡面貌得到进一步改善，农村公共服务水平不断提高。

八、民生保障水平持续提高。持续加大教育基础建设投入，安排1450万元集中用于农村校舍维修改造，有效提升了乡村办学条件。县一中连续两年高考成绩和综合评价位列全市第一。总投资7.4亿元的教育园区正在开展项目总规编制、土地征占等前期工作。卫生方面，县中医院顺利迁建投入使用，县城公立医院床位达到1000余张。继续深化医药卫生体制改革，积极推进省级公立医院综合改革，成功争列全省28个示范县创建序列。承德县医院被确定为二级甲等综合医院，县中医院完成整体搬迁。文化场馆及体育基础设施建设进一步强化，文体综合活动中心、全民健身活动中心两个项目加快推进，全面完成46个村标准健身器材及其设施配置。不断完善社会保障体系，完成城乡居民医疗保险整合，城乡低保、五保供养标准、企业退休养老金全面提标。政府全年发放各类补贴资金7032万元，惠及全县9.33万户居民家庭。

县委书记：齐建文

县人大主任：许志忠

县　长：刘志琦

县政协主席：李文水

滦　平　县

滦平县位于河北省东北部，承德市西南部，毗邻京津，是京承走廊上的重要节点。2016年，滦平县牢牢把握“绿色崛起，环首突破”的发展路径，在克服困难中谋求发展，在竞争比拼中逐步壮大，缓中趋稳、稳中向好，经济运行保持在合理区间，各项工作保持了相对较好的发展态势。

（一）经济保持平稳增长。2016年，全县生产总值完成160.2亿元，增长7.9%；财政收入达到12.38亿元，比年初预算增长17%；固定资产投资完成201.2亿元，增长11.7%；规上工业增加值完成67.4亿元，增长5.7%；社会消费品零售总额完成45.5亿元，增长11.6%；城镇、农村居民人均可支配收入分别达到2.51万元、8029元，年均分别递增9.7%和14%。

（二）项目工作成效明显。成功与中信中证、深圳麟德等多家大型企业签订项目合作协议32个，总投资额达762亿元。依托县级领导“五个一”帮扶机制，全年新开工各类亿元以上项目51个，金山岭国际滑雪旅游度假区、滦平光伏发电等20个省市重点项目，以及全市两批次集中开工的24个项目均超额完成投资任务。

（三）发展环境不断优化。大力推行简政放权、深化商事制度改革，将全县95.7%的审批事项纳入政务服务系统统一受理，营商环境更加优越；平稳推进农村产权改革，出台工商资本租赁农地监督和风险防范机制，探索发放《农村土地经营权流转证》3家，认定家庭农场26个。紧紧抓住省政府民族现场办公、北京市对口帮扶等一系列现实机遇，争取到位上级专款12.8亿元，置换债券资金22亿元，有效缓解财政压力。

（四）产业结构日趋合理。通过突出特色提一产，优化结构强二产，加快速度促三产，持续补短板、不断增实力，经济抗风险能力明显提升。传统产业加速转型。面对经济下行压力，科学实施铁选企业“保并关延”方案，在产铁选企业由低谷时的3家恢复至25家，产能恢复至高峰时的81%。全年累计实施技改升级项目82个，尾矿选磷、选铜、提硫技改技术应用全市领先，矿业逐步摆脱粗放发展模式，向集约型、科技型、组团型方向迈进。新兴产业稳步推进。张百湾新兴产业示范区上升为省级高新技术产业开发区，先农科芦笋深加工等4个项目签约落地；大金星食品等14个项目开工在建；华朗休闲食品等6个项目竣工投产，累计入园项目27个，投资超140亿元。中清华宁柔性晶硅光伏产品等26个高新技术项目落户高层次创新创业园，新兴产业初具规模。现代农业高点起步。成功举办河北省首届中药材产业发展大会，建成省级中药材种植示范园7个，开发特色沟域经济13条，中药材种植总面积达到10.66万亩；高标准打造尚亚、清谷等现代循环农业园区6个，成功促成兴春和在石交所主板挂牌。高端旅游服务业快速发展。金山岭长城通过国家旅游局5A级景区景观价值评审；中信“两镇一河”产业园区正式启动，阿那亚文化小镇、金山岭悦榕庄五星级酒店等一批重点旅游项目扎实推进。金山岭生态文化旅游经济区内13个投资超10亿元以上项目开工6个，累计完成投资超30亿元。滦平县正在成为北京周边最有潜力、最有价值、最有活力的康养休闲和生态旅游产业集聚区。

（五）城乡面貌大幅改善。规划展览馆、山戎博物馆顺利推进；完成县城农贸市场搬迁，万泽农贸市场建成并投入使用；南山公园通过五星级公园评审验收；新一中项目代表省迎接住建部国检，取得第一名的好成绩；新县医院项目稳步实施；政务服务中心建成即将投入使用；采用PPP模式建设的北部新城综合管廊被评为国家级示范项目。制定完成“一带一路两村”景观设计和12个重点村规划编制；12个重点村“12＋1”专项行动任务全面完成；高标准打造了小城子、古城川、下营子、兴洲等精品村4个；启动中心村建设3个；撬动社会资本参与美丽乡村、中心村和特色小镇建设近20亿元。结合京津风沙源治理和生态清洁小流域综合治理工程，完成造林10万亩，矿山披绿1190亩，治理水土流失面积37.5平方公里，全县森林覆盖率达60.78%。创新农村环境治理工作，率先在全市引入农村垃圾处理社会“第三方”运营服务模式。全县二级及以上天数达245天，饮用水水源地水质、地表水水质监测断面达标率均达到100%。

（六）民生事业亮点纷呈。就业再就业、社会保障等各项惠民政策全面落实。天然气入城工程基本贯通；全域WIFI实现县城重要节点全覆盖；山戎文化森林公园、公交客运枢纽主体完工；新增县城26辆新能源公交车，群众出行更加便捷。扎实推进保障性安居工程，红旗宜居新区417套棚户区安置房、育才苑55套保障房竣工入住，鑫家园69套保障房建设完成，磁源城58套保障房主体封顶。成功创建国家级农村职业教育与成人教育示范县，顺利通过国家义务教育发展基本均衡县“国检”；职教中心被魏书生教育思想研究会授予“全国培养学生良好习惯特色观摩学校”荣誉称号。成功创建中国文联“文艺扶贫奔小康”志愿服务行动示范县。县级公立医院综合改革示范县创建工作扎实推进，医联体、医共体深入实施，先后完成了中医院综合楼、妇幼保健院综合楼等一大批卫生项目，医疗卫生保障更加扎实。成功举办“千名美国游客游长城”、首届“滦平县文化旅游推介月”等系列活动，赢得世界多个国家聚焦滦平。

（七）脱贫攻坚顺利推进。创新搭建“政银企户保”金融扶贫平台，发放贷款5.6亿元；借助易地扶贫搬迁、产业引导基金等各类金融扶贫平台，争取金融扶贫总融资量达到25.91亿元，有力支撑了全县脱贫工作。创造了“一地生四金”等八种扶贫模式，产业扶贫实现83个建档立卡贫困村全覆盖。大力推进易地扶贫搬迁工作，全县“一城、四区、四村”集中安置区全部开工在建，凤凰谷一期返迁房返迁入住173套，古城川、邢家沟门2个集中安置区在全市易地扶贫搬迁现场会上接受观摩。2016年，顺利完成27个村、5392户、1.16万人贫困退出任务。

张家口市宣化区

2016年，宣化区以区划调整为契机，全力抢抓“三大机遇”，科学研判经济形势，积极应对严峻挑战，强力推进经济社会发展。全年地区生产总值完成208.3亿元，同比增长1.6%；公共财政预算收入完成11.3亿元，同比增长10.7%；全社会固定资产投资完成249亿元，同比增长11.7%；城乡居民人均可支配收入分别达到2.73万元和1.07万元，同比分别增长9.4%和10.4%。全区经济社会步入了加速发展的快车道，为全面建成小康社会奠定了坚实基础。

（一）引资金、上项目，开放水平不断提升。园区平台更加坚实。北山园区“一横四纵”路网工程全面完工；南山园区配套工程加快实施；京张奥物流园区、东山高新区、望山循环经济示范园区、沙岭子商贸服务区道路、供热等工程有序推进。同时，引进中景恒基集团负责京张奥开发建设、运营管理等工作，园区发展模式实现创新。项目建设取得突破。全年实施重点项目101项，总投资601亿元，95项开工建设，其中11项达产见效。在全市半年重点项目拉练观摩活动中，综合评价居全市第四。招商引资成效明显。成功举办招商项目发布、京张科技协同发展战略合作签约等一系列大型招商活动，全年签约项目80项，实际利用市外资金844万美元，完成全年任务的105%。特别是与北京市科委、市科技局等合作实施的科技企业孵化器项目，成功列入“京冀科技协同发展创新”第一批重点合作项目。

（二）抓转型、促升级，发展后劲持续增强。传统产业优化升级。拆除宣钢450立方米、坤源矿业630立方米高炉各一座，退出炼铁产能120万吨。支持宣钢发展非钢产业，总投资1400万元的宣钢新型建材厂建成投产，总投资15亿元的杭萧钢构项目加快实施。加快推进超特高压电瓷生产线技改、紫云化工扩模技改等项目，传统产业转型不断加快。新兴产业不断壮大。成功举办中国·宣化文化旅游博览会，国玉陶瓷文化园、桑干河大峡谷、黄羊山生态园知名度不断提升，旅游业得到蓬勃发展。成功举办工程机械技术交流大会及宣化百年工业展览会，北汽福田产业转移一期建成投产，晶澳太阳能光伏组件等项目开工建设，装备机械制造产业规模不断壮大。大力实施京张奥物流产业园、奥运迎宾光伏廊道发电、光翌红辐源电热系统等项目，现代物流、新能源、新技术等产业快速发展。科技创新成果丰硕。宣钢智能炼钢项目填补国内空白；宣工研发的SD系列高驱动推土机，为国内首台套设备；骞海风机与清华大学合作研制的核电高温排烟机，荣获国际流体机械展会金奖。宣化区星起点众创空间成功入选第三批国家级众创空间。

（三）夯基础、抓整治，城市功能不断完善。实施了总投资42亿元的80多项城建工程，在宣化区城建史上写下浓墨重彩的一笔。实施北环东段、头武线等重点交通建设项目24项，改善道路197.7公里。完成宣府大街大修、洋河大桥维修加固等城市路桥工程31项，道路出行状况大幅改善。铺设供热、供气、排水等各类管网60公里，新增供热面积240万平方米，置换天然气2.2万户。投资2.4亿元，完成洋河两岸廊道、清远路北段等城市园林绿化重点工程11项，绿化面积80万平方米。启动城市棚户区改造工作，签约率达80%以上，顺利完成目标任务。以“四城同创”为契机，成立城管执法局，对部分街道马路市场、占道经营进行了取缔和规范，城市面貌更加整洁。

（四）兴产业、优环境，农业农村稳步发展。全面加快农业产业化步伐，认定市级以上重点龙头企业22家，其中省级3家；巡天种业公司产品被评为省名牌产品、著名商标、优质产品；宣化牛奶葡萄被国家质检总局评定为生态原产地保护产品。以深井现代农业园区为主抓手，大力发展生猪肉羊养殖、生态观光农业等特色产业，宣化区被评为国家级畜牧业绿色发展示范区，河北省休闲农业示范县等荣誉。落实中央、省级扶贫资金4500多万元，谋划实施种养脱贫项目82项，9156户、1.15万人实现稳定脱贫，32个村脱贫出列。积极推进异地扶贫搬迁，新建7个集中安置小区。加快美丽乡村建设，投资3.8亿元，推进38个示范村建设，13个村达到省级精品村建设标准，宣化区被列为省级美丽乡村建设示范县区侯选区。

（五）治污染、减排放，环境质量有效改善。先后投资5.1亿元，重点实施了生态廊道绿化、储备林建设、京津风沙源治理、奥运廊道光伏林“四大绿化工程”，累计造林绿化15.11万亩，全区森林覆盖率提高4.3个百分点。重拳治理大气污染，实施减排工程21项，淘汰改造燃煤锅炉227台，拆除工业锅炉17台；实施露天矿山污染深度整治专项行动，关停露天矿山33家；统筹推进建筑扬尘、汽车尾气、秸秆禁烧等综合治理，大气污染防治取得明显成效。实施洋河灌区续建配套和节水改造、红瑙河防洪治理等项目，生态涵养能力明显增强。

（六）惠民生、兜底线，群众得到更多实惠。全年用于民生领域的支出达31亿元，占全部财政支出的80%。教育事业均衡发展。完成殷家庄小学等31项校舍建设和改薄工程，办学条件不断改善。全区文化类一本上线人数突破800人大关，对口升学本科上线率位居全市第一。与马来西亚大学、韩国西原大学建立合作关系，国际教育交流实现新突破。卫生体系不断健全。积极推进区疾控中心等新建工程和王家湾等6所卫生院改造工程，启动区医院、区中医院公立医院改革，并与北京儿童医院等国内知名医疗机构建立合作关系。成功承办全省孕产妇健康管理现场会，成为全市唯一跻身全国妇幼健康优质示范区的县区。文体事业繁荣发展。清远楼、时恩寺等6处文物入围万里茶道申遗支撑点。宣化二中建立全国首家“体教结合”冬奥培训学校、全省首个罗纳尔多足球培训基地。成功承办中美青年篮球邀请赛等高规格赛事。民生保障扩面提升。城镇新增就业再就业1.05万人，转移农村劳动力3397人。全区城乡低保年保障标准分别提高到5640元、2900元；农村五保分散供养和集中供养标准高分别提高到每年3000元、5500元。累计发放各类救助补助资金1.43亿元，惠及群众25.4万人。宣化区残疾人工作委员会被评为“全国残疾人工作先进单位”。

张家口市崇礼区

张家口市崇礼区位于河北省西北部，地处内蒙古高原与华北平原过渡地带，北纬40°47′—41°17′，东经114°17′—115°34′。全区总面积2334平方公里，海拔从814米延伸到2174米，辖2镇8乡211个行政村406个自然村，总人口12.6万人（宗教人口近8000人）。2016年，面对经济下行压力加大、结构调整阵痛等困难相互交织的严峻形势和筹办冬奥会的艰巨任务，全区上下在市委、市政府和区委的坚强领导下，坚持以冬奥为引领，突出稳中求进的总基调，全力做好稳增长、促改革、调结构、惠民生、防风险各项工作，较好地完成了区一届人大一次会议确定的各项目标任务，实现了“十三五”良好开局。全区GDP完成33.85亿元，同比增长5.2%；全部财政收入完成6.48亿元，同比增长6.6%；一般公共预算收入完成4.4亿元，同比增长0.04%；全社会固定资产投资完成47.2亿元；城乡居民人均可支配收入分别完成2.65万元和8657元，同比分别增长9.9%和12.5%；社会消费品零售总额完成10.9亿元，同比增长10.3%。

一、筹办工作扎实推进。“八个严管”成效显著，得到省委、省政府领导充分肯定。奥运场馆核心区搬迁工作顺利完成，回迁安置房部分完成主体工程，实现了一次性腾出发展空间、一次性解决搬迁群众长远生计、一次性扭转不规范征拆秩序的目标。配合省发改委完成综合交通、水电气信基础设施规划调整。崇礼区空间战略及总体规划、主城区总体规划、太子城冬奥核心区及国际冰雪小镇控制性详规等7项规划完成初步成果，正在按照总书记指示和省委要求修改完善。云顶滑雪公园U型槽完工。新建冬奥建设指挥部主体封顶，冬奥建设指挥部服务中心投入使用。核心区6条道路前期工作快速推进。成功承办了国际雪联高山滑雪积分赛、远东杯赛等大型冰雪赛事。深入开展了“做最美崇礼人·当合格东道主”等全民素质大提升活动，讲文明、懂礼仪、守秩序的良好社会氛围愈加浓厚。

二、产业转型提档加速。神州科技谷项目积极推进，充分利用国家证监会贫困县IPO绿色通道政策，吸引牡丹航空、阳光新瑞、久昌生物科技等17家公司落户崇礼，为深层次推动经济结构调整注入了新动能。以旅游为带动的三产服务业势头强劲。亿元以上项目中三产服务业项目完成投资占投资总额的近60%。三产税收占全部税收比重达58.4%。五大雪场继续扩模升级，富龙滑雪场投入运营，弥补了河北省露天滑雪场夜间项目市场空白。崇礼区被评为“国家体育产业示范基地”。旅游拉动创业就业持续增长，全年新增个体工商户和民营企业1032家，创造就业岗位3000多个。蔬菜标准化生产稳步推进，新增部级蔬菜标准化示范园区2家。一三产业互动融合，被评为全国休闲农业与乡村旅游示范区。资源消耗型矿业企业有序退出，38家露天矿山全部停止生产。

三、城乡统筹协调共进。高标准完成裕兴路、长青路等8个重要地段、节点景观亮化提升工程，打造出绚丽多姿的城市夜景。实施了滨河西路华府段、希望桥至营房桥段道路新建和容辰桥新建、公厕新建改建等13项市政工程，以及滨河公园、迎宾路等8项绿化美化工程。公交运营实现规范管理、绿色出行。美丽乡村建设稳步推进，11个整村新建村开工建设，12个改造提升村全部完成。农村路网不断完善，驿马图、石窑子分别至草原天路连接线及四台沟战备路、太子城至五道沟道路恢复工程竣工通车，张承二期南山窑互通连接线完成工程总量的60%，城区至红旗营道路前期工作快速推进。

四、生态环境持续优化。完成造林14.33万亩，森林覆盖率净增2.51个百分点。深入开展了企业废水排放、污水处理以及饮用水源地环境保护等水环境治理行动。实施了水土流失治理、白旗沟防洪以及小梨沟、张麻沟地质灾害治理工程。狠抓燃煤小锅炉取缔、建筑工地扬尘治理等大气污染防治工作，全年PM2.5均值31微克/立方米，空气质量综合指数排名稳居全省第一。单位GDP能耗和主要污染物化学需氧量、氨氮、二氧化硫、氮氧化合物削减率均完成上级下达目标任务。

五、改革创新步伐加快。机构改革深入推进，合并组建了扶贫和农业开发办公室，申奥办改组冬奥综合办，增设体育局、奥运基推办、接待中心、园林绿化管理处4个机构获得批复。农村土地确权测绘工作基本完成。不动产登记中心启动运行。积极盘活财政存量资金，沉淀资金得到有效利用。通过“系统内部对接+组团集中攻坚”的方式，全年共争取奥运项目资金、专项转移支付、债券资金、融资贷款等政策性资金47.56亿元，实现历史性突破。美丽乡村建设创新驱动效应初步释放，“政府主导、市场运作、政策支持、合作共赢”的筹资方式、“优质资源+实体项目+美丽乡村”的开发模式、“企业+农户+集体”的利益共享机制得到应用推广。创新造林护林方式。引进老牛基金会实施碳汇林项目，签约中国北方植物示范园区，破除了生态造林政府单一投资模式。推行政府购买森林管护服务，彻底杜绝了散养放牧，有效巩固了生态建设成果。

六、民计民生明显改善。全年财政预算内民生领域支出16.9亿元，占全区一般公共预算支出的80%。公教人员工资人均月增近1700元。1.12万人精准脱贫，贫困发生率由16%下降到4.3%。实施了希望小学教学楼续建、二幼扩建等7项教育硬件提升工程。义务教育均衡发展顺利通过省政府验收。公立医院改革示范区创建深入推进。完成“120”急救中心指挥系统建设。区医院成为市附属第一医院合作医院，与河北医科大三院共同组建了崇礼急诊急救中心和医学影像中心。建成县级二类标准数字化综合档案馆。制定出台了《崇礼区全民健身实施计划》。续建234套保障性住房主体完工，完成棚户区改造654户、农村抗震房建设1226户。农村五保、城乡低保继续提标，“两线合一”工作全面启动。医疗、养老、工伤、生育、失业等保险覆盖面进一步扩大。安全生产形势总体平稳。食品药品安全示范区创建圆满完成，建成全省首家食品药品智慧监管中心。法治崇礼、平安崇礼建设扎实推进。信访维稳秩序良好。同时，国防动员、外事侨务、民族宗教、新闻广电、文物保护、工商联、共青团、科协、文联、妇女儿童、老龄、残疾人、计生、统计、粮食、工会、邮政、气象、科技、地震等工作都取得了新的成绩。

张 北 县

张北县位于河北省张家口市北部，辖7个镇、11个乡、4个街道办事处、366个行政村、26个居民委员会。总面积3853平方千米，耕地面积10.1万公顷。总人口36.5万人，人口自然增长率1.09‰。2016年，全县完成地区生产总值96.2亿元，按可比价格计算同比增长8.6%，其中，第一产业增加值21.7亿元，同比增长3.1%；第二产业增加值47.6亿元，同比增长8.7%；第三产业增加值26.9亿元，同比增长13.5%。单位生产总值能源消耗0.383吨标准煤，同比下降5.25个百分点。民营经济增加值60.6亿元，同比增长6.7%。粮食总产量12.2万吨，同比增长12.3%。全部财政收入10.4亿元，同比增长4.1%，其中地方一般预算收入6.8亿元，同比增长0.8%；财政支出24.6亿元，同比增长1.8%。空气质量二级以上天数累计达到304天，同比上升3%。社会消费品零售总额29.4亿元，同比增长10.7%。全社会固定资产投资123.7亿元，同比增长6.0%。在岗职工年平均工资6.28万元，同比增长9.53%。农民人均可支配收入8589元，同比增长12.1%。城镇居民人均可支配收入2.34万元，同比增长10.2%。年末城乡居民存款余额78.1亿元，同比增长16.2%。

一、项目建设持续增强。新签约云计算、逆变器装备制造、10万千瓦光热示范等亿元以上项目10个，协议引资346.5亿元，实际到位国内市外资金73.79亿元。实施千万元以上重点项目95个，完成投资77.8亿元。列入省市重点项目11项，全县项目数量、投资规模、投资进度均走在省、市前列，项目考核连续五年名列前茅。

二、主导产业势头强劲。云计算产业集聚发展，2个项目建成运营，5个项目签约落地，11个项目对接良好，成功举办了京张“中国数坝”峰会，云计算被确立为京张合作的“张北模式”。荣获“中国2016年度数据中心行业推进奖”。新能源产业领先发展，核准和备案风电、光伏、光热指标104万千瓦、37万千瓦、16.5万千瓦，风电、光伏装机规模分别达到233万千瓦、22万千瓦。文化旅游业繁荣发展，成功举办了第八届草原音乐节，第二届全国乡村旅游与旅游扶贫工作推进大会在张北县召开，旅游知名度和游客人数大幅跃升。全年接待游客599.89万人次，同比增长27.5%，收入52.4亿元，同比增长75.5%。

三、城乡建设协调有序。以新型城镇化试点为统揽，做强做优县城、特色发展城镇、建设美丽乡村。城市重要节点进行重新设计，推进了商住小区、道路硬化、管网改造等55项城建工程。实施了9大项38小项交通建设工程，完成了2个乡撤乡设镇，推进了2个全国重点镇和28个省级“美丽乡村”建设。

四、农业基础更加夯实。实施高效节水工程2.7万亩。建成1个省级农业园区、4个省部级蔬菜（食用菌）标准园和9个市级标准园。实施中粮百万头生猪二期等农业产业化项目12个，全县登记注册家庭农场110家，各类合作社发展到622家，甜菜收购总量达94.5万吨，创历史新高，带动县内农户创收1.91亿元。

五、生态环境大幅改善。完成造林工程41.03万亩，占全市造林任务的1/5，全县森林覆盖率达到27.4%。实施了京津风沙源治理二期工程水利项目和8.2公里的灯笼素河二期饮水工程，治理水土流失面积5平方公里。关闭退出不达标矿山企业9家。组织开展了露天烧烤、道路扬尘等专项综合整治行动，拆除燃煤锅炉59台，圆满完成市下达主要污染物的削减任务，空气质量位居全省前列。

六、精准扶贫扎实推进。通过实施特色产业脱贫、光伏脱贫、特色旅游脱贫、易地搬迁脱贫、生态保护脱贫、金融脱贫、基础设施脱贫七大脱贫工程，完成了28个自然村易地搬迁，全县2.07万人实现稳定脱贫，已通过市验收。全县城镇居民和农村居民可支配收入预计分别实现2.32万元、8390元，分别增长9%、9.5%。

七、人民福祉不断增进。投资9381万元完成了一批学校、医院新建和改扩建工程，2016年高考一本上线人数612人，成功迈入全市前三，二本以上上线人数2345人，跃居全市各县区之首。城镇新增就业3889人，下岗失业人员再就业1142人，城镇登记失业率2.9%。完成了城乡医保整合，参保率达到95.1%。改造农村危房357户，群众获得感大幅提升。

县委书记：郝富国

县人大主任：孙　雨（2月免）

苏志明（2月任）

县　长：李鹏举

县政协主席：侯永龙

沽　源　县

沽源县位于河北省西北部坝上地区，总面积3654平方公里，辖4镇10乡、233个行政村，总人口22.6万，其中，农业人口20.1万。2016年，全县实现生产总值48.23亿元，同比增长9.7%；规模以上工业增加值完成9.28亿元，同比增长35.5%；全部财政收入完成4.19亿元，同比增长10.1%，其中公共财政预算收入完成3.36亿元，同比增长10.3%；固定资产投资完成63.5亿元，同比增长0.1%；城镇居民人均可支配收入达到2.27万元，同比增长10.1%；农民人均可支配收入达到8240元，同比增长12.8%。万元GDP能耗下降3.4%。特别是全部财政收入、规上工业增加值等多项经济指标增速位居全市前列，呈现出迅猛的发展势头。

（一）项目建设成效显著。全年共运作重点项目157项，年内完成投资51亿元。特别是投资60亿元的奥林匹克风光城和投资50亿元的汇天云端产业园沽源数据中心等重大战略性项目顺利签约。全县万亩以上现代农业园区发展到8个，打造了第一个有机产业园区，水肥一体化、智能控制等新技术得到广泛应用，马铃薯种植机械化水平走在全市、全省乃至全国前列，蔬菜、马铃薯产量和产值稳居全市第一。坤源速冻蔬菜项目开工建设，双益马铃薯、金莲川牧业相继投产，农副产品加工企业发展到28家，仓储加工能力进一步提升。投资40亿元的特变电工40万千瓦光伏项目顺利签约，风电、光伏新增并网23.8万千瓦，装机并网容量达到151.3万千瓦，实现利税6920万元，新能源产业的“红利”开始集中释放。囫囵淖四季特色生态旅游、沽源草原天路景区等项目稳步推进，以农家院、民俗游为主的农家旅游遍地开花，全年接待游客153万人次，实现旅游综合收入13.8亿元，旅游业在富民活县中的作用开始凸显。昊成商业广场一期工程完成建设，德奥汽贸城项目顺利推进，供销社综合改革试点顺利通过验收，商贸流通产业初具规模。

（二）城乡面貌显著改观。2016年沽源县完成了21条县城主干道绿化和14处游园绿地提质工程，县城绿化、亮化、美化效果进一步提升。致力于功能更优，深入开展“三治、两提升”，相继实施了建设街、步行街等道路改造工程，完成了雨污分流、供水改造等重点工程，数字化城市管理系统、第二水源厂、第二热源厂全面投入运行，县城服务功能和建设品位进一步提升。致力于体量更大，累计实施房开工程73.85万平米，建成各类保障性住房363套，完成了1582户的棚户区改造工程，主城区控制面积进一步拓展，常住人口增加了1万以上。坚持把做大做强省级经济开发区作为增强活力、集聚人口的重要载体，抓项目入驻、抓服务管理，入驻企业达到31家，实现工业总产值19亿元、利税近亿元，“以城带产、以产促城、产城互动”的格局进一步巩固。致力于让乡村更美，将易地扶贫搬迁作为助推美丽乡村建设、加快城乡统筹的核心之举，18个集中安置区全面开工建设，完成了11个省级重点村和1个中心村美丽乡村建设，特别是高标准打造了录园中心村等一批精品工程，为全市全省新农村建设作出了示范引领，得到省市主要领导和各级各部门高度认可。

（三）生态环境更加优化。大力实施造林绿化攻坚行动，投资近2亿元，完成人工造林5.1万亩，退化林分更新改造22.05万亩，实施通道绿化150公里，绿化村庄11个，森林覆盖率达到31.31%。完成水土保持生态治理工程27平方公里，填埋机井1852眼，改良天然草场1万多亩，进一步巩固了天蓝、地绿、水清的良好生态环境。创新建立“政府＋企业＋农户”市场化生态建管新机制，打造了“政府要绿、扶贫助力、农民受益、公司获利”的“马鬃山”模式。完成了热力公司锅炉脱硫除尘改造工程，不断扩大集中供热覆盖范围，持续加大中小型燃煤锅炉、黄标车淘汰力度，严控建筑工地、配煤场所扬尘，空气质量综合指数位居全省前列。全面加强生态管护，对辖区内放牧、私挖乱采、违法占地等破坏环境的违法犯罪行为进行了集中整治，生态管护取得新成效。

（四）脱贫攻坚成效显著。坚持把脱贫攻坚作为第一位的政治任务，按照“两不愁、三保障”要求，整合各类项目资金8438万元，集中投向扶贫开发领域。坚持工作组打头阵、派出单位做后盾，全面推行“八个一、四个带”工作法，逐村会诊、定向帮扶，全面打响脱贫攻坚战。以产业化扶贫为核心，综合运用生态扶贫、光伏扶贫、旅游扶贫、金融扶贫、教育扶贫、医疗扶贫等手段，把扶贫办公会开到第一线，让扶贫项目精准到户到人，切实做到了真扶贫、扶真贫、真脱贫。通过精准施策、集中攻坚，年内确保62个村、14552名贫困人口实现稳定脱贫。特别是针对沽源县农村实际，把易地扶贫搬迁作为从根本上解决贫困问题的关键举措，投资11.3亿元，深入推进12个乡镇91个自然村的易地扶贫搬迁工程，不仅有效破解了“一方水土养不起一方人”的困境，而且加快了搬迁群众由贫困步入全面小康的进程。

（五）发展短板不断补齐。2016年沽源县投资3.6亿元，完成了106公里的城乡道路建设工程，再创沽源道路建设投入新高。张承高速县城连接线、西辛营连接线建成通车，小云线、白四线、冰山梁旅游支线等公路新改建工程基本完成，二秦高速建设加快推进，交通路网不够完善的核心障碍加速破除。实施了23个村自来水入户和农村饮水安全巩固提升工程，完成了投资1.35亿元的电力基础设施和投资近亿元的农田水利建设工程，高标准建设农村公路137.2公里，实施了移动4G信号全覆盖工程，水电路讯等基础设施短板逐步补齐。高度重视教育卫生事业发展，深入推进高中教育振兴计划，义务教育学校“全面改薄”稳步实施，与丰台职教中心、昌平中医院建立长期合作关系，顺利完成了城镇居民医保和新农合整合工作，教育医疗发展水平不断提升。

县委书记：郭有和

县人大主任：王克成

县　长：李建鹏

县政协主席：刘宝库

尚　义　县

尚义县位于河北省西北部、内蒙古高原南缘，地处三省六县交界区域。东邻张北县，南以长城为界与山西省天镇县、河北省怀安县、万全县接壤，西连内蒙古兴和县，西北部与内蒙古商都县相望。全县行政区域总面积2600.98平方公里、耕地面积6.59万公顷，森林覆盖率33.8%。辖7镇7乡，172个行政村、6个居委会，总人口19.03万人（其中乡村人口14.62万人）。尚义县1936年建县，当时的察哈尔省主席宋哲元取“崇尚礼义”确定尚义县名。1952年撤销察哈尔省建制，划归河北省，由张家口专区管辖。1958年并入张北县，1960年张北与商都分县后又划入商都县。1961年恢复尚义县建制至今。尚义风光资源丰富、农业基础较好、山水禀赋多样、生态环境良好，特别是气候冷凉，昼夜温差达10摄氏度左右，是理想的夏季避暑和错季蔬菜种植之地；节水蔬菜种植面积有16万亩，蔬菜远销国内外，出口创汇总量连续13年位居全市第一；尚义是全国最佳的风能、太阳能资源区之一，平均风速每秒6米，年均日照时数达2800多小时。

2016年，尚义县深入贯彻新发展理念，紧紧围绕建设“风光无限秀美尚义”总目标，坚定“主攻三大产业，突出四项重点”发展思路，抢抓机遇，担当实干，全县经济社会呈现稳中向好的态势，实现了“十三五”良好开局。2016年，全县地区生产总值、固定资产投资、规模以上工业增加值、财政收入等多项主要经济指标保持了高速增长，实现了增比进位和“十三五”的良好开局。地区生产总值完成37.3亿元，增长8.6%；全部财政收入完成2.58亿元，增长17.9%；公共财政预算收入完成1.71亿元，增长14.7%；规模以上工业增加值完成12.56亿元，增长11.9%；固定资产投资完成22亿元，增长20.5%；社会消费品零售总额完成12.26亿元，增长9.8%；城镇居民人均可支配收入实现2.08万元，增长9.3%；农村居民人均可支配收入实现7448元，增长11.9%，外贸出口完成384万美元，增长11.7%。全县主要经济指标增速保持了连续四年快速增长，经济发展实现了总量扩张、增速加快、质量效益同步提升。

一是“三大产业”快速发展。新型能源领先地位更加巩固。全县风光电装机容量达到219.25万千瓦，占到全省总量的五分之一。太阳能示范基地初见成效，抽水蓄能电站增列国家水电“十三五”规划重点开工项目，装备制造项目引进实现重大突破。2016年，新能源产业完成税收1.2亿元，占全部财政收入的45%。现代农业不断转型升级。园区建设、认领农业、电商网络建设、特色种植基地发展、龙头企业培育取得积极进展，七甲蔬菜园区、小蒜沟林果园区被评为市级现代农业园区，农业产业化水平进一步提升，富民效果更加凸显。生态旅游持续发展积蓄后劲。成功举办了赛羊会、冰雪嘉年华等活动，对外影响力进一步加大，尚义的知名度逐步提升。大青山、石人背、瑟尔基河峡谷漂流等一批重点景区得到合理开发，成功打造了窑洞主题酒店、鸳鸯湖国际露营公园、马莲冰雪小镇等一批特色旅游乡村。十三号窑洞宾馆被评为“美丽河北最美特色建筑”。全年累计接待各地游客较上年增长了1.5倍，旅游拉动作用明显增强。

二是项目建设强力突破。坚持项目总抓手、投资主驱动，打开思路、拓宽视野，主动融入“京津冀”经济圈，与大集团、大企业合作亮点纷呈，先后与华电福新、上海电气等知名企业建立合作关系，友好交流合作与开放型经济发展实现互动并进。2016年，全县实施重点项目78项，总投资801.45亿元，完成投资31.8亿元。全县谋划实施亿元以上项目49个，完成投资25.68亿元。对外贸易创历史最好水平，发展自营进出口经营权企业10家，2016年出口总额381万美元，增长14.4%，其中蔬菜出口额连续12年保持全市第一。

三是城乡建设扎实推进。以创建省级园林县城为目标，启动县城建设三年攻坚行动，实施城内改造与城外提升工程，麒麟山公园、滨河体育公园、东郊森林公园等一批主题游园建成投运。积极融资5.95亿元，完成1426户棚改拆迁任务。实施了体育竞技场二期工程，改造提升美食一条街，城区环境卫生市场化作业，县城品位得到明显提升。农村基础建设加快推进，启动实施了10个省级美丽乡村建设，改造危旧房屋3820户，新建改建农村道路41.8公里，41个村1.2万人的饮水安全问题得到解决。重大基础设施建设取得突破，京尚高速前期工作基本就绪，“陕京四线”尚义段正在加速建设，为加快发展夯实了基础，拓展了空间。

四是脱贫攻坚成效明显。按照“六个精准”要求，大力实施“五个一批”工程，创新推进了乡村旅游、光伏扶贫、电商扶贫、认领农业等扶贫模式，全年实施产业扶贫项目132个。打好易地扶贫搬迁“当头炮”，重点落实了30个自然村4700人易地扶贫搬迁任务。“两线合一”、“三免一补”等扶贫惠民政策扎实推进，全县40个贫困村顺利通过市级退出验收，26414名贫困人口实现稳定脱贫出列。

五是生态环境持续优化。坚定不移走生态优先、绿色发展之路，规模化、市场化推进植树造林44.55万亩，大力实施美丽乡村环村绿化、荒山绿化、通道绿化等精品工程，生态环境进一步改善，全县森林覆盖率达到32.9%。严格落实节能减排措施，全面完成污染治理任务，空气质量保持全省前十行列。

六是发展活力竞相迸发。大力实施园区“立口袋”工程，风机设备制造等一批大项目即将落户园区。尚义京西生态科技产业园区取得重大进展，园区整体规划、可研编制正在进行。政府机构、财税金融、行政审批等各项改革不断深化，开放合作强力推进，与北京昌平在多层面、多领域建立了紧密合作关系；加快市场主体培育，规上工业企业发展到22家，自营出口经营权企业发展到28家，区域发展动力进一步加快。

七是人民福祉不断增进。坚持教育优先发展战略，集中实施学校基础建设工程，进一步改善了办学条件。强化与名校、名企对接合作，不断提升全县教育教学质量，深入实施高考三年“倍增”计划，全县高考一本、二本上线人数实现连续五年增长，教育强县建设迈出坚实步伐。不断完善社保体系，推进城乡医保并轨，提高城乡社会保障标准，城乡低保、基本养老、基本医疗、社会救助实现“应保尽保”，2016年全县医疗保险覆盖人数15.17万人，其中城镇职工医疗保险参保1.38万人，城乡居民医疗保险参保13.80万人，参保率96.8%；积极推进公立医院改革，新建中医院，群众就医条件有了较大改善。

县委书记：冀晓东

县人大主任：郑晓东

县　长：徐进海

县政协主席：史如江

唐山市丰南区

2016年，丰南区认真贯彻中央和省、市委决策部署，着力做好稳增长、调结构、促改革、惠民生、保稳定各项工作，经济社会发展保持了稳中有进、稳中向好态势。地区生产总值增长6.9%，一般公共预算收入增长8.3%，城镇、农村居民人均可支配收入分别增长8.4%和8.2%，固定资产投资318.9亿元，实际利用外资1.7亿美元。

（一）以推进经济转型升级为主线，不断提升经济发展质量和效益。坚持以项目为载体、以园区为平台，加快转型升级，努力实现在发展中转型、在转型中发展。全力打造“一港三区”发展平台，成功与中交上海航道局和天津港航工程有限公司合作，丰南港区东、西防波堤和河口码头区护岸等工程正式开工；三个开发区共实施产业项目44个，固定资产投资占全区总量的44.4%。着力优化工业结构，实施瑞丰精密冷轧、梦牌瓷业精品洁具等工业技改项目125个，完成技改投资173.6亿元；实施东方雨虹防水材料等新兴产业项目22个，计划总投资45.5亿元。大力发展现代服务业，实施荣盛未来城、泽信商务创业中心等城市经济项目20个，计划总投资155.5亿元。加快发展都市型现代农业，实施农业产业化重点项目26个，计划总投资6.8亿元，发展新型农业经营主体94家，农业产业化经营率达到72%。

（二）以推进全域城镇化为方向，进一步提升城镇建设水平。全面推进城镇建设。重点实施了城中村改造、市政功能完善、产业拉动兴城等工程，列入国家计划的西城区棚户区改造全面启动，一期征收工作顺利完成。南孙庄滨河小镇一期工程楼房主体完工，二期工程加快建设。黑沿子滨海小镇总体规划已编制完成，一期工程征收改造工作扎实推进。黄各庄、小集、钱营等重点小城镇完成城建投资2800余万元，基础设施和公益设施不断完善。大力推进美丽乡村建设。安排专项资金5000万元，重点推进了43个省级重点村建设，整体工作位于全市前列。

（三）以改革开放创新为路径，进一步增强经济社会发展活力。改革方面，扎实推进土地规划执法体制改革、供销合作社综合改革、户籍制度改革、分级诊疗制度改革等六大类、82项改革任务。公布了《丰南区涉企行政事业性收费项目目录清单》和《丰南区涉企政府性基金项目目录清单》，落实了“多证合一”“一址多照”等制度，为企业发展和项目建设创造了良好环境。开放方面，全年共签约合作项目45个，计划总投资89.35亿元，落地开工16个；引进市外资金121.67亿元，利用外资1.7亿美元。创新发展方面，设立500万元创业扶持资金和500万元人才开发专项资金，对科技创新项目和人才给予支持。创客天下、光彩创业创新孵化中心入驻企业达到70家，创客天下被评为国家级众创空间。支持企业挂牌上市，海森电子、唐鸿重工、华通线缆、华熠化工4家企业年内在“新三板”上市，上市工作走在全市前列。

（四）以环保治理为重点，加快推进生态文明建设。把改善生态环境作为推动丰南可持续发展的重要保障，统筹推进结构减排、工程减排和管理减排。一是积极主动去产能。压减炼铁产能65万吨、炼钢产能130万吨，圆满完成了市达钢铁去产能任务。二是着力改善大气环境。全年整治燃煤锅炉96台，推广洁净型煤6.5万吨、清洁能源炉具2万套；钢铁、焦化企业全部完成了脱硫改造，高炉、转炉除尘改造加快推进；完成造林3.05万亩，全区林木覆盖率达到17.2%。2016年，全区空气质量达标天数148天，达标率40.4%；达标天数比2015年增加22天，重度污染以上天数减少3天，PM2.5浓度下降10.8%。三是加强水污染治理。境内沙河、陡河等主要河流水质分别达到Ⅴ类、Ⅳ类考核标准要求。

（五）以提高群众幸福指数为根本，全力保障和改善民生。坚持把改善民生作为一切工作的出发点和落脚点，以10件实事工程为抓手，加快各项社会事业发展。一是千方百计扩大就业。全年新增城镇就业7710人，其中失业人员再就业1418人，困难人员再就业452人，城镇登记失业率控制在3.5%以内，转移农村劳动力4561人。二是积极做好社会保障工作。投资8000万元的民政事业服务中心建成投用，投资390万元对180户农村困难群众住房进行新建或维修改造，城乡低保持续“提标扩面”并实现应保尽保。三是优先发展教育事业。进一步调整优化学校布局，完成了特教学校搬迁，投资426万元实施横沽幼儿园建设，投资1757万元维修改造校舍61项。四是大力实施全民健康工程。投资6.7亿元实施了区医院迁建工程，分别组建了区医院、区中医院医疗联合体，为推进分级诊疗工作奠定了基础。五是繁荣发展文体事业。提升了数字文化馆建设，结合美丽乡村建设，新建43个农民体育健身工程和10个村级文化礼堂，全区农家书屋和农民健身工程实现全覆盖。

唐山市曹妃甸区

2016年，曹妃甸区陆域面积1612.71平方公里，海域面积958.8平方公里，自然海岸线长44.57公里，规划港口海岸线长度102.06公里。耕地面积314.02平方公里，基本农田保护面积225.88平方公里。辖唐山湾生态城、曹妃甸工业区、南堡开发区、三个（唐海、瑚赞、滨海）建制镇，十个谷物农场和两个大型海水养殖场，区政府驻地唐海镇垦丰大街23号。

年末，全区居民总户数69849户，比上年末增加1908户；户籍总人口210734人，比上年末增加2219人。其中：唐海镇46207人，柳赞镇13891人，滨海镇25053人。全年常住人口297888人，其中城镇人口218291人，城镇化率达到73.28%。年内全区出生人口1945人，人口出生率9.49‰；死亡人口1038人，死亡率5.34‰；自然增长人口907人，自然增长率4.15‰。计划生育率99.08%。

当年全区城镇居民人均可支配收入33075元，比上年增长8.8%，人均消费支出19878元，城镇居民人均住房建筑面积38.55平方米。农村居民人均可支配收入16216元，比上年增长8.4%，人均消费支出12024元，农村居民人均住房面积34.84平方米。

（一）综合实力快速提升。2016年，全区完成全部财政收入101.14亿元，比上年增长7.1%。其中：公共财政预算收入66.63亿元，比上年增长10.2%。公共财政预算支出87.83亿元，比上年增长13.9%。其中：教育支出9亿元；科技费用支出2.32亿元；社会保障和就业支出2.27亿元；医疗卫生支出3.24亿元。

公共财政预算收入66.6亿元，是2012年的2.7倍，年均增长28.3%；城镇和农村居民人均可支配收入分别达到33075元和16216元，分别是2012年的1.37倍和1.4倍。自建区以来五年累计完成固定资产投资3878.5亿元，年均增长8.6%。主要指标位居省市前列，成功跻身全国中小城市最具投资潜力百强区第41位、创新创业百强区第81位和综合实力百强区第87位。全区完成税收收入65.55亿元，比上年增长1.3%。其中：国税税收收入34.25亿元，比上年增长63.5%；地税税收收入31.30亿元，比上年下降28.5%。

全区金融系统年末各项存款余额1107.72亿元，比上年增长50.89%，比年初增加371.95亿元，增长50.55%；年末各项贷款余额922.82亿元，比上年下降0.07%，比年初增加0.4亿元，增长0.04%。

（二）社会保障水平稳步提高。2016年，全区单位从业人数87492人。其中：在岗职工（含劳务派遣）85479人（其中农场包地职工15630人），其他从业人员2013人。在岗职工工资总额50.82亿元，在岗职工年人均工资59514元，比上年增长9.1%。扣除承包土地职工，在岗职工年人均工资71799元，比上年增长7.5%。

全区参加基本养老保险职工人数103673人（其中参保职工67508人，离退休人员36165人），参加城乡居民养老保险人数34790人，参加失业保险人数29010人，参加城镇职工医疗保险人数29877人，城镇居民参加基本医疗保险人数14916人。全区新农合参合人数136000人，参合率达99.63%。

全年城镇新增就业5400人，城镇登记失业率控制在3.8%以内。新农合医疗统筹标准、低保标准和五保对象供养标准，分别提高到620元/年、550元/月和6600元/年，发放低保家庭大学生助学金46.5万元。农场改造危房1054套，保障水平居省市前列。

（三）城乡贸易。全区实现社会消费品零售总额69.7亿元，比上年增长10.8%。其中：批发零售贸易业实现消费品零售总额62.2亿元，比上年增长11%，占社会消费品零售总额的89.2%；住宿和餐饮业零售额7.5亿元，比上年增长8.7%。

居民消费价格指数同期比为101.1%，商品零售价格指数同期比为101.1%，农业生产资料价格指数同期比为102.2%。

（四）对外经济。全年全区实际利用外资15310万美元，比上年增长245.7%。全年进出口总额为9.3亿美元，比上年增长8.6%，其中出口创汇5.6亿美元，比上年下降7.3%。

（五）社会事业。全区拥有普通中学和小学33所，在校生21466人，专任教师1909人。拥有幼儿园35所，在园儿童7875人，幼儿老师596人。全区小学生入学率、毕业升学率均达到100%。唐山工职学院新校园拥有在校生9018人，教师647人，学院设立30多个专业与曹妃甸区发展对接。华北理工大学第一批搬迁师生2.3万人，第二批搬迁师生1万人，至2016年底在校师生3.3万人。

截至年底，区图书馆藏书12.3万册，全年图书借阅达到7.2万人次，解答读者咨询3000余人次。全区村队实现农村书屋全覆盖，拨款9.9万元对村队书目进行了更新。

卫生事业不断发展，医疗条件得到改善，城区、农场、村三级服务能力不断提高。年末全区拥有一级医疗卫生机构25个，医疗病床1292张，卫生技术人员1600人，其中医生783人。拥有诊所154所，村卫生室145所。

全全年申报市级以上科技项目45项，其中国家级1项，省级17项，市级27项。列入市级以上科研规划项目12项，其中省级7项，市级5项，争取科技资金支持325万元。获得唐山市科技进步奖7项（一等奖3项、二等奖3项、三等奖1项）。全区有效发明专利177项，授权发明专利55项，授权实用新型149项，外观设计5件。

全区共安排区级科研计划项目29个。认定科技型中小企业87家，科技型小巨人企业8家，高新技术企业2家；新增科技创新平台6个（其中：科技企业孵化器和众创空间2家；工程技术研究中心1个，重点实验室1个，产业创新联盟1个，院士工作站1个）。重点实验室和省级院士工作站创建实现零突破。

2012年至2016年，区财政累计支出289亿元用于民生改善和社会事业发展。累计新增就业24301人，城镇登记失业率控制在3.8%以内。社会救助、低保提标等工程全面实施，新农合统筹标准、低保标准和五保供养标准省市领先。持续加大教育投入，综合办学水平达全市前列，高标准通过国家义务教育发展基本均衡县（区）评估验收。场镇卫生院改革全面推进，区级公立医院改革基本完成，创建国家级计划生育优质服务先进区和省级妇幼健康优质服务示范县（区）。广泛开展群众性精神文明创建活动，城乡文明程度显著提升。投资7000余万元，购置公交车170辆，增开公交线路11条，实现了四大板块互联互通，群众出行更加方便快捷。全力抓好大气污染治理，圆满完成市达污染物削减指标任务，造林绿化4.57万亩、恢复湿地4万亩，环境空气质量连续五年位居全市前列。坚持不懈抓好安全生产，深入开展食品药品安全专项整治，积极推进社会治理创新，信访维稳、综合治理等工作扎实有效，社会大局和谐稳定。广播电视、爱国卫生、国防动员、档案、地方志、残疾人、民族宗教、外事侨务等工作全面推进，税务、金融、电力、邮政、电信、气象、保险、石油、烟草、海关、海事、检验检疫等驻区单位都为曹妃甸的发展做出了积极贡献。

（六）固定资产投资与基础设施建设。全区全社会固定资产投资完成886.4亿元，比上年增长15.3%。其中：城乡500万元以上项目投资完成867.4亿元，比上年增长16%；房地产企业完成投资18.9亿元，比上年下降15.8%。全社会固定资产投资中，一产完成投资17.7亿元，比上年下降21.3%，占投资总额的2%，比重较上年下降0.9个百分点；二产完成投资416.7亿元，比上年增长0.1%，占投资总额的47%，比重较上年下降7个百分点；三产完成投资452亿元，比上年增长36.2%，占投资总额的51%，比重较上年增长7.9个百分点。总投资中，工业投资完成423.7亿元，其中技术改造投资88.6亿元，占工业投资的20.8%；基础设施投资完成383.9亿元，比上年增长67%。

道路及交通设施建设不断加快，全区境内公路通车里程1030.04公里，高速公路59.75公里（其中唐曹高速29.08公里；沿海高速30.67公里），公路客运量6619万人，旅客周转量97.6万人公里。年末运行公交车路数13路，实有公交汽（电）车营运车辆117辆，拥有公交候车亭129个，公交基础设施日趋完善，公交运行时间缩短，居民出行更加方便快捷。

曹妃甸港区全年新建码头泊位7个，累计投入运营泊位81个，全年完成货物吞吐量2.65亿吨，比上年增长1%，集装箱吞吐量43万标箱，比上年增长5.9%。

全区邮政业务收入实现3702万元，比上年增长18.8%，邮务类、代理金融类、分销业务等收入均有较大幅度增长。全区共建设村邮乐购点109处，极大的方便了人民生活。

全区固定电话用户6.9万部，固定电话普及率34.2

部/百人；移动电话用户达到36.8万部，移动电话普及率123.49部/百人；互联网宽带接入用户数8.9万户，互联网入户率为99.7%。

（七）协同发展开创新局面。京冀曹妃甸协同发展示范区管理机构获批，两地互派干部挂职工作。《北京（曹妃甸）现代产业发展试验区产业发展规划》正式发布，先行启动区控制性详规编制完成，“一区六基地”加快建设，“5.5+3.5+N”先行启动区基础设施建设全面铺开，累计签约京津产业转移项目143个、总投资2356亿元，开工项目65个、总投资1052.8亿元。相变绿色能源产业园、中科飞鸿军民融合孵化园等一批重点项目进展顺利，北京景山学校曹妃甸分校、曹妃甸国际职教城一期投入使用，北京安贞、妇产医院曹妃甸合作医院正式运营，协同发展的巨大红利加速释放，全面展现了曹妃甸跨越腾飞的美好未来。

（八）临港产业加速聚集。坚持“每季一次集中签约、每季一次集中开工、每季一次集中观摩”，强力开展全员招商、项目攻坚，五年累计实施重点产业项目303个、总投资2781亿元。全区规模以上工业企业92家，实现增加值177.5亿元，年均增长7.2%。中粮精炼糖、三友有机硅二期等141个项目建成投产，首钢京唐二期、华润电力二期等162个项目加快建设，新华炼化一体化、海工智能装备产业园等74个项目启动实施，奥能汽车、奇瑞汽车等273个项目签约落地，形成了项目投产一批、开工一批、谋划一批、储备一批的良性循环。中日韩循环经济示范基地、国家级石化产业基地成功获批，为全区经济跨越崛起提供了强大支撑。

（九）港口建设突飞猛进。曹妃甸港区正式对外开放，五年新增码头泊位33个，建成并运营82个，开通内外贸航线108条，40万吨大船成功靠泊，年均货物吞吐量达到2.6亿吨，跃入世界大港行列。唐曹公路、蒙冀铁路建成通车，开设包头、二连浩特2个内陆无水港，曹妃甸港口腹地延伸到西北地区和蒙古国，成为京津冀协同发展、“一带一路”的重要交汇点。曹妃甸大宗商品交易中心、伊能石油交易中心上线运营，完成交易额58.9亿元。综合保税区封关运营，累计新增各类贸易企业214家，完成货物进出口额5亿美元，保税区功能优势开始释放。

（十）城乡面貌明显改观。五年累计实施城建项目180个，完成投资193亿元。唐山湾生态城建设全面提速，唐山工职院、华北理工大学新校园建成使用，城市配套不断健全；临港商务区、南堡开发区服务保障功能显著增强；城区宜居水平不断提升。湿地、龙岛生态旅游开发建设有序实施，年接待游客50万人次，成为城市的靓丽名片。《城乡总体规划》和《镇村空间布局规划》修编同步推进，中山路街道办事处正式运行，42个村队居民迁入幸福花园社区，城镇化进程明显加快，全区常住人口达到30万人，城镇化率达73%。五年累计投入美丽乡村建设资金3.44亿元，完成68个省级重点村提标和13个场镇、村“四清”整治，创建各级各类精品村6个，人居环境显著改善，城乡面貌展现新姿。

（十一）现代农业提速发展。2016年，全区农、林、牧、渔业完成总产值52.44亿元，比上年增长5.6%。其中：农业产值完成10.29亿元，比上年增长3.3%；林业产值完成0.32亿元，比上年下降30.3%；牧业产值完成8.77亿元，比上年增长2.9%；渔业产值完成25.91亿元，比上年增长9.1%；农林牧渔服务业产值完成7.15亿元，比上年增长2.8%。

全区农作物种植面积25267公顷，其中粮食种植面积23113公顷，蔬菜种植面积1366公顷，瓜果种植面积440公顷，油料种植面积165公顷，棉花种植面积101公顷。粮食总产量20.46万吨，比上年增长1.9%。其中：水稻产量19.40万吨，比上年增长3.6%；玉米产量0.75万吨，比上年下降25.7%；薯类（干品）产量2612吨，比上年增长17.4%。棉花产量182吨，比上年下降17.3%。蔬菜产量7.78万吨，比上年下降10.5%。其中：设施蔬菜产量6.66万吨，比上年增长1.0%。水果产量8830吨，比上年下降8.1%。

全区当年完成人工造林面积1334公顷，四旁植树70万棵。

肉类总产量2.74万吨，比上年增长6.6%。牛奶产量2059吨，比上年下降31.1%。禽蛋产量6902吨，比上年增长10.7%。出栏肥猪29.75万头，比上年增长10.9%。家禽出栏283.73万只，比上年增长20.5%。生猪存栏15.96万头，比上年下降6.3%。家禽存栏108.74万只，比上年增长16.5%。大牲畜存栏1100头，比上年下降47.62%。

渔业养殖面积17143公顷。其中：海水养殖面积8354公顷；淡水养殖面积8789公顷。海淡水产品产量14.05万吨，比上年增长10.46%。其中：海水产品产量3.41万吨，比上年增长7.2%；淡水产品产量10.64万吨，比上年增长11.65%。在海水产品中，虾蟹产量1.06万吨，比上年增长6.4%；海水鱼产量7805吨，比上年下降10.9%。淡水鱼产量9万吨，比上年增长11.2%；虾蟹类产量1.63万吨，比上年增长13.2%。

全区农业机械总动力为54.63万千瓦，比上年增长2.9%。拥有大中型拖拉机1349台，比上年增加69台；小型拖机10139台，比上年增加68台；联合收割机189台，比上年增加49台；农用运输车1213台，比上年增加6台；农田基础机械478台，比上年增加10台。

当年，全区有农业龙头企业15家，专业市场1家，农产品生产基地7家，全区农业产业化经营总量46.4亿元，比上年增长13.4%，农业产业化经营率达到71.5%，比上年增2.8个百分点。

累计投入26.6亿元，大力开展农田水利基本建设，基础地位得到加强，农业综合生产能力显著提升。以北京（曹妃甸）农业产业园建设为抓手，实施重点产业项目60个，农业产业化经营率达到71%。新型农业经营主体不断壮大，累计建成现代农业园区21个，市级以上龙头企业达到34家，省级以上农民专业合作示范社达到3家。累计新增省级著名商标22件、国家地理标志商标2件，成功获批国家现代农业示范区、国家农产品质量安全示范县（区）、国家级出口食品农产品质量安全示范区和农业政府机构改革和工业区机构整合全面完部渔业健康养殖示范县（区）。

（十二）改革创新全面深化。“放管服”改革纵深推进，取消行政审批事项63项。在全省率先成立行政审批局，推行“政事一体、审管分离、一口受理、全程服务”新模式，建立三级政务服务平台，实现了“一章审批、一网办理、一日办结”，优化了营商环境，累计新增市场主体12450户。开发区改革稳步推进，探索实施“园区＋公司＋基金”开发模式，强化了园区自主发展能力。与38家金融机构达成三年意向授信4834亿元、意向融资360亿元，累计到位资金800多亿元；成立曹妃甸金融控股公司，43家金融机构落户曹妃甸区，3家企业挂牌上市，投资395亿元的144个PPP项目有序推进，加快了区域开发建设。创新驱动战略深入实施，230家企业被确定为省级科技型中小企业；建立“1＋6”人才政策体系，累计引进高层次人才470名，为创新发展提供了人才智力支撑。

（十三）机关作风建设不断加强。在推进经济社会发展的同时，着力加强政府自身建设，自觉接受各方面监督，认真执行区人大及其常委会各项决议，按时办复人大代表建议和政协委员提案。严格规范行政行为，健全完善政府法律顾问等制度，圆满完成“六五”普法，获评全省法治宣传教育先进县（区）。坚决执行中央“八项规定”，认真落实政府系统党风廉政建设主体责任，扎实开展党的群众路线、“三严三实”、“两学一做”教育实践活动，从严整治“四风”和“不严不实”问题，营造了团结奋斗、干事创业的浓厚氛围，塑树了政府良好形象。

迁安市

2016年，是“十三五”规划的开局之年。迁安市在市委、市政府的正确领导下，认真贯彻中央、省、市决策部署，坚持创新、协调、绿色、开放、共享的发展理念，积极适应新常态，深入实施“12336”战略，把握转型发展主线，统筹做好稳增长、调结构、惠民生等各项工作，全市经济平稳较快增长，各项社会事业扎实推进。

（一）综合实力稳步提升。全年完成地区生产总值918.8亿元，同比增长3.7%；完成公共财政预算收入36.3亿元，同比增长3.1%；全社会固定资产投资达到654.6亿元，同比增长10.1%；完成社会消费品零售总额247.1亿元，同比增长10.7%；城镇居民人均可支配收入达到3.46万元，同比分别增长7.7%；农村居民人均可支配收入达到1.99万元，同比增长7.9%。在全国中小城市综合实力百强县（市）评比中位居第19位；在全国中小城市新型城镇化质量百强县（市）评比中位居第13位；在全国最具投资潜力中小城市百强县（市）评比中位居第8位；在首次发布的2016年度中国中小城市创新创业（双创）百强县（市）中，位居第29位。

（二）转型升级迈出新步伐。近年来，迁安市始终把转型发展作为工作主线，产业结构在扎实调整中不断优化升级，2016年，全市三次产业结构为4.8：59.4：35.8。现代物流业稳步提升。2016年现代物流业增加值达到188亿元，同比增长3.3%，占第三产业增加值的比重由上年的56.4%提升到2016年的57.1%。工业品质和效益加速提升。2016年规上工业企业实现利润175.4亿元，同比增长20.6%。正大350万吨焊管二期等项目顺利推进，全市精品钢材比重达到30.5%。中溶科技30万吨无水乙醇等项目加快建设，焦化产业向精细化工加速迈进。科技型企业飞速发展。新增科技型中小企业106家、科技小巨人企业9家，艾驰生物科技等13个新兴产业项目相继开工，高新区生物医药产业园被确定为京津冀医药健康特色产业基地。2016年迁安市跻身全国创新创业百强县第29位。农业产业化规模不算扩大。实施亚滦湾农业公园等35个现代农业项目，唐山市级以上龙头企业达到22家，农业产业化率达到76.2%。

（三）项目建设实现新突破。2016年，全市招商引资保持增长，项目建设如火如荼。全年累计实际利用外资6519万美元，同比增长1.4%。全年实施亿元以上项目50个、10亿元以上项目15个。扎实推进全民创新创业，新增民营企业1345户、个体工商户6924户。“魅力水城、绿色迁安”经贸洽谈会及一系列招商活动成绩显著，全年新签约重点项目70个，计划总投资457亿元。

（四）新型城镇化步入新阶段。迁安市“1—3—38—48”四级城镇体系构建了覆盖城乡、全域一体的发展格局，引领城乡建设跃上新台阶。2016年末，城市建成区面积达到43.5平方公里，常住人口城镇化率达到55.7%，被确定为国家第三批新型城镇化综合试点。以“四美五改”要求为统领，高标准完成省级重点片区和25个省级重点村的建设任务，3个村被评为省级美丽乡村。以海绵工程为引领，完成既有建筑节能改造1.5万平方米，新增集中供热面积80万平方米，新铺设天然气中压管道7.8公里。2016年末，建成区道路总长184公里，建成区绿地率40.35%，管道天然气普及率51.8%，生活垃圾无害化处理率和生活污水集中处理率保持100%。

（五）生态环境持续改善。以大气、水、土壤污染防治为重点，严格环境准入和保护制度，强化执法监管，推行环境污染第三方治理，依法严肃查处破坏生态环境行为。2016年，全市完成钢铁、焦化等重点行业污染治理工程126个，全市优良天数同比增加51天。完成燃煤锅炉改造120台，推广洁净型炉具2.2万套。出台水污染防治工作方案，启动畜禽养殖专项治污行动，滦河、西沙河断面水质稳定达标。实施矿山生态修复1530亩，新增营林、造林面积5.3万亩，森林覆盖率达到43.8%。生态环境得到持续改善。

（六）群众幸福感显著增强。2016年，迁安市突出抓好就业创业，发放创业担保贷款3259万元，新增城镇就业、农村劳动力转移就业1.44万人。2016年，迁安市将农村低保标准由每人每年3550提高到3912元，城镇低保由每人每年6000元提高到6600元，累计发放低保资金4364.9万元。为特困供养人员累计发放供养金1100.38万元；为孤儿累计发放救助资金65.48万元；为享受困难生活补贴的残疾人累计发放补贴资金468.4万元；为1.25万位老人发放高龄津贴1560.35万元。大力改善办学条件，完成了28所幼儿园新改扩建、49所中小学的校舍维修改造工程。实施棚户区改造2064套，农村危房改造773户。构建全民健康服务体系，深入推进公立医院改革，药品零差率销售让利群众2925万元。依法打击侵犯知识产权和假冒伪劣行为，持续抓好安全生产、食品药品安全、社会治安和信访稳定。

滦　县

滦县史称滦州，位于唐山市东部，总面积1028平方公里，辖10个镇、4个街道办事处、504个行政村、26个居委会，人口57万。2016年，完成地区生产总值461.9亿元，比上年增长6.2%，其中，三次产业增加值分别为45.4亿元、274.5亿元和142亿元，比上年增长5.8%、6.3%和6.2%；民营经济实现增加值393.9亿元；完成公共财政预算收入15.6亿元，比上年增长9.1%；完成公共财政预算支出31.55亿元，比上年增长6.4%；完成固定资产投资359.7亿元，比上年增长10.8%；完成规模以上工业增加值261亿元，比上年增长6.7%；完成社会消费品零售总额151.6亿元，比上年增长10.5%；城区空气质量优良天数178天；耕地面积5.62万公顷，粮食总产量25.49万吨；城乡居民收入分别达到3.41万元和1.47万元，比上年增长8.1%和8.3%；年末城乡居民存款余额217.6亿元；人口自然增长率6.22‰。2016年，滦县被评为中国最具投资潜力百强县和中国中小城市创新创业百强县。

（一）经济建设。坚持转方式、调结构，推动产业转型升级，提高经济运行质量。2016年末，三次产业结构比为9.8：59.4：30.8。现代农业蓬勃发展。水利设施和农田基本建设不断加强，粮食生产连年丰收，2016年总产量达到25.5万吨。主要农作物良种覆盖率、农机化综合作业水平分别提高到98%和87%。按照产业融合理念，实施了鸡冠山生态农业产业园、卧龙谷现代农业科技产业园等山区综合开发项目。滦县奶业现代农业园区成功创建省级农业园区。2016年末，市级以上农业龙头企业累计达到91家、农民专业合作社累计达到366家，数量均在全市领先。工业经济转型升级。全年完成技改投资158.8亿元，推动金马工业、东海特钢及伊利乳业等实施工业技改项目11个，新培育科技型中小企业60余家，累计建成各类研发平台13个。传统产业装备水平不断提高，余压余热发电、烟气除尘和脱硫脱硝等节能减排设施逐步完善，产业链日趋完整。装备制造、生物制药、石墨烯材料应用等新兴产业快速崛起，宝乐智能立体停车设备、东唐电器自动化设备、冀东泰坦科技充电桩、龙成铁路配件等项目投产运营，建成河北海德生物制药产业基地、北京创新通恒高效液相色谱制造产业基地、唐山烯润车用石墨烯产品研发生产基地，一批滦县本土生产的高科技产品投放市场，“滦县制造”迈出坚实步伐。第三产业提速发展。坚持生产性服务业与生活性服务业发展“两轮驱动”，推动服务业向集群化、特色化、高端化发展。把文化旅游业作为转型升级的战略突破口，全面推进市场开发、景区升级和专业运营。2016年第三产业增加值完成142亿元，是2011年的1.5倍，扣除价格因素，年均增长7.4%。2016年末，全县规模以上服务业企业累计达到27家。2016年，滦县入选河北省全域旅游示范区创建单位，滦州古城小镇列入河北省首批特色小镇创建名单。

（二）政治建设。持续巩固和拓展党的群众路线教育实践活动、“三严三实”专题教育、“两学一做”学习教育成果，深入践行社会主义核心价值观，党风政风和社会风气明显好转。认真落实“五个重用、五个不用、五个调整”要求，匡正选人用人风气，优化领导班子结构，镇级领导班子换届工作圆满完成。推行“靶向性”考核机制，持续开展“月评十佳”“年评标兵”和“百名科（股）长晒权评议”等活动，形成了尽责担当、务实作为的生动局面。深入开展党建示范工程，帮扶整顿农村后进班子，打造了范庄村等28个党建示范村。认真履行“两个责任”，严格落实中央“八项规定”精神，创新“第三方”监督、“大数据”平台监督等机制，持之以恒纠正“四风”，以“钉钉子”精神正风肃纪，以“零容忍”态度惩治腐败，营造了风清气正的良好政治生态。

（三）城乡建设。2016年，全县常住人口城镇化率提高到49.07%。福州路全线建成通车，打通贯穿主城区、连接滦河站的高标准城市通道。实施了古城西路南延等路网延伸工程，对国道205线城区段、省道平青大线北段进行了大修，主城区交通更加畅通便捷。推进了赤曹国道滦县段、迁曹高速滦县段和水曹铁路滦县段等交通工程。集中供热面积增加到480万平方米，城区自来水、燃气普及率和污水集中处理率分别提高到100%、98%和93%，城区机械化清扫率达到87%。实施了横山山体绿化、森林公园提升改造、公园广场改造提升等工程，新增绿化面积15公顷，人均公园绿地面积达到12.03平方米。按照“四美”、“五化”的要求，统筹推进美丽乡村建设，重点实施了30个省级重点村改造提升工程，累计完成投资7523万元，硬化村内道路34.7万平方米，整治临街建筑立面2万平方米，建设村民综合服务中心4450平方米，建设文化广场1.2万平方米。

（四）文化建设。推动文化事业繁荣发展，承办第六届中国滦河文化节暨首届“中国滦河杯”微电影节，被中国民协授予“中国民俗文化研究基地”称号，被河北省影视家协会授予“微电影示范基地”称号。推进文化惠民工程，公共文化服务均等化水平不断提高。积极开展群众性文体活动，承办河北省农民健身秧歌大赛，组织开展“滦州情、中国梦”群众文化展示月活动64场次，组织送电影下乡6048场、送图书下乡1万余册、送戏下乡300场。

（五）社会建设。教育事业协调发展。统筹推进学校布局优化、基础设施建设、教学装备提升，新建、改建横渠实验小学、糯米庄小学等学校，添置多媒体等设施设备923套（件）。2016年高考工作取得新突破，本科上线2046人，上线人数比2015年增长75%，增长率居全市第三位。高标准通过省政府教育工作综合督导评估和国家义务教育发展基本均衡县评估验收，被评为河北省教育工作综合督导评估先进县。就业再就业有效加强。新增就业岗位5380个，帮助2530名失业人员实现再就业，安置就业困难人员550人，城镇登记失业率保持在4%以下。社保体系健全完善。养老、医疗、失业、工伤、生育等社会保险扩面提标，城乡低保、农村五保、优抚安置、高龄老人生活补贴、残疾人“两项补贴”等政策全面落实。2016年，城镇低保标准达到每人每月550元，农村低保标准达到每人每年3912元；农村五保集中供养、分散供养标准每人每年达到6000元和4500元。卫计工作取得新进展。新农合工作扎实推进，全县40.9万人参保，参合率达到98.1%。全年支出新农合补偿资金2.2亿元，惠及群众69.5万人次。落实国家人口政策，促进人口均衡发展，统筹解决人口问题，拨付计生奖扶、特扶等补助资金1364万元。社会治理水平不断提高。平安滦县、法治滦县建设有力推进，信访、综治、维稳工作扎实有效。安全生产和食品药品安全监管力度持续加强，未发生重大以上生产安全责任事故。强化社会治安综合治理，严厉打击各类违法犯罪行为，刑事案件发案率逐年下降，群众安全感、幸福感不断提升。

（六）生态文明建设。多措并举削减社会燃煤总量，坚决压减钢铁产能，全力推进钢铁、水泥、焦化等重点行业污染治理工程，加快改造淘汰10蒸吨及以下燃煤锅炉，不断加强矿山、道路、工地扬尘治理，建立了覆盖主城区和重点企业的空气质量监测网络，科学应对重污染天气，大气环境质量逐步向好。2016年空气质量达标天数178天、较2015年增加36天，空气质量改善率达到18.8%。水污染治理有效加强，实施水源地保护和水质提升工程，持续治理滦河、沙河等重点河流，完成陡河水库水产养殖清理，强力推进陡河水库封闭工程。深入开展绿色滦县攻坚行动，森林覆盖率达到26.4%。

霸　州　市

霸州市位于河北省廊坊市中部。2016年，霸州市紧紧围绕建设“实力霸州、活力霸州、绿色霸州、幸福霸州”的奋斗目标，脚踏实地，凝心聚力，着力稳增长、调结构、促改革、惠民生，全市经济和社会各项事业持续健康发展。全市地区生产总值完成393.8亿元，增长7%。全部财政收入完成36亿元，增长6.4%。地方公共预算收入完成21.9亿元，增长13.7%。城镇居民人均可支配收入和农村居民人均可支配收入分别达到3.69万元和1.48万元，增长8.1%和8.2%。

（一）项目建设取得突破。全年谋划运作亿元以上项目238个，总投资2802.7亿元，当年完成投资286.1亿元，同比增长21.4%。成功举行3次项目集中开工仪式，参与项目34个，总投资261.9亿元，项目数量与投资额均创历年之最。争列省市重点16项，总投资109.9亿元，开工率达到100%。单体总投资60亿元的华夏AMOLED项目开工建设，这个项目被录入国家重大项目建设库，并得到省委、省政府和廊坊市委、市政府的高度重视。

（二）园区平台不断优化。完成了开发区阶段性改革任务，以霸州经济开发区为核心，整合三大省级园区，打造了一区三园的发展格局。霸州开发区纳入京南国家科技成果转移转化示范区。投融资17.8亿元，谋划实施了以污水处理、路网、给排水等为重点的34项基础设施建设工程。泰山路南延、迎宾道西伸、龙江道升级、霸州开发区污水处理厂一期等工程已全面完工，加强了对高端项目的吸附力和承载力。开发区休闲食品产业园已成功引进达利集团、加州原野、稻香村等11家全国知名食品生产企业，项目总投资达75亿元，为全市经济发展注入了新的活力。

（三）转型升级步伐加快。强力推进去产能工作。拆除新利钢铁450立方米高炉1座；封停前进钢铁450立方米高炉2座、60吨转炉1座，并顺利通过省市验收。全力实施科技创新。新培育科技型中小企业139家、科技企业孵化器1家。技改投资完成138亿元，同比增长26.9%。大力扶持民营企业发展。实施“多证合一、一照一码”，新增民营经济单位5999家。扎实推进财税金融改革，全面推开“营改增”，为企业减税1.02亿元。新增兴业银行、沧州银行、张家口银行、廊坊银行科技支行4家金融机构，新培育上市企业3家。全市出口总额达到6.2亿美元，位居全省县级前列。房地产业完成税收8.3亿元，占比增至27.4%，比上年提高15.2个百分点。

（四）城乡建设统筹推进。完善规划体系，启动了城乡总体规划修编工作，城市规划展馆建设初具规模。优化空间布局，在霸州城区西部与华夏集团合作，打造产业新城。在霸州城区东部与荣盛集团合作，开发建设文化新区。加快美丽乡村建设。投资5.8亿元，打造南孟镇省级重点片区，整体推进21个村街建设，各项目完成率达90%以上，硬化道路78万平米，铺设供水管道16.2万延米，新建污水处理设施22处，村容村貌焕然一新。

（五）生态环境持续改善。全力推进大气污染防治攻坚行动，实施了减煤、控车、降尘等严控措施，扎实做好散煤清洁能源替代工作，完成了2.2万户气代煤改造任务。PM2.5平均浓度、综合污染指数同比分别下降6.8%和6.2%。环境空气质量优良天数达到141天，比上年增加26天。大力实施水环境治理，开展了中亭河、大清河等重点河流及沿河村街环境综合治理工作，启动了污水处理厂配套管网提升改造工程。着力加强生态景观建设，胜芳湿地公园一期核心区基础设施工程基本完工，全年植树造林5.5万亩。

（六）民生福祉大幅提升。积极推广PPP、政府向社会购买服务等新模式，先后筛选运作了农村公路改造提升、美丽乡村等总投资49.5亿元的9个市政建设项目，切实改善了群众生产生活条件。城乡环卫一体化工作全面启动，初步建立起覆盖全市域的垃圾处置体系，打响了一场垃圾革命，霸州市被评为“河北省卫生城市”。东西市区2座净水厂已全部完工。建设棚户区回迁安置房937套。在全国率先完成县级公共文化服务体系示范项目。坚守安全生产、食药安全底线，建设平安霸州，保持了和谐稳定大局。

（七）工作作风切实转变。扎实开展“两学一做”专题教育，严格落实中央八项规定，查处各类违纪案件210件，党政机关公车改革顺利完成。深入推进“放管服”工作，“三级平台”建设进一步完善，落实上级取消下放行政审批项目75项，审批时限进一步压缩。全面推进“三个公开、三个清单”制度建设。受理并答复群众来电来信2860件。办理人大、政协各类建议、提案142件，按时办复率均达100%。

三 河 市

三河市位于河北省廊坊市北部，西部、北部与北京市接壤，东部与天津市毗邻。三河因境内有泃河、洳河、鲍邱河三条河而得名。幅员面积634平方公里，户籍人口70万，辖10镇、3区、8个街道、395个村街。1993年撤县设市，2005年被确定为全省首批扩权县。

（一）市域经济实力稳步提升

一是主要经济指标全省领先。2016年地区生产总值完成508.2亿元，人均GDP完成7.48万元；全社会固定资产投资完成572.3亿元；实际利用外资2.09亿美元；规模以上工业增加值达到196亿元；第三产业增加值完成220亿元；全部财政收入达到125.3亿元，同比增长20.3%；一般公共预算收入达到72.6亿元，同比增长0.5%；税收收入完成67.8亿元；金融机构各项存贷款余额分别达到1205亿元、1434.2亿元；全部财政收入、一般公共预算收入、城镇居民可支配收入、实际利用外资、金融机构存贷款余额等多项指标位居全省县（市）首位，在中郡经济发展研究所发布的第十六届全国县域经济与县域基本竞争力排名中位列第48位。

二是项目建设扎实推进。全市竣工及在建投资亿元以上项目118个，总投资756.1亿元，2016年完成投资502.6亿元，同比增长12.3%；虎威发动机研发中心等64个亿元以上项目竣工投产，安邦保险后援中心、燕郊现代服务产业园等54个亿元以上项目加快推进。共争列廊坊市级以上重点建设项目11项。

三是创新活力不断增强。组建了科技产业引导基金，助推具有高成长性的科技型中小企业发展。对发明专利、驰名商标、院士工作站等“软实力”进行奖励，对新认定的科技型孵化器、加速器进行奖励，为企业创新发展助力加油。全年新增高新技术企业23家、科技小巨人企业18家、科技型中小企业263家；大力推进“区中园”和孵化器建设，百世金谷work＋、天洋超级蜂巢、创业大厦π客联盟等众创空间总面积达18.4万平方米。

四是产业结构逐步优化。三次产业占比为6.7∶50∶43.3，高新技术产业增加值从30.3亿元增加到45亿元，工业技改投资由90.5亿元增加到128亿元。实施“6＋N大集团”模式，政府与企业合作建设专业园区，中美欧生态科技产业园、环北云创科学园区、钱煦工程医学研究院、鲲海创新研究院等重大战略平台项目加快建设；正在稳步实施“退二优二”“退二进三”战略，为高端发展拓展空间。

（二）全面对接融入京津，协同发展步伐加快

一是交通对接成效明显。102国道南移工程、燕郊西出口综合枢纽项目正在等待上级批复；与北京对接的跨潮白河大桥工程已完成全部桩基和桥面施工；与天津对接的跨泃河大桥工程桥梁主体工程已基本完工；轨道交通22号线工程正式开工，京唐城际铁路工程已获得国家发改委批复同意，将开工建设；密涿高速公路域内段实现正式通车；京秦高速与京津对接工程已经开工；通航机场可研报批、项目土地预审报批和筹备新法人公司组建工作正在同步推进。二是产业对接不断深化。中冶集团在三河注册成立中冶轨道交通有限公司，将把国家钢结构工程技术研究中心、国家钢结构质检中心和世界技能大赛焊接项目中国集训基地迁至三河；中国银行中小企业撮合中心和大数据中心、京冀通航产业园、歌华多媒体信息终端等一批与京津战略合作项目正在稳步推进；与天津自贸区达成了合作意向，正在争取成为自贸区政策延伸河北试点。三是医养对接进展迅速。燕达医院与北京医保系统实现了互联互通，国家脑血管病精准医学队列临床资源与样本库、国家神经系统疾病精准医学实验室两个国家级研究中心已挂牌启动，正在与北京协和医院共同打造精准检验研究中心；燕达健康城被列为北京养老政策外延试点单位，享受北京市养老机构现行运行补贴政策。四是生态对接全面展开。强化与京津在大气污染、河道水污染治理等方面的紧密对接，跨区域生态环保联防联治机制进一步完善；与平谷、蓟州、香河、大厂合作协商共建“国家生态文明先行示范区”。

（三）注重统筹协调发展，城乡建设取得实效。打造了占地1200亩的潮白河带状公园、1500亩的齐心庄郊野体育公园、9500亩的农业综合开发项目、1.2万亩的万亩造林绿化工程等绿地建设，正在高标准规划建设5个国家森林公园、10个全国一流水平的郊野公园，全年完成造林5.9万亩。新建、改造了变电站、污水处理厂、热力厂、水厂等一批基础设施，城市功能不断完善。与中冶集团在城市地下综合管廊建设、美丽乡村建设、城中村改造等方面开展了全面战略合作，与中建集团在海绵城市、河流治理、道路交通、固废处置等方面达成了合作意向。与中菊、汇源、碧桂园、华夏顺泽等机构签订了特色小镇建设战略合作协议，完成了18个省级美丽乡村重点村建设，农村生产生活环境得到进一步改善。

（四）大力加强生态建设，区域环境质量明显改善。在大气污染防治上，严格落实省、廊坊市关于大气污染防治工作各项部署，扎实做好道路扬尘治理、取缔露天烧烤等工作，深入推进农村电气化工程，建成区禁煤工作已全部完成，2017年10月底前将实现全域无煤化目标；在西市区开通7条公交线路，212辆清洁能源公交车投入使用。在垃圾综合处理上，充分借鉴中信康恒珠海生活垃圾焚烧发电项目、上海老港静脉产业园成功经验，扎实推进生活垃圾焚烧发电及资源化再利用工程，建设高标准的静脉产业园，力争在2018年实现垃圾零增量，“十三五”末垃圾零库存。在水污染治理上，严格入河排污口监督管理，防止产生新污染源；推进了尹家沟、鲍邱河综合治理及泃河城区段整治工程，水体质量明显提高；通过创新风险投入模式，与北京泽地源公司开展深度合作，以泃河城区段作为试点进行洁净化处理，力争彻底解决地表水污染和气味污染，形成水污染治理“三河模式”。在矿山修复治理上，矿山环境治理一期工程已获省国土资源厅批复，进入招投标程序；鼓励引导社会资本参与修复治理，福成集团矿山治理项目已造出达到耕地标准的土地3000余亩。明福农林观光园已开发完成松林风景区、果蔬采摘区、绿色种植园等九大功能园区。

大　城　县

大城县位于河北省廊坊市最南部，东部与天津市接壤。2016年，在市委、市政府和县委的坚强领导下，县政府紧紧围绕建设“产业高地、经济强县、文化名城、绿色家园”目标，以开展“十三项集中行动”和实施“十项重点工程”为突破口，主动认识、适应、引领经济发展新常态，全面落实供给侧结构性改革任务，全县经济社会发展呈现良好态势。

（一）经济保持平稳运行。面对经济下行压力，千方百计保主要经济指标平稳运行。截至2016年底，全县财政收入完成11.78亿元，同比增长11.5%；公共财政预算收入完成7.7亿元，同比增长15.4%；地区生产总值完成118.2亿元，同比增长7.5%；固定资产投资达178.8亿元，同比增长16.1%；规模以上工业企业达88家，增加值达31.6亿元，同比增长6.2%；社会消费品零售总额达67亿元，同比增长10.3%；城镇居民人均可支配收入达3.23万元，同比增长8%；农村居民人均可支配收入达1.30万元，同比增长8.5%。金融机构各项存款余额和贷款余额分别达到262.3亿元和82.2亿元，分别比2016年初增加53亿元和9.4亿元。全县高新技术企业达5家，科技型中小企业达464家，限额以上贸易业企业达20家，挂牌上市企业达7家。

（二）产业结构进一步优化。不断调整和优化产业结构，三次产业比达15.3∶41∶43.7。二产不断做强，通过环保倒逼机制，关停手续不齐全、环保不达标企业8家，取缔土小企业24家。绝热节能材料产业集群成为全市唯一一家省级创新型产业集群试点单位。华美、神州等龙头企业不断壮大，一批高端岩棉、玻璃棉、橡塑制品项目竣工投产，环保设备国内领先。全县整装新能源车企业达30家，年产电动车44万辆，产品远销非洲、美洲和东南亚。一产持续做优，农业规模化、产业化经营步伐加快，土地流转经营面积达14.5万亩，特色农业种植面积达6万亩，新增省市产业化龙头企业3家、国家和省级示范社7个、各类农民专业合作社294家，产业化经营率达48.3%。土地确权加快推进，全县完成外业调查81万亩。三产加快做大，加强服务业主体培育，全县新增规上服务业企业4家、限额以上贸易业企业3家。金融市场活力增强，张家口、沧州、廊坊银行大城支行顺利开业，全县金融机构达11家。投资2200多万元，实施津保南线旅游精品线建设，有力拉动了红木旅游消费。

（三）园区基础设施逐步夯实。河北大城经济开发区获省批复，按照“一区多园”架构，以河北大城经济开发区为统揽，统筹建设“河北大城现代制造业工业园、河北大城气雾剂产业园、河北大城新能源车产业园、河北大城绝热节能材料产业园”。河北大城现代制造业工业园，中源路、深圳大街开工建设，琦泉生物发电项目成功并网发电，廊坊轩鹏机械配件等项目顺利建设。河北大城气雾剂产业园，园区总规设计获批，环评加快编制，土地流转工作加快进行。总投资约1亿元，启动了园区起步区纬四路、一号路建设，与深圳彩虹集团就气雾剂园区整体打包PPP开发达成共识。河北大城新能源车产业园，逐步健全完善以新能源车为主的产业链，上下游配套企业达100余家，各类电动车整车年销量达20余万辆。启动工业园区功能提升行动，津保路园区段绿化、硬化完成前期规划等工作，管委会即日搬迁。与此同时，加快推进红木文化产业园建设。红木大集运营良好，入驻商户650家，单日游客达3万人次，成为北方最大的红木产品交易中心。成功举办大城县第三届红木文化节和首届中国红木城“龙抬头”民俗大庙会，提升了大城红木文化产业知名度和影响力。中国物流与采购联合会木材木制品监督检验测试中心大城办事处、清华大学红木光谱检测实验室签约落户大城，项目用房装修已完成，清华大学光谱实验室设备正在调试中。绝热节能材料、有色金属等产业聚集区基础设施不断完善，承载能力得到增强。

（四）招商引资和项目建设成果突出。集中精力抓好招商引资和项目建设。招商引资活动扎实开展。研究出台了《大城县招商引资委托代理办法（试行）》，凡实际引进国内工业类项目固定资产投资总额达到1亿元以上的，发放固定资产投资总额8‰代理费。抢抓民企入冀系列招商活动契机，走访对接北京杜甫德兴、全国工商联科技装备业协会等多家企业、商会，年加工钢结构50万吨的天津市创先钢结构加工项目成功签约。圆满完成廊坊“5·18”、唐山“6·16”经洽会参展活动，大城红木文化产业和绝热节能材料作为县域特色进行了集中展示。项目建设取得新成效。开展重点项目推进集中行动，实行县级领导分包责任制，对项目建设月督导、季调度，全力跟踪推进，实施亿元以上项目51个，成功争列省、市重点项目7个，中包首发易拉罐项目成功争列省重点，康通钢结构、沐泽精密机械部件制造等6个项目成功争列市重点，获批上级用地指标120亩。

（五）创新驱动步伐加快。深入实施创新驱动战略，努力培育新动力、拓展新空间。“互联网＋”深入推进，“大美大城”微信平台逐步完善，银行预约排号上线运行，关注人数达1.2万人，居廊坊首位。在腾讯京津冀政务新媒体学习会上，大城县作为全国首家“互联网＋县城”的单位进行经验分享。在2016年腾讯区域影响力峰会上，大城荣获“京津冀年度公共服务创新奖”。电子商务进农村实现全覆盖，邮乐·大城馆成功上线，大城成为全省第三个拥有特色馆的县，上线特色农产品近200种，网络代购交易1.7万笔、430万元。大城被省确定为首批电子商务进农村综合示范县，全市现场观摩会在大城县成功召开。农村淘宝项目启动运营，建成占地1500多平米的县级运营中心，53家村级服务站投入使用，产生订单12.8万笔、交易额达1200万元。携手中国网库集团，“腾计划”中国保温建材产业带上线启动，大城县已有10家企业上线交易。红木宝线上交易平台运行良好，入住商户达2300余家，销售总额达4.5亿元。“双创”活力不断释放，建成红木城创业孵化基地，入驻创业项目37个。企业上市稳步推进，联信汇业、松乐仪器正推进挂牌上市，成功建立全县重点拟上市企业后备资源库，河北华能中天化工建材、大城弘亚再生资源利用等80余家企业入库重点培养。

（六）生态环境持续改善。围绕建设“绿色家园”目标，开展大气、水污染治理集中行动，努力走出一条生态优先、绿色发展之路。强力推进大气污染防治，深化“控煤、抑尘、治企、限车、除烟”治理，淘汰工业燃煤锅炉114台、办公场所燃煤设施424台，实施气代煤5395户，完成387个临街门店、住宅小区门房散烧煤的清洁能源改造。城区建筑工地实现“七个100%”管控。淘汰黄标车、老旧车1754辆，外埠重卡实行绕城、超限超载超速管控。建成环保在线监测系统，75家重点企业纳入动态监管。城区实施烟花爆竹禁放全面管控。强化重污染天气“削峰减频”，344家重点企业停产。全县空气综合指数同比下降12.8%，达标天数增加8天，重污染天数减少14天，顺利完成“双控”指标任务。稳步实施水污染治理，子牙河及重要干渠污染源实现常态化管控，子牙河南赵扶断面及金家渠等重点河段、干渠完成现状监测。加大造林绿化力度，全县新增造林近5万亩，其中千亩以上片林达到12个、百亩以上片林达到24个，全县森林覆盖率达20%。

（七）城乡建管统筹推进。突出新型和统筹两大主题，着力推进城乡融合发展，加快城乡一体化进程。城市建管水平不断提升，集中供热、城乡环卫市场化保洁等11项城建重点工程顺利推进。棚户区改造完成854户。改造、亮化小街小巷7条。特别是通过热电联产方式，实现41个住宅小区、机关单位和沿街门店75万平米的集中供暖，结束了大城县分散供暖历史，取得了良好的社会效益。总投资5000多万元实施城乡环卫一体化工程，全县城乡分区域、分村街实现了垃圾清扫清运全覆盖，城乡卫生状况显著改善。红木文化新区加快建设，县政府与晟典实业公司签订PPP协议，按照“红木文化之都、生态健康之城、创新创意之地、旅游度假之选”定位，加快推进红木文化新区建设，新区规划加快编制，永定街东通、第五小学建设进展顺利。规划编制不断完善，完成城乡总体规划修编及大尚屯等三个乡镇的总规初稿，美丽乡村建设全域规划、海绵城市规划正在修改完善。城区现状测量完成50%，供热规划通过规委会审议。美丽乡村建设稳步实施，重点围绕“建设一片（大城红木文化产业市级重点片区）、提升一片（王文市级重点片区）、打造一批（31个省级重点村）”思路，不断提升大城美丽乡村建设水平。坚持对31个省级美丽乡村重点建设村街高标准打造，组织开展“三清一拆”专项治理行动，全县394个村街累计清理垃圾杂物49.7万立方米，清理庭院10.9万户，中赵扶、刘演马获批省级美丽乡村。

（八）协同发展深入推进。立足京津冀协同发展功能定位，发挥大城日益凸显的区位、资源等要素优势，把对接京津贯穿到各个领域。区域整体对接取得突破，对标先进，与天津市南开区签订了《两地协同发展框架协议》，加快推动两地多领域交流合作。交通对接稳步推进，突出抓好津石高速建设前期工作，正在进行可研等前期审批手续，现场勘测已完成，初步设计正在进行中。医疗对接成效明显。县政府与北京环球医疗公司签署县医院搬迁合作框架协议，引进京津优势医疗资源，县医院与北京阜外医院建立了心血管造影介入治疗中心、与北京同仁医院签订了眼科共同发展协议，中医院“护心云工程”项目完成“心电网络诊断中心”建设，远程诊断近4000人次。教育对接成效明显，一中被天津大学确定为优秀生源基地，职教中心与天津高盛学院开展联合办学。环保对接逐步加强。按照京津冀及周边地区大气污染防治要求，已与静海、任丘等周边县市联系，探索开展结合区域环保联合执法、跨区执法。

（九）社会民生更加和谐。按照保住基本民生、兜住底线的要求，持续加大民生投入，努力让全县人民在发展中有更多幸福感和获得感。全年民生领域累计支出21.4亿元，占一般公共预算支出的80%以上。民生实事全面落实，发放廉租住房租赁补贴39.4万元，改造农村危房740户，中小学全面改薄工程完成土建14所、设备采购招标37所，顺利通过省政府第三轮教育督导评估验收。公教人员增资达2200万元，人均月增资302元，发放精神文明奖6917万元。底线工作不断加强，集中开展重点领域隐患排查整治，加强食品药品安全监管，全县未发生重大安全生产和食品药品安全事故，顺利通过全省食品药品安全县创建验收。社会治安持续好转，深入开展打黑除恶灭霸扫痞等专项行动，人民群众安全感和满意度明显提升。群众工作水平逐步提高，圆满完成全国“两会”、暑期、党的十八届六中全会等重要节点和重大活动安保任务，保持了社会大局和谐稳定。

保定市竞秀区

2015年5月，保定市新市区更名为竞秀区。一年多来，竞秀区第一届政府，在市委、市政府和区委的正确领导下，在区人大、区政协的监督支持下，在社会各界的通力协作下，团结带领全区干部群众，主动作为、攻坚克难、开拓进取，实现了“十三五”发展的良好开局，朝着建设“经济强区、美丽竞秀”目标，迈出了更加坚实的新步伐。

（一）全力构筑城市框架，空间布局日趋优化。一年多来，该区坚持规划先行，编制完成了全域发展战略规划和江城、南奇乡域规划，绘就了竞秀西部大开发、大发展的宏伟蓝图。完成体育新城土地收储6400余亩，西湖片区集中安置区、万和奥城等一批民生、商业地产项目正在施工建设。积极推进朝阳大街中央商务区上档升级，启动了大世界棚户区改造和万博广场二期项目，14家银行保定总部和30余家保险证券企业相继落户，商务中心和金融中心辐射带动作用不断增强。成功举办了首届“大激店世界音乐节”，大激店旅游业态日趋成熟，文化内容更加丰富，知名度和影响力日益提高。加快一亩泉湿地公园核心区建设，完成了居民改厕、给排水工程，污水处理设施、道路改造正在施工，环村水系、休闲广场完成前期设计。积极推进老工业基地转型升级，谋划建设的化纤高端产业综合服务区完成了整体规划。经过努力，城市发展格局不断优化，构筑了对接京津承载平台，引进了北京同仁堂、北京本正、大连三丰、中信、中铁等战略投资者，协同发展迈出坚实步伐。

（二）发展质量不断提高，综合实力明显增强。积极应对经济下行带来的不利影响，抢抓京津冀协同发展重大机遇，上项目、调结构，经济发展呈现出良好态势。2015年，在全省170个县（市、区）七个主要发展指标综合排位中，竞秀区排全省第23位、保定市第1位。2016年，竞秀区作为全省8个经济运行良好县（市、区）之一，受到省委书记赵克志同志表扬。全年完成国内生产总值172.45亿元，同比增长4.5%；完成财政收入35.4亿元，同比增长23.6%；完成一般公共预算收入6.04亿元，同比增长46.5%；完成规模以上工业增加值50.65亿元，同比增长6%；完成社会消费品零售总额127.79亿元，同比增长9.7%；城镇居民人均可支配收入3.04万元，同比增长9.3%；农村居民人均可支配收入1.86万元，同比增长9.5%。全区千万元以上项目共60个，市级以上重点项目7个，其中：总投资5亿元的盛泰商务中心项目正在外装；总投资2亿元的金冠大厦项目主体封顶；总投资2.1亿元的同仁堂直隶中医院项目主体封顶；总投资5亿元的绿谷智慧孵化基地项目正在施工；总投资15.6亿元的大唐电厂九期项目已获省发改委核准。投入技改资金1.5亿元，完成天威输变电研究所、精艺门窗等10个工业技改项目。全区规模以上工业企业达到63家，其中31家产值超亿元，三联纸业、中画美凯等8家骨干企业产值超5亿元，民营经济实力持续增强。

（三）城乡发展加速融合，生态环境显著改善。复兴路西延主要路段交付施工；东风路西延、乐凯大街南延、隆兴西路改造完成前期摸底。严厉打击违法占地行为，清理违法占地36宗，制止122宗，共计拆除建筑物1.28万平米、围墙1.53万米。全力开展省级文明城市创建，投入资金233万元，深入开展“五大战役”，狠抓市容秩序整治，清理残垣断壁26处、垃圾5万余方，拆除私搭乱建3600余平米。深化城乡环卫一体化管理，为71个行政村配备保洁员481名，新建11座垃圾转运站，在全市率先实现乡村垃圾清运全覆盖。铁腕治理大气污染，累计投入1.69亿元，50个需气化村全部完成燃气改造，98台10蒸吨以下采暖燃煤锅炉、44台10蒸吨以下工业锅炉替代改造全部完成，三环以内实现散煤清零，520家餐饮单位全部安装了高效油烟净化器。与2014年相比，空气质量持续好转，综合指数下降39%，二级以上达标天气增加78天，重污染以上天气减少52天。加大一亩泉水源保护区治理力度，清理取缔畜禽养殖场46户。加快美丽乡村建设，完成11个省级重点村和1个市级示范片区建设。大激店、张辛庄被评为全省美丽乡村，大激店同时被评为第四届全国文明村镇、全国生态文化村。

（四）改革创新持续深化，内生动力竞相迸发。深化政府体制机制改革，全面实施公务用车、机关事业单位养老保险、公务员职级并行等改革，积极稳妥解决了机关单位混编混岗、另册管理人员等遗留问题。深化基层改革，推进成果全民共享，在北奇、中鲁岗等7个村进行农村社区建设试点。深化教育课程改革，完成国家级课题1项、省级课题6项、市级课题11项。加快文化市场综合执法改革、医药卫生改革和新农合整体划转。简化审批手续，开展“集群化”“零门槛”注册，建成众创空间6家，总面积2.3万平米，累计入驻企业340家，给予竞秀大学生创业基地、小燕·蜂巢等5家众创空间奖励各30万元。拓展农民创新创业平台，实现了农村电子商务全覆盖。深入推进商事制度改革，全面落实“多证合一、一照一码”等改革措施，新增内资企业3242户、个体工商户4302家，市场主体总量达2.67万户，增速居全市第五。加强企业创新能力建设，累计申报科技型中小企业225家、高新技术企业11家。全面提升金融服务水平，鼓励企业挂牌上市，已有上市企业6家，居全市前列。

（五）社会事业全面发展，人民生活更加幸福。累计投入民生资金21.38亿元，占财政总支出84.1%。完善社会保障体系，全面提高保障标准，累计支出保障资金4.92亿元。坚持以创业促就业，城镇新增就业2.20万人，失业再就业8948人，城镇零就业家庭保持动态清零。扎实开展劳动监察执法，受理劳动人事争议仲裁85件，追讨农民工工资510万元。不断提高办学水平，促进教育均衡发展，复兴路小学正在施工，阳光北大街九年一贯制学校已获建设用地批复，竞秀教育城完成规划设计。加大社区建设力度，新成立社区3个，创建7个高标准社区，改善11个老旧社区办公服务条件。加快养老服务体系建设，积极探索医养结合养老服务模式，建成老年日间照料中心1所、日间照料站2个。做好廉租房保障工作，发放租赁补贴138万元。不断提升基本医疗和公共卫生服务水平，规范医疗执业活动，行政处罚39家不合格单位。认真落实计生政策，强化计生服务。扎实推进平安创建，严厉打击各类违法犯罪活动，强力推进反恐处突工作，加强公安应急、防暴、消防队伍建设。深入开展领导干部接访下访，加大矛盾纠纷排查化解力度，一批重点信访问题得到彻底解决。加强安全生产、职业卫生、消防安全和食品药品安全监管，没有发生重特大安全事故。人民武装、民族宗教、统计、审计、档案、老龄、残疾人等工作都取得了新的成绩。

（六）行政效能大幅提升，政府建设全面加强。深入贯彻市委、市政府和区委各项决策部署，自觉依法接受区人大、区政协和社会各界群众的监督，全面执行人大决议，充分吸纳政协意见，全年办结人大代表建议30件、政协提案76件，按时办结率和满意率均为100%。进一步转变政府职能，提高行政效能。坚持依法行政，“六五”普法全面完成，政府法治意识和执法能力不断增强。严格落实中央“八项规定”，巩固党的群众路线教育实践活动成果，扎实开展“三严三实”专题教育和“两学一做”学习教育，有效整改“四风”和“不严不实”等问题。严格执行领导干部重大事项报告制度，加强经济责任审计，进一步强化了对领导干部，特别是对“一把手”的监督。认真落实党风廉政建设主体责任，深入开展专项资金综合治理，加大行政执法监察力度，进一步规范施政行为，各级干部作风持续好转。

保定市徐水区

2016年，保定市徐水区深入贯彻落实党的十八大和十八届三中、四中、五中、六中全会精神，主动适应经济发展新常态，积极应对经济下行压力，全力稳增长、调结构、促改革、惠民生，圆满完成了各项工作任务。

（一）坚持科学发展，综合实力稳步提升。经济总量再创新高。2016年地方生产总值完成178.3亿元，是2011年的1.4倍。固定资产投资完成158.5亿元，是2011年的2.3倍。全部财政收入和公共财政预算收入分别完成30.8亿元、10.3亿元，分别是2011年的3倍、2.2倍。城镇、农村居民人均可支配收入分别达2.64万元、1.45万元，分别是2011年的1.4倍、1.9倍。

工业经济转型升级。按照工业立区、工业强区发展定位，努力向工业产值超千亿示范区目标迈进。主导产业稳步提升。2016年，汽车及零部件、石油物探装备、吊装装备制造三大主导产业实现产值238亿元，是2011年的2.8倍。规模以上工业增加值完成66.9亿元，是2011年的1.4倍。企业创新能力增强。晨阳集团被认定为国家级知识产权优势企业，巨力众创空间被认定为河北省重点培养众创空间。全区成立国家级技术创新产业战略联盟1家，建成院士工作站2家，省级研发中心3家，科技型中小企业、高新技术企业、省级小巨人企业分别达350家、12家、16家。民营经济发展快速。2016年，长城汽车股份有限公司及配套零部件企业实现税收18.7亿元，哈弗分公司年产汽车37.1万台，实现税收11.8亿元。晨阳水漆产业园建设成效显著，晨阳水漆成为行业标杆。巨力集团五年来完成税收10.6亿元。俊峰、普康、新洋丰等骨干企业实现健康稳步发展。天下粮仓、宝凯电器成功上市，区内上市企业达12家。被省委、省政府授予“民营经济发展先进县”称号。

农业生产强基增效。认真落实支农惠农政策，五年来累计发放粮食直补和综合补贴近3亿元。大力加强农田水利建设，完成30万亩高标准基本农田建设任务，被省政府授予“海河杯农田水利基本建设先进县”称号。粮食产量连年丰收，被农业部授予“全国粮食生产先进县”称号。蔬菜、畜牧、林果三大特色产业优势明显，奶牛存栏、生猪出栏全市领先。龙头企业带动力增强，大午、今麦郎、德力、雅果、吉正等企业发展迅速。现代农业园区发展壮大，大午现代农业园区顺利通过省级验收，大午、德力两个园区分别被评为市级精品特色园区和现代农业园区，卓正神农现代农业园区启动建设。

第三产业活力彰显。弘扬悠久历史文化，大力发展文化旅游产业，成功创建刘伶醉4A级旅游景区，填补了徐水国家级景区的空白。开展报废汽车市场专项整治，规范二手工程车市场秩序。电子商务服务中心和仓储物流完成建设，全区实现电子商务全覆盖。金融业发展迅速，河北银行、保定银行、沧州银行成功入驻，全区银行业金融机构达12家。2016年，金融机构存贷款余额分别达242.6亿元、78.3亿元，分别是2011年的1.7倍、1.6倍。全国民营50强企业上海红星美凯龙成功落户徐水，投资15亿元建设商业综合体项目。2016年，社会消费品零售总额达86.3亿元，是2011年的1.8倍。

（二）坚持项目拉动，发展后劲逐步夯实。承载能力不断增强。“一体两翼”发展成为主格局，徐水经济开发区和徐水工业园区累计投资31.5亿元用于基础设施建设，基本实现“九通一平”。2016年，两大园区实现主营业务收入1165亿元、财政收入25.5亿元。徐水经济开发区实现“四规统一”，园区建成区总面积达13平方公里，道路总里程达66.5公里，污水处理厂、热力供应站建成并投入使用，供水厂具备通水条件，釜阳花园A区、B区、长城学校交付使用，五村群众顺利返迁，马亮营搬迁基本完成，被省委、省政府授予“先进开发区”荣誉称号。积极实施“一区多园”发展战略，谋划北湖生态健康产业园，计划投资300亿元，已签定《整体开发建设运营框架协议》；萍河新兴产业园计划投资110亿元，完成产业规划和起步区300亩土地收储，实施的三个土地综合整治项目已融资15亿元。

重点项目亮点纷呈。五年来，累计争取用地规模和用地指标2.5万亩、2.2万亩，为重点项目建设提供了土地支撑。列入市以上重点项目71个，总投资2480亿元。2016年，长城100万辆整车及零部件项目一、二期竣工投产，三期试生产。福耀玻璃、瑞典奥托立夫、英国邦迪、上实交通、伟巴斯特汽车天窗等项目竣工投产，德国博世仪表项目正在加紧建设。风帆工业园项目一期、二期竣工投产，正在谋划总投资23.4亿元的船舶动力生产基地项目。晨阳水漆产业园项目一期竣工投产，二期正在建设。天冠电力一期竣工，双帆蓄电池主体车间完工。中小企业园建设进展顺利，科华地板建成投产，德力食品项目冷库投入使用。

（三）坚持统筹协调，城乡面貌明显改善。城市形象显著提升。五年来累计投资12.3亿元加强基础设施建设。实施"城市建设三年大提升"行动，完成城内大街南延、职中路、西北外环、晨兴大街等新修道路，永兴路东延（小寺段）竣工通车，徐大快速路高架桥项目进场施工，城市框架进一步拉大。城区供水厂、火车站广场等一批基础设施建成并投入使用，徐水植物园、博物馆启动建设，新建刘伶公园、生态公园及一批街景游园，成功创建省级园林县城，被省政府授予"人居环境进步奖"，创建省级文明城区初步通过省专家组验收。开展房地产违法建设专项整治，2016年，实现了违法建设"零增长"目标，有效规范了房地产市场秩序。开展城市管理"6S"行动，实施"公安＋城管"、数字化城管等城市管理新模式，市容市貌大为改观。开通了城市公交，取缔了城区非法营运车辆，交通秩序不断改善。

农村面貌持续改观。大力开展农村面貌大提升、美丽乡村等工作，2016年，投资3.15亿元开展农村道路三年大会战，农村居民生产生活环境明显改善。建成105个美丽乡村，省级重点村"一村一品、一乡一特色"建设成效显著，坡屋顶改造任务在全省率先完成。创造性推行农村垃圾处理市场化运作，全区298个村全部实现托管运营，农村环境卫生有了根本改善。

生态环境日益优化。举全区之力开展大气污染防治攻坚战，10蒸吨及以下燃煤锅炉全部拆除，气（电）代煤工作加快推进。建成两个集中供热站，城区清洁能源供热和集中供热面积达500万平米。全面加强道路和建筑工地扬尘管控，关停全区所有矿山企业。严厉打击违法排放行为，取缔土小企业137家。启动了象山生态修复工作，瀑河水库除险加固工程顺利完成。西部山区综合开发利用、生态过渡带建设有力推进，全区林地面积达14万亩。

（四）坚持民生普惠，幸福指数节节攀升。社会大局和谐稳定。通过落实党政领导定期研究信访工作、领导接访日、领导包案等制度，解决了一大批群众反映的实际困难和具体问题，信访形势平稳向好。内燃机公司依法破产工作按程序稳妥推进，保障了职工的合法权益和合理诉求。平安徐水建设扎实推进，2016年，全区公众安全感指数保持在86%以上，位居全市第一。

法治建设成效显著，"六五"普法亮点纷呈，荣获"全国法治宣传教育先进县（市、区）"称号。严格落实了安全生产"一岗双责、党政同责"责任制，扎实做好食品药品安全监管工作，深入开展隐患排查整改，安全生产态势平稳。

保障体系逐渐完善。每年实施一大批惠民事项，政府制定推进计划，强力督促落实。累计发放城乡低保、五保、临时救助、医疗救助等资金1.4亿元，努力使困难群众生活有依靠、有保障、有尊严。城镇居民基本医保与新型农村合作医保制度整合并轨，切实解决城乡居民看病难、看病贵问题。

社会事业全面进步。教育事业蓬勃发展，实施学校改扩建工程，安肃镇中、张丰学校等一批学校投入使用，徐水第二小学开工建设，被评为基本普及高中阶段教育先进县、农村职业与成人教育示范县和国家义务教育均衡县，综合教育水平位居全市前列。卫计事业加快发展，区医院医技楼投入使用，中医院实现顺利搬迁。被国家卫计委授予"国家级妇幼健康优质服务示范县"，被省委、省政府授予"人口和计划生育工作先进县（市、区）"称号，妇幼保健院被评为"全国百佳爱婴医院"。文化体育、科学技术、方志档案、人民防空、广播电视、双拥共建、人民武装、气象服务、妇女儿童、残疾人保障等各项事业都取得新的进步。

（五）坚持改革创新，政务环境廉洁高效。深化改革稳步推进。加快行政体制改革，按要求完成撤县设区、撤乡设镇等机构改革任务。实施行政审批制度改革，精简行政审批事项，完成"三证合一、一照一码"登记制度改革。理顺财政管理体制，大力推进新预算法实施，顺利完成公务用车制度、公务员职务与职级并行制度、"营改增"等改革工作。实施开发区建设管理改革，徐水经济开发区实行政府和企业共建共管，发挥优势、降低成本，创优环境、提高效率，将园区打造成投资洼地、环境高地。

体制机制日趋完善。成立土地委员会、规划委员会，组建投资决策委员会，扎紧制度的笼子。加强政府法制建设，实行政府法律顾问制度，坚持依法决策、科学决策、民主决策，确保依法办事、按制度办事、按程序办事。大力实行权力清单制度，规范行政执法行为，做到公正执法、规范执法、文明执法，维护社会公平正义。

政府效能明显提升。以深入开展党的群众路线教育实践活动、"三严三实"专题教育和"两学一做"学习教育为契机，大力加强政府自身建设，转变政府职能，切实为基层、为企业、为群众办实事、办好事，行政效能和服务水平不断提升。严格执行人大及其常委会的各项决议、决定，主动接受人大依法监督、政协民主监督和社会各界监督。五年来，办理人大代表建议207件、政协提案257件，办结率均达100%，满意率均为96%以上。严格落实中央、省、市关于廉政建设的有关规定，完善"一岗双责"制度，扎实推进政务公开，形成了廉洁自律的长效机制。

涿 州 市

涿州市地处华北平原西北部，北京西南部，京畿南大门。东临固安，西接涞水，北通北京，南到高碑店。涿州市总面积751平方公里，总人口69.21万人。2016年，涿州市紧紧围绕“文化引领、产业振兴、创新驱动、区域统筹”四大主体战略，抢抓京津冀协同发展的战略机遇，稳增长、调结构、促改革、优环境、惠民生，社会经济发展取得显著成效。

（一）积极应对复杂局面，综合经济实力显著提升。地区生产总值达到277.8亿元，增长5.0%；财政收入完成36.2亿元，增长23.0%；城镇居民人均可支配收入达到3.04万元，农村居民人均可支配收入达到1.55万元，年均分别增长9.1%和8.9%。规模以上工业企业发展到77家，市场主体达到3.96万家；三次产业结构比调整到8∶38∶54；金融机构存贷比达到71.4%，对地方经济发展的支持力度不断加大。

（二）推进园区项目建设，协同发展实现良好开局。始终把对接京津作为加快发展的战略选择，推进重点领域率先突破。京石高铁开通，涿州成为出京第一站，京港澳高速拓宽通车，与驻京高校、医院及中国华融等单位的战略合作不断深化，重点推动和对接的合作项目37个。持续抓园区、上项目，京南经济开发区、涿州高新技术产业开发区、松林店经济开发区承载能力进一步增强，一批重大产业项目深入推进，五年完成投资210亿元。凌云汽车零配件产业园、中石油物探科技园、航天惯性、新华幕墙等项目竣工投产，中关村创业公社—涿州人才港建成使用。与阜外、协和、北京儿童医院等医疗机构的合作持续深化。国家农业科技园区获科技部审批，建设农业科技研发及产业化项目13个。

（三）大力实施城乡统筹，新型城镇化建设深入推进。按照“一城两翼四组团”的空间布局，累计投资40亿元，新建花田路、结义路两条城市新干线，完成范阳路、107国道等6条道路翻修改造，打通松高路、腾飞大街等4条园区道路，实施了永济路、冠云路东延，新改扩建农村公路200余条。新型城镇化步伐加快，高铁新城基础设施进一步完善；高标准建成博物馆、永济公园，城市集中供热管网、南水北调地表水厂建设顺利推进；义和庄、刁窝、豆庄、林屯完成撤乡建镇，李家坟、小沙坎等城中村完成改造，挟河、北芦村新民居村民搬迁，推进了一批美丽乡村建设，常住人口城镇化率提高到57%，高于全省4个百分点。

（四）不断加强环境建设，承载力和竞争力显著提升。改善生态环境，实施“一环两带四轴四区”生态规划，财政投资4亿多元，完成植树造林7.7万亩，城市绿化覆盖率、绿地率、人均公园绿地面积分别达到44.9%、34.9%和8.57平方米，森林覆盖率提高到26.6%。大力整治砂石料盗采滥挖，38个城中村完成煤改气，淘汰黄标车4197辆，通过控煤、抑尘、禁烧等系列措施，大气质量持续好转。优化发展环境，深入开展机构改革和行政审批事项清理，搭建了公共资源、农村产权交易中心，“两个代办”、“三级平台”全面建立，商事制度改革扎实推进。金融体系进一步完善，成立5家小额贷款公司，银行业金融机构发展到14家。扎实开展德信文化“六进一树两好”活动，精神文明建设不断加强。

（五）持续增进人民福祉，民生和社会事业全面进步。坚持财政向民生倾斜，五年累计投入85.7亿元，民生支出占一般公共预算支出的65.4%。持续加大教育投入，高标准建成双塔中学，5年招选中小学教师756名，职业教育技能大赛获奖总数全省五连冠。医药卫生体制改革扎实推进，新农合筹资标准提高到560元，补偿封顶线提高到15万元。市医院、保定第二中心医院成功创建三级甲等。不断强化住房保障，廉租房、公租房和人才家园工程全面推进。积极做好就业保障，城镇累计新增就业2.65万人，城镇登记失业率控制在4.5%以内。全面落实计划生育惠民政策。累计发放城乡低保金1.4亿元。

（六）积极推进依法行政，政府自身建设不断加强。政府机构改革持续深化，推行法律顾问制度，健全干部学法制度，有效规范审批服务与行政执法，法治政府建设迈出重要步伐。扎实开展党的群众路线教育、“三严三实”和“两学一做”学习教育，严格落实中央“八项规定”和省市各项“禁令”，廉政建设和反腐败工作得到加强。深入开展普法宣传，严厉打击违法犯罪，坚持不懈抓好安全生产、食品药品安全，人民群众的安全感、获得感不断提升。自觉接受人大和政协监督，共办理人大代表建议355件、政协提案477件，办复率100%。

涿州市先后荣获全国绿化模范市、全国科技进步先进市、全国法制宣传教育先进市、全国农民体育健身工程先进市、全国法治县创建活动先进单位等国家级荣誉称号，连续五年被评为全国双拥模范城。

高碑店市

高碑店市位于河北省中部。2012年以来的五年，是高碑店发展历程中不平凡的五年。在这期间，高碑店市牢牢把握京津冀协同发展机遇，积极作为，奋力攻坚，圆满完成了“十二五”规划目标，顺利实现了“十三五”精彩开局，全市经济社会进入了一个崭新的发展阶段。

（一）过去的五年是积极应对经济下行压力，综合实力跨越提升的五年。2016年，全市生产总值达到145亿元，比2011年增长33.8%。全部财政收入接近20亿元，比2011年翻一番。一般公共预算收入突破10亿元，是2011年的2.4倍。全社会固定资产投资达到150亿元，是2011年的2.8倍。社会消费品零售总额达到71.7亿元，比2011年翻一番。用电量完成14.8亿度，比2011年增长38%。各项存款余额达到442亿元、各项贷款余额达到393亿元，分别比2011年增加232亿元、301亿元，存贷比连年位居全保定市第一位。主要经济指标实现增比进位，被评为河北省经济发展先进县（市）。

（二）过去的五年是打牢基础积聚力量，大事要事取得突破的五年。《高碑店市城乡总体规划（2013—2030年）》通过省政府批复，城区规划面积达到70平方公里，城市发展空间进一步拓展。京广高铁高碑店东站投入使用，开通了直达北京的838公交车，与北京同城化进程加快。经过全力争取，被省委、省政府确定为河北省扩权县，为长远发展打下了坚实基础。《京津冀协同发展规划纲要》正式实施，被省、保定市确定为首都卫星城和“微中心”，领先优势、集聚效应逐渐凸显。

（三）过去的五年是产业结构不断优化，发展后劲持续增强的五年。项目建设多点开花。列入省、保定市重点项目74个，累计完成投资337亿元。新发地、光为太阳能发电、铁岩钢板桩、娃哈哈三期、美国风腾等一批项目投产运营。白象方便面扩建、汇通图腾物流港、隆泰丰博石墨烯等项目开工建设。国家建筑节能技术国际创新园（以下简称国际创新园）获得科技部批复。工业经济平稳增长。新增规模以上工业企业27家，新增挂牌上市企业4家，食品饮品、机械制造、建筑建材等传统产业不断壮大，新能源、新材料、智能制造等新兴产业异军突起。现代服务业蓬勃发展。农村电子商务实现全覆盖，入驻金融机构达到12家，成功举办了三届国际门窗博览会，会展经济效应进一步扩大。

（四）过去的五年是统筹推进城乡建设，人居环境较大改善的五年。建成区面积达到35平方公里，比2011年增加8平方公里，辛桥、张六庄、肖官营撤乡建镇，城镇化率达到51%，比2011年提高了8个百分点。累计实施城建交通工程305个，新建改造城市道路76.7公里，城区道路总里程达到150公里，新建改造主要干线和农村道路425公里，实施旧城和城中村改造项目32个，完成14条道路绿化、66条主次干道和小街小巷的亮化工程，城区亮化里程达到126公里。中水处理厂、地表水厂、垃圾处理场顺利运营。被省政府授予“人居环境进步奖”，被评为“河北省园林城市”。

（五）过去的五年是民生事业全面发展，社会保障更加完善的五年。城镇、农村居民人均可支配收入分别达到2.68万元、1.38万元。教育教学条件持续改善，累计新改扩建学校68所，新改扩建中小学、幼儿园校舍11.3万平方米。公立医院改革扎实推进，实现药品零差率销售，市医院外科医技综合楼投入使用，新改扩建乡镇卫生院1所、村卫生室311个。城乡居民养老保险、城镇居民医疗保险参保率始终保持在95%以上。累计新增就业1.6万人，下岗失业人员再就业6359人，城镇登记失业率始终控制在3%以内。累计完成农村危房改造1168户，建设各类保障性住房8300套。安全生产、社会安全、消防安全、食品药品安全形势持续好转，平安城市建设深入推进，群众安全感进一步提升。“六五”普法顺利完成，全社会法治观念进一步增强。此外，审计监察、国防动员、民族宗教、人民防空、市志档案、外事侨务、气象水利、妇女儿童、物价通讯等事业都有了新的发展和进步。

2016年，是落实“十三五”规划的开局之年。一年来，面对经济下行的较大压力，面对发展稳定民生的繁重任务，高碑店市上下积极践行新发展理念，坚持稳中求进工作总基调，戮力同心、奋发进取，经济发展呈现稳中向好、动力增强的新态势，较好完成了市五届人大六次会议确定的目标任务。

一是坚持搭平台上项目，协同发展取得新成效。认真落实《京津冀协同发展规划纲要》，积极承接非首都功能疏解和京津产业转移，协同发展的领先优势进一步扩大。锦绣大地干副市场投入运营，与首农集团、北京崇远集团、马连道茶城签订框架协议，成功举办京津冀首届蔬菜产销对接大会，新发地日成交量达到1.6万吨、日成交额突破亿元。国际创新园被列为河北·京南国家科技成果转移转化示范区，签约入驻建筑节能企业10家。北京铁路物流园、北京二商河北产业园、京南机器人和智能制造产业园正式签约。与京津合作项目达到45个，总投资800亿元。协同发展的巨大红利正在加速释放。

二是坚持强动能增效益，产业升级迈出新步伐。“双创”氛围日渐浓厚。新增高新技术企业2家，新增科技型中小企业50家，新增河北省著名商标3个，新增市场主体6143家。骨干支撑作用明显。规模以上工业企业达到46家，规模以上工业增加值完成29亿元，比2015年增长7.1%。骨干企业财政贡献度持续增强，隆基泰和纳税超3亿元，顺达、新发地纳税均突破亿元大关，纳税超千万元的企业达到29家。现代农业加快发展。保定市级以上农业产业化龙头企业达到21家、现代农业园区达到6家，农业产业化经营率提高到70%。新发地被评为省级现代农业园区。

三是坚持打基础强支撑，城乡建设开创新局面。认真研究金融政策，积极搭建融资平台，实现融资25亿元，有效破解了资金瓶颈制约。实施路网和绿化工程。投资5.1亿元，翻修改造迎宾路、幸福大街、五一大街等城市主次干道和小街小巷10条，新修迎宾路东延、经四路、中华北大街、昌盛路东延等道路10公里。投资1100万元，新修和改建农村道路28公里。新增和改造城市绿地300亩，完成高速、高铁沿线造林绿化2100亩。实施配套提升工程。建设改造给排水管线31公里，污水处理厂二期、方官污水处理厂顺利完工。推进集中供热后续工程，城区集中供热覆盖率达到90%。开展城市环境容貌综合整治行动，被河北省住建厅授予“洁净城市”荣誉称号。实施美丽乡村建设工程。累计投资2.5亿元，以环境美、产业美、精神美、生态美为标准，在55个重点村全力推进美丽乡村建设，农村面貌发生积极变化。

四是坚持惠民生促和谐，社会事业取得新进步。民生投入大幅增加。财政用于民生支出累计达到19亿元，占一般公共预算支出的83%。发放城乡低保、医疗救助、高龄津贴、优抚安置等各类保障资金5100万元。全面落实低保提标政策，城镇、农村低保标准分别达到每人每月450元和每人每年2900元。教育医疗不断发展。投入

7300万元，新改扩建义务教育阶段学校12所，昌盛路实验小学、东盛实验中学、北大公学高碑店学校投入使用，招聘农村义务教育教师150名。市中医院与北京市房山区中医院协作办院。整合城乡居民医疗保险，累计为城乡居民补偿医疗费用2.3亿元。空气质量持续改善。全面开展大气污染治理攻坚行动，完成16个村的电代煤、气代煤任务，拆除改造10蒸吨及以下燃煤锅炉290台，取缔砂石料场62家，空气质量达标天数171天，比2015年增加40天，重度及严重污染天数减少14天。社会治理成效明显。深入开展安全生产攻坚行动和重点行业领域安全专项治理，整改各类隐患165处，打击非法违法行为89起。持续开展“一年四打”行动，共破获刑事案件912起，打掉各类违法犯罪团伙26个，刑事发案率下降9%，社会和谐稳定局面不断巩固。

五是坚持转作风提效能，自身建设实现新提升。认真践行“三严三实”，持之以恒反“四风”，政风持续好转，新风正气成为常态。建立政府常务会学法制度，从建章立制、严格程序入手，完善政府议事规则和决策程序。严把土地、资金出口关，严防审批环节暗箱操作，行政审批局正式挂牌，权力运行更加公开透明。严格控制一般性支出，“三公”经费压缩26.4%。自觉接受市人大法律监督、工作监督和市政协民主监督，认真办理人大代表建议57件，政协提案43件，办结率、满意率均达到100%。扎实开展“两学一做”学习教育，广大干部焕发了勇于担当、敢闯敢试的工作激情，培树了攻坚克难、埋头苦干的工作作风，政府执行力和公信力进一步增强。

涞 水 县

涞水县，位于河北省中部偏西，太行山东麓北端，总面积1661.61平方公里，辖8镇7乡。

2016年，全县生产总值完成62.1亿元，其中：第一产业增加值完成12.7亿元，同比增长4.1%，第二产业增加值完成13.8亿元，同比增长8.6%，第三产业增加值完成35.6亿元，同比增长7.4%，增幅排全市第6位，五年年均增长10.2%；固定资产投资完成109.6亿元，总量排全市第9位，年均增长19.4%；社会消费品零售总额达到32.4亿元，增幅排全市第12位，年均增长12.9%；全部财政收入达到10.7亿元，排全市第10位，年均增长29%；公共财政预算收入达到6.8亿元，排全市第6位，年均增长27.8%，总量均比2011年翻两番；规模以上工业增加值完成4.8亿元，增幅排全市第5位，年均增长9.7%；公共财政预算支出22.04亿元，同比增长8.2%；完成国税2.40亿元，同比增长39.7%，完成地税6.73亿元，同比增长37.0%。城镇居民人均可支配收入2.10万元、农民人均可支配收入8349元，增幅分列全市第3位、第6位，年均分别增长10.6%、14.6%。金融机构存款余额159.7亿元、贷款余额85.3亿元，总量分列全市第13位、第5位，存贷比从2011年的49.6%提高到53.4%；AQI指数由2014年的12.36降低到8.08，排全省第65位、全市前5位；用电量6.3亿千瓦时，增幅排全市第7位，年均增长3.3%。三次产业结构由2011年的23.0：25.4：51.6调整为20.5：22.2：57.3。

（一）坚持协同为要，重点领域加速突破。全县新建改造公路560公里，公路总里程达到1045公里，综合交通运输体系更加完善。张涿、京昆等高速公路建成通车，路网密度、高速公路密度均处于全省先进行列。实施省、市重点项目32个，完成投资127.9亿元；其中，承接北京产业转移项目4个，总投资220亿元，占全部重点项目投资的41%。中电科涞水电子科技园累计完成投资8亿元，科研办公、激光站等建筑群加快建设。加快实施工程造林、廊道绿化、优质林果基地建设。引入工商资本推进廊道绿化，高标准完成京昆、张涿、廊涿等高速公路沿线绿化1.15万亩。

（二）坚持统筹为重，重点构建四大板块。疏解区，完成了原涞水经济开发区与新兴产业示范区的初步整合，成立了开发区管委会。卫星城，坚持旧城改造与新城开发均衡发力。古典家具园区被列为河北省十大文化产业聚集区，涞水县被命名为“中国京作古典家具发祥地”和“中国京作古典家具产业基地”。投入近10亿元新建太行路、聚秀路等6条道路，改造涞阳路、遒城街等6条道路，“七纵六横”的路网格局基本形成。大旅游，抢抓“7·21”灾后重建、承办全省旅发大会等契机，高标准规划，大力度建设，交通状况根本改善，景区环境焕然一新，综合品质整体提升，四季圣诞小镇、月亮湾康养小镇等一批新景区、新业态惊艳亮相，成为京西百渡休闲度假区的精品典范。农业园，强力推进4个万亩现代农业园区建设，累计建成面积7.2万亩，建成部省级标准园、现代产业园15个。

（三）坚持富民为先，脱贫攻坚屡创佳绩。生产生活设施整体提升。建成乡村道路511公里，新打机井464眼，自来水入户4.3万户，改造农村电网264个村。新建改造村卫生室254个、幼儿园80个、农家书屋181个，改造农村危房8848户。产业体系日益健全。确立了“4+1”扶贫主导产业，新建设施菌菜大棚1.75万个，发展优质林果29.5万亩，长毛兔存栏达到30万只，新建改建旅游农家院650家，发展家庭手工业5850户。服务保障更加坚实。建立了10项推进机制，大力推行股份合作制，初步形成了6种模式，建成股份制扶贫产业合作社165家（其中资产收益平台股份制合作社67家），脱贫产业与贫困群众利益紧密联结。

（四）坚持效能为基，重点工作出色出彩。灾后重建全面胜利。夺取抗击“7·21”特大洪灾的全面胜利，按时完成总投资11.48亿元的180个重建项目。突出野三坡景区恢复重建，建成两条景观大道，拆除“违旧陋乱临”建筑10万平米，改造建筑外立面21.5万平米，成为全省灾后重建亮点。美丽乡村靓丽宜居。累计投入12亿多元，对全县所有行政村实施了改造提升工程。东水峪等5个村荣获全省“美丽乡村”称号，百里峡艺术小镇、四季圣诞小镇成为新时期新农村建设的典范。创新创业活力迸发。与省科协合作开展“创新驱动发展示范县”建设，建成15万平米天鹅湖科技创新孵化器，70余家科技型中小企业注册进驻，科技型中小企业孵化器项目顺利推进。大力发展电子商务，建成电子商务大厦，搭建发展平台，促进产业聚集。与京东集团开展战略合作，建成“京东·中国特产涞水馆”、京东服务中心，“一村一店”电商服务点实现全覆盖。

（五）坚持民生为本，社会事业协调发展。始终把民生改善作为第一宗旨，累计投入民生资金76.9亿元，占财政支出的85.7%。社会保障体系不断完善，低保线与扶贫线“两线合一”，城镇、农村低保标准分别由2011年的3420元、1540元提高到5400元、2900元。城乡居民养老保险参保率稳定在96%以上，发放率100%。新农合参合率稳定在95%以上，累计报免费用1.38亿元，101.9万人次受益。新建改建校园138所，县第二小学建成投入使用，县第六中学等项目开工建设。医疗卫生服务体系不断完善，医改重点工作顺利推进，建成县医院医技门诊综合楼，15所乡镇卫生院全部提档升级，211所村卫生室完成标准化建设改造。

（六）坚持法治为纲，加快转变政府职能。依法行政迈出新步伐。自觉接受县人大的法律监督和县政协的民主监督，坚持和完善向人大报告工作、向政协通报情况制度。问责督政取得新成效。全面加强政务督查、投诉处理和效能监察，坚决纠正部门和行业不正之风，查处各类违规违纪案件789起。畅通民意诉求渠道，高度重视、及时办理群众来信、来访、来电和网民留言。勤廉理政呈现新常态。将廉政建设与经济工作同部署、同落实，加强政府采购、工程建设、土地出让、产权交易等重点领域、重点环节的审计监察，加大项目投资评审力度，累计评审政府投资项目234个，审减财政资金1.96亿元。

县委书记：王义民

县人大主任：陈　河

县　长：朱明新

县政协主席：宋冀中（2016年3月）

薛兆丰（2016年4月至12月）

安　新　县

2016年，安新县积极应对严峻复杂形势，坚持新发展理念，全力抢抓京津冀协同发展重大历史机遇，倾力加强白洋淀生态保护，积极适应新常态，引领新常态，积极调整产业结构，全面深化改革，扎实做好稳增长、调结构、治污染、促改革、惠民生各项工作，全县经济运行总体平稳、稳中向好，生态优先、绿色发展迈出坚实步伐。

（一）综合实力显著增强。2016年，全县地方生产总值完成57.8亿元，同比增长4.8%；规模以上工业增加值完成11亿元，同比增长1.5%；固定资产投资完成75.2亿元；社会消费品零售总额完成49.6亿元，同比增长9%；全部财政收入完成5.66亿元，同比增长3.9%；一般公共预算收入完成3.28亿元，同比增长0.4%；城乡居民人均可支配收入分别达到2.45万元和1.23万元，同比增长8.2%和10.7%；新增规上工业企业13家；实际利用外资3443万美元，超额完成市核任务（1500万美元）。

（二）转型升级步伐加快。农业向园区化方向发展。全县粮食总产25.2万吨，增长5.4%。《白洋淀国家农业高科技园区总体规划》编制完成，白洋淀明珠农副产品加工等项目进展顺利。全县建成乡级农业园区14个，安新县寨里现代农业园区被市政府命名为市级园区和市级精品园区。农村土地流转取得阶段性成效，农民专业合作社达到284个，电子商务服务中心建设顺利推进，建成县、乡两级物流配送中心6个，农村电商服务网店207个，县、乡、村三级电商网络平台基本形成，基本实现全覆盖。工业经济稳中有升。新增入统企业13家。金宇晟年产10万吨再生铅改扩建项目基本完成，安新县被中国羽绒工业协会授予中国羽绒之乡称号。服务业比重提升。服务业占GDP比重逐年攀升，拉动GDP提升效应明显。旅游业再创新高，接待游客213.77万人次，实现旅游社会效益17.21亿元，分别增长38.83%和118.26%，其中乡村旅游接待游客59.77万人次，实现社会效益2.99亿元，旅游拉动服务业发展和旅游产业富民效应日益明显。新增服务业入统企业2家。

（三）协同发展初见成效。深入推进对接京津工作，安新县经济开发区、河北白洋淀国家农业科技园区、循环经济园区等承接平台建设初见成效，为加快协同发展夯实了基础。积极组织参与赴京津招商活动，加强与京津有实力的大集团、大企业联系、接洽，恒大地产集团拟在安新县建设的总投资150亿元的保定白洋淀国际文化旅游城项目总体规划设计方案完成初稿。从2016年3月份开始，加大规划、国土、建设等五项工作管理力度，深入开展土地及城乡建设规范整治、安全生产领域“打非治违”、白洋淀水事秩序整治、大气污染防治、农村土地经营权规范流转五大专项行动，通过严格规范管理，土地及城乡建设、淀区水事秩序等行为得到有效规范，为融入京津冀协同发展奠定了良好的基础。

（四）城乡面貌不断改善。城乡建设步伐加快。扎实推进县城建设三年攻坚行动，总投资9.85亿元的11个县城“七个一”工程全面实施，垃圾处理厂二期工程、地表水厂等一批基础设施建设完成，棚户区改造、保障房建设、实验中学垃圾填埋场生态修复等重点工程顺利推进。固保城际铁路完成实地探勘、容蠡线安新段路基完成9公里、白洋淀大道安新段主路通车、投资97万元完善白洋淀旧大桥路面和人行道、完成20多公里农村道路建设。城乡管理日趋规范。深入开展洁净城市和省级文明县城创建，主要街道机械化清扫率达到75%以上，加大城区环卫保洁和45个水区村垃圾清运力度，城乡垃圾收集、转运及终端处置一体化运营管理模式成效显著。安新县接受了省级文明县城第一轮测评、全国文明城市（县级）提名城市2016年度测评和保定市洁净城市创建预考核。完成审计署审计河北省时发现的涉及安新县违法占地企业和养殖厂整改工作，拆除企业及养殖厂60家。依法整治房地产开发、销售行为，严厉打击违规房产销售、房产中介行为，进一步规范了房地产开发、销售行为。

（五）改革创新增添活力。探索市场化运行机制。成立白洋淀大道两侧土地流转及绿化推进工作领导小组，实行市场化运营机制，引进战略投资者，高标准、高质量推进白洋淀大道两侧绿化工程，有效破解了资金、技术等方面制约难题。搭建投融资平台。成立白洋淀投资有限公司和旅游发展公司，围绕旅游发展、城乡建设、生态保护与修复等重点领域，谋划包装项目，拓展融资渠道，为全县未来发展奠定了坚实基础。优化政务环境。完成党政机关公务用车制度改革工作。全面落实"放管服"要求，推进"五证合一、一照一码"登记制度改革，深入实施"两个代办"，组织开展7次企业恳谈会，有效帮助60多家企业解决实际问题。加快科技创新。开展"大众创业、万众创新"，组建产业技术创新服务战略联盟、科技园区研究院、园区协会，白洋淀莲藕、白洋淀河蟹两个地标申请得到市政府正式批复，完成白洋淀红太阳、白洋淀绿之梦、白洋淀中科等登记受理，扩大了白洋淀水生动植物产品品牌效应，提高了附加值。完成2家高新技术企业认定，108家科技型中小企业登记，申请专利80个。荷花淀"星创天地"创新创业平台被认定为全国首批"星创天地"。

易　县

易县位于河北省保定市北部。2016年，全县生产总值完成119.81亿元，增长8%；固定资产投资完成139.84亿元，增长15%；一般公共财政预算收入完成5.04亿元，增长15.3%；社会消费品零售总额完成47.8亿元，增长12%；农村居民人均可支配收入达到7423元，增长11.5%。

（一）产业转型加速推进。现代农业稳步发展。绿泽农现代生态农业园区被列入"省级现代农业园区"，5个园区被列入"市级现代农业园区"，全县各级农业园区达到34个。正四方牧业、兰宝牧业、天顺林木、茂源果品四家企业被列入全省农业产业化重点龙头企业。农业产业化经营率达到62.3%。工业经济运行平稳。积极推进传统产业改造升级，完成工业技改投资12.41亿元。实施了龙华矿产建材集中区道路建设，5家企业整合14个矿权进入集中区。全县新增规模以上工业企业5家，完成规模以上工业增加值40.82亿元，增长8.5%。旅游产业加速升级。被列入首批"国家全域旅游示范区"创建单位。成功承办了首届全省旅游产业发展大会，实施了恋乡·太行水镇、易水湖易文化商业街暨综合服务中心、易文化休闲度假小镇、养生岛康养小镇等一批旅游新业态项目，打造了"京西百渡休闲度假区"的重要节点。清西陵文物本体维修和"三防"工程顺利实施，5A创建工作接受了国家文物局专家暗访验收，古松林康养公园被评为"中国森林养生基地"；狼牙山5A创建进入申报程序；易水湖被水利部批准为"国家级水利风景区"并晋升为4A级景区；燕都古城一期工程完工并开街运营，二期工程开工建设。西山北乡于家庄村被评定为全市首个"中国农业公园"，狼牙山镇东西水村入选"中国乡村旅游模范村"，5家农家乐入选"中国乡村旅游金牌农家乐"。全年共接待游客465万人次，实现综合效益23.25亿元，同比分别增长45%、93%。

（二）发展后劲明显增强。2016年易县列入省市重点项目19个，总投资953.73亿元。全年完成投资29.03亿元，占年度计划的116.6%。其中，投资8.1亿元的军民融合雷达产业园项目基本完工；投资2.67亿元的英利光伏发电项目并网发电；投资5亿元的民爆产业园项目进展顺利；投资100亿元的抽水蓄能电站项目进入可研报告编制阶段，被列为《水电发展"十三五"规划》抽水蓄能电站重点开工项目。全年引进省外资金39.5亿元，占任务的101.28%。与东旭集团合资成立园区建设公司，初步编制完成了开发区总体规划，投资319亿元的经济开发区PPP项目被列入财政部示范项目。开发区规划展馆、污水处理厂、易水北路等基础设施征占迁工作基本完成。全年开发区签约项目7个，总投资15亿元。

（三）脱贫攻坚成效明显。按照"六个精准"要求，实施"五个一批"工程，旅游、林果、养殖、食用菌、光伏、电商、花卉、家庭手工业等扶贫产业进一步壮大，实现162个贫困村全覆盖。推进易地扶贫搬迁，实施了建新村集中安置区建设。推进社保兜底脱贫，实现低保线与扶贫线"两线合一"，城乡居民最低生活保障标准进一步提高。积极推进教育扶贫、金融扶贫、社会扶贫，严格落实贫困退出机制，47个村1.23万贫困人口将实现脱贫退出。

献　县

献县位于河北省东南部，沧州市西部，总面积1174平方公里，辖18个乡镇、1个国营农场、500个行政村，总人口64万。献县历史悠久，文化底蕴深厚，有2000余年发展史。献县是儒家文化的再生地——西汉为汉武帝之兄刘德的封国，刘德招揽毛苌、贯公等经学博士收集整理《诗经》、《左传》等儒家典籍，为"秦劫楚火"后儒家文化的复兴和汉文化的弘扬作出巨大贡献，刘德去世后，汉武帝因其聪明睿智追谥为"献"，献县的名称由此而来。献县是"实事求是"的发源地——东汉史学家班固在《汉书—献王传》中称赞刘德"修学好古、实事求是"，"实事求是"后被毛泽东主席引用，成为我党的思想路线。献县是中西文化的交汇地——清同治二年建造的哥特式建筑张庄天主教堂、国家级重点文物保护单位汉代墓群、世界最长不对称石拱桥明代单桥石桥，以及全国百家爱国主义教育基地马本斋纪念馆等人文景观在此交相辉映，一代文宗纪晓岚、民族英雄马本斋、哲学泰斗张岱年等英才俊杰从这里走出。献县是金丝小枣原产地，南北朝时期献县人刘仲思培育出枣中极品——金丝小枣，因此献县享有“中国金丝小枣之乡”的美誉。献县是农业大县，全县农业人口近50万，占总人口的80%，现有耕地106万亩，盛产小麦、玉米、棉花、蔬菜等，是国家命名的“全国粮食生产先进县”。献县是抗洪大县，献县蓄滞洪区是全国97个重点蓄滞洪区之一，面积173平方公里，人口7.2万。多年来，献县人民舍小家顾大家，为保卫京津、铁路、油田，保护下游人民群众的生命财产安全，做出了巨大贡献。献县是贫困大县，受历史、自然条件等因素影响，献县基础差、底子薄。1986年被国务院确定为国家级贫困县，1994年被列入国家“八七”扶贫攻坚计划，2001年被确定为国家扶贫开发工作重点县，2011年被调整为省级扶贫开发重点县。

（一）综合实力显著增强。2016年，全县生产总值完成243.9亿元，同比增长7.9%，全市排名由2011年的第8位上升为第6位；固定资产投资完成225.2亿元，同比增长14%，全市排名由2011年的第6位上升为第2位；全部财政收入完成11.22亿元，同比增长11.9%，全市排名由2011年的第13位上升为第10位；公共预算收入完成6.84亿元，同比增长8.8%，全市排名由2011年的第13位上升为第9位；社会消费品零售总额完成47.9亿元，同比增长10.5%；城镇居民人均可支配收入达到2.57万元，同比增长10%；农村居民人均可支配收入达到9300元，同比增长10.5%，经济综合实力显著提升。

（二）项目建设势头强劲。2016年，全县共谋划实施投资超亿元工业项目93个，明一实业等9个项目被列为市重点。献福麒麟、沧胜机械等新开工项目车间、办公楼正在施工，部分实现试生产。万盛源、知易环保等续建项目近期可投产达效。燕京啤酒、东方铸造、泰乐铸造等项目扩规增资，全市重点项目季度观摩综合考核继续位居全市前列。全年新增规模以上工业企业34家，新增企业数量全市第一，总数达到241家，2016年规模以上工业增加值完成97.6亿元，同比增长7.5%，总量居全市第二位。在项目建设带动下，乡镇实力显著增强，全年9个乡镇税收超过千万元，其中乐寿、南河头2个乡镇突破1亿元大关。

（三）对外开放成效显著。积极抢抓京津冀协同发展重大机遇，持续强化与京津全方位对接。2016年，全县引进北京菲美得整体外迁等超亿元项目11个，引进内资48.5亿元，同比增长12.6%，实际利用外资1307万美元，被评为“沧州市利用外资先进单位”。深化与京津院校、科研院所的对接合作，引进各类高级人才82名，成功引进转化科技成果4项。大力实施“一区多园”战略，郭庄等3个乡镇园区由省商务厅备案，纳入县经济开发区管理。截至目前，县经济开发区共入驻企业103家，其中世界五百强、中国五百强企业各1家，2016年主营业务收入达到196亿元，同比增长24.1%；实现税收3.5亿元，同比增长16.7%，被省政府授予“重点项目建设先进单位”。

（四）产业结构优化升级。大力实施技改攻坚工程，对扣件铸造等传统优势产业进行治理改造，150家企业完成技术改造，东方铸造、泰乐铸造等龙头企业实现增资扩规，国际一流铸造企业菲美得机械铸造落户郭庄镇，献县逐步实现向管道装备和机械装备制造的转型升级，被命名为“河北省装备制造名县”。特色产业突破崛起。啤酒产业形成从模具、制瓶、制酒到啤酒外包装、物流的完整产业链条，被命名为“河北省十强特色产业”、“中国啤酒产业基地”，年产值突破18亿元，纳税1.7亿元。渔具产业不断壮大，被授予“河北省渔具产业基地”称号。汽车后市场产业发展迅猛，2016年被评为“河北省汽车后市场产业基地”。科技创新能力稳步提升，全县拥有科技型中小企业387家、高新技术企业7家、小巨人企业20家、市级研发中心3家，新培育创业孵化基地和“众创空间”各1家，2016年全县规模以上高新技术产业增加值完成33.5亿元，同比增长8.68%。提速发展文化旅游产业，与河北大学签署《战略合作框架协议》，共同建立“河北大学献县文化研究院”，献王文化酒庄被评为献县首个3A级旅游景区，“子牙花海”、温泉水乐园、马本斋纪念馆、单桥、孔献山庄等文化旅游精品项目辐射带动效应显著增强，被授予“最美中国生态旅游胜地”、“中国最美乡村旅游目的地”等荣誉称号，全年接待游客30余万人次。做优做强现代农业，新增市级现代农业园2家、省级1家，乐寿农牧集团成功申报省级现代农业园区，被授予“河北省畜牧十强”称号。全县土地流转规模达到24万亩，市级以上农业龙头企业达到41家、省级示范社5家、国家级示范社2家，全县农业产业化率达到66.9%。现代服务业提速发展，2016年全县服务业增加值达到74.7亿元，占GDP比重达到31%。不断强化金融创新，4家商业银行落户献县，8家企业成功上市，全县金融机构贷款增速位居全市前列，被命名为“河北省金融生态县”。

（五）城乡面貌持续改观。城镇布局全面优化。完成《城乡总体规划》编制和城南10平方公里城市设计，修订完善道路交通、园林绿化等14个专项规划和175个行政村规划设计。县城建设突飞猛进。城区“九纵七横”道路交通框架基本形成。县城初步形成北排河、黑龙港河西支等3条横贯东西的休闲景观带。刘庄、油坊、小陈庄等城中村、旧片区拆迁改造基本完成。“五馆”、人防工程基本完工，妇幼保健院等项目顺利推进，通过PPP模式启动城区供水管网改造工程。新成立献县佳通路桥等3家投融资公司，累计融资3.35亿元，有效缓解城镇化建设等项目资金难题。成功创建“省级卫生县城”和“河北省食品药品安全县”。扎实开展县城建设攻坚行动，县城周边97个村实现城乡环卫一体化，城市面貌持续改观。积极推进小城镇建设。南河头、高官等5个乡基本完成撤乡设镇，全县常驻人口城镇化率提高到40%。大力推进农村面貌改造提升、美丽乡村建设和扶贫攻坚行动，集中打造石黄高速、106国道等6条精品线路和单桥等4个美丽乡村精品片区，134个村完成“三清一拆”等“12个专项行动”，全县农村基础设施条件和整体面貌显著改观。

（六）生态质量显著改善。106、307国道等县级以上道路全部实现通道绿化，全县森林覆盖率达到35.8%，居全省平原县第二位，绿化造林经验全市推广。以大气污染防治为重点，大力实施小企业群、黄标车、控煤、抑尘等专项治理行动，从完善体制机制入手，严格落实大气污染防治“15条刚性措施”，精准治理污染。先后停产限产企业874家，关停取缔环保不达标企业392家，拆除冲天炉91座，大气污染防治取得较好成效，空气质量持续好转。持续推进大气污染防治行动，2016年全县PM2.5平均浓度同比下降17.6%，空气质量达标天数达到130天，同比增加30天。扎实开展地下水超采综合治理，三年累计节水5900万立方米，地下水超采治理经验全省推广。

（七）民生事业协调推进。积极应对“7.19”洪水，仅用4天就动用土方68万方，筑起69公里沿河堤防，彰显了献县人民无私奉献的抗洪精神。扎实推进产业、教育、医疗、金融、政策扶贫，实行低保线和扶贫线“两线合一”，脱贫攻坚成效明显，91个村、2080户、3304人脱贫出列，贫困发生率降至1.69%，贫困退出工作顺利通过省市评估验收，并代表河北省接受国家脱贫成效考核验收，得到上级充分肯定。大力实施产城教融合战略，启动实施实验高中、第五中学、第四实验小学、“双语”学校等项目校建设，县一中高考本二以上上线人数连续14年位居全市首位。持续加大基础设施建设力度，五年新建改造乡村道路718公里；新建、扩建联村集中供水厂22座，有效保障38万人饮水安全。全面完成县医院扩建、中医院迁建，以及18所乡镇卫生院改扩建工程，被评为“全国农村中医工作先进县”。持续加大食品药品安全监管力度，被评为“河北省食品药品安全县”。深入推进法治政府建设，被评为2016年度“河北省依法行政优秀等次单位。深入开展“平安献县”创建活动，分步实施“天网工程”，基本实现县乡村三级视频监控全覆盖，有效保障了人民群众生命财产安全和社会大局和谐稳定。

枣强县

枣强县地处河北省东南部，衡水市南端。2016年，枣强县乘势而上、创新图强、开拓奋进，经济社会呈现出结构优化、动能提升、后劲增强的发展态势。全县完成国内生产总值92.9亿元，全部财政收入10.6亿元，一般预算收入5.8亿元，规模以上工业增加值33.3亿元，全社会固定资产投资113.7亿元，社会消费品零售总额47.1亿元，农村居民人均可支配收入9677元，城镇居民人均可支配收入2.40万元，实现了“十三五”的良好开局。

（一）产业转型升级提速提质。顺应供给侧结构性改革趋势，加快传统产业转型升级，培育新兴战略产业，初步构建了服装服饰、智能装备制造、新材料、新能源、现代物流和农副产品深加工六大产业格局。积极对接高端，建设了百福缝吧皮草设计研发平台和皮草保税仓，成立了国家非物质文化遗产瑞蚨祥大营生产基地，创建了国内首个皮草跨境电商。推动深度转型，投入技改资金26亿元，大力发展“物联网+”系统，增上了连续缠绕生产线、智能仓储立库等一大批自动化生产线，推动传统产业向柔性化生产、网络化销售、个性化定制转型。加强扶持培育，开展企业家素质提升行动11期，70家企业实现规范运作，瑞星公司挂牌上市，实现“新三板”上市企业零的突破，全县挂牌上市企业达到13家。搭建创新平台，液态金属检测中心获评国家级实验室；恒润公司创建了全市首家产业技术创新联盟；建立了“创营”、“枣润”市级众创空间；列入省级创业辅导基地5家、省级科技创新服务平台8家，均位列全市第一。

（二）招商项目建设成效明显。瞄准京津产业外溢，抢抓协同发展机遇，大力实施“二分之一”工作法和微信平台调度机制，创新一系列自助式、菜单式招商政策，加大了招商力度；完善了项目推进机制，加快了项目落地和开工建设速度。共举办大型推介招商活动8次，吸引北京汉能集团等近300多家企业、机构来枣考察，其中，北京金雨鸿源等2个高新企业已实现搬迁生产，获取了上千条项目信息，洽谈对接项目61个，拟总投资685亿元，38个项目签约推进。京三兴汽车双壁罐、金诺纳佰裘服等6个项目在建施工，投资60亿元的北京首华信低速风电等9个项目即将开工建设。全年在建亿元以上项目达到51个，总投资216.7亿元，以液态金属、风光电、智能制造等为主的新兴产业占到50%以上，争列省、市重点项目18个，省管项目数量继续领跑全市，项目建设呈现出数量、质量、速度同步提升的良好局面。

（三）城乡统筹发展水平全面提升。按照“一线两城五镇百村”的城乡发展新格局，提升品位，完善功能，精细管理，不断提高城镇的吸纳、承载、集聚能力。高端理念引领城乡发展，聘请高端权威机构，完成了全县“多规合一”、教育园区控制性详规、县城给排水、供热供气等专项规划，以及大营镇、肖张镇镇区规划及美丽乡村重点村规划编制工作，积极引入“海绵城市”、地下管廊等先进设计理念，实现了城乡发展“一张蓝图”。基础设施功能逐步完善，投资80亿元，推进实施了17项城建重点工程。全民健身中心已经建成，即将对外开放；河湖三期、大原书院、商业综合体、民俗文化步行街2017年可全部建成并投入使用。采用PPP模式推进了县城、大营9个重点项目，教育园区“三校一院”主体工程即将完成，地下管廊和绿化、便道开工建设，大营镇新城医院、会展中心、学校、污水管网等基础设施正在加快推进。城乡颜值和内涵同步提升，完成了绿美廊道建设，精心打造了郑昔线王均、唐林美丽乡村风景线和4个特色小镇，推进了92个美丽乡村重点村建设，深入开展了“两改一清一拆”专项行动，农村面貌焕然一新。实施了主干路街和节点公园绿化亮化提升，全县园林绿地率达到43.14%，人均公园绿地面积13.3平方米。实施“十个一”精细化管理，县城实现全天候的洁净亮美。县城建设跃升全省第8名，荣获全省首批“十佳洁净城市”第2名，被授予“全省县城建设跨越赶超”典范。

（四）农业农村改革步伐不断加快。瞄准农业强、农村美、农民富目标，坚持把“三区同建”作为深化农业农村改革的总抓手，走出了一条“政府主导、农民主体、市场运作、产业支撑、环境改善、同建共建”的“城乡一体、四化同步”发展新路子。全县规模以上农业园区达到42个，其中万亩以上3个，千亩以上21个，贵和农业争创省级农业园区，全县省级农业园区达到2个，省级农业科技示范园区1个；开工建设中心村15个（其中省级11个），有8个实现搬迁入住，农村社区开工数、搬迁入住率、拆迁复耕率全省领先，“三区同建”的做法得到省委充分肯定，经验在全省推广。股份合作组织健康发展，新增7家农民专业合作社示范社，欣苑农业公司、瑞福祥农业生态科技公司被评为省级农业产业化重点龙头企业，全县农业股份合作组织达1275家、规模养殖场260多个，家庭农场320多家，枣强县被评为全省农村股份合作组织建设示范县。新兴业态发展势头良好，形成了种养融合、良种繁育、农光一体等立体农业、设施农业新业态，全县农业产业化水平达到76%。

（五）民生社会事业稳步推进。始终把保障和改善民生作为工作的出发点和落脚点，让全县人民共享发展成果。脱贫攻坚成效显著，把脱贫攻坚作为重大政治任务，凝聚政策合力、资金合力、社会合力，打响精准扶贫、精准脱贫攻坚战。出台了精准脱贫二十条意见和驻村干部管理十条意见，创新了“造血式帮扶、项目化推进、规范化管理”工作机制，探索了产业扶贫、金融扶贫、党建扶贫等新模式，投资7000余万元，对122个贫困村实施了街道硬化、安全饮水等9大基础设施工程。统筹推进了122个村、8811户、1.5万人整体脱贫，目前已有117个村、6409户、1.24万人达到或超过脱贫标准，在全市即将率先实现户脱贫、村出列、县摘帽目标，走出了一条具有枣强特色的脱贫攻坚新路子。民生实事扎实推进，新县医院顺利搬迁，谋划启动中医院改建，第五小学建设完成，三大片区回迁楼完成主体工程；新建各类保障用房384套，完成危房改造994户；南水北调地表水厂全部建成，全县553个村实现集中供水；县城集中供热实现全覆盖。在全市率先通过全国义务教育发展基本均衡县评估验收。社会治理创新力度加大，深入开展专项严打整治行动，保持了对犯罪分子的高压态势；积极做好信访积案化解行动，建成了县群众工作中心，推进了社区网格化管理；以省级文明城市创建为契机，组织开展了“善行河北、厚德枣强”系列活动，营造了和谐稳定、积极向上的浓厚氛围。深化改革的步伐加快，在全市率先成立了行政审批局，经验在全市全省推广；积极开展中小学管理体制改革，探索走出了一条事业单位去行政化的新路径。

饶阳县

饶阳县位于河北省东南部，辖4镇3乡1个省级经济开发区，197个行政村，总面积573平方公里，总人口30万。2016年全县生产总值完成63.9亿元，同比增长7.5%；固定资产投资完成60.7亿元，同比增长17.6%；社会消费品零售总额实现31.3亿元，同比增长10.6%；城镇居民人均可支配收入达到20951元，同比增长10.7%；农村居民人均可支配收入达到6930元，同比增长13%；全部财政收入完成3.57亿元，同比增长11.9%。

饶阳县牢固树立创新、协调、绿色、开放、共享“五大发展理念”，紧紧抓住扶贫、项目、农业、城建、民生五项重点工作。

（一）抓扶贫，农民生活条件和收入水平明显提升。以设施果蔬、畜牧养殖、光伏发电等扶贫产业为抓手，打响了“产业就业脱贫、基础设施建设、壮大贫困村集体收入、政策兜底全覆盖”四大攻坚战，全力推进脱贫攻坚工作。2016年底，共计17个村，4798户，1.30万人达到脱贫出列标准。一是抓特色产业，开流活源。坚持把培育产业作为推动脱贫攻坚的根本出路，引导和鼓励贫困户、贫困村发展果蔬种植、畜牧养殖和光伏发电三大特色脱贫产业，带动贫困人口实现稳定脱贫致富。2016年新增设施果蔬3682亩，带动3700户脱贫，依托8个托养基地发展肉牛养殖1484头，奶牛养殖274头，肉牛养殖777头，育肥猪1450头，蛋鸡10000只，带动贫困人口3616人脱贫。二是抓金融创新，破解瓶颈。组建了全省第一家县级金融服务三农中心，搭建了综合服务、融资担保、农村投资、产权交易四个平台，创新实施了“政银企户保”金融支农模式和“一权一棚”抵押贷款模式，着力打通金融扶贫“绿色通道”，2016年全县涉农企业贷款增量3.6亿元，全县土地经营权和棚权抵押发放贷款4700万元。通过“政银企户保”模式为贫困户提供贷款3500万元。三是抓政策兜底，合力攻坚。教育扶贫，对建档立卡因学致贫学生落实特困生资助、雨露计划等政策，通过“免助补”等多种形式，让每个贫困家庭的学生都享有平等受教育的机会；健康扶贫，对因病致贫的贫困人口，取消了起伏线，大病保险基金不再向参合贫困群众收取，同时提高新农合门诊报销比例；兜底扶贫，实行五保低保户“两线合一”，由原来的2855元每年调整为3100元每年。四是抓资金整合，全面提升。2016年共整合各类涉农资金2亿元，重点投向贫困村基础设，在建设中，按照美丽乡村标准，对79个贫困村进行整体打造，确保使更多的贫困村达到美丽乡村标准。

（二）抓项目，经济发展的质量和后劲明显增强。通过强招商、建平台、优服务，不断加快项目建设步伐，迅速提升经济实力。一是招商引资效果明显。把承接京津产业转移作为主攻方向，依托区位交通、优质农业、特色工业、生态资源等优势，突出抓好区域招商和特色产业定向招商，特别是以6.18经贸洽谈会、衡水湖国际商务洽谈会、中拉企业家峰会等活动为平台，精心谋划项目，广泛接触客商，吸引项目落户。2016年，共计客商来访84次、出访68次，签约项目26个，总投资159.5亿元。二是项目建设步伐加快。坚持把增投入、上项目作为推动工业经济发展的突破口来抓，大力开展“项目建设百日会战”活动，积极推进省市重点项目和亿元以上新开工项目建设进度。2016年，全县共争列省市重点项目16个，总投资105.39亿元。三是园区建设加快推进。抢抓全省经济开发区改革重大机遇，加快园区基础设施建设和管理体制机制改革。通过城投公司融资和引进PPP项目，完成了开发区路网、电网、热网建设，开发区起步区基本实现了“九通一平”。

（三）抓农业，特色农业规模和优势进一步凸显。以国家农业公园、现代农业园区、智慧农业为抓手，推动饶阳农业向标准化、产业化、高端化迈进。一是现代农业园区建设卓有成效。进一步强化冠志、绿科、众悦等原有市级农业园区基础设施建设和经营管理水平，加快对新饶、央景等新兴农业园区建设步伐，2016年成功培育省级现代农业园区1个、市级现代农业园区8个。二是产业规模进一步壮大。出台了《优化产业布局推进果蔬产业提档升级实施方案》，重点围绕“一园五带”新增棚室大方40个，新增设施蔬菜面积1.2万亩，全县蔬菜播种面积达到了43万亩，新增设施葡萄6000亩，全县设施葡萄面积达到12万亩，全国第一。三是大力发展农产品物流产业。立足交通区位优势，大力发展冷链物流产业延伸产业链条，总投资3.6亿元的康绿果蔬市场、总投资21亿元的新发地农副产品批发市场、总投资5.3亿元的中冷冷链物流项目先后投产达效。四是加快国家农业公园创建。依托丰富的农业资源优势和厚重的历史文化底蕴，积极探索、大胆构思，提出了打造全国首个全县域国家农业公园目标，在全县构建“一核两翼四带”国家农业公园。目前，公园总体规划和单体规划全部完成，“九大启动工程”相继启动。

（四）抓城建，县城基础设施建设及功能配套不断完善。大力实施县城建设三年攻坚行动，不断加快城建重点工程建设，完善城市功能，提升县城品位，城市规划、建设和管理水平不断提升。按照“一城三区”产城教融合发展思路，新城区重点抓好教育园区片区、综合服务片区和生态农业公园片区“三个片区”。旧城区大力实施县城样板街打造工程，全面改善了县城整体街区形象。把创建省级园林县城作为县城建设的重中之重，重点打造了全长25公里的外环路绿色生态廊道，启动建设了沱阳公园、文化公园等27个公园憩园，着力提升绿化水平和县城品位。四是筹措资金，搭建融资平台。为加快县城建设，重新组建了城市建设投资公司，公司采取“政府控股、企业参与、市场运作”的方式，通过政府国有资产整合，引导企业资金入股城投公司，资产总量达到1.7亿元，有效破解县城建设资金瓶颈。

（五）抓民生，社会事业日益繁荣，发展环境日益优化。坚持把保障和改善民生作为一切工作的根本出发点和落脚点，按照“小财政、大民生”的原则，不断加大民生投入，让人民群众共享发展改革成果。投资1.28亿元新建、改扩建学校24所；启动了新中医院建设和县级医院综合改革工作；加快推进县城集中供热工程建设，如期实现了集中供热；对县城集中供水实行了改造升级，南水北调水厂已具备通水条件；深入开展城乡环境综合整治、大气污染防治、水污染防治、地下水超采治理，生态环境持续好转。

临 城 县

临城县位于河北省邢台市西北，总面积797平方公里，耕地面积1.87万公顷。2016年总人口22.11万人，人口自然增长率10.76‰。2016年国民生产总值完成63.28亿元。工农业增加值42.24亿元，其中工业增加值32.23亿元，比上年增长6.9%；农业增加值9.91亿元，比上年下降1.2%。规模以上工业增加值26.78亿元，比上年增长9.1%。粮食总产量12.62万吨。全年财政收入完成3.42亿元，比上年下降2.32%；财政支出12.47亿元，增长16.7%。全年社会消费品零售总额实现25.79亿元，比上年增长10.9%。职工年平均工资4.63万元，比上年增长10.79%。农民人均纯收入7756元，比上年增长11.6%。年末城乡居民存款余额75.14亿元，比上年增长13.8%。

（一）调结构，转型升级步伐加快。三次产业结构调整为15.7：55.1：29.2。一产提质增效。粮食生产再获丰收，产量达到16.2万吨。薄皮核桃种植面积发展达22.6万亩，成功入选“河北省十佳农产品区域公用品牌”。万亩富硒农业体验示范基地顺利实施，新增10个“富硒健康村”、2家市级现代农业示范区、5家省级农业产业化重点龙头企业，市级以上农业产业化重点龙头企业达到18家，农业产业化率达65.6%。扎实开展“绿化攻坚年”活动，造林3.95万亩，森林覆盖率达42.3%。二产强筋壮骨。开展了项目集中签约和集中开工活动，引进市外国内资金23.3亿元。其中55个项目签约，30个项目开工，15个重大项目正在积极推进，8个市重点在建项目完成投资15.3亿元。与12家大专院校、科研院所建立校院地合作关系，河北科技大学技术转移中心临城分中心发布79项产业化技术成果和74项专利技术，9个项目列入省科技计划。新增科技型中小企业98家，达到178家，增长122.5%。高新技术企业达到11家，位居全市前列。规上高新技术产业增加值完成9亿元，增长18%。三产提档升级。岐山湖服务业园区完成总规编制、控制性和修建性详细规划，起步区建设全面启动，南郝线取直改造完成路基工程。全年接待游客70万人次，门票收入3000多万元，社会效益1.5亿元。县级农村电子商务公共服务中心正式运营，农村电商实现全覆盖。服务业增加值完成18.5亿元，增长11.2%。

（二）抓统筹，承载能力日益增强。开展“县城建设管理综合提升年”活动，安排的60项重点工程，年度完成投资4.1亿元，累计完成投资11亿元。路网建设优化提质。红旗大街临城段全线通车，赵云大道双跨桥转体合龙，太行山高速临城段开工建设，东楼线、苗大线完成

22公里改造提升。长征路全线贯通，大通街、临泉路等城区主干道完成沥青路面铺设。城区功能不断完善。蓝天片区改造进场施工，商住楼盘开发进展顺利。建设保障性住房1251套，分配入住1180套。城区主干道完成供热、排水、天然气管道铺设及弱电入地等综合提升工程。新建1座集中供热站，集中供热面积达116万平方米，集中供热及清洁能源供热率达到75%以上。南水北调水厂建成并通过试水调试。泜河城区段综合整治完成防洪应急工程。城乡面貌有效改观。西竖镇纳入全省100个特色小城镇名录。乔家庄村、古西村成为“河北名村”。鸳游村入选全市“十大最美古村落”。涉及8个乡镇96个村的城乡垃圾一体化处理体系运营顺利。

（三）护家园，全力抗击暴雨洪灾。“7·19”特大暴雨造成8个乡镇8.6万人受灾，直接经济损失4.8亿元。面对洪水灾情，全县上下昼夜奋战，在全市率先实现“三通”（通路、通电、通讯），短时间内恢复了受灾群众基本生产生活条件。安排实施了总投资17.7亿元的21个应急恢复和20个发展提升项目，全部按省市要求完成时序进度。创新制定了“奖补资金使用、资金定额、施工指导、群众参与、项目申报”五项应急管理机制，调动7000多名群众直接参与灾后重建，完成了总投资2739万元、涉及112个村212项小型应急工程。

（四）守底线，社会大局和谐稳定。严守环境保护、安全生产、信访稳定底线不放松。狠抓环境保护。全面落实省大气污染防治1号调度令和市“冬防”各项要求，重点采取“压煤、减排、抑尘、控车、应急”五大措施，淘汰城区分散燃煤锅炉42台，推广洁净型煤1.5万吨、清洁能源炉具1200台，压减散煤3.1万吨，报废老旧机动车1185辆。狠抓工业企业治理，完成三阳焦化大气污染物深度治理、庆华公司料场及铁精粉密闭防尘等重点减排工程。全年PM2.5浓度下降12%，二级以上天数188天，比上年增加28天。夯实安全基础。开展重点领域隐患排查、“打非治违”专项行动，依法捣毁21处非法加油点，取缔2家非法加气点和43处非法盗采、无证经营岗砂点。新增2家危化二级标准化企业，三级标准化企业达到50家；新增23家工贸标准化建设企业，累计达到28家。强化社会综治。推进平安临城、和谐临城、法治临城建设，开展了打击非法集资、电信诈骗和“创净土”等专项行动，“天网工程”实现重点部位全覆盖。深化基层普法，8个乡镇220个行政村全部配备“民调通”，临城县被评为2011—2015年“全国法治宣传教育先进县”。

（五）改革创新，加快新旧动能转换。推进经济体制、农业农村、社会民生等9个领域81项改革，创造了一批改革亮点。政府效能提质增速。积极推进“放管服”改革，行政审批和公共服务事项办理时限压缩50%以上。实行“多证合一、一照一码”制度，新增市场主体1321户。“一照三号”工作走在全省前列，临城县成为全市企业简易注销改革试点县。依法行政全面加强。不断完善政府法律顾问、行政机关负责人出庭应诉等制度，行政复议工作走在省市前列。政法部门涉案财物二维码管理工作被评为全省十大法治成果之一。依托县城管局设立乡镇综合执法局，推进相对集中行政执法权向乡镇延伸，将8个部门26项行政执法权下放到乡镇，全部成立乡镇综合执法办公室。实施了“统收统支＋激励”的财政管理体制。这两项改革得到市委、市政府认可，并在全市推广。金融支撑日益增强。顺利完成农商行改制。依托县国资公司，组建了城投、绿投、旅投等9个子公司，分别承担专项融资任务，融资到位资金7.03亿元。岐山湖服务业园区、蓝天体育公园等6个PPP项目入选省PPP项目库，名列全市前茅。

（六）惠民生，民生福祉持续改善。大力发展社会事业，民生支出占全部财政支出的67.3%。脱贫攻坚成效明显。在中央国家机关工委和省市部门帮扶下，探索出项目扶贫、旅游扶贫、村企联合开发扶贫、资产收益扶贫、光伏扶贫、金融扶贫六种模式，36个村1万名贫困群众如期脱贫。成功承办“外国人看中国—聚焦精准扶贫”活动，来自21个国家的30位驻华使节、专家及国际组织负责人，对临城县精准扶贫工作给予高度评价。临城县荣获“服务精准扶贫国家林下经济及绿色产业示范基地”称号。群众出行更加便捷。停运10年的临城火车站恢复客运业务，不仅为周边群众和过往旅客提供了舒适、便捷的铁路出行服务，而且有效带动了全县旅游业发展。这成为“轨道上的京津冀”典范，在中央电视台《新闻联播》头条播出。同时，县城20公里范围内首次开通了7条公交线路，82辆新型电动公交车投入运营。社会事业全面发展。完成18所薄弱学校改造。临城中学高考升学率连续23年位居邢台市各县市之首，荣获“自主招生百强名校”、“全国创新教育特色学校”称号。职教中心成为全省名牌中等职业学校，入围“国家级农村职成教示范县”创建名单。成功承办全国上消化道癌免费筛查工作现场会，该项工作名列全国第一。建立了城镇基本公共卫生服务中心，签约服务率94.8%，并在全市推广。首家私营医院复康医院成功运营，生元医院与北京301医院合作建立了远程医疗分诊中心。新增1所社会办养老机构，新建农村互助幸福院11所。保障水平不断提高。新农合参保率97.5%，拨付医疗补偿资金9672万元。先后两次提高农村低保标准，实现农村低保与扶贫标准“两线合一”，发放资金937.8万元，保障农村低保对象5124户6084人。提高特困人员供养水平，发放资金282.4万元，供养特困人员880户892人。扎实开展残疾人“两项补贴”，发放资金215.2万元，惠及1994名生活困难残疾人和1281名重度残疾人。建成了农民工返乡创业园，新增城镇就业岗位1850个，失业人员再就业415人，转移农村劳动力2100人。完成公教人员各项工资改革，提升了公教人员工资水平。启动实施了灵活就业人员养老保险、建筑业农民工工伤保险。同时，国防建设、双拥共建、统计审计、民族宗教、外事侨务、人防气象、妇女儿童、老龄、档案、残疾人、地方志等事业都取得新成绩。

县委书记：宋向党

县人大主任：王志忠

县　长：焦朝君

县政协主席：赵建福

任　县

2016年任县县委、县政府团结带领全县人民，深入贯彻新发展理念，坚决落实“四个加快”“六个扎实”要求，克难攻坚，积极作为，全县各项工作取得新进展，在各个领域、各条战线争资金、争项目、争试点，以奋发作为、敢打必胜的过硬作风，加快建设富裕、文明、和谐、宜居新任县。2016年，生产总值完成48.3亿元，增长8.2%；全部财政收入完成47639万元，增长9.9%；公共财政预算收入完成30185万元，与2015年持平；固定资产投资完成60.7亿元，增长12.2%；社会消费品零售总额完成37.2亿元，增长10.3%；规模以上工业增加值完成12.3亿元，增长9.5%；全县用电量完成6.7亿度、同比增长11.8%；城镇居民人均可支配收入实现21342元，增长8.5%；农村居民人均可支配收入实现10066元，增长10%；其它各项指标也较好地完成了既定目标，基本实现了“十三五”良好开局。

（一）突出动能转换，着力推动转型升级。坚持以规划为引领、以项目为载体、以科技为支撑，着力调整优化产业结构。一是推进传统产业转型升级。以支持科技创新和引导上市融资为主抓手，加大龙头骨干企业培育力度，新增入统工业企业2家，培育了龙泉剑、永明地质、南车环保3家两化融合企业，华密、鸿盛、瑞邦3家企业分别在“新三板”、石交所挂牌上市。二是加快引进和培育新兴产业项目。大力开展以商招商、规划招商和精准招商，签约22个项目、协议资金70.5亿元。顺府酿酒、昊森涡旋式空调压缩机、丰垒分布式光伏发电等8个市级重点项目建设顺利，超额完成9.55亿元的年度投资计划。与国科控股、中广核等高端客户建立合作关系，总投资36亿元的三个风电场等重大项目正式签约入驻；与移联网信集团签订农村电商全覆盖项目合作协议，任县电子商务协会和京东商城河北特色馆“任县分馆”正式运营，成功引进邢农商村镇银行，新增2家保险公司和1家小额贷款公司。三是做大做强现代农业。聘请中国农业大学完成全县域现代农业“十三五”规划编制，建成1个市级示范园区和6个县级现代农业园区，“农业部黄淮海小麦高产攻关项目”顺利实施，省市级农业产业化龙头企业分别增加到2家和13家，全县农业产业化经营率提高到55.5%。

（二）突出全面协调，统筹布局城乡一体化建设。紧密对接邢台市主城区和邢东新区，以“五城同创”为抓手，从完善规划、加大投入、细化措施入手，加快城乡一体化建设。一是提升城镇建设标准。大力开展“县城建设三年攻坚”行动，谋划实施了总投资8.3亿元的48项重点城建工程，新建、改造8条城区道路，地表水厂建成投用，人民公园续建等工程加快实施，数字化城管系统正式运行，国家园林县城通过省级初验，国家级卫生县城、国家森林县城和省级文明县城、省级环保模范县城创建工作有序推进。二是加快开发区改革发展。围绕全方位提升开发区建设发展水平，强力推进机构编制管理、人事薪酬制度、行政审批制度、投融资平台建设等四项改革。加大投入力度，县经济开发区完成游雅街西延、牛尾河街西延、兴华街西延等3条道路及雨污管道、亮化、绿化等配套工程建设；滏阳高新技术产业开发区完成迎宾大街、北澧河沿岸污水管网、集中供水等工程。三是推进特色小镇和美丽乡村建设。把环境卫生一体化整治作为推进城乡一体化建设的主要切入点，在全县100个行政村推行城乡垃圾一体化处置，同时正在谋划论证城乡污水一体化处理项目。加大特色小镇建设培育力度，邢湾镇被列入河北首批100个重点建设特色小镇；严格落实县级领导分包、驻村工作队帮扶、专职人员指导责任制，张家庄社区省级精品示范村建设通过市级验收，其余5个美丽乡村精品示范村正在抓紧施工。

（三）突出绿色发展，持续改善生态环境。坚持“生态立县”发展理念，以打造市区周边“生态涵养区”“休闲目的地”为总目标，持续抓好“三个任县”建设。“水润任县”方面，立足“九河下梢”、河道众多的优势，县城“四河八湖”形成雏形，全县域“八河十二湖”加快推进，大陆泽国家湿地公园规划通过省级专家评审；大力开展河道拆违清障集中整治和水污染防治百日会战专项行动，地下水超采综合治理完成阶段性目标。“多彩任县”方面，大力开展春冬两季造林绿化，完成赏花一线绿化、邢州湖绿化、润德路中央隔离带绿化工程，在润德路两侧高标准栽植银杏2151株，全县森林覆盖率提高到19.8%。“清新任县”方面，以面源防控为重点，严格落实各项大气污染防治措施，设立大气污染防治核心区、示范区，淘汰燃煤锅炉16台，关停、取缔煤炭经营场所78家，对24家色纸加工、52家塑料颗粒等“土小企业”采取了取缔措施。全县优良天数179天，较2015年增加34天，空气质量综合指数为8.05、同比下降11%。

（四）突出改革创新，动力活力积蓄迸发。坚持用改革的思维、市场的办法破解瓶颈制约、激发发展活力、汇聚政策红利。深化体制机制改革。取消下放行政审批事项161项，挂牌成立行政审批局，高标准完成“全省人口和计划生育综合改革示范县”和省级“经济发达镇行政管理体制改革试点”等改革任务。推动科技创新。加大技术创新和品牌建设力度，认定高新技术企业2家、申报工程技术中心3家，获批省级科技项目2个、市级科技项目4个，新增省著名商标4件、名优产品7项，农管委被评为省级农业科技园。以改革创新的思路方法破解发展难题。设立渚泽公司等投融资平台，与农发行合作，争取棚户区改造等方面专项基金项目7个，资金总额居全市前列；创新与社会资本合作模式，引入润达能源技术开发公司实施城区集中供热改造，以委托代建购买服务模式启动邢州大道东延、圣水路贯通两条主干道路建设工程；制定出台《关于鼓励农民和高校毕业生进城购房的若干意见》，商品房销售实现逆势上扬，同比增长80%左右，房地产去库存周期由2015年底的22个月下降为6.3个月。

（五）突出共享发展，不断增进人民福祉。全面推进、共建共享，社会事业协调发展，民生保障力度加大。一是全力保障基本民生。城镇新增就业3218人，下岗失业人员再就业898人，农村劳动力转移4777人，城镇登记失业率控制在3.1%以内。城乡居民医疗完成制度整合、参保率99.85%，城乡居民养老保险参保率97.95%。抓好农村饮水安全巩固提升工程，解决了4个村2万人的安全饮水问题。二是统筹发展社会事业。完成13所城区学校和15所农村学校、幼儿园项目建设，通过"国家义务教育发展基本均衡县"和省政府教育督导评估验收。在全市率先成立城镇公共卫生服务管理中心，卫生监督所、辛店卫生院和88所标准化卫生室建成投用，"省级妇幼健康优质服务示范县""省级慢性病综合防治示范县"通过验收。三是全力打赢脱贫攻坚战。按照"五个一批""六个精准"总体要求，深入实施精准扶贫、精准脱贫，做强扶贫产业、做优基础建设、做实社会保障，年底可实现9781名贫困人口、23个贫困村脱贫出列，贫困县脱贫"摘帽"。为实现贫困村、贫困户持续稳定脱贫，与社会资本合作，在33个贫困村、1723户一般贫困户推行"光伏＋电商"精准扶贫模式，变"输血"为"造血"，保证了扶贫工作的长期效果。四是狠抓防汛抢险和灾后重建。全力抗击"7·19"特大洪灾，对84处险工险段及时抢修加固，272公里堤防未出现大的险情，2.16万受洪水威胁的群众及时转移安置，全县未出现一例因灾死亡。系统制定灾后重建"1＋8＋3"实施方案，对照时间节点跟踪要账，25所受损学校全部如期开学，因灾损毁的3家乡镇卫生院、3个村卫生室和89户民房及时修复到位，电力、通讯、道路、水利等损毁设施按计划恢复重建。

巨鹿县

巨鹿县隶属河北省邢台市，地处华北平原南部，河北省中南部。2016年，巨鹿县坚持以五大发展理念为指引，全力以赴增投入、促升级、美环境、惠民生，全县经济社会保持了良好发展势头。全部财政收入突破5亿元，同比增长13%，公共财政预算收入完成3.47亿元，同比增长10.1%；全县生产总值预计完成64.1亿元，同比增长7.6%；固定资产投资完成77亿元，同比增长14.8%；规模以上工业增加值完成11.5亿元，同比增长10.3%；城镇、农村居民人均可支配收入分别达到2.14万元和6794元，分别同比增长10.2%和9.4%。

（一）投入战略持续推进。项目建设快速推进。在全市率先分三批集中开工67个项目，15个省市重点、75个县级重点项目超额完成投资计划，21个项目竣工投产，16个项目当年开工、当年投产。同时，耕地占补平衡工作位居全市第一，有力保障了项目建设用地需求。开放招商迈出新步伐。全年签约项目63个，其中超亿元项目26个、超10亿元项目6个。特别是，成功与北京昌平区达成战略合作，启动了巨鹿·昌平产业园建设，签约京津项目25个，对接京津迈出关键性步伐。开放平台完善提升。开发区6个"园中园"加快建设，第二污水处理厂完成主体建设，路网、管网和开发区集中供热等工程顺利推进，项目建设平台持续做强。

（二）产业发展提质增效。传统产业提档升级。新实施产业提升项目28个，争列省级重点技改项目7个，新争创省著名商标3个；喜德来家具公司被列入工信部"2016年两化融合管理体系贯标试点企业"，汇工机械公司被评为"河北省专精特新中小企业"。新兴产业扩规延链。引进新能源、新医药项目11个，铭鹿电动汽车、中利腾晖、桑德循环经济、穆拉德生物医药等项目开工、投产，新能源、新医药产业规模加快扩张。启动了全域旅游规划编制，实施了一批特色旅游项目，9个村被列为全国乡村旅游扶贫重点村；编制完成大健康产业发展规划，形成"医药养游食"五位一体大健康产业布局。发展晨之晖、随手购、淘实惠等电商、物流配送企业50多家，农村电商服务站实现村村全覆盖。特色农业由大转强。"一廊四区多园"加快建设，现代农业综合园区被确定为河北省现代农业园区；新实施朴耕高效农业科技孵化园、金炳诚葡萄产业园等农业项目，新培育市级农业产业化龙头企业3家、合作示范社5家，家庭农场达到104家，比2015年翻了一番，巨鹿金银花被评为河北省名优区域公用品牌；启动了全国首个全县域"田田通"智慧节水灌溉PPP项目，高标准基本农田建设保持全市先进，成功争取到国家高标准农田建设模式创新试点项目，农业综合开发连续14年获得全省先进，现代农业基础进一步巩固提升。

（三）城乡建设统筹推进。县城功能持续提升。69项重点城建工程扎实推进，环城快速路合围通车，西外环绿化、洪溢河景观区形象显现，24个居民小区实现集中供热，率先在全省实现"EMC＋"模式城市智能照明，县城主要公共区域实现免费WiFi全覆盖，城区部分街道环卫实现市场化运营。美丽乡村建设扎实推进。新建成37个美丽乡村重点村，打造形成5个特色小镇，其中，2个村获评省级精品村，苏家营撤乡设镇。生态环境加快改善。地下水超采综合治理等工程加快实施，环城水系一期完工蓄水，新建成农村集中式污水处理站2座；新增造林面积1.9万亩，造林绿化完成率全市第一，全县森林覆盖率达到30.2%，位于全省平原县前列；率先在全市实现餐饮业油烟回收全覆盖，拆除、改造燃煤锅炉58台，城乡垃圾处理一体化、公共交通电动化改造等工程加快推进，空气质量达标天数同比增加51天，空气质量综合指数和改善率位居全市前列。生态优先、绿色发展理念进一步巩固和加强。

（四）改革创新步伐加快。各项改革加快推进。积极推进"放管服"，衔接落实上级取消下放行政职权139项，县行政审批局正式运行并实现"一章办事"。商事制度改革成效明显，全面落实"五证合一、一照一码"登记制度，新增各类市场主体3024家。金融改革步伐加快，邢台农商行巨鹿支行组建顺利，德谦环保科技在全市率先利用IPO扶贫政策在新三板挂牌。医疗卫生改革走在全国前列，是河北省唯一被国家卫计委列入公立医院综合改革重点支持县。农业农村改革有序推进，10个乡镇248个村土地确权工作基本完成，流转土地面积21.6万亩。西郭城镇行政管理体制改革等各项改革稳步推进。科技创新支撑明显增强。同2位诺贝尔奖获得者开展合作，与14所院校签订产学研合作及人才培养协议，宋振骐院士工作站晋升为省级院士工作站，新建成王浩和雷清泉2家院士工作站，以及博士后工作站3家、众创空间3家，新增企业专利62件，河北宏伟密封有限公司被认定为国家高新技术企业，新建成省级企业技术中心2家，新认定科技型中小企业151家，增幅居全市第一，创新发展能力和水平快速提升。

（五）民享水平持续提升。精准扶贫扎实推进。组建了精准脱贫大数据平台，构建了"1＋5＋7"产业扶贫新体系，三种股份合作制扶贫模式全省推广，1.3万贫困群众、40个贫困村脱贫出列，截至2016年底，贫困人口降至1.8万人、贫困发生率降至4.6%。民生保障持续加强。农民工返乡创业孵化园建成运营，新增城镇就业4578人，城镇登记失业率降至3.4%；在全市率先完成卫生院门诊统筹；低保与扶贫"两线合一"，低保标准提高到3300元/年；十项助残工程惠及6081名残疾群众；完成农村危房改造976户，分配保障房665套，均超额完成市下达任务。社会事业协调发展。中医院改建等项目加快推进，县医院冠名邢台市第九医院，组建了"紧密型"医联体，医疗服务能力持续提升；顺利通过省义务教育发展均衡督导评估，县职教中心与昌平职业学校联合办学，巨鹿中学挂牌河北大学优秀生源基地；成立了宋城文化研究中心，县田径运动场基础建设完工，洪溢河北湖区体育健身步道投入使用，文化体育事业持续进步。社会大局和谐稳定。扎实推进平安巨鹿、法制巨鹿建设，"巨鹿司法"微信公众号位列全国司法系统前十强，社会治安形势总体平稳；强化信访案件分级化解机制，推行律师参与涉法涉诉信访案件化解，一批突出信访问题得到解决；完善安全生产、食药品安全监管机制体系，隐患排查整治实现常态化，成功创建省级食品药品安全县，生产和食药品安全保持稳定。"7.19"抗洪救灾工作得到省市肯定，较好完成灾后恢复重建任务。同时，国防动员、双拥共建和优抚安置工作进一步加强，人防、档案、地方志、妇女儿童、防震减灾等其他各项工作取得新成绩、实现新进步。

涉　县

涉县位于河北省邯郸市西部，因境内有漳河及其支流清漳河、浊漳河，人们劳作或往来，都离不开跋山涉水，故名"涉"。县域总面积1509平方公里。辖17个乡镇、1个街道办事处，308个行政村、5个社区居委会。2016年末，耕地面积1.34万公顷；人口42.39万，人口自然增长率为11.0‰。2016年，全县生产总值完成220.4亿元，增长6.3%。其中，第一、二、三产业增加值分别完成10.7亿元、117.6亿元和92.1亿元。第八次荣获"中国最具投资潜力中小城市百强县"，列入国家新型城镇化综合试点地区，荣膺"中国最美休闲度假旅游名县"，蝉联全国双拥模范县"五连冠"。

（一）农业。全县农林牧渔业总产值完成18.92亿元，按可比价格计算，较上年下降20.8%。其中，农业产值完成8.88亿元，下降32.1%；林业产值完成1.50亿元，增长69.1%；牧业产值完成8.01亿元，下降12.3%；渔业产值完成3051万元，增长4.5%；农林牧渔服务业产值完成2245万元，下降1.5%。全年谷物播种面积为1.80万公顷，下降2.6%；总产量5.87万吨，较上年减产2.19万吨，下降27.2%。其中夏粮产量2.70万吨，较上年减产2359吨，下降8.0%。造林面积3667公顷，较上年减少2999公顷，下降45%。肉类总产量2.18万吨，禽蛋产量2.44万吨。农田有效灌溉面积5528公顷，有效灌溉率41.2%。农业机械总动力36.16万千瓦，较上年下降38.6%。以增收增效为目标，加快发展核桃、花椒、中药材等行色产业和农产品深加工业，核桃、中药材产量分别达到5.5万多吨和6500多吨；核桃、花椒荣膺国家地理标志证明商标，柴胡、连翘成为国家地理标志保护产品；农业产业化经营率连续十年居全市第一位。

（二）工业。规模以上工业企业完成产值210.17亿元，下降15.2%；完成增加值43.73亿元，按可比价格计算，增长3.9%。其中，轻工业完成增加值2.69亿元，增长28.2%；重工业完成增加值41.04亿元，增长2.6%。产品产销率为99.7%，与上年持平。规模以上工业企业实现利税总额5.59亿元，下降2.6%。股份制企业完成增加值42.50亿元，占规模以上工业增加值的97.2%，增长3.0%。钢铁、建材、煤焦化、电力四大支柱产业累计实现增加值39.05亿元，占规模以上工业增加值的89.3%，同比增长1.7%。其中，钢铁行业实现增加值21.36亿元，下降16.7%；建材行业实现增加值3.65亿元，增长156.8%；煤焦化行业实现增加值3.68亿元，增长30.2%；电力行业实现增加值10.37亿元，增长17.2%。水泥产量69.4万吨，较上年增长44.0%；粗钢产量250.9万吨，下降43.8%；钢材产量374.9万吨，下降18.2%；焦炭产量80.8万吨，下降19.3%；发电量为69.30亿千瓦时，增长4.3%。把"去产能"作为一项政治任务来抓，全部完成了上级下达的压减58万吨钢铁产能、40万吨焦炭产能任务；新型住宅和绿色建筑等新兴产业发展态势好、后劲足，新动能培育成效显著。综合钢延一期、汇日保温二期、新圆旭绿色印务、京通保温装饰材料一期等一批项目竣工投产，金隅新型建材示范基地、中际模块建筑装备制造及研发基地、华锐风电装备制造等一批项目推进较快。

（三）商贸旅游。社会消费品零售总额84.00亿元，增长10.6%。批发业、零售业、住宿业、餐饮业分别实现零售额10.01亿元、64.91亿元、3.89亿元和5.20亿元，同比分别增长42.1%、6.7%、－7.3%和35.6%。

实际利用外资186万美元，下降84.1%。年末实有企业13家。实现出口创汇销售收入640万美元，下降47.8%。全社会固定资产投资完成266.46亿元，增长10.9%。其中，第一产业投资完成14.23亿元，下降23.4%，占投资总额的比重5.3%，较上年下降2.4个百分点；第二产业投资完成66.92亿元，增长15.7%，占投资总额25.1%，较上年提高1.0个百分点；第三产业投资完成185.30亿元，增长13%，占投资总额69.6%，较上年提高1.4个百分点。房地产投资完成7.73亿元，增长152.7%。抓住列入首批国家全域旅游示范区创建单位名录的机遇，提档升级重点景区，培育发展乡村游、梯田文化游、康养休闲度假游等一批旅游新业态，涉县成为越来越多游客青睐向往的旅游目的地，全年到涉游客510万人次，旅游综合收入20.5亿元，分别增长21.4%、36.6%。

（四）财政金融。全部财政收入（不含基金）完成16.04亿元，下降2.3%；公共财政预算收入完成10.08亿元，增长5.7%。全部财政支出完成26.21亿元，增长15.8%；公共财政预算支出完成24.83亿元，增长17.3%。年末金融机构各项存款余额为188.84亿元，增长13.7%。各项贷款余额为140.10亿元，增长16.8%。其中，住户贷款为16.19亿元，增长28.1%；非金融企业及机关团体贷款123.90亿元，增长15.4%。

（五）交通邮电。境内公路里程1371.9公里，较上年增长2.0%。其中，高等级公路245.4公里，与上年持平。全年公路运输客运周转量4.15亿人公里，较上年增长30%；公路运输货运周转量7.44亿吨公里，较上年增长30%。邮政业务总量1383.63万元，较上年增长0.03%；电信业务总量1.70亿元，较上年增长16.0%。年末移动电话用户40.31万户，较上年增长9.3%；本地固定电话用户2.4万户，较上年减少3000户，下降11.1%；计算机互联网用户6.52万户，较上年增加1.04万户，增长19.1%。

（六）教科文卫体。全年财政教育经费支出5.18亿元，较上年增长8.5%，小学学龄儿童入学率、初中入学率分别达到100%和99%。拥有普通中学12所，较上年减少2所；专任教师1508人，较上年增加72人；在校学生2.29万人，较上年减少81人。拥有小学72所，较上年持平；专任教师1646人，较上年增加95人；在校学生3.27万人，较上年增加1304人。全年财政科学技术费支出692万元，全年申请专利60项，较上年下降20%。全年财政医疗卫生与计划生育支出3.65亿元，增长52.9%；全县共有病床床位2382张，较上年增加310张；拥有执业医师和执业助理医师816人，较上年增加320人；拥有注册护士565人，较上年增加21人。高考成绩再创新高。成功举办了京津冀蒙晋“未来之星”青少年阳光体育大会、第六届全民运动会等体育赛事。涉县医院新址落成启用。

（七）建设环保。全年建筑业完成增加值16.57亿元，按不变价格计算，较上年增长11.2%。具有资质等级建筑企业共16家，较上年增加1家；累计完成产值22.32亿元，较上年增长12.1%。单位GDP能耗同比下降13.39%，超出年初既定目标9.59个百分点。规模以上工业企业综合能源消费合计223.96万吨标准煤，较上年下降5.1%。全年城区生活污水处理率为93%，较上年提高0.2个百分点；城区环境空气综合污染指数为7.0，较上年下降1.73个百分点。滨河路东延、胜利路等建成通车，城区环境综合整治成效显著，集中供气工程天然气置换煤气全面启动。太行山高速、全市西部旅游环线涉县段等工程加快推进。大力实施美丽乡村建设“12个专项行动”，特别是太行红河谷片区的打造走在了全省前列。累计完成减排工程36项，强力推进实心粘土砖瓦窑取缔、散煤治理、燃煤锅炉取缔及提标改造、水污染防治等行动，全年PM2.5平均浓度下降34%，空气质量优良天数较上年增加115天，重污染天数较上年减少16天。全年累计新增造林面积21.4万亩，森林覆盖率净增3.3%。县林业局荣获中国林业产业突出贡献奖。

（八）人民生活。城镇居民人均可支配收入1.71万元，增长9.1%；城镇居民人均生活消费支出1.64万元，下降8.8%；农村居民人均可支配收入1.11万元，增长9.1%；农村居民人均生活消费支出1.04万元，下降1.2%；城镇恩格尔系数为32.5%，较上年提高4.1个百分点；农村恩格尔系数为25.5%，较上年提高0.5个百分点。参加基本养老保险的职工人数为4.53万人，较上年增加1378人；参加基本医疗保险人数为38.66万人，较上年减少6487人；参加新型农村社会养老保险人数为20.88万人，较上年减少172人；城镇参加失业保险人数为1.84万人，较上年增加50人。城镇居民最低生活保障人数为2383人，较上年减少242人；农村居民最低生活保障人数为6144人，较上年增加283人。全面加快脱攻坚步伐，4683口人实现稳定脱贫，超额完成脱贫任务。城镇新增就业4397人，下岗失业人员再就业932人，新增转移农村富余劳动力2991人。

（九）抗洪救灾。面对罕见的“7.19”特大暴雨洪灾，全县上下万众一心、众志成城，全力开展抗洪抢险救灾和灾后重建，把灾害损失降到了最低，有效保障了受灾群众的基本生活；强力推进水毁道路、受损农房、受损医院和学校修复重建，全力做好受灾困难群众基本生活保障，全部按时间节点完成了任务。特别是创新思路和举措，引入市场机制公开拍卖河道砂石，疏浚了河道，增加了收益，实现了变废为宝、一举多赢。

县委书记：李书生（12月离任）
　　　　　汪　涛（12月任）
县人大主任：赵海栓
县　长：汪　涛
县政协主席：张长山

鸡　泽　县

鸡泽县位于河北省南端，邯郸市东北部，辖4镇3乡169个村，面积337平方公里，人口33.5万，是毛遂故里、中国辣椒之乡、中国市政铸件生产基地、全国绿色农业特产示范基地试点县、国家园林县城。

2016年，在市委、市政府的坚强领导下，深入贯彻落实“创新、协调、绿色、开放、共享”五大发展理念，按照“提速、增量、转型、增效”发展主基调，围绕“六特”，实施“双百”精品工程，聚焦“8633”，精准发力，各项重点工作高效推进，经济社会保持了良好的发展态势。

（一）综合经济实力平稳增长。全县生产总值完成104.9亿元，增长7.7%。全部财政收入完成4.14亿元，增长18.6%；一般公共财政预算收入完成2.37亿元，增长40.9%；固定资产投资完成151.5亿元，增长15.6%；入统工业增加值完成42.6亿元，增长7.5%。城镇居民人均可支配收入和农民人均纯收入分别达到2.29万元和1.21万元，年均分别增长9.1%和10.2%；社会消费品零售额完成30.7亿元，增长11.2%。

（二）主导产业运行稳中趋升。铸造和装备制造、纺织、辣椒及食品加工、商贸物流四大主导产业企业发展到1206家，拥有国家高新技术企业8家，科技型中小企业达200多家。铸造和装备制造园区被确定为省级新型工业化示范基地。首届中国辣椒产业创新发展大会在鸡泽召开，通过积极向国家农业部全国绿色农业特产示范基地管理办公室申报，成为全国唯一一个“全国绿色农业特产示范基地试点县”。纺织产业初步形成了棉、纱、布、纺、衣的链条式发展格局。

（三）招商引资取得显著成效。依托“中国市政铸件产业基地”“中国气流纺纱线生产基地”“全国绿色农业特产示范基地试点县”三大平台，全年共引进招商项目57个，总投资125.6亿元。其中，青岛保税港区邯郸（鸡泽）功能区等28个项目开工建设；北京英纽林生物制品等29个项目签订投资协议；深圳华纤泰复合材料等21个项目达成投资意向；153个项目正在对接洽谈。特别是引进了青岛保税港区邯郸（鸡泽）功能区、富通新能源汽车、思美防辐射新材料、大泽高档润滑脂等一批体量大、辐射强、科技含量高的立县兴县大项目。

（四）项目建设持续推进。全年安排产业项目110个，其中投产项目27个，在建项目83个，完成投资135亿元。特别是大泽科技防辐射新材料、鑫泰燃烧器、田野工程装备等3个项目列入省重点项目计划。青岛保税港区邯郸（鸡泽）功能区项目已编制总规、控规，公用型保税仓库和保税物流中心、国际商品一条街、国际汽车城等3个项目均已开工。新能源汽车项目，前期手续全部进行完毕，近期开工。同时，深入开展全民创业“双带双创”活动，2016年全县新增企业828家，新增个体工商户4336户。

（五）城乡建设全面提升。坚持“一划引领、三化同步、五城同创”，统筹城乡发展。全年安排城镇重点项目75个，鸡泽县报废汽车拆解、北湖公园建设工程、诗经文化公园等52个项目动工建设，其中：老城区雨水管网改造提升、毛遂公园亮化提升等23个项目已完工。县城建设整体成效明显，获评国家园林县城，省文明县城、省卫生县城创建测评通过，稳步推进省级生态园林县城建设。在全省县城建设调度会上，县城精细化“六化”（要求标准化、推进责任化、参与全民化、运作市场化、管理数字化、操作网格化）管理模式得到省领导肯定。同时，统筹城乡建设，围绕“环境美、产业美、精神美、生态美”的目标，按照“一带三区二十星”的建设思路，扎实推进美丽乡村建设，取得了良好效果。特别是曹庄乡完成乡改镇，王青、魏青两个省级美丽乡村示范村完成省级验收。

（六）生态环境明显改善。坚持突出生态建设，做好“气、水、绿”三篇文章。取缔小铸造企业29家，行政处罚违法案件69起，VOC治理任务14家已全部完工，拆除改造燃煤锅炉7台33.2蒸吨。强力开展大气污染防治暨“煤改气”村村通工程大会战，空气质量改善综合指数下降15.1%。实施碧水工程，加快引黄入冀补淀鸡泽段、地下水压采等水利工程建设进度，提升水资源利用水平。加快污水处理基础设施建设，鸡泽县东部新区污水处理厂项目、小寨镇污水处理站扩容项目开工建设。同时，实施了城区及周边绿化、村庄绿化、河渠绿化等七大造林绿化工程，完成造林11143亩，全县生态环境明显改善。

（七）农业基础支撑更加有力。始终把“三农”工作摆在重中之重的位置，全面落实强农惠农政策。大力发展规模农业、设施农业，实施农业综合开发、高标准农田建设、高效节水灌溉、洺河综合治理等农田水利工程，全面改善农业生产条件。全县培育市级以上农业产业化龙头企业29家，建设农业产业园10个，全国绿色农业特产示范基地试点县建设顺利推进。鸡泽现代农业“辣椒”园区被评为河北省现代农业园区，在“京津冀首届蔬菜产销对接大会”上，鸡泽辣椒荣获“河北省十大地方特色蔬菜”，鸡泽县荣获“河北省十大单品蔬菜基地”荣誉称号。首届中国辣椒产业创新发展大会在鸡泽召开，天下红公司总经理被授予中国调味品协会辣椒专业委员会主任委员，天下红商标被评为“中国驰名商标”；湘君府辣椒精制品生产线自主设计研发，全程可视，保障了产品质量和食品安全。

（八）群众生活得到改善。坚持民生优先，全年投入2.8亿元，扎实推进促农增收、教育均衡等13个方面46件民生实事。健全社保体系，为135万人次报销医疗费用1.2亿元；投放各类涉农资金5.5亿元。开展“无非访、无进京集体访、无赴省集体访”县创建工作，化解信访积案127件，持续推进平安县城创建，突出抓好安全生产等各项安全工作，全县未发生一起重大安全事故。高考成绩再创历史新高，本一、本二分别上线147人和481人，上线率达19.3%和63%，顺利通过省第三轮教育督导评估验收。坚持以文聚力、以文兴产、以文惠民，提升了县文化馆、图书馆、毛遂数字影院建设管理水平，建强学校、企业图书室、文体活动室和“农家书屋”，谋划建设了县规划馆、县艺术中心等公共设施，为群众开展文化活动搭建了平台。

（九）抗洪救灾取得实效。“7·19”特大洪灾造成全县7个乡镇125个村受灾，占全县总村数的74%，直接经济损失13.86亿元。其中浮图店乡、双塔镇、鸡泽镇、风正乡受灾最为严重，28个村庄全部进水。在抗洪抢险救灾当中，该县超前谋划、科学决策、果断处置，紧急转移群众7.4万人，15个集中安置点高峰时安置群众1.3万人，7800余干部、6.5万群众连续作战、抗洪抢险，全县无一人因灾伤亡，生产自救和灾后重建扎实高效推进，得到了国务委员、国家减灾委主任王勇等领导的充分肯定和社会各界的一致好评。

河北省国家级开发区、省级开发区等选登

秦皇岛经济技术开发区

2016年，秦皇岛经济技术开发区认真贯彻落实中央和省、市委决策部署，高举“三次创业”的旗帜，抢机遇、抓项目、稳增长、惠民生，努力发挥发展全区、带动全市、示范全省的作用，经济增长继续企稳向好，内生动力和发展后劲不断增强。全年完成地区生产总值266.75亿元，增长8%，占全市的19.9%；全区完成规模以上工业企业增加值159.54亿元，增长8.1%，占全市的47.6%；完成全社会固定资产投资168亿元，增长21.9%，占全市的18.8%；实现一般性公共预算收入18.6亿元，增长8.9%，实现了较快增长。连续多年在全省开发区综合排名保持第一。

（一）狠抓项目，力促增长，经济发展动力增强

1. 重大项目带动实现新突破。坚持抓龙头、筑链条、强产业，狠抓重大项目落地，总投资35亿元的京能热电联产项目已完成项目核准，总投资15亿元的北京威卡威汽车零部件制造基地项目已开工，总投资8000万元的甲骨文人才产业基地项目已运营，威卡威汽车密封条项目和中信戴卡零部件试验中心提前竣工投产。11月15日，首创思泰意达公司年产3000套干雾抑尘装置的新厂区建设项目举行了开工仪式。同时，开发区还响应“一带一路”战略，加强与境外合作，与俄罗斯远东地区开展国际粮食产业一体化项目合作，在出口加工区引进了中欧创新科技聚乳酸生产项目、国际储运物流园区项目和冷链物流产业基地等项目。目前，中欧农业发展有限公司已与俄方签订了10万吨大豆和10万吨海产品的订货合同，并已经通过舟山和珲春口岸进口了部分海产品样品，2017年可实现100万吨粮食（主要包含大豆和玉米）和100万吨海产品的进口额。兴市立区的特大项目建设取得重大突破，为开发区“三次创业”奠定了坚实基础。

2. 对接京津取得新成效。牢牢抓住京津冀协同发展的重要历史机遇，充分发挥中关村海淀园秦皇岛分园、中科院秦皇岛技术成果转化基地的平台作用，积极推广“科学家+企业家”项目引进模式，承接现代产业和高端优质资源转移，成功引进九次方大数据、图问天下等20个战略性新兴产业项目；北京化工大学生物工程产业园，已初步选定4个入园项目，总投资3.5亿元。截至目前，中关村海淀园秦皇岛分园已引进项目108个，中科院成果转化基地已引进12家科研院所的19个项目入驻，成立了16个实体企业和3个所企共建平台，逐渐形成了区域特色鲜明、引领和服务当地新兴产业发展创新与转化的产业集群。

3. 创新创业步入快车道。适应“双创”的特点和需求，努力集聚创新要素，全力营造创业生态，7月28日，中国北京（海淀）留学人员创业园秦皇岛分园正式开园，星网锐捷、有生博大等项目落地运营。同时，以数谷翔园、创业港湾为平台，以北岛博智、e谷创想空间、科泰创业工厂等为基地，加快引进创新创业主体，吸引近300家入孵企业和创业团队入驻。有36家企业的46个项目被列入省、市各类科技计划，获得资金扶持1712万元，10项成果获市级科技进步奖，呈现出了“双创”之花百花齐放的良好态势。

4. 协同带动发展迈向深层次。7月31日，开发区与抚宁区签署深度合作协议，以双方规划、产业、土地为基础，集中两区资源优势，向抚宁经济开发区转移优质项目，共同建设秦皇岛经济技术开发区抚宁园区，力争到2030年将合作区建成全市功能拓展核心区、市域协同发展创新区、产城融合发展示范区、承接京津产业转移领航区。目前北岛博智等4家企业已与抚宁经济开发区签署了项目转移协议。9月19日，开发区与卢龙县进行了对接洽谈，双方将在项目招商、金融融资和耕地开发项目及土地占补平衡指标利用等方面开展合作，目前，双方协同发展框架协议以及合作领导小组成立文件已起草完毕。

（二）夯实基础，优化提升，发展环境显著改善

1. 基础建设加速推进。着力推进重大基础设施建设，秦抚快速路开发区段建成通车，庐山路、东湖路、深河道、吉利湖路、沙湖路等道路工程均已完工，围海造地二期一标段工程完成全部施工，配套功能进一步提升。秦皇岛国际会展中心正式投入使用，成功承办中国秦皇岛智慧健康城市大会和中国能源互联网大会暨智慧能源产业博览会，有效提升了区域知名度和影响力。出口加工区二期封关验收的相关工作正在积极推动之中。

2. 城乡环境持续提升。以“洁、绿、序、便、美”的高标准，打造宜居宜业靓化新城区，重点实施了戴河生态园环境建设、戴河综合治理等工程，完成了锦江公园等民生工程和华山南路等道路绿化工程。狠抓落实“河长制”，完成戴河及干流整治工作，拆除临河违建11处，外迁坟茔288处，清理临河厕所21处，清理河道垃圾58903.5立方米，实现了“水清、流畅、面洁、岸绿”。精心组织“全民洗城”，全区机关、企事业单位、沿街商

户、社区群众广泛参与，洗城区域逐渐由街路向社区延伸，广大群众爱护环境、保护环境的意识显著增强。深入开展打击“双违”专项行动，集中整治“双违”447处，面积25.5万平方米，城乡面貌显著改善。

3. 服务环境更加优化。坚持通过改革优化发展环境，破解发展难题，激活发展要素。进一步完善行政审批局体制机制，顺利承接上级下放的审批权限，简化审批流程，提升服务效率。全年累计办理审批和服务事项42824件，同比增长41%，办结率达99.5%，实现了接得住、用得上、管得好。行政审批局的高效、便捷运行，成为开发区招商引资的新优势和新亮点。认真贯彻落实全省加快开发区改革发展会议精神，着眼转作风、提效率、强服务，积极探索实施全员聘用制改革，目前总体方案已经市政府常务会审议原则通过，修改完善后上报市委批准实施。

（三）改善民生，维护稳定，社会事业和谐进步

1. 民生工程扎实推进。以改善民生，提高群众生活幸福感为目标，扎实做好民生实事，加快实施保障房建设，天池路青年周转公寓、王校庄安置房、计新庄改造二期等保障房项目陆续开工，房建工程已完成投资2.5亿元；中国音乐学院附中、第二小学新建工程已开工建设，第四小学已完工并投入使用。开发区医院改造项目也已完成；开发区体检中心已投入使用。同时，作为我国第一家引进国际最前沿的康复治疗技术和服务的机构，泰盛健瑞仕国际康复中心项目已于6月14日正式营业；作为北京市公立医院在秦皇岛市开展的首个医疗合作项目，北京大学第三医院北戴河国际医院正式签约，该项目以“小综合大专科”为办院模式，计划引入20个国家临床重点专科，建设成集医疗、教学、科研和预防保健、康复医养为一体的现代化、国际化综合性三级甲等医院，对有效引进北京优质资源，提升秦皇岛市乃至区域医疗水平具有重要意义。

2. 社会保障全面提升。千方百计扩大就业，城镇新增就业5613人，城镇失业人员再就业1879人，转移农村劳动力482人，为60多家用人单位提供就业岗位3000余个，发放吸纳高校毕业生补贴461.83万元。全面提升社会保险服务水平，企业养老保险征缴基金7.9亿元，新增参保人数8672人，失业保险征缴基金4083.9万元，支付失业保险金3290.8万元，新增扩面人数3518人，医疗保险参保总数70590人，全区农民新农合参合率98.8%，连续八年居全市首位，群众幸福感和满意度进一步提升。

3. 社会大局和谐稳定。以创建“平安开发区”为目标，全面加强政法综治、信访稳定工作，坚持打防并举，持续开展平安创建，充分发挥民生服务热线作用，进一步畅通信访渠道，大力化解信访积案，对重点信访隐患实施挂账督办，逐案落实包案领导及责任人，一批信访积案和老大难问题得到有效化解。积极开展安全生产、交通安全、食品药品安全集中整治行动，落实制度责任，强化基层监管，深入排查治理隐患，全区未发生重特大食品安全事故，区内工商贸企业未发生安全死亡事故，保持了和谐稳定的良好局面。

保定高新技术产业开发区

2016年，保定高新区实现规模以上工业增加值40亿元，同比增长5.7%；完成固定资产投资97.6亿元，同比增长10.4%；实现财政收入31.8亿元，同比增长15%；实现公共预算收入5.5亿元，同比增长13%；实现社会消费品零售额128.7亿元，同比增长9.7%；实际利用外资1.81亿美元，总量全市第一；新增规上工业企业11个，新增限额以上批发零售企业6个，新增重点服务业企业13家，完成全年目标任务。高新技术企业达到92家，全市占比40%，保持全市领先。

（一）协同发展聚焦聚力。充分放大中关村创新中心辐射带动力，按照“一中心、一基地、一园区”三步走发展战略，构建协同创新升级平台。高端企业云集。创新中心签约入驻企业75家，其中京籍企业超过45%，包括天大技术转移中心、1898咖啡等知名企业机构，年实现营业额3.2亿元；创新交流频繁。举办创新汇大讲堂等40余场活动，提升了保定协同创新的关注度；成功举办4.28中国电谷智慧能源国际创新峰会，提升了电谷品牌的国际影响力。基地、园区同步建设。中关村创新基地挂牌运营，首批7家企业入驻；中德智能制造产业园完成选址并启动产业规划编制。

（二）创新体系日益健全。孵化平台建设成果丰硕。大学科技园获批“全国小微双创示范基地”，豆芽创客空间等3个双创平台获批“国家级众创空间”；创客空间增量创历史新高，市级以上众创空间总数达到15家，占全市的40%。政策体系更趋完善。出台了《加快科技创新促进产业发展的实施意见》；年内用于奖励创新型企业、项目资金达9300万元；智能电网装备制造产业示范基地获批，获得省连续三年专项资金支持。

（三）园区环境持续提升。在环境建设上持续发力。重点道路加快建设。完成京昆引线西侧辅路、旭阳路西延等五条重点道路建设；功能配套进一步完善。污水处理厂项目主体竣工，保定首家公益性高端人才公寓即将建成启用。金融环境不断完善。张家口银行、天津银行等5家金融机构落户高新区，德龙环境等8家企业上市挂牌，上市企业数全市占比30%；成为金融体系建设最活跃的一年。狠抓严打整治、信访稳定、法治建设、安全生产与大气污染治理。坚持“一年四打”，破获各类案件300余起，维护了辖区治安环境；法检两院挂牌，法治高区建设又进一步；坚持化解信访积案，双清别院、大马坊村、普兰庭购房等难点问题取得突破性进展；坚持安全生产常抓不懈，保持了安全形势的持续稳定；以最强举措打赢大气污染治理攻坚战，28个城中村如期完成煤改气，常态化巡查、“零点行动”成效显著。

（四）园区改革进展顺利。坚持先行先试，激发园区活力。初步完成行政审批制度改革。行政审批局实现挂牌，政务服务中心正式运行。稳步推进人事薪酬制度改

革。相关改革政策获得市政府批准，为推进改革奠定了坚实基础。商事制度改革进一步深化。以信用监管、“双随机一公开”为重点的事中事后监管有序推进。

（五）社会事业同步发展。完善教育配套。经过艰苦努力，北京八一学校保定分校如期开学，开创了购买义务教育学位的新模式；提升民生服务。建成22个农村互助幸福院，打造农村社会化养老“幸福工程”。加强食药安全建设。切实维护群众“舌尖上的安全”。

（六）党的建设常抓不懈。认真落实主体责任。坚持将党风廉洁建设纳入全区总体工作布局；强化作风建设。深入开展“一问责八清理”和“三严三实”、“两学一做”系列活动，制定了《机关工作人员不作为慢作为乱作为行为问责暂行办法》，得到了市主要领导的肯定。强化干部队伍建设。坚持以风清气正为追求，圆满完成两乡班子换届；创新干部教育形式，在苏州市委党校举办2期专题培训班。强化党的基层组织建设。制定了《加强乡村基层组织建设的实施意见》，开展了后进村转化等活动，形成了强基固本的良好导向。强化意识形态建设。制定了责任制实施细则，意识形态和新闻宣传稳步推进，为经济社会发展提供了良好舆论环境。

承德高新技术产业开发区

2016年，全区全年地区生产总值完成53.2亿元，同比增长5%；财政收入累计完成10.4亿元，同比增长21.5%；公共财政预算收入累计完成3.7亿元，同比增长52.2%；固定资产投资完成42.1亿元，同比增长15.3%，增速在全市排名第二；全年实际利用外资1476万美元；完成出口总额2100万美元，完成全年目标的87.5%；实际进口完成900万美元，同期增长66%。财政收入结构进一步优化，税收收入对全区财政增收带动作用明显，非税收入比例在合理区间内，综合经济实力明显提升。

（一）对外开放。针对“重招商、轻养商、环境差”的问题，转变招商模式，侧重引进平台公司，由平台公司负责建设、招商、运营、管理，侧重点对点招商，精选实力雄厚的企业，以点带面，上下形成链条，建成相互关联、聚集程度高的园区，侧重为技术含量高、高成长性的小微企业，提供孵化或对接平台。全年已签约各类项目23个，重大在谈项目15个。前期重点推进项目36个，总投资203亿元。积极开展招商工作，接待碧桂园集团、华夏幸福基业等国内知名企业来区考察洽谈100余次，组织参加贵阳国际大数据产业博览会、9·8厦门投洽会等招商洽谈活动。

（二）项目建设。全区全年开工千万元以上重点项目50个，其中新开工项目19个，续建项目31个，亿元以上项目37个。全年开工省重点项目1个，市重点项目6个。全年谋划城市建设项目55个，总投资127.6亿元，其中高新区直接投资实施42个。工业经济发展质量进一步提升，全区规模以上工业增加值完成32.8亿元，同比增长1.4%，高新技术产业增加值完成8亿，同比增长10.7%。第三产业增加值完成15.8亿元，同比增长10.7%。重点工业企业加快发展，现代服务业、电子信息产业呈现良好发展态势。

（三）产业发展。坚持“以产兴城、以城带产、产城融合”的发展理念，按照市委、市政府“一带三区”的发展战略，按照“一区三园”的发展格局，大力度推进新兴产业聚集，加快高新区现代产业体系建设。一是加快推进城市南部新区建设。①基础设施方面，“四桥七路”及其附属工程建设进展顺利，闫营子大桥、后窑大桥、娘娘庙大桥、冯营子主干路、冯营子次干路、滨河路崔梨沟段、后窑段道路、冯营子至砖瓦窑连接线“三桥五路”已开工建设，西营大桥、东西营滨河路南路次干路和东西营滨河路北路次干路“一桥二路”已完成设计；②服务业项目方面，承德大数据研发展示中心项目主体工程已完成，中关村大厦项目正在建设中；③配套设施方面，凤凰山学校和阳光四季城小学已全面完工并投入使用，承德附属医院新城医院已投入使用，承德儿童医院项目正在建设中。二是积极推进大数据电子信息产业园建设。高新区已实施和正在洽谈的大数据产业项目20余个。大数据电子信息产业园已开始施工，园内的承德力海企业港项目已经开工建设。承德斐讯大数据产业园等3个项目土地已经摘牌，正在开展规划设计等前期工作。博彦科技软件服务外包基地等3个项目已开业。承德市大数据科创中心（姚建铨院士工作站）等4个项目已揭牌，正式落户高新区。与软通动力承德服务外包基地、中国电子信息生态产业园等10个项目正在洽谈。三是持续推进智能环保和装备制造产业园建设。全力配合市委、市政府做好环保产业园建设工作。承德微型智慧创业创新科技园正在施工，现已入驻项目7个。比亚迪电动汽车生产基地等3个项目已竣工投产，上板城热电厂年底前竣工投产。天创生物研发中心和本特生态秸秆高效锅炉生产线2个项目主体建筑已经封顶。四是稳步推进生命医学大健康产业园建设。该园区内鹫窝、砖瓦窑浅山区征地工作已经启动。澳大利亚爱康国际肿瘤治疗中心中国基地项目取得实质性进展。

（四）投资环境。深入贯彻落实省、市关于作风整顿的决策部署，立足于打造京津冀一流的“环境高地、投资洼地和创业福地”，突出问题导向，深挖问题根源，针对“管理运行机制不优，缺乏内生动力；干部队伍作风不硬，缺乏工作激情；基础工作不实，重点工作推进困难”三个方面14个突出问题，强化制度建设、狠抓责任落实、弘扬担当精神，全面打响优化发展环境和作风整顿攻坚战，有效提升了广大干部职工的大局意识、服务意识、责任意识、争先意识。在具体工作中，坚持以改革的思维贯穿始终，明确了“一区三园”的发展定位，紧紧围绕体制机制管理创新、土地征收拆迁、三大产业园建设、南部新城建设与管理等中心工作，全力破解资金、土地、政策等要素制约，取得了经济平稳发展、重点工作有效突破、各项事业协调发展的良好局面，为长远发展进一步夯实了基础，增强了社会各界对高新区未来发展的信心，赢得了极为难得的支持和信任。

（五）体制机制创新。一是推进管理体制改革，将经济开发建设职能逐渐从管委会职能机构剥离，建立机构精简、工作高效、竞争择优、分配公平的行政管理和服务体系，为区域发展提供优质服务；探索薪酬制度改革，推行绩效工资、全员聘任、岗位管理、绩效挂钩，形成人员能进能出、岗位能上能下、待遇能高能低的管理机制，进一步释放创新发展的活力和动力，目前改革方案已报送承德市政府，待审批通过后执行。二是开展行政审批制度改革，全面清理审批事项，进一步压缩流程精简环节，办事效率和服务水平明显提高，全年共办理行政审批事项及政务服务事项10.72万件（除发票发售类业务外）。三是推进社区建设改革，成立高新区社区管理办公室及兰苑社区、滨河社区等7个社区居委会，实现了社区管理、服务全覆盖。四是开展城市管理改革，加快推进城市环境卫生、园林绿化等城市管理工作市场化运行，并建立动态巡控机制。五是强化教育体制改革，公开选聘副校长2名，招聘教师37名，在凤凰御景学校和阳光四季城小学推进教师绩效工资改革，教学软硬件条件不断完善，区域教育质量进一步提升。六是扎实推进行政执法改革，进一步厘清高新区执法权限，打造权责清晰的行政执法环境。

（六）科技创新与高新技术企业。实施科技型企业“倍增工程”和“科技小巨人培育计划”，全年完成科技型中小企业认定50家，高新区技术企业认定5家，培育科技小巨人2家。全年完成申报专利52件，泽雨工控、龙志达、河北航天、克罗尼、鹰眼5家企业实现专利消零。与承德石油高等专科学校合作推进创新创业苗圃建设，每年苗圃扶持资金130万元，面积约1000平方米。目前苗圃装饰装修已完毕，办公家具及设备已到位，29个项目已经过专家评审。为解决孵化购地不足问题，经工管委研究决定购置华峰五星级酒店B座，面积2万平方米。正在履行相关手续，计划2017年6月底前装修完毕，孵化企业正式入驻。

（七）民生和社会事业。深入实施就业培训、社会保障、住房保障、停车位增加等8大类22项民生实事，切实为群众办了一批实事好事。全年城镇新增就业1104人，城镇登记失业率控制在4.5%以内，加强劳动监察和纠纷调解，和谐劳动关系进一步巩固。将城镇居民基本医疗保险与新型农村合作医疗保险整合统一，参保率达到了95%。民政、残联等工作有序推进，卫生服务和计生工作扎实开展，文体工作继续加强，区域社会事业发展水平明显提升。开展“美丽乡村”建设，已完成35个行政村总体规划和村庄规划，整合各类资金3515.12万元投入建设，完成上板城镇三道河村等6个美丽乡村的建设提升工作。

（八）京津冀协同发展。坚持“创新驱动、市场主导、优势互补、高端融合、协同发展”的原则，以“突出特色产业发展、加快特色产业聚集，壮大特色产业规模”为目标，着力产业发展，完善基础设施，提升社会服务能力，全力打造“京津冀协同发展先行区、创新驱动示范区、高端产业集聚区、产城融合样板区”。2016年以来，高新区已落户京津冀合作项目30个，总投资355亿元，其中开工（开业）项目16个；在谈并达成投资意向项目25个，总投资280亿元。其中已落户的有中关村智慧环境产业联盟承德园、中关村互联网文化创意产业园承德园、承德力海企业港项目、承德新一代绿色数据中心项目、河北大数据交易中心项目、博彦科技软件服务外包基地项目、北大青鸟科技园项目、爱康国际肿瘤医院承德分院项目、天津中德应用技术大学承德分校项目等重点项目。在谈项目中重点项目有优客工厂优客创业文化小镇项目、北京电影学院影视文化产业创新园项目、中国航天万源国际石墨烯与储能技术项目、中国电子信息集团承德信息安全产业园项目等。

沧州高新技术产业开发区

2011年1月18日，沧州高新区被省政府批准为省级高新区，面积12.6平方公里，东至浮阳大道，西至京沪高速铁路，南至永济路，长春路。起步区面积为7平方公里，东至迎宾大道，西至京沪高速铁路，南至永济路，长春路。园区产业定位为“4+1”即节能环保、智能装备、新材料、信息技术和现代服务业。

2016年，沧州高新区按照“培养一支优秀干部队伍，引进一批高科技项目，打造一个宜居宜业宜商现代科技生态园区”的发展思路，创新思维，扎实苦干，全力推进园区开发建设，经济社会各项事业实现较大突破。全区全部财政收入完成5.1亿元，同比增长43%；公共预算收入完成3.3亿元，同比增长37%；地区生产总值完成19.3亿元，同比增长69%；固定资产投资完成60.4亿元，同比增长14%，规上工业增加值完成17亿元，同比增长24%，主要经济指标呈现跨越式发展。

（一）项目建设。项目建设是高新区发展的重中之重，为全力抓好项目建设，高新区大胆创新工作机制，强化抓项目建设进度、抓质量安全、抓手续完备、抓投产达效“四抓”的工作举措。2016年，强力推进中航湿法锂电池隔膜项目、北航（沧州）科技园、大学科技园科技成果转化加速器等重点项目建设，清华启迪之星（沧州）孵化基地正式运营，大学科技园的平台建设已初具规模，机器人工业园、文化产业园、大学科技园科技成果加速器、小微科技企业创业辅导园等一批厂房建成，部分企业已经入驻。全区共实施亿元以上项目35个，总投资221亿元。新增入统规模以上工业企业5家，入统规上现代服务企业20家。

（二）京津冀协调发展。紧紧抓住京津冀协同发展的战略机遇，“打高铁牌、唱京津戏”，做好“高、新”两篇大文章，建立项目专家评审机制，制定项目入区评审办法，严把项目入区关。三是招商引资效果初显。精心谋划组织了沧州高新区·中国大学科技园招商对接会，全国

20家大学科技园的老总聚集在沧州共商发展科技创新大计。参加了在北京和上海举办的“民企人冀·协同发展”沧州投资说明会、2016河北国际经济贸易洽谈会，引进了华为云计算大数据中心、石墨烯研发生产、致胜机器人、水岩科技、长春劲能等一批高科技项目，超额完成外资引进任务。成功与北京“动批”、大红门、八里桥批发市场签订商户疏解承接合作协议，500多家商户已入驻明珠商贸城。

（三）服务平台建设。围绕“4＋1”即节能环保、智能装备、新材料、信息技术和现代服务业产业产业定位，组建5个招商局，出台了产业扶持政策，设立了产业引导基金，制定实施了《沧州高新区支持企业科技创新奖励办法》等支持创新和人才引进的优惠政策，引进了中关村天合科技成果转化促进中心，与市科技局合作建立了沧州市科技大市场。成立了院士专家服务中心，组建了千人计划专家服务团队。新认定高新技术企业7家、科技型中小企业32家。

（四）社会管理。民生工作不断改善。建立了低保人员、生活困难人员和残疾人台账，及时足额发放各类补贴和救助资金。实施了基层党员干部“素质工程”，开展了“美丽乡村”建设百日攻坚战，区财政投入3200万元实施美丽乡村建设和气（电）化改造工程，其中刘名庄、双官厅两个精品村顺利通过验收。强化了生态环境建设，打了个漂亮的大气污染防治攻坚战。安全生产、信访稳定、社会治安、综合治理等工作成效显著。

（五）干部队伍建设。以全省开展的机关作风整顿活动为契机，高新区结合自身实际，在全区开展了树立结果意识大学习大讨论活动，采用区领导讲党课、请专家讲座、专题学习、撰写心得等形式，增强人们的“结果导向”意识；通过“回头看”，自查、帮查、领导点评等形式，查摆问题和不足，研究破题纠偏办法，科学谋划工作目标，加大督导考核力度，推进活动深入开展；通过公开竞聘的方式在全区选拔了一批科级干部，充实了先锋班队伍，组织了专题培训、外出学习、志愿服务等活动，让年轻骨干得到历练。同时，加强廉政教育和制度的建立完善，深入开展“一问责十清理”，邀请纪委领导讲课、建立完善制度、专项检查、请专业队伍进行专项审计、开展“把党的旗帜亮出来”活动等，进一步增强了广大党员干部的廉政意识。通过一系列活动，全区形成了弘扬正气、比学赶超的浓厚氛围，进一步推动全区各项工作目标落地。

芦台经济开发区

2016年，芦台经济开发区坚持“依托京津、对接京津、融入京津、抢抓机遇、加快发展”的战略思路，以建设津冀共建芦台协同发展示范区为目标，狠抓招商引资和项目建设，经济社会发展水平实现全面提升，全区实现地区生产总值43.59亿元，同比增长12.6%，完成规模以上工业增加值32.73亿元，同比增长16.3%；完成公共财政预算收入1.46亿元，同比增长7.3%；完成固定资产投资23.01亿元，同比增长34.5%；完成出口创汇1.58亿美元，同比增长3.3%；实际利用外资2236万美元，同比增长96.8%。各项经济指标增长速度均位居唐山市各县区前列。

（一）抢抓机遇，推进津冀协同发展示范区建设。开发区党政班子成员从解放思想入手，抢抓机遇，在各级领导的关心和支持下，津冀共建芦台协同发展示范区工作取得重大进展。列入京津冀协同发展战略规划中，成为京津冀协同发展的重要平台，纳入国家试点示范工作。天津市委、河北省委贯彻落实《京津冀协同发展规划纲要》实施方案中，芦台被定位为两地合作的对接平台。在唐山市“十大亮点”中列为第四，纳入全市打造的七大魅力片区之一。唐山市委、市政府印发了《构建开放型经济新体制，加快建设国际化沿海强市的实施意见》，把津冀（芦台）协同发展示范区建设作为近期目标，提出依托京冀（曹妃甸）协同发展示范区、津冀（芦台）协同发展示范区，全面深化产业对接合作。芦台成为构建开放型经济体制和唐山建设国际化沿海强市的重要载体。

芦台开发区积极争取，乘势而上，以土地调规为突破口，新增建设用地规模10499亩，核减基本农田保护指标29175亩，总体规划面积调至50平方公里，为未来发展提供了保障。争得省发改委对芦台电力工作的支持，取得了《供电营业许可证》，与冀北电网实现对接。同时积极争取国家电网改革试点政策，自办直购直供体制，彻底解决电力瓶颈问题。

为落实京津冀协同发展重大战略，2016年6月17日，唐山市与天津宁河正式签署共建津冀芦台协同发展示范区框架协议，省委常委、常务副省长袁桐利，天津市委常委、常务副市长段春华出席仪式。框架协议达成以下共识：津冀共建芦台协同发展示范区建设工作对促进发展至关重要。一是示范区建设被国家列为试点示范的重点工作。在京津冀协同发展战略规划中，津冀共建芦台协同发展示范区成为京津冀协同发展的重要平台。二是芦台被津冀双方定位为两地合作的对接平台。示范区建设工作被分别写入天津市委十届七次全会、河北省委八届十一次全会分别通过的两省市贯彻落实《京津冀协同发展规划纲要》实施方案中。三是示范区建设是芦台实现跨越发展的重要途径。芦台是河北省唯一全部区域位于天津的“飞地”，有着特殊的地理区位、特殊的历史沿革和特殊的产业优势，融入协同发展，势必加快自身发展，前景广阔。

经过协商，在区域合作关键问题上取得一定突破。一是就示范区总体规划达成共识。兼顾一产二产，按照南部工业、北部生态农业的布局，积极开展对接合作。南部依托芦台开发区东部园区和宁河区大北工业园区，初步规划总体面积48.7平方公里，其中芦台22.9平方公里，宁河区25.8平方公里。北部以都市农业转型发展示范、城乡统筹新模式示范、国际化平台型园区发展示范为目标，总规划面积27平方公里，积极争取中央农业产业政策支持，打造京津冀跨区域农业科创协同发展示范平台。二是解决芦台用电问题。宁河供电局对芦台在调低电价的基础上，实行峰谷平电价。三是用水支持。宁河南水北调管网已计划在芦台预留出口，日供水量达到一万方；四是加强基础设施建设资源共享。就道路建设、垃圾处理等方面问题达成合作意向。五是实施文化对接。围绕推动移风易俗、树立文明乡风等方面形成初步意见，共同提升区域文化的辐射力。

（二）优化投资环境。全面改善项目承载环境。采用BT和垫资模式，先后实施园区市政道路五期工程，道路工程总投资达到4.4亿元，总里程27.35公里，形成了东部园区“六横五纵”和西部园区“三横四纵”的路网框架。自筹资金新建东西园区两座35千伏变电站，与天津电网合作新建了韩庄22万伏变电站，借机借力完成五六十年代高压电网的更新改造，同时实现了区内双回路供电；引进天津滨海投资管道天然气，实现了燃气入园、入企、入户；新增通讯管线30公里，实现东西两个产业园区全覆盖。

引进国开行贷款，实施东西城区危旧房改造工程，通过危旧房改造，可以腾退建设用地3.79平方公里，用于招商引资和项目建设。目前，西部城区危旧房造二期工程着力实施，动迁户数509户，拆除总面积131亩。借助芦台为协同发展国家级试点示范的平台，新增建设用地规模10499亩，核减基本农田保护指标29175亩，总体规划面积调至50平方公里，为未来发展提供了保障。坚持实施“招商引资奖”“优化发展环境奖”“税收贡献奖”“企业和谐发展奖”等6项奖励政策，全面优化发展环境。北粮农业蛋鸡产业基地项目从接洽、签约到完成注册仅仅用了两个月时间，为保障该项目的用地，用18天完成了存栏600头的奶牛场及养鸡场、养猪场的拆迁工作，腾退170多亩建设用地。捷隆北方家居建材物流产业基地和明和光学装饰材料等重点项目投资商接洽时，芦台请来市领导与他们会谈，及时协调解决建设过程中遇到的实际困难和问题。

（三）招商引资与项目建设。抓好招商引资，以伯特利伟业办公家具生产基地项目落地为重点，促温商项目集群园区建设；以京津家居创新产业城项目落地为重点，促京津品牌家居产业集群园区建设；以捷隆北方家居建材物流产业基地项目落地开工为重点，促进闽商项目集群园区建设。2016年，全区在谈项目180个，计划总投资273.73亿元。新签约项目47个，计划总投资112.95亿元。全年利用外资2236万美元，同比增长96.8%，提前超额完成市达全年任务指标。

加快项目建设步伐。全年安排重点建设项目86个，总投资406.5亿元。其中，续建项目45个，总投资130.2亿元；计划开工项目41个，总投资276.3亿元。京津项目58个，总投资355亿元。全年完成项目总投资23亿元。35个项目建成投产。71个项目签约，计划总投资130.34亿元。唐山市共有22个项目纳入省重点项目，芦台开发区金亨通碳纤维运动器材等3个项目列入其中，芦台省重点项目增加到6个。2016年3月，总投资37.97亿元的唐山金亨通车料有限公司生产碳纤维运动器材和芦台经济开发区捷隆城市建设投资管理有限公司北方家居建材产业基地2个省项目集中开工。其中金亨通运动器材项目为全球最大的体育用品零售商法国迪卡侬公司配套，设计年产各类室内碳纤维运动器材150万件；捷隆家居建材项目联合京津两地十几家福建商会合作，打造闽商集中投资基地，设计年加工销售家居产品30万套，建材40万吨。6月28日，承接北京产业转移的爱依瑞斯（唐山）家具有限公司家具生产基地、唐山京泰家具有限公司家具产业园、意风集团家具生产基地、美亚实业有限公司乳胶家居保健用品项目4个京津家居创新产业城重点产业支撑项目，1个产业配套服务项目和1个棚户区改造项目集中开工。项目计划总投资72.26亿元，项目的开工建设，进一步加快推动芦台开发区产城互动发展的良好格局。9月，承接天津产业转移的河北拜德实业有限公司生产钢木家具项目和唐山市金泰金属制品有限公司生产自行车零配件技术改造2个项目集中开工。项目计划总投资3.3亿元。亚洲最大的北粮400万蛋鸡项目完成二期建设工程，现存栏100万羽，其中青年鸡存栏30万羽，成年鸡存栏70万羽，日产蛋量55吨。年产20万吨饲料加工厂建成投产，化验中心投入使用。对打造现代农业示范区起到了龙头带动和引领作用；总投资12.97亿元的金亨通碳纤维运动器材项目为全球最大体育用品零售商法国迪卡侬公司配套生产，目前生产车间主体工程接近尾声。计划总投资130.34亿元。

（四）绿色集约发展。西部自行车装备产业园依托京津市场，传统自行车零部件、新型采暖散热器、钢木休闲家具等传统产业水平得到提升，建设面积达到2.37平方公里；东部京津建材家具创新产业园进一步拓展节能环保建材产业链条，家居建材物流等新兴产业初具规模，建设面积达到4.29平方公里，东西园区共入驻企业421家。2016年以来各类市场主体新增206户，总数达到1473家，其中在册企业524家，新增71家；规模以上工业企业新增2个，总数达到51家；科技型中小企业新增23个，总数达到62家。家具产业目前已成为芦台经济开发区经济发展的新增长点，2016年以来行业出口额已突破亿美元，同比增长20%。其中创技公司休闲家具年出口额近4000万美元，翔宇家具出口额达到3000万美元，产品主要销往加拿大、美国、澳大利亚等地区。在发展金属柜具、钢木复合家具传统家具制造企业的同时，芦台经济开发区逐步引进实木家具、板式家具、软体家具等生产项目，家具生产经营主体达到106家，年产值十五亿元。在唐山市项目观摩中，丁秀峰市长在考察芦台泽奥钢木家具项目时，对芦台的家具项目给予高度评价。10月23日，秀峰市长做出批示：“芦台家具产业大有可为。要瞄准京津以承接家具产业转移为主攻方向，做大增量和总量。要对目前芦台家具产业出口的渠道、品种、数额等情况进行深入分析，着力研究扶持和服务、培育成该市出口的主攻手和生力军”。按照秀峰市长的要求，芦台以新近开工的京津家居创新产业城重点项目为引领，加快爱依瑞斯、意风、世纪京泰、美亚等北京品牌家具项目建设，延长产业链，提升价值链，着力培育出口产品的自主品牌，进一步巩固扩大国际市场占有率，打造芦台家居产业创新发展的升级版。

主导产业发展形成优势。自行车零部件、新型采暖散热器、钢木休闲产业等传统主导产业加快技术改造，不断做优做强；现代农业、家居建材等新兴产业项目相继投产达效，规模逐步壮大。全年 52 家规模以上工业企业实现增加值 30 亿元，同比增长 11%；工业总产值达到 145 亿元，实现利税 8.2 亿元，分别增长 18%和 19%；全年用电量达到 1.7 亿度，同比增长 25%。在加快传统产业升级的同时，积极培育现代农业、家居建材物流等新兴产业，产业结构不断优化，形成产业聚集、集群发展的优势。

（五）节能减排环保。2016 年唐山市下达开发区的减排目标为：化学需氧量、氨氮、二氧化硫、氮氧化物同比分别削减率为 2%、1.6%、2%、2%。通过综合治理和推进金岭畜禽养殖场治理项目、燃煤锅炉清洁能源替代工程，全面完成全年目标任务。

严把环评审批、验收关。严格执行环评和“三同时”制度，全年审批各类建设项目 20 个，拒批重污染项目 4 个，对 15 家企业完成验收。

大力开展大气污染防治工作。以燃煤管控、VOC 治理、面源污染防控为重点，加大污染巡查管控力度。开展燃煤锅炉的淘汰治理工作。完成 15 台燃煤锅炉改造任务，其中改造天然气锅炉 7 台，改造生物质颗粒锅炉 4 台，取缔关闭 4 台。对涉及 VOCs 治理任务的 14 家企业，通过取缔、淘汰等方式，全部完成。

全面实施水污染防治工作。启动水污染防治方案，组织全区 6 家涉水电镀企业开展清洁生产，并通过验收。对重点排污企业进行现场监察。受理环境信访 31 件，办结 31 件，结案率为 100%。

（六）体制机制创新。作为由农场整体改制而来的芦台经济开发区，原党务行政一直由唐山市管理，形成了相当于县级管理体制，机构和人员也都按县区配置，历史遗留问题较多。目前，区党工委、管委会班子尚未配齐，科级干部队伍整体年龄偏高。建区以来，以省机构编制部门批准的机构和编制为改革目标，按照机构逐步到位、人员只出不进的原则，积极整合，大力精简机构和人员，由建区时的 30 多个部门压缩到 21 个部门，在职人员由原来的 1307 人减少到现在的 688 人，科级干部总数由 168 名减少到 83 名。同时还将一些部门合署办公，部门一把手空缺时由其他部门兼任。但是，要实现精简到位，还需要一定的时间和过程，同时需要省市的政策与支持。机构人员的精简，固然符合开发区机构改革的方向，但也造成了一部分单位出现了青黄不接的情况，优秀人才、急需人才的进入，也迫在眉睫。唐山市《构建开放型经济新体制加快建设国际化沿海强市的实施意见》提出，要激发开发区开放发展活力，创新人事和薪酬分配制度。同时支持芦台在体制机制改革创新上先行先试。按照省委、省政府《关于加快开发区改革发展的意见》，区党工委、管委会已将机构改革创新纳入日程。重点以构建科学规范和运行高效的管理体制为核心，改革内设机构、人事管理制度、业绩考评体系和分配激励机制，把芦台建设成为京津冀协同发展先行先试的综合改革试验区和体制机制创新的示范区。

（七）建设和谐开发区。芦台加快经济发展，积极推动城乡居民改善生活质量。城乡居民收入由量变到质变，实现了根本性提升，工资待遇与市区调平，城镇职工平均工资、农民人均纯收入分别达到 4.33 万元和 1.41 万元，较 2010 年增长 140.8%和 69%。新型农村合作医疗筹资标准由 400 元提高到 570 元，参合率达到 98%以上；城市居民最低生活保障标准由每人每月 470 元提高到 550 元，农村居民最低生活保障标准由每人每年 3150 元提高到 3912 元。总投资 1879 万元的领头小学及幼儿园新建工程，已于 2016 年 9 月投入使用。

投资 1300 余万元的总排干渠治理工程完成 90%。渠道两岸采用预制混凝土联锁块护岸，可满足排洪、引水，同时美化改善区域生态环境。配套污、净水分流工程取得阶段性成果，污水处理已列入计划，着手实施。城区交通日趋完善，民居条件大为改观，维稳工作扎实开展，安全制度建设深入人心。政通人和，群众安居乐业。

白沟新城

白沟新城 2008 年 7 月 28 日，由原高碑店市白沟镇和原白洋淀温泉城开发区合并组建，2010 年 8 月经省政府正式批复，2010 年 9 月正式揭牌。2016 年，白沟新城各项工作取得新进展。

（一）深化改革工作成效显著。两项国家级试点建设取得新突破。一是新型城镇化试点建设进程提速。白沟新城始终坚持以产促城、以城带产、产城融合的工作思路，着力提升城乡一体化公共服务体系建设水平。目前，白沟镇城乡基本医疗保险参保率稳定在 98%以上，全民医保体系基本建成；5 个村街完成了村改居，组建了团结路、古镇北街、华苑和天德 4 个社区居委会。新型城镇化试点工作顺利通过评估考核，得到了国家新型城镇化试点调研评估组的肯定。二是市场采购贸易方式试点正式运营。在省市的大力支持和指导下，2016 年 9 月，白沟箱包市场采购贸易方式试点获国家八部委联合审批，正式落地白沟。市场采购贸易方式试点是为专业市场“多品种、多批次、小批量”外贸订单量身定做的新型贸易方式，是国家在国际贸易重点领域和关键环节探索建立新型贸易体制的一种有益尝试。试点工作开展以来，按照王晓东副省长提出的“把白沟打造成为全省乃至华北地区对外贸易集散中心”的要求，白沟新城仅用两个月的时间，就完成了具备海关查验区、检验检疫查验区等功能的海关监管场站一期、联网信息平台、在线监管平台和白沟国际贸易服务中心集中办公区的建设。2016 年 11 月 30 日，市场采购贸易方式试点进行了首单首试并正式投入运营，为推动白沟外贸经济发展注入了新的强大动力。目前，各项业务开展正在有序进行。

（二）对接京津成果丰硕。京津冀协同发展战略实施以来，白沟新城以精准、精致、精细为原则，提升服务、主动对接、重点突破，对接京津工作取得新成效。截至目前，已有大红门、动批、雅宝路等市场近3000家商户入驻白沟，并引进了北京西城区156中学、丰台医院等优质资源加强合作，进一步提升了白沟的教育医疗水平。同时，以市场采购贸易方式试点为承接平台，为便于国外采购商一站式综合采购，先后与北京多家服装、鞋帽、家居、酒店用品等专业市场达成战略合作，打造了新型对接京津的制高点，白沟承接北京非首都功能产业转移优势更加凸显。

（三）项目建设稳步提升。始终把加快项目建设作为实现经济社会全面发展的主要抓手。2016年，新中天精品鞋帽城、温泉城芦乡生态世界一期、河北盛华中英文学校、速通电商快递产业园等总投资93.5亿元的8个市重点项目全面开工建设，累计完成投资17.75亿元，占年度投资计划的199%，发展后劲进一步增强。

（四）产业市场转型升级成效明显。积极适应经济发展新常态，强化品牌支撑，发展新兴产业，产业市场发展势头强劲。一是产业带动力进一步提升。积极推进箱包制造业品牌化战略，持续加大对优质品牌企业的奖励力度，积极培育名牌产品和品牌经济。在全国经济下行的大形势下，白沟箱包产业附加值进一步提升，箱包产业总产值同比增长2%。二是商贸市场规模壮大。全年新增个体工商户7137户，总数达到3.22万户，同比增长28.4%；新增各类企业1739户，同比增长50.6%，市场规模进一步扩大。三是电子商务发展迅猛。全区电商数量达到1.8万家，日发货18万余单，年交易额近80亿元。白沟镇入选全国淘宝镇，在全国大众电商创业最活跃的50个县中排名第6位，电子商务已成为白沟新城又一新兴支柱产业。

（五）城乡统筹均衡发展。白沟新城始终坚持以市场经济理念经营城市，以服务城市发展和保障民生为目标，城市品质明显提升。一是城市功能进一步完善。深入开展了县城建设和城市管理“6S”行动，高标准完成了第二批“七个一”工程建设。投入17.17亿元实施了规划博物馆、津保高铁连接线、白沟中心医院改扩建等一批公共服务项目建设。进一步增强了城市服务功能与承载力，提升了城市品位与活力。二是美丽乡村建设步伐进一步加快。投资1.37亿元对片区内的11个村街进行了重点打造，高标准完成了丰盛庄和东芦两个省级重点村建设任务，农村人居环境明显改善。三是民生事业进步显著。投入1.97亿元用于各中小学校基础设施建设，办学条件明显改善，成立并启动了保定二中白沟分校，提升了白沟的高中办学水平。白沟中心医院改造工程进展顺利，加强了与北京医疗资源对接，医疗水平进一步提升。

（六）发展环境进一步优化。以服务为核心，以保障为基础，以高效为目标，着力推进发展环境建设。一是政务服务水平稳步提高。进一步深化“两个代办”、领办代办、重点项目领导分包等工作机制，政务效能进一步提高。政务服务中心共受理事项3.39万件，办结率为100%。建成了500平米的群众工作中心，进一步完善了了镇村两级便民服务站。二是生态环境稳步改善。深入开展气代煤、锅炉替代改造和节能削煤等大气污染防治工作，2016年二级以上优良天气达到172天，比上年增加15天，大气环境质量持续好转。三是安全稳定环境稳步提升。强化安全生产“党政同责、一岗双责、齐抓共管”责任体系建设，全年未发生重大安全事故。四是社会环境稳步巩固。深入开展“一年四打，连打三年”系列打击整治专项行动，大力推进平安城市建设。不断完善信访维稳工作机制，社会平安稳定局面持续巩固。五是意识形态工作稳步推进。以创建省级文明城市为主线，大力培树典型，不断提升全区党员干部以及广大群众的思想道德素质。

改革开放篇

REFORM AND OPENING
TO THE OUTSIDE WORLD

经济体制改革

【供给侧结构性改革开局良好】 2016年，河北省建立有利于落实“三去一降一补”五大任务的体制机制，出台推进供给侧结构性改革的意见，制定去产能、去库存、去杠杆、降成本等5个专项方案及职工安置等若干配套措施，较早构建形成“1+5+X”的政策框架体系。钢铁、煤炭去产能成效显著，执行环保、能耗等6类严于国家的地方标准，多渠道筹集化解钢铁过剩产能资金，全年共压减炼铁产能1761万吨、炼钢1624万吨，退出煤矿54处、压减煤炭产能1400万吨，均超额完成国家下达任务；筛选确定11家钢铁僵尸企业，完成3家出清试点。去库存、去杠杆、降成本、补短板进展顺利，实施支持农民进城购房、培育发展租赁市场等促进房地产市场健康发展10方面措施，12月末商品房待售面积1582.4万平方米，比上年末下降27.4%；印发金融去杠杆化解存量债务、创新金融服务等20条政策，规模以上工业企业资产负债率为55.3%，同比降低0.5个百分点；着力降低企业成本减轻企业负担，明确落实普惠性减税政策等8个方面29项支持措施，规模以上工业企业每百元主营业务收入中成本为87.58元，同比减少0.40元；出台保持有效投资力度着力补齐短板实施方案，短板领域投资实现较快增长，基础设施投资比上年增长15.7%，高于全部投资增速7.3个百分点，生态保护和环境治理业、农林牧渔业投资比上年分别增长36.7%和45.6%，分别快于全部投资28.3和37.2个百分点。

【简政放权改革持续深入】 大幅削减行政审批事项，落实国务院第二批取消152项中央指定地方实施事项、取消13项国务院部门行政许可事项、第二批清理规范192项国务院部门行政审批中介服务事项；先后2次组织省政府部门对权力清单再“瘦身”，自行取消下放122项省政府部门行政权力，省级行政审批事项由2012年底的1495项精简到442项，削减率达到70%以上；取消省政府部门行政许可中介服务事项8项。全面清理规范投资项目报建审批事项，由59项整合减少为40项；开展投资项目审批流程再造，将审批流程整合为立项、用地审批、规划报建、施工许可、竣工验收5个阶段。完善审批标准化体系，召开全省现场会推广邯郸行政审批规范化标准化做法，编制省市县行政许可事项目录。出台省级公共服务事项清单（2016年版）。设立行政审批局改革试点由15个扩大到33个，邢台、衡水市率先实现县级行政审批局全覆盖。开展机关内设机构和精简人员编制改革，省级共精简内设机构170个、编制938名，分别压减17.88%、10.12%；设区市级选择邯郸市先行试点。推进事业单位改革，在原先事业单位分类和清理规范基础上率先进行“回头看”，出台进一步开展事业单位清理规范工作意见，启动承担行政职能事业单位改革试点。出台深化扩权强县改革意见，在向所有县（市）普遍放权基础上，选择59个县（市）赋予其部分市级经济社会管理权限，推动县域经济加快发展。

【商事制度改革成效明显】 降低市场主体准入条件，普遍实施先照后证改革，对工商登记前置审批事项目录实行动态管理，印发河北省工商登记后置审批事项目录；“多证合一、一照一码”改革如期完成，先于国家将统计登记证和公章刻制备案、在全国率先将社会保险登记证纳入多证合一改革范围，全省共发放“一照一码”营业执照69万余张。推进企业登记、退出便利化，进一步放宽住所（经营场所）登记条件；印发开展企业简易注销改革试点工作意见，在试点基础上10月1日起全省全面试行企业简易注销改革。推进“双随机、一公开”监管，建立健全“一单两库一细则”，推行跨部门联合抽查。推进企业登记电子化，实现企业名称核准全程网上办理，向社会开放省市县三级企业名称库；电子营业执照发放范围扩大到全部企业和所有行业。实行涉企信息统一管理，归集省直部门涉企信息1752万条，向社会公示市场主体信息3000多万条、行政处罚信息6.8万件，企业信息统一归集共享机制初步形成。1—12月，全省新登记市场主体102.4万户，同比增长38.64%；截至12月底，全省市场主体总量达到405.8万户，同比增长23.83%，增速全国第一。

【财税金融改革步伐加快】 深化新一轮财税体制改革，改革省对下财力性转移支付、财政资金使用管理、深化省财政直管县改革、省以下财政事权与支出责任划分和县乡财政改革等重要政策先后出台；预算管理制度改革走在全国前列，预决算信息公开进一步落实，政府购买服务改革深入推进，地方国库现金管理试点顺利实施；清理甄别锁定政府存量债务，出台债券招标发行规则和兑付办法，开展债务管理工作绩效评价，全口径政府债务管理机制逐步完善；制定实施支持农业转移人口市民化若干财政政策，支持贫困县开展统筹整合使用财政涉农资金试点。启动实施全国唯一的水资源税改革试点，截至2017年3月31日全省共入库水资源税11.61亿元，较2015年月均水资源费入库增加0.75亿元，增长108%；全面推开营改增试点改革，试点行业全年减税360多亿元，98%以上试点纳税人税负低于原有水平；出台深化国税、地税征管体制改革实施方案。深化金融体制改革，出台普惠金融发展实施方案和引导民间融资创新发展意见；成立省地方金融监管局，落实地方金融监管责任；运用大数据技术监测预警非法集资活动，全国首创的涉嫌非法集资监测预警信息系统投入使用；中国进出口银行河北省分行挂牌开业，实现政策性银行在河北区域全覆盖；全省新增境内外多层次资本市场挂牌上市公司261家，企业通过股票和发行债券等方式完成直接融资2000亿元，同比多增699亿元；深化农村信用社改革，全省40家县级联社启动改制，7家农商行挂牌营业，11家市级机构全部改组为区域审计中心；建立政银保合作模式，促进小微企业融资发展。

【投融资体制改革稳步实施】 出台深化投融资体制改革

的实施意见，在全面贯彻落实国家改革意见的基础上，在探索实行不再审批管理模式、创新多评合一的中介服务新模式、试行投资项目审批首问责任制等6个方面进行了细化、创新和突破。依托国家重大建设项目库，开展项目分级储备，编制并上报了政府投资项目三年滚动投资计划。印发投资项目省级网上并联审批管理暂行办法，将范围扩大到备案类企业投资项目和作为政府内部审批事项的政府投资项目；加快完善投资项目在线审批监管平台建设，实现网上受理、办理、监管“一条龙”服务和国家、省、市、县四级贯通，全年申报项目1.16万个，总投资3.61万亿元。着力激发民间投资活力，清理不利于民间投资准入的政策法规，出台进一步促进民间投资32条等政策措施，全年民间投资2.40万亿元，增长5.6%，占全部投资比重为76.7%；大力推广PPP模式，建成省政府和社会资本合作网站，国家财政部第三批PPP示范项目河北省以1704亿元投资规模居全国第一，国内最大PPP项目太行山高速全线开工，廊涿城际列入国家引进社会资本示范工程。促进股权投资基金业健康快速发展，印发河北省促进股权投资基金业发展办法，降低基金注册资本和单个投资者投资额标准门槛，取消年检等环节，省级股权投资基金初具规模，79支子基金引导社会资本投入206亿元。制定促进创业投资持续健康发展的实施意见。

【价格改革取得新突破】 在全国率先出台推进价格机制改革的实施意见，在国家确定的目标和时限基础上先行一步，建立完善促进转型升级、节能环保6个价格政策体系。率先出台推进农业水价综合改革的实施意见，在63个县（市、区）落实“超用加价”和“一提一补”农业水价改革政策，推广节水灌溉技术900.8万亩。简化销售电价分类，实现工商业用电并类和农业生产到户用电同网同价，两次降低工商业用电价格，减轻用电负担近32亿元。出台进一步完善水价调整机制的意见。在省内已通气城市全面推开居民生活阶梯气价制度。印发推进医疗服务价格改革实施意见，分两批放开公立医疗机构辅助生殖等72项个性化医疗服务项目价格，建立低价药品清单动态调整机制。在河北师范大学等3所高校开展学分制收费试点，将高校收费由按学年收费改为按学分收费。

【企业和重点行业改革扎实推进】 深化国有企业改革，出台国有企业功能界定与分类实施意见及相关管理办法，国有企业改革制度体系初步建立；省国资委监管企业深化“瘦身健体”改革，29家重点国企整合重组为17家；开展混合所有制企业员工持股、落实企业董事会职权、市场化选聘经营管理者和国有资本投资运营公司等4项改革试点；省国资委监管企业公司制改造基本完成，其中混合所有制企业达到436户，占比34%；全面推进国有企业“三供一业”分离移交改革，加快剥离国有企业办社会职能。优化非公有制经济发展环境，出台大力改善营商环境、促进民营经济又好又快发展的意见；公布2016年版省级涉企收费和罚没事项等目录清单，将免征的18项行政事业性收费范围扩大到所有企业和个人，清理6项省立收费，停征2项省级收费，减轻企业负担约10亿元；出台在市场体系建设中建立公平竞争审查制度实施意见，将涉及市场主体经济活动的规章、规范性文件和其他政策措施均纳入审查范围。电力体制改革成效初显，出台省电力体制改革实施方案，成立深化电力体制改革领导小组；争取国家批准开展输配电价改革试点和售电侧改革试点，沧州临港经济技术开发区、曹妃甸化学园区被列为国家第一批增量配电业务改革试点；印发电力用户与发电企业直接交易方案、售电公司准入与退出管理细则，河北、冀北电力交易机构分别挂牌运行，全省实现直接交易电量104.5亿千瓦时，降低用户购电成本5.34亿元。出台盐业体制改革实施方案。

【科技体制改革创新突破】 深化科技体制改革、加快科技创新建设创新型河北、激发科研人员创新创业活力等一系列重要政策措施相继出台，形成“3＋17”政策包。整合科技计划，将省级财政科技计划从8类、44个专项整合为5大类、28个专项，选择省科技成果转化中心等4个单位开展项目管理专业机构试点。出台省级科研经费管理和科研项目资金管理配套政策，劳务费预算不再设置比例限制，间接费用比例提高至20%。鼓励保护科技成果转化，完善研发费用扣除项目鉴定办法，转化收益的70%用于奖励科技人员，修订河北省促进科技成果转化条例。出台科技型中小企业贷款风险补偿实施细则和科技创新实施细则，天使投资引导基金初步设立。基本建成联通京津省内市县的技术交易、技术转移、创业培训三中心和科技金融、科技资源共享两平台体系。进一步完善知识产权运用保护制度。完善双创发展机制，实施新兴产业双创“三年行动”，举办首届双创活动周，打造一批双创支撑载体，全省众创空间达到200家。筛选建设首批14个省级战略性新兴产业示范基地，建成一批产学研协同创新机构。

【构建开放型经济新体制取得新进展】 京津冀协同发展实现新突破，印发实施河北省推进京津冀协同发展规划，编制完成“三区一基地”4个功能定位规划、27个专项规划和4个国家专项规划实施意见；筛选确定并加快建设曹妃甸协同发展示范区等11个省级和53个市级重点非首都功能疏解重点承接平台；研究起草加强京津冀产业转移承接平台建设的指导意见；开展京津冀社会保障、公共服务、要素市场一体化等改革试点示范。京津冀系统推进全面创新改革试验方案获国家批复，启动建设京南国家科技成果转化试验区和京津冀大数据综合试验区。深入推进招商引资体制机制改革，出台促进加工贸易创新发展、融入国家自由贸易区战略等实施意见，对外直接投资增长42.6%；扩大外商投资快速审批试点范围，将投资总额在3亿美元以上、不需要综合平衡的鼓励类外商投资企业设立变更审批下放到各市办理；完善国际产能和装备制造合作机制，加快优势产能走出去步伐，河钢德高、河钢塞尔维亚等一批境外合作项目顺利实施。召开全省开发区改革发展大会，出台加快开发区改革发展的意见及机构编制和人事薪酬改革、专项资金管理、土地储备供应管理、“飞地”税收分享、综合发展水平评价考核机制等一系列配套措施，形成“1＋N”政策体系；按照“一区多园”、一县重点打造一个开发区的原则全面优化整合全省开发区，将全省249家开发区整合成180家；创新运营机制，90多家开发区的区中园或重点项目实行了市场化运营，开发区成为拉动经济增长的重要引擎。口岸开放取得新进展，黄骅港综合港区正式开放，石家庄综合保税区通过国家验收，电子口岸“单一窗口”实现上线运行。

【社会事业改革迈出新步伐】 完善社会保障制度，全面整合城乡居民基本医疗保险制度；首次同步调整企业和机关事业单位退休人员养老金待遇，推进机关事业单位养老保险制度改革，完成养老保险关系无障碍转移接续，北戴河生命健康产业创新示范区获国务院批复；健全特困人员救助供养制度，将省级低保、五保、临时救助、孤儿保障金、流浪乞讨、贫困残疾人生活补贴、重度残疾人护理补贴和城乡医疗救助整合为困难群众基本生活保障补助金，实行低保线和扶贫线“两线合一”；实施全面两孩政策；建成保障性住房18.4万套，改造各类棚户区17万套。深化教育领域改革，进一步完善城乡义务教育经费保障机制，对就读于省内公办普通高中、中职学校、普通高校（不含独立学院）的建档立卡家庭经济困难学生实行免学费、免住宿费、免费提供教科书、享受国家助学金等政策，出台考试招生制度改革实施方案和统筹推进一流大学和一流学科建设意见。推进医药卫生体制改革，出台进一步深化公立医院综合改革的指导意见，全面推开县级公立医院改革，张家口市、邢台市、沧州市、衡水市被确定为第四批公立医院改革国家联系试点城市；创新公立医院人员编制管理方式，变编制管理为人员使用控制数管理、审批管理为备案管理；扩大分级诊疗试点范围，在全国率先放开只提供传统中医药服务的门诊部和诊所审批；在全国率先完成常用低价药品直接挂网，启动京津冀药品联合采购。推进旅游业管理改革，出台旅游业发展体制机制改革意见，将省旅游局改设为省旅游发展委员会，并调整为省政府组成部门；在4A级以上景区建立“管委会＋村镇＋公司”管理运营模式，形成景村共建与脱贫攻坚相结合的管理体制；深化旅游投融资体制改革，成功举办首届省旅发大会，京西百渡休闲度假区以少量财政资金撬动社会资本投入近300亿元。

【其他领域改革取得积极进展】 深化公务用车制度改革，省以下党政机关公车改革全面完成，在全国率先出台省级企事业单位公车改革指导意见。出台加快发展生活性服务业促进消费结构升级实施意见。社会信用体系建设步伐加快，出台建立完善守信联合激励和失信联合惩戒制度加快推进社会诚信建设的实施意见；制定河北省信用信息共享平台总体建设方案，沿海3市及石家庄、保定、廊坊信用平台建成并实现与省平台对接联通；制定河北省企业信用联合奖惩办法，公布第二批环境违法和拖欠农民工工资失信企业黑名单、食品药品安全领域首批失信企业黑名单并制定联合惩戒措施；实施统一社会信用代码。全省公共资源交易平台整合基本完成，省本级公共资源交易平台和13个市级（含定州、辛集）平台全部实现整合；在四大类项目全部实现进场交易的基础上，将医疗设备和疫苗采购、排污权交易项目纳入统一平台进场交易；在全国较早实现公共资源交易电子公共服务系统上线试运行，首批实现与国家系统对接整合。

【试点先行示范效果进一步显现】 承担国家的新型城镇化、可再生能源示范区、中小城市综合改革等80余项试点任务顺利推进，新争取国家部委在河北省开展试点30余项，基本涵盖行政审批、财税金融、城镇建设、科技创新、对外开放、社会事业等各领域。对省级自行开展的各类试点进行清理，保留实施24项专项试点，城乡医保一体化、阜平金融扶贫模式等成熟经验先后在省内推广。扎实推进省级综合改革试点，经省委、省政府批准新设立大厂省级综合改革试点，对衡水市“三区同建”等10项、威县河道确权等4项改革经验进行了总结评估，经省委、省政府同意后推广。

（河北省发展改革委体改处　田芙菁）

【农业农村改革】 按照中央和省委、省政府部署，不断深化农村改革，全力推进农村土地确权登记颁证、培育新型经营主体、发展多种形式适度规模经营、壮大集体经济等重点工作，取得显著成效。一是全力推进农村承包地确权登记颁证工作。2016年河北省被农业部确定为国家整省推进试点，全省上下全力以赴，扎实推进。截至2016年底，全省有2054个乡镇、46736个村开展工作，分别占全省涉农乡镇总数的99.3%和全省涉农村总数的96.4%；完成外业调查面积9423.4万亩，外业调查信息二次公示无异议面积9176.8万亩，分别占全省“二调”耕地总面积的95.7%、93.2%。具体措施：抓工作推动，年初召开全省工作会议，全面部署年度工作，制定整省推进试点方案，细化工作步骤，明确工作内容和要求，上报农业部备案，会同有关部门密集调度，及时出台配套措施，根据工作形势变化，在九步工作法的基础上，梳理细化后续工作步骤15条。做到每一项工作有目标、有方向、有步骤。抓力量保障，落实2016年度中央财政专项扶持资金4.5亿元，省级补助资金3亿元，与财政厅会商，保障2017年度省级数据库和信息平台建设经费、验收经费和培训经费1000万元。举办省级培训班8期，培训市县业务骨干和专业技术人员2000余人。为保质保量完成任务提供了财力、人才和技术支撑。抓责任落实，省委、省政府把确权登记颁证工作作为深化农村改革的重点，纳入台账管理，对进展不力的市级党委、政府主管领导进行约谈问责。会同省委改革办组织了专项督导，河北省农业厅检查月通报制度，对进展缓慢的地区重点督导。二是下大力培育新型经营主体。紧紧围绕粮食生产和特色优势产业，突出产、加、储、运、销等环节，多举措推进快速规范发展。截至2016年底，在工商部门注册的家庭农场2.34万家，农民合作社10.89万家，分别比2015年增长61.4%和16.7%，其中合作社总量居全国第三位。具体措施：着力破解发展难题。为解决基础薄弱问题，集中财力重点支持，2016年度省级财政专项补助资金3500元重点扶持116个省级示范社和100个省级示范家庭农场。为解决设施用地难的问题，会同省国土资源厅研究进一步规范设施农用地管理，支持设施农业健康发展。为解决联合社注册登记难问题，会同省工商等部门采取措施为其提供便捷高效的工商注册登记服务。着力提升规范化水平。大力开展示范社创建行动，新增国家级示范社45家、省级示范社480家、省级示范家庭农场200家。全省共建成国家级示范社311家，省级示范社1168家，建成形成了国家、省、市、县四级示范社名录；省级示范家庭农场400家，并实行动态监管，为全省农业规模化经营树立了样板。着力引导产销对接。抓住京津冀协同发展有利时机，加强与京津销售商、加工企业联合与合作，举办了首届百社百场电商对接培训会，推动优秀农民合作社、家庭农场与电商等现代营销主体对接，促进生产与销售结合。三是积极发展多种形式适度规模经营。规范土地流转促进规模经营。加强县乡流转管理服务机构建设，涉农县、乡普遍建立健全了流转中心，完善了流转管理制度，流转合同签订率、乡镇备案率分别达到86%和70%。截至2016年底，全省土地流转面积2611万亩，流转率31%，较2015年底增长3.3个百分点。创新经营形式推动规模经营。在130个村试点土地股份合作，鼓励支持农村致富带头人、农民合作社、龙头企业、村两委等多元主体领办创办。在8个县组织开展农业生产全程社会化服务试点，在全省选择97个土地托管服务组织开展土地托管示范行动，带动农民合作社、农机大户等新型农业服务主体开展土地全托管或半托管服务，涌现出滦县百信合作社、张家口万全农机联合社、栾城天亮合作社等一批优秀托管组织，助推现代农业发展。建立健全风险防范机制护航规模经营。加强工商资本租赁农地监管和风险防范，指导各地建立上限控制、分级备案、资格审查、风险保障金等制度，加强事中事后监管，确保在推进规模经营中保护好农民合法权益。四是发展壮大集体经济，增加农民收入。贯彻落实省委省政府发展集体经济文件精神，印发《关于积极促进农村集体经济发展的实施意见》，明确集体经济发展主要途径，推动集体经济发展。研究起草《关于发展壮大农村集体经济的实施意见》。开展农民增收情况调研，撰写并提交了《河北省农民收入情况分析》，详细分析了河北省十二五期间农民收入增长变化趋势等情况，提出了促进农民增收的建议。五是加快农村股份合作经济组织发展。制定出台了《关于鼓励支持农村股份合作制经济发展的指导意见》，明确了指导思想、基本原则、发展领域、发展形式、发展路径和政策支持措施等，并完善《河北省建立农村股份合作资金风险防控机制实施意见》《河北省农村股份合作制经济组织运行规范》等配套文件。截至2016年底，全省农村股份合作制经济组织达13127家，带动农户257万多户，年经营收入达到446亿多元，辐射全省44%行政村，其规模效应、示范作用日渐显现，生命力日渐强大，正在成为发展现代农业、有效促进农民增收和扶贫攻坚的重要突破口。六是创新金融保险支持现代农业工作。为加快构建省市县农业信贷担保体系进行安排部署，与省财政厅联合下发了《关于推进农业信贷担保工作构建农业信贷担保体系的通知》。会同省财政厅研究制定省级特色农业保险试点险种目录，对于未进入政策性保险补贴范围的特色农业产业产品列入试点范围，制定奖补政策。将河北省地方性农业设施保险保费补贴政策范围由现在的29个县依地方申请扩展到全省。提高奶牛保险的风险保障水平，将奶牛物化成本金额由每头5600元提高到每头8500元以上。在乐亭、迁西、昌黎和黄骅市4个水产特色养殖大县（市、区）开展“水产养殖保险”项目，采取气象指数和损失认定两种保险方式，对海湾扇贝、淡水鱼、对虾和海参四个水产品种，以“渔业互助保险”模式，为渔民、渔业合作社和渔业企业提供政策性水产养殖保险服务。目前，承保养殖地面积1.8万余亩，总保额约1800万元。

（河北省农业厅办公室　张宝立）

对外开放

【外贸出口逐季回稳】 据石家庄海关统计，1—12月份全省外贸进出口完成3074.76亿元，与上年同期相比（下同）下降3.7%。其中，出口2014.53亿元，下降1.3%；进口1060.23亿元，下降8.0%。贸易顺差954.3亿元，扩大7.0%。与全国相比，进出口、进口降幅分别深于全国2.8和8.6个百分点，出口降幅浅于全国0.6个百分点。全省出口总值从去年的第15位跃升到第12位，排位前移了3位；全省出口总值占全国出口总值的1.45%，比去年提高了0.01个百分点。2016年，第一季度进出口、出口、进口分别下降15.3%、10.5%、23.5%；第二季度进出口、出口分别增长0.3%和4.8%，进口下降7.9%；第三季度进出口、出口、进口分别下降6.4%、3.9%、11.0%；第四季度进出口、出口、进口分别增长6.8%、4.3%、11.3%。

【10大市场出口5增5降】 2016年，全省10大出口市场中，对俄罗斯、沙特、欧盟、印度、韩国出口分别增长9.0%、4.1%、3.7%、3.5%和1.5%；对美国、台湾省、日本、东盟、香港出口分别下降2.0%、3.1%、4.0%、4.7%、15.6%。对“一带一路”沿线市场出口847.8亿元，下降0.5%；对28个新兴市场出口824.7亿元，下降1.7%。欧盟、俄罗斯、韩国、印度、沙特出口占比分别提高0.8、0.7、0.2、0.2、0.1个百分点；东盟、美国、日本、香港出口占比分别减少0.6、0.1、0.2、0.3个百分点。

【主体队伍日益壮大】 截至2016年底，全省对外贸易经营者备案登记企业达到29849家，其中，当年新备案企业4221家；2016年，全省有进出口实绩的企业11291家，较上年增加801家，外贸零突破企业2523家。出口百强企业中，53家企业出口实现正增长。

【民营企业进出口、出口增长】 2016年，民营企业进出口增长1.3%，其中，出口增长6.1%，进口下降10.2%。

进出口、出口增幅分别好于全省平均水平 5.0 和 7.4 个百分点，进口降幅深于全省平均水平 2.2 个百分点。进出口、出口占比分别为 58.3%、65.9%，分别提高 2.8、4.6 个百分点；进口占比 44.0%，减少 1.2 个百分点。外商投资企业进出口、出口和进口分别下降 14.9%、16.3%和 13.2%，占比分别为 24.0%、19.8%和 31.9%，分别减少 3.2、3.5 和 2.0 个百分点。国有企业进出口、出口分别下降 2.0%和 8.0%，进口增长 5.9%，占比分别为 17.7%、14.3%和 24.1%，出口占比减少 1.1 个百分点，进出口、进口占比分别提高 0.3 和 3.02 个百分点。

【一般贸易占比超过九成】 2016 年，全省一般贸易进出口下降 1.3%，占比 91.6%，提高 2.3 个百分点。其中，出口增长 2.2%，占比 91.1%，提高 3.2 个百分点；进口下降 7.2%，占比 92.7%，提高 0.8 个百分点。加工贸易进出口下降 23.3%，占比 7.0%，减少 1.8 个百分点。其中，出口下降 25.3%，占比 7.6%，减少 2.4 个百分点；进口下降 20.0%，占比 5.8%，减少 0.7 个百分点。其他贸易方式进出口 43.23 亿元，下降 29.8%。其中，对外承包工程货物出口 21.8 亿元，下降 15.1%；以海关特殊监管方式进出口 15.9 亿元，下降 43.5%，出口 4.6 亿元，下降 70.1%；进口 11.3 亿元，增长 20.1%。

【各市目标任务完成情况不均衡】 2016 年，承德、沧州、廊坊、邢台、衡水、石家庄、秦皇岛进出口分别增长 27.7%、9.8%、8.9%、7.7%、6.2%、5.5%和 1.5%。其中，承德、衡水、邢台、石家庄、秦皇岛、沧州、廊坊出口分别增长 22.6%、12.0%、8.2%、6.8%、5.6%、4.0%和 2.5%，张家口出口降幅浅于全省平均水平 0.4 个百分点；承德、沧州、廊坊、邢台、石家庄进口分别增长 144.4%、29.8%、15.0%、6.4%和 3.5%，秦皇岛进口降幅浅于全省平均水平 2.0 个百分点。2016 年，承德、衡水、邢台、秦皇岛、廊坊、沧州分别完成出口目标任务的 116.8%、107.0%、104.7%、100.6%、100.0% 和 100.0%；石家庄、张家口、保定、邯郸分别完成出口目标任务的 98.4%、94.4%、91.3%和 91.1%；唐山、定州、辛集分别完成出口目标任务的 84.4%、70.8%和 59.4%。

【对外投资实现跨越式增长】 2016 年河北省积极融入国家“一带一路”战略，着力推进国际产能和装备制造合作，企业对外投资实现跨越式增长。全省备案（核准）对外投资企业 132 家，对外协议投资总额 36.3 亿美元，同比增长 18.5%；中方对外协议投资额 33.5 亿美元，同比增长 42.6%；实际对外直接投资额实现 31.3 亿美元，同比增长 2.5 倍。在全国省市区位次由 2015 年的第 19 位跃升至第 10 位。境外投资企业主要分布在中国香港、澳大利亚、塞尔维亚、美国、卢森堡、俄罗斯、加拿大、智利、墨西哥、赞比亚等国家和地区，较 2015 年新增塞尔维亚、黑山、白俄罗斯、安提瓜和巴布达等 7 个国家。

【对外承包工程和劳务合作回升态势明显】 2016 年，全省对外承包工程新签合同额实现 46.7 亿美元，同比增长 20.9%；完成营业额 27.9 亿美元，同比下降 27.9%，按营业额排序居全国第 11 位。对外承包工程主体业务主要涉及石油勘探与管道工程、建筑建材及电力、路桥施工等领域，主要项目有河北建工集团委内瑞拉五星级酒店、廊坊华元机电工程公司香港国际机场改建等工程项目。对外劳务合作发展态势良好，新签合同工资总额、实际收入总额和派出人数，同比分别增长 1.3 倍、1.2 倍和 2.8 倍。对外承包工程对设备原材料出口和对外劳务输出带动作用明显，对外承包工程项下原材料和机械设备出口 3.3 亿美元，全省工程项下在外务工人员 6343 人。

【河北省承担对外经济技术援助】 共承担了 10 项针对非洲、东南亚和中东欧发展中国家的对外工程、物资和培训援助项目，主要涉及工程建设、人道救灾和人才培训。

【开展国际产能合作步伐加快】 经过多年的持续培育和发展，河北省积累了开展国际产能合作的独特优势，产能优势明显、技术水平先进，主要污染物排放标准达到或超过欧洲主要国家限值，企业“走出去”具备了良好的条件，一批国际产能合作大项目顺利实施。2016 年，河钢集团并购塞尔维亚斯梅代雷沃钢铁厂项目于 6 月份顺利交割，河钢在中东欧拥有了 220 万吨钢铁产能的生产基地；冀东发展集团在南非投资建设的年产 100 万吨曼巴水泥项目一期工程正式投产；中信戴卡公司在美国投资建设的年产 300 万只铝车轮工厂建成投产；新奥集团斥资 7.5 亿美元收购澳大利亚桑托斯天然气公司 11.82%股权，成为这家亚太领先能源企业的第一大股东；河北新大东纺织有限公司投资越南的年产 8 万锭纱纺织厂二期项目投产运行；长城汽车公司在俄罗斯图拉州投资建设的 15 万辆 SUV 整车项目一期工程顺利推进；晶澳太阳能公司继投资马来西亚 400MW 光伏组件生产厂于 2015 年 10 月建成投产后，投资越南的 1.5GW 光伏硅片生产企业已于 2016 年 11 月开工建设；河北福成五丰食品公司积极布局产业链下游，已成功收购澳大利亚 4 家农牧场。

【融入“一带一路”成效显著】 2016 年，全省对“一带一路”沿线国家备案（核准）对外投资企业 33 家，中方投资额达 16.2 亿美元，占全省中方投资额 48.3%，同比增长 2.3 倍。河北省对亚洲周边国家的投资合作日益深化。华夏幸福基业股份有限公司积极构建境外产能合作平台，投资建设的印尼唐格朗产业新城前期项目已于 2016 年 12 月开工，越南、印度、埃及等国家产业新城项目已签署《谅解备忘录》，海外产业新城项目建设稳步推进；河北万特生物化学有限公司投资柬埔寨特许林地综合开发、河北天顺有限公司并购乌兹别克斯坦电缆生产、秦皇岛通联集团老挝矿产资源和农业开发等一批项目进展顺利。河北省对中东欧国家的投资合作持续推进。2016 年 6 月中旬，在河北省唐山市成功举办了第三次中国—中东欧国家地方领导人会议，省领导成功出访中东欧国家，双方在经贸领域合作取得了丰硕成果。2016 年，除河钢集团并购塞尔维亚斯梅代雷沃钢铁厂项目外，河北美客多食品集团有限公司在罗马尼亚投资 7590 万美元从事肉鸡养殖及加工销售项目、保定博阳文化交流有限公司在黑山投资 2000 万美元从事中医服务及教育培训项目、河北辰邦国际贸易集团在匈牙利投资510万美元合作建设仓储物流项目等均在加快实施。截至2016年，全省对中东欧国家投资企业已有14家，中方投资额累计11.9亿美元。河北省不断扩大深化与"一带一路"沿线国家特别是中东欧地区的合作对接，对外投资呈现出新的格局。2016年，全省在"一带一路"沿线31个国家实施对外承包工程业务，比2015年新增4个国家；新签合同额总计33.9亿美元，同比增长55%，占全省同期新签合同额总量的72%。此外，各类区域经济组织市场亮点纷呈，其中对亚太经合组织、东南亚国家联盟、20国集团、转型经济体、上海合作组织、加勒比国家联盟及葡语国家等，新签合同额均比2015年同期实现大幅增长。随着"一带一路"和区域合作战略的深入推进，河北省对外承包工程企业将迎来巨大市场机遇。

【利用外资任务超额完成】 2016年，全省实际利用外资81.5亿美元，同比增长10.6%，完成全年目标任务(77.4亿美元)的105.3%。其中，外商直接投资73.5亿美元，同比增长19.0%。全省新批合同外资33.5亿美元，同比下降41.1%。

11个设区市均超额完成全年利用外资任务，大项目拉动作用明显。2016年，邢台、保定2市实际利用外资大幅度增长，增幅分别为147.7%、62%；衡水、张家口、承德、邯郸、沧州、唐山6市较大幅度增长，增幅分别为42%、38.3%、25.4%、24.5%、19.5%、19.2%；石家庄、廊坊、秦皇岛3市增幅较小，分别为6.9%、6.1%、5%。11个设区市均超额完成全年利用外资任务，张家口、承德、沧州3市超额完成任务幅度较大，分别完成全年任务的135.3%、125%、113%，分别超额12003万美元、4006万美元、6506万美元；廊坊、秦皇岛、石家庄、保定、邯郸、衡水、邢台、唐山8市超额完成任务幅度较小，分别完成全年任务的105.5%、104.6%、102.8%、102.7%、101.6%、101.1%、100.8%、100.2%，分别超额4207万美元、3938万美元、3370万美元、1776万美元、1656万美元、252万美元、422万美元、301万美元。

新批合同外资降幅收窄，沧州、衡水、保定、唐山4市保持较大增幅。2016年，全省新批合同外资33.5亿美元，同比下降41.1%，降幅由前11个月的63.1%收窄到41.1%。沧州、衡水、保定、唐山4市新批合同外资同比增长，增幅分别为149.3%、79.9%、54.5%、22.4%；张家口、秦皇岛、邢台、石家庄、廊坊、邯郸、承德7市新批合同外资同比下降，降幅分别为97.9%、95%、93.6%、46.9%、34.5%、32.5%、27.2%。

服务业外商直接投资降幅，制造业外商直接投资增幅双收窄。2016年，服务业外商直接投资11.6亿美元，同比下降36%，降幅比前11个月的45.3%收窄了9.3个百分点，占全省外商直接投资的15.7%，比去年同期占比降低13.6个百分点；制造业外商直接投资54.7亿美元，同比增长42.3%，增幅比前11个月的97.8%收窄了55.5个百分点，占全省外商直接投资的74.4%，比去年同期占比提高12.2个百分点。服务业中，批发和零售业9050万美元，信息传输软件和技术服务业4456万美元，科学研究和技术服务业11324万美元，同比分别增长123%、57.2%、14.9%；金融业5697万美元，交通运输仓储和邮政业17647万美元，房地产业52268万美元，同比分别下降74.3%、69.8%、15.6%。制造业中，电气机械和器材制造业43886万美元，食品制造业31424万美元，石油加工、炼焦和核燃料加工业17956万美元，同比分别增长8.1倍、6.4倍、4.3倍；计算机通信和其他电子设备制造业15380万美元，专用设备制造业9399万美元，非金属矿物制品业15522万美元，同比分别下降63.1%、35.4%、31.8%。

美国、新加坡、韩国、英国投资快速增长。2016年，亚洲国家(地区)对河北省直接投资47.7亿美元，同比增长14.6%，占全省外商直接投资的64.8%，比重比去年同期降低2.5个百分点，其中新加坡、韩国、香港对河北省直接投资分别为5.9亿美元、2.8亿美元、34.3亿美元，同比分别增长458.4%、133.4%、0.9%；欧洲国家对河北省投资5.4亿美元，同比增长37.4%，其中英国投资1.6亿美元，同比增长1.3倍；美国对河北省直接投资为3.7亿美元，同比增长4.6倍。对河北省直接投资前五位的国家(地区)是香港(34.3亿美元)、英属维尔京群岛(9亿美元)、新加坡(5.9亿美元)、开曼群岛(3.9亿美元)、美国(3.9亿美元)。

(河北省商务厅　张丹雨)

石家庄海关

【概述】 2016年，石家庄海关关区税收入库299.64亿元；进出口货运量3.9亿吨；进出口货值354.1亿美元；报关单9.5万份；监管运输工具1.3万辆(艘)；监管集装箱19.8万箱次；进出境人员66.6万人次；关区减免税证明1697份；减免税货值3.57亿美元；减免税款3.67亿元；加工贸易合同备案1017份；加工贸易合同备案8.62亿美元；立案刑事案件9起，案值1.17亿元；结案刑事案件3起，案值620.2万元；立案调查行政案件112起，案值2.64亿元；结案行政案件108起，案值1.51亿元；罚没入库319万元。

【海关服务】 2016年，石家庄海关牢固树立"服务全省经济发展是海关工作题中应有之义"理念，紧紧围绕省委省政府"经济强省美丽河北"战略部局，稳步推进业务改革，不断创新服务举措，主动融入全省经济社会发展大局，积极助力全省扩大对外开放、实现绿色崛起。认真落实国家和总署支持外贸发展的政策措施。紧密结合全省外贸发展需要，研究制定有针对性的服务举措，切实将国家和总署支持外贸发展的政策措施在全省落地生根。积极落实供给侧结构性改革部署，推进"放管服"改革，促进外贸回稳向好，保证全省企业能及时有效的享受到改革红利。根据国家和总署关于加快推进市场采购贸易的部署，积极支持保定白沟开展市场采购贸易试点，11 月 30 日，白沟市场采购贸易首票货物顺利通关。推动国际快件业务正式运行，打通进出境商业快件运输渠道，为石家庄机场成为华北地区航空货运及快件集散中心夯实基础。积极支持并配合开通冀欧、中亚、“秦－连－蒙”等国际货运班列，对融入“一带一路”，减轻企业成本，吸引企业投资起到促进作用。大力支持全省海关特殊监管区域建设。对海关特殊监管区域的规划和建设进行全程指导，为特殊监管区域项目引进提供意见参考和政策支持。先后支持石家庄综合保税区顺利通过国家正式验收并封关运行，武安保税物流中心通过验收；对京唐港保税物流中心建设进行全程跟踪指导；通过实地调研、协助规划把关、积极与总署沟通汇报等措施进一步加大黄骅港综合保税区的申办力度，有望早日获批；督促指导秦皇岛、廊坊出口加工区进行整改优化，其中廊坊出口加工区转型升级为综合保税区方案已上报国务院待批准；秦皇岛出口加工区正根据海关总署要求进行整改。积极支持符合条件的地区设立保税物流中心和仓库。深化海关作业改革，不断提高贸易便利化水平。继续落实全国通关一体化改革任务，京津冀区域通关一体化改革不断深化，区区联动改革稳步实施，通关效能进一步提高。继续推进并完善关检合作“三个一”，不断完善配套制度措施，稳步扎实推进“一次查验”、“一次放行”工作，推广“一站式”作业，全省共 306 家企业安装海关版“一次申报”系统。进一步深化通关作业无纸化改革，推进海关监管执法和服务模式创新。报关单无纸化率达到 96％以上，企业实现足不出户办理通关事务。不断深化“简政放权”，设立行政审批“一个窗口”，取消所有非行政许可审批项目。推动“关企合作平台”正式上线，整合提供多项服务功能，企业办理业务更加便捷。落实“四零”服务承诺制度，认真履行 7×24 小时预约通关承诺，确保进出口货物全天候、无障碍通关。加强“12360”海关服务热线建设，热情解答业务政策咨询，积极协调解决通关疑难问题，全年共受理咨询电话 6500 余个，热线服务质量满意度、答复满意度均为 100％。全面落实国家税收优惠政策。推动国家有关进出口税收优惠政策落地，结合河北产业转型升级方向，切实把政策性退税和减免税政策落实快、落实好，发挥优惠政策在引导转型升级、污染治理等方面的作用。做好预归类、预审价和原产地预确定工作，优化海关审批手续，加快减免税项目备案及审批办理速度，确保企业充分享受国家税收优惠政策。全年共办理《进出口货物征免税证明》1697 份，审批货值 3.57 亿美元，减免税款 3.67 亿元。努力打造干净健康口岸环境。“国门利剑 2016”行动战果丰硕，有力维护了河北省进出口贸易秩序，以实际行动践行“把河北口岸建设成干净健康口岸”承诺。认真做好外贸统计分析和监测预警。充分发挥海关外贸统计分析优势，不断提高监测预警能力和水平。针对全省外经贸运行情况开展前瞻性研究，坚持每月向省委、省政府报送《海关统计专报》和《农产品监测月报》，每年报送《外贸质量与效益综合分析报告》，定期报送专项商品进出口情况分析，及时反映进出口动态变化情况和国家政策措施实施效果，并从海关角度提出对策建议，所报载体全年共计被省委省政府采用 56 篇，为党政领导宏观决策提供了有力支持。

【通关秩序维护】 实际监管全面加强。认真开展复查复验，进一步加强行邮、快件、非贸业务监管，努力消除监管漏洞和盲区；开展海关监管场所专项整治，对监管场所进行全面安全隐患排查、清理核查，监管场所管理和运营更加规范；保税监管方面突出对加工贸易纺织类、毛皮类、水产品等重点商品及加工贸易归类、审价、新手册备案数量、在执行手册展期、内销等重点环节开展监控；稽查工作围绕政策焦点和监管弱点，区分资信等级和风险类型，综合运用常规、专项、主动披露、引入中介机构等方式实施稽查作业，不断加强后续监管。综合治税成效显著。积极应对主要税源商品价格大幅下降带来的不利影响，大力开展税收调研，密切跟踪税收进度，合理安排税收计划，牢牢掌握税收工作的主动权。规范审价业务操作，开展低价记录治理，推进减免税集中审核，发挥稽查、缉私等后续监管手段作用，积极推进加工贸易内销便利化，不断增强综合治税的合力，做到了应收尽收、当免则免，既无跑冒滴漏也没有征收“过头税”。执法管控有效开展。“双随机”改革任务提前完成，6 月份即实现了随机布控查验占比超过 90％、预定式布控查验占比超过 70％的目标，比总署规定的时间提前了两个月。发挥风险信息和风险分析先导作用，根据风险分析结果合理设置指令，提高风险防控针对性。大力推进海关综合业务管理平台深化应用，强化自主创新，结合关区风险防控重点、职能监控要点和内部审计热点，开发了 168 项特色自设监控查询功能。采取定岗定责、每日监控等方式探索开展舱单分析监控处置工作，实现严密监管与高效运作的协调统一，确保一方平安。

【打击走私】 努力打造干净健康口岸环境，“国门利剑 2016”行动战果丰硕，有力维护了河北省进出口贸易秩序，以实际行动践行“把河北口岸建设成干净健康口岸”承诺。成功侦破“海星皮毛制品有限公司走私案”，查证涉嫌走私毛皮 93 万余张，案值高达 2.66 亿元，偷逃税款 5535 万元，抓获犯罪嫌疑人 14 名，此案是该关近年来办理的最大宗涉税走私刑事案件，被海关总署缉私局列入一级挂牌督办。成功侦破“7.25 走私象牙案”，缴获象牙及其制品 1639 件、共计 101.42 公斤，创造了近年来海关在寄递渠道查获走私象牙制品的数量之最，总署缉私局专门发来贺电，并将该案列入二级挂牌督办。

【队伍建设】 全面加强班子自身建设。关党组认真贯彻习近平总书记系列重要讲话精神，忠诚履行责任，努力提高素质，积极拓展能力，深入改进作风，形成团结和谐、敬业干事的坚强领导集体。严格落实党组议事规则，认真贯彻民主集中制，班子的科学民主决策能力不断提高。修订《关党组加强自身建设的决定》，班子建设迈上新台阶。着力提高干部队伍能力素质。继续深入开展以“明明白白做事，清清白白作人”为主题的“两白人”活动，针对执法领域和内部管理方面的疑难问题进行课题攻关，探索加强业务建设的措施和优化内部管理的手段。将岗位练兵与“两白人”活动结合起来，通过组织广大关警员钻研业务知识，有效提高一线关警员的业务水平，为严格规范依法行政打下坚实基础。2016年行政执法继续保持零复议零诉讼。广泛开展“人人上讲堂”活动，让每一名同志根据自身特长和兴趣爱好选择内容登台授课，并将群众推选的优质精品课录成视频放到教育培训网上供全关区观摩学习。举办处长读书班和科长轮训班，组织处、科级领导干部进行集中学习培训，提高各级领导干部的政治素养、理论水平和管理能力。进一步强化作风纪律建设。努力打造全面过硬的海关准军事化纪律部队，突出内涵学军，注重日常养成，强调从严管理。严格执行内务规范，加强请销假管理，党组成员带队检查考勤和内务情况。通过抓常、抓细、抓长，始终保持了工作秩序良好，作风扎实严谨。大力加强窗口单位建设，推行“四零”服务，努力避免“门难进、脸难看、事难办”的现象，获得了广大进出口企业的普遍赞誉。

（石家庄海关办公室　牛钰强）

出入境检验检疫

【概况】　2016年，河北检验检疫系统深入贯彻落实上级决策部署，坚持把冀检事业发展置身于国家战略和质检事业、河北经济社会发展的大局之中，以新理念引领冀检事业新发展、以新举措促进冀检事业新发展，各项工作取得了显著成绩。率先在全国上线中国电子检验检疫主干系统，为该系统在全国顺利运行积累了宝贵经验，荣获总局主干系统建设突出贡献集体；成功承办了中国——中东欧第三次地方领导人会议食品安全专题论坛，积极服务了唐山世园会，赢得了社会各界的一致好评；积极争取质检总局向河北“单一窗口”开放了数据通道，在口岸执法部门中率先实现了进出口企业使用“单一窗口”申报；着力深化质量安全示范区建设，推动以省政府名义印发了《关于深入开展出口食品农产品质量安全示范区建设的意见》。

2016年，河北检验检疫局共检验检疫出入境货物12.11万批、货值249.05亿美元（同比批次增长14.61%、货值减少16.59%）。其中：检验检疫出口货物9.78万批、货值43.41亿美元（同比批次增长17.20%、货值增长3.23%）；检验检疫进口货物2.33万批、货值205.63亿美元（同比批次增长4.90%、货值减少19.84%）。共检出进出口不合格货物3095批、货值36.71亿美元，货值不合格检出率在全国35个直属局排名前列。在全省4个海港口岸和2个空港口岸，出入境人员查验58.42万人次，健康检查3.13万人次，艾滋病监测3.06万人次，预防接种2.89万人次，发现病例1.96万例，对6897艘进出境船舶、2559架次国际航班飞机进行了口岸卫生检疫。出入境集装箱报验6.77万标箱，查验1.73万标箱，卫生除害处理2.97万标箱。发现植物疫情310种类、2529种次。货物通关8.97万批次、货值254.81亿美元。

【抓质量】　河北出入境检验检疫局立足质量宏观管理，着力构建齐抓共管的质量共治格局，与河北省质监局签订了《质检合作框架协议》，密切了与各质量管理部门的工作联系；推动质量诚信体系建设，推荐上报信用管理AA级企业21家，18家企业获得“中国质量诚信企业”称号；通过检验、检测、通报、投诉、舆情等多种途径，广泛采集出口商品不良信息，调查出口退运工业品96批次，发现因质量原因退运30批、货值约608.1万美元。着力优化供给结构，推动内外销企业“同线同标同质”，筛选出有扩大内销需求的100家出口食品企业建立需求清单和档案，70家企业在“同线同标同质”公共服务平台上线，在全国检验检疫系统率先实现了“三同”产品进商超。

【保安全】　牢固树立总体国家安全观，有效履行把关职能，更加注重维护河北省生态安全、社会安全、经济安全。围绕生态安全，严格大宗资源性商品的检验监管，检出重金属含量超标不合格煤炭67批、34.85万吨，全部作了退运处理，调控减少18.07%煤炭进口，推进了大气污染防治。严格落实“检疫截获全覆盖”工作机制，实现了“检疫官—CT/X光机—检疫犬”综合查验模式，深入开展“美丽中国、绿蕾护航”专项行动，截获检疫性有害生物55种、1183种次，同比分别提高52.78%、10.66%，全国首次截获检疫性有害生物混点毛小蠹。围绕社会安全，打牢口岸核心能力基础，全省5个口岸全部以高于91分的优异成绩顺利通过复核；严防寨卡病毒病和黄热病等疫情传入，相关工作情况得到省主要领导批示肯定；深入实施进口食品“清源”行动计划，在口岸成功创建食品安全“A级餐饮示范区”；对危险化学品和易燃易爆物品风险排查实施常态化管理，对排查中发现的无安全生产资质、环保资质的8家危化品生产企业暂停报检及出口。围绕经济安全，积极开展口岸“天平行动”，发现重大短重案例16起，帮助辖区进口企业成功索赔350多万元。开展输非工业品监管和打击假冒伪劣“清风行动”，督办打假执法5起，维护河北制造形象。

【促发展】　大力推进通关便利化，深度融入全国检验检疫业务一体化进程，不断扩大京津冀检验检疫一体化通关模式实施范围和比例，经全国21个省份的口岸出口的所有河北货物均实施了出口直放，共计直放货物7.81万批次，惠及企业3136家，货值28.40亿美元，同比分别增长93.3%，170.81%和60.25%。积极推进河北电子口岸建设，在口岸执法部门中率先实现进出口企业使用“单一窗口”开展申报。积极推进品牌建设，2016年新增国家级示范区3个，5种产品获准成为生态原产地保护产品，支持品牌输出，指导君乐宝婴幼儿配方乳粉首次成功投放香港市场，推动质检总局加入《部（局）省共建中国奶业振兴示范省战略合作协议》签订，恢复鲜梨对印尼出口，启动加拿大食品检验署对我国出口粮食制品检查评估，为河北省速冻熟制肉馅包点打开加拿大市场奠定了坚实的基础。充分发挥技术优势，完成了对河北省7大外贸行业的119家外贸企业的国外技术性贸易措施影响调查工作，一些分支机构在帮助企业破解国外技术措施方面进行了有益探索。积极引导企业用足政策利好，通过签发各类原产地证书帮助企业减免关税2.07亿美元。按照“建在产区、服务产业”的原则，做强保定中药材、承德食用菌等特色检验检测力量，仅安国中药材产品的出口额实现同比增加222.43%。强化口岸建设，积极协调指导秦皇岛、曹妃甸、黄骅港、京唐港进境水果、肉牛、粮食等指定口岸建设，有效保障了石家庄综保区通过十部委联合验收顺利封关运行，促进了保定冀欧国际货运班列和黄骅港黄新欧国际班列、邢台中亚班列顺利开通。以新模式助推新业态，全力保障了石家庄机场国际快件中心成功运营，填补了河北国际快件通关渠道空白；针对保定白沟箱包市场采购贸易方式试点，以信息化系统为依托，开创性的提出优化市场采购的流程设计；为阿里巴巴一达通综合服务平台落地河北提供了最大程度的政策支持，助力外贸综合服务企业做大做强。

【强质检】 不断牢固强局建设的根基。突出队伍建设。认真落实从严管理要求，严格执行干部管理、选任、考核有关制度，对全局干部职工“三龄两历一身份”进行了全面核实认定，完成了“三超两乱”整改任务，对涉及的9个超审批权限设立的机构、38名处级干部进行了调整。注重提升干部队伍能力素质，对处以上干部学习贯彻十八届六中全会精神进行了轮训，组织其他各类集中培训班24个，培训1600余人，1人入选第二批国家“万人计划”领军人才，1人入选自然科学类“河北省青年拔尖人才”。突出能力建设。科技水平不断提升，“国家化学危险品分类鉴别及包装鉴定重点实验室（石家庄）”获得总局批筹；科研制标项目数量创历史新高，获国家优秀专利发明奖1项、河北省科技进步二等奖1项，“数字化”实验室相关工作在全国质检科技会议上得到交流推广。开展了“互联网+检验检疫”理论研究和建设应用，搭建了“冀检云”基础平台，网络安全保障能力大幅提升。突出规范高效。抓权力规范运行，全面推行权力责任清单制度，全省系统“两个清单”向社会公开，严格执法人员资质管理，开展行政处罚案件信用信息公示，完善12365投诉举报平台建设；抓工作质量规范，开展综合业务督察工作，对出口食品、农产品工作质量等进行专项业务督察，开展对分支机构的“一审双查”，有效防范了工作风险；推动预算执行精细化、规范化管理，通报督导执行进度；完成省局机关车改工作，指导三级预算单位积极跟进；狠抓基本项目管理，局技术业务用房项目正式开工并有序推进；在离退休干部中开展了激发正能量活动，狠抓“两项建设”、“两个待遇”落实。突出增比进位。充分发挥绩效管理的导向作用，以绩效考核作为评价各部门业绩的重要指标，全面开展“对标活动”，推动形成增比进位、能力提升的长效机制。

【文明创建稳步推进】 全面启动全国文明单位争创工作，组建河北检验检疫局志愿服务队，建立健全文明创建考核、激励机制，提高省级文明创建覆盖面。强化群团青妇工作，获评“全总职工书屋示范点”、“河北省五四红旗团委”、“先进职工之家”，新增省级青年文明号1个，首次有个人荣获“全国青年岗位能手”称号，机关首次有2个岗组获评省直巾帼文明岗。

（河北出入境检验检疫局　杨朝晖）

外事、侨务及港澳事务

【概况】 2016年，省外办紧紧围绕服务党和国家中心任务、服务总体外交战略部署、服务河北省经济发展，解放思想、抢抓机遇、开拓进取，全年重大涉外活动空前活跃，对外交流合作成果丰硕，重点工作取得新突破，积极推动河北省对外交流合作。全省共接待各类重要来访团组131批1338人次。

成功举办第三次中国—中东欧国家地方领导人会议，促成53个经贸合作项目签约。协同有关部门做好第十届中拉峰会外事工作，积极推动经贸项目合作。全年先后接待了乌拉圭总统巴斯克斯、捷克总理索博特卡、马来西亚总理纳吉布、黑山副总理伊瓦诺维奇及波兰前总统科莫洛夫斯基5位政要，接待了美国艾奥瓦州州长布兰斯塔德、比利时东弗兰德省省长布瑞思、荷兰南荷兰省省长斯密特等62位省州长来访，成为河北省1995年以来举办重大涉外活动与接待外国政要数量之最，极大地提高了河北的国际影响力，提升了对外交流合作水平。

张庆伟省长率团出访塞尔维亚、罗马尼亚、阿联酋，省政协付志方主席率团出访拉美国家，王晓东副省长率团出访俄罗斯、墨西哥、哥斯达黎加、乌拉圭等省级干部出访12批12人次，厅级干部出访335人次，广泛推动了与国外在农业、教育、医疗、航空、水利、环保及冬奥产业等领域务实合作。重点推动河北省与中东欧地区的交流合作，在该地区新建友城5对，其中省级4对，市级1对。巩固与25个国家65个地方政府的友好城市关系，促进与24个国家63个地方政府的友好交流关系。

切实加强涉外管理。牢固树立总体国家安全观，切实加强企业和公民海外领事保护，妥善处理涉外案（事）件和海外领事保护事件48起，认真做好外国人来冀服务和管理工作，办理外国人来冀邀请2925件，有针对性地开展走访督导调研，制定涉外工作方案和预案，全年涉外管理工作总体态势平稳。

认真履行外事部门职责，严格因公出国赴港澳审核审批工作。严格执行中央有关政策和八项规定，优化因公出访审核审批程序，简化审批环节，提供全程式精准服务，省级领导因公出访更加高效，企事业人员出访更加方便。出台相关文件，支持高校科研院所开展对外学术交流合作。

扎实推动与海外华侨华人的务实合作。一是积极邀请海外华侨华人来访，推动侨务多领域交流合作，共接待

17批451人次的华侨华人团组考察洽谈。举行河北“侨梦苑”——北戴河新区侨商产业聚集区推介会。二是成功举办了北戴河新区第一届侨商产业发展大会。来自20个国家和地区的近300位华人华侨、专家学者、媒体代表、侨团组织代表参会。认真受理归侨侨眷信访和海外侨胞投诉。维护归侨侨眷和海外侨胞的合法权益，热心受理侨界来信18件次，来访39人次，来电200余次，完成“四侨”考生认证出证64份。

积极推动冀港、冀澳合作。进一步加强与香港、澳门特区政府，与驻香港、澳门中联办、与外交部驻香港、澳门特派员公署的工作联系。接待了清华大学第101期香港特区政府国家事务研习班学员访问团等涉港澳团组。会同有关部门推动河北与香港、澳门特区在经济、科技、文化等领域的交流合作。

【中国—中东欧国家地方领导人会议】 2016年6月16日至17日，在唐山市成功举办第三次中国—中东欧国家地方领导人会议。会上，李克强总理亲致贺信，马凯副总理莅临会议发表讲话，捷克总理索博特卡、黑山副总理伊瓦诺维奇出席会议，中东欧16国驻华使节、国家相关部委负责人、中国—中东欧国家地方政府领导、中外省部级官员100余人和企业界代表共计1300余人出席会议。

会议通过了《唐山共识》，对下一阶段中国和中东欧地方合作领域和合作重点进行规划，通过了《中国—中东欧国家地方省州长联合会章程》，建立了联系紧密、运行顺畅、工作有效的地方政府间合作机制。会议把项目合作作为洽谈会的出发点和落脚点，突出企业主体作用，经过会前充分对接、会上洽谈，有53个合作项目在大会集中签约，协议利用外资6亿美元，对外直接投资5亿美元，协议利用省外境内资金979亿元。河北省与波兰马佐夫舍省、匈牙利佩斯州、捷克南摩州、捷克摩西州和石家庄市与匈牙利瑙吉考尼饶市签订了建立友好省州（城市）结好协议书，河北省与斯洛伐克普雷绍夫州签署了友好交流合作备忘录，进一步推动了与中东欧国家地方政府间的务实合作和互利共赢。会议围绕节能环保、信息技术、新能源、新材料、高端装备制造以及现代服务业等领域，安排5场专题论坛、23场经贸洽谈活动和6项中外贸易展览，促成了566对企业达成合作意向，72对144家中外企业代表成功签约，取得了务实丰硕成果。

第三次中国—中东欧国家地方领导人会议是河北省举办的规格最高、规模最大的一次国际性盛会。这次会议活动安排紧凑、内容丰富、突出创新，在服务国家总体外交、友好合作、项目签约、贸易展览、对外宣传等方面都取得了丰硕成果，为河北推进新一轮高水平对外开放发挥了积极作用，为全面促进中国—中东欧国家合作深入发展奠定了坚实基础。

【接待外国政要、使团来访】 10月13日至15日，乌拉圭总统塔瓦雷·巴斯克斯率领代表团一行41人访问河北省，出席了在唐山举办的第10届中国—拉美企业家高峰会。乌拉圭总统代表团是近年来河北省接待的最高规格的国家元首级代表团。李源潮副主席会见宴请了巴斯克斯总统及部分代表团成员；张庆伟省长会见宴请了巴斯克斯总统一行。代表团出席了第10届中国—拉美企业家高峰会有关能源、投资、农业、国际产能合作等专题会议。罗恰省省长与王晓东副省长共同签署了《河北省与罗恰省建立友好关系意向书》。河北省决定于2017年10月派团出席在乌拉圭举办的第11届中国—拉美企业家高峰会。巴斯克斯总统对河北省外办接待工作给予了高度评价。代表团回国后，巴斯克斯总统给赵克志书记和张庆伟省长分别发来感谢函。

6月17日，捷克总理索博特卡率代表团访问河北并出席了第三次中国—中东欧国家地方领导人会议。马凯副总理在唐山南湖迎宾馆会见了索博特卡总理。索博特卡总理参加了集体合影，出席了第三次中国—中东欧国家地方领导人会议开幕式并致辞，出席了马凯副总理宴请中外政要的活动，参观了中国—中东欧国家省州产业合作展捷克馆，并共同出席友好省州及合作项目签约仪式。捷克总理代表团返京后，外交部欧洲司和捷克驻华大使馆发来短信，对活动的顺利表示感谢。索博特卡总理在和李克强总理会见时，专门对河北的接待和组织表达了感谢和高度赞赏。捷克总理府礼宾局长巴尔博拉·卢多娃也表示对活动安排和接待十分满意，感谢河北方面所做的努力和工作。

10月29日至11月6日，马来西亚总理纳吉布应国务院总理李克强邀请，对我国进行正式访问。11月4日，张庆伟省长在北京会见了纳吉布总理，双方就经贸往来进行了务实交流。张庆伟表示，近年来，马来西亚云顶集团在张家口大力开展滑雪竞技、运动休闲等业务，其在崇礼投资建设的滑雪场项目是冬奥会的重要比赛场地，为河北筹办冬奥会作出了积极贡献。希望双方进一步深化在经贸、文化、体育等领域的务实合作，共同将云顶集团在崇礼的滑雪场项目打造成为双方冰雪运动的培训基地，让友好交往成果不断惠及两地人民。纳吉布总理表示，希望河北省与马来西亚继续扩大双边贸易，拓展合作领域，并欢迎河北企业赴马投资，为巩固和发展中马友好关系发挥积极作用。

6月16日至18日，黑山副总理伊瓦诺维奇率代表团一行4人访问唐山市，并出席了第三次中国—中东欧国家地方领导人会议。会议期间，马凯副总理在唐山会见了伊瓦诺维奇。6月16日，张庆伟省长会见了伊瓦诺维奇一行。张庆伟省长对伊瓦诺维奇副总理的到来表示热烈欢迎。河北省与黑山的合作有基础、有潜力，希望双方谱写互利共赢、合作发展的新篇章。伊瓦诺维奇表示希望双方在基础设施、中医药、农产品加工、科技研发、能源开发等方面积极对接、寻求合作，推动双方关系迈向新台阶。代表团一行还参加了“一带一路”建设和国际产能合作论坛以及“中国—中东欧企业投资与贸易合作洽谈会”。伊瓦诺维奇副总理一行来访为河北省与黑山共和国开展进一步交往搭建了平台，奠定了合作基础，助推河北省企业和优势产能走进黑山。

3月16日至17日，波兰前总统科莫罗夫斯基一行6人访问了河北省，波兰驻华大使林誉平、中国人民外交学会副会长孙荣民陪同来访。在石家庄，赵勇副书记会见了代表团，双方就以下合作达成意向：双方共同探讨在唐山曹妃甸建立“中波环保产业园”；河北新发地农副产品有限公司与波兰沃斯集团就农产品分销事宜达成合作意向；河北省与波兰旅游部门相互开辟推介旅游精品线路，并邀请波兰政府及旅游部门派团参加2016年9月20日在保定举办的河北省首届旅游发展大会；协助邀请波兰政要及地方领导人率团出席2016年6月在河北省唐山举办的第三次中国—中东欧地方领导人会议暨中国·河北国际经济贸易洽谈会。

11月13日至14日，美国艾奥瓦州州长特里·布兰斯塔德一行和习近平主席“老朋友”卢卡·贝隆一行访问河北省。赵克志书记、张庆伟省长在石家庄会见、宴请代表团。张庆伟省长出席两省州合作项目签约仪式，与布兰斯塔德州长共同见证了中美友谊示范农场、河北艾奥瓦州友谊蛋鸡场项目、河北艾奥瓦州牛胚胎高效生产工艺及良种推广项目的签约。习近平主席的老朋友卢卡·贝隆等部分代表团成员于11月15日至17日访问河北省保定市、承德市，考察访问了中美友谊示范农场场址、龙山石材有限公司、河北民族师范学院等地。

5月9日至10日，捷克捷中友好合作协会主席德沃吉克率捷中友好合作协会、中国—中东欧国家省州长联合会代表团一行7人访问了河北省。在石家庄，张庆伟省长会见了代表团，向德沃吉克主席通报了河北省筹备第三次中国—中东欧国家地方领导人会议有关情况。双方就捷方参会事宜进行了商谈。

9月26日至29日，荷兰南荷兰省省长雅普·斯密特、副省长安德瑞率领南荷兰省政府企业代表团一行44人访问了河北省。在石家庄，张庆伟省长会见了斯密特省长一行，双方就深入推动两省在农业、城市规划、航空、化工、水利、环保等领域的交流合作达成共识。王晓东副省长与斯密特省长、安德瑞副省长举行了两省政府工作会谈，双方商定，明年河北将在南荷兰省举办“河北周”活动，南荷兰省在河北举办“南荷兰省周”活动，作为两省结好十周年的庆祝活动。活动周将成为双方展示合作交流成果、深化友谊、增进了解、拓展交流合作的有效途径。在沧州，沧州渤海新区管委会与卓迈投资公司签署了“黄骅港与欧洲（鹿特丹及其他海港）直通航线开辟项目”和“沧州渤海新区与卓迈投资共建通航产业园项目”合作协议；朗亿成国际投资有限公司与荷兰德尔菲公司签署了在三河建设温室园艺中心项目合作协议。

11月29日，捷克捷中友好合作协会主席德沃吉克一行7人访问了河北省。在石家庄，张庆伟省长宴请了代表团；王晓东副省长与德沃吉克主席进行了工作会谈，双方商定将继续推动河北省荣盛集团在捷克南摩州建设帕索赫拉夫温泉疗养休闲中心等合作项目，河北省决定将于2017年6月派代表团出席在捷克举办的“中国投资论坛”和“通用航空论坛”。

11月28日至30日，波黑独立社会民主人士联盟副主席、塞族共和国议员维达科维奇率领波黑独社民盟青年干部考察团访问了河北省。在石家庄，省委副书记李干杰会见了代表团，双方就在农业、经济技术开发区建设等领域深化和扩大合作达成了共识。

6月17日至20日，长野县副知事太田宽一行5人访问河北省。付志方主席会见了副知事。付志方主席表示，在冬奥会筹办方面，长野县有着丰富的筹备和举办经验，冰雪运动相关产业发达，基础设施完备，今后，希望加强在冬季体育运动领域的交流合作。太田宽表示，希望借助2022年冬奥会的举办，进一步加深长野县与河北的合作。长野县将把办冬奥会的经验，毫无保留地介绍给河北。代表团出席了2022冬奥会·河北冬奥合作高端论坛，分享了冬奥会筹办举办经验和冰雪运动发展经验。

5月29日至30日，比利时东弗兰德省省长杨·布瑞思率领该省代表团一行26人访问了河北省。在石家庄，王晓东副省长会见了代表团。代表团参观了高新技术开发区和石家庄市规划馆，随团企业与河北省企业举行了对口洽谈，达成多项合作意向，部分企业代表和学者赴保定市对接考察。

6月17日至20日，为进一步促进韩国江原道与河北省友好务实交流合作，韩国江原道知事崔文洵率江原道代表团一行85人访问河北省，深入探讨了今后在经贸、旅游、冬奥等多领域交流与合作的可能性，为今后进一步开展友好交流打下了基础。王晓东副省长在唐山会见了韩国江原道知事崔文洵，并共同签署了《河北省与江原道建立友好省道关系意向书》。18日下午，韩国江原道宣传周在唐山南湖生态公园丹凤朝阳广场开幕。崔文洵知事、王晓东副省长，省直单位和唐山市有关领导及韩方有关人员400余人出席。崔文洵知事出席了2022冬奥会·河北冬奥合作高端论坛和江原道投资说明会，分享了江原道在筹办冬奥会方面的有益经验。代表团参加了河北省旅游推介会及旅游产业对接会。

10月25日至26日，受鸟取县政府委派，以鸟取县观光交流局局长吉村文宏先生为团长的日本鸟取县代表团一行32人，对河北省进行了友好访问。王晓东副省长在石家庄会见了日本鸟取县代表团一行。10月25日晚，省政府在太行国宾馆隆重举行了河北省·鸟取县缔结友好关系30周年纪念招待会。10月26日上午，河北省·鸟取县场地高尔夫友谊赛开幕式在河北师范大学附属中学运动场举行。鸟取县旅游观光局在石家庄举行了鸟取县旅游推介会。省旅发委组织了河北省30多家旅行社及航空公司和机场集团代表出席。

【世界华侨华人参访团来访】 6月5日至6日，90多名参加第八届世界华侨华人社团联谊大会的与会代表（简称：参访团）访问了秦皇岛北戴河新区“侨梦苑”。参访团一行考察了北戴河国际健康城、圣蓝海洋公园、北戴河新区规划展馆，举行河北“侨梦苑”——北戴河新区侨商产业聚集区推介会。王晓东副省长在北戴河新区会见了参访团成员，并盛情邀请参访团成员来河北投资兴业，共谋发展。通过考察访问，进一步宣传了北戴河新区“侨梦苑”，提高了北戴河新区“侨梦苑”知名度，加强了河北省与参访团成员的联络联谊，为推动河北省对外交流合作奠定了良好的人脉基础。

【举办侨商产业发展大会】 5月19日至21日，由省外办和秦皇岛市政府主办，秦皇岛北戴河新区管理委员会及秦皇岛市外事侨务口岸办公室承办的，北戴河新区第一届侨商产业发展大会在秦皇岛成功举行。来自20个国家和地区的近300位华人华侨、专家学者、媒体代表、侨团组织代表参会。国侨办王晓萍副主任、省政协曹素华副主席等领导出席大会。会议取得圆满成功，11家侨商投资项目签约，涉及金额339亿元人民币及1.5亿元港币。清华大学华商研究中心——北戴河新区研究基地揭牌并落户北戴河新区。中国侨商会科技创新委员参会代表发起，并参与成立了中国创科技大健康产业集群联盟。海内外知名侨商等10名各领域顶尖人才被聘为河北“侨梦苑”招商大使和发展顾问。中国新闻社、中国新闻网等33家国内外华文媒体纷纷在显著位置报道此次盛会，给予高度评价。

【省领导出访】 6月18日至27日，张庆伟省长率河北省代表团，访问了塞尔维亚、罗马尼亚和阿联酋。河北省代表团访塞，也是为了配合做好习近平总书记对塞尔维亚的国事访问。6月19日上午，习近平总书记在塞尔维亚总统尼科利奇、总理武契奇的陪同下莅临斯梅代雷沃钢厂视察，看望慰问钢厂的中塞职工并发表重要讲话。该钢厂是塞尔维亚唯一一家国有大型支柱性钢铁企业，2016年4月18日河北省大型国有钢铁企业——河钢集团与其签署资产交易文件，6月30日完成资产交割。按照外交部的统一安排，张庆伟省长全程陪同视察，并出席了塞尔维亚总统夫妇为习近平总书记夫妇到访举行的欢迎晚宴和塞尔维亚总统、总理为习近平总书记一行举行的欢送午宴。此外，张庆伟省长分别与塞尔维亚总统、总理，以及经济部长和农业部长等见面会谈，实地考察了塞尔维亚斯梅代雷沃钢厂新港码头及自贸区。

代表团访问罗马尼亚雅罗米察省，促进了河北省与罗马尼亚的交流对接和经贸往来，填补了河北省与罗马尼亚地方政府间的外事交流空白。张庆伟省长与罗马尼亚中央政府驻雅罗米察省特派专员吉奇·派特举行工作会谈。双方商定开展务实交流合作，重点在农业、农产品加工、轻工业、旅游、教育等领域开展合作。张庆伟省长邀请雅洛米察省加入中国—中东欧地方省州长联合会外方主席团、参加10月份在河北举办的中国（廊坊）农产品交易会，吉奇·派特特派专员愉快地接受邀请。之后，双方签署了两省关于建立友好交流合作关系的备忘录。代表团还促成了河北美客多食品集团公司与克莱因公司在罗马尼亚建设肉鸡产业化项目的合作，推动了河北省农林科学院与罗马尼亚农科院、布加勒斯特农业与兽医药大学开展农业科技合作，引进其在旱作农业和节水农业、农作物水资源管理、保护性耕作等领域先进的科研成果，三方签署了科技合作协议。

8月25日至9月2日，付志方主席率省贸促会、唐山市政协、省发改委、省友协负责同志及翻译共6人组成的河北省代表团，访问了秘鲁和智利。期间，推介了第十届中国—拉美企业家高峰会，邀请工作成果显著；推动了河北省与秘鲁利马大区、智利第七大区的友好关系；多方了解了秘鲁和智利的投资和经贸合作政策，以及与中国开展经贸合作的信息；宣传了河北省与拉美国家开展国际产能合作的优势，扩大了河北省的影响力；拓展了河北省在秘鲁和智利的交往渠道，密切了与秘鲁利和智利高层政府官员、当地政府、商协会和企业，以及与海外华人华侨和组织的联系。

9月1日至4日，王晓东副省长率河北省代表团访问了俄罗斯。代表团出席了在符拉迪沃斯托克举办的第二届“东方经济论坛”；王晓东副省长分别与俄罗斯远东发展部部长加卢什卡、农业部第一副部长豪托夫、滨海边疆区副州长涅哈耶夫进行了交流会谈，就设立俄中农工产业发展基金、建立俄中农工产业经济贸易合作区、支持俄中农工产业一体化发展项目、河北省与滨海边疆区及秦皇岛市与符拉迪沃斯托克市缔结友好省区（城市）关系等深入交换了意见、达成了广泛共识，进一步明确了责任主体、时间进度。代表团部分成员与俄罗斯兽医植物卫生监督局、海关总署驻远东地区机构负责人分别就进口俄罗斯大豆和海产品、移植成树的检验检疫及通关事项进行了接洽商谈。

9月5日至15日，王晓东副省长率领河北省代表团访问了墨西哥、哥斯达黎加、乌拉圭三国。出访期间，拜访了我驻外使馆，在三国首都城市分别举办了“第十届中国—拉美企业家高峰会推介及产业合作对接洽谈会”，在三国安排了与当地侨领的座谈，出席了6个项目合作对接会。与墨西哥投资与发展部、墨西哥州副州长、墨西哥经济部、哥斯达黎加外贸部部长、乌拉圭工业部长、经济和财政部长、外交部长、塞罗拉哥省省长举行了会谈。王晓东副省长与乌拉圭塞罗拉哥省省长博塔纳共同签署了《河北省与塞罗拉哥省建立友好关系意向书》。此次出访，为中拉峰会邀请了一批重量级嘉宾和企业，推动搏达集团与墨西哥城联邦区政府合作、哥斯达黎加经济特区建设、省足协与乌拉圭足协合作、英利集团与墨西哥艾友萨集团等一批合作项目，发展了对外友好关系，拓展了与三国的交往渠道。

【全省因公出访健康发展】 按照省委开展“一问责八清理”专项行动的统一部署，组织开展了全省违规出国（境）、公款旅游问题专项清理工作，出台了一批切实有效的制度措施，成效显著，一般性考察访问团组大幅减少。全省因公出访3935人次，其中，党政人员因公出访1250人次，同比下降23.6%；事业单位人员出访1675人次，同比上升18.5%；企业单位人员出访1010人次，同比上升24.1%，党政人员因公出访人数减少，教学科研人员和企业人员出访人数增加，出访团组人员构成更趋合理，更加符合了中央、省委省政府的规定和要求。

【侨务精准扶贫】 对全省贫困归侨侨眷进行了建档立卡，召开了全省侨务扶贫工作会议，制定了贫困归侨侨眷脱贫计划，省侨办与市侨办签订了脱贫目标责任书。多项措施实施贫困归侨侨眷脱贫工作，争取澳大利亚圣蓝集团设立了500万元额度的“河北省贫困归侨侨眷创业发展基金”。

全省侨务系统对769户2011名贫困归侨侨眷进行了精准扶贫，资助了160户创业脱贫项目，扶贫资金292万一。河北省侨务扶贫工作受到国侨办的肯定和推广，在全国侨务扶贫工作会议上，河北省和圣蓝集团李辉先生分别作了典型发言。2016年，国家人力资源和社会保障部与国务院侨办共联合表彰“全国侨办系统先进集体”30个、“全国侨办系统先进工作者”10名，河北省邢台市侨办被授予“全国侨办系统先进集体”荣誉称号，张家口市阳原县侨办主任王鹏通知被授予“全国侨办系统先进工作者”荣誉称号。

【华侨华人积极捐助灾区】 7月18日，河北省部分地区普降大雨，发生了历史罕见的特大洪涝灾害，给人民造成重大生活困难和财产损失。灾情发生后，省侨办积极引导华侨华人帮助灾区民众，共渡难关。据不完全统计，海内外华侨华人向石家庄、邢台、邯郸灾区共捐助127.8万元款物。其中，澳大利亚籍华人、圣蓝集团董事长李辉先生捐款50万元，香港应善良基金会捐款26万元，美国河北总商会捐款20万元，美国加州商会会长高翔女士捐款13.1万元。

【华侨·华人·港澳同胞】 河北省籍华侨、华人、港澳同胞40余万人。分布在5大洲的78个国家和地区，主要居住在亚洲、美洲、欧洲，以东南亚、日本、蒙古、法国、美国、加拿大最为集中。

河北省华侨早年出国定居，主要有三种情况：一是由于生活所迫，张家口地区的人移居蒙古。二是众多的杂技艺人出国卖艺，在国外定居。三是赴法勤工俭学，20世纪初中国赴法勤工俭学的创始人是高阳县的李石曾。

目前，全省共有归国华侨、侨眷、港澳同胞眷属50余万人，其中归国华侨3701人。主要来自东南亚各国、蒙古、日本、朝鲜等23个国家和地区。全省有阳原、高阳、吴桥3个侨乡县。河北省华侨回国定居起始于1910年，当时主要是输出南非的契约华工。第一次世界大战后又有赴法、赴俄的契约华工陆续回国。20世纪50年代，大批爱国华侨青年回国参加社会主义建设，以旅蒙古、朝鲜和东南亚的归侨居多。60年代至1984年，河北省按国家政策，安排了大批朝蒙归侨，仅1983年至1984年，河北省就安置朝蒙归侨近2000人。1989年后，国家对华侨回国定居政策进行了调整，不再采取“包下来”的政策。据2012年统计，全省现有归侨3701人。

河北省树立“大侨务”观念，积极面向海外几千万华侨华人开展联络联谊，努力培养和壮大河北省在海外侨务资源。多年来，华侨华人、港澳同胞、归侨、侨眷在推动河北对外开放进程中发挥了重要作用。从河北省对外开放的进程看，改革开放初期，在外资观望徘徊的情况下，是海外侨胞和港澳同胞率先回乡投资兴业，为河北省带来了急需的资金、技术、人才和先进管理经验。河北省各地第一家外资企业，大都是海外侨胞和港澳同胞投资兴办的。改革开放以来，河北省许多出国团组，都是华侨华人帮助联络安排出访活动的；河北省许多对外交往渠道、对外合作事项，都是海外侨胞帮助联络开拓的。在改革开放这一伟大历史进程中，广大海外侨胞和归侨侨眷始终与祖国同呼吸、共命运，积极参与和支持河北省经济建设和社会发展，积极促进河北人民同世界各国人民的友好交往，为提升河北省经济实力、促进社会发展发挥了独特作用，作出了突出贡献，广大海外侨胞和归侨侨眷已成为推动河北省对外开放进程的重要力量。

华侨华人、港澳同胞、归侨、侨眷在提升河北省对外开放水平上发挥了重要作用。从对外开放的效果看，截至目前，华侨华人、港澳同胞在河北省投资企业数、合同外资额均占全省外资企业数和外商投资额的半数以上。多年来，河北省引进的海外高层次人才主体也是海外侨胞。广大海外侨胞发扬热心公益慈善事业的优良传统，积极捐资助学、捐建医院，为河北省文化教育、医疗卫生和社会福利等事业做出了重要贡献。众多华侨华人致力于促进居住国与河北省的友好合作，促成了越来越多的外国地方政府同河北缔结为友好省（州）、友好城市关系，为促进河北省对外开放发挥了重要作用。

华侨华人、港澳同胞、归侨、侨眷在提升河北国际影响力上发挥了重要作用。他们中每一位都是河北品牌的海外代言人，通过他们把河北的省情民情、独特的区位优势、良好的投资环境、经济社会建设新成就及对外合作需求等信息传播到国外。河北省新闻媒体，广泛借助华侨华人牵线搭桥，积极开展与国外媒体的交流合作，通过在海外报纸开设河北专版、与海外电台、电视台开展合作等多种形式推介河北，吸引了更多的海外民众和媒体关注河北、了解河北，提升了河北的国际知名度。

华侨华人、港澳同胞、归侨、侨眷在传承中华文化和增强民族凝聚力上发挥了重要作用。海外华侨华人既熟悉中国文化，又了解驻在国文化，能够成为两种文化交流沟通的桥梁。多年来，通过华侨侨人渠道，河北省在国外举办了河北文化活动周、文艺演出、文化产业项目推介洽谈、系列图片展览等活动，推动了中华文化的海外传播。河北省学校广泛开展与国外华文学校的交流合作和对外汉语教学，积极推动华文教育的发展。对外教育和文化交流，对凝侨心、聚侨力产生了很强的向心力，对增进中外相互理解和互利合作、吸收人类优秀文明成果、在更高的起点上弘扬河北文化起到了积极作用。

（河北省外事办　董　洁）

区域经济合作

【概况】 2016年，全省经合系统紧紧围绕省委、省政府工作部署，深入贯彻落实京津冀协同发展、“一带一路”重大国家战略，以民企入冀系列招商活动为载体，全面深化与环渤海区域省份、全国知名民企、省外知名院所校的战略合作，科学谋划合作项目，努力拓展合作领域，精心做好对口支援，务实推动工作落实，各项工作取得明显成效。全年利用省外资金7480.34亿元，其中从京津引进资金4206.67亿元，占比56.24%。

【民企入冀系列招商】 一是打好工作基础。组织成立了省、市、县（区）招商洽谈组，谋划发布省、市重点合作项目1781项、总投资30851亿元，印发了民企入冀系列招商活动方案，辑印了国家和河北省支持民营经济发展的政策选编，制作了省情宣传片，建立了民企入冀网站和微信号。二是加强组织协调。省委省政府召开动员会、调度会，克志书记召开省委常委会专题研究，庆伟省长亲自动员部署，照兵原秘书长、杰辉副省长调度工作进展，省政府办公厅专门印发通报。省招商洽谈组建立走访对接和合作成果台账，先后5次召开工作调度会议，有力推动了工作开展。三是精心组织招商活动。民企入冀河北投资说明会相继在北京、上海、深圳、厦门成功举办，全国政协副主席、全国工商联主席王钦敏及全联相关领导，省长张庆伟、省政协主席付志方、原省委常委秘书长范照兵、副省长张杰辉等领导出席活动；依托丝博会暨西洽会、青洽会、兰洽会、西博会等展会平台，相继在西安、西宁、银川、兰州、重庆、成都举办了民企入冀·河北招商陕西行、青海宁夏行、甘肃行、川渝行等恳谈活动；借助第三次中国—中东欧国家地方领导人会议暨河北省国际经济贸易洽谈会平台，举办了知名民企助推河北协同发展峰会、河北省现代农业招商洽谈会、物流产业聚集区重点项目推介会等一系列经贸洽谈活动。四是招商活动成效显著。截至目前，省市两级开展“走出去”和“请进来”大规模集中推介招商活动123场，开展小团组精准对接107场，全省签约亿元以上合作项目1188个，项目总投资额16629亿元，协议利用省外资金16019亿元。签约项目中，已有655个项目完成注册，436个项目开工建设，到位资金1653亿元，资金到位率接近10%。

【深化环渤海区域合作】 一是环渤海地区合作发展协调机制工作方案经省政府批准后，已由环渤海七省市区政府联合上报国务院。继河北省去年出台贯彻落实环渤海地区合作发展规划纲要实施意见后，山东、天津、内蒙古等省区市相继制定贯彻落实意见并与河北省进行了沟通衔接，为今后相邻省区市在规划实施上的协同与协作奠定了基础。二是经过多轮沟通、对接，河北省人民政府和山西省人民政府深化发展全面合作框架协议、深化能源战略合作协议，以及交通、工业和信息化、农业、商务、文化、旅游等专项合作协议已得到双方省政府批准，具备了签署条件；河北省人民政府和山东省人民政府全面合作框架协议完成初稿；与内蒙古自治区合作协议达成初步共识。三是张家口市、乌兰察布市、大同市共同编制的《蒙晋冀（乌大张）长城金三角合作区总体规划》经三省区政府审定后，已由三省区发改委共同上报国家发展改革委审批。

【重大合作项目】 一是涿州国家农业高新技术产业示范区建设进展顺利。涿州国家农业科技园已获科技部批准，省政府上报国务院《关于设立河北涿州国家农业高新技术产业开发区的请示》已经批转到科技部，《河北涿州国家农业高新技术产业开发区战略规划》及《河北涿州国家农业高新技术产业开发区产业规划》编制完成，国家玉米全程机械化生产科技创新基地、国家葡萄无毒原原种苗基地及葡萄酒实训研发中心、中国农大涿州科教基地公共平台改造三期等项目先后开工，中鼎牧业总部及生态奶业创新示范基地4月初签约落户，京津冀现代农业协同创新研究院筹建项目已于5月启动。二是清华大学重大科技项目（固安）中试孵化基地一期建成投用，铅酸蓄电池环保生产工艺及胶体电池、金属旋转结晶、抗肿瘤药物、粘结剂技术开发和产业化等一批涉及新能源、新材料、生物工程、高分子材料、节能环保等领域的项目相继入驻中试孵化基地。三是与大型民营企业的合作进一步深入。省政府与京东集团签署《河北省人民政府京东集团战略合作协议》；国网冀北电力公司、省建投能源宣化热电公司与阿里巴巴签署河北省首份电力直接交易合同，阿里巴巴张北云计算数据中心首批8万台服务器投入运行，总投资60亿元的菜鸟中国智能骨干网廊坊永清项目完成签约，阿里健康就开展“云上医院”试点与保定市政府签署了医疗卫生合作协议；神州数码先后与秦皇岛、沧州、承德、衡水等市政府签订了战略合作协议，在秦皇岛、沧州、石家庄落地5家地方运营公司，总投资上亿元；总投资40亿元的廊坊苏宁广场和投资6亿元的苏宁云商石家庄物流基地项目已开工建设。

【省校合作交流】 一是省委书记赵克志、省长张庆伟于2016年3月率河北省党政代表团赴清华大学考察，10月在石家庄会见了清华大学校长邱勇、党委书记陈旭一行，省政府与清华大学签署共建清华科研创新基地合作备忘录，省校领导共同参观河北省与清华大学三十年合作巡礼专题展。河北清华发展研究院第四届第二次理事会成功召开，完成了理事会成员的调整，表决通过了新任院长。二是袁桐利常务副省长带队赴中国人民大学、北京理工大学、中科院植物所等单位考察、洽谈。河北省人民政府中国人民大学全面深化合作协议、省政府与北京师范大学、与北京交通大学全面战略合作协议初稿已经完成。三是知名院所校助推河北协同创新恳谈会成功举办，来自61家院所校的280多名专家教授参加活动，99个合作项目现场签约。

【推动与贵州省的合作】 2016年7月，河北省作为主宾省，由省政府主要领导带队参加生态文明贵阳国际论坛，举办了“协同发展、生态燕赵”论坛；2016年9月，贵州省党政主要领导率团来河北省考察交流、洽谈合作；两省发展改革委就双方合作重点领域达成共识，磋商起草了《河北省人民政府贵州省人民政府全面合作框架协议（初稿）》，两省旅游发展委签订了《旅游战略合作备忘录》，两省粮食局签署战略合作协议，河北省军粮中心和贵州省军粮办签订了《军粮供应工作全面合作协议》。

【冀商回归工程】 一是《河北省人民政府办公厅关于鼓励冀商回归创业发展的意见》印发实施，秦皇岛市、衡水市、邯郸市等制定了本市鼓励冀商回归创业发展的实施意见和政策措施。二是组织开展了异地河北商会和冀商发展情况专题调研，先后在西安、上海、成都召开了西北地区、东南沿海部分省市和西南地区部分省区河北商会座谈会。三是一批冀商回乡投资项目相继落地。四川省河北商会组织有回乡投资意愿的在川冀商分两批分别赴衡水市、石家庄市考察对接，四川科顿工贸有限公司、成都德胜源商贸有限公司已明确了在农业种植、农产品深加工方面的投资意愿，成都众城光影文化传媒在衡水市注册成立了分公司；重庆市河北商会在清河投资亿元的汽车配件产业园项目已经开工建设；在天津经商的河北文安人刘兴俊投资2.8亿元，在家乡建设韩兴电子产业园。

【对口支援】 一是按照国家发展改革委统一部署和省委、省政府的要求，组织编制了《河北省"十三五"对口支援西藏经济社会发展规划》和《河北省"十三五"对口支援新疆巴州、兵团二师经济社会发展规划》，研究制定了《关于贯彻落实〈国务院办公厅关于深入推进对口支援新疆工作的指导意见〉的意见》，印发实施了《河北省对口支援新疆巴州兵团第二师项目管理暂行办法》，帮助丰都县编制《南天湖景区冰雪项目可行性研究报告》和《丰都县环境保护产业发展报告》。二是完成了西藏70多人演出团来河北省答谢演出活动，组织省市有关部门和企业先后参加了9.8西藏第三届旅游文化博览会和9.19新疆建设兵团第三届绿洲产业博览会。三是为转变多年来对口支援单方输血模式，增强受援方造血机能，河北省发展改革委与西藏自治区发展改革委共同探讨共建冀藏产业园合作模式，援受双方互派工作人员进行了考察对接与洽谈；组织河北省农业厅、工信厅、商务厅、国资委、工商联和相关企业与新疆巴州焉耆招商团进行了产业对接、洽谈合作，推进河北巴州生态产业园建设；邯郸华裕农科投资7.2亿元的蛋禽良种繁育西南中心与蛋品加工中心项目签约落户丰都县。四是河北省11个市分别与丰都县11个乡镇结成帮扶对子，实行一对一帮扶以来，通过交流交往，市、镇加深了了解，增进了感情。2016年，除省财政统筹的968万元无偿援助资金外，河北各市为对口帮扶乡镇筹措了205万元帮扶款。河北省教育厅协调衡水市第二中学为丰都县培训师资力量，帮助丰都县提高教学质量；张家口市专门请滑雪运动专家为丰都县蓝天湖滑雪运动项目提供咨询，邀请丰都县到崇礼县实地考察了马来西亚银顶滑雪乐园；10月27日，河北省衡水新冀热电有限公司与丰都县人民政府在国务院三峡办与湖北省人民政府联合举办的"2016年全国对口支援三峡库区生态产业合作开发工作座谈会暨合作项目签约会"上签约，投资10亿元人民币在丰都县建设兴龙100MW集中式光伏电站。

（河北省发改委综合办　赵旭来）

物　流　业

【概况】 2016年，河北省物流业坚持创新协调绿色开放共享发展理念，贯彻落实京津冀协同发展战略，大力推进供给侧结构性改革，着力提高全省物流业社会化专业化标准化信息化水平，进一步巩固提升物流产业优势地位，推进全省物流业发展取得新进展，物流业稳中向好态势初步显现。

2016年，社会物流总额达到8.9万亿元，同比增长6.5%；物流业增加值2636亿元，同比增长6.4%，处于中速增长区间。物流业增加值占服务业增加值的比重为19.9%，同比持平，物流业增加值占GDP的比重达到8.3%，同比持平。物流产业规模不断增长，物流运行效率不断提高。2016年社会物流总费用5742.2亿元，同比增长3.5%；社会物流总费用占GDP的比率为18.1%，同比下降0.8个百分点，全社会货运量21.1亿吨，同比增长6.3%；其中公路运输货运量19亿吨，同比增长8.1%，铁路货运量1.6亿吨，占7.58%，水运货运量0.4亿吨，占2.14%。农产品物流总额5000.9亿元，同比增长4.1%，工业品物流总额51656亿元，同比增长3.6%，省外流入物流总额31783亿元，同比增长12.9%。1—11月份，全省快递服务企业业务收入累计完成83.69亿元，同比增长68.56%；业务量累计完成8.01亿件，同比增长66.40%。

存在的问题：一是运输方式协调差。河北省内公路、铁路、海运和内河航运均有各自的节点与线路，缺乏可以集不同运输方式于一体的综合物流网络统一调度和指挥。二是市场需求激活难，外需少。除大宗商品物流需求相对充足外，河北省其他零散运输、中转等物流需求相对较少，公路运输返程空载率较高。内需不活。省内多数物流活动主要依靠企业内部的自我服务来完成，第三方物流少，物流效率处于低水平、高消耗状态。三是税负依然较重。从2016年5月1日起，营改增试点范围扩大到建筑业、房地产业、金融业和生活服务业，实现货物和服务行业全覆盖。但物流行业依然存在抵扣项目有限，部分抵扣项难以实现有效抵扣，税负较重等问题。企业非常关注仓储设施用地土地使用税减半征收政策能否得到延续。四是物流成本居高不下。2016年全国社会物流总费用与GDP的比率已降至15%以内，而河北省为18.04%，明显过高，近几年河北省物流运行质量和效益虽有所提升，但不是非常明显。受新GB1589修订出台和新一轮公路治超新政影响，再加上土地和人工费用持续增长，物流企业成本居高不下。

【行业物流快速发展】 交易平台发展快。积极实施"互联网＋物流"行动计划，正测试省交通运输物流公共信息平台，已与国家交通运输物流公共信息平台沟通对接。"物流唐山""物流保定""物流秦皇岛""物流承德"及"物流河北"已试运行。河钢云商，与省政务云平台共享交换信息，对接供应链上下游企业，年交易额突破700亿元。环渤海煤炭交易中心已完善设计方案，正打造汽运物流平台。河北承建的内蒙古西部煤炭交易中心正成为面向全国乃至全球市场的公共服务型大宗商品电子交易平台。

农村电商物流成热点。全年全省农村电子商务交易额突破2800亿元，同比增长30%。在全国率先实现农村电子商务全覆盖，建成1个省级农村电子商务公共服务中心、187个县级仓储配送中心、2000个乡镇级分拣中心、

5万个服务站点。顺丰、申通、圆通等国内快递龙头企业不断向乡村延伸，提供全方位快捷及时物流配送服务。供销社系统成立82家电商服务企业，建成21个电商分平台、4个县级物流配送节点。

快递物流增长显著。2016河北省年快递业务量突破9亿件，居全国第8位，增幅64.6%，居全国第7位；快递业务收入94亿元，居全国第10位，增幅67.8%，居全国第3位。快递末端服务能力不断增强。目前，河北省乡镇快递网点达5148处，覆盖率达100%，11个设区市全部实现乡乡有网点，建成标准化网点1339个。全省共建成农村邮政电商平台——“村邮乐购”（村邮站）站点2.2万个，列全国第2位。省邮政公司利用邮乐网和村邮乐购店在网上为11个设区市、60个县市区建立了本地特产馆。秦皇岛“快递+山海关大樱桃”项目，帮助近4万箱樱桃通过冷链运输渠道寄往全国。石家庄、保定、廊坊连续两年保持全国快递50强城市。快递与现代制造业融合发展加快，如邢台清河的羊绒制品、保定白沟的皮革制品、衡水魏囤的医疗器械、沧州富镇的汽车用品等特色制造领域，都由快递企业积极融入产品的加工包装、仓储物流等环节。石家庄海关于2016年4月11日，顺利办理首票国际快件通关业务，结束了河北省没有国际快件通关的历史，快件业务的正式运行打通了河北省进出境商业快件运输渠道。

港口物流快速发展。2016年全省港口吞吐量达到9.5亿吨，港口集装箱吞吐量首次突破300万标箱，达到304.8万标箱，同比增长20.7%，刷新了河北省港口集装箱吞吐量历史新记录。其中，增速最快的是唐山港，完成193.2万标箱，同比增长27%；黄骅港完成60万标箱，同比增长19.5%；秦皇岛港完成51.5万标箱，同比增长2.8%。

【投资力度不断加强】 交通运输、仓储和邮政业贷款余额4689.86亿元，比年初增加287.8亿元。省农行，授信9亿元，年内发放4.6亿元，支持河北新发地高碑店农副产品物流园区项目。引导物流企业直接融资，省物流产业集团发行3亿元定向债务融资工具、唐山港发行20亿元超短期融资券、曹妃甸港发行3亿元短期融资券和2亿元中期票据。促进秦皇岛港已完成IPO步骤，正排队赴国内主板市场融资，明道物流、金通物流在石家庄股权交易所挂牌交易。

各银行业金融机构加大对物流业发展的信贷支持，加快物流金融创新，鼓励开展仓单质押等金融产品和服务，拓宽了物流企业融资渠道。截至11月末，交通运输、仓储和邮政业本外币贷款余额4689.86亿元，比年初增加287.8亿元。推动秦皇岛港加快IPO步伐，支持其尽快在上海证券交易所上市融资。推动明道物流、金通物流在石家庄股权交易所挂牌。推动省物流产业集团发行3亿元定向债务融资工具、唐山港发行20亿元超短期融资券、曹妃甸港务发行3亿元短期融资券和2亿元中期票据。

对列入省重点项目计划的物流业项目给予用地指标支持，汇通图腾国际物流有限公司物流公路港等一批省重点物流项目用地，合理确定各物流产业园区的建设用地规模和布局，为物流产业园区发展预留建设用地空间。2016年全省交通运输货运枢纽（物流园区）项目完成投资25.1亿元，同比增长4.1%。

【品牌建设取得新突破】 邢台好望角、唐山丰润、肃宁皮毛、唐山海港、承德国际商贸、石家庄润丰、秦皇岛临港、安平聚成国际、冀中能源新铁等9个物流园区成为全国2016年度优秀物流园区，数量居全国首位。河北物流集团成为“2016年度中国物流百强企业”。年内初评或升级A级物流企业10家，到年底全省67家A以上物流企业（其中5A级10家），10家国家星级仓储企业。制定1项物流业京津冀协同地方标准、2项物流业河北省地方标准。

2016年，全省重点物流企业694家，比2015年增加34家。河北物流产业集团、开滦国际物流、冀中能源国际物流、冀中能源鼎峰物流、河北港口集团、邯郸万合集团、沧州运输集团，超额完成年收入目标。冀中能源国际物流集团实现利润14亿元，河北省物流产业集团实现利润2.5亿元。河钢、开滦物流业利润额同比增长3.17亿元、0.47亿元，增幅显著。唐山佳源贸易发展有限公司专注物流深加工，实现业务收入30%的速度增长。

国家确定了邯郸、承德市为国家物流标准化今年试点城市，中央财政支持资金1.6亿元。秦皇岛动力设备物流公司公路甩挂运输项目完工验收，京津冀城际公路快速货运网络化甩挂运输项目已完成52%，唐山港集团股份有限公司“东部沿海—京津冀—西北”通道集装箱海铁公多式联运项目入选国家首批多式联运示范。河北万合物流股份有限公司等10家物流企业，被国家确定为河北省无车承运人试点企业。河北省被列为中央财政支持冷链物流发展示范省份，获得1亿元中央资金。迁安北方钢铁物流园区成为国家首批示范物流园区。保定被国家确定为现代物流创新发展试点城市。《国家邮政业发展“十三五”规划》将廊坊纳入一级快递物流园区布局城市，石家庄、保定庄纳入二级快递物流园区布局城市

【京津冀物流协同发展】 加快承接非首都功能项目转移。围绕京津大型仓储、城市配送等功能疏解，打造环首都1小时鲜活农产品物流配送圈，承德、唐山、保定、张家口、廊坊等地的对接项目主要有：承德农产品冷链物流产业园、北京新发地高碑店农副产品物流园、石家庄北方（国际）农产品物流园、怡达进京农产品冷链物流仓储中心暨首都农产品应急储备基地项目、滦平进京蔬菜生产基地暨农产品冷链物流中心项目、围场满族蒙古族自治县远通蔬菜经销有限公司农产品冷链物流项目、唐山市开平区越河镇圣宸农产品物流园、乐亭县冀东国际农产品物流中心、汇通图腾高碑店国际物流园区、香河县五百户镇李庄农产品物流基地、永清县大辛阁乡农产品物流基地等。2016年，永清、白沟、石家庄国际贸易城、燕郊国际贸易城承接北京小商品批发市场转移商户6000余家，北京新发地高碑店农副产品物流园已入住商户4000余家。承接北京市非首都核心功能疏解，建设全国现代商贸物流重

要基地，河北省已累计签约引进北京市场商户23140户。

交通一体化程度提升。京津冀地区城际铁路网规划获国家批复，首都地区环线高速河北段全线贯通，京津冀交通一体化进入一个新阶段。唐山港集团与天津港集团正式签约，合资组建唐山集装箱码头有限公司，此举是京津冀协同发展上升为国家战略以来，河北与天津港口资源整合的重大突破。京津冀地区首个大型铁路综合物流园区——北京铁路局定州物流园区正式开工建设，建成后，年物资吞吐量可达亿吨以上，将有效整合区域物流资源，降低运输和交易成本。

建立京津冀标准化联盟。在京津冀三地商务部门指导下，由物流行业组织牵头，在各自成立的物流标准化联盟的基础上，正式成立京津冀物流标准化联盟。该联盟将提高京津冀区域物流运作效率，推动区域内物流标准化工作的政策协同、工作协同和标准对接，搭建京津冀地区企业交流与合作平台。

【发展环境不断优化】 加快打造全国现代商贸物流重要基地，制定并实施《河北省建设全国现代商贸物流重要基地规划（2016—2020）》、《物流业降本增效专项行动方案（2016—2018）》、《关于推进国内贸易流通现代化建设法制化营商环境的实施意见》、《营造良好市场环境推动交通物流融合发展实施方案》、《关于深入推进“互联网＋流通”行动计划的实施意见》、《省国资委物流业发展“十三五”专项规划（2016—2020）》、《河北省快递业发展三年推进计划（2016—2018）》、《河北省环首都一小时鲜活农产品流通圈规划》等一批政策措施，参与商务部编制的《京津冀商贸物流协同发展规划》。进一步推进物流业供给侧结构性改革，逐步建立和完善现代物流服务体系。

通关效率得到提升。石家庄海关推出了“一次备案，多次使用”创新监管制度，对区内自行运输、简化统一进出境备案清单、批次进出集中申报、内销选择性征税、集中汇总纳税及简化无纸通关随附单证等6项制度选择性的进行推广应用，有效的提升了通关效率、降低了物流成本。

通行环境得到改善。省交通运输厅进一步提高了审批效率，对超限运输行政许可办理流程进行了优化。除石家庄、唐山、秦皇岛、衡水对主要路段和高峰时段限行外，其它市均取消对皮卡车进城通行的所有限制措施。对物流车辆道路通行提供保障，优先给予通行便利。加快城市物流配送工作，石家庄市出台了城市配送车辆管理规定，秦皇岛市政府出台了城市物流配送实施方案。

（河北省发改委　袁有丰）

证券期货业

【资本市场概况】 （一）辖区上市公司情况。截至2016年12月31日，河北省上市公司52家，较上年53家减少1家，占全国3052家的1.70%，其中主板32家，中小板10家，创业板10家。河北省上市公司在沪深两市进行交易的股票53只（其中A股51只，B股2只）。河北省上市公司沪深两市流通股本为660.74亿股，占沪深上市公司流通股本的1.61%；总市值为7840.29亿元（统计口径为2016年末A股股价×A股股本＋B股股价×B股股本×汇率，不含境外股和非流通B股），占沪深上市公司总市值的1.54%。

（二）辖区挂牌公司情况。截至2016年12月31日，河北省新三板挂牌公司195家，比2015年增加97家，占全国挂牌公司总数的1.92%；新三板公司总股本为118.30亿元，占全国挂牌公司股本总额的2%。

（三）辖区证券经营机构情况。截至2016年12月31日，河北辖区证券公司1家，分公司20家，营业部224家。分公司较上年增加3家，营业部家数较上年增加5家。河北省内营业部家数在全国排名为第16名。

截至2016年12月31日，河北辖区证券账户906.99万户，较上年726.16万户增加了24.90%；资金账户521.01万户，较上年增加了22.51%；指定托管市值2988.18亿元，较上年同期下降2.59%。2016年，证券交易额4.28万亿元，较上年下降43.20%。

（四）辖区期货经营机构情况。截至2016年12月31日，河北辖区期货公司1家，期货营业部34家，其中外埠营业部共28家，分别隶属于24家期货公司。

截至2016年12月31日，河北辖区累计期货客户数5.21万户，比上年增长7.09%；客户保证金总额23.56亿元，比上年同期增长21.61%。2016年，期货累计代理交易量5446.06万手，比上年增长12.08%；累计代理交易额2.13万亿元，比上年下降59.73%。

（五）辖区私募基金情况。截至2016年12月31日，河北已登记私募基金管理人108家，全国排名22位，占比0.62%，较年初减少54.81%。已备案私募基金153只，较年初增加93.67%，认缴规模150.37亿元，较年初增加57.9%。省内私募基金从业人员1738人。

按照投资类别分类，其中私募证券投资基金管理人29家，管理正在运作基金52只，管理规模11.16亿元；私募股权投资基金管理人71家，管理正在运作基金81只，管理规模123.07亿元；创业投资基金管理人5家，管理正在运作基金5只，管理规模9亿元；其他类型基金管理人3家，管理正在运作基金15只，管理规模7.14亿元。河北各类私募基金总规模仅150.37亿元，规模在10亿元以上的私募基金仅2只，私募基金管理人管理基金总规模和单只基金规模总体偏小。

（六）辖区证券投资咨询情况。截至2016年12月31日，河北辖区证券投资咨询机构1家，为河北源达证券投资顾问股份有限公司。2016年实现营业收入7024.50万元，利润总额1728.01万元，净利润1260.26万元。

（七）基金代销法人机构（商业银行）情况。截至2016年12月31日，河北辖区基金代销法人机构（商业银行）2家，为河北银行股份有限公司和唐山银行股份有限公司。

【证券期货监管】 2016年，河北证监局认真落实证监会和省委省政府重大决策部署，统筹兼顾，开拓创新，不断拓展多层次资本市场的广度和深度，大力净化市场环境、维护市场秩序，提升服务实体经济的功能，依法保护投资者合法权益，辖区资本市场稳中有进、稳中有新、稳中向好，取得了新的成绩。

一年来主要做了以下工作：

（一）围绕多层次资本市场建设，着力拓展资本市场的广度和深度。不断深化与地方政府及相关部门的合作，协调沪深证券交易所及全国股转公司力量，加大资本市场调研、宣传和培育力度，引导证券经营机构升级服务，积极支持符合条件的辖区企业首发上市，推动更多创新型、创业型、成长型中小微企业到全国股转系统挂牌融资，指导石家庄股权交易所健康发展。截至2016年末，河北共有上市公司52家，其中主板32家，中小板10家，创业板10家；全国股转系统挂牌公司195家，比2015年底增加97家；石家庄股权交易所挂牌公司369家，比2015年增加169家。错位发展、协同互补的多层次资本市场体系日趋完善。

（二）围绕服务实体经济，着力强化资本市场功能。积极扩大直接融资，河北企业通过资本市场实现直接融资1374.87亿元，首次突破千亿大关，直接融资规模创近五年来新高。认真落实“三去一降一补”，引导重点行业公司运用公司债券融资工具，全年发行公司债券732.5亿元，其中非上市企业发行债券302.5亿元，降低企业的融资成本。组织召开“河北省企业资产证券化合作发展峰会”，推进河北企业资产证券化发展。支持6家上市公司通过并购重组实现资源整合、产业升级，涉及标的资产总额386.5亿元，重组规模大幅增长。组织开展证券期货经营机构对接企业活动，提升资本市场支持供给侧结构性改革和实体经济的功能。扎实开展脱贫攻坚，制定实施《河北证监局发挥资本市场作用服务国家脱贫攻坚战略实施方案》，积极推动华福证券有限责任公司与阳原县结对帮扶，实现证券公司“一司一县”结对帮扶贫困县零的突破。面对上年“7.19”特大暴雨洪灾，积极组织辖区证券经营机构参与抗洪抢险，支援灾区重建，践行社会责任。

（三）围绕依法全面从严监管，着力提升监管执法效能。落实依法监管，健全法治工作机制，切实提高依法行政能力。实施“双随机”检查，实施执法专题会制度和内部法律审查制度，确保重大事项依法决策、科学决策，规范执法检查。落实全面监管，不留空白死角；全面掌握辖区资本市场舆情，监测河北资本市场舆情信息8.81万篇；优化非现场监管，加强定期报告审核，实时关注风险公司、疑点问题、市场热点，处理280单涉及上市公司信息；继续加大现场监管力度，全年实施现场检查73家次，靶向监管，精准发力。落实从严监管，勇于较真，敢于碰硬。全年采取行政监管措施13件，下发监管关注函31件、监管问询函36件，监管约谈22人次，有力促进市场主体规范发展，推动中介服务机构归位尽责。

（四）围绕投资者权益，着力健全工作机制。认真开展投诉举报核查，及时了解核实情况，及时开展现场核查，及时回复投资者，积极回应投资者诉求，全年办理各类信访投诉举报事项536件次。强化诚信监管，开展辖区市场主体诚信承诺“回头看”。督导辖区上市公司优化投资回报机制，完善投资者关系管理。以“了解你的客户”、“产品销售适当性”为重点，加大对证券期货经营机构及相关中介机构适当性管理的检查力度。抓好教育宣传，不断扩大受众群体，组织举办“金融知识宣传月金融知识进校园”系列宣传教育活动，开展以“正确认识私募，远离非法投资”为主题的私募基金投资者权益保护教育，利用商业银行和连锁业态上市公司实体网点优势实现受众多元。积极拓展教育宣传思路，向各地市公安经侦部门赠送《打非清整问答》，作为培训资料和办案指引。丰富宣教形式，充分利用微信、微博、交易系统提示词条等新型传播方式扩大影响，得到了广大投资者充分认可。

（五）围绕净化市场环境，着力防控区域性金融风险。组织辖区证券期货法人机构与互联网企业合作开展业务自查工作。综合运用互联网查询、现场走访等手段，对辖区111家私募基金管理人开展互联网金融风险专项排查，积极摸排股权众筹涉嫌违法违规线索，全力做好互联网金融风险专项整治工作。深入开展打击非法集资暨打击非法证券期货活动宣传月活动，持续开展打非宣传进社区活动，组织对辖区证券期货经营机构进行为期3个月的非法集资广告排查清理。配合地方公安部门联合查处了一家涉嫌非法经营期货业务的机构，就个别市场主体涉嫌非法集资活动线索向地方政府进行风险提示和线索移交。根据国务院清理整顿各类交易场所部际联席会议办公室统一部署，协助地方政府深入开展各类交易场所摸底排查，并及时进行风险提示。

（六）围绕厚植发展氛围，着力加强监管协作。加强与证监会机关及系统单位的监管合作，推动省金融办与沪深交易所、证监局共同签署《公司债券业务合作备忘录》。以落实中央监管信息平台相关工作为契机，健全与证券期货交易所、证券登记结算机构、行业协会等自律组织及其他派出机构之间的信息共享和监管合作机制，不断完善“五位一体”的监管体系，形成监管合力。不断深化与地市政府及相关部门的协作机制，与省公安厅就案件线索移送和打非进社区宣传工作建立了工作机制，与石家庄中级人民法院、中证中小投资者服务中心有限责任公司就推动证券期货纠纷多元化解机制的三方合作取得进展。

（河北证监局　崔　征）

统计资料篇

STATISTICAL DATA

统 计 资 料 使 用 说 明

一、统计资料内容说明

1.《河北经济年鉴—2017》的统计资料篇收录了全省2016年及历史重要年份经济和社会发展方面的统计数据、各市、县（区）2016年经济和社会发展的主要统计数据以及京津冀主要指标，全面反映河北省经济和社会发展情况。本篇内容分为24部分：综合，国民经济核算，人口、就业及工资，固定资产投资，能源，财政、金融、保险，物价，人民生活，农村经济，工业，建筑业，房地产，运输和邮电，国内贸易，对外经济贸易和旅游，教育，科技和专利，文化、体育及卫生，公共管理及其他，城市概况，各市概况，各县（市、区）主要指标，雄县、容城县、安新县主要指标，京津冀主要指标。

2. 本《年鉴》统计资料大部分来自年度统计报表，部分来自抽样调查。

3. 本《年鉴》统计资料所使用的度量衡单位均采用国际统一标准计量单位。

4. 本《年鉴》部分数据合计数或相对数由于单位取舍不同而产生的计算误差均未作机械调整。

5. 本《年鉴》中所涉及到的历史数据，均以最新出版的本《年鉴》数据为准。

6. 为方便读者使用，篇末附有主要统计指标解释，对指标的概念、统计方法、统计口径、统计范围以及历史变动情况作了简要概述。

7. “城市概况”中各市数据为市区数，不含所辖县。

8. “各市概况”中有些指标是由各市统计部门计算的，在方法上与全省有不一致的地方，故分市之和不等于全省，这些指标是：地区生产总值、农业总产值、农业中间消耗和农业增加值等；除特别注明外，石家庄市数据包含辛集市，保定市数据包含定州市。

二、符号说明

1. “…”，表示数据不足本表最小单位数；

2. “空格”，表示该项统计指标数据不详或无该项统计指标数据；

3. “#”，表示其中的主要项；

4. “①”，表示本表下有注解。

行政区划基本情况（2016年底）
Basic Statistics of Administrative Divisions (End of 2016)

单位：个　(unit)

市 City		县级区划数 Number of Regions at County Level	市辖区 Districts under the Jurisdiction of Cities	县级市 Cities at County Level	县 County	乡镇级区划数 Number of Regions at Townships Level	街道办事处 Street Communities	乡 Townships	镇 Towns	居民委员会 Community Neighborhood Committee	村民委员会 Villagers' Committee
全　省	**Total**	**168**	**47**	**19**	**102**	**2255**	**302**	**845**	**1107**	**4194**	**48860**
石家庄市	Shijiazhuang	22	8	3	11	276	56	91	129	659	4354
承 德 市	Chengde	11	3		8	218	14	110	94	173	2458
张家口市	Zhangjiakou	16	6		10	233	23	110	99	294	4175
秦皇岛市	Qinhuangdao	7	4		3	98	23	25	50	222	2265
唐 山 市	Tangshan	14	7	2	5	231	54	45	132	690	5405
廊 坊 市	Langfan	10	2	2	6	107	17	22	68	248	3210
保 定 市	Baoding	24	5	4	15	340	29	137	174	433	6201
沧 州 市	Cangzhou	16	2	4	10	194	26	83	85	362	5685
衡 水 市	Hengshui	11	2	1	8	118	4	43	71	105	4993
邢 台 市	Xingtai	19	2	2	15	198	26	72	100	480	4906
邯 郸 市	Handan	18	6	1	11	242	30	107	105	528	5208

自然状况和资源
Natural Condition and Resources

项　目	Item	2005	2010	2015	2016
自然状况	**Natural Condition**				
地表总面积(平方公里)	Total Land Area (sq.km)	187693	187693	187693	187693
地表总面积构成(%)	Percentage to Total Area (%)				
山　地	Mountains	37.40	37.40	37.40	37.40
坝上高原	Plateaus	12.97	12.97	12.97	12.97
丘　陵	Hills	4.83	4.83	4.83	4.83
平　原	Plains	30.49	30.49	30.49	30.49
盆　地	Basins	12.10	12.10	12.10	12.10
湖泊洼淀	Lakes and Depression	2.21	2.21	2.21	2.21
大陆海岸线长度(公里)	Mainland Shore (km)	487	487	487	487
土地资源	**Land Resources**				
耕地面积(千公顷)	Area of Cultivated Land (1000 hectares)	5988.9	6551.42	6525.50	6520.45
#有效灌溉面积	Irrigated Area	4547.75	4520.87	4447.98	4457.64
草原面积(千公顷)	Area of Grassland (1000 hectares)	4649	3692.85	2774.35	2846.35
#已利用面积	Utilizable Area	3235	2252.16		
气候(主要城市)	**Climate (Major Cities)**				
年降水总量(毫米)	Annual Total Precipitation (millimeters)	345.9-767.5	416.9-620.3	506.0	608.9
年平均气温(摄氏度)	Annual Average Temperature (°C)	7.8-14.7	7.4-14.3	12.6	12.6
森林资源	**Forest Resources**				
森林面积(千公顷)	Forest Area (1000 hectares)	4724.9	4875.3	5800.0	6000.0
林木蓄积量(万立方米)	Stock Volume of the Forest (10000 cu.m)	10226	12145	13975	14900
森林覆盖率(%)	Forest-coverage Rate (%)	23.25	26.00	31.00	32.00
水利资源	**Water Resources**				
水能资源可开发量(万千瓦)	Developable Resources (10000 kw)	156	120.6	120.6	120.6
内陆水域养殖面积(公顷)	Cultivated Water Area (hectare)	74662	74955	76421	
海水养殖面积(公顷)	Cultivated Area (hectare)	90404	123810	117533	115416

各市、县(市、区)名称 (2016年)
Name of Administrative Area (2016)

市 City	所辖县(市、区)名称 Name of County or City, Districts under Administrative							
石家庄市 Shijiazhuang	长安区 Changan	桥西区 Qiaoxi	新华区 Xinhua	井陉矿区 Jingxingkuangqu		裕华区 Yuhua	藁城区 Gaocheng	鹿泉区 Luquan
	栾城区 Luancheng	井陉县 Jingxing	正定县 Zhengding	行唐县 Xingtang	灵寿县 Lingshou	高邑县 Gaoyi	深泽县 Shenze	赞皇县 Zanhuang
	无极县 Wuji	平山县 Pingshan	元氏县 Yuanshi	赵　县 Zhaoxian	辛集市 Xinji	晋州市 Jinzhou	新乐市 Xinle	
承德市 Chengde	双桥区 Shuangqiao	双滦区 Shuangluan	鹰手营子矿区 Yingshouyingzi		承德县 Chengde	兴隆县 Xinglong	平泉县 Pingquan	滦平县 Luanping
	隆化县 Longhua	丰宁满族自治县 Fengning		宽城满族自治县 Kuancheng		围场满族蒙古族自治县 Weichang		
张家口市 Zhangjiakou	桥东区 Qiaodong	桥西区 Qiaoxi	宣化区 Xuanhua	下花园区 Xiahuayuan	万全区 Wanquan	崇礼区 Chongli	张北县 Zhangbei	康保县 Kangbao
	沽源县 Guyuan	尚义县 Shangyi	蔚　县 Yuxian	阳原县 Yangyuan	怀安县 Huaian	怀来县 Huailai	涿鹿县 Zhuolu	赤城县 Chicheng
秦皇岛市 Qinhuangdao	海港区 Haigang	山海关区 Shanhaiguan	北戴河区 Beidaihe	抚宁区 Funing	青龙满族自治县 Qinglong		昌黎县 Changli	卢龙县 Lulong
唐山市 Tangshan	路南区 Lunan	路北区 Lubei	古冶区 Guye	开平区 Kaiping	丰南区 Fengnan	丰润区 Fengrun	曹妃甸区 Caofeidian	滦　县 Luanxian
	滦南县 Luannan	乐亭县 Leting	迁西县 Qianxi	玉田县 Yutian	遵化市 Zunhua	迁安市 Qianan		
廊坊市 Langfang	安次区 Anci	广阳区 Guangyang	固安县 Guan	永清县 Yongqing	香河县 Xianghe	大城县 Dacheng	文安县 Wenan	
	大厂回族自治县 Dachang		霸州市 Bazhou	三河市 Sanhe				
保定市 Baoding	竞秀区 Jingxiu	莲池区 Lianchi	满城区 Mancheng	清苑区 Qingyuan	徐水区 Xushui	涞水县 Laishui	阜平县 Fuping	定兴县 Dingxing
	唐　县 Tangxian	高阳县 Gaoyang	容城县 Rongcheng	涞源县 Laiyuan	望都县 Wangdu	安新县 Anxin	易　县 Yixian	曲阳县 Quyang
	蠡　县 Lixian	顺平县 Shunping	博野县 Boye	雄　县 Xiongxian	涿州市 Zhuozhou	定州市 Dingzhou	安国市 Anguo	高碑店市 Gaobeidian
沧州市 Cangzhou	新华区 Xinhua	运河区 Yunhe	沧　县 Cangxian	青　县 Qingxian	东光县 Dongguang	海兴县 Haixing	盐山县 Yanshan	肃宁县 Suning
	南皮县 Nanpi	吴桥县 Wuqiao	献　县 Xianxian	孟村回族自治县 Mengcun		泊头市 Botou	任丘市 Renqiu	黄骅市 Huanghua
	河间市 Hejian							
衡水市 Hengshui	桃城区 Taocheng	冀州区 Jizhou	枣强县 Zaoqiang	武邑县 Wuyi	武强县 Wuqiang	饶阳县 Raoyang	安平县 Anping	故城县 Gucheng
	景　县 Jingxian	阜城县 Fucheng	深州市 Shenzhou					
邢台市 Xingtai	桥东区 Qiaodong	桥西区 Qiaoxi	邢台县 Xingtai	临城县 Lincheng	内丘县 Neiqiu	柏乡县 Baixiang	隆尧县 Longyao	任　县 Renxian
	南和县 Nanhe	宁晋县 Ningjin	巨鹿县 Julu	新河县 Xinhe	广宗县 Guangzong	平乡县 Pingxiang	威　县 Weixian	清河县 Qinghe
	临西县 Linxi	南宫市 Nangong	沙河市 Shahe					
邯郸市 Handan	邯山区 Hanshan	丛台区 Congtai	复兴区 Fuxing	峰峰矿区 Fengfeng	肥乡区 Feixiang	永年区 Yongnian	临漳县 Linzhang	成安县 Chengan
	大名县 Daming	涉　县 Shexian	磁　县 Cixian	邱　县 Qiuxian	鸡泽县 Jize	广平县 Guangping	馆陶县 Guantao	魏　县 Weixian
	曲周县 Quzhou	武安市 Wuan						

国民经济和社会发展总量与速度指标

指　　标	Item	总量指标	
		1990	2000
人　口	**Population**		
年底总人口(万人)	Population at Year-end (10000 persons)	6159	6674
男性人口	Male	3147	3397
女性人口	Female	3012	3277
城镇人口	Urban	1183	1741
乡村人口	Rural	4976	4933
就业及工资	**Employment and Wages**		
就业人员数(万人)	Employment (10000 persons)	2955.47	3385.71
#职工人数	Staff and Workers	652.71	621.95
城镇登记失业人员数(万人)	Registration Unemployment in Urban Areas (10000 persons)	7.67	17.40
城镇登记失业率(%)	Registration Unemployment Rate in Urban Areas (%)	1.1	2.8
职工工资总额(亿元)	Total Wages (100 million yuan)	129.32	427.18
职工平均工资(元/人)	Average Wage of Staff and Workers (yuan/person)	2019	7781
国民核算	**National Accounting**		
地区生产总值(亿元)	Gross Domestic Product (100 million yuan)	896.33	5043.96
第一产业	Primary Industry	227.89	824.55
第二产业	Secondary Industry	387.52	2514.96
第三产业	Tertiary Industry	280.92	1704.45
固定资产投资	**Investment in Fixed Assets**		
全社会固定资产投资总额(亿元)	Total Investment in Fixed Assets (100 million yuan)	177.21	1847.23
#房地产开发	Real Estate Development	3.88	108.39
#住宅	Residential Buildings		
全社会施工房屋建筑面积(万平方米)	Floor Space of Buildings under Construction (10000 sq.m)	4662.40	13473.63
全社会竣工房屋建筑面积(万平方米)	Floor Space of Buildings Completed (10000 sq.m)	3924.42	10512.58
财　政	**Government Finance**		
一般公共预算收入(亿元)	General Public Budget Revenue (100 million yuan)		248.76
一般公共预算支出(亿元)	General Public Budget Expenditures (100 million yuan)	87.28	415.54
能源生产与消费(万吨标准煤)	**Production and Consumption of Energy (10000 tons of SCE)**		
能源生产总量	Total Energy Production	5313.08	5639.26
能源消费总量	Total Energy Consumption	6124.22	11195.71
人民生活	**People's Livelihood**		
家庭总户数(万户)	Number of Family Households (10000 households)	1584	1840
城镇平均每户家庭人口(人)	Average Household Size in Urban Areas (person)	3.37	3.06
农村平均每户家庭人口(人)	Average Household Size in Rural Areas (person)	4.52	4.11
城镇人均住房建筑面积(平方米)	Per Capita Construction Floor Space of Rural Residents (sq.m)	9.18	15.42
农村人均居住面积(平方米)	Per Capita Net Floor Space of Rural Residents (sq.m)	17.34	22.87
城镇居民人均可支配收入(元)	Per Capita Annual Disposable Income of Urban Households (yuan)	1397	5661
农村居民人均可支配收入(元)	Per Capita Annual Disposable Income of Rural Residents (yuan)	622	2479
城乡储蓄存款余额(亿元)	Outstanding Amount of Saving Deposits in Urban and Rural (100 million yuan)	504.59	3957.06
结婚数(对)	Register Number of Marriages (couple)	447334	475291
离婚数(对)	Number of Divorces (couple)	10010	17084

Principal Aggregate Indicators on National Economic and Social Development and Growth Rates

Aggregate Data			速度指标 Indices and Growth Rates (%)						
			指数 Index (2016为以下各年) (2016 as Percentage of the Following Years)				平均增长速度 Average Annual Growth Rate		
2010	2015	2016	1978	1990	2000	2015	1979-2016	1991-2016	2001-2016
7194	7425	7470	147.7	121.3	111.9	100.6	1.1	0.7	0.7
3647	3757	3795	146.2	120.6	111.7	101.0	1.1	0.7	0.7
3547	3668	3675	149.3	122.0	112.1	100.2	1.1	0.8	0.7
3201	3811	3983	720.2	336.7	228.8	104.5	5.6	4.8	5.3
3993	3614	3487	77.4	70.1	70.7	96.5	-0.7	-1.4	-2.1
3865.14	4212.50	4223.95	200.3	143.0	124.8	100.3	1.9	1.4	1.4
518.89	643.65	639.62	143.7	98.0	102.9	99.4	1.0	-0.1	0.2
35.14	39.41	39.73	123.8	517.9	228.3	100.8	0.6	6.5	5.3
3.86	3.60	3.68							
1548.58	3289.48	3518.75	13722.2	2721.7	823.9	107.0	14.6	13.5	14.1
36166	50921	55334	9349.9	2741.5	711.4	108.7	13.4	13.6	13.0
20394.26	29806.11	32070.45	4202.3	1583.3	474.4	106.8	10.9	11.2	10.2
2562.81	3439.45	3492.81	618.3	336.8	201.5	103.5	5.2	4.8	4.5
10707.68	14386.87	15256.93	5726.1	2141.3	524.2	104.9	11.9	12.5	10.9
7123.77	11979.79	13320.71	8120.6	2059.5	546.1	109.9	13.0	12.3	11.2
15083.35	29448.27	31750.02		17913.9	1718.5	107.8		22.1	19.5
2264.94	4285.27	4695.63		121047.9	4333.1	109.6		31.4	26.6
1785.76	3162.55	3475.48				109.9			
48769.16	57974.11	49121.09		1053.6	364.6	84.7		9.5	8.4
15945.18	19492.73	16221.34		413.3	154.3	83.2		5.6	2.7
1331.85	2649.18	2849.87			1145.9	107.6			16.5
2820.24	5632.19	6049.53	18646.6	6930.5	1455.7	107.4	15.6	17.7	18.2
8129.05	7096.14	6752.93		127.1	119.8	95.2		0.9	1.1
27531.11	29395.36	29794.40		486.7	266.2	101.4		6.3	6.3
2040	2270	2294		144.7	124.6	101.0		1.4	1.4
2.85	2.89	2.83		83.9	92.4	97.8		-0.7	-0.5
3.70	3.40	3.41		75.4	82.9	100.2		-1.1	-1.2
30.52	32.82	33.45	596.1	364.3	216.9	101.9	5.1	5.1	5.0
32.23	36.52	38.00	431.0	219.2	166.2	104.1	4.1	3.1	3.2
16263	26152	28249		2021.2	498.9	108.0		12.3	10.6
5958	11051	11919		1918.0	481.0	107.9		12.0	10.3
15678.43	29220.28	32870.97	294032.3	6514.8	830.7	112.5	24.8	17.4	14.1
750291	609442	551896		123.4	116.2	90.6		0.8	0.9
98792	157180	179332		1791.6	1049.8	114.1		11.7	15.8

国民经济和社会发展总量与速度指标(续一)

指　　标	Item	总量指标	
		1990	2000
农　业	**Agriculture**		
乡村从业人员(万人)	Employed Persons of Agriculture, Forestry, Animal Husbandry and Fishery (10000 persons)	2360.5	2707.1
农林牧渔业总产值(亿元)	Gross Output Value of Agriculture, Forestry, Animal Husbandry and Fishery (100 million yuan)	357.63	1544.65
主要农产品产量 (万吨)	Output of Major Farm Products (10000 tons)		
粮　食	Grain	2276.9	2551.1
棉　花	Cotton	57.08	30.01
油　料	Oil-bearing Crops	74.89	146.97
蔬　菜	Vegetables	1157	4454.0
园林水果	Garden Fruit	175.47	677.31
肉　类	Meat	130.1	342.4
奶　类	Milk	14.26	96.21
水产品	Aquatic Products	21.86	80.95
工　业	**Industry**		
规模以上工业企业主要指标(亿元)	Principal Indicators of Industrial Enterprises above Designated Size (100 million yuan)		
资产总计	Original Value of Fixed Assets		5199.74
主营业务收入	Revenue from Principal Business		3425.08
利润总额	Total Profits	11.03	184.94
主要工业产品产量	Output of Major Industrial Products		
纱(万吨)	Yarn (10000 tons)	33.55	43.70
布(亿米)	Cloth(100 million m)	12.69	15.60
化学纤维(万吨)	Chemical Fiber (10000 tons)	2.59	10.24
机制纸及纸板(万吨)	Machine-made Paper and Paperboards (10000 tons)	88.75	216.34
原　煤(万吨)	Coal (10000 tons)	6242.97	5781.21
原　油(万吨)	Crude Oil (10000 tons)	570.52	518.26
发电量(亿千瓦小时)	Electricity (100 million kwh)	368.97	844.42
粗　钢(万吨)	Crude Steel (10000 tons)	383.69	1230.10
钢　材(万吨)	Rolled Steel (10000 tons)	281.27	1306.52
生　铁(万吨)	Pig Iron (10000 tons)	521.25	1709.23
水　泥(万吨)	Cement (10000 tons)	1310.13	4694.59
平板玻璃(万重量箱)	Plate Glass (10000 weight cases)	1078.95	2083.30
农用化肥(折纯量)(万吨)	Chemical Fertilizer (10000 tons)	128.51	195.23
建筑业	**Construction**		
建筑业企业从业人员(万人)	Number of Employed Persons (10000 persons)	59.3	87.6
建筑业总产值(亿元)	Gross Output Value (100 million yuan)	73.39	492.10
施工房屋面积(万平方米)	Floor Space of Buildings under Construction (10000 sq.m)	5195.52	6260.10
竣工房屋面积(万平方米)	Floor Space of Buildings Completed (10000 sq.m)	4324.61	3481.42
交通运输邮电	**Transportation, Postal and Telecommunication Services**		
全社会客运量(万人)	Total Passenger Traffic (10000 persons)	25745	65255
全社会货运量(万吨)	Total Freight Traffic (10000 tons)	58203	76808

注：1. 规模以上工业企业统计范围1998年至2006年为全部国有及年主营业务收入在500万元及以上非国有工业企业；2007年至2010年年主营业务收入在500万元及以上的工业企业；2011年及以后年份为年主营业务收入在2000万元及以上的工业企业。
2. 2002年及以后建筑业统计范围为具有资质等级的建筑业企业。

Principal Aggregate Indicators on National Economic and Social Development and Growth Rates

Aggregate Data			速度指标 Indices and Growth Rates (%)						
			指数 Index (2016为以下各年) (2016 as Percentage of the Following Years)				平均增长速度 Average Annual Growth Rate		
2010	2015	2016	1978	1990	2000	2015	1979-2016	1991-2016	2001-2016
2976.6	3055.3	3063.8	177.5	129.8	113.2	100.3	1.6	1.0	0.8
4309.42	5978.88	6083.86		421.0	202.9	103.5		5.7	4.5
2975.90	3363.8	3460.2	205.1	152.0	135.7	102.9	2.0	1.6	1.9
56.95	37.3	30.0	255.7	52.5	99.8	80.2	2.6	-2.5	0.0
140.29	151.5	156.5	638.9	209.0	106.5	103.3	5.3	2.9	0.4
7073.57	8243.7	8193.4	1488.0	708.2	184.0	99.4	7.8	7.8	3.9
1111.73	1508.6	1524.6	1918.5	869.2	225.2	101.1	8.6	8.7	5.2
416.7	462.5	457.7		352.0	133.7	99.0		5.0	1.8
449.08	480.93	448.04	18220.6	3143.2	465.9	93.2	15.6	14.2	10.1
106.33	129.71	136.90	985.4	626.6	169.2	105.6	6.6	7.3	3.3
24943.75	42717.82	44562.88			856.9	104.3			14.4
31628.93	45648.10	47318.60			1382.1	103.7			17.8
2141.47	2360.99	2815.11		25515.0	1521.7	119.2		23.8	18.5
123.91	204.24	222.15	1155.2	658.7	505.7	108.2	7.0	7.5	10.7
54.82	69.66	70.96	858.7	555.5	451.9	101.2	6.2	6.8	9.9
23.42	60.68	61.79	5819.5	2359.3	596.7	100.7	12.0	12.9	11.8
420.52	345.68	345.04	1493.9	389.5	159.8	100.0	7.8	5.4	3.0
10199.27	7437.05	6484.32		103.9	112.2	87.2		0.1	0.7
599.04	580.10	545.96	31.7	95.7	105.3	94.1	-3.1	-0.2	0.3
1992.57	2487.17	2616.75	1545.2	706.4	308.7	104.8	7.9	7.8	7.3
14458.79	18832.98	19259.97	13242.2	5021.3	1566.2	102.3	14.5	16.3	18.8
16757.23	25245.31	26150.42	27740.6	9289.6	1999.9	103.5	16.9	19.0	20.6
13705.39	17383.32	18398.37	7937.0	3388.3	1033.3	101.6	12.9	14.5	15.7
12594.30	9073.23	9861.22	2133.7	754.9	210.7	109.0	8.9	8.1	4.8
12033.83	11099.98	10383.27	3135.9	961.9	498.2	93.5	10.0	9.1	10.6
178.19	215.82	226.23	269.4	167.9	110.5	100.0	2.8	2.0	0.6
128.7	107.3	145.3		181.5	122.9	100.3		2.3	1.3
3232.53	5252.57	5517.69		7514.9	1120.7	105.0		18.1	16.3
23471.48	35616.48			666.3	553.0	97.2		7.6	11.3
9100.87	11612.95	11145.40		257.8	320.2	96.0		3.7	7.5
90847	53631	51176		198.7	78.4	95.4		2.7	-1.5
177308	199192	210994	782.4	362.4	274.6	105.9	5.9	5.1	6.5

a) Industrial enterprises above designated size are all state-owned enterprises and non-state owned enterprises with annual revenue from principal business over 5 million yuan from 1998 to 2006,and are industrial enterprise with annual revenue from principal business over 5 million yuan from 2007 to 2010, and are industrial enterprise with annual revenue from principal business over 20 million yuan since 2011.

b) Data since 2002 included all general construction contractors and professional contractors which possess qualification grades.

国民经济和社会发展总量与速度指标(续二)

指　　标	Item	总量指标	
		1990	2000
港口货物吞吐量(万吨)	Volume of Freight Handled at Major Coastal Ports (10000 tons)	6945	10771
邮电业务总量(亿元)	Business Volume of Postal and Telecommunication Services (100 million yuan)	5.56	191.04
旅客周转量(亿人公里)	Passenger Traffic (100 million passenger-km)	358.09	782.87
铁　路	Railways	249.44	377.24
公　路	Highways	108.44	405.63
函　件(万件)	Number of Letters Delivered (10000 pieces)	23716	26302
社会消费品零售总额(亿元)	**Total Retail Sales of Consumer Goods (100 million yuan)**	**308.0**	**1613.9**
外贸、实际利用外资和旅游	**Foreign Trade, Utilization of Foreign Capital and International Tourism**		
海关进出口总额(亿美元)	Total Value of Exports and Imports (USD 100 million)	22.68	52.35
出口总额	Exports	19.01	37.07
进口总额	Imports	3.67	15.28
实际利用外资额(万美元)	Total Amount of Foreign Direct Investments (USD 10000)	4447	139378
# 外商直接投资	Foreign Direct Investments	3935	102376
外国人旅游人数(人)	Number of Tourists (Overnight Visitors) (person)	32695	345494
旅游外汇收入额(万美元)	Foreign Exchange Earnings from International Tourism (USD 10000)	511	13035
金融、保险	**Banking and Insurance**		
金融机构存款余额(亿元)	Deposits of National Banking System (100 million yuan)	753.62	5543.49
金融机构贷款余额(亿元)	Loans of National Banking System (100 million yuan)	823.66	4632.96
保费收入(亿元)	Premium (100 million yuan)	8.24	56.60
保险金额(亿元)	Amount Insured (100 million yuan)		6625
赔款额(亿元)	Settled Claim (100 million yuan)		16.57
教育、文化	**Education and Culture**		
财政用于教育支出(亿元)	Government Expenditures on Education (100 million yuan)	15.12	73.65
在校学生数(万人)	Students Enrollment (10000 persons)		
# 普通高等学校	Institutions of Higher Education	7.60	24.38
普通中学	Secondary Schools	207.61	481.75
普通小学	Primary Schools	705.48	813.73
报纸出版数量(亿份)	Number of Newspapers Published (100 million copies)	5.29	9.00
杂志出版数量(亿册)	Number of Magazines Published (100 million copies)	0.22	0.52
图书出版数量(亿册)	Number of Books Published (100 million copies)	2.44	3.10
科　技	**Science and Technology**		
研究与发展经费支出(亿元)	Expenditures on Research and Development (100 million yuan)	2.56	26.27
技术合同成交额(亿元)	Volume of Transaction in Technical Contracted (100 million yuan)		9.41
卫　生	**Health Care**		
卫生机构病床数(万张)	Number of Beds in Health Institutions (10000 units)	14.60	16.89
专业卫生技术人员(万人)	Medical Technical Personnel (10000 persons)	18.05	20.12
# 医　生	Doctors	8.60	9.17
环　境	**Environment**		
废水中化学需氧量排放量(万吨)	COD Discharge of Waste Water (10000 tons)		
废气中二氧化硫排放量(万吨)	Sulphur Dioxide Emission of Waste Gas (10000 tons)		

注：1. 2001年至2009年邮电业务量采用2000年不变价计算，2010年及以后采用2010年不变价计算。
2. 2009年客运量、货运量、旅客周转量和货运周转量指标依据新的统计方法和口径进行了调整。

Principal Aggregate Indicators on National Economic and Social Development and Growth Rates

Aggregate Data			速度指标 Indices and Growth Rates (%)						
			指数 Index (2016为以下各年) (2016 as Percentage of the Following Years)				平均增长速度 Average Annual Growth Rate		
2010	2015	2016	1978	1990	2000	2015	1979-2016	1991-2016	2001-2016
60343	91251	95207	4289.1	1370.4	883.6	104.3	11.0	10.6	14.6
474.60	994.60	1545.19	261788.9	27777.1	809.0	155.4	24.4	24.2	14.0
1172.9	1213.2	1238.1	974.3	345.9	158.2	102.1	6.5	4.9	2.9
730.6	944.4	993.6	975.8	398.3	263.4	105.2	6.5	5.5	6.2
442.2	268.4	244.2	965.9	225.3	60.2	91.0	6.5	3.2	-3.1
25355	14319	7006	45.4	29.5	26.6	48.9	-2.2	-4.6	-7.9
6821.8	**12990.7**	**14364.7**	**23811.3**	**4664.8**	**890.2**	**110.6**	**16.4**	**15.9**	**14.6**
419.31	514.82	466.23	15634.5	2054.3	890.0	90.5	15.1	12.3	14.6
225.70	329.39	305.77	11075.0	1607.9	824.6	92.8	14.0	11.3	14.1
193.61	185.43	160.46	72822.8	4365.4	1048.5	86.4	20.1	15.6	15.8
436597	736884	814697		18326.8	584.7	110.6		22.2	11.7
383074	617750	735388		18681.6	718.1	119.0		22.3	13.1
853110	1083201	1475907		3538.3	334.8	106.8		14.7	7.8
35071	62144	66862		13085.5	513.0	107.6		20.6	10.8
26099.00	48927.59	55928.87	72418.6	7421.4	1008.9	114.3	20.1	18.0	15.5
15755.74	32608.47	37745.85	41220.8	4582.7	814.7	115.8	18.2	15.8	14.0
746.40	1163.12	1495.27		18143.9	2642.7	128.6		22.1	22.7
71933	326847	423356			6388.9	129.5			29.7
145.38	461.92	548.22			3309.0	118.7			24.4
514.30	1041.16	1134.89		7503.7	1540.8	109.0		18.1	18.6
110.51	117.92	121.60	4193.1	1600.0	498.8	103.1	10.9	11.3	10.6
348.76	351.92	364.91	94.8	175.8	75.7	103.7	-0.1	2.2	-1.7
511.59	596.24	620.55	83.2	88.0	76.3	104.1	-0.5	-0.5	-1.7
14.71	14.59	12.82	847.7	242.3	142.4	87.8	6.1	3.5	2.2
0.50	0.47	0.47	5238.8	214.3	90.7	100.0	11.6	3.0	-0.6
1.68	2.16	2.69	146.3	110.1	86.7	124.3	1.1	0.4	-0.9
155.45	352.14	383.43		14979.9	1459.8	108.9		21.2	18.2
19.30	39.95	59.60			633.4	149.2			12.2
24.93	34.22	36.10	405.6	247.3	213.7	105.5	4.0	3.5	4.9
28.03	37.26	39.36	367.8	218.1	195.6	105.6	3.7	3.0	4.3
12.28	16.69	17.74	325.0	206.3	193.5	106.3	3.3	2.8	4.2
54.60	120.81	41.12				34.0			
123.38	110.84	78.94				71.2			

a) The business volume of postal and telecommunication services which is at 2000 constant prices between 2001 and 2009. That was calculated at 2010 constant prices since 2010.

b) Volume of passenger transportation, volume of freights, volume of passenger turnover and volume of freight turnoverof 2009, have been adjusted according to new computing methods and statistical approach.

国民经济和社会发展结构指标

Structural Indicators on National Economic and Social Development

指　标	Item	2000	2005	2010	2015	2016
人　口	**Population**					
性别	Sexual Composition					
男	Male	50.9	50.2	50.7	50.5	53.3
女	Female	49.1	49.8	49.3	49.5	46.7
城乡	Urban and Rural Composition					
城镇	Urban	26.3	37.7	44.5	51.3	53.3
乡村	Rural	73.7	62.3	55.5	48.7	46.7
就业人员	**Employment**					
第一产业	Primary Industry	50.1	43.8	37.9	33.0	32.7
第二产业	Secondary Industry	26.1	29.2	32.4	34.1	34.1
第三产业	Tertiary Industry	23.8	26.9	29.8	32.9	33.2
国民经济核算	**National Accounting**					
地区生产总值（生产法）	Gross Domestic Product (Production Approach)					
第一产业	Primary Industry	16.3	14.9	12.6	11.5	10.9
第二产业	Secondary Industry	49.9	51.8	52.5	48.3	47.6
第三产业	Tertiary Industry	33.8	33.3	34.9	40.2	41.5
地区生产总值（支出法）	Gross Domestic Product (Expenditure Approach)					
消费支出	Final Consumption	44.4	42.7	40.8	44.3	45.3
居民消费	Household Consumption	33.4	29.2	28.1	31.9	33.3
政府消费	Government Consumption	11.1	13.6	12.7	12.4	12.1
固定资本形成	Gross Capital Formation	44.5	45.8	54.1	58.2	58.1
固定资本形成总额	Gross Fixed Capital Formation	36.6	42.0	52.9	58.0	58.0
存货增加	Change in Inventories	7.9	3.9	1.2	0.2	0.1
净出口	Net Outflow of Goods and Services	11.0	11.4	5.1	-2.5	-3.4
财　政	**Government Finance**					
一般公共预算支出结构	Composition of General Public Budget Revenue					
#教　育	Capital Construction	17.72	17.42	18.24	18.49	18.76
利用外资	**Utilization of Foreign Capital**					
实际利用外资结构	Composition of Foreign Capital Actually Utilized					
对外借款	Loans from Abroad	20.7	7.81	1.67	1.01	4.61
外商直接投资	Foreign Direct Investment	76.4	83.92	87.74	83.83	90.27
外商其他投资	Other Foreign Investment	2.9	8.27	10.60	15.16	5.12
能　源	**Energy**					
能源生产总量结构	Composition of Total Energy Production					
原煤	Coal	85.46	87.05	84.89	77.39	72.71
原油	Crude Oil	13.13	11.33	10.53	11.68	11.55
天然气	Natural Gas	1.11	1.29	2.07	1.95	1.53
一次电力	Primary Electricity	0.30	0.33	2.50	8.97	14.21
能源消费总量结构	Composition of Total Energy Consumption					
原煤	Coal	90.94	91.82	90.45	86.55	85.01
石油	Crude Oil	8.17	7.45	7.37	7.99	8.63
天然气	Natural Gas	0.84	0.61	1.44	3.30	3.14
一次电力	Primary Electricity	0.05	0.12	0.74	2.17	3.22

国民经济和社会发展结构指标(续)
Structural Indicators on National Economic and Social Development

指　　标	Item	2000	2005	2010	2015	2016
农　业	**Agriculture**					
农林牧渔业产值结构	Composition of Gross Output Value of Agriculture					
农　业	Farming	54.82	48.4	57.3	57.6	56.9
林　业	Forestry	1.64	1.5	1.2	2.0	2.2
牧　业	Animal Husbandry	39.73	43.2	33.5	31.9	31.9
渔　业	Fishery	3.81	3.1	3.3	3.3	3.5
农林牧渔服务业	Service for Farming, Forestry, Animal Husbandry and Fishery		3.8	4.7	5.2	5.6
工　业	**Industry**					
工业企业资产	Composition of Assets of Industrial Enterprises					
大型企业	Large Enterprises	46.8	47.9	53.8	49.93	49.32
中型企业	Medium-sized Enterprises		31.4	24.5	21.55	21.73
小型企业	Small Enterprises		21.8	21.7	26.59	27.45
运输业	**Transportation**					
货运量结构	Composition of Freight Traffic					
铁　路	Railways	16.3	20.9	21.4	9.0	7.7
公　路	Highways	81.1	75.2	76.7	88.2	90.0
水　运	Waterways	0.7	2.8	1.2	2.3	2.1
管　道	Pipelines	1.8	1.2	0.7	0.6	0.2
社会消费品零售总额	**Total Retail Sales of Consumer Goods**					
城　镇	Urban	46.4	46.8		77.9	77.9
乡　村	Rural	53.6	53.2		22.1	22.1
国际旅游	**International Tourism**					
来华旅游人数结构	Composition of Tourists Visiting China					
外国人	Foreigners	86.27	91.6	87.3	78.4	79.2
港澳台同胞	Hong Kong, Macao and Taiwan Compatriots	13.73	8.4	12.7	21.6	20.8
教　育	**Education**					
在校学生结构	Composition of Student Enrollment in Regular Schools					
大学生	College and University Students	1.8	6.3	10.8	10.8	10.8
中学生	Secondary School Students	39.8	50.8	39.1	34.5	34.4
小学生	Primary School Students	58.5	42.9	50.1	54.7	54.9
科　技	**Science and Technology**					
R＆D经费内部支出	Intramural Expenditure on R&D					
# 基础研究	Basic Research		3.9	3.4	1.9	2.1
应用研究	Applied Research		25.2	14.9	8.8	8.7
试验发展	Experimental Development		67.7	81.8	89.3	89.2
人民生活	**People's Living Conditions**					
城镇居民消费结构	Consumption Composition of Urban Residents					
食品类	Food	34.9	34.6	32.3	26.0	26.1
衣着类	Clothing	12.3	11.8	11.9	8.8	8.4
用品及其他	Articles for Daily Use and Others	43.2	42.3	42.8	41.8	23.5
居　住	Residence	9.6	11.4	13.0	23.4	42.0
农村居民消费结构	Consumption Composition of Rural Residents					
食品类	Food	39.5	41.0	35.1	28.6	28.0
衣着类	Clothing	7.7	7.2	6.5	6.9	6.6
用品及其他	Articles for Daily Use and Others	29.2	33.4	36.5	42.2	22.5
居　住	Residence	23.6	18.4	21.8	22.3	42.8

按三次产业和行业分法人单位数

单位：个

行　业	Sector	2005	2006
全省总计	**Total**	**227105**	**244450**
按三次产业分	**Grouped by Three Strata of Industry**		
第一产业	Primary Industry	1766	2276
第二产业	Secondary Industry	76074	84408
第三产业	Tertiary Industry	149265	157766
按行业分	**Grouped by Sector**		
农、林、牧、渔业	Agriculture, Forestry, Animal Husbandry and Fishery	1766	2276
采矿业	Mining	7061	7705
制造业	Manufacturing	64459	71343
电力、热力、燃气及水的生产和供应业	Production and Supply of Electricity, Heat, Gas and Water	691	794
建筑业	Construction	3863	4566
批发和零售业	Wholesale and Retail Trades	29354	34883
交通运输、仓储和邮政业	Traffic, Transport, Storage and Post	2799	3237
住宿和餐饮业	Hotels and Catering Services	3047	3315
信息传输、软件和信息技术服务业	Information Transmission, Software and Information Services	1660	2064
金融业	Financial Intermediation	1344	1402
房地产业	Real Estate	3207	3997
租赁和商务服务业	Leasing and Business Services	4753	5659
科学研究、技术服务业	Scientific Research and Technical Services	2860	3165
水利、环境和公共设施管理业	Management of Water Conservancy, Environment and Public Facilities	1058	1129
居民服务、修理和其他服务业	Services to Households, Repair and Other Services	1606	1935
教　育	Education	17620	17487
卫生和社会工作	Health and Social Service	6770	6748
文化、体育和娱乐业	Culture, Sports and Entertainment	1670	1763
公共管理、社会保障和社会组织	Public Management, Social Security and Social Organization	71517	70982

Number of Institutional Units by Three Strata of Industry and Sector

(unit)

2007	2008	2009	2010	2011	2012	2013	2014	2015	2016
255875	**285586**	**323869**	**345822**	**366156**	**377971**	**463436**	**530949**	**630396**	**785258**
2759	7017	9116	11797	14343	16844	27382	34108	47100	62413
88215	92174	103134	107121	110412	112686	115360	135976	158300	198382
164901	186395	211619	226904	241401	248441	320694	360865	424996	524463
2759	7017	9116	11797	14343	16844	36934	44777	58872	73766
8102	7794	8415	8616	8381	8162	6588	7081	6529	6332
74277	78240	86824	89208	90911	92658	93579	110020	126673	151620
868	977	1205	1343	1471	1545	1839	2140	2739	3601
4968	5163	6690	7954	9649	10321	14024	17487	23224	37800
38820	46879	63166	72731	82940	88357	111227	131451	165655	219537
3658	4967	5950	6529	7385	7554	9592	11511	14274	18660
3507	3947	4216	4184	4137	4155	4458	5101	6003	8228
2397	3993	4692	4876	4772	4786	4211	5233	8143	13945
1367	880	1425	1671	2300	2488	1238	4580	4691	4847
4677	5523	7073	9084	10697	11139	13782	15593	18420	25580
6203	7816	9756	11440	13791	14827	24379	29344	40024	56215
3359	4140	4971	5434	5975	6265	13650	15365	19371	26096
1203	1514	1758	1877	2055	2216	3243	3707	4271	5537
2205	2814	3766	4335	4851	4931	6292	7695	10432	14020
17463	18885	19029	19005	18223	17844	19794	20277	20760	21537
6611	7105	7226	7170	6664	6528	9432	9762	9913	7049
1838	1982	2184	2272	2354	2426	7388	7901	8599	10845
71593	75950	76407	76296	75257	74925	81786	81924	81803	80043

按机构类型和登记注册类型分法人单位数

Number of Corporate Units by Type of Institutions and Registered Categories

单位：个 (unit)

项　　目	Item	2014	2015	2016
全省总计	**Total**	**530949**	**630396**	**785258**
按机构类型分	**Grouped by Type of Institutions**			
企业法人	Business Entity	388802	488195	611097
事业法人	Institution Entity	35371	35038	32495
机关法人	Government Entity	12529	12435	12105
社会团体法人	Social Organization	8546	8595	8218
民办非企业单位	Private Non Enterprise Units	8015	8441	7141
其他法人	Others	77686	77692	114202
按登记注册类型分	**Grouped by Registered Categories**			
内资	Domestic Funded Enterprises	528511	627999	782843
国有	State-owned Enterprises	51676	51067	48275
集体	Collective-owned Enterprises	10621	9995	7709
股份合作	Cooperative Enterprises	2276	2333	2425
联营	Joint Ownership Enterprises	553	507	470
国有联营	State Joint	84	73	64
集体联营	Collective Joint	259	235	207
国有与集体联营	State-owned and Collective-owned Joint	37	33	32
其他联营	Others	173	166	167
有限责任公司	Limited Liability Corporations	87535	107112	136099
国有独资公司	State Sole Funded Corporations	833	932	1192
其他有限责任公司	Other Limited Liability Corporations	86702	106180	134907
股份有限公司	Share-holding Corporations Ltd.	6486	7271	8934
私营	Private Enterprises	244546	308238	419979
私营独资	Private-funded Enterprises	70127	80656	105609
私营合伙	Private Partnership Enterprises Corporations	11151	12248	13503
私营有限责任公司	Private Limited Liability	155172	205378	289154
私营股份有限公司	Private Share-holding Corporations Ltd.	8096	9956	11713
其他内资	Others	124818	141476	158952
港澳台商投资	Enterprises with Funds from Hong Kong, Macao and Taiwan	856	824	869
与港澳台商合资经营	Joint-venture Enterprises	400	385	406
与港澳台商合作经营	Cooperative Enterprises	57	49	54
港澳台商独资	Enterprises with Sole Fund	354	353	365
港澳台商投资股份有限公司	Share-holding Corporations Ltd.	27	24	21
其他港、澳、台商投资	Others	18	13	23
外商投资	Foreign Funded Enterprises	1582	1573	1546
中外合资经营	Joint-venture Enterprises	759	752	730
中外合作经营	Cooperation Enterprises	70	71	66
外资企业	Enterprises with Sole Fund	645	638	631
外商投资股份有限公司	Share-holding Corporations Ltd.	57	61	60
其他外商投资	Others	51	51	59

按登记注册类型分企业法人单位数

Number of Business Entity by Registered Categories

单位：个 (unit)

项　　目	Item	2014	2015	2016
全省总计	**Total**	**388802**	**488195**	**611097**
按登记注册类型分	**Grouped by Registered Categories**			
内资企业	Domestic Funded Enterprises	386377	485804	608688
国有企业	State-owned Enterprises	4814	4593	4274
集体企业	Collective-owned Enterprises	6702	6127	5140
股份合作企业	Cooperative Enterprises	2148	2226	2324
联营企业	Joint Ownership Enterprises	438	392	367
国有联营企业	State Joint	59	50	38
集体联营企业	Collective Joint	215	191	172
国有与集体联营企业	State-owned and Collective-owned Joint	29	25	24
其他联营企业	Others	135	126	133
有限责任公司	Limited Liability Corporations	87058	106948	135881
国有独资公司	State Sole Funded Corporations	827	927	1187
其他有限责任公司	Other Limited Liability Corporations	86231	106021	134694
股份有限公司	Share-holding Corporations Ltd.	6412	7249	8912
私营企业	Private Enterprises	241216	305356	417039
私营独资企业	Private-funded Enterprises	67875	78510	103577
私营合伙企业	Private Partnership Enterprises	10619	11767	12984
私营有限责任公司	Private Limited Liability Corporations	154678	205150	288794
私营股份有限公司	Private Share-holding Corporations Ltd.	8044	9929	11684
其他企业	Others	37589	52913	34751
港、澳、台商投资企业	Enterprises with Funds from Hong Kong, Macao and Taiwan	850	823	867
外商投资企业	Foreign Funded Enterprises	1575	1568	1542

城市经济和社会发展主要指标
Main Indicators of National Economic and Social Development of Cities

指　标	Item	2010	2015	2016
年末总人口(万人)	Total Population of Year-end (10000 persons)		1961.3	2201.6
全省生产总值(亿元)	Gross Domestic Product (100 million yuan)	6842.3	11574.8	13278.8
第一产业	Primary Industry	183.5	562.3	745.2
第二产业	Secondary Industry	3519.7	5428.3	6159.6
第三产业	Tertiary Industry	3139.1	5584.3	6374.0
地方一般预算收入(亿元)	Local Government Budgetary Revenue (100 million yuan)	541.7	1170.3	1203.4
财政支出(亿元)	Government Expenditure (100 million yuan)	893.8	1850.5	2148.0
金融机构年末存款余额(亿元)	Deposits Balances of Financial Institutions of Year-end (100 million yuan)	13791.5	25228.4	29119.2
金融机构年末贷款余额(亿元)	Loans Balances of Financial Institutions of Year-end (100 million yuan)	8897.8	16274.9	20147.6
社会消费品零售总额(亿元)	Total Retail Sales of Consumer Goods (100 million yuan)	2417.6	5425.0	6331.7
实际利用外资(万美元)	Total Amount of Foreign Direct Investments (USD 10000)	271893	390153	462681
普通中学在校学生数(万人)	Total Enrollment of Regular Secondary Schools (10000 persons)	76.3	97.4	118.0

注：城市指设区市市区。

a) The term "city" here means "Shiqu", which refers to the central urban area of a prefecture-level city, other than small cities and towns of counties or county-level cities.

民营经济主要指标
Indicators of Private Economies

指　标	Item	2010	2014	2015	2016
增加值(亿元)	Value-added (100 million yuan)	12596.2	19894.4	20186.4	21583.1
增加值占全省生产总值比重(%)	Percentage of Value-added to the Provincial Total Output Value (%)	61.8	67.6	67.7	67.8
营业(业务)收入(亿元)	Revenue (100 million yuan)	50364.4	94434.9	98811.4	105050.3
利润总额(亿元)	Pretax Profit (100 million yuan)	5308.3	7195.1	7274.9	7653.0
劳动者报酬(亿元)	Payment to Employees (100 million yuan)	1888.0	4890.6	5201.9	5470.9
从业人员(万人)	Employment (10000 person)	1509.4	2147.9	2155.0	2177.0
出口创汇(万美元)	Export (USD 10000)	1590093	3038574	2786508	2618971
出口创汇占全省出口总值比重(%)	Ratio of Export of Private Economies to Total Export (%)	70.4	85.1	84.6	85.7
实缴税金(亿元)	Tax Paid (100 million yuan)	1279.3	2713.4	2409.4	2666.2
国　税	National Tax	783.4	1229.5	1231.9	1217.0
地　税	Local Tax	495.9	1483.9	1177.5	1449.3
实缴税金占全部财政收入比重(%)	Ratio of Tax Paid by Private Economy to Provincial Fiscal Revenue (%)	53.1	72.1	59.5	61.0

注：2013年将劳动者报酬指标调整为工资总额。

a) In 2013, labor rewads is adjusted to total wages.

人均主要工农业产品产量

Per Capita Output of Major Industrial and Major Agricultural

年份 Year	粮食（千克）Grain (kg)	棉花（千克）Cotton (kg)	油料（千克）Oil-bearing Crops (kg)	园林水果（千克）Garden Fruits (kg)	猪牛羊肉（千克）Pork, Beef and Mutton (kg)	水产品（千克）Aquatic Products (kg)	蔬菜（千克）Vegetables (kg)	纱（千克）Yarn (kg)
1978	335.72	2.32	4.87	15.81	8.29	2.76	109.53	3.80
1980	396.42	4.81	8.79	15.60	13.45	1.90	103.50	4.00
1985	356.43	11.39	15.75	29.03	14.84	2.31	166.94	4.22
1990	378.23	9.48	12.44	29.15	20.13	3.64	192.19	5.57
2000	383.97	4.52	22.13	101.94	52.47	12.18	670.38	6.58
2001	372.66	6.27	23.00	100.17	53.33	12.70	731.71	6.88
2002	362.63	5.98	22.52	111.44	55.98	12.96	815.43	7.19
2003	353.64	7.73	24.16	118.03	59.50	12.78	874.32	7.30
2004	365.30	9.80	22.73	129.17	63.50	13.67	911.41	7.35
2005	380.48	8.45	22.36	134.48	67.75	14.49	946.94	10.04
2006	404.49	10.19	19.46	140.89	47.06	12.68	918.55	12.57
2007	410.60	10.47	19.95	146.78	44.45	13.10	930.66	13.43
2008	417.15	10.58	21.91	151.32	47.24	13.87	959.61	13.73
2009	415.05	8.62	20.43	157.46	48.04	14.32	961.56	14.99
2010	418.32	8.01	19.72	156.27	46.75	14.95	994.32	17.42
2011	439.85	9.06	19.66	167.07	45.65	14.79	1023.75	20.45
2012	446.94	7.77	19.66	177.04	47.22	16.01	1059.31	23.00
2013	460.32	6.25	20.67	178.26	47.41	16.84	1080.99	27.11
2014	456.66	5.86	20.41	193.06	49.48	17.18	1104.31	29.19
2015	454.30	5.04	20.47	203.75	48.61	17.52	1113.36	27.58
2016	464.62	5.01	20.35	204.71	61.46	18.38	1106.91	29.83

年份 Year	布（米）Cloth (m)	原煤（吨）Coal (ton)	原油（吨）Crude Oil (ton)	发电量（千瓦小时）Electricity (kwh)	粗钢（千克）Crude Steel (kg)	钢材（千克）Rolled Steel (kg)	生铁（千克）Pig Iron (kg)	水泥（千克）Cement (kg)
1978	16.33	1.14	0.34	335.50	28.94	18.73	44.26	92.18
1980	17.52	1.04	0.31	370.93	37.07	24.12	48.98	107.05
1985	18.07	1.09	0.19	474.76	45.15	34.70	51.52	170.84
1990	21.08	1.04	0.09	612.91	63.74	46.72	86.59	217.63
1995	27.62	1.26	0.08	946.93	123.71	120.25	189.41	492.00
2000	23.48	0.87	0.08	1270.95	185.51	196.65	257.26	706.60
2001	25.04	0.88	0.08	1383.38	294.57	279.82	325.59	729.53
2002	23.75	0.91	0.07	1509.99	395.96	373.68	434.87	858.90
2003	24.13	0.98	0.08	1611.67	597.60	539.50	602.89	979.18
2004	26.84	1.05	0.08	1849.09	830.96	691.97	778.25	1152.67
2005	34.22	1.16	0.08	1959.93	1081.46	946.57	990.57	1295.76
2006	41.06	1.16	0.09	2125.25	1323.19	1231.67	1200.11	1233.93
2007	37.89	1.21	0.10	2371.01	1542.01	1508.66	1509.91	1347.85
2008	51.41	1.14	0.09	2387.10	1663.71	1661.18	1630.16	1285.24
2009	54.31	1.21	0.09	2484.30	1930.50	2158.50	1866.10	1513.40
2010	77.06	1.43	0.08	2800.91	2032.44	2355.53	1926.54	1770.35
2011	84.31	1.46	0.08	3184.24	2279.63	2668.46	2139.80	1952.78
2012	90.40	1.62	0.08	3263.73	2484.55	2890.21	2250.78	1763.40
2013	86.69	1.00	0.08	3402.98	2578.59	3127.41	2329.33	1734.08
2014	83.17	1.00	0.08	3387.79	2518.33	3261.02	2301.19	1444.04
2015	94.08	1.00	0.08	3359.07	2543.51	3409.53	2347.72	1225.39
2016	95.27	0.87	0.07	3513.60	2586.10	3511.31	2470.41	1324.10

地区生产总值
Gross Domestic Product

单位：亿元 (100 million yuan)

年　份 Year	地　区 收入总值 Gross National Income	地　区 生产总值 Gross Domestic Product	第一产业 Primary Industry	第二产业 Secondary Industry	第三产业 Tertiary Industry	# 工　业 Industry	# 建筑业 Construction	人均地区生产总值(元) Per Capita GDP (yuan)
1978	183.06	183.06	52.20	92.38	38.48	83.19	9.19	364
1979	203.22	203.22	61.11	101.76	40.35	89.69	12.07	400
1980	219.24	219.24	68.09	105.88	45.27	94.08	11.80	427
1981	222.54	222.54	71.03	103.15	48.36	92.34	10.81	427
1982	251.45	251.45	85.59	107.83	58.03	95.33	12.50	474
1983	283.21	283.21	102.10	114.89	66.22	101.95	12.94	526
1984	332.22	332.22	111.46	145.84	74.92	129.83	16.01	609
1985	396.75	396.75	120.34	184.26	92.15	164.27	19.99	719
1986	436.65	436.65	123.45	207.28	105.92	185.48	21.80	782
1987	521.98	521.92	137.66	255.97	128.29	231.43	24.54	921
1988	701.40	701.33	162.31	323.40	215.62	289.22	34.18	1219
1989	822.89	822.83	196.35	374.92	251.56	338.79	36.13	1409
1990	896.41	896.33	227.89	387.52	280.92	354.26	33.26	1465
1991	1073.09	1072.07	236.89	459.91	375.27	417.17	42.74	1727
1992	1279.55	1278.50	257.08	573.15	448.27	517.75	55.40	2040
1993	1694.78	1690.84	301.68	847.92	541.24	758.10	89.82	2682
1994	2192.67	2187.49	451.91	1053.12	682.46	926.36	126.76	3439
1995	2853.02	2849.52	631.34	1322.77	895.41	1150.49	172.28	4444
1996	3468.24	3452.97	700.94	1664.61	1087.42	1463.18	201.43	5345
1997	3970.06	3953.78	761.76	1934.38	1257.64	1701.42	232.96	6079
1998	4271.79	4256.01	790.60	2084.33	1381.08	1822.05	262.28	6501
1999	4530.95	4514.19	805.97	2188.59	1519.63	1895.21	293.38	6849
2000	5062.69	5043.96	824.55	2514.96	1704.45	2201.73	313.23	7592
2001	5536.14	5516.76	913.82	2696.63	1906.31	2378.04	318.59	8251
2002	6039.42	6018.28	956.84	2911.69	2149.75	2580.90	330.80	8960
2003	6944.21	6921.29	1064.05	3417.56	2439.68	3009.92	407.64	10251
2004	8530.48	8503.61	1370.43	4322.66	2810.52	3832.79	489.87	12526
2005	10078.41	10047.10	1400.00	5299.75	3347.35	4731.85	567.90	14711
2006	11550.39	11513.60	1461.81	6147.47	3904.32	5522.20	625.27	16749
2007	13705.36	13662.32	1804.72	7246.17	4611.43	6558.65	687.52	19742
2008	16127.82	16079.97	2034.59	8756.10	5289.28	7945.11	810.99	23083
2009	17369.60	17319.48	2207.34	9027.48	6084.66	8050.04	977.44	24701
2010	20549.05	20494.19	2562.81	10783.82	7147.56	9627.91	1155.91	28808
2011	24717.28	24647.13	2905.73	13232.66	8508.74	11873.88	1358.78	34151
2012	26806.75	26734.12	3186.66	14134.09	9413.37	12639.84	1494.25	36804
2013	28703.35	28627.57	3381.98	14936.67	10308.92	13347.21	1602.67	39162
2014	29704.09	29623.97	3447.46	15183.93	10992.58	13499.52	1706.12	40260
2015	30112.32	30025.07	3439.45	14566.92	12018.70	12806.50	1780.49	40551
2016	32163.25	32070.45	3492.81	15256.93	13320.71	13387.46	1885.27	43062

注：1. 本表按当年价格计算。 2. 实施研发支出核算方法改革后，对2004-2016年数据作了修订。（以下相关表同）

a) Data in this table are calculated at current prices. b) As methodology of R&D expenditure accounting is reformed, data of GDP of 2004-2016 are adjusted systematically. The same applies to the relevant tables following.

地区生产总值构成
Composition of Gross Domestic Product

单位：%　　　　(%)

年　份 Year	地区生产总值 Gross Domestic Product	第一产业 Primary Industry	第二产业 Secondary Industry	第三产业 Tertiary Industry	# 工　业 Industry	# 建筑业 Construction
1978	100.0	28.52	50.46	21.02	45.44	5.02
1979	100.0	30.07	50.07	19.86	44.13	5.94
1980	100.0	31.06	48.29	20.65	42.91	5.38
1981	100.0	31.92	46.35	21.73	41.49	4.86
1982	100.0	34.04	42.88	23.08	37.91	4.97
1983	100.0	36.05	40.57	23.38	36.00	4.57
1984	100.0	33.55	43.90	22.55	39.08	4.82
1985	100.0	30.33	46.44	23.23	41.40	5.04
1986	100.0	28.27	47.47	24.26	42.48	4.99
1987	100.0	26.38	49.04	24.58	44.34	4.70
1988	100.0	23.14	46.11	30.75	41.24	4.87
1989	100.0	23.85	45.56	30.57	41.17	4.39
1990	100.0	25.43	43.23	31.34	39.52	3.71
1991	100.0	22.10	42.90	35.00	38.91	3.99
1992	100.0	20.11	44.83	35.06	40.50	4.33
1993	100.0	17.84	50.15	32.01	44.84	5.31
1994	100.0	20.66	48.14	31.20	42.35	5.79
1995	100.0	22.16	46.42	31.42	40.37	6.05
1996	100.0	20.30	48.21	31.49	42.37	5.84
1997	100.0	19.27	48.92	31.81	43.03	5.89
1998	100.0	18.58	48.97	32.45	42.81	6.16
1999	100.0	17.86	48.48	33.66	41.98	6.50
2000	100.0	16.35	49.86	33.79	43.65	6.21
2001	100.0	16.56	48.88	34.56	43.11	5.77
2002	100.0	15.90	48.38	35.72	42.88	5.50
2003	100.0	15.37	49.38	35.25	43.49	5.89
2004	100.0	16.12	50.83	33.05	45.07	5.76
2005	100.0	13.93	52.75	33.32	47.10	5.65
2006	100.0	12.70	53.39	33.91	47.96	5.43
2007	100.0	13.21	53.04	33.75	48.01	5.03
2008	100.0	12.65	54.45	32.89	49.41	5.04
2009	100.0	12.74	52.12	35.13	46.48	5.64
2010	100.0	12.51	52.62	34.88	46.98	5.64
2011	100.0	11.79	53.69	34.52	48.18	5.51
2012	100.0	11.92	52.87	35.21	47.28	5.59
2013	100.0	11.81	52.18	36.01	46.62	5.60
2014	100.0	11.64	51.26	37.11	45.57	5.76
2015	100.0	11.46	48.52	40.03	42.65	5.93
2016	100.0	10.89	47.57	41.54	41.74	5.88

地区生产总值指数（上年= 100）

Indices of Gross Domestic Product (Preceding Year =100)

年 份 Year	地 区 收入总值 Gross National Income	地 区 生产总值 Gross Domestic Product	第一产业 Primary Industry	第二产业 Secondary Industry	第三产业 Tertiary Industry	# 工 业 Industry	# 建筑业 Construction	人均地区 生产总值 Per Capita GDP
1978	114.5	114.5	110.4	118.0	112.0	118.9	111.2	112.9
1979	106.2	106.2	104.2	107.8	104.9	105.2	131.3	105.1
1980	103.2	103.2	97.4	102.4	112.5	103.0	97.7	102.1
1981	101.0	101.0	105.3	96.5	105.0	98.1	84.1	99.5
1982	111.8	111.8	119.5	103.2	118.7	102.8	106.7	109.7
1983	111.5	111.5	118.7	105.3	112.2	105.7	101.0	109.7
1984	114.4	114.4	108.0	122.8	110.0	123.2	119.3	113.0
1985	112.5	112.5	102.2	118.2	117.5	118.0	120.3	111.3
1986	105.1	105.1	97.4	108.0	109.8	108.7	101.9	103.8
1987	111.6	111.6	101.6	114.9	117.3	116.4	100.2	110.0
1988	113.5	113.5	101.1	116.9	120.1	116.7	119.4	111.9
1989	106.0	106.1	103.7	105.4	109.7	106.8	88.2	104.5
1990	105.8	105.8	105.7	104.0	109.0	104.6	95.7	100.9
1991	111.1	111.0	102.5	110.0	120.8	109.3	117.0	109.4
1992	115.6	115.6	99.4	120.7	121.4	122.1	106.9	114.6
1993	117.8	117.7	104.4	124.6	116.6	124.3	128.4	117.0
1994	114.9	114.9	111.8	116.9	113.7	116.2	124.3	113.9
1995	113.8	113.9	108.6	115.4	114.6	115.0	119.5	113.0
1996	114.2	113.5	105.5	116.6	113.0	116.9	113.4	112.7
1997	112.5	112.5	105.4	114.9	112.5	115.1	112.2	111.7
1998	110.7	110.7	106.2	112.2	110.6	112.1	113.3	110.0
1999	109.1	109.1	104.3	110.6	109.0	110.5	111.7	108.4
2000	109.5	109.5	105.1	110.1	110.4	110.8	103.3	108.7
2001	108.7	108.7	105.3	108.3	111.0	108.9	104.0	108.2
2002	109.6	109.6	105.4	110.6	110.2	111.0	107.1	108.9
2003	111.6	111.6	106.1	114.3	110.0	113.9	117.2	111.0
2004	112.9	112.9	106.7	114.8	112.6	115.1	112.7	112.3
2005	113.4	113.4	106.2	115.5	113.2	115.8	113.5	112.8
2006	113.4	113.4	105.0	115.1	114.3	115.9	108.4	112.7
2007	112.8	112.8	104.0	114.1	114.1	115.1	104.3	112.0
2008	110.1	110.1	104.9	110.6	111.1	111.3	103.6	109.4
2009	110.0	110.1	103.3	110.6	111.5	109.7	120.6	109.4
2010	112.2	112.2	103.5	113.3	113.2	113.4	112.5	110.6
2011	111.3	111.3	104.2	113.5	110.5	114.2	108.0	109.7
2012	109.6	109.7	104.0	111.6	108.6	111.9	108.8	108.9
2013	108.2	108.2	103.3	109.0	108.4	109.4	105.2	107.5
2014	106.5	106.5	103.7	105.1	109.7	105.0	105.3	105.8
2015	106.8	106.8	102.6	104.7	111.2	104.4	108.2	106.2
2016	106.8	106.8	103.5	104.9	109.9	104.6	106.5	106.1

注：本表按不变价格计算(下表同)。

a) Data in this table are calculated at constant prices, same as following tables.

地区生产总值指数（1978年=100）
Indices of Gross Domestic Product (1978=100)

年 份 Year	地 区 收入总值 Gross National Income	地 区 生产总值 Gross Domestic Product	第一产业 Primary Industry	第二产业 Secondary Industry	第三产业 Tertiary Industry	#工 业 Industry	#建筑业 Construction	人均地区 生产总值 Per Capita GDP
1978	100.0	100.0	100.0	100.0	100.0	100.0	100.0	100.0
1979	106.2	106.2	104.2	107.8	104.9	105.2	131.3	105.1
1980	109.6	109.6	101.5	110.4	118.0	108.4	128.3	107.3
1981	110.7	110.7	106.9	106.5	123.9	106.3	107.9	106.8
1982	123.8	123.8	127.7	110.0	147.1	109.3	115.1	117.1
1983	138.0	138.0	151.6	115.8	165.0	115.6	116.3	128.5
1984	157.9	157.9	163.7	142.2	181.4	142.4	138.7	145.2
1985	177.6	177.6	167.4	168.1	213.2	168.0	166.9	161.6
1986	186.6	186.6	163.1	181.6	234.2	182.6	170.1	167.7
1987	208.3	208.3	165.7	208.7	274.6	212.6	170.4	184.5
1988	236.4	236.4	167.5	244.0	329.8	248.1	203.4	206.5
1989	250.6	250.8	173.6	257.1	361.7	265.0	179.5	215.8
1990	265.1	265.4	183.6	267.4	394.3	277.3	171.8	217.7
1991	294.6	294.6	188.2	294.2	476.4	303.1	201.0	238.2
1992	340.5	340.5	187.0	355.0	578.5	370.0	214.9	272.9
1993	401.1	400.8	195.3	442.4	674.6	459.9	275.9	319.3
1994	460.9	460.5	218.3	517.2	766.7	534.5	342.9	363.7
1995	524.5	524.5	237.1	596.8	879.0	614.6	409.8	411.0
1996	599.0	595.4	250.1	695.9	993.3	718.5	464.7	463.2
1997	673.9	669.8	263.6	799.5	1117.4	827.0	521.4	517.4
1998	746.0	741.4	280.0	897.1	1235.9	927.1	590.7	569.1
1999	813.9	808.9	292.0	992.2	1347.1	1024.4	659.8	617.0
2000	891.2	885.8	306.9	1092.4	1487.2	1135.0	681.6	670.6
2001	968.7	962.8	323.2	1183.1	1650.8	1236.1	708.9	725.6
2002	1061.7	1055.3	340.6	1308.2	1819.9	1372.5	759.0	790.2
2003	1184.9	1177.7	361.5	1495.4	2002.2	1563.9	889.4	877.1
2004	1337.7	1329.6	385.7	1716.7	2254.3	1800.1	1002.4	985.0
2005	1516.9	1507.8	409.6	1982.8	2551.8	2084.5	1137.7	1111.1
2006	1720.2	1709.8	430.1	2282.2	2916.7	2415.9	1233.3	1252.2
2007	1940.4	1928.7	447.3	2604.0	3328.0	2780.7	1286.3	1402.4
2008	2136.4	2123.4	469.2	2880.0	3697.4	3094.9	1332.6	1534.3
2009	2350.0	2337.9	484.7	3185.3	4122.6	3395.1	1607.1	1678.5
2010	2636.7	2623.1	501.7	3608.9	4666.8	3850.1	1808.0	1856.4
2011	2934.7	2919.6	522.7	4096.1	5156.8	4396.8	1952.7	2036.5
2012	3216.4	3202.8	543.7	4571.3	5600.3	4920.0	2124.5	2217.7
2013	3480.2	3465.4	561.6	4982.7	6070.7	5382.5	2235.0	2384.1
2014	3706.4	3690.6	582.4	5236.8	6659.6	5651.6	2353.4	2522.4
2015	3958.4	3941.6	597.5	5483.0	7405.5	5900.3	2546.4	2678.7
2016	4227.6	4209.6	618.4	5751.6	8138.6	6171.7	2711.9	2842.1

分行业增加值
Value-added by Sector

单位：亿元　　(100 million yuan)

行　业	Sector	2013	2014	2015	2016
国内生产总值	**Gross Domestic Product**	**28627.6**	**29624.0**	**30025.1**	**32070.5**
农林牧渔业	Agriculture, Forestry, Animal Husbandry	3500.4	3576.5	3578.7	3644.8
	and Fishery	3204.8	1982.7	974.4	1369.6
采矿业	Mining	9389.1	10615.3	10878.3	11137.2
制造业	Manufacturing	753.4	901.5	953.8	880.7
电力、热力、燃气及水生产和供应业	Production and Supply of Electricity, Heat, Gas and Water	1602.7	1706.1	1780.5	1885.3
建筑业	Construction	1602.7	1706.1	1780.5	1885.3
批发和零售业	Wholesale and Retail Trades	2149.0	2255.1	2381.2	2536.9
交通运输、仓储和邮政业	Transport, Storage and Post	2345.1	2396.4	2359.1	2369.3
住宿和餐饮业	Hotels and Catering Services	377.8	399.9	404.4	440.4
信息传输、软件和信息技术服务业	Information Transmission, Software and Information Technology	360.2	376.6	444.6	580.8
金融业	Financial Intermediation	1137.7	1347.6	1480.9	1731.2
房地产业	Real Estate	1063.1	1119.8	1313.6	1488.4
租赁和商务服务业	Leasing and Business Services	225.1	213.8	243.5	347.6
科学研究和技术服务业	Scientific Research & Technical Services	335.1	353.7	385.7	404.2
水利、环境和公共设施管理业	Management of Water Conservancy, Environment and Public Facilities	64.5	84.8	142.4	160.6
居民服务、修理和其他服务业	Service to Households, Repair and Other Services	448.8	531.7	622.9	858.9
教育	Education	517.4	518.8	534.0	567.2
卫生和社会工作	Health and Social Service	402.1	450.2	542.8	581.3
文化、体育和娱乐业	Culture, Sports and Entertainment	80.9	91.2	106.4	135.3
公共管理、社会保障和社会组织	Public Management, Social Security and Social Organization	670.6	702.4	898.0	951.0

注：本表按当年价格计算。

a) Data in this table are calculated at current prices.

三次产业贡献率

Share of the Contributions of the Three Strata of Industry to the Increase of the GDP

单位：%　　(%)

年　份 Year	地区生产总值 Gross Domestic Product	第一产业 Primary Industry	第二产业 Secondary Industry	第三产业 Tertiary Industry	#工　业 Industry
1990	100.0	22.9	34.1	43.0	36.5
1991	100.0	6.2	40.8	53.0	34.7
1992	100.0	-1.0	59.1	41.9	57.2
1993	100.0	5.3	64.6	30.1	58.6
1994	100.0	15.1	55.8	29.1	49.0
1995	100.0	11.5	55.5	33.0	49.2
1996	100.0	7.2	62.3	30.5	57.6
1997	100.0	6.0	62.4	31.6	57.7
1998	100.0	7.6	61.0	31.4	55.2
1999	100.0	5.4	63.3	31.3	57.1
2000	100.0	6.1	59.1	34.8	57.4
2001	100.0	8.4	48.1	43.5	45.2
2002	100.0	6.6	55.8	37.6	51.3
2003	100.0	6.6	62.9	30.5	54.2
2004	100.0	6.5	59.7	33.8	53.6
2005	100.0	6.5	60.3	33.2	54.2
2006	100.0	5.1	59.4	35.5	55.9
2007	100.0	4.0	59.0	37.0	57.2
2008	100.0	5.8	56.8	37.4	55.0
2009	100.0	3.7	57.3	39.0	47.7
2010	100.0	3.1	59.6	37.3	54.4
2011	100.0	4.6	63.0	32.4	59.0
2012	100.0	4.8	64.3	30.9	59.3
2013	100.0	4.4	60.2	35.4	57.0
2014	100.0	5.8	42.6	51.6	38.3
2015	100.0	3.7	37.6	58.7	31.4
2016	100.0	5.9	35.2	58.9	29.3

注：1．本表按不变价格计算。 2．三次产业贡献率指各产业增加值增量与GDP增量之比。

a) Data in this table are calculated at constant prices. b) Share of the contributions of the three strata of industry to the increase of the GDP refers to the proportion of the increment of the value-added of each industry to the increment of GDP.

三次产业对生产总值增长的拉动

Contribution of the Three Strata of Industry to GDP Growth

单位：百分点 (percentage points)

年 份 Year	地区生产总值 Gross Domestic Product	第一产业 Primary Industry	第二产业 Secondary Industry	第三产业 Tertiary Industry	#工 业 Industry
1990	5.8	1.3	2.0	2.5	2.1
1991	11.0	0.7	4.5	5.8	3.8
1992	15.6	-0.1	9.2	6.5	8.9
1993	17.7	1.0	11.4	5.3	10.4
1994	14.9	2.3	8.3	4.3	7.3
1995	13.9	1.6	7.7	4.6	6.8
1996	13.5	1.0	8.4	4.1	7.8
1997	12.5	0.8	7.8	3.9	7.2
1998	10.7	0.8	6.5	3.4	5.9
1999	9.1	0.5	5.8	2.8	5.2
2000	9.5	0.6	5.6	3.3	5.4
2001	8.7	0.7	4.2	3.8	3.9
2002	9.6	0.6	5.4	3.6	4.9
2003	11.6	0.8	7.3	3.5	6.3
2004	12.9	0.8	7.7	4.4	6.9
2005	13.4	0.9	8.1	4.4	7.3
2006	13.4	0.7	8.0	4.7	7.5
2007	12.8	0.5	7.6	4.7	7.3
2008	10.1	0.6	5.7	3.8	5.6
2009	10.1	0.4	5.8	3.9	4.8
2010	12.2	0.4	7.2	4.6	6.6
2011	11.3	0.5	7.1	3.7	6.7
2012	9.7	0.5	6.2	3.0	5.7
2013	8.2	0.4	4.9	2.9	4.7
2014	6.5	0.4	2.7	3.4	2.5
2015	6.8	0.3	2.5	4.0	2.1
2016	6.8	0.4	2.4	4.0	2.0

注：1. 本表按不变价计算。 2. 三次产业拉动指GDP增长速度与各产业贡献率之乘积。

a) Data in this table are calculated at constant prices. b) Contribution of the three strata of industry to GDP growth refers to the growth rate of GDP multiplied by the contribution share of every industry.

支出法地区生产总值

Gross Domestic Product by Expenditure Approach

年　份 Year	地　区 生产总值 (亿元) Gross Regional Product by Expenditure Approach (100 million yuan)	最终消费 Final Consumption Expenditures	资本形成总额 Gross Capital Formation	货物和服务净流出 Net Outflow of Goods and Services	最终消费率(消费率)(%) Final Consumption Rate (%)	资本形成率(投资率)(%) Capital Formation Rate (%)
1978	183.06	93.28	64.26	25.52	51.0	35.1
1979	203.22	104.43	68.95	29.84	51.4	33.9
1980	219.24	114.68	63.84	40.72	52.3	29.1
1981	222.54	129.06	50.73	42.75	58.0	22.8
1982	251.45	140.19	73.96	37.30	55.8	29.4
1983	283.21	156.34	90.10	36.77	55.2	31.8
1984	332.22	186.56	114.66	31.00	56.2	34.5
1985	396.75	229.73	156.90	10.12	57.9	39.5
1986	436.65	262.33	162.79	11.53	60.1	37.3
1987	521.92	318.27	176.58	27.07	61.0	33.8
1988	701.33	434.25	242.39	24.69	61.9	34.6
1989	822.83	480.95	295.30	46.58	58.5	35.9
1990	896.33	518.86	334.66	42.81	57.9	37.3
1991	1072.07	634.73	384.84	52.50	59.2	35.9
1992	1278.50	712.19	475.18	91.13	55.7	37.2
1993	1690.84	870.45	679.12	141.27	51.5	40.2
1994	2187.49	1059.29	884.46	243.74	48.4	40.4
1995	2849.52	1348.75	1226.07	274.70	47.3	43.0
1996	3452.97	1553.79	1547.80	351.38	45.0	44.8
1997	3953.78	1740.18	1838.54	375.06	44.0	46.5
1998	4256.01	1848.19	2030.17	377.65	43.4	47.7
1999	4514.19	1978.25	2152.02	383.92	43.8	47.7
2000	5043.96	2240.68	2246.67	556.61	44.4	44.5
2001	5516.76	2490.38	2325.61	700.77	45.1	42.2
2002	6018.28	2838.41	2429.90	749.97	47.2	40.4
2003	6921.29	3029.25	2860.73	1031.31	43.8	41.3
2004	8503.63	3676.73	3686.34	1140.56	43.2	43.4
2005	10047.11	4273.11	4763.16	1010.84	42.5	47.4
2006	11513.60	4965.60	5529.96	1018.04	43.1	48.0
2007	13662.32	5870.11	6766.87	1025.34	43.0	49.5
2008	16079.97	6693.14	8347.67	1039.16	41.6	51.9
2009	17319.48	7217.83	9351.77	749.88	41.7	54.0
2010	20494.19	8323.02	11140.31	1030.86	40.6	54.4
2011	24647.13	9630.03	14025.53	991.57	39.1	56.9
2012	26734.12	11074.50	15410.34	249.28	41.4	57.6
2013	28627.57	11937.78	16661.17	28.62	41.7	58.2
2014	29623.97	12533.51	17570.65	-480.19	42.3	59.3
2015	30025.06	13185.78	17583.02	-743.74	43.9	58.6
2016	32070.45	14536.13	18636.52	-1102.20	45.3	58.1

注：本表按当年价格计算。

a) Data in this table are calculated at current prices.

三大需求对全省生产总值增长的贡献率

Contribution Share of the Three Components of GDP to the Growth of GDP

年 份 Year	最终消费支出 贡献率 (%) Contribution Share of Final Consumption Expenditure	资本形成总额 贡献率 (%) Contribution Share of Gross Capital Formation	货物和服务净出口 贡献率 (%) Contribution Share of Net Exports of Goods and Services
1990	81.3	32.6	-13.9
1991	63.9	32.8	3.3
1992	39.1	33.4	27.5
1993	45.2	50.1	4.7
1994	42.3	41.7	16.0
1995	38.5	57.6	3.9
1996	28.6	67.5	3.9
1997	35.1	60.5	4.4
1998	26.2	67.0	6.8
1999	64.4	50.4	-14.8
2000	43.8	28.5	27.7
2001	51.9	17.1	31.0
2002	51.0	19.9	29.1
2003	32.9	40.6	26.5
2004	42.8	45.4	11.8
2005	41.2	58.5	0.2
2006	46.5	53.1	0.4
2007	47.1	52.7	0.2
2008	46.5	53.4	0.1
2009	42.9	59.1	-2.0
2010	44.4	57.5	-1.9
2011	42.5	60.3	-2.8
2012	45.6	60.4	-6.0
2013	45.9	59.8	-5.6
2014	48.3	57.1	-5.4
2015	48.8	55.0	-3.9
2016	60.1	49.8	-9.9

注：1. 本表按可比价格计算。2. 三大需求指支出法地区生产总值的三大构成项目、即最终消费支出、资本形成总额、货物和服务净出口。3. 贡献率指三大需求增量与支出法国内生产总值增量之比。

a) Data in this table are calculated at constant prices. b) Three components of GDP by expenditure approach are final consumption expenditure, gross capital formation and net exports of goods and services. c) Contribution share of the three components to the increase of the GDP refers to the proportionof the increment of the each component of GDP by expenditure approach to the increment of GDP.

居民消费水平
Household Consumption

年 份 Year	全省居民 (元) All Households (yuan)	农村居民 Rural Households	城镇居民 Urban Households	城乡消费水平对比(农村居民=100) Urban/Rural Consumption Ratio (Urban Households =100)	指 数(上年=100) Index (Preceding Year=100) 全省居民 All Households	农村居民 Rural Households	城镇居民 Urban Households	指 数(1978年=100) Index (1978=100) 全省居民 All Households	农村居民 Rural Households	城镇居民 Urban Households
1978	165	137	402	293.4	103.7	104.9	90.9	100.0	100.0	100.0
1979	183	153	423	276.5	99.4	106.3	93.4	99.4	106.3	93.4
1980	199	164	460	280.5	119.9	120.6	119.5	119.2	128.2	111.6
1981	223	187	481	257.2	111.1	113.4	103.7	132.4	145.4	115.7
1982	236	198	507	256.1	104.5	104.8	104.0	138.4	152.4	120.4
1983	258	221	513	232.1	110.8	112.8	100.6	153.3	171.9	121.1
1984	301	261	569	218.0	116.8	118.2	111.0	179.1	203.1	134.4
1985	366	319	672	210.7	117.1	118.1	112.8	209.7	239.9	151.6
1986	413	356	773	217.1	104.8	104.6	104.8	219.8	250.9	158.9
1987	494	423	917	216.8	105.2	105.3	104.3	231.2	264.2	165.7
1988	664	557	1300	233.4	112.9	110.4	118.3	261.0	291.7	196.1
1989	722	583	1557	267.1	94.7	93.3	98.9	247.2	272.2	193.9
1990	783	605	1592	263.1	103.9	102.6	107.0	256.8	279.2	207.5
1991	847	675	1839	272.4	107.0	105.6	108.5	274.8	294.9	225.1
1992	950	729	2182	299.3	108.6	107.0	109.6	298.4	315.5	246.7
1993	1089	831	2496	300.4	111.9	110.2	114.3	333.9	347.7	282.0
1994	1320	1001	3009	300.6	109.5	107.8	110.8	365.7	374.8	312.5
1995	1686	1306	3397	260.2	110.6	110.0	106.8	404.4	412.3	333.7
1996	1925	1554	3499	225.2	106.8	110.7	104.9	431.9	456.4	350.1
1997	2151	1711	3765	220.1	108.8	105.2	104.5	469.9	480.2	365.8
1998	2207	1731	3833	221.5	102.2	101.9	101.2	480.3	489.3	370.2
1999	2327	1803	3950	219.0	112.7	108.8	100.4	541.3	532.3	371.7
2000	2533	1848	4523	244.8	106.6	109.0	100.8	577.0	580.3	374.7
2001	2749	1912	4991	261.0	107.4	103.2	108.3	619.7	598.8	405.8
2002	3081	1987	5776	290.7	107.9	102.2	109.5	668.6	612.0	444.3
2003	3271	2042	6063	297.0	106.7	105.4	104.0	713.4	645.1	462.1
2004	3758	2167	7096	327.5	111.9	104.9	113.5	798.3	676.7	524.4
2005	4270	2426	7851	323.6	110.2	109.8	106.8	879.7	743.0	560.1
2006	4924	2714	8971	330.6	113.5	111.1	111.9	998.5	825.5	626.7
2007	5667	3067	10031	327.1	111.6	108.3	109.2	1114.3	894.0	684.4
2008	6498	3515	10835	308.3	111.0	110.3	104.9	1236.9	986.1	717.9
2009	7193	3606	12195	338.2	110.7	103.7	112.0	1369.2	1022.6	804.0
2010	8057	3867	13619	352.2	110.6	105.3	110.4	1514.3	1076.8	887.8
2011	9551	4893	15331	313.3	113.7	120.5	108.3	1795.1	1362.5	999.4
2012	10749	5766	16554	287.1	108.1	112.1	104.1	1940.8	1527.8	1040.6
2013	11610	6490	17278	266.2	110.8	115.7	107.0	2150.0	1767.8	1113.2
2014	12171	7023	17589	250.5	109.4	113.2	106.2	2352.4	2001.1	1181.6
2015	12829	7666	17924	233.8	109.7	114.0	105.9	2580.6	2281.2	1251.4
2016	14328	8897	19276	216.7	110.7	114.5	106.8	2856.7	2612.0	1336.5

资金流量表(收入分配)(2015年)

单位：亿元

机构部门 交易项目	Sectors Items	非金融企业部门 Non-financial Corporations 使用 Uses	 来源 Sources	金融机构部门 Financial Institutions 使用 Uses	 来源 Sources	政府 General 使用 Uses
净出口	Net Exports					
增加值	Value Added		17967.56		1480.92	
劳动者报酬	Compensation of Laborers	5968.10		439.38		1685.11
工资及工资性收入	Wages and Salaries	4175.69		307.42		1685.11
单位社会保险付款	Employers' Social Contributions	1792.41		131.96		
生产税净额	Taxes on Production, Net	3476.18		176.61		26.74
生产税	Taxes on Products	3540.77		176.61		26.74
生产补贴	Subsidies on Production		64.59			152.13
财产收入	Income from Properties	1702.88	514.84	2212.42	2679.06	19.38
利　息	Interest	1648.49	468.66	2212.24	2671.37	19.38
红　利	Distributed Income of Corporations	54.40	46.12		7.69	
土地租金	Rent on Land Use					
其　他	Others		0.05	0.18		
初次分配总收入	Total Income from Primary Distribution		7335.23		1331.58	
经常转移	Current Transfer	577.78	129.05	542.12	6.04	2689.38
收入税	Taxes on Income	522.34		116.23		
社会保险缴款	Social Insurance Contributions					
社会保险福利	Social Insurance Benefits					1837.01
社会补助	Allowances					763.68
其他经常转移	Other Current Transfers	55.45	129.05	425.89	6.04	88.69
可支配总收入	Total Disposable Income		6886.50		795.50	
最终消费	Final Consumption Expenditure					3698.67
居民消费	Household Consumption					
政府消费	Government Consumption					3698.67
总储蓄	Savings		6886.50		795.50	
资本转移	Capital Transfers		24.71			206.12
投资性补助	Investment Allowances		24.71			206.12
其　他	Other					
资本形成总额	Gross Capital Formation	12349.45		22.99		1694.93
固定资本形成总额	Gross Fixed Capital Formation	12200.99		22.99		1678.11
存货增加	Changes in Inventories	148.46				16.82
其他非金融资产获得减处置	Acquisitions Less Disposals of Other Non-financial Assets					
净金融投资	Net Financial Investment	-5438.24		772.51		829.37

Funds Flow of Funds Table (2015)

(100 million yuan)

部门 Governments	住户部门 Households		省内部门合计 Regional Sum		国内省外 Outside Province		国外 The Rest of the World	
来源 Sources	使用 Uses	来源 Sources	使用 Uses	来源 Sources	使用 Uses	来源 Sources	使用 Uses	来源 Sources
						1635.29		-891.80
2086.89		8270.74		29806.11				
	7305.95	15398.54	15398.54	15398.54				
	7305.95	13474.17	13474.17	13474.17				
		1924.37	1924.37	1924.37				
3003.30	146.97		3826.50	3003.30	176.81	1000.01		
3155.43	234.51		3978.63	3155.43	176.81	1000.01		
		87.54	152.13	152.13				
219.98	313.66	855.35	4248.33	4269.23	58.74	37.84		
218.38	313.66	835.35	4193.76	4193.76				
1.60		19.88	54.40	75.30	58.74	37.84		
		0.12	0.18	0.18				
3578.94		16758.06		29003.81				
5358.12	2087.38	2981.70	5896.66	8474.91	2618.27	51.83	71.17	59.35
795.70	157.14		795.70	795.70				
1924.37	1924.37		1924.37	1924.37				
		1837.01	1837.01	1837.01				
	2.83	766.51	766.51	766.51				
2638.04	3.03	378.18	573.06	3151.31	2618.27	51.83	71.17	59.35
6247.68		17652.39		31582.06				
	9499.11		13197.78					
	9499.11		9499.11					
			3698.67					
2549.01		8153.28		18384.28		-128.84		-903.61
181.41			206.12	206.12				
181.41			206.12	206.12				
	3284.70		17352.07					
	3396.74		17298.83					
	-112.04		53.24					
	4868.58		1032.21		-128.84		-903.61	

人口基本情况
Basic Statistics of Population

指　　标	Indicator	2000	2005	2010	2015	2016
年末总人口(万人)	**Total Population of Year-end (10000 persons)**	**6674**	**6851**	**7193.60**	**7424.92**	**7470.05**
按城乡分	by Residence					
城镇	Urban	1741	2582	3201.15	3811.21	3983.03
乡村	Rural	4933	4269	3992.45	3613.71	3487.02
按性别分	by Sex					
男性	Male	3397	3441	3647.18	3757.23	3795.17
女性	Female	3277	3410	3546.42	3667.69	3674.88
出生率(‰)	Birth Rate (‰)	11.30	12.84	13.22	11.35	12.42
死亡率(‰)	Death Rate (‰)	6.21	6.75	6.41	5.79	6.36
自然增长率(‰)	Natural Growth Rate (‰)	5.09	6.09	6.81	5.56	6.06
人口密度(人/平方公里)	Density of Population (person/sq.km)		365	384	396	398
家庭户数(万户)	Households (10000 units)		2046.4	2039.51	2269.85	2293.59
人口结构（%）	**Composition (%)**					
按城乡分	by Residence					
城镇	Urban	26.3	37.69	44.50	51.33	53.32
乡村	Rural	73.7	62.31	55.50	48.67	46.68
按性别分	by Sex					
男性	Male	50.9	50.2	50.7	50.6	50.8
女性	Female	49.1	49.8	49.3	49.4	49.2
按年龄段分	by Age Group (%)					
0—14岁	0-14	22.8	17.7	16.83	17.63	18.72
15—64岁	15-64	70.3	74.1	74.93	72.18	70.59
65岁以上	65 and Over	6.9	8.2	8.24	10.19	10.69
按文化程度分	by Education Attainments (%)					
未上学	Uneducational	8.7	6.9	3.26	4.19	3.91
小学文化程度	Primary School	35.7	30.1	26.79	25.78	24.17
初中文化程度	Junior Secondary Schools	41.3	46.3	48.23	43.92	45.76
高中文化程度	Senior Secondary Schools	11.3	12.0	13.80	15.91	16.15
大专以上文化程度	College and Higher Level	2.9	4.7	7.93	10.20	10.01

注：未上学人口2005年以前为不识字或识字很少的人口。

a) Before the year of 2005, the number of unschooled people referred to those who were lack of literacy.

总人口及人口自然变动

Total Population and Natural Changes of Population

年　份 Year	总　人　口 (万人) Total Population (10000 persons)	#男 Male	出　生　率 (‰) Birth Rate (‰)	死　亡　率 (‰) Death Rate (‰)	自然增长率 (‰) Natural Growth Rate (‰)
1978	5057	2595	20.88	6.49	14.39
1979	5105	2620	19.86	6.36	13.50
1980	5168	2651	20.47	6.46	14.01
1981	5256	2692	23.99	6.05	17.94
1982	5356	2742	19.35	5.94	13.41
1983	5420	2777	17.91	6.60	11.31
1984	5487	2815	16.73	5.41	11.32
1985	5548	2852	17.10	5.30	11.80
1986	5627	2893	20.42	6.12	14.30
1987	5710	2936	22.50	6.00	16.50
1988	5795	2978	20.35	5.50	14.85
1989	5881	3021	20.19	5.44	14.75
1990	6159	3147	20.46	6.82	13.64
1991	6220	3167	16.61	6.75	9.86
1992	6275	3212	15.33	6.43	8.90
1993	6334	3227	15.43	6.11	9.32
1994	6388	3264	14.93	6.50	8.43
1995	6437	3266	13.93	6.32	7.61
1996	6484	3309	13.85	6.55	7.30
1997	6525	3327	13.11	6.82	6.29
1998	6569	3343	13.01	6.18	6.83
1999	6614	3357	12.99	6.26	6.73
2000	6674	3397	11.30	6.21	5.09
2001	6699	3384	11.16	6.18	4.98
2002	6735	3420	11.53	6.25	5.28
2003	6769	3454	11.43	6.27	5.16
2004	6809	3480	11.98	6.19	5.79
2005	6851	3441	12.84	6.75	6.09
2006	6898	3486	12.82	6.59	6.23
2007	6943	3529	13.33	6.78	6.55
2008	6989	3562	13.04	6.49	6.55
2009	7034	3582	12.93	6.43	6.50
2010	7194	3647	13.22	6.41	6.81
2011	7241	3743	13.02	6.52	6.50
2012	7288	3694	12.88	6.41	6.47
2013	7333	3724	13.04	6.87	6.17
2014	7384	3751	13.18	6.23	6.95
2015	7425	3757	11.35	5.79	5.56
2016	7470	3795	12.42	6.36	6.06

六次人口普查基本情况

Basic Statistics on Population Census in 1953，1964，1982, 1990, 2000 and 2010

项　目	Item	第一次人口普查 The First (1953.7.1)	第二次人口普查 The Second (1964.7.1)	第三次人口普查 The Third (1982.7.1)	第四次人口普查 The Fourth (1990.7.1)	第五次人口普查 The Fifth (2000.11.1)	第六次人口普查 The Sixth (2010.11.1)
总人口(万人)	**Total Population(10000 Persons)**	**3563.46**	**4568.77**	**5300.55**	**6108.28**	**6668.44**	**7185.42**
男	Male	1794.83	2338.17	2712.56	3121.01	3393.63	3643.03
女	Female	1768.63	2230.60	2587.99	2987.27	3274.81	3542.39
总户数(万户)	**Total Household (10000 households)**	**820.12**	**1017.15**	**1237.70**	**1536.61**	**1830.27**	**2081.35**
家庭户	Household			1231.72	1530.21	1793.50	2039.51
平均家庭户规模	Average Household Size	4.39	4.49	4.14	3.89	3.59	3.36
民　族	**Nationalities**						
民族个数(个)	The Number of Nationalities	11	30	41	55	56	56
汉族人口(万人)	Total Population of Han Nationality (10000 persons)	3527.83	4494.98	5215.14	5867.37	6378.16	6886.13
各少数民族人口(万人)	Total Population of Minority Nationalities (10000 persons)	35.63	73.75	85.34	240.91	290.28	299.29
市镇总人口(万人)	**Total Population of City and Town (10000 persons)**	**419.53**	**644.79**	**725.89**	**1173.39**	**1756.01**	**3157.53**
各种文化程度人口(万人)	**Population by Education (10000 persons)**						
大　学	University and Above		18.08	23.43	58.25	178.11	524.25
高　中	Senior Secondary Schools		56.87	399.86	455.47	716.36	913.17
初　中	Junior Secondary Schools		234.91	1020.08	1509.42	2609.93	3190.30
小　学	Primary Schools		1400.54	1930.58	2249.16	2213.51	1771.97
文盲、半文盲(15周岁及以上)	**Illiterate or Semiliterate Persons (Age 15 and Over)**			**1193.54**	**1023.52**	**513.81**	**187.74**
在业人口(万人)	**Economically Active Population (10000 persons)**			**2759.90**	**3410.11**	**3836.27**	**4089.22**
不在业人口(万人)	**Economically Inactive Population (10000 persons)**			**908.76**	**924.47**	**1313.09**	**1810.22**

注：在业人口、不在业人口六普为16周岁及以上，其他为15周岁及以上。

a) In the 6th population census,economically active population and economically inactive population exclude population below 16 years old. evertheless, in the previous censuses, they do not include population below 15 years old.

分行业全社会就业人员（2016年底）

Number of Employed Persons by Sector (End of 2016)

单位：万人 (10000 persons)

项目	Item	就业人员 Employed Persons	城镇 就业人员 Employed Persons of Urban Areas	单位就业人员 Urban Units	私营个体就业人员 Private and Individuals	灵活就业及其他就业人员 Others	乡村 就业人员 Employed Persons of Rural Areas
全省总计	**Total**	**4223.95**	**1309.22**	**639.62**	**468.79**	**200.81**	**2914.73**
农、林、牧、渔业	Agriculture, Forestry, Animal Husbandry and Fishery	1380.33	16.25	3.89	4.22	8.14	1364.08
采矿业	Mining	86.71	39.71	22.77	13.33	3.61	47.00
制造业	Manufacturing	861.68	296.34	136.33	148.42	11.59	565.34
电力、热力、燃气及水生产和供应业	Production and Distribution of Electricity, Thermal, Gas and Water	38.97	23.55	18.80	1.36	3.39	15.42
建筑业	Construction	452.38	132.49	81.85	33.37	17.27	319.89
批发和零售业	Wholesale and Retail Trades	391.34	183.62	26.88	120.50	36.24	207.72
交通运输、仓储和邮政业	Traffic, Transport, Storage and Post	202.18	71.30	28.67	23.84	18.79	130.88
住宿和餐饮业	Hotels and Catering Services	179.97	104.00	5.42	79.94	18.64	75.97
信息传输、软件和信息技术服务业	Information Transmission, Software and Information Technology Services	27.68	15.76	8.42	2.81	4.53	11.92
金融业	Financial Intermediation	40.05	33.48	32.17		1.31	6.57
房地产业	Real Estate	20.31	16.39	12.13	1.40	2.86	3.92
租赁和商务服务业	Leasing and Business Services	43.86	26.79	12.61	5.63	8.55	17.07
科学研究和技术服务业	Scientific Research and Technical Service	19.25	17.30	16.35		0.95	1.95
水利、环境和公共设施管理业	Management of Water Conservancy, Environment and Public Facilities	19.90	15.15	11.87		3.28	4.75
居民服务、修理和其他服务业	Services to Households, Repair and Other Services	139.77	70.18	2.53	32.75	34.90	69.59
教育	Education	124.74	99.16	88.10		11.06	25.58
卫生和社会工作	Health and Social Work	64.23	46.65	37.74		8.91	17.58
文化、体育和娱乐业	Culture, Sports and Entertainment	19.72	9.33	5.50	1.22	2.61	10.39
公共管理、社会保障和社会组织	Public Management, Social Security and Social Organization	110.88	91.77	87.59		4.18	19.11

注：本表就业人员不包括离开本单位仍保留劳动关系的职工。

a) The employed persons exclude those staff and workers who still keep their relation with their units, but have left their working post at there.

按三次产业分的就业人员及构成（年底数）

Number of Employed Persons by Type of Industry and Composition (End of Year)

年　份 Year	就业人员(万人) Employed Persons (10000 persons)				构　成(以就业人员为100) Composition in Percentage (Total Employment=100)		
		第一产业 Primary Industry	第二产业 Secondary Industry	第三产业 Tertiary Industry	第一产业 Primary Industry	第二产业 Secondary Industry	第三产业 Tertiary Industry
1978	2109.39	1621.61	292.83	194.95	76.88	13.88	9.24
1980	2182.80	1637.42	321.01	224.37	75.01	14.71	10.28
1985	2555.43	1603.36	557.49	394.58	62.74	21.82	15.44
1986	2626.41	1602.21	607.42	416.78	61.00	23.13	15.87
1987	2725.75	1615.62	653.23	456.90	59.27	23.97	16.76
1988	2808.33	1659.62	690.33	458.38	59.10	24.58	16.32
1989	2857.92	1739.11	674.31	444.50	60.85	23.60	15.55
1990	2955.47	1820.51	680.14	454.82	61.60	23.01	15.39
1991	3040.30	1905.27	690.04	444.99	62.67	22.70	14.63
1992	3106.28	1874.64	722.61	509.03	60.35	23.26	16.39
1993	3171.37	1857.14	778.68	535.55	58.56	24.55	16.89
1994	3210.37	1780.48	832.60	597.29	55.46	25.93	18.61
1995	3252.01	1729.29	879.08	643.64	53.18	27.03	19.79
1996	3300.16	1635.17	942.08	722.91	49.55	28.55	21.90
1997	3324.23	1634.03	940.24	749.96	49.16	28.28	22.56
1998	3367.18	1650.22	932.60	784.36	49.01	27.70	23.29
1999	3322.30	1653.25	879.69	789.36	49.76	26.48	23.76
2000	3385.71	1678.12	886.99	820.60	49.56	26.20	24.24
2001	3409.16	1676.34	899.68	833.14	49.17	26.39	24.44
2002	3435.00	1662.59	929.12	843.29	48.40	27.05	24.55
2003	3470.23	1672.26	942.84	855.13	48.19	27.17	24.64
2004	3516.71	1612.85	992.74	911.12	45.86	28.23	25.91
2005	3568.97	1564.72	1043.56	960.69	43.84	29.24	26.92
2006	3609.99	1524.89	1082.66	1002.44	42.24	29.99	27.77
2007	3664.97	1481.52	1134.51	1048.94	40.42	30.96	28.62
2008	3725.66	1481.37	1170.06	1074.23	39.76	31.41	28.83
2009	3792.49	1479.22	1203.36	1109.91	39.00	31.73	29.27
2010	3865.14	1464.21	1250.85	1150.08	37.88	32.36	29.76
2011	3962.42	1439.63	1319.83	1202.96	36.33	33.31	30.36
2012	4085.74	1426.27	1400.79	1258.68	34.91	34.28	30.81
2013	4183.93	1404.49	1438.07	1341.37	33.57	34.37	32.06
2014	4202.66	1398.88	1437.79	1365.99	33.29	34.21	32.50
2015	4212.50	1387.83	1437.43	1387.24	32.95	34.12	32.93
2016	4223.95	1380.33	1439.74	1403.88	32.68	34.08	33.24

注：1999年起资料不包括离开本单位仍保留劳动关系职工人数。

a) Since 1999, the date exclude those staff and workers who still keep their relation with their units, but have left their working post at there.

城镇非私营单位职工人数（年底数）

Number of Staff and Workers in Urban Non Private Units (End of Year)

单位：万人　　(10000 persons)

年　份 Year	职工人数 Number of Staff and Workers	# 国有经济 State-Owned	# 城　镇集体经济 Urban Collective-Owned	女职工人数 Female	# 国有经济 State-Owned	# 城镇集体经济 Urban Collective-Owned
1952	60.39	57.85	2.54		6.68	
1957	135.13	104.47	30.66		14.45	
1962	149.50	132.88	16.62		24.78	
1965	161.64	139.95	21.69		26.86	
1970	219.48	185.82	33.66	53.83	41.11	12.72
1975	344.99	289.52	55.47	85.54	63.36	22.18
1978	445.10	369.83	75.27	122.55	94.78	27.77
1980	476.83	394.27	82.56	146.84	109.95	36.89
1985	555.15	424.26	130.16	177.64	123.99	53.32
1990	652.71	497.19	151.61	223.90	158.66	63.61
1991	673.75	512.60	155.50	231.10	164.24	64.20
1992	688.45	527.79	154.71	236.95	171.79	62.35
1993	703.72	538.67	151.41	246.63	179.95	60.47
1994	699.25	533.24	141.41	249.44	181.87	57.32
1995	698.02	535.14	132.79	252.84	185.42	54.43
1996	696.16	538.42	126.78	255.56	190.91	51.02
1997	676.74	531.51	112.13	252.52	191.88	45.98
1998	657.00	502.35	93.57	221.41	168.77	30.94
1999	639.62	488.88	84.27	220.62	168.49	27.38
2000	621.95	474.88	75.52	212.13	162.79	23.28
2001	603.86	459.13	69.53	205.47	159.35	20.56
2002	589.14	441.13	62.29	196.89	150.35	17.61
2003	576.57	427.40	57.41	193.58	147.08	15.85
2004	562.67	409.48	52.81	191.15	142.72	14.44
2005	557.83	390.46	48.90	191.86	139.26	13.59
2006	554.56	381.36	46.28	193.98	139.00	13.25
2007	544.43	370.82	41.50	193.10	137.69	11.94
2008	520.01	352.18	35.02	191.41	133.75	10.11
2009	514.42	341.08	32.83	190.94	132.63	9.64
2010	518.89	334.84	30.79	195.70	132.65	9.31
2011	537.85	317.71	26.59	206.32	133.16	8.54
2012	619.95	332.41	21.14	223.39	138.31	7.38
2013	653.36	298.94	18.00	232.66	130.09	6.44
2014	656.18	293.49	15.58	236.77	128.82	5.88
2015	643.65	288.22	14.39	236.08	129.14	5.60
2016	639.62	286.36	13.96	237.37	129.64	5.44

注：1. 1998年女职工人数为在岗女职工人数，1999年起为女性单位就业人数。2. 2012年起为就业人员。

a) Female in 1998 are on-post staff and workers figures, since 1999 are persons employed in various units.

b) The data in 2012 are persons employed.

分登记注册类型和行业城镇非私营单位就业人数（2016年底）

Number of Staff and Workers in Urban Non Private Units by Registration Status and Sector (End of 2016)

单位：万人 (10000 persons)

行业	Sector	合计 Total	国有经济 State-Owned	城镇集体经济 Urban Collective-Owned	其他经济类型 Others
全省总计	**Total**	**639.62**	**286.36**	**13.96**	**339.30**
按企、事业和机关分组	**Grouped by Enterprises, Institutions and Agencies**				
企业	Business	400.23	51.57	11.01	337.65
事业	Institutions	164.44	160.40	2.87	1.17
机关	Agencies & Organizations	74.33	74.26	0.05	0.02
民间非盈利组织	Non Profit Organization	0.21	0.04		0.17
其他	Others	0.41	0.09	0.03	0.29
按国民经济行业分组	**Grouped by Sector**				
农、林、牧、渔业	Agriculture, Forestry, Animal Husbandry and Fishery	3.89	3.72	0.07	0.10
采矿业	Mining	22.77	2.48	0.18	20.11
制造业	Manufacturing	136.33	4.08	2.01	130.24
电力、热力、燃气及水生产和供应业	Production and Distribution of Electricity, Thermal, Gas and Water	18.79	9.36	0.01	9.42
建筑业	Construction	81.85	5.41	2.33	74.11
批发和零售业	Wholesale and Retail Trades	26.88	3.08	1.76	22.04
交通运输、仓储和邮政业	Traffic, Transport, Storage and Post	28.67	15.94	0.48	12.25
住宿和餐饮业	Hotels and Catering Services	5.42	1.72	0.11	3.59
信息传输、软件和信息技术服务业	Information Transmission, Software and Information Technology Services	8.42	1.01	0.02	7.39
金融业	Financial Intermediation	32.17	2.59	2.57	27.01
房地产业	Real Estate	12.13	0.82	0.09	11.22
租赁和商务服务业	Leasing and Business Services	12.62	3.74	1.09	7.79
科学研究和技术服务业	Scientific Research and Technical Service	16.35	8.59	0.08	7.68
水利、环境和公共设施管理业	Management of Water Conservancy, Environment and Public Facilities	11.87	10.31	0.20	1.36
居民服务、修理和其他服务业	Services to Households, Repair and Other Services	2.53	0.50	0.09	1.94
教育	Education	88.10	86.67	0.14	1.29
卫生和社会工作	Health and Social Work	37.74	34.36	2.55	0.83
文化、体育和娱乐业	Culture, Sports and Entertainment	5.50	4.48	0.09	0.93
公共管理、社会保障和社会组织	Public Management, Social Security and Social Organization	87.59	87.50	0.09	

分登记注册类型和行业城镇非私营单位在岗职工人数（2016年底）

Number of Staff and Workers on-post in Urban Non Private Units by Registration Status and Sector (End of 2016)

单位：万人 (10000 persons)

行业	Sector	合计 Total	国有经济 State-Owned	城镇集体经济 Urban Collective-Owned	其他经济类型 Others
全省总计	**Total**	**595.57**	**272.46**	**13.30**	**309.81**
按企、事业和机关分组	**Grouped by Enterprises, Institutions and Agencies**				
企业	Business	367.89	49.08	10.56	308.25
事业	Institutions	155.64	151.88	2.66	1.10
机关	Agencies & Organizations	71.43	71.37	0.05	0.01
民间非盈利组织	Non Profit Organization	0.20	0.04		0.16
其他	Others	0.41	0.09	0.03	0.29
按国民经济行业分组	**Grouped by Sector**				
农、林、牧、渔业	Agriculture, Forestry, Animal Husbandry and Fishery	3.77	3.60	0.07	0.10
采矿业	Mining	22.35	2.47	0.18	19.70
制造业	Manufacturing	134.71	3.98	1.93	128.80
电力、热力、燃气及水生产和供应业	Production and Distribution of Electricity, Thermal, Gas and Water	17.70	8.49	0.01	9.20
建筑业	Construction	67.90	4.70	2.15	61.05
批发和零售业	Wholesale and Retail Trades	26.39	3.01	1.69	21.69
交通运输、仓储和邮政业	Traffic, Transport, Storage and Post	27.54	15.48	0.42	11.64
住宿和餐饮业	Hotels and Catering Services	5.21	1.64	0.10	3.47
信息传输、软件和信息技术服务业	Information Transmission, Software and Information Technology Services	8.32	1.00	0.02	7.30
金融业	Financial Intermediation	20.81	2.57	2.55	15.69
房地产业	Real Estate	11.68	0.80	0.09	10.79
租赁和商务服务业	Leasing and Business Services	11.90	3.65	1.08	7.17
科学研究和技术服务业	Scientific Research and Technical Service	15.47	8.26	0.07	7.14
水利、环境和公共设施管理业	Management of Water Conservancy, Environment and Public Facilities	9.43	8.03	0.20	1.21
居民服务、修理和其他服务业	Services to Households, Repair and Other Services	2.47	0.47	0.09	1.91
教育	Education	85.15	83.76	0.14	1.25
卫生和社会工作	Health and Social Work	35.75	32.60	2.34	0.81
文化、体育和娱乐业	Culture, Sports and Entertainment	5.27	4.30	0.08	0.89
公共管理、社会保障和社会组织	Public Management, Social Security and Social Organization	83.74	83.65	0.09	

注：从2012年起，在岗职工人数含劳务派遣人员。

a) Since 2012 staff and workers on-post include the labor dispatch personnel.

分登记注册类型和行业城镇非私营单位女性就业人数（2016年底）
Number of Female Employed Persons in Urban Non Private Units Status by Registration and Sector (End of 2016)

单位：万人 (10000 persons)

行业	Sector	女性 就业人数 Number of Female Employed Persons	国有经济 State-Owned	城镇集体经济 Urban Collective-Owned	其他经济类型 Others
全省总计	**Total**	**237.37**	**129.64**	**5.44**	**102.29**
按企、事业和机关分组	**Grouped by Enterprises, Institutions and Agencies**				
企业	Business	120.42	15.33	3.76	101.33
事业	Institutions	93.74	91.39	1.65	0.70
机关	Agencies & Organizations	22.89	22.87	0.02	
民间非营利组织	Non Profit Organization	0.13	0.02		0.11
其他	Others	0.19	0.03	0.01	0.15
按国民经济行业分组	**Grouped by Sector**				
农、林、牧、渔业	Agriculture, Forestry, Animal Husbandry and Fishery	1.32	1.27	0.01	0.04
采矿业	Mining	4.09	0.34	0.07	3.68
制造业	Manufacturing	42.63	1.18	0.90	40.55
电力、热力、燃气及水生产和供应业	Production and Distribution of Electricity, Thermal, Gas and Water	5.12	2.62		2.50
建筑业	Construction	9.13	0.82	0.25	8.06
批发和零售业	Wholesale and Retail Trades	14.84	1.43	0.70	12.71
交通运输、仓储和邮政业	Traffic, Transport, Storage and Post	7.68	4.41	0.12	3.15
住宿和餐饮业	Hotels and Catering Services	3.13	0.94	0.05	2.14
信息传输、软件和信息技术服务业	Information Transmission, Software and Information Technology Services	3.34	0.41	0.01	2.92
金融业	Financial Intermediation	17.11	1.13	1.14	14.84
房地产业	Real Estate	4.94	0.30	0.06	4.58
租赁和商务服务业	Leasing and Business Services	2.98	0.56	0.29	2.13
科学研究和技术服务业	Scientific Research and Technical Service	4.87	2.99	0.02	1.86
水利、环境和公共设施管理业	Management of Water Conservancy, Environment and Public Facilities	4.47	3.79	0.10	0.58
居民服务、修理和其他服务业	Services to Households, Repair and Other Services	0.99	0.18	0.04	0.77
教育	Education	55.94	55.09	0.08	0.77
卫生和社会工作	Health and Social Work	24.66	22.54	1.52	0.60
文化、体育和娱乐业	Culture, Sports and Entertainment	2.44	1.98	0.05	0.41
公共管理、社会保障和社会组织	Public Management, Social Security and Social Organization	27.69	27.66	0.03	

城镇非私营单位就业人员工资总额（2016年）

Total Wages Bill of Urban Units Employed Persons in Urban Non Private Units (2016)

单位：万元 (10000 yuan)

行业	Sector	就业人员	在岗职工			其他
		工资总额 Total wages Bill of Employed Persons	工资总额 Total Wages Bill of Staff and Workers	# 国有经济 State-owned Units	# 城镇集体经济 Urban Collective-owned Units	其他就业人员工资总额 Units of Others Types of Ownership
全省总计	**Total**	**35187502**	**33783604**	**16390910**	**594371**	**1403898**
按企、事业和机关分	**Grouped by Enterprises, Institutions and Agencies**					
企业	Enterprises	21147738	20011448	2827645	474176	1136290
事业	Institutions	9813172	9611358	9428561	117060	201814
机关	Agencies & Organizations	4195644	4130464	4126972	2269	65180
民间非营利组织	Non Profit Organization	9555	8960	3036		595
其他	Others	21393	21374	4696	866	19
按国民经济行业分	**Grouped by Sector**					
农、林、牧、渔业	Agriculture, Forestry, Animal Husbandry and Fishery	85387	83047	76167	2714	2340
采矿业	Mining	1293743	1276603	109908	6123	17140
制造业	Manufacturing	6974712	6885609	226368	62118	89103
电力、热力、燃气及水生产和供应业	Production and Distribution of Electricity, Thermal, Gas and Water	1370650	1339637	566706	919	31013
建筑业	Construction	3504546	2940283	230957	80768	564263
批发和零售业	Wholesale and Retail Trades	1067724	1053169	173933	43706	14555
交通运输、仓储和邮政业	Traffic, Transport, Storage and Post	1704190	1670155	979501	14258	34035
住宿和餐饮业	Hotels and Catering Services	188557	181869	59563	2976	6688
信息传输、软件和信息技术服务业	Information Transmission, Software and Information Technology Services	929105	925394	56128	912	3711
金融业	Financial Intermediation	2321434	2016259	250874	212276	305175
房地产业	Real Estate	562600	549243	41167	2627	13357
租赁和商务服务业	Leasing and Business Services	485016	460900	131786	37093	24116
科学研究和技术服务业	Scientific Research and Technical Service	1191386	1158787	622538	2719	32599
水利、环境和公共设施管理业	Management of Water Conservancy, Environment and Public Facilities	472731	420750	371344	3842	51981
居民服务、修理和其他服务业	Services to Households, Repair and Other Services	89639	87384	20758	2176	2255
教育	Education	5605803	5539836	5480569	5769	65967
卫生和社会工作	Health and Social Work	2179847	2122660	1970777	106624	57187
文化、体育和娱乐业	Culture, Sports and Entertainment	282580	277252	231212	2881	5328
公共管理、社会保障和社会组织	Public Management, Social Security and Social Organization	4877852	4794767	4790654	3870	83085

注：从2012年起在岗职工工资总额含劳务派遣人员工资总额。

a) Since 2012 total wages bill of staff and workers on-post include the labor dispatch personnel.

城镇非私营单位职工工资总额和指数

Total Wages of Staff and Workers and Related Indices in Urban Non Private Units

年份 Year	工资总额 (万元) Total Wages (10000 yuan)	#国有经济单位 State-Owned	#城镇集体经济单位 Urban Collective-Owned	指数 (上年=100) Indices (preceding year=100)	#国有经济单位 State-Owned	#城镇集体经济单位 Urban Collective-Owned
1952	24245	23393	852			
1957	75864	61966	13898			
1962	97735	89214	8521			
1965	99235	88722	10513	102.31	101.41	110.55
1970	118670	103934	14736	109.64	108.87	115.40
1975	189208	163144	26064	109.99	110.64	106.08
1978	256463	219056	37407	114.39	113.15	122.28
1980	340513	292414	48099	118.81	118.69	119.51
1985	580441	466525	113244	121.86	121.73	122.36
1986	716788	579844	135878	123.49	124.29	119.99
1987	825146	667635	156254	115.12	115.14	115.00
1988	1035447	841302	190789	125.49	126.01	122.10
1989	1147097	937626	204030	110.78	111.45	106.94
1990	1293229	1064042	221831	112.74	113.48	108.72
1991	1422357	1163790	246622	109.98	109.37	111.18
1992	1684325	1393304	276422	118.42	119.72	112.08
1993	2108195	1739368	323734	125.17	124.84	117.12
1994	2895850	2391572	387584	137.36	137.50	119.72
1995	3360002	2767436	441368	116.03	115.72	113.88
1996	3652207	3020439	464211	108.70	109.14	105.18
1997	3859772	3218123	440888	105.68	106.54	94.98
1998	3755910	3036502	349331	99.75	96.68	81.46
1999	3979361	3227728	332995	105.95	106.30	95.32
2000	4271797	3459724	318530	107.35	107.19	95.66
2001	4580897	3709329	313935	107.24	107.21	98.56
2002	5040301	4039839	296030	110.03	108.91	94.30
2003	5481960	4343902	292264	108.76	107.53	98.73
2004	6255065	4842573	311543	114.10	111.48	106.60
2005	7160660	5260503	341572	114.48	108.63	109.66
2006	8095785	5819518	369771	113.06	110.63	108.26
2007	9732071	6997885	407554	120.21	120.25	110.22
2008	11744961	8322196	422304	120.68	118.92	103.62
2009	13379216	9284802	479223	113.91	111.57	113.48
2010	15485836	10235669	551224	115.75	110.24	115.02
2011	18369456	11077774	542680	118.62	108.23	98.45
2012	23983034	12954720	613616	121.42	112.36	101.09
2013	27241454	11810500	606164	113.59	91.17	98.79
2014	29654617	12684854	591250	108.86	107.40	97.54
2015	32894839	15167871	603437	110.93	119.57	102.06
2016	35187502	16741647	625841	106.97	110.38	103.71

注：1. 1998年至2011年职工工资总额为在岗职工工资总额，2012年起为就业人员工资总额，指数按可比口径计算。

a) Data on total wage bill from 1998 to 2011 refer to wages of fully employed staff and workers, Since 2012 refer employed persons, and the indices since 1998 was calculated on the basis of constant coverage.

城镇非私营单位职工平均工资及指数

Average Wage of Staff and Workers and Related Indices in Urban Non Private Units

年　份 Year	平均货币工资(元) Average Wage (yuan)				实际工资指数(上年=100) Indices of Real Wage (preceding year=100)			
	全部职工 Total Staff and Workers	国有经济 State-owned	城　镇集体经济 Urban Collective-owned	其　他经济类型 Others	全部职工 Total Staff and Workers	国有经济 State-owned	城　镇集体经济 Urban Collective-owned	其　他经济类型 Others
1952	435	438	364					
1957	566	598	457		103.0	102.9	102.9	
1962	577	593	453		107.5	107.9	107.7	
1965	627	647	495		102.3	102.5	102.6	
1970	568	590	451		99.4	99.6	99.6	
1975	564	579	484		99.5	99.7	98.6	
1978	592	608	512		105.5	105.9	104.5	
1980	726	753	592		107.2	107.2	106.8	
1985	1075	1128	901	949	107.5	107.3	108.2	106.7
1986	1268	1338	1035	1180	111.3	111.9	108.4	117.3
1987	1394	1471	1139	1308	101.6	101.6	101.7	102.4
1988	1688	1788	1351	1910	102.4	102.7	100.3	123.4
1989	1821	1940	1421	1870	93.1	93.6	90.8	84.5
1990	2019	2166	1522	2002	109.6	110.3	105.8	105.8
1991	2156	2314	1629	2210	100.2	100.2	100.4	103.6
1992	2485	2685	1806	2537	106.2	106.9	102.2	105.8
1993	3035	3272	2157	3460	105.7	105.5	103.4	118.1
1994	4185	4531	2762	4896	106.0	106.4	98.8	110.5
1995	4839	5208	3303	5158	99.6	99.0	103.0	90.7
1996	5286	5653	3658	5625	101.5	100.9	102.9	101.4
1997	5692	6066	3843	6118	103.8	103.4	101.3	104.9
1998	5820	6169	3746	6190	103.6	103.0	98.8	102.5
1999	7022	7354	4836	7107	112.9	113.0	112.4	116.3
2000	7781	8146	5187	7846	110.3	110.2	106.7	109.9
2001	8730	9139	5746	8678	111.8	111.7	110.3	110.2
2002	10032	10578	6343	9537	116.5	117.4	112.0	111.5
2003	11189	11783	6919	10701	109.0	108.9	106.6	109.7
2004	12925	13576	7916	12527	111.4	111.1	110.3	112.9
2005	14707	15291	9041	14835	112.2	111.1	112.6	116.8
2006	16590	17152	10337	16882	110.9	110.3	112.4	111.9
2007	19911	20900	12443	19195	115.1	116.8	115.4	109.0
2008	24756	25730	15293	24320	118.2	117.0	116.8	120.4
2009	28383	29459	18467	27754	116.1	115.9	122.3	115.5
2010	32306	32830	22220	32916	110.7	108.4	117.0	115.4
2011	36166	36782	25196	36440	106.3	106.4	107.7	105.1
2012	38658	39177	28597	38822	106.6	106.3	112.3	106.3
2013	41501	39648	33057	43578	104.5	98.5	112.6	109.3
2014	45114	43351	36358	47004	106.9	107.5	108.1	106.1
2015	50921	52686	40637	49885	111.6	120.2	110.6	105.0
2016	55334	58761	43767	52925	107.1	109.9	106.1	104.5

注：1. 1994年实际工资指数是按可比口径计算的。2. 2012年为全部就业人员平均工资，指数是按可比口径计算的。

a) Indices of Real Wage was calculated on the basis of constant coverage in 1994.

b) Data in total wage bill since 2012 refer employed persons and the indices was calculated on the basis of constant coverage.

分行业城镇私营单位就业人员平均工资
Average Wage of Employed Persons in Urban Private Units by Sector

单位：元 (yuan)

行　业	Sector	2012	2013	2014	2015	2016
全省总计	**Total**	**25158**	**28135**	**31459**	**34084**	**36507**
农、林、牧、渔业	Agriculture, Forestry, Animal Husbandry and Fishery	22213	24198	27473	29148	31330
采矿业	Mining	25338	27096	31140	34986	35316
制造业	Manufacturing	25677	28983	32692	35035	37333
电力、热力、燃气及水生产和供应业	Production and Distribution of Electricity, Thermal, Gas and Water	24391	27760	30409	33009	35800
建筑业	Construction	26586	28852	31565	33813	36976
批发和零售业	Wholesale and Retail Trades	23034	25345	28033	31529	33440
交通运输、仓储和邮政业	Traffic, Transport, Storage and Post	28904	30108	34049	36950	39190
住宿和餐饮业	Hotels and Catering Services	23100	24783	27518	29791	33168
信息传输、软件和信息技术服务业	Information Transmission, Software and Information Technology Services	25719	27827	32033	34832	37335
金融业	Financial Intermediation	25611	29054	32544	34564	37756
房地产业	Real Estate	25891	29993	33914	36766	40386
租赁和商务服务业	Leasing and Business Services	23894	27953	31491	32821	34692
科学研究和技术服务业	Scientific Research and Technical Service	28733	31978	34841	37431	42141
水利、环境和公共设施管理业	Management of Water Conservancy, Environment and Public Facilities	21438	23851	27122	32871	36001
居民服务、修理和其他服务业	Services to Households, Repair and Other Services	21601	24149	27185	30928	33889
教　育	Education	22185	25815	29306	32964	35583
卫生和社会工作	Health and Social Work	25230	29717	30915	35435	40226
文化、体育和娱乐业	Culture, Sports and Entertainment	21939	23901	26507	30657	33065
公共管理、社会保障和社会组织	Public Management, Social Security and Social Organization	26803				

分细行业城镇非私营单位就业人员平均工资（2016年）

Average Wage of Staff and Workers in Urban Non Private Units by Sector in Detail (2016)

单位：元　(yuan)

项　目	Item	就业人员平均工资 Average Wage of Staff and Workers	国有单位 State-owned Units	城镇集体 Urban Collective-owned Units	其他单位 Units of Other Types of Ownership
全省总计	**Total**	**55334**	**58761**	**43767**	**52925**
按企业、事业、机关分	**Grouped by Enterprises, Institutions and Agencies**				
企　业	Enterprises	53107	56403	43927	52909
事　业	Institutions	60071	60378	43302	58984
机　关	Agencies & Organizations	56915	56919	42998	86311
民间非营利组织	Non profit organization	46140	80528		38487
其　他	Others	51848	50649	28497	54689
按国民经济行业分	**Grouped by Sector**				
农、林、牧、渔业	**Agriculture, Forestry, Animal Husbandry and Fishery**	**21876**	**21109**	**38969**	**35897**
农　业	Farming	10653	10552	35367	16566
林　业	Forestry	45785	46443	42062	12833
畜牧业	Animal Husbandry	30831	28183	26462	40304
渔　业	Fishery	63506	55545	64722	
农、林、牧、渔、服务业	Services in Support of Agriculture	48084	48961	24039	
采矿业	**Mining**	**55184**	**45956**	**32383**	**56457**
煤炭开采和洗选业	Mining and Washing of Coal	52360	47143	32788	53477
石油和天然气开采业	Extraction of Petroleum and Natural Gas	84129			84129
黑色金属矿采选业	Mining of Ferrous Metal Ores	47402	16333	22759	47463
有色金属矿采选业	Mining of Non-ferrous Metal Ores	62581	62581		
非金属矿采选业	Mining and Processing of Nonmetal Ores	47321	27897		50877
开采辅助活动	Support Activities for Mining	9600	9600		
其他采矿业	Mining of Others				
制造业	**Manufacturing**	**50970**	**54906**	**31055**	**51157**
农副食品加工业	Processing of Food from Agricultural Products	42915	36331	24459	43127
食品制造业	Manufacture of Foods	53267	29859	30282	53539
酒、饮料和精制茶制造业	Manufacture of Wine, Soft Drinks and Refined Tea	43302	22783		43432
烟草制品业	Manufacture of Tobacco	117424	336414		111582
纺织业	Manufacture of Textile	34312	25746	26729	34463
纺织服装、服饰业	Manufacture of Textile, Apparel	38637	83291	31927	38157
皮革、毛皮、羽毛及其制品和制鞋业	Manufacture of Leather, Fur, Feather and Its Products and Footware	38890		42521	38870
木材加工和木、竹、藤、棕、草制品业	Processing of Timbers, Manufacture of Wood, Bamboo, Rattan, Palm, and Straw Products	43619	11192	29124	46231
家具制造业	Manufacture of Furniture	41870		28641	42129
造纸和纸制品业	Manufacture of Paper and Paper Products	48156		48307	48132
印刷和记录媒介复制业	Printing, Reproduction of Recording Media	50061	51894	34799	50878
文教、工美、体育和娱乐用品制造业	Manufacture of Articles for Culture, Arts and Crafts, Education, Sport Activities and Entertainment Goods	40912		34559	40927
石油加工、炼焦和核燃料加工业	Processing of Petroleum, Coking, Processing of Nuclear Fuel	51650	64390	54551	51290
化学原料和化学制品制造业	Manufacture of Chemical Raw Material and Chemical Products	43886	55208	25925	43919
医药制造业	Manufacture of Medicines	43520	50927		43447
化学纤维制造业	Manufacture of Chemical Fiber	64456		33535	64719
橡胶和塑料制品业	Manufacture of Rubber and Plastic	43591	53183	31200	43642
非金属矿物制品业	Manufacture of Nonmetallic Mineral Products	41344	66546	22758	41111
黑色金属冶炼和压延加工业	Manufacture and Processing of Ferrous Metals	54092	65233	25848	54110

分细行业城镇非私营单位就业人员平均工资（2016年）（续一）
Average Wage of Staff and Workers in Urban Non Private Units by Sector in Detail (2016)

单位：元 (yuan)

项　　目	Item	就业人员平均工资 Average Wage of Staff and Workers	国有单位 State-owned Units	城镇集体 Urban Collectiveowned Units	其他单位 Units of Other Types of Ownership
金属制品业	Manufacture of Metal Products	43579	23161	32002	44384
通用设备制造业	Manufacture of General Purpose Machinery	45475	39237	18144	47266
专用设备制造业	Manufacture of Special Purpose Machinery	47745	62958	35020	48064
汽车制造业	Manufacture of Automotive	69810	48197	41371	70208
铁路、船舶、航空航天和其他运输设备制造业	Manufacture of Railroad, Marine, Aerospace and Other Transportation Equipment	67739	65747	29410	69819
电气机械和器材制造业	Manufacture of Electrical Machinery and Equipment	50073	50951	19060	50575
计算机、通信和其他电子设备制造	Manufacture of Computer, Communications and Other Electronic Equipment	51057	34321	14400	51223
仪器仪表制造业	Manufacture of Measuring Instrument	54946	61228	23489	53579
其他制造业	Manufacture of Others	46161	43500		46174
废弃资源综合利用业	Recycling and Disposal of Waste	54115			54115
金属制品、机械和设备修理业	Metal Products, Machinery and Equipment Repair	70672	80507	39695	59790
电力、热力、燃气及水生产和供应业	**Production and Distribution of Electricity, Thermal, Gas and Water**	**77162**	**63485**	**93816**	**92305**
电力、热力生产和供应业	Production and Supply of Electric Power and Heat Power	85310	67506	161308	107044
燃气生产和供应业	Production and Distribution of Gas	57125	54254	23000	57994
水的生产和供应业	Production and Distribution of Water	48881	46768	15588	51707
建　筑　业	**Construction**	**42662**	**47627**	**36765**	**42504**
房屋建筑业	Construction of Building	39503	40802	36473	39597
土木工程建筑业	Construction of Civil Engineering	51877	52374	43445	51818
建筑安装业	Architectural Installation	52571	39685	37753	53619
建筑装饰和其他建筑业	Architectural Decoration and Other Construction	41173	32194	33643	41776
批发和零售业	**Wholesale and Retail Trades**	**40256**	**57686**	**26112**	**38928**
批发业	Wholesale Trade	48406	77551	26159	42293
零售业	Retail Trade	36026	25864	26082	37492
交通运输、仓储和邮政业	**Traffic, Transport, Storage and Post**	**59527**	**62063**	**32479**	**57241**
铁路运输业	Transport Via Railway	83648	83777	39143	82499
道路运输业	Transport Via Road	43118	44871	30665	41839
水上运输业	Water Transport	97176	124878		96104
航空运输业	Air Transport	120298	180968		101353
管道运输业	Transport Via Pipeline	145692			145692
装卸搬运和运输代理业	Handling and Transportation Agency	50484	42574	38355	53268
仓　储　业	Storage	45942	52547	18148	39112
邮　政　业	Post	59731	63243		44416
住宿和餐饮业	**Hotels and Catering Services**	**34357**	**35127**	**28489**	**34151**
住宿业	Hotels	35393	34321	27328	36439
餐饮业	Catering Services	31866	40549	34280	30378
信息传输、软件和信息技术服务业	**Information Transmission, Software and Information Technology Services**	**109196**	**55672**	**38627**	**116674**
电信、广播电视和卫星传输服务	Telecommunications, Rradio and Television and Satellite Transmission ServicesServices	79081	57282	45468	82712
互联网和相关服务	Computer Services	62681	48972	34660	72770
软件和信息技术服务业	Software and Information Technology Services	215611	30546	21600	219288
金融业	**Financial Intermediation**	**75708**	**96750**	**83786**	**72759**
货币金融服务	Monetary and Financial Services	101729	97233	83814	106557
资本市场服务	Capital Market Services	206776	105319		216608

分细行业城镇非私营单位就业人员平均工资（2016年）（续二）

Average Wage of Staff and Workers in Urban Non Private Units by Sector in Detail (2016)

单位：元 (yuan)

项目	Item	就业人员平均工资 Average Wage of Staff and Workers	国有单位 State-owned Units	城镇集体 Urban Collective-owned Units	其他单位 Units of Other Types of Ownership
其他金融业	Other Financial Activities	83386	54218	76875	162448
房地产业	**Real Estate**	**46867**	**50764**	**29482**	**46718**
房地产开发经营	Development and Management of Real Estate	58361	53699		58476
物业管理	Estate Mnagement	32842	45356	44330	32038
房地产中介服务	Real Estate Agency Services	38854	42466	20428	39660
租赁和商务服务业	**Leasing and Business Services**	**39232**	**36932**	**34002**	**41078**
租赁业	Leasing	46648	23049	28800	47578
商务服务业	Business Services	39053	36971	34007	40830
科学研究和技术服务业	**Scientific Research and Technical Service**	**74020**	**73365**	**37135**	**75167**
研究和试验发展	Research and Experimental Development	102727	112336		54194
专业技术服务	Professional Technical Services	70619	64543	36573	76932
科技推广和应用服务业	Services of Science and Technology Promotion and Application	62864	66032	42472	58868
水利、环境和公共设施管理业	**Management of Water Conservancy, Environment and Public Facilities**	**40292**	**41051**	**20121**	**37525**
水利管理业	Management of Water Conservancy	54640	56041	30742	45938
生态保护和环境治理业	Ecological Protection and Environmental Management	52108	53774	27625	36892
公共设施管理业	Management of Public Facilities	36085	36438	16579	36211
居民服务、修理和其他服务业	**Services to Households, Repair and Other Services**	**35634**	**43616**	**24966**	**34083**
居民服务业	Services to Households	35185	46933	32040	32244
机动车、电子产品和日用产品修理业	Motor Vehicles, Electronics and Household Goods Repair	37914	33061	24353	45508
其他服务业	Other Services	35843	38742	22345	35489
教育	**Education**	**63967**	**64302**	**43074**	**43354**
#初等教育	Junior Education	59599	59647	61519	44561
中等教育	Secondary Education	63693	63802	47759	54960
高等教育	Senior Education	88433	90312		43383
卫生和社会工作	**Health and Social Work Welfare**	**58566**	**59607**	**44796**	**57662**
卫生	Health	58815	59845	44855	60024
社会工作	Social Work	48626	50291	26188	27734
文化、体育和娱乐业	**Culture, Sports and Entertainment**	**51507**	**52568**	**33898**	**48063**
新闻和出版业	Journalism and Publishing Activities	66523	66847	60369	65377
广播、电视、电影和影视录音制作业	Broadcasting, Televisions, Movies and Video Recording Production	49041	49529	39476	45269
文化艺术业	Cultural and Art Activities	50682	53000	31975	37792
体育	Sports Activities	57580	60676	21433	55956
娱乐业	Entertainment	31440	26538	22588	37649
公共管理、社会保障和社会组织	**Public Management, Social Security and Social Organization**	**56101**	**56115**	**43057**	**52848**
中国共产党机关	Organs of Communist Party of China	61520	61520		
国家机构	Government Agencies	55788	55799	44148	53047
人民政协和民主党派	People's Political Consultative Conference and Democratic Parties	68404	68404		
社会保障业	Social Security	56036	56036		
群众团体、社会团体和其他成员组织	Non-Governmental Organizations, Social Organizations and Religion Organizations	57496	57733	36978	50000

年末城镇登记失业人员及登记失业率
Registered Unemployed Persons and Unemployment Rate in Urban Area at End of Year

年 份 Year	登记失业人员 (万人) Registered Unemployed Persons (10000 persons)	登记失业率 (%) Registered Unemployment Rate (%)	年 份 Year	登记失业人员 (万人) Registered Unemployed Persons (10000 persons)	登记失业率 (%) Registered Unemployment Rate (%)
1978	32.10	6.70	1998	15.86	2.30
1979	9.80	2.10	1999	16.20	2.50
1980	8.10	1.70	2000	17.40	2.80
1981	7.44	1.50	2001	19.54	3.20
1982	6.33	1.20	2002	22.16	3.60
1983	6.70	1.30	2003	25.69	3.90
1984	5.19	1.00	2004	28.01	4.00
1985	3.60	0.60	2005	27.82	3.93
1986	3.23	0.50	2006	28.69	3.84
1987	3.21	0.50	2007	29.29	3.83
1988	4.13	0.60	2008	32.24	3.96
1989	7.28	1.10	2009	34.50	3.93
1990	7.67	1.10	2010	35.14	3.86
1991	6.05	0.90	2011	35.99	3.75
1992	18.38	2.50	2012	36.83	3.69
1993	14.71	2.00	2013	37.17	3.68
1994	16.45	2.30	2014	38.30	3.59
1995	17.48	2.50	2015	39.41	3.60
1996	15.64	2.40	2016	39.73	3.68
1997	15.53	2.30			

全社会固定资产投资
Total Investment in Fixed Assets

指　标	Item	2000	2005	2010	2015	2016
投资总额(亿元)	**Total Investment (100 million yuan)**	**1847.23**	**4210.25**	**15083.35**	**29448.27**	**31750.02**
按经济类型分	**Grouped by Ownership**					
国有经济	State-owned Units	827.66	1215.51	3759.75	5061.08	5105.09
集体经济	Collective-owned Units	507.68	786.87	1147.16	832.44	223.62
私营个体经济	Private and Self-employed Individual	310.58	712.71	4931.15	12331.48	14012.72
联营经济	Joint	9.34	22.65	23.45	45.61	6.81
股份制经济	Share-holding	89.21	1096.92	4395.18	8503.93	10338.46
港澳台商投资经济	Funds from Hong Kong, Macao and Taiwan	20.01	161.20	137.62	343.81	370.76
外商投资经济	Foreign Investment	38.97	106.89	254.71	250.33	459.11
其他经济	Others	5.90	107.51	434.33	2079.58	1233.47
按资金来源分	**Grouped by Sources of Funds**					
国家预算内投资	State Budget	65.34	102.72	373.47	1044.58	1260.40
国内贷款	Domestic Loans	321.19	569.35	2161.54	1922.80	1797.93
利用外资	Foreign Investment	36.79	84.73	87.79	42.66	31.60
自筹投资	Self-raising Funds	1185.43	3024.11	12331.82	24321.70	25518.32
其他投资	Others	238.48	449.86	1595.35	1776.71	2319.09
按构成分	**Grouped by Use of Funds**					
建筑安装工程	Construction and Installation	1145.57	2442.38	9581.66	20052.81	22386.89
设备工器具购置	Purchase of Equipment and Instruments	487.35	1280.11	3427.43	6299.31	6337.70
其他费用	Others	214.31	487.76	2074.27	3096.15	3025.42
按三次产业分	**Grouped by Three Strata of Industry**					
第一产业	Primary Industry	88.96	224.25	559.63	1499.01	1628.47
第二产业	Secondary Industry	784.34	1971.88	6630.57	14650.48	15763.20
第三产业	Tertiary Industry	973.93	2014.11	7893.16	13298.79	14358.35
房屋建筑面积(万平方米)	**Floor Space of Building (10000 sq.m)**					
施工面积	Floor Space under Construction	13473.63	18061.61	48769.16	57974.11	49121.09
竣工面积	Floor Space Completed	10512.58	11283.61	15945.18	19492.73	16221.34
#住宅	Residential Building	6842.97	6424.85	9156.42	9056.93	7024.81

注：1. 2003年及以后资金来源分组为财务拨款数。2. 自2011年起，固定资产投资统计起点由50万元提高到500万元，以下相关表同。3. 2012年起三次产业划分按新的产业标准，以下相关表同。

a) The data for 2003 and the later years,which are grouped by source of funds,refer to financial appropriation.b) Since 2011, the cut-off point has changed from 500000 yuan to 5 million yuan projects.The same applies to the tables following. c) Since 2012,three industry classification according to the new industry standard. The same applies to the tables following.

按经济类型分全社会固定资产投资（2016年）
Total Investment in Fixed Assets by Ownership (2016)

指　　标	Item	总 计 Total	国有经济 State-owned	集体经济 Collective-owned	私营个体 Private and Self-employed Individual	#农 户 Agricultural Households
投资总额(亿元)	**Total Investment (100 million yuan)**	**31750.02**	**5105.09**	**223.62**	**14012.72**	**409.95**
按隶属关系分	**by Administrative**					
中　央	Center	843.67	493.49	1.51	2.99	
地　方	Local	30906.35	4611.59	222.11	14009.72	409.95
按构成分	**by Use of Funds**					
建筑安装工程	Construction and Installation	22386.89	4017.36	166.50	9284.11	357.39
设备工器具购置	Purchase of Equipment and Instruments	6337.70	496.69	28.62	3540.23	42.78
其他费用	Others	3025.42	591.03	28.49	1188.38	9.78
按三次产业分	**by Three Strata of Industry**					
第一产业	Primary Industry	1628.47	281.05	9.92	726.72	88.70
第二产业	Primary Industry	15763.20	894.31	58.76	8870.60	4.39
第三产业	Primary Industry	14358.35	3929.73	154.94	4415.39	316.86
房屋建筑面积(万平方米)	**Floor Space of Building (10000 sq.m)**					
施工面积	Floor Space under Construction	49121.09	2554.25	121.39	23106.66	4362.89
竣工面积	Floor Space Completed	16221.34	1299.74	95.40	9709.75	3751.85
#住　宅	Residential Building	7024.81	250.24	53.76	4747.59	3279.62

指　　标	Item	联营经济 Joint Ownership Units	股份制经济 Share Holding Units	港澳台商投资经济 with Funds from Kong Macao and Taiwan	外　商投资经济 Foreign Funds Units	其他经济 Others
投资总额(亿元)	**Total Investment (100 million yuan)**	**6.81**	**10338.46**	**370.76**	**459.11**	**1233.47**
按隶属关系分	**by Administrative**					
中　央	Center	0.00	201.06	32.69	108.37	3.55
地　方	Local	6.81	10137.40	338.07	350.73	1229.92
按构成分	**by Use of Funds**					
建筑安装工程	Construction and Installation	5.95	7566.55	245.76	280.91	819.76
设备工器具购置	Purchase of Equipment and Instruments	0.75	1819.43	80.93	163.26	207.79
其他费用	Others	0.11	952.48	44.06	14.93	205.92
按三次产业分	**by Three Strata of Industry**					
第一产业	Primary Industry	0.54	277.78	7.45	2.70	322.32
第二产业	Primary Industry	6.27	4858.03	241.75	330.92	502.55
第三产业	Primary Industry	0.00	5202.64	121.56	125.49	408.60
房屋建筑面积(万平方米)	**Floor Space of Building (10000 sq.m)**					
施工面积	Floor Space under Construction	5.38	21951.33	535.51	199.83	646.74
竣工面积	Floor Space Completed	5.38	4489.15	144.83	68.60	408.50
#住　宅	Residential Building	2.00	1833.94	97.04	18.94	21.30

分行业全社会固定资产投资（2016年）

Total Investment in Fixed Assets by Sector (2016)

单位：万元 (10000 yuan)

行业	Sector	全社会投资总额 Total Investment	固定资产投资 Investment in Fixed Assets	农户 Agricultural Households
全省总计	**Total**	**317500152**	**313400673**	**4099479**
农、林、牧、渔业	Agriculture, Forestry, Animal Husbandry and Fishery	17752837	16865844	886993
采矿业	Mining	4423669	4423669	
制造业	Manufacturing	134507529	134488851	18678
电力、热力、燃气及水生产和供应业	Production and Distribution of Electricity, Thermal, Gas and Water	18897829	18897623	206
建筑业	Construction	95422	70373	25049
批发和零售业	Wholesale and Retail Trades	8577588	8516700	60888
交通运输、仓储和邮政业	Traffic, Transport, Storage and Post	20952517	20812837	139680
住宿和餐饮业	Hotels and Catering Services	1861404	1856458	4946
信息传输、软件和信息技术服务业	Information Transmission, Software and Information Technology Services	2390975	2390975	
金融业	Financial Intermediation	930820	930820	
房地产业	Real Estate	57649061	54697123	2951938
租赁和商务服务业	Leasing and Business Services	5010612	5009584	1028
科学研究和技术服务业	Scientific Research and Technical Service	3517956	3517956	
水利、环境和公共设施管理业	Management of Water Conservancy, Environment and Public Facilities	27059102	27059102	
居民服务、修理和其他服务业	Services to Households, Repair and Other Services	949509	939437	10072
教育	Education	3252926	3252926	
卫生和社会工作	Health and Social Work	3164234	3164234	
文化、体育和娱乐业	Culture, Sports and Entertainment	4616958	4616958	
公共管理、社会保障和社会组织	Public Management, Social Security and Social Organization	1889203	1889203	

固定资产投资主要指标
Major Indicators of Investment in Fixed Assets

单位：万元 (10000 yuan)

指　　标	Item	2013	2014	2015	2016
投资总额	**Total Investment**	**226297693**	**261471985**	**289057383**	**313400673**
# 住宅	Residential Buildings	28059308	32343422	35417514	36697725
按控股情况分	**Grouped by Share-holding**				
国有控股	State Holdings	44299823	47453600	58425679	67916742
集体控股	Collective Holdings	14663273	13770142	10442040	5354452
私人控股	Private Holdings	141880916	167345828	183233541	193797333
港澳台控股	Hong Kong, Macao and Taiwan Holdings	1282951	1680339	1819979	2647084
外商控股	Foreign Holdings	3196241	2768693	1202681	2535475
其他	Others	20974489	28453383	33933463	41149587
按隶属关系分	**Grouped by Jurisdiction of Management**				
中央	Central Investment	11228374	8330629	9311034	8436673
地方	Local Investment	215069319	253141356	279746349	304964000
按构成分	**Grouped by Use of Funds**				
建筑工程	Construction	128491986	149160639	165984600	185259862
安装工程	Installation	19246883	23598231	29974946	35035153
设备工器具购置	Purchase of Equipment and Instruments	53117458	57898915	62215541	62949291
其他费用	Others	25441366	30814200	30882296	30156367
按建设性质分	**Grouped by Type of Construction**				
新建	New Construction	102298000	159217623	133118035	148293286
扩建	Expansion	42743304	43638977	43736217	44850382
改建和技术改造	Reconstruction and Technical Transformation	35491501	46105041	56245939	64510299
单纯建造生活设施	Simple Transformation of Living Facilities	541584	1595662	2438511	878256
迁建	Relocation	8067294	8249673	7245237	4673384
恢复	Recovery	301119	157358	128604	227703
单纯购置	Purchase	2400736	2507651	3292130	3011030
按产业分	**Grouped by Three Strata of Industry**				
第一产业	Primary Industry	7127095	10404858	14092759	15397745
第二产业	Secondary Industry	110071534	130443932	146493799	157588029
第三产业	Tertiary Industry	109099064	120623195	128470825	140414899
按经济类型分	**Grouped by Ownership**				
国有经济	State-Owned Units	36851611	40542978	50610775	51050867
集体经济	Collective-Owned Units	13102389	11918907	8324447	2236155
私营个体	Private and Self-employed Individual	85116549	106959175	117889473	136027683
联营经济	Joint	308771	159759	456074	68081
股份制经济	Share-holding	72630442	78520595	85039296	103384565
港澳台投资	Funds from Hong Kong, Macao & Taiwan	2161895	2656885	3438140	3707553
外商投资	Foreign Investment	3899776	3382704	2503346	4591052
其他	Others	12226260	17330982	20795832	12334717

固定资产投资主要指标(续)
Major Indicators of Investment in Fixed Assets

单位：万元 (10000 yuan)

指　标	Item	2013	2014	2015	2016
按登记注册类型分	**Grouped by Registration Status**				
内资	Domestic	219878914	255127637	281964815	304102472
国有	State-owned	34701498	37437109	46741822	42958994
集体	Collective-owned	10910214	10157943	6762040	1747370
股份合作	Cooperative	2117785	1675456	1484203	481285
联营企业	Joint	766396	574902	1109095	120901
有限责任公司	Limited Liability	62349354	68311022	74495757	100644223
股份有限公司	Share-holding	12047966	12985807	13837675	10786895
私营	Private	84759441	106654416	116738391	135028087
其他	Others	12226260	17330982	20795832	12334717
港澳台商投资	Funds from Hong Kong, Macao & Taiwan	2161895	2656885	3438140	3707553
外商投资	Foreign Funded	3899776	3382704	2503346	4591052
个体经营	Individuals Economy	357108	304759	1151082	999596
按资金来源分	**Grouped by Sources of Funds**				
本年资金来源合计	Subtotal of Sources of Funds This Year	228673201	257967563	285659162	305289039
国家预算内资金	State Budget	5590375	6847366	10445791	12603970
国内贷款	Domestic Loans	15485234	18811925	18730193	17685641
债券	Bonds	11960	111877	36030	116381
利用外资	Foreign Investment	888241	1048625	426603	316024
自筹资金	Self-raising Funds	187871579	212477993	238534021	251683880
其他资金	Others	18825812	18669777	17486524	22883143
新增固定资产	**Newly Increased Fixed Assets**	**175377286**	**173806985**	**224069378**	**223857816**
房屋建筑面积(万平方米)	**Floor Space of Building (10000 sq.m)**				
施工面积	Floor Space under Construction	72773.45	61197.74	52677.29	44758.19
#住宅	Residential Buildings	26143.23	26553.66	25692.30	24508.48
竣工面积	Floor Space Completed	12142.86	12007.71	14883.63	12469.48
#住宅	Residential Buildings	4483.87	3970.61	4304.77	3745.19
施工项目个数(个)	**Number of Projects under Construction (unit)**	**20395**	**19149**	**20613**	**23995**
#本年新开工	Started This Year	13127	13050	15150	19234
本年投产项目个数(个)	**Number of Projects under Construction This Year (unit)**	**14433**	**13830**	**16226**	**18396**

国有单位固定资产投资
Investment in Fixed Assets of State-owned Units

年 份 Year	投资总额 (亿元) Total Investment (100 million yuan)	建设项目 投 资 Investment in Construction	#国家预算内投资 State Budgetary Appropriation	房地产开发 Real Estate Development
1978	36.69	36.69	23.69	
1980	36.17	36.17	18.57	
1985	62.64	62.64	15.10	
1986	76.28	76.28	18.02	
1987	86.36	86.36	18.43	
1988	111.35	111.35	17.10	
1989	101.25	101.25	14.89	
1990	110.98	107.10	12.24	3.88
1991	127.97	122.50	11.81	5.47
1992	200.39	189.07	12.78	11.32
1993	295.29	275.86	15.60	19.43
1994	336.16	312.78	12.61	23.38
1995	415.61	390.19	14.59	25.42
1996	506.07	481.50	15.24	24.57
1997	640.71	613.80	17.70	26.91
1998	725.85	690.17	23.02	35.68
1999	823.18	779.26	34.31	43.93
2000	827.66	783.90	32.04	43.76
2001	773.63	720.13	50.87	53.49
2002	720.51	672.66	26.09	47.85
2003	829.12	788.81	35.45	40.31
2004	1020.93	998.21	57.44	22.72
2005	1174.13	1158.78	77.54	15.35
2006	1396.12	1378.50	105.65	17.62
2007	1570.30	1551.49	101.68	18.81
2008	1729.24	1697.79	173.36	31.45
2009	2933.03	2888.36	367.92	44.67
2010	3759.75	3702.29	341.38	57.46
2011	3177.50	3126.00	339.59	51.50
2012	3279.01	3228.42	418.41	50.59
2013	3685.16	3614.21	499.49	70.95
2014	4054.30	4007.89	603.58	46.41
2015	5061.08	5026.27	1006.18	34.81
2016	6791.67	6556.94	1260.40	234.73

注：国有建设项目2004年及以前包括国有基本建设项目、国有更新改造项目和国有其他固定资产投资项目。2005年及以后为城镇国有建设项目。国家预算内投资2004年及以前为国有基本建设项目。

a) In 2004 and earlier,the construction projects invested by the state-owned units, can be classified as fundamental construction projects,projects of replacement and technical transformation, and projects of other fixed asset investment. In 2005, the construction projects invested by the state-owned units onot include the projects in the rural areas. The projects invested by the state budgetary appropriation in 2004 and earlier, refer to the fundamental construction projects invested by the state-owned units.

分行业固定资产投资

Investment in Fixed Assets by Sector

单位：万元 (10000 yuan)

指　标	Item	2014	2015	2016
全省总计	**Total**	**261471985**	**289057383**	**313400673**
农、林、牧、渔业	**Agriculture, Forestry, Animal Husbandry and Fishery**	**11209457**	**15101056**	**16865844**
农　业	Farming	4805936	7276246	9150794
林　业	Forestry	818240	1016799	920511
畜牧业	Animal Husbandry	4430381	5421749	4920558
渔　业	Fishery	350301	377965	405882
农、林、牧、渔服务业	Services in Support of Agriculture	804599	1008297	1468099
采矿业	**Mining**	**6598438**	**5615747**	**4423669**
煤炭开采和洗选业	Mining and Washing of Coal	1271253	1118508	513142
石油和天然气开采业	Extraction of Petroleum and Natural Gas	406972	336402	307078
黑色金属矿采选业	Mining of Ferrous Metal Ores	3331877	2846321	2664501
有色金属矿采选业	Mining of Non-ferrous Metal Ores	433429	389941	353632
非金属矿采选业	Mining and Processing of Nonmetal Ores	1042707	896171	537427
开采辅助活动	Support Activities for Mining	112200	20946	28629
其他采矿业	Mining of Others		7458	19260
制造业	**Manufacturing**	**114201621**	**125787501**	**134488851**
农副食品加工业	Processing of Food from Agricultural Products	5924042	6055137	5885232
食品制造业	Manufacture of Foods	2374019	3169462	4062955
酒、饮料和精制茶制造业	Manufacture of Wine, Soft Drinks and Refined Tea	2265853	2102264	2133272
烟草制品业	Manufacture of Tobacco	76770	31906	24734
纺织业	Manufacture of Textile	4246289	4542561	4892395
纺织服装、服饰业	Manufacture of Textile, Apparel	1265445	1693471	1742506
皮革、毛皮、羽毛及其制品和制鞋业	Manufacture of Leather, Fur, Feather and Its Products and Footware	2305618	2398469	2373718
木材加工和木、竹、藤、棕、草制品业	Processing of Timbers, Manufacture of Wood, Bamboo, Rattan, Palm, and Straw Products	1905690	2001039	2273190
家具制造业	Manufacture of Furniture	2165188	2889145	3054097
造纸和纸制品业	Manufacture of Paper and Paper Products	1886657	1744315	2017076
印刷和记录媒介复制业	Printing, Reproduction of Recording Media	808567	1115842	1297090
文教、工美、体育和娱乐用品制造业	Manufacture of Articles for Culture, Arts and Crafts, Education, Sport Activities and Entertainment Goods	1290536	2129340	2141211
石油加工、炼焦和核燃料加工业	Processing of Petroleum, Coking, Processing of Nuclear Fuel	2501334	1704046	2787971
化学原料和化学制品制造业	Manufacture of Chemical Raw Material and Chemical Products	7701784	9618464	9510880
医药制造业	Manufacture of Medicines	3134949	3962262	4619140
化学纤维制造业	Manufacture of Chemical Fiber	578527	650239	1083314
橡胶和塑料制品业	Manufacture of Rubber and Plastic	5553568	6540602	6792120
非金属矿物制品业	Manufacture of Nonmetallic Mineral Products	11700761	12603758	12554023
黑色金属冶炼和压延加工业	Manufacture and Processing of Ferrous Metals	7591235	7448997	8627004
有色金属冶炼和压延加工业	Manufacture & Processing of Non-ferrous Metals	1474508	1421631	1382416
金属制品业	Manufacture of Metal Products	8994052	9278331	12252885
通用设备制造业	Manufacture of General Purpose Machinery	10653833	12567176	12190418
专用设备制造业	Manufacture of Special Purpose Machinery	10113173	10787031	9256324

分行业固定资产投资（续一）
Investment in Fixed Assets by Sector

单位：万元 (10000 yuan)

指　标	Item	2014	2015	2016
汽车制造业	Manufacture of Automotive	4369427	5034809	6556872
铁路、船舶、航空航天和其他运输设备制造业	Manufacture of Railroad, Marine, Aerospace and Other Transportation Equipment	1946669	1977984	1864784
电气机械和器材制造业	Manufacture of Electrical Machinery and Equipment	6663613	6486023	7322835
计算机、通信和其他电子设备制造业	Manufacture of Computer, Communications and Other Electronic Equipment	1578533	2715625	2451630
仪器仪表制造业	Manufacture of Measuring Instrument	569658	474959	719970
其他制造业	Manufacture of Others	802779	1120138	1225285
废弃资源综合利用业	Recycling and Disposal of Waste	1157610	1146436	1129646
金属制品、机械和设备修理业	Metal Products, Machinery and Equipment Repair	600934	376039	263858
电力、热力、燃气及水生产和供应业	**Production and Distribution of Electricity, Thermal, Gas and Water**	**10302531**	**15286885**	**18897623**
电力、热力生产和供应业	Production and Supply of Electric Power and Heat Power	7555450	11046888	14762273
燃气生产和供应业	Production and Distribution of Gas	1221381	2219345	2160668
水的生产和供应业	Production and Distribution of Water	1525700	2020652	1974682
建　筑　业	**Construction**	**54476**	**200651**	**70373**
房屋建筑业	Construction of Building	23097	52575	24391
土木工程建筑业	Construction of Civil Engineering	26399	87913	1095
建筑安装业	Architectural Installation		18848	
建筑装饰和其他建筑业	Architectural Decoration and Other Construction	4980	41315	44887
批发和零售业	**Wholesale and Retail Trades**	**8758853**	**9674032**	**8516700**
批发业	Wholesale Trade	4514500	4807422	4774589
零售业	Retail Trade	4244353	4866610	3742111
交通运输、仓储和邮政业	**Traffic, Transport, Storage and Post**	**20246312**	**20357253**	**20812837**
铁路运输业	Transport Via Railway	1153580	1185315	1266074
道路运输业	Transport Via Road	10166676	9894296	10598433
水上运输业	Water Transport	2329295	1667158	795998
航空运输业	Air Transport	542377	188610	375864
管道运输业	Transport Via Pipeline	111977	24949	25785
装卸搬运和运输代理业	Handling and Transportation Agency	938581	701959	535690
仓 储 业	Storage	4999826	6627226	7130593
邮 政 业	Post	4000	67740	84400
住宿和餐饮业	**Hotels and Catering Services**	**2425397**	**2215106**	**1856458**
住宿业	Hotels	1929262	1615751	1511828
餐饮业	Catering Services	496135	599355	344630
信息传输、软件和信息技术服务业	**Information Transmission, Software and Information Technology Services**	**1334650**	**1471735**	**2390975**
电信、广播电视和卫星传输服务	Telecommunications, Rradio and Television and Satellite Transmission Services	975623	775906	892261
互联网和相关服务	Computer Services	43927	64023	179006
软件和信息技术服务业	Software and Information Technology Services	315100	631806	1319708
金融业	**Financial Intermediation**	**259445**	**478744**	**930820**
货币金融服务	Monetary and Financial Services	194183	274905	278463
资本市场服务	Capital Market Services	30305	138852	574527
保险业	Insurance			
其他金融业	Other Financial Activities	34957	64987	77830

分行业固定资产投资(续二)
Investment in Fixed Assets by Sector

单位：万元 (10000 yuan)

指　　标	Item	2014	2015	2016
房地产业	**Real Estate**	**51242790**	**52878373**	**54697123**
房地产业	Real Estate	51242790	52878373	54697123
租赁和商务服务业	**Leasing and Business Services**	**3203634**	**4169174**	**5009584**
租赁业	Leasing	91824	59261	87665
商务服务业	Business Services	3111810	4109913	4921919
科学研究和技术服务业	**Scientific Research and Technical Service**	**2076172**	**1856467**	**3517956**
研究和试验发展	Research and Experimental Development	619129	364743	532282
专业技术服务业	Professional Technical Services	901314	760602	697951
科技推广和应用服务业	Services of Science and Technology Promotion and Application	555729	731122	2287723
水利、环境和公共设施管理业	**Management of Water Conservancy, Environment and Public Facilities**	**18658695**	**22192142**	**27059102**
水利管理业	Management of Water Conservancy	2980433	3248310	2693259
生态保护和环境治理业	Ecological Protection and Environmental Management	410649	766688	1048253
公共设施管理业	Management of Public Facilities	15267613	18177144	23317590
居民服务、修理和其他服务业	**Services to Households, Repair and Other Services**	**567749**	**871726**	**939437**
居民服务业	Services to Households	247323	375334	520326
机动车、电子产品和日用产品修理业	Motor Vehicles, Electronics and Household Goods Repair	166253	241710	191665
其他服务业	Other Services	154173	254682	227446
教　育	**Education**	**2545545**	**2603236**	**3252926**
卫生和社会工作	**Health and Social Work Welfare**	**2316689**	**2614479**	**3164234**
卫　生	Health	1700516	1668317	1900344
社会工作	Social Work	616173	**946162**	1263890
文化、体育和娱乐业	**Culture, Sports and Entertainment**	**3628442**	**4615290**	**4616958**
新闻和出版业	Journalism and Publishing Activities	37831	290960	133808
广播、电视、电影和影视录音制作业	Broadcasting, Televisions, Movies and Video Recording Production	125441	83921	184088
文化艺术业	Cultural and Art Activities	1715640	2060920	1969573
体　育	Sports Activities	580781	778796	961640
娱乐业	Entertainment	1168749	1400693	1367849
公共管理、社会保障和社会组织	**Public Management, Social Security and Social Organization**	**1841089**	**1067786**	**1889203**
中国共产党机关	Organs of Communist Party of China	13196	2150	
国家机构	Government Agencies	738797	423445	878695
人民政协和民主党派	People's Political Consultative Conference and Democratic Parties	7638		
社会保障业	Social Security	27522	31707	30544
群众团体、社会团体和其他成员组织	Non-Governmental Organizations, Social Organizations and Religion Organizations	219976	39244	174375
基层群众自治组织	Grass Roots Self-governing Organizations	833960	571240	805589

建设项目分行业固定资产投资（2016年）

单位：万元

行业	Item	投资总额 Total
全省总计	**Total**	**266444340**
农、林、牧、渔业	**Agriculture, Forestry, Animal Husbandry and Fishery**	**16865844**
农业	Farming	9150794
林业	Forestry	920511
畜牧业	Animal Husbandry	4920558
渔业	Fishery	405882
农、林、牧、渔服务业	Services in Support of Agriculture	1468099
采矿业	**Mining**	**4423669**
煤炭开采和洗选业	Mining and Washing of Coal	513142
石油和天然气开采业	Extraction of Petroleum and Natural Gas	307078
黑色金属矿采选业	Mining of Ferrous Metal Ores	2664501
有色金属矿采选业	Mining of Non-ferrous Metal Ores	353632
非金属矿采选业	Mining and Processing of Nonmetal Ores	537427
开采辅助活动	Support Activities for Mining	28629
其他采矿业	Mining of Others	19260
制造业	**Manufacturing**	**134488851**
农副食品加工业	Processing of Food from Agricultural Products	5885232
食品制造业	Manufacture of Foods	4062955
酒、饮料和精制茶制造业	Manufacture of Wine, Soft Drinks and Refined Tea	2133272
烟草制品业	Manufacture of Tobacco	24734
纺织业	Manufacture of Textile	4892395
纺织服装、服饰业	Manufacture of Textile, Apparel	1742506
皮革、毛皮、羽毛及其制品和制鞋业	Manufacture of Leather, Fur, Feather and Its Products and Footware and Its Products and Footware	2373718
木材加工和木、竹、藤、棕、草制品业	Processing of Timbers, Manufacture of Wood, Bamboo, Rattan, Palm and Straw Products	2273190
家具制造业	Manufacture of Furniture	3054097
造纸和纸制品业	Manufacture of Paper and Paper Products	2017076
印刷和记录媒介复制业	Printing, Reproduction of Recording Media	1297090
文教、工美、体育和娱乐用品制造业	Manufacture of Articles for Culture, Arts and Crafts, Education, Sport Activities and Entertainment Goods	2141211
石油加工、炼焦和核燃料加工业	Processing of Petroleum, Coking, Processing of Nuclear Fuel	2787971
化学原料和化学制品制造业	Manufacture of Chemical Raw Material and Chemical Products	9510880
医药制造业	Manufacture of Medicines	4619140
化学纤维制造业	Manufacture of Chemical Fiber	1083314
橡胶和塑料制品业	Manufacture of Rubber and Plastic	6792120
非金属矿物制品业	Manufacture of Nonmetallic Mineral Products	12554023
黑色金属冶炼和压延加工业	Manufacture and Processing of Ferrous Metals	8627004
有色金属冶炼和压延加工业	Manufacture & Processing of Non-ferrous Metals	1382416
金属制品业	Manufacture of Metal Products	12252885
通用设备制造业	Manufacture of General Purpose Machinery	12190418

Investment in Capital Construction Projects by Sector (2016)

(10000 yuan)

按建设性质分 by Type of Construction			按构成分 by Composition of Funds		
# 新 建 New Construction	# 扩 建 Expansion	# 改建和技术改造 Reconstruction	# 建筑工程 Construction	# 安装工程 Installation	# 设备工器具购置 Purchase of Equipment and Instruments
148293286	**44850382**	**64510299**	**149998287**	**29837754**	**61845781**
14527030	**1665482**	**574034**	**9933945**	**1916777**	**2430983**
8053445	727791	304659	5405833	1077702	1157961
821032	34750	42745	455047	129619	121014
4071117	707703	133755	2891025	547517	889911
306592	38924	56880	274262	43314	64696
1274844	156314	35995	907778	118625	197401
1016771	**1012928**	**2260110**	**2516960**	**635621**	**1002337**
132033	10920	236329	303405	76571	83611
25114	276994	4970	267089	5637	10186
594944	462776	1606781	1518596	385732	646888
26020	161356	166256	130836	87671	101875
206017	100037	231373	265613	76213	152216
26743	845	1041	20771	3097	3661
5900		13360	10650	700	3900
44369471	**33027081**	**51320286**	**65826643**	**15350980**	**43352211**
2184280	1595786	1986487	3136398	723491	1655152
928088	1275073	1419307	2215786	356161	1153553
724857	669255	448730	1193344	192307	533943
		24734	9000	905	4829
944993	1766361	2123867	2031029	375317	1838257
481264	463427	737155	901476	172135	492539
921422	882324	560960	1071443	421051	777938
1013557	545370	596651	1088496	228005	816517
1083049	783215	1042741	1771278	247454	855775
740662	436102	717826	848174	415608	594794
355501	333818	515133	730054	91344	402709
725516	792504	593375	1129249	288016	541883
494883	1169299	1006132	1555251	367714	771249
3378383	1751410	4137300	4479547	1470269	2914428
1358673	1243670	1811797	2581446	499194	1160037
460193	319922	299549	487477	106505	379751
2238926	1740528	2580821	3225411	766470	2310278
4627592	2344425	5078295	5587327	1528219	4275825
2175620	1563260	4545102	3741721	1038138	3425011
374705	318345	576296	714290	170764	376098
4123523	2326549	5184248	6551500	1317586	3774983
3787151	3491245	4714257	5555260	1364906	4039970

建设项目分行业固定资产投资（2016年）（续一）

单位：万元

行　　业	Item	投资总额 Total
专用设备制造业	Manufacture of Special Purpose Machinery	9256324
汽车制造业	Manufacture of Automotive	6556872
铁路、船舶、航空航天和其他运输设备制造业	Manufacture of Railroad, Marine, Aerospace and Other Transportation Equipment	1864784
电气机械和器材制造业	Manufacture of Electrical Machinery and Equipment	7322835
计算机、通信和其他电子设备制造	Manufacture of Computer, Communications and Other Electronic Equipment	2451630
仪器仪表制造业	Manufacture of Measuring Instrument	719970
其他制造业	Manufacture of Others	1225285
废弃资源综合利用业	Recycling and Disposal of Waste	1129646
金属制品、机械和设备修理业	Metal Products, Machinery and Equipment Repair	263858
电力、热力、燃气及水生产和供应业	**Production and Distribution of Electricity, Thermal, Gas and Water**	**18897623**
电力、热力生产和供应业	Production and Supply of Electric Power and Heat Power	14762273
燃气生产和供应业	Production and Distribution of Gas	2160668
水的生产和供应业	Production and Distribution of Water	1974682
建　筑　业	**Construction**	**70373**
房屋建筑业	Construction of Building	24391
土木工程建筑业	Construction of Civil Engineering	1095
建筑安装业	Architectural Installation	
建筑装饰和其他建筑业	Architectural Decoration and Other Construction	44887
批发和零售业	**Wholesale and Retail Trades**	**8516700**
批发业	Wholesale Trade	4774589
零售业	Retail Trade	3742111
交通运输、仓储和邮政业	**Traffic, Transport, Storage and Post**	**20812837**
铁路运输业	Transport Via Railway	1266074
道路运输业	Transport Via Road	10598433
水上运输业	Water Transport	795998
航空运输业	Air Transport	375864
管道运输业	Transport Via Pipeline	25785
装卸搬运和运输代理业	Handling and Transportation Agency	535690
仓　储　业	Storage	7130593
邮　政　业	Post	84400
住宿和餐饮业	**Hotels and Catering Services**	**1856458**
住宿业	Hotels	1511828
餐饮业	Catering Services	344630
信息传输、软件和信息技术服务业	**Information Transmission, Software and Information Technology Services**	**2390975**
电信、广播电视和卫星传输服务	Telecommunications, Radio and Television and Satellite Transmission Services	892261
互联网和相关服务	Computer Services	179006
软件和信息技术服务业	Software and Information Technology Services	1319708

Investment in Capital Construction Projects by Sector (2016)

(10000 yuan)

按建设性质分 by Type of Construction			按构成分 by Composition of Funds		
# 新 建 New Construction	# 扩 建 Expansion	# 改建和技术改造 Reconstruction	# 建筑工程 Construction	# 安装工程 Installation	# 设备工器具购置 Purchase of Equipment and Instruments
3020279	2259292	3495731	4446304	905900	3182558
2290612	1931132	1816539	2993990	720050	2489478
797095	350009	667241	1104013	216769	415034
2627974	1817166	2411180	3573762	722997	2497553
1174833	409917	715076	1258276	269753	741887
272455	81827	358691	564046	18774	109163
511673	233236	465523	542279	204707	403888
444610	95514	572922	600105	107927	343339
107102	37100	116620	138911	42544	73792
12435322	**1940520**	**4089627**	**7996822**	**3751216**	**5821704**
9958985	1212871	3324414	5536429	3142309	4952069
1193799	498533	337634	1103156	392259	590349
1282538	229116	427579	1357237	216648	279286
9395	**56778**	**4200**	**63773**		**3000**
8300	16091		24391		
1095			1095		
	40687	4200	38287		3000
6616095	**890205**	**864071**	**5843229**	**1033866**	**938202**
3704342	453014	515213	3464380	497208	475208
2911753	437191	348858	2378849	536658	462994
17130034	**1605096**	**1703453**	**15019196**	**1053368**	**2050964**
905482	352274	8300	762642	30083	5049
8288253	720246	1233589	8219534	255190	718747
775530	6090	11727	395265	59596	312512
375864			174090		1275
21085			16250	2420	6000
436990	40420	58280	384003	19322	53167
6247280	481216	391557	4983012	686757	954214
79550	4850		84400		
1660170	**81260**	**92467**	**1256450**	**245684**	**150054**
1382456	67750	44061	1055534	189704	125415
277714	13510	48406	200916	55980	24639
2112910	**80292**	**26090**	**706865**	**411319**	**1166771**
862961	6300	23000	24824	193421	662840
179006			138847	33590	3921
1070943	73992	3090	543194	184308	500010

建设项目分行业固定资产投资（2016年）(续二)

单位：万元

行业	Item	投资总额 Total
金融业	**Financial Intermediation**	**930820**
货币金融服务	Monetary and Financial Services	278463
资本市场服务	Capital Market Services	574527
保险业	Insurance	
其他金融业	Other Financial Activities	77830
房地产业	**Real Estate**	**7740790**
房地产业	Real Estate	7740790
租赁和商务服务业	**Leasing and Business Services**	**5009584**
租赁业	Leasing	87665
商务服务业	Business Services	4921919
科学研究和技术服务业	**Scientific Research and Technical Service**	**3517956**
研究和试验发展	Research and Experimental Development	532282
专业技术服务业	Professional Technical Services	697951
科技推广和应用服务业	Services of Science and Technology Promotion and Application	2287723
水利、环境和公共设施管理业	**Management of Water Conservancy, Environment and Public Facilities**	**27059102**
水利管理业	Management of Water Conservancy	2693259
生态保护和环境治理业	Ecological Protection and Environmental Management	1048253
公共设施管理业	Management of Public Facilities	23317590
居民服务、修理和其他服务业	**Services to Households, Repair and Other Services**	**939437**
居民服务业	Services to Households	520326
机动车、电子产品和日用产品修理业	Motor Vehicles, Electronics and Household Goods Repair	191665
其他服务业	Other Services	227446
教　育	**Education**	**3252926**
卫生和社会工作	**Health and Social Work**	**3164234**
卫　生	Health	1900344
社会工作	Social Work	1263890
文化、体育和娱乐业	**Culture, Sports and Entertainment**	**4616958**
新闻和出版业	Journalism and Publishing Activities	133808
广播、电视、电影和影视录音制作业	Broadcasting, Televisions, Movies and Video Recording Production	184088
文化艺术业	Cultural and Art Activities	1969573
体　育	Sports Activities	961640
娱乐业	Entertainment	1367849
公共管理、社会保障和社会组织	**Public Management, Social Security and Social Organization**	**1889203**
中国共产党机关	Organs of Communist Party of China	
国家机构	Government Agencies	878695
人民政协和民主党派	People's Political Consultative Conference and Democratic Parties	
社会保障业	Social Security	30544
群众团体、社会团体和其他成员组织	Non-Governmental Organizations, Social Organizations and Religion Organizations	174375
基层群众自治组织	Grass Roots Self-governing Organizations	805589

Investment in Capital Construction Projects by Sector (2016)

(10000 yuan)

按建设性质分 by Type of Construction			按构成分 by Composition of Funds		
# 新 建 New Construction	# 扩 建 Expansion	# 改建和技术改造 Reconstruction	# 建筑工程 Construction	# 安装工程 Installation	# 设备工器具购置 Purchase of Equipment and Instruments
680226	**57386**	**140883**	**601211**	**122637**	**128703**
178989	40536	6613	163356	15158	92605
423957	16300	134270	365045	103659	35948
77280	550		72810	3820	150
6614979	**614983**	**236021**	**5502795**	**806764**	**291430**
6614979	614983	236021	5502795	806764	291430
4131487	**367012**	**361838**	**3282826**	**628347**	**514103**
12700	6919	54551	31711	3992	51327
4118787	360093	307287	3251115	624355	462776
2764860	**486534**	**64060**	**2063261**	**439658**	**596834**
481596	21850	24977	308875	58913	109519
466963	13360	18985	282400	67528	213297
1816301	451324	20098	1471986	313217	274018
22884108	**1794160**	**1911787**	**19489964**	**2308290**	**1813936**
2368301	181789	116250	2022991	205109	123760
715093	127553	155158	740246	125123	125478
19800714	1484818	1640379	16726727	1978058	1564698
716627	**106312**	**93841**	**479542**	**96743**	**205586**
368172	89583	51371	302243	50897	121540
172406	12179	1200	116502	19013	33044
176049	4550	41270	60797	26833	51002
2503633	**448286**	**147326**	**2820372**	**151046**	**151272**
2597697	**209337**	**117085**	**2181947**	**241369**	**488421**
1408889	190856	72894	1328733	144829	272117
1188808	18481	44191	853214	96540	216304
4027762	**263535**	**294269**	**3097864**	**439695**	**571190**
119252			80630	14966	18856
135685	21120	16516	77540	49546	37779
1578510	184516	205038	1410342	157815	221410
937411	9240	14989	641641	101213	82054
1256904	48659	57726	887711	116155	211091
1494709	**143195**	**208851**	**1314622**	**204374**	**168080**
733300	67103	50594	659034	57262	89502
30544			19498	281	235
24203	6775	138197	67198	55501	18251
706662	69317	20060	568892	91330	60092

建设项目固定资产投资
Investment in Capital Construction Projects

指　　标	Item	2005	2010	2015	2016
投资总额(万元)	**Total Investment (10000 yuan)**	**29162424**	**106577218**	**246204673**	**266444340**
#住 宅	Residential Building	1663112	3873234	3792040	1942895
按隶属关系分	**Grouped by Administrative**				
中 央	Center	2887335	6640686	8958460	7930640
地 方	Local	26275089	99936532	237246213	258513700
按登记注册类型分	**Grouped by Registration Status**				
内 资	Domestic Funds	26716506	103000354	240114647	258233633
国 有	State-Owned Units	11587793	34314490	46669108	51050867
集 体	Collective-Owned Units	1561956	7023016	6762040	2236155
股份合作	Share-holding	304639	573538	1484203	464832
联 营	Joint	353189	464811	1109095	120901
有限责任公司	Limited Liability Corporations	6397604	24391887	50429515	75190712
股份有限公司	Share-Holding Corporations Ltd	2877198	7431767	12103836	9055946
私 营	Private	2573060	25931178	100801196	116635750
其 他	Others	1061067	2869667	20755654	12156381
港、澳、台商投资企业	Funds from Hong Kong, Macao and Taiwan	1408006	1176032	2631700	2829140
外商投资	Foreign Funded Economic	968896	2096145	2307244	4381971
个体经营	Individuals Economy	69016	304687	1151082	999596
按项目规模分	**Grouped by Size of Construction**				
亿元及以上项目投资	100 Million Yuan and Above	15680028	67964939	168198867	194503287
亿元以下项目投资	Below 100 Million Yuan	13482396	38612279	78005806	71941053
按主要行业分	**Grouped by Major Sector**				
能源工业	Energy	4172805	8824555	16425189	17649680
交通运输	Transport	3424134	12335402	13662287	13597844
教 育	Education	943136	1440222	2603236	3252926
科学研究	Scientific Research	289895	178202	364743	532282
按资金来源分	**Grouped by Sources of Funds**				
国家预算内资金	State Budget	793625	3645328	10445791	12603970
国内贷款	Domestic Loans	3962294	18106874	14163242	13124651
债 券	Bonds	21182	277716	36030	116381
利用外资	Foreign Investment	748327	698683	403465	298926
自筹资金	Self-raising Funds	21557079	87741740	207542882	219438981
其他资金	Others	2069081	5037911	6401008	8682483
本年新增固定资产(万元)	**Newly Increased Fixed Assets (10000 yuan)**	**18048126**	**69975813**	**206183010**	**206407811**
固定资产交付使用率(%)	**Rate of Prefects of Fixed Assets Completed Put into Operation (%)**	**61.9**	**65.7**	**83.7**	**77.5**
房屋建筑面积(万平方米)	**Floor Space of Building (10000 sq.m)**				
施工面积	Floor Space under Construction	6434.17	18843.15	22242.53	14281.42
#住 宅	Residential Building	1946.22	3300.93	2017.92	1101.29
竣工面积	Floor Space Completed	2989.18	5579.50	10844.32	8181.70
#住 宅	Residential Building	840.44	999.16	1077.86	392.58
竣工房屋价值(万元)	Value of building Completed (10000 yuan)	2941091	8908280		
#住 宅	Residential Building	751139	1702311		

注：2011年以前建设项目投资为城镇建设项目，2011年起为城镇建设项目和农村非农户建设项目投资，以下有关各表同。

a) Data prior to 2011 include investment in capital construction projects in urban areas only. Nevertheless, data for 2011 include in investment in capital construction projects in both rural areas and urban areas. The same applies to the tables following.

建设项目新增主要产品生产能力（2016年）
Newly Increased Production Capacity through Capital Construction Projects (2016)

能力(效益)名称	Item	新增生产能力 Ewly Increased Production Capacity
原煤开采(万吨/年)	Coal Mining (10000 tons/year)	40
天然原油开采(万吨/年)	Crude Oil (10000 tons/year)	32.97
铁矿开采(原矿)(万吨/年)	Crude Iron Ore Mining (10000 tons/year)	1431.97
钢材(万吨/年)	Steel(10000 tons/year)	10528.5
铜冶炼(吨/年)	Copper Smelting(10000 tons/year)	26000
铅冶炼(吨/年)	Lead Smelting (ton/year)	152000
铝加工材(吨/年)	Aluminum Processing Materials (tons / year)	221000
火力发电(万千瓦)	Thermal Power Generation (10000 kilowatt)	365
风力发电(万千瓦)	Wind Power(10000 kilowatt)	49.55
太阳能发电(万千瓦)	Solar Power(10000 kilowatt)	304.63
其他发电(万千瓦)	Other Power Generation (10000 kilowatt)	136.2
输电线路长度(110千伏及以上)(公里)	Power Transmission Line (110KV and Above, km)	1473.98
水泥(万吨/年)	Cement (10000 ton/year)	510
氮肥(吨/年)	Nitrogen Fertilizer(tons/year)	80000
塑料树脂及共聚物(吨/年)	Plastic Resin and Polymer (ton/year)	66560
合成橡胶(吨/年)	Synthetic Rubber (ton/year)	3500
轮胎外胎(万条/年)	Tyre Cover (10000 items/year)	379
轮胎内胎(万条/年)	Tire Inner Tube (million / year)	40
其他汽车制造(辆/年)	Other Automobile Manufacturing (vehicles / year)	4405
摩托车整车制造(辆/年)	Motorcycle Manufacturing (vehicle / year)	50000
化学纤维(吨/年)	Chemical Fiber (ton/year)	31000
棉纺锭(锭)	Cotton Textile Spindle (unit)	1110231
毛纺锭(锭)	Wool Textile Spindle (unit)	63600
啤酒(万吨/年)	Beer(10000 tons/year)	14.9
白酒(万吨/年)	Chinese Liquor (10000 tons/year)	2.1
其他酒(万吨/年)	Other Liquor (10000 tons/year)	1.02
机制纸浆(万吨/年)	Mechanical Pulp (10000 tons/year)	2
房间空气调节器	Room Air Conditioner	11.8
电气化铁路里程(公里)	Electrified Railway Mileage (km)	524.73
新建公路(公里)	Newly- Built Highway (km)	815.02
#高速公路	Expressway	272.5
一级公路	First-class Highway	11.98
二级公路	Second-class Highway	101.18
改建公路(公里)	Rebuilt Highway (km)	1612.78
#一级公路	First-class Highway	192.81
二级公路	Second-class Highway	926.54
新建独立公路桥梁(延长米)	Length of Newly-built Independent Highway Bridge (m)	7414.4
(座)	(unit)	40
新(扩)建公路客、货运站(个)	Newly-built or Extended Passenger Station and Freight Station for Highway (unit)	1
(平方米)	(m^2)	1000
城市自来水供水能力(万吨/日)	Tap Water Supply Capacity (10000 tons/day)	1093.98
城市污水处理能力(万吨/日)	Sewage Treatment Capacity of Urban Areas (10000 tons/day)	3874.06
电视机(万部/年)	TV (10000 / year)	60
城市污水处理能力(万吨/日)	Sewage Treatment Capacity of Urban Areas (10000 tons/day)	30

分行业建设项目施工、投产个数和新增固定资产（2016年）

行业	Item	施工项目个数（个）Number of Projects under Construction (unit)
全省总计	**Total**	**23995**
农、林、牧、渔业	**Agriculture, Forestry, Animal Husbandry and Fishery**	**2571**
农业	Farming	1292
林业	Forestry	167
畜牧业	Animal Husbandry	827
渔业	Fishery	53
农、林、牧、渔服务业	Services in Support of Agriculture	232
采矿业	**Mining**	**384**
煤炭开采和洗选业	Mining and Washing of Coal	57
石油和天然气开采业	Extraction of Petroleum and Natural Gas	5
黑色金属矿采选业	Mining of Ferrous Metal Ores	191
有色金属矿采选业	Mining of Non-ferrous Metal Ores	25
非金属矿采选业	Mining and Processing of Nonmetal Ores	96
开采辅助活动	Support Activities for Mining	5
其他采矿业	Mining of Others	5
制造业	**Manufacturing**	**12830**
农副食品加工业	Processing of Food from Agricultural Products	677
食品制造业	Manufacture of Foods	362
酒、饮料和精制茶制造业	Manufacture of Wine, Soft Drinks and Refined Tea	151
烟草制品业	Manufacture of Tobacco	2
纺织业	Manufacture of Textile	736
纺织服装、服饰业	Manufacture of Textile, Apparel	226
皮革、毛皮、羽毛及其制品和制鞋业	Manufacture of Leather, Fur, Feather and Its Products and Footware and Its Products and Footware	331
木材加工和木、竹、藤、棕、草制品业	Processing of Timbers, Manufacture of Wood, Bamboo, Rattan, Palm, and Straw Products	198
家具制造业	Manufacture of Furniture	349
造纸和纸制品业	Manufacture of Paper and Paper Products	210
印刷和记录媒介复制业	Printing, Reproduction of Recording Media	165
文教、工美、体育和娱乐用品制造业	Manufacture of Articles for Culture, Arts and Crafts, Education, Sport Activities and Entertainment Goods	286
石油加工、炼焦和核燃料加工业	Processing of Petroleum, Coking, Processing of Nuclear Fuel	135
化学原料和化学制品制造业	Manufacture of Chemical Raw Material and Chemical Products	786
医药制造业	Manufacture of Medicines	210
化学纤维制造业	Manufacture of Chemical Fiber	56
橡胶和塑料制品业	Manufacture of Rubber and Plastic	765
非金属矿物制品业	Manufacture of Nonmetallic Mineral Products	1495
黑色金属冶炼和压延加工业	Manufacture and Processing of Ferrous Metals	540
有色金属冶炼和压延加工业	Manufacture & Processing of Non-ferrous Metals	157
金属制品业	Manufacture of Metal Products	1173
通用设备制造业	Manufacture of General Purpose Machinery	1315

Number of Capital Construction Projects under Construction and Put into Use and Newly Increased Fixed Assets by Sector (2016)

本年投产项目个数 (个) Completed Projects (unit)	建设项目投产率 (%) Rate of Construction Projects Completed and Put into Use (%)	本年完成投资 (万元) Investment Completed This year (10000 yuan)	本年新增固定资产 (万元) Newly Increased Fixed Assets (10000 yuan)	固定资产交付使用率 (%) Rate of Projects of Fixed Assets Completed and Put into Use (%)
12414	**51.7**	**266444340**	**207262110**	**77.8**
1670	**65.0**	**16865844**	**13724451**	**81.4**
826	63.9	9150794	7351721	80.3
115	68.9	920511	826048	89.7
555	67.1	4920558	4169799	84.7
21	39.6	405882	365660	90.1
153	65.9	1468099	1011223	68.9
211	**54.9**	**4423669**	**4485867**	**101.4**
32	56.1	513142	386608	75.3
2	40.0	307078	254287	82.8
96	50.3	2664501	2551771	95.8
11	44.0	353632	774471	219.0
62	64.6	537427	472882	88.0
3	60.0	28629	27588	96.4
5	100.0	19260	18260	94.8
6559	**51.1**	**134488851**	**108585504**	**80.7**
339	50.1	5885232	4781603	81.2
169	46.7	4062955	3260934	80.3
56	37.1	2133272	1273782	59.7
		24734	5734	23.2
472	64.1	4892395	4129778	84.4
116	51.3	1742506	1528849	87.7
224	67.7	2373718	1780965	75.0
88	44.4	2273190	1854833	81.6
186	53.3	3054097	2573422	84.3
116	55.2	2017076	1657032	82.2
108	65.5	1297090	965808	74.5
174	60.8	2141211	1672920	78.1
54	40.0	2787971	2018162	72.4
354	45.0	9510880	6956728	73.1
42	20.0	4619140	3931473	85.1
24	42.9	1083314	861828	79.6
434	56.7	6792120	5715233	84.1
829	55.5	12554023	10867775	86.6
212	39.3	8627004	7788815	90.3
102	65.0	1382416	1091977	79.0
535	45.6	12252885	9900911	80.8
750	57.0	12190418	10239988	84.0

分行业建设项目施工、投产个数和新增固定资产 (2016年)(续一)

行　业	Item	施工项目个数(个) Number of Projects under Construction (unit)
专用设备制造业	Manufacture of Special Purpose Machinery	815
汽车制造业	Manufacture of Automotive	411
铁路、船舶、航空航天和其他运输设备制造业	Manufacture of Railroad, Marine, Aerospace and Other Transportation Equipment	138
电气机械和器材制造业	Manufacture of Electrical Machinery and Equipment	670
计算机、通信和其他电子设备制造	Manufacture of Computer, Communications and Other Electronic Equipment	159
仪器仪表制造业	Manufacture of Measuring Instrument	62
其他制造业	Manufacture of Others	155
废弃资源综合利用业	Recycling and Disposal of Waste	81
金属制品、机械和设备修理业	Metal Products, Machinery and Equipment Repair	14
电力、热力、燃气及水生产和供应业	**Production and Distribution of Electricity, Thermal, Gas and Water**	**889**
电力、热力生产和供应业	Production and Supply of Electric Power and Heat Power	548
燃气生产和供应业	Production and Distribution of Gas	139
水的生产和供应业	Production and Distribution of Water	202
建　筑　业	**Construction**	**8**
房屋建筑业	Construction of Building	4
土木工程建筑业	Construction of Civil Engineering	1
建筑安装业	Architectural Installation	
建筑装饰和其他建筑业	Architectural Decoration and Other Construction	3
批发和零售业	**Wholesale and Retail Trades**	**691**
批发业	Wholesale Trade	335
零售业	Retail Trade	356
交通运输、仓储和邮政业	**Traffic, Transport, Storage and Post**	**1286**
铁路运输业	Transport Via Railway	14
道路运输业	Transport Via Road	815
水上运输业	Water Transport	24
航空运输业	Air Transport	1
管道运输业	Transport Via Pipeline	4
装卸搬运和运输代理业	Handling and Transportation Agency	42
仓 储 业	Storage	383
邮 政 业	Post	3
住宿和餐饮业	**Hotels and Catering Services**	**175**
住宿业	Hotels	113
餐饮业	Catering Services	62
信息传输、软件和信息技术服务业	**Information Transmission, Software and Information Technology Services**	**64**
电信、广播电视和卫星传输服务	Telecommunications, Radio and Television and Satellite Transmission Services	8
互联网和相关服务	Computer Services	14

Number of Capital Construction Projects under Construction and Put into Use and Newly Increased Fixed Assets by Sector (2016)

本年投产项目个数 (个) Completed Projects (unit)	建设项目投产率 (%) Rate of Construction Projects Completed and Put into Use (%)	本年完成投资 (万元) Investment Completed This year (10000 yuan)	本年新增固定资产 (万元) Newly Increased Fixed Assets (10000 yuan)	固定资产交付使用率 (%) Rate of Projects of Fixed Assets Completed and Put into Use (%)
406	49.80	9256324	6941812	75.0
171	41.60	6556872	4357781	66.5
65	47.10	1864784	1605095	86.1
325	48.50	7322835	5760255	78.7
52	32.70	2451630	1821047	74.3
24	38.70	719970	533994	74.2
88	56.80	1225285	1082187	88.3
37	45.70	1129646	1312670	116.2
7	50.00	263858	312113	118.3
243	**27.30**	**18897623**	**12733382**	**67.4**
117	21.40	14762273	9251963	62.7
57	41.00	2160668	1784062	82.6
69	34.20	1974682	1697357	86.0
3	**37.50**	**70373**	**73168**	**104.0**
1	25.00	24391	28885	118.4
1	100.00	1095	1095	100.0
1	33.30	44887	43188	96.2
357	**51.70**	**8516700**	**6759411**	**79.4**
173	51.60	4774589	3875592	81.2
184	51.70	3742111	2883819	77.1
590	**45.90**	**20812837**	**17435496**	**83.8**
2	14.30	1266074	580053	45.8
414	50.80	10598433	10227971	96.5
5	20.80	795998	642256	80.7
		375864		
3	75.00	25785	25785	100.0
12	28.60	535690	374310	69.9
153	39.90	7130593	5580271	78.3
1	33.30	84400	4850	5.7
90	**51.40**	**1856458**	**1516932**	**81.7**
45	39.80	1511828	1280289	84.7
45	72.60	344630	236643	68.7
22	**34.40**	**2390975**	**1535540**	**64.2**
6	75.00	892261	892661	100.0
4	28.60	179006	136429	76.2

分行业建设项目施工、投产个数和新增固定资产（2016年）(续二)

行　业	Item	施工项目个数(个) Number of Projects under Construction (unit)
软件和信息技术服务业	Software and Information Technology Services	42
金融业	**Financial Intermediation**	**34**
货币金融服务	Monetary and Financial Services	17
资本市场服务	Capital Market Services	14
保险业	Insurance	
其他金融业	Other Financial Activities	3
房地产业	**Real Estate**	**472**
房地产业	Real Estate	472
租赁和商务服务业	**Leasing and Business Services**	**334**
租赁业	Leasing	8
商务服务业	Business Services	326
科学研究和技术服务业	**Scientific Research and Technical Service**	**209**
研究和试验发展	Research and Experimental Development	40
专业技术服务业	Professional Technical Services	57
科技推广和应用服务业	Services of Science and Technology Promotion and Application	112
水利、环境和公共设施管理业	**Management of Water Conservancy, Environment and Public Facilities**	**2548**
水利管理业	Management of Water Conservancy	326
生态保护和环境治理业	Ecological Protection and Environmental Management	145
公共设施管理业	Management of Public Facilities	2077
居民服务、修理和其他服务业	**Services to Households, Repair and Other Services**	**147**
居民服务业	Services to Households	78
机动车、电子产品 和日用产品修理业	Motor Vehicles, Electronics and Household Goods Repair	38
其他服务业	Other Services	31
教　育	**Education**	**458**
卫生和社会工作	**Health and Social Work**	**267**
卫　生	Health	186
社会工作	Social Work	81
文化、体育和娱乐业	**Culture, Sports and Entertainment**	**228**
新闻和出版业	Journalism and Publishing Activities	3
广播、电视、电影和影视录音制作业	Broadcasting, Televisions, Movies and Video Recording Production	14
文化艺术业	Cultural and Art Activities	96
体　育	Sports Activities	51
娱乐业	Entertainment	64
公共管理、社会保障和社会组织	**Public Management, Social Security and Social Organization**	**400**
中国共产党机关	Organs of Communist Party of China	
国家机构	Government Agencies	153
人民政协和民主党派	People's Political Consultative Conference and Democratic Parties	
社会保障业	Social Security	6
群众团体、社会团体和其他成员组织	Non-Governmental Organizations, Social Organizations and Religion Organizations	12
基层群众自治组织	Grass Roots Self-governing Organizations	229

Number of Capital Construction Projects under Construction and Put into Use and Newly Increased Fixed Assets by Sector (2016)

本年投产项目个数（个） Completed Projects (unit)	建设项目投产率（%） Rate of Construction Projects Completed and Put into Use (%)	本年完成投资（万元） Investment Completed This year (10000 yuan)	本年新增固定资产（万元） Newly Increased Fixed Assets (10000 yuan)	固定资产交付使用率（%） Rate of Projects of Fixed Assets Completed and Put into Use (%)
12	28.60	1319708	506450	38.4
14	**41.20**	**930820**	**621668**	**66.8**
12	70.60	278463	269095	96.6
1	7.10	574527	333243	58.0
1	33.30	77830	19330	24.8
232	**49.20**	**7740790**	**5027812**	**65.0**
232	49.20	7740790	5027812	65.0
165	**49.40**	**5009584**	**2878996**	**57.5**
5	62.50	87665	28894	33.0
160	49.10	4921919	2850102	57.9
58	**27.80**	**3517956**	**2709854**	**77.0**
14	35.00	532282	669919	125.9
21	36.80	697951	686786	98.4
23	20.50	2287723	1353149	59.1
1350	**53.00**	**27059102**	**19859966**	**73.4**
175	53.70	2693259	2172009	80.6
80	55.20	1048253	619671	59.1
1095	52.70	23317590	17068286	73.2
98	**66.70**	**939437**	**720091**	**76.7**
55	70.50	520326	365942	70.3
25	65.80	191665	167060	87.2
18	58.10	227446	187089	82.3
283	**61.80**	**3252926**	**2695599**	**82.9**
124	**46.40**	**3164234**	**1895389**	**59.9**
89	47.80	1900344	1131520	59.5
35	43.20	1263890	763869	60.4
82	**36.00**	**4616958**	**2420456**	**52.4**
		133808	14556	10.9
5	35.70	184088	112769	61.3
32	33.30	1969573	886934	45.0
23	45.10	961640	790627	82.2
22	34.40	1367849	615570	45.0
263	**65.80**	**1889203**	**1582528**	**83.8**
69	45.10	878695	720122	82.0
5	83.30	30544	20214	66.2
7	58.30	174375	97364	55.8
182	79.50	805589	744828	92.5

农村个人固定资产投资和建房

Individual Investment in Fixed Assets and Building Construction in Rural Areas

年份 Year	投资总额 (万元) Total Investment (10000 yuan)	竣工房屋投资 (万元) Investment in Buildings Completed (10000 yuan)	#住宅 Residential Building	竣工房屋建筑面积 (万平方米) Floor Space of Building Completed (10000 sq.m)	#住宅 Residential Building	竣工房屋造价 (元/平方米) Cost of Building Completed (yuan/sq.m)	#住宅 Residential Building
1985	298000	195642	182533	4501	4180	44	44
1986	359822	260767	245397	5210	4920	50	50
1987	398281	291036	273402	4814	4519	61	61
1988	499057	369514	319109	4556	3962	81	81
1989	541861	409349	349993	4172	3569	98	98
1990	429344	300279	294392	2657	2605	113	113
1991	766958	582594	550727	5206	4996	112	110
1992	546134	401504	375097	3599	3493	112	107
1993	630000	475398	428400	3087	2898	154	148
1994	939969	569168	438813	2357	1915	190	182
1995	1327776	763276	633945	2742	2301	278	275
1996	1435517	803518	650362	2690	1959	299	332
1997	1905761	1101954	929314	3210	2716	343	342
1998	1924263	1358974	1358974	3475	3475	391	391
1999	1756132	1418346	1163256	3887	3613	365	322
2000	1916841	1613181	1178865	4370	4044	369	292
2001	2086309	1321156	1370608	3978	3892	332	352
2002	2050000	1174363	1110486	3693	3402	318	326
2003	1994491	1203077	1100113	3660	3348	329	329
2004	2166460	1187529	1092411	3424	3146	347	347
2005	2374485	1250815	1197039	3879	3588	322	334
2006	2935796	1697233	1607621	3945	3700	430	434
2007	3219779	2222333	2039699	4385	3990	507	511
2008	3956398	2223572	2106120	4014	3683	554	572
2009	3934497	2627023	2404306	4450	4134	590	582
2010	4608235	3244877	3002363	4815	4703	674	638
2011	6090686	3538588	3237756	5180	4640	683	698
2012	5566535	3846906	3474366	4547	4458	846	779
2013	5644603	4146015	3852843	4502	4039	921	954
2014	5247229	4235542	3938773	4437	4032	955	977
2015	5425323	3821126	3514325	4752	4159	804	845
2016	4099479	3233756	2810430	3752	3280	862	857

总投资50亿元以上建设项目主要经济指标（2016年）

Major Economic Indicators of Investment Over 5 Billion under Construction (2016)

单位：万元 (10000 yuan)

建设单位及建设项目 Unit Names	计划总投资 Total Investment Planed	累计完成投资 Accumulative Investment Actually Completed	#本年完成 This Year	累计新增固定资产 Accumulative Newly Increased Fixed Assets
石家庄乐城创意国际贸易城开发有限公司石家庄国际贸易城	3500000	528460	158758	
石家庄市交通运输局石家庄至冀晋界公路	809000	899220	296330	296330
石家庄钢铁有限责任公司环保搬迁产品升级改造	1108255	139503	139503	
石家庄市鹿泉区交通运输局南绕城高速公路工程	1197300	101000	101000	
石家庄雨润农产品全球采购有限公司雨润农产品全球采购中心项目	1020900	517407	94541	
河北浙友机电设备制造有限公司河北浙商机电生产基地项目	629167	179953	128653	170100
中车石家庄车辆有限公司南车石家庄轨道运输装备和工程机械产业园	583730	445076	108866	
河北透海山旅游开发有限公司透海山野主题旅游度假区	521000	67900	67900	
河北静港投资管理有限公司河北静港投资管理有限公司冶河生态谷开发	500000	37660	37660	
石家庄中博汽车有限公司石家庄中博汽车有限公司技术改造汽车生产项目	563800	208700	60000	
河北嘉门贤集投资有限公司中国孔雀湖国际旅游度假区	513600	144284	112247	
河北远鹏物流有限公司亿博基业冀中南国际物流智港	520000	94315	88058	
无极卡森实业有限公司高档皮革系列制品	620000	238874	86481	
无极卡森建材装饰城有限公司卡森绿色家居北方基地	811373	73153	60480	
河北元禾农业科技有限公司封龙山万亩生态种植基地项目	500000	219497	107748	
河北山田房地产开发有限公司中国元氏历史文化城	576600	499873	97498	
石家庄市轨道交通有限责任公司石家庄市轨道交通1号线	1889168	1252610	312936	
石家庄市轨道交通有限责任公司石家庄市轨道交通3号线一期工程	1539603	485544	174695	
石家庄市轨道交通有限责任公司石家庄市轨道交通2号线一期工程	1232746	49778	35134	
石家庄高新建设投资有限公司石家庄高新区郄马镇整体改造项目	950000	65500	65500	
石家庄高新建设投资有限公司石家庄高新区韩通村和八方村棚户区改造项目	661350	52000	52000	
东旭集团有限公司光电显示玻璃基板及装备制造产业化项目	615000	397074	99100	
唐山陡河青龙河开发建设投资有限责任公司陡河青龙河防洪排涝综合整治工程	744000	112005	112005	
唐山渤海钢铁有限公司联合重组暨城市钢厂搬改造项目	3363000	286200	177200	177200
恒泰(唐山)国际物流股份有限公司恒泰(唐山)云商产业城	1053598	356460	185460	29000
河北龙成煤综合利用有限公司煤清洁高效综合利用技术改造项目	598628	718353	161129	161129
国泰纸业(唐山曹妃甸)有限公司年产170万吨包装纸板和特种纸板工程	1000000	1068320	213600	213600
唐山唐曹铁路有限责任公司新建唐山至曹妃甸铁路工程	933883	453974	182304	
唐山市大学城开发建设有限公司河北联合大学新校园建设工程	610229	646236	207300	500000
华润电力曹妃甸电厂二期2*1000MW 超超临界燃煤发电机组工程	758100	327972	320972	
首钢京唐钢铁联合有限责任公司首钢京唐公司钢铁厂	6572800	6802439	106107	
首钢京唐钢铁联合有限责任公司首钢京唐钢铁联合有限责任公司二期工程项目	4069165	67300	67300	
唐山曹妃甸振鹏新能源汽车制造有限公司年产4亿锂离子电池项目	613855	419000	419000	419000
河北曹妃甸汉能光伏有限公司600MW 铜铟镓硒薄膜太阳能电池项目	557837	668700	48900	557837
河北华电曹妃甸储运有限公司唐山港曹妃甸港区煤码头三期工程	513399	615469	87790	
唐山滦州重型工程机械制造有限公司先进机械及水泥成套设备制造项目	2001480	639800	132910	132910
唐山滦州古镇置业有限公司滦州古城文化旅游整体开发建设项目	1100000	723670	75169	
河北钢铁集团矿业有限公司马城铁矿采选项目	1909030	359980	153990	153990
乐亭建投风能有限公司唐山乐亭菩提岛海上风电场300兆瓦示范工程	584452	39400	5800	5800
唐山联东金运投资有限公司联东U 谷唐山产业园	566472	77916	77916	
唐山港集团股份有限公司唐山港京唐港区36号至40号煤炭泊位工程	559377	559377	253961	253961

总投资50亿元以上建设项目主要经济指标（2016年）(续一)

Major Economic Indicators of Investment Over 5 Billion under Construction (2016)

单位：万元 (10000 yuan)

建设单位及建设项目 Unit Names	计划总投资 Total Investment Planed	累计完成投资 Accumulative Investment Actually Completed	#本年完成 This Year	累计新增固定资产 Accumulative Newly Increased Fixed Assets
唐山中上昱德投资有限公司京东皇家文化旅游创意体验基地	1420400	148090	45000	
迁安北商国际泵阀产业园投资有限公司北商国际泵阀产业园项目	500000	428620	203729	197290
迁安市瑞腾投资有限公司滦河迁安市段河道综合治理工程	1212982	982315	126055	571248
河北省首钢迁安钢铁有限责任公司首钢迁钢公司冷轧项目	1400000	1049540	39127	
华耀城(邯郸)实业有限公司邯郸华耀城商贸项目	750223	114440	114440	
邯郸市交通局邯郸市交通局邯大高速公路建设.	802308	795200		
邯郸市峰峰鑫宝新材料科技有限公司812新材料项目	585780	292400	161300	161300
冀中能源峰峰集团有限公司冀中能源峰峰集团棚户区改造	681684	553909	89279	
河北永洋特钢集团有限公司产业重组、退城搬迁装备升级项目	751700	296482	198232	296482
永年县广府古城文化旅游开发有限公司广府古城保护整治与旅游开发项目	550000	549410	79060	
河北邯钢冷轧薄板有限公司年产30万吨冷轧及200万吨钢材后延加工项目	518000	480700	133000	
戴克电器有限公司电器产业园项目	500200	474310	82750	
临漳县文物旅游局邺北城考古遗址公园	650720	99800	99800	
河北洁神新能源科技有限公司年产12亿A H 氧化锂铁磷电池生产线	526430	405250	139194	
邯郸市魏晋文化旅游开发有限公司魏晋文化旅游创意产业区项目	590000	119966	36766	
新兴铸管股份有限公司30万吨高端无缝钢管项目	540000	342670	58200	
万浩投资控股有限公司冀南电子商务产业园项目	524717	49600	49600	
河北太行钢铁集团有限公司重组搬迁改造项目	1826000	468662	342462	342462
武安市新峰水泥有限责任公司煤制天然气综合利用项目	1999694	563480	247445	247445
河北众旺缘旅游开发有限公司河北武安禅文化高新农业旅游项目	750000	76660	76660	76660
冀中能源邢台矿业集团邢台矿区采煤沉陷区治理项目金牛阳光苑工程	708885	38682	38682	
河北迈普润光学物流运营有限公司年产氟化钙、氟化镁等化学晶体产品25000吨	622437	22931	22931	
保定市交通运输局荣乌高速保定段	1028603	1080000	153461	153461
河北保通物流有限公司京都国际物流商贸中心	1300000	232981	51903	
涞水中诚房地产开发有限责任公司涞水垒子水库旅游综合开发项目	523200	120950		
中国电子科技集团公司电子科学研究院中国电科电子科技园建设项目	1278700	58240	58240	
阜平县鑫润嘉工程服务有限公司阜平县阜东产业园区基础设施建设项目	537929	157802	82261	
保定河工科技园投资有限公司河北工业大学国家大学科技园	600000	316219	130665	
河北康城建设集团有限公司河北实甫文化创意产业示范园	605490	543690	128230	
涞源县水务局涞源县滨湖新区旅游综合开发项目	520000	518950	25000	
涞源白石山旅游开发有限公司大白石山旅游开发项目	526000	526000	47700	526000
易县京涞商贸有限公司保定朝阳国际物流商贸城项目	851424	176856	98345	
保定市民生房地产开发有限公司保定朝阳养老健康产业城项目	550000	406359	63470	
涿州市城市投资发展有限公司涿州培训保障基地项目	620038	204069	188069	
河北戍兴投资有限公司中国登山训练基地建设项目	678821	229617	141395	
张家口通运建设有限责任公司京张奥物流产业基地项目	1000000	100000	100000	
河北蔚州能源综合开发有限公司河北大唐电厂上大压小新建工程	572638	340332	129402	129402
还原降解新材料张家口有限公司还原新材料项目	600000	224414	145384	
张家口名郡鑫泰旅游开发有限责任公司新建京北葡萄酒主体旅游文化产业园项目	1500000	53146	53146	
涿鹿合符发展建设投资有限公司涿鹿县一河两城项目	1798400	437123	55141	
涿鹿县博达建设开发投资有限责任公司涿鹿博达公司高层次人才创业园项目	2000000	440694	75143	75143

总投资50亿元以上建设项目主要经济指标（2016年）(续二)

Major Economic Indicators of Investment Over 5 Billion under Construction (2016)

单位：万元 (10000 yuan)

建设单位及建设项目 Unit Names	计划总投资 Total Investment Planed	累计完成投资 Accumulative Investment Actually Completed	#本年完成 This Year	累计新增固定资产 Accumulative Newly Increased Fixed Assets
富龙达沃斯崇礼置业有限公司崇礼四季小镇旅游	1000000	153063	69705	
张家口崇礼太舞旅游度假有限公司崇礼太舞四季文化旅游度假区	501100	244842	80300	
崇礼山水旅游房地产开发有限公司崇礼翠云山国际旅游度假区项目	500825	407201	77203	
二秦高速公路张家口管理处二连浩特至秦皇岛高速公路康保至沽源段	698500	521399	80482	
京新高速公路张家口管理处河北胶泥湾至西洋河公路	649347	208505	59505	
京张城际铁路有限公司新建北京至张家口铁路	1770000	439555	439555	
河北省高速公路张承承德段筹建处承张高速公路	2582004	2582004	304004	2582004
承德市双滦区海建房地产开发有限公司皇家奥林匹亚体育文化休闲产业园	1033325	350550	21500	
承德钛通冶金有限公司承德钛通冶金有限公司尾矿砂综合治理	580000	580000	114929	578923
河北丰宁抽水蓄能有限公司河北丰宁抽水蓄能电站	994687	286850	109015	
河北丰宁抽水蓄能有限公司河北丰宁抽水蓄能电站二期工程	874963	41299	41299	
中核燃料沧州有限公司核燃料产业园	3650000	387000	325100	325100
北京现代汽车有限公司技术改造建设项目	679054	565550	385612	
沧州临港万国石材商贸城有限公司中国黄骅港万国(国际)石材商贸城一期项目	1210000	545170	129402	
沧州黄骅港矿石港务有限公司黄骅港散货港区矿石码头一期工程	548956	541660	19899	
神华黄骅港务有限责任公司黄骅港四期工程	556111	486019	2892	
河北中翔能源有限公司3*120000N m 3/h焦炉气制LN G及富氢尾气制液氨装置	586859	493862	168071	
金雁通用航空股份有限公司白洋淀通用航空休闲产业园一期	600000	53550		
中国石油天然气华北石化分公司华北石油炼油质量升级与安全环保技术改造工程	1005982	258786	117791	5
首都机场集团公司北京新机场项目	4000000	375864	375864	
固安肽谷药业科技有限公司固安肽谷基因工程医药及医疗器械生产基地项目	650000	255500	66000	
固安浙温服装园区建设发展有限公司京南服装工业基地	1550000	39960	7925	17
固安国宾温泉休闲酒店有限公司太阳能光伏农业示范基地项目	767473	38000	24000	
固安盛业自动化技术有限公司中关村科技园科技成果转化基地项目	640000	4175	4125	
固安京开大数据产业园建设发展有限公司固安京南大数据产业园	503826	11	11	10
新陆港物流有限责任公司新陆港现代物流项目	600255	122190	10220	
文安鲁能生态旅游开发有限公司文安鲁能生态区(一期)项目	680000	229750	49300	
润泽科技发展有限公司国际信息云聚核港(ICFZ)项目	980177	204944	59600	
联通云数据有限公司廊坊市分公司中国联通华北(廊坊)基地建设工程	1300300	123100	21967	
河北海伟交通设施集团有限公司100万吨年丙烷脱氢项目	929240	741657	150600	150600
河北泰纳新材料科技有限公司氯化聚乙烯改性合成橡胶新材料开发与应用项目	590271	490881	108264	490881
河北交通投资集团公司曲阳至黄骅港高速公路曲阳至肃宁段	934600	662654	631654	
国网河北省电力公司2016年电网项目包	951862	1194739	1194739	1194739
河北水务集团河北省南水北调配套工程石津干渠工程	639169	488994	3358	
河北水务集团河北省南水北调配套工程保沧干渠工程	517095	503775	7	
中国移动通信集团河北有限公司2015年移动通信工程	830511	851361	851361	851361
北京铁路局张家口至唐山铁路工程建设指挥部新建张家口至唐山铁路	3832806	3819000	101000	
国网冀北电力有限公司2016年电网基建项目	3167846	902569	902569	
定州市城市建设投资有限公司定州市地下管廊项目	500000	148995	148995	
定州市文化广电新闻出版局定州古城恢复工程项目	630000	170495	164495	
河北辛集化工集团有限责任公司整体搬迁技改	1050000	625625	154200	

一次能源生产总量和构成
Primary Energy Production and Composition

年 份 Year	能源生产总量 (万吨标准煤) Primary Energy Production (10000 tons of SCE)	占能源生产总量的比重 (%) As Percentage of Total Energy Production (%)			
		原 煤 Raw Coal	原 油 Crude Oil	天然气 Natural Gas	一次电力及其他能源 Primary Electricity and Other Energy
1981	5502.86	67.90	32.00		0.10
1982	5463.31	69.94	29.57	0.36	0.13
1983	5506.73	72.93	26.48	0.31	0.28
1984	5510.29	72.94	26.47	0.39	0.20
1985	5292.72	71.51	27.85	0.51	
1986	5889.07	74.79	24.28	0.61	0.32
1987	5716.06	79.30	19.88	0.55	0.27
1988	5501.38	82.70	16.37	0.54	0.39
1989	5354.45	83.56	15.42	0.56	0.46
1990	5313.08	83.43	15.34	0.74	0.49
1991	5199.85	84.03	14.77	0.74	0.46
1992	5257.18	84.68	14.11	0.82	0.39
1993	5348.20	85.16	13.43	0.72	0.69
1994	5699.77	86.25	12.78	0.71	0.26
1995	6619.56	87.41	11.16	0.64	0.79
1996	6690.35	87.21	11.19	0.66	0.94
1997	6470.60	86.97	11.68	0.70	0.65
1998	5868.17	85.65	13.07	0.77	0.51
1999	5763.48	85.42	13.17	0.88	0.53
2000	5639.26	85.46	13.13	1.11	0.30
2001	5656.12	85.70	12.96	1.12	0.22
2002	5854.03	86.27	12.28	1.23	0.22
2003	5998.00	86.38	12.15	1.28	0.19
2004	7413.94	87.80	10.79	1.19	0.22
2005	7089.90	87.05	11.33	1.29	0.33
2006	6956.72	85.90	12.54	1.25	0.31
2007	7246.47	85.39	13.01	1.31	0.29
2008	6755.66	84.40	13.60	1.72	0.28
2009	6879.85	85.19	12.44	2.11	0.26
2010	8109.66	84.04	10.55	2.08	3.32
2011	8601.60	84.69	9.73	1.89	3.69
2012	9560.46	84.57	8.73	1.82	4.89
2013	6956.42	76.95	12.14	2.98	7.93
2014	6801.01	75.42	12.44	3.42	8.72
2015	7096.14	77.39	11.68	1.95	8.97
2016	6752.93	72.71	11.55	1.53	14.21

注：2010年以前的一次电力及其他能源指标仅包括一次电力。(以下相关表同)

a) Primary electricity and Otheor energy prior to 2010 include primary electricity only. (The same applies to the tables following.)

能源消费总量及构成
Primary Energy Consumption and Its Composition

年 份 Year	能源消费总量 (万吨标准煤) Total Energy Consumption (10000 tons of SCE)	占能源消费总量的比重 (%) As Percentage of Primary Energy Production (%)			
		煤 炭 Coal	石 油 Petroleum	天然气 Natural Gas	一次电力及其他能源 Primary Electricity
1980	3120.50	85.00	12.90	1.90	0.20
1981	3627.80	90.10	8.20	1.60	0.10
1982	3929.05	87.79	10.24	1.78	0.19
1983	4185.78	89.25	9.19	1.19	0.37
1984	4475.00	86.98	11.51	1.27	0.24
1985	4548.85	89.91	8.36	1.58	0.15
1986	5079.52	89.58	8.46	1.59	0.37
1987	5516.81	90.26	8.12	1.34	0.28
1988	5962.40	90.55	7.90	1.19	0.36
1989	6169.26	90.77	7.74	1.09	0.40
1990	6124.22	90.34	7.91	1.32	0.43
1991	6471.93	90.63	7.67	1.33	0.37
1992	6866.29	90.59	7.77	1.34	0.30
1993	7861.92	90.12	8.44	0.96	0.48
1994	8168.62	90.43	8.31	1.08	0.18
1995	8892.41	90.33	8.54	0.94	0.19
1996	8938.47	90.55	8.25	0.99	0.21
1997	9033.01	90.33	8.66	0.87	0.14
1998	9151.12	89.68	9.33	0.88	0.11
1999	9379.27	90.01	9.00	0.88	0.11
2000	11195.71	90.94	8.17	0.84	0.05
2001	12114.29	91.84	7.42	0.70	0.04
2002	13404.53	91.12	8.15	0.70	0.03
2003	15297.89	92.78	6.49	0.66	0.07
2004	17347.79	91.14	8.01	0.75	0.10
2005	19835.99	91.82	7.45	0.61	0.12
2006	21794.09	91.59	7.64	0.67	0.10
2007	23585.13	92.36	6.87	0.68	0.09
2008	24321.87	92.31	6.67	0.94	0.08
2009	25418.79	92.51	6.21	1.21	0.07
2010	26201.41	89.71	7.75	1.51	1.03
2011	28075.03	89.09	8.12	1.66	1.13
2012	28762.47	88.86	7.48	2.04	1.62
2013	29664.38	88.69	7.22	2.23	1.86
2014	29320.21	88.46	6.98	2.54	2.02
2015	29395.36	86.55	7.99	3.30	2.17
2016	29794.40	85.01	8.63	3.14	3.22

注：2010年及以后数据在第三次经济普查后作了修订，能源消费总量为不包括回收能的商品能源。(以下相关表同)

a) Adjustment has been done for the data since 2010, due to the 3rd. Total energy consumption do not include recycle energy used for commercial purposes. (The same applies to the tables following.)

综合能源平衡表
Overall Energy Balance Sheet

单位：万吨标准煤 (10000 tons of SCE)

项　　目	Item	2005	2010	2015	2016
可供消费的能源总量	**Total Energy Available for Consumption**	**19836**	**26201**	**29395**	**29794**
一次能源生产量	Primary Energy Output	7090	8110	7096	6753
回收能	Recovery of Energy	819			
进口量	Imports	459	966	2899	316
出口量	Exports (-)	57	62	339	263
年初年末库存差额	Stock Changes in the Year	-81	-129	-30	-548
能源消费总量	**Total Energy Consumption**	**19836**	**26201**	**29395**	**29794**
在总量中	**Consumption by Usage**				
农、林、牧、渔、水利业	Farming,Forestry,Animal Husbandry, Fishery Conservancy	532	713	642	648
工　业	Industry	15852	20563	22184	22014
建筑业	Construction	203	319	297	312
交通运输、仓储和邮政业	Transport, Storage and Post	710	971	1111	1286
批发、零售业和住宿、餐饮业	Wholesale, Retail Trade and Hotel, Restaurants	205	304	713	772
其　他	Others	465	716	1057	1134
生活消费	Residential Consumption	1870	2615	3391	3628
在总量中	**Consumption by Usage**				
终端消费	Final Consumption	18536	26032	30707	31269
#工　业	Industry	14554	20395	23515	23508
加工转换损失量	Losses in Processing and	896	-428	-1933	-2106
#炼　焦	Coking	283	259	135	175
炼　油	Petroleum Refining	30	91	44	54
损失量	Other Losses	403	597	622	632
平衡差额	**Balance**				

能源加工转换效率
Efficiency of Energy Transformation

单位：% (%)

年　份 Year	总效率 Total Efficiency	火力发电 Thermal Power	供　热 Heating Supply	洗　煤 Coal Washing	炼　焦 Coking	炼　油 Petroleum Refineries	制　气 Gas Works
2005	66.31	32.36	65.94	81.87	90.98	97.82	54.16
2006	67.01	33.21	66.40	80.86	89.03	95.36	73.37
2007	69.73	33.89	64.85	83.21	93.16	99.78	60.51
2008	71.91	34.95	60.48	85.93	94.44	96.84	65.77
2009	73.01	35.76	57.05	87.07	92.94	96.90	50.98
2010	75.58	37.06	61.66	92.24	95.68	95.50	41.18
2011	76.09	37.17	61.36	90.61	96.63	97.44	51.84
2012	77.26	37.85	67.27	92.23	95.97	96.70	51.57
2013	77.51	38.59	68.75	92.20	96.49	97.22	53.76
2014	77.40	38.60	72.44	92.36	97.41	97.54	63.51
2015	77.48	39.69	73.87	87.58	97.96	98.26	
2016	76.15	39.42	73.82	86.28	97.29	98.07	

规模以上工业企业分行业能源消耗情况

Consumption of Main Energy Sources in above Designated Size Industrial Enterprises by Industrial Sector

单位：万吨标准煤 (10000 tons of SCE)

行业	Item	2015	2016
规模以上工业综合能源消费量	**Consumption of Energy Sources in above Designated Size Industrial Enterprises**	**20269.64**	**20544.02**
六大高耗能行业能耗	**Energy Consumption of the top-6 Energy-consuming Industries**		
煤炭开采和洗选业	Mining and Washing of Coal	929.53	923.38
石油加工、炼焦及核燃料加工业	Processing of Petroleum, Coking, Processing of Nucleus Fuel	762.78	719.90
化学原料及化学制品制造业	Manufacture of Raw Chemical Material and Chemical Products	1288.43	1164.73
非金属矿物制品业	Manufacture of Non-metallic Mineral Products	1011.22	1012.08
黑色金属冶炼及压延加工业	Smelting and Pressing of Ferrous Metals	10686.81	10938.73
电力、热力的生产和供应业	Production and Distribution of Electric Power and Heat Power	3871.98	3939.87
其他行业能耗	**Energy Sources Consumption of Other Industrial Sectors**		
石油和天然气开采业	Extraction of Petroleum and Natural Gas	53.51	52.96
黑色金属矿采选业	Mining of Ferrous Metal Ores	211.17	186.07
有色金属矿采选业	Mining of Non-ferrous Metal Ores	4.05	4.48
非金属矿采选业	Mining and Processing of Nonmetal Ores	21.92	19.73
农副食品加工业	Processing of Food from Agricultural Products	180.11	157.93
食品制造业	Manufacture of Foods	74.69	82.72
酒、饮料和精制茶制造业	Manufacture of Wine, Soft Drinks and Refined Tea	41.37	38.06
烟草制品业	Manufacture of Tobacco	2.66	2.24
纺织业	Manufacture of Textile	113.63	101.13
纺织服装、服饰业	Manufacture of Textile, Apparel	16.70	16.47
皮革、毛皮、羽毛及其制品和制鞋业	Manufacture of Leather, Fur, Feather and Its Products and Footware	31.17	27.42
木材加工和木、竹、藤、棕、草制品业	Processing of Timbers, Manufacture of Wood, Bamboo, Rattan, Palm, and Straw Products	40.55	34.10
家具制造业	Manufacture of Furniture	14.06	14.03
造纸和纸制品业	Manufacture of Paper and Paper Products	107.00	101.35
印刷和记录媒介复制业	Printing, Reproduction of Recording Media	12.84	16.76
文教、工美、体育和娱乐用品制造业	Manufacture of Articles for Culture, Arts and Crafts, Education, Sport Activities and Entertainment Goods	10.26	10.32
医药制造业	Manufacture of Medicines	92.44	88.27
化学纤维制造业	Manufacture of Chemical Fiber	19.67	222.19
橡胶和塑料制品业	Manufacture of Rubber and Plastic	91.33	86.10
有色金属冶炼和压延加工业	Manufacture & Processing of Non-ferrous Metals	36.61	34.91
金属制品业	Manufacture of Metal Products	182.59	172.41
通用设备制造业	Manufacture of General Purpose Machinery	65.47	79.43
专用设备制造业	Manufacture of Special Purpose Machinery	69.06	72.28
汽车制造业	Manufacture of Automotive	72.20	72.83
铁路、船舶、航空航天和其他运输设备制造业	Manufacture of Railroad, Marine, Aerospace and Other Transportation Equipment	26.86	18.64
电气机械和器材制造业	Manufacture of Electrical Machinery and Equipment	65.72	66.05
计算机、通信和其他电子设备制造	Manufacture of Computer, Communications and Other Electronic Equipment	17.30	16.67
仪器仪表制造业	Manufacture of Measuring Instrument	1.79	1.63
其他制造业	Manufacture of Others	3.10	13.09
废弃资源综合利用业	ecycling and Disposal of Waste	10.66	11.48
金属制品、机械和设备修理业	Metal Products, Machinery and Equipment Repair	1.69	0.77
燃气生产和供应业	Production and Distribution of Gas	20.14	14.87
水的生产和供应业	Production and Distribution of Water	6.57	7.94

分行业规模以上工业企业水消费(取水总量)

Computation of Water in above Designated Size Industrial Enterprises by Sector

单位：万立方米 (10000 m³)

行　业	Sector	2015	2016
全部工业企业	**Total**	**220095.9**	**214029.0**
轻工业	Light Industry	27036.8	28584.8
重工业	Heavy Industry	193059.1	185444.2
按工业行业分	**Grouped by Sector**		
采　矿　业	**Mining**	**64151.0**	**62171.5**
煤炭开采和洗选业	Mining and Washing of Coal	8282.1	8410.5
石油和天然气开采业	Extraction of Petroleum and Natural Gas	2252.4	2292.1
黑色金属矿采选业	Mining of Ferrous Metal Ores	24055.5	19724.5
有色金属矿采选业	Mining of Non-ferrous Metal Ores	221.6	244.0
非金属矿采选业	Mining and Processing of Nonmetal Ores	29339.4	31500.4
制　造　业	**Manufacturing**	**119783.7**	**115494.4**
农副食品加工业	Processing of Food from Agricultural Products	2426.3	2402.0
食品制造业	Manufacture of Foods	7788.1	7562.8
酒、饮料和精制茶制造业	Manufacture of Wine, Soft Drinks and Refined Tea	2185.5	2143.1
烟草制品业	Manufacture of Tobacco	77.6	75.6
纺织业	Manufacture of Textile	2776.8	2419.6
纺织服装、服饰业	Manufacture of Textile, Apparel	379.9	391.1
皮革、毛皮、羽毛及其制品和制鞋业	Manufacture of Leather, Fur, Feather and Its Products and Footware	2421.7	2286.3
木材加工和木、竹、藤、棕、草制品业	Processing of Timbers, Manufacture of Wood, Bamboo, Rattan, Palm and Straw Products	174.1	168.2
家具制造业	Manufacture of Furniture	115.0	101.1
造纸和纸制品业	Manufacture of Paper and Paper Products	2773.4	2545.6
印刷和记录媒介复制业	Printing, Reproduction of Recording Media	212.0	236.4
文教、工美、体育和娱乐用品制造业	Manufacture of Articles for Culture, Arts and Crafts, Education, Sport Activities and Entertainment Goods	79.1	80.6
石油加工、炼焦和核燃料加工业	Processing of Petroleum, Coking, Processing of Nuclear Fuel	5698.1	5202.3
化学原料和化学制品制造业	Manufacture of Chemical Raw Material and Chemical Products	13611.2	9974.8
医药制造业	Manufacture of Medicines	3041.2	2467.9
化学纤维制造业	Manufacture of Chemical Fiber	731.1	3945.0
橡胶和塑料制品业	Manufacture of Rubber and Plastic	754.5	742.0
非金属矿物制品业	Manufacture of Nonmetallic Mineral Products	3881.5	3943.9
黑色金属冶炼和压延加工业	Manufacture and Processing of Ferrous Metals	61925.6	60696.6
有色金属冶炼和压延加工业	Manufacture & Processing of Non-ferrous Metals	966.5	672.6
金属制品业	Manufacture of Metal Products	1739.1	1682.8
通用设备制造业	Manufacture of General Purpose Machinery	600.1	614.1
专用设备制造业	Manufacture of Special Purpose Machinery	767.6	716.5
汽车制造业	Manufacture of Automotive	1163.1	1138.8
铁路、船舶、航空航天和其他运输设备制造业	Manufacture of Railroad, Marine, Aerospace and Other Transportation Equipment	582.0	446.1
电气机械和器材制造业	Manufacture of Electrical Machinery and Equipment	1525.9	1431.3
计算机、通信和其他电子设备制造业	Manufacture of Computer, Communications and Other Electronic Equipment	1213.7	1255.2
仪器仪表制造业	Manufacture of Measuring Instrument	35.0	35.1
其他制造业	Manufacture of Others	16.5	22.0
废弃资源综合利用业	Recycling and Disposal of Waste	18.1	20.5
金属制品、机械和设备修理业	Metal Products, Machinery and Equipment Repair	103.7	74.4
电力、热力、燃气及水生产和供应业	**Production and Distribution of Electricity, Thermal, Gas and Water**	**36161.2**	**36363.2**
电力、热力生产和供应业	Production and Supply of Electric Power and Heat Power	31662.4	32899.8
燃气生产和供应业	Production and Distribution of Gas	4498.9	3463.4
水的生产和供应业	Production and Distribution of Water		

注：不包括水的生产和供应业行业。

a) The date exclude production and distribution of water.

主要耗能工业企业单位产品能源消耗情况

Energy Consumption per Unit of Product in Main Enterprises that Consume much Energy

指　　标　　Item	2010	2012	2013	2014	2015	2016
吨原煤综合能耗（千克标准煤/吨） Overall Energy Consumption per ton of Machining Coal (kg SCE/ton)	7.83	6.82	6.99	6.92	6.92	6.62
吨原煤生产耗电（千瓦时/吨） Electric Power Consumption per ton of Machining Coal (kwh/ton)	27.32	26.72	31.43	31.47	31.34	34.26
选煤电力单耗（千瓦时/吨） Electric Power Consumption per ton of Milling run Coal (kwh/ton)	7.28	6.05	5.77	6.02	5.89	6.13
单位油气产量综合能耗(千克标准煤/吨) Overall Energy Consumption per unit of Oil and Gas Output (kg SCE/ton)	85.77	78.06	76.18	76.70	74.35	79.14
单位油气产量耗电（千瓦时/吨） Electric Power Consumption per unit of Oil and Gas Output (kwh/ton)	150.24	141.98	142.00	145.72	148.35	161.22
铁矿采矿工序单位能耗（千克标准煤/吨） Energy Consumption per Unit of Mining of Iron ore (kg SCE/ton)	3.42	2.57	2.49	2.75	2.63	1.97
铁矿选矿工序单位能耗（千克标准煤/吨） Energy Consumption per Unit of Milling run Iron ore (kg SCE/ton)	3.84	3.32	3.03	3.41	2.94	2.65
每吨纱(线)混合数综合能耗（千克标准煤/吨） Overall Energy Consumption per ton of Mixed Yarn (Cotton)(kg SCE/ton)	349.69	253.68	244.64	372.09	427.34	426.96
每吨纱(线)混合数生产用电量（千瓦时/吨） Electric Power Consumption per ton of Gauze and Line (kwh/ton)	3103.19	1803.63	1826.58	2070.36	2691.70	2676.39
每百米布混合数生产用电量（千瓦时/百米） Overall Energy Consumption per 100m of mixed Cloth (kwh/100m)	64.84	49.22				
万米布混合数综合能耗（千克标准煤/万米） Overall Energy Consumption per 10km of mixed Cloth (kg SCE/10km)	1519.90	1181.51	1229.26	1199.87	1072.25	1034.29
万米印染布综合能耗（千克标准煤/万米） Overall Energy Consumption per 10km of Printing and Dyeing (kg SCE/10km)	5518.89	2664.31	2927.64	2623.10	3876.78	3483.86
机制纸及纸板耗电（千瓦时/吨） Electric Power Consumption per ton of Machine made Paper and Paperboard (kwh/ton)	589.52	534.21	551.25	551.43	557.08	564.44
机制纸及纸板综合能耗（千克标准煤/吨） Overall Energy Consumption of Machine made Paper and Paperboard (kg SCE/ton)	295.70	227.21	245.69	249.66	242.73	244.47
炼焦工序单位能耗（千克标准煤/吨） Energy Consumption per Unit of Coking plant (kg SCE/ton)	138.42	130.02	123.95	119.53	117.38	117.66
原油(原料油)加工单位综合能耗（千克标准油/吨） Overall Energy Consumption of Machining Base oil (kg toe/ton)	64.38	52.89	53.95	56.54	66.15	67.24
原油(原料油)加工单位耗电（千瓦时/吨） Electric Power Consumption per ton of Machining Base oil (kwh/ton)	56.74	62.44	62.63	62.30	70.15	65.24
单位烧碱生产综合能耗(离子膜法30%)(千克标准煤/吨) Overall Energy Consumption per Unit of Manufacturing Caustic Soda (Ion Film 30%) (kg SCE/ton)	325.04	318.54	314.58	308.94	306.32	308.37

注：本表统计范围为年综合能源消费量1万吨标准煤及以上的工业企业。

a) The statistical objects of the sheet are the industrial enterprises each with an annual overall energy consumption of no less than 10000t SCE.

主要耗能工业企业单位产品能源消耗情况（续一）
Energy Consumption per Unit of Product in Main Enterprises that Consume much Energy

指　　标　　Item	2010	2012	2013	2014	2015	2016
单位烧碱生产耗交流电(离子膜法30%)(千瓦时/吨) Electric Power Consumption per ton of Manufacturing Caustic Soda (Ion Film 30%)(kwh/ton)	2360.67	2308.04	2316.20	2288.49	2227.47	2230.64
单位烧碱生产综合能耗(离子膜法45%)(千克标准煤/吨) Overall Energy Consumption per Unit of Manufacturing Caustic Soda (Ion Film 45%) (kg SCE/ton)	420.12	418.08	410.19	401.90	391.38	584.64
单位烧碱生产耗交流电(离子膜法45%)(千瓦时/吨) Electric Power Consumption per ton of Manufacturing Caustic Soda (Ion Film 45%)(kwh/ton)	2325.93	2345.04	2098.22	2157.63	2162.00	2263.35
氨碱法单位纯碱生产综合能耗(千克标准煤/吨)) Overall Energy Consumption per Unit of Sodium carbonate in Ammonia soda Process (kg SCE/ton)	387.63	383.39	380.10	373.78	371.76	369.91
氨碱法单位纯碱生产耗电(千瓦时/吨) Electric Power Consumption per Unit of Sodium carbonate in Ammonia soda Process (kwh/ton)	57.73	70.47	67.91	68.58	70.74	71.40
单位合成氨生产综合能耗(千克标准煤/吨) Overall Energy Consumption per Unit of Manufacturing Compound ammonia (kg SCE/ton)	1316.94	1289.75	1282.90	1264.06	1242.87	1234.08
每吨合成氨耗电(千瓦时/吨) Electric Power Consumption per ton of Manufacturing Compound ammonia (kwh/ton)	1366.38	1242.73	1233.83	1241.53	1256.23	1228.07
每吨合成氨耗原料煤(7000千卡发热)(千克/吨) Raw Coal Consumption per ton of Manufacturing Compound ammonia (kg/ton)	1046.40	1037.48	1044.55	1040.06	1031.93	1032.49
每吨合成氨耗标准燃料煤(7000千卡发热)(千克/吨) Standard Fuel Coal Consumption per ton of Manufacturing Compound ammonia (kg/ton)	121.12	102.00	96.12	83.85	78.42	76.80
每吨合成氨消耗天然气(立方米/吨) Natural Gas Consumption per ton of Manufacturing Compound ammonia(m^3/ton)	987.77	989.48	990.23	987.71	998.82	996.29
每吨粘胶纤维综合能耗(短纤)(千克标准煤/吨) Overall Energy Consumption per ton of Pectic-fibre (short fibre)(kg SCE/ton)	1061.76	1072.22	992.56	894.62	899.06	913.88
每吨粘胶纤维用电量(短纤)(千瓦时/吨) Electric Power Consumption per ton of Pectic-fibre (short fibre)(kwh/ton)	1074.97	1061.54	970.78	919.43	898.20	888.34
每吨粘胶纤维综合能耗(长丝)(千克标准煤/吨) Overall Energy Consumption per ton of Pectic-fibre (long silk)(kg SCE/ton)	4687.38	4565.75	4254.23	4024.64	4871.53	
每吨粘胶纤维用电量(长丝)(千瓦时/吨) Electric Power Consumption per ton of Pectic-fibre (long silk)(kwh/ton)	7799.89	7534.35	7817.09	7326.33	7206.26	
每吨水泥熟料综合能耗(千克标准煤/吨) Energy Consumption per ton of Cement Ripe-material (kg SCE/ton)	112.14	108.68	107.50	107.74	104.50	103.23
每吨水泥熟料综合电耗(千瓦时/吨) Overall Electric Power Consumption per ton of Cement Ripe-material (kwh/ton)	78.86	64.13	64.50	70.45	61.57	58.47
每吨水泥熟料烧成标准煤耗(千克标准煤/吨) SCE Consumption per ton of Cement Ripe-material (kg SCE/ton)	109.83	106.56	103.75	101.57	101.11	98.49

主要耗能工业企业单位产品能源消耗情况（续二）

Energy Consumption per Unit of Product in Main Enterprises that Consume much Energy

指　　标　　Item	2010	2012	2013	2014	2015	2016
每吨水泥综合能耗(千克标准煤/吨) Fully Energy Consumption for Cement (kg SCE/ton)	70.40	76.54	79.21	86.19	93.05	84.54
每吨水泥综合电耗(千瓦时/吨) Overall Electric Power Consumption per ton of Cement (kwh/ton)	78.86	81.24	81.57	83.08	90.49	78.60
吨水泥标准煤耗(千克/吨) SCE Consumption per ton of Cement (kg/ton)	79.53	74.58	77.25	77.59	78.06	77.57
每重量箱平板玻璃综合能耗(千克标准煤/重量箱) Energy Consumption per weight case of Plate Glass (kg SCE/weight case)	14.79	13.75	13.72	13.60	13.43	13.29
每重量箱平板玻璃耗电(千瓦时/重量箱) Electric Power Consumption per ton of Plate Glass (kwh/weight case)	6.79	5.00	4.96	5.13	5.32	5.23
每重量箱平板玻璃耗燃油(千克/重量箱) Fuel Oil Consumption per ton of Plate Glass (kg/weight case)	6.93	6.92	9.12	9.67	9.30	9.23
吨钢综合能耗(千克标准煤/吨) Energy Consumption per ton of Steel (kg SCE/ton)	562.49	571.55	558.39	549.64	544.41	560.63
吨钢耗电(千瓦时/吨) Electric Power Consumption per ton of Steel (kwh/ton)	405.07	418.45	423.06	419.93	404.40	404.19
炼铁工序单位能耗(千克标准煤/吨) Energy Consumption per Unit of Ferrosilicon Processes (kg SCE/ton)	403.48	397.76	398.73	400.07	391.97	396.70
铁矿烧结工序单位能耗(千克标准煤/吨) Energy Consumption per Unit of Iron Ore Sintering Processes (kg SCE/ton)	48.89	47.48	46.36	46.20	45.75	46.83
转炉炼钢工序单位能耗(千克标准煤/吨) Energy Consumption per Unit of Converter Steelmaking Processes (kg SCE/ton)	2.36		-6.01	-8.55	-10.04	-11.92
电炉炼钢工序单位能耗(千克标准煤/吨) Energy Consumption per Unit of EAF Steelmaking Processes (kg SCE/ton)	125.42	139.38	125.77			
电炉炼钢综合电力消耗(千瓦时/吨) Electric Power Consumption per ton of EAF Steelmaking (kwh/ton)	505.61	410.15	393.81			
轧钢工序单位能耗(千克标准煤/吨) Energy Consumption per Unit of Steel Rolling Processes (kg SCE/ton)	52.31	51.17	51.63	51.09	50.86	49.15
轧钢工序电力消耗(千瓦时/吨) Electric Power Consumption per ton of Steel rolling (kwh/ton)	78.87	81.58	82.39	81.95	83.30	82.98
吨钢耗新水(吨/吨) Fresh Water Consumption per ton of Steel (ton/ton)	3.04	2.96	2.87	2.80	2.70	2.45
单位粗铜综合能耗(千克标准煤/吨) Energy Consumption per Unit of Crude Copper (kg SCE/ton)	697.06	669.17				
吨铝加工材消耗电量(千瓦时/吨) Electric Power Consumption per ton of Machining Aluminum (kwh/ton)	1534.36	1550.32	1503.81	1131.82	967.82	967.80
吨铝加工材消耗能源量(千克标准煤/吨) Energy Consumption per ton of Machining Aluminum (kg SCE/ton)	433.04	420.89	416.40	319.82	256.95	249.14
火力发电标准煤耗(克标准煤/千瓦时) SEC Consumption of Firepower Generate Electricity (g SCE/kwh)	314.48	308.97	306.85	300.29	300.45	296.83
火力发电供电标准煤耗(克标准煤/千瓦时) Power-supply SEC Consumption of Firepower Generate Electricity (g SCE/kwh)	337.40	330.38	327.52	319.49	320.39	316.61
发电厂用电率(%) Electro-rate of Power plant (%)	6.79	6.35	6.21	6.16	6.22	6.22

财政收支总额及增长速度

Government Revenue and Expenditure and Growth Rates

单位：亿元 (100 million yuan)

年 份 Year	财政总收入 Total Government Revenue	# 地方一般预算收入 Local Government Budgetary Revenue	财政支出 Government Expenditure	比上年增长(%) Growth Rate over preceding year (%) 财政总收入 Total Government Revenue	# 地方一般预算收入 Local Government Budgetary Revenue	财政支出 Government Expenditure
1978	45.10		32.44	38.0		2.9
1979	42.87		34.22	4.9		5.5
1980	35.02		28.36	-18.3		-17.1
1981	34.10		23.29	-2.6		-17.9
1982	31.78		25.94	-6.8		11.4
1983	36.39		28.27	14.5		9.0
1984	39.11		35.86	7.5		26.9
1985	45.15		41.66	15.4		16.2
1986	51.17		53.82	13.3		29.2
1987	57.62		53.33	12.3		-0.9
1988	64.78		67.52	12.4		26.6
1989	76.12		72.30	17.5		7.1
1990	81.15		87.29	6.6		20.7
1991	90.66		91.14	11.7		4.4
1992	101.17		101.19	11.6		11.0
1993	144.21		142.26	42.5		40.6
1994	182.16	95.22	160.84	26.3		13.1
1995	214.12	119.95	191.18	17.5	26.0	18.9
1996	258.57	151.78	231.90	20.8	26.5	21.3
1997	297.34	176.07	270.46	15.0	16.0	16.6
1998	341.86	206.76	301.55	14.9	17.4	11.5
1999	367.20	223.28	350.80	7.4	8.0	16.3
2000	397.60	248.76	415.54	8.3	11.4	18.5
2001	448.40	283.50	514.18	12.8	14.0	23.7
2002	544.86	302.31	576.59	12.6	6.6	12.1
2003	634.94	335.83	646.74	16.6	11.1	12.2
2004	778.33	407.83	785.56	22.6	21.4	21.5
2005	1035.20	515.70	979.16	33.0	26.5	24.6
2006	1223.46	620.53	1180.36	18.2	20.3	20.5
2007	1528.92	789.12	1506.65	25.0	27.2	27.6
2008	1824.00	947.59	1881.67	19.3	20.1	24.9
2009	2020.77	1067.12	2347.59	10.8	12.6	24.8
2010	2409.00	1331.85	2820.24	19.3	24.8	20.1
2011	3017.59	1737.77	3537.39	25.3	30.5	25.4
2012	3479.26	2084.28	4079.44	15.3	19.9	15.3
2013	3652.40	2295.62	4409.58	5.0	10.14	8.1
2014	3764.56	2446.62	4677.30	3.1	6.6	6.1
2015	4065.11	2649.18	5632.19	8.0	8.3	20.4
2016	4390.65	2849.87	6049.53	8.0	7.6	7.4

分项目地方财政收支
Local Revenue and Expenditures by Item

单位：亿元 (100 million yuan)

项 目	Item	2010		2015		2016	
		金额 Amount	比重(%) Percentage	金额 Amount	比重(%) Percentage	金额 Amount	比重(%) Percentage
地方财政总收入	**Local Revenue**	**1331.85**	**100.00**	**2649.18**	**100.00**	**2849.88**	**100.00**
税收收入	Tax Revenue	1074.04	80.64	1934.29	73.01	1996.13	70.04
增值税	Value-added Tax	203.84	15.31	315.35	11.90	595.20	20.89
营业税	Operation Tax	362.65	27.23	651.54	24.59	342.41	12.01
企业所得税	Enterprises' Income Tax	145.93	10.96	266.94	10.08	272.99	9.58
个人所得税	Individual Income Tax	47.05	3.53	62.86	2.37	71.52	2.51
城建税	Tax on City Construction	64.30	4.83	111.89	4.22	115.21	4.04
资源税	Tax on Natural Resources	25.77	1.93	28.36	1.07	30.20	1.06
房产税	Tax on Real Estates	21.27	1.60	51.34	1.94	54.63	1.92
城镇土地使用税	Tax on the Use of Urban Land	34.49	2.59	106.84	4.03	101.65	3.57
耕地占用税	Tax on the Occupancy of Cultivated Land	21.44	1.61	49.37	1.86	67.24	2.36
契 税	Contract Tax	79.65	5.98	109.20	4.12	136.74	4.80
其他税收收入	Other Tax	67.65	5.07	180.60	6.83	208.34	7.30
非税收收入	Non-tax Revenue	257.81	19.36	714.89	26.99	853.75	29.96
行政事业性收费收入	Income from Administrative Fees	66.09	4.96	185.80	7.01	208.65	7.32
地方财政总支出	**Total Expenditure Of Local Finance**	**2820.24**	**100.00**	**5632.19**	**100.00**	**6049.53**	**100.00**
一般公共服务	General Public Services	358.13	12.70	503.32	8.94	551.81	9.12
国 防	National Defenses	7.08	0.25	10.31	0.18	10.00	0.17
公共安全	Public Security	176.08	6.24	287.08	5.10	336.57	5.56
教 育	Education	514.30	18.24	1041.16	18.49	1134.89	18.76
科学技术	Science and Technology	29.65	1.05	45.50	0.81	73.18	1.21
文化体育与传媒	Culture, Sports and Communications	37.09	1.32	88.34	1.57	87.54	1.45
社会保障和就业	Social Security and Employment	358.78	12.72	763.68	13.56	839.27	13.87
医疗卫生	Medical Treatment and Health	235.48	8.35	535.09	9.50	547.86	9.06
环境保护	Environment Protection	115.16	4.08	282.72	5.02	262.80	4.34
城乡社区事务	Affairs of Urban and Rural Communities	178.75	6.34	476.59	8.46	555.70	9.19
农林水事务	Affairs of Agriculture, Forestry and Water Resources	312.66	11.09	712.49	12.65	800.79	13.24
交通运输	Transport	155.72	5.52	323.82	5.75	251.80	4.16
其他支出	Other Expenditures	341.36	12.10	562.09	9.97	597.32	9.87

注：2011年起“环境保护”口径调整为“节能环保”。
a) The statistic scale of "Environmental Protection" had been changed to "Energy Saving" since 2011.

金融机构年末存贷款

Deposits and Loans Balances of Financial Institutions at Year-end

单位：亿元 (100 million yuan)

年 份 Year	各项存款 Deposits Balances	#单位存款 Deposits of Organizations	#储蓄存款 Saving Deposits	#财政性存款 Treasury Deposits	各项贷款 Loans Balances	#中长期贷款 Medium- and Long-term Loans	农村信用社贷款 Deposits of Rural Loan Society
1978	77.23	16.35			91.51		2.91
1980	100.91	23.65			114.13		3.84
1985	195.64	69.99			219.36	22.26	27.45
1990	554.15	135.20			631.31	76.59	136.42
1995	1694.65	465.34			1578.21	262.85	385.25
1996	2159.37	612.33			1894.66	295.75	488.05
1997	2591.11	780.30			2372.15	337.00	541.86
1998	3030.11	822.06			2795.20	444.56	617.14
1999	3306.12	818.40			3038.32	539.79	738.77
2000	3780.74	1020.15			2933.19	784.92	895.71
2001	4053.75	983.52			3098.89	1019.51	996.75
2002	4543.39	993.92			3488.18	1207.92	1077.09
2003	5273.35	1138.11			3854.72	1442.65	1207.89
2004	9249.94	2083.56			6152.24	1949.57	1353.50
2005	10764.93	2360.31			6415.23	2474.74	1362.36
2006	12551.62	2825.42			7411.88	3033.10	1623.99
2007	14355.59	3532.72			8397.82	3883.28	1893.13
2008	17709.02	4049.73			9453.30	4684.42	2084.29
2009	22361.37	6003.08			13123.80	7143.58	2541.76
2010	26099.00	6508.21			15755.74	9073.08	3033.53
2011	29563.77	10841.38	17824.33	448.24	18143.99	10505.32	3535.19
2012	34257.16	12359.28	20723.61	498.17	21317.96	11453.51	3972.28
2013	39444.45	14381.26	23421.49	672.79	24423.22	12846.73	4042.53
2014	43764.02	16009.72	25760.08	902.95	28052.29	15117.85	4361.03
2015	48927.59	18607.23	29220.28	1089.33	32608.47	17903.52	4729.72
2016	55928.87	21853.93	32870.97	1193.25	37745.85	22218.55	5093.97

注：1. 2003年及以前年份为银行存贷款，2004年及以后年份为全部金融机构数据。2. 中长期贷款1993年及以前年份为固定资产贷款。3. 单位存款2010年及以前年份为企业存款。4. 2015年单位存款、储蓄存款、财政性存款及中长期贷款为新口径。

a) Financial institutes refer to banks only prior to 2003. b) Prior to 1993, Medium-and-Long-term loans equal fixed asset loans.c) Prior to 2010, deposits of organizations refer to deposit from enterprises. d) Deposits of Organizations,saving deposits, treasury deposits, medium and long-term loans are based on new standard in 2015.

住户存款年末余额
Savings Deposit of Households at Year-end

单位：亿元 (100 million yuan)

年 份 Year	住户存款年末余额 Saving Deposits of Housholds at Year-end	定期储蓄 Fixed Deposits	活期储蓄 Current Deposits
2000	3957.07	3152.36	804.71
2001	4364.18	3419.48	944.70
2002	4811.30	3680.17	1131.13
2003	5457.00	4064.09	1392.91
2004	6207.48	4517.25	1690.23
2005	7084.03	5096.75	1987.28
2006	8014.16	5606.72	2407.44
2007	8922.41	6094.72	2827.69
2008	11435.60	7974.18	3461.42
2009	13551.06	9138.95	4412.11
2010	15678.43	10127.45	5550.99
2011	17948.32	11834.30	6114.03
2012	20872.37	14143.67	6728.70
2013	23790.19	15995.79	7794.40
2014	26207.43	18264.48	7942.95
2015	29220.28	20495.71	8724.57
2016	32870.97	22722.04	10148.93

注：1. 本表为全部金融机构数。2. 住户存款年末余额原为城乡居民储蓄存款年末余额。3. 2015年定期储蓄为新口径。

a) Data in this table are statement of financial institutions. b) Savings deposit in urban and rural areas changes to Savings deposit of households. c) In 2015, Fixed deposits is based on new stsndard.

保险业务经济技术指标
Economic and Technical Indicators of Insurance Business

年 份 Year	保险业务收入(万元) Premium (10000 yuan)	保险金额(亿元) Amount Insured (100 million yuan)	已决赔款(万元) Claim and Payment (10000 yuan)
1995	187354	2678	104327
2000	565800	6625	165700
2001	764100	7376	268500
2002	1126300	12094	267900
2003	1671000	10804	283300
2004	2054031	14450	367911
2005	2173133	25152	404183
2006	2533740	30088	523107
2007	3322513	36473	1024014
2008	4805928	55400	1476827
2009	6010900	63244	1429800
2010	7464000	71933	1453800
2011	7328900	78738	1834700
2012	7661782	104297	2239037
2013	8375900	145226	3157534
2014	9319000	198078	3950000
2015	11631156	326847	4619200
2016	14952700	423356	5482200

各种价格指数（上年=100）

General Price Indices (Preceding Year=100)

年　份 Year	居民消费价格指数 Consumer Price Index	城市居民消费价格指数 Urban Areas	农村居民消费价格指数 Rural Areas	商品零售价格指数 Retail Price Index	工业品出厂价格指数 Ex-factory Price Indices of Industrial Products	原材料、燃料、动力购进价格指数 Purchasing Price Indices of Raw Material, Fuel and Power	固定资产投资价格指数 Investment in Fixed Assets Price Index
1978		100.2		99.8			
1979		101.7		101.4			
1980		107.2		105.3			
1981		103.2		102.1			
1982		100.9		101.5			
1983		102.0		101.4			
1984	102.5	103.1	102.1	103.4			
1985	106.8	108.9	105.7	106.8			
1986	105.7	106.0	105.4	105.2			
1987	107.8	108.2	107.4	108.3			
1988	118.0	118.3	117.8	118.1			
1989	118.7	115.9	122.2	118.4			
1990	100.6	101.2	99.9	99.9			
1991	103.4	106.6	101.6	102.8			106.8
1992	106.1	108.5	103.9	105.2	108.6	111.4	129.3
1993	113.8	115.5	111.9	110.5	129.1	134.9	124.8
1994	122.6	124.9	120.0	121.4	119.2	119.9	110.0
1995	115.2	116.1	114.8	115.8	111.4	110.9	106.9
1996	107.1	107.6	106.8	106.2	102.9	106.3	103.9
1997	103.5	103.7	103.4	102.1	98.8	102.1	101.5
1998	98.4	98.7	98.1	97.7	94.4	96.2	97.8
1999	98.1	98.7	97.6	97.8	95.9	95.4	99.4
2000	99.7	100.5	99.1	99.1	105.3	103.3	101.1
2001	100.5	100.4	100.6	99.8	99.8	101.0	99.9
2002	99.0	98.6	99.5	99.2	99.4	97.2	99.5
2003	102.2	102.3	102.0	100.2	107.1	109.4	102.3
2004	104.3	103.7	104.8	103.2	111.6	118.4	107.0
2005	101.8	101.4	102.2	101.1	104.4	107.0	101.9
2006	101.7	101.7	101.7	101.5	100.8	105.0	101.7
2007	104.7	104.3	105.1	104.1	106.9	107.8	103.8
2008	106.2	105.2	108.1	106.7	116.7	115.9	109.6
2009	99.3	98.8	100.3	99.0	89.1	93.5	96.5
2010	103.1	102.8	103.6	103.1	109.0	110.9	103.7
2011	105.7	105.3	106.5	105.0	107.7	110.9	105.5
2012	102.6	102.7	102.5	102.2	94.7	96.2	100.3
2013	103.0	102.7	103.5	102.2	96.6	97.6	99.9
2014	101.7	101.7	101.8	101.0	95.2	95.6	100.2
2015	100.9	101.1	100.5	100.2	89.1	90.3	98.0
2016	101.5	101.5	101.5	101.2	99.9	98.3	99.4

各种价格定基指数
Fixed-base Price Indices

年 份 Year	居民消费价格指数 Consumer Price Index (1983=100)	城市居民消费价格指数 Urban Areas (1978=100)	农村居民消费价格指数 Rural Areas (1983=100)	商品零售价格指数 Retail Price Index (1978=100)	工业品出厂价格指数 Ex-factory Price Indices of Industrial Products (1991=100)	原材料、燃料、动力购进价格指数 Purchasing Price Indices of Raw Material, Fuel and Power (1991=100)	固定资产投资价格指数 Investment in Fixed Assets Price Index (1990=100)
1979		101.7		101.4			
1980		109.0		106.8			
1981		112.5		109.0			
1982		113.5		110.6			
1983		115.8		112.1			
1984	102.5	119.4	102.1	115.9			
1985	109.5	130.0	107.9	123.8			
1986	115.7	137.8	113.7	130.2			
1987	124.7	149.1	122.1	141.0			
1988	147.1	176.4	143.8	166.5			
1989	174.6	204.4	175.7	197.1			
1990	175.6	206.9	175.5	196.9			
1991	181.6	220.6	178.3	202.4			106.8
1992	192.7	239.4	185.3	212.9	108.6	111.4	138.0
1993	219.3	276.5	207.4	235.3	140.3	150.3	172.2
1994	268.9	345.3	248.9	285.7	167.1	180.3	189.5
1995	309.8	400.9	285.7	330.8	186.2	200.0	202.5
1996	331.8	431.4	305.1	351.3	191.6	212.6	210.4
1997	343.4	447.4	315.5	358.7	189.3	217.1	213.5
1998	337.9	441.6	309.5	350.4	178.8	208.8	208.8
1999	331.5	435.9	302.1	342.7	171.5	199.1	207.6
2000	330.5	438.1	299.4	339.6	180.5	205.6	209.9
2001	332.2	439.9	301.2	338.9	180.3	207.7	209.6
2002	328.9	433.7	299.7	336.2	179.2	202.0	208.6
2003	336.1	443.7	305.7	336.9	192.0	221.0	213.4
2004	350.6	460.1	320.4	347.7	214.1	261.6	228.3
2005	356.9	466.5	327.4	351.5	223.5	280.0	232.7
2006	363.0	474.4	333.0	356.8	225.3	293.9	236.6
2007	380.0	495.0	349.9	371.3	240.9	316.7	245.6
2008	403.5	520.7	378.4	396.3	281.0	367.1	269.2
2009	400.8	514.6	379.7	392.3	250.3	343.2	259.8
2010	413.1	529.1	393.4	404.5	272.8	380.6	269.4
2011	436.7	557.2	418.9	424.7	293.8	422.1	284.2
2012	448.1	572.2	429.4	434.0	278.2	406.1	285.1
2013	461.4	587.7	444.3	443.5	268.8	396.3	284.8
2014	469.3	597.8	452.1	448.0	255.9	378.9	285.4
2015	473.6	604.3	454.3	448.9	228.0	342.1	279.7
2016	480.8	613.4	461.1	454.1	227.8	336.3	278.0

居民消费价格分类指数（2016年，上年=100）
Consumer Price Indices by Category (2016, Preceding Year=100)

项　　目		全　省 Provincial Indices	城　市 Urban Indices	农　村 Rural Indices
居民消费价格总指数	**Consumer Price Index**	**101.5**	**101.5**	**101.5**
食品烟酒	**Food, Tobacco, Liquor and Articles**	**102.6**	**102.6**	**102.7**
食品	**Food**	103.0	103.1	102.9
粮食	Grain	99.0	99.5	98.4
薯类	Tubers	110.5	111.0	109.5
豆类	Beans	99.7	99.2	100.5
食用油	Cooking Oil	100.1	100.3	100.0
菜	Flavoring	109.7	109.1	110.8
畜肉类	Livestock meat	110.9	110.4	111.8
禽肉类	Meat	100.9	101.2	100.3
水产品	Aquatic Products	99.5	99.2	100.7
蛋类	Eggs	96.4	95.3	97.9
奶类	Milk	99.3	99.1	99.6
干鲜瓜果类	Dried and Fresh Melons and Fruits	97.0	97.6	95.5
糖果糕点类	Confectionery	100.8	100.5	101.3
调味品	Flavoring	102.3	102.5	102.2
其他食品类	Other Foods and Manufacturing Services	102.1	102.7	101.3
茶及饮料	Tea and Beverages	100.5	100.4	100.8
烟酒	Tobacco, Liquor and Articles	101.9	102.1	101.7
在外餐饮	Dining Out	101.6	101.4	102.4
衣着	**Clothing**	**101.8**	**101.8**	**101.8**
服装	Garments	102.0	102.1	101.8
服装材料	Clothing Material	99.8	99.8	99.7
其他衣着及配件	Other Clothing and Accessories	100.5	100.6	100.3
衣着加工服务费	Clothing Manufacturing Service	102.5	102.7	102.2
鞋类	Footgear	101.4	101.1	102.1
居住	**Residence**	**100.7**	**100.8**	**100.5**
租赁房房租	Housing rents	100.6	100.4	102.4
住房保养维修及管理	Maintenance and Management of Housing	101.3	100.4	102.2
水电燃料	Water, Electricity and Fuels	98.8	99.6	97.6
自有住房	Private Housing	101.5	101.4	101.7
生活用品及服务	**Supplies and Services**	**100.5**	**100.7**	**100.1**
家具及室内装饰品	Furniture and Interior decoration	100.1	100.1	100.0
家用器具	Home Appliances	100.5	100.6	100.2
家用纺织品	Home Textile	99.8	100.2	98.9
家庭日用杂品	Household Groceries	100.4	100.5	100.0
个人护理用品	Personal Care Products	101.2	101.5	100.3
家庭服务	Family Services	102.0	102.3	101.3
交通和通信	**Transportation and Communication**	**98.3**	**98.2**	**98.4**
交通	Transportation	97.6	97.3	98.1
通信	Communication	99.6	99.9	99.0
教育文化和娱乐	**Education, Culture Articles and Recreation**	**101.3**	**100.6**	**102.5**
教育	Education	102.1	101.3	103.1
文化娱乐	Culture Articles and Recreation	99.9	99.7	100.4
医疗保健	**Health Care**	**104.4**	**105.2**	**103.0**
药品及医疗器具	Medicines and Medical Devices	107.0	106.4	108.1
医疗服务	Medical Services	102.7	104.3	100.6
其他用品和服务	**Other Supplies and Services**	**103.3**	**103.6**	**102.6**
其他用品类	Other Supplies	102.4	102.7	101.9
其他服务类	Other Services	104.0	104.4	103.2

商品零售价格分类指数（2016年，上年=100）

Retail Price Indices by Category of Commodities (2016, Preceding Year=100)

项　　目	Item	全　省 Provincial Indices	城　市 Urban Indices	农　村 Rural Indices
商品零售价格指数	**Retail Price Index**	**101.2**	**101.1**	**101.3**
食品	Food	102.8	102.9	102.8
饮料、烟酒	Beverages, Tobacco and Liquor	101.7	101.8	101.5
服装、鞋帽	Garments, Shoes and Hats	101.6	101.6	101.5
纺织品	Textiles	99.7	100.0	98.8
家用电器及音像器材	Household Appliances, Music and Video Equipment	100.1	100.2	99.9
文化办公用品	Cultural and Office Appliances	100.2	100.2	100.3
日用品	Articles for Daily Use	100.4	100.3	100.5
体育娱乐用品	Sports and Recreation Articles	100.2	100.0	100.9
交通、通信用品	Transportation and Communication Appliances	97.2	97.6	95.9
家具	Furniture	100.1	100.1	100.2
化妆品	Cosmetics	101.7	102.1	100.2
金银饰品	Gold, Silver and Jewelry	105.5	105.7	104.5
中西药品及医疗保健用品	Traditional Chinese, Western Medicines and Health Care Articles	107.2	106.5	109.5
书报杂志及电子出版物	Books, Newspapers, Magazines and Electronic Publications	102.7	102.9	102.2
燃料	Fuels	100.6	99.8	103.3
建筑材料及五金电料	Building Materials and Hardware	100.5	100.5	100.6

居民消费和商品零售价格指数（2016年）

Consumer Price Indices and Retail Price Indices of Commodities (2016)

项　　目 Item	居民消费价格指数 Consumer Price Index			商品零售价格指数 Retail Price Index			农业生产资料价格指数 Price Indices of Agricultural Means of Production Index
	全　省 Provincial Indices	城　市 Urban Indices	农　村 Rural Indices	全　省 Provincial Indices	城　市 Urban Indices	农　村 Rural Indices	
1950=100		674.3		517.9	531.3	518.8	565.1
1957=100		552.9		419.7	433.2	426.7	485.4
1965=100		622.9		443.1	497.9	421.5	544.9
1970=100		621.7		447.0	495.0	428.5	575.3
1978=100		613.4		454.3	488.0	442.7	651.2
1980=100		562.1		426.1	446.6	422.5	646.7
1985=100	439.0	471.4	427.6	367.0	375.0	370.6	552.3
1990=100	273.0	296.4	262.6	230.7	238.2	230.4	338.3
1995=100	155.1	152.9	161.3	137.4	131.5	144.0	208.4
2000=100	145.4	140.0	154.0	133.8	127.6	141.2	188.5
2005=100	134.7	131.4	140.9	129.1	125.7	133.8	164.8
2010=100	116.2	115.9	117.3	112.3	111.7	113.9	121.8
2015=100	101.5	101.5	101.5	101.2	101.1	101.3	100.0

农业生产资料价格分类指数（上年=100）
Price Indices of Agricultural Means of Production by Category (Preceding Year=100)

项　　目	Item	2000	2005	2010	2015	2016
农业生产资料价格指数	**Price Indices of Agricultural Means of Production Index**	**101.5**	**106.8**	**104.4**	**99.8**	**100.0**
农用手工工具	Farm Hand tools	98.8	100.5	105.0	100.0	99.9
饲　料	Forage	96.2	99.2	108.2	99.3	96.0
产品畜	Production Livestock	113.5	106.2	105.0	104.4	133.5
半机械化农具	Labour Livestock	99.1	99.9	99.9	100.0	100.3
机械化农具	Semi-mechanized Farm Tools	97.7	101.3	101.8	100.4	100.6
化学肥料	Mechanized Farm Machinery	95.0	112.0	100.2	101.4	98.3
农药及农药械	Chemical Fertilizer	97.7	101.2	97.6	99.6	98.6
农用机油	Pesticide and Its Appliances	120.3	116.6	115.2	86.4	98.4
其他农业生产资料	Oil for Farm Machinery	97.8	108.6	108.0	99.1	99.4
农业生产服务	Other Means of Agricultural Production			103.1	100.5	100.3

工业品出厂价格分类指数（上年=100）
Ex-factory Price Indices of Industrial Products (Preceding Year=100)

项　　目	Item	2000	2005	2010	2015	2016
全部工业品	**Total Industry Products**	**105.27**	**104.39**	**109.03**	**89.09**	**99.94**
轻工业	Light Industry	99.17	100.66	104.69	98.31	98.44
以农产品为原料	Agricultural Products as Raw Materials	100.44	99.8	106.77	98.21	98.36
以非农产品为原料	Non-agricultural Products as Raw Materials	95.27	101.62	102.40	98.69	98.75
重工业	Heavy Industry	107.92	107.13	110.90	86.95	100.32
采　掘	Mining and Quarrying Industry	135.25	122.89	123.56	71.17	93.03
原　料	Raw Materials Industry	106.76	106.15	111.28	87.74	97.39
加　工	Processing Industry	98.53	102.96	107.88	88.33	102.64
生产资料	Means of Production	106.98	105.15	109.82	87.37	100.17
采　掘	Mining and Quarrying Industry	132.56	122.85	120.15	71.17	93.03
原　料	Raw Materials Industry	105.95	105.22	111.55	87.81	97.35
加　工	Processing Industry	99.20	102.01	106.67	88.90	102.27
生活资料	Consumer Goods	98.44	100.63	104.16	99.20	98.75
食　品	Food	95.96	100.35	106.08	98.76	99.03
衣　着	Clothing	101.82	100.48	101.61	97.71	98.77
一般日用品	Articles for Daily Use	97.49	102.01	100.74	99.84	97.54
耐用消费品	Durable Consumer Goods	98.75	100.98	103.21	101.34	99.67

主要原材料、燃料、动力购进价格指数（上年= 100）
Purchasing Price Indices of Major Raw Material, Fuel and Motive (Preceding Year=100)

项　目	Item	2000	2005	2010	2015	2016
全部原材料	**Total Raw Materials**	**103.31**	**107.02**	**110.85**	**90.27**	**98.26**
燃料、动力类	Fuel and Power	107.50	115.70	113.46	87.28	99.47
黑色金属材料类	Ferrous Metals	100.10	107.27	111.08	83.54	94.40
# 钢材	Steel Products	102.78	104.89	103.55	92.93	99.10
其他	Others	99.46	110.61	119.09	79.69	91.18
有色金属材料和电线类	Nonferrous Metals	115.59	111.26	120.24	94.57	96.61
化工原料类	Raw Chemical Materials	104.56	106.76	113.19	91.72	98.65
木材及纸浆类	Timber and Paper Pulp	102.57	103.35	105.57	99.03	101.18
建筑材料及非金属矿类	Building Materials and Nonmetal Ores	111.17	104.03	100.29	91.76	101.49
其他工业原料及半成品类	Other Industrial Raw Materials and Semi-finished Products	94.65	105.83	107.73	95.38	99.57
农副产品类	Agricultural Products	94.79	98.90	111.89	97.81	104.52
纺织原料类	Textile Materials	109.95	97.19	109.99	96.52	101.14

固定资产投资价格指数（上年= 100）
Price Indices of Investment in Fixed Assets (Preceding Year=100)

年份 Year	固定资产投资 Investment in Fixed Assets	建筑安装工程 Construction and Installation	设备、工器具购置 Purchase of Equipment, Tools and Instruments	其他费用 Others
1991	106.8	104.1	110.5	107.2
1992	129.3	131.2	122.0	148.3
1993	124.8	133.0	121.0	86.0
1994	110.0	108.1	110.1	123.2
1995	106.9	106.0	106.2	115.1
1996	103.9	106.0	100.0	101.9
1997	101.5	105.0	95.0	101.2
1998	97.8	99.4	94.4	98.5
1999	99.4	100.0	96.4	104.3
2000	101.1	102.3	98.4	100.9
2001	99.9	100.6	97.9	100.4
2002	99.5	100.0	98.0	100.3
2003	102.3	104.2	98.5	101.4
2004	107.0	109.6	103.6	102.1
2005	101.9	101.8	101.9	102.0
2006	101.7	101.6	101.6	102.0
2007	103.8	105.4	100.7	102.4
2008	109.6	113.9	101.6	105.8
2009	96.5	94.7	97.4	102.3
2010	103.7	105.0	101.2	102.8
2011	105.5	107.9	101.6	101.9
2012	100.3	100.6	99.2	100.7
2013	99.9	99.9	99.1	101.9
2014	100.2	100.2	99.5	101.9
2015	98.0	97.1	99.3	100.4
2016	99.4	99.4	98.7	100.8

农产品生产价格指数（上年=100）
Production Price Indices of Farm Produces (Preceding Year=100)

指　　标	Item	2005	2010	2013	2014	2015	2016
农产品生产价格指数	**General Price Index of Farm Products**	**102.45**	**115.13**	**105.07**	**100.23**	**97.50**	**96.35**
种植业产品	**Planting Products**	**103.85**	**124.07**	**106.79**	**97.23**	**97.26**	**93.24**
谷　物(原粮)	Cereal	98.03	114.22	105.34	102.85	97.28	88.36
小　麦	Wheat	100.25	109.67	113.27	102.10	100.00	98.20
稻　谷	Rice	107.02	116.72	103.80	101.34		
玉　米	Corn	95.90	117.35	100.00	103.37	95.22	81.24
薯　类	Tubers	111.47	136.55	127.61	91.79	79.84	105.41
豆　类	Beans	92.69	106.60	103.53	105.92	99.65	103.45
大　豆	Beans	96.60	106.02	103.78	103.48	98.59	103.97
油　料	Oil-bearing Crops	98.75	120.66	94.96	97.31	109.81	101.74
棉　花(籽棉)	Cotton (Unginned Cotton)	104.86	150.97	102.18	89.35	90.06	92.89
蔬　菜	Fresh Vegetables	106.03	116.73	108.26	88.78	107.53	105.78
水　果	Fruits	113.25	122.69	112.33	103.53	85.91	82.23
瓜类水果	Melon Fruit	113.51	90.64	100.64	85.89	80.00	
其他水果	Other Fruits	114.41	118.97	125.90	85.81	83.17	72.73
林业产品	**Forestry Products**	**100.58**	**108.05**	**82.95**		**94.53**	**95.94**
畜牧业产品	**Animal Husbandry Products**	**100.40**	**103.63**	**104.66**	**103.58**	**97.33**	**101.50**
牛	Cattle and Buffaloes	100.24	102.61	122.34	105.25	93.00	95.49
羊	Sheep and Goats	100.17	105.45	110.92	99.96	79.06	90.95
生　奶	Raw Milk	100.10	117.90	107.17	103.42	94.77	95.99
动物毛类	Animal Hair Type	94.53	118.23	96.89	89.82	86.80	99.73
猪	Pig Feeding	98.50	99.47	99.86	92.70	111.73	120.93
活家禽(毛重)	Live Poultry (Gross Weight)	103.92	104.88	98.84	106.97	94.24	100.00
禽　蛋	Poultry Eggs	103.08	109.22	106.95	115.35	90.19	86.90
渔业产品	**Fishery Products**	**107.08**	**125.07**	**93.86**	**101.67**	**105.74**	**99.97**
海水养殖产品	Seawater Artificially Cultured Products	110.55	141.79				
淡水养殖产品	Freshwater Artificially Cultured Products	100.28	109.44	93.86	101.67	105.74	99.97

居民人均可支配收入及指数

Per Capita Disposable Income and Indices of the Population

年 份 Year	全体居民 All Households	城镇居民 Urban Households		农村居民 Rural Households	
		绝对值 Value	指数(1978年=100) Index (1978=100)	绝对值 Value	指数(1978年=100) Index (1978=100)
1978		276.24	100.0	114.06	100.0
1979		313.20	113.4	136.11	119.3
1980		400.56	145.0	175.77	154.1
1981		402.48	145.7	204.41	179.2
1982		432.84	156.7	238.70	209.3
1983		448.68	162.4	298.07	261.3
1984		519.24	188.0	345.00	302.5
1985		630.72	228.3	385.23	337.7
1986		766.44	277.5	407.61	357.4
1987		855.00	309.5	444.40	389.6
1988		1080.48	391.1	546.62	479.2
1989		1256.88	455.0	589.40	516.7
1990		1397.35	505.8	621.67	545.0
1991		1489.32	539.1	657.38	576.3
1992		1763.40	638.4	682.48	598.4
1993		2201.04	796.8	803.80	704.7
1994		3007.68	1088.8	1107.25	970.8
1995		3674.16	1330.1	1668.73	1463.0
1996		4429.66	1476.0	2054.95	1801.6
1997		4958.67	1652.3	2286.01	2004.2
1998		5084.64	1694.3	2405.32	2108.8
1999		5365.03	1787.7	2441.50	2140.5
2000		5661.16	1886.4	2478.86	2073.3
2001		5984.82	1994.3	2603.60	2282.7
2002		6678.73	2225.5	2685.16	2354.2
2003		7239.12	2412.2	2853.29	2501.6
2004		7951.31	2649.4	3171.06	2780.2
2005		9107.09	2734.6	3481.64	3052.5
2006		10304.56	3092.8	3801.82	3333.2
2007		11690.47	3895.4	4293.43	3764.2
2008		13441.09	4478.7	4795.46	4204.3
2009		14718.25	4904.2	5149.67	4514.9
2010		16263.43	5419.1	5957.98	5223.5
2011		18292.23	6095.1	7119.69	6242.1
2012		20543.44	6845.2	8081.40	7085.2
2013	15189.64	22226.75	8174.2	9187.71	7979.9
2014	16647.40	24141.34	8878.3	10186.14	8847.1
2015	18118.09	26152.16	9617.8	11050.51	9597.8
2016	19725.42	28249.39	10226.4	11919.35	10450.1

注：2013年起使用城乡一体化住户收支与生活状况调查数据，与以前的分城镇和农村住户调查的范围、方法、指标口径有所不同。以下相关表同。

a) The integrated household income and expenditure survey has been used since 2013, including both urban and rural households. The coverage, methodology and definitions used in the survey are different from those used for the separate urban and rural household survey prior to 2013. The same applies to the relevant tables following.

居民生活基本情况

项　　　目	Item	2000	2005	2006
收入与支出(抽样调查)(元)	**Income and Expenditure (yuan)**			
职工平均工资	Annual Average Wages of Staff and Workers	7781	14707	16590
全省居民人均可支配收入	Per Capita Annual Disposable Income of the Population			
全省居民人均消费支出	Per Capita Annual Living Expenditure of the Population			
城镇居民人均可支配收入	Per Capita Annual Disposable Income of Urban Households	5661.16	9107.09	10304.56
城镇居民人均消费支出	Per Capita Annual Living Expenditure of Urban Households	4348.47	6699.70	7343.50
农村居民人均可支配收入	Annual Per Capita Net Income of Rural Residents	2478.86	3481.64	3801.82
农村居民人均消费支出	Per Capita Annual Living Expenditure of Rural Households	1365.23	2165.72	2495.33
居住条件(平方米)	**Residence Condition (sq.m)**			
全省居民期末人均拥有房屋面积	Per Capita Floor Space of Owned Houses of the Population			
城镇居民期末人均拥有房屋面积	Per Capita Floor Space of Owned Houses in Urban Areas	15.42	21.53	21.81
农村居民期末人均拥有房屋面积	Per Capita Floor Space of Owned Houses in Rural Areas	22.87	28.35	29.13
储　　蓄	**Savings**			
城乡居民储蓄存款年底余额(亿元)	Balance of Savings Deposit of Rural and Urban Residents (year-end) (100 million yuan)	3957.06	7084.03	8014.16
人均储蓄存款年底余额(元)	Per Capita Balance of Saving Deposit (yuan)	5955.8	10372.3	11657.8
文　　化(抽样调查)(台)	**Culture (unit)**			
全省居民每百户拥有彩色电视机	Number of Color TV Sets Per 100 Households of the Population			
城镇居民每百户拥有彩色电视机	Number of Color TV Sets Per 100 Households in Urban Areas	112	124.34	126.73
农村居民每百户拥有彩色电视机	Number of Color TV Sets Per 100 Households in Rural Areas	64.76	102.14	106.24
全省居民每百户拥有计算机	Number of Refrigerator Sets Per 100 Households of the Population			
城镇居民每百户拥有计算机	Number of Refrigerator Sets Per 100 Households in Urban Areas	7	37.63	42.68
农村居民每百户拥有计算机	Number of Refrigerator Sets Per 100 Households in Rural Areas	0.14	1.21	2.02
全省居民每百户拥有照相机	Number of Refrigerator Sets Per 100 Households of the Population			
城镇居民每百户拥有照相机	Number of Refrigerator Sets Per 100 Households in Urban Areas	38	46.47	48.54
农村居民每百户拥有照相机	Number of Refrigerator Sets Per 100 Households in Rural Areas	4.17	3.50	3.60
教　　育	**Education**			
学龄儿童入学率(%)	Enrollment Ratio of School-Age Children (%)	99.9	99.7	99.4
每万人口拥有当年大学生毕业生数(人)	Number of University Students Per 10000 Persons (person)	6.2	25.0	30.2
卫　　生	**Public Health**			
每万人口拥有病床(张)	Number of Hospital Beds Per 10000 Persons (unit)	25.4	23.8	25.2
每万人口拥有医生(人)	Number of Doctors Per 10000 Persons (person)	13.8	12.3	12.7
就　　业(抽样调查)(人)	**Employment (person)**			
全省每一就业者负担人数(含本人)	Number of Dependents Per Employee of the Population (including the laborer himself or herself)			
城镇每一就业者负担人数(含本人)	Number of Dependents Per Urban Employee (including the laborer himself or herself)	1.83	1.94	1.91
农村每一劳动力负担人数	Number of Dependents Per Rural Employee	1.50	1.40	1.38

注：城镇人均居住面积2007年以前为人均住房使用面积，2007年—2012年为人均住房建筑面积，从2013年开始为人均拥有房屋面积。(下同)

Basic Statistics on People's living Conditios

2007	2008	2009	2010	2011	2012	2013	2014	2015	2016
19911	24756	28383	32306	36166	38658	41501	45114	50921	55334
						15189.64	16647.40	18118.09	19725.42
						10872.18	11931.54	13030.69	14247.49
11690.47	13441.10	14718.25	16263.43	18292.23	20543.44	22226.75	24141.34	26152.16	28249.39
8235.00	9086.70	9678.75	10318.32	11609.29	12531.12	14970.03	16203.82	17586.62	19105.89
4293.43	4795.46	5149.67	5957.98	7119.69	8081.39	9187.71	10186.14	11050.51	11919.35
2786.77	3125.55	3349.74	3844.92	4711.16	5364.14	7377.13	8247.99	9022.84	9798.28
						34.35	35.70	36.82	38.00
30.45	29.51	29.95	30.52	32.21	32.51	33.65	35.45	35.87	36.70
30.11	30.71	31.94	32.23	34.11	35.01	34.94	35.91	37.66	39.20
8922.41	11435.60	13551.06	15678.43	17824.33	20872.37	23790.19	25760.08	29220.28	32870.97
12892.7	16416.3	19327.0	22038.8	24696.0	28733.0	32544.5	35008.8	39463.7	44137.01
						113.30	115.71	115.87	114.86
126.32	117.77	118.00	117.97	116.30	115.96	109.48	111.28	111.11	109.95
110.36	114.29	115.52	116.55	121.88	121.76	117.07	120.12	120.81	120.28
						49.56	55.92	57.53	58.56
49.68	55.27	57.3	61.32	74.74	75.53	70.29	76.58	76.57	76.11
2.83	4.07	6.05	9.69	25.57	30.40	29.09	35.32	37.82	39.18
						19.03	20.32	19.85	18.34
45.32	36.79	37.69	39.28	37.04	36.96	33.72	35.84	34.65	31.15
3.64	3.79	3.86	4.24	3.57	4.05	4.53	4.85	4.54	4.20
99.4	99.7	99.7	99.8	99.8	99.8	99.8	99.7	99.8	103.20
34.8	38.2	38.8	42.5	43.1	43.5	45.7	46.8	44.3	44.9
28.2	30.7	33.1	34.7	37.4	37.5	41.9	43.7	46.1	48.3
15.6	15.7	16.3	17.1	17.3	19.6	20.5	21.4	22.5	23.8
						1.68	1.66	1.73	1.77
1.85	2.02	2.02	2.05	2.04	2.05	1.95	1.86	1.90	1.93
1.36	1.36	1.34	1.34	1.35	1.35	1.40	1.41	1.40	1.41

a) Figures for per capita living space of urban residents was per capita usable floor space before 2007, In 2007-2012 was per capita floor space of residential building. Sine 2013 was per capita floor space of owned houses. Same as following tables.

居民人均消费支出及恩格尔系数

Per Capita Consumption Expenditures and Engle Coefficient of the Population

年份 Year	居民人均消费支出(元) Per Capita Annual Living Expenditures (yuan)					恩格尔系数(%) Engle Coefficient (%)	
	全体居民 All Households	城镇居民 Urban Households		农村居民 Rural Households		城镇居民 Urban Households	农村居民 Rural Households
		绝对值 Value	指数(1978年=100) Index (1978=100)	绝对值 Value	指数(1978年=100) Index (1978=100)		
1978		402.00	100.0	95.02	100.0		66.27
1979		423.00	105.2	116.43	122.5		59.92
1980		460.00	114.4	142.01	149.5	60.08	56.06
1981		401.16	99.8	164.66	173.3	53.34	52.19
1982		401.04	99.8	175.39	184.6	56.28	54.29
1983		419.88	104.4	224.65	236.4	56.93	53.52
1984		475.80	118.4	243.20	255.9	55.36	52.24
1985		605.52	150.6	297.72	313.3	49.96	50.03
1986		717.72	178.5	333.04	350.5	50.24	48.51
1987		799.68	198.9	365.35	384.5	51.67	48.44
1988		1118.76	278.3	445.68	469.0	46.50	46.95
1989		1188.12	295.6	495.20	521.2	52.00	48.12
1990		1278.02	317.9	485.70	511.2	51.16	49.05
1991		1336.08	332.4	558.23	587.5	51.34	47.94
1992		1612.32	401.1	579.36	609.7	49.51	52.47
1993		1983.72	493.5	696.52	733.0	46.31	58.39
1994		2613.24	650.1	779.04	819.9	47.29	56.69
1995		3256.80	810.1	1104.30	1162.2	46.22	56.81
1996		3424.35	851.8	1398.94	1472.3	44.78	52.18
1997		4003.71	995.9	1394.81	1467.9	41.95	50.28
1998		3834.43	953.8	1298.54	1366.6	40.02	47.51
1999		4026.30	1001.6	1338.37	1408.5	37.70	43.68
2000		4348.47	1081.7	1365.23	1436.8	34.39	39.50
2001		4479.75	1114.4	1429.81	1504.7	35.35	39.72
2002		5068.38	1260.8	1476.42	1553.8	35.42	38.92
2003		5439.72	1353.2	1600.10	1684.0	35.16	39.94
2004		5819.18	1447.6	1834.92	1931.1	36.82	42.51
2005		6699.67	1666.6	2165.72	2279.2	34.56	41.02
2006		7343.49	1826.7	2495.33	2626.1	33.94	36.69
2007		8234.97	2048.5	2786.77	2932.8	33.88	36.81
2008		9086.73	2260.4	3125.55	3289.4	34.73	38.17
2009		9678.75	2407.6	3349.74	3525.3	33.59	35.69
2010		10318.32	2566.7	3844.92	4046.4	32.32	35.15
2011		11609.29	2887.9	4711.16	4958.1	33.80	33.53
2012		12531.12	3117.2	5364.14	5645.3	33.60	33.87
2013	10872.18	14970.03	3393.2	7377.13	6455.6	26.88	29.89
2014	11931.54	16203.82	3672.8	8247.99	7217.7	26.17	29.36
2015	13030.69	17586.62	3986.3	9022.84	7895.7	26.05	28.57
2016	14247.49	19105.89	4752.7	9798.28	10311.8	26.13	28.02

城镇居民家庭基本情况
Basic Indicators of Urban Households

项　　目	Item	2000	2005	2010	2015	2016
户均常住人口数(人)	Average Number of Permanent Residents Per Household (person)	3.06	2.91	2.85	2.89	2.83
户均就业人口数(人)	Average Number of Employed Persons Per Household (person)	1.68	1.50	1.39	1.52	1.46
户均就业面(%)	Percentage of Employment Per Household (%)	54.69	51.50	48.77	52.65	51.78
平均每一就业者负担人数(含就业者本人)(人)	Number of Persons Supported by Each Employee (including the employee himself or herself) (person)	1.83	1.94	2.05	1.90	1.93
人均可支配收入(元)	Per Capita Disposable Income (yuan)	5661.16	9107.09	16263.43	26152.16	28249.39
人均消费支出(元)	Per Capita Consumption Expenditures (yuan)	4348.47	6699.67	3844.92	17586.62	19105.89
期末拥有房屋面积(平方米/人)	Per Capita Floor Space of Owned Houses at Year-end (sq.m/person)	22.87	28.35	32.23	35.87	36.70
现住房面积	Covered Area of Present House				32.82	33.45
# 钢筋混凝土	Reinforced Concrete Structure	2.98	6.11	7.53	12.29	13.16
砖混材料	Brick Concrete Structure	18.35	21.10	23.57	17.92	17.93
砖瓦砖木	Brick Structure				2.48	2.20
竹草土坯	Bamboo Grass Adobe Structure				0.11	0.07
其他	Others				0.02	0.08
年末拥有房屋价值(元/人)	Value of Owned Houses at Year-end (yuan/person)	5292.80	8352.21	11047.80	147635.59	168001.30
期内新建、购住房建筑面积(平方米/人)	Per Capita Floor Space of Newly Built House Within the Year (sq.m/person)	0.94	0.74	0.41	0.98	0.94
新建住房竣工建筑面积	Floor Space Completed of Newly Built Residential Buildings				0.03	0.04
新购住房建筑面积	Floor Space of Newly Built				0.95	0.90
期内新建、购住房价值(元/人)	Value of Newly Built House Within the Year (yuan/person)	325.17	308.70	312.03	4090.05	4973.18
新建住房竣工价值	Value Completed of Newly Built House				37.80	26.92
新购住房总金额	Total Value of Newly Built House				4052.25	4946.27

城镇居民按人均可支配收入分组的户数构成
Percentage of Households Grouped by Per Capita Disposable Income of Urban Households

项　目	Item	2015	2016	项　目	Item	2015	2016
2000元以下	Less Than 2000 yuan	0.23	0.35	20000－22000元	20000－22000 yuan	7.00	6.03
2000－4000元	2000-4000 yuan	0.12	0.22	22000－24000元	22000－24000 yuan	5.56	6.68
4000－6000元	4000-6000 yuan	0.76	0.78	24000－26000元	24000－26000 yuan	7.41	5.94
6000－8000元	6000-8000 yuan	1.39	1.47	26000－28000元	26000－28000 yuan	6.01	5.46
8000－10000元	8000-10000 yuan	1.76	2.86	28000－30000元	28000－30000 yuan	6.05	5.37
10000－12000元	10000-12000 yuan	3.13	3.08	30000－35000元	30000－35000 yuan	13.70	11.40
12000－14000元	12000-14000 yuan	4.01	3.90	35000－40000元	35000－40000 yuan	9.19	9.41
14000－16000元	14000-16000 yuan	4.64	4.68	40000－45000元	40000－45000 yuan	5.87	6.63
16000－18000元	16000-18000 yuan	5.06	5.20	45000－50000元	45000－50000 yuan	5.79	5.20
18000－20000元	18000-20000 yuan	7.02	5.98	50000元以上	50000 yuan and over	5.30	9.36

按收入五等份划分的城镇居民家庭基本情况（2016年）
Basic Indicators of Urban Households by Income Quintile (2016)

项　目	Item	城镇居民家庭 Urban Residents	低收入户 Low Income Households	中低收入户 Lower Middle Income Households	中等收入户 Middle Income Households	中高收入户 Upper Middle Income Households	高收入户 High Income Households
户均常住人口(人)	Average Household Size (person)	2.83	3.50	3.16	2.80	2.50	2.18
户均就业人口(人)	Average Number of Employed Persons	1.46	1.77	1.69	1.42	1.20	1.24
	Per Household (person)	0.52	0.50	0.54	0.51	0.48	0.57
户均就业面(%)	Percentage of Employment Per Household (%)	51.78	50.43	53.54	50.76	48.19	56.81
平均每一就业者负担人数(包括就业者本人)(人)	Number of Persons Supported by Each Employee (including the employee himself or herself) (person)	1.93	1.98	1.87	1.97	2.08	1.76
人均可支配收入(元)	Per Capita Disposable Income (yuan)	28249.39	13346.17	21607.31	28015.88	36345.21	52787.36
人均消费支出(元)	Per Capita Consumption Expenditures (yuan)	19105.89	12205.31	16070.79	19100.95	22544.93	30630.96

城镇居民人均收支情况

Per Capita Income and Consumption Expenditure of Urban Households

单位：元 (yuan)

指　　标	Item	2000	2005	2010	2015	2016
人均可支配收入	**Per Capita Disposable Income of Urban Households**	**5661.16**	**9107.09**	**16263.43**	**26152.16**	**28249.39**
工资性收入	Income of Wages and Salaries		6346.53	10566.30	16705.34	18031.94
工资	Income of Wages and Subsidies		6157.99	10431.20	15800.27	17013.79
实物福利	Benefits in Kind				16.70	30.08
其他	Others		188.54	135.10	888.38	988.07
经营净收入	Net Business Income		643.84	1043.72	1831.39	1983.29
第一产业净收入	Primary Industry				148.35	126.55
第二产业净收入	Secondary Industry				143.76	155.75
第三产业净收入	Tertiary Industry				1539.27	1700.98
财产净收入	Net Income from Property	146.13	117.46	323.97	2319.80	2512.55
转移净收入	Net Income from Transfer	1292.32	2508.96	5400.43	5295.63	5721.61
# 养老金或离退休金	Pension	1100.38	2188.22	4886.67	6253.46	6794.98
人均消费支出	**Per Capita Consumption Expenditures of Urban Households**	**4348.47**	**6699.67**	**10318.32**	**17586.62**	**19105.89**
食品烟酒	Food, Alcohol and Tobacco	1517.94	2315.76	3335.23	4581.13	4991.56
衣　着	Clothing	534.35	787.33	1225.94	1544.24	1614.41
居　住	Residence	416.66	762.08	1334.47	4111.59	4483.24
# 自有住房折算租金	Owned Housing Rental Conversion				2598.80	2843.04
生活用品及服务	Household Facilities, Articles and Service	444.60	414.49	693.56	1178.69	1351.11
交通通信	Transport and Communications	337.15	772.34	1398.35	2386.40	2664.06
教育文化娱乐	Education, Cultural and Recreation	529.35	795.43	1001.01	1870.83	1991.28
医疗保健	Health Care and Medical Service	376.71	642.71	923.83	1500.63	1549.85
其他用品及服务	Miscellaneous Coods and Services	191.71	209.51	395.93	413.12	460.38

城镇居民人均主要食品消费量

Per Capita Consumption of Major Foods of Urban Households

单位：公斤 (kg)

品　名	Item	2000	2005	2010	2015	2016
粮食(原粮)	**Grain (Unprocessed)**	**94.53**	**80.40**	**86.20**	**115.76**	**121.95**
谷物	Cereal				105.67	110.52
小麦	Wheat			26.74	69.93	72.76
稻谷	Rice			24.47	27.15	28.63
薯类	Potato		13.18	11.64	2.41	2.75
豆类	Beans				7.67	8.68
蔬菜及菜制品	**Vegetables and It's Products**				**94.72**	**108.29**
# 鲜菜	Fresh Vegetables	128.23	133.91	119.21	91.15	104.12
肉禽及其制品	**Meats, Poultry and Related Products**	**27**	**23.68**	**22.93**	**28.00**	**28.95**
# 猪肉	Pork	9.97	13.86	13.49	13.64	13.70
牛肉	Beef	4.13①	2.67	2.63	2.15	2.36
羊肉	Mutton		2.34	1.94	1.90	2.14
家禽	Poultry	4.13	4.81	3.23	5.16	5.55
蛋及蛋制品	**Eggs and Processed Products**	**14.78**	**15.56**	**13.39**	**13.66**	**14.94**
奶和奶制品	**Milk and Dairy Products**		**30.24**	**20.46**	**21.20**	**23.02**
水产品	**Aquatic Products**	**5.63**	**7.57**	**8.16**	**7.45**	**8.25**
油脂类	**Edible Oil**		**10.70**	**8.06**	**9.78**	**10.87**
# 植物油	Vegetable Oil	8.13	10.62	8.02	9.69	10.80
食　糖	**Sugar**				**1.02**	**1.18**
鲜瓜果类	**Fruits, Melons and Processed Products**		**63.37**	**51.45**	**56.75**	**62.72**
坚果	**Nuts and Processed Products**				**5.44**	**5.84**
茶叶	**Tea**		**0.23**	**0.16**	**0.21**	**0.23**
酒	**Liquor**	**10.65**	**12.45**	**8.29**	**8.92**	**8.95**

注：①为牛、羊肉之和。

a) ① The data for beef, mutton and.

城镇居民平均每百户年末主要耐用消费品拥有量
Main Durable Goods Owned Per 100 Urban Households at Year-end

项　目	Item	2000	2005	2010	2015	2016
家用汽车(辆)	Automobile (unit)	0.94	3.94	12.46	36.91	40.56
摩托车(辆)	Motorcycle (unit)	37.00	31.56	28.85	14.38	13.02
助力车(辆)	Aided Power Bike (unit)		13.19	49.98	73.53	75.83
洗衣机(台)	Washing Machine (unit)	93.00	95.52	97.66	98.43	98.91
电冰箱(柜)(台)	Refrigerator (unit)	84.00	92.07	98.28	97.51	99.13
微波炉(台)	Oven (unit)	10.00	40.27	50.13	58.39	59.72
彩色电视机(台)	Color TV Set (unit)	112.00	124.34	117.97	111.11	109.95
#接入有线电视网	Cable TV		104.27	90.38	85.23	83.74
空调(台)	Air Conditioner (unit)	33.00	81.43	90.39	117.91	123.77
热水器(台)	Water Heater (unit)		68.13	78.09	88.50	91.19
#太阳能热水器	Solar Water Heater				42.17	42.21
消毒碗柜(台)	Disinfect Cupboard		4.71	2.91	1.84	1.84
洗碗机(台)	Dish Washing Machine (unit)		0.76	0.56	0.93	1.00
排油烟机(台)	Exhaust Fan (unit)		74.64		78.20	79.54
固定电话(部)	Telephone (set)		92.85	75.80	40.40	36.04
移动电话(部)	Mobile Telephone (set)	14.14	124.53	173.70	220.51	223.38
#接入互联网	Internet Mobile Phone		4.03	24.61	96.95	118.40
计算机(台)	Computer (unit)	7.00	37.63	61.32	76.57	76.11
#接入互联网	Internet Computer		22.79	59.67	61.93	64.44
摄像机(台)	Camera (unit)		3.95	6.75	7.68	6.26
照相机(台)	Camera (unit)	38.00	46.47	39.28	34.65	31.15
中高档乐器(件)	Medium and High-grade Musical Instruments (unit)		5.82	4.32	3.37	3.06
健身器材(套)	Healthy Equipment (unit)		5.06	3.73	4.49	4.98
组合音响(台)	Hi-Fi Stereo Component System (unit)		22.81	22.60	5.30	4.31

农村居民家庭基本情况
Basic Indicators of Rural Households

项　　目	Item	2000	2005	2010	2015	2016
户均常住人口（人）	Average Number of Permanent Residents Per Household (person)	4.11	3.92	3.70	3.40	3.41
户均整、半劳动力（人）	Average Number of Full/Semi Laborer Force Per Household (person)	2.74	2.81	2.76	2.43	2.42
平均每个劳动力负担人口（人）	Average Number of Dependents Per Laborer Force (person)	1.50	1.40	1.34	1.40	1.41
人均可支配收入（元）	Per Capita Disposable Income (yuan)	2478.86	3481.64	5957.98	11050.51	11919.35
人均消费支出（元）	Per Capita Consumption Expenditures (yuan)	1365.23	2165.72	3844.92	9022.84	9798.28
年末拥有房屋面积(平方米/人)	Per Capita Floor Space of Owned Houses at Year-end (sq.m/person)	22.87	28.35	32.48	37.66	39.20
现住房面积	Covered Area of Present House	22.87	28.35	32.23	36.52	38.00
# 钢筋混凝土	Reinforced Concrete Structure	2.98	6.11	7.53	2.88	3.59
砖混材料	Brick Concrete Structure	18.35	21.10	23.57	18.25	20.47
砖瓦砖木	Brick Structure				14.58	13.25
竹草土坯	Bamboo Grass Adobe Structure				0.68	0.53
其他	Others				0.13	0.17
年末拥有房屋价值(元/人)	Value of Owned Houses at Year-end (yuan/person)	5292.80	8352.21	11047.80	35216.01	39804.23
年内新建、购住房建筑面积(平方米/人)	Per Capita Floor Space of Newly Built House Within the Year (sq.m/person)	0.94	0.74	0.42	0.41	0.27
新建住房竣工建筑面积	Floor Space Completed of Newly Built Residential Buildings				0.23	0.13
新购住房建筑面积	Floor Space of Newly Built				0.18	0.14
年内新建、购住房价值(元/人)	Value of Newly Built House Within the Year (yuan/person)	325.17	308.70	312.03	768.79	694.09
新建住房竣工价值	Value Completed of Newly Built House				219.96	146.55
新购住房总金额	Total Value of Newly Built House				548.83	547.54

农村居民按人均可支配收入分组的户数占调查户比重

Percentage of Households Grouped by Per Capita Disposable Income of Rural Households

项　　目	Item	2000	2005	2010	2013	2014	2015	2016
2000元以下	Less Than 2000 yuan	39.85	23.24	8.83	3.77	3.61	3.76	2.38
2000－3000元	2000－3000 yuan	30.40	26.21	12.00	3.72	3.12	2.51	2.14
3000－4000元	3000－4000 yuan	15.98	19.40	14.38	6.04	4.67	3.87	3.19
4000－5000元	4000－5000 yuan	7.79	12.55	13.07	7.73	5.69	4.62	3.70
5000－6000元	5000－6000 yuan	5.98①	7.21	10.98	8.66	7.08	5.67	4.78
6000－7000元	6000－7000 yuan		4.10	8.95	8.45	7.96	5.99	5.30
7000－8000元	7000－8000 yuan		2.62	7.33	8.91	7.55	7.21	6.45
8000－9000元	8000－9000 yuan		1.33	5.52	7.98	7.45	7.08	7.02
9000－10000元	9000－10000 yuan		0.88	4.21	6.75	6.61	7.66	7.16
10000－11000元	10000－11000 yuan		0.55	3.57	6.94	7.01	7.01	6.74
11000－12000元	11000－12000 yuan		0.45	1.98	4.54	5.67	5.92	6.77
12000－13000元	12000－13000 yuan		0.38	2.00	4.34	4.70	6.25	6.24
13000－14000元	13000－14000 yuan		0.19	1.14	3.81	3.87	4.61	5.68
14000－15000元	14000－15000 yuan		0.21	1.38	3.16	4.35	4.16	4.35
15000－16000元	15000－16000 yuan		0.07	0.79	2.68	3.03	3.18	4.54
16000－17000元	16000－17000 yuan		0.07	0.79	1.81	2.90	3.16	3.55
17000－18000元	17000－18000 yuan		0.07	0.55	1.82	2.34	2.27	3.24
18000－19000元	18000－19000 yuan		0.05	0.50	1.52	1.92	2.57	2.61
19000－20000元	19000－20000 yuan		0.14	0.29	1.05	1.80	1.66	2.20
20000元以上	20000 yuan and over		0.26	1.74	6.30	8.68	10.85	11.96

注：①为5000元以上组数据。

a) ① The data for the group of more than 5000 yuan.

农村居民人均收支情况

Per Capita Income and Consumption Expenditure of Rural Households

单位：元 (yuan)

指　　标	Item	2000	2005	2010	2015	2016
人均可支配收入	**Per Capita Disposable Income**	**2478.86**	**3481.64**	**5957.98**	**11050.51**	**11919.35**
工资性收入	Income of Wages and Salaries	949.25	1293.50	2653.42	5811.87	6263.25
工资	Income of Wages				5407.67	5788.99
实物福利	Physical Welfare				9.40	5.55
其他	Others				394.80	468.70
经营净收入	Net Business Income	1417.99	1988.58	2729.80	3684.86	3970.00
第一产业净收入	Primary Industry	914.45	1455.91	2052.76	2144.19	2131.05
第二产业净收入	Secondary Industry	113.26	154.89	213.65	276.15	334.12
第三产业净收入	Tertiary Industry	390.28	377.77	463.38	1264.51	1504.83
财产净收入	Net Income from Property	51.98	93.74	182.45	233.78	257.47
转移净收入	Net Income from Transfer	59.64	105.81	392.31	1320.00	1428.64
# 养老金或离退休金	Pension	10.25	33.95	119.68	495.31	573.13
人均消费支出	**Per Capita Consumption Expenditures of Rural Households**	**1365.23**	**2165.72**	**3844.92**	**9022.84**	**9798.28**
食品烟酒	Food, Alcohol and Tobacco	539.33	888.37	1351.41	2578.07	2745.42
衣　着	Clothing	104.84	155.52	250.92	625.26	650.23
居　住	Residence	322.04	398.90	839.66	2014.16	2206.87
# 自有住房折算租金	Owned Housing Rental Conversion				966.48	1102.26
生活用品及服务	Household Facilities, Articles and Service	65.41	101.49	218.90	527.48	597.17
交通通信	Transport and Communications	84.55	221.96	464.80	1298.46	1511.06
教育文化娱乐	Education, Cultural and Recreation	130.71	225.79	296.11	870.43	952.85
医疗保健	Health Care and Medical Service	78.28	134.77	344.25	920.54	928.22
其他用品及服务	Miscellaneous Coods and Services	40.07	38.92	78.87	188.43	206.47

农村居民人均主要食品消费量
Per Capita Consumption of Major Foods of Rural Households

单位：公斤 (kg)

品 名	Item	2000	2005	2010	2013	2014	2015	2016
粮食(原粮)	**Grain (Unprocessed)**	**215.88**	**200.84**	**181.69**	**164.16**	**144.74**	**145.41**	**138.54**
谷物	Cereal	211.00	196.52	178.60	156.89	137.28	137.58	130.26
小麦	Wheat	153.10	139.80	122.09	105.34	92.84	93.32	90.72
稻谷	Rice	14.63	17.47	21.10	27.49	23.61	24.85	24.48
薯类	Potato	2.76	1.52	1.23	2.05	2.12	2.15	2.19
豆类	Beans	2.12	2.81	1.86	5.22	5.34	5.68	6.08
蔬菜及菜制品	**Vegetables and It's Products**	**61.45**	**57.70**	**55.38**	**74.11**	**81.40**	**82.41**	**81.73**
# 鲜菜	Fresh Vegetables	61.23		54.69	72.49	79.80	80.61	79.63
肉禽及其制品	**Meats, Poultry and Related Products**	**8.06**	**10.54**	**10.95**	**17.21**	**17.89**	**18.58**	**18.78**
# 猪肉	Pork	6.63	7.15	7.12	10.93	11.49	11.26	10.72
牛肉	Beef	0.35	0.47	0.34	0.29	0.32	0.44	0.44
羊肉	Mutton	0.19	0.37	0.38	0.51	0.55	0.83	0.90
家禽	Poultry	0.37	0.75	1.02	1.49	2.76	2.93	3.36
蛋及蛋制品	**Eggs and Processed Products**	**5.09**	**6.27**	**7.26**	**9.72**	**9.20**	**11.49**	**11.80**
奶和奶制品	**Milk and Dairy Products**	**0.22**	**2.40**	**3.48**	**7.64**	**7.60**	**7.55**	**7.99**
水产品	**Aquatic Products**	**1.79**	**2.48**	**2.52**	**3.64**	**3.36**	**3.41**	**3.87**
油脂类	**Edible Oil**	**5.91**	**6.75**	**8.33**	**12.98**	**11.30**	**11.87**	**9.45**
# 植物油	Vegetable Oil	5.32	6.28	8.12	12.75	11.11	11.73	9.28
食糖	**Sugar**	**0.59**	**0.77**	**0.66**	**1.00**	**1.03**	**1.10**	**1.21**
鲜瓜果类	**Fruits,Melons and Processed Products**	**16.74**	**16.57**	**21.11**	**37.52**	**39.98**	**41.51**	**44.75**
坚果	**Nuts and Processed Products**	**0.60**	**1.11**	**1.11**	**3.26**	**3.00**	**3.24**	**3.90**
茶叶	**Tea**		**0.13**	**0.12**	**0.09**	**0.08**	**0.10**	**0.11**
酒	**Liquor**	**6.50**	**9.16**	**8.84**	**12.49**	**11.96**	**11.97**	**11.59**

农村居民平均每百户年末主要耐用消费品拥有量

Main Durable Goods Owned Per 100 Rural Households at Year-end

品　名	Item	2000	2005	2010	2014	2015	2016
家用汽车(辆)	Automobile (unit)				20.15	23.61	29.39
摩托车(辆)	Motorcycle (unit)	34.33	58.17	61.43	70.03	66.43	58.69
助力车(辆)	Aided Power Bike (unit)			40.50	86.03	91.11	100.04
洗衣机(台)	Washing Machine (unit)	58.86	74.17	86.33	95.07	96.72	97.83
电冰箱(柜)(台)	Refrigerator (unit)	21.74	30.64	50.45	86.95	90.12	94.83
微波炉(台)	Oven (unit)	0.17	0.88	4.48	15.59	15.77	17.00
彩色电视机(台)	Color TV Set (unit)	64.76	102.14	116.55	120.12	120.81	120.28
#接入有线电视网	Cable TV			42.14	52.31	51.63	55.40
空调(台)	Air Conditioner (unit)				50.18	55.25	65.92
热水器(台)	Water Heater (unit)				54.25	56.37	62.66
#太阳能热水器	Solar Water Heater				46.54	49.79	54.43
消毒碗柜(台)	Disinfect Cupboard				0.51	0.29	0.17
洗碗机(台)	Dish Washing Machine (unit)				0.19	0.57	0.67
排油烟机(台)	Exhaust Fan (unit)	1.86	3.81	8.05	16.29	17.21	21.71
固定电话(部)	Telephone (set)	31.17	76.74	61.45	40.65	33.21	26.59
移动电话(部)	Mobile Telephone (set)				218.09	226.22	236.27
#接入互联网	Internet Mobile Phone				60.87	68.85	88.14
计算机(台)	Computer (unit)				35.32	37.82	39.18
#接入互联网	Internet Computer				25.31	29.20	31.83
摄像机(台)	Camera (unit)	0.24	0.43	0.69	1.03	0.72	0.76
照相机(台)	Camera (unit)	4.17	3.50	4.24	4.85	4.54	4.20
中高档乐器(件)	Medium and High-grade Musical Instruments (unit)	0.19	0.17	0.38	0.44	0.46	0.67
健身器材(套)	Healthy Equipment (unit)				0.82	0.64	0.80
组合音响(台)	Hi-Fi Stereo Component System (unit)	8.12	11.74		3.54	2.59	1.81

农村基层组织和农业基本情况

Basic Conditions of Rural Grassroots Units and Agriculture

指　　标	Item	2000	2005	2010	2015	2016
乡镇数(个)	Number of Township and Town Governments (unit)	1973	1962	1960	1957	1952
#镇个数	Number of Town Governments	900	944	1007	1067	1107
村民委员会(个)	Number of Villagers' Committees (unit)	49951	49678	48953	48974	48860
乡村总户数(万户)	Number of Rural Households (10000 units)	1422.6	1448.6	1525.6	1579.0	1590.5
乡村人口数(万人)	Population of Rural (10000 persons)	5382.4	5422.3	5570.2	5711.5	5746.6
乡村从业人员(万人)	Number of Rural Laborers (10000 persons)	2707.1	2805.9	2976.5	3055.3	3063.8
#男	Male	1447.7	1504.1	1602.5	1650.1	1654.3
按行业分乡村从业人员	by Sector					
农、林、牧、渔业	Agriculture, Forestry, Animal Husbandry & Fishery	1665.4	1552.8	1458.3	1371.4	1369.3
工　业	Industry	388.4	518.9	640.1	695.4	695.8
建筑业	Construction	202.5	275.2	342.1	365.9	366.9
批发和零售业	Wholesale and Retail Trades	135.3①	202.87①	242.1①	211.9	215.2
交通运输、仓储和邮电通信业	Transport, Storage, Postal & Telecommunication Services	92.1	114.7	132.4	135.3	135.9
住宿和餐饮业	Hotels and Catering Services				80.7	82.9
信息传输、软件和信息技术服务业	Information Transmission, Software and Information Technology Services				11.7	11.9
金融业	Banking and Insurance	5.5	5.6	5.3	6.5	6.6
其他非农行业	Other Non-agricultural Industries	217.9	135.9	156.2	176.5	197.9
农用化肥施用量(折纯量)(万吨)	Consumption of Chemical Fertilizers (10000 tons)	270.62	303.39	322.86	335.49	336.49
农村用电量(亿千瓦小时)	Electricity Consumed (100 millions kwh)	180.45	337.05	511.81	611.82	600.78
农业机械总动力(万千瓦)	Total Agricultural Machinery Power (10000 kw)	7000.39	8487.21	10151.30	11102.81	7401.97
主要农作物播种面积(千公顷)	Total Sown Area (1000 hectares)					
#粮　食	Grain Crops	6918.70	6240.20	6282.20	6392.48	6327.41
棉　花	Cotton	307.40	573.50	581.56	359.27	288.57
油　料	Oil-bearing Crops	686.40	559.00	464.37	461.59	468.32
主要农作物产量(万吨)	Yield of Major Farm Crops (10000 tons)					
#粮　食	Grain Crops	2551.07	2598.58	2975.90	3363.81	3460.24
棉　花	Cotton	30.01	57.72	56.95	37.34	29.95
油　料	Oil-bearing Crops	146.97	152.73	140.29	151.54	156.50
农业产业化经营率(%)	Rate of Industrialization of Agriculture (%)	36.1	49.4	58.6	65.6	66.7
农村基础设施(个)	Social Basic Facilities in Rural Areas (unit)					
自来水受益村	Villages with Access to Tap Water	37613	40404	42395	45169	45501
通有线电视村数	Villages with Cable Radio and TV			30003	39051	40150

注：①包括批发和零售业、住宿和餐饮业。

a) ① includes the wholesale and retail trades, hotels and catering services.

耕 地 面 积
Area of Cultivated Land

单位：千公顷 (1000 hectares)

年 份 Year	年末耕地面积 Cultivated Area (Year-end)	#年末常用耕地面积 Regularly Cultivated Area (Year-end)	#有效灌溉面积 Irrigated Area	有效灌溉面积占耕地面积比重(%) Irrigable Land Percentage to Cultivated Area (%)
1962		6953.83	1357.31	19.5
1965		6983.71	1754.27	25.1
1970		6849.55	2678.31	39.1
1975		6718.61	3553.22	52.9
1978		6675.01	3660.17	54.8
1980		6648.01	3622.25	54.5
1985		6603.41	3572.70	54.1
1990		6556.03	3758.49	57.3
1995		6517.25	4040.01	62.0
1996	6897.11	6498.80	4248.15	61.6
1997	6888.52	6493.74	4322.57	62.8
1998	6874.94	6484.58	4388.04	63.8
1999	6868.77	6478.71	4444.45	64.7
2000	6857.08	6465.96	4482.32	65.4
2001	6854.04	6448.93	4485.39	65.4
2002	6691.13	6125.15	4415.17	66.0
2003	6486.51	5991.27	4403.99	67.9
2004	6441.51	6000.63	4459.77	69.2
2005	6396.25	5988.93	4547.75	71.1
2006	6315.34	5882.52	4569.77	72.4
2007	6314.53	5893.61	4579.02	72.5
2008	6331.89	5901.44	4560.51	72.0
2009	6561.35	6060.83	4509.60	68.7
2010	6551.42	6057.53	4520.87	69.0
2011	6563.78		4596.61	70.0
2012	6558.33		4165.03	63.5
2013	6551.20		4349.03	66.4
2014	6537.74		4404.22	67.4
2015	6525.47		4447.98	68.2
2016	6520.45		4457.64	68.4

注：1. 年末常用耕地面积不包括25° 以上坡地。2.2012年有效灌溉面积为全国第一次水利普查数据。

a) Regularly cultivated land at year-end excluded under this category are steep slope land over 25 degrees.

b) Irrigated area of 2012 was from the first national water resources census.

农、林、牧、渔业总产值及构成

Gross Output Value and Composition of Farming, Forestry, Animal Husbandry and Fishery

年 份 Year	农林牧渔业 Farming, Forestry, Animal Husbandry and Fishery	农 业 Farming	林 业 Forestry	牧 业 Animal Husbandry	渔 业 Fishery	农林牧渔服务业 Service for Farming, Forestry, Animal Husbandry and Fishery
绝对数(亿元) **Gross Output Value (100 million yuan)**						
1980	97.79	79.86	3.10	14.00	0.83	
1985	167.33	128.65	6.15	31.16	1.37	
1990	357.63	254.77	9.58	83.38	9.90	
1995	1147.83	753.52	23.50	344.18	26.63	
2000	1544.65	846.72	25.37	613.68	58.88	
2001	1680.33	899.38	34.02	685.77	61.16	
2002	1728.85	918.62	37.49	706.82	65.92	
2003	1877.37	958.30	41.27	721.31	57.72	98.78
2004	2285.56	1135.75	40.02	924.78	72.08	112.93
2005	2379.17	1258.00	40.13	879.38	79.44	122.21
2006	2466.37	1380.45	45.85	832.32	72.75	135.00
2007	3075.77	1639.07	52.37	1146.99	85.14	152.20
2008	3505.23	1760.75	55.89	1410.82	102.77	175.00
2009	3640.93	1958.79	39.69	1350.10	108.38	183.99
2010	4309.42	2470.11	51.26	1443.76	142.47	201.83
2011	4895.88	2775.27	58.78	1674.04	163.58	224.21
2012	5340.11	3095.29	77.88	1747.66	177.74	241.54
2013	5832.94	3473.27	96.30	1818.19	178.72	266.46
2014	5994.79	3453.42	108.14	1952.02	190.97	290.25
2015	5978.88	3441.37	121.48	1904.12	198.72	313.18
2016	6083.86	3459.39	132.31	1939.22	210.95	341.97
构成(农业总产值＝100) **Composition (Gross Output Value=100)**						
1980	100	81.66	3.17	14.32	0.85	
1985	100	76.88	3.68	18.62	0.82	
1990	100	71.24	2.68	23.31	2.77	
1995	100	65.65	2.05	29.98	2.32	
2000	100	54.82	1.64	39.73	3.81	
2001	100	53.53	2.02	40.81	3.64	
2002	100	53.14	2.17	40.88	3.81	
2003	100	51.05	2.20	38.42	3.07	5.26
2004	100	49.69	1.75	40.46	3.16	4.94
2005	100	52.87	1.69	36.96	3.34	5.14
2006	100	55.97	1.86	33.75	2.95	5.47
2007	100	53.29	1.70	37.29	2.77	4.95
2008	100	50.23	1.60	40.25	2.93	4.99
2009	100	53.80	1.09	37.08	2.98	5.05
2010	100	57.32	1.19	33.50	3.31	4.68
2011	100	56.69	1.20	34.19	3.34	4.58
2012	100	57.96	1.46	32.73	3.33	4.52
2013	100	59.55	1.65	31.17	3.06	4.57
2014	100	57.61	1.80	32.56	3.19	4.84
2015	100	57.56	2.03	31.85	3.32	5.24
2016	100	56.86	2.17	31.87	3.47	5.62

注：本表按当年价格计算，2002年及以后年份执行新国民经济行业分类标准，总产值包括农林牧渔服务业产值。2002年到2005年为第二次农业普查修正后数据(以下相关表同)。

a) Data in value terms in this table are calculated at current prices.The new classification for national standard of industry classification has been implemented since 2002 and the gross output value includes the services in support of agriculture, forestry,animal husbandry and fishery. The same applies to the tables following.

农、林、牧、渔业总产值指数（上年= 100）

Indices of Farming, Forestry, Animal Husbandry and Fishery (Preceding Year=100)

年份 Year	农林牧渔业 Farming, Forestry, Animal Husbandry and Fishery	农业 Farming	林业 Forestry	牧业 Animal Husbandry	渔业 Fishery	农林牧渔服务业 Service for Farming, Forestry, Animal Husbandry and Fishery
1978	122.1	125.0	113.1	97.2	101.5	
1980	93.8	92.1	96.2	104.0	100.9	
1985	103.3	98.6	104.6	131.1	126.2	
1986	98.5	97.0	91.7	106.0	123.2	
1987	104.5	104.3	103.3	105.3	116.9	
1988	107.8	105.6	104.8	117.6	115.4	
1989	103.1	102.5	98.8	105.5	109.4	
1990	105.4	104.4	107.3	107.1	143.7	
1991	103.6	102.1	104.3	106.6	111.4	
1992	100.9	95.1	103.8	110.3	140.7	
1993	108.7	109.3	95.2	119.5	57.8	
1994	116.2	113.1	105.4	123.6	120.3	
1995	111.9	110.5	105.4	114.0	124.3	
1996	109.4	104.0	103.0	119.1	123.2	
1997	107.5	105.0	105.2	110.6	120.1	
1998	107.8	107.4	102.1	108.6	110.2	
1999	104.8	102.2	102.9	108.6	110.4	
2000	105.7	105.4	98.4	106.2	108.7	
2001	105.3	105.2	122.1	104.7	104.3	
2002	105.0	104.0	110.9	106.4	103.3	
2003	106.3	105.6	111.7	107.1	99.4	110.5
2004	106.7	106.8	93.8	106.6	107.8	109.6
2005	106.5	106.0	96.9	107.7	104.1	107.5
2006	105.5	106.0	96.7	104.9	102.0	108.8
2007	103.9	104.2	109.6	102.1	105.1	108.4
2008	105.1	103.7	108.6	106.6	106.9	107.8
2009	103.2	103.3	111.8	102.3	104.4	106.2
2010	103.5	103.8	101.8	102.4	105.8	106.5
2011	103.9	105.5	103.6	101.1	101.8	105.0
2012	104.1	103.6	105.5	104.7	104.1	105.0
2013	103.3	104.0	106.5	101.2	106.0	107.0
2014	104.0	103.1	108.9	105.1	103.2	107.0
2015	102.7	102.8	104.3	101.7	102.4	107.0
2016	103.5	103.2	106.4	103.0	103.8	108.0

注：本表按可比价格计算。

a) Data in value terms in this table are calculated at constant prices.

农、林、牧、渔业分项产值

Gross Output Value of Farming, Forestry, Animal Husbandry and Fishery by Branch

指标	Item	绝对数(亿元) Gross Output Value (100 million yuan)		构成(%) Composition (%)	
		2015	2016	2015	2016
农、林、牧、渔业总产值	**Gross Output Value**	**5978.88**	**6083.86**	**100.00**	**100.00**
农业产值	**Output Value of Farming**	**3441.37**	**3459.39**	**57.56**	**56.86**
谷物及其他作物	Cereal and Other Crops	1000.92	969.13	16.74	15.93
谷物	Cereal	723.01	688.95	12.09	11.32
薯类	Tubers	83.16	84.40	1.39	1.39
油料	Oil-bearing Crops	80.80	78.40	1.35	1.29
豆类	Beans	14.46	14.58	0.24	0.24
棉花	Cotton	78.41	66.24	1.31	1.09
生麻	Raw Flax	0.02	0.01	…	…
糖类	Sugar Crops	3.57	3.73	0.06	0.06
烟草	Tobacco	0.53	0.48	0.01	0.01
其他农作物	Other Crops	16.96	32.35	0.28	0.53
蔬菜、食用菌及花卉盆景园艺	Vegetables, Edible Fungus and Flowers Bonsai Gardening	1747.81	1779.44	29.23	29.25
#蔬菜	Vegetables	1608.20	1632.67	26.90	26.84
水果、食用坚果、饮料和香料作物	Fruits,Edible Nuts, Beverages and Spice Crops	624.31	632.28	10.44	10.39
#水果	Fruits	539.93	552.30	9.03	9.08
食用坚果	Edible Nuts	80.30	75.93	1.34	1.25
中草药材	Chinese Herbal Medicines	68.33	78.54	1.14	1.29
林业产值	**Output Value of Forestry**	**121.48**	**132.31**	**2.03**	**2.17**
林木的培育和种植	Cultivation and Planting of Trees	91.63	99.61	1.53	1.64
育种育苗	Breeding Nursery	25.90	23.19	0.43	0.38
造林	Afforestation	37.16	50.25	0.62	0.83
抚育和管理	Tending Management	28.57	26.16	0.48	0.43
木材采运	Logging and Transport of Bamboo	5.13	5.09	0.09	0.08
林产品	Forestry Products	24.73	27.61	0.41	0.45
牧业产值	**Output Value of Animal Husbandry**	**1904.12**	**1939.22**	**31.85**	**31.87**
牲畜饲养	Stock Breading	641.08	589.40	10.72	9.69
牛的饲养	Cattle	267.71	254.68	4.48	4.19
羊的饲养	Sheep	191.99	180.75	3.21	2.97
其他牲畜饲养	Others	13.08	7.41	0.22	0.12
奶产品	Milk Products	159.30	140.05	2.66	2.30
毛绒产品	Feather and Cashmere Products	6.90	6.51	0.12	0.11
猪的饲养	Pigs Breeding	608.43	686.61	10.18	11.29
家禽饲养	Poultry Breeding	465.31	461.28	7.78	7.58
肉禽	Poultry for Meat	136.72	132.98	2.29	2.19
禽蛋	Egg	328.59	328.30	5.50	5.40
猎狩和捕捉动物	Animal Hunting and Trapping	0.03		…	
其他畜牧业	Other Animal Husbandry	189.28	201.93	3.17	3.32
渔业产值	**Output Value of Fishery**	**198.72**	**210.95**	**3.32**	**3.47**
海水产品	Seawater Aquatic Products	125.15	143.55	2.09	2.36
淡水产品	Aquatic Products from Inland Waterways	73.57	67.41	1.23	1.11
农林牧渔服务业产值	**Output Value of Service to Farming, Forestry, Animal Husbandry and Fishery**	**313.18**	**341.97**	**5.24**	**5.62**

农、林、牧、渔业增加值
Value-added of Farming, Forestry, Animal Husbandry and Fishery

单位：万元 (10000 yuan)

指　标	Item	2005	2010	2015	2016
农林牧渔业总产值	**Gross Output Value**	**23791712**	**43094214**	**59788754**	**60838568**
农　业	Farming	12580005	24701102	34413677	34593921
林　业	Forestry	401325	512574	1214841	1323149
牧　业	Animal Husbandry	8793826	14437565	19041241	19392235
渔　业	Fishery	794421	1424679	1987181	2109525
农林牧渔服务业	Service to Farming, Forestry, Animal Husbandry & Fishery	1222135	2018294	3131814	3419738
中间消耗	**Intermediate Exertion**	**9791712**	**17466072**	**24002165**	**24390395**
农　业	Farming	4094906	7996487	11038272	10996017
林　业	Forestry	104642	145725	353043	391899
牧　业	Animal Husbandry	4576459	7620147	10059852	10239860
渔　业	Fishery	341283	582551	811275	862955
农林牧渔服务业	Service to Farming, Forestry, Animal Husbandry & Fishery	674422	1121162	1739723	1899664
农林牧渔业增加值	**Added Value**	**14000000**	**25628142**	**35786589**	**36448173**
农　业	Farming	8485099	16704615	23375405	23597904
林　业	Forestry	296683	366849	861798	931250
牧　业	Animal Husbandry	4217367	6817418	8981389	9152375
渔　业	Fishery	453138	842128	1175906	1246570
农林牧渔服务业	Service to Farming, Forestry, Animal Husbandry & Fishery	547713	897132	1392091	1520074

农、林、牧、渔业商品率
Commodity Rate of Farming, Forestry, Animal Husbandry and Fishery

单位：% (%)

年　份 Year	农林牧渔业商品率 Farming, Forestry, Animal Husbandry and Fishery	农　业 Farming	林　业 Forestry	牧　业 Animal Husbandry	渔　业 Fishery
1986	54.50	50.32	38.14	70.45	95.45
1990	55.84	50.18	29.75	71.92	91.31
1995	62.21	55.34	43.66	76.15	93.02
2000	70.20	62.72	45.97	79.77	88.40
2001	71.64	64.87	51.59	79.81	90.76
2002	73.00	66.98	49.25	80.39	91.17
2003	74.52	67.23	45.59	83.40	90.19
2004	75.64	66.84	51.86	85.29	88.56
2005	77.33	68.54	59.46	86.80	91.45
2006	77.94	71.95	65.19	87.32	92.34
2007	79.08	72.42	68.59	88.11	92.06
2008	78.24	71.61	65.54	86.16	90.17
2009	79.97	74.91	27.20	87.74	93.72
2010	80.45	76.16	24.90	88.35	94.90
2011	81.09	76.58	29.11	89.27	92.52
2012	81.61	78.19	27.58	89.60	86.46
2013	81.58	78.75	30.23	89.86	80.00
2014	81.80	78.52	29.40	90.10	85.90
2015	82.20	79.38	34.19	89.70	88.52
2016	84.32	81.73	37.44	91.44	90.69

主要农作物总播种面积

Total Sown Areas of Major Farm Crops

单位：千公顷 (1000 hectares)

年 份 Year	农作物总播种面积 Total Sown Area	#粮食作物播种面积 Sown Area of Grain Crops	#夏 收 Summer Harvest Grain	#经济作物播种面积 Economic Crops	#棉 花 Cotton	#油 料 Oil-bearing Crops
1978	9370.9	7949.4	2979.2	959.1	576.6	300.2
1980	9013.9	7487.2	2703.8	1073.9	548.7	461.0
1985	8656.5	6492.7	2367.5	1677.5	850.3	749.8
1990	8786.7	6827.8	2515.0	1502.1	910.9	543.5
1991	8814.8	6798.0	2535.0	1564.5	955.2	559.1
1992	8570.5	6625.9	2550.1	1481.4	882.1	549.4
1993	8676.7	7040.5	2530.4	1129.6	520.0	556.3
1994	8649.3	6801.7	2466.5	1327.2	685.3	590.2
1995	8720.1	6829.5	2515.3	1349.3	700.5	604.5
1996	8872.1	7137.3	2610.4	1071.6	427.5	601.1
1997	8856.9	7099.4	2745.3	1033.3	377.1	602.7
1998	9097.7	7305.7	2793.8	990.2	315.7	632.4
1999	9055.2	7236.1	2765.8	932.3	266.6	635.2
2000	9024.4	6918.7	2716.6	1033.9	307.4	686.4
2001	8990.8	6628.9	2629.6	1091.0	418.5	631.7
2002	8935.1	6484.4	2493.2	1099.5	407.4	642.0
2003	8638.5	5944.0	2232.9	1266.7	581.4	634.0
2004	8695.4	6003.4	2200.5	1303.2	669.1	583.6
2005	8785.5	6240.2	2415.4	1180.3	573.5	559.0
2006	8713.9	6271.7	2535.6	1177.9	664.1	485.9
2007	8652.7	6168.2	2443.1	1207.5	680.0	498.3
2008	8713.2	6158.1	2447.2	1245.8	690.0	516.9
2009	8682.5	6216.5	2424.2	1159.7	620.0	496.6
2010	8718.4	6282.2	2455.2	1091.6	581.6	464.4
2011	8773.7	6286.1	2431.6	1135.1	632.5	453.1
2012	8786.5	6302.4	2444.7	1089.8	578.3	454.0
2013	8749.2	6315.9	2407.1	1019.2	483.0	470.4
2014	8713.1	6332.0	2365.0	943.3	410.9	466.3
2015	8739.8	6392.5	2350.7	903.3	359.3	461.6
2016	8716.6	6327.4	2345.8	848.0	288.6	468.3

粮食、棉花、油料单位面积产量
Output of Grain, Cotton and Oil-bearing Per Hectare

单位：千克 / 公顷 (kg/ha)

年份 Year	粮食 Grain	#小麦 Wheat	#稻谷 Rice	#玉米 Corn	棉花 Cotton	油料 Oil-bearing	#花生 Peanuts
1978	2123.0	2211.6	4927.6	2310.1	203.3	816.0	1305.0
1980	2033.5	1430.2	5722.5	2833.2	450.5	979.2	1508.8
1985	3028.9	3164.8	6112.9	3880.5	739.3	1159.2	1749.6
1990	3334.7	3698.4	6201.2	4063.1	626.6	1377.9	1951.5
1991	3337.3	3562.1	5927.6	4407.8	664.0	1303.3	2014.0
1992	3298.6	3611.2	6396.0	4199.0	346.9	1207.0	1645.0
1993	3380.7	3571.9	6833.9	4533.8	370.0	1447.5	2110.4
1994	3710.1	3753.2	7498.9	5063.9	569.1	1808.9	2483.9
1995	4010.6	4240.1	7018.9	5165.9	528.8	1817.3	2547.6
1996	3908.0	4396.0	6500.9	4627.7	604.0	2007.0	2686.0
1997	3869.0	4891.1	6590.9	4161.3	660.0	1957.0	2672.0
1998	3993.0	4535.6	6476.9	4599.8	856.0	2195.0	2787.0
1999	3795.3	4690.7	6016.5	4084.5	835.0	2038.9	2740.5
2000	3687.2	4509.3	4573.1	4012.4	976.4	2141.1	2861.6
2001	3759.0	4351.8	5020.7	4165.5	1001.9	2434.8	2917.6
2002	3756.4	4488.6	5018.9	4015.5	986.5	2356.1	2927.3
2003	4017.2	4646.4	5432.7	4313.6	897.9	2572.6	3026.4
2004	4131.1	4872.6	5659.0	4400.4	994.4	2644.2	3071.2
2005	4164.2	4839.1	5881.8	4458.9	1006.5	2732.0	3198.1
2006	4433.6	4750.3	5770.3	4817.4	1054.4	2753.3	3227.4
2007	4606.8	4948.3	6810.2	4966.8	1065.7	2771.3	3338.0
2008	4718.8	5057.4	6814.7	5076.2	1068.6	2952.3	3417.4
2009	4681.4	5136.2	6750.9	4966.1	975.2	2885.0	3438.0
2010	4737.0	5084.5	6805.1	5014.7	979.3	3021.1	3517.4
2011	5047.0	5325.9	7248.9	5401.1	1033.0	3128.8	3578.9
2012	5151.4	5550.9	5798.4	5409.8	976.1	3145.7	3580.5
2013	5327.8	5834.2	6768.0	5481.0	945.9	3212.6	3657.7
2014	5306.6	6103.5	6382.6	5268.9	1049.6	3221.0	3666.8
2015	5262.1	6188.4	6430.8	5142.6	1039.4	3283.1	3716.1
2016	5468.6	6194.1	6712.5	5495.5	1037.9	3341.8	3789.9

主要农作物分品种播种面积和产量

Yield and Sown Area of Major Farm Crops by Assortment

项目	Item	播种面积(千公顷) Sown Area (1000 hectares)		总产量(万吨) Total Output (10000 tons)		每公顷产量(千克) Output Per Hectare (kg)	
		2015	2016	2015	2016	2015	2016
农作物总播种面积	**Total Sown Area**	**8739.84**	**8716.64**				
粮食作物	**Grain Crops**	**6392.48**	**6327.41**	**3363.81**	**3460.24**	**5262**	**5469**
谷物	Cereal	5965.15	5903.26	3230.42	3321.86	5415	5627
稻谷	Rice	84.79	81.52	54.53	54.72	6431	6712
小麦	Wheat	2318.87	2313.90	1435.00	1433.25	6188	6194
玉米	Corn	3248.08	3191.05	1670.36	1753.64	5143	5495
谷子	Millet	148.29	149.30	48.37	52.76	3262	3534
高粱	Sorghum	11.46	10.68	3.70	3.76	3227	3521
豆类	Beans	153.72	145.61	29.47	32.04	1917	2200
#大豆	Soybean	115.85	105.74	22.58	24.66	1949	2332
薯类	Tubers	273.61	278.54	103.93	106.34	3798	3818
油料	**Oil-bearing**	**461.59**	**468.32**	**151.54**	**156.50**	**3283**	**3342**
#花生	Peanut	342.87	342.25	127.41	129.71	3716	3790
油菜籽	Rapeseeds	17.64	18.74	2.97	3.10	1683	1653
芝麻	Sesame	6.16	5.70	0.85	0.77	1381	1353
胡麻籽	Benne	34.47	33.02	3.26	3.15	945	955
葵花籽	Sunflower	59.25	67.00	16.72	19.37	2822	2890
棉花	**Cotton**	**359.27**	**288.57**	**37.34**	**29.95**	**1039**	**1038**
麻类	**Fiber Crops**	**0.23**	**0.08**	**0.05**	**0.02**	**2160**	**2177**
#黄红麻	Jute and Ambary Hemp	0.22	0.07	0.05	0.02	2212	2318
大麻	Hemp	0.01	…	…	…	1429	1000
甜菜	**Beetroots**	**17.14**	**19.26**	**89.18**	**93.14**	**52015**	**48363**
烟叶	**Tobacco**	**2.93**	**2.80**	**0.64**	**0.61**	**2183**	**2168**
#烤烟	Flue-cured Tobacco	2.44	2.35	0.42	0.40	1721	1696
药材	**Medicinal Materials**	**62.13**	**68.95**	**38.77**	**42.60**	**6240**	**6178**
蔬菜	**Vegetables**	**1242.06**	**1236.19**	**8243.69**	**8193.37**	**66371**	**66279**
瓜果类	**Melons**	**114.68**	**113.60**	**608.58**	**613.92**	**53067**	**54043**
其他农作物	**Other Crops**	**87.33**	**191.47**				
#青饲料	Green Feed	55.80	117.41				

主要农产品产量
Yield of Major Farm Crops

年 份 Year	粮 食 (万吨) Grain (10000 tons)	谷 物 Cereal	#小 麦 Wheat	#稻 谷 Rice	#玉 米 Corn	豆 类 Beans	#大 豆 Soybean	薯 类 Tubers	棉 花 (万吨) Cotton (10000 tons)
1978	1687.9		631.4	54.3	516.6		32.3	163.8	11.71
1980	1522.5		378.8	83.1	663.2		29.7	125.2	24.72
1985	1966.6		744.3	78.0	678.9		38.5	144.5	62.86
1990	2276.9		927.7	91.6	829.2		53.5	138.6	57.08
1995	2739.0	2507.0	1060.3	90.3	1183.4	94.3	78.6	137.7	37.05
2000	2551.1	2355.6	1208.0	65.8	994.5	74.5	62.9	121.0	30.01
2001	2491.8	2309.0	1122.7	47.2	1059.5	67.1	56.3	115.7	41.93
2002	2435.8	2256.2	1099.5	55.7	1035.0	60.6	49.4	119.0	40.19
2003	2387.8	2205.9	1018.8	41.1	1073.6	60.6	46.4	121.3	52.20
2004	2480.1	2319.4	1053.2	47.3	1157.6	57.6	44.3	103.1	66.54
2005	2598.6	2452.9	1150.3	51.6	1193.8	51.2	42.4	94.5	57.72
2006	2780.6	2640.2	1189.7	51.2	1348.8	46.9	39.5	93.5	70.02
2007	2841.6	2716.0	1193.7	57.6	1421.8	42.8	36.4	82.8	72.47
2008	2905.8	2758.5	1221.9	55.6	1442.2	45.9	38.1	101.4	73.73
2009	2910.2	2801.8	1229.8	57.5	1465.2	34.9	28.5	73.4	60.46
2010	2975.9	2844.3	1230.6	54.2	1508.7	33.5	27.7	98.1	56.95
2011	3172.6	3032.3	1276.1	60.2	1639.6	35.7	29.5	104.6	65.34
2012	3246.6	3102.7	1337.7	49.8	1649.5	32.5	25.9	111.5	56.44
2013	3365.0	3221.8	1387.2	58.8	1703.9	30.9	24.4	112.4	45.68
2014	3360.2	3224.9	1429.9	54.2	1670.7	34.8	25.0	100.5	43.10
2015	3363.8	3230.4	1435.0	54.5	1670.4	29.5	22.6	103.9	37.34
2016	3460.2	3321.9	1433.3	54.7	1753.6	32.0	24.7	106.3	29.95

年 份 Year	油 料 (万吨) Oil-bearing Crops (10000 tons)	#花 生 Peanut	#芝 麻 Sesame	麻 类 (吨) Fiber Crops (ton)	#黄红麻 Jute and Ambary Hemp	烟 叶 (吨) Tobacco (ton)	#烤 烟 Flue-cured Tobacco	蔬 菜 (万吨) Vegetables (10000 tons)	瓜果类 (万吨) Melons (10000 tons)
1978	24.50	17.37	1.26	16615	9130	10940	6385	550.7	29.7
1980	45.14	35.77	3.23	17785	9720	5900	1540	531.6	45.9
1985	86.92	58.01	5.14	59890	52305	20135	5440	921.2	173.1
1990	74.89	57.81	2.74	20148	18158	22090	11596	1157.0	110.6
1995	109.86	94.68	2.47	13996	13095	9427	6513	2148.4	186.6
2000	146.97	132.59	2.03	7951	7436	12429	7360	4454.0	341.9
2001	153.81	144.27	1.99	7231	6897	9356	4062	4892.6	405.0
2002	151.26	140.45	1.64	10271	10060	11083	5252	5477.2	420.8
2003	163.10	148.14	1.64	6214	5801	10693	4378	5903.4	473.8
2004	154.32	137.85	1.50	4329	778	10952	5135	6187.5	469.4
2005	152.73	140.33	1.46	7262	767	9759	4928	6467.6	479.4
2006	133.78	121.87	1.32	7328	810	4984	2286	6314.4	460.3
2007	138.09	130.68	1.12	3962	717	4226	2271	6440.7	475.7
2008	152.59	140.07	1.08	710	617	6114	3562	6684.6	478.8
2009	143.27	133.99	1.01	745	699	6650	4082	6742.1	474.6
2010	140.29	129.23	1.05	677	648	6505	3201	7073.6	500.7
2011	141.78	128.92	1.04	729	688	6812	4159	7384.3	514.1
2012	142.83	126.94	0.91	780	738	7019	4550	7695.1	528.9
2013	151.13	130.08	0.88	786	736	7154	4806	7902.1	560.2
2014	150.20	129.24	0.84	612	592	8871	6568	8125.7	598.4
2015	151.54	127.41	0.85	499	480	6400	4202	8243.7	608.6
2016	156.50	129.71	0.77	172	153	6062	3976	8193.4	613.9

平均每人主要农产品产量（按平均人口计算）
Per Capita of Major Agricultural Products (Calculated by Average Population)

单位：千克 (kg)

年份 Year	粮食 Grain	棉花 Cotton	油料 Oil-bearing Crops	蔬菜 Vegetables	园林水果 Garden Fruit	猪牛羊肉 Pork, Beef and Mutton	禽蛋 Poultry Eggs	牛奶 Cow Milk	水产品 Aquatic Products
1978	335.72	2.32	4.87	108.38	15.81	8.29		0.36	2.76
1980	296.42	4.81	8.79	103.50	15.60	13.45		0.52	1.90
1985	356.43	11.39	15.75	166.96	29.03	14.84	6.06	1.33	2.31
1990	378.23	9.48	12.44	192.19	29.15	20.13	8.52	1.86	3.64
1995	427.17	5.78	17.13	335.05	67.37	40.36	32.02	5.08	6.18
2000	383.97	4.52	22.12	670.38	101.94	40.64	49.57	12.67	12.18
2001	372.65	6.27	23.00	738.99	100.17	40.33	50.18	16.06	12.70
2002	362.63	5.98	22.52	815.54	111.44	41.26	51.64	20.38	12.96
2003	353.64	7.73	24.16	874.32	118.03	42.25	53.10	29.31	12.78
2004	365.30	9.80	22.73	911.39	129.17	44.00	54.09	39.25	13.67
2005	380.48	8.45	22.36	946.97	134.48	46.00	56.40	49.83	14.49
2006	404.49	10.19	19.46	918.55	140.89	47.06	55.61	59.30	12.68
2007	410.60	10.47	19.95	930.66	146.78	44.45	57.29	70.72	13.10
2008	417.15	10.58	21.91	959.61	151.32	47.24	59.00	72.43	13.87
2009	415.05	8.62	20.43	961.56	157.46	48.04	50.38	64.40	14.32
2010	418.32	8.01	19.72	994.32	156.27	46.75	47.66	61.82	14.95
2011	439.85	9.06	19.66	1023.75	167.07	45.65	47.09	63.58	14.79
2012	446.94	7.77	19.66	1059.35	177.04	47.22	47.16	64.75	16.01
2013	460.32	6.25	20.67	1080.99	178.26	47.42	47.34	62.65	16.83
2014	456.66	5.86	20.41	1104.31	193.06	49.48	49.29	66.29	17.18
2015	454.30	5.04	20.47	1113.36	203.75	48.61	50.46	63.90	17.52
2016	464.62	4.02	21.01	1100.15	204.71	47.27	52.17	59.15	18.39

主要农业机械和农产品加工机械拥有量（年底数）
Ownership of Agricultural Machinery and Machinery for Procession Farm Products (End of Year)

指标	Item	2000	2005	2010	2015	2016
农业机械总动力（万千瓦）	**Total Power of Agricultural Machinery (10000 kw)**	**7000.4**	**8487.2**	**10151.3**	**11102.8**	**7402.0**
柴油发动机动力	Power of Diesel Engine	5082.5	6551.5	8011.6	8760.2	5116.3
汽油发动机动力	Power of Gasoline Engine	317.9	149.6	121.6	146.0	134.7
电动机动力	Power of Motor	1600.0	1786.0	2018.1	2196.6	2151.0
其他机械动力	Power of Others	0.1	0.2			
主要农业机械与设备（万台）	**Major Agricultural Machinery and Equipment (10000 units)**					
大中型拖拉机	Large and Medium Agricultural Tractors	6.4	10.1	17.3	27.4	29.9
小型拖拉机	Mini-Tractors	129.8	144.7	150.5	136.3	131.8
大中型拖拉机配套农具	Number of Large and Medium Tractor Towing Farm Machinery	10.8	18.4	34.5	49.8	53.8
小型拖拉机配套农具	Number of Mini-Tractor Towing Farm Machinery	156.7	191.6	201.0	180.4	173.4
排灌用电动机	Electrical Engines	131.2	139.5	148.2	154.5	152.9
排灌用柴油机	Diesel Engines	138.2	125.8	113.2	94.3	88.5
联合收割机	Combine Harvesters	4.2	5.6	7.9	13.8	14.7
割晒机	Swathers		0.1	4.0	3.0	2.6
机动脱粒机	Motorised Threshing Machines	46.7	28.5	21.8	19.8	19.3
农用运输汽车	Agricultural Vehicles	160.4	252.2	268.2	269.4	
节水灌溉机械	Water-saving Irrigated Machinery	3.1	3.5	4.4	5.7	5.7
农用水泵	Agricultural Pump	163.7	165.9	172.1	169.7	164.8

农村居民家庭平均每百户年末拥有生产性固定资产数量
Number of Productive Fixed Assets Per 100 Rural Households (End of Year)

项　　目	Item	2000年	2005年	2010年	2014年	2015年	2016年
生产性用房及建筑物(平方米)	Productive Houses and Buildings (m2)	1179.10	1965.17	2203.59	1011.48	1179.08	1182.95
大中型拖拉机(台)	Large and Medium Tractors (set)	2.03	2.48	2.92	2.38	2.46	2.00
小型农用拖拉机(台)	Mini and Walking Tractors (set)	34.49	36.43	32.13	41.34	36.68	31.01
农用排灌动力机械(台)	Pumps (set)		32.04	26.59	7.75	8.25	7.57
收割机(台)	Harvesters (set)		2.07	1.76	0.58	0.64	0.74
脱粒机(台)	Motorized Threshing Machines (set)	6.30	2.17	2.73	2.57	2.68	1.78
役畜(头)	Draught Animals (unit)	25.04	11.95	8.32	3.51	3.30	2.37
产品畜(头)	Commodity Animals (unit)	19.88	60.95	40.26	82.50	60.96	80.55

农村居民家庭平均每户年末拥有生产性固定资产原值
Original Value of Productive Fixed Assets Per Rural Households (End of Year)

单位：元　　(yuan)

项　　目	Item	2000年	2005年	2010年	2015年	2016年
生产性固定资产原值	**Original Value of Productive Fixed Assets**	**6328.32**	**9335.54**	**11455.36**	**15252.44**	**20362.85**
农业	Farming		4646.31	5683.50	6287.34	5232.19
林业	Forestry		9.05	11.27	59.15	12.74
牧业	Animal Husbandry	4132.77①	1449.07	1417.95	1534.27	2030.10
渔业	Fishery				6.93	7.55
农林牧渔服务业	Service to Farming, Forestry, Animal Husbandry and Fishery				53.04	22.78
采矿业	Mining		14.88	26.19		18.66
制造业	Manufacturing	586.06②	1070.92	1354.51	1587.37	3182.82
电力、热力、燃气及水生产和供应业	Production and Distribution of Electricity, Thermal, Gas and Water			4.76		6.72
建筑业	Construction	31.57	38.33	158.33	238.89	1013.95
批发和零售业	Wholesale and Retail Trades		457.83	727.00	2362.73	5511.61
交通运输业、仓储和邮政业	Traffic, Transport, Storage and Post		1356.43	1585.74	2232.68	2100.92
住宿和餐饮业	Hotels and Catering Services		70.19	101.55	217.22	348.06
房地产业	Real Estate	1577.92③				21.57
租赁和商务服务业	Leasing and Business Services				108.53	96.16
居民服务、修理和其他服务业	Social Services		123.43	206.44	487.58	654.50
其他行业	Others		99.10	178.12	76.71	102.53

注：①包括农业、林业、牧业、渔业及农林牧渔服务业。②包括采矿业，制造业，电力、热力、燃气及水生产和供应业。③包括批发和零售业，交通运输业、仓储和邮政业，住宿和餐饮业，房地产业，租赁和商务服务业，居民服务、修理和其他服务业，其他行业。

a) ① Included farming, forestry, animal husbandry, fishery and service to farming, forestry, animal husbandry and fishery. ② Included mining, manufacturing,production and distribution of electricity, thermal, gas and water. ③ Included wholesaleand retail trades, traffic, transport, storage & post,hotels & catering services, real estate, leasing & business services, social services & others.

农业机械化、能源、化肥、水利
Mechanization, Energy Resources, Chemical Fertilizer and Water Conservancy of Agriculture

指　　标	Item	2005	2010	2015	2016
农业机械化情况(千公顷)	**Agriculture Mechanization (1000 hectares)**				
当年实际机械耕地面积	Area Cultivated by Machine This Year	4745.47	5317.10	5475.26	5473.05
当年机械播种面积	Area Sown by Machine This Year	5282.47	6274.51	6624.64	6669.38
当年机械收获面积	Mechanical Harvest Area This Year	2480.45	3428.52	5192.38	5397.25
农业能源情况	**Agriculture Energy**				
农村用电量(亿千瓦小时)	Electricity Consumed in Rural Area (100 million kwh)	337.05	511.81	611.82	600.78
农村水电站数(处)	Hydropower Station in Rural Areas (unit)	116	135	248	250
装机容量(万千瓦)	Generating Capacity (10000 kw)	3.68	6.32	39.57	39.58
农用化肥施用量	**Consumption of Chemical Fertilizers**				
折纯量(万吨)	by 100% Effective Component (10000 tons)	303.39	322.86	335.49	331.79
农药使用量(万吨)	**Consumption of Agricultural Pesticide (10000 tons)**	**8.08**	**8.46**	**8.33**	**8.17**
农田水利情况	**Farm Water Conservancy Condition**				
有效灌溉面积(千公顷)	Effective Irrigated Areas (1000 hectares)	4547.75	4520.87	4447.98	4457.64
年末实有机井数量(万眼)	Motor-pumped Well at the Year-end (10000 units)	93.72	96.45	91.72	91.43

注：2012年有效灌溉面积、机电井数据为全国第一次水利普查数据。
a) In 2012, the effective irrigation area, motor-pumped well for the first national water resources census.

林　业　生　产
Forestry Production

指　　标	Indicator	2010年	2015年	2016年
营造林情况(千公顷)	**Afforestation Situation (1000 hec)**			
人工造林面积	Manual Planting	138.37	284.08	345.63
飞播造林面积	Airplane Planting	76.60		33.33
当年新封山育林面积	New Closing Hillsides for Afforestation	68.91	58.84	135.11
退化林修复面积	Restoration of Degraded Foresta		11.69	65.65
人工更新面积	Artificial Regeneration	4.20	5.26	3.64
森林抚育面积	Area of Forest Care	263.75	444.49	408.38
当年零星四旁植树(万株)	Planting Trees Piecemeal (10000 trees)	10036.95	10786.14	10429.56
当年新增育苗面积	New Seedling Area Was Added	16.12	28.86	25.01
商品材采伐量(万立方米)	**Lumber Logging Amount (10000 m^3)**	**71.34**	**80.45**	**82.30**
#村及村以下木材采伐量	Timber Logging in Rural Areas	44.20	48.29	54.61
花椒产量(吨)	**Chinese Prickly Ash Output (ton)**	**12271**	**10726**	**10284**

注：森林抚育面积是指中、幼龄林抚育面积。
a) Area of forest care refers to the area of the Medium and young forest.

畜禽产品年末存栏数量

Number of Livestock at Year-end

单位：万头 (10000 heads)

年 份 Year	大牲畜 Large Animals	#牛 Cattle and Buffaloes	#马 Horses	#驴 Donkeys	#骡 Mules	生猪 Number of Hogs at Year-end	羊(万只) Sheep and Goats (10000 units)	山羊 Goats	绵羊 Sheep	家禽(万只) Poultrys (10000 units)
1978	354.70	134.60	79.81	83.07	56.95	1245.7	600.7	346.1	254.6	
1980	341.05	120.71	78.02	78.26	63.88	1293.4	814.9	461.4	353.5	4210.8
1985	446.50	155.10	71.95	142.57	76.88	1421.4	721.1	372.8	348.3	10233.0
1990	525.22	207.90	56.95	176.71	83.66	1494.2	1074.5	562.6	511.9	12838.2
1995	870.88	579.34	48.68	167.69	75.17	2052.8	1565.7	803.4	762.3	35670.5
2000	774.24	516.73	45.04	149.14	63.33	1959.6	1676.6	801.8	874.8	45515.9
2001	730.17	487.72	43.31	138.92	60.22	1904.2	1639.5	751.3	888.2	44432.9
2002	702.92	476.64	40.64	130.04	55.60	1909.9	1572.5	672.9	899.6	47707.8
2003	685.06	477.87	36.83	121.05	49.31	1926.2	1594.3	664.5	929.8	42212.7
2004	721.81	528.39	35.53	112.56	45.33	1964.3	1664.5	673.7	990.9	51602.9
2005	762.63	584.92	33.13	104.11	40.47	1977.5	1679.1	678.3	1000.8	41070.5
2006	613.00	458.93	28.99	90.16	34.92	1812.8	1552.6	771.5	781.1	37495.5
2007	610.49	474.99	24.92	80.72	29.86	1907.1	1583.7	785.5	798.2	39106.9
2008	569.75	449.01	22.70	70.65	27.39	2015.2	1617.0	750.9	866.1	37996.3
2009	536.66	429.11	20.30	62.89	24.36	1968.0	1565.1	551.4	1013.7	34922.4
2010	503.87	404.20	18.85	57.73	23.09	1846.0	1408.6	462.2	946.4	33106.4
2011	495.72	400.31	18.20	55.80	21.41	1885.2	1457.2	467.5	989.7	35668.3
2012	498.15	403.10	18.44	55.49	21.12	1847.5	1413.5	450.5	963.0	38528.8
2013	482.55	390.66	18.07	53.64	20.16	1932.9	1455.1	450.9	1004.2	37206.4
2014	488.23	402.42	17.06	49.92	18.79	1915.5	1526.4	481.6	1044.8	38694.7
2015	493.20	412.48	15.97	47.34	17.37	1865.7	1450.1	475.8	974.3	37804.7
2016	467.70	395.98	15.11	40.88	15.71	1819.0	1386.3	470.3	916.0	38560.8

畜禽产品当年出栏数量及产量

Number of Livestock in the Year and Output of Livestock Products

年 份 Year	肉猪当年出栏(万头) Slaughtered Pigs in the Year (10000 heads)	牛当年出栏(万头) Slaughtered Cattle in the Year (10000 heads)	羊当年出栏(万只) Slaughtered Sheep & Goats in the Year (10000 units)	家禽当年出栏(万只) Slaughtered Poultry in the Year (10000 units)	肉类总产量(万吨) Output of Meat (10000 tons)	#猪牛羊肉 Output of Pork, Beef and Mutton	奶类产量(万吨) Output of Milk (10000 tons)	#牛奶产量 Output of Cow Milk	禽蛋产量(万吨) Poultry Eggs (10000 tons)
1978	570.5	4.0	135.7			41.7	2.46	1.82	
1980	716.9	5.4	174.9			52.5	4.51	2.65	
1985	1018.5	15.2	325.9		85.9	81.9	10.05	7.32	33.44
1990	1395.5	45.0	644.4	5246.6	130.1	121.2	14.26	11.18	51.28
1995	2409.6	333.3	1200.7	31457.4	310.7	258.8	38.92	32.55	205.29
2000	2675.2	326.3	1511.5	44471.3	342.4	270.0	96.21	84.20	329.35
2001	2699.4	315.5	1502.7	45073.9	347.7	269.7	119.26	107.38	335.53
2002	2757.1	321.2	1609.6	45671.3	356.6	277.1	148.89	136.89	346.88
2003	2853.0	329.5	1591.6	46542.5	365.8	285.3	207.61	197.90	358.56
2004	2991.0	403.2	1615.8	47033.9	378.8	298.7	276.95	266.46	367.24
2005	3145.0	360.4	1695.5	48690.1	395.6	314.2	348.64	340.35	385.18
2006	3246.7	348.8	1726.4	48743.0	406.2	323.5	417.00	407.62	382.30
2007	2964.2	359.7	1789.1	52107.8	398.1	307.6	497.70	489.44	396.45
2008	3230.8	354.1	1946.2	53900.3	421.1	329.1	515.33	504.51	411.00
2009	3332.9	344.3	2059.1	52552.8	426.6	336.8	461.10	451.50	353.20
2010	3222.9	361.2	2143.5	47980.7	416.7	332.6	449.08	439.76	339.08
2011	3235.8	339.0	2050.7	50730.8	418.2	329.5	466.94	458.90	339.84
2012	3396.7	340.3	2071.5	57935.9	442.9	343.0	478.97	470.37	342.56
2013	3452.0	325.3	2105.1	58573.2	448.8	346.6	465.66	458.00	346.06
2014	3638.4	320.6	2189.3	59627.5	468.1	364.1	496.12	487.77	362.71
2015	3551.1	325.4	2255.0	58435.0	462.5	359.9	480.93	473.14	373.59
2016	3433.9	331.9	2303.8	60772.4	457.7	352.0	448.04	440.49	388.54

水产品产量
Output of Aquatic Products

单位：吨 (ton)

年份 Year	水产品总产量 Total Aquatic Products	海水产品 Seawater Aquatic Products	#鱼类 Fish	#虾蟹类 Carapace	淡水产品 Freshwater Aquatic Products	#鱼类 Fish	#虾蟹类 Carapace	远洋捕捞产量 Pelagic Fishery
1978	139017	128043	43988	63856	10974	10232	214	
1980	97610	86479	41902	38144	11131	9811	643	
1985	127495	104529	58578	39276	22966	21464	1489	
1990	218553	164880	61762	71295	53673	50912	2722	
1995	396070	210215	73868	62853	185855	178218	6330	
2000	809496	482032	187945	80707	327464	306535	15084	
2001	848887	514411	185570	92362	334476	312911	15942	
2002	870571	518440	181557	91831	352131	315759	19720	
2003	862715	489702	177773	90483	373013	340328	25936	
2004	928218	541332	190417	94519	386886	351315	26843	
2005	989461	571808	191613	95057	417653	386333	23696	
2006	871418	499047	155456	77803	372371	342458	22504	
2007	906437	524303	160388	75141	382134	353175	22909	
2008	966400	549250	164631	80317	417150	385537	25009	
2009	1004100	553884	151520	78503	450216	415983	26465	
2010	1063300	582600	151653	78882	480700	443331	27725	
2011	1067131	563281	145094	71757	503850	464896	28464	
2012	1163172	634631	141882	81978	528541	484141	33498	
2013	1230636	682809	134634	77538	547827	498931	39094	
2014	1263941	731594	143783	74982	532347	490131	32328	
2015	1297077	756931	153972	77740	536146	495247	30960	4000
2016	1369267	759208	155961	76951	562468	521205	32859	47591

受灾情况
Natural Disaster

指标	Item	2000	2005	2010	2015	2016
受灾面积(千公顷)	**Areas Covered (1000 hectares)**	**3560.28**	**1721.80**	**1668.17**	**1794.90**	**1447.83**
#成灾	Areas Affected	2541.30	976.02	1058.29	976.93	560.58
旱灾	Drought	2974.70	934.15	844.65	1104.15	216.05
#成灾	Areas Affected	2210.54	596.17	640.47	543.32	20.60
水灾	Flood	114.16	108.80	127.12	320.99	953.22
#成灾	Areas Affected	62.78	65.28	58.05	240.00	371.14
风雹灾	Wind Hail	256.15	347.47	149.83	347.77	261.63
#成灾	Areas Affected	166.12	188.14	86.92	159.00	156.23
霜冻灾	Frost	1.74	18.29	252.98	10.68	15.40
#成灾	Areas Affected	0.37	8.75	146.53	2.80	12.20
病虫灾	Diseases and Insect	203.40	247.75	118.80	11.31	1.50
#成灾	Areas Affected	92.89	93.55	35.32	6.25	0.41

注：1. 2015年及以后数据为民政部门数，其他年份为统计部门数。
a) The Data are from the Ministry of Civil Affairs since 2015, other years are from the department of statistics.

农垦系统国营农牧场基本情况

Basic Statistics on State Farms and Pasturelands of Land Reclamation Departments

指　　标	Item	2000	2005	2010	2015	2016
农场数(个)	**Number of Farms (unit)**	**30**	**30**	**32**	**33**	**33**
农场人口及职工(人)	**Population, Staff and Workers (person)**					
总人口	Total Population	290157	397033	422544	459210	462635
职工人数	Number of Staff and Workers	94660	85212	71138	66068	66674
土地总面积(公顷)	**Total Land Area (hectare)**	**350720**	**352607**	**354669**	**393149**	**393146**
# 耕地面积	Cultivated Area	90380	80297	89095	97763	96726
牧草地面积	Area of Grassland	99080	70062	77909	94430	93091
# 已利用面积	Utilized Area	84730	52126	51891	63911	61944
林地面积	Forest Area	38330	89785	83774	79527	76156
水面面积	Water Area	47680	48663	36939	26702	26464
# 养殖面积	Cultivated Area	10010	15156	13042	18277	18488
茶果桑园面积	Area of Tea, Mulberry and Orchards Plantations	2880	2913	1964	1589	1552
农作物总播种面积(公顷)	**Sown Area of Farm Crops (hectare)**	**94840**	**87903**	**99098**	**100743**	**97265**
# 粮食	Grain	68540	59393	64341	78239	76439
# 谷物	Cereal	61350	54083	59771	68009	67346
# 小麦	Wheat	19710	15975	17504	16114	15845
稻谷	Rice	27010	17962	18145	24062	25704
经济作物	Economic Crops					
# 棉花	Cotton	3390	21454	19881	7657	5385
油料	Oil-bearing Crops	12380	920	2015	1262	1467
主要农产品产量(吨)	**Yield of Major Farm Crops (ton)**					
# 粮食	Grain	240341	339161	415799	532361	622544
# 谷物	Cereal	232711	324412	389171	401920	443034
# 小麦	Wheat	50070	54400	75643	75169	76966
稻谷	Rice	141569	174670	179027	211730	23792
经济作物	Economic Crops					
# 棉花	Cotton	4121	25133	32481	9410	6831
油料	Oil-bearing Crops	3466	983	2626	1324	1898
鲜果	Fruit	17295	21762	16037	24292	24209
林业生产	**Forestry Production**					
当年造林面积(公顷)	New Forestry Area This Year (hectare)	5417	8011	3110	4227	4703
林木采伐量(立方米)	Fall of Forest (cu.m)	2420	2758	3636	1621	6363
畜牧业、渔业生产	**Production of Animal Husbandry and Fishery**					
年末大牲畜存栏(头)	Number of Large Animals (year-end) (head)	36500	82832	137400	202800	189800
年末猪存栏(头)	Number of Hogs (head)	90100	199849	273700	328300	330600
年末羊存栏(只)	Number of Sheep and Goats (unit)	51700	102147	54000	128000	114700
# 山羊	Goats	14600	8373	4300	3600	3400
畜产品产量(吨)	Output of Livestock Products (ton)					
肉类总产量	Pork, Beef and Mutton	21210	42800	56021	61005	67409
牛奶产量	Milk	68104	208148	473614	538743	559201
禽蛋产量	Poultry Eggs	6817	7801	10027	12438	19050
水产品产量(吨)	Output of Aquatic Products (ton)	48207	68933	78115	136907	114136
# 养殖	Artificially Cultured	39057	61000	71562	115135	111896

规模以上工业企业主要指标

Main Indicators of Industrial Enterprises above Designated Size

项　目	Item	2010	2014	2015	2016
企业单位数(个)	**Number of Enterprises (unit)**	**13927**	**14972**	**15295**	**14764**
内资企业	Domestic Funded	12833	13924	14480	14033
港澳台商投资企业	Enterprises with Funds from Hong Kong, Macao and Taiwan	309	269	254	244
外商投资企业	Foreign Funded Enterprises	785	599	561	487
工业增加值(亿元)	**Value Added of Industry (100 million yuan)**	**8182.8**	**11758.3**	**11244.7**	**11663.8**
资产总计(亿元)	**Total Assets (100 million yuan)**	**24943.75**	**42555.67**	**42717.82**	**44562.88**
内资企业	Domestic Funded	20723.15	37309.73	37890.71	39562.90
港澳台商投资企业	Enterprises with Funds from Hong Kong, Macao and Taiwan	1853.85	2177.40	2009.14	2148.20
外商投资企业	Foreign Funded Enterprises	2366.75	3068.55	2817.97	2851.78
主营业务收入(亿元)	**Revenue from Principal Business (100 million yuan)**	**31628.93**	**47207.76**	**45648.10**	**47318.60**
内资企业	Domestic Funded	27031.17	41834.60	41076.86	42837.77
港澳台商投资企业	Enterprises with Funds from Hong Kong, Macao and Taiwan	2035.06	2204.53	1785.72	1707.44
外商投资企业	Foreign Funded Enterprises	2562.70	3168.63	2785.51	2773.38
利润总额(亿元)	**Total Proficts (100 million yuan)**	**2141.47**	**2610.90**	**2360.99**	**2815.11**
内资企业	Domestic Funded	1774.90	2329.58	2165.45	2539.48
港澳台商投资企业	Enterprises with Funds from Hong Kong, Macao and Taiwan	150.28	128.75	114.22	126.92
外商投资企业	Foreign Funded Enterprises	216.29	152.57	81.33	148.70
总资产贡献率(%)	**Ratio of Profits, Taxes & Interests to Average Assets (%)**	**14.75**	**11.33**	**10.39**	**11.06**
内资企业	Domestic Funded	15.18	11.66	10.75	11.34
港澳台商投资企业	Enterprises with Funds from Hong Kong, Macao and Taiwan	12.25	10.09	9.62	9.78
外商投资企业	Foreign Funded Enterprises	12.96	8.09	6.06	8.19
资产负债率(%)	**Ratio of Debts to Assets (%)**	**60.68**	**56.80**	**56.16**	**54.87**
内资企业	Domestic Funded	61.33	56.83	56.48	55.27
港澳台商投资企业	Enterprises with Funds from Hong Kong, Macao and Taiwan	58.46	58.85	54.69	51.66
外商投资企业	Foreign Funded Enterprises	56.74	55.07	52.87	51.73

注：规模以上工业企业统计范围1998年至2007年为全部国有及年主营业务收入在500万元及以上非国有工业企业；2008年至2010年为年主营业务收入在500万元及以上的工业企业；2011年及以后年份为年主营业务收入在2000万元及以上的工业企业(以下相关表同)。

a) Industrial enterprises above designated size are all state-owned enterprises and non-state owned enterprises with annual revenue from principal business over 5 million yuan from 1998 to 2006, and are industrial enterprise with annual revenue from principal business over 5 million yuan from 2007 to 2010, and are industrial enterprise with annual revenue from principal business over 20 million yuan since 2011. The same applies to the tables following.

规模以上工业企业主要经济指标（2016年）

Main Indicators of Industrial Enterprises above Designated Size (2016)

单位：亿元 (100 million yuan)

项目	Item	企业单位数（个）Number of Enterprises (unit)	工业销售产值（当年价格）Output Value of Industrial Products Sales (current prices)	资产总计 Total Assets	主营业务收入 Revenue from Principal Business	利润总额 Total Profits
全省总计	**Total**	**14764**	**46906.78**	**44562.88**	**47318.60**	**2815.11**
按轻重工业分	**by Light & Heavy Industries**					
轻工业	Light Industry	5072	11942.30	7565.08	12164.41	875.26
重工业	Heavy Industry	9692	34964.47	36997.80	35154.19	1939.85
按企业规模分	**by Size of Enterprises**					
大型企业	Large Enterprises	346	16983.61	21980.33	17844.08	804.98
中型企业	Medium-sized Enterprises	1696	10740.12	9683.61	10595.43	765.09
小型企业	Small Enterprises	12089	18764.11	12231.54	18475.96	1217.02
微型企业	Micro enterprises	633	418.93	667.39	403.13	28.02
按登记注册类型分	**by Status of Registration**					
内资企业	Domestic Funded	14033	42594.66	39562.90	42837.77	2539.48
国有企业	State-owned Enterprises	83	952.79	1239.82	947.39	9.31
中央企业	Central Enterprises	26	865.93	1003.55	860.98	10.27
地方企业	Local Enterprises	57	86.86	236.27	86.41	-0.96
集体企业	Collective-owned Enterprises	108	210.59	127.28	212.66	16.57
股份合作企业	Cooperative Enterprises	17	17.45	8.06	20.09	0.60
联营企业	Joint Ownership Enterprises	2	7.93	1.95	8.43	0.62
国有联营企业	State Joint Ownership Enterprises					
集体联营企业	Collective Joint Ownership Enterprises	1	4.73	1.87	5.23	0.59
国有与集体联营	Joint State-collective Enterprises					
其他联营企业	Other Joint Ownership Enterprises	1	3.20	0.08	3.20	0.03
有限责任公司	Limited Liability Corporations	3756	14085.28	18916.29	14617.42	704.14
国有独资公司	State Sole funded Corporations	108	1685.95	3735.04	2114.98	51.54
其他有限责任公司	Other Limited Liability Corporations	3648	12399.33	15181.24	12502.44	652.61
股份有限责任公司	Share-holding Corporations Limited	430	3889.36	5403.87	4024.81	267.46
私营企业	Private Enterprises	9626	23400.13	13851.74	22978.07	1539.11
私营独资企业	Private-funded Enterprises	450	1103.96	657.03	1089.30	132.88
私营合伙企业	Private Partnership Enterprises	127	228.59	67.54	233.79	17.53
私营有限责任公司	Private Limited Liability Corporations	8616	20122.97	11883.62	19804.19	1271.39
私营股份有限公司	Private Share-holding Corporations Ltd.	433	1944.60	1243.54	1850.79	117.31
其他企业	Other Enterprises	11	31.14	13.88	28.90	1.68
港澳台商投资企业	Enterprises with Funds from Hong Kong, Macao and Taiwan	244	1615.98	2148.20	1707.44	126.92
合资经营企业	Joint-ventures Enterprises	138	872.94	1138.87	846.80	61.51
合作经营企业	Cooperative Enterprises	8	118.16	147.48	117.65	11.54
独资企业	Enterprises with Sole Investment	88	587.23	823.71	704.47	49.61
投资股份有限公司	Share-holding Corporations Ltd.	5	22.19	20.66	23.00	3.15
其他投资	Other Enterprises	5	15.46	17.48	15.52	1.11
外商投资企业	Foreign Funded Enterprises	487	2696.13	2851.78	2773.38	148.70
中外合资经营企业	Joint-venture Enterprises	251	1177.92	1561.51	1226.90	55.73
中外合作经营企业	Cooperation Enterprises	11	31.48	27.87	29.46	0.70
外资企业	Enterprises with Sole Funds	212	820.56	1019.35	843.26	77.08
股份有限公司	Share-holding Corporations Ltd.	9	658.67	237.53	665.70	15.05
其他外商投资	Other Enterprises	4	7.50	5.52	8.06	0.15

规模以上工业企业增加值
Value-added of Industry Enterprises above Designated Size

项　目	Item	2010	2012	2013	2014	2015	2016
工业增加值(亿元)	**Value Added of Industry(100 million yuan)**	**8182.8**	**11069.6**	**11711.1**	**11758.3**	**11244.7**	**11663.8**
# 轻工业	Light Industry	1626.6	2272.9	2498.0	2690.1	2791.2	2921.9
重工业	Heavy Industrial	6556.2	8796.7	9213.1	9068.3	8453.4	8741.9
# 国有企业	State-owned Enterprises	850.5	964.4	890.2	416.6	364.5	260.7
集体企业	Collective-owned Enterprises	164.3	130.7	170.0	113.6	87.1	64.5
股份合作企业	Cooperative Enterprises	21.8	15.4	10.8	5.1	4.5	4.4
股份制企业	Share-holding Corporations Limited	5053.4	7331.4	7954.3	9394.9	9145.9	9802.3
外商及港澳台投资企业	Industrial Enterprises with Foreign Funds and Hong Kong, Macao and Taiwan	1166.1	1296.0	1267.1	1210.2	1084.0	1096.0
# 国有及国有控股企业	State-owned and State-holding Enterprises	2901.8	3169.3	3065.0	2673.4	2371.3	2305.9
# 大中型工业	Large and Medium-sized Enterprises	5025.5	6749.0	7336.4	7224.1	6630.3	7097.2
比上年增长(%)	**Growth Rate (%)**						
工业增加值	Value Added of Industry	16.5	13.4	10.0	5.1	4.4	4.8
# 轻工业	Light Industry	18.6	14.8	10.2	6.4	3.9	6.7
重工业	Heavy Industrial	16.0	13.0	10.0	4.7	4.5	4.2
# 国有企业	State-owned Enterprises	19.5	12.3	3.7	2.9	4.0	8.0
集体企业	Collective-owned Enterprises	6.2	18.2	-0.2	0.4	-8.4	-15.8
股份合作企业	Cooperative Enterprises	-4.5	10.5	-9.0	-1.6	7.2	-0.3
股份制企业	Share-holding Corporations Limited	17.8	13.9	11.2	5.8	4.9	5.7
外商及港澳台投资企业	Industrial Enterprises with Foreign Funds and Hong Kong, Macao and Taiwan	7.5	5.5	4.5	1.4	3.4	0.0
# 国有及国有控股企业	State-owned and State-holding Enterprises	13.9	5.6	3.2	1.4	-1.5	-0.6
# 大中型工业	Large and Medium-sized Enterprises	10.8	8.9	6.1	3.0	-0.2	3.2

按行业分规模以上工业企业主要指标（2016年）

单位：亿元

行 业	Sector	企业单位数（个） Number of Enterprises (unit)
全省总计	**Total**	**14764**
煤炭开采和洗选业	Mining and Washing of Coal	112
石油和天然气开采业	Extraction of Petroleum and Natural Gas	2
黑色金属矿采选业	Mining of Ferrous Metal Ores	387
有色金属矿采选业	Mining of Non-ferrous Metal Ores	14
非金属矿采选业	Mining and Processing of Nonmetal Ores	81
其他采矿业	Mining of Others	
农副食品加工业	Processing of Food from Agricultural Products	855
食品制造业	Manufacture of Foods	341
酒、饮料和精制茶制造业	Manufacture of Wine, Soft Drinks and Refined Tea	175
烟草制品业	Manufacture of Tobacco	3
纺织业	Manufacture of Textile	757
纺织服装、服饰业	Manufacture of Textile, Apparel	244
皮革、毛皮、羽毛及其制品和制鞋业	Manufacture of Leather, Fur, Feather and Its Products and Footware	571
木材加工和木、竹、藤、棕、草制品业	Processing of Timbers, Manufacture of Wood,Bamboo, Rattan, Palm and Straw Products	139
家具制造业	Manufacture of Furniture	176
造纸和纸制品业	Manufacture of Paper and Paper Products	243
印刷和记录媒介复制业	Printing, Reproduction of Recording Media	219
文教、工美、体育和娱乐用品制造业	Manufacture of Articles for Culture, Arts and Crafts, Education, Sport Activities and Entertainment Goods	333
石油加工、炼焦和核燃料加工业	Processing of Petroleum, Coking, Processing of Nuclear Fuel	132
化学原料和化学制品制造业	Manufacture of Chemical Raw Material and Chemical Products	979
医药制造业	Manufacture of Medicines	245
化学纤维制造业	Manufacture of Chemical Fiber	53
橡胶和塑料制品业	Manufacture of Rubber and Plastic	851
非金属矿物制品业	Manufacture of Nonmetallic Mineral Products	1297
黑色金属冶炼和压延加工业	Manufacture and Processing of Ferrous Metals	686
有色金属冶炼和压延加工业	Manufacture & Processing of Non-ferrous Metals	207
金属制品业	Manufacture of Metal Products	1430
通用设备制造业	Manufacture of General Purpose Machinery	989
专用设备制造业	Manufacture of Special Purpose Machinery	784
汽车制造业	Manufacture of Automotive	579
铁路、船舶、航空航天和其他运输设备制造业	Manufacture of Railroad, Marine, Aerospace and Other Transportation Equipment	180
电气机械和器材制造业	Manufacture of Electrical Machinery and Equipment	837
计算机、通信和其他电子设备制造	Manufacture of Computer, Communications and Other Electronic Equipment	205
仪器仪表制造业	Manufacture of Measuring Instrument	91
其他制造业	Manufacture of Others	79
废弃资源综合利用业	Recycling and Disposal of Waste	60
金属制品、机械和设备修理业	Metal Products, Machinery and Equipment Repair	13
电力、热力生产和供应业	Production and Supply of Electric Power and Heat Power	280
燃气生产和供应业	Production and Distribution of Gas	85
水的生产和供应业	Production and Distribution of Water	50

Main Indicators of Industrial Enterprises above Designated Size by Industrial Sector (2016)

(100 million yuan)

工业销售产值(当年价格) Output Value of Industrial Products Sales (current prices)	实收资本 Total Capital Hold	流动资产合计 Total Working Capitals	#存货 Inventory	#产成品 Finished Products	固定资产合计 Fixed Assets	固定资产原价 Original Value of Fixed Assets	累计折旧 Accumulated Depreciation
46906.78	**10613.79**	**17327.05**	**3997.11**	**1450.62**	**20087.82**	**30116.90**	**11499.26**
882.05	263.30	835.64	131.15	66.57	635.03	1031.10	494.80
119.63	238.15	69.92	2.69	1.19	507.42	1252.35	716.66
1678.15	310.05	763.05	80.78	43.51	710.02	1034.44	351.78
48.43	5.56	13.59	3.60	1.53	36.08	44.98	16.40
115.97	14.26	35.77	7.41	5.33	31.12	43.12	14.89
2279.77	227.90	614.61	171.49	77.38	433.89	558.55	178.74
1108.83	167.76	314.68	73.59	37.92	264.61	361.07	113.78
510.07	155.38	289.52	75.85	29.19	175.30	250.71	86.81
149.46	13.16	113.71	82.02	1.41	28.17	60.41	36.34
1729.16	177.33	351.87	107.59	51.98	331.02	436.57	122.17
437.44	42.34	89.53	26.91	13.07	96.95	122.75	31.03
1375.28	43.82	130.21	32.55	14.01	160.31	189.99	35.44
279.10	26.76	51.24	14.33	7.56	78.01	102.62	28.79
305.43	39.35	70.33	15.51	6.95	109.28	163.83	58.19
472.03	80.40	140.38	32.14	16.57	131.48	193.50	68.83
373.52	53.20	92.80	17.75	7.03	110.93	163.68	61.35
417.42	62.35	74.00	23.71	12.36	104.92	145.82	47.15
1741.81	224.95	545.77	141.69	38.88	540.58	864.31	370.81
2619.73	433.88	901.50	167.12	75.89	786.26	1093.69	369.43
815.43	216.43	524.14	109.54	48.44	330.36	451.77	156.91
265.83	41.28	77.21	20.40	5.92	161.96	231.35	66.59
1331.18	241.47	400.23	84.46	43.04	331.38	473.67	168.64
2026.24	511.96	873.61	183.86	80.66	1116.80	1630.95	545.72
10370.26	1572.94	3563.96	1124.77	286.67	5740.40	8334.22	3237.52
538.57	98.46	131.96	41.08	11.33	106.32	177.97	71.96
3200.76	2453.54	817.05	198.73	92.05	967.05	1262.54	324.17
1529.95	314.08	533.53	151.48	58.00	553.09	586.78	189.69
1503.13	436.49	853.69	190.90	77.74	685.82	874.12	209.43
2570.63	278.21	1298.25	187.58	79.74	637.36	911.55	296.65
531.01	130.14	437.79	154.94	23.75	189.42	245.88	72.46
2252.86	464.36	1043.66	202.25	99.33	590.03	849.89	308.98
521.86	144.18	274.59	37.46	14.32	171.84	275.13	108.06
108.53	24.36	74.35	14.80	6.95	35.07	48.38	13.84
74.98	12.10	20.99	4.20	1.66	19.83	27.06	8.01
89.21	23.09	37.11	8.69	2.28	20.53	27.55	9.27
16.77	1.71	21.70	9.37	0.02	5.11	9.73	4.62
2289.26	925.16	650.07	42.99	3.71	2939.57	5298.27	2404.20
178.57	80.37	135.57	18.39	6.54	125.00	142.95	35.55
48.47	63.53	59.51	3.33	0.17	89.48	143.66	63.62

按行业分规模以上工业企业主要指标（2016年）(续)

单位：亿元

行　业	Sector	资产总计 Total Assets
全省总计	**Total**	**44562.88**
煤炭开采和洗选业	Mining and Washing of Coal	1984.86
石油和天然气开采业	Extraction of Petroleum and Natural Gas	638.24
黑色金属矿采选业	Mining of Ferrous Metal Ores	2064.07
有色金属矿采选业	Mining of Non-ferrous Metal Ores	51.65
非金属矿采选业	Mining and Processing of Nonmetal Ores	73.77
其他采矿业	Mining of Others	
农副食品加工业	Processing of Food from Agricultural Products	1174.46
食品制造业	Manufacture of Foods	691.68
酒、饮料和精制茶制造业	Manufacture of Wine, Soft Drinks and Refined Tea	573.08
烟草制品业	Manufacture of Tobacco	143.24
纺织业	Manufacture of Textile	793.00
纺织服装、服饰业	Manufacture of Textile, Apparel	207.28
皮革、毛皮、羽毛及其制品和制鞋业	Manufacture of Leather, Fur, Feather and Its Products and Footware	455.89
木材加工和木、竹、藤、棕、草制品业	Processing of Timbers, Manufacture of Wood,Bamboo, Rattan, Palm and Straw Products	141.17
家具制造业	Manufacture of Furniture	196.82
造纸和纸制品业	Manufacture of Paper and Paper Products	333.72
印刷和记录媒介复制业	Printing, Reproduction of Recording Media	238.90
文教、工美、体育和娱乐用品制造业	Manufacture of Articles for Culture, Arts and Crafts, Education, Sport Activities and Entertainment Goods	194.96
石油加工、炼焦和核燃料加工业	Processing of Petroleum, Coking, Processing of Nuclear Fuel	1266.50
化学原料和化学制品制造业	Manufacture of Chemical Raw Material and Chemical Products	2072.68
医药制造业	Manufacture of Medicines	1052.37
化学纤维制造业	Manufacture of Chemical Fiber	274.01
橡胶和塑料制品业	Manufacture of Rubber and Plastic	862.36
非金属矿物制品业	Manufacture of Nonmetallic Mineral Products	2321.40
黑色金属冶炼和压延加工业	Manufacture and Processing of Ferrous Metals	11276.87
有色金属冶炼和压延加工业	Manufacture & Processing of Non-ferrous Metals	291.89
金属制品业	Manufacture of Metal Products	1938.98
通用设备制造业	Manufacture of General Purpose Machinery	1198.00
专用设备制造业	Manufacture of Special Purpose Machinery	1667.74
汽车制造业	Manufacture of Automotive	2249.60
铁路、船舶、航空航天和其他运输设备制造业	Manufacture of Railroad, Marine, Aerospace and Other Transportation Equipment	706.58
电气机械和器材制造业	Manufacture of Electrical Machinery and Equipment	1904.97
计算机、通信和其他电子设备制造	Manufacture of Computer, Communications and Other Electronic Equipment	489.65
仪器仪表制造业	Manufacture of Measuring Instrument	124.64
其他制造业	Manufacture of Others	43.46
废弃资源综合利用业	Recycling and Disposal of Waste	75.59
金属制品、机械和设备修理业	Metal Products, Machinery and Equipment Repair	28.96
电力、热力生产和供应业	Production and Supply of Electric Power and Heat Power	4211.85
燃气生产和供应业	Production and Distribution of Gas	359.32
水的生产和供应业	Production and Distribution of Water	188.63

Main Indicators of Industrial Enterprises above Designated Size by Industrial Sector (2016)

(100 million yuan)

流动负债合计 Total Working Liabilities	非流动负债合计 Total Non Working Liabilities	所有者权益合计 Total Owners' Equities	主营业务收入 Revenue from Principal Business	主营业务成本 Cost of Principal Business	营业利润 Profits of Business	利润总额 Total Profits	亏损企业亏损总额 Total Loss of Enterprises Running under Deficit
19199.53	**4272.47**	**19977.44**	**47318.60**	**41042.99**	**2781.79**	**2815.11**	**265.90**
970.90	391.95	610.19	1193.74	1059.04	9.96	17.19	8.52
51.32	203.24	383.68	118.72	133.37	-61.30	-65.16	65.16
851.32	116.48	1041.23	1637.22	1282.34	246.06	246.06	16.42
13.96	6.43	31.26	45.80	35.43	5.62	5.89	0.34
26.24	13.04	26.36	117.99	104.24	2.29	6.47	0.43
490.81	65.08	586.97	2268.88	2021.89	103.18	104.85	5.44
223.81	35.44	421.61	1128.01	934.00	81.39	84.08	2.97
254.65	18.47	293.86	509.03	380.61	66.54	67.26	2.63
53.53	0.05	89.66	148.05	57.53	3.00	3.11	0.53
282.33	41.01	433.71	1836.00	1633.26	126.55	125.64	3.33
78.78	4.28	119.12	435.01	387.96	28.90	29.37	0.31
104.04	3.53	337.46	1381.25	1172.91	128.18	127.36	0.23
43.41	10.29	82.09	272.82	237.11	21.30	21.57	0.46
69.07	10.10	95.35	295.00	260.55	18.65	18.59	0.90
128.80	21.51	169.41	473.56	411.28	35.14	34.53	1.05
77.80	9.94	138.20	357.46	313.77	25.17	25.12	1.94
52.74	4.25	131.64	413.01	365.74	27.73	27.98	0.17
744.08	143.64	355.50	1742.31	1413.14	52.04	54.56	7.73
783.08	205.52	1012.56	2548.15	2177.42	189.46	183.44	17.38
419.50	72.52	542.27	945.78	717.35	83.76	85.02	3.40
128.00	44.34	99.46	247.80	198.75	13.36	14.01	0.54
263.39	43.82	531.68	1310.99	1130.78	104.47	99.78	3.48
1055.91	199.31	1006.76	1986.55	1711.58	95.09	106.85	23.15
5808.93	989.58	4198.66	10627.62	9695.03	310.74	319.98	25.07
151.89	30.51	107.45	529.97	478.65	17.26	17.62	4.91
677.15	76.80	1107.48	3046.76	2739.39	143.30	136.35	8.61
387.13	46.68	715.95	1525.19	1321.27	102.85	102.87	7.09
538.54	42.31	1072.44	1478.45	1249.81	104.28	107.61	14.58
1084.96	104.53	1031.54	2597.23	2140.29	248.90	244.93	4.51
390.94	41.99	269.47	540.41	456.41	36.76	38.60	9.17
830.02	92.48	872.77	2246.42	1925.63	164.22	165.30	4.69
201.46	16.39	270.92	518.22	455.12	34.22	35.12	1.74
34.12	1.78	87.96	105.87	80.52	12.20	10.85	0.67
12.71	0.94	28.61	78.56	69.25	5.10	5.09	0.07
47.57	2.50	21.21	89.00	80.53	1.68	2.09	4.34
18.70	0.63	8.09	14.95	12.46	0.45	0.50	0.02
1584.12	1067.70	1460.66	2277.07	2012.11	173.47	183.42	7.53
198.68	48.54	106.65	180.89	149.98	19.13	19.20	3.93
65.15	44.85	77.55	48.82	36.51	0.72	2.02	2.48

按行业分国有及国有控股工业企业主要指标（2016年）

单位：亿元

行　业	Sector	企　业 单位数 （个） Number of Enterprises (unit)
全省总计	**Total**	**714**
煤炭开采和洗选业	Mining and Washing of Coal	16
石油和天然气开采业	Extraction of Petroleum and Natural Gas	2
黑色金属矿采选业	Mining of Ferrous Metal Ores	17
有色金属矿采选业	Mining of Non-ferrous Metal Ores	1
非金属矿采选业	Mining and Processing of Nonmetal Ores	7
其他采矿业	Mining of Others	
农副食品加工业	Processing of Food from Agricultural Products	16
食品制造业	Manufacture of Foods	7
酒、饮料和精制茶制造业	Manufacture of Wine, Soft Drinks and Refined Tea	11
烟草制品业	Manufacture of Tobacco	3
纺织业	Manufacture of Textile	11
纺织服装、服饰业	Manufacture of Textile, Apparel	9
皮革、毛皮、羽毛及其制品和制鞋业	Manufacture of Leather, Fur, Feather and Its Products and Footware	2
木材加工和木、竹、藤、棕、草制品业	Processing of Timbers, Manufacture of Wood,Bamboo, Rattan, Palm and Straw Products	3
家具制造业	Manufacture of Furniture	
造纸和纸制品业	Manufacture of Paper and Paper Products	3
印刷和记录媒介复制业	Printing, Reproduction of Recording Media	10
文教、工美、体育和娱乐用品制造业	Manufacture of Articles for Culture, Arts and Crafts, Education, Sport Activities and Entertainment Goods	1
石油加工、炼焦和核燃料加工业	Processing of Petroleum, Coking, Processing of Nuclear Fuel	13
化学原料和化学制品制造业	Manufacture of Chemical Raw Material and Chemical Products	47
医药制造业	Manufacture of Medicines	8
化学纤维制造业	Manufacture of Chemical Fiber	3
橡胶和塑料制品业	Manufacture of Rubber and Plastic	6
非金属矿物制品业	Manufacture of Nonmetallic Mineral Products	62
黑色金属冶炼和压延加工业	Manufacture and Processing of Ferrous Metals	27
有色金属冶炼和压延加工业	Manufacture & Processing of Non-ferrous Metals	12
金属制品业	Manufacture of Metal Products	20
通用设备制造业	Manufacture of General Purpose Machinery	23
专用设备制造业	Manufacture of Special Purpose Machinery	45
汽车制造业	Manufacture of Automotive	17
铁路、船舶、航空航天和其他运输设备制造业	Manufacture of Railroad, Marine, Aerospace and Other Transportation Equipment	14
电气机械和器材制造业	Manufacture of Electrical Machinery and Equipment	25
计算机、通信和其他电子设备制造	Manufacture of Computer, Communications and Other Electronic Equipment	17
仪器仪表制造业	Manufacture of Measuring Instrument	7
其他制造业	Manufacture of Others	2
废弃资源综合利用业	Recycling and Disposal of Waste	4
金属制品、机械和设备修理业	Metal Products, Machinery and Equipment Repair	2
电力、热力生产和供应业	Production and Supply of Electric Power and Heat Power	180
燃气生产和供应业	Production and Distribution of Gas	25
水的生产和供应业	Production and Distribution of Water	36

Main Indicators of State-owned and State-holding Industrial Enterprises by Industrial Sector (2016)

(100 million yuan)

工　业销售产值(当年价格) Output Value of Industrial Products Sales (current prices)	实收资本 Total Capital Hold	流动资产 合　计 Total Working Capitals	#存　货 Inventory	#产成品 Finished Products	固定资产 合　计 Fixed Assets	固定资产 原　价 Original Value of Fixed Assets	累计折旧 Accumulated Depreciation
8645.20	**3425.68**	**5407.94**	**1466.31**	**400.54**	**8428.33**	**13598.17**	**5842.23**
700.39	253.25	788.66	121.39	62.00	616.53	1001.88	481.76
119.63	238.15	69.92	2.69	1.19	507.42	1252.35	716.66
96.91	90.18	162.84	20.13	5.27	105.30	179.35	75.76
0.56	0.05	1.72	1.27	0.07	5.36	6.25	0.88
5.16	6.42	14.36	3.53	3.02	11.25	15.60	6.16
84.29	26.35	41.50	5.16	2.23	44.11	31.74	13.75
44.73	25.29	22.74	3.91	2.21	14.53	19.32	5.00
34.01	15.67	32.95	14.56	7.60	16.17	24.64	8.13
149.46	13.16	113.71	82.02	1.41	28.17	60.41	36.34
24.77	15.74	83.36	22.15	12.14	20.50	30.66	11.07
19.17	4.18	17.40	4.68	2.31	5.13	10.48	5.94
7.72	2.00	5.89	2.10	1.29	2.67	4.11	1.44
7.86	1.60	2.39	1.11	0.43	3.63	5.68	2.04
20.94	14.83	13.70	5.91	4.03	11.29	26.82	15.52
22.73	15.76	22.21	3.57	0.97	17.29	40.89	24.02
0.60	0.58	1.22	0.33	0.01	0.08	0.73	0.65
820.03	139.29	174.95	74.39	18.30	234.53	406.32	176.60
183.16	107.75	148.79	23.96	9.54	162.18	243.32	96.28
106.73	56.22	140.13	18.68	11.69	87.94	121.31	42.20
179.49	26.68	61.76	14.79	3.95	140.69	205.49	61.42
23.29	8.21	15.15	3.36	1.10	6.48	13.20	6.77
253.83	120.49	219.30	35.00	11.54	383.96	596.80	213.67
2115.66	886.54	1425.12	574.56	124.73	2702.37	3404.27	1147.10
92.05	19.99	23.41	13.34	1.27	24.95	49.36	26.29
75.84	124.52	101.29	20.79	6.68	40.41	67.54	28.57
62.63	20.24	69.76	20.09	3.59	29.98	39.10	16.49
100.81	68.51	150.92	53.43	25.38	70.95	98.86	31.42
387.46	32.08	255.43	60.06	26.52	122.85	182.51	63.27
233.72	97.15	329.14	132.16	13.60	127.41	162.26	46.67
256.71	75.47	255.15	64.26	30.89	78.66	111.49	46.08
112.05	23.26	58.05	7.84	4.25	34.51	65.05	30.67
4.84	2.12	8.00	0.62	0.02	0.22	0.60	0.39
3.58	1.17	2.22	0.46	0.17	1.28	2.13	0.78
3.77	4.00	4.61	0.41	0.22	4.64	7.97	4.02
9.64	0.70	19.39	9.21		4.50	8.59	4.10
2179.48	806.77	469.41	35.07	0.83	2642.11	4928.97	2324.69
60.73	27.00	37.03	6.18	0.07	40.49	46.38	13.43
40.77	54.30	44.35	3.12	0.03	77.75	125.74	56.17

按行业分国有及国有控股工业企业主要指标（2016年）（续）

单位：亿元

行　业	Sector	资产总计 Total Assets
全省总计	**Total**	**17303.45**
煤炭开采和洗选业	Mining and Washing of Coal	1905.06
石油和天然气开采业	Extraction of Petroleum and Natural Gas	638.24
黑色金属矿采选业	Mining of Ferrous Metal Ores	513.64
有色金属矿采选业	Mining of Non-ferrous Metal Ores	7.33
非金属矿采选业	Mining and Processing of Nonmetal Ores	26.30
其他采矿业	Mining of Others	
农副食品加工业	Processing of Food from Agricultural Products	87.35
食品制造业	Manufacture of Foods	40.25
酒、饮料和精制茶制造业	Manufacture of Wine, Soft Drinks and Refined Tea	54.92
烟草制品业	Manufacture of Tobacco	143.24
纺织业	Manufacture of Textile	145.00
纺织服装、服饰业	Manufacture of Textile, Apparel	24.95
皮革、毛皮、羽毛及其制品和制鞋业	Manufacture of Leather, Fur, Feather and Its Products and Footware	10.44
木材加工和木、竹、藤、棕、草制品业	Processing of Timbers, Manufacture of Wood,Bamboo, Rattan, Palm and Straw Products	7.37
家具制造业	Manufacture of Furniture	
造纸和纸制品业	Manufacture of Paper and Paper Products	29.49
印刷和记录媒介复制业	Printing, Reproduction of Recording Media	44.20
文教、工美、体育和娱乐用品制造业	Manufacture of Articles for Culture, Arts and Crafts, Education, Sport Activities and Entertainment Goods	1.61
石油加工、炼焦和核燃料加工业	Processing of Petroleum, Coking, Processing of Nuclear Fuel	483.84
化学原料和化学制品制造业	Manufacture of Chemical Raw Material and Chemical Products	396.63
医药制造业	Manufacture of Medicines	290.03
化学纤维制造业	Manufacture of Chemical Fiber	232.20
橡胶和塑料制品业	Manufacture of Rubber and Plastic	23.77
非金属矿物制品业	Manufacture of Nonmetallic Mineral Products	712.38
黑色金属冶炼和压延加工业	Manufacture and Processing of Ferrous Metals	5525.31
有色金属冶炼和压延加工业	Manufacture & Processing of Non-ferrous Metals	61.98
金属制品业	Manufacture of Metal Products	157.94
通用设备制造业	Manufacture of General Purpose Machinery	113.74
专用设备制造业	Manufacture of Special Purpose Machinery	248.57
汽车制造业	Manufacture of Automotive	459.06
铁路、船舶、航空航天和其他运输设备制造业	Manufacture of Railroad, Marine, Aerospace and Other Transportation Equipment	511.11
电气机械和器材制造业	Manufacture of Electrical Machinery and Equipment	389.52
计算机、通信和其他电子设备制造	Manufacture of Computer, Communications and Other Electronic Equipment	94.37
仪器仪表制造业	Manufacture of Measuring Instrument	9.35
其他制造业	Manufacture of Others	3.50
废弃资源综合利用业	Recycling and Disposal of Waste	17.06
金属制品、机械和设备修理业	Metal Products, Machinery and Equipment Repair	25.79
电力、热力生产和供应业	Production and Supply of Electric Power and Heat Power	3623.89
燃气生产和供应业	Production and Distribution of Gas	91.70
水的生产和供应业	Production and Distribution of Water	152.33

Main Indicators of State-owned and State-holding Industrial Enterprises by Industrial Sector (2016)

(100 million yuan)

流动负债合计 Total Working Liabilities	非流动负债合计 Total Non Working Liabilities	所有者权益合计 Total Owners' Equities	主营业务收入 Revenue from Principal Business	主营业务成本 Cost of Principal Business	营业利润 Profits of Business	利润总额 Total Profits	亏损企业亏损总额 Total Loss of Enterprises Running under Deficit
8351.72	**2846.59**	**5999.74**	**9179.34**	**7735.78**	**234.85**	**284.12**	**138.62**
929.29	389.84	584.06	1027.27	904.73	5.55	13.16	7.95
51.32	203.24	383.68	118.72	133.37	-61.30	-65.16	65.16
278.74	62.50	171.93	98.59	72.69	-2.79	-1.99	6.35
0.78	5.89	0.65	0.56	0.43	-0.33	-0.34	0.34
7.34	11.06	7.88	5.57	6.12	-4.02	0.01	0.13
51.27	2.99	32.91	71.69	62.65	0.44	0.49	1.77
12.99	3.01	24.25	42.04	30.91	4.78	5.96	0.44
28.08	1.07	25.76	39.89	22.13	1.90	2.06	0.92
53.53	0.05	89.66	148.05	57.53	3.00	3.11	0.53
71.23	14.08	59.65	125.14	116.01	-0.82	2.77	0.65
9.68	0.84	13.11	24.49	20.68	0.75	1.26	
3.82	0.79	5.82	14.41	13.21	0.33	0.51	0.17
6.23		1.14	7.55	6.26	0.68	0.70	0.01
1.88		27.61	21.57	14.91	3.41	3.43	
10.12	1.12	32.96	22.18	16.63	1.94	2.07	0.24
0.86		0.75	1.05	0.81	0.05	0.04	
228.18	72.84	179.35	808.47	562.25	21.92	24.08	3.19
181.39	59.13	155.25	188.56	148.90	5.76	6.70	6.58
147.86	40.01	101.20	140.11	122.41	-0.43	0.97	0.33
115.99	43.24	72.97	161.61	121.97	7.07	7.80	0.36
9.70	1.46	12.60	27.89	22.28	2.80	1.41	
376.45	110.57	222.86	238.29	185.49	-3.17	6.00	4.10
3083.35	686.29	1745.41	2164.55	1908.50	35.40	43.34	2.35
40.81	2.46	18.71	95.75	82.17	3.16	3.33	0.76
83.12	16.39	58.20	73.61	62.86	0.87	0.61	3.47
55.29	11.69	45.03	57.68	46.45	3.62	3.97	1.55
145.85	12.65	89.26	102.92	83.48	-2.26	-2.22	7.07
263.35	59.36	136.36	417.49	338.44	16.87	19.44	1.92
314.93	37.87	158.25	249.27	205.94	12.88	14.54	9.04
238.58	31.61	109.57	282.43	236.51	9.60	10.91	0.58
47.10	4.41	42.82	109.15	96.30	9.60	9.53	0.11
4.40	0.88	4.07	5.23	3.64	0.57	0.61	0.20
1.78	0.15	1.57	3.63	2.92	0.01	0.03	
21.90	0.97	-5.81	3.77	3.13	-3.94	-3.99	4.02
17.07	0.63	6.55	7.79	5.83	0.34	0.37	
1370.91	894.69	1294.06	2172.89	1936.60	159.85	167.06	4.02
37.01	24.19	26.16	59.24	50.30	0.99	0.95	1.92
49.55	38.62	63.49	40.19	30.32	-0.24	0.61	2.42

按行业分私营工业企业主要指标（2016年）

单位：亿元

行业	Sector	企业单位数（个）Number of Enterprises (unit)
全省总计	**Total**	**9626**
煤炭开采和洗选业	Mining and Washing of Coal	64
石油和天然气开采业	Extraction of Petroleum and Natural Gas	
黑色金属矿采选业	Mining of Ferrous Metal Ores	286
有色金属矿采选业	Mining of Non-ferrous Metal Ores	6
非金属矿采选业	Mining and Processing of Nonmetal Ores	54
其他采矿业	Mining of Others	
农副食品加工业	Processing of Food from Agricultural Products	539
食品制造业	Manufacture of Foods	206
酒、饮料和精制茶制造业	Manufacture of Wine, Soft Drinks and Refined Tea	81
烟草制品业	Manufacture of Tobacco	
纺织业	Manufacture of Textile	579
纺织服装、服饰业	Manufacture of Textile, Apparel	155
皮革、毛皮、羽毛及其制品和制鞋业	Manufacture of Leather, Fur, Feather and Its Products and Footware	481
木材加工和木、竹、藤、棕、草制品业	Processing of Timbers, Manufacture of Wood,Bamboo, Rattan, Palm and Straw Products	112
家具制造业	Manufacture of Furniture	127
造纸和纸制品业	Manufacture of Paper and Paper Products	168
印刷和记录媒介复制业	Printing, Reproduction of Recording Media	155
文教、工美、体育和娱乐用品制造业	Manufacture of Articles for Culture, Arts and Crafts, Education, Sport Activities and Entertainment Goods	237
石油加工、炼焦和核燃料加工业	Processing of Petroleum, Coking, Processing of Nuclear Fuel	78
化学原料和化学制品制造业	Manufacture of Chemical Raw Material and Chemical Products	604
医药制造业	Manufacture of Medicines	129
化学纤维制造业	Manufacture of Chemical Fiber	37
橡胶和塑料制品业	Manufacture of Rubber and Plastic	629
非金属矿物制品业	Manufacture of Nonmetallic Mineral Products	804
黑色金属冶炼和压延加工业	Manufacture and Processing of Ferrous Metals	471
有色金属冶炼和压延加工业	Manufacture & Processing of Non-ferrous Metals	143
金属制品业	Manufacture of Metal Products	1033
通用设备制造业	Manufacture of General Purpose Machinery	653
专用设备制造业	Manufacture of Special Purpose Machinery	470
汽车制造业	Manufacture of Automotive	361
铁路、船舶、航空航天和其他运输设备制造业	Manufacture of Railroad, Marine, Aerospace and Other Transportation Equipment	117
电气机械和器材制造业	Manufacture of Electrical Machinery and Equipment	515
计算机、通信和其他电子设备制造	Manufacture of Computer, Communications and Other Electronic Equipment	119
仪器仪表制造业	Manufacture of Measuring Instrument	55
其他制造业	Manufacture of Others	49
废弃资源综合利用业	Recycling and Disposal of Waste	36
金属制品、机械和设备修理业	Metal Products, Machinery and Equipment Repair	7
电力、热力生产和供应业	Production and Supply of Electric Power and Heat Power	40
燃气生产和供应业	Production and Distribution of Gas	23
水的生产和供应业	Production and Distribution of Water	3

Main Indicators of Private Enterprises by Industrial Sector (2016)

(100 million yuan)

工业销售产值(当年价格) Output Value of Industrial Products Sales (current prices)	实收资本 Total Capital Hold	流动资产合计 Total Working Capitals	#存货 Inventory	#产成品 Finished Products	固定资产合计 Fixed Assets	固定资产原价 Original Value of Fixed Assets	累计折旧 Accumulated Depreciation
23400.13	**2746.40**	**5265.82**	**1226.01**	**529.00**	**6779.32**	**9070.67**	**2758.27**
123.90	6.18	28.91	6.80	2.89	11.02	16.03	6.51
1182.91	165.09	436.54	42.54	25.38	480.51	687.04	217.20
33.11	4.05	5.07	1.24	0.85	14.07	24.64	11.30
99.53	4.17	10.37	1.92	1.09	7.14	10.35	4.26
1142.63	99.25	173.79	73.02	35.05	219.39	294.67	84.76
583.31	69.87	102.53	30.54	14.45	113.18	141.16	38.03
165.39	26.22	41.01	11.24	5.01	51.74	60.88	13.01
1270.96	122.63	165.83	46.97	22.94	232.83	295.53	75.15
269.58	23.16	35.60	11.96	6.24	51.31	61.68	13.54
1172.64	31.77	96.14	21.23	9.23	137.66	160.59	28.11
233.85	17.66	32.84	8.34	4.07	61.66	78.77	20.53
196.10	25.98	29.27	8.29	4.42	45.80	67.23	24.40
294.22	31.52	71.59	15.71	7.53	69.90	89.78	24.59
265.55	27.07	51.27	10.07	4.46	60.39	80.89	24.85
276.95	48.78	45.41	14.63	7.43	80.24	109.46	34.06
394.51	47.27	193.95	33.35	9.57	125.10	154.13	46.47
1485.96	141.07	301.46	65.58	30.98	286.82	377.92	109.43
286.93	39.71	62.93	16.38	6.80	84.73	98.42	21.64
69.68	11.18	11.22	3.88	1.14	17.33	21.07	4.18
989.73	163.26	228.78	50.82	27.05	233.51	327.08	111.24
1162.72	211.20	321.30	69.12	29.94	411.25	553.23	163.20
4581.30	374.91	967.50	295.17	100.45	1766.58	2672.61	1018.26
316.54	29.88	60.21	16.38	5.77	41.90	54.51	15.31
2505.88	228.30	497.84	119.15	55.64	760.33	964.55	219.86
995.39	202.06	196.08	53.75	23.56	373.27	352.40	96.25
930.03	261.60	400.96	61.76	18.93	410.22	499.80	96.30
660.39	55.25	207.13	40.14	19.49	122.66	154.30	45.07
197.32	23.54	66.47	14.36	7.29	44.70	61.30	18.87
1072.54	164.90	244.31	55.23	30.65	249.76	343.72	114.49
173.67	26.61	46.48	9.48	3.33	30.62	42.99	14.38
73.15	8.81	26.64	4.62	1.87	27.35	36.07	8.73
56.30	6.54	10.99	1.95	0.70	15.73	20.82	5.85
62.36	6.44	8.96	2.20	1.19	7.91	9.92	2.89
4.64	0.80	1.79	0.08		0.41	0.76	0.35
32.38	26.52	49.65	4.60	2.68	96.21	110.97	18.74
35.68	9.87	24.83	3.40	0.87	30.72	27.73	3.84
2.42	3.27	10.16	0.08	0.06	5.39	7.69	2.60

按行业分私营工业企业主要指标（2016年）（续）

单位：亿元

行 业	Sector	资产总计 Total Assets
全省总计	**Total**	**13851.74**
煤炭开采和洗选业	Mining and Washing of Coal	50.64
石油和天然气开采业	Extraction of Petroleum and Natural Gas	
黑色金属矿采选业	Mining of Ferrous Metal Ores	1194.16
有色金属矿采选业	Mining of Non-ferrous Metal Ores	19.50
非金属矿采选业	Mining and Processing of Nonmetal Ores	21.25
其他采矿业	Mining of Others	
农副食品加工业	Processing of Food from Agricultural Products	450.92
食品制造业	Manufacture of Foods	283.31
酒、饮料和精制茶制造业	Manufacture of Wine, Soft Drinks and Refined Tea	112.38
烟草制品业	Manufacture of Tobacco	
纺织业	Manufacture of Textile	439.60
纺织服装、服饰业	Manufacture of Textile, Apparel	96.32
皮革、毛皮、羽毛及其制品和制鞋业	Manufacture of Leather, Fur, Feather and Its Products and Footware	364.03
木材加工和木、竹、藤、棕、草制品业	Processing of Timbers, Manufacture of Wood,Bamboo, Rattan, Palm and Straw Products	99.83
家具制造业	Manufacture of Furniture	84.26
造纸和纸制品业	Manufacture of Paper and Paper Products	182.83
印刷和记录媒介复制业	Printing, Reproduction of Recording Media	131.62
文教、工美、体育和娱乐用品制造业	Manufacture of Articles for Culture, Arts and Crafts, Education, Sport Activities and Entertainment Goods	134.19
石油加工、炼焦和核燃料加工业	Processing of Petroleum, Coking, Processing of Nuclear Fuel	377.41
化学原料和化学制品制造业	Manufacture of Chemical Raw Material and Chemical Products	748.61
医药制造业	Manufacture of Medicines	173.84
化学纤维制造业	Manufacture of Chemical Fiber	31.46
橡胶和塑料制品业	Manufacture of Rubber and Plastic	535.05
非金属矿物制品业	Manufacture of Nonmetallic Mineral Products	853.96
黑色金属冶炼和压延加工业	Manufacture and Processing of Ferrous Metals	2961.00
有色金属冶炼和压延加工业	Manufacture & Processing of Non-ferrous Metals	130.11
金属制品业	Manufacture of Metal Products	1359.34
通用设备制造业	Manufacture of General Purpose Machinery	619.47
专用设备制造业	Manufacture of Special Purpose Machinery	868.45
汽车制造业	Manufacture of Automotive	387.89
铁路、船舶、航空航天和其他运输设备制造业	Manufacture of Railroad, Marine, Aerospace and Other Transportation Equipment	128.84
电气机械和器材制造业	Manufacture of Electrical Machinery and Equipment	556.89
计算机、通信和其他电子设备制造	Manufacture of Computer, Communications and Other Electronic Equipment	82.56
仪器仪表制造业	Manufacture of Measuring Instrument	59.92
其他制造业	Manufacture of Others	28.19
废弃资源综合利用业	Recycling and Disposal of Waste	20.04
金属制品、机械和设备修理业	Metal Products, Machinery and Equipment Repair	2.36
电力、热力生产和供应业	Production and Supply of Electric Power and Heat Power	180.53
燃气生产和供应业	Production and Distribution of Gas	63.79
水的生产和供应业	Production and Distribution of Water	17.16

Main Indicators of Private Enterprises by Industrial Sector (2016)

(100 million yuan)

非流动负债合计 Total Non Working Liabilities	所有者权益合计 Total Owners' Equities	主营业务收入 Revenue from Principal Business	主营业务成本 Cost of Principal Business	营业利润 Profits of Business	利润总额 Total Profits	亏损企业亏损总额 Total Loss of Enterprises Running under Deficit
524.39	**7749.87**	**22978.07**	**20267.74**	**1569.31**	**1539.11**	**44.49**
0.06	17.21	114.09	105.96	2.90	2.91	0.04
44.10	701.28	1134.15	892.42	182.47	181.46	8.35
0.19	14.04	30.72	24.67	3.95	3.94	
1.24	10.15	101.62	89.34	6.13	6.23	0.04
23.72	287.41	1125.54	1004.52	68.10	67.96	0.55
7.66	191.94	567.96	497.89	38.77	39.47	0.45
3.04	71.46	159.36	133.39	15.29	15.27	0.29
15.55	280.54	1288.56	1143.80	96.18	91.89	1.01
2.13	62.79	260.46	230.46	19.47	19.37	0.22
0.81	266.31	1171.73	992.40	110.59	109.83	0.03
5.96	62.63	227.17	196.33	19.18	19.16	0.18
2.34	55.01	185.85	161.91	13.55	13.47	0.14
15.87	93.35	292.85	259.00	21.29	20.34	0.14
7.20	74.92	251.21	223.20	17.79	17.63	0.67
2.25	93.45	273.66	245.63	17.65	18.00	0.06
39.83	71.47	426.57	393.88	12.72	9.21	2.94
58.84	391.34	1409.87	1234.84	101.76	99.99	4.48
8.15	120.30	279.95	220.91	27.03	26.34	0.45
0.03	22.39	69.96	63.67	5.22	5.23	0.02
17.18	361.34	954.03	837.87	74.39	71.41	1.20
32.89	451.47	1142.11	1003.21	76.48	77.67	4.56
78.69	1225.75	4546.23	4182.31	167.52	159.66	8.24
4.44	70.02	302.55	274.51	15.33	15.47	0.53
38.02	824.86	2374.90	2137.53	113.12	106.46	3.52
19.18	434.42	999.83	878.28	69.54	68.50	0.93
9.35	670.86	916.76	789.56	75.03	76.79	1.47
13.27	188.95	648.29	564.23	52.31	52.84	0.67
3.34	80.90	191.77	165.86	14.93	15.06	0.07
12.62	363.36	1083.98	940.34	93.93	92.49	0.88
1.06	57.24	179.02	151.13	15.75	15.56	0.11
0.53	43.95	70.41	56.48	7.88	5.80	0.12
0.27	20.34	56.42	49.65	4.29	4.25	0.03
0.12	11.11	62.07	57.52	3.05	3.04	0.14
	1.16	4.67	4.31	0.07	0.08	0.01
40.76	34.60	26.78	20.28	1.66	2.37	1.11
10.18	15.39	43.87	38.25	3.53	3.53	0.74
3.52	6.17	3.08	2.22	0.43	0.43	0.06

按行业分大中型工业企业主要指标（2016年）

单位：亿元

行　业	Sector	企　业 单位数 (个) Number of Enterprises (unit)
全省总计	**Total**	**2042**
煤炭开采和洗选业	Mining and Washing of Coal	18
石油和天然气开采业	Extraction of Petroleum and Natural Gas	2
黑色金属矿采选业	Mining of Ferrous Metal Ores	94
有色金属矿采选业	Mining of Non-ferrous Metal Ores	6
非金属矿采选业	Mining and Processing of Nonmetal Ores	7
其他采矿业	Mining of Others	
农副食品加工业	Processing of Food from Agricultural Products	96
食品制造业	Manufacture of Foods	57
酒、饮料和精制茶制造业	Manufacture of Wine, Soft Drinks and Refined Tea	36
烟草制品业	Manufacture of Tobacco	3
纺织业	Manufacture of Textile	133
纺织服装、服饰业	Manufacture of Textile, Apparel	50
皮革、毛皮、羽毛及其制品和制鞋业	Manufacture of Leather, Fur, Feather and Its Products and Footware	99
木材加工和木、竹、藤、棕、草制品业	Processing of Timbers, Manufacture of Wood,Bamboo, Rattan, Palm and Straw Products	24
家具制造业	Manufacture of Furniture	23
造纸和纸制品业	Manufacture of Paper and Paper Products	34
印刷和记录媒介复制业	Printing, Reproduction of Recording Media	17
文教、工美、体育和娱乐用品制造业	Manufacture of Articles for Culture, Arts and Crafts, Education, Sport Activities and Entertainment Goods	32
石油加工、炼焦和核燃料加工业	Processing of Petroleum, Coking, Processing of Nuclear Fuel	52
化学原料和化学制品制造业	Manufacture of Chemical Raw Material and Chemical Products	126
医药制造业	Manufacture of Medicines	45
化学纤维制造业	Manufacture of Chemical Fiber	3
橡胶和塑料制品业	Manufacture of Rubber and Plastic	61
非金属矿物制品业	Manufacture of Nonmetallic Mineral Products	148
黑色金属冶炼和压延加工业	Manufacture and Processing of Ferrous Metals	192
有色金属冶炼和压延加工业	Manufacture & Processing of Non-ferrous Metals	17
金属制品业	Manufacture of Metal Products	118
通用设备制造业	Manufacture of General Purpose Machinery	79
专用设备制造业	Manufacture of Special Purpose Machinery	96
汽车制造业	Manufacture of Automotive	109
铁路、船舶、航空航天和其他运输设备制造业	Manufacture of Railroad, Marine, Aerospace and Other Transportation Equipment	29
电气机械和器材制造业	Manufacture of Electrical Machinery and Equipment	88
计算机、通信和其他电子设备制造	Manufacture of Computer, Communications and Other Electronic Equipment	30
仪器仪表制造业	Manufacture of Measuring Instrument	10
其他制造业	Manufacture of Others	7
废弃资源综合利用业	Recycling and Disposal of Waste	1
金属制品、机械和设备修理业	Metal Products, Machinery and Equipment Repair	7
电力、热力生产和供应业	Production and Supply of Electric Power and Heat Power	65
燃气生产和供应业	Production and Distribution of Gas	12
水的生产和供应业	Production and Distribution of Water	16

Major Indicators of Large and Medium-sized Industrial Enterprises by Sector (2016)

(100 million yuan)

工业销售产值(当年价格) Output Value of Industrial Products Sales (current prices)	实收资本 Total Capital Hold	流动资产 合计 Total Working Capitals	#存货 Inventory	#产成品 Finished Products	固定资产 合计 Fixed Assets	固定资产原价 Original Value of Fixed Assets	累计折旧 Accumulated Depreciation
27723.7	**5479.6**	**12092.1**	**2832.3**	**917.1**	**14216.9**	**22566.3**	**9382.9**
701.5	254.8	790.2	121.5	62.1	617.7	1003.6	482.7
119.6	238.2	69.9	2.7	1.2	507.4	1252.4	716.7
1010.7	248.8	547.7	47.7	23.0	561.5	826.9	274.1
43.2	3.9	6.1	2.5	0.7	24.1	36.4	13.3
69.0	6.2	16.6	4.2	3.5	13.3	20.6	9.1
1076.4	103.1	362.7	72.4	34.2	195.0	261.3	101.6
666.6	109.1	210.6	42.4	21.8	148.1	213.1	72.3
297.3	69.8	209.1	50.4	19.7	88.8	138.8	55.4
149.5	13.2	113.7	82.0	1.4	28.2	60.4	36.3
640.5	84.3	190.4	66.3	30.9	132.7	190.4	67.6
148.8	16.4	35.5	12.2	5.6	33.0	47.4	16.0
703.5	19.3	54.6	13.6	6.3	69.4	87.3	18.4
129.9	8.5	15.3	4.3	1.9	31.7	44.9	13.7
145.2	19.0	43.0	7.3	2.5	67.4	105.5	39.8
198.3	53.1	86.0	17.7	8.9	71.1	116.2	49.1
60.1	25.2	35.8	6.9	2.0	28.2	58.8	31.3
147.2	11.9	19.7	6.8	3.6	43.4	63.5	23.5
1532.1	201.0	484.0	128.5	34.0	506.9	822.3	357.4
1093.4	210.5	466.5	82.4	37.2	422.1	604.7	219.0
501.5	167.7	447.1	91.2	39.0	256.8	357.8	129.8
185.7	33.8	64.2	16.1	4.1	145.3	210.0	61.5
309.7	58.0	151.3	30.8	15.1	95.4	151.6	66.7
730.8	225.8	460.4	106.9	44.6	623.2	983.4	365.1
8887.0	1474.4	3345.5	1057.1	252.8	5451.7	7949.3	3127.9
165.5	58.8	48.3	13.7	3.9	55.0	110.1	50.8
1334.8	186.2	321.8	79.3	37.5	358.4	483.3	132.8
362.5	64.1	228.7	68.9	22.0	144.9	178.9	61.6
614.2	289.1	516.0	109.1	44.1	419.0	519.6	108.2
1974.4	203.7	1109.2	146.3	60.8	503.0	731.6	241.9
308.1	103.8	376.6	137.1	15.9	145.2	184.9	54.5
973.7	206.0	603.8	126.0	63.0	291.7	446.0	179.1
308.0	98.1	180.1	21.6	8.6	127.1	210.9	84.2
26.9	8.7	37.2	6.4	3.7	7.0	10.2	3.6
12.5	1.5	4.4	0.8	0.2	3.9	6.4	2.4
1.8	2.5	3.8	0.3	0.2	3.4	4.6	1.9
11.6	0.9	20.2	9.3	0.0	4.5	8.8	4.3
1981.6	517.7	328.6	28.9	0.7	1889.1	3912.8	2044.9
67.5	40.0	53.9	7.6	0.5	43.6	52.7	17.8
33.4	42.6	33.6	3.0	0.1	59.0	98.9	47.2

按行业分大中型工业企业主要指标（2016年）(续)

单位：亿元

行　业	Sector	资产总计 Total Assets
全省总计	**Total**	**31663.9**
煤炭开采和洗选业	Mining and Washing of Coal	1908.0
石油和天然气开采业	Extraction of Petroleum and Natural Gas	638.2
黑色金属矿采选业	Mining of Ferrous Metal Ores	1616.8
有色金属矿采选业	Mining of Non-ferrous Metal Ores	31.5
非金属矿采选业	Mining and Processing of Nonmetal Ores	30.9
其他采矿业	Mining of Others	
农副食品加工业	Processing of Food from Agricultural Products	611.8
食品制造业	Manufacture of Foods	426.7
酒、饮料和精制茶制造业	Manufacture of Wine, Soft Drinks and Refined Tea	338.3
烟草制品业	Manufacture of Tobacco	143.2
纺织业	Manufacture of Textile	393.4
纺织服装、服饰业	Manufacture of Textile, Apparel	77.0
皮革、毛皮、羽毛及其制品和制鞋业	Manufacture of Leather, Fur, Feather and Its Products and Footware	219.9
木材加工和木、竹、藤、棕、草制品业	Processing of Timbers, Manufacture of Wood,Bamboo, Rattan, Palm and Straw Products	50.6
家具制造业	Manufacture of Furniture	119.4
造纸和纸制品业	Manufacture of Paper and Paper Products	195.7
印刷和记录媒介复制业	Printing, Reproduction of Recording Media	78.8
文教、工美、体育和娱乐用品制造业	Manufacture of Articles for Culture, Arts and Crafts, Education, Sport Activities and Entertainment Goods	68.9
石油加工、炼焦和核燃料加工业	Processing of Petroleum, Coking, Processing of Nuclear Fuel	1144.4
化学原料和化学制品制造业	Manufacture of Chemical Raw Material and Chemical Products	1125.1
医药制造业	Manufacture of Medicines	871.2
化学纤维制造业	Manufacture of Chemical Fiber	239.6
橡胶和塑料制品业	Manufacture of Rubber and Plastic	300.6
非金属矿物制品业	Manufacture of Nonmetallic Mineral Products	1269.1
黑色金属冶炼和压延加工业	Manufacture and Processing of Ferrous Metals	10682.4
有色金属冶炼和压延加工业	Manufacture & Processing of Non-ferrous Metals	122.6
金属制品业	Manufacture of Metal Products	733.5
通用设备制造业	Manufacture of General Purpose Machinery	408.1
专用设备制造业	Manufacture of Special Purpose Machinery	992.5
汽车制造业	Manufacture of Automotive	1868.1
铁路、船舶、航空航天和其他运输设备制造业	Manufacture of Railroad, Marine, Aerospace and Other Transportation Equipment	584.2
电气机械和器材制造业	Manufacture of Electrical Machinery and Equipment	1068.2
计算机、通信和其他电子设备制造	Manufacture of Computer, Communications and Other Electronic Equipment	340.5
仪器仪表制造业	Manufacture of Measuring Instrument	51.6
其他制造业	Manufacture of Others	8.4
废弃资源综合利用业	Recycling and Disposal of Waste	14.7
金属制品、机械和设备修理业	Metal Products, Machinery and Equipment Repair	26.7
电力、热力生产和供应业	Production and Supply of Electric Power and Heat Power	2616.8
燃气生产和供应业	Production and Distribution of Gas	132.2
水的生产和供应业	Production and Distribution of Water	114.6

Major Indicators of Large and Medium-sized Industrial Enterprises by Sector (2016)

(100 million yuan)

流动负债合计 Total Working Liabilities	非流动负债合计 Total Non Working Liabilities	所有者权益合计 Total Owners' Equities	主营业务收入 Revenue from Principal Business	主营业务成本 Cost of Principal Business	营业利润 Profits of Business	利润总额 Total Profits	亏损企业亏损总额 Total Loss of Enterprises Running under Deficit
14864.4	**3307.8**	**13090.2**	**28439.5**	**24484.8**	**1534.0**	**1570.1**	**190.3**
930.7	389.9	585.6	1028.4	905.3	5.6	13.0	8.1
51.3	203.2	383.7	118.7	133.4	-61.3	-65.2	65.2
643.6	106.6	864.8	998.2	738.6	185.9	186.3	8.6
7.3	5.9	18.2	40.6	31.9	5.0	5.2	0.3
8.8	11.3	10.8	68.7	65.3	-0.4	3.7	0.1
307.3	39.6	260.3	1079.2	960.2	39.3	39.9	2.4
154.9	27.6	240.8	685.1	551.8	48.0	50.4	1.8
167.9	13.7	154.5	309.3	217.3	50.9	51.4	1.4
53.5	0.1	89.7	148.1	57.5	3.0	3.1	0.5
163.7	25.4	196.3	749.6	666.8	44.8	46.3	2.3
32.8	3.5	39.1	148.1	131.3	9.0	9.4	0.2
41.5	2.8	175.3	709.8	593.9	73.6	73.7	0.2
14.2	2.5	30.6	124.6	105.4	13.0	12.8	0.2
48.4	2.4	51.3	145.7	126.9	9.6	9.8	0.7
85.0	14.0	88.1	199.1	168.2	16.9	17.2	0.3
19.5	3.1	54.7	60.9	49.9	4.8	4.7	0.9
17.6	1.5	48.4	147.7	129.8	11.9	12.1	…
670.9	137.2	322.9	1531.1	1227.0	38.5	41.0	4.2
445.8	137.5	516.1	1039.3	867.3	83.1	78.1	11.7
353.3	64.5	450.9	642.4	470.9	61.1	63.8	0.6
116.0	43.2	80.1	167.9	127.7	7.6	8.3	0.4
108.6	28.9	160.5	323.0	261.0	32.0	30.8	1.6
637.8	162.6	461.2	704.4	589.1	13.3	23.5	15.8
5595.7	972.7	3865.0	9153.9	8350.6	261.2	270.8	20.8
72.8	26.0	23.8	166.7	144.0	1.3	1.3	4.2
315.6	53.0	351.4	1279.2	1137.6	61.2	55.4	4.5
164.2	26.3	208.6	355.9	294.7	26.1	26.3	4.0
292.9	25.0	673.4	605.1	493.4	54.6	57.8	6.4
937.1	95.3	831.0	2001.2	1616.4	209.5	205.4	2.4
352.8	39.2	191.9	323.7	268.5	19.3	21.0	9.0
598.4	73.1	389.4	951.4	803.8	58.7	61.5	1.8
152.8	9.4	178.3	301.2	269.9	18.5	19.4	1.3
14.4	0.3	36.6	27.0	16.6	5.7	3.9	0.4
2.3	0.2	6.0	12.6	11.2	0.7	0.7	
21.6	1.0	-7.9	1.8	1.5	-3.9	-4.0	4.0
17.8	0.6	6.7	10.0	7.8	0.3	0.4	…
1140.2	511.3	958.2	1983.3	1814.3	120.9	125.1	0.8
65.1	20.7	46.3	64.5	52.9	6.1	6.1	1.3
40.2	26.6	47.8	32.4	25.2	-1.0	-0.3	2.0

按行业分规模以上工业企业主要经济效益指标（2016年）

Main Indicators on Economic Benefit of Industrial Enterprises above Designated Size by Industrial Sector (2016)

行业	Sector	总资产贡献率(%) Ratio of Total Assets to Industrial Output Value (%)	资产负债率(%) Assets-Liability Ratio (%)	流动资产周转次数(次) Number of Times of Annual of Turnover Working Capitals (times)	工业成本费用利润率(%) Ratio of Profits to Industrial Cost (%)	产品销售率(%) Proportion of Products Sold (%)
全省总计	**Total**	**11.06**	**54.87**	**2.81**	**6.25**	**97.60**
煤炭开采和洗选业	Mining and Washing of Coal	5.53	69.25	1.51	1.38	97.33
石油和天然气开采业	Extraction of Petroleum and Natural Gas	-7.50	39.88	1.87	-35.24	101.00
黑色金属矿采选业	Mining of Ferrous Metal Ores	19.40	48.91	2.20	17.53	96.92
有色金属矿采选业	Mining of Non-ferrous Metal Ores	18.96	39.47	3.37	14.79	91.71
非金属矿采选业	Mining and Processing of Nonmetal Ores	14.00	64.27	3.43	5.43	98.19
其他采矿业	Mining of Others					
农副食品加工业	Processing of Food from Agricultural Products	12.72	49.54	3.71	4.91	98.18
食品制造业	Manufacture of Foods	17.58	38.69	3.67	7.87	96.42
酒、饮料和精制茶制造业	Manufacture of Wine, Soft Drinks and Refined Tea	18.48	48.66	1.77	15.10	96.69
烟草制品业	Manufacture of Tobacco	63.86	37.41	1.70	2.66	102.28
纺织业	Manufacture of Textile	21.51	44.55	5.24	7.37	97.44
纺织服装、服饰业	Manufacture of Textile, Apparel	19.10	42.53	4.87	7.25	98.19
皮革、毛皮、羽毛及其制品和制鞋业	Manufacture of Leather, Fur, Feather and Its Products and Footware	38.76	25.82	10.62	10.19	98.85
木材加工和木、竹、藤、棕、草制品业	Processing of Timbers, Manufacture of Wood, Bamboo, Rattan, Palm, and Straw Products	20.70	41.69	5.36	8.54	98.47
家具制造业	Manufacture of Furniture	12.74	51.50	4.20	6.74	101.09
造纸和纸制品业	Manufacture of Paper and Paper Products	15.52	49.24	3.39	7.90	97.14
印刷和记录媒介复制业	Printing, Reproduction of Recording Media	15.92	41.97	3.87	7.56	99.21
文教、工美、体育和娱乐用品制造业	Manufacture of Articles for Culture, Arts and Crafts, Education, Sport Activities and Entertainment Goods	19.97	32.35	5.58	7.30	98.24
石油加工、炼焦和核燃料加工业	Processing of Petroleum, Coking, Processing of Nuclear Fuel	26.29	71.79	3.24	3.62	95.70
化学原料和化学制品制造业	Manufacture of Chemical Raw Material and Chemical Products	12.73	50.55	2.88	7.66	98.00
医药制造业	Manufacture of Medicines	12.51	48.45	1.82	9.85	94.71
化学纤维制造业	Manufacture of Chemical Fiber	10.77	63.68	3.25	6.02	100.09
橡胶和塑料制品业	Manufacture of Rubber and Plastic	17.04	38.03	3.29	8.29	96.85
非金属矿物制品业	Manufacture of Nonmetallic Mineral Products	8.70	56.34	2.29	5.66	97.90
黑色金属冶炼和压延加工业	Manufacture and Processing of Ferrous Metals	5.55	62.79	3.19	2.95	97.19
有色金属冶炼和压延加工业	Manufacture & Processing of Non-ferrous Metals	10.71	63.06	4.09	3.45	98.46
金属制品业	Manufacture of Metal Products	10.05	42.14	3.76	4.75	98.74
通用设备制造业	Manufacture of General Purpose Machinery	12.15	39.95	2.88	7.21	97.21
专用设备制造业	Manufacture of Special Purpose Machinery	9.79	35.62	1.75	7.82	95.09
汽车制造业	Manufacture of Automotive	16.01	54.03	2.05	10.25	97.92
铁路、船舶、航空航天和其他运输设备制造业	Manufacture of Railroad, Marine, Aerospace and Other Transportation Equipment	8.66	61.86	1.24	7.69	98.17
电气机械和器材制造业	Manufacture of Electrical Machinery and Equipment	12.37	51.31	2.20	7.80	98.05
计算机、通信和其他电子设备制造	Manufacture of Computer, Communications and Other Electronic Equipment	11.05	44.66	1.92	7.16	95.73
仪器仪表制造业	Manufacture of Measuring Instrument	13.07	29.43	1.44	11.54	97.42
其他制造业	Manufacture of Others	15.36	34.18	3.75	6.95	98.39
废弃资源综合利用业	Recycling and Disposal of Waste	8.38	71.94	2.40	2.43	96.89
金属制品、机械和设备修理业	Metal Products, Machinery and Equipment Repair	5.28	72.06	0.70	3.40	98.75
电力、热力生产和供应业	Production and Supply of Electric Power and Heat Power	8.72	65.19	3.54	8.67	99.87
燃气生产和供应业	Production and Distribution of Gas	7.06	69.78	1.42	10.87	99.19
水的生产和供应业	Production and Distribution of Water	3.16	58.89	0.89	3.92	99.87

按行业分国有及国有控股工业企业主要经济效益指标（2016年）

Main Indicators on Economic Benefit of State-owned and State-holding Industrial Enterprises by Industrial Sector (2016)

行业	Sector	总资产贡献率(%) Ratio of Total Assets to Industrial Output Value (%)	资产负债率(%) Assets-Liability Ratio (%)	流动资产周转次数(次) Number of Times of Annual of Turnover Working Capitals (times)	工业成本费用利润率(%) Ratio of Profits to Industrial Cost (%)	产品销售率(%) Proportion of Products Sold (%)
全省总计	**Total**	**6.97**	**65.24**	**1.80**	**3.10**	**97.72**
煤炭开采和洗选业	Mining and Washing of Coal	5.36	69.34	1.39	1.22	96.96
石油和天然气开采业	Extraction of Petroleum and Natural Gas	-7.50	39.88	1.87	-35.24	101.00
黑色金属矿采选业	Mining of Ferrous Metal Ores	2.67	66.53	0.67	-1.88	96.90
有色金属矿采选业	Mining of Non-ferrous Metal Ores	-4.45	91.11	0.33	-37.81	91.63
非金属矿采选业	Mining and Processing of Nonmetal Ores	3.50	70.02	0.44	0.11	100.44
其他采矿业	Mining of Others					
农副食品加工业	Processing of Food from Agricultural Products	2.48	62.33	1.89	0.67	99.82
食品制造业	Manufacture of Foods	17.20	39.76	1.90	15.66	100.97
酒、饮料和精制茶制造业	Manufacture of Wine, Soft Drinks and Refined Tea	18.40	53.08	1.22	6.14	97.35
烟草制品业	Manufacture of Tobacco	63.86	37.41	1.70	2.66	102.28
纺织业	Manufacture of Textile	4.64	58.86	1.51	2.21	94.32
纺织服装、服饰业	Manufacture of Textile, Apparel	8.88	47.47	1.42	5.29	97.33
皮革、毛皮、羽毛及其制品和制鞋业	Manufacture of Leather, Fur, Feather and Its Products and Footware	6.10	44.21	2.46	3.58	103.53
木材加工和木、竹、藤、棕、草制品业	Processing of Timbers, Manufacture of Wood, Bamboo, Rattan, Palm, and Straw Products	19.09	84.53	3.16	10.21	97.48
家具制造业	Manufacture of Furniture					
造纸和纸制品业	Manufacture of Paper and Paper Products	18.55	6.36	1.59	18.30	83.35
印刷和记录媒介复制业	Printing, Reproduction of Recording Media	8.92	25.43	1.02	10.05	103.96
文教、工美、体育和娱乐用品制造业	Manufacture of Articles for Culture, Arts and Crafts, Education, Sport Activities and Entertainment Goods	6.02	53.54	0.87	4.66	92.77
石油加工、炼焦和核燃料加工业	Processing of Petroleum, Coking, Processing of Nuclear Fuel	56.61	62.93	4.68	4.03	94.28
化学原料和化学 制品制造业	Manufacture of Chemical Raw Material and Chemical Products	4.84	60.86	1.30	3.60	98.97
医药制造业	Manufacture of Medicines	2.88	65.11	1.02	0.68	87.24
化学纤维制造业	Manufacture of Chemical Fiber	9.29	68.58	2.67	5.10	100.59
橡胶和塑料制品业	Manufacture of Rubber and Plastic	10.62	46.98	1.84	5.62	97.74
非金属矿物制品业	Manufacture of Nonmetallic Mineral Products	5.18	68.72	1.10	2.46	99.24
黑色金属冶炼和压延加工业	Manufacture and Processing of Ferrous Metals	3.20	68.41	1.74	1.79	97.53
有色金属冶炼和压延加工业	Manufacture & Processing of Non-ferrous Metals	9.80	69.82	4.26	3.66	99.53
金属制品业	Manufacture of Metal Products	2.67	63.15	0.75	0.83	99.20
通用设备制造业	Manufacture of General Purpose Machinery	6.07	60.41	0.85	7.19	99.23
专用设备制造业	Manufacture of Special Purpose Machinery	1.59	64.09	0.70	-2.13	80.58
汽车制造业	Manufacture of Automotive	6.52	70.30	1.81	4.38	95.68
铁路、船舶、航空航天和其他运输设备制造业	Manufacture of Railroad, Marine, Aerospace and Other Transportation Equipment	5.60	69.04	0.77	6.14	98.89
电气机械和器材制造业	Manufacture of Electrical Machinery and Equipment	7.86	70.16	1.13	4.02	99.77
计算机、通信和其他电子设备制造	Manufacture of Computer, Communications and Other Electronic Equipment	13.67	54.62	1.92	9.41	95.69
仪器仪表制造业	Manufacture of Measuring Instrument	13.64	56.46	0.66	13.45	97.63
其他制造业	Manufacture of Others	3.16	55.16	1.65	0.69	103.07
废弃资源综合利用业	Recycling and Disposal of Waste	-16.30	134.06	0.82	-75.98	112.22
金属制品、机械和设备修理业	Metal Products, Machinery and Equipment Repair	1.87	74.58	0.41	4.85	100.00
电力、热力生产和供应业	Production and Supply of Electric Power and Heat Power	9.36	64.14	4.67	8.25	99.93
燃气生产和供应业	Production and Distribution of Gas	2.62	69.36	1.68	1.54	99.40
水的生产和供应业	Production and Distribution of Water	2.47	58.32	1.00	1.39	99.85

按行业分私营工业企业主要经济效益指标（2016年）

Main Indicators on Economic Benefit of Private Industrial Enterprises by Industrial Sector (2016)

行业	Sector	总资产贡献率(%) Ratio of Total Assets to Industrial Output Value (%)	资产负债率(%) Assets-Liability Ratio (%)	流动资产周转次数(次) Number of Times of Annual of Turnover Working Capitals (times)	工业成本费用利润率(%) Ratio of Profits to Industrial Cost (%)	产品销售率(%) Proportion of Products Sold (%)
全省总计	**Total**	**15.81**	**43.61**	**4.44**	**7.14**	**97.81**
煤炭开采和洗选业	Mining and Washing of Coal	9.56	65.87	3.95	2.62	98.99
石油和天然气开采业	Extraction of Petroleum and Natural Gas					
黑色金属矿采选业	Mining of Ferrous Metal Ores	23.76	40.17	2.64	18.98	96.91
有色金属矿采选业	Mining of Non-ferrous Metal Ores	31.64	28.01	6.06	14.79	93.64
非金属矿采选业	Mining and Processing of Nonmetal Ores	39.50	52.25	9.80	6.57	98.69
其他采矿业	Mining of Others					
农副食品加工业	Processing of Food from Agricultural Products	20.14	35.27	6.50	6.44	97.15
食品制造业	Manufacture of Foods	19.55	31.39	5.59	7.42	97.61
酒、饮料和精制茶制造业	Manufacture of Wine, Soft Drinks and Refined Tea	18.69	36.09	3.89	10.67	98.33
烟草制品业	Manufacture of Tobacco					
纺织业	Manufacture of Textile	27.80	34.90	7.78	7.75	98.09
纺织服装、服饰业	Manufacture of Textile, Apparel	26.46	34.82	7.33	8.07	98.17
皮革、毛皮、羽毛及其制品和制鞋业	Manufacture of Leather, Fur, Feather and Its Products and Footware	41.47	26.74	12.19	10.39	98.90
木材加工和木、竹、藤、棕、草制品业	Processing of Timbers, Manufacture of Wood, Bamboo, Rattan, Palm, and Straw Products	25.07	37.03	6.97	9.17	98.53
家具制造业	Manufacture of Furniture	20.76	34.62	6.36	7.83	102.83
造纸和纸制品业	Manufacture of Paper and Paper Products	15.09	48.94	4.12	7.46	96.96
印刷和记录媒介复制业	Printing, Reproduction of Recording Media	19.10	42.76	4.91	7.57	98.94
文教、工美、体育和娱乐用品制造业	Manufacture of Articles for Culture, Arts and Crafts, Education, Sport Activities and Entertainment Goods	18.77	30.17	6.03	7.07	98.45
石油加工、炼焦和核燃料加工业	Processing of Petroleum, Coking, Processing of Nuclear Fuel	5.52	80.58	2.23	2.20	97.67
化学原料和化学 制品制造业	Manufacture of Chemical Raw Material and Chemical Products	17.94	46.95	4.70	7.63	98.03
医药制造业	Manufacture of Medicines	20.99	30.67	4.45	10.46	99.07
化学纤维制造业	Manufacture of Chemical Fiber	20.62	28.67	6.24	8.10	98.36
橡胶和塑料制品业	Manufacture of Rubber and Plastic	19.03	32.07	4.17	8.16	96.95
非金属矿物制品业	Manufacture of Nonmetallic Mineral Products	13.39	46.50	3.57	7.31	97.68
黑色金属冶炼和压延加工业	Manufacture and Processing of Ferrous Metals	8.74	58.73	5.02	3.47	97.09
有色金属冶炼和压延加工业	Manufacture & Processing of Non-ferrous Metals	16.70	45.89	5.04	5.47	98.71
金属制品业	Manufacture of Metal Products	10.78	38.28	4.79	4.79	98.89
通用设备制造业	Manufacture of General Purpose Machinery	14.87	29.39	5.11	7.39	97.15
专用设备制造业	Manufacture of Special Purpose Machinery	12.39	22.61	2.30	9.15	96.83
汽车制造业	Manufacture of Automotive	18.40	51.02	3.15	8.87	101.34
铁路、船舶、航空航天和其他运输设备制造业	Manufacture of Railroad, Marine, Aerospace and Other Transportation Equipment	16.18	37.21	2.89	8.64	96.79
电气机械和器材制造业	Manufacture of Electrical Machinery and Equipment	21.03	34.33	4.45	9.36	97.26
计算机、通信和其他电子设备制造	Manufacture of Computer, Communications and Other Electronic Equipment	24.85	30.59	3.87	9.54	95.63
仪器仪表制造业	Manufacture of Measuring Instrument	14.34	26.65	2.68	9.22	95.45
其他制造业	Manufacture of Others	18.67	27.87	5.15	8.18	98.35
废弃资源综合利用业	Recycling and Disposal of Waste	22.84	44.58	6.93	5.16	98.86
金属制品、机械和设备修理业	Metal Products, Machinery and Equipment Repair	29.30	50.69	2.61	1.86	95.61
电力、热力生产和供应业	Production and Supply of Electric Power and Heat Power	2.79	80.80	0.55	9.23	97.51
燃气生产和供应业	Production and Distribution of Gas	7.08	75.87	1.88	8.12	97.85
水的生产和供应业	Production and Distribution of Water	3.83	64.04	0.30	16.42	100.00

按行业分大中型工业企业主要经济效益指标（2016年）

Main Indicators on Economic Benefit of Large and Medium-sized Industrial Enterprises by Industrial Sector (2016)

行业	Sector	总资产贡献率(%) Ratio of Total Assets to Industrial Output Value (%)	资产负债率(%) Assets-Liability Ratio (%)	流动资产周转次数(次) Number of Times of Annual of Turnover Working Capitals (times)	工业成本费用利润率(%) Ratio of Profits to Industrial Cost (%)	产品销售率(%) Proportion of Products Sold (%)
全省总计	**Total**	**9.90**	**58.65**	**2.45**	**5.73**	**97.72**
轻工业	Light Industry	17.14	50.14	2.77	8.10	97.34
重工业	Heavy Industry	8.70	60.06	2.38	5.12	97.82
按行业分	**Grouped by Sector**					
煤炭开采和洗选业	Mining and Washing of Coal	5.36	69.31	1.39	1.20	96.96
石油和天然气开采业	Extraction of Petroleum and Natural Gas	-7.50	39.88	1.87	-35.24	101.00
黑色金属矿采选业	Mining of Ferrous Metal Ores	18.52	46.51	1.88	22.60	98.09
有色金属矿采选业	Mining of Non-ferrous Metal Ores	27.84	42.09	6.63	14.78	95.77
非金属矿采选业	Mining and Processing of Nonmetal Ores	17.44	65.16	4.17	5.30	99.45
其他采矿业	Mining of Others					
农副食品加工业	Processing of Food from Agricultural Products	10.15	57.45	3.00	3.93	99.58
食品制造业	Manufacture of Foods	17.35	43.57	3.38	7.65	95.99
酒、饮料和精制茶制造业	Manufacture of Wine, Soft Drinks and Refined Tea	23.69	54.33	1.49	19.45	95.52
烟草制品业	Manufacture of Tobacco	63.86	37.41	1.70	2.66	102.28
纺织业	Manufacture of Textile	17.05	50.09	3.96	6.58	98.25
纺织服装、服饰业	Manufacture of Textile, Apparel	18.12	49.28	4.18	6.77	98.72
皮革、毛皮、羽毛及其制品和制鞋业	Manufacture of Leather, Fur, Feather and Its Products and Footware	46.75	20.29	13.01	11.59	98.72
木材加工和木、竹、藤、棕、草制品业	Processing of Timbers, Manufacture of Wood, Bamboo, Rattan, Palm, and Straw Products	32.93	39.53	8.30	11.29	99.11
家具制造业	Manufacture of Furniture	11.16	57.01	3.40	7.20	97.90
造纸和纸制品业	Manufacture of Paper and Paper Products	14.23	54.99	2.32	9.57	95.69
印刷和记录媒介复制业	Printing, Reproduction of Recording Media	10.06	30.61	1.74	8.29	100.36
文教、工美、体育和娱乐用品制造业	Manufacture of Articles for Culture, Arts and Crafts, Education, Sport Activities and Entertainment Goods	24.27	29.65	7.50	8.95	98.34
石油加工、炼焦和核燃料加工业	Processing of Petroleum, Coking, Processing of Nuclear Fuel	26.99	71.79	3.19	3.15	96.82
化学原料和化学制品制造业	Manufacture of Chemical Raw Material and Chemical Products	10.63	54.13	2.28	7.99	98.14
医药制造业	Manufacture of Medicines	11.43	48.25	1.45	10.93	93.60
化学纤维制造业	Manufacture of Chemical Fiber	9.26	66.56	2.66	5.24	100.55
橡胶和塑料制品业	Manufacture of Rubber and Plastic	15.09	46.62	2.15	10.59	95.60
非金属矿物制品业	Manufacture of Nonmetallic Mineral Products	6.07	63.66	1.55	3.40	97.64
黑色金属冶炼和压延加工业	Manufacture and Processing of Ferrous Metals	5.19	63.82	2.96	2.86	97.09
有色金属冶炼和压延加工业	Manufacture & Processing of Non-ferrous Metals	6.72	80.57	3.49	0.84	97.94
金属制品业	Manufacture of Metal Products	10.69	52.09	4.01	4.67	100.25
通用设备制造业	Manufacture of General Purpose Machinery	9.85	48.88	1.60	7.79	96.91
专用设备制造业	Manufacture of Special Purpose Machinery	8.55	32.15	1.19	10.42	93.09
汽车制造业	Manufacture of Automotive	16.16	55.52	1.85	11.31	98.17
铁路、船舶、航空航天和其他运输设备制造业	Manufacture of Railroad, Marine, Aerospace and Other Transportation Equipment	6.64	67.16	0.87	6.90	97.90
电气机械和器材制造业	Manufacture of Electrical Machinery and Equipment	9.44	63.54	1.66	6.60	99.63
计算机、通信和其他电子设备制造	Manufacture of Computer, Communications and Other Electronic Equipment	9.62	47.64	1.71	6.70	96.03
仪器仪表制造业	Manufacture of Measuring Instrument	12.21	29.05	0.76	17.49	89.10
其他制造业	Manufacture of Others	10.21	28.76	2.90	5.57	100.91
废弃资源综合利用业	Recycling and Disposal of Waste	-19.58	153.68	0.48	-121.69	127.92
金属制品、机械和设备修理业	Metal Products, Machinery and Equipment Repair	3.30	74.90	0.50	3.76	98.20
电力、热力生产和供应业	Production and Supply of Electric Power and Heat Power	10.09	63.27	6.09	6.68	99.94
燃气生产和供应业	Production and Distribution of Gas	5.52	64.95	1.28	9.40	99.27
水的生产和供应业	Production and Distribution of Water	1.76	58.28	1.08	-0.79	99.81

主要工业产品产量
Output of Major Industrial Products

产品名称	Item	2000	2005	2010	2015	2016
化学纤维(万吨)	Chemical Fiber (10000 tons)	10.26	22.67	23.42	60.68	61.79
# 合成纤维(万吨)	Synthetic Fiber (10000 tons)	6.15	8.94	1.50	5.54	5.87
纱(万吨)	Yarn (10000 tons)	43.70	68.59	123.91	204.24	222.15
布(亿米)	Cloth (100 million m)	15.60	23.37	54.82	69.66	70.96
呢绒(万米)	Woolen Piece Goods (10000 m)	662.86	133.30	507.20	428.30	459.21
毛线(吨)	Knitting Wool (ton)	105574.00	95151.30	66752.73	81859.17	85857.16
机制纸及纸板(万吨)	Machine-made Paper and Paperboard (10000 tons)	216.34	315.82	420.52	345.68	345.04
皮革鞋靴(万双)	Shoes (10000 pairs)	309.59	107.35	584.09	924.67	938.86
塑料制品(万吨)	Plastic Articles (10000 tons)	42.33	140.75	221.92	288.00	326.89
白炽灯泡(万只)	Incandescent Light Bulbs (10000 units)	8397.36	25462.24	12391.00	30681.50	27154.60
原盐(万吨)	Salt (10000 tons)	432.62	419.07	418.97	320.42	274.56
精制食用植物油(万吨)	Refined Edible Vegetable Oil (10000 tons)	29.88	78.87	130.25	192.35	207.46
成品糖(万吨)	Refined Sugar (10000 tons)	1.28	3.87	2.75	7.02	32.80
饮料酒(混合量)(万千升)	Alcoholic Beverages (10000 kiloliter)	160.39	163.68	170.60	216.66	194.36
# 白酒	Liquor	26.40	10.17	26.14	24.41	22.40
啤酒	Beer	130.60	142.96	134.44	181.75	165.00
罐头(万吨)	Canned Food (10000 tons)	16.40	29.46	26.22	46.79	60.39
卷烟(亿支)	Cigarettes (100 million pieces)	107.97	600.00	775.00	848.50	763.50
粗钢(万吨)	Crude Steel (10000 tons)	1230.10	7386.40	14458.79	18832.98	19259.97
生铁(万吨)	Pig Iron (10000 tons)	1709.23	6765.61	13705.39	17383.32	18398.37
铁合金(万吨)	Iron Alloy (10000 tons)	8.78	7.47	17.48	21.46	26.68
钢材(万吨)	Rolled Steel (10000 tons)	1306.62	6465.10	16757.23	25245.31	26150.42
发电量(亿千瓦小时)	Electricity (100 million kwh)	844.42	1338.63	1992.57	2487.17	2630.59
# 水电	Hydropower (100 million kwh)	4.70	5.61	5.00	4.29	22.26

注：1. 饮料酒2004年以前为万吨。2. 卷烟2003年及以前为万箱。

a) Unit of alcoholic beverages was 10000 kiloliter before 2004. b)unit of cigarettes was 10000 boxes before 2003.

主要工业产品产量(续)
Output of Major Industrial Products

产品名称	Item	2000	2005	2010	2015	2016
原煤(万吨)	Coal (10000 tons)	5781.21	7956.40	10199.27	7437.05	6484.32
原油(万吨)	Crude Oil (10000 tons)	518.26	562.45	599.04	580.10	545.96
天然气(亿立方米)	Natural Gas (100 million cu.m)	5.14	6.90	12.68	10.44	7.78
铁矿石原矿(万吨)	Ironstone in Original Iron Ores (10000 tons)	5889.44	15227.10	44618.84	51399.36	52203.35
焦炭(折标)(万吨)	Coke (10000 tons)	792.47	2485.34	4988.09	5480.62	5312.18
硫酸(折100%)(万吨)	Sulfuric Acid (10000 tons)	96.83	97.49	71.86	142.91	124.12
烧碱(万吨)	Caustic Soda (10000 tons)	32.48	56.56	70.96	119.08	123.74
纯碱(碳酸钠)(万吨)	Soda Ash (10000 tons)	99.84	177.37	230.40	347.82	348.42
合成氨(无水氨)(万吨)	Synthetic Ammonia (10000 tons)	252.27	339.52	296.06	274.24	231.17
农用化肥(折纯量)(万吨)	Chemical Fertilizer (10000 tons)	195.23	208.87	178.19	215.82	226.23
化学农药原药(吨)	Chemical Pesticide (ton)	55733.00	35063.10	35904.68	75485.84	72390.86
纯苯(吨)	Benzene (ton)	38962.00	64259.00	192052.00	723672.47	711091.12
涂料(万吨)	Coating (10000 tons)	6.06	10.41	34.82	71.92	79.86
合成橡胶(吨)	Synthetic Rubber (ton)	8489.00	8518.00	17294.51	44304.00	48225.00
橡胶轮胎外胎(万条)	Tires (10000 units)	121.37	112.48	33.92	59.84	51.39
合成洗涤剂(万吨)	Synthetic Detergents (10000 tons)	1.83	12.89		15.77	16.17
化学药品原药(万吨)	Chemical Raw Medicines (10000 tons)	10.17	39.20	45.31	44.57	45.88
中成药(吨)	Traditional Chinese Patent Medicine (ton)	20077.00	33333.71	41776.03	68467.25	66578.53
工业锅炉(蒸发量吨)	Industrial Boilers (evaporation ton)	4418.00	11546.00	9516.25	7953.97	7519.11
变压器(万千伏安)	Transformers (10000 KVA pm)	2394.54	5971.52	15745.42	16324.84	15215.58
泵(万台)	Pumps (10000 units)	14.40	18.33	43.76	103.16	135.68
金属切削机床(台)	Metal-cutting Machine (unit)	555	1717	1596	1486	1393
汽车(辆)	Motor Vehicle (unit)	13989	193941	710372	1128979	1290096
改装汽车(辆)	Modified Cars (unit)	31070	46911	80344	86617	77299
摩托车整车(辆)	Motorcycle (unit)	273231	377251	480038	562366	564265
程控交换机(万线)	Program-controlled Switchboards (10000 lines)				13.4	13.5
集成电路(万块)	Integrated Circuits (10000 units)				4546.7	4629.9
水泥(万吨)	Cement (10000 tons)	4694.59	8850.04	12594.30	9073.23	9861.22
平板玻璃(万重量箱)	Plate Glass (1000 weight cases)	2083.30	4964.25	12033.83	11099.98	10383.27
卫生陶瓷制品(万件)	Household Ceramic (10000 pieces)	105715.00	1492.34	2208.86	2603.37	2559.77
砖(亿块)	Brick (100 million)	115.26	104.99	159.94	57.36	67.65
单晶硅(万千克)	Monocrystalline Silicon (10000 kg)				524.1	519.7
太阳能电池(万千瓦)	Solar Cell (10000 kw)				399.7	410.1

注：1. 卫生陶瓷制品2000年计量单位为吨。2. 2014年天然气含煤层气。
a) Unit of ceramic sanitary in 2000 was ton. b) Natural gas include the coalbed methane in 2014.

建筑业主要经济指标
Major Economic Indicators on Construction Enterprises

指　　标	Item	2000	2005	2010	2015	2016
建筑业总产值(亿元)	Gross Output Value of Construction (100 million yuan)	492.10	1285.29	3232.53	5252.57	5517.69
竣工产值(亿元)	Value of Building Completed (100 million yuan)	357.67	755.01	1714.58	2852.20	2888.43
产值竣工率(%)	Rate of Value of Building Completed (%)	72.70	58.74	53.04	54.30	52.35
按总产值计算的劳动生产率(元/人)	Overall Labor Productivity in Terms of Total Output Value (yuan/person)	51217	108148	236031	377277	379684
房屋建筑竣工面积(万平方米)	Floor Space of Buildings Completed (10000 sq.m)	3481.42	5744.23	9100.87	11612.95	11145.14
#住　宅	Residential Houses	2260.98	3693.90	6247.72	8579.33	8111.71
房屋面积竣工率(%)	Rate of Floor Space of Buildings Completed (%)	55.60	51.01	38.77	32.61	32.20
人均竣工面积(平方米/人)	Individual Floor Space of Buildings Completed (sq.m/person)	36.00	48.33	66.45	83.42	76.70
年末固定资产原价(亿元)	Fixed Assets End of Year (original value) (100 million yuan)	185.15	315.30	463.38	703.97	699.96
年末固定资产净值(亿元)	Fixed Assets End of Year (net value) (100 million yuan)	125.09	211.54	303.18	404.98	393.45
利润总额(亿元)	Total Profits (100 million yuan)	6.74	29.41	104.81	155.67	154.26
人均利润(元/人)	Individual Profit (yuan/person)	701.00	2475.00	8145.12	11182.86	10614.91
年末自有机械设备(万千瓦)	Total Power of Machinery and Equipment Owned End of year (10000 kw)	603.88	716.67	1034.50	1250.41	1029.74
年末自有机械设备净值(亿元)	Net Value of Machinery and Equipment Owned End of Year (100 million yuan)	57.16	97.59	181.33	208.82	175.10
技术装备率(元/人)	Value of Machines per Laborer (yuan/person)	6525.00	8212.00	14091.68	15000.68	12048.70
动力装备率(千瓦/人)	Power of Machines per Laborer (kw/person)	7.00	6.00	8.04	8.98	7.09
资金利润率(%)	Ratio of Capital (%)	1.41	3.31	5.12	3.86	3.44

按承包类型分的建筑业企业主要指标

Main Economic Indicators on Construction Enterprise by General Contractors

指　标	Item	2005	2010	2012	2013	2014	2015	2016
总承包企业	**General Contractor**							
企业个数(个)	Number of Construction Enterprises (unit)	1338	1541	1697	1708	1725	1734	1813
从业人员(人)	Number of Employed Persons (person)	1053286	1174581	1246013	1099358	1051225	986073	1350119
建筑业总产值(万元)	Gross Output Value of Construction (10000 yuan)	11518883	29845785	45633359	48981592	52772745	49375043	52004159
特　级	Super	1178708	4380837	8496958	9079184	9993208	7525305	8145608
一　级	First Grade	5256800	14367669	20487072	22514083	24535310	24475894	25988255
二　级	Second Grade	3195002	7082044	11520463	12316164	12934837	12187639	12334569
三级及以下	Third Grade and below	1888373	4015235	5128866	5072161	5309390	5186205	5535727
利润总额(万元)	Total Profits (10000 yuan)	239490	901001	1311988	1488041	1488895	1406345	1322030
利税总额(万元)	Total Pre-Tax Profits (10000 yuan)	592672	1891199	2670868	2967718	3105522	2913237	2385075
专业承包企业	**Specialized Contractor**							
企业个数(个)	Number of Construction Enterprises (unit)	756	748	802	792	771	751	793
从业人员(人)	Number of Employed Persons (person)	132664	112191	102656	95142	90624	87006	103112
建筑业总产值(万元)	Gross Output Value of Construction (10000 yuan)	1334048	2479511	3017548	3368078	3484715	3150643	3172762
一　级	First Grade	489944	1024942	1184319	1394394	1383627	1283397	1383018
二　级	Second Grade	544565	805292	944727	1036378	981313	964962	825770
三级及以下	Third Grade and below	299539	649276	888502	937306	1119775	902284	963974
利润总额(万元)	Total Profits (10000 yuan)	54656	147090	155395	170813	142408	150403	220563
利税总额(万元)	Total Pre-tax Profits	94566	227730	254881	280809	244498	255604	2993234

按登记类型分建筑业企业主要经济指标（2016年）

指　　标	Item	合　计 Total Enterprises	内资企业 Domestic Funded	# 国有经济 State-owned
企业单位数(个)	Number of Construction Enterprises (unit)	2606	2601	97
从业人员(人)	Number of Employed Persons (person)	1453231	1452571	59742
自有施工机械设备年末总台数(万台)	Total Number of Machinery and Equipment Owned (10000 sets)	53.52	53.45	1.60
自有施工机械设备年末净值(亿元)	Net Value of Machinery and Equipment Owned (100 million yuan)	175.10	175.09	8.37
自有机械设备年末总功率(万千瓦)	Total Power of Machinery and Equipment Owned (10000 kw)	1029.74	1029.65	45.15
建筑业总产值(亿元)	Gross Output Value of Construction (100 million yuan)	5517.69	5513.61	246.80
建筑工程	Construction Engineering	4585.73	4582.33	198.07
安装工程	Construction and Installation	587.50	587.50	38.52
其他产值	Others	344.47	343.78	10.21
应付职工薪酬(亿元)	Wages Payable (100 million yuan)	403.49	403.00	24.49
主营业务税金及附加(亿元)	Taxes and Other Charges on Principal Business (100 million yuan)	108.44	108.28	4.72
管理费用中的税金(亿元)	Taxes in Management Expenses (100 million yuan)	5.74	5.72	0.43
营业利润(亿元)	Profits of Business (100 million yuan)	155.41	154.92	0.57
房屋建筑施工面积(万平方米)	Floor Space of Buildings under Construction (10000 sq.m)	34616.12	34616.12	741.10
房屋建筑竣工面积(万平方米)	Floor Space of Buildings Completed (10000 sq.m)	11145.14	11145.14	226.35
资产合计(亿元)	Total Assets (100 million yuan)	5019.24	5015.12	322.36
流动资产合计(亿元)	Total Circulating Funds (100 million yuan)	4087.49	4084.88	233.77
固定资产原价(亿元)	Original Value of Fixed Assets (100 million yuan)	699.96	699.54	47.18
流动负债合计(亿元)	Total Current Liabilities (100 million yuan)	3123.34	3120.92	218.04
非流动负债合计(亿元)	Total Non Working Liabilities (100 million yuan)	149.90	149.90	24.97
所有者权益(亿元)	Creditors' Equity (100 million yuan)	1659.57	1657.86	78.11
# 实收资本(亿元)	Capitals Hold (100 million yuan)	900.27	899.12	69.61
利润总额(亿元)	Total Profits (100 million yuan)	154.26	153.77	1.12
利税总额(亿元)	Total Tax (100 million yuan)	268.44	267.77	6.27
劳动生产率(元/人)(按总产值计算)	Overall Labor Productivity (yuan/person) (In Terms of Gross Output Value)	379684.44	379575.63	413103.03
技术装备率(元/人)	Value of Machines per Laborer (yuan/person)	12048.70	12053.94	14009.91
动力装备率(千瓦/人)	Power of Machines per Laborer (yuan/person)	7.09	7.09	7.56
房屋建筑面积竣工率(%)	Rate of Floor Space of Buildings Completed (%)	32.20	32.20	30.54
产值利润率(%)	Ratio of Profit to Gross Output Value (%)	2.80	2.79	0.45
产值利税率(%)	Ratio of Pre-tax Profit to Gross Output Value (%)	4.87	4.86	2.54

Main Economic Indicators on Construction Enterprises by Registration Status (2016)

# 集体经济 Collective-owned	港澳台商投资企业 Funded from Hong Kong, Macao and Taiwan	外商投资企业 Foreign Funded	房屋建筑 Building Construction	土木工程建筑 Civil Engineering	建筑安装业 Installation	建筑装饰和其他建筑业 Building Decoration and Others
74	4	1	1396	501	314	395
39888	498	162	1140386	208520	67119	37206
0.99	0.06	0.01	42.82	6.98	2.66	1.05
2.74	…	…	99.71	61.43	9.04	4.92
15.45	0.08	0.01	709.90	258.57	41.58	19.69
123.81	3.73	0.36	3771.16	1299.43	312.13	134.96
105.89	3.39		3300.40	1082.28	118.99	84.06
15.26			241.04	154.85	172.33	19.28
2.66	0.34	0.36	229.72	62.31	20.81	31.63
10.34	0.48	0.01	275.24	89.87	27.86	10.52
2.49	0.15	…	82.16	19.12	4.31	2.86
0.16	0.02	…	3.03	1.83	0.64	0.24
3.66	0.48	0.01	97.59	29.87	15.54	12.42
841.03			32879.04	744.03	991.37	1.68
325.27			10587.52	256.87	298.00	2.74
50.63	3.74	0.39	2730.98	1822.24	301.31	164.71
33.48	2.23	0.39	2248.50	1451.56	250.97	136.46
10.20	0.41	…	316.93	319.81	42.16	21.06
25.59	2.19	0.22	1668.06	1198.13	174.10	83.04
0.19	…		74.40	67.86	4.69	2.95
23.92	1.54	0.17	928.41	536.55	118.95	75.66
11.41	0.99	0.16	485.78	311.30	60.54	42.65
3.49	0.48	0.01	96.20	29.89	15.64	12.53
6.14	0.66	0.01	181.38	50.83	20.59	15.63
310382.70	748989.96	220061.73	330691.97	623169.67	465038.80	362748.72
6866.13	588.35	296.30	8743.69	29458.94	13466.87	13215.74
3.87	1.61	0.74	6.23	12.40	6.19	5.29
38.68			32.20	34.52	30.06	163.57
2.82	12.96	1.47	2.55	2.30	5.01	9.29
4.96	17.60	2.86	4.81	3.91	6.60	11.58

建筑业企业技术装备情况

Number and Power of Machinery and Equipment Owned by Construction Enterprises

年份 Year	自有机械设备年末总台数（台） Number of and Machinery Equipment Owned (unit)	自有机械设备年末总功率（万千瓦） Total Power of Machinery and Equipment Owned (10000 kw)	自有机械设备年末净值（万元） Net Value of Machinery and Equipment Owned (10000 yuan)	技术装备率（元/人） Value of Machines per Laborer (yuan/person)	动力装备率（千瓦/人） Power of Machines per Laborer (kw/person)
1991	109405	226.15	133116	3362	5.71
1992	94837	212.56	138588	3398	5.21
1993	188111	330.00	169752	2637	5.13
1994	196886	412.22	247707	2926	4.90
1995	213972	331.78	2851719	3741	4.35
1996	326300	471.49	399500	3884	4.58
1997	291800	483.63	490300	4995	4.93
1998	309600	482.76	448200	5166	5.56
1999	363100	519.76	497700	5775	6.03
2000	380673	603.88	5715649	6525	7.00
2001	432840	663.66	6955482	7342	7.00
2002	449741	604.35	1030110	10331	6.10
2003	443997	575.41	1046003	10573	5.80
2004	508692	1251.48	989386	8697	11.00
2005	435734	716.67	975913	8212	6.00
2006	516915	723.70	1065747	9936	6.75
2007	498629	697.98	1071893	10004	6.51
2008	465252	777.43	1290411	11142	6.70
2009	475386	843.66	1384173	11711	7.14
2010	967008	1034.50	1813278	14092	8.04
2011	551462	1198.60	1878605	15590	9.95
2012	546209	1471.40	1873380	15672	12.31
2013	870203	1129.90	1818782	14732	9.15
2014	657988	1756.64	1949338	13327	12.01
2015	530245	1250.41	2088220	15001	8.98
2016	535161	1029.74	1750955	12049	7.09

房地产开发企业主要指标
Main Indicators of Real Estate Development

指　　标	Item	2005	2010	2015	2016
企业个数(个)	**Number of Enterprises (unit)**	**1169**	**2997**	**3181**	**3279**
内　资	Domestic Funded	1111	2933	3130	3228
港澳台投资	Enterprises with Funds from Hong Kong, Macao Taiwan	37	34	33	31
外商投资	Foreign Funded	21	30	18	20
年末从业人员数(人)	**Employed Persons at the Year-end (person)**	**39573**	**75245**	**106614**	**111918**
内　资	Domestic Funded	36950	72592	103190	108712
港澳台投资	Enterprises with Funds from Hong Kong, Macao and Taiwan	1913	968	1433	1384
外商投资	Foreign Funded	710	1685	1991	1822
土地购置(万平方米)	**Land Purchase (10000 sq.m)**				
本年土地购置面积	Land Space Purchased This Year	968.57	3024.15	756.86	929.93
本年完成投资额(万元)	**Investment Completed This Year (10000 yuan)**	**3915256**	**22649354**	**42852710**	**46956333**
商品住宅	Residential Buildings	2920522	17857596	31625474	34754830
办公楼	Office Buildings	97133	512738	1758739	2192564
商业营业用房	Houses for Business Use	472660	2760060	5093980	6515654
其他	Others	424941	1518960	4374517	3493285
资金来源小计(万元)	**Sources of Funds (10000 yuan)**	**4131320**	**27108920**	**46666744**	**51023647**
国内贷款	Domestic Loans	682504	2888903	4566951	4560990
利用外资	Foreign Investment	34424	29980	23138	17098
自筹资金	Self-raising Fund	1776377	14625782	30991139	32244899
其他资金来源	Others	1638015	9564255	11085516	14200660
房屋建筑面积(万平方米)	**Floor Space of Buildings (10000 sq.m)**				
施工房屋面积	Floor Space under Construction	3820.96	20700.03	30434.76	30476.78
#新开工面积	Floor Space Started This Year	1970.80	9629.16	7219.81	8161.30
竣工房屋面积	Floor Space Completed	1129.92	3614.66	4039.31	4287.78
#住　宅	Residential Buildings	1021.79	3130.09	3226.91	3352.61
商品房屋销售面积(万平方米)	**Floor Space of Commercialized Buildings Sold (10000 sq.m)**	**1408.74**	**4662.10**	**5854.65**	**6682.29**
#住　宅	Residential Buildings	1322.32	4325.12	5161.65	5899.72
商品房屋销售价格(元/平方米)	**Selling Price of Commercialized Buildings (yuan/sq.m)**	**1862**	**3539**	**5759**	**6438**
#住　宅	Residential Buildings	1777	3442	5530	6290
主要财务指标(万元)	**Major Financial Indicators (10000 yuan)**				
实收资本	Total Capital Held	1881471	5907814	13750033	14376838.3
资产总计	Total Assets	9317561	48112569	142743489	159317875
资产负债率(%)	Ratio of Liabilities to Assets (%)	69.52	82.0	85.9	83.7
经营总收入	Total Revenue	2607415	12026554	23388882	28563301
主营业务税金及附加	Tax and Extra Charges	147751	924133	2022774	2046262
利润总额	Total Profits	84997	1017819	1322913	3543485

注：2005、2010年为年平均从业人员数。

a) The number of employed persons refers to the annual average number in 2005 and 2010.

房地产开发企业基本情况（2016年）

项　　目	Item	企业个数（个）Number of Enterprises (unit)	年平均从业人员（人）Average Number of Employed Persons (person)	资产总计（万元）Total Assets (10000 yuan)
全省总计	**Total**	**3279**	**111918**	**159317875**
按登记注册类型分	**Grouped by Registered Categories**			
内资企业	Domestic Funded Enterprises	3228	108712	154505891
国　有	State-owned Enterprises	7	341	194080
集　体	Collective-owned Enterprises			
股份合作	Cooperative Enterprises			
联营企业	Joint Ownership Enterprises			
有限责任公司	Limited Liability Corporations			
国有独资公司	State Sole Funded Corporations	21	757	76
其他有限责任公司	Other Limited Liability Corporations	1647	54236	5424
股份有限公司	Share-holding Corporations Ltd.	123	4361	436
私　营	Private Enterprises			
其他内资企业	Other Enterprises			
港澳台商投资	Enterprises with Funds from Hong Kong, Macao and Taiwan	32	1384	3444193
合资经营	Joint-venture Enterprises	12	624	1549091
合作经营	Cooperative Enterprises			
独资经营	Enterprises with Sole Fund	19	751	1888276
股份有限	Share-holding Corporations Ltd.			
外商投资经济	Foreign Funded Enterprises	19	1822	1367791
合资经营	Joint-venture Enterprises	7	181	241572
合作经营	Cooperation Enterprises	1	8	10168
外资企业	Enterprises with Sole Fund	8	1554	1026716
股份有限	Share-holding Corporations Ltd.	2	64	79455
按隶属关系分	**Grouped by Administrative Relationship**			
中　央	Central Government	14	650	1145018
省	Province	15	871	1952012
市	Prefecture	256	8421	13594252
县	County	358	11600	13000278
其　他	Other	2625	90093	129113146
按资质等级分	**Grouped by Qualification Grade**			
一　级	First Grade	58	12060	18705885
二　级	Second Grade	300	16191	29357529
三　级	Third Grade	583	18187	26276989
四　级	Forth Grade	1210	31180	40681734
暂　定	Provisional	1062	32297	42150839
其　他	Other	66	2003	2144899
按营业状况分	**Grouped by Business Condition**			
营　业	Business	3107	108264	156690738
其　他	Other	77	2217	1871160

Basic Condition of Enterprises for Real Estate Development (2016)

净资产(所有者权益)(万元) Total Owners Equities (10000 yuan)	主营业务收入(万元) Revenue from Principal Business (10000 yuan)	土地转让收入 Land Transferred	商品房屋销售收入 Commercial Houses Sold	房屋出租收入 Houses Leased	其他收入 Others	主营业务税金及附加(万元) Taxes and Other Charges on Principal Business (10000 yuan)	利润总额(万元) Total Profits (10000 yuan)
25894374	**28563301**	**121399**	**27992005**	**144031**	**305867**	**2046262**	**3543485**
24280865	27576829	121399	27012435	138675	304320	1937025	3350144
-938	18457		18401	56		882	-495
2112825	637475	177231	11	176608	593	19	10726
85637962	13653247	16131744	24345	15847078	99541	160780	1142036
10825722	1765698	893951	26	885085	8090	749	55715
1113908	663029		661585	509	935	74911	126289
471004	440219		439284		935	50819	93693
642085	222810		222301	509		24092	32665
499601	323444		317985	4847	612	34326	67052
20515	354		160		195	67	-2294
1566	92				92		-118
446442	287367		282517	4845	4	31633	69612
31502	35630		35308	1	322	2501	47
182456	178698		177966	731	1	16973	15434
366700	568625		567851	774	0	52774	83064
2306691	2299880	761	2257796	15414	25909	149352	164013
1976856	3170559	2425	3153154	1196	13784	202781	375707
21031849	22320656	118203	21810415	125887	266152	1621370	2906575
4174487	2260999	287	2251252	7666	1795	117509	254876
4673632	4940766		4814049	34326	92391	321742	590594
4324001	6020403	8907	5932246	17684	61566	471956	542755
6715356	7361045	12011	7254054	63734	31247	530552	665397
5814226	7539138	94571	7320708	19608	104251	559258	1447432
192673	440951	5623	419696	1013	14619	45246	42430
25558989	28339408	121399	27773406	138920	305683	2024874	3422801
198485	179606		179506	97	3	16159	6976

房地产开发企业建设总规模、完成投资及新增固定资产（2016年）

单位：万元

项　目	Item	计划总投资 Total Investment Planed	累计完成投资 Accumulated Investment Completed	本年完成投资 Investment Completed This Year
全　省　总　计	**Total**	**194758856**	**137018882**	**46956333**
按登记注册类型分	**Grouped by Registered Categories**			
内资企业	Domestic Funded Enterprises	187735282	133884216	45868839
国　有	State-owned Enterprises	572388	371156	97253
集　体	Collective-owned Enterprises			
股份合作	Cooperative Enterprises	16453	16453	16453
联营企业	Joint Ownership Enterprises			
有限责任公司	Limited Liability Corporations			
国有独资公司	State Sole Funded Corporations	1954720	1460326	490723
其他有限责任公司	Other Limited Liability Corporations	101131140	73613354	24962788
股份有限公司	Share-holding Corporations Ltd.	7806974	4927826	1730949
私　营	Private Enterprises	75746733	53130746	18392337
其他内资企业	Other Enterprises	506874	364355	178336
港澳台商投资	Enterprises with Funds from Hong Kong, Macao and Taiwan	3337777	2394422	878413
合资经营	Joint-venture Enterprises	678165	672585	232553
合作经营	Cooperative Enterprises			
独资经营	Enterprises with Sole Fund	2659612	1721837	645860
股份有限	Share-holding Corporations Ltd.			
其他	Other			
外商投资经济	Foreign Funded Enterprises	3685797	740244	209081
合资经营	Joint-venture Enterprises	216132	169391	89566
合作经营	Cooperation Enterprises			
外资企业	Enterprises with Sole Fund	3412665	504205	115276
股份有限	Share-holding Corporations Ltd.	57000	66648	4239
其他	Other			
按隶属关系分	**Grouped by Administrative Relationship**			
中　央	Central Government	1798354	1617850	506033
省	Province	1863928	1888397	344237
市	Prefecture	14263862	10962138	4170050
县	County	18054900	12906851	5072125
其　他	Other	157750813	108994209	36667505
按资质等级分	**Grouped by Qualification Grade**			
一　级	First Grade	14829761	9158737	2263316
二　级	Second Grade	23457813	18138167	5226046
三　级	Third Grade	28643637	21472966	6751056
四　级	Forth Grade	44405502	32848518	9897150
暂　定	Provisional	78858991	52299107	21602404
其　他	Other	4563152	3101387	1216361
按营业状况分	**Grouped by Business Condition**			
营　业	Business	191290568	134423454	46096704
其　他	Other	2602682	1963217	681692

Total Size of Construction, Actually Completed Investment and Newly Increased Fixed Assets for Real Estate Development (2016)

(10000 yuan)

按用途分 by Use						本年新增
住宅 Residential Buildings	#90平方米以下 Under 90 sq.m	#别墅、高档公寓 Villas, High-grade Apartments	办公楼 Office Buildings	商业营业用房 Houses for Business Use	其他 Others	固定资产 Newly Increased Fixed Assets
34754830	**14611643**	**527126**	**2192564**	**6515654**	**3493285**	**17450005**
33986278	14315592	526626	2169630	6297097	3415834	16865295
75153	25305		5000	11100	6000	
11655	900	1800	100	400	4298	
469538	272423		1596	15834	3755	34508
18403635	7677117	347767	1339538	3346980	1872635	8787071
1416721	813812	14530	42306	110176	161746	678714
13457255	5484236	162529	767931	2803788	1363363	7344530
152321	41799		13159	8819	4037	20472
655920	253151		20491	154462	47540	395588
210570	144144			18026	3957	365735
445350	109007		20491	136436	43583	29853
112632	42900	500	2443	64095	29911	189122
44831	24868	500	2443	24450	17842	
64638	18000			39055	11583	189122
3163	32			590	486	
344854	40516		80800	64821	15558	31014
197066	76686		40000	5671	101500	91149
3076585	1446490	33971	85629	657613	350223	1175450
4100619	1626424	47325	129360	547334	294812	1470574
26875164	11410018	445830	1850403	5215397	2726541	14672337
1627490	794507	5500	40493	406261	189072	2019773
3944236	1455809	42001	111451	650253	520106	2395181
5460000	2671663	3622	117273	715658	458125	3224025
7553258	3010242	215942	408275	1230292	705325	4337470
15229018	6191616	259461	1453992	3367744	1551650	5305228
940828	487806	600	61080	145446	69007	168328
34012860	14233901	453832	2187073	6455192	3441579	17107948
595076	272372	71490	5391	43987	37238	250527

房地产开发企业的土地开发、购置及资金来源（2016年）

项　　目	Item	土地购置费用（万元）Total Value of Land Purchased (10000 yuan)	待开发的土地面积（平方米）Land Space Pending Development (sq.m)
全省总计	**Total**	**3378395**	**11223727**
按登记注册类型分	**Grouped by Registered Categories**		
内资企业	Domestic Funded Enterprises	3313250	10457705
国　　有	State-owned Enterprises	5500	129575
集　　体	Collective-owned Enterprises		
股份合作	Cooperative Enterprises	6926	
联营企业	Joint Ownership Enterprises		
有限责任公司	Limited Liability Corporations		5769003
国有独资公司	State Sole Funded Corporations	28351	
其他有限责任公司	Other Limited Liability Corporations	2141223	5769003
股份有限公司	Share-holding Corporations Ltd.	62548	172271
私　　营	Private Enterprises	1062602	4332540
其他内资企业	Other Enterprises	6100	54316
港澳台商投资	Enterprises with Funds from Hong Kong, Macao and Taiwan	52166	766022
合资经营	Joint-venture Enterprises	600	17124
合作经营	Cooperative Enterprises		
独资经营	Enterprises with Sole Fund	51566	748898
股份有限	Share-holding Corporations Ltd.		
外商投资经济	Foreign Funded Enterprises	12979	
合资经营	Joint-venture Enterprises	12979	
合作经营	Cooperation Enterprises		
外　　资	Enterprises with Sole Fund		
股份有限	Share-holding Corporations Ltd.		
按隶属关系分	**Grouped by Administrative Relationship**		
中　　央	Central Government		
省	Province	61591	6600
市	Prefecture	321694	502574
县	County	431468	1315780
其　　他	Other	2555595	9366773
按资质等级分	**Grouped by Qualification Grade**		
一　级	First Grade	96811	373015
二　级	Second Grade	352666	574558
三　级	Third Grade	414874	983268
四　级	Forth Grade	742043	2564090
暂　定	Provisional	1683115	6658574
其　他	Other	88886	70222
按营业状况分	**Grouped by Business Condition**		
营　业	Business	3326046	10708497
其　他	Other	45323	266668

Land Development, Purchase and Source of Funds of Enterprises for Real Estate Development (2016)

本年购置土地面积(平方米) Land Space Purchased This Year (sq.m)	本年资金来源小计(万元) Total Funds This Year (10000 yuan)	国内贷款 Domestic Loans	#银行贷款 Bank loan	利用外资 Foreign Investment	#外商直接投资 Foreign Direct Investment	自筹资金 Self-raising Funds	其他资金来源 Others
9299254	**51023647**	**4560990**	**4320873**	**17098**	**17098**	**32244899**	**14200660**
9045773	49856342	4384118	4149246			31838891	13633333
	105590	14500	10500			39355	51735
44418	15550					15550	
4397888	27381881	2294385	2150845			17096336	7991160
4397888	27381881	2294385	2150845			17096336	7991160
84979	1817007	173631	169131			1039760	603616
4356231	19839034	1769858	1687026			13480601	4904982
96473	316407					108642	207765
224906	950985	163521	158276	17098	17098	378489	391877
110813	317963	30245	25000			203000	84718
114093	633022	133276	133276	17098	17098	175489	307159
28575	216320	13351	13351			27519	175450
28575	92760	5000	5000			10852	76908
	102699	8351	8351			16667	77681
	20861						20861
	471717	136423	136423			102431	232863
	359895	35500	35500			164282	160113
519436	4141838	443823	438154			2816716	881299
1595985	5374310	413049	375169			3236692	1724569
7183833	40444009	3443317	3246749	17098	17098	25843469	11140125
392965	2751236	417459	412959			1069307	1264470
585128	5996922	577732	563296			3080884	2338306
1060261	7590847	1246354	1234671			3841454	2503039
2641748	11356913	652838	556629			6739124	3964951
4317838	22148933	1637907	1524618	17098	17098	16579203	3914725
301314	1178796	28700	28700			934927	215169
9144306	50115974	4492633	4255776	17098	17098	31478632	14127611
40699	710157	66461	63501			596617	47079

房地产开发建设房屋建筑面积、造价和商品房屋销售情况（2016年）

项目	Item	施工房屋面积（平方米）Floor Space of Buildings under Construction (sq.m)	竣工房屋面积（平方米）Floor Space of Buildings Completed (sq.m)	#住宅 Residential Buildings	房屋面积竣工率（%）Rate of Floor Space of Buildings Completed (%)
全省总计	**Total**	**304767767**	**42877829**	**33526104**	**14.1**
按登记注册类型分	**Grouped by Registered Categories**				
内资企业	Domestic Funded Enterprises	298778727	41593656	32366271	13.9
国有	State-owned Enterprises	1045604			
集体	Collective-owned Enterprises				
股份合作	Cooperative Enterprises	24418			
联营企业	Joint Ownership Enterprises				
有限责任公司	Limited Liability Corporations				
国有独资公司	State Sole Funded Corporations	3848834			
其他有限责任公司	Other Limited Liability Corporations	159070773	21444511	16528172	13.5
股份有限公司	Share-holding Corporations Ltd.	11811859	1920836	1506299	16.3
私营	Private Enterprises	122416199	18141029	14248497	14.8
其他内资企业	Other Enterprises	561040	87280	83303	15.6
港澳台商投资	Enterprises with Funds from Hong Kong, Macao and Taiwan	4848972	1091292	970389	22.5
合资经营	Joint-venture Enterprises	1716565	976790	863429	56.9
合作经营	Cooperative Enterprises				
独资经营	Enterprises with Sole Fund	3132407	114502	106960	3.7
股份有限	Share-holding Corporations Ltd.				
外商投资经济	Foreign Funded Enterprises	1140068	192881	189444	16.9
合资经营	Joint-venture Enterprises	540701			
合作经营	Cooperation Enterprises				
外资	Enterprises with Sole Fund	433706	192881	189444	44.5
股份有限	Share-holding Corporations Ltd.	165661			
按隶属关系分	**Grouped by Administrative Relationship**				
中央	Central Government	1930948	82002	82002	4.2
省	Province	3563870	346671	294444	9.7
市	Prefecture	25052789	2160818	1605989	8.6
县	County	32880111	4367458	3571210	13.3
其他	Other	240362671	35884542	27936121	14.9
按资质等级分	**Grouped by Qualification Grade**				
一级	First Grade	19659419	5893678	4288079	30.0
二级	Second Grade	43783026	6581558	5115702	15.0
三级	Third Grade	53085569	8504302	6875696	16.0
四级	Forth Grade	80183342	9776785	7739490	12.2
暂定	Provisional	101641789	11561388	9156984	11.4
其他	Other	6414622	560118	350153	8.7
按营业状况分	**Grouped by Business Condition**				
营业	Business	298794676	42195750	33026824	14.1
其他	Other	4241578	424077	407986	10.0

Floor Space of Building and Their Cost, Selling of Commercial Houses in Real Estate Development (2016)

竣工房屋价值(万元) Value of Buildings Completed (10000 yuan)	竣工房屋造价(元/平方米) Cost of Buildings Completed (yuan/sq.m)	商品房销售面积(平方米) Floor Space of Commercialized Buildings Sold (sq.m)	#住宅 Residential Buildings	商品房销售额(万元) Total Sale of Commercialized Buildings (10000 yuan)	#住宅 Residential Buildings	商品房平均售价(元/平方米) Average Selling Price of Commercialized Buildings (yuan/sq.m)	#住宅 Residential Buildings
11393112	**2657**	**66822862**	**58997222**	**43018288**	**37108785**	**6438**	**6290**
10924927	2627	65622114	57970140	42100192	36332206	6416	6267
		39574	39574	16510	16510	4172	4172
		466	466	500	500	10730	10730
		341887	330290	153633	148786	4494	4505
5886476	2745	34176026	30246910	22532580	19755265	6593	6531
461072	2400	2959243	2830848	1766298	1660710	5969	5866
4557107	2512	27873040	24322563	17475819	14617799	6270	6010
20272	2323	231878	199489	154852	132636	6678	6649
330508	3029	1016868	866129	805042	678222	7917	7830
300655	3078	547284	500129	474093	448226	8663	8962
29853	2607	469584	366000	330949	229996	7048	6284
137677	7138	183880	160953	113054	98357	6148	6111
		103657	98612	55780	52101	5381	5283
137677	7138	29077	23704	36413	30454	12523	12848
		51146	38637	20861	15802	4079	4090
24000	2927	467028	349457	439648	321673	9414	9205
86709	2501	515767	486712	245019	225654	4751	4636
644191	2981	3626975	3244809	2237049	1761517	6168	5429
1119168	2563	7678159	6475172	4377521	3481094	5701	5376
9509563	2650	54226141	48132280	35603749	31203545	6566	6483
1564721	2655	4203912	3630641	2846180	2469135	6770	6801
1791193	2722	11010632	9843696	7240911	6340797	6576	6441
2259110	2656	12132613	11000832	7349743	6683897	6058	6076
2729836	2792	17654658	15533592	9430565	8216338	5342	5289
2903160	2511	20652596	17962083	15359124	12756203	7437	7102
145092	2590	1168451	1026378	791765	642415	6776	6259
11258201	2668	65598301	58087679	42226459	36535497	6437	6290
78658	1855	826902	709894	598108	503262	7233	7089

按用途和销售方式分的商品房屋销售面积及平均销售价格（2016年）

项 目	Item	商品房销售面积(平方米) Floor Space of Commercialized Buildings Sold (sq.m)	销售用途 住宅 Residential Buildings	#90平方米以下 90 sq.m below
全省总计	**Total**	**66822862**	**58997222**	**20322444**
按登记注册类型分	**Grouped by Registered Categories**			
内资企业	Domestic Funded Enterprises	65622114	57970140	19983949
国有	State-owned Enterprises	39574	39574	5940
集体	Collective-owned Enterprises			
股份合作	Cooperative Enterprises	466	466	
联营企业	Joint Ownership Enterprises			
有限责任公司	Limited Liability Corporations			
国有独资公司	State Sole Funded Corporations	341887	330290	305742
其他有限责任公司	Other Limited Liability Corporations	34176026	30246910	10466535
股份有限公司	Share-holding Corporations Ltd.	2959243	2830848	1328273
私营	Private Enterprises	27873040	24322563	7823536
其他内资企业	Other Enterprises	231878	199489	53923
港澳台商投资	Enterprises with Funds from Hong Kong, Macao and Taiwan	1016868	866129	266983
合资经营	Joint-venture Enterprises	547284	500129	145265
合作经营	Cooperative Enterprises			
独资经营	Enterprises with Sole Fund	469584	366000	121718
股份有限	Share-holding Corporations Ltd.			
外商投资经济	Foreign Funded Enterprises	183880	160953	71512
合资经营	Joint-venture Enterprises	103657	98612	71512
合作经营	Cooperation Enterprises			
外资	Enterprises with Sole Fund	29077	23704	
股份有限	Share-holding Corporations Ltd.	51146	38637	
按隶属关系分	**Grouped by Administrative Relationship**			
中央	Central Government	467028	349457	18648
省	Province	515767	486712	235835
市	Prefecture	3626975	3244809	889088
县	County	7678159	6475172	1706151
其他	Other	54226141	48132280	17394258
按资质等级分	**Grouped by Qualification Grade**			
一级	First Grade	4203912	3630641	1938801
二级	Second Grade	11010632	9843696	3666568
三级	Third Grade	12132613	11000832	3911188
四级	Forth Grade	17654658	15533592	3954069
暂定	Provisional	20652596	17962083	6411015
其他	Other	1168451	1026378	440803
按营业状况分	**Grouped by Business Condition**			
营业	Business	65598301	58087679	20044118
其他	Other	826902	709894	241443

Floor Space of Buildings Actually Sold and Average Selling Price by Use and Sale Method (2016)

by Use				销售方式 by Sale Method		商品房平均销售价格(元/平方米) Average Selling Price of Houses (yuan/sq.m)		
# 别 墅、高档公寓 Villas, High-grade Apartments	办公楼 Office Buildings	商业营业用房 Houses for Business Use	其他 Other	现房 Completed Buildings	期房 Buildings Completed in Future		现房 Completed Buildings	期房 Buildings Completed in Future
716021	**1265882**	**4487050**	**2072708**	**16375793**	**50447069**	**6438**	**5497**	**6743**
711821	1217297	4412208	2022469	16219250	49402864	6416	5513	6712
					39574	4172		4172
					466	10730		10730
			11597		341887	4494	#DIV/0!	4494
434240	634707	2375088	919321	7147636	27028390	6593	5507	6880
30631	28467	69535	30393	574691	2384552	5969	5287	6133
246950	551060	1945989	1053428	8455590	19417450	6270	5539	6588
	3063	21596	7730	41333	190545	6678	4421	7168
	48585	63423	38731	136560	880308	7917	2473	8761
		13965	33190	106937	440347	8663	447	10658
	48585	49458	5541	29623	439961	7048	9790	6863
4200		11419	11508	19983	163897	6148	12884	5327
4200		220	4825		103657	5381		5381
		5373		19983	9094	12523	12884	11729
		5826	6683		51146	4079		4079
	10000	102923	4648	127277	339751	9414	9409	9415
	6600	5350	17105	256690	259077	4751	4218	5278
12358	64616	152845	164705	604406	3022569	6168	5751	6251
112801	207045	651870	344072	2065251	5612908	5701	4690	6073
590862	977621	3574062	1542178	13180737	41045404	6566	5617	6871
34465	13048	278556	281667	687721	3516191	6770	4806	7154
34596	187242	505870	473824	3195352	7815280	6576	5588	6981
15356	80494	754128	297159	2287077	9845536	6058	4260	6475
243533	264616	1320144	536306	5459475	12195183	5342	5427	5304
388071	720482	1528000	442031	4669382	15983214	7437	6283	7774
		100352	41721	76786	1091665	6776	1875	7121
716021	1230205	4320129	1960288	15943066	49655235	6437	5480	6744
	35677	36002	45329	245416	581486	7233	6035	7739

运输线路长度

Length of Transportation Routes

单位：公里 (km)

年份 Year	公路通车里程 Total Length of Highways	# 高速公路 Expressway	内河通航里程 Length of Navigable Inland Waterways	地方铁路里程 Length of National Railways	中央铁路营业里程 Length of Local Railways
1978	40260		177	562.7	2012.5
1980	39883		29	572.8	2087.7
1985	40698			721.6	2481.1
1990	43640	7	75	691.5	2815.3
1995	51630	229	75	770.0	3076.3
2000	59152	1480	75	554.8	3474.2
2005	75894	2135	286	1207.0	3675.9
2006	143778	2329	286	1489.1	3594.9
2007	147265	2853	286	1522.7	3675.1
2008	149504	3234	286	1605.4	3670.0
2009	152135	3303	286	2152.8	3670.0
2010	154344	4307	286	2124.1	3704.0
2011	156965	4756	286	2172.4	3707.5
2012	163045	5069	286	2174.8	3711.5
2013	174492	5618	286	2193.4	3711.0
2014	179200	5888	286	2212.1	3712.1
2015	184553	6333	286	2242.9	
2016	188431	6502	286	2330.2	

交通运输工具拥有量

Number of Transportation Tools

指标	Item	2015 合计 Total	2015 # 个人 Private	2015 占合计% As Percentage of Total	2016 合计 Total	2016 # 个人 Private	2016 占合计% As Percentage of Total
汽车(辆)	Vehicles (unit)	11371345	10361729	91.1	12917061	11865845	91.9
载客汽车	Passenger Vehicles	9233310	8732308	94.6	10770633	10268582	95.3
# 轿车	Saloon Cars	6492873	6214163	95.7	7584209	7313840	96.4
载货汽车	Trucks	1466413	1034078	70.5	1633175	1146791	70.2
# 普通载货	Ordinary Trucks	760073	636051	83.7	824210	693371	84.1
其他汽车	Others	671622	595343	88.6	513253	450472	87.8
摩托车(辆)	Motorcycle (unit)	2998683	2856850	95.3	1699233	1672340	98.4
拖拉机(辆)	Tractors (unit)	1636978			1616825		
挂车(辆)	Combination Vehicle (unit)	412347	164136	39.8	447906	178791	39.9
运输船舶	Transport Vessels						
货船(艘)	Freighter (unit)	146	80	54.8	144	79	54.9
净载重量(吨位)	Deadweight Cargo Tonnage (ton)	3692744	770955	20.9	3687530	749781	20.3
拖船(艘)	Tow-boat (unit)	5			5		
功率(千瓦)	Drawing Power (kw)	13850			13850		
货运驳船(艘)	Barges (unit)	1			1		
净载重量(吨位)	Dead Weight Tonnage (ton)	1300			1300		

民用汽车拥有量
Possession of Civil Vehicles

单位：万辆 (10000 units)

年 份 Year	民用汽车总计 Civil Vehicles	#载客汽车 Passenger Vehicles	#载货汽车 Trucks	#私人汽车总计 Private Vehicles	#载客汽车 Passenger Vehicles	#轿车 Cars	#载货汽车 Trucks
1978	6.9	1.3	5.1				
1980	9.3	1.7	6.9				
1985	17.8	3.5	13.3	2.8	0.2		2.5
1990	35.6	9.2	25.5	7.7	2.6		5.1
1995	72.6	23.6	44.5	26.7	10.5		12.6
1996	69.4	26.7	38.3	26.4	13.9		9.2
1997	77.3	31.9	41.1	32.6	18.5		11.0
1998	81.0	36.0	43.5	38.7	22.5		16.0
1999	91.1	42.0	47.6	41.7	26.4		15.3
2000	104.1	50.2	52.4	51.7	33.1		18.6
2001	119.9	59.9	58.5	63.4	41.2		22.1
2002	135.7	71.6	53.8	70.8	53.1		22.5
2003	155.6	87.4	56.1	95.1	66.1		30.9
2004	180.9	103.1	59.0	112.7	79.4		26.7
2005	282.9	120.0	70.9	198.9	97.0	44.6	34.5
2006	301.7	149.5	70.4	221.2	123.8	62.5	37.4
2007	345.2	185.3	75.1	260.6	156.2	85.9	41.6
2008	388.6	220.0	79.9	300.0	188.0	108.7	46.4
2009	625.8	286.1	104.4	379.0	248.1	149.3	62.7
2010	719.9	365.4	121.5	470.6	323.3	199.5	79.1
2011	832.5	463.4	137.2	577.1	416.2	266.5	92.3
2012	957.6	568.1	153.4	694.3	516.7	341.4	105.0
2013	1035.6	660.2	150.0	781.8	612.0	423.4	105.1
2014	995.3	780.6	143.5	895.4	732.0	516.4	100.4
2015	1137.1	923.3	146.6	1036.2	873.2	621.4	103.4
2016	1291.7	1077.1	163.3	1186.6	1026.9	731.4	114.7

民用车辆拥有量(2016年)
Possession of Civil Motor Vehicles (2016)

单位：辆 (unit)

指　标	Item	总　计 Total	营　运 Working	进　口 Import	#个　人 Private
全省总计	**Total**	**16681529**	**2071123**	**260921**	**13717220**
汽　车	Civil Vehicles	12917061	1551542	260126	11865845
载客汽车	Passenger Vehicles	10770633	158596	258693	10268582
#大型	Large Scale	62462	44292	290	6037
中型	Medium Scale	23351	8285	385	7669
小型	Small Scale	10298068	105857	254748	9875163
#轿车	Cars	7584209	101011	92877	7313840
载货汽车	Trucks	1633175	1140756	1243	1146791
#重型	Heavy Scale	571684	560286	346	264218
中型	Medium Scale	48871	45194	17	37125
轻型	Light Scale	1006774	533623	880	840182
#普通载货	Ordinary Trucks	824210	441948	860	693371
其他汽车	Other Vehicles	513253	252190	190	450472
#三轮汽车	Tricycle Motors	322981	162557		309966
低速汽车	Low Speed Vehicles	135200	78428		118041
电　车	Tram	1	1		1
摩托车	Motor	1699233	73208	769	1672340
普通	Ordinary Motor	1686726	73201	769	1659952
轻便	Light Motor	12507	7		12388
挂　车	Freight Trailers	447906	446264	24	178791
其他类型车	Other Motor Vehicles	503	108	2	243
拖拉机	Low Speed Vehicles	1616825			

民用航空发展基本情况
Basic Indication of Civil Aviation

指　标	Indicators	2005	2010	2013	2014	2015	2016
定期航班航线条数(条)	Number of Regular Civil Aviation Routes (line)	25	56	70	61	74	90
国际航线	International Routes	1	1	3	2	4	7
国内航线	Domestic Routes	24	55	67	59	70	81
#港澳地区航线	Regional Routes	1	2	2	3	2	2
民用机场数(个)	Number of Civil Airports (unit)	2	4	5	5	5	5
国外通航国家和地区(个)	Countries and regions in international air navigation (unit)	1	1	2	2	3	5
#通航城市	Cities	1	1	3	2	4	7
民航机场旅客吞吐量(万人)	Passenger Traffic (10000 persons)	47	308.39	575.30	642.75	684.86	850.14

客 运 量
Passenger Traffic

单位：万人 (10000 persons)

年份 Year	总计 Total	铁路 Railways	公路 Highways	水运 Waterways	民航 Civil Aviation
1990	25745	5034	20525	183	4.0
1995	36714	4655	32038		21.0
2000	65255	4902	60341		12.0
2001	72229	4841	67377		10.7
2002	76094	5004	71081		9.1
2003	65219	4441	60767		10.7
2004	77784	5270	72500		13.8
2005	80918	5492	75402		23.8
2006	83988	6024	77931		33.3
2007	88935	6238	82648		48.8
2008	94622	6816	87746		59.4
2009	77773	7194	70579		76.7
2010	90847	7558	83289		156.8
2011	99688	7601	91857		229.6
2012	105336	7846	97218		272.0
2013	102974	8762	93911		300.8
2014	61063	9571	51151	3.67	338.0
2015	53631	9706	43563	4.54	358.0
2016	51176	10771	39925	5.10	474.8

注：1. 2009年运输量依新统计方法和口径调整。2. 2014、2015年公路运输量按新方法统计，数据与前期不可比。以下相关表同。

a) Volume of transportation of 2009 has been adjusted according to new computing methods and statistical approach. b) In 2014 and 2015, highways traffic is according to the new method of statistics, the data can not be compared with the previous period. The same applies to the tables following.

旅 客 周 转 量
Passenger-Kilometers

单位：亿人公里 (100 million passenger-km)

年份 Year	总计 Total	铁路 Railways	公路 Highways	水运 Waterways
1990	358.09	249.44	108.44	0.20
1995	493.92	287.72	206.20	
2000	782.87	377.24	405.63	
2001	849.33	402.56	445.35	
2002	897.84	415.26	482.58	
2003	780.46	383.76	396.69	
2004	945.40	479.07	466.33	
2005	989.77	504.44	485.33	
2006	1068.57	552.45	516.12	
2007	1165.28	595.48	569.80	
2008	1236.65	639.17	597.47	
2009	1043.30	672.40	370.90	
2010	1172.86	730.61	442.25	
2011	1306.58	784.50	522.08	
2012	1369.20	791.03	578.17	
2013	1434.76	867.18	567.58	
2014	1276.66	985.91	290.48	0.28
2015	1213.21	944.43	268.43	0.34
2016	1238.12	993.55	244.18	0.39

货 运 量
Freight Traffic

单位：万吨 (10000 tons)

年 份 Year	总 计 Total	铁 路 Railways	公 路 Highways	水 运 Waterways	民 航 Civil Aviation	管 道 Petroleum and Gas Pipelines	港口货物吞吐量 Volume of Freight Handled in Coastal Ports
1990	58203	11501	44258	363	0.10	2080	6960
1995	74214	12106	59860	404	…	1844	8815
2000	76808	12546	62321	571	3.09	1366	10771
2001	80835	14954	63696	945	3.80	1236	12558
2002	84315	15368	66655	1105	2.62	1184	14432
2003	80551	16646	61570	1172	2.48	1161	18002
2004	87265	18216	66227	1700	1.81	1120	22515
2005	91330	19051	68652	2539	1.45	1087	27341
2006	96784	19646	73263	2778	0.88	1096	33805
2007	104188	20920	79822	2162	0.77	1283	39962
2008	111383	23808	84486	1762	0.98	1326	44065
2009	136804	28308	106530	1008	1.16	958	50874
2010	177308	37964	135938	2149	1.68	1258	60344
2011	212330	41671	166680	2672	2.11	1305	71300
2012	242886	43429	195530	2590	2.40	1335	76234
2013	277840	49688	224319	2517	2.63	1313	88984
2014	238749	48063	185286	4041	2.52	1356	95029
2015	199192	17843	175637	4542	2.60	1168	91251
2016	210994	16313	189822	4458	2.33	399	95208

注：1. 2014年起水运按新方法统计，数据与前期不可比。2. 2015年货运量总计、铁路运输量按新方法统计，数据与前期不可比。以下相关表同。

a) In 2014, waterways is according to the new method of statistics, the data can not be compared with the previous period. b) In 2014 and 2015, total and railways are according to the new method of statistics, the data can not be compared with the previous period. The same applies to the following table.

货 物 周 转 量
Ton-Kilometers

单位：亿吨公里 (100 million ton-km)

年 份 Year	总 计 Total	铁 路 Railways	公 路 Highways	水 运 Waterways	管 道 Petroleum and Gas Pipelines
1990	1546.47	1256.80	215.42	48.53	25.72
1995	2029.48	1534.74	397.36	67.88	29.50
2000	2325.85	1474.77	555.42	267.97	27.69
2001	2760.82	1613.04	608.01	512.70	27.07
2002	2862.79	1658.24	632.40	543.34	28.82
2003	3023.79	1787.73	591.60	612.19	32.28
2004	3796.05	1955.54	658.59	1150.00	31.93
2005	4750.64	2120.98	691.45	1908.07	30.14
2006	5157.40	2331.11	748.86	2051.41	26.02
2007	5507.02	2581.86	843.23	2057.28	24.64
2008	5209.01	2738.05	890.96	1554.62	25.38
2009	5981.61	2743.10	2998.49	216.82	23.21
2010	7673.09	3208.70	4011.23	432.11	21.05
2011	9840.50	4104.69	5219.28	495.04	21.49
2012	10844.84	4180.88	6133.47	509.60	20.89
2013	12003.78	4489.73	6972.94	519.81	21.29
2014	12968.80	4444.78	7019.56	1481.77	22.69
2015	12024.94	3633.01	6821.48	1551.86	18.59
2016	12339.25	3704.47	7294.59	1335.55	4.64

沿海港口基本情况（2016年）
Basic Indicators of Coastal Ports (2016)

港口名称	Name	合计 Total						设计吞吐能力（万吨）Design the Handling Capacity (10000 tons)	货物吞吐量（万吨）Valueme of Freight Handled (10000 tons)
		码头长度（米）Length of Quay Line (m)	泊位个数（个）Number of Berths (unit)	#万吨级 10000 Ton Class	#生产用 For Productive Use 码头长度（米）Length of Quay Line (m)	泊位个数（个）Number of Berths (unit)	#万吨级 10000 Ton Class		
总计	**Total**	**55252**	**246**	**176**	**53116**	**213**	**176**	**105005**	**95207**
秦皇岛港	Qinhuangdao	17246	92	44	15928	72	44	24149	18682
黄骅港	Huanghua	9566	48	31	9059	37	31	23755	24475
唐山港	Tangshan	28440	106	101	28129	104	101	57101	52051
#京唐港	Jingtang	10500	42	37	10189	40	37	17375	27099
曹妃甸港	Caofeidian	17940	64	64	17940	64	64	39726	24952

规模以上沿海港口货物分货类吞吐量（2016年）
Volume of Freight Handled in Coastal Ports above Designated Size by Type of Freight (2016)

单位：万吨 (10000 tons)

货物种类	Type of Freight	合计 Total	#外贸 Foreign Trade	出港量 Out-put	#外贸 Foreign Trade	进港量 In-put	#外贸 Foreign Trade
总计	**Total**	**95207**	**34039**	**60153**	**2350**	**35055**	**31689**
煤炭及制品	Coal	49709	1854	47929	207	1780	1646
石油、天然气及制品	Crude Petroleum Oil and Natural Gas	2600	1629	278	5	2322	1624
#原油	Crude oil	2267	1389	235	1	2033	1388
金属矿石	Metal Ores	28696	27695	39		28657	27695
钢铁	Steel and Iron	5682	1353	5633	1341	50	12
矿建材料	Mineral Building Materials	2862	422	2798	422	64	
水泥	Cement	453	49	453	49		
木材	Timber	99	94	4		94	94
非金属矿石	Nonmetal Ores	251	105	8	2	244	104
化肥农药	Chemical Fertilizers and Pesticides	103	97	81	78	21	19
盐	Salt	49	49			49	49
粮食	Grain	323	272	13		310	272
机械、设备、电器	Machinery, Equipment and Electric Appliance	9	9	9	9		
化工原料及制品	Industrial Chemicals and Product	95	34	59	11	36	23
有色金属	Non-ferrous Metals						
轻工、医药产品	Light Industry, Medicines and Product	18	18			18	18
农林牧渔业产品	Agriculture, Forestry, Animal Husbandry and Fishery Product	23	17	9	8	15	9
其他	Others	4235	343	2841	218	1394	125
港口集装箱吞吐量（万标箱）	**Port Container Throughput (10000 TEUs)**	**305**	**32**	**152**	**15**	**153**	**17**

注：规模以上港口包括秦皇岛港、黄骅港和唐山港。

a) Coastal ports above designated size include Qinhuangdao, Huanghua and Tangshan.

邮电业务基本情况（年底数）
Basic Conditions of Postal and Telecommunication Services (End of Year)

年份 Year	邮政局、所(处) Number of Postal and Offices (unit)	#设在农村的 Located in the Countryside	邮路总长度(万公里) Length of Postal Routes (10000 km)	长话电路(路) Long-distance Telephone Electric Circuit (unit)	移动电话用户(万户) Number of Mobile Telephone Subscribers (10000 subscribers)	#3G用户 3G Mobile Phone Subscribers	#4G用户 4G Mobile Phone Subscribers	互联网上网人数(万人) Number of Internet Users (10000 persons)	互联网宽带接入用户(万户) Broad Band Subscribers Port of Internet (10000 ports)
1978	1802	1511	16.5	1350					
1980	1752	1434	17.0	4539					
1985	2928	2588	2.6	2304					
1990	2443	1078	2.8	5177					
1995	2538	1869	3.5	33090					
1996	2555	1820	3.7	43537					
1997	2472	1863	3.9	61111					
1998	2389	1750	3.9	70111					
1999	2081	1455	4.0	87497					
2000	2018	1390	4.1	122560					
2001	2013	1371	4.1	187292	543.4				
2002	1978	1312	4.5	796340	840.8				
2003	1952	1272	5.3	20173	1253.2			289.1	
2004	1955	1258	5.4	22531	1512.9			387	
2005	1957	1242	4.7	27306	1785.5			486.0	
2006	1986	1244	4.6	21425	2251.0			631	
2007	1851	1110	4.9	30719	2814.8			762	
2008	1876	1091	5.5	90847	3214.1			1334	
2009	1742	1098	6.4	118913	3783.2	43.7		1842	
2010	2054	1030	5.1	323765	4353.6	166.8		2197	
2011	2114	1001	5.2	276250	5094.5	550.1		2597	824.5
2012	1616	1024	5.2	322492	5513.1	1077.2		3008	963.9
2013	1617	1019	4.7	4019468	6006.2	2003.5		3389	1031.6
2014	2273	1683	7.7	4810835	6229.1	2431.7		3603	1127.6
2015	2470	1883	6.5	6113726	6139.9	1172.7	2107.4	3731	1226.5
2016	2441	1875	7.2	9450177	7121.0	775.4	4034.7	3956	1612.0

注：1. 邮路总长度1982年及以前是邮路及农村投递线路总长度之和。2. 2003年及以后长话电路计量单位为2M。3. 2013年起长话电路统计口径进行了调整。

a) Length of postal routes before 1983 included the length of postal routes and rural delivery routes. b) Since 2003 the long-distance telephone electric circuit measuring unit was 2M.c)Since 2013 the long-distance telephone electric circuit has been adjusted according to new statistical approach.

邮电业务量
Post and Telecommunications Services

年 份 Year	邮电业务总量(亿元) Output of Post and Telecommunication Services (100 million yuan)	函 件(万件) Number of Letters (10000 pcs)	报刊期发数(万份) Issue of Newspapers (10000 copies)	快 递(万件) Pieces of Express Mail Services (10000 pcs)	城市固定电话用户(万户) Number of Urban Fixed Telephone Subscribers (10000 subscriber)	农村固定电话用户(万户) Rural Fixed Telephone Subscribers (10000 subscriber)	移动短信业务量(亿条) Short Message Services (100 million messages)
1978	0.59	15417	267		6.0	2.1	
1980	0.64	15961	304		6.2	2.0	
1985	1.26	21639	580		9.9	6.4	
1990	5.56	23716	473		19.8	3.8	
1995	36.09	31471	504		151.3	38.0	
1996	48.50	30171	584		199.6	65.7	
1997	63.42	25858	589		235.6	93.2	
1998	88.51	25699	499		276.2	127.2	
1999	116.44	21235	1149		315.4	172.0	
2000	191.04	26302	522		391.7	275.5	
2001	167.01	31698	422	507.2	486.1	419.2	
2002	219.84	36078	508	488.3	558.4	546.0	
2003	293.18	20056	484	651.0	731.5	607.5	
2004	430.79	32623	451	739.9	906.2	671.8	
2005	528.47	25742	378	842.9	947.0	680.9	
2006	641.57	22444	340	1023.5	1005.2	652.0	204.6
2007	852.31	20641	321	2956.5	994.3	594.8	281.0
2008	1069.57	26702	317	3795.5	929.1	528.4	362.2
2009	1190.65	26960	185	4506.8	870.1	473.8	380.4
2010	1420.68	25355	509	4573.7	811.8	439.5	352.5
2011	537.56	24432	617	8660.4	814.2	428.6	319.4
2012	572.69	29263	632	12469.1	850.8	356.9	311.2
2013	728.74	32091	732	20755.7	840.1	312.3	311.8
2014	825.54	25607	786	34019.0	819.9	265.2	265.5
2015	994.60	14319	1179	54911.9	766.7	211.5	220.5
2016	1545.18	7006	1095	90392.4	694.2	156.4	173.4

注：1.2011年起邮电业务总量按2010年不变价格计算，按可比价格比上年增长13.3%。2.2013年起邮电业务总量统计范围为全社会。

a) The business volume of post & telecommunication services was calculated at 2010 constant prices Since 2011,the rate of increase at constant prices in 2010 was 13.3%. b) The business volume of postal and telecommunication services statistical scope expanded to the whole society since 2013.

限额以上批发业企业基本情况（2016年）

Basic Conditions of Enterprises above Designated Size in Wholesale Trade by Types of Registration and Sector (2016)

项　目	Item	法人企业（个）Number of Corporation Enterprises (unit)	年末从业人员（人）Engaged Persons at Year-end (person)	年末零售营业面积（万平方米）Operational Area of Retail Sale Trade at Year-end (10000 sq.m)
全省总计	**Total**	**1541**	**103766**	**675.1**
按批发行业小类分	**by Small Kind Points**			
农、林、牧产品批发	Agriculture, Forestry, Animal Husbandry Products	148	5702	9.6
谷物、豆及薯类批发	Ceral, Beans, and Tubers	104	3699	8.2
种子批发	Seed	10	429	0.5
饲料批发	Feed	7	375	…
棉、麻批发	Cotton, Hemp	10	443	0.2
林业产品批发	Forestry Products	5	371	0.4
牲畜批发	Livestock	2	112	0.1
其他农牧产品批发	Others	10	273	…
食品、饮料及烟草制品批发	Food, Beverages and Tobaccos	163	18239	34.6
米、面制品及食用油批发	Rice, Flour and Edible Oil	27	1580	0.6
糕点、糖果及糖批发	Cakes, Sweets and Sugar	11	306	1.0
果品、蔬菜批发	Fruits and Vegetables	34	1253	21.7
肉、禽、蛋、奶及水产品批发	Meat, Poultry, Eggs, Milk and Aquatic Products	18	962	3.9
盐及调味品批发	Salt and Spices	12	1033	2.2
酒、饮料及茶叶批发	Wine, Drinks and Tea	35	3540	2.3
烟草制品批发	Tobacco Products	16	8917	2.4
其他食品批发	Others	10	648	0.5
纺织、服装及家庭用品批发	Textiles, Garments and Household Goods	64	3772	9.1
纺织品、针织品及原料批发	Textiles, Knitwear and Raw Materials	11	572	0.2
服装批发	Wholesale of Garments	13	475	0.8
鞋帽批发	Shoes and Caps	1	22	
化妆品及卫生用品批发	Cosmetics and Health Supplies	11	1246	4.2
厨房、卫生间用具及日用杂货批发	Kitchen, Bathroom Appliances and Daily Groceries	4	81	0.5
家用电器批发	Household Electrical Appliances	18	1279	2.5
其他家庭用品批发	Others	6	97	1.1
文化、体育用品及器材批发	Culture, Sports Appliances and Equipment	14	1057	0.4
文具用品批发	Stationery	4	135	0.1
体育用品及器材批发	Sports Appliances and Equipment	1	203	…
图书批发	Books	2	468	0.1
首饰、工艺品及收藏品批发	Jewelry, Crafts and Collectibles	5	126	0.1
其他文化用品批发	Others	2	125	0.1
医药及医疗器材批发	Medicines and Medical Appliances	189	17230	17.6
西药批发	Western Medicines	112	10674	9.9
中药批发	Traditional Chinese Medicines	71	6302	7.5
医疗用品及器材批发	Medical Supplies and Equipment	6	254	0.3
矿产品、建材及化工产品批发	Mineral Products, Building Materials and Chemical Products	727	33295	398.7
煤炭及制品批发	Coal and Related Products	186	7539	33.9
石油及制品批发	Coal and Related Products	108	13992	334.9
非金属矿及制品批发	Non-metallic Mineral and Metal Products	2	27	…
金属及金属矿批发	Metal Materials	225	5675	14.8

限额以上批发业企业基本情况（2016年）(续)

Basic Conditions of Enterprises above Designated Size in Wholesale Trade by Types of Registration and Sector (2016)

项　　目	Item	法人企业（个）Number of Corporation Enterprises (unit)	年末从业人员（人）Engaged Persons at Year-end (person)	年末零售营业面积（万平方米）Operational Area of Retail Sale Trade at Year-end (10000 sq.m)
建材批发	Building materials	53	1751	8.9
化肥批发	Chemical Fertilizer	38	1288	1.9
农药批发	Pesticide	3	58	0.6
其他化工产品批发	Others	112	2965	3.7
机械设备、五金产品及电子产品批发	Machinery, Hardware Products and Electronic Equipment	192	23109	193.7
农业机械批发	Agricultural Machinery	34	700	4.3
汽车批发	Automotive	66	18959	185.9
汽车零配件批发	Auto Parts	10	388	0.5
摩托车及零配件批发	Motorcycles and Spare Parts	4	53	0.1
五金产品批发	Hardware	17	619	0.8
电气设备批发	Electrical Equipment	10	311	0.3
计算机、软件及辅助设备批发	Computer, Software and Assistant Appliances	6	187	0.2
通讯及广播电视设备批发	Communication and Broadcasting & Television Equipment	5	139	…
其他机械设备及电子产品批发	Others	40	1753	1.6
贸易经纪与代理	Trade Broker and Agency	6	168	0.1
贸易代理	Trade Agent	6	168	0.1
其他批发业	Others	38	1194	11.3
再生物资回收与批发	Renewable Materials Recovery and Wholesale	13	582	9.7
其他未列明批发业	Others	25	612	1.6
按登记注册类型分	**by Types of Registration**			
内资企业	Domestic Funded Enterprises	1530	102893	674.9
国有企业	State-owned Enterprises	49	10604	3.6
集体企业	Collective-owned Enterprises	16	997	1.3
股份合作企业	Cooperative Enterprises	3	231	0.2
有限责任公司	Limited Liability Corporations	628	41415	290.7
国有独资公司	State Sole Funded Corporations	31	3908	91.9
其他有限责任公司	Other Limited Liability Corporations	597	37507	198.9
股份有限公司	Share-holding Corporations Ltd.	58	22622	296.4
私营企业	Private Enterprises	759	26113	69.9
私营独资企业	Private-funded Enterprises	16	280	1.3
私营合伙企业	Private Partnership Enterprises	8	188	0.5
私营有限责任公司	Private Limited Liability Corporations	711	24539	65.0
私营股份有限公司	Private Share-holding Corporations Ltd.	24	1106	3.1
其他企业	Other Enterprises	17	911	12.8
港、澳、台商投资企业	Enterprises with Funds from Hong Kong, Macao and Taiwan	6	623	0.2
与港澳台商合资经营企业	Joint Ventures (Hong Kong, Macao and Taiwan-funded)	2	132	0.2
港澳台商独资企业	Enterprises with Sole Fund	4	491	
外商投资企业	Foreign Funded Enterprises	5	250	0.1
中外合资经营企业	Joint-venture Enterprises	1	58	
中外合作经营企业	Cooperation Enterprises	1	17	0.1
外资企业	Enterprises with Sole Fund	3	175	…

限额以上零售业企业基本情况（2016年）

Basic Conditions of Enterprises above Designated Size in Retail Trade by Types of Registration and Sector (2016)

项　目	Item	法人企业（个）Number of Corporation Enterprises (unit)	年末从业人员（人）Engaged Persons at Year-end (person)	年末零售营业面积（万平方米）Operational Area of Retail Sale Trade at Year-end (10000 sq.m)
全省总计	**Total**	**2518**	**255427**	**1318.1**
按零售行业小类分	**by Small Kind Points**			
综合零售	Integrated Retail	473	132536	681.5
百货零售	Retail of General Merchandise	303	88709	500.5
超级市场零售	Retail of Supermarkets	154	41853	177.4
其他综合零售	Others	16	1974	3.7
食品、饮料及烟草制品专门零售	Retail of Food, Beverages and Tobaccos	96	2747	13.8
粮油零售	Food and oil	13	442	3.2
糕点、面包零售	Cakes, Bread	4	418	0.4
果品、蔬菜零售	Fruits and Vegetables	11	301	3.4
肉、禽、蛋、奶及水产品零售	Meat, Poultry, Eggs, Milk and Aquatic Products	5	69	2.0
酒、饮料及茶叶零售	Wine, Drinks and Tea	47	1100	3.0
烟草制品零售	Tobacco Products	4	93	0.2
其他食品零售	Others	12	324	1.4
纺织、服装及日用品专门零售	Textiles, Garments and Household Goods	107	8528	58.1
纺织品及针织品零售	Textiles, Knitwear and Raw Materials	14	654	4.3
服装零售	Wholesale of Garments	56	6275	49.3
鞋帽零售	Shoes and Caps	6	331	2.1
化妆品及卫生用品零售	Cosmetics and Health Supplies	5	433	0.5
钟表、眼镜零售	Watches and Clocks, Glasses	3	129	0.1
箱、包零售	Box, Bag	9	167	0.1
厨房用具及日用杂品零售	Kitchen, Bathroom Appliances and Daily Groceries	4	141	0.5
自行车零售	Bicycle	7	368	1.2
其他日用品零售	Others	3	30	0.2
文化、体育用品及器材专门零售	Culture, Sports Appliances and Equipment	67	8180	20.6
文具用品零售	Stationery	12	718	2.9
图书、报刊零售	Books, Newspapers and Periodicals	14	4874	8.1
音像制品及电子出版物零售	Audio-visual Products and Electronic Publications	1	52	0.1
珠宝首饰零售	Jewelry	23	2108	7.6
工艺美术品及收藏品零售	Crafts and Collectibles	6	136	0.6
乐器零售	Music	3	142	0.1
照相器材零售	Photographic Equipment	1	7	…
其他文化用品零售	Others	7	143	1.2
医药及医疗器材专门零售	Medicines and Medical Appliances	122	20661	22.4
药品零售	Medicines	115	19896	22.2
医疗用品及器材零售	Medical Supplies and Equipment	7	765	0.2
汽车、摩托车、燃料及零配件专门零售	Automotive, Motorcycles, Fuel and Spare Parts	1114	57511	375.4
汽车零售	Automotive	822	44364	221.2
汽车零配件零售	Auto Parts	15	390	4.9
摩托车及零配件零售	Motorcycles and Spare Parts	9	133	1.2
机动车燃料零售	Motor Vehicle Fuel	268	12624	148.1
家用电器及电子产品专门零售	Household Appliances and Electronic Products	386	18934	82.0
家用视听设备零售	Home Audio and Video Equipment	246	11374	50.3

限额以上零售业企业基本情况（2016年）(续)

Basic Conditions of Enterprises above Designated Size in Retail Trade by Types of Registration and Sector (2016)

项　　目	Item	法人企业（个）Number of Corporation Enterprises (unit)	年末从业人员（人）Engaged Persons at Year-end (person)	年末零售营业面积（万平方米）Operational Area of Retail Sale Trade at Year-end (10000 sq.m)
日用家电设备零售	Household Electrical Appliances	65	3539	22.2
计算机、软件及辅助设备零售	Computer, Software and Assistant Appliances	42	898	1.1
通信设备零售	Communication Equipment	26	2996	8.0
其他电子产品零售	Others	7	127	0.3
五金、家具及室内装饰材料专门零售	Hardware, Furniture and Interior Decoration Materials	90	3888	51.8
五金零售	Hardware	32	621	5.2
家具零售	Furniture	42	1646	32.5
涂料零售	Paint	1	5	…
木质装饰材料零售	Wooden decorative materials	3	123	0.5
陶瓷、石材装饰材料零售	Ceramics, Stone Decoration Materials	4	310	8.5
其他室内装饰材料零售	Others	8	1183	5.2
货摊、无店铺及其他零售业	Stall, Non-shop and Other Retails	63	2442	12.5
互联网零售	Retail on the Internet	26	615	1.9
生活用燃料零售	Living with Fuel	28	1498	9.8
其他未列明零售业	Others	9	329	0.8
按登记注册类型分	**by Types of Registration**			
内资企业	Domestic Funded Enterprises	2503	249000	1279.0
国有企业	State-owned Enterprises	37	1553	9.9
集体企业	Collective-owned Enterprises	81	3870	33.7
股份合作企业	Cooperative Enterprises	17	4538	8.2
联营企业	Joint Ownership Enterprises	1	6	…
集体联营企业	Collective Joint Ownership Enterprises	1	6	…
有限责任公司	Limited Liability Corporations	1006	116280	580.5
国有独资公司	State Sole Funded Corporations	12	2437	9.8
其他有限责任公司	Other Limited Liability Corporations	994	113843	570.8
股份有限公司	Share-holding Corporations Ltd.	110	29120	219.6
私营企业	Private Enterprises	1228	93193	424.3
私营独资企业	Private-funded Enterprises	160	3062	20.1
私营合伙企业	Private Partnership Enterprises	18	387	1.8
私营有限责任公司	Private Limited Liability Corporations	997	82921	365.9
私营股份有限公司	Private Share-holding Corporations Ltd.	53	6823	36.6
其他企业	Other Enterprises	23	440	2.7
港、澳、台商投资企业	Enterprises with Funds from Hong Kong, Macao and Taiwan	7	991	3.1
合资经营企业	Joint-venture Enterprises	2	159	1.1
独资企业	Enterprises with Sole Fund	4	815	2.0
投资股份有限公司	Share-holding Corporations Ltd.	1	17	…
外商投资企业	Foreign Funded Enterprises	8	5436	35.9
中外合资经营企业	Joint-venture Enterprises	3	3315	26.0
外资企业	Enterprises with Sole Fund	3	1540	6.2
外商投资股份有限公司	Share-holding Corporations Ltd	2	581	3.7

限额以上批发企业商品购进、销售和库存额（2016年）

Total Purchases, Sales and Stock of Enterprises above Designated Size of Wholesale Trade by Status of Registration and Sector (2016)

单位：万元 (10000 yuan)

项目	Item	商品购进 总额 Total Purchases Value	# 进口额 Imports	商品销售 总额 Total Sales Value	# 批发额 Exports	年末商品库存总额 Stock (year-end)
全省总计	**Total**	**65705298**	**1173421**	**70644868**	**66769742**	**3677874**
按批发行业小类分	**by Small Kind Points**					
农、林、牧产品批发	Agriculture, Forestry, Animal Husbandry Products	1753664	3809	1898824	1763659	269730
谷物、豆及薯类批发	Ceral, Beans, and Tubers	953167	2172	1062839	963586	178031
种子批发	Seed	42187		68170	68170	22262
饲料批发	Feed	78862		75319	53804	5827
棉、麻批发	Cotton, Hemp	624027	1637	626532	613898	51568
林业产品批发	Forestry Products	12668		14955	13200	9059
牲畜批发	Livestock	2725		6086	6086	253
其他农牧产品批发	Others	40028		44924	44915	2730
食品、饮料及烟草制品批发	Food, Beverages and Tobaccos	5258398	11180	7157672	6953726	1070828
米、面制品及食用油批发	Rice, Flour and Edible Oil	351265		379639	375367	57286
糕点、糖果及糖批发	Cakes, Sweets and Sugar	130331	7733	118289	118080	35888
果品、蔬菜批发	Fruits and Vegetables	159418		181709	140987	12449
肉、禽、蛋、奶及水产品批发	Meat, Poultry, Eggs, Milk and Aquatic Products	87883		120495	116153	3639
盐及调味品批发	Salt and Spices	176819		212810	199989	14291
酒、饮料及茶叶批发	Wine, Drinks and Tea	445229	3394	779722	683449	55185
烟草制品批发	Tobacco Products	3703060	53	5138282	5137448	887117
其他食品批发	Others	204393		226725	182252	4973
纺织、服装及家庭用品批发	Textiles, Garments and Household Goods	2102688	2147	2251092	1980804	208007
纺织品、针织品及原料批发	Textiles, Knitwear and Raw Materials	250924	2104	257708	257708	17387
服装批发	Wholesale of Garments	56893	43	62731	55788	2521
鞋帽批发	Shoes and Caps	8485		8244	8244	
化妆品及卫生用品批发	Cosmetics and Health Supplies	121596		132472	127428	8760
厨房、卫生间用具及日用杂货批发	Kitchen, Bathroom Appliances and Daily Groceries	935107		949711	707987	1620
家用电器批发	Household Electrical Appliances	700303		809998	799326	176442
其他家庭用品批发	Others	29379		30229	24323	1277
文化、体育用品及器材批发	Culture, Sports Appliances and Equipment	643296		780496	750741	18864
文具用品批发	Stationery	285384		285811	285811	3490
体育用品及器材批发	Sports Appliances and Equipment	45769		56795	49567	1357
图书批发	Books	226364		350280	350103	9023
首饰、工艺品及收藏品批发	Jewelry, Crafts and Collectibles	26923		27258	26233	4476
其他文化用品批发	Others	58856		60352	39027	519
医药及医疗器材批发	Medicines and Medical Appliances	5368423	506	5305126	5075533	530599
西药批发	Western Medicines	3220985	506	3449247	3291231	312110
中药批发	Traditional Chinese Medicines	2111873		1811977	1740401	214317
医疗用品及器材批发	Medical Supplies and Equipment	35565		43902	43902	4172
矿产品、建材及化工产品批发	Mineral Products, Building Materials and Chemical Products	36902809	1125977	38845201	36399821	1111057
煤炭及制品批发	Coal and Related Products	15939345	86989	16380612	16298068	343888
石油及制品批发	Coal and Related Products	5066286		5712634	3729975	267477
非金属矿及制品批发	Non-metallic Mineral and Metal Products	9907		10505	7286	131
金属及金属矿批发	Metal Materials	11047741	972214	11616120	11389378	298812

限额以上批发企业商品购进、销售和库存额（2016年）(续)

Total Purchases, Sales and Stock of Enterprises above Designated Size of Wholesale Trade by Status of Registration and Sector (2016)

单位：万元 (10000 yuan)

项目	Item	商品购进总额 Total Purchases Value	#进口额 Imports	商品销售总额 Total Sales Value	#批发额 Exports	年末商品库存总额 Stock (year-end)
建材批发	Building materials	921602	22345	963677	871930	38121
化肥批发	Chemical Fertilizer	934035		1054425	1039230	68949
农药批发	Pesticide	13414		14276	14264	220
其他化工产品批发	Others	2970480	44428	3092954	3049691	93459
机械设备、五金产品及电子产品批发	Machinery, Hardware Products and Electronic Equipment	13401335	26651	14093390	13543884	437122
农业机械批发	Agricultural Machinery	147291		163090	147805	16897
汽车批发	Automotive	12568595	5370	13141887	12693528	294083
汽车零配件批发	Auto Parts	107984	3742	137419	136164	7935
摩托车及零配件批发	Motorcycles and Spare Parts	26060	10099	26086	25665	549
五金产品批发	Hardware	159707		183854	181539	4594
电气设备批发	Electrical Equipment	40631	7	57145	48524	4893
计算机、软件及辅助设备批发	Computer, Software and Assistant Appliances	47208		49506	49038	1924
通讯及广播电视设备批发	Communication and Broadcasting and Television Equipment	37643		38048	33294	5188
其他机械设备及电子产品批发	Others	266214	7432	296356	228327	101060
贸易经纪与代理	Trade Broker and Agency	83410	2595	86802	86802	533
贸易代理	Trade Agent	83410	2595	86802	86802	533
其他批发业	Others	191276	556	226265	214773	31134
再生物资回收与批发	Renewable Materials Recovery and Wholesale	76472		97050	89341	16663
其他未列明批发业	Others	114805	556	129215	125431	14471
按登记注册类型分	**by Types of Registration**					
内资企业	Domestic Funded Enterprises	64081442	1173165	68966230	65124498	3653990
国有企业	State-owned Enterprises	4130720	238	5596221	5577783	992223
集体企业	Collective-owned Enterprises	295771		319768	290817	16708
股份合作企业	Cooperative Enterprises	11567		12564	9526	1450
有限责任公司	Limited Liability Corporations	41972709	914831	43834607	42180292	1493920
国有独资公司	State Sole Funded Corporations	13775883	754966	14202158	13945725	183300
其他有限责任公司	Other Limited Liability Corporations	28196827	159865	29632449	28234568	1310620
股份有限公司	Share-holding Corporations Ltd.	2990707	25442	3429343	2244602	190212
私营企业	Private Enterprises	14644283	232653	15723531	14774707	950007
私营独资企业	Private-funded Enterprises	59841		73467	70917	4190
私营合伙企业	Private Partnership Enterprises	38475		39646	39028	1533
私营有限责任公司	Private Limited Liability Corporations	14132316	232653	15142596	14200636	917433
私营股份有限公司	Private Share-holding Corporations Ltd.	413650		467822	464126	26850
其他企业	Other Enterprises	35684		50197	46771	9471
港、澳、台商投资企业	Enterprises with Funds from Hong Kong, Macao and Taiwan	569903		584544	581677	9525
与港澳台商合资经营企业	Joint-venture Enterprises	356708		362945	360078	15
港澳台商独资企业	Enterprises with Sole Fund	213195		221599	221599	9510
外商投资企业	Foreign Funded Enterprises	1053953	257	1094095	1063567	14359
中外合资经营企业	Joint-Venture	4789		5101	5101	209
中外合作经营企业	Cooperation Enterprises	5006		6415	6415	255
外资企业	Enterprises with Sole Fund	1044157	257	1082578	1052051	13895

限额以上零售业企业商品购进、销售和库存额（2016年）

Total Purchases, Sales and Stock of Enterprises above Designated Size of Retail Trade by Status of Registration and Sector (2016)

单位：万元 (10000 yuan)

项目	Item	商品购进总额 Total Purchases Value	#进口额 Imports	商品销售总额 Total Sales Value	#批发额 Exports	年末商品库存总额 Stock (year-end)
全省总计	**Total**	**29513453**	**653214**	**32975365**	**3000535**	**3057002**
按零售行业小类分	**by Small Kind Points**					
综合零售	Integrated Retail	9620770	715	11034280	803320	864267
百货零售	Retail of General Merchandise	7676947	415	8535357	705777	498265
超级市场零售	Retail of Supermarkets	1746321		2296695	34210	340744
其他综合零售	Others	197502	300	202229	63333	25257
食品、饮料及烟草制品专门零售	Retail of Food, Beverages and Tobaccos	139033	110	195050	51574	34530
粮油零售	Food and oil	15983		23282	2165	4016
糕点、面包零售	Cakes, Bread	7570		8324	3625	3353
果品、蔬菜零售	Fruits and Vegetables	38228		40134	15579	825
肉、禽、蛋、奶及水产品零售	Meat, Poultry, Eggs, Milk & Aquatic Products	2614		3370	763	169
酒、饮料及茶叶零售	Wine, Drinks and Tea	50760	110	83984	19920	21771
烟草制品零售	Tobacco Products	9255		20403	7347	470
其他食品零售	Others	14624		15554	2176	3926
纺织、服装及日用品专门零售	Textiles, Garments and Household Goods	584411	7053	665514	62770	100125
纺织品及针织品零售	Textiles, Knitwear and Raw Materials	56997	6225	60439	25948	1787
服装零售	Wholesale of Garments	448380	643	487733	9713	74614
鞋帽零售	Shoes and Caps	6647		30748		5767
化妆品及卫生用品零售	Cosmetics and Health Supplies	12110		17174	12261	4475
钟表、眼镜零售	Watches and Clocks, Glasses	4521		5115		2683
箱、包零售	Box, Bag	6111		9358	4198	731
厨房用具及日用杂品零售	Kitchen, Bathroom Appliances & Daily Groceries	4246		4658		1554
自行车零售	Bicycle	43531	186	48146	10562	8351
其他日用品零售	Others	1868		2143	87	163
文化、体育用品及器材专门零售	Culture, Sports Appliances and Equipment	552589		609931	41449	85666
文具用品零售	Stationery	38710		41844	3717	5421
图书、报刊零售	Books, Newspapers and Periodicals	387259		421791	29935	53079
音像制品及电子出版物零售	Audio-visual Products & Electronic Publications	3222		3232		2248
珠宝首饰零售	Jewelry	49351		65190	4511	17413
工艺美术品及收藏品零售	Crafts and Collectibles	5257		6372	853	1661
乐器零售	Music	11151		12295		4240
照相器材零售	Photographic Equipment	1010		1015		147
其他文化用品零售	Others	56629		58191	2433	1459
医药及医疗器材专门零售	Medicines and Medical Appliances	2337047	2015	2561334	612620	259760
药品零售	Medicines	2303761	2015	2522269	604924	253452
医疗用品及器材零售	Medical Supplies and Equipment	33286		39065	7696	6308
汽车、摩托车、燃料及零配件	Automotive, Motorcycles, Fuel and Spare Parts	13999242	640868	15222096	1111382	1430379
汽车零售	Automotive	11426992	640118	12242527	254372	1266255
汽车零配件零售	Auto Parts	43205		45373	7472	3621
摩托车及零配件零售	Motorcycles and Spare Parts	34972		35581		1355
机动车燃料零售	Motor Vehicle Fuel	2494074	750	2898615	849538	159148
家用电器及电子产品专门零售	Household Appliances and Electronic Products	1494538	1258	1738842	181427	198380
家用视听设备零售	Home Audio and Video Equipment	744077	1258	848222	34314	141610

限额以上零售业企业商品购进、销售和库存额（2016年）(续)

Total Purchases, Sales and Stock of Enterprises above Designated Size of Retail Trade by Status of Registration and Sector (2016)

单位：万元　(10000 yuan)

项　目	Item	商品购进总额 Total Purchases Value	#进口额 Imports	商品销售总额 Total Sales Value	#批发额 Exports	年末商品库存总额 Stock (year-end)
日用家电设备零售	Household Electrical Appliances	416369		488466	20829	27561
计算机、软件及辅助设备零售	Computer, Software & Assistant Appliances	69506		78853	6153	10668
通信设备零售	Communication Equipment	228153		286624	89961	17196
其他电子产品零售	Others	36433		36677	30170	1346
五金、家具及室内装饰材料	Hardware, Furniture and Interior Decoration	346821	1195	441456	62363	65280
五金零售	Materials	101079		108121	5616	12646
家具零售	Furniture	174490	235	197733	53868	21769
涂料零售	paint	250		340		
木质装饰材料零售	Wooden decorative materials	13856		15835		1994
陶瓷、石材装饰材料零售	Ceramics, Stone Decoration Materials	23337		49616	891	25917
其他室内装饰材料零售	Others	33810	960	69810	1988	2954
货摊、无店铺及其他零售业	Stall, Non-shop and Other Retails	439002		506864	73630	18617
互联网零售	Retail on the Internet	309989		356304	36595	1494
生活用燃料零售	Living with Fuel	107005		128539	29788	13808
其他未列明零售业	Others	22009		22020	7247	3315
按登记注册类型分	**by Types of Registration**					
内资企业	Domestic Funded Enterprises	28424835	639864	31891308	2742293	2970772
国有企业	State-owned Enterprises	129170		155724	10381	5429
集体企业	Collective-owned Enterprises	557669	750	615841	95728	59146
股份合作企业	Cooperative Enterprises	118099		113309	9241	11612
联营企业	Joint Ownership Enterprises	257		294		115
集体联营企业	Collective Joint Ownership Enterprises	257		294		115
有限责任公司	Limited Liability Corporations	14417463	424389	16450265	1044972	1567149
国有独资公司	State Sole Funded Corporations	382413		374050		52980
其他有限责任公司	Other Limited Liability Corporations	14035051	424389	16076215	1044972	1514169
股份有限公司	Share-holding Corporations Ltd.	5653308	31471	6168162	1139010	323286
私营企业	Private Enterprises	7512200	183254	8349315	441381	1001184
私营独资企业	Private-funded Enterprises	215350	960	231044	7805	21814
私营合伙企业	Private Partnership Enterprises	19431		20834		2098
私营有限责任公司	Private Limited Liability Corporations	6841750	176590	7609192	420523	934653
私营股份有限公司	Private Share-holding Corporations Ltd.	435669	5704	488245	13053	42619
其他企业	Other Enterprises	36670		38399	1581	2851
港、澳、台商投资企业	Enterprises with Funds from Hong Kong, Macao and Taiwan	105560	13350	116306	9536	11285
与港澳台商合资经营企业	Joint-venture Enterprises	60936	13350	61733		4121
港澳台商独资企业	Enterprises with Sole Fund	44243		54117	9536	7121
其他港澳台投资企业	Share-holding Corporations Ltd.	380		455		43
外商投资企业	Foreign Funded Enterprises	983058		967752	248706	74945
中外合资经营企业	Joint-venture Enterprises	853006		832963	248706	66877
外资企业	Enterprises with Sole Fund	82495		85055		8051
外商投资股份有限公司	Share-holding Corporations Ltd	47558		49734		16

限额以上批发零售贸易业商品分类销售额(2016年)

Total Sales of Enterprises above Designated Size in Wholesale and Retail Sale Trade by Category (2016)

单位：万元 (10000 yuan)

类　别	Category	销售额 Total Sales Value	批　发 Wholesale Value	零　售 Retail Value
总　计	**Total**	**108868366**	**72586779**	**36281587**
#通过公共网络实现的商品销售	Goods Sold through Public Network	2414043	1965987	448056
粮油、食品类	Grain , Oil and Food	4746894	1897737	2849157
#粮油类	Grain and Oil	1747237	1085506	661731
肉禽蛋类	Meat, Poultry and Eggs	450106	52037	398069
水产品类	Aquatic Products	120234	5143	115090
蔬菜类	Vegetables	395207	179426	215781
干鲜果品类	Dried and Fresh Melons an Fruits	256963	46166	210797
饮料类	Beverages	609706	78877	530829
烟酒类	Tobacco and Liquor	6707467	5888874	818593
服装、鞋帽、针纺织品类	Clothing, Shoes, Hats and Textiles	4622299	330284	4292015
服装类	Clothing	2962462	98522	2863939
鞋帽类	Shoes and Hats	934537	31332	903205
针纺织品类	Knitwear and Textiles	725301	200430	524871
化妆品类	Cosmetics	662790	94462	568328
金银珠宝类	Gold, Silver and Jewellery	855238	32636	822602
日用品类	Articles for Daily Use	1368625	169366	1199259
#儿童玩具类	Children Toys	116501	282	116220
五金、电料类	Hardware and Electrical Materials	351213	210458	140755
体育、娱乐用品类	Sports and Recreation Articles	138098	18512	119586
其中：照相机类		6926	4	6923
报杂志类	Newspapers and Magazines	857886	429253	428633
电子出版物及音像制品类	E-journals and Video Products	29178	355	28823
家用电器和音像器材类	Household Appliances and Video Appliances	3413062	922480	2490582
中西药品类	Traditional Chinese and Western Medicines	7790099	5246515	2543585
#西药类	Western Medicines	5343310	3532072	1811238
中草药及中成药类	Traditional Chinese Medicines	1281625	807331	474294
文化办公用品类	Cultural and Offices Appliances	751120	384692	366427
#计算机及其配套产品	Computer and Related Products	70683	12374	58309
家具类	Furniture	802235	39066	763170
通讯器材类	Communication Appliances	762912	310221	452691
煤炭及制品类	Coal and Related Products	9651155	9539495	111660
木材及制品类	Wood and Wooden Products	107488	107488	
石油及制品类	Petroleum and Related Products	11225464	7008469	4216995
化工材料及制品类	Chemical Materials and Related Products	3228853	3228853	
#化肥类	Fertilizers	1255203	1255203	
金属材料类	Metal Materials	22898116	22898116	
建筑及装潢材料类	Building and Decoration Materials	732960	380019	352941
机电产品及设备类	Mechanical and Electrical Products	893576	783069	110507
#农机类	Agricultural Machineries	141866	141866	
汽车类	Automobiles	24404052	11450195	12953857
种子饲料类	Seeds and Feedstuff	96669	96669	
棉麻类	Cotton, Hemp	541501	526851	14650
其他类	Others	619745	513769	105976

注：本表数据为快报统计数据。

a) Data in this table are preliminary estimation.

亿元以上商品交易市场摊位分类情况（2016年）

Classification of Commodity Transaction Markets of Turnover above 100 Million Yuan (2016)

项　目	Item	年末出租摊位数（个） Rental Booths at the End of Year (unit)	成 交 额（万元） Turnover (10000 yuan)
总计	**Total**	**302558**	**55507063**
粮油、食品类	Grain and Oil, Food,Beverages	110234	12346343
#粮油类	Grain and Oil	5058	772503
肉禽蛋类	Meat, Poultry and Eggs	6318	1256875
水产品类	Aquatic Products	4393	493312
蔬菜类	Vegetables	69900	5099843
干鲜果品类	Dried and Fresh Melons and Fruits	23829	4657660
饮料类	Beverages	2428	236334
烟酒类	Tobacco and Liquor	2903	341435
服装鞋帽、针、纺织品	Clothing, Shoes, Hats and Textiles	53693	9929707
服装类	Clothing,	38278	6666126
鞋帽类	Shoes and Hats	6447	844696
针、纺织品类	Knitwear and Textiles	8968	2418885
化妆品类	Cosmetics	962	118505
金银珠宝类	Gold, Silver and Jewellery	624	45127
日用品类	Articles for Daily Use	15831	3878795
#儿童玩具类	Children Toys	7684	1621143
五金、电料类	Hardware and Electrical Materials	5063	1474124
体育、娱乐用品类	Sports and Recreation Articles	1672	663795
#照相器材类	Photographic Equipment	7	1735
书报杂志类	Newspapers and Magazines	197	21723
电子出版物及音像制品	E-journals and Video Products	2288	1248256
家用电器和音像器材类	Household Appliances and Video Appliances	790	208369
中西药品类	Traditional Chinese and Westem Medicines	7080	2009379
#西　药	Westem Medicines	61	8730
中草药及中成药	Traditional Chinese Medicines	7018	2000619
文化办公用品类	Cultural and Offices Appliances	4623	1535984
#计算机及其配套产品	Computer and Assistant Appliances	211	15198
家具类	Furniture	8874	3719312
通讯器材类	Communication Appliances	1196	225098
煤炭及制品类	Coal and Related Products	18	4540
木材及制品类	Wood and Wooden Products	223	250849
石油及制品类	Petroleum and Related Products	13	5712
化工材料及制品类	Chemical Materials and Related Products	17926	3517661
#化肥类	Fertilizers	260	138921
金属材料类	Metal Materials	13323	3173496
建筑及装潢材料类	Building and Decoration Materials	7325	1198808
机电产品及设备类	Mechanical and Electrical Products	3751	1126822
#农机类	Agricultural Machineries	1384	836108
汽车类	Automobiles	3931	1842376
种子饲料类	Seeds and Feedstuff	2270	70084
棉麻类	Cotton, Hemp	770	45854
其他类	Others	34550	6268575

限额以上批发业企业主要财务指标（2016年）

单位：万元

项　　目	Item	资产总计 Total Assets
全省总计	**Total**	**36533925.6**
按国民经济行业分	**by Sector**	
农、林、牧产品批发	Wholesale of Agriculture, Forestry, Animal Husbandry Products	1280870.2
食品、饮料及烟草制品批发	Wholesale of Food, Beverages and Tobaccos	2789511.8
#米、面制品及食用油批发	Wholesale of Rice, Flour and Edible Oil	166464.3
烟草制品批发	Wholesale of Tobaccos	1525914.5
纺织、服装及家庭用品批发	Wholesale of Textiles, Garments and Household Goods	925561.0
#服装批发	Wholesale of Garments	38090.8
文化、体育用品及器材批发	Wholesale of Culture, Sports Appliances and Equipments	454623.2
医药及医疗器材批发	Wholesale of Medicines and Medical Appliances	2595521.9
矿产品、建材及化工产品批发	Wholesale of Mineral Products, Building Materials and Chemical Products	19512837.3
#煤炭及制品批发	Wholesale of Coal and Related Products	8401271.9
石油及制品批发	Wholesale of Coal and Related Products	4231209.2
金属及金属矿批发	Wholesale of Metal Materials	4814767.8
建材批发	Wholesale of Building Materials	419927.0
化肥批发	Wholesale of Chemical Fertilizer	331392.1
机械设备、五金交电及电子产品批发	Wholesale of Machinery, Hardware Products and Electronic Equipment	8798238.7
汽车批发	Wholesale of Automotive	8191161.9
汽车零配件批发	Wholesale of Auto Parts	48859.6
五金产品批发	Wholesale of Hardware	121301.1
计算机、软件及辅助设备批发	Wholesale of Computer, Software and Assistant Appliances	16893.4
贸易经纪与代理	Trade Broker and Agency	26816.6
其他批发	Other Wholesale not Classified Elsewhere	149944.9
按登记注册类型分	**by Types of Registration**	
内资企业	Domestic Funded Enterprises	35944915.9
国有企业	State-owned Enterprises	1759641.9
集体企业	Collective-owned Enterprises	214896.4
股份合作企业	Cooperative Enterprises	7455.1
有限责任公司	Limited Liability Corporations	17864767.2
国有独资公司	State Sole Funded Corporations	6512589.7
其他有限责任公司	Other Limited Liability Corporations	11352177.5
股份有限公司	Share-holding Corporations Ltd.	8368828.0
私营企业	Private Enterprises	7692326.0
私营独资企业	Private-funded Enterprises	34339.6
私营合伙企业	Private Partnership Enterprises	9172.6
私营有限责任公司	Private Limited Liability Corporations	7439220.8
私营股份有限公司	Private Share-holding Corporations Ltd.	209593.0
其他企业	Other Enterprises	37001.3
港、澳、台商投资企业	Enterprises with Funds from Hong Kong, Macao and Taiwan	375285.6
合资经营企业(港或澳、台资)	Joint ventures (Hong Kong, Macao and Taiwan-funded)	92666.6
港、澳、台商独资经营企业	Enterprises with Sole Fund	282619.0
外商投资企业	Foreign Funded Enterprises	213724.1
中外合资经营企业	Joint-venture Enterprises	94355.1
中外合作经营企业	Enterprises with Sole Fund	307.3
外资企业	Enterprises with Sole Fund	119061.7

Main Financial Indicators of Enterprises above Designated Size in Wholesale Trade (2016)

(10000 yuan)

负债合计 Total Liabilities	所有者权益合计 Total Owners Equities	主营业务收入 Revenue from Principal Business	主营业务成本 Cost of Principal Business	主营业务税金及附加 Taxes and Other Charges on Principal Business	销售费用 Sales Expenses	管理费用 Management Expenses	营业利润 Business Profits	利润总额 Total Profits
28370160.9	**8163764.7**	**70473614.3**	**66714948.5**	**686158.5**	**1183959.0**	**656146.4**	**887355.7**	**868940.7**
847832.8	433037.4	1776519.7	1691104.9	1916.5	33606.8	27750.2	13125.7	14938.4
1324224.1	1465287.7	6196563.0	4713665.1	633484.0	219579.9	228925.5	430836.9	463971.2
123707.3	42757.0	335544.6	318630.9	275.8	11401.6	5218.5	-1809.5	3292.2
381302.7	1144611.8	4400090.5	3170740.5	618686.0	91653.0	184248.5	370850.7	401150.0
745806.3	179754.7	2094968.9	2009092.9	1747.8	37739.4	16938.7	25762.7	34678.4
19669.7	18421.1	59891.5	54196.2	578.2	2543.9	2075.7	709.6	667.9
256537.5	198085.7	553323.8	403205.8	4551.2	4667.5	17727.7	22507.6	10460.5
2158980.1	436541.8	4839633.6	4555820.5	6221.8	118976.9	78569.6	67799.4	52395.7
15783503.5	3729333.8	42359950.4	41141432.0	26789.2	501810.5	205060.2	228435.6	192510.9
6668675.1	1732596.8	21734261.8	21178287.0	10966.3	138488.5	64620.8	146000.3	157831.9
3323376.9	907832.3	5056932.4	4749364.2	5274.8	213081.0	55253.0	47272.0	32041.6
4183433.3	631334.5	10855516.7	10654870.5	6330.2	95647.1	47159.6	-1791.4	-21989.7
224967.1	194959.9	929014.4	893345.9	997.0	11962.6	9158.7	9434.7	11063.3
227285.2	104106.9	988921.9	952195.4	1593.6	7484.1	5321.6	18742.5	4197.8
7139507.0	1658731.7	12380567.0	11945653.5	10983.7	259099.8	75582.8	92212.5	92809.1
6702281.9	1488880.0	11467008.6	11128472.2	9256.4	228277.2	43033.8	60366.6	63524.9
33673.4	15186.2	128105.0	102476.6	427.0	2720.5	2679.2	19998.7	19959.3
81915.7	39385.4	178885.1	157503.3	308.4	7985.6	9010.0	5314.0	1304.6
13210.4	3683.0	45509.1	43254.1	97.9	610.0	1176.4	219.8	253.1
25745.8	1070.8	86817.7	82928.8	6.6	3863.5	733.1	-235.0	21.0
88023.8	61921.1	185270.2	172045.0	457.7	4614.7	4858.6	6910.3	7155.5
27857680.2	8087235.7	68913570.8	65205056.7	684985.5	1167752.7	641188.0	875583.0	855877.3
569625.8	1190016.1	4853699.7	3605774.6	618974.2	101633.7	194011.8	371823.4	405392.0
160835.1	54061.3	305487.5	272450.6	5750.2	5690.2	7398.1	14682.5	3222.7
6246.4	1208.7	12643.6	11776.3	33.2	325.0	482.1	46.7	46.7
14386048.9	3478718.3	44462460.6	42974541.5	37518.9	599921.9	247455.8	304256.8	280588.2
5262215.2	1250374.5	18104431.0	17727185.1	5971.7	57749.8	49854.0	135048.0	137060.8
9123833.7	2228343.8	26358029.6	25247356.4	31547.2	542172.1	197601.8	169208.8	143527.4
6630462.6	1738365.4	3196931.6	2892911.6	4760.3	168922.8	53090.0	80283.9	87533.3
6094904.3	1597421.7	16031757.8	15401456.8	17917.7	288766.3	138357.0	103071.3	77541.1
21604.5	12735.1	67956.8	64852.9	76.2	1270.4	1072.7	404.4	402.2
7755.9	1416.7	53201.6	50685.3	34.0	804.5	448.4	814.2	814.5
5922827.6	1516393.2	15458285.6	14882454.2	16248.6	266462.1	132541.1	70429.2	73936.3
142716.3	66876.7	452313.8	403464.4	1558.9	20229.3	4294.8	31423.5	2388.1
9557.1	27444.2	50590.0	46145.3	31.0	2492.8	393.2	1418.4	1553.3
368014.9	7270.7	585212.1	572821.1	410.1	10956.4	9572.9	-14539.5	-12799.2
79240.9	13425.7	311068.4	305772.7	104.5	1114.2	1122.6	2115.4	3103.8
288774.0	-6155.0	274143.7	267048.4	305.6	9842.2	8450.3	-16654.9	-15903.0
144465.8	69258.3	974831.4	937070.7	762.9	5249.9	5385.5	26312.2	25862.6
52463.8	41891.3	5100.9	4788.9	0.9	122.7	6.2	171.5	171.2
257.3	50.0	5483.1	4330.6	23.9		24.2	1083.4	593.5
91744.7	27317.0	964247.4	927951.2	738.1	5127.2	5355.1	25057.3	25097.9

限额以上零售业企业主要财务指标（2016年）

单位：万元

项　目	Item	资产总计 Total Assets
全省总计	**Total**	**16676073.3**
按国民经济行业分	**by Sector**	
综合零售	Integrated Retail	5705630.5
百货零售	Retail of General Merchandise	4265101.1
超级市场零售	Retail of Supermarkets	1351459.8
食品、饮料及烟草制品专门零售	Retail of Food, Beverages and Tobaccos	162988.4
纺织、服装及日用品专门零售	Special Retail of Textiles, Garments and Daily Consumer Articles	652574.1
服装零售	Retail of Garments	557571.1
文化、体育用品及器材专门零售	Retail of Culture, Sports Appliances and Equipments	558606.2
图书、报刊零售	Retail of Books and Newspapers	391406.7
医药及医疗器材专门零售	Retail of Medicines and Medical Appliances	1330746.7
药品零售	Retail of Medicines	1301854.6
汽车、摩托车、燃料及零配件专门零售	Retail of Motor Vehicles, Motorcycles, Fuel and Parts	6702006.2
汽车零售	Retail of Motor Vehicles	5014105.6
机动车燃料零售	Retail of Fuel of Motor Vehicles	1650678.5
家用电器及电子产品专门零售	Special Retail of Household Electric Appliances and Electronic Products	910675.0
家用视听设备零售	Retail of Home Audio-visual Equipments	505898.9
日用家电设备零售	Retail of Household appliances	243259.4
计算机、软件及辅助设备零售	Retail of Computer, Software and Assistant Appliances	53763.8
通信设备零售	Retail of Communication Equipments	84664.9
五金、家具及室内装修材料专门零售	Special Retail of Hardware, Furniture and Decoration Materials	320916.7
五金零售	Retail of Hardware	107106.4
货摊、无店铺及其他零售业	Stall, Non-shop and Other Retails	331929.5
按登记注册类型分	**by Types of Registration**	
内资企业	Domestic Funded Enterprises	16341136.8
国有企业	State-owned Enterprises	57227.7
集体企业	Collective-owned Enterprises	111243.9
股份合作企业	Cooperative Enterprises	130488.3
联营企业	Joint Ownership Enterprises	119.6
集体联营企业	Collective Joint Ownership Enterprises	119.6
有限责任公司	Limited Liability Corporations	8241867.7
国有独资公司	State Sole Funded Corporations	299996.3
其他有限责任公司	Other Limited Liability Corporations	7941871.4
股份有限公司	Share-holding Corporations Ltd.	3133184.5
私营企业	Private Enterprises	4653918.7
私营独资企业	Private-funded Enterprises	70793.8
私营合伙企业	Private Partnership Enterprises	7570.1
私营有限责任公司	Private Limited Liability Corporations	4328656.7
私营股份有限公司	Private Share-holding Corporations Ltd.	246898.1
其他企业	Other Enterprises	13086.4
港、澳、台商投资企业	Enterprises with Funds from Hong Kong, Macao and Taiwan	43260.4
合作经营企业	Cooperative Enterprises	14168.1
独资经营企业	Enterprises with Sole Fund	28973.3
其他港澳台商投资企业	Other Enterprises with Funds from Hong Kong, Macao and Taiwan	119.0
外商投资企业	Foreign Funded Enterprises	291676.1
中外合资经营企业	Joint-venture Enterprises	186760.0
外资企业	Enterprises with Sole Fund	19233.4
外商投资股份有限公司	Share-holding Corporations Ltd. with Foreign Investment	85682.7

Main Financial Indicators of Enterprises above Designated Size in Retail Sales Trade (2016)

(10000 yuan)

负债合计 Total Liabilities	所有者权益合计 Total Owners Equities	主营业务收入 Revenue from Principal Business	主营业务成本 Cost of Principal Business	主营业务税金及附加 Taxes and Other Charges on Principal Business	销售费用 Sales Expenses	管理费用 Management Expenses	营业利润 Business Profits	利润总额 Total Profits
12737521.2	**3938552.1**	**28032347.3**	**25480945.9**	**105212.6**	**1412551.2**	**855839.4**	**452093.4**	**445229.8**
4589596.6	1116033.9	8273878.6	7217702.1	64214.4	638937.8	415944.1	151202.4	191331.9
3205426.1	1059675.0	5898727.8	5132323.7	56597.6	378310.0	310920.9	177585.5	183905.6
1310018.9	41440.9	2195230.7	1913590.0	7110.4	253846.6	99706.7	-24670.1	7216.9
115396.4	47592.0	180248.2	155179.8	671.1	18337.2	6666.3	-1740.3	-3447.6
554978.8	97595.3	613575.4	525616.2	5264.3	35172.6	37850.9	11909.2	5790.4
490808.0	66763.1	439103.9	377357.9	3576.4	27555.6	32886.3	-1135.4	1317.4
268240.2	290366.0	519039.7	385451.2	2249.5	38052.4	52235.6	46255.1	40570.8
144116.5	247290.2	361524.6	253436.3	993.5	28465.9	44564.7	39705.3	41825.0
1095006.4	235740.3	2255627.6	2026748.6	5703.6	89191.6	59958.2	57972.7	62201.0
1071262.9	230591.7	2221167.3	1998776.9	5565.7	86497.9	57661.3	56696.8	60626.0
5005599.5	1696406.7	13762507.2	13018033.6	17366.9	446908.4	209317.5	134472.2	117318.4
4004662.7	1009442.9	11121637.9	10554135.4	13286.9	297484.1	175110.6	131975.3	118144.7
981200.9	669477.6	2552141.2	2378316.5	3943.5	147695.7	33281.3	1994.4	-1139.8
685277.4	225397.6	1593224.1	1429190.0	5305.7	100606.5	42751.8	22051.0	18209.4
383866.6	122032.3	788772.3	705735.5	3358.0	45704.1	18107.3	14397.2	11340.4
208838.4	34421.0	429369.1	381804.4	1099.6	34276.6	12788.5	3282.9	2953.4
20830.4	32933.4	73866.9	63796.6	260.1	2996.1	3262.2	3538.2	3799.5
53540.4	31124.5	264899.3	242483.8	524.1	17453.8	8175.1	366.4	-253.2
220284.3	100632.4	370088.5	304286.2	3378.0	18498.1	18943.3	22728.3	4033.0
92980.1	14126.3	100290.4	91973.6	253.6	2304.8	4349.3	613.6	620.7
203141.6	128787.9	464158.0	418738.2	1059.1	26846.6	12171.7	7242.8	9222.5
12480949.6	3860187.2	27096449.3	24602820.0	103524.2	1340377.1	841965.8	468768.6	470631.2
51711.8	5515.9	136819.6	129863.5	1262.4	4280.6	5098.0	-1419.8	-1078.7
78662.1	32581.8	509148.7	478380.8	1846.2	9513.3	13277.2	6035.6	4782.4
98226.2	32262.1	109474.6	88744.9	832.4	3560.7	6352.3	440.7	2263.2
81.5	38.1	318.5	293.7	1.2	6.3	26.1	-8.8	-10.3
81.5	38.1	318.5	293.7	1.2	6.3	26.1	-8.8	-10.3
6428990.3	1812877.4	13902306.5	12584393.6	54407.5	690741.0	466778.3	199419.0	208340.0
140589.1	159407.2	267555.4	216643.7	1558.9	17200.5	26619.8	15423.1	16274.0
6288401.2	1653470.2	13634751.1	12367749.9	52848.6	673540.5	440158.5	183995.9	192066.0
2263469.5	869715.0	4690123.2	4290133.5	16432.5	237446.1	130055.9	124590.5	144642.0
3554910.1	1099008.6	7710365.2	6996026.8	28486.3	394229.9	219501.8	138633.8	111207.2
31840.7	38953.1	220339.7	184316.9	2814.4	8638.1	8523.0	14368.2	5440.8
4989.3	2580.8	19948.4	17733.4	63.5	810.4	631.3	664.7	-81.0
3324948.9	1003707.8	7040417.0	6399783.4	24570.0	367465.6	198961.8	57036.5	38580.5
193131.2	53766.9	429660.1	394193.1	1038.4	17315.8	11385.7	66564.4	67266.9
4898.1	8188.3	37893.0	34983.2	255.7	599.2	876.2	1077.6	485.4
24371.6	18888.8	121748.3	101792.9	286.2	8954.4	3104.6	10523.8	1309.0
9507.5	4660.6	58624.1	55008.3	92.4	4088.5	1486.8	-47.4	-20.2
14814.9	14158.4	62735.1	46450.0	193.1	4829.7	1604.0	10567.4	1325.4
49.2	69.8	389.1	334.6	0.7	36.2	13.8	3.8	3.8
232200.0	59476.1	814149.7	776333.0	1402.2	63219.7	10769.0	-27199.0	-26710.4
108292.0	78468.0	698483.1	682687.8	988.4	43470.9	8211.3	-22471.7	-22619.7
38904.7	-19671.3	80704.7	65420.7	251.0	16479.8	1265.3	-7017.3	-6355.1
85003.3	679.4	34961.9	28224.5	162.8	3269.0	1292.4	2290.0	2264.4

限额以上住宿业企业主要指标（2016年）

项　目	Item	法人企业（个）Number of Corporation Enterprises (unit)	年末从业人员（人）Engaged Persons at Year-end (person)	客房间数（间）Number of Hotel Rooms (room)
住宿业	**Total**	**460**	**49827**	**83754**
按住宿业行业小类分	**by Sector**			
旅游饭店	Tourist Hotels	290	34007	63911
一般旅馆	Fonda	155	12829	17622
其他住宿业	Others	15	2991	2221
按登记注册类型分	**by Status of Registration**			
内资企业	Domestic Funded Enterprises	453	47986	82330
国有企业	State-owned Enterprises	110	12707	16141
集体企业	Collective-owned Enterprises	8	607	790
有限责任公司	Limited Liability Corporations	170	19287	37008
国有独资公司	State Sole Funded Corporations	5	947	14582
其他有限责任公司	Other Limited Liability Corporations	165	18340	22426
股份有限公司	Share-holding Corporations Ltd.	16	1471	9588
私营企业	Private Enterprises	146	13711	18583
私营独资企业	Private-funded Enterprises	17	1125	1077
私营合伙企业	Private Partnership Enterprises	1	113	96
私营有限责任公司	Private Limited Liability Corporations	120	11672	16539
私营股份有限公司	Private Share-holding Corporations Ltd.	8	801	871
其他企业	Other Enterprises	3	203	220
港、澳、台商投资企业	Enterprises with Funds from Hong Kong, Macao and Taiwan	6	1327	1133
与港澳台商合资经营企业	Joint-venture Enterprises	3	722	439
与港澳台商合作经营企业	Cooperative Enterprises	1	108	150
港澳台商独资企业	Enterprises with Sole Fund	2	497	544
外商投资企业	Enterprises with Foreign Investment	1	514	291
中外合资经营企业	Joint-venture Enterprises	1	514	291

Main Indicators of Enterprises above Designated Size of Hotels (2016)

床位数 (个) Number of Beds (unit)	餐位数 (位) Number of Dining-seats (unit)	年末餐饮营业面积 (万平方米) Operational Area of Catering Services at Year-end (10000 sq.m)	营业额 (万元) Business Revenue (10000 yuan)	客房收入 From Hotel Rooms	餐费收入 From Meals	商品销售收入 From Commodities	其他收入 Others
140022	**229141**	**150.9**	**657521.9**	**273747.4**	**314244.7**	**11639.9**	**57889.9**
105318	157053	102.2	444927.7	191740.9	206342.6	4852.1	41992.1
31006	64444	44.3	172752.9	66501.7	92419.7	3270.7	10560.8
3698	7644	4.5	39841.3	15504.8	15482.4	3517.1	5337.0
137899	226098	148.7	625418.6	260090.1	302448.8	8984.5	53895.2
30208	62853	31.1	155311.3	62736.6	77642.0	2967.9	11964.8
1526	5555	3.0	10034.8	2998.5	6598.3	148.4	289.6
60209	83637	53.8	274549.9	116514.7	128358.1	2671.3	27005.8
22930	2348	1.5	16477.5	6596.9	7287.4		2593.2
37279	81289	52.3	258072.4	109917.8	121070.7	2671.3	24412.6
13789	6931	6.6	20137.1	7970.8	9602.6	484.7	2079.0
31734	66122	53.4	162950.1	69036.6	78645.3	2712.2	12556.0
1895	7534	4.7	9035.3	3898.3	4873.6	144.1	119.3
188	1023	0.9	4369.2	1392.4	2976.8		
27999	53784	44.4	131182.6	58400.8	58374.8	2235.2	12171.8
1652	3781	3.4	18363.0	5345.1	12420.1	332.9	264.9
433	1000	0.7	2435.4	832.9	1602.5		
1702	2623	2.0	23540.2	9653.0	7795.7	2655.4	3436.1
683	630	0.7	11111.4	2980.9	2532.7	2618.5	2979.3
286	958	0.2	1051.4	473.6	570.9	6.9	
733	1035	1.1	11377.4	6198.5	4692.1	30.0	456.8
421	420	0.3	8563.1	4004.3	4000.2		558.6
421	420	0.3	8563.1	4004.3	4000.2		558.6

限额以上餐饮业企业主要指标（2016年）

项　　目	Item	法人企业（个）Number of Corporation Enterprises (unit)	年末从业人员（人）Engaged Persons at Year-end (person)	客房间数（间）Number of Hotel Rooms (room)
餐饮业	**Total**	**423**	**29894**	**105220**
按餐饮业行业小类分	**by Sector**			
正餐服务	Restaurant	415	29547	105220
快餐服务	Fast Food	6	234	
饮料及冷饮服务	Beverages and Cold Drinks	1	31	
咖啡馆服务	Café	1	31	
其他餐饮业	Others	1	82	
其他未列明餐饮业	Others	1	82	
按登记注册类型分	**by Status of Registration**			
内资企业	Domestic Funded Enterprises	421	29775	105220
国有企业	State-owned Enterprises	18	1257	1014
集体企业	Collective-owned Enterprises	3	143	174
股份合作企业	Cooperative Enterprises	3	256	
有限责任公司	Limited Liability Corporations	156	11239	96773
其他有限责任公司	Other Limited Liability Corporations	156	11239	96773
股份有限公司	Share-holding Corporations Ltd.	16	1797	555
私营企业	Private Enterprises	223	14981	6704
私营独资企业	Private-funded Enterprises	45	3027	1022
私营合伙企业	Private Partnership Enterprises	5	312	120
私营有限责任公司	Private Limited Liability Corporations	156	10479	4805
私营股份有限公司	Private Share-holding Corporations Ltd.	17	1163	757
其他企业	Other Enterprises	2	102	
外商投资企业	Foreign Funded Enterprises	2	119	
中外合资经营企业	Joint-venture Enterprises	2	119	

Main Indicators of Enterprises above Designated Size of Catering Services (2016)

床位数 (个) Number of Beds (unit)	餐位数 (位) Number of Dining-seats (unit)	年末餐饮营业面积 (万平方米) Operational Area of Catering Services at Year-end (10000 sq.m)	营业额 (万元) Business Revenue (10000 yuan)	客房收入 From Hotel Rooms	餐费收入 From Meals	商品销售收入 From Commodities	其他收入 Others
188505	**317070**	**113.3**	**372860.1**	**59258.9**	**286691.3**	**16553.6**	**10356.3**
188505	316106	112.7	370363.4	59258.9	284308.9	16439.3	10356.3
	867	0.5	1704.5		1638.7	65.8	
	52	0.1	249.1		249.1		
	52	0.1	249.1		249.1		
	45	…	543.1		494.6	48.5	
	45	…	543.1		494.6	48.5	
188505	316730	113.2	371747.6	59258.9	285678.8	16453.6	10356.3
1906	6002	4.4	16483.1	2527.5	11414.7	2080.1	460.8
325	1113	0.6	1054.7	270.0	711.9	72.6	0.2
	2370	0.7	6313.5		6313.5		
173487	185116	50.8	145969.8	27663.8	103377.2	10974.6	3954.2
173487	185116	50.8	145969.8	27663.8	103377.2	10974.6	3954.2
1251	10186	5.0	20054.7	2143.4	17374.9	1.2	535.2
11536	111488	51.5	180932.0	26654.2	145546.8	3325.1	5405.9
1710	21261	8.7	37982.1	3757.2	32455.9	441.4	1327.6
289	1579	0.9	6964.6	260.1	6701.9	2.6	
8325	80015	37.3	121221.6	19939.8	94829.4	2397.8	4054.6
1212	8633	4.5	14763.7	2697.1	11559.6	483.3	23.7
	455	0.3	939.8		939.8		
	340	0.1	1112.5		1012.5	100.0	
	340	0.1	1112.5		1012.5	100.0	

限额以上住宿业企业主要财务指标（2016年）

单位：万元

项　　目	Item	资产总计 Total Assets	负债合计 Total Liabilities
全省总计	**Total**	**2964751.2**	**2402151.9**
按住宿行业小类分	**by Sector**		
旅游饭店	Tourist Hotels	2104664.7	1819562.0
一般旅馆	Fonda	718267.9	439949.7
其他住宿服务	Others	141818.6	142640.2
按登记注册类型分	**by Status of Registration**		
内资企业	Domestic Funded Enterprises	2773321.4	2224155.6
国有企业	State-owned Enterprises	530590.2	386775.0
集体企业	Collective-owned Enterprises	17434.7	8256.0
有限责任公司	Limited Liability Corporations	1488831.0	1077446.1
国有独资公司	State Sole Funded Corporations	58826.5	13788.0
其他有限责任公司	Other Limited Liability Corporations	1430004.5	1063658.1
股份有限公司	Share-holding Corporations Ltd.	155905.9	136939.9
私营企业	Private Enterprises	575139.8	610585.8
私营独资企业	Private-funded Enterprises	22476.2	19676.0
私营合伙企业	Private Partnership Enterprises	2236.5	412.3
私营有限责任公司	Private Limited Liability Corporations	536742.6	583041.8
私营股份有限公司	Private Share-holding Corporations Ltd.	13684.5	7455.7
其他企业	Other Enterprises	5419.8	4152.8
港、澳、台商投资企业	Enterprises with Funds from Hong Kong, Macao and Taiwan	146012.9	116016.0
与港澳台商合资经营企业	Joint-venture Enterprises	30912.5	26869.1
与港澳台商合作经营企业	Cooperative Enterprises	2931.5	2699.8
港澳台商独资企业	Enterprises with Sole Fund	112168.9	86447.1
外商投资企业	Enterprises with Foreign Investment	45416.9	61980.3
中外合资经营企业	Joint-venture Enterprises	45416.9	61980.3

Main Financial Indicators of Enterprises above Designated Size of Hotels (2016)

(10000 yuan)

所有者权益合计 Total Owners Equities	主营业务收入 Revenue from Principal Business	主营业务成本 Cost of Principal Business	主营业务税金及附加 Taxes and Other Charges on Principal Business	销售费用 Sales Expenses	管理费用 Management Expenses	营业利润 Business Profits	利润总额 Total Profits
562599.3	**643658.3**	**265749.4**	**16579.9**	**246097.1**	**202678.2**	**-107239.6**	**-92868.6**
285102.7	436542.2	163963.5	10280.3	187934.0	153946.1	-97500.0	-85797.2
278318.2	169709.9	88417.0	5336.6	51034.0	33434.1	-9111.9	-6415.9
-821.6	37406.2	13368.9	963.0	7129.1	15298.0	-627.7	-655.5
549165.8	612301.0	254715.2	15861.8	241093.3	182029.9	-100509.1	-86063.5
143815.2	152436.7	72846.1	3747.0	59150.6	44829.1	-26532.4	-17579.1
9178.7	9513.2	3723.8	297.5	3643.8	1969.1	119.4	-267.7
411384.9	268867.1	101866.2	6186.4	104080.1	86628.5	-40729.6	-37303.3
45038.5	15849.7	4687.5	347.3	8218.3	3755.2	852.9	879.6
366346.4	253017.4	97178.7	5839.1	95861.8	82873.3	-41582.5	-38182.9
18966.0	19327.6	7363.0	650.3	8438.5	7544.8	-6195.9	-6003.2
-35446.0	159762.4	67536.1	4907.6	65004.5	40767.6	-27020.5	-24760.1
2800.2	8892.3	4611.1	328.4	1806.9	1478.5	716.1	439.3
1824.2	4369.2	3609.6	56.2	10.3	632.5	52.6	52.6
-46299.2	129123.9	48719.1	3557.2	60017.2	37144.5	-28314.0	-26095.0
6228.8	17377.0	10596.3	965.8	3170.1	1512.1	524.8	843.0
1267.0	2394.0	1380.0	73.0	775.8	290.8	-150.1	-150.1
29996.9	22869.6	9543.4	535.7	4792.2	13121.5	-5934.8	-6009.6
4043.4	10779.3	3708.4	294.3	3796.0	2392.2	16.0	-96.3
231.7	1051.4	382.0	58.8	358.2	357.1	-105.9	-69.9
25721.8	11038.9	5453.0	182.6	638.0	10372.2	-5844.9	-5843.4
-16563.4	8487.7	1490.8	182.4	211.6	7526.8	-795.7	-795.5
-16563.4	8487.7	1490.8	182.4	211.6	7526.8	-795.7	-795.5

限额以上餐饮业企业主要财务指标（2016年）

单位：万元

项　　目	Item	资产总计 Total Assets	负债合计 Total Liabilities
全省总计	**Total**	**732393.7**	**658219.7**
按餐饮行业小类分	**by Sector**		
正餐服务	Restaurant	730524.8	657513.9
快餐服务	Fast Food	845.8	97.8
饮料及冷饮服务	Beverages and Cold Drinks	31.8	20.1
其他餐饮服务	Others	991.3	587.9
按登记注册类型分	**by Status of Registration**		
内资企业	Domestic Funded Enterprises	731914.2	658103.8
国有企业	State-owned Enterprises	23369.5	22261.4
集体企业	Collective-owned Enterprises	1557.6	682.0
股份合作企业	Cooperative Enterprises	10038.1	9014.4
有限责任公司	Limited Liability Corporations	311927.7	268514.5
其他有限责任公司	Other Limited Liability Corporations	311927.7	268514.5
股份有限公司	Share-holding Corporations Ltd.	24788.1	26786.2
私营企业	Private Enterprises	358516.9	329977.0
私营独资企业	Private-funded Enterprises	47005.3	42358.4
私营合伙企业	Private Partnership Enterprises	4310.6	1993.7
私营有限责任公司	Private Limited Liability Corporations	284058.2	270470.9
私营股份有限公司	Private Share-holding Corporations Ltd.	23142.8	15154.0
其他企业	Other Enterprises	1716.3	868.3
外商投资企业	Foreign Funded Enterprises	479.5	115.9
中外合资经营企业	Joint-venture Enterprises	479.5	115.9

Main Financial Indicators of Enterprises above Designated Size of Catering Services (2016)

(10000 yuan)

所有者权益合计 Total Owners Equities	主营业务收入 Revenue from Principal Business	主营业务成本 Cost of Principal Business	主营业务税金及附加 Taxes and Other Charges on Principal Business	销售费用 Sales Expenses	管理费用 Management Expenses	营业利润 Business Profits	利润总额 Total Profits
74174.0	**361088.3**	**196473.7**	**10024.4**	**111723.2**	**58862.7**	**-26945.9**	**-24711.3**
73010.9	358598.8	195397.7	9950.4	111387.0	58272.3	-27357.5	-25098.8
748.0	1704.5	896.5	37.3	283.6	111.5	377.1	353.0
11.7	241.9	133.0	21.0	23.5	52.7	11.7	11.7
403.4	543.1	46.5	15.7	29.1	426.2	22.8	22.8
73810.4	359985.0	195933.1	9991.7	111402.8	58570.7	-26871.8	-24646.3
1108.1	15343.9	9825.2	416.6	4809.4	2379.8	-2258.9	-2115.8
875.6	1054.7	630.4	35.7	281.8	78.4	23.3	23.3
1023.7	6313.5	3495.8	149.4	1815.1	635.3	43.7	41.7
43413.2	138503.7	79729.8	3606.3	41268.6	26762.0	-19457.2	-19105.7
43413.2	138503.7	79729.8	3606.3	41268.6	26762.0	-19457.2	-19105.7
-1998.1	20055.0	8779.8	520.7	8273.7	1793.6	229.8	99.7
28539.9	177774.4	92696.8	5250.9	54949.7	26845.1	-5519.9	-3658.5
4646.9	37070.7	19007.7	1106.1	12246.0	3534.6	830.4	133.1
2316.9	6964.6	4030.4	142.4	1567.7	919.5	242.9	234.0
13587.3	119266.1	61972.6	3488.7	36756.3	21047.9	-6555.9	-3930.6
7988.8	14473.0	7686.1	513.7	4379.7	1343.1	-37.3	-95.0
848.0	939.8	775.3	12.1	4.5	76.5	67.4	69.0
363.6	1103.3	540.6	32.7	320.4	292.0	-74.1	-65.0
363.6	1103.3	540.6	32.7	320.4	292.0	-74.1	-65.0

商品销售总额前10名的批发企业
(2016年，按国民经济行业中类分别排序)
The Top 10 Wholesale Enterprises of Total Sale Value (2016)

单位：千元 (1000 yuan)

企业名称	Name of Enterprises	位次 Position	商品销售总额 Total Sales Value
农、林、牧产品批发	**Wholesales of Agricultural and Livestock Products**		
河北新发地农副产品有限公司	Hebei Xinfadi Agricultural Products Co., Ltd.	1	2344750
中棉集团廊坊储运有限公司	China National Cotton Group Langfang Storage and Transportation Co., Ltd.	2	1359408
中棉集团河北棉花有限公司	China National Cotton Group Hebei Cotton Co., Ltd.	3	1092811
河北星宇纺织原料有限公司	Hebei Xingyu Textile Materials Co., Ltd.	4	1080484
河北省故城县棉麻公司	Hebei Gucheng Cotton&Linen Company	5	922133
石家庄常山纺织集团供销公司	Shijiazhuang Changshan Textile Supply and Marketing Corporation	6	863616
抚宁县第一粮库有限责任公司	FuNing County the First Grain Depot Co.,Ltd	7	467203
秦皇岛市江丰工贸有限公司	Qinhuangdao Jiangfeng Industry and Trade Co.,Ltd.	8	461753
保定银祥棉业有限公司	Baoding Yinxiang Cotton Co., Ltd.	9	426398
高阳县中心粮油购销有限责任公司	GaoYang County Central Grain&Oil Purchase and Sale Co.,Ltd	10	406632
食品、饮料及烟草制品批发	**Wholesales of Foods, Beverages and Tobacco Products**		
河北省烟草公司石家庄市公司	Shijiazhuang Company of Hebei Tobacco Corporation	1	8184692
河北省烟草公司保定市公司	Baoding Company of Hebei Tobacco Corporation	2	7778970
河北省烟草公司唐山市公司	Tangshan Company of Hebei Tobacco Corporation	3	5685177
河北省烟草公司邯郸市公司	Handan Company of Hebei Tobacco Corporation	4	5400299
河北省烟草公司沧州市公司	Cangzhou Company of Hebei Tobacco Corporation	5	4599188
河北省烟草公司邢台市公司	Xingtai Company of Hebei Tobacco Corporation	6	4014397
河北省烟草公司廊坊市公司	Langfang Company of Hebei Tobacco Corporation	7	3989995
河北省烟草公司张家口市公司	Zhangjiakou Company of Hebei Tobacco Corporation	8	3332254
河北省烟草公司衡水市公司	Hengshui Company of Hebei Tobacco Corporation	9	2519166
河北省烟草公司承德市公司	Chengde Company of Hebei Tobacco Corporation	10	2507803
纺织、服装及家庭用品批发	**Wholesales of Textile, Clothing and Commodities**		
迁安市君和商贸有限公司	Qianan JunHe Trade Co.,Ltd.	1	9398014
河北新兴格力电器销售有限公司	Hebei Xinxing Gree Electrical Appliance Marketing Co., Ltd.	2	2705783
河北盛世欣兴格力贸易有限公司	Hebei Shengshi Xinxing Gree Trade Co., Ltd.	3	2111989
石家庄美的电器销售有限公司	ShiJiazhuang Midea Electrical sales Co.,Ltd	4	1135593
河北劲草商贸有限公司	Hebei Jincao Trading Company	5	897586
河北纺联物资供销有限公司	Hebei Fanglian Material Supply and Marketing Co., Ltd.	6	784591
唐山智鸿家用电器销售有限公司	Tangshan Zhihong Electrical Appliance Marketing Co., Ltd.	7	500000
河北省纺织品进出口股份有限公司	Hebei Textiles Import and Export Co.,Ltd	8	498466
保定市东大日化有限公司	Baoding Dongda Cosmetics Co., Ltd.	9	451926
石家庄中山日化有限责任公司	Shijiazhuang Zhongshan Cosmetics Co., Ltd.	10	421669
文化、体育用品及器材批发	**Wholesales of Culture and Sporting Products & Appliances**		
河北省新华书店有限责任公司	Hebei Xinhua Bookstore	1	3471688
河北文通国际贸易有限公司	Hebei Wengtong International Trade Co., Ltd.	2	2694409
石家庄英利体育用品有限公司	Shijiazhuang Yingli Sporting Products Co.,Ltd.	3	567952
魏县供销社烟花爆竹专营批发中心	Weixian Supply and Marketing Cooperatives Fireworks Wholesale Center	4	550248
枣强县富恒商贸有限公司	ZaoQiang County FuHeng Trade Co.,Ltd	5	98775
廊坊市万方纸业有限公司	LangFang WanFang Paper Co.,Ltd	6	83997
石家庄市东阳珠宝有限公司	Shijiazhuang Dongyang Jewelry Co., Ltd.	7	73965
河北威朗进出口有限公司	Hebei Weilang Import and Export Co., Ltd.	8	53271
河北润石珠宝饰品有限公司	Hebei Runshi Jewelry Co., Ltd.	9	51797
保定中士达纸业有限公司	Baoding Zhongshida Paper Industry Co., Ltd.	10	42031
医药及医疗器材批发	**Wholesales of Medicines and Medical Appliances**		
华润河北医药有限公司	HeRun Hebei Medicine Co.,Ltd	1	2603366
河北金仑医药有限公司	Hebei Jinlun Medicine Corp., Ltd.	2	2080185
国药乐仁堂唐山医药有限公司	GuoYao LeRentang Medicine Co.,Ltd	3	1944129

商品销售总额前10名的批发企业(续)
(2016年，按国民经济行业中类分别排序)
The Top 10 Wholesale Enterprises of Total Sale Value (2016)

单位：千元 (1000 yuan)

企 业 名 称	Name of Enterprises	位次 Position	商品销售总额 Total Sales Value
河北爱普医药药材有限公司	Hebei Aipu Medicine and Medical Materials Co., Ltd.	4	1749916
河北冀北医药物流有限公司	Hebei JiBei Medicine Logistics Co.,Ltd.	5	1647383
河北东盛英华医药有限公司	Hebei Dongsheng Yinghua Medicine Co., Ltd.	6	1605832
华药国际医药有限公司	International Trade Co.,Ltd. of North China Pharmaceutical Corporation	7	1268438
河北顺泽医药有限公司	Hebei ShunZe Medicine Co.,Ltd.	8	1250926
沧州天元医药有限公司	Cangzhou Tianyuan Medicine Co.,Ltd.	9	1141709
保定中诚汇达医药贸易有限公司	Baoding Zhongcheng Huida Medical Trade Co., Ltd.	10	1126296
矿产品、建材及化工产品批发	**Wholesales of Mineral Products, Building Materials and Chemical Products**		
冀中能源国际物流集团有限公司	International Logistics Co., Ltd. of Jizhong Energy Group	1	100214603
河北物产金属材料有限公司	Metal-material Co., Ltd. of Hebei Wuchan Corporation Group	2	26589940
新奥能源贸易有限公司	Xinao Energy Trade Co., Ltd.	3	10175781
迁安市嘉和顺贸易有限公司	Qianan Jiaheshun Trade Co.,Ltd.	4	8290801
中国煤炭工业秦皇岛进出口有限公司	China Coal Industry Qinhuangdao Import & Export Co., Ltd.	5	7033619
河北省农业生产资料有限公司	Hebei Agricultural Means of Production Co.,Ltd.	6	6095567
冀中能源峰峰集团邯郸百维进出口贸易有限公司	Jizhong Energy Fengfeng Group Handan Bawei Import and Export Trade Co., Ltd.	7	6029609
中石化河北唐山石油分公司	Sinopec Sales Co.,Ltd. Hebei Tangshan Petroleum Branch	8	6004484
石家庄常青成品油销售有限公司	Shijiazhuang Evergreen Oil Sales Co., Ltd.	9	4949724
秦皇岛泛亚实业有限公司	Qinhuangdao Fanya Industrial Co., Ltd.	10	4659780
机械设备、五金产品及电子产品批发	**Wholesales of Machinery, Hardware and Electronic Equipment**		
保定哈弗汽车销售有限公司	Baoding Haval Auto Sales Co., Ltd.	1	100074277
保定长城汽车销售有限公司	Baoding Greatwall Auto Sales Co., Ltd.	2	11759740
庞大汽贸集团股份有限公司	Pangda Auto Sales Corp., Ltd.	3	7879977
唐山市冀东物贸集团有限责任公司	Tangshan Jidong Materials Trade Corp., Ltd.	4	3313647
河北明迈特贸易有限公司	Hebei Mingmaite Trading Company	5	1068360
河北晨阳汽车贸易有限公司	Hebei Chenyang Auto Trade Co.,Ltd..	6	804467
石家庄市正洋汽车贸易有限公司	Shijiazhuang Zhengyang Automobile Trade Limited Company	7	673042
保定长城汽车配件销售有限公司	Baoding Great Wall Auto Parts Sales Co., Ltd.	8	608219
唐山冀东机电设备有限公司	Tangshan Jidong Mechanical and Electrical Equipment Co.,Ltd..	9	459559
邯郸市华诚汽贸有限公司	Handan Huacheng Auto Trade Co., Ltd.	10	449949
贸易经纪与代理	**Trade Broker and Agency**		
沧州市新丝路进出口服务有限公司	Cangzhou new Silk Road Import&Export Services Limited	1	431783
河北省沧州市新世纪对外贸易有限公司	Cangzhou New Century Foreign Trade Co., Ltd.	2	237172
廊坊圣奥国际贸易有限公司	Langfang Shengao International Trading Co., Ltd.	3	107813
万鸿进出口(廊坊)有限公司	Wanhong Import and Export (Langfang) Co., Ltd.	4	57560
沧州天晟进出口贸易有限公司	Cangzhou Tiansheng Import & Export Trade Co., Ltd.	5	18165
廊坊万隆嘉誉商贸有限公司	Langfang Wanlongjiayu Commerce and Trade Co., Ltd.	6	15526
其他批发业	**Other Wholesales**		
石家庄市物资回收有限责任公司	Shijiazhuang General Company for Material Recycle	1	259190
中节能保定废旧汽车回收拆解有限公司	Zhongjieneng Baoding Car Recycle&Dismantling Co., Ltd.	2	257256
唐山冀东金地汽车用品销售有限公司	Tangshan Jidong Jindi Co., Ltd.Of Auto Decoration	3	221628
河北路鑫交通设施有限公司	Hebei Lu Xin Traffic Facilities Co., Ltd.	4	135174
清河县亚龙金属产业发展有限公司	Qinghe Yalong Metal Industry Development Co., Ltd.	5	102598
邢台宁硕塑料化工经销有限公司	Xingtai Ningshuo Plastics Products Co., Ltd.	6	86915
廊坊市通力公路工程材料有限公司	Langfang Tongli Highway Engineering Materials Co., Ltd.	7	82599
唐山中再生资源开发有限公司	Tangshan Zhong Renewable Resources Development Co., Ltd.	8	70418
涉县中远废旧物资回收有限公司	Shexian Zhongyuan Limited Company for Waste Recycling	9	64100
衡水天宝废旧物资回收有限公司	Hengshui Tianbao Waste Materials Recycling Co.,Ltd.	10	62654

商品销售总额前10名的零售企业
(2016年，按国民经济行业中类分别排序)
The Top 10 Retail Enterprises of Total Sale Value (2016)

单位：千元 (1000 yuan)

企业名称	Name of Enterprises	位次 Position	商品销售总额 Total Sales Value
综合零售	**Integrated Retails**		
北国商城股份有限公司	Beiguo Department Store Co., Ltd.	1	25461549
唐山百货大楼集团有限责任公司	Tangshan Department Store Co., Ltd.	2	10331684
河北保百集团有限公司	Hebei Baobai Department Store Co., Ltd.	3	4150988
石家庄人民商场股份有限公司	Shijiazhuang Renmin Department Store Co., Ltd.	4	2419821
廊坊市明珠商业企业集团有限公司	Langfang Mingzhu Department Store Co., Ltd.	5	2231576
河北永辉超市有限公司	Hebei Yonghui Supermarket Co., Ltd.	6	2139590
河北保定时代商厦有限公司	Hebei Baoding Times Commercial Co., Ltd.	7	1828408
秦皇岛茂业控股有限公司	Qinhuangdao Maoye Shareholding Co.,Ltd.	8	1700973
沧州市华北商厦有限公司	Cangzhou North China Commercial Co.,Ltd.	9	1595398
承德宽广超市集团有限公司	Chengde Kuanguang Supermarket Co.,Ltd.	10	1471710
食品、饮料及烟草制品专门零售	**Retails of Food, Beverage and Tobacco Product**		
河北裕农果蔬贸易有限公司	Hebei Yunong Fruit&Vegetable Trade Co.,Ltd	1	138129
邯郸市邯山朋超商贸有限公司	Hanshan Pengchao Trade Limited Company, Handan	2	115350
永年县天恒农副产品有限公司	Tianheng Agricultural and Sideline Products Co.,Ltd. Yongnian	3	113232
衡水古法商贸有限公司	Hengshui Gufa Commerce and Trade Co.,Ltd.	4	86395
衡水英仁商贸有限公司	Hengshui Yingren Commerce and Trade Co.,Ltd.	5	83427
定州市中天商贸有限责任公司	Dingzhou Zhongtian Trading Co., Ltd.	6	73473
邯郸市美食林商贸有限公司	Handan Meishilin Trading Co., Ltd.	7	70591
怀来县超市发连锁超市有限责任公司	Huailai County Chaoshifa Chain Supermarket Co., Ltd.	8	65823
唐山龙悦酒业饮品有限公司	Tangshan Longyue Wine and Beverage Co., Ltd.	9	62182
大名县卫东果蔬贸易有限公司	Daming County Weidong Fruit&Vegetable Trade Co., Ltd	10	45967
纺织、服装及日用品专门零售	**Retails of Textiles, Clothing and Commodities**		
阳原县华阳裘皮城电子商务有限公司	YangYuan Huayang Fur City Electronic Commerce co., Ltd	1	1263555
邯郸阳光新世纪股份有限公司	Handan Sunshine New Centry Co., Ltd.	2	1027357
廊坊市新朝阳购物中心有限公司	Langfang Xinchaoyang Shopping Center Co., Ltd.	3	316744
徐水县双隆商贸有限公司	Xushui Shuanglong Trading Co., Ltd.	4	262845
河北东之杰运动产业发展有限公司	Hebei Dongzhijie Athletic Products Co., Ltd.	5	249008
高碑店市玉兔皮具有限公司	Gaobeidian Yutu Leather Co., Ltd.	6	220336
武安市雅豪商厦	Wuan Yahao Commercial Building	7	217714
馆陶县亿丰商贸有限公司	Guantao Yifeng Trade Co., Ltd.	8	207791
围场满族蒙古族自治县北雁商城	Weichang Manchu Mongolian Autonomous County Beiyan Mall	9	147870
邯郸万达工贸有限公司	Handan Wanda Industry&Trade Co., Ltd	10	147404
文化、体育用品及器材专门零售	**Retails of Culture and Sporting Products and Appliance**		
保定市新华书店有限责任公司	Baoding Xinhua Bookstore Co., Ltd.	1	717647
邯郸市新华书店有限责任公司	Handan Xinhua Bookstore Co., Ltd.	2	511585
石家庄市新华书店有限责任公司	Shijiazhuang Xinhua Bookstore Co., Ltd.	3	468607
沧州市新华书店有限责任公司	Cangzhou Xinhua Bookstore Co., Ltd.	4	415615
邢台市新华书店有限责任公司	Xingtai Xinhua Bookstore Co., Ltd.	5	409822
张家口市新华书店有限责任公司	Zhangjiakou Xinhua Bookstore Co., Ltd.	6	388740
唐山市新华书店有限责任公司	Tangshan Xinhua Bookstore Co., Ltd.	7	334865
衡水市新华书店有限责任公司	Hengshui Xinhua Bookstore Co., Ltd.	8	297809
邯郸市天庄工贸有限公司	Handan Tianzhuang Industrial and Commercial Company Ltd.	9	286198
廊坊市新华书店有限责任公司	Langfang Xinhua Bookstore Co., Ltd.	10	258620
医药及医疗器械专门零售	**Retails of Medicines and Medical Appliances**		
国药乐仁堂医药有限公司	Traditional Chinese Medicine Lerentang Medicine Co., Ltd.	1	16494877
河北益生医药有限公司	Hebei Yisheng Medicine Co.,Ltd.	2	972459
石家庄新兴药房连锁股份有限公司	Shijiazhuang Xinxing Pharmacy Chain Co.,Ltd	3	609622

商品销售总额前10名的零售企业(续)
(2016年，按国民经济行业中类分别排序)
The Top 10 Retail Enterprises of Total Sale Value (2016)

单位：千元 (1000 yuan)

企业名称	Name of Enterprises	位次 Position	商品销售总额 Total Sales Value
衡水市仁和医药有限公司	Hengshui Renhe Medicine Co., Ltd.	4	421899
河北唐人医药股份有限公司	Hebei Tangren Pharmaceutical Co., Ltd	5	421382
廊坊市百和一笑堂医药零售连锁有限公司	Langfang Baiheyixiaotang Medicine Chain Co.,Ltd	6	338231
秦皇岛唐人医药连锁有限责任公司	Qinhuangdao Tangren Medicine chain Co., Ltd.	7	334884
河北德仁堂大药房连锁有限公司	Hebei Derentang Pharmacy Chain Co., Ltd.	8	291998
河北神威大药房连锁有限公司	Hebei Shenwei Medicine Chain Store Co., Ltd.	9	291279
河北华佗药房医药连锁有限公司	Hebei Huatuo Medicine Chain Co.,Ltd	10	287236
汽车、摩托车、燃料及零配件专门零售	**Retails of Automobiles, Motorcycles, Fuel and Motor**		
中石化销售有限公司河北石家庄石油分公司	Sionpec Sales Co.,Ltd Hebei Shijiazhuang Petroleum Branch	1	7618433
中石化销售有限公司河北沧州石油分公司	Sionpec Sales Co.,Ltd Hebei Cangzhou Petroleum Branch	2	3371494
中石化销售有限公司河北保定石油分公司	Sionpec Sales Co.,Ltd Hebei Baoding Petroleum Branch	3	3233206
中石油天然气股份河北保定销售分公司	CNPC Co.,Ltd Hebei Baoding Sales Branch	4	2757338
中石化销售有限公司河北秦皇岛石油分公司	Sionpec Sales Co.,Ltd Hebei Qinhuangdao Petroleum Branch	5	1945285
中石油天然气股份河北石家庄销售分公司	CNPC Co.,Ltd Hebei Shijiazhuang Sales Branch	6	1525669
河北万合汽车贸易股份有限公司	Hebei Wanhe Auto Trade Co.,Ltd	7	1427730
沧州市浩宝汽车销售服务有限公司	Cangzhou Haobao Trade Sales Service Co.,Ltd	8	1336929
中石油天然气股份河北邢台销售分公司	CNPC Co.,Ltd Hebei Xingtai Sales Branch	9	1258259
唐山市冀东乐业汽车销售服务有限公司	Tangshan Jidong leye Auto Sales&Service Co.,Ltd	10	1249487
家用电器及电子产品专门零售	**Retails of Household Electrical Appliances**		
石家庄苏宁云商商贸有限公司	Shijiazhuang Suning-Yunshang Trading Co., Ltd.	1	1109558
信誉楼百货集团有限公司青县信誉楼商厦	Xinyulou Department Group Co.,Ltd Xinyulou Building in Qingxian	2	688632
廊坊苏宁云商销售有限公司	Langfang Suning-Yunshang Sales Co., Ltd.	3	650000
河北国美电器有限公司	Hebei Gome Electrical Appliance Co., Ltd.	4	613745
秦皇岛天洋电器有限公司	Qinhuangdao Tianyang Electrical Appliance Co., Ltd.	5	545002
恒信移动商务股份有限公司	Hebei Hengxin Mobile Trade Co., Ltd.	6	520372
邯郸市阳光三联电器有限公司	Handan Yangguang Sanlian Electrical Appliance Co., Ltd.	7	516993
河北亚太通信科技集团有限公司	Hebei Yatai Communication Technology Group Co., Ltd	8	444899
河北永通电子科技有限公司	Hebei Yongtong Electronic Technology Co., Ltd.	9	381213
河北乐语通讯器材销售有限公司	Hebei Leyu Communications Equipment Sales Co.,Ltd	10	376346
五金、家具及室内装饰材料专门零售	**Retails of Hardwares, Furniture and Decoration Materials**		
唐山北方瓷都实业有限公司	Beifang Cidu Industrial Co., Ltd. Tangshan	1	591612
唐山市南方国际商贸有限公司	Tangshan South International Trade Co., Ltd.	2	476605
唐山市路南区万博源陶瓷城	Tangshan Lunan District Wanboyuan Ceramic City	3	409930
曲周县金梧桐商贸有限公司	Quzhou Jinwutong Trading Co., Ltd.	4	346134
武邑衡甘达家居建材会展中心有限公司	Wuyi Ganda Furniture and Building Materials Exhibition	5	251294
唐山市常记家居展示中心有限公司	Tangshan City Changji Home Furnishing Exhibition Center Co., Ltd.	6	174605
唐山安济建材有限公司	Tangshan Anji Building Materials Co., Ltd.	7	148662
唐山百货大楼集团时代家居建材博览中心有限公司	Tangshan Department Building Group Time Home Building Materials Expo Center Co., Ltd	8	135823
沙河市供销社兴农有限公司	Shahe Supply and Marketing Cooperatives Xingnong Co., Ltd.	9	108298
石家庄圣象木业有限公司	Shijiazhuang Shengxiang Wood Industry Co.,Ltd.	10	107299
货摊、无店铺及其他零售业	**Stall, Non-shop-front Retails and Others**		
廊坊京东友盛贸易有限公司	Langfang Jingdong You Sheng Trading Co., Ltd	1	3293812
廊坊市浩鑫燃气销售有限公司	Langfang Xinhao Gas Sales Co.,Ltd.	2	271907
石家庄市液化气总公司	Shijiazhuang Controlling Corporation for Liquefied Petroleum Gas	3	133371
迁安中石油昆仑燃气有限公司	Qianan Petrochina Kunlun Gas Co., Ltd.	4	124378
河北鹏鼎塑胶制品制造有限公司	Hebei Peng Ding Plastic Products Manufacture Co., Ltd	5	88186
任丘市华源石油化工产品有限公司	Renqiu Huayuan Petroleum and Chemical Products Co., Ltd.	6	82703
唐山翔科燃气有限公司	Tangshan Xiangke Gas Co., Ltd.	7	72398
石家庄新奥中泓燃气有限公司	Shijiazhuang Xinaozhonghong Gas Co.,Ltd	8	68151
迁安华润燃气有限公司	Qian'an Huarun Gas Company Limited	9	67669
河北快马电子商务有限公司	Hebei Kuaima E-Commercial Co.,Ltd	10	65000

营业额前50名的住宿企业（2016年）
The Top 50 Hotels of Business Revenue (2016)

单位：千元　　(1000 yuan)

企业名称	Name of Enterprises	位次 Position	营业额 Business Revenue
新绛七修酒店管理有限公司	Xinze Qixiu Hotel Management Co.,Ltd	1	157427
河北宾馆有限公司	Hebei-binguan Hotel Co., Ltd.	2	147011
兴华财富集团武安财富国际酒店有限公司	Wu'an Caifu International Co., Ltd.，Xinghua Fortune Group	3	140103
河北太行国宾馆	Taihang State Guest House Hotel	4	132057
香格里拉大酒店(秦皇岛)有限公司	Shangrila Hotel(Qinhuangdao)Co.,Ltd	5	99790
河北世纪大饭店有限公司	Hebei Century Hotel Co., Ltd.	6	95204
廊坊国际饭店	Langfang International Hotel	7	88557
石家庄世贸广场酒店有限公司	World Trade Plaza Hotel, Shijiazhuang	8	86517
保定源盛融通发展有限公司电谷酒店分公司	Diangu Hotel Company of Yuansheng Rongtong Development Co., Ltd.	9	85631
保定国际俱乐部有限公司	Baoding International Club Co., Ltd.	10	84430
福成国际大酒店有限公司	Fucheng International Hotel Co., Ltd.	11	72893
秦皇岛秦皇国际大酒店有限公司	Qinhuangdao International Hotel	12	71659
宽城天宝酒店有限责任公司	KuanCheng Tianbao Hotel Co., Ltd.	13	66073
石家庄美丽华大酒店有限公司	Shijiazhuang Meilihua Grand Hotel Co., Ltd.	14	63999
沧州阿尔卡迪亚国际酒店有限公司	Cangzhou Arcadia International Hotel Co., Ltd.	15	62153
曲周县德馨餐旅有限公司	Quzhou County of Dexin Hospitality Company Limited	16	59337
沧州金狮国际酒店有限责任公司	Gold Lion International Hotel Co., Ltd., Cangzhou	17	57113
石家庄国宾大酒店有限公司	Guobin Grand Hotel Co., Ltd., Shijiazhuang	18	57093
武安市蓝天宾馆	Wu'an Lantian Hotel	19	55551
石家庄高新区凯旋门建国大酒店有限公司	Shijiazhuang Gaoxin District Kaixuanmen Jianguo Grand Hotel Co.,Ltd.	20	55395
河北中国大酒店	Hebei China Hotel	21	55321
枣强县人民政府招待所	Guest House of Zaoqiang Government	22	52014
河北金圆大厦有限公司	Hebei Jinyuan Grand Hotel Co., Ltd.	23	51786
河北燕山大酒店有限责任公司	Hebei Yanshan Grand Hotel Co., Ltd.	24	51670
邢台万峰酒店管理有限公司	Wanfeng Hotel Management Co., Ltd., Xingtai	25	49851
河北省西山迎宾馆有限公司	Hebei Xishan Guest Hotel Co.,Ltd.	26	47798
承德嘉和国际饭店有限公司	Chengde Jiahe International Hotel Co.,Ltd.	27	47389
保定星光国际商务酒店有限公司	Xingguang International Business Hotel Co., Ltd., Baoding	28	45605
迁西县亚滦湾大酒店(普通合伙)	Qianxi Yaluanwan Hotel	29	43692
石家庄亚太大酒店	Shijiazhuang Yatai Hotel	30	43169
保定市秀兰饭店有限公司	Baoding Xiulan Hotel Co., Ltd.	31	41793
河北弘谷酒店管理有限公司	Hebei Honggu Hotel Management Co.,Ltd.	32	41731
河北卓正国际酒店有限公司	Hebei Zhuozheng International Hotel Co., Ltd.	33	40723
河北辰光集团有限公司	Hebei Chenguang Group Co., Ltd.	34	40681
衡水市人民政府招待处	Guest House of Hengshui Government	35	40116
张家口蓝鲸大厦泛海酒店有限公司	Zhangjiakou Blue Whale Building Oceanwide Hotel Co.,Limited	36	39895
河北汇宾大酒店	Hebei Huibin Hotel	37	39543
唐山宾馆	Tangshan Hotel	38	37007
河北敬业酒店有限公司	Hebei Jingye Hotel Co., Ltd.	39	36573
石家庄市神洲七星酒店管理有限公司	Shijiazhuang Shenzhou Qixing Hotel Manangement Co.,Ltd.	40	36479
石家庄市燕春饭店管理有限公司	Yanchun Hotel Management Co., Ltd., Shijiazhuang	41	36133
邯郸市招商大酒店有限公司	Handan City Investment Hotel Co., Ltd	42	35218
秦皇岛市羊城酒店有限责任公司	Qinhuangdao Yangcheng Hotel Co., Ltd.	43	34583
张家口市国宾东升大酒店有限公司	Zhangjiakou Guobin Dongsheng Grand Hotel Co.,Ltd.	44	34309
保定市华中假日大酒店有限公司	Baoding Huazhong Holiday Hotel Co., Ltd	45	33961
秦皇岛海景酒店有限公司	Qinhuangdao Haijing Holiday Hotel Co., Ltd.	46	33240
唐山国际饭店有限公司	Tangshan International Hotel Co., Ltd	47	33149
邯郸金都饭店有限公司	Handan Jindu Hotel Co., Ltd.	48	31972
河北阳光大厦	Hebei Sunshine Building	49	30798
秦皇岛丽都国际酒店有限公司	Qinhuangdao Lidu International Hotel Co., Ltd	50	30256

营业额前50名的餐饮企业（2016年）
The Top 50 Catering Enterprises of Business Revenue (2016)

单位：千元 (1000 yuan)

企业名称	Name of Enterprises	位次 Position	营业额 Business Revenue
唐山凤凰园美食城	Tangshan Fenghuangyuan Restaurant	1	67409
石家庄市海星餐饮有限公司	Shijiazhuang Haixing Food and Beverage Co., Ltd.	2	63255
邢台市海艺温泉假日酒店有限责任公司	Xingtai Haiyi Hot Spring Holiday Hotel Co., Ltd.	3	62252
石家庄市湘君府餐饮有限公司	Shijiazhuang Xiangjunfu Food and Beverage Co., Ltd.	4	56916
邢台市维多利亚商务酒店有限公司	Xingtai City Vitoria Traders Hotel Co,. Ltd.	5	56544
河北国源朗怡酒店有限责任公司	Hebei Guoyuan Langyi Hotel LLC	6	55209
唐山鸿宴饭庄	Tangshan Hongyan Restaurant	7	53985
迁安锦江饭店	Qianan Jinjiang Hotel	8	53866
武安市三和餐饮有限公司	Wu'an Sanhe Food and Beverage Co., Ltd.	9	50160
张家口国际大酒店有限公司	Zhangjiakou International Hotel Co., Ltd.	10	49126
唐山曹妃甸首实实业有限公司	Tangshan Caofeidian Shoushi Industry Co.,Ltd.	11	46705
保定市金泰花园酒店(普通合伙)	Baoding Jintai Garden Hotel (General Partnership)	12	44648
三河市燕龙绿色生态园有限公司	Sanhe Yanlong Lvse Shengtaiyuan Food and Beverage Co., Ltd.	13	44228
保定市金筷子餐饮有限公司	Baoding Gold-chopsticks Food and Beverage Co., Ltd.	14	41840
宽城泰丰民族生态餐饮服务有限公司	Kuancheng Taifeng National Ecological Food Service Co., Ltd.	15	40644
石家庄饮食有限责任公司中和轩饭庄	Shijiazhuang Zhonghexuan Restaurant	16	37515
河北浪淘沙餐饮有限公司	Hebei Langtaosha Food and Beverage Co., Ltd.	17	36810
高阳县康恩美食服务有限公司	Gaoyang Kangen Food Service Co., Ltd.	18	36557
石家庄福瑞德餐饮有限责任公司	Shijiazhuang Furuide Food and Beverage Co., Ltd.	19	34854
衡水忠义饮食有限公司	Hengshui Zhongyi Beverage and Food Co.,Ltd.	20	32548
唐山冀唐开元大酒店有限公司	Tangshan JitangKaiyuan Hotel Co., Ltd.	21	31459
秦皇岛丰圣企业有限公司	Qinhuangdao Fengsheng Co., Ltd.	22	31261
邯郸市丽都国际大酒店有限公司	Handan Lidu International Hotel Co., Ltd.	23	30892
河北华威酒店有限公司	Hebei Huawei Hotel Co., Ltd.	24	29117
武安市顺峰酒楼	Wu'an Shunfeng Restaurant	25	27934
保定市老城根餐饮发展有限公司	Baoding Laochenggen Food and Beverage Co., Ltd.	26	27119
高阳县巨马商贸有限责任公司	Gaoyang Juma Trade Co., Ltd.	27	26658
河北众诚假日酒店有限公司	Hebei Zhongcheng Holiday Hotel Co.,Ltd.	28	26262
保定唐人美食山	Baoding Tangren Garden Hotel	29	25146
河北丛台电子股份有限公司邯郸丛台大酒店	Handan Congtai Grand Hotel, Hebei Congtai Electronic Co., Ltd.	30	24119
河北玉兰香保定会馆饮食有限公司	Yulanxiang Baoding Huiguan Co., Ltd. For Food and Beverage	31	23549
石家庄市锦绣金山人家酒店有限公司	Jinxiujinshan People Hotel Co., Ltd., Shijiazhang	32	23516
固安县华御温泉度假酒店服务有限公司	Gu'an County Huayu Hot Spring Resort Service Co., Ltd	33	23146
高阳县奥林大酒店(普通合伙)	Gaoyang County Aolin Hotel (General Partnership)	34	23066
沧州临港盛泰名人大酒店有限公司	Cangzhou Lingangshengtai Celebrity Hotel Co., Ltd.	35	22914
承德中鸿记餐饮管理有限公司	Chengde Zhonghongji Food and Beverage Co., Ltd.	36	22446
高阳县宾馆	Gaoyang Hotel	37	22039
张北县中都原始草原度假村有限公司	Zhangbei in Primitive Grassland Resort Co., Ltd.	38	21882
张家口市宏昊餐饮娱乐有限公司	Zhangjiakou Honghao Grand Hotel Co., Ltd.	39	21415
庞大滦州国际大酒店有限公司	Pangda Luanzhou International Co., Ltd.	40	20673
河北港口集团餐饮管理有限公司	Hebei Port Group Restaurant Management Co., Ltd	41	20608
任丘市庆丰餐饮管理有限公司	Renqiu Qingfeng Restaurant Management Co., Ltd.	42	19973
邯郸市大光明餐饮服务有限公司	Handan Bright Food Service Co., Ltd	43	19970
秦皇岛海天一色餐饮有限公司	Qinhuangdao Haitianyise Food & Beverage Limited	44	19920
沧州渤海新区迎宾馆有限公司	Cangzhou Bohai New Area Guest House Co., Ltd	45	19589
河北一鹗餐饮有限公司	Hebei Yie Food and Beverage Co., Ltd.	46	19444
石家庄市矿区恒兴宾馆有限公司	Shijiazhuang Mining Area Hengxing Hotel Co., Ltd	47	19210
保定市浪味仙餐饮有限公司	Baoding Lonely God Food&Beverage Co., Ltd	48	18965
保定市亚华大酒店有限公司	Baoding Yahua Hotel Co., Ltd	49	18285
沧州马记烤鸭有限公司	Cangzhou Ma Ji Roast Duck Co., Ltd.	50	17590

亿元以上商品市场成交额排序（2016年）

Transaction Value of Commodity Markets Over 100 Million Yuan (2016)

单位：万元 (10000 yuan)

市场名称	Name of Market	位次 Position	成交额 Transaction Value
白沟新城市场	Baigou New City Market	1	11408683
石家庄市新华集贸市场	Xinhua Market, Shijiazhuang	2	4960000
南三条市场	Nansantiao Market	3	3760000
河北省香河家具城	XiangHe Furniture Market	4	2800000
沧州崔尔庄红枣批发市场	Cangzhou Cuierzhuang Red Dates Wholesale Market	5	2450000
安国市东方药城交易大厅	Dongfang Herb-medicine Market, Anguo	6	2000000
肃宁县皮毛交易市场	Suning Fur & Feather Market	7	1397000
永年县标准件市场	Yongnian Standardized Component Market	8	1254600
新发地农副产品批发市场	Xinfadi Agricultural Product Market Co., Ltd.	9	1200750
高阳县庞口汽车农机配件城管理委员会	Pangkou Market of Motor and Agricultural Machinery Component	10	999000
昌黎县佳朋皮毛交易市场	Jiapeng Fur & Leather Market, Changli	11	800500
路南区荷花坑市场	Lunan District Lotus Pit Market	12	753900
邯郸市馆陶县金凤禽蛋农贸批发市场	Jinfeng Wholesale Market of Poultry and Agricultural Products, Guantao	13	713382
石家庄桥西蔬菜中心批发市场有限公司	Qiaoxi Vegetable Wholesale Market Co., Ltd., Shijiazhuang	14	626315
安平县丝网大世界管理委员会	Administrative Committee of Wire Mesh World, Anping	15	611023
正定县恒山板材批发市场	Hengshan Wholesale Market of Sheet Material, Zhengding	16	583523
清河县羊绒制品市场	Qinghe Pashm Trading Center	17	500000
河北省邯郸市冀南针纺城	Handan Jinan Textile City，Hebei Province	18	496010
中国轴承大世界	China Shaft Bearing Market	19	466112
河北高邑蔬菜批发市场	Gaoyi Vegetable Wholesale Market	20	450000
邯郸市魏县天仙果菜批发市场	Tianxian Wholesale Market of Fruit and Vegetable, Wei Xian, Handan	21	440000
饶阳县瓜菜果品交易市场	Raoyang Fruit and Vegetable Market	22	427298
正定国际小商品市场	Zhengding International Small Commodity Market	23	419341
晋州市新世纪商城	New-Century Market, Jinzhou	24	400000
秦皇岛海阳农副产品批发市场	Haiyang Wholesale Market of Agricultural Products, Qinhuangdao	25	400000
孟村县辛大管件市场	Xinda Pipe Fitting Market, Mengcun	26	384460
鸦鸿桥镇河西日杂市场	Hexi Grocery Market, Yahongqiao Town	27	374450
中国自行车零件城	China Bicycle Component Market	28	365210
东联汽车配件市场	Donglian Market of Auto Components	29	341890
鸦鸿桥河西村鞋市	Hexi Shoes Market, Yahongqiao Town	30	335110
乐亭县冀东果菜批发市场管理委员会	Jidong Wholesale Market of Fruits and Vegetables Management	31	321011
邯郸市永年县中原农副产品批发市场	Zhongyuan Wholesale Market of Agricultural Products, Yongnian	32	314965
河间市堤口农产品批发市场	Dikou Wholesale Market of Agricultural Products, Hejian	33	312100
邯郸市涉县商贸城	Handan Shexian Trade City	34	301432
唐山金玉农产品综合交易中心	Jinyu Trading Center of Agriculture Products, Tangshan	35	301367
邯郸市科技城农副水产批发市场	Wholesale Market of Agricultural and Aquatic Products, Science and	36	300700
清河县绒毛交易市场	Qinghe Fur Market	37	300532
唐山和平钢铁物流有限公司	Tangshan Heping Steel Logistics Co., Ltd.	38	280000
景县橡塑制品专业市场	Rubber and Plastic Product Market, Jingxian	39	273320
魏县天龙建筑建材批发市场	Tianlong Wholesale Market of Construction Materials, Weixian	40	259766
鸦鸿桥镇小商品城	Yahongqiao Small Commodity City	41	243140
辛集皮革城有限公司	Xinji Leather City Co., Ltd.	42	225000
昌黎县新集农副产品批发	Xinji Market of Agricultural Products, Changli	43	220600
张北县张库牲畜交易有限公司	Zhangbei Zhangku Livestock Trading Co., Ltd.	44	210300
河间市米各庄汽配城	MigeZhuang Auto Component Market, Hejian	45	208975
明珠商贸城	Mingzhu Commercial&Trade City	46	208352
路南区小山服装批发市场	Xiaoshan Clothing Wholesale Market, Lunan District	47	208000
定州市定州市鲜活农产品批发市场	Dingzhou Fresh Agricultural Products Wholesale Market	48	201410
保定市工农路蔬菜果品批发市场	Gongnong-road Wholesale Market, Baoding	49	200100
河北衡水橡胶城	Hengshui Rubber Market, Hebei	50	198000
张家口市宣化盛发蔬菜副食市场	Xuanhua Agricultural Product Market, Zhangjiakou	51	192200
青县盘古市场	Qingxian Pangu market	52	190587
长安装饰材料和平路市场	Heping-Road Branch of Changan Decorative Material Market, Shijiazhuang	53	180117
邢台市荣昌果品商贸总汇	Rongchang Fruit Market, Xingtai	54	174198
邯郸市陶山市场	Taoshan Market, Handan	55	169788

亿元以上商品市场成交额排序（2016年）(续一)

Transaction Value of Commodity Markets Over 100 Million Yuan (2016)

单位：万元 (10000 yuan)

市场名称	Name of Market	位次 Position	成交额 Transaction Value
邯郸市启信商城	Qixin Market, Handan	56	160106
宁晋县大陆村镇农机配件市场	Dalu Market of Agricultural Machinery Components, Ningjin	57	159289
威县冀南瓜菜蔬菜批发市场	Weixian Jinan Wholesale Market of Fruits and Vegetables	58	158000
秦皇岛农副产品批发市场	Qinhuangdao Wholesale Market of Agricultural Products	59	157000
涿州市新发地农产品市场有限公司	Xinfadi Agricultural Product Market Co., Ltd., Zhuozhou	60	146644
辛集市商业城制衣工业区市场	Market of Clothing Manufacturing Zone, Shangyecheng, Xinji	61	140152
正定三才家具市场	Sancai Furniture Market, Zhengding	62	136782
怀来县京西果菜批发市场有限责任公司	Jingxi Wholesale Market of Fruits and Vegetables, Huailai	63	136773
石家庄时代汽车广场	Shidai Auto Plaza，Shijiazhuang	64	131000
沧州市四合菜市场	Cangzhou Sihe Vegetable market	65	129827
霸州市益津市场	Yijin Market, Bazhou	66	126800
承德市裕华路市场	Yuhua-Road Market, Chengde	67	120690
平泉县榆村林子蔬菜果品批发市场有限公司	Pingquan Yucu Linzi Vegetable&Fruit Wholesale Market Co., Ltd	68	120200
河北汽贸中心	Hebei Auto Trading Center	69	115779
秦皇岛旧机动车交易市场	Qinhuangdao Second-hand Auto Market	70	112476
唐山市吉祥实业(集团)公司钢材市场	Tangshan Jixiang Industrial (Group) Steel Market	71	104403
霸州宾鹏钢木家具城	Binpeng Market Of Steel-and-Wood Structured Furniture, Bazhou	72	101410
围场满蒙自治县棋盘山大牲畜交易市场	Weichang Manchu Mongolian Chess Mountain Large Livestock Market	73	100000
肃宁华斯国际裘皮城	Suning Huasi International Market	74	100000
武安市建材市场	Wu'an Market of Building Materials	75	97464
武安市杜庄农副产品批发市场	Duzhuang Market of Agricultural Products, Wuan	76	94892
武安市团城农贸市场	Wuan TuanCheng Farmers' Market	77	91860
唐山市吉祥旧机动车交易市场	Jixiang Second-hand Auto Market,Tangshan	78	90283
河北东明国际家具博览有限公司	Hebei Dongming International Furniture Exhibition Center Co., Ltd.	79	90000
鼎坚五金机电市场	Dingjian Market of Hardwares and Mechanical & Electrical Products	80	88736
廊坊市钢材交易市场有限公司	Langfang Steel Trading Market Co., Ltd.	81	79000
长安装饰材料北宋路市场	Beisong-Road Branch of Changan Decorative Material Market	82	76841
衡水市东明村农产品企业管理有限责任公司	Hengshui Dongmingcun Agricultural Products Business Management LLC	83	76600
张家口市蔬菜水产市场	Zhangjiakou Market of Vegetables and Aquatic Products	84	71000
平乡县滏兴蔬菜交易有限公司	Fuxing Vegetable Trading Center Co., Ltd., Pingxiang	85	70985
唐山市丰南区通达商场有限公司	Tongda Shangmaocheng Trading Center Co., Ltd., Fengnan, Tangshan	86	70407
遵化市燕山果菜批发市场有限公司	Yanshan Fruit and Vegetable Wholesale Market Co., Ltd., Zunhua	87	70000
宁晋县绿源果品批发市场有限公司	Ningjin Luyuan Fruit Wholesale Market Co., Ltd.	88	66650
石家庄红星美凯龙	Red Star Macalline International Plaza of Furniture and	89	63890
红星美凯龙世博家居广场	Red Star Macalline International Plaza of Furniture and Building Materials	90	62455
沧县兴济蔬菜批发市场	Xinji Vegetable Whole Sale Market, Cangxian	91	62410
鸡泽县辣椒工贸城	Jize Processing and Trading Center of Capsicum	92	58832
邢台市蔬菜公司顺兴综合商场	Shunxing Store of Xingtai Vegetable Co., Ltd.	93	58331
肃宁县京南皮毛交易市场	Suning County Jingnan Fur Trading Market	94	54798
沧州市恒顺旧车市场	Cangzhou Hengshun Old Car Market	95	54315
河北鑫顺石材石雕艺术交易市场有限公司	Hebei Xin Shun Stone Carving Art Market Co., Ltd	96	54088
曹妃甸区农副产品市场	Caofeidian District Market of Agricultural Products	97	53000
大城县东阜市场	Dongfu Market, Dacheng	98	52250
任丘市张刘庄铝型材市场	Zhangliuzhuang Aluminum Product Market，Renqiu	99	52078
迁安市兴安市场(迁安市市场建设服务中心)	Qian'an Xing'an Market (Qian'an Market Construction Service Center)	100	51745
海兴县辛集镇鱼子鱼粉市场	Xinji Market of Roe and Fish Powder, Haixing	101	51320
曲周县城北蔬菜市场	Chengbei Vegetable Market, Quzhou	102	50698
文安县芦阜庄钢材市场	Lufuzhuang Market of Steel Products, Wenan	103	50231
文安县小王东机床市场	Wen'an Xiaowangdong Machine Tool Market	104	50060
佳农市场	Jianong Market	105	50000
武安市工矿机电设备市场	Wu'an Market of Industrial and Mineral Machinery	106	49749
沧州市富园菜市场	Fuyuan Vegetable Market, Cangzhou	107	45000
泊头市红旗综合批发市场	Hongqi-road Comprehensive Wholesale Market, Botou	108	43980
冀州市辣椒专业市场	Jizhou Capsicum Market	109	43500
邢台市第一农业生产资料总公司	Wholesale Market of Xingtai First General Company of Agricultural Capital	110	43201
承德市蔬菜果品批发市场	Chengde Wholesale Market of Fruits and Vegetables	111	43122

亿元以上商品市场成交额排序（2016年）（续二）

Transaction Value of Commodity Markets Over 100 Million Yuan (2016)

单位：万元 (10000 yuan)

市场名称	Name of Market	位次 Position	成交额 Transaction Value
海龙电子城	Hailong Trading Center of Electronic Products	112	43112
石家庄市白佛钢材交易中心	Baifo Steel Product Trading Center	113	43110
黄骅市海鲜城中期贸易市场	Huanghua Seafood City Mid-term Trade Market	114	42900
阜城县衡德瓜菜批市场	Hengde Wholesale Market of Fruits and Vegetables, Fucheng	115	42000
邯郸市磁州商都	Cizhou Trading Capital, Handan	116	41698
新乐市集贸市场	Xinle Fair Market	117	41190
秦皇岛市供销合作社贸易服务公司果菜批发市场分公司	Qinhuangdao Supply&Marketing Cooperatives Trade Services Company Fruit&Vegetable Wholesale Market Branch	118	41000
康保县惠农蔬菜批发市场	Huinong Wholesale Market of Fruits and Vegetables, Kangbao	119	40101
承德市晨阳汽配城	Chengde Chenyang Auto Component Market	120	39386
定州市地道桥市场	Didaoqiao Market, Dingzhou	121	38140
任丘市西环建材市场	Renqiu Xihuan Market of Building Materials	122	37820
正定县西关蔬菜市场	Xiguan Vegetable Wholesale Market, Zhengding	123	37256
冀州市迎宾市场	Yingbin Market, Jizhou	124	36726
容城县容丰瓜果蔬菜批发市场	Rongfeng Wholesale Market of Fruits and Vegetables, Rongcheng	125	36230
盐山县兴隆果菜批发市场	Xinglong Wholesale Market of Fruits and Vegetables，Yanshan	126	35660
中国大营国际皮草交易中心	Daying International Fur & Feather Trading Center	127	35000
和平路建材广场	Heping Road Plaza of Building Materials	128	34663
任丘市华油东风市场	Huayou Dongfeng Market, Renqiu	129	34593
银白佛蔬菜批发市场	Yinbaifo Wholesale Market of Vegetables	130	33712
由由水鲜城	Youyou Trading Center of Aquatic Products	131	33244
石家庄华北五金机电城	North-China Market of Hardwares and Mechanical & Electrical Products	132	32180
肃宁县张大蔬菜批发市场	Zhangda Wholesale Market, Suning	133	31810
乐亭县冀东皮毛交易市场	Jidong Fur and Leather Market, Laoting	134	31710
遵化市鑫海钢材市场	Xinhai Market of Steel Products, Zunhua	135	31600
容城县城子瓜果蔬菜批发市场	Chengzi Wholesale Market of Fruits and Vegetables, Rongcheng	136	31390
泊头市刘庄蔬菜批发市场	Liuzhuang Vegetable Wholesale Market, Botou	137	31152
石家庄居然之家家居有限公司	Juranzhijia Home Furnishing Co., Ltd.，Shijiazhuang	138	31047
新乐市花生米市场	Xinle Peanut Market	139	31030
承德万泉花卉市场服务有限公司	Chengde Wanquan Flower Market Services Limited	140	30620
沧州聚鑫钢材交易市场	Juxin Steel Product Market, Cangzhou	141	30000
承德市昌升商贸城	Chengde Changsheng Trade Center	142	29894
正定常山市场	Changshan Market, Zhengding	143	29850
沧州国富市场	Cangzhou Guofu Market	144	28790
河北瑞邦房地产开发公司燕山商城分公司	Hebei Ruibang Real Estate Development Company Yanshan Mall Branch	145	28766
藁城区益农达蔬菜有限公司	Yinongda Vegetable Market, Gaocheng	146	28700
定兴县一市场	The First Market, Dingxing	147	27655
任丘市西环蔬菜水果市场	Xihuan Market of Fruits and Vegetables, Renqiu	148	27253
秦皇岛市华运建筑装饰材料城	Huayun Market for Building and Decorative Materials, Qinhuangdao	149	26500
北戴河石塘路市场（秦皇岛市北戴河市场建设服务中心）	Beidaihe Shitang Road Market (Qinhuangdao Beidaihe Market Construction Service Center)	150	26151
青县曹寺消费品综合市场	Qingxian Caosi Consumer Goods Integrated Market	151	25900
霸州胜芳镇星光商城	Xingguang Trading Center, Shengfang Town, Bazhou	152	25660
河北石材市场	Hebei Rough Stone Market	153	25337
大城县平舒市场	Pingshu Market，Dacheng	154	25262
张北县坝上蔬菜产业有限公司	Bashang Vegetable Industrial Co., Ltd., Zhangbei	155	25130
鸡泽县综合商贸城	Jize Trade City	156	24855
武安市泉上农贸市场	Wu'an City Quanshang Farmers Market	157	24780
承德市红星美凯龙	Red Star Macalline,Chengde	158	24565
任丘市裕华市场	Yuhua Market, Renqiu	159	24348
邯郸市磁县新市场	New Market, Cixian, Handan	160	23562
正定县恒州肉食批发市场	Hengzhou Meat Wholesale Market, Zhengding	161	23201
承德市商城	Chengde Trading Center	162	21941
邢台市中北商城有限公司	Zhongbei Shangcheng Co., Ltd., Xingtai	163	21621
藁城区稚翔禽蛋市场	Zhixiang Poultry Product Market, Gaocheng	164	21580
康保县杂粮市场	Kangbao Coarse Cereals Market	165	21254
长安装饰材料跃进路市场	Yuejin-road Branch of Changan Decorative Material Market	166	21189
新乐市承安集贸市场	Chengan Market of Agricultural Products, Xinle	167	21079

亿元以上商品市场成交额排序（2016年）(续三)

Transaction Value of Commodity Markets Over 100 Million Yuan (2016)

单位：万元 (10000 yuan)

市场名称	Name of Market	位 次 Position	成交额 Transaction Value
大红门石材市场	Dahongmen Rough Stone Market	168	20778
闪电河蔬菜交易市场	Shandianhe Vegetable Market, Guyuan	169	20500
承德市香江家居	Xiangjiang Home Furnishing,Chengde	170	20246
昌黎县碣石山市场	Jieshishan Market, Changli	171	20042
饶阳县果品蔬菜市场	Raoyang Fruit and Vegetable Market	172	18968
沧州市新华区道东菜市场	Daodong Vegetable Market, Xinhua District, Cangzhou	173	18790
银白佛建华不锈钢市场	Yinbaifo Jianhua Stainless Steel Market	174	18337
行唐县龙洲商城	Longzhou Trading Center, Xingtang	175	17161
唐山金钟农副产品物流中心	Jinzhong Logistics Center of Agriculture Products, Tangshan	176	16970
邯郸市冀粤建材市场	Jiyue Construction Material Market, Handan	177	16590
固安县京南刘园农副产品批发市场	Jingnan Liuyuan Market of Fruits and Vegetables, Gu'an	178	16372
固安县方城农副产品批发市场	Fangcheng Wholesale Market of Agricultural Products, Gu'an	179	16350
沽源县高润出口蔬菜交易市场	Guyuan Highrun Export Vegetable Market	180	15630
迁西县紫玉街市场	Ziyu-Street Market, Qianxi	181	15388
兴隆县市场服务中心	Xinglong Market Service Center	182	15096
栾城区蔬菜批发市场	Luancheng Wholesale Market of Fruits and Vegetables	183	14860
冀北粮油批发交易市场	Jibei Grain Wholesale Market, Zhangjiakou	184	14793
定兴县北河市场	Beihe Market, Dingxing	185	14647
任丘市废旧钢铁市场	Renqiu Market of Scrapped and Second-hand Steel Products	186	13640
遵化市贸易城综合市场	Zunhua Maoyicheng Comprehensive Market	187	13450
曲周县东焦营无公害蔬菜批发市场	Dongjiaoying Pollution-free Vegetable Wholesale Market, Quzhou	188	13383
邯郸市乾政农贸市场	Qianzheng Market of Agricultural Products, Handan	189	13365
马坊市场	Mafang Market	190	13212
石家庄怀特装饰材料市场	Huaite Market of Decorative Materials, Shijiazhuang	191	13200
平泉县六河源牲畜交易市场	Liuheyuan Live-stock Market, Pingquan	192	13000
平山县宅北乡会口山货市场	Huikou Mountain Product Market, Zhaibei, Pingshan	193	12807
赵县梨乡商城	Lixiang Trading Center, Zhaoxian	194	12780
栾城区鱼塘市场	Luancheng Fishpond Market	195	12600
玉田县二郎庙市场	Erlangmiao Market, Yutian	196	12532
沧州车站工业品批发市场	Cangzhou Station Industrial Products Wholesale Market	197	12000
定兴县昌明高科技农业发展有限公司	Dingxing Changming High-tech Agricultural Development Limited	198	11901
永清县大辛阁瓜果蔬菜批发市场	Daxinge Market of Fruits and Vegetables, Yongqing	199	11690
新乐市三轮车市场	Xinle Motorized Tricycle Market	200	11676
任县农产品市场	Agricultural Product Market, Renxian	201	11600
阜城县古城灯具批发市场	Gucheng Lamp and Lantern Market, Fucheng	202	11560
围场县兴源农产品交易综合服务中心	Xingyuan Composite Service Center for Agricultural Product Trade,	203	11450
衡水市商贸中心物业管理处	Administrative Agency of Hengshui Trading Center	204	11430
赵县集贸市场	Zhaoxian Market of Agricultural Products	205	11424
廊坊市安次区隆福市场	Longfu Market, Anci District	206	11370
红星美凯龙(廊坊市凯宏家居广场有限公司)	Red Star Macalline(Langfang Kaihong Home Square Co., Ltd.)	207	11270
天桥市场	Tianqiao Market	208	11202
石家庄跃进路手机广场	Yuejin-road Mobile Phone Plaza	209	11200
河间市故仙乡大葱市场	Welsh onion Market，Guxian，Hejian	210	11200
乐亭县富强街农贸市场	Fuqiang-street Market of Agricultural Products, Leting	211	11170
抚宁县关内第一集	Guannei Diyiji Market, Funing	212	11100
宁晋县华鑫建材市场有限公司	Huaxin Construction Material Market Co., Ltd., Ningjin	213	11000
阜城县崔庙镇粮保器材批发市场	Cuimiao Wholesale Market of Grain Reservation Equipments, Fucheng	214	10985
家合广场(新北昌市场服务有限公司)	Jiahe Square (Xinbeichang Market Service Co., Ltd.)	215	10975
廊坊北方农贸批发市场	Beifang Wholesale Market of Agricultural Products, Langfang	216	10882
邯郸市磁县粮油食品市场	Cixian Grain Market, Handan	217	10507
张家口市纬一路万博大市场	Wanbo Market, Weiyi-road, Zhangjiakou	218	10284
正定县梅山商城	Meishan Shangcheng Market, Zhengding	219	10065
平山县苏家庄核桃交易市	Sujiazhuang Walnut Market, Pingshan	220	10015
沧州市维明路菜市场	Weiming-Road Vegetable Market, Cangzhou	221	10015
河间市卧佛堂汽车配件专业市场	Wofotang Auto Component Market, Hejian	222	10004
尚村中国裘皮城	Shangcun China Fur Market	223	10000
廊坊市兴安市场	Xingan Market, Langfang	224	10000

海关进出口贸易总额
Total Value of Imports and Exports by Customs

单位：万美元 (USD 10000)

年 份 Year	进出口贸易总额 Total Value of Imports and Exports	出口总额 Total Exports	进口总额 Total Imports	进出口差额(+、-) Balance
1990	226785	190069	36716	153353
1995	392804	286635	106169	180466
2000	523460	370685	152775	217910
2001	573775	395613	178163	217450
2002	666565	459402	207163	252239
2003	897892	592863	305029	287834
2004	1352624	934031	418593	515438
2005	1607132	1092685	514447	578238
2006	1852616	1283469	569147	714322
2007	2553848	1701651	852197	849454
2008	3841850	2402981	1438870	964111
2009	2961131	1569129	1392002	177127
2010	4193116	2257003	1936113	320890
2011	5359910	2858386	2501524	356862
2012	5054790	2960384	2094405	865979
2013	5488298	3096268	2392030	704238
2014	5988289	3571347	2416942	1154405
2015	5148154	3293870	1854284	1439586
2016	4662322	3057706	1604616	1453091

石家庄海关按贸易方式分进出口商品总额
Total Value of Imports and Exports through Shijiazhuang Customs by Trade System

单位：万美元 (USD 10000)

年 份 Year	一般贸易 Ordinary Trade		加工贸易 Processing Trade		其他贸易 Others	
	出 口 Exports	进 口 Imports	出 口 Exports	进 口 Imports	出 口 Exports	进 口 Imports
2000	301994	103967	67990	31558	3	136
2001	334620	127234	59057	29080	7	100
2002	386892	152537	67331	38453	98	121
2003	49860	23057	8796	5116	1	17
2004	814664	310919	112621	63899		225
2005	934921	403849	145311	75709	8	182
2006	1087143	453300	174552	80613	58	239
2007	1439235	686524	233864	123066	193	436
2008	2007767	1187130	340108	153103	167	734
2009	1232708	1228780	285241	115779	125	953
2010	1799712	1719740	409743	177965	743	1199
2011	2389590	2204243	419651	202084	782	1611
2012	2490598	1831041	414373	184802	851	2204
2013	2612374	2097053	411327	211086	399	1437
2014	3101926	2097904	422137	209222	489	1199
2015	2894593	1703796	329203	121279	533	1679
2016	2784184	1487674	231262	93769	1541	1528

石家庄海关按国别(地区)分的进出口商品总额
Import and Export Value through Shijiazhuang Customs by Country and Region

单位：万美元 (USD 10000)

国别(地区)	Country (Region)	2015			2016		
		进出口 Total Imports and Exports	出口 Exports	进口 Imports	进出口 Total Imports and Exports	出口 Exports	进口 Imports
合 计	**Total**	**5148154**	**3293870**	**1854284**	**4662322**	**3057706**	**1604616**
亚 洲	**Asia**	**1910412**	**1591059**	**319353**	**1779824**	**1444051**	**335773**
阿富汗	Afghanistan	1708	1535	173	1199	1171	29
巴林	Bahrain	2350	2346	4	2921	2918	3
孟加拉国	Bangladesh	37044	36600	444	34247	33672	575
不丹	Bhutan	88	88		1	1	
文莱	Brunei	419	401	18	721	721	
缅甸	Myanmar	25387	25323	64	24601	24383	218
柬埔寨	Cambodia	7118	2782	4336	7873	2844	5029
塞浦路斯	Cyprus	1240	1234	7	760	760	
朝鲜	Korea DPR	7186	1823	5363	7307	1887	5420
香港	Hong Kong,China	78551	76550	2001	62369	60666	1703
印度	India	140268	112449	27819	145840	109619	36221
印度尼西亚	Indonesia	122117	114560	7556	103010	98091	4919
伊朗	Iran	27914	24887	3027	29593	22895	6697
伊拉克	Iraq	14177	14177		9534	9513	22
以色列	Israel	33875	30818	3056	25250	22864	2386
日本	Japan	221396	164103	57293	205987	148038	57949
约旦	Jordan	9932	9932	…	6168	6166	2
科威特	Kuwait	7938	7782	156	11412	11270	142
老挝	Laos	489	482	7	1057	657	399
黎巴嫩	Lebanon	3441	3440	1	3716	3716	
澳门	Macao,China	631	631	…	369	366	3
马来西亚	Malaysia	56988	46521	10467	56337	45063	11274
马尔代夫	Maldives	220	220		233	232	
蒙古	Mongolia	11651	3581	8071	8541	3107	5434
尼泊尔	Nepal	1093	1087	5	1552	1520	32
阿曼	Oman	8306	7712	595	8515	8091	424
巴基斯坦	Pakistan	55571	54316	1254	51673	50484	1190
巴勒斯坦	Palestine	114	114		45	45	
菲律宾	Philippines	93253	92618	635	88673	87180	1494
卡塔尔	Qatar	3451	3199	252	3709	3185	524
沙特阿拉伯	Saudi Arabia	65339	61461	3877	66747	60647	6100
新加坡	Singapore	33138	29244	3893	27658	24306	3352
韩国	Korea Rep.	323188	220787	102401	330176	210782	119394
斯里兰卡	Sri Lanka	14146	14057	89	14768	14739	29
叙利亚	Syrian	1714	1714		1016	1016	
泰国	Thailand	94589	76101	18488	104437	90127	14310
土耳其	Turkey	67333	65027	2306	54435	52537	1899
阿联酋	United Arab Emirates	64455	55562	8893	60339	50310	10029
也门	Republic of Yemen	2672	2672		4182	4182	
越南	Vietnam	140726	137651	3075	104044	98771	5273
中国	China	11116		11116	5718	18	5700
台湾省	Taiwan, China	95208	63835	31373	84403	58326	26077
东帝汶	East Timor	274	274		462	462	
哈萨克斯坦	Kazakhstan	6506	6506		7763	7760	3

石家庄海关按国别(地区)分的进出口商品总额(续一)

Import and Export Value through Shijiazhuang Customs by Country and Region

单位：万美元 (USD 10000)

国别(地区)	Country (Region)	2015 进出口 Total Imports and Exports	2015 出口 Exports	2015 进口 Imports	2016 进出口 Total Imports and Exports	2016 出口 Exports	2016 进口 Imports
吉尔吉斯斯坦	Kirghizia	8940	8898	42	5105	5023	83
塔吉克斯坦	Tadzhikistan	1540	1540		1030	887	143
土库曼斯坦	Turkmenistan	847	847		568	568	
乌兹别克斯坦	Uzbekistan	4764	3571	1193	3757	2464	1293
非　洲	**Africa**	**330811**	**248514**	**82298**	**281753**	**221702**	**60051**
阿尔及利亚	Algeria	33673	33641	32	21074	21074	
安哥拉	Angola	7428	7428		2718	2718	
贝宁	Benin	2367	2367	…	2752	2752	…
博茨瓦那	Botswana	194	194		191	191	
布隆迪	Burundi	190	190		199	199	
喀麦隆	Cameroon	4190	4157	33	3133	3133	
加那利群岛	Canary Is.	1	1		…	…	
佛得角	Cape Verde	27	27		89	89	
中非共和国	Central Africa	52	52		4	4	
塞卜泰(休达)	Ceuta	4	4				
乍得	Chad	1311	1311		737	737	
科摩罗	Comoros	105	105		45	45	
刚果(布)	Congo (B)	842	842		840	840	
吉布提	Djibouti	6368	6363	5	9460	9460	
埃及	Egypt	26469	26449	20	29967	29881	86
赤道几内亚	Eq. Guinea	194	194		177	177	
埃塞俄比亚	Ethiopia	4890	4397	493	5475	5084	391
加蓬	Gabon	1163	645	518	1321	719	603
冈比亚	Gambia	758	755	2	742	741	1
加纳	Ghana	13956	13925	31	13006	12975	30
几内亚	Guinea	1014	1014		1510	1510	
几内亚比绍	Guinea Bissau	25	25		109	109	
科特迪瓦	Cote d'Lvoire	5939	5939	…	5189	5189	
肯尼亚	Kenya	11127	11105	23	11330	11250	80
利比里亚	Liberia	1335	1331	4	1295	1288	7
利比亚	Libyan	3339	3339		2397	2397	
马达加斯加	Madagascar	3412	3408	4	4123	4002	121
马拉维	Malawi	309	309		372	372	
马里	Mali	1045	1034	11	1229	1214	15
毛里塔尼亚	Mauritania	10201	1482	8720	1592	1100	491
毛里求斯	Mauritius	1397	1389	9	1360	1360	
摩洛哥	Morocco	6174	6083	91	4339	4317	22
莫桑比克	Mozambique	3694	3661	33	2338	2320	18
纳米比亚	Namibia	592	592		535	535	
尼日尔	Niger	354	204	150	191	173	18
尼日利亚	Nigeria	39473	39467	6	27445	27445	…
留尼汪	Reunion	320	320		379	379	
卢旺达	Rwanda	124	113	11	266	153	113
圣多美和普林西比	Sao Tome & Principe	9	9		10	10	
塞内加尔	Senegal	3610	3610		3235	3235	
塞舌尔	Seychelles	49	49		33	33	

石家庄海关按国别(地区)分的进出口商品总额(续二)

Import and Export Value through Shijiazhuang Customs by Country and Region

单位：万美元 (USD 10000)

国别(地区)	Country (Region)	2015 进出口 Total Imports and Exports	2015 出口 Exports	2015 进口 Imports	2016 进出口 Total Imports and Exports	2016 出口 Exports	2016 进口 Imports
塞拉利昂	Sierra Leone	3463	659	2804	1226	493	733
索马里	Somalia	837	837		535	528	8
南非	S. Africa	101253	33542	67711	89770	33294	56476
苏丹	Sudan	7756	7588	168	8963	8735	229
坦桑尼亚	Tanzania	8086	7966	120	7301	7214	87
多哥	Togo	1804	1802	2	1543	1543	
突尼斯	Tunisia	3187	2260	927	3215	3085	130
乌干达	Uganda	1666	1594	71	1919	1859	60
布基纳法索	Burkina Faso	578	578		948	948	
刚果(金)	Congo(J)	2073	2073		1913	1891	22
赞比亚	Zambia	858	559	299	1831	1519	312
津巴布韦	Zimbabwe	876	876		792	792	
莱索托	Lesotho	288	287	…	288	288	…
梅利利亚	Melilla						
斯威士兰	Swaziland	109	109		115	115	
厄立特里亚	Eritrea	105	105		69	69	
马约特	Mayo Is.	31	31		64	64	
南苏丹共和国	S. Sudan	120	120		55	55	
欧洲	**Europe**	**964298**	**702084**	**262214**	**939457**	**697797**	**241661**
比利时	Belgium	55410	46016	9394	50822	41269	9554
丹麦	Denmark	15672	6648	9024	14452	6668	7784
英国	United Kingdom	70506	63267	7239	75549	66730	8818
德国	Germany	165741	77834	87907	161058	76801	84257
法国	France	43136	32901	10234	42282	29129	13153
爱尔兰	Ireland	4290	3437	852	3986	2813	1173
意大利	Italy	85677	70861	14816	80555	65858	14697
卢森堡	Luxembourg	2208	450	1757	2148	345	1802
荷兰	Netherlands	66823	47729	19093	71075	52268	18807
希腊	Greece	3598	3113	485	4043	3864	179
葡萄牙	Portugal	8826	5161	3665	6735	4240	2495
西班牙	Spain	44687	37665	7022	38754	32235	6519
阿尔巴尼亚	Albania	1413	1169	243	978	821	157
安道尔	Andorra	1	1				
奥地利	Austria	9142	2454	6688	7685	2376	5310
保加利亚	Bulgaria	1947	1670	277	2400	1600	800
芬兰	Finland	9845	3206	6639	9608	3366	6242
直布罗陀	Gibraltar	…	…				
匈牙利	Hungary	5050	2438	2611	3837	2231	1606
冰岛	Iceland	234	234		240	240	
列支敦士登	Liechtenstein	11	11	1	87	67	19
马耳他	Malta	421	417	4	505	503	3
摩纳哥	Monaco				11	10	1
挪威	Norway	3944	3680	265	3424	3245	180
波兰	Poland	16545	15648	897	16843	16158	685
罗马尼亚	Romania	5207	4449	758	5406	4219	1187
圣马力诺	Sanmarino	1	1		4	4	

石家庄海关按国别(地区)分的进出口商品总额(续三)

Import and Export Value through Shijiazhuang Customs by Country and Region

单位：万美元 (USD 10000)

国别(地区)	Country (Region)	2015 进出口 Total Imports and Exports	2015 出口 Exports	2015 进口 Imports	2016 进出口 Total Imports and Exports	2016 出口 Exports	2016 进口 Imports
瑞典	Sweden	28478	9148	19330	27125	10247	16877
瑞士	Switzerland	4063	1408	2655	6827	1849	4978
爱沙尼亚	Estonia	927	871	56	943	922	21
拉脱维亚	Latvia Armenia	2176	2163	13	2808	2805	2
立陶宛	Lithuania	2083	2069	14	2147	2145	2
格鲁吉亚	Georgia	1258	1258		1188	1187	1
亚美尼亚	Armenia	125	125		274	274	
阿塞拜疆	Azerbaijan	1203	1203		364	363	1
白俄罗斯	Belorussia	792	561	231	1086	694	393
摩尔多瓦	Moldavia	103	103	…	142	140	2
俄罗斯联邦	Russia	253891	233014	20877	251066	238616	12450
乌克兰	Ukraine	32932	8922	24010	26501	10603	15898
斯洛文尼亚	Slovenia	3831	3029	802	4408	3370	1038
克罗地亚	Croatia	1344	1333	11	1414	1372	42
捷克	Czech	7480	4804	2677	6881	4282	2599
斯洛伐克	Slovakia	2429	771	1658	2206	709	1497
前南马其顿	Macedonia	38	36	2	63	62	1
波黑	Bosnia&Hercegovina	69	68	1	62	61	1
塞尔维亚	Serbie	644	640	5	1337	916	421
黑山	Montenegro	96	96	…	130	119	11
拉丁美洲	**Latin America**	**530534**	**227067**	**303467**	**437700**	**201102**	**236599**
安提瓜和巴布达	Antigua & Barbuda	8	8		7	7	
阿根廷	Argentina	21278	8306	12972	14778	7259	7519
阿鲁巴岛	Aruba	9	9		31	31	
巴哈马	Bahamas	69	69		75	75	
巴巴多斯	Barbados	132	132		154	154	
伯利兹	Belize	261	261		372	372	
玻利维亚	Bolivia	1301	1247	54	1366	1366	
巴西	Brazil	306992	42492	264500	250751	37717	213034
开曼群岛	Cayman Islands	1	1		5	5	
智利	Chile	52373	33568	18806	44015	31975	12040
哥伦比亚	Colombia	14889	14841	48	15110	15107	3
多米尼克	Dominica	89	89	…	26	26	…
哥斯达黎加	Costa Rica	2363	2304	59	3886	3821	65
古巴	Cuba	2012	2012		965	965	
库腊索岛	Curacao	8	8		24	24	
多米尼加共和国	Dominica Rep.	3427	3427	…	3118	3117	…
厄瓜多尔	Ecuador	12050	11906	145	7889	7274	615
法属圭亚那	French Guyana	28	28		25	25	
格林纳达	Grenada	9	9		14	14	
瓜德罗普	Guadaloupe	70	70		81	81	
危地马拉	Guatemala	9552	9548	4	6863	6853	10
圭亚那	Guyana	772	772		661	655	6
海地	Haiti	3771	3771		3185	3182	3
洪都拉斯	Honduras	4848	4848	…	2791	2790	
牙买加	Jamaica	2212	2212		705	703	2

石家庄海关按国别(地区)分的进出口商品总额(续四)

Import and Export Value through Shijiazhuang Customs by Country and Region

单位：万美元 (USD 10000)

国别(地区)	Country (Region)	2015 进出口 Total Imports and Exports	2015 出口 Exports	2015 进口 Imports	2016 进出口 Total Imports and Exports	2016 出口 Exports	2016 进口 Imports
马提尼克	Martinique	18	18		31	31	
墨西哥	Mexico	41433	40596	837	39050	38323	727
尼加拉瓜	Nicaragua	1253	1242	11	1997	1994	3
巴拿马	Panama	4465	4465		3650	3650	
巴拉圭	Paraguay	2194	2194		1685	1685	…
秘鲁	Peru	22961	21030	1930	21525	20279	1246
波多黎各	PuertoRico	1215	1189	26	1165	1162	3
圣卢西亚	Saint Lucia	15	15		20	20	
圣马丁岛	Saint Martin Is.	7	7		7	7	
圣文森特和格林纳丁斯	Saint Vincent & Grenadines	8	8		9	9	
萨尔瓦多	EL Salvador	2485	2485	…	1454	1454	
苏里南	Suriname	286	286		260	259	1
特立尼达和多巴哥	Trinidad & Tobago	3779	3779		1347	1347	…
特克斯和凯科斯群岛	Tueks and Caicos Is.	5	5				
乌拉圭	Uruguay	4641	4240	400	4311	4201	110
委内瑞拉	Venezuela	7103	3435	3668	4119	2909	1210
英属维尔京群岛	Br.VirginIS.	22	22		16	16	
圣其茨和尼维斯	St.Kitts-Nevis	7	7		1	1	
荷属安地列斯群岛	Netherlands Antilles	105	105		157	157	
拉丁美洲其他国家(地区)	Other Countries (region)	7	…	7			
北美洲	**North America**	**637437**	**475512**	**161926**	**605067**	**440627**	**164441**
加拿大	Canada	70840	42184	28656	60595	41478	19118
美国	United States	566596	433326	133270	544472	399149	145323
百慕大	Bermuda	1	1				
大洋洲	**Oceanic & Pacific**	**774661**	**49635**	**725026**	**618515**	**52428**	**566087**
澳大利亚	Australia	757362	39998	717364	601868	43561	558307
库克群岛	Cook Islands	57	57				
斐济	Fiji	883	883	…	681	681	1
新喀里多尼亚	New Caledonia	5	5		233	233	
瓦努阿图	Vanuatu	331	331		48	48	
新西兰	New Zealand	92	92		13614	6229	7385
诺福克岛	Norfolk Is.	12588	5495	7093			
巴布亚新几内亚	Papua New Guinea	4	4		1135	741	394
社会群岛	Society Islands	2433	1864	569	20	20	
所罗门群岛	Solomon Is.	37	37		427	427	
汤加	Tonga	441	441		84	84	
萨摩亚	Samoa	40	40		101	101	
基里巴斯	Kiribati	38	38		13	13	
密克罗尼西亚联邦	Micronesia FS	33	33		1	1	
马绍尔群岛	Marshall Is.	5	5		59	59	
帕劳共和国	Palau	159	159		1	1	
法属波利尼西亚	French Polynesia	9	9		165	165	
瓦利斯和浮图纳	Wallis and Budo Satisfied	122	122		9	9	
大洋洲其他国家(地区)	Other Countries	9	9		53	53	
国别(地区)不详的	**Country(region) of Unknown**	**13**	**13**		**5**		**5**

利用外资概况

Utilization of Foreign Capital

项目单位：个　金额单位：万美元　　　　(unit, USD 10000)

年　份 Year	总　计 Total		对外借款 Foreign Loans		外商直接投资 Foreign Direct Investment		外商其他投资 Other Foreign Investment	
	项　目 Number of Projects	金　额 Value	项　目 Number of Projects	金　额 Value	项　目 Number of Projects	金　额 Value	项　目 Number of Projects	金　额 Value
合同利用外资额 Total Amount of Contracted Foreign Investment								
1985	53	4804	1	175	39	4093	13	536
1990	110	8877			110	8593		284
1995	1220	188794	16	19445	1204	168656		693
2000	510	94822	9	19624	501	72445		2753
2001	507	107759	4	3332	503	99763		4664
2002	482	136259	8	3540	474	127929		4790
2003	586	251313	13	27703	573	196502		27108
2004	603	244047	9	2614	594	214731		26702
2005	581	272736	4	742	577	253154		18840
2006	447	177048	1	495	446	150625		25928
2007	369	357085			369	311892		45193
2008	252	300118	4	495	248	288913		10710
2009	215	266027			215	260727		5300
2010	248	376971	2	1417	246	329314		46240
2011	199	477064	4	1555	195	422376		53133
2012	197	415637	1	10000	196	388396		17241
2013	196	384587	1	495	195	368226		15866
2014	198	550329			198	496978		53351
2015	208	687096		7411	208	567962		111723
2016	162	413984		37570	162	334675		41739
实际利用外资额 Total Amount of Contracted Investment Actually Utilized								
1985		1423		597		393		433
1990		4447				3935		512
1995		108620		29924		78061		635
2000		139378		34249		102376		2753
2001		93521		13196		75661		4664
2002		104793		17558		82445		4790
2003		155800		17125		111567		27108
2004		197856		8813		162341		26702
2005		227890		17794		191256		18840
2006		238274		10912		201434		25928
2007		300722		13908		241621		45193
2008		363395		10817		341868		10710
2009		369316		4192		359824		5300
2010		436597		7283		383074		46240
2011		526016		4788		468095		53133
2012		603168		5441		580486		17241
2013		667250		6664		644720		15866
2014		700949		10402		637196		53351
2015		736884		7411		617750		111723
2016		814697		37570		735388		41739

注：1990年以前年度数据为部门数，仅供参考使用。

a) The data for 1990 and before are from the ministries other than Hebei Bureau of Statistics. They are listed here as comparable data.

对外承包工程
Contracted Projects with Foreign Countries and Territories

年份 Year	签订合同的国家(地区)(个) Number of Coutries Made Contracts with China for Projects and Labor (unit)	合同份数(份) Number of Contracts (unit)	合同金额(万美元) Contracted Value (10000 USD)	派出人次(人次) Number of Labor Send abroad (person-time)	完成营业额(万美元) Value of Business Fulfilled (10000 USD)
1985	4	4	321		466
1990	9	9	327	121	584
1995	7	16	2127	428	1798
2000	13	50	9440	1170	4624
2001	16	26	5265	662	2412
2002	22	38	21329	2998	12022
2003	25	40	31669	1509	17940
2004	25	69	48200	1484	23095
2005	35	91	107533	1832	54139
2006	29	84	171035	3176	78583
2007	41	119	172954	7241	123912
2008	37	73	393774	5271	155593
2009	47	186	266678	8097	287157
2010	50	190	294596	7033	285351
2011	51	214	328203	6599	243461
2012	45	160	373834	10790	285086
2013	44	175	467343	9791	434565
2014	48	190	485335	8636	408696
2015	46	185	386488	7039	357117
2016	45	130	467386	4936	257649

对外投资与劳务合作
Outward Foreign Direct Investment and Labor Services

单位：万美元 (USD 10000)

项目	Item	2012	2013	2014	2015	2016
对外投资	**Outward Foreign Direct Investment**					
新核准家数	Enterprise Approved to Invest Abroad	66	85	121	131	132
对外投资总额	Total Value of the Outward-FDI by the Enterprises	123857	197179	169368	306258	362977
中方对外投资额	FDI by Domestic Chinese Investors	105171	118349	155124	235256	335488
对外劳务合作	**Labor Services**					
新签合同工资总额	Gross Payroll in Newly Signed Contracts	4034	4022	4301	715	1656
实际收入总额	Realized Payroll	3839	1906	1925	725	1596
派出人数	Workers Sent Abroad for the Year	712	553	603	342	1287
期末在外人数	Workers Abroad at the Year-end	2198	1512	2231	2340	3159

外商直接投资情况

单位：万美元

指　标	Item	批准 Amount of 2010	2011	2012
全省总计	**Total**	**329314**	**422376**	**388396**
按投资方式分	**Grouped by Investment by Type**			
# 独资经营	Enterprises with Sole Fund	226559	254033	265924
合资经营	Joint-venture Enterprises	80995	151277	98771
合作经营	Cooperative Enterprises	15434	17028	5663
按国民经济行业分	**Grouped by Sector**			
# 农、林、牧、渔业	Agriculture, Forestry, Animal Husbandry and Fishery	8841	12088	12702
采矿业	Mining	1928	6093	5242
制造业	Manufacturing	201207	259794	219352
电力、势热力、燃气及水生产和供应业	Production and Distribution of Electricity, Gas and Water	7160	11184	36532
建筑业	Construction	207	4049	
批发和零售业	Wholesale and Retail Trades	20829	5599	14997
交通运输、仓储和邮政业	Traffic, Transport, Storage and Post	1724	10648	19465
住宿和餐饮业	Hotels and Catering Services	3619	14970	2707
信息传输、软件和信息技术服务业	Information Transmission, Computer Services and Software	1583	1710	4132
房地产业	Real Estate	46716	23088	38109
租赁和商务服务业	Leasing and Business Services	4751	10512	4963
居民服务、修理和其他服务业	Services to Households and Other Services	1325	155	3177
按主要国别(地区)分	**Grouped by Country and Region**			
# 香　港	Hong Kong, China	187672	288255	238629
台　湾	Taiwan, China	7631	3175	17399
日　本	Japan	19597	5848	14879
美　国	United States	12893	13159	25358
加拿大	Canada	3400	768	121
德　国	Germany	1858	3576	1881
英　国	United Kingdom	3352	1393	4444
法　国	France	589	418	3860

Statistics on Foreign Direct Investment

(USD 10000)

合同外资额 Contracted Foreign Investment				外间直接投资额 Foreign Direct Investment						
2013	2014	2015	2016	2010	2011	2012	2013	2014	2015	2016
368226	**496978**	**567962**	**334675**	**383074**	**468095**	**580486**	**644720**	**637196**	**617750**	**735388**
215220	344394	335149	195500	260238	272356	325131	382261	405134	308654	366932
151229	148386	195855	137968	103141	176717	182736	229152	199812	271479	312595
1577	3125	34141	528	7574	5574	28553	13461	7715	9276	25866
25323	34619	10171	50907	7327	7010	23591	21386	34772	9518	10405
6356	1778	8000		3943	6344	17508	7503	12727	2012	10708
185706	258827	322271	143515	259917	333061	422535	438135	397414	384395	547061
29912	7226	23426	60883	18101	12550	23326	52171	34670	36099	50529
272	8947	96	-366	2103	60			3627	4531	869
22546	8516	13712	18274	11846	14784	18355	13494	11719	4059	9050
19785	23946	66827	21262	6202	14669	11349	21957	19111	58418	17647
203	381	281	30	3975	6012	4697	2616	7		1544
5292	1835	9971	2333	138	1043	307	1558	5607	2834	4456
44603	40929	66057	7544	52258	33537	22183	42758	44254	61963	52268
33332	3680	14711	7138	1886	5686	5065	13609	12566	7646	2108
1188	1513	940	444	406	339	1615	1550	2440		721
259367	309534	292259	208503	195212	269370	364757	383992	404081	340270	343375
10397	6896	17601	4561	3683	4590	6764	12310	10559	4771	3812
16355	6433	2256	772	13557	17013	28870	30774	18372	27957	24644
2816	14674	7913	846	18621	18003	25777	25822	21444	7046	39390
5403	4030	3940	14173	3131	2083	75	3796	5379	1927	4231
4364	2236	4681	547	2351	3389	4268	8455	2591	8843	9582
2426	14841	3393	2174	6557	9316	11457	7243	4175	7016	15973
2000	4000	300	1225	510	1559	9035	6018	4706	300	3643

外商直接投资情况（2016年）

单位：万美元

项　　目	Item	新批合同 New Contract Signed 项目个数(个) Number of Projects (unit)	项目总投资 Total Investment	合同外资额 Contracted Value
合　　计	**Total**	**162**	**904066**	**334675**
按投资方式分组	**Grouped by Investment by Type**			
港、澳、台投资经济	Enterprises with Funds from Hong Kong,	80	634507	213156
港澳台合资经营企业	Joint-venture from Hong Kong, Macao	33	402957	118834
港澳台合作经营企业	Cooperation Enterprises from Hong Kong,			
港澳台独资经营企业	Enterprises with Sole Fund from Hong Kong,	45	230194	93643
港澳台投资股份公司	Share-holding Corporations Ltd from Hong Kong,			
外商投资经济	Foreign Funded Enterprises	82	269559	121519
中外合资经营企业	Joint-venture Enterprises	40	43758	19134
中外合作经营企业	Cooperation Enterprises	1	2306	528
外资企业	Enterprises with Sole Fund	41	223610	101857
外商投资股份公司	Share-holding Corporations Ltd		-115	
按产业分组	**Grouped by Industry**			
第一产业	Primary Industry	8	111655	38211
第二产业	Secondary Industry	74	547601	203192
第三产业	Tertiary Industry	80	244810	93272
按国民经济行业分组	**Grouped by Sector**			
农、林、牧、渔业	Agriculture, Forestry, Animal Husbandry	10	128275	50907
采矿业	Mining			
制造业	Manufacturing	61	363625	143515
电力、燃气及水的生产和供应业	Production and Distribution of Electricity,	14	186976	60883
建筑业	Construction			-366
批发和零售业	Wholesale and Retail Trades	29	31813	18274
交通运输、仓储和邮政业	Traffic, Transport, Storage and Post	4	59471	21262
住宿和餐饮业	Hotels and Catering Services	2	30	30
信息传输、计算机服务和软件业	Information Transmission, Computer Services	8	3232	2333
金融业	Financial Intermediation		4560	1931
房地产业	Real Estate	1	19270	7544
租赁和商务服务业	Leasing and Business Services	9	38212	7138
科学研究、技术服务和地质勘查业	Scientific Research, Technical Service	13	22831	9314
水利、环境和公共设施管理业	Management of Water Conservancy,	5	25650	7484
居民服务和其他服务业	Services to Households and Other Services	2	830	444
教　育	Education	1	3	3
卫生、社会保障和社会福利业	Health, Social Security and Social Welfare			
文化、体育和娱乐业	Culture, Sports and Entertainment	3	19288	3979

Statistics on Foreign Direct Investment (2016)

(USD 10000)

外商直接投资 Foreign Direct Investment	新注册三资企业 Newly Registered Enterprises with Hongkong,Macao, Taiwan and Foreign Funds				期末实有三资企业(个) Number of Registered Enterprises in the Year-end (unit)			
	注册户数(户) Number of Registered Enterprises(unit)	投资总额 Total Investment	注册资本 Registered Capital	外商注册资本 Capital Invested by Foreign Partner	合计 Total	开工在建 Under Construction	投产企业 Enterprises that have come into Operation	#当年 The Present Year
735388	**115**	**463337**	**286626**	**234801**	**3109**	**264**	**1601**	**7**
347187	58	425473	193195	148110	1295	113	572	3
179096	20	261429	128277	83192	637	49	328	2
12417					57	2	22	
125787	36	162688	64239	64239	592	60	216	1
28550					6		5	
388201	57	37864	93431	86691	1814	151	1029	4
133499	28	19166	11330	6659	869	68	508	4
13449	1	2306	959	528	80	8	40	
241145	28	16392	81142	79504	858	74	476	
108					7	1	5	
10405	6	22581	9406	8189	75	17	25	1
609167	48	306314	172256	152813	2351	167	1301	3
115816	61	134442	104964	73799	683	80	275	3
10405	9	39295	26120	20931	84	17	26	1
10708					31	4	8	
547061	41	249397	147813	131051	2188	152	1233	3
50529	8	59917	24917	22968	112	9	57	
869			726	-366	30	3	11	
9050	22	13194	11193	9443	160	11	66	2
17647	4	61058	33136	23183	79	8	37	
1544					45	7	17	
4456	2	139	146	139	34	4	9	
5697			4560	1931	25	2	13	
52268	2	12448	11132	8131	124	11	67	
2108	9	11752	4569	2646	73	9	22	
11324	11	13998	11144	6007	50	12	12	
2501	4	1303	3899	1480	23	4	5	1
721					21		9	
	1	3	3	3	4	2		
					1			
8500	2	833	7268	7254	25	9	9	

外商直接投资情况（2016年）(续)

单位：万美元

项　　目	Item	新批合同 New Contract Signed		
		项目个数(个) Number of Projects (unit)	项目总投资 Total Investment	合同外资额 Contracted Value
按投资国别、地区分组	**Grouped by Country and Region**			
亚　　洲	**Asia**	**128**	**697055**	**228993**
# 香　港	Hong Kong, China	67	621817	208503
澳　门	Macao, China	1	305	92
台　湾	Taiwan, China	12	12385	4561
印度尼西亚	Indonesia			
日　本	Japan	4	9098	772
马来西亚	Malaysia	1	3	-815
菲律宾	Philippines	1	19252	2
新加坡	Singapore	6	8626	5302
韩　国	Republic of Korea	31	6553	2869
泰　国	Thailand			
# 东南亚联盟	Association of Southeast Asian Nations	8	27881	4489
非　　洲	**Africa**	**5**	**6005**	**262**
欧　　洲	**Europe**	**14**	**13380**	**5618**
# 比利时	Belgium			
丹　麦	Denmark	1	125	125
英　国	United Kingdom	3	7054	2174
德　国	Germany	1	800	547
法　国	France	2	2450	1225
爱尔兰	Ireland			
意大利	Italy	3	94	14
卢森堡	Luxembourg			
荷　兰	Netherlands		393	567
希　腊	Greece			
葡萄牙	Portugal			
西班牙	Spain			
芬　兰	Finland			
瑞　士	Switzerland	2	292	86
# 欧　盟(27国)	European Union (27 Coumtries)	11	12888	5392
拉丁美洲	**Latin America**	**1**	**152818**	**83823**
# 开曼群岛	Cayman Islands		8736	3058
英属维尔京群岛	Virgin Islands	1	144082	80765
北美洲	**North America**	**10**	**22755**	**15019**
# 加拿大	Canada	6	18689	14173
美　国	United States	4	4066	846
大洋洲	**Oceanic**	**4**	**12053**	**960**
# 澳大利亚	Australia	1	10829	30
新西兰	New Zealand	1	10	10

Statistics on Foreign Direct Investment (2016)

(USD 10000)

外商直接投资 Foreign Direct Investment	新注册三资企业 Newly Registered Enterprises with Hongkong,Macao, Taiwan and Foreign Funds				期末实有三资企业(个) Number of Registered Enterprises in the Year-end (unit)			
	注册户数(户) Number of Registered Enterprises(unit)	投资总额 Total Investment	注册资本 Registered Capital	外商注册资本 Capital Invested by Foreign Partner	合计 Total	开工在建 Under Construction	投产企业 Enterprises that have come into Operation	#当年 The Present Year
476628	**88**	**444808**	**201944**	**155789**	**2073**	**168**	**986**	**6**
343375	49	419979	188528	145010	1125	95	493	3
					6	1	1	
3812	9	5494	4667	3100	166	17	79	
31					5		3	
24644	3	487	3315	672	254	14	155	
4192	1	3	3		25	3	12	
	1	2	2	2	9		4	
59245	4	7422	6759	4320	105	14	62	
28459	18	2323	-4380	-1141	310	20	147	3
2149					8	1	2	
72135	6	7427	6764	4322	159	18	85	
5154	**5**	**2142**	**1169**	**267**	**29**	**4**	**11**	
53669	**10**	**8871**	**7057**	**3698**	**349**	**27**	**219**	**1**
1265					7	2	4	
135	1	75	125	125	10	2	6	
15973	3	6247	5053	2626	53	7	31	1
9582	1	1000	500	500	79	4	52	
3643					22	2	10	
111	2	66	57	39	35	2	19	
348					2		2	
2101				27	25	1	18	
					1			
258					15		11	
20	1	77	79	27	9	2	5	
52108	8	8594	6778	3531	297	21	188	1
130281	**1**	**774**	**60921**	**60377**	**201**	**15**	**131**	
39411			3058	3058	22	3	15	
90561	1	774	57863	57319	167	12	112	
44421	**8**	**5538**	**8093**	**7228**	**343**	**36**	**192**	
4231	5	5396	7135	6363	76	11	35	
39390	3	142	958	865	259	25	151	
24794	**2**	**784**	**7232**	**7232**	**104**	**12**	**58**	
10099			6448	6448	64	3	38	
	1	10	10	10	12		5	

旅游事业发展情况
Development of International Tourism

年 份 Year	入境旅游人数(人次) Number of Overseas Visitor Arrivals (person-time)	# 外国人 Foreigners	# 港澳和台湾同胞 Chinese Compatriots From Hong Kong, Macao, and Taiwan	国际旅游外汇收入(万美元) Foreign Exchange Earnings from International Tourism (USD 10000)	国内旅游人数(万人次) Number of Domestic Visitors (10000 person-times)	国内旅游收入(亿元) Earnings from Domestic Tourism (100 million yuan)
1985	34229	24143	9678	107		
1990	47569	32695	14681	511	1537	2.25
1991	68907	44474	23140	851	2101	2.87
1992	90134	60480	28259	1090	2238	3.86
1993	116634	84147	29456	1248	2412	8.10
1994	145979	118828	23883	3421	2792	28.00
1995	165026	135868	26017	4201	3083	57.10
1996	254243	225328	27033	7350	2808	102.76
1997	301054	256552	42559	8790	3615	413.50
1998	321105	266984	52367	9508	4016	160.64
1999	350280	304352	43815	11043	4428	178.01
2000	400464	345494	54970	13035	4859	201.63
2001	434288	380772	53516	14715	5316	234.43
2002	473580	426983	46597	16703	5985	265.13
2003	280256	257642	22614	8460	4477	198.31
2004	580662	536486	44176	19042	7227	334.60
2005	626484	573890	52594	20917	8068	406.66
2006	724838	654003	70835	24314	9053	489.95
2007	817599	738386	79213	30911	10029	556.69
2008	750182	670210	79972	27395	9747	535.45
2009	842185	746930	95255	30781	12164	688.70
2010	977447	853110	124337	35071	14851	890.84
2011	1141439	982681	158758	44765	18627	1192.21
2012	1293201	1067125	226076	54494	22911	1553.91
2013	1337647	1111003	226644	58578	26988	1973.82
2014	1328630	1060615	268015	53419	31368	2528.66
2015	1381816	1083201	298615	62144	37060	3395.60
2016	1475907	1169471	306436	66862	46532	4610.13

按国别(地区)分外国入境游客

Number of Oversea Visitor Arrivals by Country/Region

单位：人次 (person-time)

指　标	Item	2000	2005	2010	2015	2016
总　计	**Total**	**400464**	**626484**	**977447**	**1381816**	**1475907**
亚　洲	**Asia**	**199170**	**299196**	**375299**	**536217**	**605701**
#日　本	Japan	48613	84874	100415	115726	130362
韩　国	Republic of Korea	25220	81216	97439	137436	138389
蒙　古	Mongolia	4805	4130	13709	31538	42718
印度尼西亚	Indonesia	8004	7552	17469	23970	33310
马来西亚	Malaysia		59506	43712	40997	56279
菲律宾	Philippines	7039	5831	12489	22590	23852
新加坡	Singapoye	23686	34688	38493	40333	53206
泰　国	Thailand	7650	6911	16395	28179	31221
印　度	India	3022	3658	12108	25056	29009
越　南	Vietnam				7803	8015
缅　甸	Myanmar				5013	3776
朝　鲜	Korea,D.P.Rep				11903	7303
巴基斯坦	Pakistan				14471	16600
美　洲	**North America**	**26131**	**46713**	**99468**	**86163**	**85800**
#美　国	United States	17309	27164	55980	48869	45634
加拿大	Canada	5510	13163	28758	22897	23553
欧　洲	**Europe**	**102396**	**200693**	**313047**	**307159**	**329787**
#英　国	United Kingdom	18007	43615	52606	50195	47588
法　国	France	11392	34070	46000	34222	39434
德　国	Germany	11123	26020	42882	42800	44842
意大利	Italy	12531	10207	27099	25429	31440
瑞　士	Switzerland	3390	3866	12363	14237	16563
瑞　典	Sweden	2897	5116	9339	13392	13788
荷　兰	Netherlands	11012	3044			
俄罗斯	Russia	22801	56231	84704	81037	92065
西班牙	Spain	1476	3615	12592	17727	16700
大洋洲	**Oceanic**	**15659**	**20378**	**38293**	**50439**	**52898**
#澳大利亚	Australia	8042	10782	20442	22654	24190
新西兰	New Zealand	2989	5022	9942	16271	16158
其他(含非洲)	**Others(including Africa)**	**57108**	**6910**	**27003**	**103223**	**95285**

各级各类学校数
Number of Schools by Level and Type of School

单位：所 (unit)

年 份 Year	普通高等学校 Regular Institutions of Higher Education	普通中学 Regular Secondary Schools	高 中 Senior Secondary Schools	初 中 Junior Secondary Schools	职业中学 Vocational Secondary Schools	普通小学 Primary Schools
1990	50	5403	181	4745	362	48568
1991	50	5321	199	4687	313	48414
1992	48	5314	206	4712	323	48189
1993	54	5260	212	4680	318	47975
1994	52	5294	257	4723	358	47623
1995	47	5256	250	4695	359	47133
1996	45	5175	273	4598	392	465.3
1997	46	5076	301	4465	436	46243
1998	46	4984	325	4338	474	45343
1999	48	4949	358	4272	494	39770
2000	47	4910	380	4194	463	36465
2001	63	5098	377	4024	362	31529
2002	75	5053	390	3908	369	28433
2003	83	5024	394	3863	361	25700
2004	87	4917	814	4103	313	22953
2005	86	4734	1136	4320	288	20883
2006	88	4464	801	3343	290	19162
2007	88	4164	761	3755	291	17340
2008	87	3885	713	3484	292	16205
2009	109	3548	661	3177	267	14447
2010	110	3264	615	2649	267	13563
2011	112	3132	598	2534	235	13274
2012	113	3000	565	2435	216	12898
2013	118	2944	563	2381	206	12538
2014	118	2958	567	2391	206	12529
2015	118	2956	578	2378	202	12126
2016	120	2977	598	2379	200	11944

注：1. 2004年以前年份的职业中学包括职业高中与职业初中，2005年后为职业高中（旧标准）。2. 2007年职业中学包括职业高中和职业初中（新标准）。3. 普通高等学校指的是普通本专科，即小口径。(以下相关表同)

a) Vocational middle schools before 2004 covered vocational senior middle schools and vocational junior middle schools,and those after 2005 are vocational senior middle schools. (old standards). b) In Year-2007 Education Report, data of "vocational junior middle schools" covered vocational senior middle schools & vocational junior middle schools. (new standards). c) Ordinary institutions of higher learnin refer to ordinary universities/colleges and junior colleges, namely small statistical caliber. (the same applies to the tables following)

各级各类学校专任教师数
Number of Full-time Teachers by Level and Type of School

年份 Year	普通高等学校（人）Regular Institutions of Higher Education (person)	普通中学（万人）Regular Secondary Schools (10000 persons)	高中 Senior Secondary Schools	初中 Junior Secondary Schools	职业中学（人）Vocational Secondary Schools (person)	普通小学（万人）Primary Schools (10000 persons)
1990	13585	15.59	2.55	13.04	11312	26.99
1995	14808	17.95	2.59	15.37	16621	27.01
2000	19414	25.37	4.37	21.00	23782	32.95
2001	23707	26.92	4.82	22.10	21824	33.28
2002	28091	27.73	5.35	22.37	21110	33.22
2003	34542	28.59	6.13	22.46	19990	32.92
2004	39235	29.01	6.75	22.25	19782	32.48
2005	46538	29.00	7.34	21.66	19223	32.01
2006	47428	28.71	7.82	20.89	20788	31.53
2007	52809	28.26	8.12	20.14	21973	31.60
2008	55125	27.43	8.07	19.36	22064	31.67
2009	58394	26.79	8.18	18.62	22846	32.12
2010	60769	26.07	8.30	17.77	23750	31.90
2011	62715	25.59	8.34	17.25	25458	31.65
2012	65043	25.07	8.29	16.78	25448	31.70
2013	66825	26.23	10.15	16.07	24730	30.37
2014	68578	27.08	10.36	16.72	24765	31.63
2015	69397	27.79	10.68	17.10	24848	32.02
2016	70447	28.92	11.24	17.69	25215	33.05

各级各类学校毕业生数
Number of Graduates by Level and Type of School

年份 Year	普通高等学校（人）Regular Institutions of Higher Education (person)	普通中学（万人）Regular Secondary Schools (10000 persons)	高中 Senior Secondary Schools	初中 Junior Secondary Schools	职业中学（人）Vocational Secondary Schools (person)	普通小学（万人）Primary Schools (10000 persons)
1990	22762	65.70	10.54	55.16	39780	82.56
1995	36388	75.35	8.84	66.50	57460	119.22
2000	41255	131.42	18.16	113.42	151104	154.93
2001	45871	137.08	21.28	115.80	147822	153.78
2002	62910	147.54	23.48	124.06	123220	152.69
2003	107562	163.10	26.49	136.61	100617	145.92
2004	143148	173.06	31.87	141.19	100150	128.09
2005	183213	178.03	39.63	138.40	91352	117.46
2006	207566	178.09	45.06	133.03	114058	108.58
2007	228193	162.54	47.22	115.32	134110	93.54
2008	271335	153.50	48.23	105.27	156842	80.20
2009	272247	145.97	46.90	99.07	171653	73.39
2010	297100	130.35	42.66	87.69	161616	72.18
2011	311141	118.04	42.79	75.25	177719	73.28
2012	315800	112.68	42.37	70.31	161371	79.61
2013	334300	107.23	40.45	66.78	137825	84.01
2014	344518	96.45	36.20	60.25	113216	82.04
2015	327981	104.43	35.24	69.19	101746	78.10
2016	335218	114.26	36.82	77.44	73992	87.26

各级各类学校招生数
Number of New Students Enrollment by Level and Type of School

年 份 Year	普通高等学校（人）Regular Institutions of Higher Education (person)	普通中学（万人）Regular Secondary Schools (10000 persons)	高 中 Senior Secondary Schools	初 中 Junior Secondary Schools	职业中学（人）Vocational Secondary Schools (person)	普通小学（万人）Primary Schools (10000 persons)
1990	23803	75.78	10.81	64.97	51512	125.33
1995	43027	120.64	14.66	105.98	95099	162.60
2000	106447	177.22	26.22	151.00	134336	107.05
2001	148260	181.02	31.20	149.82	137325	93.34
2002	170792	185.65	37.96	147.69	135341	78.96
2003	192135	187.90	44.93	142.97	144724	72.74
2004	238597	172.40	46.40	126.00	128854	71.50
2005	256873	164.67	49.47	115.20	181050	72.00
2006	297058	157.19	49.70	107.49	207170	80.07
2007	303294	138.61	45.25	93.37	202145	88.52
2008	339527	124.93	44.85	80.08	175406	91.44
2009	332278	118.08	44.72	73.36	201940	87.58
2010	346478	114.18	42.02	72.16	171300	95.60
2011	350466	112.50	39.78	72.72	180921	103.85
2012	342300	116.18	38.41	77.77	123177	106.29
2013	346900	115.92	37.56	78.36	88258	99.61
2014	342040	119.50	38.23	81.27	85839	98.98
2015	350849	117.83	40.77	77.06	85372	109.27
2016	380690	128.68	43.27	85.41	54832	110.88

注：普通高等学校2011年起含成人专科招生数，2012年起不含研究生数。

b) Data of regular HEIS include Adult Students for Short-cycle Courses since 2011, and no include postgraduate students since 2012.

各级各类学校在校学生数
Number of Students Enrollment by Level and Type of School

年 份 Year	普通高等学校（人）Regular Institutions of Higher Education (person)	普通中学（万人）Regular Secondary Schools (10000 persons)	高 中 Senior Secondary Schools	初 中 Junior Secondary Schools	职业中学（人）Vocational Secondary Schools (person)	普通小学（万人）Primary Schools (10000 persons)
1990	76018	207.61	31.24	176.37	126727	705.48
1995	126290	310.24	35.58	274.66	242698	851.31
2000	243847	481.75	70.04	411.71	416143	813.73
2001	350518	501.76	80.39	421.37	353652	747.65
2002	472966	528.05	94.80	433.25	342748	674.55
2003	553255	543.72	114.23	429.49	349822	606.58
2004	697440	532.92	129.39	403.53	337000	547.00
2005	789792	509.54	139.11	370.43	391232	500.36
2006	827127	480.63	143.81	336.83	471121	470.25
2007	902165	447.10	140.86	306.24	515629	465.44
2008	1000033	409.30	135.12	274.18	505295	475.66
2009	1030262	372.73	130.87	241.86	519262	488.65
2010	1105000	348.76	127.51	221.25	504000	511.59
2011	1153941	338.35	123.32	215.03	533603	541.09
2012	1168800	335.06	117.69	217.37	393347	562.22
2013	1174400	318.13	109.28	208.85	313483	546.21
2014	1164341	339.23	110.41	228.82	267966	564.29
2015	1179172	351.92	115.79	236.13	241955	596.24
2016	1216096	364.91	121.33	243.58	237402	620.55

高等教育学校(机构)数 (2016年)

Number of School or Institution of Higher Education (2016)

单位：所 (unit)

项　目	Item	总计 Total	中央部门 Central Ministries and Agencies	# 教育部门 Other Ministries	地方部门 Local Depart-ments	# 教育部门 Depart-ments of Education	民办 Private
研究生培养机构	**Institutions Prov**	**26**	**6**		**19**	**19**	**1**
普通高校	Regular Institution	24	4		19	19	1
科研机构	Research Institutions	2	2				
普通高校	**Regular Instituti**	**120**	**4**		**81**	**62**	**35**
本科院校	Universities wi	61	4		33	32	24
专科院校	Colleges with Specialized Courses	59			48	30	11
# 高等职业学校	Vocational and Technical Colleges	51			42	26	9
成人高等学校	**Adult Institutions**	**6**	**1**		**5**	**2**	
民办的其他高等教育机构	**Other Private Institu**	**36**					**36**

高等学校(机构)学生数 (2016年)

Number of Students in Regular Institutions of Higher Education (2016)

单位：人 (person)

项　目	Item	招生数 Entrants	在校学生数 Enrollment	毕(结)业生数 Graduates with Degrees or Diplomas	授予学位数 Degrees Conferred
研究生	Postgraduates	14469	41673	12606	12553
博　士	Doctor's Degree	654	2893	424	12197
硕　士	Master's Degree	13815	38780	12182	356
普通本科、专科生	Regular Undergraduates and College Students	380690	1216096	335218	161485
本　科	Enrolled in Full Undergraduate Courses	194046	708713	163600	161485
专　科	Enrolled in Specialized Courses	186644	507383	171618	
成人本科、专科生	Adult Undergraduates and College Students	139613	369227	121941	7119
本　科	Enrolled in Full Undergraduate Courses	77489	211534	64013	7119
专　科	Enrolled in Specialized Courses	62124	157693	57928	
在职人员攻读硕士学位	Employees Enrolled in Graduate Programs	2463	9519		2139
自考助学班	Classes for Self-learning Programs		502	214	
研究生课程进修班	Postgraduate Courses for Advanced Study		177	179	
普通预科生	College Preparatory Courses		657		
进修及培训	In-service Training Courses		104895	172649	
留学生	Overseas Students	753	3146	491	251

分学科研究生情况（2016年）
Number of Postgraduate Students by Field of Study (2016)

单位：人 (person)

项目	Item	毕业生数 Graduates	博士 Doctor's Degree	硕士 Master's Degree	招生数 Enrollment	博士 Doctor's Degree	硕士 Master's Degree	在校学生数 Enrollment	博士 Doctor's Degree	硕士 Master's Degree
分学科研究生数(总计)	**Total**	**12606**	**424**	**12182**	**14469**	**654**	**13815**	**41673**	**2893**	**38780**
哲　学	Philosophy	74	2	72	83	5	78	267	22	245
经济学	Economics	456	2	454	453	11	442	1211	48	1163
法　学	Law	699	14	685	811	19	792	2196	71	2125
教育学	Education	582	6	576	708	10	698	1906	41	1865
文　学	Literature	616	14	602	639	15	624	1819	84	1735
历史学	History	139	9	130	157	16	141	522	77	445
理　学	Science	898	48	850	1045	63	982	3191	255	2936
工　学	Engineering	4941	160	4781	5341	293	5048	16254	1368	14886
农　学	Agriculture	566	37	529	751	37	714	1673	169	1504
医　学	Medicine	1887	102	1785	2331	125	2206	6506	390	6116
军事学	Military	61		61	43		43	132		132
管理学	Management	1272	30	1242	1647	60	1587	4557	368	4189
艺术学	Art	415		415	460		460	1439		1439
分学科研究生数	**Regular**									
（普通高校）	**HEIs**	**12568**	**424**	**12144**	**14440**	**654**	**13786**	**41587**	**2893**	**38694**
哲　学	Philosophy	74	2	72	83	5	78	267	22	245
经济学	Economics	456	2	454	453	11	442	1211	48	1163
法　学	Law	699	14	685	811	19	792	2196	71	2125
教育学	Education	582	6	576	708	10	698	1906	41	1865
文　学	Literature	616	14	602	639	15	624	1819	84	1735
历史学	History	139	9	130	157	16	141	522	77	445
理　学	Science	898	48	850	1045	63	982	3191	255	2936
工　学	Engineering	4903	160	4743	5312	293	5019	16168	1368	14800
农　学	Agriculture	566	37	529	751	37	714	1673	169	1504
医　学	Medicine	1887	102	1785	2331	125	2206	6506	390	6116
军事学	Military	61		61	43		43	132		132
管理学	Management	1272	30	1242	1647	60	1587	4557	368	4189
艺术学	Art	415		415	460		460	1439		1439
分学科研究生数	**Research**									
（科研机构）	**Institutions**	**38**		**38**	**29**		**29**	**86**		**86**
工　学	Engineering	38		38	29		29	86		86

普通本科分学科学生数（2016年）

Number of Regular Students for Normal Courses in HELs by Discipline (2016)

单位：人 (person)

项　　目	Item	毕业生数 Graduates	招生数 Entrants	在校学生数 Enrollment
总　计	**Total**	**163600**	**194046**	**708713**
#师范生	Teacher Training	20776	20221	75589
按学科分	**by Field of Study**			
哲　学	Philosophy	24	40	146
经济学	Economics	8015	8209	32430
法　学	Law	5921	6121	22136
教育学	Education	5929	8761	27947
文　学	Literature	14520	15819	55804
#外　语	Foreign Languages	7814	8504	29525
历　史	History	805	1010	3089
理　学	Science	10852	13397	46773
工　学	Engineering	56811	65873	243254
农　学	Agriculture	3100	4066	14453
医　学	Medicine	13602	17688	71542
管理学	Management	31406	34167	127526
艺　术	Art	12615	18895	63613

专科分学科学生数（2016年）

Number of Students in Junior Colleges by Field of Study (2016)

单位：人 (person)

项　　目	Item	毕业生数 Graduates		招生数 Entrants		在校学生数 Enrollment	
		普通高校 Regular Institutions	成人高校 Adult Institutions	普通高校 Regular Institutions	成人高校 Adult Institutions	普通高校 Regular Institutions	成人高校 Adult Institutions
专　科	**Junior Colleges**	**169162**	**2456**	**184503**	**2141**	**501765**	**5618**
#师范生	Teacher Training	11566		14063	169	33720	356
按学科分	**by Field of Study**						
农林牧渔类	Agriculture, Forestry, Animal Husbandry and Fishery	2817		2052		5752	
资源环境与安全大类	Resources, Environmental and Safety	3230	571	2723	447	7673	1485
能源动力与材料大类	Energy and Materials	2163		1957		5975	
土木建筑大类	Civil Engineering	21627	371	10490	158	39864	714
水利大类	Water Resources	405		317		821	
装备制造大类	Manufacturing	17407	42	17313	9	52173	14
生物与化工大类	Biochemical and Chemical	2279		1109		4751	
轻工纺织大类	Light and Textile	432	2	286		1004	
食品药品与粮食大类	Medicine and Food	2143		2255		6659	
交通运输大类	Transport and Communication	5969		14967	154	33632	292
电子信息大类	Electronic Information	15267	212	24133	357	57301	668
医药卫生大类	Medicine and Health	22492		31397		74856	
财经商贸大类	Financial	37872	804	36409	670	108836	1476
旅游大类	Tourism	3645	22	3373	19	10017	71
文化艺术大类	Artistic Design and Culture	7916	110	6777	85	22932	281
新闻传播大类	Mass Media	1690	24	1681	20	4271	62
教育与体育大类	Education and Physical	18236		22012	169	52915	359
公安与司法大类	Public Security and Law	2556	12	4226		9495	
公共管理与服务大类	Public Services	1016	286	1026	53	2838	196

普通中学学校数（2016年）
Number of Regular Secondary Schools (2016)

单位：所 (unit)

项目	Item	高中 Regular Senior Secondary Schools	完全中学 Combined Secondary Schools	高级中学 Regular High Schools	十二年一贯制学校 12-Year Schools	初中 Regular Junior Secondary Schools	初级中学 Junior Secondary Schools	九年一贯制 From Grade 1 to 9
总计	**Total**	**598**	**201**	**354**	**43**	**2379**	**1871**	**508**
教育部门	Departments of Education	462	150	303	9	2138	1808	330
其他部门	Other Department					5		5
民办	Run by Private Institutions	135	51	51	33	236	63	173
城区	**Cities**	**268**	**118**	**131**	**19**	**407**	**303**	**104**
教育部门	Departments of Education	195	91	98	6	337	278	59
其他部门	Other Department					3		3
民办	Run by Private Institutions	73	27	33	13	67	25	42
镇区	**Counties and Towns**	**303**	**77**	**208**	**18**	**1160**	**923**	**237**
教育部门	Departments of Education	250	55	192	3	1031	892	139
其他部门	Other Department					2		2
民办	Run by Private Institutions	53	22	16	15	127	31	96
乡村	**Rural**	**27**	**6**	**15**	**6**	**812**	**645**	**167**
教育部门	Departments of Education	17	4	13		770	638	132
民办	Run by Private Institutions	9	2	2	5	42	7	35

普通中学学生数（2016年）
Number of Junior Secondary Students (2016)

单位：人 (person)

项目	Item	总计 Total	城区 Cities	镇区 Counties and Towns	乡村 Rural
高中	**Regular Senior Secondary School**				
毕业生数	Graduates	368170	159995	196745	11430
招生数	Entrants	432658	177551	237944	17163
在校学生数	Enrolment	1213315	507809	656181	49325
初中	**Regular Junior School**				
毕业生数	Graduates	774421	229600	417538	127283
招生数	Entrants	854121	245934	463284	144903
在校学生数	Enrolment	2435810	689249	1329598	416963

中等职业学校(机构)学生分科类情况（2016年）

Students in Secondary Vocational Schools by Field of Study (2016)

单位：人 (person)

项目	Item	招生数 New Enrollment	#应届毕业生 Current Year Graduates	#初中毕业生 Junior Secondary School Graduates	在校学生数 Total Enrollment	毕业生数 Graduates	#获得职业资格证书 With Certificate on Professional Competence
总计	**Total**	**274261**	**225945**	**221323**	**658083**	**196609**	**152040**
农林牧渔类	Agriculture, Forestry, Animal Husbandry and Fishery	16423	10603	10266	52890	19696	13663
资源环境类	Resources and Environment	518	507	504	1525	791	641
能源与新能源类	Energy and New Energy	1210	1177	1174	3149	1058	1058
土木水利类	Civil and Hydraulic Engineering	7100	6487	6364	22032	8006	6637
加工制造类	Manufacturing	34857	31528	30876	93123	30514	27132
石油化工类	Petroleum and Chemical	840	639	636	2115	744	684
轻纺食品类	Light Industry, Textile and Food	660	561	553	2173	1000	876
交通运输类	Communication & Transportation	30484	28383	27111	77646	19924	15242
信息技术类	Information Technologies	48027	45893	45305	116930	29661	24233
医药卫生类	Medicine and Health	19507	17042	16522	50037	12496	7660
休闲保健类	Leisure Health Class	917	881	870	2511	349	318
财经商贸类	Finance and Trade	27480	24804	24581	68133	18629	13614
旅游服务类	Tourism Services	6049	5807	5775	15198	4306	3571
文化艺术类	Culture and Arts	16664	15478	15170	39232	10577	7726
体育与健身	Sports and Fitness	1884	1812	1795	4756	979	966
教育类	Teacher Training	58047	33010	32714	99441	35435	26546
司法服务类	Judicial Services	409	197	188	1162	526	188
公共管理与服务类	Public Management and Services	2844	838	632	5257	1340	850
其他	Others	341	298	287	773	578	435

技工学校情况
Statistics on Skilled Workers Schools

年 份 Year	学校数(所) Number of Schools (unit)	毕业生数(人) Graduates (person)	招生数(人) Entrants (person)	在校学生数(人) Enrolment (person)	教职工数(人) Educational Personnel (person)	专任教师数(人) Full-time Teachers (person)	文化技术理论课指导教师 Classroom Teachers	生产实习课指导教师 Practical Training Teachers	理论实习一体化教师 Classroom cum Practical Training Teachers
2005	164			105508	10863	8111	4863	1987	1261
2006	160			129845	10951	8988	5406	2228	1354
2007	161			160286	13096	10209	5809	2386	2014
2008	161			174421	12133	10881	6352	2571	1958
2009	164			169663	12597	11196	6101	2917	2178
2010	166			158592	12743	11109	6046	2826	2237
2011	168			145870	12686	8865	6310	2555	2387
2012	170			145272	13188	9355	6736	2619	2628
2013	170	48513	50126	135468	13204	9546	6962	2584	2687
2014	173	46449	45245	111626	13131	9504	7045	2459	2697
2015	173	41083	38570	101333	13044	9456	7077	2379	2640
2016	175	41257	43842	100535	13076	9539	7107	2432	2683

普通小学情况
Statistics on Primary Schools

项 目	Item	学校数(所) Schools (unit)		毕业生数(人) Graduates (person)		招生数(人) Entrants (person)		在校学生数(人) Enrollment (person)	
		2015	2016	2015	2016	2015	2016	2015	2016
总计	**Total**	**12126**	**11944**	**780958**	**872566**	**1092659**	**1108722**	**5962361**	**6205473**
教育部门	Departments of Education	11629	11411	703374	784046	1027257	1033986	5525206	5703339
其他部门	Other Department		1	393	421	429	489	2595	3132
地方企业	Local Enterprises	1	1	58	104	82	83	622	599
民办	Run by Private Institutions	496	531	77133	87995	64891	74214	433938	498403
城区	**Cities**	**1352**	**1418**	**163479**	**200610**	**229013**	**250664**	**1264071**	**1386416**
教育部门	Departments of Education	1281	1346	146408	180358	215115	235108	1168811	1279934
其他部门	Other Department			300	363	362	375	2176	2256
地方企业	Local Enterprises	1	1	58	104	82	83	513	492
民办	Run by Private Institutions	70	71	16713	19785	13454	15098	92571	103734
镇区	**Counties and Towns**	**3406**	**3357**	**312174**	**353231**	**409773**	**420222**	**2309160**	**2405076**
教育部门	Departments of Education	3164	3096	268040	303209	374662	379660	2065020	2127877
其他部门	Other Department		1	93	58	67	114	419	876
地方企业	Local Enterprises								
民办	Run by Private Institutions	242	260	44041	49964	35044	40448	243721	376323
乡村	**Rural**	**7368**	**7169**	**305305**	**318725**	**453873**	**437886**	**2389130**	**2413981**
教育部门	Departments of Education	7184	6969	288926	300479	437480	419218	2291375	2295528
其他部门	Other Department								
地方企业	Local Enterprises							109	107
民办	Run by Private Institutions	184	200	16379	18246	16393	18668	97646	118346

每万人口各级学校平均在校生数和中小学升学情况

Number of Students Per 10000 Population by Level and Enrollment Rate of Secondary and Primary Schools

年 份 Year	每万人口各级学校平均在校生数(人) Number of Students Per 10000 Population by Level (person)					小学学龄儿童入学率(%) Enrollment Rate of School-age Children (%)	小学毕业生升学率(%) Primary School Graduates Entering into Junior Secondary Schools (%)	初中毕业生升学率(%) Junior Secondary Graduates Entering into Senior Secondary Schools (%)
	学前教育 Pre-education	小 学 Primary Education	初中阶段 Junior Secondary	高中阶段 Senior Secondary	高等教育 Higher Education			
2004	160	809	600	296	137	99.8	98.4	32.9
2005	179	735	546	338	144	99.7	98.1	39.0
2006	195	686	492	362	163	99.4	99.0	37.4
2007	197	675	444	372	171	99.5	99.8	39.2
2008	200	685	395	372	181	99.7	99.8	42.6
2009	216	699	346	370	187	99.7	99.95	45.1
2010	239	727	315	365	195	99.8	99.98	85.6
2011	255	752	299	343	201	99.8	99.97	86.2
2012	271	777	300	315	206	99.8	97.69	99.3
2013	292	749	287	275	211	99.8	93.26	92.1
2014	296	770	312	258	210	99.7	99.06	92.5
2015	314	808	320	256	214	99.8	98.67	92.6
2016	315	836	328	266	219	103.2	97.88	90.2

注：1. 高等教育包括普通高等学校和成人高等学校。
2. 高中阶段合计数据包括普通高中、成人高中、普通中专、职业高中、技工学校和成人中专。
3. 初中阶段包括普通初中和职业初中。

a) Institutions of higher education include that of regular institutions of higher education and institutions of higher education for adults.

b) Total of senior schools include that of regular senior schools, adult senior schools, regular secondary technical schools, vocational secondary schools, technical worker school, adult technical secondary schools.

c) Junior secondary schools include regular junior schools and junior vocational schools.

科技活动基本情况
Basic Statistics on Scientific and Technological Activities

指　标	Item	2005	2010	2015	2016
研究与试验发展(R&D)投入情况	**Statistics on R&D Input**				
R&D人员全时当量(人年)	Full-time Equivalent of R&D Personnel (man-year)	41990	62302	107508	111384
# 基础研究	Basic Research	2281	3807	5623	6208
应用研究	Applied Research	8859	10577	14432	15828
试验发展	Experimental Development	30850	47919	87456	89350
R&D经费内部支出 (万元)	Intramural Expenditure on R&D (10000 yuan)	593190.1	1554487.8	3521443.9	3834273.8
# 基础研究	Basic Research	23025.1	52824.2	68298.0	80788.1
应用研究	Applied Research	149354.2	230884.4	309184.0	333943.1
试验发展	Experimental Development	401311.1	1270778.2	3143961.9	3419542.6
# 政府资金	Government Funds		273893.4	541239.3	557713.0
企业资金	Self-raised Funds by Enterprises		1220159.6	2858630.8	3189523.3
R&D经费内部支出相当于GDP比例(%)	Proportion of Intramural Expenditure on R&D to GDP (%)	0.59	0.76	1.18	1.20
科技产出及成果情况	**Statistics on S&T Outputs and Results**				
专利申请数(件)	Number of Patents Application Accepted (piece)	1912	5112	15159	20022
# 发明专利	Inventions	716	1774	5258	7078
专利授权数(件)	Number of Patents Application Granted (piece)		877	3456	3883
# 发明专利	Inventions		292	1133	1209
发表科技论文(篇)	Scientific Papers Issued (piece)	32164	40425	44427	46603
出版科技著作(种)	Publication on Science and Technology (kind)	1041	917	1384	1757

科学研究与开发机构基本情况
Basic Statistics on Scientific Research and Development Institutions

指　　标	Item	2005	2010	2015	2016
机构基本情况	**Basic Statistics on Institutions**				
机构数（个）	Number of R&D Institutions (unit)	78	75	79	80
# 中央属	Subordinated to Central Level	8	8	8	8
地方属	Subordinated to Local Level	70	67	71	72
研究与试验发展(R&D)投入情况	**Statistics on R&D Input**				
R&D人员(人)	R&D Personnel (person)		6551	9400	10142
R&D人员全时当量（人年）	Full-time Equivalent of R&D Personnel (man-year)	4592	6201	8757	9236
# 基础研究	Basic Research	189	669	693	849
应用研究	Applied Research	3011	4072	3597	3311
试验发展	Experimental Development	1392	1460	4467	5076
R&D经费内部支出(万元)	Intramural Expenditure on R&D (10000 yuan)	127984	212542	406037	383879
# 基础研究	Basic Research	13728	24796	13306	10990
应用研究	Applied Research	100860	141414	100804	82885
试验发展	Experimental Development	13395	46331	291927	290004
# 政府资金	Government Appropriation Funds	120142	175190	346804	363835
企业资金	Self-raised Funds by Enterprises	6758	51	549	670
R&D项目(课题)情况	**Statistics on R&D Topics**				
R&D项目(课题)数(项)	Projects of R&D (item)		572	857	864
R&D项目(课题)人员全时当量(人年)	Participants (man-year)		5690	7958	8132
R&D项目(课题)经费内部支出(万元)	Intramural Expenditure (10000 yuan)		106116	266479	249768
科技产出及成果情况	**Statistics on S&T Outputs and Results**				
发表科技论文(篇)	Scientific Papers Issued (piece)	2114	1935	2352	2568
出版科技著作(种)	Publication on Science and Technology (kind)	54	35	124	82
专利申请受理数(件)	Number of Patents Applications Accepted (piece)	64	244	665	727
# 发明专利	Inventions	31	151	430	513
专利申请授权数(件)	Number of Patents Applications Granted (piece)		150	510	409
# 发明专利	Inventions		62	298	216

高等学校科技活动情况
Basic Statistics on Higher Education for Scientific and Technological Activities

指　标	Item	2005	2010	2015	2016
机构基本情况	**Basic Statistics on Institutions**				
机构数（个）	Number of R&D Institutions (unit)	78	162	240	271
# 中央属	Subordinated to Central Level		6	10	14
地方属	Subordinated to Local Level		156	230	257
研究与试验发展(R&D)投入情况	**Statistics on R&D Input**				
R&D人员(人)	R&D Personnel (person)		16842	28416	30448
R&D人员全时当量（人年）	Full-time Equivalent of R&D Personnel (man-year)	5541	7388	10569	10682
# 基础研究	Basic Research	1532	2981	4657	4834
应用研究	Applied Research	3369	4092	5659	5620
试验发展	Experimental Development	639	319	253	228
R&D经费内部支出(万元)	Intramural Expenditure on R&D (10000 yuan)	37303	74597	140153	159007
# 基础研究	Basic Research	7452	27030	51196	64154
应用研究	Applied Research	21063	41076	83895	89610
试验发展	Experimental Development	2802	6486	5062	5243
# 政府资金	Government Appropriation Funds		39915	84486	102003
企业资金	Self-raised Funds by Enterprises		29338	41916	38189
R&D项目(课题)情况	**Statistics on R&D Topics**				
R&D项目(课题)数(项)	Projects of R&D (item)		13301	20946	23567
R&D项目(课题)人员全时当量(人年)	Participants (man-year)		7385	10554	10670
R&D项目(课题)经费内部支出(万元)	Intramural Expenditure (10000 yuan)		54999	80604	83528
科技产出及成果情况	**Statistics on S&T Outputs and Results**				
发表科技论文(篇)	Scientific Papers Issued (piece)	25818	30426	32909	36187
出版科技著作(种)	Publication on Science and Technology (kind)	849	743	1129	1554
专利申请受理数(件)	Number of Patents Applications Accepted (piece)	268	937	3753	4834
# 发明专利	Inventions	151	430	1286	1883
专利申请授权数(件)	Number of Patents Applications Granted (piece)		649	2900	3461
# 发明专利	Inventions		211	821	986

规模以上工业企业科技活动基本情况

Basic Statistics on Science and Technology Activities of Industrial Enterprises above Designated Size

指　　标	Item	2010	2013	2015	2016
企业基本情况	**Statistics on Industrial Enterprises**				
有R&D活动企业数(个)	Number of Enterprises Having R&D Activities (unit)	546	853	1388	1701
有R&D活动企业所占比重(%)	Percentage of Enterprises Having R&D Activities to Total Number of Enterprises (%)	3.92	6.11	9.07	11.5
R&D活动情况	**Statistics on R&D Activities**				
R&D人员全时当量(人年)	Full-time Equivalent of R&D Personnel (man-year)	41632.2	65048.5	79452.0	82971.0
R&D经费内部支出(万元)	Intramural Expenditure on R&D (10000 yuan)	1149280.1	2327418.3	2858050.6	3086607.6
R&D经费内部支出与主营业务收入之比(%)	Percentage of Intramural Expenditure on R&D to Sales Revenue (%)	0.36	0.50	0.63	0.65
R&D项目数(项)	Projects of R&D (item)	4976	7618	8358	9533
R&D项目经费内部支出(万元)	Intramural Expenditure on R&D Projects (10000 yuan)	979938.9	2050210.4	2493028.1	2759307.4
企业办科技机构情况	**Statistics on Science and Technology Institutions**				
机构数(个)	Number of R&D Institutions (unit)	529	929	1245	1385
机构人员数(人)	R&D Personnel (person)	43038	72960	79049	82305
机构经费支出(万元)	Expenditure on R&D (10000 yuan)	771782.8	1301962.7	1514208.2	1554700.0
新产品开发及生产情况	**Statistics on New Products Development and Production**				
新产品开发项目数(个)	Number of New Products (unit)	4892	7194	7489	8428
新产品开发经费支出(万元)	Expenditure on New Products Development (10000 yuan)	1081733.6	2025040.9	2465368.8	2626888.7
新产品销售收入(万元)	Sales Revenue of New Products (10000 yuan)	13857107.8	29160256.2	34762444.9	39231360.2
#新产品出口	Export	1480374.9	2931864.6	3268926.3	4329022.5
专利情况	**Statistics on Patent**				
专利申请数(件)	Patent Applications (piece)	3581	9171	10396	13189
#发明专利	Inventions	1072	3054	3393	4120
有效发明专利数(件)	Number of Patents in Force (piece)	1545	4049	7740	13074
技术获取和技术改造情况	**Statistics on Technology Acquisition and Technology Reconstruction**				
引进境外技术经费支出(万元)	Expenditure for Acquisition of Foreign Technology (10000 yuan)	134132.2	37942.3	41979.8	21239.4
引进技术消化吸收经费支出(万元)	Expenditure for Assimilation of Technology (10000 yuan)	190810.8	23244.1	16576.2	13344.6
购买境内技术经费支出(万元)	Expenditure for Purchase of Foreign Technology (10000 yuan)	31476.4	27413.2	21107.9	15412.2
技术改造经费支出(万元)	Expenditure for Technical Renovation (10000 yuan)	1714642.3	1506604.5	1236017.5	1059852.2

按行业分规上工业企业研究与试验发展(R & D)活动情况 (2016年)

Basic Statistics on R&D Activities of Industrial Enterprises above Designated Size by Industrial Sector (2016)

行业	Sector	R&D人员全时当量(人年) Full-time Equivalent of R&D Personnel (man-year)	R&D经费内部支出(万元) Intramural Expenditure on R&D (10000 yuan)	R&D项目数(项) R&D Projects (unit)
全省总计	**Total**	82971	3086607.6	9533
煤炭开采和洗选业	Mining and Washing of Coal	1986	85547.4	245
石油和天然气开采业	Extraction of Petroleum and Natural Gas	1550	34157.9	289
黑色金属矿采选业	Mining of Ferrous Metal Ores	33	5853.5	18
有色金属矿采选业	Mining of Non-ferrous Metal Ores			
非金属矿采选业	Mining and Processing of Nonmetal Ores	39	693.2	10
农副食品加工业	Processing of Food from Agricultural Products	1476	51681.4	175
食品制造业	Manufacture of Foods	1209	45109.2	223
酒、饮料和精制茶制造业	Manufacture of Wine, Soft Drinks and Refined Tea	725	36109.1	123
烟草制品业	Manufacture of Tobacco			
纺织业	Manufacture of Textile	816	26618.0	139
纺织服装、服饰业	Manufacture of Textile, Apparel	673	11033.3	87
皮革、毛皮、羽毛及其制品和制鞋业	Manufacture of Leather, Fur, Feather and Its Products and Footware	174	5262.1	16
木材加工和木、竹、藤、棕、草制品业	Processing of Timbers, Manufacture of Wood, Bamboo, Rattan, Palm, and Straw Products	135	7187.3	18
家具制造业	Manufacture of Furniture	179	4922.3	24
造纸和纸制品业	Manufacture of Paper and Paper Products	374	7687.0	46
印刷和记录媒介复制业	Printing, Reproduction of Recording Media	683	11013.4	98
文教、工美、体育和娱乐用品制造业	Manufacture of Articles for Culture, Arts and Crafts, Education, Sport Activities and Entertainment Goods	240	6487.7	34
石油加工、炼焦和核燃料加工业	Processing of Petroleum, Coking, Processing of Nuclear Fuel	425	29648.4	70
化学原料和化学制品制造业	Manufacture of Chemical Raw Material and Chemical Products	5957	209428.5	767
医药制造业	Manufacture of Medicines	5563	214491.7	838
化学纤维制造业	Manufacture of Chemical Fiber	1064	35233.7	82
橡胶和塑料制品业	Manufacture of Rubber and Plastic	1606	49077.7	246
非金属矿物制品业	Manufacture of Nonmetallic Mineral Products	3228	80788.9	380
黑色金属冶炼和压延加工业	Manufacture and Processing of Ferrous Metals	11356	770825.5	1100
有色金属冶炼和压延加工业	Manufacture & Processing of Non-ferrous Metals	308	22906.5	52
金属制品业	Manufacture of Metal Products	2750	81312.5	449
通用设备制造业	Manufacture of General Purpose Machinery	3319	90019.2	563
专用设备制造业	Manufacture of Special Purpose Machinery	6477	140305.4	827
汽车制造业	Manufacture of Automotive	15123	496518.7	1027
铁路、船舶、航空航天和其他运输设备制造业	Manufacture of Railroad, Marine, Aerospace and Other Transportation Equipment	2541	114926.1	220
电气机械和器材制造业	Manufacture of Electrical Machinery and Equipment	7282	262765.8	730
计算机、通信和其他电子设备制造业	Manufacture of Computer, Communications and Other Electronic Equipment	3423	95711.3	308
仪器仪表制造业	Manufacture of Measuring Instrument	1107	20973.0	203
其他制造业	Manufacture of Others	127	4100.6	12
废弃资源综合利用业	Comprehensive Utilization of Waste Resources	54	4391.0	9
金属制品、机械和设备修理业	Metal Products, Machinery and Equipment Repair	504	12453.6	22
电力、热力生产和供应业	Production and Supply of Electric Power and Heat Power	192	7871.6	56
燃气生产和供应业	Production and Distribution of Gas	197	2266.8	18
水的生产和供应业	Production and Distribution of Water	74	1228.3	9

大中型工业企业科技活动基本情况

Basic Statistics on Science and Technology Activities of Large and Medium-sized Industrial Enterprises

指　　标	Item	2010	2013	2015	2016
企业基本情况	**Statistics on Industrial Enterprises**				
有R&D活动企业数（个）	Number of Enterprises Having R&D Activities (unit)	290	421	532	554
有R&D活动企业所占比重(%)	Percentage of Enterprises Having R&D Activities to Total Number of Enterprises (%)	17.82	19.13	24.41	27.13
R&D活动情况	**Statistics on R&D Activities**				
R&D人员全时当量(人年)	Full-time Equivalent of R&D Personnel (man-year)	37814.5	57729.1	67381.0	69360.0
R&D经费内部支出(万元)	Intramural Expenditure on R&D (10000 yuan)	1078941.2	1848460.5	2506229.8	2615770.2
R&D经费内部支出与主营业务收入之比(%)	Percentage of Intramural Expenditure on R&D to Sales Revenue (%)	0.52	0.63	0.91	0.92
R&D项目数(项)	Projects of R&D (item)	4346	6266	6200	6535
R&D项目经费内部支出(万元)	Intramural Expenditure on R&D (10000 yuan)	926520.2	1880303.5	2183489.4	2352856.9
企业办R&D机构情况	**Statistics on R&D Institutions**				
机构数(个)	Number of R&D Institutions (unit)	365	541	609	604
机构人员数（人)	R&D Personnel (person)	39860	64550	66218	68281
机构经费支出(万元)	Expenditure on R&D (10000 yuan)	737155.5	1196156.9	1334845.0	1373000.3
新产品开发及生产情况	**Statistics on New Products Development and Production**				
新产品开发项目数(个)	Number of New Products (unit)	4048	5629	5290	5489
新产品开发经费支出(万元)	Expenditure on New Products Development (10000 yuan)	983795.8	1804911.5	2158520.6	2212085.2
新产品销售收入(万元)	Sales Revenue of New Products (10000 yuan)	13062232.8	27737142.4	32499892.8	36188606.1
# 新产品出口	Export	1428054.4	2872748.7	3170022.9	4158780.0
专利情况	**Statistics on Patent**				
专利申请数(件)	Patent Applications (piece)	2827	7576	8225	10132
# 发明专利	Inventions	820	2448	2575	2946
有效发明专利数(件)	Number of Patents in Force (piece)	1218	3176	5916	9477
技术获取和技术改造情况	**Statistics on Technology Acquisition and Technology Reconstruction**				
引进境外技术经费支出(万元)	Expenditure for Acquisition of Foreign Technology (10000 yuan)	132991.6	37413.8	41028.1	18935.4
引进技术消化吸收经费支出(万元)	Expenditure for Assimilation of Technology (10000 yuan)	189600.8	22211.4	15876.6	12846.8
购买境内技术经费支出(万元)	Expenditure for Purchase of Foreign Technology (10000 yuan)	30970.8	25805.0	20143.6	12563.7
技术改造经费支出(万元)	Expenditure for Technical Renovation (10000 yuan)	1701417.4	1470789.2	1171257.3	1003119.9

注：2005年企业办R&D机构为企业科技机构。

a) R&D agency supported by enterprises for 2005, refers to those R&D agencies which are attached to enterprises.

国有地方企事业单位各部门专业技术人员

Number of Scientific and Technical Personnel in Local State-owned Enterprises and Institutions

单位：人 (person)

项　　目	Item	2005	2010	2015	2016
全　省　总　计	**Total**	**1131635**	**1139161**	**1160009**	**1196524**
农、林、牧、渔业	Agriculture, Forestry, Animal Husbandry and Fishery	38189	33597	34729	34270
采矿业	Mining	22779	29550	31137	31937
制造业	Manufacturing	65311	44892	41006	37722
电力、煤气及水的生产和供应业	Production and Supply of Electricity, Gas and Water	9760	9745	9897	10074
建筑业	Construction	19534	21332	16913	16539
交通运输 、仓储和邮政业	Transport, Storage and Post	21305	26071	28697	29287
信息传输、计算机服务和软件业	Information Transmission, Computer Services and Software	737	1089	701	706
批发和零售业	Wholesale and Retail Trades	13313	9488	7854	8133
住宿和餐饮业	Hotels and Catering Services	1029	1003	804	724
金融业	Financial Intermediation	2536	2618	1913	2193
房地产业	Real Estate	4317	3387	3567	3645
租赁和商务服务业	Leasing and Business Services	952	1153	904	821
科学研究、技术服务和地质勘查业	Scientific Research, Technical Service and Geologic Environment Prospecting	14834	14870	16455	16695
水利、环境和公共设施管理业	Management of Water Conservancy, and Public Facilities	20153	27013	26081	26776
居民服务和其他服务业	Services to Households and Other Services	4630	4927	3639	3889
教　　育	Education	700685	665785	693348	710034
卫生、社会保障和社会福利业	Health, Social Security and Social Welfare	138063	173742	182884	198938
文化、体育和娱乐业	Culture, Sports and Entertainment	31489	22319	24680	26425
公共管理和社会组织	Public Management and Social Organization	22019	46571	34800	37716

省内三种专利申请受理量及授权量

Three Kinds of Patent Applications Examined and Granted

单位：件 (unit)

项　　目	Item	2000	2005	2010	2015	2016
申请量合计	**Total Applications Examined**	**3848**	**6401**	**12300**	**44060**	**54838**
发　明	Inventions	601	1273	3269	11259	14141
实用新型	Utility Models	2429	3618	7095	24646	30253
外观设计	Designs	818	1510	1936	8155	10444
在三种专利申请量中	**In the Three Types of Patent Applications Examined**					
非职务	Non-official	3080	4705	5707	15359	20212
职　务	Official	768	1696	6593	28701	34626
大专院校	Universities and Colleges	27	218	810	4309	5763
科研单位	Research Institutions	45	103	394	814	1095
企　业	Enterprises	682	1353	5296	23181	27281
机关团体	Government Agencies and Organizations	14	22	93	397	487
授权量合计	**Three Kinds of Patents Granted**	**2812**	**3585**	**10061**	**30130**	**31826**
发　明	Inventions	221	371	954	3840	4247
实用新型	Utility Models	1917	2246	6838	19103	19762
外观设计	Designs	674	968	2269	7187	7817
在三种专利授权量中	**In the Three Types of Patent Applications Certified**					
非职务	Non-official	2137	2650	4919	9714	10116
职　务	Official	675	935	5142	20416	21710
大专院校	Universities and Colleges	27	80	586	2708	3137
科研单位	Research Institutions	61	56	265	362	323
企　业	Enterprises	568	791	4231	17050	18019
机关团体	Government Agencies and Organizations	19	8	60	296	231

文化艺术事业机构发展情况

Basic Statistics of Institution in Culture and Arts

单位：个 (unit)

年 份 Year	艺术业 Arts	# 艺术表演团体 Arts Performance Troupes	# 剧场、影剧院 Cinemas, Theaters and Music Halls	图书馆 Public Libraries	群众艺术馆、文化馆 Mass Art Centers and Cultural Centers 省市级 Province and City Level	县市级 County Level	文化站 Cultural Stations	文物业 Cultural Relics	# 博物馆 Museums
1985	305	181	115	104	20	172	3724	116	12
1990	286	143	101	121	18	170	3399	163	22
1995	237	138	99	134	12	169	3011	197	31
1996	259	138	101	143	12	169	1920	205	34
1997	270	138	111	143	12	169	2098	207	38
1998	244	138	106	146	12	168	2108	212	40
1999	263	140	103	145	12	168	2092	213	42
2000	256	138	96	145	12	166	2079	215	43
2001	241	134	97	146	12	166	2103	216	43
2002	236	135	100	145	12	165	2091	215	44
2003	231	133	98	147	12	165	2106	215	44
2004	217	127	90	149	12	162	1972	215	45
2005	221	126	93	153	13	162	1974	216	46
2006	228	135	91	156	13	162	2056	217	46
2007	269	170	91	160	13	164	2017	256	56
2008	336	228	91	163	13	164	2057	228	57
2009	355	246	75	164	13	164	2088	236	64
2010	403	284	77	165	13	164	2142	236	65
2011	426	312	81	166	14	163	2183	254	69
2012	588	448	96	172	13	168	2212	249	75
2013	569	492	69	173	13	169	2217	272	101
2014	535	458	76	172	13	171	2220	277	105
2015	562	482	79	172	13	167	2222	304	107
2016	836	712	112	172	13	167	2236	309	111

文化、文物事业机构、人员数（2016年）

Number of Institution and Personnel in Culture and Cultural Relics (2016)

机构类别	Category of Institution	机构数(个) Number of Institutions (unit)	从业人数(人) Number of Employed Persons (person)
艺术业	Arts	836	18337
艺术表演团体	Arts Performance Troupes	712	16581
# 话剧、儿童剧、滑稽剧团	Drama, Plays for Children and Comedy Troupes	67	1328
歌舞团、轻音乐团	Song and Dance Troupe, Light Music Troupe	108	1725
戏曲剧团	Local Opera Troupes		
# 京　剧	Beijing Opera Troupes	10	349
曲艺、杂技、木偶、皮影团	Recitation and Ballad Troupes, Acrobatics and Circus Troupes, Puppet Show Troupes and Shadow Play Troupes	128	3541
艺术表演场所	Arts Centers	112	1586
# 剧场、影剧院	Cinemas, Theaters and Music Halls	83	1131
图书馆	Public Libraries	172	1875
群众文化服务	Mass Culture	2416	7517
群众艺术馆、文化馆（省市级）	Mass Art Centers and Cultural Centers (Province and City Level)	13	521
群众艺术馆、文化馆(县市级)	Mass Art Centers and Cultural Centers (County Level)	167	1848
文化站	Cultural Stations	2236	5148
# 乡镇文化站	Township Cultural Stations	1988	4408
文物业	Cultural Relics	309	8745
文物保护管理机构	Agencies of Historical Relics Preservation	166	3962
文物科研机构	Scientific and Research Historical Relics Agencies	5	206
博物馆	Museums	111	3764
综合性博物馆	Comprehensive Museums	38	1338
历史类博物馆	History Museums	48	1776
艺术类博物馆	Arts Museums	10	205
文物商店	Cultural Relics Shops	3	11

艺术表演团体演出情况（2016年）
Basic Statistics on Performance of Art Troupes (2016)

种　类	Item	国内演出场次（万场）Number of Performances (10000 shows)	#到农村演出 Shows in Rural Areas	国内观众人数（万人次）Number of Spectators (10000 person-times)
全省总计	**Total**	**9.01**	**5.86**	**5418.56**
#话剧、儿童剧、滑稽剧团	Drama, Plays for Children and Comedy Troupes	0.42	0.29	326.24
歌舞团、轻音乐团	Song and Dance Troupe, Light Music Troupes	0.85	0.61	276.38
京剧、昆曲类	Local Opera Troupes	0.14	0.13	63.12
#京　剧	Beijing Opera Troupes	0.10	0.09	53.12
地方戏曲类	Local Operas	3.01	2.64	2691.43
曲艺类	Recitation and Ballad Troupes	0.31	0.17	209.21
杂技、魔术、马戏类	Acrobatics and Circus Troupes, Puppet Show Troupes, and Shadow Play Troupes	2.46	0.94	989.11
综合性艺术表演团体	Comprehensive Art Performance Troupes	1.81	1.08	863.08

群众艺术馆、文化馆(站)业务活动及经费收支（2016年）
Basic Statistics on Activities and Expenditures of Mass Art Centers and Cultural Centers (2016)

项　目	Item	总　计 Total	群众艺术馆、文化馆（省、地市级）Mass Art Centers and Cultural Centers (Province and City Level)	群众艺术馆、文化馆（县市级）Mass Art Centers and Cultural Centers (County Level)	文化站 Cultural Stations
机构数(个)	Number of Units (unit)	2416	13	167	2236
举办展览(个)	Number of Exhibitions (unit)	5233	107	927	4199
组织文艺活动(次)	Art Performances and Story-telling Sessions (show)	42915	958	9564	32393
举办训练班	Training Courses				
班　次(次)	Number of Classes (show)	18341	1846	5467	11028
培训人次(万人次)	Number of Persons Completing Courses (1000 person-times)	151.76	15.46	39.87	96.43
负责指导单位(个)	Centers and Cultural Centers (unit)				
馆办文艺团体	Art Performance Troupes	304	34	270	
群众业余演出团(队)	Part-time Art Groups	22624	241	4041	18342
总支出(万元)	Total Expenditures (10000 yuan)	50519.5	12085.9	20773.7	17659.9
各种设备、交通工具、图书购置费	Purchase of Instruments, Vehicles and Books	1262.1	194.8	438.3	629.0

公共图书馆基本情况（2016年）
Basic Statistics on Public Libraries (2016)

项　目	Item	总计 Total	#市级图书馆 Public Libraries at City Level	#县(市)区级图书馆 Public Libraries at County Level
总藏量(万册、件)	Total Collections (10000 volumes)	2039.21	866.83	1172.38
书架单层总长度(万米)	Total Length of Bookshelves (10000 m)	42.15	13.47	28.68
图书流通情况	Circulation of Books			
总流通人次(万人次)	Total Number of Circulation (10000 person-times)	1372.03	754.11	617.92
有效借书证数(万个)	Number of Valid Library Cards (10000 units)	74.75	42.20	32.55
为读者服务举办各种活动	Service Activities Provided for Readers			
次　数(次)	Number of Activities (show)	3832	1376	2456
参加人数(万人次)	Number of Readers Involved (10000 person-times)	255.03	97.09	157.94
总支出(万元)	Total Expenditures (10000 yuan)	25277.80	13500.50	11777.30
#新增藏量购置费	New Books Acquisition	2555.60	1339.20	1216.40
本年新购藏量(万册)	Number of Books Purchased During the Year (10000 volumes)	122.50	53.24	69.27
实际使用公用房屋建筑面积(万平方米)	Floor Space of Public Buildings in Use (10000 sq.m)	42.13	14.96	27.17
#书　库	Stack Rooms	8.26	2.30	5.97
阅览室座席(万个)	Seating Capacity of Reading Rooms (10000 seats)	3.54	0.97	2.56

广播电视基本情况
Basic Statistics on Broadcasting and Television Stations

项　目	Item	2012	2013	2014	2015	2016
广播	**Radio**					
广播节目综合人口覆盖(%)	Population Coverage Rate of Radio Programs (%)	99.33	99.34	99.34	99.35	99.35
电视	**Television**					
电视节目综合人口覆盖(%)	Population Coverage Rate of TV Programs (%)	99.26	99.27	99.27	99.27	99.28
有线广播电视用户数(万户)	Users of Cable Radios and TV (10000 households)	792.61	865.82	914.40	922.47	857.22
广播电视技术及其他	**TV Technology and Others**					
中、短波转播发射台(座)	Transmission and Relaying Stations of Medium and Short Wave Broadcast (unit)	15	31	31	29	31
调频转播发射台(座)	Relaying Stations of Frequency Modulation Broadcsting (unit)	160	159	159	159	159
电视转播发射台(座)	TV Transmission and Relaying Stations (unit)	253	253	253	253	251
微波实有站(座)	Microwave Stations (unit)	32	32	32	32	32

图书、报纸、杂志出版种类和数量（2016年）

Number of Books, Newspaper and Magazines Published (2016)

门　类	Category	本版图书种类（种）Number of Publications (items)	总印数（万册）Printed Copies (10000 copies)	总印张（千印张）Printed Sheets (1000 sheets)
图　书	**Books Published**	**9263**	**26865.31**	**2040127.03**
马克思主义、列宁主义、毛泽东思想	Marxism-Leninism, Mao Zedong Thought	7	112.59	15983.35
哲学	Philosophy	2	8.25	976.09
社会科学总论	General Social Sciences	38	18.54	3152.55
政治、法律	Politics and Law	30	35.73	6062.26
军事	Military Affairs	1	0.47	85.32
经济	Economics	50	18.94	1821.73
文化、科学、教育、体育	Culture, Science, Education and Sports	7822	25228.27	1887192.15
语言、文字	Languages	81	238.79	16839.31
文学	Literature	509	742.14	50463.75
艺术	Arts	367	223.43	34316.87
历史、地理	History and Geography	43	16.56	2779.77
自然科学类	General Natural Sciences	1	14.90	1297.00
数理科学、化学	Mathematics and Chemistry	7	5.11	168.34
天文学、地理科学	Astronomy and Geology	2	0.55	56.03
生物科学	Biology	17	5.41	437.03
医药、卫生	Medicine and Health Care	65	40.34	5202.84
农业科学	Agricultural Science	68	59.48	3616.76
工业技术	Industrial Technology	29	13.19	985.12
交通运输	Transportation	13	2.00	169.44
航空、航天	Aeronautics and Aerospace			
环境科学	Environmental Science	8	9.30	1444.42
综合性图书	General Books	103	71.31	7076.91
报　纸	**Newspapers Published**	**64**	**128177.38**	**2849597.63**
省级	Province	28	81503.37	1412909.89
地(市)级	Prefecture	35	46362.01	1430447.74
县级	County	1	312.00	6240.00
期　刊	**Magazines Published**	**218**	**4714.95**	**218939.24**
综合类	General Magazines	9	32.02	1890.46
哲学、社会科学类	Philosophy and Social Sciences	54	1860.76	84917.27
自然科学、技术类	Natural Sciences and Technology	107	823.52	56426.73
文化、教育类	Culture and Education	34	1763.55	58777.62
文学、艺术类	Literature and Arts	14	235.10	16927.16
画刊	Pictures	2	28.80	1583.28
少年儿童读物	Books for Children	3	771.49	13020.68

体育系统从业人员情况(2016年)

Number of Engaged Persons of Physical Education System (2016)

指　标	Item	合　计 Total	# 管理人员 Management	# 专业技术人员 Professional and Technical Personnel	# 优秀运动队运动员 Excellent Sports Teams and Athletes	# 工勤人员 Workers and Service Personnel	# 其他 Others
全 省 总 计	**Total**	**6239**	**1069**	**2113**	**954**	**785**	**326**
体育行政机关	Administrative Agencies	1361				114	255
运动项目管理部门	Sports Events Management	1358	170	195	949	44	
本科院校	Colleges	489	86	371		32	
体育运动学校	Physical Education & Sports Schools	660	71	474		105	10
少儿体育运动学校(业余体校)	Spare-time Sports School	891	107	697	4	82	
训练基地	Training Bases	69	21	27		21	
体育场馆	Stadium and Gymnasium	542	163	97		242	40
体育科研机构	Sports Science & Technology Institute	68	7	56		5	
其他事业单位	Other Institutions	660	420	184		55	1
其他	Others	141	24	12		85	20

等级运动员、裁判员分项发展人数 (2016年)

Number of Athletes and Referees in Grades by Type of Sports (2016)

单位：人　(person)

运动项目	Item	等级运动员 Number of Athletes in Grades	# 女　性 Female	# 一 级 运动员 First Grades	# 二　级 运动员 Second Grades	等级裁判员 Number of Referees in Grades	# 女　性 Female
全 省 总 计	**Total**	**2723**	**953**	**642**	**2081**	**691**	**180**
# 田径	Track and Field	755	175	26	729	146	42
游泳	Swimming	127	70	15	112	44	17
举重	Weight Lifting	20	7		20	5	1
体操	Gymnastics	9	8	6	3	2	2
射击	Fire	67	33	45	22	2	2
国际式摔跤	International -like Wrestling						
柔道	Judo	49	22	7	42		
篮球	Basketball	251	94	21	230	72	15
排球	Volleyball	116	64	38	78	27	8
乒乓球	Ping pong	151	68	84	67	95	32
羽毛球	Badminton	137	58	39	98	70	16
足球	Football	277	92	58	219	117	23
武术	Martial Arts	129	29	31	98	1	

卫生事业发展情况
Basic Statistics of Health Institutions

年份 Year	卫生机构数 (个) Number of Health Institutions (unit)	#医院 Hospitals	卫生机构床位数 (万张) Beds in Health Care Institutions (10000 beds)	#医院 Hospitals	卫生技术人员数 (万人) Medical Technical Personnel (10000 persons)	#执业(助理)医师 Licensed Doctors	每千人口医疗床位 (张) Beds of Medical Institutions per 1000 Population (bed)	每万人口执业(助理)医师数 (人) Licensed (Assistant) Doctors in Health Care Institutions per 10000 Persons(person)
1978	8989	4336	8.90	8.28	10.75	5.46	1.76	10.8
1980	9492	4336	9.55	8.89	12.64	6.13	1.85	11.9
1981	10063	4327	9.79	9.10	13.37	6.23	1.86	11.9
1982	10227	4316	10.18	9.46	14.32	6.35	1.90	11.8
1983	10281	4333	10.71	9.96	14.85	6.59	1.98	12.2
1984	10344	4333	11.02	10.25	15.47	6.75	2.01	12.3
1985	10402	3120	12.09	11.24	15.45	6.85	2.18	12.4
1986	10454	3246	12.48	10.77	15.88	6.94	2.22	12.3
1987	10366	3311	13.32	11.48	16.18	6.96	2.34	12.2
1988	10579	3374	13.81	11.89	16.88	7.70	2.38	13.3
1989	10721	3379	14.39	12.43	17.45	8.36	2.44	14.2
1990	10586	3531	14.60	12.43	18.56	8.60	2.39	14.0
1991	10647	3630	14.81	12.93	18.35	8.61	2.38	13.8
1992	10715	3640	15.19	13.24	18.95	8.89	2.43	14.2
1993	10958	3787	15.54	13.56	19.77	8.25	2.46	13.0
1994	10274	4540	15.91	13.74	19.83	9.14	2.50	14.3
1995	10266	4533	15.90	13.76	20.77	9.31	2.49	14.5
1996	5402	794	16.19	14.10	18.82	7.93	2.50	12.2
1997	5392	795	16.62	14.48	19.47	8.24	2.56	12.6
1998	5386	791	16.56	14.48	19.90	8.53	2.53	13.0
1999	5338	784	16.62	14.63	20.30	8.96	2.51	13.6
2000	5306	779	16.89	14.89	20.75	9.17	2.54	13.7
2001	5281	773	17.27	15.17	20.98	9.41	2.57	14.0
2002	4671	885	17.17	16.45	20.05	9.33	2.55	12.4
2003	4520	770	15.88	14.96	20.28	9.31	2.35	12.3
2004	3414	807	15.84	14.75	20.21	8.39	2.33	12.3
2005	3284	817	16.23	15.40	20.29	8.41	2.38	12.3
2006	3394	874	17.30	16.40	21.08	8.75	2.52	12.7
2007	19431	1125	19.54	18.01	24.29	10.81	2.82	15.6
2008	15050	1103	21.40	19.71	24.57	10.91	3.07	15.6
2009	14738	1123	23.30	15.92	25.80	11.44	3.31	17.2
2010	15122	1224	24.93	17.29	28.03	21.94	3.47	18.4
2011	80318	1248	26.69	18.77	28.95	12.52	3.69	18.6
2012	79688	1248	28.47	20.39	31.51	14.31	3.75	19.6
2013	78486	1268	30.36	22.05	33.31	15.02	4.19	20.0
2014	78906	1341	32.29	23.69	25.17	15.78	4.37	21.4
2015	78600	1547	34.22	25.48	37.26	16.69	4.61	22.47
2016	78723	1618	36.10	27.15	39.36	17.74	4.83	23.75

注：1996年、2007年和2011年卫生机构统计口径进行了调整。

a) Number of Health Institutions 1996, 2007 and 2011 have been adjusted according to statistical approach.

卫生机构基本情况
Basic Statistics of Health Institutions

指　标	Indicator	2013	2014	2015	2016
卫生机构数(个)	**Number of Health Institutions (unit)**	**78486**	**78906**	**78600**	**78723**
城镇	Urban Areas	5456	6525	7521	8075
农村	Rural Areas	73030	72381	71079	70648
医院	Hospitals	1268	1341	1547	1618
# 公立医院	Public hospital	766	745	770	726
民营医院	Private hospitals	502	596	777	892
# 综合医院	General Hospitals	826	894	1043	1086
中医医院	Hospitals Specialized in Traditional Chinese Medicine	211	210	226	237
专科医院	Specialized Hospitals	231	237	278	295
基层医疗卫生机构	Basic Medical Institutions	75178	75624	75560	75984
# 社区卫生服务中心(站)	Community Health Service Centers	1115	1169	1187	1197
街道卫生院	Urban Health Centers				
乡镇卫生院	Township Health Centers	1960	1960	1960	1961
村卫生室	Village Clinics	62311	61451	60492	60365
门诊部(所)	Outpatient Department	9792	11044	11921	12461
专业公共卫生机构	Specialized Public Health Institutions	1690	1667	1269	1040
# 疾病预防控制机构	Center for Disease Control and Prevention	194	193	193	192
专科疾病防治院(所/站)	Specialized Disease Prevention & Treatment Institution	9	7	9	11
妇幼保健院(所/站)	Women and Children Care Agencies	265	222	199	191
健康教育中心(所)	Health Education Center	3	3	3	2
卫生监督所(中心)	Health Inspection Institution	192	190	189	188
卫生人员数(人)	**Number of Medical Personnel (person)**	**491963**	**513230**	**533271**	**556151**
卫生技术人员	Medical Technical Personnel	333105	351705	372648	393593
# 执业(助理)医师	Licensed (Assistant) Doctors	150197	157803	166872	177430
# 执业医师	Licensed Doctors	114594	121092	128785	137970
注册护士	Registered Nurse	111526	121845	132839	143772
药师(士)	Pharmacist	14415	14975	15656	16449
乡村医生和卫生员	Village Doctors and Assistants	83850	83659	82355	82542
其他技术人员	Other Technical Personnel	23397	23838	24232	25722
管理人员	Administrative Personnel	18370	19298	18885	19277
工勤技能人员	Logistics Technical Workers	33241	34730	35151	35017
卫生机构床位数(张)	**Beds in Health Care Institutions (bed)**	**303568**	**322909**	**342189**	**360992**
城镇	Urban Areas	115897	125325	133162	148724
农村	Rural Areas	187671	197584	209027	212268
医院	Hospitals	220473	236889	254829	271502
# 公立医院	Public hospital	191516	202761	210117	218844
民营医院	Private hospitals	28957	34128	44712	52658
基层医疗卫生机构	Basic Medical Institutions	70293	73108	74873	76689
# 社区卫生服务中心(站)	Community Health Service Centers	8821	9667	9521	9775
乡镇卫生院	Township Health Centers	60836	62930	64853	66447
专业公共卫生机构	Specialized Public Health Institutions	11797	11907	11482	11796
# 妇幼保健院(所/站)	Women and Children Care Agencies	10860	11015	10627	10910
专科疾病防治院(所/站)	Specialized Disease Prevention & Treatment Institution	837	837	800	831

各类医疗卫生机构医疗服务及床位利用情况（2016年）

机构名称	Institutions	诊疗人次数（人次）Visits (person-time)	医师日均担负诊疗人次（人次）Daily Visits Each Doctor (person-time)
全省总计	**Total**	435607345	6.23
医　院	Hospitals	132234286	5.23
综合医院	General Hospitals	99361425	5.30
中医医院	Hospitals Specialized in Traditional Chinese Medicine	18000877	5.13
中西医结合医院	Hospital of Integrated Traditional Chinese with Western Medicine	3014182	4.40
民族医院	Nationalities Hospitals		
专科医院	Specialized Hospitals	11857802	5.04
护理院	Nursing Hospital		
基层医疗卫生机构	Basic Medical Institutions	292101665	0.81
社区卫生服务中心（站）	Community Health Service Centers	16876321	0.49
卫生院	Health Centers	47325422	1.41
# 街道卫生院	Urban Health Centers		
乡镇卫生院	Township Health Centers	47325422	1.41
村卫生室	Village Clinics	190274158	
门诊部	Outpatient Department	1694202	
专业公共卫生机构	Specialized Public Health Institutions	11252335	1.16
专科疾病防治院（所、站）	Specialized Disease Prevention & Treatment Institution	189557	2.57
妇幼保健院（所、站）	Women and Children Care Agencies	10953235	1.09
其他机构	Other Institutions	19059	7.08
疗养院	Sanatoriums	19044	7.29
临床检验中心	Clinical Laboratory Center	15	

Number of Visits and Inpatients in Medical Institutions and Utilization of Beds (2016)

入院人数 (人) Inpatients (person)	出院人数 (人) Number of People Discharged from Hospital (person)	实际开放总床日数 (日) Days of Total Beds Actually Opened (day)	平均开放病床 (张) Average Beds Opened (bed)	病床周转次数 (次) Turnover of Beds (time)	病床工作日 (日) Working Days of Beds (day)	病床使用率 (%) Utili-zation Rate of Beds (%)	平均住院日 (日) Average Stay Days in Hospital (day)
11201552	11096972	122636950	335992	33.0	291.9	79.98	8.4
8944143	8858531	93339144	255724	34.6	314.7	86.23	8.8
7070154	7011590	69235348	189686	37.0	320.1	87.69	8.5
1073204	1055734	11968368	32790	32.2	297.6	81.52	8.9
222885	220944	2257811	6186	35.7	367.6	100.71	10.0
577900	570263	9877617	27062	21.1	285.9	78.32	12.0
1789036	1782517	25104597	68780	25.9	210.9	57.78	7.2
78598	79373	2471159	6770	11.7	180.3	49.41	8.5
1682427	1675133	22633438	62009	27.0	214.2	58.69	7.2
1682427	1675133	22633438	62009	27.0	214.2	58.69	7.2
28011	28011.00						
462980	450638	4081386	11182	40.3	269.6	73.87	6.3
16093	16239	272735	747	21.7	484.1	132.64	21.4
446887	434399	3808651	10435	41.6	254.3	69.67	5.7
5393	5286	111823	306	17.3	286.7	78.55	2.4
5393	5286	111823	306	17.3	286.7	78.55	2.4

前十位疾病死亡原因和构成（2016年）
The Top 10 Death-causing Diseases and Composition (2016)

死亡原因	Cause of Death	死亡率(1/10万) Death Rate (1/100000)	占死亡总数(%) Percentage of Total Death (%)
心脏病	Heart Diseases	184.17	31.71
脑血管病	Cerebrovascular Disease	146.51	25.23
恶性肿瘤	Malignant Tumour	120.79	20.80
呼吸系统疾病	Diseases of the Respiratory System	40.58	6.99
损伤及中毒	External Causes of Injury and Poison	35.64	6.14
内分泌营养代谢疾病	Endocrine, Nutritional & Metabolic Diseases	12.68	2.18
消化系统疾病	Diseases of the Digestive System	8.13	1.40
泌尿生殖系统疾病	Diseases of the Genitourinary System	4.60	0.79
神经系统疾病	Diseases of the Nervous System	4.29	0.74
传染病	Infectious Disease	4.04	0.70

各类医院病床使用率
Utilization Rate of Beds in Hospital

单位：% (%)

类　别	Category	2012	2013	2014	2015	2016
总　　计	**Total**	**87.66**	**88.26**	**86.67**	**83.52**	**86.23**
按管理类别分	**by Management Category**					
非营利性	Non-profit	89.87	90.22	88.40	85.03	87.84
营利性	For-profit	53.21	56.69	55.52	53.49	56.79
按医院等级分	**by Hospital Grade Point**					
三级医院	Tertiary Hospitals	105.87	107.38	106.42	104.81	106.47
二级医院	Secondary Hospital	87.64	87.20	85.65	80.88	84.13
一级医院	Pprimary Hospitals	54.58	57.14	53.42	53.24	54.96
按类别分	**by Nature**					
综合医院	General Hospital	89.95	90.23	88.34	85.13	87.69
中医医院	Hospital Specialized in Traditional Chinese Medicine	77.64	80.75	78.86	76.78	81.52
中西医结合医院	Hospital of Integrated Traditional Chinese with Western Medicine	95.55	94.44	100.39	99.76	100.71
民族医院	Nationalities Hospital					
专科医院	Specialized Hospital	81.75	81.79	81.00	76.81	78.32
护理院	Nursing Hospital					

社会福利事业、企业单位和工作人员数
Number of Social Welfare Institutions and Enterprises and Persons Engaged

项　　目	Item	单位数(个) Number of Institutions (unit)			工作人员(人) Number of Personnel Engaged (person)		
		2010	2015	2016	2010	2015	2016
烈士纪念建筑物管理单位	Army Supply Transfer Stations	90	98	80	816	841	775
救助类单位	Salvation Institutions	29	63	40	402	478	370
# 救助管理站	Collecting and Repatriating Units	27	62	40	364	465	370
流浪儿童保护中心	Centers for Rescuing Street Children	2	1	1	38	13	13
殡仪馆	Funeral Parlor	154	153	155	2782	2786	2759
殡葬管理服务单位	Funeral and Burial Management Service Units	16	11	9	318	181	95
社会福利企业单位	Social Welfare Enterprises	1071	449		55027	28601	

注：从2016年开始民政部门不再统计“社会福利企业单位”。
a) Since 2016, the civil affairs department will no longer carry out statistics on "social welfare enterprise units".

收养性社会福利单位基本情况（2016年）
Basic Statistics on Social Welfare Institutions (2016)

项　　目	Item	院　数(个) Number of Homes (unit)	工作人员(人) Number of Staff and Workers (person)	床　位(张) Number of Beds (unit)	年末收养人数(人) Number of Persons Housed (year-end) (person)
荣誉军人康复医院	Convalescent Hospitals for Honorable Serviceman	1	212	200	200
复员军人疗养院	Sanatoriums for Ex-serviceman	8	853	1673	1058
光荣院	Homes for Disabled Veterans	119	1552	10288	3680
社会福利院	Social Welfare Homes	30	985	5371	3460
儿童福利院	Baby Welfare Homes	5	36	298	199
城市养老服务机构	Institutions for the Aged in Urban Areas	350	7573	65709	29519
农村养老服务机构	Institutions for the Aged in Rural Areas	435	6424	71982	32450

公证文书分类
Notary Documents by Type

指　　标	Item	办理公证(件) Number of Notarial Documents Issued (piece)		比重(%) Percentage (%)	
		2015	2016	2015	2016
国内合计	**Domestic Total**	**267767**	**276192**	**100.00**	**100.00**
合同(协议)	Contracts (Agreement)	53427	41258	19.95	14.94
继承	Inheritance	42741	48211	15.96	17.46
单方法律行为	Unilateral Obligation	100500	114720	37.53	41.54
现场监督	Field Supervision	5386	5028	2.01	1.82
保全证据	Evidence Preservation	11715	12652	4.38	4.58
公司章程	Articles of Association	23	75	0.01	0.03
组织资格	Organize Qualification	76	100	0.03	0.04
财产权	Property Rights	861	95	0.32	0.03
身份	Identity	286	184	0.11	0.07
收养关系	Child Adoption	27	52	0.01	0.02
婚姻状况	Marital Status	308	283	0.12	0.10
亲属关系	Kinship Confirmation	4848	4149	1.81	1.50
有无违法犯罪记录	Any Illegal and Criminal Record	601	814	0.22	0.29
其他有法律意义事实	Other Legal Facts	2486	2209	0.93	0.80
证书(执照)	Certificate (License)	1032	1207	0.39	0.44
签名(印鉴)	The ignature (The Seal)	19848	22446	7.41	8.13
文本相符	Confirmation of Copies and Photo-offset Copies to Originals	5790	5674	2.16	2.05
赋予执行效力	Give Effectiveness	9962	8760	3.72	3.17
执行证书	Perform Certificate	801	650	0.30	0.24
抵押登记	Mortgage Registration	331	147	0.12	0.05
提存	Deposited	143	63	0.05	0.02
保管	Custody	2	10		0.00
其他	Others	6573	7405	2.45	2.68
涉外合计	**Foreign-related Total**	**91436**	**86388**	**100**	**100**
合同(协议)	Contracts (Agreement)	196	199	0.21	0.23
继承	Inheritance		13		0.02
委托	Proxy	1564	1950	1.71	2.26
声明	Declarations	1575	1680	1.72	1.94
遗嘱	Testaments				
其他单方法律行为	Unilateral Obligation	1007	721	1.1	0.83
公司章程	Articles of Association	134	113	0.15	0.13
组织资格	Organize Qualification	62	102	0.07	0.12
收养关系	Child Adoption	39	24	0.04	0.03
婚姻状况	Marital Status	3961	3528	4.33	4.08
亲属关系	Kinship Confirmation	11699	10814	12.79	12.52
出生	Births	14459	11956	15.81	13.84
死亡	Deaths	96	259	0.1	0.30
生存、居住	Survival and Residence	581	1058	0.64	1.22
学历(学位)	Schooling (Degree)	8430	8680	9.22	10.05
经历	Personal Histories	309	469	0.34	0.54
职务(职称)	Position (Professional Certificates)	562	536	0.61	0.62
身份	Identity	1141	942	1.25	1.09
有无违法犯罪记录	Any Illegal and Criminal Record	11061	10309	12.1	11.93
其他有法律意义事实	Other Legal Facts	1570	2931	1.72	3.39
证书(执照)	Certificate (License)	9801	8859	10.72	10.25
签名(印鉴)	The ignature (The seal)	2649	3719	2.9	4.30
文本相符	Confirmation of Copies and Photo-offset Copies to Originals	11988	12117	13.11	14.03
其他	Others	8552	5409	9.35	6.26

享受救济、补助人员情况
Persons Relief Funds or Receiving Subsidies

项　　　目	Item	2010	2014	2015	2016
城镇居民最低生活保障人数(人)	Number of Persons Receiving Minimum Living Allowance in Urban Areas (person)	883475	627515	550471	475772
城镇临时救济(户次)	Number of Persons Receiving Temporary Relief in Urban Areas ((household-time)	6949	32328	36311	
农村居民最低生活保障人数(人)	Number of Persons Receiving Minimum Living Allowance in Rural Areas (person)	1912638	2099158	2057594	1894573
农村临时救济(户次)	Number of Persons Receiving Temporary Relief in Rural Areas ((household-time)	64053	77813	143596	
传统救济(人)	Number of Persons Receiving Traditional Relief in Rural Areas (person)	9274	5181	5998	6124
农村集体五保供养户(户)	Number of Persons Reveiving Livelihood Guaranteed in Five Aspects in Rural Households (household)	95530	70996	48215	38359
农村分散五保供养户(户)	Number of Persons Reveiving Livelihood Guaranteed in Five Aspects in Rural Households (household)	149382	161178	179772	196131

注：①计量单位为次。②计量单位为人。
a) ① unit of measurement: time. ② unit of measurement: person.

婚姻服务情况
Statistics on Marriages and Divorces

年　份 Year	按婚前状况分类 by the Classification of Pre Marital Status		按居住地分类 by Place of Residence		离　婚
	初　婚(人) First Marriages (person)	再　婚(人) Re-marriages (person)	居民登记结婚(对) Registered Marriages (couple)	# 涉外登记结婚(对) Registered Marriages with Foreigner (couple)	(对) Divorces (couple)
2003	952850	95232	523822	219	25785
2004	1041641	107581	574384	227	43117
2005	947158	100884	523746	275	50280
2006	1003450	105780	554305	310	56926
2007	1093448	113714	603261	320	60483
2008	1203102	122410	662368	388	73066
2009	1300578	139344	719547	414	86707
2010	1355779	144803	749885	406	98792
2011	1370018	184302	776674	486	109600
2012	1303042	187630	744884	452	118613
2013	1266237	215277	740260	497	133622
2014	1099881	222771	660732	594	146877
2015	987465	231419	609442	579	157180
2016	851411	252381	551896	977	179332

社会保险基本情况
Basic Statistics of Social Insurance

项 目	Item	2010	2013	2014	2015	2016
基本养老保险	**Basic Pension Insurance**					
年末参保人数(万人)	Contributors at Year-end (10000 persons)	2092.34	4548.26	4666.34	4760.8	
企业职工	Enterprises Employee	728.94	859.00	908.31	952.03	846.83
企业离退休人员	Enterprises Employee	259.50	335.11	353.65	368.45	328.67
城乡居民	Urban and Rural Residents	1103.90	3354.15	3404.38	3440.324	3446.11
失业保险	**Unemployment Insurance**					
年末参保人数(万人)	Contributors at Year-end (10000 persons)	493.41	503.94	508.73	510.98	515.88
全年发放失业保险金人数(万人)	Beneficiaries of Unemployment Insurance Fund (10000 persons)	9.01	7.11	7.01	14.12	15.10
全年发放失业保险金(万元)	Unemployed Relief (10000 yuan)	235100	68083	7124	79600	84906
基本医疗保险(万人)	**Basic Medical Care Insurance (10000 persons)**					
城镇职工	Contributors at Year-end	848.01	926.29	944.46	957.04	973.70
城乡居民	Urban and Rural Residents	670.05	748.22	753.06	744.96	5698.43
工伤保险(万人)	**Work Injury Insurance (10000 persons)**					
年末参保人数	Contributors at Year-end	594.44	737.04	778.67	809.72	840.04
年末享受工伤待遇的人数	Beneficiaries at Year-end	7.50	10.48	10.37	9.64	9.83
生育保险	**Maternity Insurance**					
年末参保人数(万人)	Contributors at Year-end (10000 persons)	561.50	667.58	684.02	712.96	710.34
社会保险基金收支及累计结余(亿元)	**Revenue, Expenses and Balance of Social Insurance Fund (100 million yuan)**					
基金收入	**Revenue**	**826.10**	**1347.88**	**1466.92**	**1662.07**	
企业职工基本养老保险	Enterprises Employee Basic Pension Insurance	618.50	990.99	1059.19	1214.28	910.80
城乡居民基本养老保险	Urban and Rural Residents Basic Pension Insurance					141.56
失业保险	Unemployment Insurance	27.62	46.62	51.48	42.86	38.45
基本医疗保险	Basic Medical Care Insurance	159.18	270.74	309.30	351.91	741.57
工伤保险	Work Injury Insurance	16.09	28.19	33.42	37.84	40.63
生育保险	Maternity Insurance	4.71	11.34	13.53	15.18	14.37
基金支出	**Expenses**	**623.10**	**1167.27**	**1325.25**	**1584.61**	
企业职工基本养老保险	Enterprises Employee Basic Pension Insurance	466.29	893.66	1017.43	1235.42	1000.73
城乡居民基本养老保险	Urban and Rural Residents Basic Pension Insurance					103.57
失业保险	Unemployment Insurance	23.51	19.41	20.60	27.91	49.61
基本医疗保险	Basic Medical Care Insurance	117.49	216.22	244.45	276.48	658.78
工伤保险	Work Injury Insurance	13.28	30.34	32.29	34.12	36.03
生育保险	Maternity Insurance	2.53	7.65	10.48	10.68	16.51
累计结余	**Balance at Year-end**	**877.30**	**1455.70**	**1596.69**	**1674.28**	
企业职工基本养老保险	Enterprises Employee Basic Pension Insurance	607.10	946.35	988.11	966.97	545.91
城乡居民基本养老保险	Urban and Rural Residents Basic Pension Insurance					249.16
失业保险	Unemployment Insurance	54.75	123.23	154.11	169.06	157.90
基本医疗保险	Basic Medical Care Insurance	189.92	349.78	414.62	490.19	645.77
工伤保险	Work Injury Insurance	18.77	19.72	20.18	23.89	28.50
生育保险	Maternity Insurance	6.76	16.61	19.67	24.17	22.03

注：1. 2010年城乡居民养老保险仅为农村养老保险。2. 2012年8月起，新型农村社会养老保险和城镇居民社会养老保险制度全覆盖工作全面启动，合并为城乡居民社会养老保险。3. 2016年以前城乡居民基本医疗保险仅为城镇居民。

a) Data of pension insurance for urban and rural residents only includes rural residents in 2010. b) Since August, 2012, system of new rural old-age insurance and urban basic pension insurance have started completely, and called basic pension insurance for urban and rural residents as total. c) Data of basic medical careinsurance for urban and rural residents only includes rural residents before 2016.

残疾人事业基本情况

Basic Statistics on the Work for Persons with Disabilities

单位：人 (person)

项　　目	Item	2010	2015	2016
康复	**Rehabilitation**			
视力残疾康复	Rehabilitation of Persons with Visual Disability			
白内障复明手术(例)	Sight-restoring Surgeries for Cataract Patients (case)	33266	16308	73
低视力者配用助视器	Persons with Low-vision Fitted with Vision-aids	1160	8656	6775
盲人定向行走训练	Blind Persons Receiving Orientation Skill Training	360	6073	3821
听力语言残疾康复	Rehabilitation of Persons with Hearing and Speech Disability			
新收训聋儿	Deaf Children Newly Trained in the year	902	2135	2437
培训家长	Parents Trained	902	3006	1772
肢体残疾康复	Rehabilitation of Persons with Physical Disability			
肢体残疾儿童康复训练	Rehabilitation Training Institutions for Children with Mobility Impairment (Cerebral Palsy)	364	1213	2860
成人肢体残疾人社区、家庭康复训练	Persons with Mobility Impairment Receiving Rehabilitation Training in Communities and Families	1283	8859	75438
智力残疾康复	Rehabilitation of Persons with Intellectual Disability			
智残儿童康复训练	Children with Intellectual Disability Receiving Rehabilitation Training	1090	7914	3748
精神病防治康复	Prevention and Rehabilitation of Mental Illness (PRMI)			
监护精神病人	People with Mental Illness under Guardianship	127537	210747	11586
孤独症儿童机构训练	Children with Autism Trained in Institutions	37	605	973
残疾人辅助器具供应服务	Provision of Assistive Devices			
辅助器具供应(件)	Assistive Devices Provided (piece)	43052	41297	36938
普及型假肢装配(例)	Prosthesis Installed for the Disabled (case)	1678	1176	671
矫形器装配(例)	Orthotic Devices for the Disabled (case)	108	1903	331
教育	**Education**			
特殊教育普通高中在校生	Students at Special Education Senior High Schools	472	661	660
残疾人中等职业教育在校生	Students at Secondary Vocational Schools for PWDs	285	249	318
高等院校录取残疾考生	Disable Students Admitted to Higher Education Institutions	402	339	309
就业	**Employment**			
城镇残疾人就业状况	Newly Employed PWDs in Urban Areas in the Year			
城镇残疾人就业人数	Annual New Employee Population	14423	10857	76500
扶贫	**Poverty Alleviation**			
扶持贫困残疾人(人次)	Impoverished PWDs Assisted in Rural Areas (person-time)	119168	205432	30741
农村贫困残疾人危房改造(户)	Dilapidated House Renovation for Poor PWDs (household)	3071	1327	2341
受益残疾人	PWDs Benefited	4198	1904	2378
组织建设	**Organization Development**			
残疾人工作者数	Number of Workers with Disabilities	5601	5566	5628
残疾人人口库持证残疾人	PWDs with Disability Certificate in the PWD Database		1936024	1762037

各城市地区生产总值（2016年）
Gross Domestic Product (2016)

单位：亿元 (100 million yuan)

城市	City	地区生产总值 Gross Domestic Product	第一产业 Primary Industry	第二产业 Secondary Industry	第三产业 Tertiary Industry	地区生产总值增长率(%) Growth Rate of Gross Domestic Product (%)	人均地区生产总值(元) Per Capita Gross Domestic Product (yuan)
城市合计	**Total**	**13278.8**	**745.2**	**6159.6**	**6374.0**		
石家庄市	Shijiazhuang	3214.8	134.7	1247.0	1833.1	7.3	67493
承德市	Chengde	305.2	5.2	155.3	144.7	6.3	46535
张家口市	Zhangjiakou	665.3	57.0	276.8	331.5	5.7	39296
秦皇岛市	Qinhuangdao	934.0	69.4	347.5	517.1	7.4	56805
唐山市	Tangshan	3323.8	180.1	1819.9	1323.9	7.4	93110
廊坊市	Langfang	903.1	24.3	350.5	528.3	8.3	105362
保定市	Baoding	1141.7	94.7	646.5	400.4	5.4	40087
沧州市	Cangzhou	710.4	9.5	339.0	361.9	8.5	100717
衡水市	Hengshui	399.8	22.5	227.0	150.3	7.7	42115
邢台市	Xingtai	314.3	5.3	125.3	183.7	6.7	33372
邯郸市	Handan	1366.4	142.4	624.8	599.2	6.0	38365

各城市就业人员（2016年底）
Employed Persons (End of 2016)

单位：人 (person)

城市	City	年末单位就业人员 Employed Persons (year-end)	第一产业 Primary Industry	第二产业 Secondary Industry	#制造业 Manufacturing	第三产业 Tertiary Industry
城市合计	**Total**	**3381688**	**23487**	**1381103**	**733524**	**1977098**
石家庄市	Shijiazhuang	699418	594	231230	146709	467594
承德市	Chengde	144762	42	50806	24449	93914
张家口市	Zhangjiakou	211486	230	66500	39988	144756
秦皇岛市	Qinhuangdao	273393	219	107240	75031	165934
唐山市	Tangshan	437082	15838	137626	78358	283618
廊坊市	Langfang	225881	69	123489	83290	102323
保定市	Baoding	481138	395	270418	148547	210325
沧州市	Cangzhou	193652	5220	73992	31516	114440
衡水市	Hengshui	128174	26	44659	18976	83489
邢台市	Xingtai	169257	78	76397	25073	92782
邯郸市	Handan	417445	776	198746	61587	217923

各城市固定资产投资及内贸、外经主要指标（2016年）
Major Indicators of Investment in Fixed Assets and Domestic Trade, Foreign Economy Trade (2016)

城　市	City	固定资产投资（亿元）Total Investment in Fixed Assets (100 million yuan)	商品房屋销售面积（万平方米）Floor Space of Commercialized Building Sold (10000 sq.m)	商品房屋销售额（亿元）Total Sale of Commercialized Building (100 million yuan)	社会消费品零售总额（亿元）Total Retail Sale of Consumer Goods (100 million yuan)	限额以上批发零售贸易企业（个）Number of Enterprises above Designated Size (unit)	当年实际利用外资金额（万美元）Amount of Foreign Capital Actually Utilized (USD 10000)
城市合计	**Total**	**12080.28**	**3290.14**	**2137.62**	**6331.68**	**2060**	**462681**
石家庄市	Shijiazhuang	3066.20	652.13	606.90	1674.10	394	98090
承 德 市	Chengde	276.80	96.19	52.70	161.83	69	4816
张家口市	Zhangjiakou	692.60	219.27	96.40	352.85	106	14826
秦皇岛市	Qinhuangdao	588.08	249.37	148.69	553.74	229	77861
唐 山 市	Tangshan	2679.41	596.16	301.09	1201.67	278	86814
廊 坊 市	Langfang	438.64	285.61	253.16	232.52	135	48648
保 定 市	Baoding	883.26	106.04	53.35	690.49	189	36407
沧 州 市	Cangzhou	1106.79	351.88	205.92	239.90	178	38730
衡 水 市	Hengshui	402.86	235.29	111.54	251.47	180	6393
邢 台 市	Xingtai	343.41	169.47	72.77	237.20	115	6008
邯 郸 市	Handan	1602.22	328.73	235.10	735.91	187	44088

注：固定资产投资不包含农户投资。

a) Total investment in fixed assets excludes the investment made by agricultural households.

各城市财政、金融主要指标（2016年）
Major Indicators of Public Finance and Banking (2016)

单位：亿元　　(100 million yuan)

城　市	City	地方财政一般预算收入 General Budget of Financial Revenue	财政支出 Expenditure	#一般性公共服务支出 General Public Services	年末金融机构存款余额 Deposits of Financial Institutions at year-end	#住户存款 Deposits of Households	年末金融机构贷款余额 Loans of Financial Institutions at year-end
城市合计	**Total**	**1203.36**	**2147.95**	**209.26**	**29119.20**	**14286.20**	**20147.57**
石家庄市	Shijiazhuang	314.97	443.60	44.90	8393.00	3007.20	6005.16
承 德 市	Chengde	38.21	104.50	9.20	905.53	517.20	786.04
张家口市	Zhangjiakou	80.76	179.57	17.60	1020.85	869.60	869.60
秦皇岛市	Qinhuangdao	99.11	174.85	18.27	1997.66	1252.81	1316.94
唐 山 市	Tangshan	250.58	404.47	33.39	5644.34	2851.30	3667.26
廊 坊 市	Langfang	50.60	61.70	6.81	2469.55	853.18	1516.71
保 定 市	Baoding	121.13	204.88	24.48	2675.31	1467.60	1312.79
沧 州 市	Cangzhou	99.06	156.02	15.69	1152.82	539.40	961.85
衡 水 市	Hengshui	25.80	120.40	9.80	1052.90	676.80	694.90
邢 台 市	Xingtai	11.66	58.63	4.86	1093.08	628.83	885.06
邯 郸 市	Handan	111.49	239.34	24.25	2714.15	1622.28	2131.27

各城市规模以上工业企业主要经济指标（2016年）

Major Indicators on Economic Benefit of Industrial Enterprises above Designated Size (2016)

单位：亿元 (100 million yuan)

城　市	City	工业企业数(个) Number of Industrial Enterprises (unit)	从业人员年平均人数(万人) Annual Average Employment Personnel (10000 persons)	固定资产合计 Fixed Assets	主营业务收入 Revenue from Principal Business	工业利润总额 Total Profits
城市合计	**Total**	**3970**	**150.72**	**9088.14**	**19673.68**	**1059.90**
石家庄市	Shijiazhuang	1022	30.44	1384.86	4346.52	366.47
承 德 市	Chengde	87	4.02	389.60	477.22	12.27
张家口市	Zhangjiakou	205	6.52	428.60	571.70	19.87
秦皇岛市	Qinhuangdao	283	10.10	453.91	1113.70	58.20
唐 山 市	Tangshan	736	38.67	2928.35	5999.13	126.20
廊 坊 市	Langfang	214	9.52	266.79	780.21	47.50
保 定 市	Baoding	427	19.22	708.13	2239.00	174.42
沧 州 市	Cangzhou	200	5.72	644.43	1330.06	140.05
衡 水 市	Hengshui	249	6.15	218.65	632.26	54.95
邢 台 市	Xingtai	101	6.38	291.59	496.20	19.67
邯 郸 市	Handan	446	13.98	1373.24	1687.69	40.28

各城市文化、卫生及社会保障情况（2016年）

Conditions of Culture, Public Health, Social Security (2016)

城　市	City	公共图书馆图书藏量(千册) Total Collections (1000 volumes)	医院(个) Hospitals (unit)	医院床位数(张) Number of Hospital Beds (bed)	医生数(人) Doctors (person)	注册护士数(人) Number of Registered Nurses (person)
城市合计	**Total**	**10119.47**	**898**	**123413**	**59324**	**80048**
石家庄市	Shijiazhuang	2245.00	66	5602	3058	20975
承 德 市	Chengde	401.76	31	5812	2831	3077
张家口市	Zhangjiakou	650.00	75	10751	2794	3379
秦皇岛市	Qinhuangdao	1124.00	70	9706	3967	4956
唐 山 市	Tangshan	1529.00	152	21544	10754	12147
廊 坊 市	Langfang	1741.41	51	5114	3031	2667
保 定 市	Baoding	108.00	144	16945	10218	9576
沧 州 市	Cangzhou	660.71	24	9898	4869	5763
衡 水 市	Hengshui	493.20	48	6499	3194	3050
邢 台 市	Xingtai	391.67	63	8836	4386	4745
邯 郸 市	Handan	774.72	174	22706	10222	9713

各城市教育事业及专业技术人员主要指标（2016年）

Conditions of Education and Scientific and Technical Personnel (2016)

城市	City	学校数（个） Number of Schools (unit)			专任教师数（人） Number of Full-time Teachers (person)		
		中等职业技术学校 Secondary Vocational Schools	普通中学 Regular Secondary Schools	小学 Primary Schools	中等职业技术学校 Secondary Vocational Schools	普通中学 Regular Secondary Schools	小学 Primary Schools
城市合计	**Total**	**340**	**854**	**2720**	**23627**	**93332**	**92259**
石家庄市	Shijiazhuang	92	158	489	5161	17641	17591
承德市	Chengde	16	23	56	694	2675	2594
张家口市	Zhangjiakou	21	63	255	1719	7108	7161
秦皇岛市	Qinhuangdao	34	85	173	2518	7066	7544
唐山市	Tangshan	46	132	413	3994	12823	13028
廊坊市	Langfang	10	26	134	486	3188	4183
保定市	Baoding	29	115	390	2553	11020	10629
沧州市	Cangzhou	14	26	74	934	3142	3736
衡水市	Hengshui	15	46	90	1267	8349	4214
邢台市	Xingtai	21	41	125	1494	4911	4425
邯郸市	Handan	42	139	521	2807	15409	17154

城市	City	在校学生数（万人） Number of Higher Education (10000 persons)			
		普通高等学校 Regular Institutions of Higher Education	中等职业技术学校 Secondary Vocational Schools	普通中学 Regular Middle Schools	小学 Primary Schools
城市合计	**Total**	**126.96**	**39.07**	**118.02**	**165.92**
石家庄市	Shijiazhuang	43.62	13.09	24.26	33.40
承德市	Chengde	4.31	1.41	3.05	4.48
张家口市	Zhangjiakou	1.76	2.58	8.21	11.03
秦皇岛市	Qinhuangdao	15.41	2.14	6.50	10.30
唐山市	Tangshan	11.43	4.30	14.05	20.66
廊坊市	Langfang	12.15	1.08	4.28	7.57
保定市	Baoding	20.08	3.18	13.69	23.02
沧州市	Cangzhou	5.62	2.25	4.88	6.01
衡水市	Hengshui	1.96	2.37	10.94	7.93
邢台市	Xingtai	4.89	1.52	7.40	9.07
邯郸市	Handan	5.74	5.16	20.76	32.45

各城市市政公用事业（2016年）
Basic Statistics on Urban Public Utilities (2016)

城　市	City	年末实有城市道路面积（万平方米）Area of Paved Roads (year-end) (10000 sq.m)	排水管道长　度（公里）Length of City Sewage Pipes (km)	供水综合生产能力（万立方米/日）Production Capacity of Tap Water Supply(10000 cu.m/day)	供水总量（万立方米）Annual Supply of Tap Water (10000 cu.m)	用水人口（万人）Number of Residents with Access to Tap Water (10000 persons)
城市合计	**Total**	**24297**	**13127**	**617.14**	**147291**	**1332.25**
石家庄市	Shijiazhuang	5366	2168	166.03	49410	282.17
承 德 市	Chengde	748	508	30.73	6372	57.37
张家口市	Zhangjiakou	1534	805	79.10	8824	100.10
秦皇岛市	Qinhuangdao	2159	1582	40.00	13320	111.17
唐 山 市	Tangshan	3083	1981	113.00	27781	197.98
廊 坊 市	Langfang	987	625	22.88	4855	56.20
保 定 市	Baoding	3261	1430	46.54	12152	155.38
沧 州 市	Cangzhou	1065	560	25.00	4203	59.33
衡 水 市	Hengshui	764	416	8.91	3055	43.00
邢 台 市	Xingtai	1519	845	17.95	5308	95.39
邯 郸 市	Handan	3811	2207	67.00	12010	174.16

城　市	City	液化石油气供气总量（吨）Liquefied Petroleum Gas (ton)	用液化气人口（万人）Population with Access to Liquefied Petroleum Gas (10000 persons)	园林绿地面积（公顷）Area of Urban Gardens and Green Areas (hectare)	建成区绿化覆盖面积（公顷）Green Covered Areas (hectare)
城市合计	**Total**	**88359**	**201.24**	**64777**	**63263**
石家庄市	Shijiazhuang	41695	50.00	12423	12634
承 德 市	Chengde	5070	36.90	4695	5157
张家口市	Zhangjiakou	5576	18.60	4046	4290
秦皇岛市	Qinhuangdao	1743	9.10	5788	5288
唐 山 市	Tangshan	11000	8.00	8896	9457
廊 坊 市	Langfang	2600	2.60	4593	3115
保 定 市	Baoding	7811	28.80	6926	7312
沧 州 市	Cangzhou	3032	12.00	2387	2703
衡 水 市	Hengshui	2790	13.70	2052	2239
邢 台 市	Xingtai	2409	8.00	2988	3369
邯 郸 市	Handan	4633	13.54	9983	7699

各市国民经济主要指标（2016年）

Major Indicators of National Economy (2016)

市	City	地区生产总值（亿元）Gross Domestic Product (100 million yuan)	规模以上工业 Industrial Enterprises above Designated Size 能耗（万吨标准煤）Energy Consumption (10000 tons of SCE)	增加值（亿元）Value Added (100 million yuan)	利润总额（亿元）Total Profits (100 million yuan)	亏损额（亿元）Losses (100 million yuan)
全　省	**Total**	**32070.45**	**20544.02**	**11663.8**	**2815.1**	**265.90**
石家庄市(含辛集市)	Shijiazhuang (Including Xinji)	5927.73	2686.90	2190.3	758.6	18.02
石家庄市(不含辛集市)	Shijiazhuang (Exluding Xinji)	5502.15	2531.74	1965.3	735.0	17.53
#辛集市	Xinji	425.58	155.16	225.0	23.6	0.49
承德市	Chengde	1438.57	991.63	471.7	87.5	18.65
张家口市	Zhangjiakou	1465.99	981.11	373.9	66.4	14.48
秦皇岛市	Qinhuangdao	1349.35	721.10	334.9	34.7	37.34
唐山市	Tangshan	6354.87	7421.77	2880.0	438.1	66.93
廊坊市	Langfang	2720.46	674.18	776.5	188.7	13.25
保定市(含定州市)	Baoding (Including Dingzhou)	3477.13	830.98	1093.7	412.2	13.00
保定市(不含定州市)	Baoding (Excluding Dingzhou)	3149.32	511.14	1010.8	324.9	12.68
#定州市	Dingzhou	327.81	319.84	82.9	87.3	0.32
沧州市	Cangzhou	3544.68	1417.95	1308.2	320.0	53.38
衡水市	Hengshui	1420.18	264.87	473.9	105.9	3.09
邢台市	Xingtai	1975.75	1156.69	632.4	163.5	10.39
邯郸市	Handan	3361.11	3396.86	1182.5	239.4	17.38

市	City	全社会投资总额（万元）Total Investment (10000 yuan)	新开工项目（个）Stated This Year (unit)	社会消费品零售总额（万元）Total Retail Sales of Consumer Goods (10000 yuan)	限额以上企业消费品零售额（万元）Retail Sales of Consumer Goods above Designated Enterprises (10000 yuan)	实际利用外资（万美元）Total Amount of Contracted Investment Actually Utilized (10000 USD)	外商直接投资（万美元）Foreign Direct Investent (10000 USD)
全　省	**Total**	**317500152**	**19234**	**143647389**	**37229540**	**814697**	**735388**
石家庄市(含辛集市)	Shijiazhuang (Including Xinji)	59575769	4466	29752321	8827806	122102	117643
石家庄市(不含辛集市)	Shijiazhuang (Exluding Xinji)	57190495	4076	26929798	8753964	121870	117411
#辛集市	Xinji	2385274	390	2822523	73842	232	232
承德市	Chengde	16327796	1190	5433067	1231548	20006	11070
张家口市	Zhangjiakou	16473360	1064	6831739	1510027	46003	41264
秦皇岛市	Qinhuangdao	8924959	648	6998048	1620102	90438	65906
唐山市	Tangshan	50363193	2251	23711061	5322289	148301	143562
廊坊市	Langfang	24908169	1284	8819112	2684980	80207	78291
保定市(含定州市)	Baoding (Including Dingzhou)	29649681	1085	18281891	4413394	70346	66395
保定市(不含定州市)	Baoding (Excluding Dingzhou)	26720080	1050	16693315	4088515	67376	63425
#定州市	Dingzhou	2929601	35	1588575	324879	2970	2970
沧州市	Cangzhou	35307401	3242	12278129	3155306	56506	41772
衡水市	Hengshui	12551588	536	6754345	1826729	23752	21844
邢台市	Xingtai	20669157	1867	9698859	2476215	54422	50586
邯郸市	Handan	38183937	1593	15088817	4161144	102156	97055

各市按主要行业分法人单位数(2016年)

Number of Legal Entities by Sector (2016)

单位：个 (unit)

市	City	合计 Total	农、林、牧、渔业 Agriculture, Forestry, Animal Husbandry and Fishery	采矿业 Mining	制造业 Manufacturing	电力、热力、燃气及水的生产和供应业 Production and Supply of Electricity, Heat, Gas and Water	建筑业 Construction	批发和零售业 Wholesale and Retail Trades
全　省	**Total**	785258	73766	6332	151620	3601	37800	219537
石家庄市	Shijiazhuang	153474	8982	471	23201	481	8526	52993
# 辛集市	Xinji	6337	1349	2	1932	23	181	1302
承德市	Chengde	41066	10037	1366	2654	296	2183	9014
张家口市	Zhangjiakou	47206	8154	873	3930	539	2763	11047
秦皇岛市	Qinhuangdao	42778	4947	444	4620	120	2287	12410
唐山市	Tangshan	73273	5365	1451	11137	310	2167	24012
廊坊市	Langfang	73372	3729	17	14576	194	3457	10499
保定市	Baoding	113712	9969	548	24539	495	5333	32056
# 定州市	Dingzhou	6534	573	0	1430	17	345	1532
沧州市	Cangzhou	60708	4209	63	21018	212	2040	11849
衡水市	Hengshui	50901	5040	9	17591	169	2134	11352
邢台市	Xingtai	59466	6572	377	15961	349	2464	12880
邯郸市	Handan	89302	6762	713	12393	436	4446	31425

市	City	交通运输、仓储和邮政业 Transport, Storage and Post and Post	住宿和餐饮业 Hotels and Catering Services	信息传输、软件和信息技术服务业 Information Transmission, Software and Information Technology	金融业 Financial Inter-mediation	房地产业 Real Estate	租赁和商务服务业 Leasing and Business Services	科学研究和技术服务业 Scientific Research, and Technical Services
全　省	**Total**	**18660**	**8228**	**13945**	**4847**	**25580**	**56215**	**26096**
石家庄市	Shijiazhuang	3612	1206	4440	1363	5688	15662	7388
# 辛集市	Xinji	92	23	56	23	123	146	123
承德市	Chengde	765	592	476	249	1224	2873	1089
张家口市	Zhangjiakou	1089	712	582	305	1786	3239	1167
秦皇岛市	Qinhuangdao	1110	810	1013	224	1395	3917	1635
唐山市	Tangshan	2687	702	1449	479	2024	4968	2226
廊坊市	Langfang	894	718	907	310	3778	4104	1691
保定市	Baoding	2101	1356	1971	558	3831	7745	3538
# 定州市	Dingzhou	108	28	56	18	174	298	333
沧州市	Cangzhou	1676	382	623	297	1249	3280	1465
衡水市	Hengshui	672	336	518	183	983	1953	1276
邢台市	Xingtai	1246	552	568	294	1386	2202	1897
邯郸市	Handan	2808	862	1398	585	2236	6272	2724

各市按主要行业分法人单位数(2016年)(续)
Number of Legal Entities by Sector (2016)

单位：个 (unit)

市	City	水利、环境和公共设施管理业 Management of Water Conservancy, Environment and Public Facilities	居民服务、修理和其他服务业 Services to Households, Repair and Other Services	教育 Education	卫生和社会工作 Health, and Social Service	文化、体育和娱乐业 Culture, Sports and Entertainment	公共管理、社会保障和社会组织 Public Management, Social Security and Social Organizations	国际组织 International Organizations
全　省	**Total**	**5537**	**14020**	**21537**	**7049**	**10845**	**80043**	
石家庄市	Shijiazhuang	860	2654	3738	1042	2100	9067	
# 辛集市	Xinji	31	54	227	36	91	523	
承 德 市	Chengde	524	663	826	501	856	4878	
张家口市	Zhangjiakou	681	795	1052	597	869	7026	
秦皇岛市	Qinhuangdao	426	1042	1096	491	775	4016	
唐 山 市	Tangshan	602	1197	2548	706	946	8297	
廊 坊 市	Langfang	283	968	1219	399	840	4789	
保 定 市	Baoding	712	2450	3895	1067	1396	10152	
# 定州市	Dingzhou	10	384	414	64	98	652	
沧 州 市	Cangzhou	262	662	2029	538	752	8102	
衡 水 市	Hengshui	176	445	817	387	437	6423	
邢 台 市	Xingtai	397	676	2127	614	771	8133	
邯 郸 市	Handan	614	2468	2190	707	1103	9160	

各市按三次产业和机构类型分法人单位数(2016年)
Number of Legal Entities by Three Strata of Industry and Type of Institutions (2016)

单位：个 (unit)

市	City	法人单位数 Number of Legal Entities	按三次产业分 Grouped by Three Strata of Industry			按机构类型分 by Type of Institutions				
			第一产业 Primary Industry	第二产业 Secondary Industry	第三产业 Tertiary Industry	企业法人 Business Entity	事业法人 Institution Entity	机关法人 Government Entity	社会团体 Social Organization	其他 Others
全　省	**Total**	**785258**	**62413**	**198382**	**524463**	**611097**	**32495**	**12105**	**8218**	**121343**
石家庄市	Shijiazhuang	153474	7346	32575	113553	131641	5362	1533	1573	13365
# 辛集市	Xinji	6337	1015	2134	3188	4296	328	66	51	1596
承 德 市	Chengde	41066	8872	6457	25737	25936	2151	910	700	11369
张家口市	Zhangjiakou	47206	7767	8036	31403	31944	2531	1215	674	10842
秦皇岛市	Qinhuangdao	42778	4686	7303	30789	33134	1655	555	612	6822
唐 山 市	Tangshan	73273	4762	14843	53668	56385	3393	1101	873	11521
廊 坊 市	Langfang	53372	3122	18190	32060	44042	1639	739	316	6636
保 定 市	Baoding	113712	8796	30826	74090	89539	5034	1637	1101	16401
# 定州市	Dingzhou	6534	479	1792	4263	4179	464	76	40	1775
沧 州 市	Cangzhou	60708	3607	23263	33838	45376	2875	1032	452	10973
衡 水 市	Hengshui	50901	2886	19884	28131	37175	1328	696	380	11322
邢 台 市	Xingtai	59466	5290	19111	35065	42426	3039	1312	720	11969
邯 郸 市	Handan	89302	5279	17894	66129	73499	3488	1375	817	10123

各市按控股情况分企业法人单位数(2016年)
Numbers of Corporate Enterprises by the Status of Holdings (2016)

单位：个 (unit)

市	City	企业单位数 Numbers of Enterprises	国有控股 State-holding	集体控股 Collective-holding	私人控股 Private-holding	港、澳、台商控股 Hong Kong, Macao and Taiwan-holding	外商控股 Foreign-holding	其他 Others
全省	**Total**	**611097**	**10748**	**8112**	**522766**	**637**	**991**	**67843**
石家庄市	Shijiazhuang	131641	1831	1342	114475	89	127	13777
#辛集市	Xinji	4296	26	32	3888	6	8	336
承德市	Chengde	25936	714	404	21291	23	20	3484
张家口市	Zhangjiakou	31944	859	789	26406	35	47	3808
秦皇岛市	Qinhuangdao	33134	770	417	27453	49	107	4338
唐山市	Tangshan	56385	1446	1082	46043	93	132	7589
廊坊市	Langfang	44042	552	383	38800	105	239	3963
保定市	Baoding	89539	1296	1134	72064	58	106	14881
#定州市	Dingzhou	4179	57	60	3529	2		531
沧州市	Cangzhou	45376	631	552	40728	58	97	3310
衡水市	Hengshui	37175	454	436	32393	25	36	3831
邢台市	Xingtai	42426	579	458	37957	28	38	3366
邯郸市	Handan	73499	1616	1115	65156	74	42	5496

各市按登记注册类型分企业法人单位数(2016年)
Number of Business Entities by Status of Registration (2016)

单位：个 (unit)

市	City	企业单位数 Number of Enterprises	内资企业 Domestic Funded Enterprises	国有企业 State-owned Enterprises	集体企业 Collective-owned Enterprises	股份合作企业 Cooperative Enterprises	联营 Ownership
全省	**Total**	**611097**	**608688**	**4274**	**5140**	**2324**	**367**
石家庄市	Shijiazhuang	131641	131291	684	821	356	73
#辛集市	Xinji	4296	4273	15	23	2	3
承德市	Chengde	25936	25883	370	224	111	18
张家口市	Zhangjiakou	31944	31833	402	541	248	36
秦皇岛市	Qinhuangdao	33134	32891	361	270	128	30
唐山市	Tangshan	56385	56054	597	789	234	28
廊坊市	Langfang	44042	43631	220	248	108	21
保定市	Baoding	89539	89231	402	633	502	47
#定州市	Dingzhou	4179	4163	14	8	36	
沧州市	Cangzhou	45376	45132	275	345	185	25
衡水市	Hengshui	37175	37075	200	268	52	10
邢台市	Xingtai	42426	42312	250	263	193	38
邯郸市	Handan	73499	73355	513	738	207	41

各市按登记注册类型分企业法人单位数(2016年)(续)

Number of Business Entities by Status of Registration (2016)

单位：个 (unit)

市	City	有限责任公司 Limited Liability Corporations	股份有限公司 Share-holding Corporations Ltd.	私营 Private	其他 Others	港、澳、台商投资企业 Enterprises with Funds from Hong Kong, Macao and Taiwan	外商投资企业 Enterprises with Foreign Investment
全省	**Total**	**135881**	**8912**	**417039**	**34751**	**867**	**1542**
石家庄市	Shijiazhuang	23040	2256	97944	6117	147	203
# 辛集市	Xinji	124	24	3936	146	11	12
承德市	Chengde	4787	393	18457	1523	28	25
张家口市	Zhangjiakou	8972	633	19193	1808	39	72
秦皇岛市	Qinhuangdao	8513	565	20977	2047	65	178
唐山市	Tangshan	16089	665	34894	2758	132	199
廊坊市	Langfang	13269	389	27995	1381	120	291
保定市	Baoding	23167	1485	52956	10039	88	220
# 定州市	Dingzhou	877	96	2838	294	5	11
沧州市	Cangzhou	5256	576	37009	1461	87	157
衡水市	Hengshui	6548	447	27867	1683	36	64
邢台市	Xingtai	6190	516	32862	2000	46	68
邯郸市	Handan	20050	987	46885	3934	79	65

各市民营经济主要指标(2016年)

Major Indicators of Private Economies (2016)

市	City	增加值(亿元) Value-added (100 million yuan)	营业(业务)收入(亿元) Revenue (100 million yuan)	利润总额(亿元) Pretax Profit (100 million yuan)	工资总额(亿元) Payment to Employees (100 million yuan)	从业人员(万人) Employment (10000 persons)	出口创汇(万美元) Export (USD 10000)	实缴税金(亿元) Tax Paid (100 million yuan)
全省	**Total**	**21583.1**	**105050.3**	**7653.0**	**5470.9**	**2177.0**	**2618971**	**2666.2**
石家庄市	Shijiazhuang	3612.8	18061.4	1286.0	810.7	304.6	621725	462.3
承德市	Chengde	923.5	4150.7	255.6	225.7	97.4	26216	111.7
张家口市	Zhangjiakou	863.4	2997.6	228.3	211.4	108.9	28578	122.2
秦皇岛市	Qinhuangdao	902.5	3787.4	147.1	250.4	74.6	259797	130.9
唐山市	Tangshan	4338.7	17441.7	1127.6	686.8	248.5	540421	365.4
廊坊市	Langfang	1946.8	8158.4	615.9	391.3	144.2	212939	472.6
保定市	Baoding	2130.4	12002.5	798.6	798.0	284.1	280371	288.7
沧州市	Cangzhou	2484.5	11559.5	1058.3	671.6	229.2	204132	243.1
衡水市	Hengshui	995.6	4433.0	335.5	288.1	120.9	231649	114.4
邢台市	Xingtai	1300.4	7474.0	587.5	388.0	220.3	130809	128.4
邯郸市	Handan	2178.6	12388.7	1008.2	597.2	284.2	81883	191.9
定州市	Dingzhou	207.3	1239.0	77.3	89.0	35.2		18.5
辛集市	Xinji	338.9	1356.3	127.0	62.6	24.8		16.1

各市地区生产总值及指数（2016年）
Gross Domestic Product and Its Indices (2016)

市	City	地区生产总值（亿元）Gross Domestic Product (100 million yuan)	第一产业 Primary Industry	第二产业 Secondary Industry	第三产业 Tertiary Industry	#工业 Industry	#建筑业 Construction
全省	**Total**	**32070.45**	**3492.81**	**15256.93**	**13320.71**	**13387.46**	**1885.27**
石家庄市	Shijiazhuang	5927.73	480.88	2693.92	2752.93	2417.01	285.78
#辛集市	Xinji	425.58	48.74	255.13	121.71	242.92	12.21
承德市	Chengde	1438.57	237.79	658.78	542.01	558.20	100.75
张家口市	Zhangjiakou	1465.99	266.02	547.17	652.81	436.69	110.71
秦皇岛市	Qinhuangdao	1349.35	195.95	468.63	684.78	383.94	89.04
唐山市	Tangshan	6354.87	598.98	3499.91	2255.98	3219.12	281.90
廊坊市	Langfang	2720.46	198.27	1203.82	1318.37	1021.56	182.37
保定市	Baoding	3477.13	452.71	1681.92	1342.50	1367.47	314.46
#定州市	Dingzhou	327.81	85.17	158.59	84.04	111.76	46.84
沧州市	Cangzhou	3544.68	308.62	1757.78	1478.28	1580.57	178.91
衡水市	Hengshui	1420.18	184.33	668.33	567.53	603.69	64.63
邢台市	Xingtai	1975.75	269.75	925.80	780.20	839.27	86.57
邯郸市	Handan	3361.11	417.20	1600.22	1343.68	1411.29	190.15

市	City	地区生产总值指数（上年=100）Gross Domestic Product (preceding year=100)	第一产业 Primary Industry	第二产业 Secondary Industry	第三产业 Tertiary Industry	#工业 Industry	#建筑业 Construction
全省	**Total**	**106.8**	**103.5**	**104.9**	**109.9**	**104.6**	**106.5**
石家庄市	Shijiazhuang	6.8	0.9	4.4	10.4	4.5	3.6
#辛集市	Xinji	7.0	1.4	5.4	12.9	5.1	11.4
承德市	Chengde	6.9	6.7	5.1	9.5	4.3	10.0
张家口市	Zhangjiakou	7.0	4.8	3.4	11.3	2.6	6.9
秦皇岛市	Qinhuangdao	7.0	5.3	5.4	8.5	5.0	7.3
唐山市	Tangshan	6.8	3.5	5.1	10.2	4.9	7.0
廊坊市	Langfang	8.0	-0.1	5.3	12.0	5.4	5.2
保定市	Baoding	7.2	3.9	6.5	9.3	6.2	7.6
#定州市	Dingzhou	7.8	3.0	7.7	12.9	5.7	12.7
沧州市	Cangzhou	7.9	1.1	6.6	11.0	6.6	5.9
衡水市	Hengshui	7.8	2.9	5.2	12.4	5.0	6.2
邢台市	Xingtai	7.1	3.4	5.7	10.2	5.5	7.0
邯郸市	Handan	6.8	1.9	5.1	10.5	4.8	7.6

各市地区生产总值
Gross Domestic Product

单位：亿元 (100 million yuan)

市	City	2005	2010	2012	2013	2014	2015	2016
全　省	**Total**	**10047.11**	**20494.19**	**26734.12**	**28627.57**	**29623.97**	**30025.06**	**32070.45**
石家庄市	Shijiazhuang	1670.80	3401.02	4500.21	4913.66	5170.27	5440.59	5927.73
#辛集市	Xinji				363.54	375.93	386.13	425.58
承德市	Chengde	353.20	888.96	1181.92	1272.09	1342.55	1358.73	1438.57
张家口市	Zhangjiakou	425.81	966.42	1233.55	1309.02	1348.97	1363.54	1465.99
秦皇岛市	Qinhuangdao	453.18	930.50	1139.37	1168.75	1200.02	1250.44	1349.35
唐山市	Tangshan	2007.31	4469.16	5861.64	6121.21	6225.30	6103.06	6354.87
廊坊市	Langfang	609.57	1351.10	1794.33	1993.95	2175.96	2473.86	2720.46
保定市	Baoding	1040.57	2050.30	2720.90	2906.38	3035.20	3300.56	3477.13
#定州市	Dingzhou				255.78	277.42	300.22	327.81
沧州市	Cangzhou	1055.51	2203.12	2812.42	3012.99	3133.38	3320.63	3544.68
衡水市	Hengshui	510.94	781.82	1011.03	1080.24	1149.13	1220.01	1420.18
邢台市	Xingtai	671.04	1212.09	1532.06	1577.75	1646.94	1764.73	1975.75
邯郸市	Handan	1098.51	2361.56	3024.29	3061.50	3080.01	3145.43	3361.11

各市支出法计算的地区生产总值（2016年）
Gross Domestic Product by Expenditure Approach (2016)

单位：亿元 (100 million yuan)

市	City	支出法地区生产总值 Gross Regional Product by Expenditure Approach	最终消费 Final Consumption Expenditures	居民消费 Household Consumption Expenditures	政府消费 Government Consumption Expenditures	资本形成总额 Gross Capital Formation	货物和服务净流出 Net Outflow of Goods and Services
全　省	**Total**	**32070.45**	**14536.13**	**10670.77**	**3865.36**	**18636.52**	**-1102.20**
石家庄市	Shijiazhuang	5502.15	2309.99	1675.53	634.46	3134.51	57.64
承德市	Chengde	1438.57	660.11	475.98	184.13	1068.29	-289.83
张家口市	Zhangjiakou	1465.99	656.03	474.25	181.78	797.92	12.04
秦皇岛市	Qinhuangdao	1349.35	608.31	477.05	131.26	708.29	32.74
唐山市	Tangshan	6354.87	1902.02	1588.89	313.13	3354.52	1098.33
廊坊市	Langfang	2720.46	1790.41	1511.77	278.64	920.30	9.74
保定市	Baoding	3149.32	1744.16	1422.45	321.72	1770.02	-364.87
沧州市	Cangzhou	3544.68	1595.11	1210.69	384.42	1938.94	10.63
衡水市	Hengshui	1420.18	701.82	591.83	109.99	677.90	40.46
邢台市	Xingtai	1975.75	935.23	824.91	110.32	1002.49	38.02
邯郸市	Handan	3361.11	1286.85	1048.84	238.01	2038.74	35.52

注：本表数据中石家庄市不含辛集市、保定市不含定州市。

a) Data in this table, Shijiazhuang excluding Xinji, Baoding excluding Dingzhou.

各市人口数及人口自然变动（2016年）

Total Population and Natural Changes of Population (2016)

市	City	总人口（万人）Total Population (10000 persons)	#男 Male	出生率（‰）Birth Rate (‰)	死亡率（‰）Death Rate (‰)	自然增长率（‰）Natural Growth Rate (‰)
全　省	**Total**	**7470.05**	**3795.17**	12.42	6.36	6.06
石家庄市	Shijiazhuang	1078.46	545.94	12.62	6.30	6.32
#辛集市	Xinji	63.34	32.38	11.77	7.44	4.33
承德市	Chengde	353.18	181.40	10.72	6.41	4.31
张家口市	Zhangjiakou	442.51	223.47	11.96	6.79	5.17
秦皇岛市	Qinhuangdao	309.46	157.27	9.12	6.69	2.43
唐山市	Tangshan	784.36	395.31	10.91	6.76	4.15
廊坊市	Langfang	461.50	235.04	13.02	5.79	7.23
保定市	Baoding	1163.45	591.53	12.22	5.92	6.30
#定州市	Dingzhou	120.92	59.93	12.52	7.06	5.46
沧州市	Cangzhou	750.55	386.12	13.07	6.33	6.74
衡水市	Hengshui	445.31	221.45	12.07	6.08	5.99
邢台市	Xingtai	731.99	377.26	13.86	6.59	7.27
邯郸市	Handan	949.28	480.38	13.89	6.56	7.33

注：本表数据根据2016年人口变动情况抽样调查数据推算。

a) This figure was estimated on the basis of the annual sample surveys of populationi in 2016.

各市人口的城乡构成（2016年底）

Population by Urban and Rural Residence and Region (End of 2016)

单位：万人　(10000 persons)

市	City	人口数 Total Population	城镇人口 Urban Population 人口数 Population	城镇人口 比重（%）Proportion	乡村人口 Rural Population 人口数 Population	乡村人口 比重（%）Proportion
全　省	**Total**	**7470.05**	**3983.03**	**53.32**	**3487.02**	**46.68**
石家庄市	Shijiazhuang	1078.46	646.64	59.96	431.82	40.04
#辛集市	Xinji	63.34	31.11	49.12	32.23	50.88
承德市	Chengde	353.18	173.06	49.00	180.12	51.00
张家口市	Zhangjiakou	442.51	239.80	54.19	202.71	45.81
秦皇岛市	Qinhuangdao	309.46	173.70	56.13	135.76	43.87
唐山市	Tangshan	784.36	473.83	60.41	310.53	39.59
廊坊市	Langfang	461.50	262.13	56.80	199.37	43.20
保定市	Baoding	1163.45	571.37	49.11	592.08	50.89
#定州市	Dingzhou	120.92	60.27	49.84	60.65	50.16
沧州市	Cangzhou	750.55	379.48	50.56	371.07	49.44
衡水市	Hengshui	445.31	217.71	48.89	227.60	51.11
邢台市	Xingtai	731.99	364.75	49.83	367.24	50.17
邯郸市	Handan	949.28	508.15	53.53	441.13	46.47

各市城镇非私营单位就业人数（2016年底）
Number of Staff and Workers in Urban Non Private Units (End of 2016)

单位：万人 (10000 persons)

市	City	就业人数 Number of Staff and Workers	# 国有经济 State-Owned	# 城镇集体经济 Urban Collective-Owned	在岗职工人数 Number of Staff and Workers on-post	# 国有经济 State-Owned	# 城镇集体经济 Urban Collective-Owned
全省	**Total**	**639.62**	**286.36**	**13.96**	**595.57**	**272.46**	**13.30**
石家庄市	Shijiazhuang	99.54	48.43	2.30	95.13	46.84	2.26
# 辛集市	Xinji	4.02	1.71	0.07	3.99	1.68	0.07
承德市	Chengde	29.62	14.92	0.62	26.81	14.58	0.61
张家口市	Zhangjiakou	36.96	20.16	1.19	34.64	19.00	1.07
秦皇岛市	Qinhuangdao	32.48	15.13	0.34	30.38	14.57	0.31
唐山市	Tangshan	88.07	33.61	1.63	83.27	32.24	1.57
廊坊市	Langfang	45.95	17.15	0.68	45.03	16.88	0.66
保定市	Baoding	105.54	37.61	1.42	92.58	35.96	1.34
# 定州市	Dingzhou	4.94	2.61	0.02	4.90	2.58	0.02
沧州市	Cangzhou	51.89	26.43	0.87	47.51	24.58	0.85
衡水市	Hengshui	28.63	15.23	1.54	27.45	14.97	1.53
邢台市	Xingtai	44.84	21.87	1.24	42.36	20.44	1.17
邯郸市	Handan	76.10	35.82	2.13	70.41	32.40	1.93

注：在岗职工人数含劳务派遣人员。
a) The staff and workers on-post include the labor dispatch personnel.

各市城镇非私营单位就业人员工资总额（2016年）
Total Wages Bill of Urban Units Employed Persons in Urban Non Private Units (2016)

单位：万元 (10000 yuan)

市	City	就业人员工资总额 Gross Payments to Employees in Urban Areas	在岗职工工资总额 Payments to Full-time Employees	# 国有经济 By State-owned Econmy	# 城镇集体经济 By Urban Collective-owned Economy	其他就业人员工资总额 Payments to Others Types of Employees
全省	**Total**	**35187502**	**33783604**	**16390910**	**594371**	**1403898**
石家庄市	Shijiazhuang	5880819	5736807	3113516	96331	144012
# 辛集市	Xinji	183147	182198	94828	4753	949
承德市	Chengde	1525705	1442875	818518	30734	82830
张家口市	Zhangjiakou	1885135	1809067	1057760	43445	76067
秦皇岛市	Qinhuangdao	1975588	1919216	937542	9460	56371
唐山市	Tangshan	5144007	4987698	2018607	54487	156308
廊坊市	Langfang	3219413	3165954	1120250	32690	53459
保定市	Baoding	5406601	4953597	2027054	55799	453004
# 定州市	Dingzhou	242550	241203	143016	924	1346
沧州市	Cangzhou	2875046	2745897	1514225	45058	129150
衡水市	Hengshui	1384669	1349242	798175	73582	35426
邢台市	Xingtai	2171949	2109627	1145509	64098	62322
邯郸市	Handan	3718571	3563623	1839756	88687	154948

注：从2012年起在岗职工工资总额含劳务派遣人员工资总额。
a) Since 2012 total wages bill of staff and workers on-post include the labor dispatch personnel.

各市城镇非私营单位在岗职工工资总额及平均工资（2016年）
Total Wages Bill and Average Wage of Staff and Workers on-post in Urban Non Private Units (2016)

市	City	在岗职工工资总额（万元）Total Wages (10000 yuan)	国有经济 State-Owned	城镇集体经济 Urban Collective-Owned	其他经济类型 Others	在岗职工平均工资（元）Average Wage of Staff and Workers on-post (yuan)	国有经济 State-Owned	城镇集体经济 Urban Collective-Owned	其他经济类型 Others
全　省	**Total**	**33783604**	**16390910**	**594371**	**16798322**	**56987**	**60450**	**45231**	**54445**
石家庄市	Shijiazhuang	5736807	3113516	96331	2526960	60566	123607	111663	93614
#辛集市	Xinji	182198	94828	4753	82616	46216	56372	69391	37697
承德市	Chengde	1442875	818518	30734	593623	53449	56276	50926	50108
张家口市	Zhangjiakou	1809067	1057760	43445	707862	52277	55709	39066	48797
秦皇岛市	Qinhuangdao	1919216	937542	9460	972215	61988	63084	33992	61451
唐山市	Tangshan	4987698	2018607	54487	2914604	59623	62941	34659	58280
廊坊市	Langfang	3165954	1120250	32690	2013014	71352	66941	49314	74630
保定市	Baoding	4953597	2027054	55799	2870745	54279	56505	41326	53125
#定州市	Dingzhou	241203	143016	924	97263	49561	55068	38500	43311
沧州市	Cangzhou	2745897	1514225	45058	1186614	58122	61890	54000	54078
衡水市	Hengshui	1349242	798175	73582	477486	50134	54023	50708	44679
邢台市	Xingtai	2109627	1145509	64098	900020	50205	56758	56754	43460
邯郸市	Handan	3563623	1839756	88687	1635180	50847	57363	46387	45295

注：在岗职工工资总额和平均工资均含劳务派遣人员。

a) The total wages bill and average wage of staff and workers on-post include the labor dispatch personnel.

各市城镇私营单位就业人员平均工资
Average Wage of Employed Persons in Urban Private Enterprises

单位：元　　(yuan)

市	City	2010	2011	2012	2013	2014	2015	2016
全　省	**Total**	**17914**	**21729**	**25158**	**28135**	**31459**	**34084**	**36507**
石家庄市	Shijiazhuang	17790	22200	26187	28902	32705	35003	37659
承德市	Chengde	17781	21189	24120	27962	30229	32401	34302
张家口市	Zhangjiakou	16891	21805	23325	25458	27723	29120	30477
秦皇岛市	Qinhuangdao	19997	22893	26583	29130	32090	33439	35169
唐山市	Tangshan	21077	24736	28751	31449	34475	38140	40034
廊坊市	Langfang	19884	22626	25523	29918	33855	38283	44244
保定市	Baoding	16461	20579	23913	27083	30726	33027	35762
沧州市	Cangzhou	17430	22422	25194	28442	31148	33218	35214
衡水市	Hengshui	16435	19928	22874	25882	28737	32378	34455
邢台市	Xingtai	15156	18782	22440	25358	29459	31327	33640
邯郸市	Handan	15513	18768	22099	25591	28249	31052	33414
定州市	Dingzhou				24558	29391	30000	31528
辛集市	Xinji				27187	31049	33672	35531

注：1. 本表数据为抽样调查。2. 2013年起石家庄市不含辛集市、保定市不含定州市。（下表同）

a) Data in this table come from data collected through the sample survey.

b) Data in this table, Shijiazhuang excluding Xinji, Baoding excluding Dingzhou since 2013. Same as following tables.

各市城镇登记失业人员及失业率

Number of Unemployed and Unemployment Rate in Urban Area

市	City	年底登记失业人数(万人) Number of Unemployed End of the Year (10000 persons)					登记失业率(%) Registered Rate of Unemployment (%)				
		2010	2013	2014	2015	2016	2010	2013	2014	2015	2016
全　省	**Total**	**35.14**	**37.17**	**38.30**	**39.41**	**39.73**	**3.86**	**3.68**	**3.59**	**3.60**	**3.68**
石家庄市	Shijiazhuang	5.09	5.35	5.34	5.36	5.23	3.82	3.68	3.64	3.66	3.70
承 德 市	Chengde	2.46	1.91	1.85	1.99	1.97	4.34	3.44	3.09	3.14	3.45
张家口市	Zhangjiakou	3.27	3.76	4.01	3.44	3.77	4.31	4.05	3.89	3.23	3.45
秦皇岛市	Qinhuangdao	1.89	2.30	2.32	2.51	2.22	3.76	3.49	3.37	3.32	3.02
唐 山 市	Tangshan	5.79	6.10	6.69	7.01	6.94	4.06	4.02	4.00	4.15	4.28
廊 坊 市	Langfang	1.19	1.25	1.03	1.02	0.95	2.00	2.08	1.90	1.87	1.78
保 定 市	Baoding	4.26	4.70	4.80	4.27	4.67	4.08	3.94	4.02	4.18	4.30
沧 州 市	Cangzhou	1.89	2.44	2.36	2.46	2.32	4.24	3.80	3.49	3.55	3.37
衡 水 市	Hengshui	2.13	2.27	2.46	2.36	2.38	3.50	3.44	3.68	3.73	3.86
邢 台 市	Xingtai	2.11	1.91	2.09	2.15	2.07	3.80	3.70	3.60	3.64	3.81
邯 郸 市	Handan	5.05	5.18	5.35	5.92	6.31	4.00	3.75	3.54	3.67	3.80
定 州 市	Dingzhou		0.72	0.72	0.73	0.72		3.78	3.76	3.89	4.01
辛 集 市	Xinji		0.16	0.17	0.18	0.17		2.77	3.08	3.21	3.12

注：石家庄市不含辛集市，保定市不含定州市。

a) Data in this table, Shijiazhuang excluding Xinji, Baoding excluding Dingzhou.

各市全社会固定资产投资（2016年）

Total Investment in Fixed Assets (2016)

单位：万元　　(10000 yuan)

市	City	全社会投资总额 Total Investment	固定资产投资 Investment in Fixed Assets	建设项目 Construction Projects	房地产开发 Real Estate Development	农　户 Agricultural Households
全　省	**Total**	**317500152**	**313400673**	**266444340**	**46956333**	**4099479**
石家庄市	Shijiazhuang	59575769	59159897	48796801	10363096	415872
#辛集市	Xinji	2385274	2375264	2169818	205446	10010
承 德 市	Chengde	16327796	16154912	14789171	1365741	172884
张家口市	Zhangjiakou	16473360	16312702	13052730	3259972	160658
秦皇岛市	Qinhuangdao	8924959	8746590	6229688	2516902	178369
唐 山 市	Tangshan	50363193	49751053	45161685	4589368	612140
廊 坊 市	Langfang	24908169	24585169	17548738	7036431	323000
保 定 市	Baoding	29649681	29095007	21737280	7357727	554674
#定州市	Dingzhou	2929601	2887951	1721611	1166340	41650
沧 州 市	Cangzhou	35307401	34810735	31977079	2833656	496666
衡 水 市	Hengshui	12551588	12308344	10407524	1900820	243244
邢 台 市	Xingtai	20669157	20259144	18343734	1915410	410013
邯 郸 市	Handan	38183937	37651978	33834768	3817210	531959

注：1. 全省农村农户投资为抽样调查数，各市为全面调查数。2. 全省总计中含不分地区数，不等于各市合计。以下相关表同。

a) The provincial data of individual investment in fixed assets in the rural area are estimator on the base of sample surveys. owever, the corresponding data for the cities are results of overall statistical surveys. b)The data by city didn't contained of others so total isn't equal to the figure of whole province. The same applies to the tables following.

各市按构成和建设性质分的建设项目投资（2016年）
Investment in Capital Construction Projects by Use of Funds and Type of Construction (2016)

单位：万元 (10000 yuan)

市	City	投资总额 Total Invstment	按构成分 by Composition of Funds #建筑工程 Construction	#安装工程 Installation	#设备工器具购置 Purchase of Equipment and Instruments	按建设性质分 by Type of Construction #新建 New Construction	#扩建 Expansion	#改建和技术改造 Reconstruction
全省	**Total**	**266444340**	**149998287**	**29837754**	**61845781**	**148293286**	**44850382**	**64510299**
石家庄市	Shijiazhuang	48796801	21650407	5296758	12257938	22591062	10544567	13818471
#辛集市	Xinji	2169818	1202933	389964	566229	491498	783746	735474
承德市	Chengde	14789171	9986203	1462989	2332671	10367036	1627890	2448979
张家口市	Zhangjiakou	13052730	7322755	1580322	2267931	10671382	996402	972209
秦皇岛市	Qinhuangdao	6229688	4373285	645841	830058	4059130	954602	1143216
唐山市	Tangshan	45161685	28462363	5641714	9375859	24357577	5784858	13722481
廊坊市	Langfang	17548738	10366650	1663858	4235913	8404564	2665139	4915907
保定市	Baoding	21737280	13807619	2000569	4219082	14707174	3363381	2253474
#定州市	Dingzhou	1721611	1072971	161823	179026	1615446	5420	12505
沧州市	Cangzhou	31977079	18397377	3171333	9207235	13837075	9023944	8890227
衡水市	Hengshui	10407524	5829938	1155917	2756798	4885144	2024363	3265143
邢台市	Xingtai	18343734	9671252	2210677	4507587	9578190	3312088	4788221
邯郸市	Handan	33834768	19259687	3792411	8191618	20316711	4506247	8291971

各市建设项目施工、投产个数和新增固定资产（2016年）
Number of Capital Construction Projects under Construction and Put into Use and Newly Increased Fixed Assets (2016)

市	City	施工项目（个） Number of Projects under Construction (unit)	全部建成投产项目个数（个） Number of Projects Completed and Put into Use (unit)	项目建成投产率（%） Rate of Construction Projects Completed and Put into Use (%)	新增固定资产（万元） Newly Increased Fixed Assets (10000 yuan)	固定资产交付使用率（%） Rate of Projects of Fixed Assets Completed and Put into Use (%)
全省	**Total**	**23995**	**17967**	**74.9**	**207262110**	**77.8**
石家庄市	Shijiazhuang	5211	4128	79.2	32694279	67.0
#辛集市	Xinji	431	361	83.8	1553919	71.6
承德市	Chengde	1577	1129	71.6	15997806	108.2
张家口市	Zhangjiakou	1302	1024	78.6	9465327	72.5
秦皇岛市	Qinhuangdao	868	599	69.0	4534430	72.8
唐山市	Tangshan	3041	2225	73.2	39777203	88.1
廊坊市	Langfang	1611	1244	77.2	13371419	76.2
保定市	Baoding	1415	976	69.0	13366200	61.5
#定州市	Dingzhou	56	20	35.7	491071	28.5
沧州市	Cangzhou	3684	3012	81.8	25548748	79.9
衡水市	Hengshui	837	547	65.4	8645316	83.1
邢台市	Xingtai	2356	1704	72.3	14068839	76.7
邯郸市	Handan	2065	1374	66.5	27098700	80.1

各市建设项目施工、竣工房屋建筑面积（2016年）
Floor Space of Buildings under Construction and Completed in Capital Construction Projects (2016)

市	City	施工面积（万平方米）Floor Space under Construction (10000 sq.m)	#住宅 Residential Building	竣工面积（万平方米）Floor Space Completed (10000 sq.m)	#住宅 Residential Building
全　省	**Total**	**14281.42**	**1101.29**	**8181.70**	**392.58**
石家庄市	Shijiazhuang	2136.15	141.66	1487.20	89.93
#辛集市	Xinji	104.73		87.36	
承德市	Chengde	346.68	20.52	190.44	11.07
张家口市	Zhangjiakou	134.65	13.41	109.25	5.47
秦皇岛市	Qinhuangdao	174.26	46.20	117.01	44.60
唐山市	Tangshan	1325.49	44.36	441.73	25.12
廊坊市	Langfang	911.26	16.51	582.01	12.91
保定市	Baoding	2189.45	144.26	1147.65	52.49
#定州市	Dingzhou	32.04	0.06	9.16	0.06
沧州市	Cangzhou	2608.37	142.81	1768.74	34.71
衡水市	Hengshui	910.17	15.03	512.17	4.30
邢台市	Xingtai	1442.31	137.21	742.06	37.19
邯郸市	Handan	2094.64	379.33	1083.46	74.80

各市能源工业投资（2016年）
Investment in Energy Industry (2016)

单位：万元 (10000 yuan)

市	City	合计 Total	煤炭开采和洗选业 Mining and Washing of Coal	石油和天然气开采业 Extraction of Petroleum and Natural Gas	石油加工、炼焦及核燃料加工业 Processing of Petroleum, Coking,	电力、燃气生产和供应业 Production and Supply of Electricity, Gas and Water
全　省	**Total**	**17649680**	**513142**	**307078**	**2787971**	**14041489**
石家庄市	Shijiazhuang	1427825	28859	5470	236080	1157416
#辛集市	Xinji	84997			58147	26850
承德市	Chengde	1826423	8500			1817923
张家口市	Zhangjiakou	2116442	18309	564		2097569
秦皇岛市	Qinhuangdao	387867			110807	277060
唐山市	Tangshan	3018406	69409	276494	498934	2173569
廊坊市	Langfang	285457			43400	242057
保定市	Baoding	653863	35828		26303	591732
#定州市	Dingzhou	113354			1500	111854
沧州市	Cangzhou	2129677	2000	24550	1380348	722779
衡水市	Hengshui	173485	2400			171085
邢台市	Xingtai	982888	17070		118881	846937
邯郸市	Handan	1937367	330767		373218	1233382

各市建设项目资金来源（2016年）

Source of Funds of Investment in Capital Construction Projects (2016)

单位：万元 (10000 yuan)

市	City	本年资金来源 Total Funds This Year	国家预算内资金 State Budget	国内贷款 Domestic Loans	债券 Bond	利用外资 Foreign Investment	自筹资金 Self-raising Funds	其他资金 Others
全省	**Total**	**254265392**	**12603970**	**13124651**	**116381**	**298926**	**219438981**	**8682483**
石家庄市	Shijiazhuang	683627	28634	168029			451999	34965
#辛集市	Xinji	73040					73040	
承德市	Chengde	431005	180271				193582	57152
张家口市	Zhangjiakou	42838	6385				30053	6400
秦皇岛市	Qinhuangdao	32696	6524				25580	592
唐山市	Tangshan	1008134	10474	135122		334	845784	16420
廊坊市	Langfang	421335	44219	2600			370516	4000
保定市	Baoding	100994	7470	1500			92009	15
#定州市	Dingzhou	1642					1642	
沧州市	Cangzhou	945271	119583	7500			802195	15993
衡水市	Hengshui	98024	15799	1414			73532	7279
邢台市	Xingtai	408045	7810	2200			373934	24101
邯郸市	Handan	371545	20193				333979	17373

各市亿元及以上固定资产投资项目投资情况（2016年）

Investment of Projects above 100 Million yuan (2016)

单位：亿元 (100 million yuan)

市	City	施工项目（个） Number of Projects under Construction (unit)	#新开工 Started in This Year	在建规模 Total investment Planed	#新开工 Started in This Year	本年完成投资 Real investment completed in this year
全省	**Total**	**6867**	**4289**	**50254.97**	**21139.34**	**19450.33**
石家庄市	Shijiazhuang	887	533	7791.91	3198.22	3018.24
#辛集市	Xinji	19	10	218.08	27.22	49.63
承德市	Chengde	448	269	3039.20	1207.49	1064.52
张家口市	Zhangjiakou	346	187	3250.68	1215.76	975.28
秦皇岛市	Qinhuangdao	214	99	1113.25	388.75	455.12
唐山市	Tangshan	1135	691	9573.19	3484.60	3714.16
廊坊市	Langfang	473	270	3721.44	1533.06	1088.66
保定市	Baoding	559	333	4641.91	1877.87	1873.96
#定州市	Dingzhou	27	13	317.01	78.15	164.52
沧州市	Cangzhou	730	543	3776.67	1815.01	1833.20
衡水市	Hengshui	353	169	2345.96	679.35	884.70
邢台市	Xingtai	584	340	3017.53	1379.99	1111.08
邯郸市	Handan	1110	847	6683.11	3753.78	2974.89

各市分行业建设项目投资（2016年）

Investment in Capital Construction Projects by Sector (2016)

单位：万元 (10000 yuan)

市	City	投资总额 Total	农林牧渔业 Agriculture, Forestry, Animal Husbandry and Fishery	采矿业 Mining	制造业 Manufacturing	电力、热力、燃气及水生产和供应业 Production and Supply of Electricity, Thermal, Gas & Water	建筑业 Construction	批发和零售业 Wholesale and Retail Trades
全　省	**Total**	**266444340**	**16865844**	**4423669**	**134488851**	**18897623**	**70373**	**8516700**
石家庄市	Shijiazhuang	48796801	2761353	162374	24599673	1876705	5900	1507312
#辛集市	Xinji	2169818	118261		1602092	43341		4960
承德市	Chengde	14789171	2224370	1046339	2016164	2189842		237055
张家口市	Zhangjiakou	13052730	2233435	181064	2634467	2437120	38987	301490
秦皇岛市	Qinhuangdao	6229688	732157	177135	1322117	579984	2075	154995
唐山市	Tangshan	45161685	2898323	2082703	21001981	2981792	11106	1557149
廊坊市	Langfang	17548738	352011		12222563	687739	4985	351569
保定市	Baoding	21737280	1320402	51053	9072407	1009137	7320	1152321
#定州市	Dingzhou	1721611	66938		381347	132754		72153
沧州市	Cangzhou	31977079	1160396	37263	23443200	1195703		942133
衡水市	Hengshui	10407524	543207	2400	7633742	287101		199683
邢台市	Xingtai	18343734	1030706	135885	11632605	1162399		524152
邯郸市	Handan	33834768	1609484	547453	18909932	1780121		1588841

市	City	交通运输、仓储和邮政业 Transport, Storage and Post	住宿和餐饮业 Hotels and Catering Services	信息传输、软件和信息技术服务业 Information Transmission, Software & Information Technology Services	金融业 Financial Inter-Mediation	房地产业 Real Estate	租赁和商务服务业 Leasing and Business Services	科学研究和技术服务业 Scientific Research and Technical Services
全　省	**Total**	**20812837**	**1856458**	**2390975**	**930820**	**7740790**	**5009584**	**3517956**
石家庄市	Shijiazhuang	**3508329**	**227918**	**292091**	**615006**	**3046945**	**1456357**	**663329**
#辛集市	Xinji	154043	4000	1273			16232	12920
承德市	Chengde	1657523	352928	120591	4990	105888	334757	95593
张家口市	Zhangjiakou	1187354	207236	449323	108689	273635	195902	357349
秦皇岛市	Qinhuangdao	559878	25206	32423	100	341235	166635	81627
唐山市	Tangshan	5302711	523369	127917	30919	554128	736202	550436
廊坊市	Langfang	964553	198451	93592		170687	328659	115580
保定市	Baoding	1249238	191859	272234	9000	1389243	660954	598996
#定州市	Dingzhou	95100		113841			99000	84788
沧州市	Cangzhou	1851165	5851	11380	69900	412848	84834	749182
衡水市	Hengshui	554153	26710			140309	80567	30411
邢台市	Xingtai	446710	47462	16613	13956	865690	331480	130185
邯郸市	Handan	2798569	49468	123450	42593	440182	633237	145268

各市分行业建设项目投资（2016年）(续)

Investment in Capital Construction Projects by Sector (2016)

单位：万元　　(10000 yuan)

市	City	水利、环境和公共设施管理业 Management of Water Conservancy, Environment and Public Facilities	居民服务、修理和其他服务业 Services to Households, Repair and Other Services	教　育 Education	卫生和社会工作 Health and Social Work	文化、体育和娱乐业 Culture, Sports and Entertainment	公共管理、社会保障和社会组织 Public Management, Social Security and Social Organizations
全　省	**Total**	**27059102**	**939437**	**3252926**	**3164234**	**4616958**	**1889203**
石家庄市	Shijiazhuang	**5321723**	**312652**	**676969**	**391069**	**773123**	**597973**
#辛集市	Xinji	186055	9030	3481	2800	6550	4780
承德市	Chengde	3419869	8105	126654	129303	664974	54226
张家口市	Zhangjiakou	1565833	77293	122583	103929	367616	209425
秦皇岛市	Qinhuangdao	1209774		84581	141725	329380	288661
唐山市	Tangshan	4604607	172158	852058	430884	560784	182458
廊坊市	Langfang	1497950	35150	195274	224424	54712	50839
保定市	Baoding	2631154	9135	210477	843342	999468	59540
#定州市	Dingzhou	361696				313994	
沧州市	Cangzhou	1592432	19613	124812	71813	87128	117426
衡水市	Hengshui	661823	600	108510	50160	35980	52168
邢台市	Xingtai	1297181	59482	161679	196824	165925	124800
邯郸市	Handan	3032510	245249	578095	580761	577868	151687

各市单位GDP能耗（2016年）

Energy Consumption by GDP (2016)

市	City	单位GDP能耗 Energy Consumption by GDP		单位工业增加值能耗 Energy Consumption by Add-value of Industry	单位GDP电耗 Electricity Consumption by GDP
		指标值（吨标准煤/万元） Change(ton of SCE/10000 yuan)	上升或下降 Change(±%)	上升或下降 Change(±%)	上升或下降 Change(±%)
全　省	**Total**	**0.936**	**-5.05**	**-4.25**	**-3.75**
石家庄市	Shijiazhuang	0.701	-6.48	-7.53	-4.22
承德市	Chengde	0.985	-3.72	-2.25	-5.22
张家口市	Zhangjiakou	0.996	-4.47	-6.40	-4.13
秦皇岛市	Qinhuangdao	0.786	-4.39	-4.70	-4.49
唐山市	Tangshan	1.253	-4.04	-1.77	-8.03
廊坊市	Langfang	0.635	-5.52	-8.36	-1.14
保定市	Baoding	0.597	-4.65	-3.28	2.19
沧州市	Cangzhou	0.781	-4.26	-5.46	-0.57
衡水市	Hengshui	0.732	-6.02	-14.52	-8.01
邢台市	Xingtai	0.975	-4.36	-6.75	0.64
邯郸市	Handan	1.143	-5.10	-4.86	-7.99
定州市	Dingzhou	0.571	-3.50	-6.28	-3.42
辛集市	Xinji	0.755	-6.82	-11.70	-0.50

注：1.单位工业增加值能耗的统计范围是年主营业务收入2000万元及以上的工业法人企业。 2.GDP按照2015年价格计算，工业增加值按照可比价计算。

a) The data ofenergy consumption by industrial value-added are based on survey of industrial legal-person enterprises, whose major-business annual incomes are no less than 20 million yuan. b) GDP is calculated based on constant prices in year 2015, industrial value-added is calculated at constant prices.

各市规模以上工业企业能源消耗情况
Consumption of Main Energy Sources in above Designated Size Industrial Enterprises

单位：万吨标准煤 (10000 tons of SCE)

市	City	2005	2010	2012	2013	2014	2015	2016
全　省	**Total**	**13976.29**	**18117.87**	**20457.52**	**20895.79**	**20343.23**	**20269.64**	**20544.02**
石家庄市	Shijiazhuang	2256.15	2778.90	2959.76	2808.43	2683.76	2615.47	2531.74
承 德 市	Chengde	483.90	733.29	859.51	914.62	927.32	963.09	991.63
张家口市	Zhangjiakou	894.44	952.48	1061.84	1106.99	1090.48	1025.16	981.11
秦皇岛市	Qinhuangdao	519.92	674.38	766.75	748.27	748.69	713.54	721.10
唐 山 市	Tangshan	4672.85	6280.62	7290.94	7474.34	7225.84	7182.77	7421.77
廊 坊 市	Langfang	279.76	558.45	616.81	640.47	674.20	687.82	674.18
保 定 市	Baoding	590.36	720.11	817.44	540.50	494.00	472.52	511.14
沧 州 市	Cangzhou	474.89	763.75	1058.97	1081.38	1111.95	1271.66	1417.95
衡 水 市	Hengshui	306.36	271.99	325.34	333.88	322.16	295.24	264.87
邢 台 市	Xingtai	942.99	1178.53	1254.74	1203.23	1187.79	1166.84	1156.69
邯 郸 市	Handan	2554.67	3205.38	3445.42	3515.62	3385.28	3395.01	3396.86
定 州 市	Dingzhou				350.93	327.06	322.75	319.84
辛 集 市	Xinji				177.13	164.70	157.79	155.16

注：本表数据从2013年开始，石家庄市不含辛集市、保定市不含定州市。

a) Data since 2013, Shijiazhuang excluding Xinji, Baoding excluding Dingzhou.

各市规模以上工业企业水消费(取水总量)
Consumption of Water in above Designated Size Industrial Enterprises

单位：万立方米 (10000 m^3)

市	City	2010	2012	2013	2014	2015	2016
全　省	**Total**	**231593.98**	**223896.30**	**232929.7**	**226177.4**	**220095.9**	**214029.0**
石家庄市	Shijiazhuang	32264.03	33273.78	33532.4	32938.9	30559.4	29020.7
#辛集市	Xinji			2145.3	2073.7	2021.1	1718.4
承 德 市	Chengde	14976.11	16496.01	18500.2	19720.6	22016.8	21008.2
张家口市	Zhangjiakou	9984.96	10912.79	11797.6	11277.8	10873.2	9544.6
秦皇岛市	Qinhuangdao	53050.65	8377.19	6769.2	6637.0	5445.9	5242.7
唐 山 市	Tangshan	64398.13	72452.64	81450.3	81140.6	85111.1	81339.3
廊 坊 市	Langfang	4688.63	5008.41	5306.8	5272.3	5210.9	5214.0
保 定 市	Baoding	9655.55	10456.40	10943.4	10438.4	9924.7	9171.4
#定州市	Dingzhou			2137.3	2269.2	2228.7	2040.1
沧 州 市	Cangzhou	7514.14	33127.75	31645.0	27449.2	20595.3	23852.4
衡 水 市	Hengshui	3170.33	3998.13	4082.6	4380.4	3755.2	3321.0
邢 台 市	Xingtai	9182.51	9640.93	8770.8	7940.9	7949.3	7718.7
邯 郸 市	Handan	22708.94	20152.26	20131.4	18981.4	18654.2	18596.0

注：2009年以后取水总量不包括水的生产和供应业行业，也不包括河湖海冷却水用量。

a) Data after 2009 exclude the industry of production and supply of water, exclude cooling water directly from rivers, lakes and seas as well.

各市地方财政收入及支出（2016年）
Local Revenue and Expenditures (2016)

单位：万元 (10000 yuan)

市	City	地方财政收入 Local Revenue	#增值税 Value-added Tax	#营业税 Operation Tax	地方财政支出 Local Expenditure	#一般公共服务 General Public Services
全省	**Total**	**28498748**	**5952013**	**3424123**	**60495290**	**5518093**
石家庄市	Shijiazhuang	4107238	794270	465549	7461188	719753
#辛集市	Xinji	122590	27883	11758	318764	38033
承德市	Chengde	821331	141980	136009	3037531	287835
张家口市	Zhangjiakou	1416970	170082	176814	4151921	403418
秦皇岛市	Qinhuangdao	1160083	203565	134524	2455712	246935
唐山市	Tangshan	3550699	663029	306332	6425412	581535
廊坊市	Langfang	3387244	494761	712380	5089037	420114
保定市	Baoding	2400998	421955	324861	6120552	575529
#定州市	Dingzhou	181217	35641	18134	550631	35152
沧州市	Cangzhou	2203968	445616	225534	5048978	501743
衡水市	Hengshui	957247	172740	115452	3027787	270840
邢台市	Xingtai	1114802	211511	162638	4093874	388246
邯郸市	Handan	2045018	333913	166799	5316404	503066

注：全省总计数中含省本级数，故不等于各市相加。

a) The total revenues are not equal to the sum of the prefectures' revenues. This is because the former are the total of both provincial and prefectural revenues. So do the total expenditures.

各市区居民消费价格分类指数（2016年，上年＝100）
Consumer Price Indices by Category and by Cities (2016, Preceding Year＝100)

市区	City	总指数 General Index	食品烟酒 Food, Tobacco and Liquor	衣着 Clothing	居住 Residence	生活用品及服务 Household Facilities, Articles & Service	交通和通信 Transport and Communication	教育文化和娱乐 Education, Cultural & Recreation	医疗保健 Health Care & Medical Service	其他用品和服务 Miscellaneous Coods & Services
全省	**Total**	**101.5**	**102.6**	**101.8**	**100.7**	**100.5**	**98.3**	**101.3**	**104.4**	**103.3**
石家庄市	Shijiazhuang	101.6	103.1	101.4	100.7	100.2	100.1	99.7	104.4	102.0
#辛集市	Xinji	101.3	101.7	101.0	99.5	101.0	98.0	103.8	105.7	102.6
承德市	Chengde	101.7	103.5	100.8	100.4	101.9	96.2	100.0	110.9	105.6
张家口市	Zhangjiakou	101.4	102.3	102.9	100.9	101.2	97.6	103.3	100.7	104.0
秦皇岛市	Qinhuangdao	101.2	101.2	100.6	100.6	100.3	97.9	100.6	109.3	102.8
唐山市	Tangshan	101.4	101.3	103.1	101.2	100.4	97.4	103.0	103.2	108.2
廊坊市	Langfang	101.4	102.0	101.6	101.3	100.9	98.0	99.8	105.6	104.9
保定市	Baoding	101.8	102.9	103.1	98.9	100.4	98.4	108.9	100.6	106.2
#定州市	Dingzhou	101.1	103.0	102.8	100.2	99.0	97.5	99.9	102.6	102.3
沧州市	Cangzhou	101.6	102.7	103.0	100.5	100.6	97.8	100.7	105.4	101.3
衡水市	Hengshui	101.6	103.3	102.6	100.6	100.5	98.2	101.6	102.2	105.9
邢台市	Xingtai	101.6	102.8	103.3	102.2	101.0	98.0	100.7	100.9	102.5
邯郸市	Handan	101.4	101.8	101.7	100.4	101.6	98.3	102.2	105.4	102.7

各市区商品零售价格分类指数（2016年，上年＝100）

Retail Price Indices by Category of Commodities by Cities (2016, Preceding Year=100)

市区	City	总指数 General Index	食品 Food	饮料、烟酒 Beverages, Tobacco and Liquor	服装、鞋帽 Garments, Shoes and Hats	纺织品 Textiles	家用电器及音像器材 Household Appliances, Music and Video Equipment	文化办公用品 Cultural and Office Appliances	日用品 Articles for Daily Use	体育娱乐用品 Sports and Recreation Articles
全省	**Total**	**101.2**	**102.8**	**101.7**	**101.6**	**99.7**	**100.1**	**100.2**	**100.4**	**100.2**
石家庄市	Shijiazhuang	101.7	103.5	101.7	101.5	101.6	99.8	100.6	99.2	98.8
#辛集市	Xinji	101.0	101.6	101.0	100.7	100.0	99.7	99.9	102.1	105.4
承德市	Chengde	100.9	103.7	100.8	100.7	98.8	102.2	100.4	102.1	99.1
张家口市	Zhangjiakou	100.8	102.2	102.4	102.9	100.6	100.9	99.6	100.8	101.2
秦皇岛市	Qinhuangdao	100.9	100.9	103.3	100.5	100.4	98.2	100.1	99.5	100.0
唐山市	Tangshan	101.8	101.4	100.1	103.2	98.5	99.0	100.3	99.6	99.9
廊坊市	Langfang	101.1	102.3	102.8	101.5	97.8	98.7	99.6	100.5	100.0
保定市	Baoding	100.9	103.4	102.5	103.3	100.0	100.2	99.8	100.3	102.0
#定州市	Dingzhou	100.6	103.3	100.9	103.1	99.9	102.6	100.0	98.0	100.0
沧州市	Cangzhou	101.2	102.8	101.5	103.3	100.1	100.6	100.9	100.9	101.4
衡水市	Hengshui	100.9	103.5	101.5	102.6	99.7	100.0	100.0	100.9	100.3
邢台市	Xingtai	100.7	102.6	102.1	103.4	101.0	100.0	100.2	100.9	102.8
邯郸市	Handan	101.0	101.6	101.7	101.8	101.3	102.0	99.8	100.2	103.0

市区	City	交通、通信用品 Transportation and Communication Appliances	家具 Furniture	化妆品 Cosmetics	金银珠宝 Gold, Silver and Jewelry	中西药品及医疗保健用品 Traditional Chinese and Western Medicines and Health Care Articles	书报杂志及电子出版物 Books, Newspapers, Magazines and Electronic Publications	燃料 Fuels	建筑材料及五金电料 Building Materials and Hardware
全省	**Total**	**97.2**	**100.1**	**101.7**	**105.5**	**107.2**	**102.7**	**100.6**	**100.5**
石家庄市	Shijiazhuang	100.6	99.3	100.6	105.4	109.4	100.8	98.1	99.5
#辛集市	Xinji	95.7	102.7	98.5	108.5	114.7	104.1	95.0	100.0
承德市	Chengde	95.6	99.2	105.1	104.5	102.8	106.9	97.8	100.6
张家口市	Zhangjiakou	96.3	100.4	102.7	104.2	101.9	101.9	98.6	100.5
秦皇岛市	Qinhuangdao	96.8	102.5	100.6	106.6	104.3	98.3	110.4	100.2
唐山市	Tangshan	96.4	101.5	101.6	106.3	105.9	105.2	117.6	99.3
廊坊市	Langfang	96.5	100.7	100.7	107.0	112.9	100.9	97.0	105.3
保定市	Baoding	95.3	101.8	100.2	106.1	102.2	105.8	95.0	103.4
#定州市	Dingzhou	95.3	99.6	98.4	112.8	105.6	101.8	97.2	99.3
沧州市	Cangzhou	97.1	100.5	100.3	106.8	111.9	100.0	95.7	99.7
衡水市	Hengshui	96.8	100.6	99.6	104.4	103.0	100.6	99.2	100.9
邢台市	Xingtai	96.8	99.8	101.9	107.1	102.4	100.0	99.5	99.0
邯郸市	Handan	98.5	100.1	99.9	104.2	109.5	102.5	96.0	99.9

各市居民生活基本情况（2016年）
Basic Statistics on People's Living Conditions (2016)

单位：元　　(yuan)

市	City	人均可支配收入 Per Capital Annual Disposable Income			人均消费支出 Per Capita Annual Living Expenditures			恩格尔系数（%）Engle Cocfficient (%)	
		全体居民 All Households	城镇居民 Urban Households	农村居民 Rural Households	全体居民 All Households	城镇居民 Urban Households	农村居民 Rural Households	城镇居民 Urban Households	农村居民 Rural Households
石家庄市	Shijiazhuang	22652	30459	12345	14317	19182	7894	24.6	27.8
#辛集市	Xinji	21142	29139	14500	10730	15808	8627	23.2	28.7
承德市	Chengde	16095	24856	8736	11641	17327	6865	28.7	32.7
张家口市	Zhangjiakou	17588	26069	9241	11898	16723	7052	28.4	34.4
秦皇岛市	Qinhuangdao	20600	30348	11621	13408	18959	8294	26.5	28.5
唐山市	Tangshan	25534	33725	15023	16625	21014	10992	24.9	26.2
廊坊市	Langfang	25070	34633	14286	17441	22944	11235	21.6	27.5
保定市	Baoding	17802	25680	11612	11851	16450	8238	21.7	24.5
#定州市	Dingzhou	18781	25391	13298	12306	15112	10372	29.9	32.3
沧州市	Cangzhou	19521	28605	11340	13673	18621	8165	23.5	29.2
衡水市	Hengshui	16296	23787	10069	11896	16342	7864	28.1	30.7
邢台市	Xingtai	16320	23913	10006	10662	15236	7309	25.5	30.7
邯郸市	Handan	19412	26603	12153	12402	16224	8544	25.7	28.1

各市农、林、牧、渔业总产值（2016年）
Gross Output Value of Farming, Forestry, Animal Husbandry and Fishery (2016)

单位：万元　　(10000 yuan)

市	City	农林牧渔业 Farming, Forestry, Animal Husbandry and Fishery	农业 Farming	林业 Forestry	牧业 Animal Husbandry	渔业 Fishery	农林牧渔服务业 Service for Farming, Forestry, Animal Husbandry and Fishery
全省	**Total**	**60838568**	**34593921**	**1323149**	**19392235**	**2109525**	**3419738**
石家庄市	Shijiazhuang	8809674	4689309	198472	3483324	38101	400468
#辛集市	Xinji	898459	497241	4114	377604	41	19459
承德市	Chengde	4074783	2253705	268578	1429965	43296	79239
张家口市	Zhangjiakou	4650478	2384571	186041	1948170	17403	114293
秦皇岛市	Qinhuangdao	3519932	1462461	61896	1430920	469731	94924
唐山市	Tangshan	9615708	5043740	76005	3168822	1044986	282155
廊坊市	Langfang	3667346	2309121	80339	1158602	43582	75702
保定市	Baoding	7973300	4790494	203301	2670997	83293	225215
#定州市	Dingzhou	1443950	884231	63856	474905	138	20820
沧州市	Cangzhou	6259392	2951948	53970	1814675	363694	1075105
衡水市	Hengshui	4302293	2499689	55156	1391615	9418	346415
邢台市	Xingtai	4776000	2934574	79367	1475916	9458	276685
邯郸市	Handan	7663825	4159001	95724	2991106	38772	379222

各市农、林、牧、渔业总产值指数（2016年，上年=100）

Indices of Gross Output Value of Farming，Forestry，Animal Husbandry and Fishery (2016, Preceding Year=100)

市	City	农林牧渔业 Farming, Forestry, Animal Husbandry and Fishery	农业 Farming	林业 Forestry	牧业 Animal Husbandry	渔业 Fishery	农林牧渔服务业 Service for Farming, Forestry, Animal Husbandry and Fishery
全省	**Total**	**103.5**	**103.2**	**106.4**	**103.0**	**103.8**	**108.0**
石家庄市	Shijiazhuang	101.2	101.4	113.5	99.8	76.7	108.6
# 辛集市	Xinji	101.7	100.9	75.2	103.3	70.5	105.3
承德市	Chengde	106.4	109.5	99.4	102.9	103.6	103.0
张家口市	Zhangjiakou	104.2	103.9	111.6	104.2	95.3	110.4
秦皇岛市	Qinhuangdao	105.3	106.6	115.6	102.6	104.8	123.9
唐山市	Tangshan	103.7	103.5	93.4	103.8	104.4	105.2
廊坊市	Langfang	99.2	103.2	68.5	94.5	98.4	100.5
保定市	Baoding	103.6	104.1	99.9	102.7	104.3	106.5
# 定州市	Dingzhou	103.0	102.7	104.0	103.6	93.0	101.8
沧州市	Cangzhou	101.3	100.1	91.7	101.1	105.2	104.5
衡水市	Hengshui	100.8	101.4	100.9	99.0	100.0	103.2
邢台市	Xingtai	101.0	100.5	111.2	100.9	93.4	106.3
邯郸市	Handan	101.1	100.6	120.6	100.5	99.0	108.4

注：本表按可比价格计算。
a) Data in value in this table are calculated at current prices.

各市农、林、牧、渔业中间消耗（2016年）

Intermediate Exertion of Farming, Forestry, Animal Husbandry and Fishery (2016)

单位：万元 (10000 yuan)

市	City	农林牧渔业中间消耗 Intermediate Exertion	农业 Farming	林业 Forestry	牧业 Animal Husbandry	渔业 Fishery	农林牧渔服务业 Service for Farming, Forestry, Animal Husbandry and Fishery
全省	**Total**	**24390395**	**10996018**	**391900**	**10239859**	**862954**	**1899665**
石家庄市	Shijiazhuang	3804169	1658148	85760	1836438	20079	203744
# 辛集市	Xinji	402536	163496	1561	226563	18	10898
承德市	Chengde	1658965	796330	63309	738759	19288	41279
张家口市	Zhangjiakou	1932271	887045	70628	911087	7274	56237
秦皇岛市	Qinhuangdao	1520392	428966	24431	779177	232974	54844
唐山市	Tangshan	3499353	1292274	27870	1586391	437246	155572
廊坊市	Langfang	1650679	935701	39659	611354	22197	41768
保定市	Baoding	3345752	1664796	76715	1440397	39099	124745
# 定州市	Dingzhou	583053	290442	20681	260204	66	11660
沧州市	Cangzhou	2693920	982492	19170	951178	145297	595783
衡水市	Hengshui	2298140	1211474	27004	869108	4997	185557
邢台市	Xingtai	1944358	967974	39389	789729	4717	142549
邯郸市	Handan	3327903	1423659	46281	1624272	18350	215341

各市农、林、牧、渔业增加值（2016年）

Value-added of Farming, Forestry, Animal Husbandry and Fishery (2016)

单位：万元 (10000 yuan)

市	City	农林牧渔业增加值 Added Value	农业 Farming	林业 Forestry	牧业 Animal Husbandry	渔业 Fishery	农林牧渔服务业 Service for Farming, Forestry, Animal Husbandry and Fishery
全省	**Total**	**36448173**	**23597904**	**931250**	**9152375**	**1246570**	**1520074**
石家庄市	Shijiazhuang	5005505	3031161	112712	1646886	18022	196724
# 辛集市	Xinji	495923	333745	2553	151041	23	8561
承德市	Chengde	2415818	1457375	205269	691206	24008	37960
张家口市	Zhangjiakou	2718207	1497526	115413	1037083	10129	58056
秦皇岛市	Qinhuangdao	1999540	1033495	37465	651743	236757	40080
唐山市	Tangshan	6116355	3751466	48135	1582431	607740	126583
廊坊市	Langfang	2016667	1373420	40680	547248	21385	33934
保定市	Baoding	4627548	3125698	126586	1230600	44194	100470
# 定州市	Dingzhou	860897	593789	43175	214701	72	9160
沧州市	Cangzhou	3565472	1969456	34800	863497	218397	479322
衡水市	Hengshui	2004153	1288215	28152	522507	4421	160858
邢台市	Xingtai	2831642	1966600	39978	686187	4741	134136
邯郸市	Handan	4335922	2735342	49443	1366834	20422	163881

各市主要农作物总播种面积（2016年）

Total Sown Areas of Major Farm Crops (2016)

单位：公顷 (hectare)

市	City	总播种面积 Total Sown Area	# 粮食作物播种面积 Sown Area of Grain Crops	# 夏收 Summer Harvest Grain	谷物 Cereal	豆类 Beans	薯类 Tubers	# 油料播种面积 Sown Area of Oil-bearing Crops	# 棉花播种面积 Sown Area of Cotton	# 蔬菜播种面积 Sown Area of Vegetables
全省	**Total**	**8716636**	**6327410**	**2345780**	**5903260**	**145610**	**278540**	**468318**	**288570**	**1236188**
石家庄市	Shijiazhuang	998987	737477	369642	700975	16142	20360	61334	5650	162021
# 辛集市	Xinji	101290	78153	41545	75618	1128	1407	7205	2353	11564
承德市	Chengde	397919	289819		231673	9112	49034	10857		78312
张家口市	Zhangjiakou	698660	468859		340016	25879	102964	53056		104090
秦皇岛市	Qinhuangdao	213531	137072	11173	105309	9396	22367	23514	384	45849
唐山市	Tangshan	806219	478818	125549	446279	16741	15798	78916	17383	189927
廊坊市	Langfang	451177	300289	67684	279992	13413	6884	15415	13473	102211
保定市	Baoding	1210300	905043	395871	858126	12449	34468	71003	7349	165484
# 定州市	Dingzhou	161629	94990	52665	92056	666	2268	14232	176	36804
沧州市	Cangzhou	1097772	892943	382322	871194	14761	6988	27007	44622	91561
衡水市	Hengshui	805323	584819	257434	575243	6135	3441	31267	65873	80291
邢台市	Xingtai	1029163	741013	343649	719324	13243	8446	54057	132070	71794
邯郸市	Handan	1057979	781539	375531	763400	10084	8055	41892	61879	144648

各市农、林、牧、渔业中间消耗、增加值占总产值的比重(2016年)

Intermediate Consumption and Value-added of Farming, Forestry, Animal Husbandry and Fishery as Percentage of Gross Output Value (2016)

单位：% (%)

市	City	农业 Agriculture 中间消耗 Intermediate Exertion	农业 Agriculture 增加值 Added Value	林业 Forestry 中间消耗 Intermediate Exertion	林业 Forestry 增加值 Added Value	牧业 Animal Husbandry 中间消耗 Intermediate Exertion
全省	**Total**	**31.79**	**68.21**	**29.62**	**70.38**	**52.80**
石家庄市	Shijiazhuang	35.36	64.64	43.21	56.79	52.72
# 辛集市	Xinji	32.88	67.12	37.94	62.06	60.00
承德市	Chengde	35.33	64.67	23.57	76.43	51.66
张家口市	Zhangjiakou	37.20	62.80	37.96	62.04	46.77
秦皇岛市	Qinhuangdao	29.33	70.67	39.47	60.53	54.45
唐山市	Tangshan	25.62	74.38	36.67	63.33	50.06
廊坊市	Langfang	40.52	59.48	49.36	50.64	52.77
保定市	Baoding	34.75	65.25	37.73	62.27	53.93
# 定州市	Dingzhou	32.85	67.15	32.39	67.61	54.79
沧州市	Cangzhou	33.28	66.72	35.52	64.48	52.42
衡水市	Hengshui	48.46	51.54	48.96	51.04	62.45
邢台市	Xingtai	32.99	67.01	49.63	50.37	53.51
邯郸市	Handan	34.23	65.77	48.35	51.65	54.30

市	City	牧业 Husbandry 增加值 Added Value	渔业 Fishery 中间消耗 Intermediate Exertion	渔业 Fishery 增加值 Added Value	农林牧渔服务业 Service to Farming, Forestry, Animal Husbandry and Fishery 中间消耗 Intermediate Exertion	农林牧渔服务业 增加值 Added Value
全省	**Total**	**47.20**	**40.91**	**59.09**	**55.55**	**44.45**
石家庄市	Shijiazhuang	47.28	52.70	47.30	50.88	49.12
# 辛集市	Xinji	40.00	43.90	56.10	56.00	44.00
承德市	Chengde	48.34	44.55	55.45	52.09	47.91
张家口市	Zhangjiakou	53.23	41.80	58.20	49.20	50.80
秦皇岛市	Qinhuangdao	45.55	49.60	50.40	57.78	42.22
唐山市	Tangshan	49.94	41.84	58.16	55.14	44.86
廊坊市	Langfang	47.23	50.93	49.07	55.17	44.83
保定市	Baoding	46.07	46.94	53.06	55.39	44.61
# 定州市	Dingzhou	45.21	47.83	52.17	56.00	44.00
沧州市	Cangzhou	47.58	39.95	60.05	55.42	44.58
衡水市	Hengshui	37.55	53.06	46.94	53.56	46.44
邢台市	Xingtai	46.49	49.87	50.13	51.52	48.48
邯郸市	Handan	45.70	47.33	52.67	56.78	43.22

注：本表按当年价格计算。

a) Data in value in this table are calculated at current prices.

各市主要农产品产量（2016年）
Yield of Major Farm Crops (2016)

市	City	粮食（吨）Grain (ton)	谷物 Cereal	#稻谷 Rice	#小麦 Wheat	#玉米 Corn	豆类 Beans	薯类 Tubers
全省	**Total**	**34602360**	**33218600**	**547200**	**14332500**	**17536400**	**320400**	**1063360**
石家庄市	Shijiazhuang	4958248	4842040	918	2562262	2257360	25382	90825
#辛集市	Xinji	554685	545416		301480	240261	1777	7492
承德市	Chengde	1339642	1075719	105383		873581	24537	239386
张家口市	Zhangjiakou	1672083	1192922	8486		866092	34520	444640
秦皇岛市	Qinhuangdao	811358	652645	67200	14185	539058	25072	133642
唐山市	Tangshan	3054934	2890881	513755	666802	1697196	51280	112774
廊坊市	Langfang	1594517	1527586		386587	1133605	31187	35745
保定市	Baoding	5706790	5464199	10481	2517313	2900338	35505	207086
#定州市	Dingzhou	676071	656862		348421	308441	2541	16668
沧州市	Cangzhou	4555387	4480785		2076593	2386344	30456	44146
衡水市	Hengshui	3627468	3590031		1691799	1873790	16517	20920
邢台市	Xingtai	4574605	4498758		2244100	2116389	36802	39045
邯郸市	Handan	5465540	5393305	7646	2624334	2645152	22186	50047

市	City	棉花（吨）Cotton (ton)	油料（吨）Oil-bearing Crops (ton)	#花生 Peanut	#芝麻 Sesame	烟叶（吨）Tobacco (ton)	#烤烟 Flue-cured Tobacco	蔬菜（吨）Vegetables (ton)
全省	**Total**	**299500**	**1565043**	**1297096**	**7706**	**6062**	**3976**	**81933702**
石家庄市	Shijiazhuang	5540	208187	192156	585	742	742	13209572
#辛集市	Xinji	2577	32915	31129				1031361
承德市	Chengde		23245	1019	134	40	2	4631402
张家口市	Zhangjiakou		69444	1295		3103	3103	7384991
秦皇岛市	Qinhuangdao	458	80630	79683	144	1		3242768
唐山市	Tangshan	20680	321451	320532	306	1638		14669398
廊坊市	Langfang	14868	40164	30516	477			6388610
保定市	Baoding	8274	278258	258894	817	538	129	10321504
#定州市	Dingzhou	173	61663	60896				2590861
沧州市	Cangzhou	54142	86665	70792	2310			5775353
衡水市	Hengshui	79546	120825	92350	1229			4034859
邢台市	Xingtai	158706	182841	118274	1040			3992211
邯郸市	Handan	79305	153333	131585	664			8283034

注：全省粮食(包括分品种)产量系抽样调查推算数，各市为全面调查数。

a) The provincial products of grain (contained grain differentiated according to variety) are reckoned figure of sampling estigation, the civil products are figure of comprehensive investigation.

各市主要农业机械和农产品加工机械拥有量（2016年底）
Ownership of Agricultural Machinery and Machinery for Processing Farm Products (End of 2016)

市	City	农业机械总动力（万千瓦）Total Power of Agricultural Machinery (10000 kw)	大中型拖拉机（混合台）Large and Medium Agricultural Tractors (unit)	小型拖拉机（台）Mini-Tractor (unit)	排灌用电动机（台）Electrical Engines (unit)	排灌用柴油机（台）Diesel Engines (unit)	联合收割机（台）Combine Harvester (unit)	农用水泵（台）Agricultural Pump
全　省	**Total**	**7402.0**	**298740**	**1318085**	**1529054**	**884703**	**147449**	**1648338**
石家庄市	Shijiazhuang	1280.8	35324	156494	219958	126458	29212	198599
#辛集市	Xinji	124.9	2085	15680	20656	23981	2496	22953
承德市	Chengde	246.2	20843	45485	38990	12508	265	58495
张家口市	Zhangjiakou	244.5	18147	74095	21951	2664	1230	22097
秦皇岛市	Qinhuangdao	180.5	6562	41449	47233	24257	388	68811
唐山市	Tangshan	766.7	30691	149034	277264	57592	4123	294398
廊坊市	Langfang	393.0	17166	50703	89306	38252	7113	95986
保定市	Baoding	751.7	37003	118273	161799	92002	24755	212996
#定州市	Dingzhou	95.1	3522	19338	22090		3292	22090
沧州市	Cangzhou	996.4	34862	227934	143834	269309	18655	251806
衡水市	Hengshui	744.6	26433	184866	106872	121433	20119	64540
邢台市	Xingtai	821.7	38099	189639	179059	49719	19584	159931
邯郸市	Handan	975.8	33610	80113	242788	90509	22005	220679

各市农业机械化、能源、化肥、水利（2016年）
Mechanization, Energy Resources, Chemical Fertilizer and Water Conservancy of Agriculture (2016)

市	City	农业机械化情况 Agriculture Mechanization			农村能源情况 Agriculture Energy			农用化肥施用量 Consumption of Chemical Fertilizer	农田水利情况 Farm Water Conservancy
		机耕面积（公顷）Area Cultivated by Machine (hectare)	机播面积（公顷）Area Sown by Machine (hectare)	机收面积（公顷）Mechanical Harvest Area (hectare)	农村用电量（万千瓦小时）Electricity Consumed in Rural Area (10000 kvh)	乡、村办水电站（个）Hydropower Station in Rural Area (unit)	乡、村办水电站发电量（万千瓦小时）Electricity (10000 kwh)	折纯量（吨）by 100% Effective Component (ton)	有效灌溉面积（公顷）Effective Irrigated Areas (hectare)
全　省	**Total**	**5473046**	**6669379**	**5397248**	**6007781**	**250**	**48226**	**3317876**	**4457640**
石家庄市	Shijiazhuang	507066	706167	660977	787930	58	12821	485349	500480
#辛集市	Xinji	51865	86531	74466	35902			63955	59600
承德市	Chengde	220015	186667	87140	206468	30	6473	111572	123580
张家口市	Zhangjiakou	566012	419542	271108	127499	14	1950	113911	258550
秦皇岛市	Qinhuangdao	182120	94323	52434	234649	6	4242	141557	127720
唐山市	Tangshan	479543	536328	354925	1119786	14	1499	383363	458130
廊坊市	Langfang	294083	315280	256731	810340			163842	227310
保定市	Baoding	652670	879774	826562	514733	50	12000	481081	657130
#定州市	Dingzhou	71200	104300	102220	25087			75665	85660
沧州市	Cangzhou	774169	1026455	868994	859312			310318	502780
衡水市	Hengshui	594559	759022	615979	321909			283256	481110
邢台市	Xingtai	611237	922617	676564	365206	11	545	362227	587200
邯郸市	Handan	591572	823204	725834	659949	67	8696	481400	533650

各市畜禽产品年末存栏数量（2016年）
Number of Livestock Year-end (2016)

单位：百头 (100 units)

市	City	大牲畜 Large Animals	#牛 Cattle and Buffaloes	生猪 Number of Hogs at Year-end	羊（百只）Sheep and Goats (100 units)	山羊 Goats	绵羊 Sheep	家禽（百只）Poultrys Poultrys (100 units)
全省	**Total**	**46767**	**39598**	**181901**	**138629**	**47034**	**91595**	**3856077**
石家庄市	Shijiazhuang	7676	7193	34762	11805	3890	7914	1191074
#辛集市	Xinji	430	384	4060	1583	377	1206	178065
承德市	Chengde	9346	8121	16394	11255	5637	5617	286265
张家口市	Zhangjiakou	7940	5963	15547	22300	1726	20574	232348
秦皇岛市	Qinhuangdao	1929	1700	13773	11594	4882	6713	178420
唐山市	Tangshan	8242	7358	42282	9762	3747	6015	404751
廊坊市	Langfang	2696	2404	10384	13086	2797	10289	200739
保定市	Baoding	4946	4407	40036	21856	5828	16028	430134
#定州市	Dingzhou	710	684	5757	2040	188	1852	64610
沧州市	Cangzhou	3380	3145	17574	15474	6886	8588	462460
衡水市	Hengshui	3907	3557	20665	12537	6956	5581	346931
邢台市	Xingtai	2716	2599	17439	10119	5167	4952	489897
邯郸市	Handan	4572	3731	33547	32112	19498	12614	966403

各市畜禽产品当年出栏数量及产量（2016年）
Number of Livestock in the Year and Output of Livestock Products (2016)

市	City	肉猪当年出栏（百头）Slaughtered Pigs in the Year (100 heads)	牛当年出栏（百头）Slaughtered Cattle in the Year (100 heads)	羊当年出栏（百只）Slaughtered Sheep & Goats in the Year (100 units)	家禽当年出栏（百只）Slaughtered Poultry in the Year (100 units)	肉类总产量（吨）Output of Meat (ton)	#猪牛羊肉 Output of Pork, Beef and Mutton	牛奶产量（吨）Output of Cow Milk (ton)	禽蛋产量（吨）Poultry Eggs (ton)
全省	**Total**	**343390**	**33193**	**230377**	**6077236**	**4576714**	**3520252**	**4404905**	**3885380**
石家庄市	Shijiazhuang	60807	5731	15973	1563260	774695	567903	1169363	1122771
#辛集市	Xinji	7364	135	1592	163183	86647	61814	64650	185967
承德市	Chengde	24585	5662	14133	1008771	457123	293449	153235	118979
张家口市	Zhangjiakou	26864	3585	37709	342641	387831	310123	1332826	255574
秦皇岛市	Qinhuangdao	27282	1785	22098	436202	361227	265808	98457	112296
唐山市	Tangshan	67622	5350	12671	736785	758095	617978	1700268	381033
廊坊市	Langfang	20268	3198	18505	316684	275579	227049	170316	156539
保定市	Baoding	66092	3224	29371	602723	685567	586924	807419	478700
#定州市	Dingzhou	11433	720	3266	95409	116420	100464	231287	88058
沧州市	Cangzhou	27813	4653	24032	1075826	505856	316827	114110	332512
衡水市	Hengshui	32050	2679	16388	491783	374185	301012	129651	299660
邢台市	Xingtai	25880	2151	12274	656833	345712	241995	298884	543915
邯郸市	Handan	54196	2934	38737	1065130	702952	503843	231195	1145866

各市规模以上工业企业个数和主营业务收入（2016年）

Number and Gross Industrial Value of Industrial Enterprises above Designated Size (2016)

个数单位：个 收入单位：亿元 (unit, 100 million yuan)

市	City	全部工业 Total		内资企业 Domestic Funded Enterprises		# 国有企业 State-owned Enterprises		# 集体企业 Collective-owned Enterprises	
		企业个数 Number of Enterprises	主营业务收入 Revenue from Principal Business	企业个数 Number of Enterprises	主营业务收入 Revenue from Principal Business	企业个数 Number of Enterprises	主营业务收入 Revenue from Principal Business	企业个数 Number of Enterprises	主营业务收入 Revenue from Principal Business
全　省	**Total**	**14764**	**47318.60**	**14033**	**42837.77**	**83**	**947.39**	**108**	**212.66**
石家庄市	Shijiazhuang	2709	9703.18	2621	9027.31	17	236.31	12	28.59
# 辛集市	Xinji	305	929.66	292	852.94			3	1.49
承 德 市	Chengde	488	1627.89	478	1609.99	6	2.02	2	0.65
张家口市	Zhangjiakou	483	955.20	458	869.94	4	3.66	7	2.65
秦皇岛市	Qinhuangdao	357	1477.97	287	1091.95	6	16.59	3	1.75
唐 山 市	Tangshan	1432	10191.30	1342	8898.84	13	21.48	15	28.33
廊 坊 市	Langfang	1190	3670.63	1043	3171.23	7	6.35	14	52.17
保 定 市	Baoding	1841	4613.74	1748	4263.80	10	184.60	15	24.90
# 定州市	Dingzhou	245	340.12	237	268.70	1	0.20	1	0.50
沧 州 市	Cangzhou	2395	5648.04	2302	5206.61	4	127.26	9	18.42
衡 水 市	Hengshui	1185	1628.58	1144	1535.60	3	62.52	6	8.93
邢 台 市	Xingtai	1334	2845.61	1295	2583.32	4	110.05	7	11.57
邯 郸 市	Handan	1350	4956.46	1315	4579.19	10	176.72	18	38.71

市	City	# 股份制经济 Cooperative Enterprise		中外合资、合作企业 Joint Venture, Cooperative Operation Enterprise		外资企业 Foreign Funded Enterprises		港、澳、台投资企业 Funds from Hong Kong, Macao and Taiwan	
		企业个数 Number of Enterprises	主营业务收入 Revenue from Principal Business	企业个数 Number of Enterprises	主营业务收入 Revenue from Principal Business	企业个数 Number of Enterprises	主营业务收入 Revenue from Principal Business	企业个数 Number of Enterprises	主营业务收入 Revenue from Principal Business
全　省	**Total**	**13235**	**40297.21**	**262**	**1256.36**	**212**	**843.26**	**244**	**1707.44**
石家庄市	Shijiazhuang	2457	8382.94	36	162.30	13	85.93	37	425.33
# 辛集市	Xinji	261	821.51	4	9.99	1	0.37	8	66.36
承 德 市	Chengde	462	1597.81	5	5.12			5	12.78
张家口市	Zhangjiakou	439	850.54	11	37.13	6	31.99	8	16.14
秦皇岛市	Qinhuangdao	272	1066.51	26	179.68	29	152.87	14	52.39
唐 山 市	Tangshan	1154	8278.26	31	261.65	28	123.06	28	252.43
廊 坊 市	Langfang	974	3032.22	33	92.14	78	211.87	35	194.87
保 定 市	Baoding	1668	3988.49	53	107.04	13	92.16	27	150.75
# 定州市	Dingzhou	230	265.41	5	2.18			3	69.24
沧 州 市	Cangzhou	2228	4926.21	31	237.87	24	42.44	37	151.97
衡 水 市	Hengshui	1082	1408.09	13	34.75	8	15.14	18	40.57
邢 台 市	Xingtai	1233	2426.67	16	22.56	9	82.77	13	156.72
邯 郸 市	Handan	1266	4339.48	7	116.14	4	5.04	22	253.49

各市规模以上工业企业主要指标（2016年）
Main Indicators of Industrial Enterprises above Designated Size (2016)

单位：亿元 (100 million yuan)

市	City	企业单位数(个) Number of Enterprises (unit)	实收资本 Total Capital Hold	流动资产合计 Total Working Capitals	#存货 Inventory	#产成品 Finished Products	固定资产合计 Fixed Assets	固定资产原价 Original Value of Fixed Assets	累计折旧 Accumulated Depreciation
全　省	**Total**	**14764**	**10613.79**	**17327.05**	**3997.11**	**1450.62**	**20087.82**	**30116.90**	**11499.26**
石家庄市	Shijiazhuang	2709	1274.84	2401.75	540.71	206.76	2713.88	3996.45	1423.35
#辛集市	Xinji	305	27.82	108.77	22.99	9.54	123.63	178.75	58.40
承德市	Chengde	488	304.48	906.83	192.09	53.90	971.81	1394.84	484.84
张家口市	Zhangjiakou	483	408.19	783.29	328.41	50.55	1010.28	1531.29	566.25
秦皇岛市	Qinhuangdao	357	431.66	955.50	281.35	97.15	597.47	1062.50	496.48
唐山市	Tangshan	1432	2080.04	3411.61	818.92	289.92	5087.93	7780.81	2865.09
廊坊市	Langfang	1190	1533.60	1317.93	242.22	94.47	1282.91	2082.72	851.88
保定市	Baoding	1841	769.58	2154.58	415.47	171.72	1327.31	2004.19	746.79
#定州市	Dingzhou	245	44.20	121.03	23.73	9.86	112.88	184.14	72.13
沧州市	Cangzhou	2395	2184.76	1386.01	304.83	109.28	3095.15	4332.22	1412.49
衡水市	Hengshui	1185	391.73	776.58	163.24	72.64	513.27	760.58	277.23
邢台市	Xingtai	1334	510.86	1156.31	237.49	92.20	1030.22	1668.09	728.45
邯郸市	Handan	1350	724.04	2076.65	472.37	212.02	2457.59	3503.22	1646.42

市	City	资产总计 Total Assets	流动负债合计 Total Working Liabilities	非流动负债合计 Total NonWorking Liabilities	所有者权益合计 Total Owners' Equities	主营业务收入 Revenuefrom Principal Business	主营业务成本 Costof Principal Business	营业利润 Profits of Business	亏损企业亏损总额 Total Loss of Enterprises Running under Deficit
全　省	**Total**	**44562.88**	**19199.53**	**4272.47**	**19977.44**	**47318.60**	**41042.99**	**2781.79**	**265.90**
石家庄市	Shijiazhuang	6258.12	2108.16	457.96	3579.45	9703.18	8155.74	814.28	18.02
#辛集市	Xinji	415.75	129.23	14.41	262.58	929.66	765.26	86.85	0.49
承德市	Chengde	2208.66	1227.34	212.16	633.46	1627.89	1405.83	83.32	18.65
张家口市	Zhangjiakou	2245.74	1018.90	528.78	645.36	955.20	763.61	58.92	14.48
秦皇岛市	Qinhuangdao	1737.92	978.07	154.76	593.27	1477.97	1314.47	31.52	37.34
唐山市	Tangshan	10837.68	5346.98	1297.34	4101.09	10191.30	8969.33	464.93	66.93
廊坊市	Langfang	2930.79	1250.00	126.84	1284.05	3670.63	3253.26	183.11	13.25
保定市	Baoding	4096.92	1864.74	280.45	1808.73	4613.74	3897.19	348.62	13.00
#定州市	Dingzhou	263.01	131.05	26.45	102.27	340.12	286.88	22.90	0.32
沧州市	Cangzhou	4974.96	1246.00	445.13	3216.02	5648.04	4930.14	310.11	53.38
衡水市	Hengshui	1508.03	601.55	57.84	813.69	1628.58	1404.74	103.76	3.09
邢台市	Xingtai	2615.20	1020.88	234.73	1277.53	2845.61	2519.31	160.93	10.39
邯郸市	Handan	5148.86	2536.91	476.49	2024.79	4956.46	4429.36	222.29	17.38

各市国有及国有控股工业企业主要指标（2016年）

Main Indicators of State-owned and State-holding Industrial Enterprises (2016)

单位：亿元 (100 million yuan)

市	City	企业单位数（个）Number of Enterprises (unit)	实收资本 Total Capital Hold	流动资产合计 Total Working Capitals	#存货 Inventory	#产成品 Finished Products	固定资产合计 Fixed Assets	固定资产原价 Original Value of Fixed Assets	累计折旧 Accumulated Depreciation
全　省	**Total**	**714**	**3425.68**	**5407.94**	**1466.31**	**400.54**	**8428.33**	**13598.17**	**5842.23**
石家庄市	Shijiazhuang	107	334.29	719.16	171.03	45.56	810.95	1413.18	645.57
#辛集市	Xinji	2	1.41	12.23	3.00	0.87	5.83	7.79	2.99
承德市	Chengde	55	136.77	259.83	94.22	7.63	521.57	718.06	229.10
张家口市	Zhangjiakou	94	279.15	470.13	263.02	20.15	771.18	1185.42	442.47
秦皇岛市	Qinhuangdao	41	169.28	371.12	136.01	37.54	256.62	457.75	206.46
唐山市	Tangshan	108	1151.20	1621.11	372.61	120.73	2877.99	4714.31	1845.45
廊坊市	Langfang	56	90.92	111.62	19.08	8.21	168.50	349.60	183.65
保定市	Baoding	79	199.44	488.81	129.94	46.33	454.87	803.73	363.91
#定州市	Dingzhou	7	21.33	44.87	4.05	1.80	65.61	111.73	46.52
沧州市	Cangzhou	50	475.83	228.72	57.88	14.97	739.97	1500.73	760.45
衡水市	Hengshui	24	57.34	68.65	18.57	9.97	105.67	222.38	118.45
邢台市	Xingtai	35	126.62	277.69	19.09	6.09	293.92	494.90	228.98
邯郸市	Handan	65	404.83	791.10	184.88	83.36	1427.09	1738.10	817.74

市	City	资产总计 Total Assets	流动负债合计 Total Working Liabilities	非流动负债合计 Total NonWorking Liabilities	所有者权益合计 Total Owners' Equities	主营业务收入 Revenuefrom Principal Business	主营业务成本 Costof Principal Business	营业利润 Profits of Business	亏损企业亏损总额 Total Loss of Enterprises Running under Deficit
全　省	**Total**	**17303.45**	**8351.72**	**2846.59**	**5999.74**	**9179.34**	**7735.78**	**234.85**	**138.62**
石家庄市	Shijiazhuang	1957.64	802.07	251.09	900.68	1291.10	1040.85	51.09	6.44
#辛集市	Xinji	18.09	12.35		5.75	15.47	12.87	0.83	
承德市	Chengde	913.04	534.89	137.56	216.38	389.82	333.17	9.59	6.35
张家口市	Zhangjiakou	1573.95	728.44	406.43	402.08	526.41	402.52	31.54	9.32
秦皇岛市	Qinhuangdao	723.76	436.27	72.97	214.33	455.96	398.49	5.88	13.13
唐山市	Tangshan	6074.82	3015.21	1017.17	2039.25	2807.09	2462.49	34.00	39.36
廊坊市	Langfang	338.78	173.77	44.71	119.05	262.02	239.51	9.29	2.07
保定市	Baoding	1125.02	545.06	168.21	400.19	901.63	743.45	40.26	4.25
#定州市	Dingzhou	118.31	63.29	16.57	38.44	104.29	80.26	12.24	0.19
沧州市	Cangzhou	1092.04	316.27	267.39	505.16	809.11	614.60	1.36	42.87
衡水市	Hengshui	240.72	122.23	27.40	91.09	155.93	129.82	7.27	1.28
邢台市	Xingtai	707.85	247.63	134.96	322.17	239.41	200.56	10.68	2.94
邯郸市	Handan	2555.84	1429.89	318.70	789.36	1340.87	1170.32	33.90	10.62

各市私营工业企业主要指标（2016年）
Main Indicators of Private Enterprises (2016)

单位：亿元 (100 million yuan)

市	City	企业单位数(个) Number of Enterprises (unit)	实收资本 Total Capital Hold	流动资产合计 Total Working Capitals	#存货 Inventory	#产成品 Finished Products	固定资产合计 Fixed Assets	固定资产原价 Original Value of Fixed Assets	累计折旧 Accumulated Depreciation
全省	**Total**	**9626**	**2746.40**	**5265.82**	**1226.01**	**529.00**	**6779.32**	**9070.67**	**2758.27**
石家庄市	Shijiazhuang	2073	613.96	926.14	200.58	86.03	1352.41	1817.41	536.09
#辛集市	Xinji	280	22.89	86.41	17.54	7.34	111.45	158.57	49.27
承德市	Chengde	284	82.16	344.32	54.94	25.16	234.60	392.24	146.98
张家口市	Zhangjiakou	198	38.68	106.39	27.10	12.94	98.80	151.27	62.80
秦皇岛市	Qinhuangdao	165	77.82	212.59	56.93	24.25	128.68	218.93	114.29
唐山市	Tangshan	890	528.34	1054.85	277.66	104.30	1458.27	1921.51	577.76
廊坊市	Langfang	607	132.63	352.93	70.96	31.26	545.82	843.92	316.70
保定市	Baoding	1066	232.35	404.70	102.61	46.79	271.64	336.31	93.19
#定州市	Dingzhou	112	8.29	24.45	6.57	2.80	6.78	10.48	3.92
沧州市	Cangzhou	1916	513.67	654.35	143.35	59.82	1718.02	2020.24	435.02
衡水市	Hengshui	759	199.44	371.20	78.21	34.95	236.19	306.45	81.84
邢台市	Xingtai	844	165.28	357.62	91.80	38.08	332.39	471.09	167.55
邯郸市	Handan	824	162.08	480.73	121.86	65.42	402.52	591.32	226.04

市	City	资产总计 Total Assets	流动负债合计 Total Working Liabilities	非流动负债合计 Total Working Liabilities	所有者权益合计 Total Owners' Equities	主营业务收入 Revenue from Principal Business	主营业务成本 Cost of Principal Business	营业利润 Profits of Business	亏损企业亏损总额 Total Loss of Enterprises Running under
全省	**Total**	**13851.74**	**4941.17**	**524.39**	**7749.87**	**22978.07**	**20267.74**	**1569.31**	**44.49**
石家庄市	Shijiazhuang	2712.75	714.70	125.31	1787.64	6475.54	5549.60	593.85	2.89
#辛集市	Xinji	356.04	107.70	13.38	227.04	829.10	684.00	77.75	0.33
承德市	Chengde	707.24	412.74	34.74	223.50	680.55	601.65	29.17	7.09
张家口市	Zhangjiakou	249.91	110.31	42.60	83.89	198.03	170.09	8.78	1.99
秦皇岛市	Qinhuangdao	380.73	173.16	21.06	175.24	484.02	444.32	19.28	3.00
唐山市	Tangshan	2939.87	1560.77	106.11	1202.02	4477.32	3923.66	284.98	15.10
廊坊市	Langfang	991.16	293.58	37.16	469.04	1584.00	1465.72	67.58	2.84
保定市	Baoding	792.92	266.34	34.16	453.97	1565.78	1376.11	110.88	1.60
#定州市	Dingzhou	33.74	17.50	0.29	14.91	66.19	60.27	2.01	0.05
沧州市	Cangzhou	2611.76	519.29	50.14	1991.51	3711.39	3326.49	245.30	4.93
衡水市	Hengshui	679.77	237.97	11.68	406.65	860.85	768.61	38.71	1.12
邢台市	Xingtai	801.97	288.32	17.33	427.41	1210.38	1084.08	66.68	2.56
邯郸市	Handan	983.64	363.97	44.10	528.99	1730.22	1557.42	104.10	1.36

各市水产品产量（2016年）
Output of Aquatic Products (2016)

单位：吨 (ton)

市	City	水产品总产量 Total Aquatic Products	海水产品 Seawater Aquatic Products	#鱼类 Fish	#虾蟹类 Carapace	淡水水域水产品 Freshwater Aquatic Products	#鱼类 Fish	#虾蟹类 Carapace
全　省	**Total**	**1369267**	**759208**	**155961**	**76951**	**562468**	**521205**	**32859**
石家庄市	Shijiazhuang	31211				31211	29437	1002
#辛集市	Xinji	41				41	41	
承德市	Chengde	42011				42011	41961	50
张家口市	Zhangjiakou	12994				12994	11751	1243
秦皇岛市	Qinhuangdao	361752	352620	14773	6797	9132	8423	549
唐山市	Tangshan	612272	284812	41888	52214	295460	269942	25160
廊坊市	Langfang	34926	5094	4598	304	29832	29658	103
保定市	Baoding	57422				57422	48526	1960
#定州市	Dingzhou	100				100	100	
沧州市	Cangzhou	162603	116682	94702	17636	30330	28747	1579
衡水市	Hengshui	8938				8938	8828	110
邢台市	Xingtai	8767				8767	8451	303
邯郸市	Handan	36371				36371	35481	800

各市建筑业生产情况（2016年）
Productive Indicators on Construction Enterprises (2016)

市	City	建筑企业个数（个）Number of Construction Enterprises (unit)	从业人员（人）Number of Employed persons (person)	建筑企业平均人数（人）Annual Average Employed Personnel (person)	建筑业总产值（万元）Gross Output Value of Construction (10000 yuan)	房屋建筑施工面积（万平方米）Floor Space of Building and Construction (10000 sq.m)	房屋建筑竣工面积（万平方米）Floor Space of Building Completed (10000 sq.m)	#住宅 Residential Building
全　省	**Total**	**2606**	**1453231**	**558**	**55176920**	**34616.12**	**11145.14**	**8111.71**
石家庄市	Shijiazhuang	286	145318	508	10913355	7056.40	1487.00	1017.15
#辛集市	Xinji	15	10624	708	115517	176.43	55.46	45.65
承德市	Chengde	193	58976	306	1951212	778.66	279.31	227.46
张家口市	Zhangjiakou	131	61926	473	2003441	1584.34	496.97	363.25
秦皇岛市	Qinhuangdao	231	44937	195	1848362	964.25	422.24	281.19
唐山市	Tangshan	315	136185	432	6065515	3417.59	1028.42	631.62
廊坊市	Langfang	204	156633	768	5942285	3428.07	1013.62	674.48
保定市	Baoding	274	218652	798	14176334	9143.59	3238.56	2519.76
#定州市	Dingzhou	26	19708	758	2568117	968.40	477.94	426.84
沧州市	Cangzhou	205	118255	577	4515631	1814.35	876.21	581.76
衡水市	Hengshui	165	61577	373	1479602	1233.94	542.36	465.76
邢台市	Xingtai	161	53370	331	1546174	1464.12	504.24	385.66
邯郸市	Handan	441	159942	363	4735009	3730.81	1256.22	963.64

各市建筑业主要财务指标（2016年）

Major Financial Indicators on Construction Enterprises (2016)

单位：万元 (10000 yuan)

市	City	资产合计 Total Assets	#流动资产 Total Working Capitals	#固定资产 Fixed Assets	负债合计 Total Liabilities	流动负债 Liquid Liabilities	非流动负债 Total Non Working Liabilities	所有者权益 Owners' Equity	#实收资本 Capitals Hold
全　省	**Total**	**50192439**	**40874895**	**5035577**	**33596741**	**31233364**	**1499046**	**16595698**	**9002720**
石家庄市	Shijiazhuang	8967287	7798119	675253	6973952	6765954	130777	1993336	1322971
#辛集市	Xinji	175653	148172	13941	125247	115174	10073	50405	31054
承德市	Chengde	2149159	1729887	230168	1210730	1090240	88412	938429	523850
张家口市	Zhangjiakou	1713517	1452655	138749	1256888	1132943	118287	456629	308364
秦皇岛市	Qinhuangdao	3333224	2808368	221402	2431801	2239823	129754	901423	554213
唐山市	Tangshan	8563577	7005292	833516	6222477	5641120	495996	2341100	1167060
廊坊市	Langfang	6494950	5581622	327462	4185315	4069626	103605	2309635	791980
保定市	Baoding	6606515	5334910	745507	4239448	4039772	31911	2367067	1144818
#定州市	Dingzhou	317564	263492	49655	106709	30092	11	210855	78767
沧州市	Cangzhou	3574638	2998956	369638	2445900	2308434	29268	1128738	713644
衡水市	Hengshui	1093114	856307	176528	457781	417871	9022	635333	315216
邢台市	Xingtai	3054151	1755168	603314	1445929	1045051	250782	1608222	840609
邯郸市	Handan	4642308	3553613	714042	2726521	2482530	111234	1915787	1319995

各市房地产开发企业个数、建设总规模、完成投资及新增固定资产（2016年）

Number of Enterprise, Total Size of Construction, Actually Completed Investment and Newly Increased Fixed Assets for Real Estate Development (2016)

单位：万元 (10000 yuan)

市	City	企业个数（个） Number of Enterprises (unit)	#内资企业 Domestic Funded	计划总投资 Total Investment Planed	自开始建设累计完成投资 Accumulated Investment Completed	本年完成投资 Investment Completed This Year	本年新增固定资产 Newly Increased Fixed Assets
全　省	**Total**	**3279**	**3228**	**194758856**	**137018882**	**46956333**	**17450005**
石家庄市	Shijiazhuang	414	411	44020846	27973491	10363096	2976310
#辛集市	Xinji	22	22	813772	441263	205446	35734
承德市	Chengde	251	248	6132532	4651317	1365741	423158
张家口市	Zhangjiakou	393	383	14196751	7861426	3259972	823588
秦皇岛市	Qinhuangdao	229	225	10851672	9770369	2516902	1079327
唐山市	Tangshan	369	359	27223161	20578832	4589368	2089818
廊坊市	Langfang	332	323	28011896	19968683	7036431	3442550
保定市	Baoding	420	419	20915944	14497702	7357727	1455785
#定州市	Dingzhou	43	43	3428895	2392024	1166340	52133
沧州市	Cangzhou	225	222	11112940	9256604	2833656	2728006
衡水市	Hengshui	166	166	7352862	4768324	1900820	691979
邢台市	Xingtai	237	233	8170673	5700531	1915410	664280
邯郸市	Handan	243	239	16769579	11991603	3817210	1075204

各市房地产开发完成投资情况（2016年）
Completed Investment of Real Estate Development (2016)

单位：万元 (10000 yuan)

市	City	完成投资额 Investment Completed	按工程用途分 by Use 住宅 Residential Buildings	# 90平方米以下 90 sq.m below	# 别墅、高档公寓 Villas, High-grade Apartments	办公楼 Office Buildings	商业营业用房 Houses for Business Use	其他 Other
全省	**Total**	**46956333**	**34754830**	**14611643**	**527126**	**2192564**	**6515654**	**3493285**
石家庄市	Shijiazhuang	10363096	6800412	2578636	75030	1076213	1394477	1091994
# 辛集市	Xinji	205446	162621	32600	191	6772	29173	6880
承德市	Chengde	1365741	977852	192791		26189	244455	117245
张家口市	Zhangjiakou	3259972	2481311	935541	27798	42525	425504	310632
秦皇岛市	Qinhuangdao	2516902	1843342	825872	84261	53201	376175	244184
唐山市	Tangshan	4589368	3221046	1401190	39497	112006	950423	305893
廊坊市	Langfang	7036431	5628131	3735221	100574	297673	676515	434112
保定市	Baoding	7357727	5928028	2756144	11414	223569	864900	341230
# 定州市	Dingzhou	1166340	856980	233763		28651	262554	18155
沧州市	Cangzhou	2833656	2091329	614762	84134	79302	511570	151455
衡水市	Hengshui	1900820	1543387	459722		34710	209503	113220
邢台市	Xingtai	1915410	1557386	484125	53666	59665	154680	143679
邯郸市	Handan	3817210	2682606	627639	50752	187511	707452	239641

各市房地产开发企业的土地开发及购置
Land Development and Purchase of Enterprises for Real Estate Development

市	City	土地购置费用(万元) Total Value of Land Purchased (10000 yuan)		待开发的土地面积(平方米) Land Space Pending Development (sq.m)		本年购置土地面积(平方米) Land Space Purchased This Year (sq.m)	
		2015	2016	2015	2016	2015	2016
全省	**Total**	**4059259**	**3378395**	**8619867**	**11223727**	**7568612**	**9299254**
石家庄市	Shijiazhuang	1216920	871871	316289	343093	896126	713674
# 辛集市	Xinji	34727	10137		34147	331827	127814
承德市	Chengde	195163	137644	584867	745713	811248	828661
张家口市	Zhangjiakou	250245	417246	923308	3163777	881264	1592544
秦皇岛市	Qinhuangdao	223046	221348	1038328	697686	346299	543645
唐山市	Tangshan	473705	118454	1337692	1374789	917005	679568
廊坊市	Langfang	376306	302407	2389016	2227364	835967	1199829
保定市	Baoding	577792	479925	654604	889447	1140057	710477
# 定州市	Dingzhou	103858	50304		412519	327175	76385
沧州市	Cangzhou	181700	140218	478109	638440	920333	1046536
衡水市	Hengshui	46115	130713		676244	158388	354427
邢台市	Xingtai	186525	198519	775247	207948	377864	986816
邯郸市	Handan	331742	360050	122407	259226	284061	643077

各市房地产开发企业的资金来源（2016年）
Source of Funds of Enterprises for Real Estate Development (2016)

单位：万元 (10000 yuan)

市	City	本年资金来源小计 Total Funds This Year	国内贷款 Domestic Loans	#银行贷款 Bank Loans	利用外资 Foreign Direct Investment	自筹资金 Self-raising Funds	其他资金来源 Others
全　省	**Total**	**51023647**	**4560990**	**4320873**	**17098**	**32244899**	**14200660**
石家庄市	Shijiazhuang	11023863	773129	710429		8986823	1263911
#辛集市	Xinji	247029	2590	2590		181640	62799
承德市	Chengde	1702949	222140	220840		949878	530931
张家口市	Zhangjiakou	3233951	667765	664686	17098	1500371	1048717
秦皇岛市	Qinhuangdao	2842724	263046	257046		1268710	1310968
唐山市	Tangshan	5123335	372112	370112		3137028	1614195
廊坊市	Langfang	8946339	1039305	1018305		4412145	3494889
保定市	Baoding	7141974	280022	259646		5354258	1507694
#定州市	Dingzhou	1112075	22903	21403		973680	115492
沧州市	Cangzhou	3301676	340419	245257		1473701	1487556
衡水市	Hengshui	1864747	123816	118816		1274815	466116
邢台市	Xingtai	2050803	51805	48305		1214752	784246
邯郸市	Handan	3791286	427431	407431		2672418	691437

各市房地产开发建设房屋建筑面积和造价（2016年）
Floor Space of Building and Their Cost in Real Estate Development (2016)

市	City	施工房屋面积(平方米) Floor Space under Construction (sq.m)	竣工房屋面积(平方米) Floor Space Completed (sq.m)	#住宅 Residential Building	房屋面积竣工率(%) Rate of Floor Space of Buildings Completed (%)	竣工房屋价值(万元) Value of Building Completed (10000 yuan)	竣工房屋造价(元/平方米) Cost of Buildings Completed (yuan/sq.m)	竣工房屋住宅套数(套) Number of building Completed (unit)
全　省	**Total**	**304767767**	**42877829**	**33526104**	**14.1**	**11393112**	**2657**	**319948**
石家庄市	Shijiazhuang	42023819	4105265	3172336	9.8	905902	2207	27259
#辛集市	Xinji	2391550	140421	110454	5.9	31360	2233	859
承德市	Chengde	14493807	1201641	866099	8.3	265224	2207	7870
张家口市	Zhangjiakou	20105128	2502595	2015000	12.4	588407	2351	19177
秦皇岛市	Qinhuangdao	20585417	2405330	1925572	11.7	630821	2623	17538
唐山市	Tangshan	42570313	5546611	3927159	13.0	1576123	2842	38047
廊坊市	Langfang	45161032	9473477	7765962	21.0	2824387	2981	83764
保定市	Baoding	29962627	4070872	3340330	13.6	919154	2258	31764
#定州市	Dingzhou	4443148	83988	73350	1.9	20170	2402	2317
沧州市	Cangzhou	26087147	8388824	6635899	32.2	2506200	2988	57441
衡水市	Hengshui	17987085	1726795	1438037	9.6	431072	2496	13133
邢台市	Xingtai	18229919	1176548	900925	6.5	284085	2415	10398
邯郸市	Handan	27561473	2279871	1538785	8.3	461737	2025	13557

各市商品房屋销售情况（2016年）
Selling of Commercial Houses (2016)

市	City	商品房销售面积（平方米）Floor Space of Commercialized Buildings Sold (sq.m)	#住宅 Residential Buildings	商品房销售额（万元）Total Sales of Commercialized Buildings (10000 yuan)	#住宅 Residential Buildings	商品房平均售价（元/平方米）Average Selling Price of Commercialized Buildings (yuan/sq.m)	#住宅 Residential Buildings
全省	**Total**	**66822862**	**58997222**	**43018288**	**37108785**	**6438**	**6290**
石家庄市	Shijiazhuang	8556928	7047128	6837021	5003785	7990	7100
#辛集市	Xinji	572760	521916	225068	205086	3930	3929
承德市	Chengde	3499769	2772938	1702729	1314525	4865	4741
张家口市	Zhangjiakou	4644567	4223165	2139221	1923137	4606	4554
秦皇岛市	Qinhuangdao	2885870	2715507	1625461	1524357	5632	5614
唐山市	Tangshan	8524154	6813022	4020526	3079141	4717	4519
廊坊市	Langfang	13464731	13189201	14331909	14052510	10644	10655
保定市	Baoding	6081229	5415327	3116404	2621496	5125	4841
#定州市	Dingzhou	940165	865286	420434	271040	4472	3132
沧州市	Cangzhou	6619554	5581072	3351033	2752482	5062	4932
衡水市	Hengshui	4724170	4130362	1800731	1527962	3812	3699
邢台市	Xingtai	3537923	3345115	1398168	1312300	3952	3923
邯郸市	Handan	4283967	3764385	2695085	1997090	6291	5305

各市按用途分的商品房屋销售面积（2016年）
Floor Space of Buildings Actually Sold by Use (2016)

单位：平方米 (sq.m)

市	City	商品房销售面积 Floor Space of Commercialized Buildings Sold	住宅 Residential Buildings	#90平方米以下 90 sq.m below	#别墅、高档公寓 Villas, High-grade Apartments	办公楼 Office Buildings	商业营业用房 Houses for Business Use	其他 Other
全省	**Total**	**43018288**	**37108785**	**16097739**	**740872**	**1218044**	**3943470**	**747989**
石家庄市	Shijiazhuang	6837021	5003785	1718544	28485	787299	1005558	40379
#辛集市	Xinji	225068	205086	27900		5684	7221	7077
承德市	Chengde	1702729	1314525	200601	20434	23853	326906	37445
张家口市	Zhangjiakou	2139221	1923137	481916	67734	30122	169765	16197
秦皇岛市	Qinhuangdao	1625461	1524357	375029	57105	12100	59743	29261
唐山市	Tangshan	4020526	3079141	1211368	68122	22709	787451	131225
廊坊市	Langfang	14331909	14052510	9896524	347596	9206	229272	40921
保定市	Baoding	3116404	2621496	668867	5426	40098	325433	129377
#定州市	Dingzhou	420434	271040	11364			148586	808
沧州市	Cangzhou	3351033	2752482	575177	47399	31678	373895	192978
衡水市	Hengshui	1800731	1527962	365197	2945	5063	199192	68514
邢台市	Xingtai	1398168	1312300	378634	51806	8143	54334	23391
邯郸市	Handan	2695085	1997090	225882	43820	247773	411921	38301

各市按用途分的商品房屋平均销售价格（2016年）
Average Selling Price of Commercial Houses by Use (2016)

单位：元/平方米 (yuan/sq.m)

市	City	商品房平均销售价格 Average Selling Price of Commercialized Buildings	住宅 Residential Buildings	#90平方米以下 90 sq.m below	#别墅、高档公寓 Villas, High-grade Apartments	办公楼 Office Buildings	商业营业用房 Houses for Business Use	其他 Other
全　　省	**Total**	**6438**	**6290**	**7921**	**10347**	**9622**	**8789**	**3609**
石家庄市	Shijiazhuang	7990	7100	7476	10409	12501	12280	6605
#辛集市	Xinji	3930	3929	3697		3304	4723	3857
承 德 市	Chengde	4865	4741	4682	11023	7081	6020	2495
张家口市	Zhangjiakou	4606	4554	4271	10318	5099	6018	2018
秦皇岛市	Qinhuangdao	5632	5614	4966	13153	5965	8922	3520
唐 山 市	Tangshan	4717	4519	4439	13381	2116	7136	2622
廊 坊 市	Langfang	10644	10655	11854	10214	6326	12451	5326
保 定 市	Baoding	5125	4841	5941	13212	4458	10683	4768
#定州市	Dingzhou	4472	3132	3438			20965	2017
沧 州 市	Cangzhou	5062	4932	5023	9010	6261	6634	4548
衡 水 市	Hengshui	3812	3699	3514	5515	4050	5659	2987
邢 台 市	Xingtai	3952	3923	4070	8469	4469	7497	2291
邯 郸 市	Handan	6291	5305	5736	9401	10776	21036	4081

各市按销售方式分的商品房销售面积及平均销售价格（2016年）
Floor Space of Buildings Actually Sold and Average Selling Price of Commercial Houses by Sale Method (2016)

市	City	商品房销售面积(平方米) Floor Space of Commercialized Buildings Sold (sq.m)	现房 Completed Buildings	期房 Buildings Completed in Future	商品房平均销售价格(元/平方米) Average Selling Price of Commercialized Buildings (yuan/sq.m)	现房 Completed Buildings	期房 Buildings Completed in Future
全　　省	**Total**	**66822862**	**16375793**	**50447069**	**6438**	**5497**	**6743**
石家庄市	Shijiazhuang	8556928	2048870	6508058	7990	8956	7686
#辛集市	Xinji	572760		572760	3930		3930
承 德 市	Chengde	3499769	745055	2754714	4865	5021	4823
张家口市	Zhangjiakou	4644567	1359302	3285265	4606	3933	4884
秦皇岛市	Qinhuangdao	2885870	1145919	1739951	5632	5395	5789
唐 山 市	Tangshan	8524154	3650044	4874110	4717	4947	4544
廊 坊 市	Langfang	13464731	1128032	12336699	10644	8280	10860
保 定 市	Baoding	6081229	2126826	3954403	5125	4596	5409
#定州市	Dingzhou	940165	75211	864954	4472	2271	4663
沧 州 市	Cangzhou	6619554	709335	5910219	5062	3534	5246
衡 水 市	Hengshui	4724170	1376946	3347224	3812	3250	4043
邢 台 市	Xingtai	3537923	437140	3100783	3952	4157	3923
邯 郸 市	Handan	4283967	1648324	2635643	6291	6323	6271

各市房地产开发经营情况（2016年）
Real Estate Development and Management (2016)

单位：万元　　(10000 yuan)

市	City	主营业务收入 Revenue from Principal Business	土地转让收入 Land Transferred	商品房屋销售收入 Commercial Houses Sold	房屋出租收入 Houses Leased	其他收入 Others	主营业务税金及附加 Taxes and Other Charges on Principal Business	利润总额 Total Profits
全　省	**Total**	**28563301**	**121399**	**27992005**	**144031**	**305867**	**2046262**	**3543485**
石家庄市	Shijiazhuang	1892205	14881	1830552	11865	34907	141677	63051
#辛集市	Xinji	33027		27896	12	5119	3398	402
承德市	Chengde	1382398	1790	1369341	5561	5705	80072	24140
张家口市	Zhangjiakou	2061070	10136	1963252	3665	84017	112455	191920
秦皇岛市	Qinhuangdao	2478189		2467789	7068	3333	129676	118792
唐山市	Tangshan	2846692	76356	2691099	42010	37227	169805	210166
廊坊市	Langfang	8779842	8948	8672163	7773	90958	751001	2201322
保定市	Baoding	3805107	618	3786141	12316	6032	267730	585213
#定州市	Dingzhou	151514	3	151496	15	1	12943	811
沧州市	Cangzhou	2238477	3733	2197465	7424	29855	175607	91617
衡水市	Hengshui	1017742	392	1010655	5342	1354	66693	64779
邢台市	Xingtai	942588	227	936543	4399	1419	57114	-20860
邯郸市	Handan	1118991	4318	1067005	36608	11060	94434	13347

各市社会消费品零售总额及亿元以上商品交易市场基本情况（2016年）
Total Retail Sales of Consumer Goods and Commodity Markets on Sales Value Over 100 Million Yuan (2016)

单位：亿元　　(100 million yuan)

市	City	社会消费品零售总额 Total Retail Sales of Consumer Goods	城镇 Urban Areas	乡村 Rural Areas	亿元以上商品交易市场 Markets on Sales Value Over 100 Million Yuan: 摊位数（个） Number of Booths (unit)	市场成交额 Transaction Value of Markets
全　省	**Total**	**14364.7**	**11195.7**	**3169.0**	**349364**	**5550.7**
石家庄市	Shijiazhuang	2975.2	2506.2	469.0	69484	1369.3
#辛集市	Xinji	282.3	187.8	94.4	1650	36.5
承德市	Chengde	543.3	407.0	136.3	8339	59.0
张家口市	Zhangjiakou	683.2	537.0	146.2	5827	76.3
秦皇岛市	Qinhuangdao	699.8	599.6	100.2	40461	184.0
唐山市	Tangshan	2371.1	1945.9	425.2	16243	339.0
廊坊市	Langfang	881.9	471.1	410.8	15884	350.7
保定市	Baoding	1828.2	1413.8	414.4	77127	1631.7
#定州市	Dingzhou	158.9	120.9	38.0	1095	24.0
沧州市	Cangzhou	1227.8	897.6	330.2	52101	618.1
衡水市	Hengshui	675.4	490.6	184.9	18115	179.6
邢台市	Xingtai	969.9	772.7	197.2	17686	240.7
邯郸市	Handan	1508.9	1154.3	354.6	27357	502.3

各市限额以上批发和零售业基本情况（2016年）

Basic Indicators of Enterprises above Designated Size in Wholesale and Retail Sale Trade (2016)

单位：万元 (10000 yuan)

市	City	法人企业（个）Number of Corporation Enterprises (unit)	年末从业人员（人）Engaged Persons at Year-end (person)	购进总额 Total Purchases	销售总额 Total Sales	#零售 Retail Value	年末库存总额 Total Stock to Year-end	年末零售营业面积（平方米）Operational Area of Retail Sale Trade (sq.m)
全省	**Total**	**4059**	**359193**	**95218750**	**103620233**	**33849956**	**6734876**	**19931843**
石家庄市	Shijiazhuang	478	60061	18744597	19896187	8514044	1518552	2254720
#辛集市	Xinji	13	1847	78433	85763	62193	16839	72670
承德市	Chengde	166	16157	1885627	2622783	1041800	248627	1207135
张家口市	Zhangjiakou	199	16721	2168489	2541667	1380892	267869	1155070
秦皇岛市	Qinhuangdao	255	17172	6639952	7186957	1538553	425140	885410
唐山市	Tangshan	456	56028	13205806	14753468	4529105	875509	4693484
廊坊市	Langfang	336	21768	5507021	6075968	2711202	449817	1093082
保定市	Baoding	529	47642	17825699	19040356	4280147	714122	2050047
#定州市	Dingzhou	41	6273	366018	393784	261221	22732	123624
沧州市	Cangzhou	484	45418	6792288	7411893	3069452	635499	1907057
衡水市	Hengshui	409	23485	3411960	4129637	1590166	296742	1490131
邢台市	Xingtai	364	26362	3563990	4028133	2063194	360524	1033784
邯郸市	Handan	383	28379	15473321	15933185	3131403	942476	2161923

各市限额以上住宿业和餐饮业基本情况（2016年）

Basic Indicators of Hotels and Catering Services above Designated Size (2016)

市	City	法人企业（个）Number of Corporation Enterprises (unit)	从业人数（人）Engaged Persons (person)	营业额（万元）Business Revenue (10000 yuan)	#客房收入 From Hotel Rooms	#餐费收入 Revenue from Meals	#商品销售收入 Total Sales of Commodities
全省	**Total**	**883**	**79721**	**1030382.0**	**333006.3**	**600936.0**	**28193.5**
石家庄市	Shijiazhuang	101	13991	213451.6	69382.2	122473.3	3383.2
#辛集市	Xinji	4	353	2506.0	1172.1	1333.9	
承德市	Chengde	57	5002	71048.5	27776.2	39615.0	139.2
张家口市	Zhangjiakou	98	8371	79866.5	25850.3	45659.9	2962.9
秦皇岛市	Qinhuangdao	88	6396	89744.0	34738.6	47977.9	1382.3
唐山市	Tangshan	82	7423	89157.4	23616.7	55921.7	5292.4
廊坊市	Langfang	70	6278	88676.2	27900.8	46836.1	1254.7
保定市	Baoding	123	10742	133279.7	35954.1	83100.4	6257.1
#定州市	Dingzhou	3	440	3757.3	841.5	2615.7	282.7
沧州市	Cangzhou	65	5796	58068.2	22224.2	30934.6	772.3
衡水市	Hengshui	44	3534	41043.3	15526.8	23334.2	462.3
邢台市	Xingtai	67	4474	58320.2	21436.4	32192.8	2866.1
邯郸市	Handan	88	7714	107726.4	28600.0	72890.1	3421.0

各市外商投资企业情况（2016年）

Basic Condition of Foreign Funded Enterprises (2016)

金额单位：万美元　企业单位：个　　(USD 10000, unit)

市 City	批准合同 合同个数 Number of Contracts	合同总金额 Total Value of the Contracts	合同外资额 FDI Contracted	注册 个数 Number of Enterprises with FDI	注册资本 Registered Capital	外方注册资本 Registered Capital from FDI	外商直接投资额 Foreign Direct Invest	到2015年底实有外商投资企业数 Actual Number of Enterprises with FDI at End of 2015	#开工在建企业 Enterprises under Construction	#投产企业 Enterprises on Operation
全　省 **Total**	**162**	**904066**	**334675**	**115**	**286626**	**234801**	**735388**	**3109**	**264**	**1601**
石家庄市 Shijiazhuang	21	60232	36093	17	35310	24413	117411	371	10	272
承德市 Chengde	6	7893	3443	2	1300	940	11070	96	9	36
张家口市 Zhangjiakou	5	1574	700	5	1114	700	41264	138	39	52
秦皇岛市 Qinhuangdao	5	47570	3475		6448	6448	65906	323	44	143
唐山市 Tangshan	26	142728	48050	22	40806	36277	143562	401	36	191
廊坊市 Langfang	28	124348	46099	24	30567	28774	78291	517	26	251
保定市 Baoding	17	146596	67628	14	73737	66204	63425	327	26	259
沧州市 Cangzhou	27	167915	54381	6	1437	1437	41772	354	11	162
衡水市 Hengshui	5	44975	21024	5	31365	20801	21844	158	11	67
邢台市 Xingtai	11	29712	9068	10	17425	8763	50586	141	42	62
邯郸市 Handan	10	130165	44356	9	46885	39812	97055	246	9	71
定州市 Dingzhou							2970	15		14
辛集市 Xinji	1	358	358	1	232	232	232	22	1	21

各市各级各类学校数（2016年）

Number of Schools by Level and Type of School (2016)

单位：所　　(unit)

市	City	普通高等学校 Regular Institutions of Higher Education	普通中学 Regular Secondary Schools	高中 Senior Secondary Schools	初中 Junior Secondary Schools	职业中学 Vocational Secondary Schools	普通小学 Primary Schools
全　省	**Total**	**120**	**2977**	**598**	**2379**	**609**	**11944**
石家庄市	Shijiazhuang		410	119	291	141	1401
#辛集市	Xinji		33	9	24	4	72
承德市	Chengde		121	22	99	30	447
张家口市	Zhangjiakou		165	33	132	42	532
秦皇岛市	Qinhuangdao		157	31	126	38	416
唐山市	Tangshan		330	75	255	51	1126
廊坊市	Langfang		181	31	150	28	804
保定市	Baoding		459	82	377	77	2144
#定州市	Dingzhou		40	11	29	5	260
沧州市	Cangzhou		317	48	269	41	1318
衡水市	Hengshui		174	40	134	33	835
邢台市	Xingtai		277	51	226	65	1202
邯郸市	Handan		386	66	320	63	1719

各市各级各类学校专任教师数(2016年)

Number of Full-time Teachers by Level and Type of School (2016)

单位：人 (person)

市	City	普通高等学校 Regular Institutions of Higher Education	普通中学 Regular Secondary Schools	高中 Senior Secondary Schools	初中 Junior Secondary Schools	职业中学 Vocational Secondary Schools	普通小学 Primary Schools
全省	**Total**	**70447**	**289240**	**112309**	**176931**	**44873**	**330488**
石家庄市	Shijiazhuang		41396	19394	22002	8399	41168
#辛集市	Xinji		3496	1403	2093	344	2010
承德市	Chengde		12684	4083	8601	2051	17184
张家口市	Zhangjiakou		16842	6578	10264	3211	19332
秦皇岛市	Qinhuangdao		12804	4065	8739	2274	14394
唐山市	Tangshan		31902	12616	19286	4657	29490
廊坊市	Langfang		16791	6611	10180	1913	23152
保定市	Baoding		42120	15258	26862	6627	47286
#定州市	Dingzhou		4437	2198	2239	467	4441
沧州市	Cangzhou		26330	8483	17847	3474	36212
衡水市	Hengshui		20461	10200	10261	2623	18836
邢台市	Xingtai		27545	10879	16666	4326	35144
邯郸市	Handan		40365	14142	26223	5318	48290

各市各级各类学校在校学生数(2016年)

Number of Students Enrollment by Level and Type of School (2016)

单位：人 (person)

市	City	普通高等学校 Regular Institutions of Higher Education	普通中学 Regular Secondary Schools	高中 Senior Secondary Schools	初中 Junior Secondary Schools	职业中学 Vocational Secondary Schools	普通小学 Primary Schools
全省	**Total**	**1216096**	**3649125**	**1213315**	**2435810**	**658083**	**6205473**
石家庄市	Shijiazhuang		493557	173594	319963	158745	807993
#辛集市	Xinji		35629	16051	19578	2938	41745
承德市	Chengde		165847	54164	111683	36527	281781
张家口市	Zhangjiakou		202734	70883	131851	40125	306565
秦皇岛市	Qinhuangdao		126840	45213	81627	28504	201333
唐山市	Tangshan		339016	122210	216806	51740	506290
廊坊市	Langfang		217490	71858	145632	29121	437761
保定市	Baoding		575533	193061	382472	73666	975243
#定州市	Dingzhou		70992	24507	46485	11626	96493
沧州市	Cangzhou		344116	108989	235127	84753	685914
衡水市	Hengshui		273646	112463	161183	33561	347169
邢台市	Xingtai		366256	118419	247837	44666	649960
邯郸市	Handan		544090	142461	401629	76675	1005464

各市科技主要指标
Major Indicators of Science and Technology

市	City	专利申请受理量(件) Applications Accepted (unit)		专利申请授权量(件) Paten Granted (unit)		R&D人员全时当量(人年) Full-time Equivalent of R&D Personnel (man-year)		R&D经费内部支出(万元) Intramural Expenditure on R&D (10000 yuan)	
		2015	2016	2015	2016	2015	2016	2015	2016
全　　省	**Total**	**44060**	**54838**	**30130**	**31826**	**79452**	**82971**	**2858050.6**	**3086607.6**
石家庄市	Shijiazhuang	9186	12189	5786	6994	22506	20745	669401.4	715563.3
#辛集市	Xinji	175	265	115	159	376	262	4831.0	4437.1
承 德 市	Chengde	796	1178	494	595	1505	2075	67369.4	74776.0
张家口市	Zhangjiakou	1242	1464	787	837	1597	1269	63379.2	45876.8
秦皇岛市	Qinhuangdao	4371	5637	3032	3217	2677	3221	111682.9	124771.6
唐 山 市	Tangshan	4538	5566	3209	3282	14245	14567	660527.0	663547.8
廊 坊 市	Langfang	3777	4936	2962	3057	4150	5159	127253.3	154216.2
保 定 市	Baoding	5435	7818	4271	4783	18858	19507	529928.0	583177.1
#定州市	Dingzhou	154	552	133	201	260	117	15080.4	13452.4
沧 州 市	Cangzhou	4026	4648	2239	2690	4623	5265	157513.6	172710.5
衡 水 市	Hengshui	2363	2857	1524	1634	2207	2805	93426.2	101847.1
邢 台 市	Xingtai	3523	4481	2521	2630	2835	4049	148089.8	190243.9
邯 郸 市	Handan	4803	4064	3305	2107	4249	4308	229479.8	259877.3

注：R&D人员全时当量、R&D经费内部支出的统计范围为规模以上工业企业。
a) The coverage of full-time equivalent of R&D personnel and intramural expenditure on R&D are industrial enterprises above designated size.

各市广播电视节目综合人口覆盖情况及文化主要指标（2016年）
Population Coverage of Radio and TV Programs, and Radio and Culture (2016)

市	City	广播节目综合人口覆盖率(%) Population Coverage Rate of Radio Programs (%)	电视节目综合人口覆盖率(%) Population Coverage Rate of TV Programs (%)	公共图书馆(个) Public Libraries (unit)	公共图书馆图书藏量(万册) Total Collections of Public Libraries (10000 volumes)
全　　省	**Total**	**99.35**	**99.28**	**172**	**2339.93**
石家庄市	Shijiazhuang	99.40	99.38	26	665.25
承 德 市	Chengde	94.19	96.48	11	97.95
张家口市	Zhangjiakou	99.67	99.71	15	145.36
秦皇岛市	Qinhuangdao	100	100	7	147.78
唐 山 市	Tangshan	100	100	13	251.66
廊 坊 市	Langfang	100	100	11	240.32
保 定 市	Baoding	98.57	98.34	23	220.80
沧 州 市	Cangzhou	100	100	15	160.50
衡 水 市	Hengshui	100	100	12	67.44
邢 台 市	Xingtai	99.41	99.39	20	159.72
邯 郸 市	Handan	99.99	98.9	19	183.15

各市卫生事业基本情况(2016年)
Basic Statistics of Health Institutions (2016)

市	City	卫生机构数(个) Number of Health Institutions (unit)	#医院 Hospitals	#疾病预防控制机构数 Center for Disease Control and Prevention	#妇幼保健机构 Women and Children Care Agencies	床位数(张) Beds in Health Care Institutions (bed)	#医院、卫生院 Hospitals and Health Centers	卫生机构人员(人) Number of Medical Personnel (person)	#卫生技术人员 Medical Technical Personnel	#执业(助理)医师 Licensed (Assistant) Doctors
全 省	**Total**	**78723**	**1618**	**192**	**191**	**360992**	**337949**	**556151**	**393593**	**177430**
石家庄市	Shijiazhuang	6892	205	24	25	53357	49573	92879	70593	31781
#辛集市	Xinji	483	21	1	1	2120	2010	4335	2798	1510
承 德 市	Chengde	3679	47	12	14	19747	18791	26500	19342	8496
张家口市	Zhangjiakou	5726	81	21	18	21613	20279	29228	18927	8235
秦皇岛市	Qinhuangdao	3738	68	9	3	17247	15450	26034	19662	8524
唐 山 市	Tangshan	9107	172	17	19	42051	38587	65377	46980	20095
廊 坊 市	Langfang	5989	137	11	10	20456	19385	33879	23493	10208
保 定 市	Baoding	10896	293	26	27	50929	47299	81455	57233	25391
#定州市	Dingzhou	808	33	1	1	4887	4434	6460	4922	2506
沧 州 市	Cangzhou	9333	149	20	20	35839	34257	55296	39568	18444
衡 水 市	Hengshui	6202	112	12	17	19209	18331	30509	20857	10398
邢 台 市	Xingtai	8406	157	20	20	32792	31465	48481	33192	16024
邯 郸 市	Handan	8755	197	20	18	47752	44532	66513	43746	19834

各市医院床位利用情况(2016年)
Utilization of Beds in Hospital (2016)

市	City	病床工作日(日) Working Days of Beds (day)			病床使用率(%) Utilization Rate of Beds (%)			出院者平均住院日(日) Average Say Days in Hospital (day)		
		合计 Total	公立 State	民营 Private	合计 Total	公立 State	民营 Private	合计 Total	公立 State	民营 Private
全 省	**Total**	**314.7**	**333.2**	**228.9**	**86.23**	**91.29**	**62.71**	**8.79**	**9.03**	**7.38**
石家庄市	Shijiazhuang	377.0	403.3	237.5	103.29	110.50	65.08	9.60	9.79	7.96
承 德 市	Chengde	307.5	309.2	262.3	84.26	84.71	71.86	10.74	10.86	7.84
张家口市	Zhangjiakou	293.7	295.6	272.2	80.46	80.98	74.57	10.24	10.16	11.36
秦皇岛市	Qinhuangdao	291.4	301.5	202.6	79.84	82.59	55.50	9.69	9.63	10.62
唐 山 市	Tangshan	304.6	322.2	193.0	83.45	88.27	52.86	9.08	9.37	6.78
廊 坊 市	Langfang	272.3	312.0	211.4	74.61	85.49	57.92	7.71	8.23	6.66
保 定 市	Baoding	306.6	330.5	254.8	84.01	90.56	69.81	8.14	8.72	6.85
沧 州 市	Cangzhou	322.6	346.8	234.3	88.39	95.00	64.19	8.14	8.25	7.63
衡 水 市	Hengshui	290.9	301.3	248.8	79.69	82.54	68.16	8.56	8.69	7.87
邢 台 市	Xingtai	303.9	324.7	165.3	83.26	88.97	45.30	7.97	8.09	6.64
邯 郸 市	Handan	306.8	317.4	224.4	84.05	86.96	61.48	8.54	8.55	8.48

各市城乡居民基本养老保险情况(2016年)

Statistics on Basic Pension Insurance for Urban and Rural Residents (2016)

市	City	参保人数(万人) Contributors at Year-end (10000 persons)	#达到领取待遇年龄参保人数 Number of Participants Who Have Reached the Prescribed Age of Benefit Entitlement	基金收支情况(亿元) Revenue and Expenses(100 million yuan) 基金收入 Revenue	基金支出 Expenses	累计结余 Balance at Year-end
全省	**Total**	**3446.11**	**997.88**	**141.56**	**103.57**	**249.16**
石家庄市	Shijiazhuang	368.25	112.14	15.17	11.23	26.62
承德市	Chengde	171.32	47.23	6.70	4.58	12.80
张家口市	Zhangjiakou	202.41	66.47	8.72	6.46	13.51
秦皇岛市	Qinhuangdao	127.19	40.42	5.35	3.97	10.54
唐山市	Tangshan	334.11	103.38	16.85	13.12	32.64
廊坊市	Langfang	216.21	59.84	10.70	8.30	15.40
保定市	Baoding	498.64	150.26	19.72	14.19	32.73
沧州市	Cangzhou	368.89	102.84	14.93	10.80	29.54
衡水市	Hengshui	235.38	73.18	9.31	6.81	16.30
邢台市	Xingtai	391.56	97.91	13.01	9.31	24.68
邯郸市	Handan	443.94	113.88	17.23	11.89	29.40
定州市	Dingzhou	54.20	18.43	2.43	1.78	2.91
辛集市	Xinji	34.00	11.88	1.44	1.13	2.09

各市企业职工基本养老保险(2016年)

Statistics on Enterprises Employee Basic Pension Insurance (2016)

市	City	年末参加企业职工基本养老保险人数(万人) Enterprises Employee Basic Pension Insurance Contributors at Year-end (10000 persons)	职工 Number of Staff and Workers	离退休人员 Number of Retirees	基金收支情况(亿元) Revenue and Expenses(100 million yuan) 基金收入 Revenue	基金支出 Expenses	累计结余 Balance at Year-end
全省	**Total**	**1175.50**	**846.83**	**328.67**	**910.80**	**1000.73**	**545.91**
石家庄市	Shijiazhuang	192.38	147.22	45.16	105.74	130.92	83.14
承德市	Chengde	55.35	40.24	15.10	24.19	41.52	16.22
张家口市	Zhangjiakou	79.07	49.31	29.76	30.42	82.45	20.57
秦皇岛市	Qinhuangdao	67.99	52.30	15.69	33.80	46.11	20.13
唐山市	Tangshan	189.94	136.48	53.47	103.16	161.42	59.31
廊坊市	Langfang	73.30	64.23	9.07	39.64	27.15	54.72
保定市	Baoding	95.94	70.29	25.65	71.50	98.49	31.04
沧州市	Cangzhou	78.43	54.24	24.19	38.69	62.10	29.83
衡水市	Hengshui	37.84	27.16	10.68	16.62	27.45	12.11
邢台市	Xingtai	63.35	43.79	19.56	29.12	52.71	18.65
邯郸市	Handan	117.10	81.10	36.00	40.91	104.09	27.71
定州市	Dingzhou	7.16	5.57	1.58	2.74	4.55	1.34
辛集市	Xinji	6.39	4.59	1.80	2.64	5.43	1.39

各市失业保险情况(2016年)

Statistics of Unemployment Insurance (2016)

市	City	年末参加失业保险人数(万人) Unemployment Insurance Contributors at Year-end (10000 persons)	年末领取失业保险金人数(万人) Beneficiaries of Unemployment Insurance Fund (10000 persons)	基金收支情况（亿元） Revenue and Expenses (100 million yuan)		
				基金收入 Revenue	基金支出 Expenses	累计结余 Balance at Year-end
全　　省	**Total**	**515.88**	**15.10**	**38.45**	**49.61**	**157.90**
石家庄市	Shijiazhuang	90.36	2.51	7.26	8.80	27.21
承 德 市	Chengde	22.29	1.28	1.41	1.44	4.37
张家口市	Zhangjiakou	38.72	0.60	1.51	1.00	6.06
秦皇岛市	Qinhuangdao	33.31	1.36	2.83	2.77	15.59
唐 山 市	Tangshan	82.76	3.52	8.03	16.12	31.67
廊 坊 市	Langfang	29.69	0.64	2.62	1.61	14.14
保 定 市	Baoding	49.13	1.05	2.91	3.17	13.19
沧 州 市	Cangzhou	36.60	0.94	1.91	2.15	6.18
衡 水 市	Hengshui	18.42	0.50	0.92	0.84	2.27
邢 台 市	Xingtai	35.03	0.65	1.43	1.46	2.25
邯 郸 市	Handan	68.25	1.82	6.03	8.51	8.22
定 州 市	Dingzhou	3.15	0.20	0.21	0.22	0.61
辛 集 市	Xinji	1.69	0.02	0.08	0.32	0.07

各市基本医疗保险参保人数(2016年)

Persons Covered of Urban Basic Medical Care Insurance (2016)

单位：万人　　(10000 persons)

市	City	人数合计 Persons Covered at Year-end	城镇职工 Urban Workers			城乡居民 Urban and Rural Residents
				在岗职工 Staff and Workers	退休人员 Retirees	
全　　省	**Total**	**6672.13**	**973.70**	**667.48**	**306.22**	**5698.43**
石家庄市	Shijiazhuang	853.28	141.17	96.54	44.63	712.11
承 德 市	Chengde	341.50	43.64	30.40	13.24	297.86
张家口市	Zhangjiakou	386.31	65.53	40.25	25.28	320.78
秦皇岛市	Qinhuangdao	266.42	62.86	44.61	18.25	203.56
唐 山 市	Tangshan	696.44	155.96	101.04	54.92	540.48
廊 坊 市	Langfang	396.10	62.93	50.25	12.68	333.17
保 定 市	Baoding	909.48	106.33	75.06	31.27	803.15
沧 州 市	Cangzhou	651.57	67.59	47.48	20.11	583.98
衡 水 市	Hengshui	391.41	34.96	24.05	10.91	356.45
邢 台 市	Xingtai	691.88	64.97	47.60	17.37	626.91
邯 郸 市	Handan	859.50	102.30	65.74	36.56	757.20
定 州 市	Dingzhou	108.59	6.19	4.35	1.84	102.40
辛 集 市	Xinji	57.17	4.46	2.85	1.61	52.71

各市基本医疗保险基金收支情况(2016年)

Revenue and Expenses of Urban Basic Medical Care Insurance (2016)

单位：亿元 (100 million yuan)

市	City	基金收入 Revenue 合计 Total	基金收入 Revenue 职工 Workers	基金收入 Revenue 居民 Non-employment	基金支出 Expenses 合计 Total	基金支出 Expenses 职工 Workers	基金支出 Expenses 居民 Non-employment	累计结余 Balance at the Year-end 合计 Total	累计结余 Balance at the Year-end 职工 Workers	累计结余 Balance at the Year-end 居民 Non-employment
全省	**Total**	**741.57**	**398.89**	**342.68**	**658.78**	**327.44**	**331.34**	**645.77**	**512.70**	**133.07**
石家庄市	Shijiazhuang	95.79	54.90	40.89	86.49	46.48	40.01	76.48	63.07	13.40
承德市	Chengde	30.99	14.33	16.66	29.31	13.25	16.06	23.53	14.97	8.56
张家口市	Zhangjiakou	53.80	33.99	19.81	49.84	29.86	19.98	37.29	27.78	9.52
秦皇岛市	Qinhuangdao	46.77	24.19	22.58	41.37	21.39	19.98	31.52	24.92	6.60
唐山市	Tangshan	91.27	60.61	30.66	73.40	43.12	30.28	118.92	100.45	18.46
廊坊市	Langfang	68.35	45.72	22.63	60.94	38.20	22.75	53.05	43.56	9.49
保定市	Baoding	76.16	31.06	45.10	70.12	25.44	44.68	69.26	50.88	18.37
沧州市	Cangzhou	73.27	36.56	36.72	55.27	22.95	32.32	71.24	56.12	15.13
衡水市	Hengshui	28.99	9.01	19.98	26.72	7.66	19.07	18.69	11.60	7.09
邢台市	Xingtai	53.22	17.23	35.99	46.91	13.73	33.17	38.60	26.34	12.26
邯郸市	Handan	75.74	33.39	42.35	67.04	23.80	43.24	65.17	51.66	13.51
定州市	Dingzhou	7.53	1.73	5.80	7.60	1.32	6.28	2.88	2.69	0.19
辛集市	Xinji	4.16	1.23	2.93	3.87	0.87	3.00	2.02	1.55	0.47

各市工伤保险情况(2016年)

Statistics of Work Injury Insurance (2016)

市	City	年末参加工伤保险人数(万人) Work Injury Insurance Contributors at Year-end (10000 persons)	享受工伤待遇人数(万人) Beneficiaries at Year-end (10000 persons)	基金收支情况(亿元) Revenue and Expenses (100 million yuan) 基金收入 Revenue	基金支出 Expenses	累计结余 Balance at Year-end
全省	**Total**	**840.04**	**9.83**	**40.63**	**36.03**	**28.50**
石家庄市	Shijiazhuang	143.95	1.13	5.01	3.99	3.23
承德市	Chengde	43.87	0.67	2.81	2.73	0.58
张家口市	Zhangjiakou	54.75	0.31	1.72	1.38	0.95
秦皇岛市	Qinhuangdao	46.40	0.56	2.14	1.77	2.77
唐山市	Tangshan	108.70	1.61	7.62	6.24	3.79
廊坊市	Langfang	54.54	0.68	3.16	2.64	4.03
保定市	Baoding	81.40	0.50	2.54	2.05	3.03
沧州市	Cangzhou	56.44	0.77	3.68	3.16	1.65
衡水市	Hengshui	30.10	0.24	1.12	0.83	0.77
邢台市	Xingtai	44.78	0.56	2.00	1.87	0.84
邯郸市	Handan	86.71	0.55	2.34	2.94	0.89
定州市	Dingzhou	6.45	0.02	0.12	0.07	0.16
辛集市	Xinji	7.90	0.07	0.30	0.25	0.13

各县(市、区)国民经济主要指标(2016年)(1-1)

县(市、区)	County (City or District)	行政区域土地面积(平方公里) Land Area (sq.km)	乡(个) Towns (unit)	镇(个) Towns (unit)	村民委员会(个) Villagers' Committees (unit)	#自来水受益村 Administrative Village Access to Tap Water	#通有线电视村 Administrative Village Access to Cable TV
石家庄市	**Shijiazhuang**						
长安区	Changan District	138		4	8	8	8
桥西区	Qiaoxi District	70			15	15	15
新华区	Xinhua District	92	2	2	13	13	13
井陉矿区	Jingxing Mining Area	70	1	2			
裕华区	Yuhua District	61		1	6	6	6
藁城区	Gaocheng District	836	1	12	226	226	224
鹿泉区	Luquan District	603	3	9	208	208	184
栾城区	luancheng District	326	3	4	173	173	163
井陉县	Jingxing County	1381	7	10	318	295	248
正定县	Zhengding County	468	5	3	154	154	154
行唐县	Xingtang County	1025	11	4	322	250	299
灵寿县	Lingshou County	1066	9	6	279	249	153
高邑县	Gaoyi County	222	1	4	107	107	107
深泽县	Shenze County	296	3	3	125	125	122
赞皇县	Zanhuang County	1210	7	4	212	143	78
无极县	Wuji County	524	5	6	213	213	213
平山县	Pingshan County	2648	11	12	717	692	292
元氏县	Yuanshi County	675	7	8	208	185	208
赵　县	Zhao County	674	4	7	281	281	277
辛集市	Xinji City	951	7	8	344	344	344
晋州市	Jinzhou City	619	1	9	224	224	98
新乐市	Xinle City	525	3	8	160	160	160
承德市	**Chengde**						
双桥区	Shuangqiao District	332		5	53	37	48
双滦区	Shuangluan District	452	2	4	63	51	61
鹰手营子区	Yingshouyingzi District	151		4	15	14	15
承德县	Chengde County	3648	13	10	378	302	374
兴隆县	Xinglong County	3117	9	11	290	131	218
平泉县	Pingquan County	3294	7	12	238	193	238
滦平县	Luanping County	2993	12	8	200	127	198
隆化县	Longhua County	5473	15	9	357	250	348
丰宁满族自治县	Fengning Man A.C.	8765	16	10	309	293	280
宽城满族自治县	Kuancheng Man A.C.	1936	10	8	205	172	199
围场满蒙自治县	Weichang Man & Mongolian A.C.	9037	26	11	312	257	311

Major Indicators of National Economy by County (City or District)(2016)（1-1）

#通宽带村 Administrative Village Access to Internet Broadband	地区生产总值(万元) Gross Domestic Product (10000 yuan)	第一产业 Primary Industry	第二产业 Secondary Industry	第三产业 Tertiary Industry	#工业 Industry	地区生产总值指数(上年=100) Indices of Gross Domestic Product (preceding year=100)	第一产业 Primary Industry	第二产业 Secondary Industry
8	4319495	21792	682534	3615169	294584	108.0	89.9	100.1
15	4744595	13213	465034	4266348	69490	108.2	101.4	103.0
13	2470193	17185	512118	1940890	89850	108.4	92.5	103.3
	554048	5728	344154	204166	351413	103.4	67.7	101.5
6	2182276	2821	431262	1748193	189440	108.0	53.6	98.4
226	6096636	741045	3995232	1360359	3902128	106.0	100.6	105.0
208	3679455	234460	1901221	1543774	1796513	106.4	100.6	104.7
173	2177970	264071	1209329	704570	1121991	107.0	97.3	106.4
301	1506926	117688	618757	770481	544040	103.2	89.5	99.6
154	2927014	323968	1172264	1430782	1051808	107.0	102.4	105.8
317	1336533	281477	642572	412484	613024	103.2	105.8	98.7
252	899756	166412	389841	343503	355813	103.2	103.7	98.4
107	881952	129870	500253	251829	446252	106.5	103.9	105.5
125	1079534	160399	634049	285086	556080	106.6	101.9	105.8
212	977766	165758	535329	276679	491892	106.1	102.8	105.1
213	1965162	269048	1059388	636726	1006902	106.7	101.1	106.6
715	2085091	182506	1208108	694477	1136192	106.8	100.9	105.8
208	2001614	256485	1071035	674094	1008274	106.9	102.4	105.5
281	2127267	337065	1233150	557052	1181821	106.0	100.4	105.6
344	4255828	487362	2551333	1217133	2429208	107	101.4	105.4
224	3004688	290652	1715389	998647	1654561	106.7	102.0	105.5
160	2079912	292967	1137382	649563	1051154	106.6	101.0	105.7
53	1142561	9619	234652	898290	32069	106.5	85.6	106.2
63	1027845	24206	705599	298040	608496	106.9	104.8	105.0
15	348497	9410	246906	92181	214350	105.3	105.4	103.9
346	1204735	282569	528299	393867	465797	106.9	107.0	106.2
252	1008976	255818	430806	322352	380549	106.8	104.5	106.5
237	1668353	329711	708181	630461	639946	107.4	104.5	106.1
188	1602460	284626	819054	498780	722018	107.9	107.3	106.0
335	1148736	317224	454500	377012	358762	106.5	105.8	105.0
250	1014460	259288	388764	366408	307318	106.3	106.5	105.0
197	2081794	183789	1226411	671594	1125411	107.0	106.6	106.0
305	1090882	412871	293081	384930	214312	107.6	110.5	101.3

各县(市、区)国民经济主要指标(2016年)(1-2)

县（市、区）	County (City or District)	行政区域土地面积(平方公里) Land Area (sq.km)	乡(个) Towns (unit)	镇(个) Towns (unit)	村民委员会(个) Villagers' Committees (unit)	#自来水受益村 Administrative Village Access to Tap Water	#通有线电视村 Administrative Village Access to Cable TV
张家口市	**Zhangjiakou**						
桥东区	Qiaodong District	94		1	9	9	9
桥西区	Qiaoxi District	103		1	20	20	20
宣化区	Xuanhua District	2334	8	9	356	351	267
下花园区	Xiahuayuan District	315	4		46	46	41
万全区	Wanquan District	1162	7	4	171	171	171
崇礼区	Chongli District	2324	8	2	211	210	199
张北县	Zhangbei County	3863	11	7	366	277	209
康保县	Kangbao County	3365	8	7	326	283	128
沽源县	Guyuan County	3363	10	4	233	77	143
尚义县	Shangyi County	2601	7	7	172	162	172
蔚　县	Yu County	3198	11	11	547	395	397
阳原县	Yangyuan County	1849	9	5	301	221	126
怀安县	Huaian County	1698	7	4	273	246	170
怀来县	Huailai County	1801	6	11	279	269	200
涿鹿县	Zhuolu County	2802	4	13	373	369	263
赤城县	Chicheng County	5287	9	9	440	359	102
秦皇岛市	**Qinhuangdao**						
海港区	Haigang District	800		8	262	179	253
山海关区	Shanhaiguan District	194		3	96	96	96
北戴河区	Beidaihe District	113		3	43	37	43
抚宁区	Funing District	968	2	5	363	180	276
青龙满族自治县	Qinglong Man A.C.	3510	14	11	396	232	390
昌黎县	Changli County	1212	5	11	418	356	415
卢龙县	Lulong County	956	3	9	548	272	407
唐山市	**Tangshan**						
路南区	Lunan District	117	1	1	56	56	56
路北区	Lubei District	161	1	1	71	71	71
古冶区	Guye District	248	3	2	122	122	122
开平区	Kaiping District	257		6	134	134	122
丰南区	Fengnan District	1262	3	12	444	444	287
丰润区	Fengrui District	1154	3	17	480	480	447
曹妃甸区	Caofeidian District	1281		5	109	109	109
滦　县	Luan County	1027		10	504	491	352
滦南县	Luannan County	1482		16	589	589	485
乐亭县	Leting County	1417	3	10	473	473	417
迁西县	Qianxi County	1439	8	9	417	275	417
玉田县	Yutian County	1170	4	16	750	750	589
遵化市	Zuihua City	1513	12	13	648	648	648
迁安市	Qianan City	1227	7	10	458	431	458

Major Indicators of National Economy by County (City or District)(2016)(1-2)

# 通宽带村 Administrative Village Access to Internet Broadband	地区生产总值(万元) Gross Domestic Product (10000 yuan)	第一产业 Primary Industry	第二产业 Secondary Industry	第三产业 Tertiary Industry	# 工业 Industry	地区生产总值指数(上年=100) Indices of Gross Domestic Product (preceding year=100)	第一产业 Primary Industry	第二产业 Secondary Industry
9	1526335	3957	712531	809847	623831	106.5	123.6	97.6
10	885655	3795	178446	703414	112146	108.7	91.7	107.9
277	2082660	258547	891934	932179	781334	101.6	98.7	94.9
41	253166	25730	146731	80705	143662	110.8	114.0	109.9
163	714005	119443	345570	248992	310510	108.5	107.0	107.8
174	338464	87791	146117	104556	93987	105.2	100.3	101.7
210	962334	216578	476451	269305	353651	108.6	103.1	108.7
38	466185	206843	126703	132639	84963	108.2	106.4	111.6
42	482349	192341	155508	134500	115508	109.7	103.2	120.8
161	372991	122844	145023	105124	138523	108.6	112.4	105.4
418	863415	161754	202395	499266	146895	108.3	103.8	107.3
233	474353	124391	146061	203901	108261	109.3	109.6	109.5
234	688602	107083	223602	357917	183102	107.6	91.0	109.0
250	1449084	238866	351807	858411	128807	108.3	106.3	109.1
344	1058671	376710	283364	398597	201164	108.5	103.0	108.4
142	726287	241217	287246	197824	251546	102.3	110.9	92.9
262	3768053	82863	1075911	2609279	685452	106.2	132.7	105.9
96	640749	61710	285371	293668	241719	106.9	103.0	106.5
43	513512	20061	65439	428012	23746	106.0	101.9	105.0
362	1106926	343787	261503	501636	197696	106.1	99.9	103.5
396	1001897	359729	148545	493623	85858	105.8	118.1	104.1
418	2125544	589385	776737	759422	700062	107.3	105.1	106.2
548	1026954	316362	286943	423649	235045	103.6	102.3	103.4
56	1230986	41174	214923	974889	144923	107.5	86.8	109.2
71	1520465	72505	218163	1229797	131163	107.0	100.4	112.0
122	1932575	140382	1168007	624186	1106007	104.3	103.2	107.0
134	1255534	53117	602479	599938	558779	106.8	109.4	106.3
444	6193554	483438	3595292	2114824	3475492	106.9	102.0	106.9
480	6419734	506352	4313747	1599635	3625996	104.6	102.1	104.3
109	3678803	256360	2133996	1288447	1863324	107.2	105.4	107.6
504	4620687	454016	2747042	1419629	2619344	106.2	105.8	106.3
589	3365536	920000	1029894	1415642	779894	106.1	104.9	106.1
466	3451769	939208	1069062	1443499	849062	107.6	104.5	107.1
417	4259678	236557	2572091	1451030	2417550	106.5	104.5	106.7
750	3809081	768268	1732326	1308487	1621315	105.8	101.0	106.1
648	5122370	430387	2436543	2255440	2232143	105.9	105.2	106.1
458	9201601	440574	5473258	3287769	5216258	103.7	101.7	103.7

各县(市、区)国民经济主要指标(2016年)(1-3)

县(市、区)	County (City or District)	行政区域土地面积(平方公里) Land Area (sq.km)	乡(个) Towns (unit)	镇(个) Towns (unit)	村民委员会(个) Villagers' Committees (unit)	#自来水受益村 Administrative Village Access to Tap Water	#通有线电视村 Administrative Village Access to Cable TV
廊坊市	**Langfang**						
安次区	Anci District	578	4	4	284	284	240
广阳区	Guangyang District	331	1	3	150	150	150
固安县	Guan County	703	4	5	421	421	204
永清县	Yongqing County	776	5	5	386	386	386
香河县	Xianghe County	448		9	300	300	118
大城县	Dacheng County	897	2	8	394	394	164
文安县	Wenan County	1037	1	12	383	383	358
大厂回族自治县	Dachang Hui A.C.	176		5	105	105	105
霸州市	Bazhou City	802	5	7	372	372	302
三河市	Sanhe City	634		10	395	395	168
保定市	**Baoding**						
竞秀区	Jingxiu District	127	5		63	63	51
莲池区	Lianchi District	177	7		120	111	80
满城区	Mancheng District	630	6	5	183	183	146
清苑区	Qingyuan District	867	9	9	266	262	215
徐水区	Laishui District	723	4	10	304	288	247
涞水县	Xushui County	1662	4	11	284	220	76
阜平县	Fuping County	2496	7	6	209	209	190
定兴县	Dingxing County	714	9	7	274	137	50
唐　县	Tang County	1414	11	9	345	237	230
高阳县	Gaoyang County	495	4	5	170	170	170
容城县	Rongcheng County	314	3	5	127	127	62
涞源县	Laiyuan County	2448	9	8	283	267	147
望都县	Wangdu County	370	4	4	143	143	142
安新县	Anxin County	728	3	9	207	207	156
易　县	Yi County	2534	18	9	469	352	159
曲阳县	Quyang County	1084	10	8	367	222	233
蠡　县	Li County	652	3	10	232	232	172
顺平县	Shunping County	711	5	5	237	235	172
博野县	Boye County	331	1	6	133	133	65
雄　县	Xiong County	514	3	6	223	223	68
涿州市	Zhuozhou City	751	1	10	402	375	154
定州市	Dingzhou City	1284	5	16	486	479	454
安国市	Anguo City	486	3	7	198	197	21
高碑店市	Gaobeidian City	618	1	8	409	405	176

Major Indicators of National Economy by County (City or District)(2016)(1-3)

#通宽带村 Administrative Village Access to Internet Broadband	地区生产总值(万元) Gross Domestic Product (10000 yuan)	第一产业 Primary Industry	第二产业 Secondary Industry	第三产业 Tertiary Industry	#工业 Industry	地区生产总值指数(上年=100) Indices of Gross Domestic Product (preceding year=100)	第一产业 Primary Industry	第二产业 Secondary Industry
284	1864945	114991	903323	846631	800354	108.6	102.2	107.5
150	2584493	128053	608653	1847787	251777	108.1	101.9	104.9
421	2070661	316740	504550	1249371	377234	110.1	102.8	106.4
386	1307850	376407	303130	628313	237524	107.1	97.8	106.4
300	2161059	167168	1071275	922616	938848	108.5	98.8	106.5
394	1188936	174421	490565	523950	373919	107.5	101.7	103.9
383	1397263	113862	814290	469111	710747	108.0	97.5	104.7
105	892785	72912	309116	510757	224133	105.1	77.9	103.9
372	3952879	178018	2431918	1342943	2210539	107.0	100.2	105.3
395	5096286	340161	2555287	2200838	2104766	106.0	104.5	106.0
63	1787623	35578	1057319	694726	579986	104.5	106.0	106.3
111	4348100	58488	2628290	1661322	2354482	105.0	110.4	107.7
179	1083814	220095	518069	345650	458907	105.5	101.9	105.9
266	1521232	340333	792147	388752	695561	104.6	104.6	105.8
304	1853840	277924	915504	660412	846534	106.7	101.0	106.3
239	631217	127047	137961	366209	63390	107.6	104.1	108.6
196	367456	85307	84368	197781	46543	108.6	116.0	108.4
264	1203752	261331	559257	383164	478760	105.8	101.1	106.5
322	702743	181114	271177	250452	160735	104.6	103.7	103.7
170	995771	88346	613322	294103	564970	109.9	102.9	112.7
127	594146	97989	333998	162159	300958	104.7	100.9	104.9
225	648702	50899	347626	250177	314700	106.0	115.5	105.1
142	604598	192745	242214	169639	157641	107.2	104.3	107.9
207	578793	100045	272057	206691	218591	104.8	109.2	102.4
424	1175005	257350	513548	404107	400115	105.8	103.7	105.2
367	782404	121404	327725	333275	288081	106.1	110.1	106.7
232	964576	143965	544633	275978	513319	105.6	103.1	106.3
237	534178	209507	190520	134151	141858	105.3	107.1	105.9
133	469626	147437	176277	145912	150164	105.7	108.9	105.8
221	1011416	106249	705812	199355	634992	104.7	103.6	104.6
389	2852423	216807	1055232	1580384	676591	105.0	100.0	107.2
471	3278090	851737	1585941	840412	1117577	107.8	103	107.7
198	1211368	175414	646601	389353	599138	105.2	101.4	106.1
409	1486361	155773	786242	544346	611674	109.0	101.3	107.7

各县(市、区)国民经济主要指标(2016年)(1-4)

县(市、区)	County (City or District)	行政区域土地面积(平方公里) Land Area (sq.km)	乡(个) Towns (unit)	镇(个) Towns (unit)	村民委员会(个) Villagers' Committees (unit)	#自来水受益村 Administrative Village Access to Tap Water	#通有线电视村 Administrative Village Access to Cable TV
沧州市	**Cangzhou**						
新华区	Xinhua District	89	1		20	20	20
运河区	Yunhe District	118	1	1	62	62	62
沧　县	Cang County	1520	15	4	510	510	510
青　县	Qing County	968	3	7	345	345	345
东光县	Dongguang County	710	1	8	447	447	447
海兴县	Haixing County	919	4	3	197	197	197
盐山县	Yanshan County	795	6	6	450	450	450
肃宁县	Suning County	516	3	6	253	253	253
南皮县	Nanpi County	790	3	6	312	312	312
吴桥县	Wuqiao County	583	5	5	473	473	473
献　县	Xian County	1173	11	7	500	500	500
孟村回族自治县	Mengcun Hui A.C.	387	2	4	126	126	126
泊头市	Botou City	1009	4	8	657	657	657
任丘市	Renqiu City	1012	6	9	413	413	413
黄骅市	Huanghua City	1545	6	4	327	327	327
河间市	Hejian City	1322	11	7	563	563	563
衡水市	**Hengshui**						
桃城区	Taocheng District	383	1	3	220	220	220
冀州区	Jizhou District	878	4	6	382	382	382
枣强县	Zaoqiang County	905	3	8	553	553	553
武邑县	Wuyi County	800	3	6	524	524	524
武强县	Wuqiang County	443	3	3	238	238	238
饶阳县	Raoyang County	572	3	4	197	197	166
安平县	Anping County	495	3	5	230	230	230
故城县	Gucheng County	941	4	9	538	538	538
景　县	Jing County	1188	6	10	848	848	734
阜城县	Fucheng County	695	5	5	610	610	610
深州市	Shenzhou City	1245	6	11	465	465	465
邢台市	**Xingtai**						
桥东区	Qiaodong District	68	1	1	25	25	25
桥西区	Qiaoxi District	120		2	33	33	30
邢台县	Xingtai County	1848	6	10	519	519	375
临城县	Lincheng County	797	4	4	210	203	196

Major Indicators of National Economy by County (City or District)(2016)(1-4)

#通宽带村 Administrative Village Access to Internet Broadband	地区生产总值(万元) Gross Domestic Product (10000 yuan)	第一产业 Primary Industry	第二产业 Secondary Industry	第三产业 Tertiary Industry	#工业 Industry	地区生产总值指数(上年=100) Indices of Gross Domestic Product (preceding year=100)	第一产业 Primary Industry	第二产业 Secondary Industry
20	1472633	2576	551196	918861	432596	108.5	93.8	104.1
62	2494639	16350	693768	1784521	452768	109.1	96.6	110.0
510	2456705	224711	1173892	1058102	1055929	108.3	95.1	107.1
345	1861875	463084	761191	637600	698979	108.1	100.9	107.5
447	1462221	134931	561346	765944	514346	107.3	95.4	105.4
197	463822	79772	220785	163265	163577	109.8	104.8	108.4
450	1558150	141488	1010881	405781	964881	107.9	94.9	106.7
253	1424977	251660	535472	637845	468048	108.0	99.1	105.9
312	1093080	190393	486200	416487	424200	108.6	105.4	105.8
473	750408	165765	191181	393462	170943	108.4	102.0	105.5
500	2439553	324064	1368731	746758	1306271	107.9	102.6	105.0
126	906787	75627	555154	276006	522659	108.2	105.4	105.9
657	2157759	186160	1218221	753378	1125302	107.0	97.9	106.2
413	5942697	183691	3495754	2263252	3373617	106.0	102.1	104.6
327	2595774	312300	1065530	1217944	939325	108.8	102.7	107.5
563	2872111	257231	1340460	1274420	1145062	108.2	103.9	107.4
220	1362332	92095	455115	815122	378102	108.0	96.5	105.5
352	982960	100716	473079	409165	431293	107.9	102.5	106.7
553	929191	120153	505185	303853	461220	107.5	103.2	106.2
524	687809	179260	253102	255447	195216	108.2	103.6	106.3
238	634164	88256	328780	217128	275903	108.1	103.5	107.0
197	639285	233423	195943	209919	161019	107.5	102.2	105.1
230	1200038	110258	612964	476816	550935	108.0	103.8	105.0
538	1161866	250450	411015	500401	349483	107.4	103.0	105.6
830	1527557	164248	814184	549125	716968	107.9	103.9	105.9
610	788464	164467	403206	220791	371083	108.5	105.4	108.1
465	1501796	303304	559263	639229	504827	107.5	103.5	104.9
25	857013	15666	180057	661290	138797	107.1	103.2	105.9
33	1450342	9314	553856	887172	494407	106.0	97.7	103.9
470	1304214	109209	847364	347641	797811	107.1	102.5	107.0
209	608155	99059	324441	184655	297611	106.6	98.8	106.9

各县(市、区)国民经济主要指标(2016年)(1-5)

县(市、区)	County (City or District)	行政区域土地面积(平方公里) Land Area (sq.km)	乡(个) Towns (unit)	镇(个) Towns (unit)	村民委员会(个) Villagers' Committees (unit)	#自来水受益村 Administrative Village Access to Tap Water	#通有线电视村 Administrative Village Access to Cable TV
内丘县	Neiqiu County	788	4	5	309	309	92
柏乡县	Baixiang County	268	3	3	121	121	121
隆尧县	Longyao County	749	6	6	274	274	253
任　县	Ren County	431	4	4	134	134	134
南和县	Nanhe County	405	5	3	218	218	183
宁晋县	Ningjin County	1032	3	11	315	315	306
巨鹿县	Julu County	631	3	7	246	246	246
新河县	Xinhe County	366	4	2	169	169	169
广宗县	Guangzong County	504	4	4	196	196	196
平乡县	Pingxiang County	406	4	2	227	227	108
威　县	Wei County	1012	7	9	519	519	470
清河县	Qinghe County	500		6	305	305	135
临西县	Linxi County	542	3	6	299	299	299
南宫市	Nangong City	861	5	6	440	440	434
沙河市	Shahe City	859	4	4	242	223	184
邯郸市	**Handan**						
邯山区	Hanshan District	209	2	2	118	118	118
丛台区	Congtai District	194	4	1	74	73	54
复兴区	Fuxing District	137	2	1	41	28	34
峰峰矿区	Fengfeng Mining Area	341	1	9	157	155	108
肥乡区	Feixiang District	503	5	4	265	265	265
永年区	Yongnian District	754	11	6	342	342	293
临漳县	Linzhang County	742	9	5	425	425	315
成安县	Chengan County	482	5	4	234	234	215
大名县	Daming County	1053	12	8	609	591	532
涉　县	She County	1509	8	8	280	272	280
磁　县	Ci County	695	5	6	240	186	209
邱　县	Qiu County	449	3	4	217	217	217
鸡泽县	Jize County	336	3	4	169	169	165
广平县	Guangping County	314	3	4	169	169	169
馆陶县	Guantao County	456	4	4	269	269	269
魏　县	Wei County	864	11	10	541	541	505
曲周县	Quzhou County	677	4	6	338	338	279
武安市	Wuan City	1806	9	13	502	395	248

Major Indicators of National Economy by County (City or District)(2016)(1-5)

#通宽带村 Administrative Village Access to Internet Broadband	地区生产总值(万元) Gross Domestic Product (10000 yuan)	第一产业 Primary Industry	第二产业 Secondary Industry	第三产业 Tertiary Industry	#工业 Industry	地区生产总值指数(上年=100) Indices of Gross Domestic Product (preceding year=100)	第一产业 Primary Industry	第二产业 Secondary Industry
309	696402	114009	292969	289424	243584	106.1	105.2	105.2
121	373194	119452	126225	127517	111095	105.6	98.9	106.8
274	970430	243566	399020	327844	357422	106.1	102.6	106.5
134	509447	119440	198594	191413	173161	108.3	106.5	106.9
218	567565	191275	161203	215087	131196	108.1	104.9	107.3
315	2650278	273538	1788277	588463	1686058	106.3	96.8	107.6
246	643158	201673	213591	227894	180346	107.6	109.0	107.0
169	316501	90697	121724	104080	110130	107.4	102.5	107.6
196	473417	129800	187931	155686	162053	107.9	105.2	107.4
227	596327	133699	228917	233711	196409	108.0	108.2	107.0
505	897112	330223	254499	312390	213699	108.0	107.3	108.0
305	1473287	82360	717690	673237	652829	108.1	107.5	107.2
299	749568	123938	314064	311566	280280	108.5	111.3	107.3
440	1064369	184022	434929	445418	382838	106.2	97.5	107.1
238	2313692	72029	1221345	1020318	1128002	105.0	98.3	102.3
118	1721906	58124	408458	1255324	174352	106.4	101.1	105.8
73	2359523	23141	648882	1687500	401236	106.2	86.5	100.4
41	2221128	7071	1593151	620906	1526529	106.1	108.5	103.6
150	1765577	51234	998548	715795	974867	106.5	99.5	105.1
265	954609	303135	381459	270015	288580	107.3	104.2	107.0
229	2653746	644068	1212042	797636	1108475	106.8	94.5	107.8
326	1300553	313971	573885	412697	469683	107.3	103.2	106.5
234	1493471	263804	716475	513192	629095	107.3	106.3	104.1
609	1367889	349959	560069	457861	482405	107.3	102.9	106.9
280	2205188	107365	1177112	920711	1011417	106.3	83.9	106.0
237	1396756	150057	640535	606164	538776	106.8	113.8	104.6
217	799379	159669	330286	309424	284938	107.4	100.6	106.2
105	1056480	196005	524873	335602	477139	107.7	100.7	107.8
169	799639	132194	344921	322524	270433	107.5	106.7	105.8
269	1057369	269140	512329	275900	447131	107.3	103.0	105.9
505	1411942	286465	573091	552386	453203	107.6	105.9	104.4
338	1341952	295828	727106	319018	649576	107.8	104.7	107.3
420	6066464	223457	3701777	2141230	3592788	106.9	103.5	104.3

各县(市、区)国民经济主要指标(2016年)(2-1)

县（市、区）	County (City or District)	第三产业 Tertiary Industry	年末总人口（万人） Total Population (year-end) (10000 persons)	乡村总户数（户） Rural Households (household)	乡村人口（人） Rural Population (person)	年末乡村从业人员（人） Number of Rural Laborers (year-end) (person)	#农林牧渔业 Farming, Forestry, Animal Husbandry & Fishery
石家庄市	**Shijiazhuang**						
长安区	Changan District	109.8	64.3	6456	22547	10889	2656
桥西区	Qiaoxi District	108.8	68.4	12724	33010	17838	1295
新华区	Xinhua District	110.0	50.1	17160	61420	36321	2622
井陉矿区	Jingxing Mining Area	109.1	9.2	14408	53127	19837	3752
裕华区	Yuhua District	110.8	46.3	5784	26642	13372	3370
藁城区	Gaocheng District	112.8	79.5	199983	746745	386173	66481
鹿泉区	Luquan District	109.8	42.7	96290	370822	177717	68351
栾城区	luancheng District	112.5	35.1	80057	325055	174676	43745
井陉县	Jingxing County	109.1	33.3	83999	291396	147839	62990
正定县	Zhengding County	109.2	50.6	104896	438563	228852	69038
行唐县	Xingtang County	109.5	46.3	107110	379393	186675	77971
灵寿县	Lingshou County	110.1	35.0	71595	271789	145830	75106
高邑县	Gaoyi County	110.0	20.2	43632	165524	95440	44723
深泽县	Shenze County	111.3	26.2	62005	229147	127912	47253
赞皇县	Zanhuang County	110.4	27.9	60816	219836	127570	47791
无极县	Wuji County	109.5	53.8	119347	458836	249271	116064
平山县	Pingshan County	110.4	50.5	124460	448160	244157	155935
元氏县	Yuanshi County	111.0	44.3	99520	395335	242277	159700
赵　县	Zhao County	110.9	61.9	126974	501520	290718	102107
辛集市	Xinji City	112.9	63.8	162584	556210	297510	90602
晋州市	Jinzhou City	110.6	57.2	124680	477243	260695	84645
新乐市	Xinle City	110.9	51.7	105402	421910	223610	50940
承德市	**Chengde**						
双桥区	Shuangqiao District	106.9	31.9	24310	68663	30793	14901
双滦区	Shuangluan District	112.2	14.9	24694	83627	43276	14943
鹰手营子区	Yingshouyingzi District	108.9	6.5	6107	19528	9580	2835
承德县	Chengde County	108.1	42.8	116320	389581	218693	124891
兴隆县	Xinglong County	109.1	33.0	88438	292267	156316	100368
平泉县	Pingquan County	110.4	48.2	121799	425736	217484	116550
滦平县	Luanping County	112.0	33.0	85850	272085	150620	65973
隆化县	Longhua County	109.5	45.0	110399	383747	226150	138266
丰宁满族自治县	Fengning Man A.C.	107.5	41.1	114234	347456	183341	119925
宽城满族自治县	Kuancheng Man A.C.	109.0	26.2	68862	231183	121072	51234
围场满蒙自治县	Weichang Man & Mongolian A.C.	108.3	54.2	133555	462600	235596	173259

Major Indicators of National Economy by County (City or District)(2016)(2-1)

全社会固定资产投资(万元) Total Investment in Fixed Assets (10000 yuan)	地方一般公共预算收入(万元) General Public Budget Revenue of the Local Goverments (10000 yuan)	一般公共预算支出(万元) General Public Budget Expenditure (10000 yuan)	城镇居民人均可支配收入(元) Per Capita Disposable Income of Urban Households (yuan)	农村居民人均可支配收入(元) Per Capita Disposable Income of Rural Households (yuan)	农用机械总动力(千瓦) Total Agricultural Machinery Power (kw)	机耕面积(公顷) Area Cultivated by Machine (hectare)	机播面积(公顷) Area Sown by Machine (hectare)
4728729	436797	263422	34113		19321	7513	7513
4927007	627615	325204	34836		3889	127	127
3477245	252840	201314	34295		27501	2130	2130
832182	26519	89500	27271	15943	20849		280
4084424	283417	183905	35087		1541	174	204
3058417	315892	459680	30411	16318	1454533	53300	67333
3677888	197339	339428	29269	16314	463295	15704	29694
2461677	101873	206559	27209	14895	560955	23520	32520
1712455	55086	192938	25335	11253	330835	12300	12000
3074696	160017	347910	27168	15669	822800	20790	41340
1724784	40406	223185	25446	6809	833392	34678	46233
1314305	35343	185736	25001	6164	455284	20850	18380
940072	42800	118690	23408	11878	458950	18780	20580
970591	43002	121755	24257	11393	284866	11867	26355
1646564	31450	154029	23302	5729	501886	21000	33000
1568980	52350	190152	24886	12922	639398	33090	45727
2458978	107802	322513	26087	7270	592081	19125	20500
2450137	66631	188546	24168	12590	573645	34767	50467
1870080	51971	218311	26087	13143	1033538	38920	72950
2385274	122590	318764	29139	14500	1248778	51865	86531
3134873	80099	226640	28817	16264	703780	39333	44000
2756609	68026	216036	24267	14410	1733120	43433	43383
649338	70127	115178	28168	10485	21465	2329	500
1399519	47594	105820	28897	10420	64064	1671	1400
300331	9289	63538	22006	8497	34519	446	
1953387	55256	229959	23212	8999	159548	22670	17300
1588990	45717	194919	22042	9911	72263	9000	4050
1902581	58908	296032	23752	9990	331185	19279	32000
2023546	56877	218857	25105	8029	309505	19699	15510
1526699	37785	243740	22173	7255	299755	32667	18667
1351442	67480	310752	19986	6829	451643	60754	56954
1933251	70082	170767	26676	10450	92302	7100	2000
1277252	47130	327497	20811	7138	626150	44400	38286

各县(市、区)国民经济主要指标(2016年)(2-2)

县（市、区）	County (City or District)	第三产业 Tertiary Industry	年末总人口（万人） Total Population (year-end) (10000 persons)	乡村总户数（户） Rural Households (household)	乡村人口（人） Rural Population (person)	年末乡村从业人员（人） Number of Rural Laborers (year-end) (person)	#农林牧渔业 Farming, Forestry, Animal Husbandry & Fishery
张家口市	**Zhangjiakou**						
桥东区	Qiaodong District	116.2	22.2	6836	18707	10506	4964
桥西区	Qiaoxi District	109.0	21.2	7789	21352	8638	1950
宣化区	Xuanhua District	110.9	59.6	111495	309835	175237	108082
下花园区	Xiahuayuan District	111.5	6.7	11315	26626	14177	7837
万全区	Wanquan District	110.1	22.6	69396	188641	101082	67459
崇礼区	Chongli District	117.0	12.7	41581	106062	59012	36920
张北县	Zhangbei County	113.5	36.5	89579	245547	154605	98115
康保县	Kangbao County	107.8	27.3	77897	194448	124447	75983
沽源县	Guyuan County	108.7	22.5	74610	180805	100883	75725
尚义县	Shangyi County	108.7	19.0	57020	137514	78623	58506
蔚　县	Yu County	110.3	50.3	161266	463844	197466	131144
阳原县	Yangyuan County	108.9	27.6	84059	228483	118400	70656
怀安县	Huaian County	112.9	24.6	75019	208797	118668	78756
怀来县	Huailai County	108.4	36.5	73145	196589	117975	72240
涿鹿县	Zhuolu County	113.0	35.3	106066	253014	153492	115925
赤城县	Chicheng County	110.9	29.9	101505	252554	111970	82776
秦皇岛市	**Qinhuangdao**						
海港区	Haigang District	105.7	80.3	66204	191100	101551	48916
山海关区	Shanhaiguan District	108.1	14.6	18507	53228	31898	17878
北戴河区	Beidaihe District	106.4	12.4	24691	62560	35744	12603
抚宁区	Funing District	112.4	35.2	92121	287345	154395	105188
青龙满族自治县	Qinglong Man A.C.	99.0	56.7	144254	508509	284832	164397
昌黎县	Changli County	110.3	56.2	175631	457067	268928	170364
卢龙县	Lulong County	104.6	42.2	124195	378467	219020	149115
唐山市	**Tangshan**						
路南区	Lunan District	108.1	26.5	20286	61202	31550	9547
路北区	Lubei District	106.5	66.1	31683	118595	66177	27335
古冶区	Guye District	99.6	35.2	42124	129268	64750	27269
开平区	Kaiping District	107.1	25.5	58301	178013	84036	24625
丰南区	Fengnan District	108.0	53.3	125047	458254	251165	95655
丰润区	Fengrui District	106.3	82.9	182091	630411	362898	198895
曹妃甸区	Caofeidian District	106.8	21.1	48999	152546	87587	41752
滦　县	Luan County	106.2	57.3	149101	514552	289206	113533
滦南县	Luannan County	106.8	57.6	152577	522183	295989	183642
乐亭县	Leting County	109.9	45.1	125572	381904	231877	103379
迁西县	Qianxi County	106.5	39.9	99232	348554	189713	81556
玉田县	Yutian County	108.4	70.5	165245	595012	335954	104392
遵化市	Zuihua City	105.7	76.0	196500	686819	328263	110844
迁安市	Qianan City	104.0	77.3	158697	540881	289370	56524

Major Indicators of National Economy by County (City or District)(2016)(2-2)

全社会固定资产投资(万元) Total Investment in Fixed Assets (10000 yuan)	地方一般公共预算收入(万元) General Public Budget Revenue of the Local Goverments (10000 yuan)	一般公共预算支出(万元) General Public Budget Expenditure (10000 yuan)	城镇居民人均可支配收入(元) Per Capita Disposable Income of Urban Households (yuan)	农村居民人均可支配收入(元) Per Capita Disposable Income of Rural Households (yuan)	农用机械总动力(千瓦) Total Agricultural Machinery Power (kw)	机耕面积(公顷) Area Cultivated by Machine (hectare)	机播面积(公顷) Area Sown by Machine (hectare)
565771	30408	109920	30780	13336	2140	801	
894636	32510	104930	28936	11404	18343	201	
2513537	113298	391342	27302	10747	135008	36000	31800
445502	14117	70185	28187	7537	10098	2000	13
899252	44239	181149	25187	8130	92473	22667	13333
475735	44018	210684	26484	8657	69195	11334	1334
1249257	67859	246716	23416	8589	343266	83900	78000
510026	35101	165777	22170	8115	263472	88503	84075
652493	28543	207590	22667	8240	425780	78720	76630
223405	17109	148995	20787	7448	105699	40002	26150
782272	66627	254240	26012	8354	233699	61000	50000
548456	31155	190829	19970	7713	107327	30000	4800
652733	41823	180603	22717	8851	80439	32160	7050
1473696	152860	253149	26484	13861	156668	16520	14573
1437878	59640	239404	26706	10302	192419	19843	8210
1102422	35205	195622	25002	8673	106490	22600	8150
2076903	179785	340381	32487	16510	58709	9600	2080
709325	43596	90730	28370	16411	42512	4410	1573
256688	44570	101460	35102	16530	27928	2790	828
637119	30683	163824	29842	12839	278449	35770	6050
711392	31703	232485	29174	8600	120513	19890	4665
1483250	100018	277683	27137	13678	648261	69430	65667
791560	37231	197228	27666	11594	628686	40230	13460
1316630	195514	160782	36017	15184	79860	2749	2749
3269652	420928	372682	36378	17515	50830	3522	3432
2034758	108574	188558	32142	14666	67779	6022	5812
1580045	100694	142423	31299	14432	101333	8183	8767
3207189	315208	458451	34357	14696	532203	39596	51286
2204232	232577	360639	34291	14345	789664	63985	65557
8863798	666333	884173	33075	16216	563614	24219	25267
3650262	156000	315522	34138	14710	576843	45161	52234
2725808	102080	274530	32133	12803	919308	63948	76541
2235621	122301	292601	31378	14789	709379	68683	37409
2654975	105160	303740	33572	14795	182356	10728	2993
2596196	96124	285565	31069	14418	662919	51900	80650
3042331	100411	309115	32920	14265	975814	41908	52850
6540479	362809	599658	34637	19938	1111471	21406	43962

各县(市、区)国民经济主要指标(2016年)(2-3)

县(市、区)	County (City or District)	第三产业 Tertiary Industry	年末总人口(万人) Total Population (year-end) (10000 persons)	乡村总户数(户) Rural Households (household)	乡村人口(人) Rural Population (person)	年末乡村从业人员(人) Number of Rural Laborers (year-end) (person)	#农林牧渔业 Farming, Forestry, Animal Husbandry & Fishery
廊坊市	**Langfang**						
安次区	Anci District	110.7	37.2	70591	271984	151914	92310
广阳区	Guangyang District	109.8	49.2	36806	155600	82519	55285
固安县	Guan County	113.8	51.1	91942	373344	181976	138780
永清县	Yongqing County	118.6	41.1	81960	321265	176972	109163
香河县	Xianghe County	112.9	36.8	77505	284086	141653	45616
大城县	Dacheng County	113.2	52.8	120000	450662	223474	117978
文安县	Wenan County	117.1	54.5	115277	436842	227818	81436
大厂回族自治县	Dachang Hui A.C.	112.0	13.1	28361	68590	43996	10630
霸州市	Bazhou City	111.3	65.0	125618	518791	258188	66605
三河市	Sanhe City	106.3	69.1	100627	352435	176395	63600
保定市	**Baoding**						
竞秀区	Jingxiu District	101.7	43.8	30496	120539	62525	21901
莲池区	Lianchi District	101.0	62.5	41855	161235	90301	38000
满城区	Mancheng District	107.6	40.6	88096	335836	184278	110893
清苑区	Qingyuan District	102.3	68.9	157671	627930	351363	193365
徐水区	Laishui District	110.3	62.1	148150	561752	309843	156791
涞水县	Xushui County	108.4	35.8	92946	318499	181496	117144
阜平县	Fuping County	105.7	23.1	56189	193235	88721	60395
定兴县	Dingxing County	108.5	60.4	139178	549665	333840	145376
唐　县	Tang County	106.6	60.3	140463	541035	268145	159664
高阳县	Gaoyang County	106.0	35.7	80555	309022	178648	72854
容城县	Rongcheng County	106.9	27.3	54843	224858	130204	44646
涞源县	Laiyuan County	106.1	28.9	78735	246637	126121	87668
望都县	Wangdu County	109.2	27.5	60972	229055	126653	86443
安新县	Anxin County	106.2	46.8	122913	445783	258655	117433
易　县	Yi County	108.2	58.4	144225	518349	260140	147619
曲阳县	Quyang County	104.1	65.0	152590	565169	270379	169338
蠡　县	Li County	105.5	54.8	116978	496387	270234	150643
顺平县	Shunping County	101.9	32.0	82537	291361	161609	109533
博野县	Boye County	102.6	27.4	50248	191042	124170	54823
雄　县	Xiong County	105.9	39.5	88903	337831	210291	98472
涿州市	Zhuozhou City	104.2	69.2	118533	457176	258978	146977
定州市	Dingzhou City	112.9	124.9	284660	1120892	673739	188967
安国市	Anguo City	105.4	41.7	91677	345057	209834	97336
高碑店市	Gaobeidian City	113.6	57.3	100671	429431	241641	132098

Major Indicators of National Economy by County (City or District)(2016)(2-3)

全社会固定资产投资(万元) Total Investment in Fixed Assets (10000 yuan)	地方一般公共预算收入(万元) General Public Budget Revenue of the Local Goverments (10000 yuan)	一般公共预算支出(万元) General Public Budget Expenditure (10000 yuan)	城镇居民人均可支配收入(元) Per Capita Disposable Income of Urban Households (yuan)	农村居民人均可支配收入(元) Per Capita Disposable Income of Rural Households (yuan)	农用机械总动力(千瓦) Total Agricultural Machinery Power (kw)	机耕面积(公顷) Area Cultivated by Machine (hectare)	机播面积(公顷) Area Sown by Machine (hectare)
1551100	139266	248334	31596	14090	139122	19650	23650
2194305	169864	155851	34737	13686	114031	18390	17300
2137509	447851	607812	31137	13614	486004	46000	46000
1543969	122819	242820	29942	13308	406110	30666	25043
2139133	401017	544992	36718	15256	271244	14972	17504
1795165	77029	245578	32266	13028	462331	44797	51650
2259551	82644	285491	32305	14222	668465	50033	61566
1464991	222025	366047	35265	14235	154400	7355	8350
3386138	219221	382975	36875	14780	770748	36300	37500
5723310	726467	1017018	38067	16168	453651	24790	25187
1775626	60448	132445	30431	18560	47669	2863	6412
2829270	76192	192566	30942	17790	63893	10483	10483
900235	53041	153300	26433	14040	296097	13850	25700
627938	51416	220228	26705	14468	525790	58000	67940
1640966	102508	251932	26412	14463	488486	41918	57423
1125270	68023	220401	20973	8349	171177	19000	26000
650413	26722	325573	14401	6542	85069	2000	3000
1479369	52799	211326	26593	12934	429359	44720	66500
594989	36791	206447	17291	6300	293253	23340	24668
784032	63751	149148	23556	15266	153477	28299	30965
550692	25475	111439	23296	14893	312631	22790	30870
840472	84766	219520	20820	6101	78099	21880	14166
657010	31118	135723	23360	11187	316174	20580	28840
778542	32751	153541	24518	12316	401768	30450	47500
1442603	50445	263491	20436	7476	234901	16982	25327
479008	40220	225934	18568	6378	387040	26939	23253
607260	36154	190464	23196	13264	486494	23964	45100
497033	29034	136582	22693	6050	243654	16000	23000
532510	20679	125968	20456	11151	259994	21990	31480
767346	34921	138026	28057	14517	237098	36999	38300
2365589	211419	302510	30397	15514	288495	31000	56210
2929601	181217	550631	25391	13298	951147	71200	104300
1185824	56953	174428	22298	15251	513150	30000	38667
1504387	106425	230619	26802	13760	235890	32566	47666

各县(市、区)国民经济主要指标(2016年)(2-4)

县（市、区）	County (City or District)	第三产业 Tertiary Industry	年末总人口(万人) Total Population (year-end) (10000 persons)	乡村总户数(户) Rural Households (household)	乡村人口(人) Rural Population (person)	年末乡村从业人员(人) Number of Rural Laborers (year-end) (person)	#农林牧渔业 Farming, Forestry, Animal Husbandry & Fishery
沧州市	**Cangzhou**						
新华区	Xinhua District	111.5	18.9	9637	37212	15982	6630
运河区	Yunhe District	108.9	33.2	20943	81185	37870	21287
沧　县	Cang County	113.1	74.1	177523	681401	384206	79335
青　县	Qing County	114.1	43.7	97865	350373	207261	54561
东光县	Dongguang County	111.1	38.6	93805	336524	167141	70062
海兴县	Haixing County	113.9	23.8	62768	195564	106773	57682
盐山县	Yanshan County	115.5	49.4	109636	426323	217790	79990
肃宁县	Suning County	114.0	36.9	88994	325028	202124	56983
南皮县	Nanpi County	112.7	40.1	92038	340484	187249	99598
吴桥县	Wuqiao County	112.8	28.5	70480	229983	143764	49615
献　县	Xian County	114.2	66.0	139245	542277	275847	103962
孟村回族自治县	Mengcun Hui A.C.	113.7	23.3	48011	185871	93550	37525
泊头市	Botou City	111.2	63.5	157223	505750	271670	66247
任丘市	Renqiu City	108.6	89.3	165200	615333	300512	59249
黄骅市	Huanghua City	111.8	48.1	106161	412319	210240	31312
河间市	Hejian City	109.9	89.1	201557	720365	429010	85619
衡水市	**Hengshui**						
桃城区	Taocheng District	110.7	45.0	47028	154713	77830	20142
冀州区	Jizhou District	110.7	34.8	97685	300752	150716	68134
枣强县	Zaoqiang County	111.4	40.8	107952	344678	175495	91075
武邑县	Wuyi County	113.5	32.4	70397	275168	136874	65785
武强县	Wuqiang County	111.5	21.8	55596	193214	100856	54282
饶阳县	Raoyang County	115.6	29.3	73285	258107	151174	52342
安平县	Anping County	112.4	33.7	82967	276657	150274	41686
故城县	Gucheng County	110.7	53.1	123040	441021	219398	107699
景　县	Jing County	112.3	55.6	124320	473110	232099	100845
阜城县	Fucheng County	111.4	35.7	103161	338969	180337	68404
深州市	Shenzhou City	112.1	57.7	168022	524987	287532	106684
邢台市	**Xingtai**						
桥东区	Qiaodong District	107.5	26.6	11371	34839	18460	7757
桥西区	Qiaoxi District	107.3	41.3	19125	69431	35388	11563
邢台县	Xingtai County	109.0	35.9	111091	337858	168732	54324
临城县	Lincheng County	111.1	22.1	53535	194528	88630	59385

Major Indicators of National Economy by County (City or District)(2016)(2-4)

全社会固定资产投资(万元) Total Investment in Fixed Assets (10000 yuan)	地方一般公共预算收入(万元) General Public Budget Revenue of the Local Goverments (10000 yuan)	一般公共预算支出(万元) General Public Budget Expenditure (10000 yuan)	城镇居民人均可支配收入(元) Per Capita Disposable Income of Urban Households (yuan)	农村居民人均可支配收入(元) Per Capita Disposable Income of Rural Households (yuan)	农用机械总动力(千瓦) Total Agricultural Machinery Power (kw)	机耕面积(公顷) Area Cultivated by Machine (hectare)	机播面积(公顷) Area Sown by Machine (hectare)
781266	76201	73170	30007	11802	48416	1067	1878
1659698	153628	105808	32381	13362	86517	2622	5292
2219714	94876	330616	28882	12512	1106814	98666	98666
2155821	65669	229926	28875	13882	559285	56197	73758
1449864	54270	195722	28750	10225	516057	42166	60616
591023	32543	163157	23198	6727	336088	24428	35307
1350685	46164	196845	25629	8341	422101	50414	61660
1537654	126880	285768	28769	11638	659455	29053	54003
1228551	40582	197074	27413	8289	959160	43150	67100
1053121	28715	150873	26790	11005	510862	60697	63914
2266031	68350	258779	25688	9300	795525	99300	103060
1199213	29392	136691	27327	9749	241758	16597	33929
2251991	76813	248197	27758	12092	1116625	50095	72412
2055776	280566	404397	30640	14086	646051	52608	87032
2599585	156666	366513	29173	13758	810065	57505	83290
2276174	111922	324215	28794	12230	981110	75720	110654
1361258	101260	181504	29013	13052	370793	21330	26379
1266127	62372	276926	26723	12151	622975	42391	67343
1125745	58130	243821	23993	9677	429678	60500	77000
476669	37771	180420	18011	7278	445832	63560	67560
423227	31019	139848	18837	7067	573330	35100	46300
627661	24441	178029	20951	6930	505292	41754	59756
1170975	71201	211281	23868	12966	358615	13826	41293
1436029	59654	204638	21870	9503	1056994	70160	81170
1357630	75765	251596	23085	12434	855714	68792	104198
769570	37929	163337	21797	7134	549830	50100	65061
1102964	72348	251244	21718	12190	1627925	110500	103228
1050944	91237	110387	26177		17701	2495	3162
1500501	127996	125843	30531		70699	3400	6600
1247577	75065	218049	25277	11525	346865	24520	22150
693372	23609	124700	21376	7756	241452	14978	24813

各县(市、区)国民经济主要指标(2016年)(2-5)

县（市、区）	County (City or District)	第三产业 Tertiary Industry	年末总人口（万人） Total Population (year-end) (10000 persons)	乡村总户数（户） Rural Households (household)	乡村人口（人） Rural Population (person)	年末乡村从业人员（人） Number of Rural Laborers (year-end) (person)	#农林牧渔业 Farming, Forestry, Animal Husbandry & Fishery
内丘县	Neiqiu County	107.6	29.5	63494	246238	124605	58688
柏乡县	Baixiang County	110.5	20.6	45870	184357	90302	36281
隆尧县	Longyao County	108.4	56.1	121036	509478	225669	80672
任　县	Ren County	110.9	38.4	75600	322276	160118	59797
南和县	Nanhe County	112.0	38.8	83351	342866	171092	81857
宁晋县	Ningjin County	109.5	80.7	178960	712225	347344	171304
巨鹿县	Julu County	106.8	42.7	117165	388917	208722	115902
新河县	Xinhe County	112.3	18.0	43861	155565	71409	41903
广宗县	Guangzong County	110.7	33.3	76164	295587	151023	60993
平乡县	Pingxiang County	108.7	36.1	68644	286960	143082	41632
威　县	Wei County	108.7	64.3	146120	561200	298431	153200
清河县	Qinghe County	109.1	43.8	86085	363623	163976	33432
临西县	Linxi County	108.1	39.0	75621	295236	147683	60070
南宫市	Nangong City	109.2	50.6	115197	449676	217188	95272
沙河市	Shahe City	109.2	44.8	91675	382306	166201	70266
邯郸市	**Handan**						
邯山区	Hanshan District	106.8	49.0	40366	167097	87436	41914
丛台区	Congtai District	108.6	54.6	32703	148143	64805	23449
复兴区	Fuxing District	112.5	31.7	13845	56883	29700	11027
峰峰矿区	Fengfeng Mining Area	109.0	50.9	59142	227118	96698	31592
肥乡区	Feixiang District	111.3	41.0	80373	352214	194825	59844
永年区	Yongnian District	114.9	96.4	176874	720208	385944	117992
临漳县	Linzhang County	111.5	75.8	142612	610539	389445	266914
成安县	Chengan County	112.4	46.2	84207	344589	191868	67321
大名县	Daming County	111.2	93.3	161170	701185	359546	161807
涉　县	She County	110.0	42.4	120874	373601	197634	64269
磁　县	Ci County	107.4	47.0	91888	366351	180308	43134
邱　县	Qiu County	112.3	25.9	51976	209860	108159	58694
鸡泽县	Jize County	111.6	33.6	68244	325045	134510	24104
广平县	Guangping County	109.5	31.4	59813	255153	143412	68835
馆陶县	Guantao County	114.0	36.5	69211	281583	142011	77541
魏　县	Wei County	111.8	105.1	195341	889768	370403	270600
曲周县	Quzhou County	111.7	52.4	98799	445298	238656	70790
武安市	Wuan City	112.0	83.9	193564	700477	372093	124882

Major Indicators of National Economy by County (City or District)(2016)(2-5)

全社会固定资产投资(万元) Total Investment in Fixed Assets (10000 yuan)	地方一般公共预算收入(万元) General Public Budget Revenue of the Local Goverments (10000 yuan)	一般公共预算支出(万元) General Public Budget Expenditure (10000 yuan)	城镇居民人均可支配收入(元) Per Capita Disposable Income of Urban Households (yuan)	农村居民人均可支配收入(元) Per Capita Disposable Income of Rural Households (yuan)	农用机械总动力(千瓦) Total Agricultural Machinery Power (kw)	机耕面积(公顷) Area Cultivated by Machine (hectare)	机播面积(公顷) Area Sown by Machine (hectare)
1129749	42089	156188	22882	9984	258126	22697	29301
356935	15971	101210	20487	10805	349761	15575	28479
992941	37001	190629	22290	10423	814510	56000	90920
598636	30185	170692	21559	10112	465423	25383	48975
738624	32899	179396	24518	12078	491971	34000	53000
2406295	81568	287494	23373	12320	967071	63827	116255
784910	34688	205677	21449	6794	439890	35605	62250
257920	15782	129951	19854	6158	288290	24490	37860
612975	17838	145663	21449	7104	215820	29627	38680
799086	37061	155515	21359	8305	277860	23800	36700
826240	45305	244795	20200	7369	656407	83000	74300
1557223	65688	204386	25136	12625	388481	27444	48159
806457	34871	191110	22396	11365	518515	34701	57801
1237773	29531	207683	21362	10684	734967	51259	86264
2018785	90429	232107	26330	12804	339617	22230	30383
2910407	113601	274756	33022	14113	87592	9863	14433
2431634	63825	141551	33913	13647	110169	5779	9483
2090996	37032	77384	33281	13066	114333	2603	4813
2060906	111638	296473	22968	11770	98180	6900	8066
1386532	54121	204519	21672	12248	486672	54269	62320
2440608	116397	391463	27264	13951	643709	62000	72000
1819164	35157	214576	24897	13147	614766	43350	72593
1955171	48123	198784	29155	12820	626647	24666	51789
1854005	37601	276111	24153	10821	707847	83750	110600
2664562	100800	243508	17073	11069	361600	15640	12700
1208229	105328	261812	26000	12752	734551	31431	38103
862273	25795	132342	15182	11384	261062	37867	35334
1554366	23739	147044	22857	12140	275462	23000	35782
1081571	33961	152253	19032	10691	322939	19081	29650
1410195	40990	179338	21683	10738	497079	26500	38356
2239787	61165	361707	23894	11252	650430	46750	89600
1713317	44414	211531	24226	12901	766038	39435	75735
3623625	373078	544029	31739	13438	1893527	27119	26620

各县(市、区)国民经济主要指标(2016年)(3-1)

县(市、区)	County (City or District)	机收面积(公顷) Machinical Harvest Area (hectare)	化肥使用量(折纯量)(吨) Consumption of Chemical Fertilizer (ton)	农村用电量(万千瓦时) Electricity Consumed in Rural Areas (10000 kwh)	有效灌溉面积(公顷) Irrigated Area (hectare)	农作物总播种面积(公顷) Total Sown Area (hectare)	粮食播种面积(公顷) Sown Area Area of Grain Crops (hectare)
石家庄市	**Shijiazhuang**						
长安区	Changan District	7513	1081	760	4030	7795	6679
桥西区	Qiaoxi District	127	199	6050	230	1074	172
新华区	Xinhua District	2130	81		2370	4451	2693
井陉矿区	Jingxing Mining Area	480	302	16639	1880	743	562
裕华区	Yuhua District	194	118	750	174	674	543
藁城区	Gaocheng District	67233	53056	97267	51470	102841	65801
鹿泉区	Luquan District	27513	14891	44845	21740	47143	33972
栾城区	luancheng District	32520	15603	16073	22120	44115	32459
井陉县	Jingxing County	8900	11743	18952	10010	29829	23251
正定县	Zhengding County	38560	42505	19947	29890	55310	38307
行唐县	Xingtang County	36050	25281	37183	24240	61932	37142
灵寿县	Lingshou County	32054	10291	27831	17430	36462	29564
高邑县	Gaoyi County	22726	11522	12474	14370	32466	22260
深泽县	Shenze County	24974	16021	27007	20640	35903	27809
赞皇县	Zanhuang County	22000	11500	59479	22310	35925	25948
无极县	Wuji County	43289	28919	48703	33440	65837	48542
平山县	Pingshan County	13480	14389	17680	18730	48896	36011
元氏县	Yuanshi County	45798	33938	19350	20630	63972	52646
赵　县	Zhao County	73810	58132	48660	47250	83428	70455
辛集市	Xinji City	74466	63955	35902	59600	101290	78153
晋州市	Jinzhou City	41200	32867	193562	39800	61498	51426
新乐市	Xinle City	41040	19933	32721	32830	65263	43288
承德市	**Chengde**						
双桥区	Shuangqiao District		638	3624	2020	2329	1189
双滦区	Shuangluan District		1148	3706	1600	3604	2792
鹰手营子区	Yingshouyingzi District		324	1534	360	959	334
承德县	Chengde County	3333	11420	20742	14390	40528	32702
兴隆县	Xinglong County		7947	11413	6350	9072	7751
平泉县	Pingquan County	3667	21644	15973	12540	50271	40811
滦平县	Luanping County	2000	10209	39241	15350	32166	16916
隆化县	Longhua County	4733	16487	12173	19080	64225	41175
丰宁满族自治县	Fengning Man A.C.	29189	11961	9330	28710	80736	59533
宽城满族自治县	Kuancheng Man A.C.		6127	73700	4480	17731	13805
围场满蒙自治县	Weichang Man & Mongolian A.C.	44218	22830	13451	18700	92879	69897

Major Indicators of National Economy by County (City or District)(2016)(3-1)

粮食总产量 (吨) Output of Grain (ton)	油料产量 (吨) Output of Oil-bearing (ton)	棉花产量 (吨) Output of Cotton (ton)	蔬菜产量 (吨) Vegetables (ton)	园林水果产量 (吨) Garden Fruit (ton)	肉类总产量 (吨) Output of Meat (ton)	#猪牛羊 Output of Pork, Beef and Mutton	禽蛋产量 (吨) Output of Egg (ton)
40847		24	69173	5900	2447	2370	405
1055			53981	67	1289	1191	564
15981	49		103680	3350	16	5	81
2705			4272	4242	2307	2232	1300
3399			8961		365	320	249
511099	8858	381	3107541	243140	84358	55322	148226
200146	4877	145	927069	42107	26271	19997	34105
243777	230	7	910480	990	47512	27248	98415
84570	4917	120	182718	48846	20410	15139	27610
286584	19928	190	870180	17080	77301	54948	125239
242621	24919	209	376471	144502	40745	34009	36600
139543	5231	138	237673	25660	31722	27115	20674
164890	4851	107	618295	4671	14148	8973	16718
202796	6680	54	473204	115621	24685	20804	19988
95731	9514	64	158276	131910	26255	21131	24151
341562	17225	240	887849	18254	57911	41927	82792
200649	9892	618	315989	60390	22866	20154	15798
329793	7670	521	505741	16186	45875	34250	57263
563303	4010		857870	620000	44297	35356	56200
554685	32915	2577	1031361	515048	86647	61814	185967
352740	9180		557193	752400	53967	38732	78210
313654	37241	145	813904	30529	60890	43161	86085
6311	374		45571	1699	1264	1182	457
15510	34		70224	1166	3312	3056	634
1926			26216	1326	1223	1123	661
200104	749		410531	240946	100735	30681	23646
33256	275		44536	398150	21989	17897	7850
210666	2146		709249	193722	21668	18302	17550
79723	393		736437	43740	108058	49457	10882
277914	7313		607287	56100	69336	65202	10288
158848	4904		743573	19700	51686	45651	19661
59254	1185		164627	63430	20672	17100	7585
284367	5837		1050275	266979	55745	43069	17607

各县(市、区)国民经济主要指标(2016年)(3-2)

县(市、区)	County (City or District)	机收面积(公顷) Machinical Harvest Area (hectare)	化肥使用量(折纯量)(吨) Consumption of Chemical Fertilizer (ton)	农村用电量(万千瓦时) Electricity Consumed in Rural Areas (10000 kwh)	有效灌溉面积(公顷) Irrigated Area (hectare)	农作物总播种面积(公顷) Total Sown Area (hectare)	粮食播种面积(公顷) Sown Area of Grain Crops (hectare)
张家口市	**Zhangjiakou**						
桥东区	Qiaodong District		261	613	1000	1076	872
桥西区	Qiaoxi District		41	486	2000	441	351
宣化区	Xuanhua District	4847	9738	13860	29850	48847	37698
下花园区	Xiahuayuan District		373	1896	970	3322	2333
万全区	Wanquan District	2333	5586	30322	19500	22913	19597
崇礼区	Chongli District	439	1697	1900	7800	16603	7522
张北县	Zhangbei County	39000	7076	6521	29280	100517	50633
康保县	Kangbao County	77175	4845	3305	14570	98594	68085
沽源县	Guyuan County	70500	4330	2837	26060	81902	50300
尚义县	Shangyi County	17650	3998	2679	9750	43173	20161
蔚　县	Yu County	17000	12143	8060	24950	74066	60230
阳原县	Yangyuan County	9633	10025	6255	18920	46738	40096
怀安县	Huaian County	5000	10804	11381	18840	35337	26698
怀来县	Huailai County	7994	14455	11634	20790	29380	24110
涿鹿县	Zhuolu County	4471	22608	10922	18040	29264	24686
赤城县	Chicheng County	940	4100	4682	11740	42739	23960
秦皇岛市	**Qinhuangdao**						
海港区	Haigang District	1334	7042	7758	5280	11128	6638
山海关区	Shanhaiguan District	16	471	520	2600	4435	393
北戴河区	Beidaihe District	559	1525	9913	2620	2952	2017
抚宁区	Funing District	2620	18701	20191	19700	36300	15275
青龙满族自治县	Qinglong Man A.C.		14987	14646	16500	34325	25276
昌黎县	Changli County	34605	53178	163130	50620	72880	47168
卢龙县	Lulong County	13300	39618	13760	24980	44100	33943
唐山市	**Tangshan**						
路南区	Lunan District	2388	3327	8495	2970	5166	2360
路北区	Lubei District	2418	4646	4786	6630	8356	3103
古冶区	Guye District	4398	3788	8487	5000	10637	4524
开平区	Kaiping District	7271	4321	25309	5560	9859	7222
丰南区	Fengnan District	37279	30708	362116	51490	78214	36907
丰润区	Fengrui District	47660	42444	43687	40170	84662	57574
曹妃甸区	Caofeidian District	22975	11181	26671	25420	25267	23113
滦　县	Luan County	34482	44642	25817	28510	72716	39451
滦南县	Luannan County	62496	42077	27900	71430	128508	67883
乐亭县	Leting County	18905	69802	11551	54200	84415	41860
迁西县	Qianxi County	30	17770	27866	5250	18864	12319
玉田县	Yutian County	68100	52386	157902	63880	121815	80949
遵化市	Zuihua City	15096	31742	144871	37480	66454	44289
迁安市	Qianan City	11029	15338	213926	40110	60007	37206

Major Indicators of National Economy by County (City or District)(2016)(3-2)

粮食总产量 (吨) Output of Grain (ton)	油料产量 (吨) Output of Oil-bearing (ton)	棉花产量 (吨) Output of Cotton (ton)	蔬菜产量 (吨) Vegetables (ton)	园林水果产量 (吨) Garden Fruit (ton)	肉类总产量 (吨) Output of Meat (ton)	# 猪牛羊 Output of Pork, Beef and Mutton	禽蛋产量 (吨) Output of Egg (ton)
4955	24		5324	850	1008	941	433
1464	5		6973		671	660	515
227468	3215		490763	21945	55948	47949	45030
9820	126		40361	1390	4854	3051	12138
130562	1259		95704	4146	27744	22315	10814
23531	1299		596911	3754	5393	3759	3700
122279	11087		920466		21054	20460	2134
161544	12990		1176352		32232	30701	3668
136552	5549		1246397		9520	9047	1805
50600	13977		742314	258	16365	15632	2086
145821	4008		226859	5589	34772	29815	30610
91889	5485		64380	4475	30424	19704	57844
118034	5279		170865	8191	18037	16383	2512
116192	1421		186530	285208	39787	15811	12026
162757	1150		263574	403546	49038	42005	55474
98509	2022		640624	6318	32474	24752	3903
28805	4219		122472	27754	20897	15114	6776
2102	1832		231011	35100	8854	5692	4711
15326	475		31977	2892	3480	2044	2602
88588	11724	262	963909	161035	89657	70576	19387
117609	3772		315000	246521	69699	51667	12200
291358	37142	60	1231909	220158	83650	52755	27037
223611	20137	136	322114	163646	78696	62375	34307
14108	1487	3	164847		4160	3640	1017
17824	1758		311178	4887	3285	2594	722
25640	5636	3	383138	29224	15990	11360	15478
41279	6954	1	65600	1025	10643	8936	4442
246138	30188	10397	1703607	26252	49796	40003	14360
359071	36325	651	1110266	87304	88683	70148	58500
204621	640	182	77839	8830	27406	22686	6902
254941	67133	285	977109	151576	62450	50855	52892
456053	62654	952	2297640	153635	130235	109839	42666
264166	10384	439	2666779	548584	35363	23841	14787
71473	8134	325	115822	50419	24637	19338	9914
492138	4512	1081	2909341	70059	116673	102638	76522
257157	47833	69	840046	237766	73611	65018	27744
207897	33802	30	893740	152044	86428	71011	40413

各县(市、区)国民经济主要指标(2016年)(3-3)

县(市、区)	County (City or District)	机收面积(公顷) Machinical Harvest Area (hectare)	化肥使用量(折纯量)(吨) Consumption of Chemical Fertilizer (ton)	农村用电量(万千瓦时) Electricity Consumed in Rural Areas (10000 kwh)	有效灌溉面积(公顷) Irrigated Area (hectare)	农作物总播种面积(公顷) Total Sown Area (hectare)	粮食播种面积(公顷) Sown Area Area of Grain Crops (hectare)
廊坊市	**Langfang**						
安次区	Anci District	14150	5965	4667	13790	32271	20484
广阳区	Guangyang District	11900	7466	8516	10670	23158	12451
固安县	Guan County	37433	25664	18864	36210	77314	41306
永清县	Yongqing County	20200	22118	15889	30320	60545	27067
香河县	Xianghe County	16801	18915	21554	20410	32678	20349
大城县	Dacheng County	42253	11879	50955	29210	64009	50691
文安县	Wenan County	52966	14787	135189	32740	61579	56597
大厂回族自治县	Dachang Hui A.C.	9266	2504	9237	5350	9456	7074
霸州市	Bazhou City	26663	24539	498029	25660	49947	37481
三河市	Sanhe City	23399	29590	44260	22350	40220	26789
保定市	**Baoding**						
竞秀区	Jingxiu District	6400	5971	13535	4438	8073	6417
莲池区	Lianchi District	10483	7035	10056	6320	11696	8450
满城区	Mancheng District	24350	12803	22499	21120	38519	28301
清苑区	Qingyuan District	63170	50215	20279	53230	99092	68187
徐水区	Laishui District	55407	29546	34703	36600	69941	55391
涞水县	Xushui County	21750	8527	14458	13800	30728	24228
阜平县	Fuping County	200	4913	4268	9520	16620	13436
定兴县	Dingxing County	65239	37875	27095	47460	81103	68352
唐　县	Tang County	27717	25789	12473	19210	43840	35567
高阳县	Gaoyang County	27540	12339	25729	27460	38948	27427
容城县	Rongcheng County	29200	9983	10263	19660	34842	30181
涞源县	Laiyuan County	2000	4215	2690	5740	21880	18760
望都县	Wangdu County	29846	18820	8600	22540	42581	31679
安新县	Anxin County	43000	13395	41244	27970	48427	42884
易　县	Yi County	30400	19813	15374	25440	48109	38216
曲阳县	Quyang County	26510	12850	6012	17320	38953	33541
蠡　县	Li County	40000	21319	24702	36990	60393	44177
顺平县	Shunping County	19728	16421	25862	18990	31492	22904
博野县	Boye County	26317	19450	30100	23200	39208	26426
雄　县	Xiong County	36552	10431	71557	23130	45371	40041
涿州市	Zhuozhou City	49074	22353	37905	40200	70107	52002
定州市	Dingzhou City	102220	75665	25087	85660	161629	94990
安国市	Anguo City	36289	23147	7319	31490	56940	38160
高碑店市	Gaobeidian City	47166	16188	18143	36230	63970	49588

Major Indicators of National Economy by County (City or District)(2016)(3-3)

粮食总产量 (吨) Output of Grain (ton)	油料产量 (吨) Output of Oil-bearing (ton)	棉花产量 (吨) Output of Cotton (ton)	蔬菜产量 (吨) Vegetables (ton)	园林水果产量 (吨) Garden Fruit (ton)	肉类总产量 (吨) Output of Meat (ton)	#猪牛羊 Output of Pork, Beef and Mutton	禽蛋产量 (吨) Output of Egg (ton)
94353	4363	4131	209035	54105	13412	9295	18008
61871	2812	462	370211	48010	13340	10704	11801
238303	6829	30	1663004	98900	15839	14381	7142
148100	10948	3026	1822153	240000	61445	55943	14697
126203		4	744123	29460	15396	11240	21519
209065	9564	3832	202324	69254	36671	23868	32928
287402	226	745	122225	44961	20100	14686	19183
43655		10	107458	3993	20559	19753	4342
211499	4980	2477	478887	15700	23320	16560	12179
174066	442	151	669190	87074	55497	50619	14740
39512			75770	4524	7416	7282	2068
52600	1222		146798	496	3216	2939	13784
177050	2690	496	298322	231340	24033	20494	37125
467169	17552	133	1031951	40463	30428	20302	49631
366414	5503	40	816824	42901	62098	54546	21705
133358	11170	27	164950	49499	24102	22096	4108
66257	4501		57309	119851	8375	7532	2812
472313	15219	51	594788	29372	58181	46122	38037
203279	4155	512	292104	85309	37638	35648	17397
169799	12652	1484	283771	17029	6405	5694	6470
205756	5337	153	188894	2161	29247	27448	6302
63084	314		63164	6841	7944	7495	4426
232931	6895	406	377226	23000	19296	16362	17640
251375	1183	1636	125781	6565	10378	6517	21125
200804	17005	437	342090	263001	67517	62720	29973
161397	6193	186	131169	158317	25770	23711	12766
263702	14502	59	476966	32985	9120	6762	11802
129871	5313	76	295501	484249	11264	10725	4293
184088	12113	1516	546161	34835	13526	11955	9613
243414	4483		202768	30150	16465	14137	7145
307248	12660		644858	32930	37797	25865	18922
676071	61663	173	2590861	148753	116420	100464	88058
268200	22100	420	206651	36640	21409	19124	19240
337191	29547	469	334804	31695	34913	28687	30455

各县(市、区)国民经济主要指标(2016年)(3-4)

县（市、区）	County (City or District)	机收面积（公顷） Machinical Harvest Area (hectare)	化肥使用量(折纯量)（吨） Consump-tion of Chemical Fertilizer (ton)	农村用电量（万千瓦时） Electricity Consumed in Rural Areas (10000 kwh)	有效灌溉面积（公顷） Irrigated Area (hectare)	农作物总播种面积（公顷） Total Sown Area (hectare)	粮食播种面积（公顷） Sown Area Area of Grain Crops (hectare)
沧州市	**Cangzhou**						
新华区	Xinhua District	1812	272	1492	1380	1920	1878
运河区	Yunhe District	4830	778	1974	2620	6423	5353
沧　县	Cang County	98666	40414	93942	37190	102180	99354
青　县	Qing County	46510	19333	75910	29120	86653	56718
东光县	Dongguang County	43621	23316	31082	48420	65961	45846
海兴县	Haixing County	32521	9517	12529	15580	37843	35425
盐山县	Yanshan County	54800	9760	14580	33010	68181	63145
肃宁县	Suning County	42470	23196	44649	31800	55579	42921
南皮县	Nanpi County	62800	15372	17240	34870	71524	53567
吴桥县	Wuqiao County	49127	22575	12407	33850	71838	53524
献　县	Xian County	97139	26852	72500	53200	112569	81444
孟村回族自治县	Mengcun Hui A.C.	31798	8166	69209	14250	34905	33877
泊头市	Botou City	66000	32069	75696	43120	74924	70970
任丘市	Renqiu City	72910	31206	121380	40680	92635	76808
黄骅市	Huanghua City	68166	11943	71392	18230	90099	73733
河间市	Hejian City	82925	30494	129219	63040	110654	84903
衡水市	**Hengshui**						
桃城区	Taocheng District	21348	8037	35181	19630	30922	22220
冀州区	Jizhou District	36899	28443	34457	48530	71019	39398
枣强县	Zaoqiang County	70200	22228	25257	51940	77917	55878
武邑县	Wuyi County	49074	17527	12710	40040	69359	44989
武强县	Wuqiang County	39700	7448	16903	22960	46343	39287
饶阳县	Raoyang County	36200	19382	19174	34980	62051	36070
安平县	Anping County	35199	13635	28125	26900	43374	35466
故城县	Gucheng County	67500	37995	23441	47630	83966	50882
景　县	Jing County	90553	36389	15249	77800	114198	91237
阜城县	Fucheng County	50796	21635	27508	37040	69561	51524
深州市	Shenzhou City	99166	66088	66130	63690	114874	98348
邢台市	**Xingtai**						
桥东区	Qiaodong District	3162	4004	4059	1620	4163	3164
桥西区	Qiaoxi District	6400	1127	2817	2550	6601	6028
邢台县	Xingtai County	20550	12893	19279	23480	31890	24820
临城县	Lincheng County	20880	8722	5560	10880	31241	26045

Major Indicators of National Economy by County (City or District)(2016)(3-4)

粮食总产量 (吨) Output of Grain (ton)	油料产量 (吨) Output of Oil-bearing (ton)	棉花产量 (吨) Output of Cotton (ton)	蔬菜产量 (吨) Vegetables (ton)	园林水果产量 (吨) Garden Fruit (ton)	肉类总产量 (吨) Output of Meat (ton)	#猪牛羊 Output of Pork, Beef and Mutton	禽蛋产量 (吨) Output of Egg (ton)
6907			1988	465	865	574	650
21791	22		49719	1858	1558	656	3765
452710	374	286	116869	297204	37124	27398	38086
223978	1626	454	2008880	41763	21798	15541	32964
289811	2104	15688	100942	8272	19697	15669	16795
133023	1276	237	30098	54396	15169	8654	4818
243187	1124	522	148772	48648	50328	45702	7058
257861	4724	21	739574	92397	33166	11462	22608
308265	2828	15765	412465	77230	18359	14323	10839
389005	1659	12414	295371	15217	31140	26032	16585
425674	35887	2867	590025	179530	61947	47593	62875
166444	1987	154	15534	12987	40776	10841	6010
403236	397	1888	94454	517126	28341	20719	45166
453506	7171	556	491853	24752	43598	12438	17038
252075	3425	2518	128891	117637	59093	38523	17759
498477	22061	750	533820	27021	33799	17120	24949
155646	4303	1227	325190	18019	17829	14305	9356
227539	12055	22360	193142	106033	15146	11766	16315
346521	8050	17958	191943	85700	19278	17194	5383
268291	10569	9749	589321	52691	35023	25622	22755
238072	4221	110	198030	7350	16944	10837	23732
216563	14297	60	812532	133274	25182	19849	35998
202416	9935		128335	41130	65539	62966	16164
306714	11565	16384	822136	50579	49342	30924	39046
591686	12371	5800	204252	41299	38424	32838	27023
303524	474	5162	242478	245499	18828	14390	25519
648538	32142	290	249983	880000	62281	51545	73031
18757	118	11	58188	2682	1989	1676	1053
31344	680	101	6487	4041	1461	1163	2348
108152	8981	271	111903	141033	13706	10804	16917
126190	7509	341	80322	24315	16555	11558	39480

各县(市、区)国民经济主要指标(2016年)(3-5)

县(市、区)	County (City or District)	机收面积 (公顷) Machinical Harvest Area (hectare)	化肥使用量(折纯量) (吨) Consumption of Chemical Fertilizer (ton)	农村用电量 (万千瓦时) Electricity Consumed in Rural Areas (10000 kwh)	有效灌溉面积 (公顷) Irrigated Area (hectare)	农作物总播种面积 (公顷) Total Sown Area (hectare)	粮食播种面积 (公顷) Sown Area of Grain Crops (hectare)
内丘县	Neiqiu County	28297	8602	10361	23400	48592	34944
柏乡县	Baixiang County	26351	13634	4949	17970	31839	27881
隆尧县	Longyao County	69100	43783	62690	49000	95172	77304
任　县	Ren County	41589	17057	21863	30160	57342	49465
南和县	Nanhe County	48000	16778	20100	28780	55344	44843
宁晋县	Ningjin County	103515	41744	35024	66500	121387	105273
巨鹿县	Julu County	28380	14985	16519	30130	65508	37544
新河县	Xinhe County	26000	6742	9231	21240	37892	29643
广宗县	Guangzong County	15093	12181	8351	26640	38987	16494
平乡县	Pingxiang County	31700	19417	23584	26050	53702	36295
威　县	Wei County	26200	39523	9535	72800	93257	31831
清河县	Qinghe County	42719	21043	31520	34090	52526	41392
临西县	Linxi County	50000	27765	13288	32700	60196	49345
南宫市	Nangong City	34876	26147	21081	62310	86264	47018
沙河市	Shahe City	28010	11550	23098	20970	30383	26650
邯郸市	**Handan**						
邯山区	Hanshan District	13100	12110	14940	12770	16827	15363
丛台区	Congtai District	8801	7458	3235	4780	13281	12810
复兴区	Fuxing District	2957	2089	3435	2320	5677	5099
峰峰矿区	Fengfeng Mining Area	7200	6836	11581	7690	10433	9918
肥乡区	Feixiang District	61380	40903	17346	38300	70233	45479
永年区	Yongnian District	65750	50424	70399	52030	103021	65712
临漳县	Linzhang County	68000	47904	11698	48900	91474	76058
成安县	Chengan County	37333	45533	26986	35000	63168	39908
大名县	Daming County	113632	44933	16786	57960	130943	98864
涉　县	She County	12300	8015	9008	5610	32790	19822
磁　县	Ci County	27699	14449	73884	17060	39159	32849
邱　县	Qiu County	22666	23850	3339	26880	44371	18975
鸡泽县	Jize County	29534	21741	26587	24490	44358	29710
广平县	Guangping County	28059	14842	11533	22870	40192	30921
馆陶县	Guantao County	37713	27942	13765	28620	56172	42291
魏　县	Wei County	79600	29725	15000	56510	94564	84409
曲周县	Quzhou County	60606	49895	36242	41780	77144	56771
武安市	Wuan City	22333	18060	259800	29150	63627	56249

Major Indicators of National Economy by County (City or District)(2016)(3-5)

粮食总产量 (吨) Output of Grain (ton)	油料产量 (吨) Output of Oil-bearing (ton)	棉花产量 (吨) Output of Cotton (ton)	蔬菜产量 (吨) Vegetables (ton)	园林水果产量 (吨) Garden Fruit (ton)	肉类总产量 (吨) Output of Meat (ton)	#猪牛羊 Output of Pork, Beef and Mutton	禽蛋产量 (吨) Output of Egg (ton)
187294	18035	653	107246	35078	24848	22079	20104
206563	2798	307	230780	73282	15268	10361	37997
523384	14059	5277	667309	52193	36476	24122	94717
343202	3355	1420	361755	16487	12067	7742	25378
287242	2338	1104	583299	5698	19330	13558	44742
744346	6667	3097	365071	305956	36392	32821	26199
212941	13400	10911	160194	107014	17625	10421	13160
159998	3812	7082	23609	160671	6833	5137	12351
89474	28256	10540	146204	17379	18304	12876	10003
248748	32974	965	246135	26750	13924	8767	20985
177369	8717	65370	396012	131582	40283	20029	57400
287846	5858	7801	48703	54406	8912	4633	9108
320175	1620	11340	82139	13111	17225	11618	27874
238937	18053	31793	260863	43079	23373	20712	15419
119716	4089	196	41580	16344	16000	8520	53302
108597	248	191	41698	33797	12560	9644	19434
60290	107	119	11726	3900	4665	3091	12726
24973	526	123		106	1930	1875	720
46923	44	1	15345	3073	26301	23786	11491
342650	4089	10140	832963	52600	38158	29507	39883
478481	3229	631	2335179	51450	57348	35755	192888
602185	5574	2476	514577	202275	55727	38576	45449
300765	4838	16978	440445	69700	36146	26614	44848
737221	88934	1315	422380	30682	82032	68496	93278
62743	618	15	71359	20673	21776	14147	24389
203331	1923	489	167400	16602	31375	23306	57259
138887	1237	26878	200537	20720	22581	12154	52574
208111	2622	1976	613098	19530	28598	19419	47829
228009	10527	1627	167208	25148	13025	9067	25863
314250	13070	1360	497943	40792	57043	31693	185974
618717	4113	1027	378653	250111	63449	37019	60709
425972	3880	10749	566876	42787	56700	36816	109289
291100	4025	2259	127296	26096	69782	64450	27702

各县(市、区)国民经济主要指标(2016年)(4-1)

县(市、区)	County (City or District)	奶类产量(吨) Output of Milk (ton)	年内猪出栏(百头) Slaughtered Pigs in the Year (100 heads)	年末猪存栏(百头) Number of Hogs at Year-end (100 heads)	水产品产量(吨) Total Aquatic Products (ton)	农林牧渔业总产值(现价)(万元) Gross Output Value (10000 yuan)	农林牧渔业总产值指数(上年=100) Indices of Gross Output Value (preceding year=100)
石家庄市	**Shijiazhuang**						
长安区	Changan District	3661	275	174		38035	90.8
桥西区	Qiaoxi District	1	163	6		20817	105.8
新华区	Xinhua District				38	27483	91.5
井陉矿区	Jingxing Mining Area		290	230	10	11442	71.4
裕华区	Yuhua District	375	39	13		7065	60.9
藁城区	Gaocheng District	77826	5973	3070	10	1281260	100.6
鹿泉区	Luquan District	71723	2275	857	6340	410998	100.9
栾城区	luancheng District	104728	2989	1485		496079	98.1
井陉县	Jingxing County	9760	1071	770	280	215610	91.0
正定县	Zhengding County	117578	6156	3987	1300	648710	102.5
行唐县	Xingtang County	335950	3013	1795	1530	530837	105.2
灵寿县	Lingshou County	57693	3037	1702	7730	308209	103.3
高邑县	Gaoyi County	5196	1102	608		227538	103.7
深泽县	Shenze County	45176	2346	1001	115	296803	102.0
赞皇县	Zanhuang County		1351	806	1000	278971	103.3
无极县	Wuji County	62342	3791	2256	5	523972	101.2
平山县	Pingshan County	11000	2188	1522	12599	363993	102.2
元氏县	Yuanshi County	42790	3118	1903	213	452741	102.2
赵　县	Zhao County	37500	4218	2190		597974	100.8
辛集市	Xinji City	64650	7364	4060	41	898459	101.7
晋州市	Jinzhou City	22484	4526	2716		534511	102.3
新乐市	Xinle City	99829	5360	3450		554863	101.5
承德市	**Chengde**						
双桥区	Shuangqiao District		145	126	185	15585	86.4
双滦区	Shuangluan District	8	382	417	470	39846	104.9
鹰手营子区	Yingshouyingzi District		135	98	310	14806	104.9
承德县	Chengde County	1630	3010	1973	1160	530156	106.5
兴隆县	Xinglong County	1778	2004	1130	5030	404475	104.7
平泉县	Pingquan County	768	1340	684	1190	542199	103.2
滦平县	Luanping County	11216	5986	3076	1420	508221	106.5
隆化县	Longhua County	5774	4238	3006	580	571632	105.4
丰宁满族自治县	Fengning Man A.C.	96805	2799	2490	3480	446203	105.9
宽城满族自治县	Kuancheng Man A.C.		1922	1035	25450	316800	105.8
围场满蒙自治县	Weichang Man & Mongolian A.C.	35300	2532	2279	2566	671050	112.0

Major Indicators of National Economy by County (City or District)(2016)(4-1)

规模以上工业企业单位数(个) Number of Industrial Enterprises above Designated Size (unit)	规模以上工业企业从业人员年平均人数(人) Average Number of Employment of the Curreat Year (person)	规模以上工业企业主营业务收入(万元) Revenue from Principal Business (10000 yuan)	公路里程(公里) Total Length of Highways (km)	固定电话用户(户) Number of Fixed Telephone Subscribers (subscriber)	移动电话用户(户) Number of Mobile Telephone Subscribers (subscriber)	互联网宽带接入用户(户) Broadband Subscribers of Internet (subscriber)	全社会用电量(万千瓦时) Total Electricity Consumed (10000 kwh)
23	12777	1941276					
10	6244	208082					
17	3603	192338					
46	10589	1530828	137	5800	83000	23106	
13	3366	367341					
419	108214	16360438	1568	51658	743500	118403	251605
201	44189	7312536	968	56020	342005	89630	221921
164	34485	4108743	722	32892	457097	123179	156869
68	12484	1267190	1338	12000	98871	50035	70589
146	28736	4573326	1123	63010	248501	94123	241685
89	13550	2195886	1408	19470	284500	55000	65371
69	8663	1158746	1228	19530	233700	50300	137314
74	19379	1478454	581	16200	145000	38000	120182
89	17580	2156090	498	7463	178778	36996	72646
67	11221	1814791	882	13100	227188	30292	111135
119	26616	3986493	832	42104	389521	42063	134976
24	25046	3797080	2984	29800	115600	61200	251413
78	17567	3325320	1048	20311	403214	62310	157669
112	34274	6825766	807	22810	485427	80762	161687
317	167990	9296564	1249	46286	574862	110276	247573
269	55299	5504041	1010	36701	372523	54642	233185
168	41750	4832494	957	31720	473156	92786	151541
8	1621	82951	635	78501	663153	151606	102669
29	19700	2486585	578	12784	177623	44655	270916
25	7217	741840	173	11304	71884	14015	17640
64	8586	1256504	2740	25253	312589	45471	102796
59	11235	1277993	2803	17363	258038	44192	121426
72	13003	1159306	2332	21203	397449	52576	126713
51	10553	1558387	2264	16689	258000	43165	183160
47	4817	903324	2756	17902	307373	42544	73450
36	4931	598831	3326	22201	245990	36065	70074
36	22222	4366791	1513	10223	217536	43717	302713
40	3138	346367	3030	25524	397962	55651	54053

各县(市、区)国民经济主要指标(2016年)(4-2)

县(市、区)	County (City or District)	奶类产量 (吨) Output of Milk (ton)	年内猪出栏 (百头) Slaughtered Pigs in the Year (100 heads)	年末猪存栏 (百头) Number of Hogs at Year-end (100 heads)	水产品产量 (吨) Total Aquatic Products (ton)	农林牧渔业总产值(现价) (万元) Gross Output Value (10000 yuan)	农林牧渔业总产值指数 (上年=100) Indices of Gross Output Value (preceding year=100)
张家口市	**Zhangjiakou**						
桥东区	Qiaodong District	2042	109	69		7161	122.6
桥西区	Qiaoxi District	1835	65	52		7139	91.1
宣化区	Xuanhua District	122862	4621	2631	610	447220	98.3
下花园区	Xiahuayuan District	4127	356	248		45462	112.4
万全区	Wanquan District	75361	2301	1369	4	208738	107.4
崇礼区	Chongli District	31335	320	219	15	142548	101.1
张北县	Zhangbei County	205808	1162	1564	254	377889	102.9
康保县	Kangbao County	101821	1785	783	85	401941	105.5
沽源县	Guyuan County	88833	262	288	2500	363550	101.8
尚义县	Shangyi County	2951	1030	293	155	226564	111.4
蔚　县	Yu County	25150	2707	1190	460	296956	102.0
阳原县	Yangyuan County	10497	1790	1050	522	228064	109.0
怀安县	Huaian County	34231	1794	874	324	176087	88.9
怀来县	Huailai County	94364	1711	880	6972	386884	104.1
涿鹿县	Zhuolu County	119906	4582	2816	320	612382	103.1
赤城县	Chicheng County	2517	1662	843	773	406339	110.8
秦皇岛市	**Qinhuangdao**						
海港区	Haigang District	9250	1811	997	1753	147087	117.2
山海关区	Shanhaiguan District	3405	705	538	6604	116991	103.4
北戴河区	Beidaihe District	2164	223	114	1284	35530	100.8
抚宁区	Funing District	14993	8321	3642	2082	601455	101.3
青龙满族自治县	Qinglong Man A.C.	200	5100	1820	1600	587996	116.3
昌黎县	Changli County	47235	4462	2786	91715	1110782	104.8
卢龙县	Lulong County	19967	5940	3061	2045	555664	103.5
唐山市	**Tangshan**						
路南区	Lunan District	7442	459	265		58774	86.1
路北区	Lubei District	6000	311	190		98512	100.5
古冶区	Guye District	60714	1275	894	9436	224161	103.0
开平区	Kaiping District	23352	674	392	15911	97857	113.5
丰南区	Fengnan District	79584	5065	2935	73050	777168	102.0
丰润区	Fengrui District	157277	7883	3762	9580	838901	102.0
曹妃甸区	Caofeidian District	2059	2975	1596	140497	524442	105.6
滦　县	Luan County	463384	3993	2807	3656	751358	105.6
滦南县	Luannan County	522649	12859	7562	84601	1501114	104.9
乐亭县	Leting County	57180	2645	1691	169640	1372617	104.5
迁西县	Qianxi County	21580	1769	1009	47400	373613	104.5
玉田县	Yutian County	118373	11204	8132	5932	1167537	101.0
遵化市	Zuihua City	13019	6991	4858	4020	687534	105.9
迁安市	Qianan City	149335	7463	4637		746805	101.7

Major Indicators of National Economy by County (City or District)(2016)(4-2)

规模以上工业企业单位数(个) Number of Industrial Enterprises above Designated Size (unit)	规模以上工业企业从业人员年平均人数(人) Average Number of Employment of the Curreat Year (person)	规模以上工业企业主营业务收入(万元) Revenue from Principal Business (10000 yuan)	公路里程(公里) Total Length of Highways (km)	固定电话用户(户) Number of Fixed Telephone Subscribers (subscriber)	移动电话用户(户) Number of Mobile Telephone Subscribers (subscriber)	互联网宽带接入用户(户) Broadband Subscribers of Internet (subscriber)	全社会用电量(万千瓦时) Total Electricity Consumed (10000 kwh)
23	8888	1292722					209411
11	1474	53731					34387
83	29624	2783627	1362	59698	730000	132000	448940
17	4699	272164	253	5444	54524	14146	18903
47	10244	380324	1072	14339	195482	32812	47977
11	1879	100248	1080	9146	94153	17963	27616
41	3655	546632	2742	23698	110836	35647	53278
25	2012	154908	3108	5300	104500	13800	14800
14	1006	162192	1315	9320	135400	30000	34136
18	1778	182611	1023	4035	87352	9251	23251
13	8888	261707	1933	40246	83715	32788	54512
19	2524	122143	1227	12000	145683	19100	24244
24	2357	497613	1499	13000	94833	18677	48417
34	4567	260083	3066	53120	241083	45360	57300
41	5814	608386	1242	46000	100000	41300	55179
39	5170	318251	1637	7430	155000	26880	48207
71	24313	2254000	699	269926	1670427	440690	137937
25	3208	579316	283	33840	172306	49453	19700
5	521	24564	90	28639	97343	24531	36211
27	6906	638235	1519	46000	413000	67000	262331
14	2500	226100	2700	32000	394658	49354	55453
34	22422	2647724	1982	59000	472000	90800	268241
24	7989	758539	1655	27881	288275	41500	90274
28	5297	772866					
29	7512	419377					
48	21368	2709550	332	54846	406425	80508	59699
64	17749	1923438	369	35950	145040	39715	269122
183	74321	17054754	1230	74000	667000	121000	787287
159	69020	13675063	1866	133436	861227	177134	362511
92	49811	6481614	1030	67300	352646	82871	119900
85	37169	7566912	1525	57796	464728	84607	470028
71	17808	1680357	1819	60488	450030	104323	155475
74	11065	2822980	1788	48749	454043	83878	299753
44	14072	7447828	1484	48851	349991	65568	442995
142	30099	4278555	1598	94802	632668	121482	360880
128	35435	5099712	1645	83770	655000	119344	392671
161	98612	13078223	3275	77322	692964	138161	934021

各县(市、区)国民经济主要指标(2016年)(4-3)

县（市、区）	County (City or District)	奶类产量 (吨) Output of Milk (ton)	年内猪出栏 (百头) Slaughtered Pigs in the Year (100 heads)	年末猪存栏 (百头) Number of Hogs at Year-end (100 heads)	水产品产量 (吨) Total Aquatic Products (ton)	农林牧渔业总产值(现价) (万元) Gross Output Value (10000 yuan)	农林牧渔业总产值指数 (上年=100) Indices of Gross Output Value (preceding year=100)
廊坊市	**Langfang**						
安次区	Anci District	13359	1065	715	1211	193393	100.3
广阳区	Guangyang District	17086	1268	401	396	223097	104.6
固安县	Guan County	10011	1706	1071	251	571841	100.8
永清县	Yongqing County	41748	5530	2867	524	827793	96.6
香河县	Xianghe County	9645	1091	573	2730	292656	99.1
大城县	Dacheng County	17070	1605	764	910	320675	103.2
文安县	Wenan County	1620	1043	640	9204	218675	97.9
大厂回族自治县	Dachang Hui A.C.		784	322	2216	131938	78.6
霸州市	Bazhou City	1955	1891	769	7044	295594	100.0
三河市	Sanhe City	58796	4285	2263	10440	591684	103.3
保定市	**Baoding**						
竞秀区	Jingxiu District	5594	955	574		60516	105.5
莲池区	Lianchi District	64812	311	233		97612	111.6
满城区	Mancheng District	36059	2598	2003	200	378791	103.1
清苑区	Qingyuan District	91167	2431	1217	10	583132	104.5
徐水区	Laishui District	142908	6426	4952	280	517081	100.8
涞水县	Xushui County	8587	2378	1400	481	228415	104.1
阜平县	Fuping County	6599	734	580	6725	147262	117.8
定兴县	Dingxing County	22113	5387	4152	300	488494	101.4
唐　县	Tang County	2584	3648	2330	1989	313847	101.7
高阳县	Gaoyang County	15090	743	482	180	169727	104.8
容城县	Rongcheng County	14541	3495	1722	1381	181097	100.9
涞源县	Laiyuan County		585	388	566	93828	115.1
望都县	Wangdu County	43520	1960	870	12	304273	106.1
安新县	Anxin County	3029	756	750	35443	186632	105.2
易　县	Yi County	7248	5941	2012	5100	472914	103.7
曲阳县	Quyang County	38641	2340	942	2810	222403	104.2
蠡　县	Li County	11133	791	558		272271	103.5
顺平县	Shunping County	8644	1201	545	15	338053	106.9
博野县	Boye County	2371	1575	1180		254425	107.0
雄　县	Xiong County	1979	1511	750	580	185923	102.9
涿州市	Zhuozhou City	19620	3025	2458	1050	386863	100.1
定州市	Dingzhou City	231287	11433	5757	100	1443950	103.0
安国市	Anguo City	10035	2340	1500		303880	100.8
高碑店市	Gaobeidian City	18837	3261	2511	200	301351	102.7

Major Indicators of National Economy by County (City or District)(2016)(4-3)

规模以上工业企业单位数（个）Number of Industrial Enterprises above Designated Size (unit)	规模以上工业企业从业人员年平均人数（人）Average Number of Employment of the Curreat Year (person)	规模以上工业企业主营业务收入（万元）Revenue from Principal Business (10000 yuan)	公路里程（公里）Total Length of Highways (km)	固定电话用户（户）Number of Fixed Telephone Subscribers (subscriber)	移动电话用户（户）Number of Mobile Telephone Subscribers (subscriber)	互联网宽带接入用户（户）Broadband Subscribers of Internet (subscriber)	全社会用电量（万千瓦时）Total Electricity Consumed (10000 kwh)
54	46981	2326796	844				228093
28	8791	1444691	976	131760	176586	85896	204515
79	12428	1338400	1205	43214	369652	74258	119136
75	7232	689312	1124	56890	313162	61810	102065
161	20033	2781260	1010	44950	382604	62935	124252
85	6401	1198819	1163	78120	421680	93586	179769
131	18995	2436039	1615	165740	509889	83136	299402
64	9369	759872	543	24990	174854	44457	85687
206	44989	10113917	1246	118420	659020	136108	713943
175	42043	9586634	1353	107810	884139	186624	368182
59	19113	2742747					
80	72312	10788056					
99	16330	1321173	755	43193	433019	64168	182712
67	12029	2319125	1121	51808	516940	84555	148283
57	24761	1528555	1436	65381	540274	93254	125896
38	3884	149642	1355	31005	282196	64066	62784
16	1392	74895	1684	19386	172295	32427	23408
77	22938	1385607	946	39770	435497	81754	72074
59	7387	598176	1120	46421	425058	77559	88440
87	24654	1423667	590	45404	365135	75539	128558
59	8166	406281	309	28706	255754	51808	63391
21	3988	457003	1645	25542	253816	46299	51112
27	3174	297290	643	24198	234416	48037	43867
75	6105	1059449	589	47874	412194	76948	146182
53	8529	1476946	1713	49407	416440	79650	84413
64	6378	343604	1325	50552	488432	93879	92358
93	17726	2358854	883	43773	450582	80406	125245
54	5648	496097	997	27087	243462	45084	68977
42	4476	534425	441	23433	208034	38453	46230
118	8056	2226255	661	35411	362623	79974	201884
73	33790	2836069	1167	89360	619147	181298	143201
245	26629	3401177	1809	80000	1056300	171800	231327
78	9931	1842695	656	41948	377922	73425	63325
49	10311	1097764	926	46654	489389	136261	160913

各县(市、区)国民经济主要指标(2016年)(4-4)

县（市、区）	County (City or District)	奶类产量 (吨) Output of Milk (ton)	年内猪出栏 (百头) Slaughtered Pigs in the Year (100 heads)	年末猪存栏 (百头) Number of Hogs at Year-end (100 heads)	水产品产量 (吨) Total Aquatic Products (ton)	农林牧渔业总产值(现价) (万元) Gross Output Value (10000 yuan)	农林牧渔业总产值指数 (上年=100) Indices of Gross Output Value (preceding year=100)
沧州市	**Cangzhou**						
新华区	Xinhua District		63	95	27	4765	95.9
运河区	Yunhe District	112	74	68		27204	97.0
沧　县	Cang County	9106	2175	1202	271	408876	92.1
青　县	Qing County	25050	1157	731	465	717514	101.5
东光县	Dongguang County	911	1031	513	778	493765	100.2
海兴县	Haixing County	1015	815	610	7844	153795	104.7
盐山县	Yanshan County		4227	1844	343	272434	94.6
肃宁县	Suning County	3376	1343	937		429450	98.7
南皮县	Nanpi County		910	547	557	413231	105.4
吴桥县	Wuqiao County		1667	937	295	600360	103.4
献　县	Xian County	6126	4437	3351	5430	626541	102.4
孟村回族自治县	Mengcun Hui A.C.		420	342	135	148959	105.0
泊头市	Botou City	5100	2140	1540	656	320373	99.3
任丘市	Renqiu City	6396	1277	837	14500	361027	102.2
黄骅市	Huanghua City	2947	4069	2373	77392	596407	102.6
河间市	Hejian City	437	1582	1315	642	535020	104.7
衡水市	**Hengshui**						
桃城区	Taocheng District	6724	1298	841	791	192200	84.4
冀州区	Jizhou District	4814	1141	848	2650	250838	103.0
枣强县	Zaoqiang County	6815	1754	663	288	337732	103.0
武邑县	Wuyi County	12821	1873	1845	177	405339	102.3
武强县	Wuqiang County	46460	1068	785		211351	103.9
饶阳县	Raoyang County	16287	2453	1876		473347	100.2
安平县	Anping County	6269	8310	4960	196	294409	99.3
故城县	Gucheng County	10552	2840	819	2381	546934	99.6
景　县	Jing County	6927	3159	2111	100	431759	100.6
阜城县	Fucheng County	4155	1591	1865	110	377358	105.7
深州市	Shenzhou City	7635	5834	3694	289	691771	102.7
邢台市	**Xingtai**						
桥东区	Qiaodong District	260	239	83		25532	99.7
桥西区	Qiaoxi District	439	150	101	255	16848	93.6
邢台县	Xingtai County	150	1208	550	526	179843	98.7
临城县	Lincheng County		1084	761	5050	172628	95.7

Major Indicators of National Economy by County (City or District)(2016)(4-4)

规模以上工业企业单位数（个）Number of Industrial Enterprises above Designated Size (unit)	规模以上工业企业从业人员年平均人数（人）Average Number of Employment of the Curreat Year (person)	规模以上工业企业主营业务收入（万元）Revenue from Principal Business (10000 yuan)	公路里程（公里）Total Length of Highways (km)	固定电话用户（户）Number of Fixed Telephone Subscribers (subscriber)	移动电话用户（户）Number of Mobile Telephone Subscribers (subscriber)	互联网宽带接入用户（户）Broadband Subscribers of Internet (subscriber)	全社会用电量（万千瓦时）Total Electricity Consumed (10000 kwh)
26	5899	1566994		321			44355
25	11526	2153713					
206	43317	3582467	1945	183989	405674	35110	136969
153	17600	2323200	1302	47500	402000	68894	87715
118	11836	932428	1300	25735	298596	59223	204603
37	4578	232577	731	22100	189977	40400	28069
139	29874	6277800	986	33578	337770	56863	67970
94	12612	1424268	588	38738	337122	70681	66215
102	13786	1019933	910	25314	355676	51171	61478
44	4800	282125	872	27181	191789	27291	38422
226	45804	8366252	1561	57263	455916	86320	109439
119	9801	1153225	558	42501	98865	8566	82529
253	24200	3697900	1003	48795	521379	90280	122633
296	50706	8186151	1786	180217	831611	184208	498021
110	19190	1175535	1600	48992	521701	111054	130585
261	18495	4160628	1366	85843	670570	98987	171064
49	16475	1289697	771	127689	987475	189400	199896
94	14620	1379388	1248	48260	321401	61607	72692
145	9068	1331765	1597	42075	352768	71978	71562
46	5379	482927	1210	25712	239531	39062	58600
82	7858	848080	720	16701	185348	34067	51531
80	7335	629614	682	24550	229443	43136	50062
154	12090	1203237	813	46925	342113	68681	145961
103	8851	912429	1188	46677	390522	73023	72932
134	15305	1893313	1625	45802	409921	71354	126833
102	10083	1082070	1336	20772	258939	41811	49395
85	11672	1562289	1667	40821	435289	72141	121792
3	496	22185					67302
14	39555	1547371					
49	13458	2746617	1920	33200	177475	30885	167871
54	5380	1172637	780	26328	127325	22428	58755

各县(市、区)国民经济主要指标(2016年)(4-5)

县（市、区）	County (City or District)	奶类产量 (吨) Output of Milk (ton)	年内猪出栏 (百头) Slaughtered Pigs in the Year (100 heads)	年末猪存栏 (百头) Number of Hogs at Year-end (100 heads)	水产品产量 (吨) Total Aquatic Products (ton)	农林牧渔业总产值(现价) (万元) Gross Output Value (10000 yuan)	农林牧渔业总产值指数 (上年=100) Indices of Gross Output Value (preceding year=100)
内丘县	Neiqiu County	899	2772	1659	31	198950	101.7
柏乡县	Baixiang County	2616	1367	625		197641	96.4
隆尧县	Longyao County	14320	2733	1400		439655	100.8
任　县	Ren County		918	556	53	208446	103.6
南和县	Nanhe County	11846	1776	1354	16	318122	102.1
宁晋县	Ningjin County	136942	3863	2520	1	492096	93.8
巨鹿县	Julu County	5769	940	1080	73	325300	107.4
新河县	Xinhe County	1058	296	242	470	144168	99.8
广宗县	Guangzong County		1217	753		226950	104.9
平乡县	Pingxiang County	3937	812	604	80	226058	107.8
威　县	Wei County	14820	1860	1950	370	583013	105.5
清河县	Qinghe County	3270	478	411	507	225940	107.1
临西县	Linxi County	2400	827	387	150	242505	105.6
南宫市	Nangong City	8	2107	1478	456	309969	94.9
沙河市	Shahe City	1460	868	576	670	141025	96.3
邯郸市	**Handan**						
邯山区	Hanshan District	38606	1076	540		109940	101.9
丛台区	Congtai District		339	75		45009	88.8
复兴区	Fuxing District	182	259	159		13504	106.6
峰峰矿区	Fengfeng Mining Area	10472	2981	1520	1670	105516	100.3
肥乡区	Feixiang District	23112	2902	1783	37	556877	103.3
永年区	Yongnian District	53271	3739	2948	9448	1136390	95.0
临漳县	Linzhang County	10390	3666	1924	28	551578	102.5
成安县	Chengan County	20888	2575	1803	9	525901	105.6
大名县	Daming County	5218	6918	4280	660	682969	102.9
涉　县	She County		1424	982	3020	189248	79.3
磁　县	Ci County	8889	2622	1520	9199	273283	72.3
邱　县	Qiu County	719	938	725	126	306238	101.0
鸡泽县	Jize County	7775	1998	1052	83	347743	101.9
广平县	Guangping County	2014	1060	703	40	236032	105.9
馆陶县	Guantao County	6513	3530	2201	25	561572	100.4
魏　县	Wei County	1390	4190	3200	115	500472	103.7
曲周县	Quzhou County	8300	3900	2080	5620	551034	104.2
武安市	Wuan City	3892	8136	4986	1635	400165	102.1

Major Indicators of National Economy by County (City or District)(2016)(4-5)

规模以上工业企业单位数 (个) Number of Industrial Enterprises above Designated Size (unit)	规模以上工业企业从业人员年平均人数 (人) Average Number of Employment of the Curreat Year (person)	规模以上工业企业主营业务收入 (万元) Revenue from Principal Business (10000 yuan)	公路里程 (公里) Total Length of Highways (km)	固定电话用户 (户) Number of Fixed Telephone Subscribers (subscriber)	移动电话用户 (户) Number of Mobile Telephone Subscribers (subscriber)	互联网宽带接入用户 (户) Broadband Subscribers of Internet (subscriber)	全社会用电量 (万千瓦时) Total Electricity Consumed (10000 kwh)
32	4742	516447	1175	36900	149211	36702	98556
42	4798	454297	350	10125	125134	25092	53403
69	18438	2047655	1111	64280	355100	41500	138404
47	4938	414410	842	17560	237710	51130	71779
34	7101	774553	746				67761
209	40660	5098252	1679	62703	492894	133993	265196
66	6557	552022	1377	23572	262847	37521	62910
41	6028	399000	648	26304	25690	21600	49989
57	7993	425344	1001	11322	116517	14305	50355
64	7424	489702	950	12420	266800	51000	73384
85	9403	683336	1683	29608	266035	58136	73052
117	18904	1850179	941	38755	272551	79241	116704
57	6256	584960	874	11800	206898	42394	50407
83	16097	1703782	1132	40192	215202	58263	62750
92	25942	3028310	1580	72353	417025	77828	156670
30	6503	463236					
18	4830	1748449	267				
19	27529	59081978	157				
85	43043	3609481	458	26021	470216	67088	95081
55	7366	1018781	1070	3200	235400	19460	41065
128	18520	2279926	1079	26040	577571	40707	214649
73	7774	1573745	2209	17961	267800	25701	70617
84	12770	2476061	1054	19230	279460	31256	96013
92	11546	1759360	1468	34020	567000	69398	75645
69	11201	1946244	1527	24230	394314	71680	74486
48	10362	1627808	892	25574	540802	87192	124698
72	9534	1627152	758	7334	172717	41576	42244
83	17142	1848333	1226	38404	322218	40466	47385
46	6679	683956	550	7009	120000	21466	26718
73	8869	1741534	964	8918	223183	35091	42577
72	12687	2259171	1355	17800	540905	45111	66438
93	4543	2225960	1205	10520	285211	28824	58447
98	92000	12402172	1485	35200	753200	111500	1104000

各县(市、区)国民经济主要指标(2016年)(5-1)

县（市、区）	County (City or District)	社会消费品零售总额（万元）Total Retail Sales of Consumer Goods (10000 yuan)	出口总额（万美元）Total Exports (USD 10000)	当年实际使用外资额（万美元）Total Amount of Contracted Investment Actually Utilized USD 10000)	年末居民储蓄存款余额（万元）Outstanding Amount of Saving Deposit (10000 yuan)	普通中学专任教师（人）Number of Full-time Teachers of Regular Secondary Schools (person)	小学专任教师（人）Number of Full-time Teachers of Regular Primary Schools (person)
石家庄市	**Shijiazhuang**						
长安区	Changan District	3049787		15543		2910	2467
桥西区	Qiaoxi District	4695323		9019		2250	2364
新华区	Xinhua District	2206927	177688	1538		1794	2024
井陉矿区	Jingxing Mining Area	146045	1637	146	396120	269	443
裕华区	Yuhua District	1719940	30400	6087		1594	2220
藁城区	Gaocheng District	1738640	27799	13236	2445964	2724	3398
鹿泉区	Luquan District	1339267	14580	403	2027391	1622	1702
栾城区	luancheng District	846615	31000	19601	1244390	1375	1614
井陉县	Jingxing County	494031		3141	1154254	1163	1360
正定县	Zhengding County	1293539	8943	6156	2895159	1827	2381
行唐县	Xingtang County	647536		3062	1213058	1594	2150
灵寿县	Lingshou County	448717	1877	847	990920	1042	1414
高邑县	Gaoyi County	359222		998	618211	677	1148
深泽县	Shenze County	454773	11774	2	960936	561	995
赞皇县	Zanhuang County	458125	25373	533	645181	791	1495
无极县	Wuji County	1260040	925	405	1517923	1672	2178
平山县	Pingshan County	602188	39729	431	1518577	2109	2407
元氏县	Yuanshi County	566986	50612	37	1264907	410	2058
赵　县	Zhao County	1219984	9584	502	1235074	2612	1589
辛集市	Xinji City	2822523	46745	232	3049245	2486	2736
晋州市	Jinzhou City	1245644	29820	3200	2059003	1417	2219
新乐市	Xinle City	1138324	11251	7	1285657	1454	1982
承德市	**Chengde**						
双桥区	Shuangqiao District	1229177		3798	4703287	1700	1215
双滦区	Shuangluan District	205045	28101	1018	924855	488	727
鹰手营子区	Yingshouyingzi District	124196			280445	199	246
承德县	Chengde County	489317	820	10	1085808	1144	1445
兴隆县	Xinglong County	490083	2343	139	1011018	1083	1600
平泉县	Pingquan County	604758	4525	100	1395541	1305	2265
滦平县	Luanping County	455049	2973	1439	857975	1095	1615
隆化县	Longhua County	426051	48	42	975690	1063	2098
丰宁满族自治县	Fengning Man A.C.	436285	13		973443	1433	1996
宽城满族自治县	Kuancheng Man A.C.	437926	1108		1395369	930	1770
围场满蒙自治县	Weichang Man & Mongolian A.C.	475279	317	13460	1081115	1511	2180

注：1. 年末参加基本养老保险人数不含机关事业职工参保人数。2. 部分市辖区的基本养老保险、基本医疗保险为市级统一参保。以下相关表同。

Major Indicators of National Economy by County (City or District)(2016)(5-1)

普通中学在校学生 (人) Total Enrollment of Regular Secondary Schools (person)	小学在校学生 (人) Total of Regular Primary Schools (person)	农业技术人员 (人) Number of Professional Technical Personnel in Agriculture (person)	医疗卫生机构床位数 (张) Number of Beds in Health Care Institutions (bed)	医疗卫生机构技术人员数 (人) Number of Medical Technical Personnel in Health Care Institutions (person)	年末参加基本养老保险人数 (人) Basic Pension Insurance Participated at Year-end (person)	年末参加基本医疗保险人数 (人) Basic Medical Care Insurance at Year-end (person)	城镇化率 (%) Standard of Urbanization (%)
26155	51823		9373	13716	155534		100.0
23379	53407		5752	8281	137550		100.0
23532	48799		7170	11213	95586		98.7
2709	4245	11	703	639	41279		79.6
20916	41940	8	5453	8925	80913		100.0
30812	54864	158	1909	2254	485932		50.5
18265	31786	110	1481	2105	254082		55.0
13017	25881	125	1486	1256	202557		57.0
10899	19156	83	1037	1648	174612	304190	40.2
25013	39157	150	1944	2312	261794	403285	56.4
26307	39740	228	1426	1492	239966	370159	35.0
17214	22547	77	1239	1390	186422	309814	35.2
8741	18105	50	615	468	108634	180019	40.0
7965	16151	26	750	911	136478	228371	33.0
11491	28695	18	1031	776	136191	232595	28.5
20279	39856	239	1489	1216	290164	479817	37.0
22882	37540	395	1582	1984	287724	448784	36.7
15283	33195	166	1620	1980	252188	397412	36.5
23630	44462	232	2170	1874	325234	538498	37.6
30846	41745	199	2120	2798	403914	571667	49.1
19157	39068	154	1275	1413	346339	496342	41.5
16998	47577	203	1732	1942	235420	455929	47.9
17871	24063	53	4386	5532	21873	352418	93.4
6786	12534	64	1205	1081	27203	62597	73.3
2649	3194	15	494	351	11820	57767	89.6
15786	27760	142	1883	1528	243610	362921	37.4
13527	21668	237	1315	1413	204511	293512	38.2
22552	35033	201	1848	1639	289708	426875	50.0
14543	23632	52	1638	1649	197947	300293	41.7
15220	33169	168	1757	1814	253997	381181	40.8
17543	30796	55	1880	1666	239290	367381	36.6
9832	23238	93	1261	1048	162841	233218	47.4
26499	41714	407	2080	1621	310084	483306	37.1

a) Data of basic pension insurance participated at year-end excludes workers of agencies and organizations, institutions.b) Some municipal district basic pension insurance, basic Medical Care insurance is city level unified ginseng protect. The same applies to the tables following.

各县(市、区)国民经济主要指标(2016年)(5-2)

县(市、区)	County (City or District)	社会消费品零售总额(万元) Total Retail Sales of Consumer Goods (10000 yuan)	出口总额(万美元) Total Exports (USD 10000)	当年实际使用外资额(万美元) Total Amount of Contracted Investment Actually Utilized USD 10000)	年末居民储蓄存款余额(万元) Outstanding Amount of Saving Deposit (10000 yuan)	普通中学专任教师(人) Number of Full-time Teachers of Regular Secondary Schools (person)	小学专任教师(人) Number of Full-time Teachers of Regular Primary Schools (person)
张家口市	**Zhangjiakou**						
桥东区	Qiaodong District	747135	5194			678	918
桥西区	Qiaoxi District	763300	2850	810		595	798
宣化区	Xuanhua District	1156763	2667	844	3402000	2844	2616
下花园区	Xiahuayuan District	100564	2		313415	180	336
万全区	Wanquan District	261489	2790	2	673180	446	1133
崇礼区	Chongli District	109225	44	2267	429162	363	591
张北县	Zhangbei County	293564	1420	2402	780980	1140	1366
康保县	Kangbao County	196061	779		325740	582	803
沽源县	Guyuan County	173775		345	403665	729	930
尚义县	Shangyi County	120097	384		348816	413	795
蔚　县	Yu County	439798	416	5134	1525667	1379	2271
阳原县	Yangyuan County	357159	7237	215	727603	1007	1322
怀安县	Huaian County	238555	18732	9743	704866	658	873
怀来县	Huailai County	504944	948	7545	1454593	1371	1885
涿鹿县	Zhuolu County	369797	454		977236	1020	1642
赤城县	Chicheng County	226190	294		784830	677	1026
秦皇岛市	**Qinhuangdao**						
海港区	Haigang District	3086232	60923	28180	1756107	2589	3626
山海关区	Shanhaiguan District	733145	5125	6915	518210	384	672
北戴河区	Beidaihe District	646850	401	3960	1010277	260	681
抚宁区	Funing District	326095	11569		1767158	1632	1617
青龙满族自治县	Qinglong Man A.C.	385213	476	5022	1142369	1151	2549
昌黎县	Changli County	655949	4497	7555	2388394	2283	2554
卢龙县	Lulong County	419520			1353990	1897	2223
唐山市	**Tangshan**						
路南区	Lunan District	1526431	31204	2011		1022	1042
路北区	Lubei District	2394478		8243		1576	1831
古冶区	Guye District	1274482	1798	4140	2045846	1121	1189
开平区	Kaiping District	845995	32242	8183	1516833	767	1265
丰南区	Fengnan District	1915879	66674	16978	3496766	2286	1906
丰润区	Fengrui District	1809402	134000	6539	5145343	3073	3141
曹妃甸区	Caofeidian District	697090	56389	15310	1075472	662	718
滦　县	Luan County	1515737	5450	5102	3030554	2647	2445
滦南县	Luannan County	1793234	60462	5065	1901742	2556	1810
乐亭县	Leting County	1328426	8290	8982	2310095	2195	1650
迁西县	Qianxi County	1073456	13101	18105	2049006	1749	2405
玉田县	Yutian County	1408528	18932	5159	3314306	2365	2576
遵化市	Zuihua City	2104320	6760	12555	3551833	2749	3190
迁安市	Qianan City	2470831	38490	6519	5030621	3155	3095

Major Indicators of National Economy by County (City or District)(2016)(5-2)

普通中学在校学生（人）Total Enrollment of Regular Secondary Schools (person)	小学在校学生（人）Total of Regular Primary Schools (person)	农业技术人员（人）Number of Professional Technical Personnel in Agriculture (person)	医疗卫生机构床位数（张）Number of Beds in Health Care Institutions (bed)	医疗卫生机构技术人员数（人）Number of Medical Technical Personnel in Health Care Institutions (person)	年末参加基本养老保险人数（人）Basic Pension Insurance Participated at Year-end (person)	年末参加基本医疗保险人数（人）Basic Medical Care Insurance at Year-end (person)	城镇化率（%）Standard of Urbanization (%)
8095	18489	14	2172	1905	76868		95.6
8069	15117	5	4064	4330	73167		93.8
30593	42400	87	3129	3324	313605	227707	67.6
1361	2587	5	335	340	35782		71.2
8595	15436	53	1025	818	150615	188917	52.3
3132	5360	31	398	382	81718	108270	42.1
20036	22116	13	1776	1152	242110	313394	46.0
5706	6989	102	705	555	131346	231806	37.6
6333	10966	121	671	405	115853	190864	37.9
4335	6768	59	740	504	19815	26902	36.1
20987	47945	54	1512	1295	289623	426336	40.3
9647	19356	63	767	739	153499	206705	40.4
8210	14273	53	737	513	132569	183410	41.8
18234	24732	64	1405	1077	198106	309719	51.6
16003	23778	113	1249	1021	227557	280288	44.1
10595	17957	29	929	567	175004	233402	39.6
21667	55375	48	7453	10470	148905	32887	87.6
4684	7694	44	1131	1036	54462	17405	93.8
1747	5381	17	1228	654	54208	12209	88.1
14995	18935	276	1666	2042	212509	44999	27.1
13347	41778	229	1684	1485	339715	39827	28.7
24724	31514	286	2851	2694	337224	63337	42.9
18971	24467	164	1234	1281	278528	34513	34.7
9163	17153	14	4715	5103	100757		91.5
19598	41181	8	9382	10490	135241		95.1
7423	15255	40	2361	2197	145541		85.1
6670	16157	25	1301	1357	132130		65.1
27265	33243	206	1704	2538	410129	516060	55.8
34270	55004	278	3872	4310	530295	697143	54.8
6865	9551	74	891	1265	138546		73.3
25591	40139	192	2205	2656	422694	483836	49.1
29150	33223	195	2374	2452	407750	525570	47.8
19352	20092	189	1636	1654	314308	400042	49.6
19369	34431	220	1965	1551	275073	362900	48.0
32569	49212	229	2482	2445	465825	632965	49.0
40792	61106	335	3069	3472	444318	651227	55.0
32965	61813	309	4094	5490	451219	689802	55.7

各县(市、区)国民经济主要指标(2016年)(5-3)

县(市、区)	County (City or District)	社会消费品零售总额(万元) Total Retail Sales of Consumer Goods (10000 yuan)	出口总额(万美元) Total Exports (USD 10000)	当年实际使用外资额(万美元) Total Amount of Contracted Investment Actually Utilized USD 10000)	年末居民储蓄存款余额(万元) Outstanding Amount of Saving Deposit (10000 yuan)	普通中学专任教师(人) Number of Full-time Teachers of Regular Secondary Schools (person)	小学专任教师(人) Number of Full-time Teachers of Regular Primary Schools (person)
廊坊市	**Langfang**						
安次区	Anci District	577812	12493	4547		1066	1681
广阳区	Guangyang District	1747421	4456	2328		617	1821
固安县	Guan County	518500	5336	1128	2072392	1506	2320
永清县	Yongqing County	457187	6182	1678	1280412	1324	1801
香河县	Xianghe County	770826	9057	2033	2583989	1329	2242
大城县	Dacheng County	670266	3272		2053326	1939	3463
文安县	Wenan County	661387	6970	20	2216569	2026	2953
大厂回族自治县	Dachang Hui A.C.	202822	9687	1266	925274	590	552
霸州市	Bazhou City	1287778	62256	2655	3510072	2360	3607
三河市	Sanhe City	1608481	11156	20863	5428757	2366	2690
保定市	**Baoding**						
竞秀区	Jingxiu District	1277925	12062	147		1136	1638
莲池区	Lianchi District	2190528	36000	7750		1784	2294
满城区	Mancheng District	591162	6771		1348271	1435	1595
清苑区	Qingyuan District	695952	12385	3043	1561390	1976	2654
徐水区	Laishui District	862656	14523	5061	1897530	2116	2070
涞水县	Xushui County	323715	119	169	1043346	1240	1373
阜平县	Fuping County	195608			707991	717	1082
定兴县	Dingxing County	643407	1305	7340	1289900	1702	2241
唐　县	Tang County	335383	1603	763	1479879	2101	2503
高阳县	Gaoyang County	582053	26538	41	1249197	1117	1747
容城县	Rongcheng County	449208	21841	120	903647	818	1129
涞源县	Laiyuan County	199960	103	8459	696214	891	1384
望都县	Wangdu County	224616	2408	124	80913	1112	1135
安新县	Anxin County	496160	4820	3443	1167353	1276	2120
易　县	Yi County	475415	2464	189	1413745	1725	2651
曲阳县	Quyang County	430298	904	2	1225777	2599	2986
蠡　县	Li County	705709	25631	671	1258344	1544	2212
顺平县	Shunping County	294959	6466	1861	732573	1004	1276
博野县	Boye County	243642	2515	300	622817	778	804
雄　县	Xiong County	535419	8179	800	1155651	1040	1580
涿州市	Zhuozhou City	1421638	28401	5422	2993171	2160	1918
定州市	Dingzhou City	1588575	21000	2970	3710109	4268	4441
安国市	Anguo City	791109	1090	3	1500319	1447	1738
高碑店市	Gaobeidian City	717105	3288	1174	2881847	1753	1803

Major Indicators of National Economy by County (City or District)(2016)(5-3)

普通中学在校学生(人) Total Enrollment of Regular Secondary Schools (person)	小学在校学生(人) Total of Regular Primary Schools (person)	农业技术人员(人) Number of Professional Technical Personnel in Agriculture (person)	医疗卫生机构床位数(张) Number of Beds in Health Care Institutions (bed)	医疗卫生机构技术人员数(人) Number of Medical Technical Personnel in Health Care Institutions (person)	年末参加基本养老保险人数(人) Basic Pension Insurance Participated at Year-end (person)	年末参加基本医疗保险人数(人) Basic Medical Care Insurance at Year-end (person)	城镇化率(%) Standard of Urbanization (%)
10939	29686	41	753	969	338638	300159	60.0
7734	32528	21	4982	6218	158729	168713	72.3
20984	40011	92	1078	1313	244109	374699	54.5
12690	30761	59	1043	1059	248604	327324	43.1
16639	29034	143	1634	1783	233548	298762	60.3
24591	50881	62	1473	1670	333536	416387	47.1
23092	63102	122	1642	1388	308083	451902	49.8
6598	9540	158	447	610	79758	121197	61.1
32557	74779	88	2605	3153	369166	586946	54.1
37491	63988	347	4799	5330	328963	525982	63.4
14329	29748	49	2830	4149	111539		96.8
20224	44302	46	9968	13314	210725		97.4
18745	36615	329	1489	2432	219009	367318	45.9
27015	55238	196	2281	2233	321187	581815	40.4
30748	45899	449	2182	2529	392941	289750	42.8
16435	20978	520	913	1191	219391	289750	43.2
10659	21282	393	730	772	132810	195839	37.5
29431	42054	301	1281	1391	334522	487580	42.2
31228	50510	434	2329	1691	323945	477257	30.8
16881	34269	215	1210	1575	204245	281856	45.3
9453	21870	166	1057	919	163370	216177	46.5
15148	26734	179	1075	1170	177421	256209	45.4
11258	18723	167	1101	1207	151196	223885	43.5
17362	41402	544	1243	1255	243444	403152	41.4
29442	41632	1058	1946	1526	371514	476511	30.6
38397	72846	150	2373	2068	278857	575851	35.8
24883	48928	1413	1623	1365	298192	339054	41.3
13191	24035	332	1239	1185	184801	255319	32.7
11350	21685	116	813	739	133142	229417	45.5
17889	39058	72	1188	1245	218078	279102	47.8
25819	40193	115	4002	4774	331496	543006	56.2
70992	96493	311	4887	4922	613608	1085917	49.8
21643	28962	70	1285	1318	257086	362529	46.3
24790	38914	504	1884	2263	297436	470388	48.2

各县(市、区)国民经济主要指标(2016年)(5-4)

县(市、区)	County (City or District)	社会消费品零售总额(万元) Total Retail Sales of Consumer Goods (10000 yuan)	出口总额(万美元) Total Exports (USD 10000)	当年实际使用外资额(万美元) Total Amount of Contracted Investment Actually Utilized USD 10000)	年末居民储蓄存款余额(万元) Outstanding Amount of Saving Deposit (10000 yuan)	普通中学专任教师(人) Number of Full-time Teachers of Regular Secondary Schools (person)	小学专任教师(人) Number of Full-time Teachers of Regular Primary Schools (person)
沧州市	**Cangzhou**						
新华区	Xinhua District	719456	6696	15		101	971
运河区	Yunhe District	924029	8219	1550		482	1887
沧　县	Cang County	1062806	6575	1400	1675337	2436	3206
青　县	Qing County	677582	14400	66	1580013	1278	2024
东光县	Dongguang County	409146	10241	9177	1431034	1076	1827
海兴县	Haixing County	145483	1400	62	553864	623	1225
盐山县	Yanshan County	478635	6787		990180	817	1632
肃宁县	Suning County	416588	13736	5	1344654	1150	1436
南皮县	Nanpi County	322632	5838	10	1038892	1167	1903
吴桥县	Wuqiao County	263980	2425	703	964863	653	1219
献　县	Xian County	478997	13100	1307	1701222	1873	3627
孟村回族自治县	Mengcun Hui A.C.	281021	14698	3100	602446	691	1278
泊头市	Botou City	999472	14300	240	2275385	2132	2988
任丘市	Renqiu City	1949083	23422	800	4123380	3503	4123
黄骅市	Huanghua City	1054482	19280	2306	2252497	1873	2258
河间市	Hejian City	1339247	7955		2848426	2695	4505
衡水市	**Hengshui**						
桃城区	Taocheng District	1213778	13687	1200	5114891	5202	2352
冀州区	Jizhou District	519179	7092	2805	1653573	2943	1213
枣强县	Zaoqiang County	470798	74123	2670	1809688	1483	1645
武邑县	Wuyi County	341583	3299	810	1071705	1725	1157
武强县	Wuqiang County	234040	3611	969	708569	884	956
饶阳县	Raoyang County	313116	1087	806	903780	838	1335
安平县	Anping County	516090	36070	2710	1571548	948	1814
故城县	Gucheng County	583741	52038	2315	1500426	1668	2014
景　县	Jing County	716823	6632	2770	2078675	1926	2137
阜城县	Fucheng County	373515	6130	1500	1207471	1206	1544
深州市	Shenzhou City	689933	5598	2535	1625478	1434	2020
邢台市	**Xingtai**						
桥东区	Qiaodong District	1129219	2341				1320
桥西区	Qiaoxi District	940450	16737	3688		142	1520
邢台县	Xingtai County	114202	1073	6048	1322051	1142	1482
临城县	Lincheng County	257911	687	111	751425	1135	871

Major Indicators of National Economy by County (City or District)(2016)(5-4)

普通中学在校学生（人）Total Enrollment of Regular Secondary Schools (person)	小学在校学生（人）Total of Regular Primary Schools (person)	农业技术人员（人）Number of Professional Technical Personnel in Agriculture (person)	医疗卫生机构床位数（张）Number of Beds in Health Care Institutions (bed)	医疗卫生机构技术人员数（人）Number of Medical Technical Personnel in Health Care Institutions (person)	年末参加基本养老保险人数（人）Basic Pension Insurance Participated at Year-end (person)	年末参加基本医疗保险人数（人）Basic Medical Care Insurance at Year-end (person)	城镇化率（%）Standard of Urbanization (%)
901	12267	34	2989	3309	50175	51603	96.0
6387	33878	43	7482	8479	87165	98752	94.7
29857	63472	28	2578	2202	469935	621061	28.5
14369	34203	255	1600	1929	283171	391631	50.9
11837	27901	140	1291	1322	245531	333380	49.8
6695	19030	153	1198	763	114455	190264	42.6
15809	44246	177	1238	1629	285814	432137	42.0
12671	29199	187	1038	1379	236316	308101	45.7
16828	32696	235	1424	1520	199732	354564	42.5
7597	17731	189	1218	981	186340	254151	44.7
24297	65086	190	1735	1853	381843	535995	41.8
7380	21630	94	443	553	123802	182463	47.2
27397	57639	235	1772	2277	358241	539659	52.6
39725	82991	279	4356	5389	444563	648423	60.1
24309	42139	176	3184	3410	270670	434340	57.7
36020	81073	116	2293	2573	533905	696797	40.6
68746	43802	120	5922	7993	199306		80.4
38850	25407	91	1011	1020	259667	332412	56.0
21620	36199	151	1096	873	258859	330658	42.8
25259	24473		921	887	198689	264228	40.3
7116	15681	331	539	595	121161	184684	37.9
7888	17635	111	1212	1424	196645	264245	39.9
13496	26197	131	1382	1403	208580	296048	47.3
26379	45013	472	2150	2472	310617	454683	43.8
25681	43309	55	1960	1645	327805	464418	45.8
16694	27202	156	1456	816	200949	308580	40.8
20125	32210	175	1560	1729	336797	512188	47.4
	25780	26	4895	5465	53979	125300	99.0
752	31501	32	4280	5391	76008	164624	96.8
13575	21055	208	1629	1688	263337	333953	31.9
14521	18978	73	773	877	108022	198932	44.0

各县(市、区)国民经济主要指标(2016年)(5-5)

县（市、区）	County (City or District)	社会消费品零售总额（万元）Total Retail Sales of Consumer Goods (10000 yuan)	出口总额（万美元）Total Exports (USD 10000)	当年实际使用外资额（万美元）Total Amount of Contracted Investment Actually Utilized USD 10000)	年末居民储蓄存款余额（万元）Outstanding Amount of Saving Deposit (10000 yuan)	普通中学专任教师（人）Number of Full-time Teachers of Regular Secondary Schools (person)	小学专任教师（人）Number of Full-time Teachers of Regular Primary Schools (person)
内丘县	Neiqiu County	384007	130	5380	894899	516	1266
柏乡县	Baixiang County	214752	616	995	424266	567	1027
隆尧县	Longyao County	568660	8511	420	1162831	1028	2822
任　县	Ren County	372683	2259	1310	708954	934	1802
南和县	Nanhe County	332262	394		737338	704	1183
宁晋县	Ningjin County	949000	17086	25000	1990553	2158	3118
巨鹿县	Julu County	447325	4338	38	995831	1309	1792
新河县	Xinhe County	210007	1602	41	554632	474	644
广宗县	Guangzong County	200725	5777	820	517558	622	1511
平乡县	Pingxiang County	316229	8890	190	807842	880	1625
威　县	Wei County	411307	4879	2300	1166048	1898	2923
清河县	Qinghe County	817923	21761	605	1544777	1041	3026
临西县	Linxi County	387461	2725	1373	623287	754	2224
南宫市	Nangong City	550851	11150	32	1399975	1884	2181
沙河市	Shahe City	773415	9306	3751	1943578	2771	2512
邯郸市	**Handan**						
邯山区	Hanshan District	1611943	3870	702		701	2357
丛台区	Congtai District	1651650	1021	41		618	1766
复兴区	Fuxing District	397176	9990	25091		333	1229
峰峰矿区	Fengfeng Mining Area	990716	1396	4736	198	1651	2012
肥乡区	Feixiang District	332056	1350	140	655508	1596	2046
永年区	Yongnian District	1338813	7330	6950	2294700	2768	3716
临漳县	Linzhang County	470878		239	1009853	2024	3601
成安县	Chengan County	479202	6333	256	738908	1177	2078
大名县	Daming County	778574	2405	14	1342610	2630	3271
涉　县	She County	839992	640	186	1437302	1508	1646
磁　县	Ci County	757048	1897		1281587	1886	2613
邱　县	Qiu County	223948	2522	77	535800	923	1588
鸡泽县	Jize County	306942	3533	33	619006	919	1600
广平县	Guangping County	341290	2614	2364	528078	1023	1460
馆陶县	Guantao County	351132	828	73	648216	1136	2071
魏　县	Wei County	858543	2229	3851	1203920	2462	4097
曲周县	Quzhou County	649129	10715	27	846000	1560	2602
武安市	Wuan City	1673009	25931	50948	4065887	3834	4490

Major Indicators of National Economy by County (City or District)(2016)(5-5)

普通中学在校学生（人）Total Enrollment of Regular Secondary Schools (person)	小学在校学生（人）Total of Regular Primary Schools (person)	农业技术人员（人）Number of Professional Technical Personnel in Agriculture (person)	医疗卫生机构床位数（张）Number of Beds in Health Care Institutions (bed)	医疗卫生机构技术人员数（人）Number of Medical Technical Personnel in Health Care Institutions (person)	年末参加基本养老保险人数（人）Basic Pension Insurance Participated at Year-end (person)	年末参加基本医疗保险人数（人）Basic Medical Care Insurance at Year-end (person)	城镇化率（%）Standard of Urbanization (%)
8994	23880	57	1106	1093	165347	266615	41.8
9454	16574	29	714	722	106339	184076	42.5
12965	43334	94	1494	1619	350018	504708	41.9
12722	29545	23	870	868	215171	330756	42.4
17539	29105	136	1167	1110	238780	329779	43.4
27795	63596	353	3190	2658	471954	733338	45.6
18643	31792	74	1673	1410	216973	371970	45.0
5090	9495	20	631	505	103935	145518	39.7
8389	27092	68	904	861	173072	273576	31.1
16763	31411	32	1228	1225	195713	302167	52.7
24255	53381	155	2078	1687	342175	543081	37.5
16258	45247	69	1745	2085	242081	385716	55.8
14419	37626	65	1301	837	247785	337538	45.4
24293	32291	102	1557	1437	323061	438295	46.3
29677	41179	232	1557	1654	263491	382832	54.1
8830	47215	89	8678	8912	130934	274035	86.6
4853	44904	13	5166	5900	118440	134736	86.6
2462	20433	23	1412	1474	61975	157009	89.4
21191	33725	61	3755	3199	184111	350447	75.3
18353	42768	172	1203	1201	228805	332835	40.5
43377	93699	510	4362	3113	494780	822640	43.4
35612	74690	166	1681	1232	366281	563106	42.0
16990	45809	116	1430	1265	235885	386895	47.9
40456	59018	112	3934	2915	464360	742894	42.0
22872	32736	196	2412	1797	247764	386617	57.9
20044	46788	246	2218	1683	235418	401410	50.6
16671	31769	204	837	667	153634	211297	45.6
15203	36964	60	966	759	200008	249775	41.2
12538	34086	119	1195	923	166498	251663	42.0
18968	42611	170	1121	1395	204362	269503	45.0
38488	84396	63	2714	2456	535934	822581	45.6
26436	55721	89	1580	1487	296958	437575	41.2
47129	80157	176	3088	3253	468745	722771	50.6

雄县、容城县、安新县国民经济主要指标(2016年)
Main National Economy Indicators of Xiong, Rongcheng and Anxin County (2016)

指 标	Indicator	河 北 Hebei	三县合计 Total of Three Counties 绝对值 Absolute Figures	 占河北比重(%) As Percentage of Hebei(%)	雄 县 Xiong County	容城县 Rongcheng County	安新县 Anxin County
土地面积(平方公里)	Land Area (sq.km)	187693	1556	0.83	514	314	728
年末总人口(万人)	Total Population (year-end) (10000 persons)	7470.05	113.62	1.52	39.49	27.33	46.80
村民委员会(个)	Villagers' Committees (unit)	48860	557	1.14	223	127	207
# 自来水受益村	Administrative Village Access to Tap Water (unit)	45501	557	1.22	223	127	207
# 通有线电视村	Administrative Village Access to Cable TV (unit)	40150	286	0.71	68	62	156
# 通宽带村	Administrative Village Access to Internet Broadband (unit)	46482	555	1.19	221	127	207
地区生产总值(万元)	Gross Domestic Product (10000 yuan)	32070.45	218.43	0.68	101.14	59.41	57.88
第一产业	Primary Industry	3492.81	30.42	0.87	10.62	9.80	10.00
第二产业	Secondary Industry	15256.93	131.19	0.86	70.58	33.40	27.21
第三产业	Tertiary Industry	13320.71	56.83	0.43	19.94	16.22	20.67
# 工业	Industry	13387.46	115.46	0.86	63.50	30.10	21.86
全社会固定资产投资(万元)	Total Investment in Fixed Assets (10000 yuan)	317500152	2096580	0.66	767346	550692	778542
地方一般公共预算收入(万元)	General Public Budget Revenue of the Local Goverments (10000 yuan)	28498748	93147	0.33	34921	25475	32751
一般公共预算支出(万元)	General Public Budget Expenditure (10000 yuan)	60495290	403006	0.67	138026	111439	153541
城镇居民人均可支配收入(元)	Per Capita Disposable Income of Urban Households (yuan)	28249			28057	23296	24518
农村居民人均可支配收入(元)	Per Capita Disposable Income of Rural Households (yuan)	11919			14517	14893	12316
农林牧渔业总产值(万元)	Gross Output Value of Farming, Forestry, Animal Husbandry & Fishery (10000 yuan)	60838568	553652	0.91	185923	181097	186632
粮食总产量(吨)	Output of Grain (ton)	34602360	700545	2.02	243414	205756	251375
油料产量(吨)	Output of Oil-bearing (ton)	1565043	11003	0.70	4483	5337	1183
棉花产量(吨)	Output of Cotton (ton)	299500	1789	0.60		153	1636
蔬菜产量(吨)	Vegetables (ton)	81933702	517443	0.63	202768	188894	125781
园林水果产量(吨)	Garden Fruit (ton)	15245885	38876	0.25	30150	2161	6565
肉类总产量(吨)	Output of Meat (ton)	4576714	56090	1.23	16465	29247	10378
# 猪牛羊	Output of Pork, Beef and Mutton (ton)	3520252	48102	1.37	14137	27448	6517
禽蛋产量(吨)	Output of Egg (ton)	3885380	34572	0.89	7145	6302	21125
奶类产量(吨)	Output of Milk (ton)	4404905	19549	0.44	1979	14541	3029

雄县、容城县、安新县国民经济主要指标(2016年)(续)

Main National Economy Indicators of Xiong, Rongcheng and Anxin County (2016)

指　标	Indicator	河　北 Hebei	三县合计 Total of Three Counties 绝对值 Absolute Figures	占河北比重(%) As Percentage of Hebei(%)	雄县 Xiong County	容城县 Rongcheng County	安新县 Anxin County
水产品产量(吨)	Total Aquatic Products (ton)	1369267	37404	2.73	580	1381	35443
规模以上工业企业单位数(个)	Number of Industrial Enterprises above Designated Size(unit)	14764	252	1.71	118	59	75
规模以上工业企业主营业务收入(万元)	Revenue from Principal Business (10000 yuan)	473185967	3691985	0.78	2226255	406281	1059449
公路里程(公里)	Total Length of Highways (km)	188431	1559	0.83	661	309	589
固定电话用户(万户)	Number of Fixed Telephone Subscribers (10000 subscriber是)	850.6	11.2	1.32	3.5	2.9	4.8
移动电话用户(万户)	Number of Mobile Telephone Subscribers (10000 subscriber是)	7121.0	103.1	1.45	36.3	25.6	41.2
互联网宽带接入用户(万户)	Broadband ubscribers of Internet (10000 subscriber是)	1612.0	20.9	1.30	8.0	5.2	7.7
全社会用电量(万千瓦时)	Total Electricity Consumed (10000 kwh)	32645173	411457	1.26	201884	63391	146182
社会消费品零售总额(万元)	Total Retail Sales of Consumer Goods (10000 yuan)	143647389	1480786	1.03	535419	449208	496160
出口总额(万美元)	Total Exports (USD 10000)	3057706	34840	1.14	8179	21841	4820
当年实际使用外资额(万美元)	Total Amount of Contracted Investment Actually Utilized (USD 10000)	814697	4363	0.54	800	120	3443
年末居民储蓄存款余额(万元)	Outstanding Amount of Saving Deposit (10000 yuan)	328709741	3226651	0.98	1155651	903647	1167353
普通中学专任教师(人)	Number of Full-time Teachers of Regular Secondary Schools (person)	289240	3134	1.08	1040	818	1276
小学专任教师(人)	Number of Full-time Teachers of Regular Primary Schools (person)	330488	4829	1.46	1580	1129	2120
普通中学在校学生(人)	Total Enrollment of Regular Secondary Schools (person)	3649125	44704	1.23	17889	9453	17362
小学在校学生(人)	Total Enrollment of Regular Primary Schools (person)	6205473	102330	1.65	39058	21870	41402
医疗卫生机构床位数(张)	Beds in Health Care Institutions (bed)	360992	3488	0.97	1188	1057	1243
医疗卫生机构技术人员数(人)	Medical Technical Personnel in Health Care Institutions (person)	393593	3419	0.87	1245	919	1255
年末参加基本养老保险人数(人)	Basic Pension Insurance Participated at Year-end (person)		62.49		21.81	16.34	24.34
年末参加基本医疗保险人数(人)	Basic Medical Care Insurance at Year-end (person)	6672.13	89.85	1.35	27.91	21.62	40.32
城镇化率(%)	Standard of Urbanization (%)	53.3	44.9		47.8	46.5	41.4

京津冀基本情况(2016年)
Basic Conditions of Jing-Jin-Ji Region (2016)

指　标	Item	全　国 China	京津冀合计 Total of Jing-Jin-Ji Region	北　京 Beijing	天　津 Tianjin	河　北 Hebei
基本情况	**Basic Conditions**					
土地面积(万平方公里)	Total Land Area (10000 sq.km)	960	21.6	1.6	1.2	18.8
占京津冀的比重(%)	Share in Jing-Jin-Ji Region (%)			7.6	5.5	86.9
年末常住人口(万人)	Risident Population (year-end) (10000 persons)	138271	11205.1	2172.9	1562.1	7470.1
占京津冀的比重(%)	Share in Jing-Jin-Ji Region (%)			19.4	13.9	66.7
在全部常住人口中(%)	of Risident Population (%)					
0-14岁人口占比重	Percentage of Population Aged 0-14	16.6	15.9	10.3	9.9	18.7
15-59岁人口占比重	Percentage of Population Aged 15-59	66.7	67.7	73.7	75.6	64.3
60岁及以上人口占比重	Percentage of Population Aged 60 and Over	16.7	16.5	16.0	14.5	17.0
65岁及以上人口占比重	Percentage of Population Aged 65 and Over	10.8	10.6	10.6	10.0	10.7
常住人口密度(人/平方公里)	Risident Population Density (person/sq.km)	144.0	518.7	1324.1	1328.5	398.0
城镇化水平(%)	Urbanization Level (%)	57.35	63.9	86.5	82.9	53.3
水资源	**Water Resources**					
水资源总量(亿立方米)	Total Amount of Water Resources (100 million cu.m)	32466.4	262.3	35.1	18.9	208.3
占京津冀的比重(%)	Share in Jing-Jin-Ji Region (%)			13.4	7.2	79.4
人均水资源(立方米/人)	Per Capita Water Resources (cu.m/person)	2354.9		161.4	121.6	279.7
经济水平(亿元)	**Economic Level (100 million yuan)**					
地区生产总值	Gross Domestic Product	744127.2	75624.9	25669.1	17885.4	32070.5
占京津冀的比重(%)	Share in Jing-Jin-Ji Region (%)			34.4	23.7	42.4
人均地区生产总值(元/人)	Per Capita GDP (yuan/person)	53980		118198	115053	43062
一般公共预算收入	General Public Budgetary Revenue	87239.4	10654.6	5081.3	2723.5	2849.9
占京津冀的比重(%)	Share in Jing-Jin-Ji Region (%)			47.7	25.6	26.7
农林牧渔业总产值	Gross Output Value of Agriculture, Forestry, Animal Husbandry and Fishery	112091.3	6916.4	338.1	494.4	6083.9
占京津冀的比重(%)	Share in Jing-Jin-Ji Region (%)			4.9	7.1	88.0
规模以上工业增加值可比价增速(%)	Growth Rate at Constant Prices of Industry Enterprises above Designated Size (%)	6.0		5.1	8.4	4.8
全社会固定资产投资	Total Investment in Fixed Assets	606466	54840.9	8461.7	14629.2	31750.0
占京津冀的比重(%)	Share in Jing-Jin-Ji Region (%)			15.4	26.7	57.9
社会消费品零售总额	Total Retail Sales of Consumer Goods	332316	31005.6	11005.1	5635.8	14364.7
占京津冀的比重(%)	Share in Jing-Jin-Ji Region (%)			35.5	18.2	46.3
就业	**Employment**					
城镇登记失业率(%)	Registration Unemployment Rate in Urban Areas (%)	4.02		1.41	3.50	3.68
就业人员(万人)	Employment (10000 persons)	77603.0	6346.5	1220.1	902.4	4224.0
占京津冀的比重(%)	Share in Jing-Jin-Ji Region (%)					
公共服务	**Public Service**					
普通高等学校数(所)	Regular Institutions of Higher Education (unit)	2596	266	91	55	120
占京津冀的比重(%)	Share in Jing-Jin-Ji Region (%)			34.2	20.7	45.1
医院数(个)	Number of Hospital (unit)	29140	2752	713	421	1618
占京津冀的比重(%)	Share in Jing-Jin-Ji Region (%)			25.9	15.3	58.8
医院诊疗人次(万人次)	Hospital Patients (10000 person-time)	326956	43263	17267	12772	13223

注：人均水资源=水资源总量/年平均常住人口。

a) Per capita average volume of water resources=average volume of water resources/annual average population

京津冀人口情况
Population of Jing-Jin-Ji Region

指 标 Indicator	全 国 China	京津冀合计 Total of Jing-Jin-Ji Region	北 京 Beijing	天 津 Tianjin	河 北 Hebei	河北占京津冀比重(%) Hebei's Share in Jing-Jin-Ji Region (%)
常住人口(万人) Risident Population (10000 persons)						
2005	130756	9431.8	1538.0	1043.0	6850.8	72.6
2006	131448	9573.9	1601.0	1075.0	6897.9	72.0
2007	132129	9734.2	1676.0	1115.0	6943.2	71.3
2008	132802	9935.8	1771.0	1176.0	6988.8	70.3
2009	133450	10122.6	1860.0	1228.2	7034.4	69.5
2010	134091	10454.8	1961.9	1299.3	7193.6	68.8
2011	134735	10613.7	2018.6	1354.6	7240.5	68.2
2012	135404	10770.0	2069.3	1413.2	7287.5	67.7
2013	136072	10919.6	2114.8	1472.2	7332.6	67.2
2014	136782	11052.2	2151.6	1516.8	7383.8	66.8
2015	137462	11142.4	2170.5	1547.0	7424.9	66.6
2016	138271	11205.1	2172.9	1562.1	7470.1	66.7
人口密度(人/平方公里) Population Density (person/sq.km)						
2005	136.2	436.6	937.2	886.9	365.0	
2006	136.9	443.2	975.6	914.1	367.5	
2007	137.6	450.6	1021.3	948.1	369.9	
2008	138.3	459.9	1079.2	1000.0	372.4	
2009	139.0	468.6	1133.5	1044.3	374.8	
2010	139.7	484.0	1195.6	1104.8	383.3	
2011	140.3	491.3	1230.1	1151.8	385.8	
2012	141.0	498.6	1261.0	1201.6	388.3	
2013	141.7	505.5	1289.0	1251.8	390.7	
2014	142.1	512.0	1311.1	1289.8	393.4	
2015	143.2	515.8	1323.0	1315.0	395.6	
2016	144.0	518.7	1324.1	1328.5	398.0	
城镇人口(万人) Urban Population (10000 persons)						
2005	56212.0	4651.5	1286.1	783.4	2582.0	55.5
2006	58288.0	4838.3	1350.2	814.1	2674.0	55.3
2007	60633.0	5061.8	1416.2	850.9	2794.7	55.2
2008	62403.0	5340.1	1503.6	908.2	2928.3	54.8
2009	64512.0	5616.2	1581.1	958.1	3077.0	54.8
2010	66978.0	5921.1	1686.4	1033.6	3201.2	54.1
2011	69079.0	6132.8	1740.7	1090.4	3301.7	53.8
2012	71182.0	6346.7	1783.7	1152.5	3410.5	53.7
2013	73111.0	6561.0	1825.1	1207.4	3528.5	53.8
2014	74916.0	6749.4	1859.0	1248.0	3642.4	54.0
2015	77116.0	6967.3	1877.7	1278.4	3811.2	54.7
2016	79298.0	7158.1	1879.6	1295.5	3983.0	55.6
城镇人口比重(%) Proportion of Urban Population (%)						
2005	43.0	49.3	83.6	75.1	37.7	
2006	44.3	50.5	84.3	75.7	38.8	
2007	45.9	52.0	84.5	76.3	40.3	
2008	47.0	53.7	84.9	77.2	41.9	
2009	48.3	55.5	85.0	78.0	43.7	
2010	49.9	56.6	86.0	79.6	44.5	
2011	51.3	57.8	86.2	80.5	45.6	
2012	52.6	58.9	86.2	81.6	46.8	
2013	53.7	60.1	86.3	82.0	48.1	
2014	54.8	61.1	86.4	82.3	49.3	
2015	56.1	62.5	86.5	82.6	51.3	
2016	57.3	63.9	86.5	82.9	53.3	

京津冀地区生产总值

项 目	Item	2005	2006	2007
地区生产总值(亿元)	**Gross Domestic Product (100 million yuan)**			
全 国	China	187318.9	219438.5	270232.3
京津冀合计	Total of Jing-Jin-Ji Region	21094.1	24288.9	28987.0
北京	Beijing	7141.4	8312.6	10071.9
天津	Tianjin	3905.6	4462.7	5252.8
河北	Hebei	10047.1	11513.6	13662.3
河北占京津冀比重(%)	Hebei's Share in Jing-Jin-Ji Region (%)	47.6	47.4	47.1
第一产业增加值(亿元)	**Value-added of the Primary Industry (100 million yuan)**			
全 国	China	21806.7	23317.0	27788.0
京津冀合计	Total of Jing-Jin-Ji Region	1599.3	1652.4	2014.3
北京	Beijing	86.9	87.2	99.4
天津	Tianjin	112.4	103.4	110.2
河北	Hebei	1400.0	1461.8	1804.7
河北占京津冀比重(%)	Hebei's Share in Jing-Jin-Ji Region (%)	87.5	88.5	89.6
第二产业增加值(亿元)	**Value-added of the Second Industry (100 million yuan)**			
全 国	China	88084.4	104361.8	126633.6
京津冀合计	Total of Jing-Jin-Ji Region	9452.2	10785.3	12628.5
北京	Beijing	2045.6	2217.8	2534.1
天津	Tianjin	2135.1	2457.1	2892.5
河北	Hebei	5271.6	6110.4	7201.9
河北占京津冀比重(%)	Hebei's Share in Jing-Jin-Ji Region (%)	55.8	56.7	57.0
第三产业增加值(亿元)	**Value-added of the Tertiary Industry (100 million yuan)**			
全 国	China	77427.8	91759.7	115810.7
京津冀合计	Total of Jing-Jin-Ji Region	10007.6	11805.4	14289.2
北京	Beijing	5008.9	6007.7	7438.4
天津	Tianjin	1658.2	1902.3	2250.0
河北	Hebei	3340.5	3895.4	4600.7
河北占京津冀比重(%)	Hebei's Share in Jing-Jin-Ji Region (%)	33.4	33.0	32.2
工业增加值(亿元)	**Value-added of the Industry (100 million yuan)**			
全 国	China	77960.5	92238.4	111693.9
京津冀合计	Total of Jing-Jin-Ji Region	8392.9	9603.8	11293.9
北京	Beijing	1730.7	1856.3	2116.7
天津	Tianjin	1958.0	2261.5	2661.9
河北	Hebei	4704.3	5486.0	6515.3
河北占京津冀比重(%)	Hebei's Share in Jing-Jin-Ji Region (%)	56.1	57.1	57.7
人均地区生产总值(元/人)	**Per Capita GDP (yuan/person)**			
全 国	China	14259	16602	20337
北京	Beijing	47127	52964	61470
天津	Tianjin	37796	42141	47970
河北	Hebei	14659	16682	19662

Gross Domestic Product of Jing-Jin-Ji Region

2008	2009	2010	2011	2012	2013	2014	2015	2016
319515.5	349081.4	413030.3	489300.6	540367.4	595244.4	643974.0	685505.8	744127.2
34191.0	37260.3	44160.3	52582.3	57978.1	63399.7	67290.5	69358.9	75624.9
11392.0	12419.0	14441.6	16627.9	18350.1	20330.1	21944.1	23685.7	25669.1
6719.0	7521.9	9224.5	11307.3	12893.9	14442.0	15722.5	16538.2	17885.4
16080.0	17319.5	20494.2	24647.1	26734.1	28627.6	29624.0	30025.1	32070.5
47.0	46.5	46.4	46.9	46.1	45.2	44.0	43.0	42.4
32753.2	34161.8	39362.6	46163.1	50902.3	55329.1	58343.5	60870.5	63670.7
2268.6	2453.0	2831.2	3200.0	3506.7	3730.2	3808.2	3788.5	3842.8
111.4	116.8	122.8	134.5	148.4	159.8	159.2	140.4	129.8
122.6	128.9	145.6	159.7	171.6	188.5	201.5	208.8	220.2
2034.6	2207.3	2562.8	2905.7	3186.7	3382.0	3447.5	3439.5	3492.8
89.7	90.0	90.5	90.8	90.9	90.7	90.5	90.8	90.9
149956.6	160171.7	191629.8	227038.8	244643.3	261956.1	277571.8	280560.3	296236.0
15052.9	15804.6	18935.8	22808.4	24727.4	26482.7	27323.8	26633.7	27772.7
2641.8	2856.9	3387.9	3753.2	4060.0	4392.8	4663.4	4660.6	4944.4
3709.8	3987.8	4840.2	5928.3	6663.8	7308.1	7766.1	7704.2	7571.4
8701.3	8959.8	10707.7	13126.9	14003.6	14781.9	15012.9	14386.9	15256.9
57.8	56.7	56.5	57.6	56.6	55.8	54.9	54.0	54.9
136805.8	154747.9	182038.0	216098.6	244821.9	277959.3	308058.6	344075.0	384220.5
16801.5	19458.9	22293.3	26442.6	29584.9	33001.9	35347.2	38936.6	44009.4
8638.8	9445.4	10930.9	12740.2	14141.7	15777.4	17121.5	18884.7	20594.9
2886.7	3405.2	4238.7	5219.2	6058.5	6945.4	7759.3	8625.2	10093.8
5276.0	6608.3	7123.8	8483.2	9384.8	10279.1	10960.8	11979.8	13320.7
31.4	34.0	32.0	32.1	31.7	31.1	31.0	30.8	30.3
131727.6	138095.5	165126.4	195142.8	208905.6	222337.6	233856.4	235183.5	247860.1
13483.4	13954.3	16782.0	20316.2	22016.4	23543.0	24156.6	23319.7	24219.3
2173.0	2348.3	2817.1	3115.0	3381.7	3661.6	3859.6	3830.7	4026.7
3418.9	3622.1	4410.9	5430.8	6123.1	6686.6	7079.1	6982.7	6805.1
7891.5	7983.9	9554.0	11770.4	12511.6	13194.8	13330.7	12626.2	13387.5
58.5	57.2	56.9	57.9	56.8	56.0	55.2	54.1	55.3
23912	25963	30567	36018	39544	43320	47203	49992	53980
66098	68406	75573	83547	89778	97178	102869	109603	118198
58656	62574	72994	85213	93173	100105	105231	107995	115053
22986	24581	28668	33969	36584	38909	39984	40255	43062

京津冀三次产业就业人员情况

Employed Persons by Type of Industry in Jing-Jin-Ji Region

单位：万人　　(10000 persons)

指　　标 Indicator	全　国 China	京津冀合计 Total of Jing-Jin-Ji Region	北　京 Beijing	天　津 Tianjin	河　北 Hebei	河北占京津冀比重(%) Hebei's Share in Jing-Jin-Ji Region (%)
就业人员 **Employment**						
2005	74647.0	4989.5	878.0	542.5	3569.0	71.5
2006	74978.0	5092.6	919.7	562.9	3610.0	70.9
2007	75321.0	5221.6	942.7	613.9	3665.0	70.2
2008	75564.0	5353.9	980.9	647.3	3725.7	69.6
2009	75828.0	5467.9	998.3	677.1	3792.5	69.4
2010	76105.0	5625.4	1031.6	728.7	3865.1	68.7
2011	76420.0	5795.3	1069.7	763.2	3962.4	68.4
2012	76704.0	5996.2	1107.3	803.1	4085.7	68.1
2013	76977.0	6172.4	1141.0	847.5	4183.9	67.8
2014	77253.0	6236.6	1156.7	877.2	4202.7	67.4
2015	77451.0	6295.4	1186.1	896.8	4212.5	66.9
2016	77603.0	6346.5	1220.1	902.4	4224.0	66.6
第一产业 **Primary Industry**						
2005	33441.9	1708.7	62.2	81.8	1564.7	91.6
2006	31940.6	1666.3	60.3	81.1	1524.9	91.5
2007	30731.0	1619.4	60.9	77.0	1481.5	91.5
2008	29923.3	1620.7	63.0	76.3	1481.4	91.4
2009	28890.5	1617.1	62.2	75.7	1479.2	91.5
2010	27930.5	1599.5	61.4	73.9	1464.2	91.5
2011	26594.2	1571.9	59.1	73.2	1439.6	91.6
2012	25773.0	1554.8	57.3	71.2	1426.3	91.7
2013	24171.0	1528.9	55.4	69.0	1404.5	91.9
2014	22790.0	1519.3	52.4	68.0	1398.9	92.1
2015	21919.0	1504.3	50.3	66.2	1387.8	92.3
2016	21496.0	1495.0	49.6	65.1	1380.3	92.3
第二产业 **Secondary Industry**						
2005	17766.0	1502.0	231.1	227.4	1043.6	69.5
2006	18894.5	1542.9	225.4	234.9	1082.7	70.2
2007	20186.0	1624.0	228.1	261.4	1134.5	69.9
2008	20553.4	1649.4	207.4	271.9	1170.1	70.9
2009	21080.2	1684.0	199.6	281.0	1203.4	71.5
2010	21842.1	1755.9	202.7	302.3	1250.9	71.2
2011	22543.9	1855.0	219.2	316.0	1319.8	71.1
2012	23241.0	1944.3	212.6	330.9	1400.8	72.0
2013	23170.0	2002.8	210.9	353.9	1438.1	71.8
2014	23099.0	1989.2	209.9	341.5	1437.8	72.3
2015	22693.0	1958.4	200.8	320.2	1437.4	73.4
2016	22350.0	1939.2	193.0	306.4	1439.7	74.2
第三产业 **Tertiary Industry**						
2005	23439.2	1778.7	584.7	233.4	960.7	54.0
2006	24142.9	1883.4	634.0	247.0	1002.4	53.2
2007	24404.0	1978.2	653.7	275.6	1048.9	53.0
2008	25087.2	2083.9	710.5	299.1	1074.2	51.6
2009	25857.3	2166.8	736.5	320.4	1109.9	51.2
2010	26332.3	2270.1	767.5	352.5	1150.1	50.7
2011	27281.9	2368.4	791.4	374.0	1203.0	50.8
2012	27690.0	2497.1	837.4	401.0	1258.7	50.4
2013	29696.0	2640.7	874.7	424.6	1341.4	50.8
2014	31364.0	2728.1	894.4	467.7	1366.0	50.1
2015	32839.0	2832.8	935.0	510.5	1387.3	49.0
2016	33757.0	2912.3	977.5	530.9	1403.9	48.2

京津冀固定资产投资情况

Total Investment in Fixed Assets of Jing-Jin-Ji Region

单位：亿元 (100 million yuan)

指标 Indicator	全国 China	京津冀合计 Total of Jing-Jin-Ji Region	北京 Beijing	天津 Tianjin	河北 Hebei	河北占京津冀比重(%) Hebei's Share in Jing-Jin-Ji Region (%)
全社会固定资产投资 Total Investment in Fixed Assets						
2005	88773.6	8554.3	2827.2	1516.8	4210.2	49.2
2006	109998.2	10722.3	3371.5	1849.8	5501.0	51.3
2007	137323.9	13239.9	3966.6	2388.6	6884.7	52.0
2008	172828.4	16119.2	3848.5	3404.1	8866.6	55.0
2009	224598.8	22176.5	4858.4	5006.3	12311.9	55.5
2010	251683.8	27088.3	5493.5	6511.4	15083.4	55.7
2011	311485.1	29810.6	5910.6	7510.7	16389.3	55.0
2012	374694.7	34995.4	6462.8	8871.3	19661.3	56.2
2013	446294.1	40347.6	7032.2	10121.2	23194.2	57.5
2014	512760.7	45888.3	7562.3	11654.1	26671.9	58.1
2015	561999.8	50504.4	7990.9	13065.2	29448.3	58.3
2016	606466.0	54840.9	8461.7	14629.2	31750.0	57.9
房地产开发投资 Investment of Real Estate Development						
2005	15909.2	2244.1	1525.0	327.5	391.5	17.4
2006	19422.9	2603.8	1719.9	402.3	481.6	18.5
2007	25288.8	3210.4	1995.8	505.3	709.3	22.1
2008	31203.2	3646.9	1908.7	653.7	1084.4	29.7
2009	36241.8	4592.9	2337.7	735.2	1520.0	33.1
2010	48259.4	6032.6	2901.1	866.6	2264.9	37.5
2011	61796.9	7170.9	3036.3	1080.0	3054.6	42.6
2012	71803.8	7499.9	3153.4	1260.0	3086.5	41.2
2013	86013.4	8409.6	3483.4	1480.8	3445.4	41.0
2014	95035.6	9670.7	3911.3	1699.7	4059.7	42.0
2015	95978.8	10383.1	4226.3	1871.6	4285.3	41.3
2016	102581.0	11041.0	4045.4	2300.0	4695.6	42.5
城市基础设施投资 Investment of Infrastructure						
2005			610.7	420.8		
2006			935.3	518.2		
2007			1175.8	734.9		
2008			1160.7	1040.3		
2009			1462.0	1606.8		
2010			1403.5	1673.7	3244.2	
2011			1400.2	1567.8	3057.9	
2012			1789.2	1905.2	3476.1	
2013			1785.7	2113.4	4392.1	
2014			2018.1	2195.1	5012.6	
2015			2174.5	2642.0	5769.8	
2016			2399.5	2716.1	6768.9	
交通运输投资 Investment of Transportation						
2005			224.1		336.4	
2006			439.6		466.6	
2007			548.0		588.2	
2008		1363.4	604.2	273.4	485.7	35.6
2009		2078.1	698.6	559.9	819.6	39.4
2010		2515.6	720.5	571.0	1224.1	48.7
2011		2328.8	680.7	504.9	1143.2	49.1
2012		2413.5	712.0	518.2	1183.3	49.0
2013		2851.9	664.5	587.9	1599.5	56.1
2014		2876.5	756.5	595.8	1524.2	53.0
2015		2818.4	827.0	625.2	1366.2	48.5
2016		2947.3	973.0	614.4	1359.8	46.1

注：北京基础设施投资数据为全社会口径。

a) Investment of Infrastructure in the whole country of Beijing are exclude from the data.

京津冀能源消费总量

项　目	Item	2005	2006	2007
北京市	**Beijing**			
能源消费总量(万吨标准煤)	**Primary Energy Consumption (10000 tons of SCE)**	**5521.9**	**5904.1**	**6285.0**
煤炭(万吨)	Coal (10000 tons)	3069.0	3055.7	2990.1
汽油(万吨)	Gasoline	235.2	278.2	324.7
煤油(万吨)	Kerosene	189.4	233.9	277.1
柴油(万吨)	Diesel Oil	140.9	177.5	192.0
燃料油(万吨)	Fuel Oil	65.9	48.1	42.9
液化石油气(万吨)	Liquefied Petroleum Gas	46.1	46.1	67.4
天然气(亿立方米)	Natural Gas (100 million cu.m)	32.0	40.7	46.6
热力(万百万千焦)	Thermal (10 billion kilo-joule)	11931.6	12181.6	13276.4
电力(亿千瓦时)	Electricity (100 million kwh)	567.0	619.0	675.1
天津市	**Tianjin**			
能源消费总量(万吨标准煤)	**Primary Energy Consumption (10000 tons of SCE)**	**4084.6**	**4500.2**	**4942.8**
煤炭(万吨)	Coal (10000 tons)	3801.5	3809.3	3926.7
焦炭(万吨)	Coke	329.8	541.1	667.8
汽油(万吨)	Gasoline	123.0	128.1	139.6
煤油(万吨)	Kerosene	15.1	16.4	19.4
柴油(万吨)	Diesel Oil	220.8	235.4	255.8
天然气(亿立方米)	Natural Gas (100 million cu.m)	9.0	11.2	14.3
河北省	**Hebei**			
能源消费总量(万吨标准煤)	**Primary Energy Consumption (10000 tons of SCE)**	**19836.0**	**21794.1**	**23585.1**
煤炭(万吨)	Coal (10000 tons)	20542.4	21359.8	24681.0
焦炭(万吨)	Coke	4583.2	5460.6	5127.3
汽油(万吨)	Gasoline	221.9	263.8	249.0
煤油(万吨)	Kerosene	3.2	5.9	6.2
柴油(万吨)	Diesel Oil	444.4	484.4	532.7
燃料油(万吨)	Fuel Oil	60.8	59.3	48.3
液化石油气(万吨)	Liquefied Petroleum Gas	42.7	38.7	40.5
天然气(亿立方米)	Natural Gas (100 million cu.m)	9.1	11.0	12.1
热力(万百万千焦)	Thermal (10 billion kilo-joule)	13295.8	12467.8	15773.1

注：河北2010-2014年全省能源消费总量在第三次经济普查后作了修订。

Primary Energy Consumption of Jing-Jin-Ji Region

2008	2009	2010	2011	2012	2013	2014	2015	2016
6327.1	**6570.3**	**6954.1**	**6995.4**	**7177.7**	**6723.9**	**6831.2**	**6852.6**	**6961.7**
2747.7	2664.7	2634.6	2365.5	2269.9	2019.2	1736.5	1165.2	847.6
340.9	363.6	371.5	389.8	415.9	423.6	440.6	462.8	470.4
318.4	341.9	392.6	419.9	443.3	477.1	507.6	544.4	594.3
227.2	240.2	237.4	241.1	215.8	193.9	196.5	182.4	172.7
25.6	42.4	66.7	74.7	78.2	8.3	5.6	4.9	4.6
65.4	48.9	46.2	48.6	45.7	45.2	50.4	51.2	49.5
60.7	69.4	74.8	73.6	92.1	98.8	113.7	145.4	160.3
14785.3	15828.2	16557.6	17539.1	17065.9	15408.2	16577.8	16803.4	16659.8
708.2	758.9	830.9	853.7	911.9	908.7	933.4	951.3	1020.3
5363.6	**5874.1**	**6084.9**	**6781.4**	**7325.6**	**7881.8**	**8145.1**	**8078.0**	**8041.4**
3972.8	4119.7	4756.2	5202.5	5233.4	5278.7	5027.3	4538.8	4230.2
719.2	868.7	663.9	699.9	882.7	955.5	954.4	904.7	887.3
148.8	181.0	141.3	152.9	180.1	212.2	226.8	263.7	274.5
18.1	20.7	21.7	24.5	29.4	56.1	59.9	65.8	82.0
289.8	303.6	269.6	292.4	307.6	324.7	334.4	353.4	370.4
16.8	18.1	22.9	25.5	32.1	37.3	45.1	63.6	74.1
24321.9	**25418.8**	**26201.4**	**28075.0**	**28762.5**	**29664.4**	**29320.2**	**29395.4**	**29794.4**
24418.6	26515.8	27464.7	30791.8	31359.0	31696.0	29635.5	28943.1	28105.6
6007.7	6208.8	7319.0	8399.9	8402.3	9156.9	8127.2	7726.5	8079.5
211.1	212.1	238.7	305.7	318.3	352.6	314.6	475.3	494.9
7.4	6.3	7.3	8.9	7.8	17.6	17.6	8.2	29.5
531.7	521.7	691.9	796.1	821.4	802.6	788.8	749.2	843.6
65.8	59.8	38.5	47.3	24.5	35.2	32.0	51.7	53.7
44.0	45.0	211.3	89.6	85.6	57.5	59.3	89.9	85.7
17.2	23.1	29.5	35.0	45.0	52.3	54.3	71.0	68.4
15384.2	15628.3	24231.1	29259.1	33122.2	40291.9	39427.8	42242.6	43150.2

a) Adjustment has been done for the Primary Energy Consumption of Hebei in 2005-2008, due to the 3nd Economic Census.

京津冀居民收入支出和居住水平

项　目	Item	2005	2006
城镇单位在岗职工平均工资(元)	**Average Wage of Staff and Workers on-post in Urban Units (yuan)**		
全　国	China	18364	21001
北京	Beijing	34191	40117
天津	Tianjin	25271	28682
河北	Hebei	14707	16590
城镇居民人均可支配收入(元)	**Per Capita Annual Disposable Income of Urban Households (yuan)**		
全　国	China	10493.0	11759.5
北京	Beijing	17653.0	19978.0
天津	Tianjin	12638.6	14283.1
河北	Hebei	9107.1	10304.6
农村居民人均纯收入(元)	**Per Capita Net Income of Rural Households (yuan)**		
全　国	China	3254.9	3587.0
北京	Beijing	7860.0	8620.0
天津	Tianjin	7202.0	7942.0
河北	Hebei	3481.6	3801.8
城镇居民人均消费支出(元)	**Per Capita Annual Living Expenditure of Urban Households (yuan)**		
全　国	China	7943.0	8696.6
北京	Beijing	13244.2	14825.0
天津	Tianjin	9653.3	10548.1
河北	Hebei	6699.7	7343.5
农村居民人均生活消费支出(元)	**Per Capita Consumption Expenditure of Rural Households (yuan)**		
全　国	China	2555.0	2829.0
北京	Beijing	5515.0	6061.0
天津	Tianjin	3590.0	3829.0
河北	Hebei	2165.7	2495.3
城镇居民人均住房建筑面积(平方米)	**Per Capita Floor Space of Residential Building in Urban Areas (sq.m)**		
全　国	China	27.80	28.50
北京	Beijing	22.03	23.65
天津	Tianjin	24.97	26.05
河北	Hebei	21.53	21.81

注：2013年、2014年天津城镇居民收支数据为城镇常住居民口径。

Income and Consumption Expenditure, Living Level of Households in Jing-Jin-Ji Region

2007	2008	2009	2010	2011	2012	2013	2014	2015	2016
24932	29229	32736	37147	42452	47593	52379	57346	63241	68993
46507	54913	58140	65683	75834	85307	93997	103400	113073	122749
34938	41748	44992	52963	55636	62225	72535	73839	81486	87806
19911	24756	28383	32306	36166	38658	42532	46239	52409	56987
13785.8	15780.8	17174.7	19109.4	21809.8	24564.7	26467.0	28843.9	31194.8	33616.0
21989.0	24725.0	26738.0	29073.0	32903.0	36469.0	40321.0	43910.0	52859.0	57275.3
16357.4	19422.5	21402.0	24292.6	26921.0	29626.4	28980.0	31506.0	34101.0	37110.0
11690.5	13441.1	14718.3	16263.4	18292.2	20543.4	22580.0	24141.0	26152.2	28249.0
4140.4	4760.6	5153.2	5919.0	6977.3	7916.6	9429.6	10488.9	11421.7	12363.0
9559.0	10747.0	11986.0	13262.0	14736.0	16476.0	18337.0	20226.0	20569.0	22309.5
8752.0	9670.0	10675.0	11801.0	11891.0	13571.0	15405.0	17014.0	18482.0	20076.0
4293.4	4795.5	5149.7	5958.0	7119.7	8081.4	9102.0	10186.0	11050.5	11919.0
9997.5	11242.9	12264.6	13471.5	15160.9	16674.3	18487.5	19968.1	21392.4	23079.0
15330.0	16460.0	17893.0	19934.0	21984.0	24046.0	26275.0	28009.0	36642.0	38255.5
12028.9	13422.5	14801.4	16561.8	18424.1	20024.2	22306.0	24290.0	26230.0	28345.0
8235.0	9086.7	9678.8	10318.3	11609.3	12531.1	13641.0	16203.8	17586.6	19106.0
3223.9	3660.7	3993.5	4381.8	5221.1	5908.0	7485.1	8382.6	9222.6	10130.0
6828.0	7656.0	9141.0	10109.0	11078.0	11879.0	13553.0	14529.0	15811.0	17329.0
4118.0	4593.0	4926.0	5606.0	6725.0	8337.0	10155.0	13739.0	14739.0	15912.0
2786.8	3125.6	3349.7	3844.9	4711.2	5364.1	6134.0	8248.0	9022.8	9798.0
30.10	30.60	31.30	31.60	32.65	32.91				
24.77	26.90	27.69	28.94	29.38	29.26	31.31	31.54	31.69	32.38
27.09	28.53	29.89	31.28	32.77	34.61	35.75	21.82	20.67	
30.45	29.51	29.95	30.52	32.21	32.51	33.65	30.52	35.87	36.70

a) Income, Expenditure and Living Condition of impermenent resident are excluded from data of Tianjin for 2013

京津冀财政收支情况

General Public Budgetary Revenue and Expenditures of Jing-Jin-Ji Region

单位：亿元 (100 million yuan)

指　标 Indicator	全　国 China	京津冀合计 Total of Jing-Jin-Ji Region	北　京 Beijing	天　津 Tianjin	河　北 Hebei	河北占京津冀比重(%) Hebei's Share in Jing-Jin-Ji Region (%)
一般公共预算收入 **General Public Budgetary Revenue**						
2005	15100.8	1766.8	919.2	331.9	515.7	29.2
2006	18303.6	2154.7	1117.2	417.1	620.5	28.8
2007	23572.6	2822.2	1492.6	540.4	789.1	28.0
2008	28649.8	3460.5	1837.3	675.6	947.6	27.4
2009	32602.6	3915.9	2026.8	822.0	1067.1	27.3
2010	40613.0	4754.6	2353.9	1068.8	1331.9	28.0
2011	52547.1	6199.2	3006.3	1455.1	1737.8	28.0
2012	61078.3	7159.2	3314.9	1760.0	2084.3	29.1
2013	69011.2	8035.8	3661.1	2079.1	2295.6	28.6
2014	75876.6	8864.2	4027.2	2390.4	2446.6	27.6
2015	83002.0	10040.2	4723.9	2667.1	2649.2	26.4
2016	87239.4	10654.6	5081.3	2723.5	2849.9	26.7
一般公共预算支出 **General Public Budgetary Expentditure**						
2005	25154.3	2479.6	1058.3	442.1	979.2	39.5
2006	30431.3	3020.3	1296.8	543.1	1180.4	39.1
2007	38339.3	3830.5	1649.5	674.3	1506.7	39.3
2008	49248.5	4708.7	1959.3	867.7	1881.7	40.0
2009	61044.1	5791.2	2319.4	1124.3	2347.6	40.5
2010	73884.4	6914.4	2717.3	1376.8	2820.2	40.8
2011	92733.7	8578.9	3245.2	1796.3	3537.4	41.2
2012	107188.3	9908.0	3685.3	2143.2	4079.4	41.2
2013	119740.3	11132.5	4173.7	2549.2	4409.6	39.6
2014	129091.6	12086.7	4524.7	2884.7	4677.3	38.7
2015	175768.0	14602.2	5737.7	3232.4	5632.2	38.6
2016	160351.4	16155.7	6406.8	3699.4	6049.5	37.4

注：1. 表内全国财政收入和支出为31个省市地方公共财政预算收入和支出的合计数。

a) Total of China is composed by the data of China's 31 provintial regtions.

京津冀主要农产品产量
Ouptut of Major Agricultural Products in Jing-Jin-Ji Region

指　　标 Indicator	全　国 China	京津冀合计 Total of Jing-Jin-Ji Region	北　京 Beijing	天　津 Tianjin	河　北 Hebei	河北占京津冀比重(%) Hebei's Share in Jing-Jin-Ji Region (%)
粮食产量(万吨) **Output of Grain (10000 tons)**						
2005	48402.2	2831.0	94.9	137.5	2598.6	91.8
2006	49804.2	3031.7	109.2	141.9	2780.6	91.7
2007	50160.3	3090.9	102.1	147.2	2841.6	91.9
2008	52870.9	3180.2	125.5	148.9	2905.8	91.4
2009	53082.1	3191.3	124.8	156.3	2910.2	91.2
2010	54647.7	3251.3	115.7	159.7	2975.9	91.5
2011	57120.8	3456.2	121.8	161.8	3172.6	91.8
2012	58958.0	3522.1	113.8	161.8	3246.6	92.2
2013	60194.0	3635.8	96.1	174.7	3365.0	92.6
2014	60702.6	3600.0	63.9	176.0	3360.2	93.3
2015	62142.2	3607.5	62.6	181.7	3363.8	93.2
2016	61624.0	3710.2	53.7	196.4	3460.2	93.3
蔬菜产量(万吨) **Output of Vegetables (10000 tons)**						
2005	56451.5	7383.5	373.1	542.7	6467.6	87.6
2006	53953.1	6931.1	341.2	275.5	6314.4	91.1
2007	56452.0	7055.2	340.1	274.4	6440.7	91.3
2008	59240.4	7320.1	321.3	314.2	6684.6	91.3
2009	61823.8	7433.1	317.1	373.9	6742.1	90.7
2010	65099.4	7795.9	303.0	419.3	7073.6	90.7
2011	67929.7	8112.5	296.9	431.3	7384.3	91.0
2012	70883.1	8422.7	279.9	447.7	7695.1	91.4
2013	73512.0	8624.1	266.9	455.1	7902.1	91.6
2014	76005.5	8822.1	236.2	460.2	8125.7	92.1
2015	78526.1	8890.4	205.1	441.5	8243.7	92.7
2016	80005.0	8830.3	183.6	453.4	8193.4	92.8
肉类总产量(万吨) **Output of Meat (10000 tons)**						
2005	6938.9	506.6	53.3	57.8	395.6	78.1
2006	7089.0	486.4	45.3	35.0	406.2	83.5
2007	6865.7	479.7	47.9	33.8	398.1	83.0
2008	7278.7	503.3	45.1	37.1	421.1	83.7
2009	7649.7	513.3	47.2	39.5	426.6	83.1
2010	7925.8	505.6	46.3	42.6	416.7	82.4
2011	7965.1	505.5	44.4	42.9	418.2	82.7
2012	8387.2	531.9	43.2	45.8	442.9	83.3
2013	8535.0	537.1	41.8	46.5	448.8	83.6
2014	8706.7	553.8	39.3	46.4	468.1	84.5
2015	8625.0	544.6	36.4	45.8	462.5	84.9
2016	8540.0	518.3	30.4	45.5	442.5	85.4
牛奶产量(万吨) **Output of Milk (10000 tons)**						
2005	2753.4	468.0	64.2	63.4	340.4	72.7
2006	3193.4	535.3	61.9	65.8	407.6	76.1
2007	3525.2	618.9	62.2	67.2	489.4	79.1
2008	3555.8	641.0	66.4	70.1	504.5	78.7
2009	3518.8	587.6	67.4	68.7	451.5	76.8
2010	3575.6	573.2	64.1	69.3	439.8	76.7
2011	3657.8	592.3	64.0	69.4	458.9	77.5
2012	3743.6	603.6	65.1	68.2	470.4	77.9
2013	3531.4	588.0	61.5	68.5	458.0	77.9
2014	3724.6	616.2	59.5	68.9	487.8	79.2
2015	3754.7	598.4	57.2	68.0	473.1	79.1
2016	3602.0	554.2	45.7	68.0	440.5	79.5

注：1. 北京蔬菜播种面积为蔬菜及食用菌播种面积。2. 天津牛奶产量为奶类产量数据。

a) Beijing's output of vegetable is composed of output of edible mushrooms as well as vegetables.

b) Tanjin's output of milk is made up of the output of milk and milk products.

京津冀规模以上工业主要产品产量
Output of Major Industrial Products above Designated Size in Jing-Jin-Ji Region

指　标 Indicator	全　国 China	京津冀合计 Total of Jing-Jin-Ji Region	北　京 Beijing	天　津 Tianjin	河　北 Hebei	河北占京津冀比重(%) Hebei's Share in Jing-Jin-Ji Region (%)
原煤产量(亿吨) **Coal (100 million tons)**						
2005	23.65	0.89	0.09		0.80	89.9
2006	25.70	0.86	0.06		0.79	92.6
2007	27.60	0.90	0.06		0.84	93.0
2008	29.03	0.85	0.06		0.79	93.3
2009	31.15	0.90	0.06		0.84	92.9
2010	34.28	1.07	0.05		1.02	95.3
2011	37.64	1.11	0.05		1.06	95.5
2012	39.45	1.23	0.05		1.18	96.0
2013	39.74	0.82	0.05		0.77	93.9
2014	38.74	0.78	0.05		0.73	93.6
2015	37.50	0.79	0.05		0.74	93.7
2016	33.64	0.69	0.04		0.65	93.9
原油产量(万吨) **Crude Oil (10000 tons)**						
2005	18135.3	3142.2	796.9	1782.9	562.5	17.9
2006	18476.6	3382.8	828.9	1943.1	610.8	18.1
2007	18631.8	3499.3	915.0	1924.3	660.0	18.9
2008	19043.1	3751.6	1114.6	1993.9	643.1	17.1
2009	18949.0	4057.4	1161.3	2297.0	599.1	14.8
2010	20241.4	5055.2	1123.4	3332.7	599.0	11.8
2011	20287.6	4877.0	1103.1	3187.8	586.1	12.0
2012	20748.0	4757.3	1075.0	3098.3	584.0	12.3
2013	20991.9	4517.1	881.6	3044.5	591.0	13.1
2014	21142.9	4718.2	1051.1	3074.8	592.3	12.6
2015	21455.6	5077.0	1000.1	3496.8	580.1	11.4
2016	19968.5	4664.1	844.8	3273.3	546.0	11.7
发电量(亿千瓦小时) **Electricity (100 million kwh)**						
2005	25002.6	1917.7	213.4	365.7	1338.6	69.8
2006	28657.3	2033.9	213.7	359.2	1461.0	71.8
2007	32815.5	2267.3	227.9	393.1	1646.2	72.6
2008	34957.6	2225.1	243.1	382.1	1599.8	71.9
2009	37146.5	2400.2	242.5	415.8	1741.9	72.6
2010	42071.6	2850.5	268.8	589.1	1992.6	69.9
2011	47130.2	3180.0	262.8	619.1	2298.1	72.3
2012	49876.0	3251.4	290.8	589.7	2370.9	72.9
2013	54316.4	3447.2	335.6	624.0	2487.6	72.2
2014	56495.8	3442.8	331.2	624.0	2487.6	72.3
2015	58105.8	3526.3	417.4	621.7	2487.2	70.5
2016	59111.2	3666.6	433.7	616.1	2616.8	71.4
粗钢产量(万吨) **Crude Steel (10000 tons)**						
2005	35324.0	9169.3	827.6	955.3	7386.4	80.6
2006	41914.9	11199.7	818.1	1285.3	9096.3	81.2
2007	48928.8	13119.4	810.8	1602.1	10706.4	81.6
2008	50305.8	13710.3	466.8	1654.0	11589.4	84.5
2009	57218.2	16125.4	464.9	2124.2	13536.3	83.9
2010	63723.0	17048.4	427.5	2162.1	14458.8	84.8
2011	68528.3	18750.9	2.9	2295.8	16452.3	87.7
2012	72388.2	20175.2	2.6	2124.3	18048.4	89.5
2013	81313.9	21157.0	2.3	2305.1	18849.6	89.1
2014	82269.8	20819.5	2.1	2287.1	18530.3	89.0
2015	80382.5	20903.4	1.5	2068.9	18833.0	90.1
2016	80836.6	21058.9		1798.9	19260.0	91.5

京津冀规模以上工业主要产品产量(续)

Output of Major Industrial Products above Designated Size in Jing-Jin-Ji Region

指标 Indicator	全国 China	京津冀合计 Total of Jing-Jin-Ji Region	北京 Beijing	天津 Tianjin	河北 Hebei	河北占京津冀比重(%) Hebei's Share in Jing-Jin-Ji Region (%)
钢材产量(万吨) **Rolled Steel (10000 tons)**						
2005	37771.1	9095.4	966.3	1664.0	6465.1	71.1
2006	46893.4	11600.9	1016.3	2117.5	8467.1	73.0
2007	56560.9	14345.6	1030.4	2840.3	10474.9	73.0
2008	60460.3	15235.3	656.8	3006.8	11571.8	76.0
2009	69405.4	19984.6	769.6	4080.5	15134.5	75.7
2010	80276.6	22035.0	794.0	4483.7	16757.2	76.0
2011	88619.6	24709.2	287.0	5163.8	19258.4	77.9
2012	95577.8	26957.6	253.8	5708.6	20995.2	77.9
2013	108200.5	30049.4	221.8	6966.0	22861.6	76.1
2014	112557.2	31494.1	195.0	7303.9	23995.2	76.2
2015	112349.6	33606.5	175.0	8186.2	25245.3	75.1
2016	113801.2	34980.3	162.8	8667.1	26150.4	74.8
水泥产量(万吨) **Cement (10000 tons)**						
2005	106884.8	10553.0	1183.8	519.2	8850.0	83.9
2006	123676.5	10369.4	1269.4	607.3	8492.7	81.9
2007	136117.3	11137.1	1167.3	611.4	9358.4	84.0
2008	142355.7	10383.5	880.8	549.7	8953.0	86.2
2009	164397.8	12379.7	1077.4	690.9	10611.5	85.7
2010	188191.2	14453.1	1049.0	809.7	12594.3	87.1
2011	209925.9	15770.4	911.5	765.5	14093.3	89.4
2012	220984.1	14468.6	874.5	784.3	12809.8	88.5
2013	241923.9	14516.1	868.4	971.5	12676.2	87.3
2014	247613.5	12286.5	703.1	957.9	10625.5	86.5
2015	235939.6	10404.3	553.5	777.6	9073.2	87.2
2016	240295.3	11160.1	510.3	788.6	9861.2	88.4
汽车(万辆) **Motor Vehicle (10000 units)**						
2005	570.5	110.7	58.6	32.8	19.4	17.5
2006	727.9	136.6	68.3	41.4	26.8	19.7
2007	888.9	148.7	70.7	45.7	32.3	21.7
2008	930.6	162.9	76.6	54.1	32.1	19.7
2009	1379.5	238.8	127.1	60.2	51.5	21.5
2010	1826.5	295.1	150.3	73.8	71.0	24.1
2011	1841.6	300.1	150.5	77.4	72.1	24.0
2012	1927.6	313.4	167.0	63.8	82.5	26.3
2013	2212.1	356.9	203.8	55.7	97.5	27.3
2014	2372.5	365.8	216.7	51.3	97.8	26.7
2015	2450.4	387.9	221.9	53.1	112.9	29.1
2016	2819.3	442.7	260.4	53.3	129.0	29.1
集成电路(亿块) **Integrated Circuit (100 million units)**						
2005	270.0	17.8	12.6	5.2		
2006	335.7	17.5	11.8	5.8		
2007	411.6	22.0	15.7	6.3	0.01	0.05
2008	438.8	24.7	19.1	5.6	0.01	0.04
2009	414.4	24.5	18.3	6.2	0.08	0.3
2010	652.5	34.3	25.3	8.9	0.13	0.4
2011	719.5	41.1	32.0	8.9	0.20	0.5
2012	779.6	40.7	31.9	8.5	0.30	0.7
2013	903.5	52.6	38.4	13.9	0.34	0.6
2014	1015.5	69.0	54.3	14.2	0.46	0.7
2015	1087.2	78.1	62.7	14.9	0.45	0.6
2016	1329.2	96.9	80.5	16.0	0.46	0.5

京津冀客、货运量情况
Passenger and Freight Traffic of Jing-Jin-Ji Region

指　标 Indicator	全　国 China	京津冀合计 Total of Jing-Jin-Ji Region	北　京 Beijing	天　津 Tianjin	河　北 Hebei	河北占京津冀比重(%) Hebei's Share in Jing-Jin-Ji Region (%)
客运量(万人) **Passenger Traffic (10000 persons)**						
2005	1847018	146438	60841	4679	80918	55.3
2010	3269508	256383	140663	24873	90847	35.4
2011	3526319	270792	145773	25331	99688	36.8
2012	3804035	282835	149037	28462	105336	37.2
2013	2122992	203548	71056	29518	102974	50.6
2014	2032218	152377	71715	19599	61063	40.1
2015	1943271	143330	69924	19775	53631	37.4
2016	1919777	140398	69292	19930	51176	36.5
公路客运量(万人) **Passenger Traffic by Highways (10000 persons)**						
2005	1697381	130288	51925	2961	75402	57.9
2010	3052738	231241	126130	21822	83289	36.0
2011	3286220	243828	129918	22053	91857	37.7
2012	3557010	254034	132333	24483	97218	38.3
2013	1853463	171372	52481	24980	93911	54.8
2014	1736270	118035	52354	14530	51151	43.3
2015	1619097	107712	49931	14218	43563	40.4
2016	1562510	101706	48040	13741	39925	39.3
货运量(万吨) **Freight Traffic (10000 tons)**						
2005	1862066	164102	32509	40263	91330	55.7
2010	3241807	242632	23712	41611	177308	73.1
2011	3696961	283830	26849	44651	212330	74.8
2012	4100436	319234	28650	47698	242886	76.1
2013	4098900	357737	28294	51603	277840	77.7
2014	4167296	291768	29518	50948	211302	72.4
2015	4175886	275607	23236	53179	199192	72.3
2016	4333509	286672	24099	51580	210994	73.6
公路货运量(万吨) **Freight Traffic by Highways (10000 tons)**						
2005	1341778	118552	30050	19850	68652	57.9
2010	2448052	176977	20184	20855	135938	76.8
2011	2820100	213382	23276	23426	166680	78.1
2012	3188475	248683	24925	28228	195530	78.6
2013	3076648	280955	24651	31985	224319	79.8
2014	3113334	241832	25416	31130	185286	76.6
2015	3150019	228405	19044	33724	175637	76.9
2016	3363404	242635	19972	32841	189822	78.2

注：1. 2013年起，公路客运量统计范围调整为省际客运、旅游客运和郊区客运，市郊公交不再纳入客运量统计。北京2006-2007年公路客运量为持有道路运输经营许可证的客运车辆发生的旅客运输量。2. 从2014年1季度起，公路客货运量按照交通运输部新方案进行统计，所以2014年数据与2013年不可比。北京按照2013年口径对2014年数据进行了调整。

a) Since 2013, statistics of passenger traffic by highways covers of interprovincial transportation, tourist transportation and suburban transportation, except urban-suburb transportation. Beijings passenger traffic by highways for 2006-2007 means transportation by vehicles with highway-passenger-transportation licence. b) Except Beijing, data of passenger traffic by highways for 2014 are not comparable with years before, for the change of survy coverage.

京津冀国内贸易主要指标

Major Indicators of Domestic in Jing-Jin-Ji Region

单位：亿元 (100 million yuan)

指　标 Indicator	全　国 China	京津冀合计 Total of Jing-Jin-Ji Region	北　京 Beijing	天　津 Tianjin	河　北 Hebei	河北占京津冀比重(%) Hebei's Share in Jing-Jin-Ji Region (%)
社会消费品零售总额 **Total Retail Sales of Consumer Goods**						
2005	68352.6	7071.3	2911.7	1190.1	2969.5	42.0
2006	79145.2	8087.8	3295.3	1356.8	3435.7	42.5
2007	93571.6	9492.7	3835.2	1603.7	4053.8	42.7
2008	114830.1	11715.3	4645.5	2078.7	4991.1	42.6
2009	132678.4	13505.6	5309.9	2430.8	5764.9	42.7
2010	156998.4	15953.6	6229.3	2902.6	6821.8	42.8
2011	183918.6	18330.9	6900.3	3395.1	8035.5	43.8
2012	210307.0	20878.2	7702.8	3921.4	9254.0	44.3
2013	242842.8	23859.2	8872.1	4470.4	10516.7	44.1
2014	271896.1	26197.2	9638.0	4738.7	11820.5	45.1
2015	300930.8	28586.0	10338.0	5257.3	12990.7	45.4
2016	332316.0	31005.6	11005.1	5635.8	14364.7	46.3
限额以上批发零售业商品销售总额 **Total Sales Value above Desinated Size in Wholesale and Retail Sale Trade**						
2005	93151.3	18961.0	13044.9	4316.0	1600.1	8.4
2006	110054.8	22807.2	15902.6	5109.0	1795.6	7.9
2007	132740.8	27656.2	19475.8	6061.7	2118.7	7.7
2008	208229.8	42378.5	28185.3	10216.7	3976.5	9.4
2009	201166.2	43008.8	29620.1	9718.2	3670.5	8.5
2010	276635.7	58707.6	39601.7	13642.5	5463.4	9.3
2011	360525.9	73550.1	46924.3	18618.7	8007.1	10.9
2012	410532.7	86123.1	53692.6	23284.4	9146.1	10.6
2013	496603.8	97906.9	57904.5	28747.9	11254.5	11.5
2014	541319.8	104246.4	60065.5	32601.8	11579.1	11.1
2015	515567.5	95830.4	51811.3	33156.3	10862.8	11.3
2016	558877.6	100174.2	54866.6	34420.9	10886.8	11.2

京津冀进出口、利用外资和入境旅游情况

Import and Export, Utilization of Foreign Capital, International Tourism in Jing-Jin-Ji Region

单位：亿美元 (USD 100 million)

指 标 Indicator	全 国 China	京津冀合计 Total of Jing-Jin-Ji Region	北 京 Beijing	天 津 Tianjin	河 北 Hebei	河北占京津冀比重(%) Hebei's Share in Jing-Jin-Ji Region (%)
进出口总值 **Total Import & Export**						
2005	14219.1	1949.6	1255.1	533.9	160.7	8.2
2006	17604.4	2411.4	1580.4	645.7	185.3	7.7
2007	21765.7	2900.9	1930.0	715.5	255.4	8.8
2008	25632.6	3906.5	2716.9	805.4	384.2	9.8
2009	22075.4	3083.5	2147.9	639.4	296.1	9.6
2010	29740.0	4257.9	3016.6	822.0	419.3	9.8
2011	36418.6	5465.7	3895.8	1033.9	536.0	9.8
2012	38671.2	5742.8	4081.1	1156.2	505.5	8.8
2013	41589.9	6133.5	4299.4	1285.3	548.8	8.9
2014	43030.4	6093.3	4155.4	1339.1	598.8	9.8
2015	39569.0	4852.5	3194.2	1143.5	514.8	10.6
2016	36849.3	4316.5	2823.8	1026.5	466.2	10.8
外商直接投资 **Foreign Direct Investment**						
2005	603.3	87.7	35.3	33.3	19.1	21.8
2006	630.2	107.0	45.5	41.3	20.1	18.8
2007	747.7	127.6	50.7	52.8	24.2	18.9
2008	924.0	169.2	60.8	74.2	34.2	20.2
2009	900.3	187.4	61.2	90.2	36.0	19.2
2010	1057.3	210.4	63.6	108.5	38.3	18.2
2011	1160.1	247.9	70.5	130.6	46.8	18.9
2012	1117.2	288.6	80.4	150.2	58.1	20.1
2013	1175.9	318.0	85.2	168.3	64.5	20.3
2014	1195.6	342.8	90.4	188.7	63.7	18.6
2015	1262.7	403.1	130.0	211.3	61.8	15.3
2016	1260.0	312.8	130.3	101.0	81.5	26.1
入境旅游人数(万人次) **Number of Oversea Visitor Arrivals (10000 person-times)**						
2005	4680.9	456.5	362.9	31.0	62.6	13.7
2006	4991.3	505.0	390.3	42.2	72.5	14.4
2007	5472.0	561.3	435.5	44.1	81.8	14.6
2008	5304.9	503.3	379.0	49.3	75.0	14.9
2009	5087.5	550.7	412.5	54.0	84.2	15.3
2010	5566.5	647.7	490.1	59.9	97.7	15.1
2011	5758.1	707.6	520.4	73.1	114.1	16.1
2012	5772.5	704.0	500.9	73.8	129.3	18.4
2013	5568.6	659.8	450.1	75.9	133.8	20.3
2014	5562.2	637.0	427.5	76.6	132.9	20.9
2015	5689.0	636.7	420.0	78.5	138.2	21.7
2016	5927.0	646.6	416.5	82.4	147.6	22.8
旅游外汇收入 **Foreign Exchange Earnings**						
2005	293.0	43.4	36.2	5.1	2.1	4.8
2006	339.5	49.0	40.3	6.3	2.4	5.0
2007	419.2	56.7	45.8	7.8	3.1	5.5
2008	408.4	57.4	44.6	10.0	2.7	4.8
2009	396.8	58.5	43.6	11.8	3.1	5.3
2010	458.1	68.2	50.4	14.2	3.5	5.2
2011	484.6	76.2	54.2	17.6	4.5	5.9
2012	500.3	79.2	51.5	22.3	5.4	6.9
2013	516.6	79.7	47.9	25.9	5.9	7.4
2014	569.1	81.3	46.1	29.9	5.3	6.5
2015	1136.5	85.3	46.1	33.0	6.2	7.3
2016	1200.0	93.0	50.7	35.6	6.7	7.2

京津冀教育和科技活动情况

Statistics on Education, Scientific and Technological Activities of Jing-Jin-Ji Region

指　标 Indicator	全　国 Total	京津冀合计 Jing Jin Ji Total	北　京 Beijing	天　津 Tianjin	河　北 Hebei	河北占京津冀比重(%) Hebei's Share in Jing-Jin-Ji Region (%)
R&D经费支出(亿元) **Expenditure on R&D (100 million yuan)**						
2005	2450.0	511.8	379.5	72.9	59.3	11.6
2006	3003.1	605.4	433.0	95.2	77.2	12.7
2007	3710.2	732.5	527.1	114.7	90.8	12.4
2008	4616.0	885.1	620.1	155.7	109.3	12.3
2009	5802.1	981.9	668.6	178.5	134.8	13.7
2010	7062.6	1206.9	821.8	229.6	155.4	12.9
2011	8687.0	1435.7	936.6	297.8	201.3	14.0
2012	10298.4	1669.6	1063.4	360.5	245.8	14.7
2013	11846.6	1895.6	1185.0	428.1	282.5	14.9
2014	13015.6	2047.7	1268.8	464.7	314.2	15.3
2015	14169.9	2246.3	1384.0	510.2	352.1	15.7
2016	15500.0	2405.0	1484.6	537.0	383.4	15.9
技术市场成交额(亿元) **Transaction Value in Technical Market (100 million yuan)**						
2005	1551.4	495.4	434.4	50.7	10.4	2.1
2006	1818.2	772.1	697.3	58.9	15.9	2.1
2007	2226.5	971.7	882.6	72.6	16.5	1.7
2008	2665.2	1131.3	1027.2	87.5	16.6	1.5
2009	3039.0	1359.6	1236.2	106.2	17.2	1.3
2010	3906.6	1718.6	1579.5	119.8	19.3	1.1
2011	4763.6	2088.6	1890.3	171.6	26.7	1.3
2012	6437.1	2747.5	2458.5	251.2	37.8	1.4
2013	7469.0	3183.5	2851.2	300.7	31.6	1.0
2014	8577.0	3584.0	3136.0	418.1	29.9	0.8
2015	9836.0	3910.9	3452.6	418.4	40.0	1.0
2016	11407.0	4787.0	3940.8	602.3	243.9	5.1
专利申请量(万件) **Number of Patent Applications Accepted (10000 pieces)**						
2005	38.3	4.1	2.3	1.2	0.6	15.8
2006	47.0	4.7	2.7	1.3	0.7	15.3
2007	58.6	5.5	3.2	1.6	0.8	14.2
2008	71.7	7.0	4.4	1.7	0.9	13.0
2009	87.8	8.1	5.0	1.9	1.1	14.1
2010	108.4	9.5	5.7	2.5	1.2	13.0
2011	163.3	13.2	7.8	3.6	1.8	13.3
2012	205.1	15.7	9.2	4.2	2.3	14.8
2013	237.7	21.2	12.3	6.1	2.8	13.2
2014	236.1	23.2	13.8	6.3	3.0	13.0
2015	279.9	28.0	15.6	8.0	4.4	15.7
2016	328.1	35.1	18.9	10.7	5.5	15.7
专利授权量(万件) **Number of Patent Applications Granted (10000 pieces)**						
2005	17.2	1.7	1.0	0.3	0.4	21.4
2006	22.4	2.0	1.1	0.4	0.4	21.2
2007	30.2	2.6	1.5	0.6	0.5	20.7
2008	35.2	3.0	1.8	0.7	0.5	18.4
2009	50.2	3.7	2.3	0.7	0.7	18.5
2010	71.9	5.5	3.4	1.1	1.0	18.4
2011	96.1	6.6	4.1	1.4	1.1	16.8
2012	125.5	8.6	5.1	2.0	1.5	17.8
2013	131.3	10.6	6.3	2.5	1.8	17.1
2014	130.3	12.1	7.5	2.6	2.0	16.5
2015	171.8	16.1	9.4	3.7	3.0	18.6
2016	161.2	17.2	10.1	4.0	3.2	18.6

京津冀主要污染物排放情况
Emmission of Major Pollutant in Jing-Jin-Ji Region

指　　标 Indicator	全　国 China	京津冀合计 Total of Jing-Jin-Ji Region	北　京 Beijing	天　津 Tianjin	河　北 Hebei	河北占京津冀比重(%) Hebei's Share in Jing-Jin-Ji Region (%)
化学需氧量排放量(万吨) COD Emission (10000 tons)						
2005	1414.2	92.3	11.6	14.6	66.1	71.6
2006	1428.2	94.1	11.0	14.3	68.8	73.1
2007	1381.8	91.2	10.7	13.7	66.7	73.2
2008	1320.7	83.9	10.1	13.3	60.5	72.1
2009	1277.5	80.2	9.9	13.3	57.0	71.1
2010	1238.1	77.0	9.2	13.2	54.6	70.9
2011	2499.9	181.8	19.3	23.6	138.9	76.4
2012	2423.7	176.5	18.7	23.0	134.9	76.4
2013	2352.7	171.0	17.8	22.2	131.0	76.6
2014	2294.6	165.2	16.9	21.4	126.9	76.8
2015	2223.5	157.9	16.2	20.9	120.8	76.5
2016	1046.5	60.1	8.7	10.3	41.1	68.4
二氧化硫排放量(万吨) Volume of Sulphur Dioxide Emission (10000 tons)						
2005	2549.4	192.6	19.1	24.0	149.5	77.6
2006	2588.8	197.6	17.6	25.5	154.5	78.2
2007	2468.1	188.9	15.2	24.5	149.2	79.0
2008	2321.2	170.8	12.3	24.0	134.5	78.7
2009	2214.4	160.9	11.9	23.7	125.3	77.9
2010	2185.1	158.4	11.5	23.5	123.4	77.9
2011	2217.9	174.1	9.8	23.1	141.2	81.1
2012	2117.6	165.9	9.4	22.5	134.1	80.8
2013	2043.9	158.9	8.7	21.7	128.5	80.9
2014	1974.4	147.8	7.9	20.9	119.0	80.5
2015	1859.1	136.5	7.1	18.6	110.8	81.2
2016	1102.9	89.0	3.3	6.8	78.9	88.7

注：化学需氧量(COD)排放量和二氧化硫排放量(SO_2)指标自2011年起调整统计口径和核算方法，与历史数据不可比。

a) For the change of survey coverage and calculation method, data of COD emission and Volume of Sulphur Dioxide Emission after 2011 are not comparable with the years before.

主 要 统 计 指 标 解 释

行政区划 指国家对行政区域的划分。根据有关法规规定，我国的行政区域划分如下：(1) 全国分为省、自治区、直辖市；(2) 省、自治区分为自治州、县、自治县、市；(3) 自治州分为县、自治县、市；(4) 县、自治县分为乡、民族乡、镇；(5) 直辖市和较大的市分为区、县；(6) 国家在必要时设立的特别行政区。

当年价格 指报告期的实际价格，如工业品的出厂价格，农产品的收购价格，商业的零售价格等。按当年价格计算，是指一些以货币表现的物量指标，如工农业总产值、国内生产总值等，按照当年的实际价格来计算总量。使用当年价格计算的数字，是为了使国民经济各项指标互相衔接，便于考察当年社会经济效益，便于对生产流通、生产和分配、生产和消费进行经济核算和综合平衡。

按当年价格计算的价值指标，在不同年份之间进行对比时，因为包含有各年间价格变动的因素，不能确切地反映实物量的增减变动。必须消除价格变动因素后，才能真实反映经济发展动态。因此，在计算增长速度时都使用按可比价格计算的数字。

可比价格 指计算各种总量指标所采用的扣除了价格变动因素的价格，可进行不同时期总量指标的对比。按可比价格计算总量指标有两种方法：一种是直接用产品产量乘某一年的不变价格计算；另一种是用价格指数进行伸缩。

平均增长速度 平均增长速度表明社会经济现象在一个较长的时期内逐期平均增长变化的程度，它不能根据各个环比增长速度直接求得，但与平均发展速度之间存在着一定的数量关系：平均增长速度＝平均发展速度－1。

平均发展速度是一种根据环比发展速度计算的序时平均数，由于各时期对比的基础不同，所以计算平均发展速度不能采用一般的序时平均数的计算方法，计算方法分为水平法和累计法。水平法，又称几何平均法，即将环比发展速度按连乘法用几何平均数公式计算。累计法，也称方程法，根据一段时期内各年发展水平总和与基期水平的关系，列出方程式计算平均发展速度。水平法着重考虑最后一年所达到的发展水平；累计法着重考虑整个时期累计发展水平的总量。

本《年鉴》内所列的平均增长速度，除固定资产投资用“累计法”计算外，其余均用“水平法”计算。从某年到某年平均增长速度的年份，均不包括基期年在内。如建国四十三年以来的平均增长速度是以1949年为基期计算的，则写为1950—1992年平均增长速度，其余类推。

国民经济行业分类 自2012年定期报表开始使用新的《国民经济行业分类》(GB/T4754－2011)。该分类是由国家统计局组织修订，国家质量监督检验检疫总局和中国国家标准化管理委员会于2011年4月29日发布。这次修订是在2002年分类标准的基础上，参照联合国《全部经济活动的国际标准产业分类》(ISIC/Rev. 4) 进行的。修订后的《国民经济行业分类》(GB/T4754－2012) 共有门类20个，大类96个，中类432个，小类1094个。

企业（单位）登记注册类型 是以在工商行政管理机关登记注册的各类企业为划分对象，以工商行政管理部门对企业登记注册的类型为依据，将企业登记注册类型分为内资企业、港澳台商投资企业和外商投资企业三大类。内资企业包括国有企业、集体企业、股份合作企业、联营企业、有限责任公司、股份有限公司、私营企业和其他企业；港澳台商投资企业和外商投资企业分别包括合资经营企业、合作经营企业、独资经营企业和股份有限公司等。对不在工商行政管理部门进行登记注册的行政机关、事业单位和社会团体，主要按其经费来源和管理方式进行划分。

国有企业 指企业全部资产归国家所有，并按《中华人民共和国企业法人登记管理条例》规定登记注册的非公司制的经济组织。不包括有限责任公司中的国有独资公司。

集体企业 指企业资产归集体所有，并按《中华人民共和国企业法人登记管理条例》规定登记注册的经济组织。

股份合作企业 指以合作制为基础，由企业职工共同出资入股，吸收一定比例的社会资产投资组建，实行自主经营，自负盈亏，共同劳动，民主管理，按劳分配与按股分红相结合的一种集体经济组织。

联营企业 指两个及两个以上相同或不同所有制性质的企业法人或事业单位法人，按自愿、平等、互利的原则，共同投资组成的经济组织。联营企业包括国有联营企业、集体联营企业、国有与集体联营企业和其他联营企业。

有限责任公司 指根据《中华人民共和国公司登记管理条例》规定登记注册，由两个以上、五十个以下的股东共同出资，每个股东以其所认缴的出资额对公司承担有限责任，公司以其全部资产对其债务承担责任的经济组织。有限责任公司包括国有独资公司以及其他有限责任公司。

股份有限公司 指根据《中华人民共和国公司登记管理条例》规定登记注册，其全部注册资本由等额股份构成并通过发行股票筹集资本，股东以其认购的股份对公司承担有限责任，公司以其全部资产对其债务承担责任的经济组织。

私营企业 指由自然人投资设立或由自然人控股，以雇佣劳动为基础的营利性经济组织。包括按照《公司法》、《合伙企业法》、《私营企业暂行条例》规定登记注册的私营有限责任公司、私营股份有限公司、私营合伙企业和私营独资企业。

其他企业 指上述企业之外的其他内资经济组织。

合资经营企业（港或澳、台资） 指港澳台地区投资者与内地企业依照《中华人民共和国中外合资经营企业法》及有关法律的规定，按合同规定的比例投资设立、分享利润和分担风险的企业。

合作经营企业（港或澳、台资） 指港澳台地区投资者与内地企业依照《中华人民共和国中外合作经营企业法》及有关法律的规定，依照合作合同的约定进行投资或提供条件设立、分配利润和分担风险的企业。

港澳台商独资经营企业 指依照《中华人民共和国外资企业法》及有关法律的规定，在内地由港澳台地区投资者全额投资设立的企业。

港澳台商投资股份有限公司 指根据国家有关规定，经原外经贸部依法批准设立，其中港、澳、台商的股本占公司注册资本的比例达25%以上的股份有限公司。凡其中港、澳、台商的股本占公司注册资本的比例小于25%的，属于内资企业中的股份有限公司。

其他港澳台商投资企业 指在中国境内参照《外国企业或个人在中国境内设立合伙企业管理办法》和《外商投资合伙企业登记管理规定》，依法设立的港、澳、台商投资合伙企业等。

中外合资经营企业 指外国企业或外国人与中国内地企业依照《中华人民共和国中外合资经营企业法》及有关法律的规定，按合同规定的比例投资设立、分享利润和分担风险的企业。

中外合作经营企业 指外国企业或外国人与中国内地企业依照《中华人民共和国中外合作经营企业法》及有关法律的规定，依照合作合同的约定进行投资或提供条件设立、分配利润和分担风险的企业。

外资企业 指依照《中华人民共和国外资企业法》及有关法律的规定，在中国内地由外国投资者全额投资设立的企业。

外商投资股份有限公司 指根据国家有关规定，经原外经贸部依法批准设立，其中外资的股本占公司注册资本的比例达25%以上的股份有限公司。凡其中外资股本占公司注册资本的比例小于25%的，属于内资企业中的股份有限公司。

其他外商投资企业 指在中国境内依照《外国企业或个人在中国境内设立合伙企业管理办法》和《外商投资合伙企业登记管理规定》，依法设立的外商投资合伙企业等。

行政机关、事业单位和社会团体 参照企业登记注册类型，主要按其经费来源和管理方式划分。具体规定如下：

（1）行政机关：包括国家机关和政党机关，原则上均列为“国有”。但有特殊规定的，如供销社等，则列为“集体”。

（2）事业单位：包括经国家机构编制部门和有关业务主管部门批准成立的各类事业单位，不包括实行企业化管理的事业单位。事业单位的划分办法如下：

①由国家财政预算拨款或列入财政预算外资金管理以及经费主要来源于国有主管部门或国有上级单位的事业单位，列为“国有”。

②经费主要来源于集体单位的事业单位，列为“集体”。

③公民个人（或个人合伙）开办的事业单位，列为“私营”。

④上述以外的其他事业单位，如果其经费来源不明确，按管理方式进行归类。

（3）社会团体：包括经民政部门批准成立以及未纳入社会团体管理条例范围的工会、妇联等各类社会团体。社会团体的划分办法如下：

①未纳入民政部社会团体管理条例范围的工会、妇联、共青团、青联、工商联、科协、侨联等社会团体，国家拨款设立的基金会或基金管理组织以及经费主要来源于国有业务主管部门或国有上级单位的社会团体，列为“国有”。

②经费主要来源于集体单位的社会团体，列为“集体”。

③公民个人（或个人合伙）开办的社会团体，划为“私营”。

④上述以外的其他社会团体，如果其经费来源不明确，改按管理方式进行归类。

法人单位 指具备：

（1）依法成立、有自己的名称、组织机构和场所、能够独立承担民事责任；

（2）独立拥有和使用（或授权使用）资产、承担负债、有权与其它单位签订合同；

（3）会计上独立核算、能够编制资产负债表。法人单位包括企业法人、事业单位法人、机关法人、社会团体法人和其他法人。

国内生产总值（GDP） 指按市场价格计算的一个国家（或地区）所有常住单位在一定时期内生产活动的最终成果。国内生产总值有三种表现形态，即价值形态、收入形态和产品形态。从价值形态看，它是所有常住单位在一定时期内生产的全部货物和服务价值与同期投入的全部非固定资产货物和服务价值的差额，即所有常住单位的增加值之和；从收入形态看，它是所有常住单位在一定时期内创造的各项收入之和，包括劳动者报酬、生产税净额、固定资产折旧和营业盈余；从产品形态看，它是所有常住单位在一定时期内最终使用的货物和服务价值与货物和服务净出口价值之和。在实际核算中，国内生产总值有三种计算方法，即生产法、收入法和支出法。三种方法分别从不同的方面反映国内生产总值及其构成。

对于一个地区来说，称为地区生产总值或地区 GDP。

国民总收入（GNI） 即国民生产总值，指一个国家（或地区）所有常住单位在一定时期内收入初次分配的最终结果。一国常住单位从事生产活动所创造的增加值在初次分配中主要分配给该国的常住单位，但也有一部分以生产税及进口税（扣除生产和进口补贴）、劳动者报酬和财产收入等形式分配给非常住单位；同时，国外生产所创造的增加值也有一部分以生产税及进口税（扣除生产和进口补贴）、劳动者报酬和财产收入等形式分配给该国的常住单位，从而产生了国民总收入的概念。它等于国内生产总值加上来自国外的净要素收入。与国内生产总值不同，国民总收入是个收入概念，而国内生产总值是个生产概念。

三次产业 三产业的划分是世界上较为常用的产业结构分类，但各国的划分不尽一致。根据《国民经济行业分类》(GB/T4754—2011)，我国的三次产业划分是：

第一产业是指农、林、牧、渔业（不含农、林、牧、渔服务业）。

第二产业是指采矿业（不含开采辅助活动），制造业（不含金属制品、机械和设备修理业），电力、热力、燃气及水生产和供应业，建筑业。

第三产业即服务业，是指除第一产业、第二产业以外的其他行业。

劳动者报酬 指劳动者从事生产活动应获得的全部报酬。既包括货币形式的报酬，也包括实物形式的报酬。主要包括工资、奖金、津贴和补贴，单位为其员工缴纳的社会保险费、补充社会保险费和住房公积金、行政事业单位职工的离退休金、单位为其员工提供的其他各种形式的福利和报酬等。

生产税净额 指生产税减生产补贴后的余额。生产税指政府对生产单位从事生产、销售和经营活动，以及因从事生产活动使用某些生产要素（如固定资产、土地等）所征收的各种税、附加费和其他规费。生产税分为产品税和其他生产税，产品税主要有：增值税、消费税、进口关税、出口税等；其他生产税主要有：房产税、车船使用税、城镇土地使用税等。生产补贴则相反，它是政府为影响生产单位的生产、销售及定价等生产活动而对其提供的无偿支付，包括农业生产补贴、政策亏损补贴、进口补贴等。生产补贴作为负生产税处理。

固定资产折旧 指由于自然退化、正常淘汰或损耗而导致的固定资产价值下降，用以代表固定资产通过生产过程被转移到其产出中的价值。原则上，固定资产折旧应按照固定资产的重置价值计算。

营业盈余 指常住单位创造的增加值扣除劳动者报酬、生产税净额和固定资产折旧后的余额。

支出法国内生产总值 是从最终使用的角度反映一个国家（或地区）一定时期内生产活动最终成果的一种方法，包括最终消费支出、资本形成总额及货物和服务净出口三部分。计算公式为：

支出法国内生产总值＝最终消费支出＋资本形成总额＋货物和服务净出口

最终消费支出 指常住单位为满足物质、文化和精神生活的需要，从本国经济领土和国外购买的货物和服务的支出。它不包括非常住单位在本国经济领土内的消费支出。最终消费支出分为居民消费支出和政府消费支出。

居民消费支出 指常住住户在一定时期内对于货物和服务的全部最终消费支出。居民消费支出除了直接以货币形式购买的货物和服务的消费支出外，还包括以其他方式获得的货物和服务的消费支出，即所谓的虚拟消费支出。居民虚拟消费支出包括如下几种类型：单位以实物报酬及实物转移的形式提供给劳动者的货物和服务；住户生产并由本住户消费了的货物和服务，其中的服务仅指住户的自有住房服务；金融机构提供的金融媒介服务。

政府消费支出 指政府部门为全社会提供的公共服务的消费支出和免费或以较低的价格向居民住户提供的货物和服务的净支出，前者等于政府服务的产出价值减去政府单位所获得的经营收入的价值，后者等于政府部门免费或以较低价格向居民住户提供的货物和服务的市场价值减去向住户收取的价值。

资本形成总额 指常住单位在一定时期内获得减去处置的固定资产和存货的净额，包括固定资本形成总额和存货变动两部分。

固定资本形成总额 指生产者在一定时期内获得的固定资产减处置的固定资产的价值总额。固定资产是通过生产活动生产出来的，且其使用年限在一年以上、单位价值在规定标准以上的资产，不包括自然资产、耐用消费品、小型工器具。固定资本形成总额包括住宅、其他建筑和构筑物、机器和设备、培育性生物资源、知识产权产品（研发支出、矿藏的勘探、计算机软件）的价值获得减处置。

存货变动 指常住单位在一定时期内存货实物量变动的市场价值，即期末价值减期初价值的差额，再扣除当期由于价格变动而产生的持有收益。存货变动可以是正值，也可以是负值，正值表示存货上升，负值表示存货下降。存货包括生产单位购进的原材料、燃料和储备物资等存货，以及生产单位生产的产成品、在制品和半成品等存货。

货物和服务净出口 指货物和服务出口减货物和服务进口的差额。出口包括常住单位向非常住单位出售或无偿转让的各种货物和服务的价值；进口包括常住单位从非常住单位购买或无偿得到的各种货物和服务的价值。由于服务活动的提供与使用同时发生，一般把常住单位从非常住单位得到的服务作为进口，非常住单位从常住单位得到的服务作为出口。货物的出口和进口都按离岸价格计算。

机构单位 指能够以自己的名义拥有资产和承担负债，能够独立地从事经济活动并与其他实体进行交易的经济实体。

机构部门 将相同性质的机构单位归并在一起，就形成机构部门。资金流量核算将常住机构单位划分为以下四个机构部门：非金融企业部门、金融机构部门、政府部门、住户部门。与常住单位发生交易的非常住单位称为国外，在资金流量核算中也视同机构部门。

非金融企业与非金融企业部门 非金融企业指主要从事市场货物生产和提供非金融市场服务的常住企业，它主要包括从事上述活动的各类法人企业。所有非金融企业归并在一起，就形成非金融企业部门。

金融机构与金融机构部门 金融机构指主要从事金融媒介以及与金融媒介密切相关的辅助金融活动的常住单位，它主要包括中央银行、商业银行和政策性银行、非银行信贷机构、证券机构、保险机构及其他金融机构。所有金融机构归并在一起，就形成金融机构部门。

政府机构与政府部门 政府机构指在设定区域内对其他机构单位拥有立法、司法或行政权的法律实体及其附属单位。政府机构的主要职能是利用征税和其他方式获得的资金向社会和公众提供货物和服务。通过转移支付，对社会收入和财产进行再分配。它主要包括各种行政单位和非营利性事业单位。所有政府机构组成政府部门。

住户与住户部门 住户指共享同一生活设施，共同使用部分或全部收入和财产，共同消费住房、食品和其他消费品与服务的常住个人或个人群体。所有住户组成住户部门。

非常住单位与国外 所有不具有常住性的机构单位都是非常住单位。与我国常住单位发生交易的所有非常住单位称为国外。

初次分配总收入 初次分配是生产活动创造的价值在参与生产活动的生产要素的所有者及政府之间的分配。生产活动的净成果是增加值。生产要素包括劳动力、资本、自然资源。劳动力所有者因提供劳动而获得劳动报酬；资本的所有者因资本的形态不同而获得不同形式的收入：借贷资本所有者获得利息收入；股权所有者获得红利或未分配利润；自然资源所有者因出让自然资源使用权而获得地租；政府因直接或间接介入生产过程而获得生产税或支付补贴。初次分配的结果形成各个机构部门的初次分配总收入。各部门的初次分配总收入之和就等于国民总收入，亦即国民生产总值。

经常转移 转移是一个机构单位向另一个机构单位提供货物、服务或资产，但又不从后者获取任何直接对应回报的一种交易。经常转移交易的一方或双方都不涉及获得或处置资产（除存货和现金外）的转移。其形式有所得税及财产税、社会保险缴款、社会保险福利、社会补助和其他经常转移。

可支配总收入 在初次分配总收入的基础上，通过经常转移的形式对初次分配总收入进行再次分配。再分配的结果形成各个机构部门的可支配总收入。各部门的可支配总收入之和称为国民可支配总收入。

总储蓄 指可支配总收入用于最终消费后的余额。各部门的总储蓄之和称为国民总储蓄。

资本转移 指交易的一方或双方涉及获得或处置资产（除存货和现金外）的转移。资本转移包括资本税、投资性补助和其他资本转移。

净金融投资 它反映各机构部门或经济总体非金融投资过程中资金富余或短缺的状况。从非金融交易角度看，它是指总储蓄加资本转移收入减资本转移支出减非金融投资后的差额。从金融交易角度看，它是金融资产的增加额减金融负债的增加额之后的差额。

通货 指以现金形式存在于市场流通中的货币，包括纸币和硬币。

存款 指金融机构接受客户存入的货币款项，存款人可随时或按约定时间支取款项的信用业务。包括活期存款、定期存款、财政存款、外汇存款、委托存款、信托存款、证券公司客户保证金、其他存款和金融机构往来。

贷款 指金融机构将其所吸收的资金，按一定的利率贷放给客户并约期归还的信用业务。包括短期贷款及票据融资、中长期贷款、外汇贷款、委托贷款和其他贷款。

股权和投资基金份额 股权指对清偿债权人全部债权后的公司或准法人公司的剩余财产有索取权的所有票据或证明记录，包括上市股票、非上市股票和其他股权。投资基金份额是将投资者的资金集中起来投资用于金融或非金融资产的集体投资时，证明投资人持有的基金单位数量的受益凭证。

债务性证券 作为债务证明的可转让工具，包括票据、债券、资产支持证券和通常可在金融市场交易的类似工具。其中，债券指机构单位为筹措资金而发行，并且承诺按约定条件偿还的有价证券，主要包括国债、金融债券、中央银行债券、企业债券等。

保险准备金和社会保险基金权益 指社会保险和商业保险基金的净权益、保险费预付款和未决索赔准备金，包括人身保险准备金和其他保险准备金。

金融衍生品和雇员股票期权 金融衍生品指以货币、债券、股票等传统金融产品为基础，以杠杆性的信用交易为特征的金融产品。雇员股票期权是一种劳动者报酬形式，是企业向其雇员提供的一种购买企业股权的期权，即雇主与雇员在某日（授权日）签订的一种协议，根据协议，在未来约定时间（含权日）或紧接着的一段时间（行权期）内，雇员能以约定价格（执行价格）购买约定数量的雇主股票。

国际储备 指中央银行拥有的、可以随时动用并有效控制的对外资产，包括货币黄金、特别提款权、外汇储备、在国际货币基金组织的储备头寸和其他债权。

经常账户 包括货物、服务、初次收入和二次收入等内容。

初次收入 指常住单位与非常住单位之间因提供劳务、金融资产和出租自然资源而获得的回报，包括雇员报酬、投资收益和其他初次收入三部分。雇员报酬指雇员（属于一个经济体）因在雇主（属于另一个经济体）生产过程中提供劳务投入而获得的酬金回报，包括现金形式的工资和薪金、实物形式的工资和薪金、雇主的社会保险缴费。投资收益指常住单位与非常住单位之间提供金融资产获得的回报，包括直接投资收益、证券投资收益和其他投资收益。

二次收入 指常住单位与非常住单位之间的经常转移，包括现金和实物转移。

资本账户 资本账户是反映常住单位与非常住单位之间发生的资本转移，以及常住单位与非常住单位之间发生的非生产非金融资产的获得和处置。其中，资产转移包括债务减免、投资捐赠等非经常性转移；非生产非金融资产的获得和处置包括营销资产及契约、租约和许可等的获得和处置。

金融账户 指常住单位与非常住单位之间发生的金融资产和负债交易，包括非储备性质的金融账户和国际储备。

直接投资 指投资者为在国外经营企业，并在管理上实施控制或重要影响而进行的投资。

证券投资 指没有列入直接投资或国际储备的股本证券和债务证券的跨境交易。

人口数 指一定时点、一定地区范围内有生命的个人总和。年度统计的年末人口数指每年12月31日24时的人口数。

城镇人口和乡村人口 城镇人口是指居住在城镇范围内的全部常住人口；乡村人口是除上述人口以外的全部人口。

出生率（又称粗出生率） 指在一定时期内（通常为一年）一定地区的出生人数与同期内的平均人数（或期中人数）之比，用千分率表示。本年鉴中的出生率指年出生率，计算公式为：

$$出生率=\frac{年出生人数}{年平均人数}\times 1000‰$$

式中：出生人数指活产婴儿，即胎儿脱离母体时（不管怀孕月数），有过呼吸或其他生命现象。年平均人数指年初、年底人口数的平均数，也可用年中人口数代替。

死亡率（又称粗死亡率） 指在一定时期内（通常为一年）一定地区的死亡人数与同期内平均人数（或期中人数）之比，用千分率表示。本年鉴中的死亡率指年死亡率，计算公式为：

$$死亡率=\frac{年死亡人数}{年平均人数}\times 1000‰$$

人口自然增长率 指在一定时期内（通常为一年）人口自然增加数（出生人数减死亡人数）与该时期内平均人数（或期中人数）之比，用千分率表示。计算公式为：

$$人口自然增长率=\frac{本年出生人数-本年死亡人数}{年平均人数}\times 1000‰$$

$$=人口出生率-人口死亡率$$

总抚养比 也称总负担系数。指人口总体中非劳动年龄人口数与劳动年龄人口数之比。通常用百分比表示。说明每100名劳动年龄人口大致要负担多少名非劳动年龄人口。用于从人口角度反映人口与经济发展的基本关系。计算公式为：

$$GDR=\frac{P_{0\sim14}+P_{65+}}{P_{15\sim64}}\times 100\%$$

其中：GDR为总抚养比；$P_{0\sim14}$为0～14岁少年儿童人口数；P_{65+}为65岁及65岁以上的老年人口数；$P_{15\sim64}$为15～64岁劳动年龄人口数。

老年人口抚养比 也称老年人口抚养系数。指某一人口中老年人口数与劳动年龄人口数之比。通常用百分比表示。用以表明每100名劳动年龄人口要负担多少名老年人。老年人口抚养比是从经济角度反映人口老化社会后果的指标之一。计算公式为：

$$ODR=\frac{P_{65+}}{P_{15\sim64}}\times 100\%$$

其中：ODR为老年人口抚养比；P_{65+}为65岁及65岁以上的老年人口数；$P_{15\sim64}$为15～64岁的劳动年龄人口数。

少年儿童抚养比 也称少年儿童抚养系数。指某一人口中少年儿童人口数与劳动年龄人口数之比。通常用百分比表示。以反映每100名劳动年龄人口要负担多少名少年儿童。计算公式为：

$$CDR=\frac{P_{0\sim14}}{P_{15\sim64}}\times 100\%$$

其中：CDR为少年儿童抚养比；$P_{0\sim14}$为0～14岁少年儿童人口数；$P_{15\sim64}$为15～64岁劳动年龄人口数。

经济活动人口 指在16周岁及以上，有劳动能力，参加或要求参加社会经济活动的人口。包括就业人员或失业人员。

就业人员 指在一定年龄以上，有劳动能力，为取得劳动报酬或经营收入而从事一定社会劳动的人员。具体指年满16周岁，为取得报酬或经营利润，在调查周内从事了1小时（含1小时）以上的劳动人员；或由于学习、休假等原因在调查周内暂时处于未工作状态，但有工作单位或场所的人员或由于临时停工放假、单位不景气放假等原因在调查周内暂时处于未工作状态，但不满三个月的人员。

单位就业人员 指报告期末最后一日24小时在本单位中工作，并取得工资或其他形式劳动报酬的人员数。该指标为时点指标，不包括最后一日当天及以前已经与单位解除劳动合同关系的人员，是在岗职工、劳务派遣人员及其他就业人员之和。就业人员不包括：

（1）离开本单位仍保留劳动关系，并定期领取生活费的人员；

（2）在本单位实习的各类在校学生；

（3）本单位因劳务外包而使用的人员。

城镇私营和个体就业人员 城镇私营就业人员指在工商管理部门注册登记，其经营地址设在县城关镇（含县城关镇）以上的私营企业就业人员；包括私营企业投资者和雇工。城镇个体就业人员指在工商管理部门注册登记，并持有城镇户口或在城镇长期居住，经批准从事个体工商经营的就业人员；包括个体经营者和在个体工商户劳动的家庭帮工和雇工。

在岗职工 指在本单位工作且与本单位签订劳动合同、并由单位支付各项工资和社会保险、住房公积金的人员，以及上述人员中由于学习、病伤、产假等原因暂未工作仍由单位支付工资的人员。在岗职工还包括：

（1）应订立劳动合同而未订立劳动合同人员（如使用的农村户籍人员）；

（2）处于试用期人员；

（3）编制外招用的人员；

（4）派往外单位工作，但工资仍由本单位发放的人员（如挂职锻炼、外派工作等情况）。

工资总额 指根据《关于工资总额组成的规定》（1990年1月1日国家统计局发布的一号令）进行修订，在报告期内（季度或年度）直接支付给本单位全部就业人员的劳动报酬总额。包括计时工资、计件工资、奖金、津贴和补贴、加班加点工资、特殊情况下支付的工资，是在岗职工工资总额、劳务派遣人员工资总额和其他就业人员工资总额之和。

工资总额是税前工资，包括单位从个人工资中直接为其代扣或代缴的房费、水费、电费、住房公积金和社会保险基金个人缴纳部分等。

工资总额不论是计入成本的还是不计入成本的，不论是以货币形式支付的还是以实物形式支付的，均应列入工资总额的计算范围。

平均工资 指单位就业人员在一定时期内平均每人所得的工资额。它表明一定时期工资收入的高低程度，是反映就业人员工资水平的主要指标。计算公式为：

$$\text{平均工资}=\frac{\text{报告期就业人员工资总额}}{\text{报告期就业人员平均人数}}$$

平均工资指数 指报告期就业人员平均工资与基期就业人员平均工资的比率，是反映不同时期就业人员货币工资水平变动情况的相对数。计算公式为：

$$\text{平均工资指数}=\frac{\text{报告期就业人员平均工资}}{\text{基期就业人员平均工资}}\times 100\%$$

平均实际工资指数 就业人员平均实际工资指扣除物价变动因素后的就业人员平均工资。就业人员平均实际工资指数是反映实际工资变动情况的相对数，表明就业人员实际工资水平提高或降低的程度。计算公式为：

$$\text{平均实际工资指数}=\frac{\text{报告期就业人员平均工资指数}}{\text{报告期城镇居民消费价格指数}}\times 100\%$$

城镇登记失业人员 指有非农业户口，在一定的劳动年龄内（16周岁至退休年龄），有劳动能力，无业而要求就业，并在当地劳动保障部门进行失业登记的人员。

城镇登记失业率 城镇登记失业人员与城镇单位就业人员（扣除使用的农村劳动力、聘用的离退休人员、港澳台及外方人员）、城镇单位中的不在岗职工、城镇私营业主、个体户主、城镇私营企业和个体就业人员、城镇登记失业人员之和的比。

全社会固定资产投资 是以货币形式表现的在一定时期内全社会建造和购置固定资产的工作量以及与此有关的费用的总称。该指标是反映固定资产投资规模、结构和发展速度的综合性指标，又是观察工程进度和考核投资效果的重要依据。全社会固定资产投资按登记注册类型可分为国有、集体、联营、股份制和个体、港澳台商、外商、其他等。

固定资产投资（不含农户） 指城镇和农村各种登记注册类型的企业、事业、行政单位及城镇个体户进行的计划总投资在500万元及500万元以上的建设项目投资和房地产开发投资，包含原口径的城镇固定资产投资加上农村企事业组织项目投资，该口径从2011年起开始使用。

房地产开发投资 指各种登记注册类型的房地产开发法人单位统一开发的包括统代建、拆迁还建的住宅、厂房、仓库、饭店、宾馆、度假村、写字楼、办公楼等房屋建筑物，配套的服务设施，土地开发工程（如道路、给水、排水、供电、供热、通讯、平整场地等基础设施工程）和土地购置的投资；不包括单纯的土地开发和交易活动。

固定资产投资的实际到位资金 根据固定资产投资的资金来源不同，分为国家预算资金、国内贷款、利用外资、自筹资金和其他资金。

（1）国家预算资金 国家预算包括一般预算、政府性基金预算、国有资本经营预算和社保基金预算。各类预算中用于固定资产投资的资金全部作为国家预算资金填报，其中一般预算中用于固定资产投资的部分包括基建投资、车购税、灾后恢复重建基金和其他财政投资。各级政府债券也应归入国家预算资金。

（2）国内贷款 指报告期固定资产项目投资单位向银行及非银行金融机构借入用于固定资产投资的各种国内借款，包括银行利用自有资金及吸收存款发放的贷款、上级主管部门拨入的国内贷款、国家专项贷款（包括煤代油贷款、劳改煤矿专项贷款等）、地方财政专项资金安排的贷款、国内储备贷款、周转贷款等。

（3）利用外资 指报告期收到的境外（包括外国及港澳台地区）资金（包括设备、材料、技术在内）。包括对外借款（外国政府贷款、国际金融组织贷款、出口信贷、外国银行商业贷款、对外发行债券和股票）、外商直接投资、外商其他投资（包括利用外商投资收益在国内进行固定资产再投资活动的资金）。不包括我国自有外汇资金（国家外汇、地方外汇、留成外汇、调剂外汇和国内银行自有资金发行的外汇贷款等)。各类外资按报告期末的外汇牌价(中间价)折成人民币计算。

(4)自筹资金　指固定资产投资单位报告期收到的,由各企、事业单位筹集用于固定资产投资的资金,包括各类企事业单位的自有资金和从其他单位筹集的用于固定资产投资的资金,但不包括各类财政性资金、从各类金融机构借入资金和国外资金。

(5)其他资金　指在报告期收到的除以上各种资金之外的用于固定资产投资的资金,包括社会集资、个人资金、无偿捐赠的资金及其他单位拨入的资金等。

固定资产投资按国民经济行业分　指根据其从事的社会经济活动性质对各类单位进行的分类。应根据建设项目建成投产后的主要产品种类或主要用途及社会经济活动种类来划分,不能根据项目单位本身的行业类别来划分。如果项目投产后有几种产品,应根据主要产品来确定行业类别。一般情况下,一个建设项目只能属于一种国民经济行业。

固定资产投资按隶属关系分　是按建设单位或企业、事业、行政单位的主管上级机关确定的。

(1)中央　是指中共中央、人大常委会和国务院各部、委、局、总公司以及直属机构直接领导的建设项目和企业、事业、行政单位。这些单位的固定资产投资计划由国务院各部门直接编制和下达,统一组织或委托下级实施。包括有中央垂直管理的部门(如国家统计局各级调查队)和中央直属企业、事业单位(如工商银行、中国电信、中国石油)等。

(2)地方　是由省(自治区、直辖市)、地(区、市、州、盟)、县(区、市、旗)三级政府及业务主管部门直接领导和管理的建设项目、企业、事业、行政单位。地方项目还包括不隶属以上各级政府及主管部门的建设项目和企业、事业单位,如外商投资企业和无主管部门的企业等。

固定资产投资按建设性质分　按整个建设项目情况来确定。建设项目的性质一般分为新建、扩建、改建和技术改造、单纯建造生活设施、迁建、恢复、单纯购置。房地产开发单位、农户投资不划分建设性质。

(1)新建　指从无到有"平地起家"开始建设的项目。现有企业、事业、行政单位投资的项目一般不属于新建。但如有的单位原有基础很小,经过建设后新增的固定资产价值超过该企业、事业、行政单位原有固定资产价值(原值)三倍以上的,也应作为新建。

(2)扩建　指在厂内或其他地点,为扩大原有产品的生产能力(或效益)或增加新的产品生产能力,而增建的生产车间(或主要工程)、分厂、独立的生产线的企业、事业单位。行政、事业单位在原单位增建业务性用房(如学校增建教学用房、医院增建门诊部、病房等)也作为扩建。现有企、事业单位为扩大原有主要产品生产能力或增加新的产品生产能力,增建一个或几个主要生产车间(或主要工程)、分厂,同时进行一些更新改造工程的,也应作为扩建。

(3)改建和技术改造　指现有企业、事业单位对原有设施进行技术改造或更新(包括相应配套的辅助性生产、生活福利设施)的建设项目。改建项目包括现有企业、事业单位为适应市场变化的需要,而改变企业的主要产品种类(如军工企业转民产品等)的建设项目,原有产品生产作业线由于各工序(车间)之间能力不平衡,为填平补齐充分发挥原有生产能力而增建不增加本企业主要产品设计能力的车间的建设项目。技术改造是指企业、事业单位在现有基础上,用先进的技术代替落后的技术,用先进的工艺和装备代替落后的工艺和装备,以改变企业落后的技术经济面貌,实现以内涵为主的扩大再生产,达到提高产品质量、促进产品更新换代、节约能源、降低消耗、扩大生产规模、全面提高社会经济效益的目的。技术改造具体包括以下内容:机器设备和工具的更新改造;生产工艺改革、节约能源和原材料的改造;厂房建筑和公共设施的改造;保护环境进行的"三废"治理改造;劳动条件和生产环境的改造等。

固定资产投资按构成分

(1)建筑工程　指各种房屋、建筑物的建造工程,又称建筑工作量。这部分投资额必须兴工动料,通过施工活动才能实现,是固定资产投资额的重要组成部分。

(2)安装工程　指各种设备、装置的安装工程,又称安装工作量。在安装工程中,不包括被安装设备本身的价值。

(3)设备工具器具购置　指报告期内购置或自制的,达到固定资产标准的设备、工具、器具的价值。新建单位及扩建单位的新建车间,按照设计或计划要求购置或自制的全部设备、工具、器具,不论是否达到固定资产标准均计入"设备工具器具购置"中。

(4)其他费用　指在固定资产建造和购置过程中发生的,除建筑安装工程和设备、工具器具购置投资完成额以外的应当分摊计入固定资产的费用,不指经营中财务上的其他费用。

施工项目个数　指本年正式进行过建筑或安装施工活动的建设项目个数。包括本年新开工项目,以前年度开工跨入本年继续施工项目、本年全部建成投产项目、以前年度全部停缓建在本年恢复施工的项目,本年进行过施工又在本年内全部停缓建的项目。施工项目个数可以反映一定时期固定资产投资的实际规模,与同期全部建成投产项目个数相比,可以从建设速度的角度反映固定资产投资的效果。

本年投产项目个数　指报告期内设计文件规定建成主体工程和相应配套的辅助设施,形成生产能力或工程效益,经过验收合格,并且已正式投入生产或使用的建设项目。

新增生产能力(或工程效益)　指通过固定资产投资活动而增加的设计能力(或工程效益)。主要指标包括建设规模、本年施工规模、自开始建设累计新增生产能力

（或工程效益）、本年新增生产能力（或工程效益）等。

建设规模 指建设项目或工程设计文件中规定的全部设计能力（或工程效益）。包括已经建成投产或尚未建成投产的工程的生产能力（或工程效益）。

本年施工规模 指报告期内施工的单项工程（或更新改造项目）的设计能力（或工程效益），包括报告期以前已开工跨入本年继续施工的工程的设计能力和报告期新开工工程的设计能力。也包括报告期内建成投产或报告期施工后又停缓建的单项工程设计能力。不包括在报告期以前已建成投产或已经停、缓建的工程，以及报告期内尚未正式开工的工程的设计能力。

新增固定资产 指已经完成建造和购置过程，并已交付生产或使用单位的固定资产的价值，包括已经建成投入生产或交付使用的工程投资和达到固定资产标准的设备、工具、器具的投资及有关应摊入的费用。该指标是表示固定资产投资成果的价值指标，也是反映建设进度，计算固定资产投资效果的重要指标。

项目建成投产率 指一定时期内全部建成投产项目个数与同期施工项目个数的比率。该指标从建设单位建设速度的角度反映投资效果。

固定资产交付使用率 指一定时期新增固定资产与同期完成投资额的比率。该指标是反映固定资产动用速度，衡量建设过程中宏观投资效果的综合指标。由于新增固定资产是较长时期内形成的结果，而投资额是当年完成的，因此，该指标一般适宜于反映较长时期内固定资产的动用情况。

能源生产总量 指一定时期内全国（地区）一次能源生产量的总和。该指标是观察全国（地区）能源生产水平、规模、构成和发展速度的总量指标。一次能源生产量包括原煤、原油、天然气、水电、核能及其他动力能（如风能、地热能等）发电量，不包括低热值燃料生产量、太阳热能等的利用和由一次能源加工转换而成的二次能源产量。

能源消费总量 是指一定地域内，国民经济各行业和居民家庭在一定时间消费的各种能源的总和。包括：原煤、原油、天然气、水能、核能、风能、太阳能、地热能、生物质能等一次能源；一次能源通过加工转换产生的洗煤、煤气、焦炭、电力、热力、成品油等二次能源和同时产生的其他产品；其他化石能源、可再生能源和新能源。其中水能、风能、太阳能、地热能、生物质能等可再生能源，是指人们通过一定技术手段获得的，并作为商品能源使用的部分。在核算过程中，一次能源、二次能源消费不能重复计算。能源消费总量分为终端能源消费量、能源加工转换损失量和能源损失量三部分。

（1）终端能源消费量 指一定时期内，一定地域生产和生活消费的各种能源在扣除了用于加工转换二次能源消费量和损失量以后的数量。

（2）能源加工转换损失量 指一定时期内，一定地域投入加工转换的各种能源数量之和与产出各种能源产品之和的差额。它是观察能源在加工转换过程中损失量变化的指标。

（3）能源损失量 指一定时期内，能源在输送、分配、储存过程中发生的损失和由客观原因造成的各种损失量，不包括各种气体能源放空、放散量。

能源加工转换效率 指一定时期内，能源经过加工、转换后，产出的各种能源产品的数量与同期内投入加工转换的各种能源数量的比率。它是观察能源加工转换装置和生产工艺先进与落后、管理水平高低等的重要指标。计算公式：

$$能源加工转换效率=\frac{能源加工转换产出量}{能源加工转换投入量}\times 100\%$$

单位国内生产总值能耗 指一定时期内，一个国家或地区每生产一个单位国内生产总值所消耗的能源。计算公式：

$$单位国内生产总值能耗=\frac{能源消费总量}{国内生产总值}$$

单位国内生产总值电耗 指一定时期内，一个国家或地区每生产一个单位国内生产总值所消耗的电力。计算公式：

$$单位国内生产总值电耗=\frac{全社会用电量}{国内生产总值}$$

单位工业增加值能耗 指一定时期内，一个国家或地区每生产一个单位工业增加值所消耗的能源。计算公式：

$$单位工业增加值能耗=\frac{工业能源消费量}{工业增加值}$$

一般公共预算收入 指国家财政参与社会产品分配所取得的收入，是实现国家职能的财力保证。主要包括：（1）各项税收：包括国内增值税、国内消费税、进口货物增值税和消费税、出口货物退增值税和消费税、营业税、企业所得税、个人所得税、资源税、城市维护建设税、房产税、印花税、城镇土地使用税、土地增值税、车船税、船舶吨税、车辆购置税、关税、耕地占用税、契税、烟叶税等。（2）非税收入：包括专项收入、行政事业性收费、罚没收入和其他收入。财政收入按现行分税制财政体制划分为中央本级收入和地方本级收入。

一般公共预算支出 指国家财政将筹集起来的资金进行分配使用，以满足经济建设和各项事业的需要。主要包括：一般公共服务、外交、国防、公共安全、教育、科学技术、文化体育与传媒、社会保障和就业、医疗卫生与计划生育、节能环保、城乡社区、农林水、交通运输、资源勘探信息等、商业服务业等、金融、援助其他地区、国土海洋气象等、住房保障、粮油物资储备、政府债务付息等方面的支出。财政支出根据政府在经济和社会活动中的不同职权，划分为中央财政支出和地方财政支出。

中央公共财政收入和地方公共财政收入 属于中央一般公共预算的收入包括关税，进口货物增值税和消费税，出口货物退增值税和消费税，消费税，铁道部门、各银行总行、各保险公司总公司等集中缴纳的营业税和城市维护建设税，增值税1月1日至4月30日75%部分，5月1

日至12月31日50%部分。纳入共享范围的企业所得税60%部分，未纳入共享范围的中央企业所得税、中央企业上交的利润，个人所得税60%部分，车辆购置税，船舶吨税，证券交易印花税97%部分，海洋石油资源税，中央非税收入等。属于地方一般公共预算的收入包括营业税（不含铁道部门、各银行总行、各保险公司总公司集中缴纳的营业税），地方企业上交利润，城市维护建设税（不含铁道部门、各银行总行、各保险公司总公司集中缴纳的部分），房产税，城镇土地使用税，土地增值税，车船税，耕地占用税，契税，烟叶税，印花税（不含证券交易印花税），增值税1月1日至4月30日25%部分，5月1日至12月31日50%部分，纳入共享范围的企业所得税40%部分，个人所得税40%部分，海洋石油资源税以外的其他资源税，地方非税收入等。

中央一般公共预算支出和地方一般公共预算支出 指根据政府在经济和社会活动中的不同职责，划分中央和地方政府的责权，按照政府的责权划分确定的支出。中央一般公共预算支出包括一般公共服务，外交支出，国防支出，公共安全支出，以及中央政府调整国民经济结构、协调地区发展、实施宏观调控的支出等。地方一般公共预算支出包括一般公共服务，公共安全支出，地方统筹的各项社会事业支出等。

存款 指企业、机关、团体或居民根据资金必须收回的原则，把货币资金存入银行或其他信贷机构保管并取得一定利息的一种信用活动形式。根据存款对象或性质的不同可划分为企业存款、财政存款、机关团体存款、基本建设存款、储蓄存款、农村存款、委托存款、其他存款等科目。它是银行信贷资金的主要来源。

贷款 指银行或其他信贷机构根据资金必须归还的原则，按一定利率，为企业、个人等提供资金的一种信用活动形式。我国银行贷款分为短期贷款、中期流动资金贷款、中长期贷款、信托贷款、融资租赁、委托贷款、票据融资、各项垫款等。

城乡居民储蓄存款余额 指某一时点城乡居民存入银行及农村信用的储蓄金额，包括城镇居民储蓄存款和农民个人储蓄存款，不包括居民的手存现金和工矿企业、部队、机关、团体等单位存款。

保险金额 指保险人承担赔偿或或者给付保险金责任的最高限额。

居民消费价格指数 是反映一定时期内城乡居民所购买的生活消费品价格和服务项目价格变动趋势和程度的相对数，是对城市居民消费价格指数和农村居民消费价格指数进行综合汇总计算的结果。通过该指数可以观察和分析消费品的零售价格和服务项目价格变动对城乡居民实际生活费支出的影响程度。

城市居民消费价格指数 是反映一定时期内城市居民家庭所购买的生活消费品价格和服务项目价格变动趋势和程度的相对数。通过该指数可以观察和分析消费品的零售价格和服务项目价格变动对城镇居民收入和消费支出的影响。

农村居民消费价格指数 是反映一定时期内农村居民家庭所购买的生活消费品价格和服务项目价格变动趋势和程度的相对数。该指数可以观察农村消费品的零售价格和服务项目价格变动对农村居民收入和生活消费支出的影响。

商品零售价格指数 是反映一定时期内城乡商品零售价格变动趋势和程度的相对数。商品零售价格的变动与国家的财政收入、市场供需的平衡、消费与积累的比例关系有关。因此，该指数可以从一个侧面对上述经济活动进行观察和分析。

农业生产资料价格指数 指反映一定时期内农业生产资料价格变动趋势和程度的相对数。其编制目的是了解农业生产中物质资料投入价格的变动状况，服务于国民经济核算。1994年以前，农业生产资料价格指数仅仅是商品零售价格指数的一个类别，此后，从商品零售价格指数中分离出来，单独编制。

农产品生产价格指数 是反映一定时期内，农产品生产者出售农产品价格水平变动趋势及幅度的相对数。该指数可以客观反映农产品生产价格水平和结构变动情况，满足农业与国民经济核算需要。其中某代表品生产价格指数是通过对全部有出售该产品行为的调查单位的个体指数进行几何平均求得的，类价格指数是通过对其所属的类（或代表品）的价格指数进行加权平均求得的。季度累计价格指数的计算方法与分季指数的计算方法相同。

工业生产者出厂价格指数 是反映一定时期内全部工业产品出厂价格总水平的变动趋势和程度的相对数，包括工业企业售给本企业以外所有单位的各种产品和直接售给居民用于生活消费的产品。该指数可以观察出厂价格变动对工业总产值及增加值的影响。

工业生产者购进价格指数 是反映工业企业作为生产投入，而从物资交易市场和能源、原材料生产企业购买原材料、燃料和动力产品时，所支付的价格水平变动趋势和程度的统计指标，是扣除工业企业物质消耗成本中的价格变动影响的重要依据。

目前，我国编制的工业生产者购进价格指数所调查的产品包括燃料动力、黑色金属、有色金属、化工、建材等九大类。

固定资产投资价格指数 是反映一定时期内固定资产投资品及取费项目的价格变动趋势和程度的相对数。固定资产投资额是由建筑安装工程投资完成额、设备工器具购置投资完成额和其他费用投资完成额三部分组成的。编制固定资产投资价格指数应首先分别编制上述三部分投资的价格指数，然后采用加权算术平均法求出固定资产投资价格总指数。

该指数可以准确地反映固定资产投资中涉及的各类投资品和取费项目价格变动趋势和变动幅度，消除按现价计算的固定资产投资指标中的价格变动因素，真实地反映固定资产投资的规模、速度、结构和效益，为国家科学地制定、检查固定资产投资计划并提高宏观调控水平，为完善国民经济核算体系提供科学的、可靠的依据。

城乡一体化住户收支与生活状况调查指标解释 从2012年四季度起，国家统计局对分别进行的城乡住户调查实施了一体化改革，规范了城乡划分范围，统一了城乡居民收入指标名称、分类和统计标准，建立了城乡统一的一体化住户调查，并据此采集全国居民有关数据。

居民可支配收入 指居民可用于最终消费支出和储蓄的总和，即居民可用于自由支配的收入。既包括现金收入，也包括实物收入。按照收入的来源，可支配收入包含四项，分别为：工资性收入、经营性净收入、财产性净收入和转移性净收入。

工资性收入 指就业人员通过各种途径得到的全部劳动报酬和各种福利，包括受雇于单位或个人、从事各种自由职业、兼职和零星劳动得到的全部劳动报酬和福利。

经营净收入 指住户或住户成员从事生产经营活动所获得的净收入，是全部经营收入中扣除经营费用、生产性固定资产折旧和生产税之后得到的净收入。计算公式为：

经营净收入＝经营收入－经营费用－生产性固定资产折旧－生产税

财产净收入 指住户或住户成员将其所拥有的金融资产、住房等非金融资产和自然资源交由其他机构单位、住户或个人支配而获得的回报并扣除相关的费用之后得到的净收入。财产净收入包括利息净收入、红利收入、储蓄性保险净收益、转让承包土地经营权租金净收入、出租房屋净收入、出租其他资产净收入和自有住房折算净租金等。财产净收入不包括转让资产所有权的溢价所得。

转移净收入 计算公式为：

转移净收入＝转移性收入－转移性支出

转移性收入 指国家、单位、社会团体对住户的各种经常性转移支付和住户之间的经常性收入转移。包括养老金或退休金、社会救济和补助、政策性生产补贴、政策性生活补贴、救灾款、经常性捐赠和赔偿、报销医疗费、住户之间的赡养收入，本住户非常住成员寄回带回的收入等。转移性收入不包括住户之间的实物馈赠。

转移性支出 指调查户对国家、单位、住户或个人的经常性或义务性转移支付。包括缴纳的税款、各项社会保障支出、赡养支出、经常性捐赠和赔偿支出以及其他经常转移支出等。

居民消费支出 指居民用于满足家庭日常生活消费需要的全部支出，既包括现金消费支出，也包括实物消费支出。消费支出可划分为食品烟酒、衣着、居住、生活用品及服务、交通通信、教育文化娱乐、医疗保健以及其他用品及服务八大类。

食品烟酒 指用于各种食品和烟草、酒类的支出。

衣着 指与居民穿着有关的支出，包括服装、服装材料、鞋类、其他衣类及配件、衣着相关加工服务的支出。

居住 指与居住有关的支出，包括房租、水、电、燃料、物业管理等方面的支出，也包括自有住房折算租金。

生活用品及服务 指家庭及个人的各类生活品及家庭服务。包括家具及室内装饰品、家用器具、家用纺织品、家庭日用杂品、个人用品和家庭服务。

交通通信 指用于交通和通信工具及相关的各种服务费、维修费和车辆保险等支出。

教育文化娱乐 指用于教育、文化和娱乐方面的支出。

医疗保健 指用于医疗和保健的药品、用品和服务的总费用。包括医疗器具及药品，以及医疗服务。

其他用品及服务 指无法直接归入上述各类支出的其他用品与服务支出。

城镇住户调查和农村住户调查指标解释 2012年及以前年份，中国的住户调查一直分城乡分别开展。城镇与农村居民收入、支出等指标的统计口径有所不同，数据不完全可比，城镇调查城镇居民可支配收入，农村调查农村居民纯收入。为了保持历史数据的可比，本年鉴中2012年及以前年份的数据和指标解释仍保持了原城镇住户调查和农村住户调查方案的原貌。

（一）城镇住户调查　城镇家庭人口 指居住在一起，经济上合在一起共同生活的家庭成员。凡计算为家庭人口的成员其全部收支都包括在本家庭中。

城镇就业面 指就业人口占家庭人口的百分比。

城镇就业者负担人数 指家庭人口与就业人口之比。

城镇家庭总收入 指家庭成员得到的工资性收入、经营净收入、财产性收入、转移性收入之和，不包括出售财物收入和借贷收入。

城镇居民家庭可支配收入 指家庭成员得到可用于最终消费支出和其他非义务性支出以及储蓄的总和，即居民家庭可以用来自由支配的收入。它是家庭总收入扣除交纳的个人所得税、个人交纳的社会保障支出以及记账补贴后的收入。计算公式为：

城镇居民家庭可支配收入＝家庭总收入－交纳个人所得税－个人交纳的社会保障支出－记账补贴

城镇家庭总支出 指家庭除借贷支出以外的全部实际支出。包括现金消费支出、财产性支出、转移性支出、社会保障支出、购房与建房支出。

城镇家庭现金消费支出 指家庭用于日常生活的全部现金支出，包括食品、衣着、居住、家庭设备及用品、交通通信、文教娱乐、医疗保健、其他等八大类支出。

城镇家庭服务性消费支出 指家庭用于支付社会提供的各种文化和生活方面的非商品性服务费用。

城镇家庭收入分组方法 是将所有调查户按户人均可支配收入由低到高排队，按20%、20%、20%、20%、20%的比例依次分成：低收入户、中等偏下收入户、中等收入户、中等偏上收入户、高收入户五组。

（二）农村住户调查　农村住户 指农村常住户。农村常住户指长期（一年以上）居住在乡镇（不包括城关镇）行政管理区域内的住户，以及长期居住在城关镇所辖行政村范围内的农村住户。户口不在本地而在本地居住一年及以上的住户也包括在本地农村常住户范围内；有本地户口，但举家外出谋生一年以上的住户，无论是否保留承包耕地都不包括在本地农村住户范围内。

常住人口 指全年经常在家或在家居住6个月以上，而且经济和生活与本户连成一体的人口。外出从业人员在外居住时间虽然在6个月以上，但收入主要带回家中，经济与本户连为一体，仍视为家庭常住人口；在家居住，生活和本户连成一体的国家职工、退休人员也为家庭常住人口。但是现役军人、中专及以上（走读生除外）的在校学生、以及常年在外（不包括探亲、看病等）且已有稳定的职业与居住场所的外出从业人员，不算家庭常住人口。家庭常住人口主要作为计算农村住户平均每人收入、消费和积累水平及分析家庭人口状况的依据。

总收入 指调查期内农村住户和住户成员从各种来源渠道得到的收入总和。按收入的性质划分为工资性收入、家庭经营收入、财产性收入和转移性收入。

工资性收入 指农村住户成员受雇于单位或个人，靠出卖劳动而获得的收入。

家庭经营收入 指农村住户以家庭为生产经营单位进行生产筹划和管理而获得的收入。农村住户家庭经营活动按行业划分为农业、林业、牧业、渔业、工业、建筑业、交通运输业邮电业、批发和零售贸易餐饮业、社会服务业、文教卫生业和其他家庭经营。

财产性收入 指金融资产或有形非生产性资产的所有者向其他机构单位提供资金或将有形非生产性资产供其支配，作为回报而从中获得的收入。

转移性收入 指农村住户和住户成员无须付出任何对应物而获得的货物、服务、资金或资产所有权等，不包括无偿提供的用于固定资本形成的资金。一般情况下，指农村住户在二次分配中的所有收入。

现金收入 指农村住户和住户成员在调查期内得到以现金形态表现的收入。按来源分成工资性收入、家庭经营现金收入、财产性收入、转移性收入。

农村居民家庭纯收入 指农村住户当年从各个来源得到的总收入相应地扣除所发生的费用后的收入总和。计算公式为：

农村居民家庭纯收入＝总收入－家庭经营费用支出－税费支出－生产性固定资产折旧－赠送农村内部亲友

纯收入主要用于再生产投入和当年生活消费支出，也可用于储蓄和各种非义务性支出。“农民人均纯收入”是按人口平均的纯收入水平，反映的是一个地区农村居民的平均收入水平。

总支出 指农村住户用于生产、生活和再分配的全部支出。包括家庭经营费用支出、购置生产性固定资产支出、税费支出、消费支出、财产性支出和转移性支出。

恩格尔系数 指食品支出在现金消费支出中所占的比例。计算公式为：$恩格尔系数=\frac{食品支出}{现金消费支出}\times 100\%$

农林牧渔业总产值 指以货币表现的农、林、牧、渔业全部产品和对农林牧渔业生产活动进行的各种支持性服务活动的价值总量，它反映一定时期内农林牧渔业生产总规模和总成果。1957年以前的农林牧渔业总产值中包括了厩肥和农民自给性手工业（如农民自制衣服、鞋、袜，自己从事粮食初步加工等）。1958年及以后，林业中增加了村及村以下竹木采伐产值；牧业中取消了厩肥产值；副业中取消了农民自给性手工业产值，增加了村及村以下办的工业产值；渔业中增加了海洋捕捞水产品产值。1980年及以后，在副业中增加了农民家庭兼营工业商品部分的产值。从1984年起村及村以下工业产值划归工业。从1993年起取消副业，将野生动物的捕猎划入牧业，野生植物采集和农民家庭兼营商品性工业划归农业。从2003年起，执行新的国民经济行业分类标准，农林牧渔业总产值中包括了农林牧渔服务业产值。林业中增加了森林采运业产值。农业中取消了家庭兼营商品性工业产值，将野生林产品的采集划归林业。

农林牧渔业总产值的计算方法通常是按农、林、牧、渔业产品及其副产品的产量分别乘以各自单位产品价格求得；少数生产周期较长，当年没有产品或产品产量不易统计的，则采用间接方法匡算其产值；然后将四业产品产值相加即为农林牧渔业总产值。

粮食产量 指农业生产经营者日历年度内生产的全部粮食数量。按收获季节包括夏收粮食、早稻和秋收粮食，按作物品种包括谷物、薯类和豆类。其产量计算方法：谷物按脱粒后的原粮计算，豆类按去豆荚后的干豆计算；薯类（包括甘薯和马铃薯，不包括芋头和木薯）1963年以前按每4公斤鲜薯折1公斤粮食计算，从1964年开始改为按5公斤鲜薯折1公斤粮食计算，2014年开始按鲜薯计算；城市郊区作为蔬菜的薯类（如马铃薯等）按鲜品计算，并且不作粮食统计。1989年以前全国粮食产量数据主要靠全面报表取得，1989年开始使用抽样调查数据。

棉花产量 指全社会的产量。包括春播棉和夏播棉。产量按皮棉计算。不包括木棉。

油料产量 指全部油料作物的生产量。包括花生、油菜籽、芝麻、向日葵籽、胡麻籽（亚麻籽）和其他油料。不包括大豆、木本油料和野生油料。花生以带壳干花生计算。

水产品产量 指渔业（捕捞和养殖）生产活动的最终有效成果，包括全部海水和淡水鱼类、甲壳类（虾、蟹）、贝类、头足类、藻类和其他类渔业产品的最终产量。水产品产量是通过各级水产部门逐级上报取得数据。1995年及以前，贝类中牡蛎按鲜肉计算；蚶、蛤、蛏按5斤鲜品折1斤计算。1996年以后则统一按鲜品计算。

猪、牛、羊肉产量 指当年出栏并已屠宰、除去头蹄下水后带骨肉（即胴体重）的重量。包括全社会范围内的产量。由于畜牧业产品年报数据与普查数据之间存在一定的差距，根据国家统计局有关文件精神，从2000年起，对畜牧业年报数据与普查数据进行衔接。

期初（末）畜禽存栏头（只）数 指报告期初（末）农村各种合作经济组织和国营农场、农民个人、机关、团体、学校、工矿企业、部队等单位以及城镇居民饲养的大牲畜、猪、羊、家禽等畜禽的存栏数。数据上报方式及数据调整情况同猪、牛、羊肉产量。

农作物播种面积 指农业生产经营者应在日历年度内收获农作物在全部土地（耕地或非耕地）上的播种或移植面积。凡是本年内收获的农作物，无论是本年还是上年播种，都算为播种面积，但不包括本年播种，下年收获的农作物面积。

耕地灌溉面积 指具有一定的水源，地块比较平整，灌溉工程或设备已经配套，在一般年景下，当年能够进行正常灌溉的耕地面积。在一般情况下，有效灌溉面积应等于灌溉工程或设备已经配备，能够进行正常灌溉的水田和水浇地面积之和。它是反映我国耕地抗旱能力的一个重要指标。

农用化肥施用量 指本年内实际用于农业生产的化肥数量，包括氮肥、磷肥、钾肥和复合肥。化肥施用量要求按折纯量计算数量。折纯量是指把氮肥、磷肥、钾肥分别按含氮、含五氧化二磷、含氧化钾的百分之百成份进行折算后的数量。复合肥按其所含主要成分折算。公式为：

折纯量＝实物量×某种化肥有效成份含量的百分比

农业机械总动力 指全部农业机械动力的额定功率之和。农业机械是指用于种植业、畜牧业、渔业、农产品初加工、农用运输和农田基本建设等活动的机械及设备。农机总动力按使用能源不同分为以下四部分：

柴油发动机动力：指全部柴油发动机额定功率之和；

汽油发动机动力：指全部汽油发动机额定功率之和；

电动机动力：指全部电动机（含潜水电泵的电动机）额定功率之和；

其他机械动力：指采用柴油、汽油、电力之外的其他能源，如水力、风力、煤炭、太阳能等动力机械功率之和。

这个指标的统计数据主要来源于农机部门。

乡村从业人员 指乡村人口中劳动年龄在16周岁以上实际参加生产经营活动并取得实物或货币收入的人员，包括劳动年龄内经常参加劳动的人员，也包括超过劳动年龄但经常参加劳动的人员，但不包括户口在家的在外学生、现役军人和丧失劳动能力的人，也不包括待业人员和家务劳动者。从业人员按从事主业时间最长（时间相同按收入）分为农业从业人员、工业从业人员、建筑业从业人员、交运仓储及邮电业从业人员、批零贸易及餐饮业从业人员、其它从业人员。

工业 指从事自然资源的开采，对采掘品和农产品进行加工和再加工的物质生产部门。具体包括：（1）对自然资源的开采，如采矿、晒盐等（但不包括禽兽捕猎和水产捕捞）；（2）对农副产品的加工、再加工，如粮油加工、食品加工、缫丝、纺织、制革等；（3）对采掘品的加工、再加工，如炼铁、炼钢、化工生产、石油加工、机器制造、木材加工等，以及电力、燃气及水的生产和供应等；（4）对工业品的修理、翻新，如机器设备的修理等。

工业统计调查单位为工业法人单位。

工业法人单位指从事工业生产经营活动的法人单位。工业法人单位应同时具备以下条件：①依法成立，有自己的名称、组织机构和场所，能够独立承担民事责任；②独立拥有（或授权）使用资产，承担负债，有权与其他单位签订合同；③具有包括资产负债表在内的帐户，或者能够根据需要编制帐户。

轻工业 指主要提供生活消费品和制作手工工具的工业。按其所使用的原料不同，可分为两大类：（1）以农产品为原料的轻工业，是指直接或间接以农产品为基本原料的轻工业。主要包括食品制造、饮料制造、烟草加工、纺织、缝纫、皮革和毛皮制作、造纸以及印刷等工业；（2）以非农产品为原料的轻工业，是指以工业品为原料的轻工业。主要包括文教体育用品、化学药品制造、合成纤维制造、日用化学制品、日用玻璃制品、日用金属制品、手工工具制造、医疗器械制造、文化和办公用机械制造等工业。

重工业 指为国民经济各部门提供物质技术基础的主要生产资料的工业。按其生产性质和产品用途，可以分为下列三类：（1）采掘（伐）工业，是指对自然资源的开采，包括石油开采、煤炭开采、金属矿开采、非金属矿开采等工业；（2）原材料工业，指向国民经济各部门提供基本材料、动力和燃料的工业。包括金属冶炼及加工、炼焦及焦炭、化学、化工原料、水泥、人造板以及电力、石油和煤炭加工等工业；（3）加工工业，是指对工业原材料进行再加工制造的工业。包括装备国民经济各部门的机械设备制造工业、金属结构、水泥制品等工业，以及为农业提供的生产资料如化肥、农药等工业。

根据上述划分原则，修理业中以重工业产品为修理作业对象的划为重工业，反之划为轻工业。

工业总产值

（1）定义：

工业总产值是以货币形式表现的，工业企业在一定时期内生产的工业最终产品或提供工业性劳务活动的总价值量。它反映一定时间内工业生产的总规模和总水平。

（2）计算原则：

工业生产的原则，即凡是企业在报告期生产的经检验合格的产品，不管是否在报告期销售，均包括在内。

最终产品的原则，即凡是计入工业总产值的产品，必须是本企业生产的经检验合格的，不需要再进行任何加工的最终产品。如果企业有中间产品（半成品）对外销售，则对外销售的中间产品应视为企业的最终产品。

工厂法原则，即工业总产值是以工业企业作为基本计算（核算）单位，即按企业的最终产品计算工业总产值。按这种方法计算的工业总产值，不允许同一产品价值在企业内部重复计算，不能把企业内部各个车间（分厂）生产的成果相加，但允许企业间的重复计算。

（3）内容及计算方法：

1995年全国工业普查对工业总产值（原规定）的内容及计算原则和方法做了某些修订，修订后的工业总产值（新规定）包括三项内容：即本期生产成品价值、对外加工费收入、在制品半成品期末期初差额价值三部分。

本期生产成品价值：指企业本期生产，并在报告期内不再进行加工，经检验、包装入库的全部工业成品（半成品）价值合计，包括企业生产的自制设备及提供给本企业在建工程、其他非工业部门和福利部门等单位使用的成品价值。本期生产成品价值为按自备原材料生产的产品的数量乘以本期不含增值税（销项税额）的产品实际销售平均单价计算；会计核算中按成本价格转帐的自制设备和自产自用的成品，按成本价格计算生产成品价值。生产成品价值中不包括用定货者来料加工的成品（半成品）价值。

对外加工费收入：指企业在报告期内完成的对外承接的工业品加工（包括用定货者来料加工产品）的加工费收入和对外工业修理作业所取得的加工费收入。对外加工费收入按不含增值税（销项税额）的价格计算，可根据会计“产品销售收入”科目的有关资料取得。

对于本企业对内非工业部门提供的加工修理、设备安装的劳务收入，如果企业会计核算基础较好，能取得这部分资料，而且这部分价值所占比重较大，应包括在对外加工费收入中。自制半成品在制品期末期初差额价值：指企业报告期在制品期末减期初的差额价值，本指标一般可以从会计核算资料中取得。如果会计产品成本核算中不计算半成品、在制品的成本，则总产值中也不包括这部分价值，反之则包括。

（4）工业总产值统计范围变化和计算方法修订情况：

1984年以前工业总产值不包括村办工业，村办工业总产值划归农业。1984年以后工业总产值包括村办工业。

1995年工业普查对工业总产值计算方法做了修订，即从1995年始按新修订（新规定）方法计算工业总产值。新规定与原规定的区别如下：

全价与加工费的计算原则不同：新规定为凡自备原材料，不论其生产繁简程度如何，一律按全价计算工业总产值；凡来料加工，允许按加工费计算工业总产值。原规定则视生产加工的繁简程度不同，规定哪些行业按全价，哪些行业按加工费计算工业总产值。

自制半成品、在产品期末期初差额价值的计算原则不同：新规定要求，凡会计产品成本核算时计算了成本的差额价值，总产值中就应包括，否则可不包括；原规定则按生产周期六个月的界限区分，凡生产周期六个月以上的企业，总产值计算中应包括这部分差额价值，否则可不包括。

计算价格不同：新规定按不含增值税（销项税额）的价格计算；原规定则按含增值税（销项税额）的价格计算。

工业增加值 指工业企业在报告期内以货币表现的工业生产活动的最终成果。

工业增加值有两种计算方法：一是生产法，即工业总产出减去工业中间投入加上应交增值税；二是收入法，即从收入的角度出发，根据生产要素在生产过程中应得到的收入份额计算，具体构成项目有固定资产折旧、劳动者报酬、生产税净额、营业盈余，这种方法也称要素分配法。本年鉴中的工业增加值是以生产法计算的。

生产法工业增加值的计算方法为：

工业增加值＝工业总产出－工业中间投入＋应交增值税

（1）工业总产出：指工业企业在一定时期内工业生产活动的总成果。工业总产出包括：成品生产价值，对外加工费收入，自制半成品、在产品期末期初差额价值。1995年后用新规定计算的工业总产值代替。

（2）工业中间投入：指工业企业在工业生产活动中消耗的外购物质产品和对外支付的服务费用。服务费用包括支付给物质生产部门（工业、农业、批发零售贸易业、建筑业、运输邮电业）的服务费用和支付给非物质生产部门（如保险、金融、文化教育、科学研究、医疗卫生、行政管理等）的服务费用。工业中间投入的确定须遵循以下原则：必须从外部购入的，并已计入工业总产出的产品和服务价值；必须是本期投入生产，并一次性消耗掉（包括本期摊销的低值易耗品等）的产品和服务价值。

工业中间投入包括直接材料费用、制造费用中的工业中间投入、管理费用中的工业中间投入、销售费用中的工业中间投入和利息支出五部分。

资产总计 指企业过去的交易或者事项形成的、由企业拥有或者控制的、预期会给企业带来经济利益的资源。资产一般按流动性分为流动资产和非流动资产。其中流动资产可分为货币资金、交易性金融资产、应收票据、应收账款、预付款项、其他应收款、存货等；非流动资产可分为长期股权投资、固定资产、无形资产及其他非流动资产等。来源于会计“资产负债表”中“资产总计”项目的期末余额数。

流动资产合计 资产满足以下条件之一应归为流动资产：（1）预计在一个正常营业周期中变现、出售或耗用，主要包括存货、应收账款等；（2）主要为交易目的而持有；（3）预计在资产负债表日起一年内（含一年）变现；（4）自资产负债日起一年内，交换其他资产或清偿负债的能力不受限制的现金或现金等价物。包括货币资金、应收票据、应收账款、存货等项目。来源于会计“资产负债表”中“流动资产合计”项目的期末余额数。

流动资产平均余额 指企业在报告期内全部流动资产的平均余额。

固定资产原价 指企业在建造、购置、安装、改建、扩建、技术改造某项固定资产时所支出的全部货币总额。它一般包括买价、包装费、运杂费和安装费等。

固定资产净值年平均余额 指固定资产净值在报告期

内余额的平均数。计算公式为：

固定资产净值年平均余额

$$=\frac{1\text{至}12\text{月各月月初、月末固定资产净值之和}}{24}$$

该指标根据“资产负债表”中“固定资产原价”、“累计折旧”指标的期初、期末数计算填列。

固定资产净值 指固定资产原价减去历年已提折旧额后的净额。计算公式为：

固定资产净值＝固定资产原价－累计折旧

负债合计 指企业过去的交易或者事项形成的，预期会导致经济利益流出企业的现时义务。负债一般按偿还期长短分为流动负债和非流动负债。来源于会计“资产负债表”中“负债合计”项目的期末余额数。

所有者权益合计 指企业资产扣除负债后由所有者享有的剩余权益。公司的所有者权益又称股东权益。包括实收资本、资本公积、盈余公积、未分配利润等。来源于会计“资产负债表”中“所有者权益合计”项目的期末余额数。

主营业务收入 指企业确认的销售商品、提供劳务等主营业务的收入。来源于会计“主营业务收入”科目的期末贷方余额（结转前）。

主营业务成本 指企业经营主要业务所发生的成本总额。来源于会计“主营业务成本”科目的期末借方余额（结转前）。

主营业务税金及附加 指企业经营主要业务应负担的营业税、消费税、城市维护建设税、教育费附加等。来源于会计“主营业务税金及附加”科目的期末借方余额（结转前）。

利润总额 指企业在一定会计期间的经营成果，是生产经营过程中各种收入扣除各种耗费后的盈余，反映企业在报告期内实现的盈亏总额。来源于会计“利润表”中“利润总额”项目的本期金额数。

本年应交增值税 指企业按税法规定，从事货物销售或提供加工、修理修配劳务等增加货物价值的活动本期应交纳的税金。计算公式为：

应交增值税＝销项税额－（进项税额－进项税额转出）－出口抵减内销产品应纳税额－减免税款＋出口退税

进项税额指企业在报告期内购入货物或接受应税劳务而支付的、准予从销项税额中抵扣的增值税额。

销项税额指企业在报告期内销售货物或提供应税劳务应收取的增值税额。

从业人员平均人数 是指报告期内每天拥有的从业人员人数。其计算公式为：

$$\text{季平均人数}=\frac{\text{季内各月平均人数之和}}{3}$$

$$\text{月平均人数}=\frac{\text{报告月内每天实有人数之和}}{\text{报告月日历日数}}$$

$$\text{年平均人数}=\frac{\text{年内各月平均人数之和}}{12}$$

总资产贡献率 反映企业全部资产的获利能力，是企业经营业绩和管理水平的集中体现，是评价和考核企业盈利能力的核心指标。计算公式为：

总资产贡献率（%）

$$=\frac{\text{利润总额}+\text{税金总额}+\text{利息支出}}{\text{平均资产总额}}\times 100\%$$

公式中：税金总额为主营业务税金及附加与应交增值税之和；平均资产总额为期初期末资产之和的算术平均值。

资产负债率 该指标既反映企业经营风险的大小，也反映企业利用债权人提供的资金从事经营活动的能力。计算公式为：

$$\text{资产负债率（\%）}=\frac{\text{负债总额}}{\text{资产总额}}\times 100\%$$

资产与负债均为报告期期末数。

流动资产周转次数 指一定时期内流动资产完成的周转次数，反映投入工业企业流动资金的周转速度。计算公式为：

$$\text{流动资产周转资转}=\frac{\text{产品销售收入}}{\text{全部流动资产平均余额}}$$

公式中：全部流动资产平均余额为期初和期末的流动资产之和的算术平均值。

成本费用利润率 反映企业投入的生产成本及费用的经济效益，同时也反映企业降低成本所取得的经济效益。计算公式为：

$$\text{成本费用利润（\%）}=\frac{\text{利润总额}}{\text{成本费用总额}}\times 100\%$$

公式中：成本费用总额为产品销售成本、销售费用、管理费用、财务费用之和。

全员劳动生产率 该指标反映企业的生产效率和劳动投入的经济效益。计算公式为：

$$\text{全员劳动生产率（元/人）}=\frac{\text{工业增加值}}{\text{全部从业人员平均人数}}$$

产品销售率 该指标反映工业产品已实现销售的程度，是分析工业产销衔接情况，研究工业产品满足社会需求的指标。计算公式为：

$$\text{产品销售率（\%）}=\frac{\text{工业销售产值}}{\text{工业总产值（现价）}}\times 100\%$$

建筑业统计单位 指从事房屋、构筑物建造和设备安装活动的法人企业。建筑业法人企业应具有建筑业资质并能够独立核算，同时还应具备以下条件：①依法成立，有自己的名称、组织机构和场所，能够承担民事责任；②独立拥有和使用资产，承担负债，有权与其他单位签订合同；③独立核算盈亏，能够编制资产负债表。

建筑业总产值 是以货币形式表现的建筑企业在一定时期内生产的建筑业产品和提供服务的总和。建筑业总产值包括：

（1）建筑工程产值：指列入建筑工程预算内的各种工程价值。

（2）安装工程产值：指设备安装工程价值，不包括被安装设备本身价值。

（3）其他产值：建筑业总产值中除建筑工程、安装工程以外的产值。包括房屋构筑物修理产值、非标准设备制造产值、总包企业向分包企业收取的管理费以及不能明确划分的施工活动所完成的产值。

a. 房屋构筑物修理产值：指房屋和构筑物修理所完成的产值，但不包括被修理房屋、构筑物本身价值和生产设备的修理价值。

b. 非标准设备制造产值：指加工制造没有定型的非标准生产设备的加工费和原材料价值（如化工厂、炼油厂用的各种罐、槽，矿井生产统一使用的各种漏斗、三角槽、阀门等）以及附属加工厂为本企业承建工程制作的非标准设备的价值。

建筑业增加值 指建筑业企业在报告期内以货币形式表现的建筑业生产经营活动的最终成果。

从2004年第一次全国经济普查开始，建筑业现价增加值按生产法和分配法（收入法）两种方法计算，以收入法的计算结果为准，即从收入的角度出发，根据生产要素在生产过程中应得的收入份额计算。具体计算方法：经济普查年度建筑业增加值按照《经济普查年度GDP核算方案》计算，非经济普查年度建筑业增加值按照《非经济普查年度GDP核算方案》计算。

房屋施工面积 指在报告期内施工的全部房屋建筑面积，包括本期新开工的房屋面积、上期施工跨入本期继续施工的房屋面积、上期停缓建在本期恢复施工的房屋面积、本期竣工的房屋面积及本期施工后又停缓建的房屋面积。

房屋竣工面积 指在报告期内房屋建筑按照设计要求全部完工，达到了住人和使用条件，经验收鉴定合格或达到竣工验收标准，正式移交使用的各栋房屋建筑面积的总和。

待开发土地面积 指房地产开发企业经有关部门批准，通过各种方式获得土地使用权，但尚未开工建设的土地面积。本年土地购置面积 指房地产开发企业本年通过各种方式获得土地使用权的土地面积。

本年土地成交价款 指房地产开发企业本年进行土地使用权交易活动的最终金额。在土地一级市场，是指土地最后的划拨款、“招拍挂”价格和出让价；在土地二级市场是指土地转让、出租、抵押等最后确定的合同价格。土地成交价款与土地购置面积同口径。

土地购置费 指房地产开发企业通过各种方式取得土地使用权而支付的费用。土地购置费按本年实际发生额计入投资。土地购置费为分期付款的，分期计入房地产开发投资。

计划总投资 指房地产开发企业在建的建设工程按照总体设计（或按设计概算或预算）规定的内容全部建成计划需要的总投资。

自开始建设累计完成投资 指房地产开发企业在建的房屋建设工程或正在开发的土地开发工程从开始建设到本年末止累计完成的全部投资。

房地产开发投资 指房地产开发企业本年完成的全部用于房屋建设工程、土地开发工程的投资额以及公益性建筑和土地购置费等的投资。

本年实际到位资金小计 指房地产开发企业本年实际到位，可用于房地产开发的各种货币资金。包括国内贷款、利用外资、自筹资金和其他资金。

房屋施工面积 指房地产开发企业本年施工的全部房屋建筑面积。包括本年新开工的房屋建筑面积、上年跨入本年继续施工的房屋建筑面积、上年停缓建在本年恢复施工的房屋建筑面积、本年竣工的房屋建筑面积以及本年施工后又停缓建的房屋建筑面积。多层建筑应填各层建筑面积之和。

房屋新开工面积 指房地产开发企业本年新开工建设的房屋建筑面积，以单位工程为核算对象。不包括在上年开工跨入本年继续施工的房屋建筑面积和上年停缓建而在本年恢复施工的房屋建筑面积。房屋的开工应以房屋正式开始破土刨槽（地基处理或打永久桩）的日期为准。房屋新开工面积指整栋房屋的全部建筑面积，不能分割计算。

房屋竣工面积 指房地产开发企业本年按照设计要求已全部完工，达到住人和使用条件，经验收鉴定合格或达到竣工验收标准，可正式移交使用的各栋房屋建筑面积的总和。

商品房销售面积 指报告期内出售商品房屋的合同总面积（即双方签署的正式买卖合同中所确定的建筑面积）。

商品房销售额 指报告期内出售商品房屋的合同总价款（即双方签署的正式买卖合同中所确定的合同总价）。该指标与商品房销售面积同口径，由现房销售额和期房销售额两部分组成。

经济适用房 指根据地方经济适用房计划安排建设的政策性住宅。经济是指房屋建筑造价和销售价格低于一般商品住宅；适用是指适合中低收入家庭购买使用。经济适用房主要是由国家统一下达投资计划，房地产公司开发，对外销售；用地一般采用行政划拨或招标投标方式，免收土地出让金；对各种经批准的收费减半征收，开发利润不超过3%；销售价格实行政府指导价。该指标可以分析房地产投资结构，反映中低收入家庭商品住宅的供求平衡情况。

公路里程 指报告期末公路的实际长度。统计范围：包括城间、城乡间、乡（村）间能行驶汽车的公共道路，公路通过城镇街道的里程，公路桥梁长度、隧道长度、渡口宽度。不包括城市街道里程，断头路里程，农（林）业生产用道路里程，工（矿）企业等内部道路里程。统计原则：按已竣工验收或交付使用的实际里程计算；两条或多条公路共同经由同一路段的重复里程，只计算一次。

民用汽车拥有量 指报告期末，在公安交通管理部门按照《机动车注册登记工作规范》，已注册登记领有民用车辆牌照的全部汽车数量。汽车拥有量统计的主要分类：根据汽车结构分为载客汽车、载货汽车、其他汽车；根据汽车所有者不同分为个人（私人）汽车、单位汽车；根据汽车的使用性质分为营运汽车、非营运汽车；根据汽车大小规格不同，载客汽车分为大型、中型、小型和微型，载货汽车分为重型、中型、轻型和微型。

货（客）运量 指在一定时期内，各种运输工具实际运送货物重量（旅客数量）。货运按吨计算，客运按人计算。货物不论运输距离长短、货物类别，均按实际重量统计。旅客不论行程远近或票价多少，均按一人一次客运量统计；半价票、儿童票也按一人统计。

货物（旅客）周转量 指在一定时期内，由各种运输工具运送的货物（旅客）数量与其相应运输距离的乘积之总和。该指标可以反映运输业生产的总成果，也是编制和检查运输生产计划，计算运输效率、劳动生产率以及核算运输单位成本的主要基础资料。计算货物周转量通常按发出站与到达站之间的最短距离，也就是计费距离计算。计算公式化为：

货物（旅客）周转量＝∑（货物（旅客）运输量×运输距离）

港口货物吞吐量 指经由水路进、出港区范围，并经过装卸的货物数量。按货物流向分为进港吞吐量和出港吞吐量，按货物的贸易性质分为内贸和外贸吞吐量。货物类别根据现行的交通行业《运输货物分类和代码》标准分类。

邮电业务总量 指以货币形式表现的邮电企业为社会提供各类邮电通信服务的总数量。计算方法为各类业务的实物量分别乘以相应的不变单价，求出各类业务的货币量加总求得。没有不变单价的业务按其业务收入直接相加。

移动电话用户 指在电信运营企业营业网点办理开户登记手续，通过移动电话交换机进入移动电话网，占用移动电话号码的各类电话用户。包括各类签约用户、智能网预付费用户、无线上网卡用户。

互联网上网人数 指过去半年内使用过互联网的6周岁及以上中国居民人数。

批发业 指向其他批发或零售单位（含个体经营者）及其他企事业单位、机关团体等批量销售生活用品、生产资料的活动，以及从事进出口贸易和贸易经纪代理的活动，包括拥有货物所有权，并以本单位（公司）的名义进行交易活动，也包括不拥有货物的所有权，收取佣金的商品代理、商品代售活动；还包括各类商品批发市场中固定摊位的批发活动，以及以销售为目的的收购活动。

零售业 指百货商店、超级市场、专门零售商店、品牌专卖店、零货摊等主要面向最终消费者（如居民等）的销售活动，以及互联网、邮政、电话、售货机等方式的销售活动，还包括在同一地点，后面加工生产，前面销售的店铺（如面包房）；谷物、种子、饲料、牲畜、矿产品、生产用原料、化工原料、农用化工产品、机械设备（乘用车、计算机及通信设备除外）等生产资料的销售不作为零售活动；多数零售商对其销售的货物拥有所有权，但有些则是充当委托人的代理人，进行委托销售或以收取佣金的方式进行销售。

批发零售业商品购进、销售、库存额 指各种登记注册类型的批发和零售业企业（单位）以本企业（单位）为总体的，从国内、国外市场购进的商品总量，销售和出口的商品总量，库存的商品总量等情况。该指标可以反映商品流转过程中商品的购进、销售、库存之间的比例关系和存在的问题。

商品购进额 指从本企业（单位）以外的单位和个人购进（包括从境外直接进口）作为转卖或加工后转卖的商品金额（含增值税）。商品购进包括：（1）从工农业生产者、批发和零售业企业、住宿和餐饮业企业、出版社或报社的出版发行部门和其他服务业企业购进的商品；（2）从机关团体、事业单位购进的商品；（3）从海关、市场管理部门购进的缉私和没收的商品；（4）从居民收购的废旧商品等。不包括：（1）企业为单位本身经营用、不是作为转卖而购进的商品，如材料物资、包装物、低值易耗品、办公用品等；（2）未通过买卖行为而收入的商品，如接受其他部门移交的商品、借入的商品、收入代其他单位保管的商品、其他单位赠送的样品、加工回收的成品等；（3）经本单位介绍，由买卖双方直接结算，本单位只收取手续费的业务；（4）销售退回和买方拒付货款的商品；（5）商品溢余。

商品销售额 指对本单位以外的单位和个人出售的商品金额（包括售给本单位消费用的商品，含增值税）。商品销售包括：（1）售给城乡居民和社会集团消费用的商品；（2）售给农业、工业、建筑业、服务业等国民经济各行业用于生产、经营用的商品，包括售予批发和零售业作为转卖或加工后转卖的商品；（3）对国（境）外直接出口的商品。不包括：（1）未通过买卖行为付出的商品，如随机构变动移交给其他企业单位的商品、借出的商品、归还受其他单位委托代保管的商品、付出的加工原料和赠送给其他单位的样品；（2）经本单位介绍，由买卖双方直接结算，本单位只收取手续费的业务；（3）购货退回的商品；（4）商品损耗和损失；（5）出售本单位自用的废旧物资。

商品库存额 对于批发和零售业法人单位和个体经营户，是指报告期末取得所有权的全部商品金额（含增值税）；对于批发和零售业产业活动单位，是指报告期末实际在库且归属法人具有所有权的全部商品金额（含增值税）。库存商品包括：（1）存放在本单位（如门市部、批发站、采购站、经营处）的仓库、货场、货柜和货架中的商品；（2）挑选、整理、包装中的商品；（3）已记入购进而尚未运到本单位的商品，即发货单或银行承兑凭证已到而货未到的商品；（4）寄放他处的商品，如因购货方拒绝付款而暂时存在购货方的商品；（5）委托其他单位代销（未作销售或调出）尚未售出的商品；（6）代其他单位购进尚未交付的商品。不包括：所有权不属于本单位的商品；委托外单位加工的商品；外贸企业代理其他单位从国外进口，尚未付给订货单位的商品；代国家储备部门保管的商品。

亿元以上商品交易市场 指年成交额在亿元及以上的商品交易市场。商品交易市场是指经有关部门和组织批准设立，有固定场所、设施，有经营管理部门和监管人员，若干市场经营者入内，常年或实际开业三个月以上，集中、公开、独立地进行生活消费品、生产资料等现货商品交易以及提供相关服务的交易场所，包括各类消费品市场、生产资料市场等。

社会消费品零售总额 指企业（单位、个体户）通过交易直接售给个人、社会集团非生产、非经营用的实物商品金额，以及提供餐饮服务所取得的收入金额。个人包括城乡居民和入境人员，社会集团包括机关、社会团体、部队、学校、企事业单位、居委会或村委会等。

住宿业 指为旅行者提供短期留宿场所的活动，有些单位只提供住宿，也有些单位提供住宿、饮食、商务、娱乐一体的服务，不包括主要按月或按年长期出租房屋住所的活动。

餐饮业 指通过即时制作加工、商业销售和服务性劳动等，向消费者提供食品和消费场所及设施的服务。

住宿餐饮业营业额 指住宿和餐饮业单位在经营活动中因提供服务或销售商品等取得的全部收入（含增值税）。包括：客房收入、餐费收入、商品销售额（含增值税）和其他收入。其中，客房收入指住宿和餐饮业单位在经营活动中因提供住宿服务取得的收入。餐费收入指本单位为顾客提供就餐服务取得的收入，包括：经烹饪、调制加工后出售的各种食品，如主食、炒菜、凉拌菜等的收入。

进出口总额 海关进出口总额指实际进出我国国境的货物总金额。包括对外贸易实际进出口货物，来料加工装配进出口货物，国家间、联合国及国际组织无偿援助物资和赠送品，华侨、港澳台同胞和外籍华人捐赠品，租赁期满归承租人所有的租赁货物，进料加工进出口货物，边境地方贸易及边境地区小额贸易进出口货物，中外合资经营企业、中外合作经营企业、外资独资经营企业进口货物和公用物品，到、离岸价格在规定限额以上的进出口货样和广告品（无商业价值、无使用价值和免费提供出口的除外），从保税仓库提取在中国境内销售的进口货物，以及其他进口货物。进出口总额用以观察一个国家在对外贸易方面的总规模。我国规定出口货物按离岸价格统计，进口货物按到岸价格统计。

利用外资 指我国各级政府、部门、企业和其他经济组织通过对外借款、吸收外资直接投资以及用其他方式筹措的境外现汇、设备、技术等。

对外借款 是我国利用外资的主要部分。指通过对外正式签订借款协议、从境外筹措的资金，包括外国政府贷款、国际金融组织贷款、外国银行商业贷款、出口信贷以及对外发行债券等。1996年及以前还包括对外发行股票。

外商直接投资 是指外国投资者在我国境内通过设立外商投资企业、合伙企业、与中方投资者共同进行石油资源的合作勘探开发以及设立外国公司分支机构等方式进行投资。外国投资者可以用现金、实物、无形资产、股权等投资，还可以用从外商投资企业获得的利润进行再投资。

对外承包工程 根据《对外承包工程管理条例》，对外承包工程是指中国的企业或者其他单位承包境外建设工程项目的活动。

对外劳务合作 指组织劳务人员赴其他国家或地区为国外的企业或机构工作的经营性活动。

入境游客 指报告期内来中国（大陆）观光、度假、探亲访友、就医疗养、购物、参加会议或从事经济、文化、体育、宗教活动的外国人、港澳台同胞等游客（即入境旅游人数）。统计时，入境游客按每入境一次统计1人次。入境旅游人数包括入境过夜游客和入境一日游游客。

出境人数（出境游客） 指中国（大陆）居民因公或因私出境前往其他国家、中国香港特别行政区、澳门特别行政区和台湾省观光、度假、探亲访友、就医疗养、购物、参加会议或从事经济、文化、体育、宗教活动的人数（即出境游客）。统计时，出境游客按每出境一次统计1人次。

国内游客 指报告期内在中国（大陆）观光游览、度假、探亲访友、就医疗养、购物、参加会议或从事经济、文化、体育、宗教活动的中国（大陆）居民人数，其出游的目的不是通过所从事的活动谋取报酬。统计时，国内游客按每出游一次统计1人次。

国际旅游（外汇）收入 指入境游客在中国（大陆）境内旅行、游览过程中用于交通、参观游览、住宿、餐饮、购物、娱乐等全部花费。

国内旅游收入（旅游总花费） 指国内游客在国内旅行、游览过程中用于交通、参观游览、住宿、餐饮、购物、娱乐等全部花费。

普通高等学校 指通过国家普通高等教育招生考试，招收高中毕业生为主要培养对象，实施高等学历教育的全日制大学、独立设置的学院、独立学院和高等专科学校、高等职业学校及其他机构。

大学、独立设置的学院主要实施本科及本科层次以上的教育。独立学院主要实施本科层次的教育。高等专科学校、高等职业学校实施专科层次的教育。其他机构是指承担国家普通招生计划任务不计校数的机构，包括普通高等学校分校、大专班等。

成人高等学校 指通过国家成人高等教育招生考试，招收具有高中毕业或同等学力的人员为主要培养对象，利用函授、业余、脱产等多种形式，对其实施高等学历教育的学校。包括：职工高等学校、农民高等学校、管理干部学院、教育学院、独立函授学院、广播电视大学、其他机构。其他机构是指承担国家成人招生计划任务不计校数的机构。

小学学龄儿童净入学率 指调查范围内已入小学学习的学龄儿童占校内外学龄儿童总数的比重。计算公式为：

小学学龄儿童入学率

$$=\frac{\text{已入学的小学学龄儿童数}}{\text{校内外小学学龄儿童总数}}\times 100\%$$

研究与试验发展（R&D） 指在科学技术领域，为增加知识总量，以及运用这些知识去创造新的应用进行的系统的创造性的活动，包括基础研究、应用研究、试验发展三类活动。国际上通常采用R&D活动的规模和强度指标反映一国的科技实力和核心竞争力。

基础研究 指为了获得关于现象和可观察事实的基本原理的新知识（揭示客观事物的本质、运动规律，获得新发现、新学说）而进行的实验性或理论性研究，它不以任何专门或特定的应用或使用为目的。其成果以科学论文和科学著作为主要形式。用来反映知识的原始创新能力。

应用研究 指为获得新知识而进行的创造性研究，主要针对某一特定的目的或目标。应用研究是为了确定基础研究成果可能的用途，或是为达到预定的目标探索应采取的新方法（原理性）或新途径。其成果形式以科学论文、专著、原理性模型或发明专利为主。用来反映对基础研究成果应用途径的探索。

试验发展 指利用从基础研究、应用研究和实际经验所获得的现有知识，为产生新的产品、材料和装置，建立新的工艺、系统和服务，以及对已产生和建立的上述各项作实质性的改进而进行的系统性工作。其成果形式主要是专利、专有技术、具有新产品基本特征的产品原型或具有新装置基本特征的原始样机等。在社会科学领域，试验发展是指把通过基础研究、应用研究获得的知识转变成可以实施的计划（包括为进行检验和评估实施示范项目）的过程。人文科学领域没有对应的试验发展活动。主要反映将科研成果转化为技术和产品的能力，是科技推动经济社会发展的物化成果。

研究与试验发展人员 指参与研究与试验发展项目研究、管理和辅助工作的人员，包括项目（课题）组人员，企业科技行政管理人员和直接为项目（课题）活动提供服务的辅助人员。反映投入从事拥有自主知识产权的研究开发活动的人力规模。

研究与试验发展人员全时当量 指全时人员数加非全时人员按工作量折算为全时人员数的总和。例如：有两个全时人员和三个非全时人员（工作时间分别为20%、30%和70%），则全时当量为2＋0.2＋0.3＋0.7＝3.2人年。为国际上比较科技人力投入而制定的可比指标。

R&D经费内部支出合计 指调查单位用于内部开展R&D活动（基础研究、应用研究和试验发展）的实际支出。包括用于R&D项目（课题）活动的直接支出，以及间接用于R&D活动的管理费、服务费、与R&D有关的基本建设支出以及外协加工费等。不包括生产性活动支出、归还贷款支出以及与外单位合作或委托外单位进行R&D活动而转拨给对方的经费支出。

专利 是专利权的简称，是对发明人的发明创造经审查合格后，由专利局依据专利法授予发明人和设计人对该项发明创造享有的专有权。包括发明、实用新型和外观设计。反映拥有自主知识产权的科技和设计成果情况。

发明 指对产品、方法或者其改进所提出的新的技术方案。是国际通行的反映拥有自主知识产权技术的核心指标。

实用新型（专利） 指对产品的形状、构造或者其结合所提出的适于实用的新的技术方案。反映具有一定技术含量的技术成果情况。

外观设计（专利） 指对产品的形状、图案、色彩或者其结合所作出的富有美感并适于工业上应用的新设计。反映拥有自主知识产权的外观设计成果情况。

广播/电视节目综合人口覆盖率 指根据原国家广电总局制定的《广播电视人口覆盖率统计技术标准和方法》进行统计调查的，在对象区内能接收到由中央、省、地市或县通过无线、有线或卫星等各种技术方式转播的各级广播/电视节目的人口数占全国总人口数的百分比。

等级运动员人数 指经过考试正式批准授予等级运动员称号的人数。运动员等级分为国际级运动健将、运动健将、一级运动员、二级运动员、三级运动员、少年级运动员。

等级裁判员人数 指经考试正式批准授予等级裁判员称号的人数。裁判员等级分为国际裁判、国家级裁判、一级裁判、二级裁判、三级裁判。

医疗卫生机构 指从卫生（卫生计生）行政部门取得《医疗机构执业许可证》、《计划生育技术服务许可证》，或从民政、工商行政、机构编制管理部门取得法人单位登记证书，为社会提供医疗服务、公共卫生服务或从事医学科研和医学在职培训等工作的单位。医疗卫生机构包括医院、基层医疗卫生机构、专业公共卫生机构、其他医疗卫生机构。

医院 包括综合医院、中医医院、中西医结合医院、民族医院、各类专科医院和护理院，不包括专科疾病防治院、妇幼保健院和疗养院，包括医学院校附属医院。

基层医疗卫生机构 包括社区卫生服务中心、社区卫生服务站、街道卫生院、乡镇卫生院、村卫生室、门诊部、诊所（医务室）。

专业公共卫生机构 包括疾病预防控制中心、专科疾病防治机构、妇幼保健机构（含妇幼保健计划生育服务中心）、健康教育机构、急救中心（站）、采供血机构、卫生监督机构、取得《医疗机构执业许可证》或《计划生育技术服务许可证》的计划生育技术服务机构。

其他医疗卫生机构 包括疗养院、临床检验中心、医学科研机构、医学在职教育机构、卫生监督（监测、检测）机构、医学考试中心、农村改水中心、人才交流中心、统计信息中心等卫生事业单位。

卫生人员 指在医院、基层医疗卫生机构、专业公共卫生机构及其他医疗卫生机构工作的职工，包括卫生技术人员、乡村医生和卫生员、其他技术人员、管理人员和工勤人员。一律按支付年底工资的在岗职工统计，包括各类聘任人员（含合同工）及返聘本单位半年以上人员，不包括临时工、离退休人员、退职人员、离开本单位仍保留劳动关系人员、本单位返聘和临聘不足半年人员。

卫生技术人员　包括执业医师、执业助理医师、注册护士、药师（士）、检验技师（士）、影像技师、卫生监督员和见习医（药、护、技）师（士）等卫生专业人员。不包括从事管理工作的卫生技术人员（如院长、副院长、党委书记等）。

执业医师　指《医师执业证》“级别”为“执业医师”且实际从事医疗、预防保健工作的人员，不包括实际从事管理工作的执业医师。执业医师类别分为临床、中医、口腔和公共卫生四类。

执业（助理）医师　指《医师执业证》“级别”为“执业助理医师”且实际从事医疗、预防保健工作的人员，不包括实际从事管理工作的执业助理医师。执业助理医师类别分为临床、中医、口腔和公共卫生四类。

床位数　指年底固定实有床位（非编制床位），包括正规床、简易床、监护床、正在消毒和修理床位、因扩建或大修而停用的床位、不包括产科新生儿床、接产室待产床、库存床、观察床、临时加床和病人家属陪待床。

城市居民最低生活保障人数　指在报告期末共同生活的家庭成员人均收入低于当地最低生活保障标准，且家庭财产状况符合相关规定的城镇居民，并已发放补助经费的人数。

农村居民最低生活保障人数　指报告期末共同生活的家庭成员人均收入低于当地最低生活保障标准，得到当地政府给予最低生活保障待遇的农业人口家庭人数。

公证文书　指公证处根据当事人申请，依照事实和法律，按照法定程序制作的，具有法律效力的司法证明文书。

粗离婚率　指某地区当年离婚对数占该地区年平均人口的比重。计算公式为：

$$粗死亡率=\frac{当年离婚对数}{年平均人口数}\times 100\%$$

城镇职工基本养老保险

1. 参保职工人数　指报告期末按照国家法律、法规和有关政策规定参加城镇职工基本养老保险并在社保经办机构已建立缴费记录档案的职工人数，包括中断缴费但未终止养老保险关系的职工人数，不包括只登记未建立缴费记录档案的人数。

2. 离退休人员人数　指报告期末参加城镇职工基本养老保险的离休、退休和退职人员的人数。

3. 基金收入　指根据国家有关规定，由纳入基本养老保险范围的缴费单位和个人按国家规定的缴费基数和缴费比例缴纳的养老保险基金，以及通过其他方式取得的形成基金来源的收入。包括单位和职工个人缴纳的基本养老保险费、基本养老保险基金利息收入、上级补助收入、下级上解收入、转移收入、财政补贴和其他收入。

4. 基金支出　指按照国家政策规定的开支范围和开支标准从养老保险基金中支付给参加基本养老保险的个人的养老金、丧葬抚恤补助，以及由于保险关系转移、上下级之间调剂资金等原因而发生的支出。包括离休金、退休金、退职金、各种补贴、医疗费、死亡丧葬补助费、抚恤救济费、社会保险经办机构管理费、补助下级支出、上解上级支出、转移支出、其他支出等。

5. 基金累计结余　指截止报告期末基本养老保险基金收支相抵后的累计余额。

城乡居民基本养老保险

1. 参保人数　指报告期末，参加城乡居民养老保险（在经办机构参保登记并已建立缴费记录以及制度实施当年已经年满60周岁并在经办机构参保登记）的总人数（不包括已经办理注销登记手续的人数）。

2. 基金收入　指根据国家有关规定，由参加城乡居民基本养老保险的个人按规定缴费的城乡居民基本养老保险基金，以及通过集体补助、财政补助等其他方式取得的形成基金来源的收入。包括个人缴费收入、集体补助收入、政府补贴收入、利息收入、转移收入、上级补助收入、下级上解收入和其他收入。

3. 基金支出　指按照国家政策规定的开支范围和开支标准从城乡居民基本养老保险基金中支付给参加城乡居民基本养老保险的个人养老金待遇支出，以及由于参保人员跨统筹地区流动而发生的支出等。包括养老金待遇支出、转移支出、补助下级支出、上解上级支出、其他支出。

4. 基金累计结余　指截止报告期末城乡居民基本养老保险基金收支相抵后的累计余额。

基本医疗保险

1. 参保人数　指报告期末按国家有关规定参加职工基本医疗保险和城乡居民基本医疗保险人员的合计。

2. 基金收入　指由用人单位和个人按照国家规定的缴费基数、缴费比例或缴费标准缴纳的基本医疗保险基金，财政补助资金以及通过其他方式取得的形成基金来源的款项，包括：单位缴纳收入、个人缴纳收入、财政补助收入（含医疗救助补助个人收入）、财政补贴收入、利息收入和其他收入。

3. 基金支出　指按照国家政策规定的开支范围和开支标准，从基本医疗保险基金中支付给参保人员的医疗保险待遇支出，以及其他支出。包括住院医疗费用支出、门急诊医疗费用支出、个人账户基金支出、其他支出。

4. 基金累计结余　指截止报告期末基本医疗保险基金累计结余金额。

失业保险

1. 参保人数　指报告期末按照国家法律、法规和有关政策规定参加了失业保险的城镇企业、事业单位的职工及地方政府规定参加失业保险的其他人员的人数。

2. 基金收入　指报告期内筹集的失业保险基金的总额，包括失业保险费收入、利息收入、财政补贴收入、其他收入、转移收入、上级补助收入、下级上解收入。

3. 基金支出　指报告期内为保障失业人员基本生活、促进其再就业等支出的基金总额，包括失业保险金支出、医疗补助金支出、丧葬补助金和抚恤金支出、职业培训和职业介绍补贴支出、农民合同制工人一次性生活补助支出、其他支出、转移支出、上级补助支出、下级上解支出。

4. 基金累计结余　指截止报告期末失业保险基金收支相抵后的累计余额。

工伤保险

1. 参保人数　指报告期末依据国家有关规定参加工伤保险的职工人数和有雇工的个体工商户的雇工数。

2. 享受保险待遇人数　指年初至报告期末因工伤或职业病而享受工伤保险待遇的职工人数。为享受工伤医疗待遇中未评定等级的人数、享受伤残待遇人数以及享受因工死亡待遇人数之和。

3. 基金收入　指根据国家有关规定，由参加工伤保险的单位按国家规定的缴费基数和缴费比例缴纳的工伤保险基金，以及通过其他形式取得的形成基金来源的款项。包括：单位缴纳的社会统筹基金收入、财政补贴收入、利息收入、其他收入。

4. 基金支出　指按照国家政策规定的开支范围和开支标准从工伤保险基金中支付给参加工伤保险的人员及供养直系亲属工伤保险待遇支出及其他支出。包括工伤医疗费、伤残补助金、工亡补助金、护理费、丧葬补助费、工伤预防费用、职业康复费用和其他支出。

5. 基金累计结余 指截止报告期末工伤保险基金累计结余金额。

生育保险

1. 参保人数　指报告期末依据有关规定参加生育保险的人数。

2. 基金收入　指根据国家有关规定，由参加生育保险的单位按照国家规定的缴费基数和缴费比例缴纳的生育保险基金，以及通过其他方式取得的形成基金来源的款项，包括：单位缴纳的基金收入、利息收入和其他收入。

3. 基金支出　指按照国家政策规定的开支范围和开支标准，从生育保险基金中支付给参加生育保险的职工，因妊娠、分娩和计划生育手术而享受的待遇及其他支出。包括：生育津贴、医疗费用支出及其他支出。

4. 基金累计结余　指截止报告期末生育保险基金累计结余金额。

残疾人就业　指本年度通过集中就业、按比例就业、个体就业、公益性岗位就业、辅助性就业、从事农业种养、灵活就业形式安排实现就业的城镇残疾人。

集中就业　指城镇残疾人集中在福利企业、符合集中就业条件的盲人按摩机构等单位就业。

按比例就业　指城镇残疾人分散在机关、团体、企事业单位及各种经济组织等单位就业。**供水综合生产能力**　指按供水设施取水、净化、送水、出厂输水干管等环节设计能力计算的综合生产能力。包括在原设计能力的基础上，经挖、革、改增加的生产能力。计算时，以四个环节中最薄弱的环节为主确定能力。

城市供水总量　指报告期供水企业（单位）供出的全部水量。包括有效供水量和漏损水量。

城市排水管道长度　指所有排水总管、干管、支管、检查井及连接井进出口等长度之和。

中国统计出版社最新图书简目

(仅供参考，以实际出版为准)

统计资料

中国统计年鉴	中国统计摘要	中国发展报告
中国经济普查年鉴	国际统计年鉴	金砖国家联合统计手册
中国-东盟国家统计手册	中国农村统计年鉴	中国县域统计年鉴
中国城市统计年鉴	中国对外直接投资统计公报	中国地区经济监测报告
中国贸易外经统计年鉴	中国零售和餐饮连锁企业统计年鉴	中国商品交易市场统计年鉴
大中型批发零售和住宿餐饮企业统计年鉴	中国农产品价格调查年鉴	中国住户调查年鉴
中国价格统计年鉴	中国能源统计年鉴	全国农产品成本收益资料汇编
中国环境统计年鉴	中国建筑业统计年鉴	国外资源、能源和环境统计资料汇编
中国工业统计年鉴	中国城乡建设统计年鉴	中国县城建设统计年鉴
中国城市建设统计年鉴	中国科技统计年鉴	中国房地产统计年鉴
中国证券期货统计年鉴	中国劳动统计年鉴	中国第三产业统计年鉴
工业企业科技活动资料	中国社会统计年鉴	中国高技术产业统计年鉴
中国人才资源统计报告	中国教育统计年鉴	中国人口和就业统计年鉴
文化及相关产业统计概览	中国文化及相关产业统计年鉴	中国教育经费统计年鉴
中国民族统计年鉴	中国残疾人事业统计年鉴	中国民政统计年鉴
中国乡镇街道行政区域简册	中国基本单位统计年鉴	中国妇女儿童状况统计资料（英）

省级综合统计年鉴系列

北京 天津 河北 山西 内蒙古 辽宁 吉林 黑龙江 上海 江苏 浙江 安徽 福建 江西 山东 河南 湖北 湖南 广东 广西 海南 重庆 四川 贵州 云南 西藏 陕西 甘肃 青海 宁夏 新疆 新疆生产建设兵团

市(县)级综合统计年鉴系列

滨海新区 石家庄 唐山 邯郸 保定 沧州 邢台 廊坊 承德 衡水 秦皇岛 张家口 太原 大同 阳泉 长治 晋城 朔州 晋中 运城 忻州 临汾 吕梁 呼和浩特 呼和浩特新城区 鄂尔多斯 包头 沈阳 大连 长春 吉林 延吉 四平 通化 松原 哈尔滨 齐齐哈尔 黑龙江垦区 上海浦东新区 南京 无锡 徐州 常州 苏州 南通 连云港 淮安 盐城 扬州 镇江 泰州 宿迁 江阴 丹阳 海门 杭州 宁波 温州 嘉兴 湖州 绍兴 金华 衢州 舟山 台州 丽水 合肥 安庆 马鞍山 福州 厦门 宁德 漳州 龙岩 南昌 九江 上饶 新余 抚州 萍乡 赣州 吉安 景德镇 济南 青岛 潍坊 枣庄 日照 滕州 郑州 洛阳 平顶山 三门峡 商丘 信阳 济源 汝州 武汉 十堰 荆州 宜昌 荆门 咸宁 长沙 广州 深圳 惠州 东莞 汕尾 南宁 柳州 桂林 来宾 河池 防城港 海口 三亚 成都 贵阳 黔南 毕节 昆明 西安 咸阳 延安 宝鸡 安康 铜川 汉中 榆林 兰州 庆阳 银川 乌鲁木齐 兵团一师 兵团十师

调查年鉴系列

天津 山西 内蒙古 辽宁 吉林 上海 福建 江西 河南 湖北 湖南 广西 重庆 四川 云南 甘肃 宁夏 新疆

统计方法应用/实用手册

实用SAS统计分析教程　马克威统计分析与数据挖掘应用案例　统计公文知识问答

乡镇统计人员岗位知识培训系列教材：辅助调查员岗位基础知识　乡镇统计人员岗位基础知识

县级统计人员岗位知识培训系列教材：Excel在统计工作中的应用　简明统计分析

地市级统计人员岗位知识培训系列教材：统计报告与演示　Excel在统计工作中的应用

统计通俗读物/统计科普图书

国家统计局核心统计指标变迁　货架上的统计　账本里的统计

重点图书

砥砺奋进的五年——从十八大到十九大　新编英汉汉英统计大词典　中华医学统计百科全书

新常态下的中国服务业：理论与实践　新动能新产业发展报告-2017

挑大学选专业2018—考研择校指南　挑大学选专业2018—高考志愿填报指南

中国统计出版社发行部电话：（010）63376907　63376908　同植行书店电话：68783171　68783172

地址：北京市丰台区西三环南路甲6号　邮政编码：100073　网址：http://www.zgtjcbs.com